# DIE CACTACEAE
## Band II

Abb. 619. Nordperuanische Armatocereus-Landschaft (Armatocereus cartwrightianus). (Farbfoto: Rauh.)

# DIE CACTACEAE

Handbuch der Kakteenkunde

## CURT BACKEBERG

### Band II

Cereoideae

(Hylocereeae-Cereeae [Austrocereinae])

Mit 696 zum Teil farbigen Abbildungen im Text
und auf 72 Tafeln

Gustav Fischer Verlag · Stuttgart · New York

1983

Das umfangreiche Namensverzeichnis befindet sich im Band VI, Seite 3917 bis 4041.

CIP-Kurztitelaufnahme der Deutschen Bibliothek
**Backeberg, Curt:**
Die Cactaceae : Handbuch d. Kakteenkunde
Curt Backeberg.
Unveränd. Nachdr. d. 1958 — 1962 erschienenen 1. Aufl.
Stuttgart ; New York : Fischer
Bd. 2. Cereoideae : (Hylocereeae-Cereeae [Austrocereinae]). — 1983.
ISBN 3-437-30381-3

Unveränderter Nachdruck der 1958 bis 1962 in Jena erschienenen 1. Auflage

Lizenzausgabe für Gustav Fischer Verlag · Stuttgart · New York

© VEB Gustav Fischer Verlag Jena 1959
Alle Rechte vorbehalten · Printed in Germany
Abdruck, auch auszugsweise, nur mit Genehmigung des Verlages
Gesamtherstellung: Friedrich Pustet, Graphischer Großbetrieb, Regensburg

ISBN 3-437-30381-3

## VORWORT

Der vorliegende zweite Band umfaßt von der Unterfamilie III: Cereoideae K. Sch. außer den Gattungen der Hylocereeae die der Austrocereinae, der folgende dritte Band die der Austrocactinae. Damit enthalten diese beiden Bände auch die meisten Ergebnisse der Sammeltätigkeit in Südamerika während der letzten 25 Jahre. Da diese kürzlich noch erheblich gesteigert wurde, mußten Text und Bildzahl während der Bearbeitung wesentlich erweitert werden. Es ist dem Verlag zu danken, daß er diesem Erfordernis großzügig Rechnung trug, denn sonst wäre eine umfassende Darstellung der Kakteenforschung in jenen Gebieten, die zu BRITTON u. ROSES Zeit noch verhältnismäßig wenig erkundet waren, nicht möglich gewesen. Und welch unerschöpfliches Pflanzenreservoir gerade der Süden der Neuen Welt für den Kakteenforscher ist, dafür lieferte bereits 1933 WERDERMANNS Buch „Brasilien und seine Säulenkakteen" mit seinen Neubeschreibungen aus jenem begrenzten Raum, der überwiegend cereoide Gattungen aufweist, einen sinnfälligen Beweis. Noch größere Ergebnisse an vordem unbekannten Arten erbrachten die neueren Sammelreisen in Argentinien, neben meinen eigenen vor allem die der Sammler STÜMER, MARSONER, RITTER und BLOSSFELD jr. Diese Funde sind inzwischen ausreichend beschrieben worden. In Bolivien hat CARDENAS eine unerwartete Anzahl neuer Arten entdeckt und sorgfältig bearbeitet. Nur unzureichend bekannt waren aber bis in die jüngste Zeit hinein Peru und Chile geblieben, vor allem, was die peruanische Cactaceae-Verbreitung anbetrifft. Von ihrem Umfang hatte man schon durch WEBERBAUERS Werk „Die Pflanzenwelt der peruanischen Anden" bzw. die vielen darin erwähnten ungeklärten Arten eine ungefähre Vorstellung bekommen, aber auch davon, welche Schwierigkeiten dem Sammler gerade dieses Bergland bietet, in dem es zur Zeit meiner ersten Reise (1931) sowie der nachfolgenden von BLOSSFELD jr. und RITTER noch nicht einmal eine durchgehende Nordsüdstraße gab, geschweige Anschlußstrecken in die Berge hinauf. Inzwischen sind diese Schwierigkeiten vor allem durch den Bau der Panamerikanischen Straße in größerem Maße behoben worden. So war es ein glücklicher Umstand, daß Prof. RAUH 1954, und zum zweiten Male 1956, zusammen mit Herrn ZEHNDER, Turgi (Schweiz), gerade dieses so wenig bekannte Kakteenland aufsuchte und ich durch ihn eine wertvolle Unterstützung meiner Arbeit erhielt; dadurch war eine ausreichende Bearbeitung der zahlreichen Neufunde möglich, die — wenn auch noch nicht alle Gebiete durchforscht werden konnten — doch ein eindrucksvolles Bild des Artenreichtums gerade in diesem Lande geben.

Inzwischen sammelte auch FRIEDRICH RITTER wieder in Peru und Chile, und ich hätte gewünscht, seine Arbeit in der gebührenden Form ebenfalls berücksichtigen zu können, sowohl im Interesse des Botanikers wie des Pflanzenfreundes. Leider habe ich über die Namen und die spärlichen Angaben der WINTER-Kataloge (1956—1958) hinaus keine weiteren Einzelheiten erfahren können. So konnte ich, was die als neu bezeichneten Gattungen und Arten anbetrifft, nur die Katalognamen und -nummern aufführen bzw. nach bestem Wissen einfügen, muß aber die Verantwortung für etwaige Ungenauigkeiten aus vorgesagtem Grunde ablehnen. Dabei hätte es gerade, was bestimmte peruanische und chilenische Gattungen und Arten betrifft, eines Gedankenaustausches bedurft, denn ich stimme bei manchen nicht mit RITTER überein, von seinen Irrtümern ganz abgesehen. Darüber geben meist Fußnoten Aufschluß. Auch über so zweifellos interessante neue Gattungsnamen wie *Calymmanthium*, *Pilocopiapoa*, *Rodentiophila* usw. hätte ich gern mehr berichtet, ebenso über die vielen neuen Namen der chilenischen Echinokakteen, zumal bekannt ist, daß eine Anzahl Arten polymorph ist.

Da es sich bei diesem Handbuch nicht nur um ein rein botanisches Werk handelt, das unbeschriebene Handelsnamen unbeachtet lassen kann, sondern um eine Ausgabe, deren sich auch sowohl Berufs- wie Privatzüchter bedienen wollen, war ich gezwungen, mehrere weite Reisen zu unternehmen, um einen zumindest einigermaßen vollständigen Überblick über die RITTER-Funde zu gewinnen, die ihrer Bedeutung gemäß hier in Bild und wenigstens kurzer Beschreibung entsprechend berücksichtigt werden mußten. Dies hätte durch eine ähnlich gute Zusammenarbeit wie bei den Ergebnissen der Reisen RAUHS leichter und vollständiger geschehen können. Um so erstaunlicher ist es, daß sowohl RAUH wie ich bei unseren umfassenden Arbeiten keinerlei Aufschlüsse erhielten, ja daß von Liebhaberseite Beschreibungen z. B. von *Oreocereus ritteri* oder *Eulychnia ritteri* erfolgten, ohne daß durch rechtzeitige Informationen auf diese im Druck befindliche Ausgabe Rücksicht genommen wurde.

Ich erwähne dies hier als mahnendes Beispiel, daß für eine so umfassende Ausgabe wie die vorliegende, die sich bemüht, einen möglichst vollständigen Überblick über alle heute bekannten Arten zu bringen, eine internationale Zusammenarbeit im Interesse eben der möglichst großen Vollständigkeit gefunden werden sollte, und daß hier eigennützige Gesichtspunkte zurücktreten müssen, für die der Benutzer eines solchen Handbuches sicher keinerlei Verständnis hat, zumal auch heute noch nicht alle Fragen völlig geklärt sind, vor allem bei den neueren Sammelergebnissen. Es sollte z. B. vermieden werden, daß ein und dieselbe Art, wie *Horridocactus choapensis* (RITTER-Nr. 238), innerhalb von 2 Jahren unter vier verschiedenen Bezeichnungen auf dem Markt erscheint. Man kann daher nur hoffen, daß im Interesse des Botanikers, des Züchters wie des Liebhabers in Zukunft eine vernünftige Zusammenarbeit dazu beiträgt, daß dieses Handbuch — gerade, was die neueren Funde anbetrifft — nicht nur einen möglichst vollständigen, sondern auch zuverlässigen Überblick über alles gegenwärtig Bekannte bringt und dazu vor allen Dingen eine rationelle Abstimmung der Ergebnisse zwischen Sammlern und Bearbeitern erfolgt.

Zu den von RAUH in Peru neu gefundenen Arten: Den hier wiedergegebenen Beschreibungen wie meinen lateinischen Differentialdiagnosen in „Descriptiones Cactacearum Novarum" (VEB Gustav Fischer Verlag, Jena) lagen das mir hierfür von drüben durch RAUH übermittelte Originalmaterial nebst Beschreibungstext zugrunde. Beide sind später in „Beitr. z. Kenntnis d. peruan. Kakteenvegetation" (1958) zum Teil nach hiesigen weiteren Beobachtungen ergänzt worden, und dementsprechend auch RAUHS lateinische Diagnosen. Ich habe meinen Text darauf abgestimmt und verweise bezüglich weiterer Einzelheiten auf RAUHS vorerwähnte Arbeit, deren voller Umfang von 542 Seiten hier natürlich nicht wiedergegeben werden kann (ebensowenig wie der volle SCHUMANNsche Text, die umfangreichen Beschreibungen zu KIMNACHS Icones Plant. Succ. usw.), sondern nur jene Felddiagnosen RAUHS, die die für dieses Handbuch zur Beschreibung und Bestimmung wichtigsten Angaben enthalten und die zugleich die Grundlage unserer gemeinsamen Bearbeitung sind.

RITTERS kürzlich erschienene Schrift zu den RAUH-Funden war insofern verfehlt, als die aufgeworfenen Fragen durch RAUHS Werk und meinen hier vorliegenden Handbuchband überholt sind. Nützlicher wäre statt dessen gewesen, wenn die bisher ungültigen Namen vieler RITTER-Funde durch zumindest kurze Diagnosen der unterscheidenden Kennzeichen bzw. damit durch gesicherte Namen ersetzt worden wären.

In einer Anzahl von Fällen wurden als Abbildungen stärkere Vergrößerungen gebracht, so auch Stachelbilder, die die Unterschiede deutlicher zeigen. Zur Orientierung über die natürliche Größe verweise ich auf die Angaben der Schlüssel und/oder Beschreibungen, so daß sich erübrigt, jeweils das Größenverhältnis anzugeben. Das gilt für das ganze vorliegende Werk.

Hamburg-Volksdorf, im Januar 1959

CURT BACKEBERG

# INHALT

Vorwort . . . . . . . . . . . . . . . . . . . . XXI
Beschreibender Teil
   *Cereoideae:*
      *Hylocereeae* . . . . . . . . . . . . . . . . . 641
      *Cereeae (Austrocereinae)* . . . . . . . . . . . . 823

# Beschreibender Teil:

CACTACEAE LINDL.

Unterfamilie 3: Cereoideae K. SCH. (Gesamtbschrbg. 46. 1898).

Die Unterfamilie der *Cereoideae* unterscheidet sich von den beiden vorhergehenden durch das Fehlen sichtbarer Blätter sowie von Glochiden und Stachelscheiden; die Samen sind weder ungewöhnlich groß (wie zum Teil bei den *Peireskioideae*), noch beinhart (wie bei den *Opuntioideae*). Die Wuchsform ist sehr verschiedengestaltig. In der mehr tropischen bzw. überwiegend epiphytischen oder kletternden und zu Luftwurzelbildung neigenden Tribus *Hylocereeae* werden meist schlankere bis zierliche, häufig auch hängende, rundliche oder (gegliedert-) kantige, seltener flache und teilweise flach-kurzgliedrig übereinandergestellte Triebe entwickelt, diese manchmal wellig; bei der nicht zur Luftwurzelbildung neigenden, bis auf *Pfeiffera* bodenständigen Tribus *Cereeae* sind die Körper nie flach, stets ± rundlich, wenig- bis vielrippig, baumförmig und zum Teil mit verholztem Stamm, oder strauchig bis zwergig, selten dimorph oder mit anderer Jugendform (zum Teil bei *Peniocereus*), teils cereoid, teils cactoid, und in beiden Formengruppen — besonders deutlich bei letzterer erkennbar — in ein nördliches und südliches Großvorkommen geteilt, deren Blüten- und Fruchtmerkmale verschieden sind. Bei der (bis nach Südamerika reichenden) nördlichen Semitribus werden zum Teil sowohl bei den cereoiden wie bei den cactoiden Formen als Cephalien bezeichnete Schöpfe entwickelt, entweder seiten- oder scheitelständig, zum Teil aus in Warzen aufgelösten Rippen und genäherten Areolen, die Cephalien aus Wolle und zum Teil ± starker Borstenbildung bestehend, erst in vorgerücktem Alter erscheinend, zum Teil aus der Achse hervortretend, manchmal aus etwas eingezogenen Rippen, meist auf diesen sitzend, zuweilen fellartig ± das Stammende umfassend oder zonen- bzw. ringförmig erscheinend, manchmal durchwachsen und später noch blühbar bleibend. (Eine ähnliche cephalioide Stufe bildet die den südlichen *Oreocereus*-Arten verwandte *Morawetzia*.) Die Rippen sind häufig unterteilt, manchmal höckerig, zum Teil spiralig angeordnet, oder es werden nur in bestimmten Schrägzeilen aneinandergereihte Warzen entwickelt. Die Blüten sind aufrecht und regelmäßig oder gebogen und ± schiefsaumig, meist mit ausgebildeter Röhre, zum Teil mit deutlichen Sproßmerkmalen, bis zu solchen, an denen diese ganz reduziert sind, ebenso wie die Röhre, die bei einigen fehlt; die Staubfäden sind am Grunde, seitlich oder in 2(—3) Serien befestigt, der Griffel ist zuweilen sehr lang und dick, manchmal nach Abfallen der Blüte eine Zeitlang sitzenbleibend; die Frucht ist bestachelt bis nackt und glatt, zum Teil mit Deckel, saftig bis fast trocken oder auftrocknend, aufspringend oder zerfallend, die Samen manchmal in einer Art Säckchen und meist etwas ovoid, die Schale sehr verschiedenartig, glänzend bis punktiert oder anders gestaltet, braun bis schwarz; der Keimling ist gekrümmt oder hakenförmig. Meist werden die Blüten aus den Areolen hervorgebracht, bei den *Mamillariae* aus dem Grunde halber oder ganzer Furchen oder aus der Axille. Manchmal werden mehrere Blüten gleichzeitig entwickelt, oder die Areole ist ± modifiziert, gestattet einen mehrfachen Blütenursprung

(*Marginatocereus*), wird dicklich (*Neocardenasia*) oder länglich (*Neoraimondia*) und bleibt mehrere Jahre blühbar. Die Wurzeln werden in den verschiedensten Formen gebildet, faserig, Rüben- oder Pfahlwurzeln, zum Teil mit Knollen, die denen der Dahlien ähneln. Die Ovarien haben nicht selten andere Merkmale als die Frucht, zum Teil werden z. B. Stacheln erst an dieser ausgebildet; proliferierende Fruchtknoten oder Früchte sind normalerweise bei den *Cereoideae* unbekannt. Die Samenstränge sind kurz und einfach bis lang und verzweigt. (Abb. 620.)

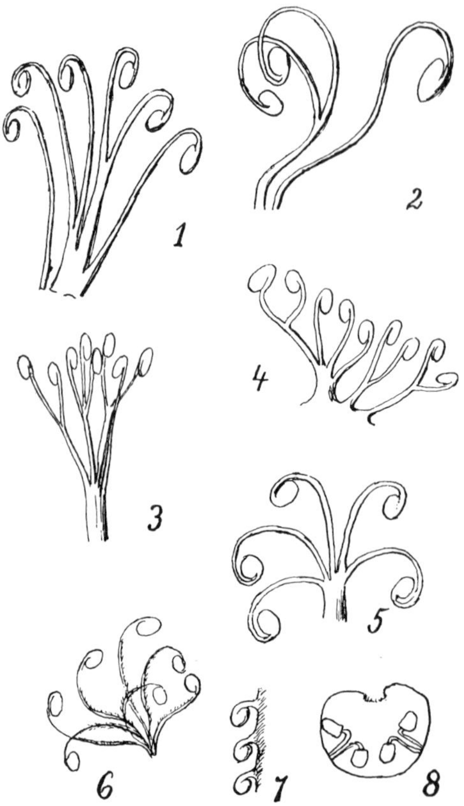

Diese Unterfamilie ist die gattungs- und artenreichste, und viele ihrer Arten wurden erst in neuerer Zeit bekannt; einige Spezies sind ± polymorph, ebenso ist zum Teil die Blütenfarbe sehr variabel. Es war von Fall zu Fall zu beurteilen, ob es notwendig ist, die besonders bei einigen cactoiden Gattungen ziemlich zahlreichen Arten zum Teil wieder zusammenzuziehen, und nach welchen Gesichtspunkten dies erfolgen sollte. Ob es sich bei den formenreichen südlichen Gattungen um relativ jüngere, noch in stärkerer Formenaufspaltung befindliche Gruppen handelt, kann nur vermutungsweise beantwortet werden; möglicherweise beruht die größere Variabilität vieler südlicher Formen auch auf der der Vorläufer; andererseits könnte man eine ganze Reihe, etwa der *Mamillaria*-Arten, ähnlich beurteilen, ja sogar einige Arten des Genus *Cereus* usw. Eine zu weitreichende Zusammenfassung, wie sie z. B. für *Rebutia* vorgeschlagen wurde, erscheint als ebensowenig befriedigend wie die Bezeichnung

Abb. 620. Samenanlagen: 1. Pfeiffera ianthothele WEB.; 2. Wittia panamensis BR. & R.; 3. Philippicereus castaneus (PHIL.) BACKBG.; 4. Arequipa rettigii (QUEHL) OEHME; 5. Leptocereus quadricostatus (BELLO) BR. & R.; 6. Cleistocactus baumannii LEM.; 7. Erythrorhipsalis pilocarpa (LÖFGR.) BERG.; 8. Echinocactus horizonthalonius LEM. (Zchng.: BERGER, aus Entwicklungslinien).

jeder geringeren Formabweichung als Art oder gar als Gattung. Änderungen der bisherigen Benennung konnten nur da vorgenommen werden, wo die Grundlagen hierzu als gesichert und nicht als auf theoretischen Anschauungen beruhend anzusehen sind.

Vorkommen: Von Britisch-Kolumbien (lt. SCHUMANN, nach HOWELLS Katalog), Kanada (Alberta, Manitoba, Assiniboa), mit dem nördlichsten Vorkommen auf ungefähr 52° n. Br., durch die USA (im Osten bis zur Linie

Norddakota—Kansas—Oklahoma—Texas), über Mittelamerika (mit Ausnahme von San Salvador) und Westindien einschließlich der Curaçao-Inseln, nach Südamerika, dort im Norden in Kolumbien, Venezuela und bis Guayana, südwärts durch den Kontinent (mit Ausnahme der Hylaea bis auf Einzelvorkommen bei Manaos und im Nordzipfel an der Grenze von Guayana), um das Amazonasgebiet herumgreifend, auf den Inselgruppen der Galapagos und bis Fernando Noronha im Osten, von NO- über Mittel- bis S-Brasilien, Paraguay, Uruguay, im Westen von Ekuador durch Peru, Bolivien und bis Mittel-Chile sowie in fast allen nördlichen und zentralen Gebieten Argentiniens bzw. ab 40. Breitengrad seiner mehr östlichen Teile bis hinab zum Chubut; dort auf rund 46° s. Br. in der Gegend von Comodoro Rivadavia südlichster Punkt der Verbreitung (*Austrocactus*). *Rhipsalis*-Vorkommen außerdem in Afrika, Madagaskar, Mauritius, Komoren bis Ceylon.

Während die Galapagos-Gattungen nur auf jene Inseln begrenzt sind, gehört der *Monvillea*-ähnliche *Cereus insularis* von Fernando Noronha in die Nähe der kleineren *Cereus*-Arten von N-Brasilien. Beide Vorkommen setzen für die Inselverbreitung die Zeit einer noch bestehenden Landverbindung voraus, *Cereus insularis* von Fernando Noronha, denn die Art ist nur dort vorhanden, mit gegenüber den Festlandsarten in nichts veränderten Gattungsmerkmalen. Das bedingt einen sehr konservativen Charakter derselben, zumindest bei *Cereus*, ja, es ergeben sich daraus vielleicht ganz neue Gesichtspunkte, was die bisherigen Anschauungen über den Verlauf der Entwicklung anbetrifft. Die ,,endemische Brücke der Art von Fernando Noronha" läßt auch die altweltlichen *Rhipsalis*-Vorkommen verständlicher erscheinen. Die von einigen Autoren bisher geäußerte Anschauung, daß es sich bei diesen nur um eine Verschleppung handelt, kann als überholt angesehen werden; einmal steht dem eine umgekehrt-neuweltliche Euphorbiaceen-Verbreitung gegenüber, andererseits hat W. H. Camp in ,,Distribution Patterns in Modern Plants and the Problems of Ancient Dispersals" (Ecol. Monographs, 17: 123—126, 159—183. Apr. 1947) eine Reihe ähnlicher Verbreitungslagen kartiert, von denen sich die der *Strelitziaceae* (bzw. mit der anschließenden Verbreitung der altweltlichen *Trichopodaceae*) eine auffällige Übereinstimmung mit der Gesamtverbreitung der *Rhipsalis*-Arten bzw. mit der der *Velloziaceae* ergibt. Die altweltliche *Rhipsalis*-Verbreitung verlangt also ganz offenbar, gründlicher in die modernen Untersuchungen eingebaut zu werden, als es bisher geschah.

Tribus 1: Hylocereeae Backbg.[1]) (1942) (Hylocacteae Backbg., BfK. 1935—10)

Eine mehr tropische Gruppe epiphytischer, hängender, halbepiphytischer oder kletternder Pflanzen mit der Neigung zur Luftwurzelbildung. Sie stellen innerhalb der Unterfamilie zweifellos auf Grund dieser Kennzeichen eine besondere Formengruppe dar und wurden daher von mir als eigene Tribus zusammengefaßt. Sie stehen gleichsam geographisch zwischen den *Austrocereeae* und *Boreocereeae*, wenn sie auch ganz natürlich in deren südlichen und nördlichen Verbreitungsraum hineinreichen. Folgt man der Anschauung, daß die ausgeprägten sukkulenten Formen beider Großverbreitungsräume seit sehr langen Zeiten durch den mehr tropischen

---

[1]) Die Tribus 1 umfaßt die epiphytischen bzw. luftwurzelbildenden Subtribus 8: *Rhipsalidanae* Bn. & R., 7: *Epiphyllanae* Br. & R. und 2: *Hylocereanae* Br. & R., ihrer Tribus 3: *Cereeae* Br. & R.

Raum getrennt waren und dies auch zu der zu beobachtenden Merkmalstrennung beitrug, so sind die *Hylocereeae* die mehr, zumindest längere Zeit im Jahr, an feuchtwärmere Lebensbedingungen angepaßten Vertreter der Familie.

Vorkommen: Nordgrenze der Verbreitung sind die südlichen USA (S-Texas—Florida), ferner finden sich die Gattungen und Arten vom Nordosten und dem wärmeren Westen Mexikos her bis zu dessen südlicherer Pazifikregion und südwärts durch Mittelamerika bis Panama, sowie in Westindien (ohne Curaçao) bis zum nördlichen Küstengebiet Venezuelas und Kolumbiens, bis Guayana, weiter nach Süden — mit einer Enklave im Amazonasraum bei Manaos — vom wärmeren S-Ekuador über N-Peru sowie um die Hylaea herum in O-Peru, O-Bolivien, dann von NO-Brasilien her im weiteren Küstenbereich über das südliche bzw. das mittlere W-Brasilien und Paraguay, sich mit dem von Nordwesten herabreichenden Vorkommen vereinigend, bis in das nördliche Argentinien vordringend, und zwar westlich bis Tucuman, südöstlich bis zum Staat Buenos Aires, einschließlich auch Uruguays; *Rhipsalis* außerdem in den obengenannten altweltlichen Räumen vom südlichen Afrika bis Ceylon.

Subtribus 1: Rhipsalidinae BACKBG.

Epiphyten mit buschigem, aufrechtem oder hängendem Wuchs und ± zierlicheren, verschieden gestalteten Trieben, kahl, beborstet oder bestachelt, zum Teil mit abweichender Kurz- oder Jugendform; Blüten klein oder ziemlich groß, regelmäßig oder schiefsaumig; Röhre fehlend oder ausgebildet; Fruchtknoten rund oder gekantet, kahl oder beborstet; Samen klein; Tagblüher.

Diese Epiphyten gehören fast alle den wärmeren, meist feuchteren Regionen an, selten sind sie in trockeneren Gebieten und dann zum Teil an der Baumrinde emporstrebend. Es lassen sich zwei Sippen unterscheiden: eine mit normalerweise seitlichen Blüten (nur scheinbar gipfelständige selten vorkommend) und solche mit stets scheitelständigen Blüten, d. h. aus einer Großareole hervorbrechend, in der dann normalerweise auch die Verzweigung erfolgt.

Innerhalb dieser Sippen sind bei den *Rhipsalidinae* unbestachelte und bestachelte Gattungen erkennbar, bei den *Epiphylloides* (mit scheitelständigen Blüten und Verzweigungen) eine Untersippe, deren Gattungen eine gipfelständige Großareole als Blütensitz haben, die Triebe selbst teils mit dünnstachligen Areolen, teils ohne solche, die Zweige rund, keulig oder auch kantig; bei einer anderen Untersippe sind die letzteren rund oder sogar klein-opuntioid, die Areolen allseitig; bei einer dritten Untersippe, deren Gattungen sämtlich epiphylloide übereinanderstehende Triebe bilden, sind die Blüten der einzelnen Gattungen sehr unterschiedlich geformt.

Über die Entwicklungsgeschichte der Blüten lassen sich nur theoretische Erwägungen anstellen. Die älteste Gruppe sind offenbar, wegen der weiten und zum Teil auch altweltlichen Verbreitung, die *Rhipsalides*. Hier ist die Röhre ganz reduziert, die Samenstränge sind kurz; eine solche Tendenz scheint (*Pseudozygocactus*) in allen Gruppen vorhanden gewesen zu sein; daneben sind zum Teil spezialisierte größere, regelmäßige bis zygomorphe Blüten entstanden, bzw. wurde in der Gruppe der scheitelblühenden und -verzweigten „Epiphylloides", und zwar neben kleinblütigen, in einem Falle sogar eine echte Perigonröhre entwickelt. Mit Sicherheit konnte daher nur nach den Gruppenmerkmalen der Gestalt und des Blütenursprunges gegliedert werden, zugleich der zweckmäßigsten Ordnung für die Bestimmung.

Vorkommen: Von Florida her im allgemeinen Verbreitungsraum der *Hylocereeae*, d. h. in Peru im küstennahen Norden sowie im Innern, ebenso in O-Bolivien, von Tucuman in N-Argentinien bis zum Staate Buenos Aires und in NO- bis S-Brasilien, einige *Rhipsalis*-Arten auch in der Alten Welt (s. oben).

Sippe 1: Rhipsalides BACKBG.

Epiphyten mit seitlichen Blüten, nur gelegentlich scheitelnahe gebildet, aber keine ausschließlich endständigen. — Verbreitung wie unter ,,Rhipsalidinae" angegeben.

Untersippe 1: Eurhipsalides BACKBG.

Verschiedenartig gestaltete, meist hängende Epiphyten, kahl oder beborstet; Blüte und Frucht klein; Röhre ± fehlend; Blütenhülle offen oder mehr glockig; Blütenfarbe weißlich, krem oder rötlich; Samenstränge reduziert, Samenanlagen ± sitzend; Keimling hakenartig gekrümmt; Keimblätter blattartig bis stärker reduziert (z. B. *Rh. shaferi*); Jungsämlinge daher dann zum Teil denen mancher Cereen ähnelnd.

### 20. RHIPSALIS GAERTNER.

De Fruct. et Seminibus plant., I : 137. 1788

[*Hariota* ADANS. non DC., Fam. Pl. 2. 243. 1763. — *Cassyt(h)a* J. MILL. non P. MILL. non L., Ind. Sex. Syst. LINN., 1771—7. 1800[1])]

Gewöhnlich epiphytisch wachsende Pflanzen, nur gelegentlich in humosem Grund oder auf Felsen kletternd, meist hängend und unregelmäßig Luftwurzeln bildend, Wurzeln stets faserig; Triebe vielgestaltig und oft verschiedenartig bzw. Kurz- und Langtriebe entwickelnd, diese rund, kantig oder blattartig, dünn bis breitrundlich und ziemlich fest; Blätter fehlend, statt dessen zum Teil winzige Schuppen, die Areolen oberflächlich, meist klein, kahl, mit Härchen oder Borsten; Blüten meist einzeln, auch zu mehreren gleichzeitig, nur einmal und zu jeder Tageszeit öffnend bzw. nachts geöffnet bleibend (bis zu 8 Tagen dauernd), ziemlich klein; Hüllblätter gering an Zahl, manchmal nur 5, selten zurückgebogen;

Abb. 621. Rhipsalis-Sämlinge. (Zchg.: BERGER.)

Staubfäden zahlreich oder wenige, ein- oder zweireihig; Griffel aufrecht; Narben wenige; Röhre so gut wie völlig reduziert; Ovarium klein, freistehend (Frucht rundlich, höchstens schwach länglich, nur wenn unreif manchmal etwas kantig, später saftig bis schleimig, weiß bis dunkelfarbig, meist nackt, selten etwas borstig, zuweilen mit einigen Schüppchen; Samen klein, braun bis schwarz, meist wenige, seltener zahlreich; Sämlinge ähnlich z. B. denen von *Cereus* MILL. (Abb. 621).

---

[1]) *Cassytha* in Mill. Gard. Dict. ed. 8. 1768, non L., irrtümlich zu *Rhipsalis* GAERTN. gestellt, ist ein Homonym von LINNÉS *Laurac.* Genus *Cassytha*.

Die Triebe einiger Arten sind zweigestaltig, wie dies auch bei *Lepismium* vorkommt, d. h. Kurz- oder Ersttriebe sind stärker beborstet und daher nicht selten den Lang- oder späteren Trieben ziemlich unähnlich [besonders auffällig z. B. bei *Lepismium megalanthum* (LÖFGR.) BACKBG.].

Ein interessantes Beispiel dafür, wie kritisch man in der Bewertung der Samenmerkmale sein muß, ist die außerordentliche Merkmalsvielfalt der *Rhipsalis*-Samen. Abgesehen von ihrer Farbe, die von hellbraun über alle Schattierungen bis schwarz reicht, stark glänzend bis ± matt, kann die Oberfläche glatt, fein gestrichelt, skulptiert, gekörnt oder gestreift, auch in der Größe verschieden sein. Vor allem ist es die Form, die äußerst vielfältig ist: länglich, unregelmäßig, kantig, nieren-, sichel-, spindel-, umgekehrt-eiförmig, bis schiefbirn- und elliptisch-kahnförmig (flohförmig: VAUPEL), zusammengedrückt, beidseitig gespitzt, geschnäbelt, einseitig gespitzt und schiefnabelig.

Wie durch A. BRANDT (Berggarten, Hannover) beobachtet wurde, scheiden die *Rhipsalis*-Arten häufig Nektartröpfchen aus, die an der Luft rasch erhärten, worauf sich durch Pilzbefall oft stärkere Rußtaubildung zeigt. Diese Nektarausscheidung geht der Sproßbildung voran. Sie scheint also extranuptialen Nektarien zu entspringen, für die alle vorerwähnten Erscheinungen kennzeichnend sind. Eingehendere Untersuchungen dieses Vorganges stehen meines Wissens noch aus (s. hierzu W. WEINGART, MfK. 59. 1920).

Während K. SCHUMANN und — nach BRITTON u. ROSE — auch VAUPEL alle *Lepismium*-Arten unter *Rhipsalis* einbezogen, haben BRITTON u. ROSE *Lepismium* als eigene Gattung abgetrennt, weil „die Blütenblätter an der Basis zu einer kurzen Röhre verbunden sind". VAUPEL bezeichnete das nur als „am Grunde verwachsen". CASTELLANOS hat in seinem „Katalog von *Hariota* und brasilianischen *Rhipsalis*-Arten" (Rio de Janeiro 1938) ebenfalls alle *Lepismium*-Arten wieder zu *Rhipsalis* einbezogen (und dabei zum Teil, wie bei einigen *Rhipsalis*, „var." in „for." umbenannt; da dies nicht dem sonstigen Gebrauch in der Kakteenliteratur entspricht, belasse ich es bei der einheitlichen Schlüsselbezeichnung „var.", zumal ich unter „Form" feinere Merkmalsunterschiede verstehe, etwa, wie man sie bei der Bestachlung gewisser chilenischer Kugelkakteen beobachten kann usw.). Ich folge bezüglich *Lepismium*, wie bereits im Kaktus-ABC, der Auffassung BRITTON u. ROSES, wenn auch weniger wegen des Vorhandenseins einer Art „kurzer Röhre", als wegen des anderen von PFEIFFER gegebenen Merkmals „tubo omnino immerso", d. h. das, was K. SCHUMANN (in Gesamtbschrbg. 614—615. 1898) „Fruchtknoten eingesenkt" nennt. Dieses von PFEIFFER erwähnte Kennzeichen scheint mir bisher zu wenig Beachtung gefunden zu haben und eine Trennung durchaus zu rechtfertigen, denn es kann dabei zu ungewöhnlichen, lochartigen Vertiefungen des Triebes kommen, wie ich sie bei *L. megalanthum* abgebildet habe und sonst nicht hervorgehoben finde.

Im Zweifel über die *Rhipsalis*-Zugehörigkeit könnte man sein bei *Rh. clavata* und *Rh. penduliflora* (die von BRITTON u. ROSE irrtümlich mit *Rh. cribrata* zusammengefaßt wird; bei dieser entstehen aber die Staubblätter auf einem roten Ring, bei jener nicht). Für alle wird meist angegeben „Blüten endständig": BERGER sagt „fast endständig", VAUPEL „Blüten nur an den obersten Areolen", und BRITTON u. ROSE sprechen richtiger von „generally terminal". Abbildungen zeigen scheitel- wie auch hochseitenständige Blüten. VAUPELS „Gruppe III: *Cribratae*", deren Arten dieses Merkmal gemeinsam ist, mag eine Art Übergangsstufe zu *Hatiora* sein bzw. ihnen dort die gestreckt-dünne *H. bambusoides* am nächsten stehen. Offensichtlich handelt es sich bei den „*Cribratae*" nicht um ausschließlich bzw. echt scheitelständig blühende Arten, so daß sie unter *Rhipsalis* belassen werden konnten. *Hatiora* weicht auch durch ganz andere Blütenfarbe ab.

VAUPEL hat (in „Die Kakt.", 23. 1925) zu *Rhipsalis* nicht nur *Lepismium* einbezogen, sondern auch *Pfeiffera, Pseudorhipsalis* (*Rh. himantoclada*), *Erythrorhipsalis* (*E. pilocarpa*), *Acanthorhipsalis* [z. B. *Rh. asperula* — *C. micranthus* VPL. non *Rh. micrantha* (HBK.) DC.] und *Hatiora*, d. h. er gliederte nach „Arten mit Stacheln oder Borsten am Fruchtknoten" (*Erythrorhipsalis* und *Pfeiffera*) sowie „Arten mit Fruchtknoten ohne Stacheln und Borsten" und teilte letztere in 13 Gruppen auf, einschließlich *Hatiora* (Gruppe 4: *Salicornioides*), *Acanthorhipsalis* (Gruppe 10: *Monacanthae*) und *Lepismium* (die Gruppen 6: *Floccosae*, 7: *Paradoxae*, 13: *Myosurae*). *Pseudorhipsalis himantoclada* bezog er in seine Gruppe 12: *Ramulosae* ein.

CASTELLANOS hat, wie oben erwähnt, in seinem „Katalog von *Hariota* und brasilianischen *Rhipsalis*" und in seiner Arbeit „Rhipsalis Argentinas", Buenos Aires 1925 (Anal. Mus. Nac. Hist. Nat., XXXII: 477—499) nur *Hatiora* und *Rhipsalis* anerkannt und *Pfeiffera* in seine Tribus „*Rhipsalidae*" aufgenommen. In seinem Schlüssel übernahm er die SCHUMANNSchen *Rhipsalis*-Untergattungen ohne *Epallagogonium*, aber einschließlich U.-G. *Acanthorhipsalis* K. SCH., die BRITTON u. ROSE als eigenes Genus abtrennten. Das BERGERsche Subgenus *Trigonorhipsalis* ist — weil erst später aufgestellt — auch nicht darin

Abb. 622.
Zeichnung von MOCIÑO u. SESSÉ nach DE CANDOLLE:
Rhipsalis cassytha mociniana DC.

enthalten. Inzwischen hat sich die Auffassung der amerikanischen Autoren betreffs eigener Stellung von *Acanthorhipsalis* durchgesetzt (s. auch die Neubeschreibungen von CARDENAS), und BERGER wies nach, daß *Pfeiffera* nichts mit den „*Rhipsalidae*" zu tun hat. Er sagt in „Entwicklungslinien", 42, 1926: „Die Pflanze wächst zwar epiphytisch, erzeugt aber keine Luftwurzeln; sie hat nichts mit den Rhipsalideen gemein, das zeigen auch die langen, fast einfachen Samenstränge, die ganz von denen der Rhipsalideen abweichen und vielmehr denen von *Aporocactus, Borzicactus, Disocactus* und *Wittia* gleichen." Man kann hinzusetzen: durch die bestachelten Blüten und Früchte der kleinen aufrechten Sträucher ähnelt sie eher einem zwergigen *Corryocerei*-Verwandten als den *Rhipsaliden*; sie wurden daher von mir auf Grund der BERGERschen Darlegungen als mögliches Relikt sonst verlorengegangener Kleinformen zu den luftwurzellosen „Cereeae" gestellt, und zwar an den Anfang, als eine Art Zwischenstellung, die man auch in dem Fehlen von Luftwurzeln einerseits, der Samenstrangähnlichkeit andererseits mit einigen *Hylocereeae*, sehen könnte.

Die von CAMPOS-PORTO und WERDERMANN zu *Rhipsalis* gestellte *Rh. epiphylloides* (und ihre v. *bradei* CAMP.-P. & CAST.) hat CASTELLANOS 1938 zu *Hariota* (jetzt: *Hatiora*) gestellt, während ich dafür das Genus *Pseudozygocactus* aufstellte, und zwar aus folgenden Erwägungen: Man kann meines Erachtens nicht *Acanthorhipsalis* auf Grund der abweichenden Habitusmerkmale abtrennen (die Blütenunterschiede sind minimal, wie *A. paranganiensis* CARD. zeigt; *A. incahuasina* CARD. ist vielleicht eine Übergangsposition etwa zu *Pfeiffera*, wie letztere bei den *Cereeae* der Übergang zu den „Acanthorhipsaliden" ist) aber „*Rh. epiphylloides*" zu *Rhipsalis* stellen, wenn es mit *Epiphyllopsis*, *Schlumbergera* und *Zygocactus* eine gleichsam form-einheitliche Gruppe gibt, in der regelmäßige und schiefsaumige bzw. spezialisierte Blüten vorhanden sind, so daß eigentlich nur noch die entgegengesetzte Stufe, nämlich die extreme Reduktion der Röhre, fehlt. Als solche habe ich *Rh. epiphylloides* angesehen, die — wie allein schon der Name sagt — eher hierher zu gehören scheint. Theoretisch kann man freilich alle möglichen Beziehungen erarbeiten; die offensichtliche Formeinheitlichkeit läßt das aber als unnötig erscheinen. Scheitelständige Blüten sind auch nicht nur für *Hatiora*, sondern für alle „*Epiphylloides*" charakteristisch, und da hier alle Triebe ebenso entstehen, benannte ich die Sippe dementsprechend (wenn auch eine solche Tendenz bei den *Rhipsalis* vorhanden ist; bei diesen werden die Blüten aber nicht ausschließlich scheitelständig entwickelt).

Soviel zur Begründung meiner Aufteilung dieser umstrittenen Epiphytengruppe. Bleibt noch ein Wort über die „afrikanischen *Rhipsalis*" zu sagen. Nach BRITTON u. ROSE wurden acht altweltliche Arten beschrieben. Nach ROLAND-GOSSELIN (Bull. Soc. Bot. France, 59: 97—102, 1912) sind sie alle mit neuweltlichen zu identifizieren:

| | |
|---|---|
| Rh. cassutha mauritiana DC. | Rh. cassutha GAERTN. |
| — aethiopica WELW. | Rh. cassutha GAERTN. |
| — comorensis WEB. | Rh. cassutha GAERTN. |
| — zanzibarica WEB. | Rh. cassutha GAERTN. |
| Cactus pendulinus SIEB. — Rh. pendulina BERG. | Rh. cassutha GAERTN. |
| Rh. erythrocarpa K. SCH. | Rh. lindbergiana K. SCH. |
| Rh. madagascarensis WEB. | Rh. fasciculata (WILLD.) HAW. |
| — v. dasycerca WEB. | Rh. fasciculata (WILLD.) HAW. |
| Rh. suareziana WEB. | Rh. prismatica RÜMPL. |

Nun sagt aber BERGER (MfK. 2, 1920), daß *Cactus pendulinus* SIEB. eine gute Art ist, die er in La Mortola beobachtete, sowie eine zweite Art von der Insel Mauritius (anscheinend namenlos). WEBER selbst hat *Rh. madagascarensis* WEB. (nach BERGER mit ihr identisch: *Rh. pilosa* WEB.), und damit v. *dasycerca*, als wohl mit *Rh. fasciculata* identisch angesehen. *Rh. erythrocarpa* K. SCH. wurde später als identisch mit *Rh. lindbergiana* erachtet. Ob es sich bei der von BERGER erwähnten „zweiten Mauritiusart" um *Rh. cassutha mauritiana* DC. handelt, ist nicht festzustellen.

Betrachtet man aber SCHUMANNs Schlüssel, so ergibt sich folgendes:

Rh. cassutha hat die Merkmale: Glieder alle ziemlich gleich lang, später nicht stark borstig, laubgrün; Verzweigung gabelig, selten wirtelig; Beere kugelig; Frucht und Ovarium unbeschuppt.

Rh. comorensis WEB.: ist als hellgelbgrün beschrieben, Glieder stets wirtelig.

Rh. zanzibarica WEB.: Beere ellipsoidisch.

Rh. aethiopica WELW. aus Angola: wird von VAUPEL nicht näher beschrieben.

Rh. pendulina (SIEB.) BERG.: wird von BERGER als eigene Art angesehen, bzw. er sagt „sicher eine verschiedene Art", macht aber keine weiteren Angaben.

Rh. lindbergiana K. SCH.: hat nach SCHUMANN und VAUPEL eine sehr kleine, kaum 2—3 mm dicke Beere, hellrot, mit 1—2 Börstchen.

Rh. erythrocarpa K. SCH.: hat dagegen eine weißrote Beere (in der Beschreibung: purpurrot), 5—6 mm Durchmesser (!), nur beschuppt.

Rh. fasciculata (WILLD.) HAW.: war SCHUMANN anscheinend unbekannt, bzw. er stellte den Namen zu Rh. cassutha.

Abb. 623. Rhipsalis cassutha GAERTN., wildwachsend an Kalkfelsen in den Guanajay-Bergen, Kuba. (Foto: C. F. BAKER.)

VAUPEL beschreibt sie als mit vielgliedrigen kurzen Wirteln verzweigt, Triebe keulig bis zylindrisch (BR. & R.); nach BRITTON u. ROSE ist die Beere samtig und borstig.

Rh. madagascarensis WEB.: entwickelt nach SCHUMANN zuerst kurze, dann längere und stark borstige Triebe; bei der Beere ist in SCHUMANNS Beschreibung nichts von „samtig" oder „mit Borsten" gesagt, ebensowenig bei VAUPEL, bei SCHUMANN aber „schuppig".

Rh. prismatica RÜMPL.: wird von SCHUMANN ausdrücklich (als Rh. tetragona) beschrieben: „Kurztriebe an den Enden der Langtriebe spiralig aufgereiht, an der Spitze rot." Ebenso lautet VAUPELS Beschreibung.

Rh. suareziana WEB. (von DIEGO-SUAREZ): SCHUMANN beschreibt die Kurztriebe als hellgrün, sehr zahlreich längs der ganzen Langtriebe spiralig aufgereiht.

Im Gegensatz zur Ansicht von ROLAND-GOSSELIN läßt sich also nirgends eine völlige Übereinstimmung zwischen den jeweils für identisch gehaltenen Arten feststellen, und man kann auch nicht SCHUMANNS bewährt exakte Angaben einfach übergehen. Es ist daher verständlich, wenn BRITTON u. ROSE sich jeder Identifizierung enthalten, sondern von „supposedly distinct species" sprechen. und daß sie nicht alle nachprüfen konnten, „womit die interessante Frage auftaucht, ob die altweltlichen Pflanzen als dort beheimatet oder eingeführt angesehen werden müssen". Ich kann mich nur dieser vorsichtigen Ansicht anschließen; aber obige Unterschiede geben doch zu denken. Eine Reihe von *Rhipsalis*-Arten ist nur relativ geringfügig voneinander unterschieden, gerade in der Series 2: *Cereusculae* von BRITTON u. ROSE. Die Merkmale können (wie auch z. B. *C. insularis* zeigt, der überaus lange vom Festland getrennt sein dürfte) sehr konservativ sein, so daß einerseits eine lange natürliche Trennung der altweltlichen Arten keine Entwicklung zu entscheidenderen Unterschieden bedingen muß; andererseits ist z. B. *Rh. cassutha* eine so sehr vagabundierende Art, daß eine weite altweltliche Verbreitung auf natürlichem Wege vielleicht auch anders erklärbar ist, wenn wir mehr über die frühzeitlichen Verhältnisse wissen, bzw. welche anderen Möglichkeiten noch zur Verbreitung gegeben waren, als nur etwa durch den Menschen. Ich schließe mich daher dem ebenfalls vorsichtigen Vorgehen VAUPELS, der die altweltlichen Arten nicht einfach als Synonyme anführt, an. und nenne sie getrennt bei den jeweiligen Arten, denen sie am nächsten stehen[1]). (Abb. 622, 623).

Typus: *Rhipsalis cassutha* GAERTN.[2]). — Typstandort nicht näher angegeben.

Vorkommen: wie für die U.-Sippe *Eurhipsalides* angeführt.

### Schlüssel der Arten:

Glieder ± stielrund, d. h. nur bei Schrumpfung etwas gefurcht, nicht ausgesprochen borstig, die Triebe untereinander nicht wesentlich verschieden, oder Kurz- und Langtriebe bildend, die Kurztriebe dichter gestellt und zum Teil in der Jugend etwas kantig oder schwach ge-

---

[1]) Alle, die dieses Problem ernsthafter erwägen, als es in jüngerer Zeit von einigen Autoren geschehen ist, seien auf die sehr ausführlichen und interessanten vergleichenden Angaben K. SCHUMANNS in MfK. 1: 6. 77, 1891 verwiesen, in denen er auch eine große Anzahl exakt ermittelter altweltlicher Standorte angibt, die eine andere als natürliche Verbreitung so gut wie ausgeschlossen erscheinen lassen.

[2]) Für seine Untergattungen gibt SCHUMANN keinen Typus an.

furcht (± Gleichtriebige: *Homoiomerae* K.
Sch., Kurz- und Langtriebige: *Heteromerae*
K. Sch.) . . . . . . . . . . . . . . .    U.-G. 1: Rhipsalis

Fruchtknoten unbeschuppt
  Endglieder weniger als 8—12 mm dick
    Blüten können breiter als 2 cm werden
      Einzeltriebe kurz und dicht; Jungtriebe mit
        einigen Haaren
        Seitentriebe unverzweigt . . . .    1: **R. mesembryanthemoides** Haw.
        Seitentriebe verzweigt
          Blüten hoch- oder spitzenständig    2: **R. cereuscula** Haw.
          Blüten kleiner, Scheibe, Ovarium
          und Basis der Staubfäden rot    2a: v. **rubrodisca** (Löfgr.) Cast.

Einzeltriebe nicht kurz und dichtstehend, ohne
  auffällige Borsten, zylindrisch, selten ±
  keulig, dünn, kurz oder verlängert
Areolenschuppen zum Teil fehlend oder oft
  unscheinbar, nicht häutig
  Endglieder dünn, bis 2,5 mm ⌀, ziemlich
    kurz
    Jungglieder, bzw. einige, kantig, Areolen
      mit Haaren
      Ohne lange, fadenförmige Luftwurzeln    3: **R. prismatica** (Lem.) Rümpl.

      Mit langen, fadenförmigen und dicho-
        tomisch geteilten Luftwurzeln .    4: **R. simmleri** Beauv.
    Jungglieder nie kantig, alle zylindrisch
      oder ± keulig
      Glieder keulig; Blüten scheitelnah
        Knospe gelb . . . . . . . .    5: **R. clavata** Web.
        Knospe weiß (reichblühend) .    5a: v. **delicatula** Löfgr.
      Glieder zylindrisch
        Endglieder bis 2,5 mm ⌀ . . .    6: **R. campos-portoana** Löfgr.
        Endglieder ca. 1,5—2 mm ⌀
          Pflanzen steif
            Areolen rot . . . . . . .    7: **R. heteroclada** Br. & R.
          Pflanzen durchbiegend weich
            Areolen nicht rot
              Wuchs hängend
                Blüten grünlichweiß oder
                  gelblich, 5—6 mm
                  breit (Blüten seiten-
                  ständig) . . . . . .    8: **R. capilliformis** Web.
              Blüten weiß oder fast
                weiß, ca. 8 mm breit
                Langtriebe di- bis tri-
                chotomisch . . . .    9: **R. burchellii** Br. & R.

Wuchs mehr spreizend
  Blüten häufig spitzenständig, Ovarium halbkugelig, Staubfäden gelb, auf rotem Ring (Endtriebe fast wirtelig) . . .   10: **R. cribrata** Lem.
  Blütenblätter rot gespitzt, Staubfäden am Grunde lachsfarben, nicht auf rotem Ring, Ovarium birnförmig . . . .   11: **R. penduliflora** N. E. Brown

Endglieder 3—6 mm ⌀
  Endglieder deutlich kürzer als die übrigen, oft wirtelig
    Pflanzen weich, hängend
      Blüten nicht halbglockig, 9—12 Staubblätter .   12: **R. cassutha** Gaertn.
      Blüten halbglockig, 6—8 Staubblätter . . . .   13: **R. cassuthopsis** Backbg. nom. nov.
    Pflanzen steifer, nicht ausgesprochen hängend
      Endglieder dünner . . . .   14: **R. virgata** Web.[1])
      Endglieder kräftig. . . . .   15: **R. teres** (Vell.) Steud.
  Endglieder nicht deutlich kürzer als die anderen
    Areolen nicht deutlich borstig, engstehend (6 mm entfernt)
      Zweige untereinander, nicht wirtelig . . . . . .   16: **R. densiareolata** Löfgr.
    Areolen engstehend (bis 6 mm entfernt) mit 2 schwarzen Borsten
      Zweige gabelig bis wirtelig
        Petalen rosa bis weiß .   17: **R. lindbergiana** K. Sch.
      Areolen über 1 cm entfernt
        Petalen grünlichweiß .   18: **R. shaferi** Br. & R.
        Petalen rötlichpurpurn .   19: **R. pulchra** Löfgr.
  Areolenschuppen (nach Br. & R.) weiß, ansehnlich, häutig und anliegend, in der Jugend mit Borsten
    Endglieder 3 mm ⌀, später borstenlos .   20: **R. loefgrenii** Br. & R.

[1]) Fruchtknoten nur ausnahmsweise geschuppt.

Endglieder bis 1,5 cm (—2 cm) dick
    Blüten nicht eingesenkt (wie bei
    R. grandiflora, mit der sie BRIT-
    TON u. ROSE identifizieren),
    2 cm breit . . . . . . . . .    21: **R. hadrosoma** LINDBG.

Fruchtknoten beschuppt (1 Schuppe, 0,5 mm lang)
Endglieder kaum 1 mm dick
  Triebe gabelig
    Areolenschuppen winzig und hinfällig, daraus
    zuweilen nur ein Börstchen
      Blüten nur 2 mm lang, Hüllblätter
      nur 0,5 mm lang, Ovarium ellip-
      soidisch . . . . . . . . . .    22: **R. minutiflora** K. SCH.

Glieder stielrund, stets mit Borsten (nur zum Teil im
  Alter verkahlt) . . . . . . . . . . .    U.-G. 2: Ophiorhipsalis K. SCH.
  Areolenschuppen fehlend oder unscheinbar
    Areolen alle mit angelegten Borsten . . .    23: **R. aculeata** WEB.
    Areolen mit 5—8 steifen, hornfarbigen
    Borstenstacheln, spreizend (im Alter ab-
    fallend) . . . . . . . . . . . . .    24: **R. lumbricoides** (LEM.) LEM.
    Areolen mit einem Büschel brüchiger wei-
    ßer, bis 4 mm langer, nicht sehr steifer
    Borstenhaare . . . . . . . . . . .    25: **R. fasciculata** (WILLD.) HAW.
  Areolenschuppen weiß (oder braun, nach
  VAUPEL), anliegend und ansehnlich (nach
  BR. & R.)
    Areolen mit 1—5 glasig-weißen, angedrück-
    ten Borsten, bis 4 mm lang . . . . .    26: **R. leucorhaphis** K. SCH.

R. madagascarensis WEB. gehört offenbar in diese Untergattung, unterscheidet
sich aber von R. fasciculata (s. dort).

Glieder deutlich gekantet oder gerippt, einige kantige
  manchmal teilweise abgeflacht (nur Ar-
  ten mit mehr als 3 Kanten bildenden
  Trieben oder zumindest teilweise deut-
  licher Rippenbildung) . . . . . . .    U.-G. 3: Goniorhipsalis K. SCH.
  Triebe stets mehrkantig
    Glieder schlank, 5—6rippig, bis 15 mm ⌀
      Blüten zu mehreren . . . . .    27: **R. pentaptera** PFEIFF.
    Glieder ganz zierlich-7rippig, nur höchstens
    5 mm ⌀, fein punktiert
      Blüten einzeln . . . . . . . .    28: **R. heptagona** RAUH & BACKBG.
    Glieder ungerippt (flach-)5kantig
      Blüten einzeln (roter Areolen-
      fleck) . . . . . . . . . . .    29: **R. sulcata** WEB.
  Triebe kantig, aber mitunter teilweise abgeflacht
    Blüten einzeln

Glieder 3—4kantig, schlank, nur bis 8 mm breit, manchmal teilweise abgeflacht, hellgrün . . . . . . . . . . . . . . 30: **R. micrantha** (HBK.) DC.

Glieder 4—5kantig (auch 7kantig), Endtriebe oft 3kantig oder manchmal teilweise abgeflacht . . . . . . . . . . 31: **R. tonduzii** WEB.

Triebe mit bis 4rippigen Ersttrieben, Endglieder flach-elliptisch
  Blüten zu 1—3
    Glieder 3—4rippig (Rippen bis 2,5 cm hoch) und/oder auch zum Teil abgeflacht, bis 11,5 cm lang, bis 5 cm breit, Kanten oft rötlich (Übergangsform zu *Phyllorhipsalis?*). . . . . . . . . . . . . . 32: **R. triangularis** WERD.

Triebe dreiflächig, scharfkantig
  Blüten bis 4 gleichzeitig
    Glieder nur ausnahmsweise vierflächig, bis 10 cm lang, 17 mm $\varnothing$, Blüten weiß . . 33: **R. cereoides** BACKBG. & VOLL.

Glieder in den End- oder Haupttrieben blattartig, nur einige Arten mit 3kantigen Ersttrieben, diese oft auch stielrund (Arten mit normalerweise mehr als 3kantigen oder mit gerippten Trieben s. bei U.-G. *Goniorhipsalis*). . . . . . . . . . . . . . U.-G. 4: Phyllorhipsalis K. SCH.

Glieder tief gesägt, nicht geschweift oder gekerbt
  Ersttriebe stielrund
    Endtriebe (deren Basis auch stielrund) flach, dünn
      Blüten nickend . . . . . . . . . . . . . 34: **R. houlletiana** LEM.

Glieder nicht tief gesägt, nur gekerbt oder geschweift
  Blüten nicht nickend
Haupttriebe sehr schmal, flach und 3kantig (nur ausnahmsweise 4kantig), linear-lang
  Triebe nicht rot gerandet
    Kerbung deutlich
      Triebe nur bis 1 cm breit, selten etwas mehr, 2—3kantig
        Ohne deutliche Mittelrippe
          Frucht schwarz . . . . . . . . . . 35: **R. warmingiana** K. SCH.

        Mit deutlicher Mittelrippe
          Frucht weiß . . . . . . . . . . . 36: **R. linearis** K. SCH.

  Triebe rot gerandet
    Kerbung deutlich
      Triebe meist bis 2 (—3) cm breit, teilweise 3kantig oder stielartig
        Mit Rippenfurche, wenn 3kantig
          Fruchtknoten scharf 3kantig, Blüte wenig geöffnet . . . . . . . . 37: **R. gonocarpa** WEB.

Haupttriebe nicht ausgesprochen linear, Ersttriebe
    zum Teil kantig, dann auch Blattriebe
    bildend
  Ersttriebe oft kantig
    Kerbung deutlich
      Ersttriebe oft 3kantig
        Endtriebe 1,5—2 cm breit (selten auch
          4kantige Ersttriebe), fest (Triebe nur
          hellgrün) . . . . . . . . . . . . . . 38: **R. roseana** BERG.
        Endtriebe bis 3 cm breit, oft rötlich . . 39: **R. rhombea** (SD.) PFEIFF.
      Ersttriebe höchstens an der Basis schwach
        4kantig, sonst flach
        Endtriebe bis 2 cm breit, dünn und flach
          Areolen mit bis zu 10 Borsten, 2 mm
          lang . . . . . . . . . . . . 40: **R. boliviana** (BRITT.) LAUTERB.
    Kerbung undeutlich bzw. flach
      Ersttriebe meist 3kantig
        Endtriebe oft auch 3kantig, weich, nicht
          gestielt . . . . . . . . . . . . 41: **R. wercklei** BERG.
      Ersttriebachse kantig
        Endtriebe mit stieliger Basis, bis 40 cm
          lang, 2,5 cm breit . . . . . . . . 42: **R. jamaicensis** BRITT. & HARR.
  Ersttriebe nie kantig, höchstens stielrund
    Kerbung undeutlich bzw. flach
      Fruchtknoten beschuppt
        Endtriebe bzw. Triebe schmal-lang, nicht
          elliptisch
        Endtriebe nur bis 1,3 cm breit . . . . 43: **R. angustissima** WEB.
        Endtriebe bis ca. 3 cm breit
          Endtriebe mit abgestumpfter Spitze 44: **R. ramulosa** (SD.) PFEIFF.
          Endtriebe gespitzt (langgestielt) . . 45: **R. coriacea** POLAK.
          Endtriebe oft lang ausgezogen . . . 46: **R. purpusii** WGT.
      Fruchtknoten (bis auf Nr. 47) unbeschuppt
        Endtriebe elliptisch
          Endtriebe kurz gestielt, auch schmä-
            lere, lanzettliche Glieder (bis
            2,5 cm breit)
            Blüte weiß . . . . . . . . . . . 47: **R. leiophloea** VPL.
        Endtriebe bis 2 cm breit
          Blüte gelb . . . . . . . . . . . 48: **R. chloroptera** WEB.
        Endtriebe bis 6 cm breit
          Blüte weiß
            Triebe nicht um die Achse gedreht 49: **R. elliptica** LINDBG.
            Triebe stets um die Achse gedreht
              (auch kürzer) . . . . . . .   49a: v. **helicoidea** LÖFGR.
    Kerbung deutlich
      Ohne auffällige Haarbüschel in den Areolen,
        höchstens 1—2 Börstchen

Glieder nicht am Rande gewellt
　Ersttriebe bzw. Blattbasis stielrund
　　Endtriebe schmal-länglich
　　　Blüten einzeln oder zu zweien . . 50: **R. lorentziana** Gris.
　Ersttriebe schmal-flach, Mittelrippe stark
　　Endtriebe schmal-oblong, oben verjüngt
　　　Blüten einzeln
　　　　Ovarium beschuppt, länglich . . 51: **R. goebeliana** (Hort.?) Backbg.
　Ersttriebe von gleicher Gestalt wie die Endtriebe
　　Triebe oblong
　　　Triebe grün
　　　　Triebe schmal-oblong, dünn
　　　　　(Frucht 4 mm ⌀, nackt) 52: **R. cuneata** Br. & R.
　　　　Triebe dicker und etwas breiter
　　　　　Blüten zu mehreren
　　　　　　Blüten kaum 7 mm lang. 53: **R. russellii** Br. & R.
　　　　　　Blüten über 1 cm lang
　　　　　　　(Triebe bis 10 cm breit 54: **R. robusta** Lem.
　　　Triebe meist bald rötlich oder purpurrötlich
　　　　Triebe bis 3 cm breit
　　　　　Blüten 1—3 (grüngelb oder mattweiß) . . . . . . . 55: **R. platycarpa** (Zucc.) Pfeiff.
　　　　Triebe bis 12 cm breit, purpurn getönt
　　　　　Blüten meist 1, auch 2—4, gelblich . . . . . . . . 56: **R. pachyptera** Pfeiff.
Glieder am Rande ± gewellt
　Triebe grün
　　Triebe mäßig gewellt
　　　Triebe unten verjüngt, anfangs schwach 3kantig bis gerundet (aber nicht gestielt), sehr selten etwas dreiflügelig
　　　　Triebe bis 12 cm lang, 3 cm breit, länglich oval
　　　　　Blüten einzeln, weiß . . . 57: **R. oblonga** Löfgr.
　　　Triebe unten nicht auffälliger verjüngt, breiter
　　　　Triebe bis 12 cm lang, 7 cm breit, elliptisch bis umgekehrt-eiförmig, dunkel- bis gelblichgrün
　　　　　Blüten 1—4, kremgelb . . 58: **R. crispata** (Haw.) Pfeiff.

| | |
|---|---|
| Triebe rötlich-purpurn am Rand Triebe stark gewellt, derb Triebe unten fast stielartig verschmälert oder vollkommen elliptisch bis rhombisch, Mittelnerv stark und oft auch gewellt Blüten 1—2—3, weiß, mitunter mit einem Börstchen | 59: **R. crispimarginata** LÖFGR. |
| Mit auffälligen Borstenhaarbüscheln, bis 18 mm lang Triebe dünn, deutlich gekerbt Triebe etwas am Rande gewellt Blütenblätter etwas röhrig verwachsen Blüten ca. 1 cm lang, purpurn Frucht ca. 8 mm ⌀, grün mit rötlichen Kanten, Samen glänzendschwarz und 2 mm lang . . . . | 60: **R. incachacana** CARD. |
| Diese Art gehört vielleicht zu *Lepismium*. Mehrere Borsten in den Areolen (bis 10) finden sich auch bei *R. boliviana*, die aber gelb blüht. | |

## Untergattung 1: Rhipsalis
(U.-G. *Eurhipsalis* K. SCH. — Gesamtbschrbg. 615. 1898)

1. **Rhipsalis mesembryanthemoides** HAW.[1]) — Rev. Pl. Succ. 71. 1821

*Rh. salicornoides* HAW. var. B., Suppl. Pl. Succ. 83. 1819. — *Hariota mesembrianthemoides* LEM.

Strauchig, anfangs aufrecht, dann hängend, reich verzweigt, bis 40 cm lang, mit verholzenden stielrunden Stämmchen; Glieder zweigestaltig: stielrunde bis 2 mm dick, bis 20 cm lang; spindelförmige Kurztriebe, 7—15 mm lang, 2—4 mm dick, hellgrün, zahlreich, dichtstehend spiralig angereiht; Areolen an den Langtrieben zerstreut, mit spärlichem Wollfilz und 1—2 angedrückten, kleinen Börstchen; an den Kurztrieben mit reichlicherem Filz und 3—4 Börstchen; Bl. an den Kurztrieben, einzeln, seitlich, 8 mm lang, bis 15 mm breit, weiß; Ov. ellipsoidisch, hellgrün; Fr. kugelig, weiß oder rötlich getönt. — Brasilien (Rio de Janeiro).

*Rh. echinata* HORT. ist laut PFEIFFER ein Synonym; nur ein Name.

2. **Rhipsalis cereuscula** HAW. — Phil. Mag., 7:112. 1830

*Hariota saglionis* LEM. — *Rh. saglionis* OTTO. — *Rh. brachiata* HOOK. — *Hariota cereuscula* KUNTZE.

Strauchig, reich verzweigt, bis 60 cm hoch; Stämmchen aufrecht; Langtriebe 20—30 cm lang, 3—4 mm dick, dunkelgrün; Kurztriebe dicht gestellt, spiralig oder in wenigtriebigen Wirteln, elliptisch oder kurz zylindrisch, oben und unten

---

[1]) HAWORTH schrieb den Artnamen „*mesembryanthoides*", SCHUMANN „*mesembrianthemoides*".

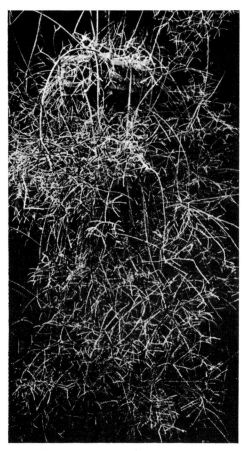

Abb. 624. Rhipsalis cereuscula HAW.
(Foto: E. BARTENS.)

gerundet, 4—5kantig, 1—3 cm lang, hellgrün; Areolen genähert, mit spärlichem Filz und 2—4 kurzen, weißen Börstchen; Bl. in Scheitelnähe, einzeln, selten 2, glockig, ca. 1,5 cm lang, 2 cm breit, weiß; Ov. kugelförmig, grün; Beere weiß, umgekehrt-kegelig. — Brasilien (São Paulo), Argentinien (Entrerios), Uruguay (am Rio Uruguay, Rio Negro usw.) (Abb. 624).

2a. v. **rubrodisca** (LÖFGR.) CAST. — Kat. *Hariota* u. brasil. *Rhipsalis* 12. 1938

*Rh. saglionis* v. *rubrodisca* LÖFGR., Arch. Jard. Bot. Rio de Janeiro, 1 : 80. 1915.

Bl. nur ca. 1 cm breit; Scheibe, Ov. und Staubbl.-Basis rot. — Brasilien (São Paulo, bei Caldas).

3. **Rhipsalis prismatica** (LEM.) RÜMPL. — FÖRSTER, Handb. Cactkde., II: 884. 1886

*Hariota prismatica* LEM., Ill. Hort. 10: Misc. 84. 1863. — *Rh. tetragona* WEB.

Strauchig, reich verzweigt, ziemlich kräftig; Stämme aufrecht oder gebogen, stark, zylindrisch, 12 bis 30 cm lang; Zweige zahlreich, gabelig oder gebüschelt an der Spitze der Stämme, 4- oder 5kantig, zwischen den Kanten leicht gefurcht, 12—22 mm lang, 4 mm dick, am Grunde gerundet, rötlich; Areolen sehr genähert, mit winzigen roten Schüppchen und 5—6 spreizenden Borsten, die länger als der Areolenabstand sind; Bl. weiß, Pet. nur 5; Beere klein, kugelig, rosa bis weiß. — Brasilien.

*Rh. suareziana* WEB. — Rev. Hort. 425. 1892: wird nach ROLAND-GOSSELIN (Bull. Soc. Bot. France 99. 1912) als die gleiche Art angesehen. Während aber bei *Rh. prismatica* K. SCHUMANN sagt: „Kurztriebe an den Enden der Langtriebe spiralig aufgereiht, an der Spitze rot", wird *Rh. suareziana* „Kurztriebe hellgrün, sehr zahlreich längs der ganzen Langtriebe spiralig aufgereiht" beschrieben. — Madagaskar (Diego Suarez).

Nach Ind. Kew. soll *Rh. suarensis* WEB. (1898) die gleiche Art sein.

4. **Rhipsalis simmleri** BEAUV. — Bull. Herb. Boiss., II. 7 : 136. 1907

Stämme hängend, zylindrisch, 2—3 mm⌀, stark verzweigt; Zweige dichotomisch oder in 3—4zähligen Wirteln, 5kantig oder schwach gerippt, 1—3 cm lang, 1,5—2 mm dick, mit langen, fadenförmigen, grauen Luftwurzeln; Bl. einzeln fast am Ende entstehend, weiß, rot gespitzt; Gr. 9 mm lang, hervorragend; Staubf. weiß und Staubb. weiß; Ov. hellgrün; Beere weißlich. — Costa Rica.

### 5. Rhipsalis clavata WEB. — Rev. Hort., 64 : 429. 1892

*Hariota clavata* WEB. msc., MfK. 172. 1895 nom.[1]). — *Hatiora clavata* (WEB.) MORAN, Gent. Herb., 8 : 343. 1953.

Anfangs aufrecht, bald hängend, stark verzweigt, rund 1 m lang werdend; Glieder schlank-keulig, ziemlich gleich lang, gabelig oder wirtelig entstehend, anfangs gelblich, später grün und zuweilen rötlich getönt, bis 5 cm lang, an der Spitze 3 mm, sonst 2 mm dick; Areolen nur am Triebende; Bl. „nahe dem Triebende" (BRITTON u. ROSE; VAUPEL: „stets endständig"), weiß, fast glockig, 1 cm breit, Knospe gelb; Ov. kugelig, nackt, gelb, 4 mm dick; Beere kugelig, weiß, grünlich getönt, 6 mm dick; S. groß, geschnäbelt, 1 mm lang, dunkelbraun. — Brasilien (Rio de Janeiro).

BRITTON u. ROSE geben noch an, daß die am Stammende gebildeten Wirtel aus 2—7 Trieben bestehen, tiefgrün, braun werdend.

K. SCHUMANN bezeichnet (Gesamtbschrbg. 619. 1898) den Blütensitz auch als „fast endständig". Dr. ROSE hat die Art bei Rio de Janeiro gesammelt, sie zwar als „*Hatiora* sehr ähnlich" bezeichnet, dennoch zu *Rhipsalis* gestellt; er muß also gute Gründe dafür gehabt haben. *Hatiora* hat auch — soweit bisher bekannt — niemals weiße Blüten. Einer Einbeziehung zu *Hatiora* kann mithin nicht ohne weiteres gefolgt werden, zumal ROSE ausdrücklich sagt, daß seine Beschreibung auch auf dem von ihm gesammelten Material basiert, wobei er angibt: „Bl. nahe dem Ende der Zweige". Offenbar kommt also bei *Rh. clavata* nicht stets nur endständiger Blütensitz vor.

#### 5a. v. delicatula LÖFGR. — Arch. Jard. Bot. Rio de Janeiro, 2. (Tafel 17) : 45. 1918

*Hariota bambusoides* v. *delicatula* (LÖFGR.) CAST.[1]).

In allem zierlicher als der Typus der Art; hellgrün; Knospe weiß (beim Typus gelb); Bl. halbkugelig oder glockig, Hüllbl. nicht zurückgeschlagen. Sehr blühwillig. — Brasilien (Rio de Janeiro: Tijuca).

### 6. Rhipsalis campos-portoana LÖFGR. — Arch. Jard. Bot. Rio de Janeiro, 2 : 35. 1918

Strauchig, bis 2 m lang, Stamm hängend oder gebogen, zylindrisch, gegliedert, glatt; Zweige zu zweit oder die letzten in 3—4zähligen Wirteln, zylindrisch; älteste Zweige bis 60 cm lang, 5 mm dick, die letzten nur 4,5 cm lang und 2 mm dick; Areolen klein, entfernt, gering an Zahl, kahl, mit dreieckiger Schuppe; Bl. nahe Zweigende, weiß, nicht weit geöffnet; Beere kugelig, hellrot, 5 mm dick, etwas kürzer. — Brasilien (Rio de Janeiro: Itatiaya).

### 7. Rhipsalis heteroclada BR. & R. — The Cact., IV: 224. 1923

Strauchig, starrtriebig, dunkelgrün, um die Areolen und an den Zweigspitzen rötlich, oft aufrecht; Zweige in quirligen Büscheln, schlanker als der Hauptstamm, 1—2 mm dick; Areolen klein, zuweilen eine Borste; Bl. klein, weiß oder grünlich, seitlich nahe Zweigende; Ov. grün, 2 mm lang; Beere kugelig, weiß, 5—6 mm dick.— Brasilien (Herkunft unbekannt; soll viel auf Obstbäumen gezogen werden; von ROSE auf der Ilha Grande gesammelt). Sehr häufig in brasilianischen Gärten.

---

[1]) Von CASTELLANOS („Kat. *Hariota* und bras. *Rhipsalis*", 7. 1938) als Synonym bzw. als Varietät zu *Hariota bambusoides* gestellt (s. auch unter *Hatiora bambusoides*).

8. **Rhipsalis capilliformis** WEB. — Rev. Hort., 64 : 425. 1892

Strauchig, Stamm und Zweige weich und sehr dünn; Stämme oft lang und hängend; Zweige meist sehr kurz, 10—15 cm lang, nur später 2—3 mm dick, anfangs oft nur 1,5 mm dick, zuweilen schwach 4kantig, an der Spitze verjüngt, oft dichte Büsche bildend; Areolen klein, mit winziger, rötlicher, bald verschwindender Schuppe; Bl. zahlreich, seitlich bis scheitelnah, weiß, nur 6—8 mm breit;

Abb. 625. Rhipsalis capilliformis WEB. (Foto: E. BARTENS.)

Ov. fast kugelig, grün; Beere kugelig, weiß, 4—5 mm dick; S. nur 1—3, dunkelbraun, 0,5 mm dick. — Brasilien (Herkunft unbekannt bzw. bisher nicht wildwachsend gefunden) (Abb. 625).

*Rh. gracilis* N. E. BROWN (Gard. Chron., III. 33 : 18. 1903), ist wohl die gleiche Pflanze; sie wurde — nach N. E. BROWN — von K. SCHUMANN mit *Rh. penduliflora* N. E. BROWN verwechselt und daher von ihm in Fl. Bras. 4 : 2. 276 unter diesem Namen beschrieben.

9. **Rhipsalis burchellii** BR. & R. — The Cact., IV: 225. 1923

*Rh. cribrata* LÖFGR. non RÜMPL., Arch. Jard. Bot. Rio de Janeiro 1 : 81, Tafel 10, 1915.

Hängend, reich verzweigt und zum Teil mit Luftwurzeln; Verzweigung wirtelig oder gabelig; Zweige fadenförmig, meist 4—10 cm lang, die ersten bis 60 cm lang und 3 mm dick, die letzten oft nur 2,5—6 cm lang und 1—2 mm dick, wenn wirtelig, mit 3—4 Trieben, schwach keulenförmig, hellgrün bis rötlich; Areolen klein, anfangs mit Wollfilz, ohne Borsten; Bl. nahe dem Zweigende, zahlreich, glockig, 1,5 cm lang; Beere rosa, kreiselförmig. — Brasilien (São Paulo; Serra do Mar bis Serras de Caldas).

10. **Rhipsalis cribrata** Lem. — Ill. Hort. IV: 107. 1857

*Hariota cribrata* LEM., Ill. Hort. 4: Misc. 12. 1857. — *Rh. pendula* VÖCHT., 1873, non PFEIFF., 1837. — *Rh. cribrata filiformis* ENGELHDT.

Dichtstrauchig, anfangs aufrecht, dann hängend; Langtriebe fadenförmig, bis 20 cm lang; Kurztriebe wirtelig oder spiralig, sehr kurz, die kleinsten nur 1 cm lang, bis 2 mm dick, gelblichgrün; Areolen etwas vertieft, mit winzigen Schüppchen und kaum Wolle, aber bisweilen einem winzigen Börstchen; Bl. am Ende der Kurztriebe, glockig, weiß, oben leicht gerötet, bis 1,5 cm lang; Ov. kugelig, gelblich; Beere purpurn, kegelig; S. schwarz. — Brasilien.

BRITTON u. ROSE vereinigen mit ihr *Rh. penduliflora*, deren Ovarium anders geformt ist, die Staubf. sind am Grunde lachsfarben und sitzen keinem roten Ring auf, wie bei *Rh. cribrata*, bei der sie rein gelb sind.

11. **Rhipsalis penduliflora** N. E. BROWN. — Gard. Chron., II (III?): 7. 716. 1877

*Hariota penduliflora* KUNTZE (1891).

Buschig verzweigt, hängend; Zweige kurz, gegliedert, Endglieder 7—12 mm lang, 2—3 mm dick, die älteren bis 2,5 cm lang, ganz rund, sehr fein punktiert; Bl. am Zweigende, 12 mm breit, weißlich, rötlich gespitzt; Ov. halbkugelig, hellgrün. — Brasilien (Minas Gerães, São Paulo, Rio de Janeiro, Paraná bis Santa Catharina).

*Rh. penduliflora laxa* (K. SCHUMANN in Fl. Bras. 276. 1890) ist wohl nur ein Name.

Die Fruchtfarbe soll in Santa Catharina, lt. VOLL, graugelb sein.

12. **Rhipsalis cassutha**[1]) GAERTN. — Fruct. Semin., 1: 137. 1788

*Cassytha filiformis* MILL. non L., Gard. Dict. ed. 8. 1768. — *Cactus parasiticus* LAMARCK non L. non BROWNE. — *Cactus pendulus* SWARTZ. — *Rh. parasitica* HAW. — *Cactus garipensis* HBK.[2]) — *Cereus caripensis* DC. — *Rh. cassytha dichotoma* DC. — *Rh. cassytha mociniana* DC. — *Rh. cassytha hookeriana* DC. — *Rh. cassytha swartziana* DC. — *Rh. dichotoma* G. DON. — *Rh. hookeriana* G. DON. — *Rh. cassythoides* G. DON non LÖFGR. — *Rh. cassutha pendula* SD. — *Rh. undulata* PFEIFF. — *Hariota cassytha* LEM. — *Cereus parasiticus* HAW. — *Hariota parasitica* KUNTZE.

Strauchig, reich verzweigt, hängend, selten auf Felsen, bis 3 m lang; Zweige hellgrün, gabelig, selten quirlig, bisweilen mit vereinzelten Luftwurzeln, 10—15—50 cm lang, 2—3 mm dick; Areolen spiralig gestellt, 0,5 mm groß, mit spärlichem grauem Filz und häufig 1—2 winzigen Börstchen; Bl. seitenständig, einzeln, klein, grünliche Knospe, Pet. kremfarben, etwas fleischig; Staubf. auf einem Ring; Beere kahl, weiß oder rosa, innerhalb weniger Tage reifend, kugelig, 5 mm $\varnothing$. — Von USA (Florida) über Mexiko und Mittelamerika bis Panama, Westindien, Holländisch-Guayana bis S-Brasilien, Kolumbien, Ekuador, Bolivien, Peru. Auch im tropischen Afrika und bis Ceylon.

---

[1]) Erste Schreibweise, später: *Rh. cassytha*; ein Synonym soll noch sein: *Cassytha polysperma* AIT. (1788).

[2]) KUNTH schrieb „*garipensis*".

Die ältesten Namen waren *Op. minima flagelliformis* PLUM. (1703) bzw. *Cactus parasiticus inermis* BROWNE (Jam., 238. 1756).

Hierher oder in die Nähe gehören:

*Rh. pendulina* (SIEB.) BERG. — MfK., 3. 1920.
  *Cactus pendulinus* SIEB., Fl. maur. 2 N. 259 (Mauritius), von BERGER als gute Art angesehen, aber in l. c. nicht näher begründet.
  Die von BERGER in l. c. angeführte „weitere Varietät aus Mauritius" mag *Rh. cassytha mauritiana* DC. (Prodr., III: 476. 1828) gewesen sein.

*Rh. aethiopica* WELW. wird als Synonym von *Rh. cassutha* angesehen, scheint aber nicht völlig geklärt (Angola); publiz. in Journ. Linn. Soc. III. 152, 1859.

*Rh. comorensis* WEB. sehen BRITTON u. ROSE als Synonym von *Rh. cassutha* an; während letztere aber nur als hellgrün und selten wirtelig verzweigt beschrieben wurde, ist *Rh. comorensis* hellgelbgrün und stets wirtelig verzweigt. Sie stammt von den Komoren (WEBER, in Rev. Hort. 425. 1892).

*Rh. zanzibarica* WEB., in Rev. Hort. 425. 1892, wird ebenfalls von BRITTON u. ROSE als Synonym von *Rh. cassutha* angesehen; während diese kugelige Beeren bildet, sind die von *Rh. zanzibarica* der Beschreibung nach ellipsoidisch. SCHUMANN schrieb den Artnamen „*sansibarica*".

VAUPEL führt die altweltlichen Arten getrennt auf, was wohl bis zur endgültigen Klärung aller dieser Spezies das richtigste ist.

Wie schwierig diese ganzen Formen zu beurteilen sind, zeigt die Abtrennung der folgenden Art durch LÖFGREN, aber auch, wie skeptisch man mit der Identifizierung der alt- und neuweltlichen Formen durch ROLAND-GOSSELIN sein muß, solange die in der Literatur bestehenden Beschreibungsunterschiede nicht endgültig an lebendem Material geklärt sind.

So wird auch *Rh. minutiflora* von BRITTON u. ROSE als Synonym zu *Rh. cassutha* gestellt, obwohl deren Fruchtknoten unbeschuppt, der von *Rh. minutiflora* beschuppt ist. VAUPEL vereinigt diese daher sogar mit anderen in seiner Gruppe „*Minutiflorae*"!

*Rh. cassutha* v. *rhodocarpa* WEB. (Dict. Hort. Bois, 1046. 1898) wurde von WEBER eine mehr rötliche Früchte bildende Form genannt, die er aus Costa Rica erhielt.

*Cactus cassythoides* war ein Name von MOCIÑO & SESSÉ für *Rh. cassytha mociniana* DC. Wahrscheinlich gehört hierher auch *Cactus epidendrum* L., nur ein Name, ebenso *Cereus bacciferus* HEMSL., *Cassytha baccifera* J. MILL., *Rh. pendula* HORT. in PFEIFF., *Rh. caripensis* WEB. (in K. SCHUMANN, Gesamtbschrbg.) sowie *Rh. cassytha* v. *pilosiuscula* SD. und v. *tenuior* K. SCH. In Plunkenet, Phyt. pl. 172, f. 2. 1692, wurde die Art *Cuscuta baccifera* genannt. Sie tritt meist massenhaft in feuchteren Gebieten auf, bei Matanzas auf Kuba sogar auf Felsklippen.

### 13. **Rhipsalis cassuthopsis** BACKBG. nom. nov.

*Rh. cassythoides* LÖFGR. non G. DON, Arch. Jard. Bot. Rio de Janeiro, II : 40. 1918 (bei VAUPEL, l. c., irrtümlich: 1818).

Da der Name *Rh. cassythoides* bereits von G. DON 1834 für *Rh. cassytha* v. *mociniana* DC. (Mexiko) gebraucht wurde, mußte ein neuer Name gegeben werden.

Der *Rh. cassutha* im Wuchs ähnlich, Zweige aber grünlichgelb, 10—60 cm lang, die ältesten 8 mm, die jüngsten oft nur 2—3 mm dick; Areolen 10—15 mm voneinander entfernt, mit kleinen kahlen (!) Schuppen, in denen zur Blütezeit zuweilen eine winzige rote Borste erscheint; Bl. zahlreich, seitlich, halbglockig, 6—7 mm lang, bis 7 mm breit; Beere grünlichweiß, durchscheinend, 4 mm dick, elliptisch. — Brasilien (Pará, in Wäldern bei Belém).

Die Verbreitung dieser Art ist eine viel geringere als bei *Rh. cassutha*, mit der sie BRITTON u. ROSE identifizieren; sie weicht aber von letzterer durch fehlenden Areolenfilz, andere Färbung der Triebe und der Frucht, weniger Staubblätter (*Rh. cassutha* 9—12, *Rh. cassuthopsis* 6—8) sowie durch andere Fruchtform und das rote Börstchen ab.

14. **Rhipsalis virgata** WEB. — Rev. Hort., 64 : 425. 1892

Strauchig, sehr verzweigt, hängend; Stamm zylindrisch, 1 m oder mehr lang, 4—5 mm dick, grün; Hauptzweige 0,3—1 m lang, aufgerichtet, ziemlich starr; Zweige zweiter Ordnung seitlich, sehr selten in Wirteln, 1,5—3 mm dick, zylindrisch, nach der Spitze verjüngt, mit zahlreichen, ziemlich dichtstehenden Areolen, darin dreieckige kleine rote Schüppchen; an den Endzweigen kleine vorspringende Narben (abgeblühte Areolen); Bl. zahlreich, an ganzer Zweiglänge, einzeln oder zu zweit, nur 6—8 mm lang und breit, weiß, als Knospen gelb; Ov. eiförmig, grünlichgelb, nur selten geschuppt; Beere kugelig, glatt, erst grün, dann weiß, 3 mm $\varnothing$; S. schwarz oder dunkelbraun. — Brasilien (Standort unbekannt).

Nach BRITTON u. ROSE sind die Endzweige 1—6 cm lang, die Areolen schwach behaart, oft mit einer weißen oder rötlichen Borste; Bl. erst an 2—3jährigen Trieben; Ov. breiter als hoch, mit einzelner Schuppe an der Seite und mehreren rings um die Spitze.

15. **Rhipsalis teres** (VELL.) STEUD. — Nom. ed. 2. 2 : 449. 1841

*Cactus teres* VELL., Fl. Flum. 207. 1827. — *Rh. conferta* SD. — *Hariota conferta* KUNTZE. — *Hariota teres* KUNTZE.

Zuerst aufrecht, dann hängend, reich verzweigt; Tr. einzeln, abwechselnd oder zu mehreren gebüschelt, zylindrisch, die älteren bis über 50 cm lang, 3—5 mm dick, die jüngeren kürzer und dünner; Areolen stets mit grauem, später dunklerem Filz und zuweilen 1—2 dunklen Borsten; Bl. zahlreich, seitlich an jungen Zweigen, bis 12 mm br., mit einem gespitzten Deckblatt und 1—2 Borsten; Beere kugelig, weiß, durchscheinend; S. ca. 20, elliptisch, klein, fein gekörnt. — Brasilien (São Paulo und Minas Geraes; Rio de Janeiro).

Ein mscr.-Name war *Rh. floribunda* SCHOTT.

16. **Rhipsalis densiareolata** LÖFGR. — Arch. Jard. Bot. Rio de Janeiro, 2 : 41. 1918

Strauchig, Stamm zylindrisch, anfangs ± aufrecht, dann hängend, bis 60 cm lang, 10—12 mm dick; Zweige zu 6—7 in stumpfen Winkeln vorn an älteren Gliedern, nie in Wirteln, 20—60 cm lang, 5—7 mm dick, an der Spitze etwas verjüngt, erst hellgelbgrün, später grau, mit Blütennarben und alten Borstenstümpfen; Areolen nur 5—6 mm entfernt, in nur 1—1,5 cm entfernten Spiralen, an jüngeren Gliedern mit einer 1—1,5 mm langen Borste; Bl. sehr zahlreich, 9 mm breit, weiß; Gr. leicht rosa; Beere rosenrot, eiförmig, bis 5 mm lang bis 4 mm dick. — Brasilien (Rio de Janeiro, bei Tijuca).

BRITTON u. ROSE stellen die Art zu *Rh. lindbergiana*, mit der sie zusammen vorkommt, bei der die Areolen zwar auch nur 4—6 mm entfernt sind (bei Nr. 17—19 mindestens 1 cm), die Verzweigung aber wirtelig bis gabelig ausgebildet ist.

17. **Rhipsalis lindbergiana** K. SCH. — In MARTIUS, Fl. Bras., 4² : 271. 1890
*Hariota lindbergiana* KUNTZE.

Stark verzweigt, bis 2 m lang, von voriger durch deutlichere Beborstung unterschieden; Zweige hängend, etwas holzig, gabelig bis wirtelig verzweigt; Glieder bis 20 cm lang, bis 5 mm dick; Areolen zahlreich, nur 6 mm entfernt, mit häufig reichlichem Filz und meist 2, bis 2 mm langen schwarzen Börstchen; Bl. seitlich, zahlreich, 5 mm lang, weiß bis rötlich; Beere hellrot, 2—3 mm dick; S. bis 20, kaum 1 mm lang. — Brasilien (Rio de Janeiro: Serra dos Orgãos).

BRITTON u. ROSE stellen hierher, nach ROLAND-GOSSELIN (Bull. Soc. Bot. France, 59 : 100), *Rh. erythrocarpa* K. SCH. (Gesamtbschrbg. 623—624. 1898), von O-Afrika (Kilimandscharo), bei der die Beeren 5—6 mm dick, die Griffelnarben nach außen gebogen (bei *Rh. lindbergiana* wenig spreizend) sind. Danach und angesichts des isolierten Vorkommens am Kilimandscharo kann man die Arten nicht ohne weiteres identifizieren.

Nach SCHUMANN ist ein Synonym: *Rh. cassytha* G. v. BECK non GAERTN.

18. **Rhipsalis shaferi** BR. & R. non CAST. — The Cact., IV : 229. 1923

Stämme zuerst starr oder aufrecht, später spreizend oder liegend, rund, 4 bis 5 mm dick, grün oder an den Spitzen ± gerötet; junge und untere Zweige oft mit einigen Borsten bzw. mit einer einzigen, angedrückten; Schuppen klein, breit; Bl. zahlreich, an der ganzen Zweiglänge, einzeln, selten zu zweit, klein, grünlichweiß; Fr. klein und kugelig, 2—3 mm ⌀, weiß oder etwas rötlich getönt. — Paraguay (bei Trinidad und Asuncion), Argentinien (Misiones: bei Posadas).

19. **Rhipsalis pulchra** LÖFGR. — Arch. Jard. Bot. Rio de Janeiro, 1 : 75. 1915

Zylindrische Stämme, lang hängend, matt graugrün, oft längsgefurcht und querrunzlig, 5—7 mm dick, spärlich verzweigt; Glieder bis 20 cm und mehr lang, sehr selten in 3—5zähligen Scheinwirteln, allmählich verschmälert, fast schlaff; Areolen ± vertieft, kahl; Bl. seitenständig, zahlreich, 12—14 mm lang, „leicht gerötet" (VAUPEL) bzw. rötlichpurpurn (RR. & R.); Beere braunrot, erbsengroß; S. klein, schwarz. — Brasilien (Rio de Janeiro: Serra da Mantiqueira und Serra da Cantareira sowie im Orgelgebirge).

20. **Rhipsalis loefgrenii** BR. & R. — The Cact., IV : 232. 1923
*Rh. novaesii* LÖFGR., Arch. Jard. Bot. Rio de Janeiro, 1 : 69. 1915, non GÜRKE (1909).

Stämme lang und dünn, an der ganzen Länge reichlich wurzelnd, blaßgrün bis purpurn, Zweige bis 20 cm lang, 3 mm dick, deutlich gerippt, anfangs mit anliegenden Borsten besetzt, dann kahl; Schuppen länglich-dreiseitig, oft herzförmig; Bl. zahlreich, seitlich, glockig, 12—15 mm lang; Ov. anfangs fast 3kantig; Beere ± kugelig, 5—8 mm ⌀, karminrot; S. klein, kastanienbraun. — Brasilien (São Paulo, bei Campinas).

BRITTON u. ROSE heben eine große, häutige Schuppe hervor.

VAUPEL führt die Art als *Rh. novaesii* LÖFGR., weil GÜRKE die ältere *Rh. megalantha* vorher irrtümlich als *Rh. novaesii* GKE. beschrieben hatte; nach den Regeln mußte der Name LÖFGRENS aber fallengelassen und durch einen neuen ersetzt werden.

*Rh. nevaesii* war eine falsche Schreibweise.

21. **Rhipsalis hadrosoma** LINDBG. — MfK., 6 : 96. 1896
*Rh. robusta* LINDBG., MfK., 6 : 53. 1896 non Lem. 1860.

Strauchig, auf Bäumen und über Felsen kriechend, reich verzweigt, kräftig, Stamm 10—15 cm lang; Glieder endständig, einzeln, zu zweit oder dritt, zylindrisch, bis 10 cm lang und 1,5—2 cm dick, am Ende abgestumpft, gerundet, matt hellgrün, anfangs borstig; Areolen klein, von einem roten Ring umgeben, wenig filzig; Schuppen dick, rot; Bl. seitlich, zahlreich, bis 2 cm breit, weiß; Beere groß, bis 1 cm $\emptyset$, dunkelpurpurn. — Brasilien (São Paulo: auf den Alcatrazes-Inseln).

Bei . RITTON u. ROSE als Synonym von *Rh. grandiflora*. In seiner Beschreibung (l. c.) hat LINDBERG ausdrücklich darauf hingewiesen, wie sehr sich beide unterscheiden, und daß bei letzterer die Areolen grubig eingesenkt sind (s. unter *Lepismium*).

22. **Rhipsalis minutiflora** K. SCH. — Fl. Bras., $4^2$: 271. 1890

Strauchig, reich verzweigt; Zweige gabelig, sehr zierlich, bis 20 cm lang, kaum 1 mm dick, hellgrün; Areolen winzig, kurzfilzig und zuweilen 1 Börstchen, bis 2 mm lang; Schuppen winzig und hinfällig; Bl. einzeln, an den letzten Gliedern verstreut, nur 2 mm lang, radförmig; Ov. ellipsoidisch, mit einer kaum 0,5 mm langen Schuppe; Fr. nicht beschrieben.

Wurde von BRITTON u. ROSE zu *Rh. cassutha* gestellt, obwohl ihre Schlüsselposition der Series 5: *Cassuthae* eine Gliedstärke von 3—6 mm angibt und die Beschreibung der *Rh. cassutha* eine Petalenlänge von 2 mm; *Rh. minutiflora* hat aber kaum 0,5 mm lange Petalen, und die Triebe sind viel dünner als bei *Rh. cassutha*.

SCHUMANN gibt noch als Synonym an: *Rh. funalis* v. *gracilior* MIQ. (Plant. KAPPLER n. 1720) non SD. (PFEIFF.).

*Rh. hylaea* RITT. (FR 116, WINTER-Kat. 19. 1957) gehört zu dieser Untergattung, ist aber bisher unbeschrieben und Weiteres unbekannt.

## Untergattung 2: Ophiorhipsalis K. SCH.
(K. SCHUMANN, Gesamtbschrbg. 615. 1898)

23. **Rhipsalis aculeata** WEB. — Rev. Hort., 64: 428. 1892

Strauchig, verzweigt, mit zahlreichen Luftwurzeln an der Baumrinde haftend; Zweige zylindrisch, starr, grün, wenn trocken, mit 8—10 undeutlichen Furchenrippen; Areolen weißlich, 3—4 mm entfernt; 8—10 weiße Stachelborsten, strahlend, ± angepreßt, ziemlich starr, 3—4 mm lang; Bl. seitlich, ca. 2 cm lang, 1,5 cm breit, weiß; Ov. kugelig, mit einigen kleinen Schüppchen; Beere kugelig, dunkelweinrot, 5—6 mm $\emptyset$; S. ca. 20, spindelförmig, braun. — Argentinien (Catamarca, häufig im südlichen und nördlichen Chaco, Santiago del Estero, Tucuman, La Rioja und Salta), Brasilien, Paraguay.

CASTELLANOS sagt in „Rhipsalis Argentinas", 490. 1925, daß die Ovariumschuppen nicht immer gefunden werden.

Ich sah die Pflanzen bei Tucuman sogar vom Boden her die Baumstämme hinaufsteigen, an ziemlich trockenen Standorten.

KUNTZE hat auf der Sierra de Santa Cruz, Bolivien, eine (von ihm als *Hariota sarmentacea* bezeichnete bzw. angesehene) Art gefunden, die nach BRITTON u. ROSE vielleicht hierhergehört.

24. **Rhipsalis lumbricoides** (LEM.) LEM. — Ill. Hort. 6: Misc. 88. 1859

*Cereus lumbricoides* LEM., Cact. Gen. Nov. Sp. 60. 1839. — *Rh. sarmentacea* OTTO & DIETR. — *Lepismium sarmentaceum* VÖCHT. — *Hariota lumbricalis* KUNTZE. — *Hariota sarmentacea* KUNTZE.

Strauchig, reich verzweigt, mit Luftwurzeln an der Baumrinde haftend oder zwischen Moospolstern kriechend; Zweige dünn, 4—6 mm, selten 8 mm dick, rund oder leicht gekantet, mehr als meterlang; Seitenzweige abwechselnd oder in Quirlen, grau- bis gelblichgrün, 14—20 cm lang; Areolen sehr genähert, klein, mit hinfälliger Schuppe, kurzem, weißem Filz und 5—8 steifen Borstenstacheln, etwas stechend, 3—5 mm lang; Bl. seitlich, zerstreut, radförmig, 2,2 cm lang, 3,75 cm breit,[1]) nach Orangen duftend, hell strohgelb; Ov. ellipsoidisch, nackt; Beere kugelig, etwas über erbsengroß, erst grün, dann bräunlich und zuletzt tiefpurpurn, auch innen; S. hellbraun. — Uruguay (bei Concepción del Uruguay usw.); Argentinien (La Plata, Buenos Aires, Chaco, Entrerios, Corrientes, Misiones, Santiago del Estero, Cordoba, Catamarca, Tucuman, Salta, Jujuy).

Nach Lemaire gehörte der Name *C. flagelliformis minor* SD. hierher, nach Grisebach *C. donkelaarii*; *Rh. sarmentosa* (MfK. 46. 1894) und *Rh. larmentacea* (Ill. Hort., 6 : 88. 1859) waren falsche Schreibweisen obigen Namens.

Da die Vögel die Beeren schätzen, werden sie selten reif angetroffen (Arechavaleta).

Schumann schrieb: *Lepismium sarmentosum* Vöcht.

25. **Rhipsalis fasciculata** (Willd.) Haw. — Suppl. Pl. Succ. 83. 1819

*Cactus fasciculatus* Willd., En. Plant. Suppl. 33. 1813. — *Hariota fasciculata* Kuntze.

Reich verzweigt; Zweige in vielgliedrigen Wirteln, kurz, fleischig, 4—5 mm dick, mit 6—10 wenig vortretenden Rippen, anfangs bisweilen ganz zylindrisch; Areolen 1 cm entfernt, mit einem Büschel weißlicher, später dunklerer, 2—4 mm langer Borsten; Bl. zahlreich, sehr klein und vergänglich, wenig offen, 6—8 mm lang, 5 mm breit; Ov. kugelig, grün, mit 2—3 borstentragenden Areolen; Beere kugelig, 6 mm dick, weiß; S. länglich, 1,2 mm lang, glatt, braun. — Brasilien (Bahia); Herkunft lange unbekannt, bis Zehntner sie in Bahia sammelte.

*Rh. madagascarensis* Web., Ind. Sem. Hort. Paris, 1889[2])

*Rh. horrida* Bak., Journ. Linn. Soc., 21 : 347. 1884. — *Hariota horrida* Kuntze

beschreibt K. Schumann: Sehr verzweigt, bisweilen aufrecht; Zweige kurz, 8—10 cm lang, 4—6 mm dick, fleischig, gegliedert; Glieder an beiden Enden verjüngt, anfangs bräunlich, dann dunkelgrün; Rippen 6—10, wenig hervortretend, anfangs völlig zylindrisch, 4—6 mm dick; Areolen mit wenig weißem Wollfilz, bald verkahlend, jede mit einem Büschel von 15—20 weißlichen Borsten, 2—4 mm lang; Bl. seitlich, sehr zahlreich, 6—8 mm lang; Ov. kugelig, grün, mit 2—3 Areolen und einigen Börstchen darin; Bl. wenig geöffnet, 5 mm $\varnothing$; Beere weiß, etwas durchscheinend, 6 mm dick, kugelig. — O-Madagaskar, SO-Afrika (im Pondoland).

*Rh. pilosa* Web., ein provisorischer Name (Cat. Rebut), von K. Schumann in Fl. Bras. angeführt, soll nach Berger dasselbe sein. Sodann gibt es noch die kaum unterschiedene *Rh. madagascariensis* v. *dasycerca* Web.

In obiger Beschreibung von *Rh. fasciculata*, die nach Vaupel wiedergegeben wurde, sind zweifellos Angaben von *Rh. madagascarensis* enthalten. Britton u. Rose geben die Triebstärke der ersteren nur mit 4 mm an, die Zweige zum Teil „clavate"! Die Frucht soll „samtig und borstig" sein. Nach Schumann bildet *Rh. madagascariensis* zuerst kurze cereiforme, dann stark borstige, verlängerte

---

[1]) Nach Vaupel; nach Britton & Rose Petalen bis 1,2 cm lang, weiß bis kremfarben, manchmal grün getönt; Castellanos bezeichnet die Petalen als „grüngelb", Vaupel als „hellstrohgelb".

[2]) Schumann und Vaupel schrieben „madagascariensis".

Glieder; Früchte beschuppt (wovon BRITTON u. ROSE wiederum nichts sagen); über samtige und borstige Früchte sagt SCHUMANN nichts, aber „bacca squamosa".

Neuerdings betrachtet man, nach ROLAND-GOSSELIN, beide als dieselbe Art. Er gab den Standort von *Rh. fasciculata* als „Amerikanische Inseln" an, wo BRITTON u. ROSE sie trotz eifriger Suche nirgends fanden. Man muß also den Angaben des französischen Autors skeptisch gegenüberstehen, solange nicht die abweichenden Merkmale eindeutig geklärt sind. Nach SCHUMANN bildet *Rh. madagascarensis* erst später beborstete Triebe aus. Gerade die von BRITTON u. ROSE mit Recht als interessantes Problem bezeichnete Frage nach dem Ursprung der altweltlichen *Rhipsalis* erfordert exakte Untersuchungen. Es bedarf auch der Erklärung, wie eine so lange gesuchte und scheinbar sehr begrenzt in Bahia vorkommende Pflanze wie *Rh. fasciculata* an die Ostseite von Madagaskar gelangt sein könnte. Bedeutsam ist ferner, daß nicht nur *Rhipsalis*, sondern auch Vertreter der Tierwelt, die sonst überwiegend neuweltlich sind, in der Alten Welt angetroffen werden, bei denen also weder Vogelverbreitung noch menschliches Eingreifen in Frage kommt[1]).

26. **Rhipsalis leucorhaphis** K. SCH. — MfK., 10 : 125. 1900

Strauchig, reich verzweigt, bis 50 cm lang, mit zerstreuten Haftwurzeln; Glieder stielrund, bis 7 mm dick, anfangs frischgrün, dann graugrün, zuletzt grau; Areolen rund, klein, mit 1 mm langen braunen Schüppchen, kahl; 1 bis 5 Borstenstacheln, dünn, anfangs glasig, dann mattweiß, bis 4 mm lang, angedrückt; Bl. in größerer Zahl nahe Triebende, hängend, ca. 1,5 cm lang, rein weiß; Ov. 3 mm lang, schwach gekantet, grünlich, hier und da mit einem Schüppchen; Beere kugelig, rot, 6—8 mm dick; S. zahlreich, braun. — Paraguay (Estancia Tagatiya); N-Argentinien. Die Pflanze soll auch über Felsen wuchern.

Nach BORG („Cacti" 437. 1951) ist nur ein Name: *Rh. buchtienii* HORT.

Zu dieser Untergattung gehören (lt. WINTER-Kat. 19. 1957) die folgenden, noch unbeschriebenen Namen:

*Rh. (Ophiorhipsalis) bermejensis* RITT. (FR 364), *Rh. (Ophiorhipsalis) densispina* RITT. (FR 365); irgendwelche Kennzeichen sind l. c. nicht aufgeführt.

## Untergattung 3: Goniorhipsalis K. SCH.
(K. SCHUMANN, Gesamtbschrbg. 615. 1898)

27. **Rhipsalis pentaptera** PFEIFF. — In DIETRICH, Allg. Gartenztg. 4 : 105. 1836
    *Hariota pentaptera* LEM. (1839).

Strauchig, verzweigt, bis 40 cm (und mehr?) lang; Stamm ca. 1 cm dick; Zweige einzeln, zu zweien oder dreien, 7—12 cm lang, 6—15 mm dick, lebhaft dunkelgrün, 5kantig bzw. 5—6rippig, mit etwas gedrehten und flügeligen Ecken, an den Areolen eingebogen, diese 4 cm entfernt, anfangs mit feinem Haarbüschel; Bl. am oberen Stammteil und den Ästen, zu dreien oder mehr nacheinander sich öffnend, 7—8 mm lang; Beere weiß, durchscheinend, oben hellrosenrot. — Verbreitung nach BRITTON u. ROSE: S-Brasilien und Uruguay. SCHUMANNS argentinischer Standort „Bei Itau, nahe Huasca-Huasca" wird von CASTELLANOS

---

[1]) Eingehendere Begründungen dieser Ansicht geben: K. SCHUMANN in „Die Verbreitung der Cactaceae im Verhältnis zu ihrer systematischen Gliederung", 98—99, 1899, und L. LINDINGER in „Beiträge zur Kenntnis dikotyler Pflanzen" (Beihefte z. Bot. Zbl., LXI : A, 380—382, 1942); besonders LINDINGER bestreitet, wie LINDBERG, die Vogelverbreitung und begründet dies nicht nur, sondern gibt eine Reihe weiterer Beispiele, die ein natürliches „Anhängsel-Vorkommen" (K. SCHUMANN) beweisen sollen.

(„Rhipsalis Argentinas" 485. 1925) wiederholt (er hat die Art in Argentinien aber nicht gesehen); dazu sagt VAUPEL: „Itau in der bolivianischen Provinz Tarija ...: huasca-huasca ist nicht der Standort, sondern der einheimische Name. Auf dem Etikett der von HIERONYMUS und LORENTZ dort gesammelten Pflanze ist ver-

Abb. 626a. Rhipsalis heptagona RAUH & BACKBG. (Foto: RAUH.)
b. Rhipsalis heptagona RAUH & BACKBG.: Frucht und Supermakro der Epidermis.

merkt: der Saft dient zum Waschen des Kopfes." Mit Sicherheit läßt sich also nur „Südbrasilien oder Uruguay" angeben, nach dem SELLOWschen Fund, der die Art dort 1835 sammelte.

*Rh. pentagona* HORT. war lt. FÖRSTER ein Gartenname.

### 28. **Rhipsalis heptagona** RAUH & BACKBG. — Descr. Cact. Nov. 10. 1956

Lang herabhängende, dünne Tr., später bis 5 mm ⌀ und mit kaum über 1 mm hohen, später hart werdenden, ganz schmalen Rippchen, graugrün; Epidermis mikroskopisch fein gerieft und etwas durchsichtig, hell punktiert; Einzelzweige bis ca. 25 cm lang, gegen das Ende zu aus einer korkig-ringförmigen Aufwulstung fast quirlig oder dicht schräg übereinander verzweigend, manchmal zu vier Zweigen; Areolen winzig[1]), rund, gelblich-filzig, auf einer kleinen Anschwellung

---

[1]) RAUH gibt in Beitr. Kenntn. peruan. Kaktveg. 228. 1958 die Areolenentfernung mit 1 cm an; ich sah eine solche bis 5 cm. Das mag mit dem Wuchszustand des betreffenden Triebes zusammenhängen bzw. ist bei manchen Arten die Areolenentfernung nicht einheitlich, weshalb BRITTON u. ROSE (und im allgemeinen auch VAUPEL) gar keinen Areolenabstand angeben.

der Rippen, die sich darüber schlanker vertiefen; Bl. einzeln, klein, gelblichweiß; Fr. rot, mit vertrocknetem Blütenrest, 5 mm ⌀. — N-Peru (Jaën auf ca. 600 m) (Abb. 626a—b).

Wurde von Rauh 1956 gefunden. Eine sehr eigentümliche Art durch die äußerst feine Riffelung und Punktierung (Spaltöffnungen) der Epidermis, die korkig umwallte basale Verdickung der Triebe und vor allem durch die äußerst zierlichen

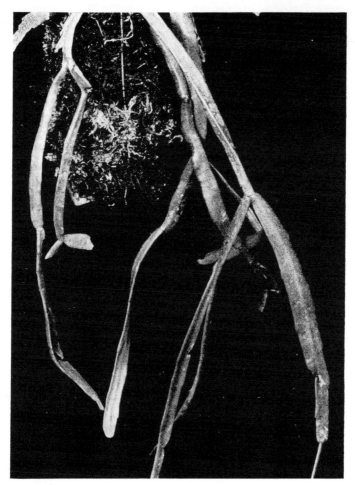

Abb. 627. Rhipsalis micrantha (HBK.) DC. (Foto: Rauh.)

bis 7 Rippen. Nach der Spitze zu sind die Triebe höchstens 3 mm stark. Manchmal sollen in den Areolen 1—2 ca. 1 mm lange Stächelchen auftreten.

29. **Rhipsalis sulcata** Web. — Dict. Hort. Bois 1046. 1898

Stämme holzig, bis 15 mm dick, oft lang hängend; Zweige verlängert, die Glieder 20—30 cm lang, 5kantig, hellgrün; Areolen weitstehend, 2,5—5 cm entfernt, in einem roten Fleck; Bl. einzeln, ziemlich groß, radförmig, weiß bis rosa; Ov. nackt (Beschreibung nach Britton u. Rose). Nach Vaupel (Weber): Glieder 5kantig. nicht geflügelt; Bl. 11—12 mm lang, gelblichweiß (!). — Herkunft unbekannt.

Abb. 628. Rhipsalis cereoides (BACKBG. & VOLL) BACKBG. (Foto: O. VOLL.)

30. **Rhipsalis micrantha** (HBK.) DC. — DE CANDOLLE, Prodr. 3 : 476. 1828

*Cactus micranthus* HBK., Nov. Gen. et Sp., 6 : 65. 1823. — *Hariota micrantha* KUNTZE.

Mit dünnen, gegliederten Zweigen ± lang aus Bäumen herabhängend; Stamm meist 4-, selten 5kantig, stumpf, bis 6 mm dick; Zweige zu zweit oder dritt, in einer Ebene, nicht wirtelig, meist 3kantig, bisweilen abgeflacht, Kanten scharf, schwach und stumpflich gekerbt, selten tiefer; Areolen mit schwachem Filz und bald hinfälligen Schüppchen[1]); Bl. einzeln, 7 mm lang, wenig geöffnet, weiß; Ov. kurz-zylindrisch, 3 mm lang, kahl oder zuweilen mit einem Schüppchen und/oder Stächelchen; Beere kugelig bis kurzellipsoidisch, 5 mm dick, glatt, weiß bis rötlich; S. sehr zahlreich, zusammengedrückt, hellbraun (VAUPEL; vielleicht unreif? Nach BRITTON u. ROSE: schwarz). — Peru (im Norden, wo ich die eigenartig fahlgelbgrüne Art in relativ trockenen Buschwaldbeständen sah); S-Ekuador (lt. ROSE auch auf Felsen kriechend) (Abb. 627).

In den Areolen oft 1—4 Börstchen. RAUH sammelte (Nr. 2229a) Pflanzen mit blaßgoldgelben Früchten, sowie eine (Nr. 2127a) mit vierfacher Verzweigung aus dem Triebende. Die Art ist variabel, anscheinend auch in der Fruchtfarbe. Ich sah die Art mehrere Meter lang aus Bäumen herabhängend.

Ein hierher gehörender Name scheint zu sein: *Rhipsalis dixous* JOHNS. nom. nud. in Kat. 14. 1955.

31. **Rhipsalis tonduzii** WEB. — Dict. Hort. Bois 1046. 1898

Büschelig verzweigt, Stämme gegliedert, schwach aufrecht oder hängend; Glieder grün, 6—10 cm lang, 1 cm dick, die unteren alle 5kantig, die oberen fast stets 4kantig, selten 3kantig; Rippen zusammengedrückt, ziemlich scharf, in ca. 2 cm Abstand gekerbt; Areolen anfangs mit Borsten, später kahl; Bl. klein, weißlich; Ov. glatt; Beere kugelig, 7—8 mm dick, weiß, glänzend; S. sichelförmig, gespitzt. — Costa Rica (Ochomogo, San Marcos, San Ramón).

Nach BRITTON u. ROSE erscheinen die Blüten in der oberen Hälfte der Endzweige, Ov. nicht eingesenkt (wie SCHUMANN sagt); Fr. mit Haaren bedeckt. Die Zweige sollen meist endständig in 2—6 zähligen Wirteln stehen. — Eine von WERCKLÉ gesammelte Pflanze im Berliner Herbar hatte dicke, bräunliche Areolenwollbüschel.

Es sollen (BR. & R.) auch abgeflachte Zweige vorkommen.

32. **Rhipsalis triangularis** WERD. — Fedde Rep. XLII: 3. 1937

Glieder elliptisch, an der Schmalseite gerundet; unterstes Glied ca. 11,5 cm lang, ca. 3 cm breit, obere Glieder 8—9 cm lang, 5 cm breit, 2 Glieder 3rippig, 1 Glied 4rippig; Rippen stark, bis 2,5 cm hoch; Epidermis hellgrün, an den

---

[1]) Nach RAUH auch zuweilen nur 1—2 Börstchen.

Kanten rötlich; Areolen in schwach ausgebildeten Kerben, an unteren Gliedern 3 cm, an oberen 1,5—2 cm entfernt und mit 3—4 bestoßenen, weißen (Borsten-?) Stächelchen; Bl. 1—3, aus den oberen, seitlichen Areolen, ca. 12 mm lang, hellgrün; Ov. unbeschuppt; Fr. unbekannt. — Brasilien (Standort nicht bekannt).

Nach den WERDERMANNschen Vergleichsangaben zu *Rh. cereoides* ist zu schließen, daß der Fruchtknoten nicht eingesenkt ist, die Art also nicht zu *Lepismium*: U.-G. *Trigonorhipsalis* BERG., gehört. Übergangsform zu U.-G. *Phyllorhipsalis*? Nur ein Name: *Rh. pterocarpa* WEB.

33. **Rhipsalis cereoides** BACKBG. & VOLL. — BACKBG. & KNUTH, Kaktus-ABC, 155, 411. 1935

*Lepismium cereoides* (BACKBG. & VOLL) BACKBG., Kaktus-ABC, 155, 411. 1935.

Glieder scharf 3kantig, selten 4flächig (dann quadratischer Querschnitt), kräftig blattgrün, bis 17 mm dick; Einzelglieder 4—10 cm lang, oft kantenverdreht aufeinandersitzend; in den Gelenken können Luftwurzeln entwickelt werden (wodurch die Pflanzen dann kleinen Hylocereen ähneln, daher der Name); Areolen klein, mit winziger Schuppe und 2—4 ganz kurzen, weichen Borstenstächelchen sowie Spuren von Filz; anfangs erscheinen die Areolen als kleiner rötlicher Punkt, und um sie sind die Kanten leicht eingezogen; Bl. bis 3—4 gleichzeitig erscheinend, 2 cm ⌀, weiß; Ov. nicht eingesenkt, gestutzt oval, rotbraun; Pet. ca. 16, einschließlich der rötlichen äußeren, löffelartig gewölbt, die inneren weiß; Staubf. zahlreich, die äußeren die längsten, bis 4 mm lang, weiß; Beere kugelig, erst olivgrün, dann durchsichtig hellrosa; S. glänzend dunkelbraun, 3/4 mm lang, schief-oval, bis mehr als 20 in einer Frucht. — Brasilien (um Rio de Janeiro; z. B. am falschen Zuckerhut, 200—300 m, und bis Meereshöhe: Sacco São Francisco) (Abb. 628).

CASTELLANOS stellt in „Kat. *Hariota* u. brasil. *Rhipsalis*", 12. 1938, als Synonym hierher *Rh. squamulosa* LÖFGR. non (SD.) K. SCH., anscheinend nur ein Name (den auch VAUPEL nicht erwähnt), unter dem sie im Botanischen Garten Rio de Janeiro früher kultiviert wurde; daher [bzw. da *Rh. squamulosa* auch ein Synonym von *Lep. cruciforme* (VELL.) MIQU. ist] hielt sie VOLL anfangs für vielleicht auch zu *Lepismium* gehörig, und sie wurde als solche im Kaktus-ABC beschrieben, zugleich aber — weil ja die Blüten damals unbekannt waren und damit die Frage der Einsenkung des Fruchtknotens unsicher war — auch als *Rhipsalis cereoides* BACKBG. & VOLL im Kaktus-ABC, l. c., aufgeführt. Die Kombination *Rh. cereoides* (BACKBG. & VOLL) CAST., in „Kat. *Hariota* u. brasil. *Rhipsalis*" 9, 12. 1938, ist daher nicht zutreffend.

## Untergattung 4: Phyllorhipsalis K. SCH.
(K. SCHUMANN, Gesamtbschrbg. 615. 1898)

34. **Rhipsalis houlletiana** LEM. — Ill. Hort. 5: Misc. 64. 1858

*Rh. houlletii* LEM. — *Rh. regnellii* LINDBG. — *Hariota houlletiana* KUNTZE.

Strauchig, bis 2 m und mehr lang, hängend; Glieder anfangs zylindrisch oder rundlich gestielt, oben blattartig und oft so sich abwechselnd; Stiele bis 2 mm dick, die lanzettlichen Teile bis 40 cm lang, 3—5 cm breit, beidendig zugespitzt, grob gezähnt, lebhaft grün, bisweilen am Rand rot überlaufen, die Zähne bis 2—3 cm lang und 1 cm breit; Areolen kaum befilzt, borstenlos; Bl. 2 cm lang, trichterig, weiß, nicht radförmig geöffnet, hängend; Ov. kurzzylindrisch, 4—5kantig, hellgrün; Beere rund, bis 1 cm dick, karminrot; S. klein. — Brasilien (Rio de Janeiro; São Paulo, Minas Geraes, im Innern verbreiteter als an der Küste) (Abb. 629a—b).

Nach BRITTON u. ROSE haben die Bl. auch ein rotes Auge bzw. sind sie kremfarben und später gelblich; im Gegensatz zu obiger Beschreibung nach VAUPEL sagen BRITTON u. ROSE: „Beere 5—6 mm dick."

Abb. 629a. Rhipsalis houlletiana LEM. (Foto: E. BARTENS.)

Abb. 629b. Rhipsalis houlletiana: Blütentrieb.

Die Art ist zweifellos etwas variabel, was die Zähnung und auch gelegentliche Rottönung durch das Licht anbetrifft; LÖFGREN konnte aber keine entscheidenden Unterschiede etwa zu *Rh. regnellii* feststellen.

*Rh. regnelliana* war ein Druckfehler im Index MfK., Bd. 1—20.

**35. Rhipsalis warmingiana** K. SCH. — In MARTIUS, Fl. Bras. $4^2$: 291. 1890

Strauchig, reich verzweigt, anfangs aufrecht, dann hängend; Glieder linealisch oder schmal-lanzettlich, bis 30 cm lang, 2 cm breit, gekerbt, am Grunde verjüngt bzw. zweischneidig, stielig oder 3—4kantig und dann mit deutlicherer Mittelrippe; Areolen mit winzigen Schuppen, wenig Filz, borstenlos; Bl. seitlich, radförmig, ca. 2 cm breit, außen grün, innen weiß; Ov. 5—6kantig, blaßgrün; Beere anfangs

5kantig, dann ellipsoidisch, schwarzviolett; S. 1,2 mm lang, glänzend rotbraun, etwas kantig. — Brasilien (Minas Geraes; São Paulo).

Nach Britton u. Rose sind die Triebe auch rot gefleckt oder getönt (nur in der Sonne?), Blüten einzeln; Beere kugelig, bis 6 mm $\varnothing$. Die Blüten sollen nach Hyacinthen duften.

### 36. **Rhipsalis linearis** K. Sch. — In Martius, Fl. Bras., $4^2$: 296. 1890

Strauchig, 60—80 cm lang; Glieder seitlich verzweigend, sehr schmallinealisch, 4—7 mm breit, 5—20 cm lang, in 2—3 cm Entfernung kurz eingeschnitten; kräftiger Mittelnerv; Areolen schwachfilzig, borstenlos; Bl. seitlich, trichter- oder radförmig, 16—18 mm lang, Ov. grün, ellipsoidisch, nackt; Beere kugelig, weiß, durchscheinend; S. glänzend schwarz, glatt. — Brasilien (im Süden, ohne näheren Standort); Paraguay (im Osten, am Rio Yhu und bei Caaguazu); Argentinien (Misiones).

Nach Castellanos („Rhipsalis Argentinas", 491. 1925) werden die Pflanzen bis 1 m lang; Blüten stets einzeln; Beere 5 mm $\varnothing$.

### 37. **Rhipsalis gonocarpa** Web. — Rev. Hort., 64: 427. 1892

Stark verzweigt, schwach aufrecht oder hängend; Stamm flach, geflügelt, bisweilen 3kantig, gekerbt; Zweige seitlich, 30 cm lang und mehr, bis 3 cm breit, meist dunkelrot gerändert, zuweilen stielartig zwischendurch verschmälert und dann bis 60 cm lang; Kerben 1—2 cm entfernt, gerundet; Areolen schwach weißfilzig, kleine Schuppe; Bl. an ganzer Zweiglänge, klein, bis 1,5 cm lang, wenig geöffnet, weiß; Ov. grün, scharf 4—5kantig; Beere kugelig, schwach gekantet, schwarzpurpurn, 1 cm dick; S. fast spindelförmig, glänzend braun, 1,25 mm lang, 0,6 mm breit. — Brasilien (São Paulo; Löfgren konnte sie dort nicht finden [Vpl.]).

### 38. **Rhipsalis roseana** Berg. — ZfS., I: 22. 1923

Unregelmäßig verzweigt, ziemlich langsam wachsend, hängend-buschig; obere Glieder fast lineal oder lineal-lanzettlich, 6—12 cm oder mehr lang, 10—15 mm breit, glatt, hellgrün, gleichmäßig abwechselnd gekerbt, andere 3kantig, mit hervortretenden, gekerbten Kanten und flach ausgehöhlten Seiten, auch 4kantige, fast geflügelte Glieder kommen vor; wenn zu 2 Gliedern, stehen diese in der Ebene des Haupttriebes, werden es mehr, stehen sie senkrecht dazu; die obersten Glieder oft nur 8—10 mm breit, flacher gekerbt, andere breiter, mehr lanzettlich und deutlich gekerbt; Bl. klein, gelblichweiß; Beere klein und weißlich. — Costa Rica (? von Wercklé gesammelt, nach Berger), nach Britton u. Rose: Kolumbien.

Berger stellt die Art in die Nähe von *Rh. wercklei* und mit dieser zu *Goniorhipsalis* und sagt, „man könnte versucht sein, sie zu *Phyllorhipsalis* zu stellen, aber sie gehört zweifellos in die Nähe von *Rh. wercklei* und mit dieser in die Nähe von *Rh. tonduzii*". Bei dieser sind die Glieder aber nur selten „abgeflacht", während Vaupel für *Rh. wercklei* angibt, „an der Spitze der Zweige entstehen 1 oder 2, seltener 3 abgeflachte, 2kantige (!) Triebe, an deren Spitze wieder 1—2 ähnliche Triebe entstehen". Es handelt sich also bei diesen Arten mit abgeflachten Gliedern mehr um *Phyllorhipsalis*-Formen (vielleicht als Übergangsformen zu *Goniorhipsalis*, bei der *Rh. micrantha* sogar auch herausgenommen und zu *Phyllorhipsalis* gestellt werden könnte); es gibt ja noch mehr *Phyllorhipsalis*-Arten mit kantiger Basis, wie man sie sogar bei *Epiphyllum* (*Phyllocactus*) findet. Ich habe daher — bis auf *Rh. micrantha* — alle zu *Phyllorhipsalis* gestellt.

39. **Rhipsalis rhombea** (SD.) PFEIFF. — En. Cact., 130. 1837
*Cereus rhombeus* SD., Cact. Hort. Dyck. 341. 1834. — *Hariota rhombea* LEM.

Strauchig, anfangs aufrecht, dann hängend, bis 80 cm lang, verzweigt; Stamm rund oder kantig; Glieder zweischneidig oder dreiflügelig, zu zweit, zu dritt oder mehr, eiförmig oder lanzettlich-rhombisch, an der Spitze stumpf, am Grunde verjüngt, bisweilen basal stielartig verjüngt, 3—12 cm lang, 1,5—5 cm breit, mit kräftigem Mittelnerv; Areolen vertieft, mit spärlichem Filz und zuweilen 1 Borste; Bl. 1 cm lang, hellgelb oder (nach LÖFGREN) weißgrünlich, später kanariengelb; Ov. kugelig; Beere dunkelrot. — Brasilien (Küstengebiet von São Paulo und Rio de Janeiro).

Auch diese Art, wie die vorige, bildet flügelig-3kantige Erstglieder aus, zeigt aber deutlich die *Phyllorhipsalis*-Zugehörigkeit.

*Cereus crispatus crenulatus, Epiphyllum crenulatum, E. rhombeum* führt PFEIFFER als Synonyme auf; vielleicht gehörte auch der Name *Cereus crispatus latior* SD. (Cact. Hort. Dyck. 66. 1834) hierher. *Rh. rhombea crispa*: s. unter *Rh. crispata*.

40. **Rhipsalis boliviana** (BRITT.) LAUTERB. — In BUCHTIEN, Contr. Fl. Bolivia, 1 : 145. 1910
*Hariota boliviana* BRITT., in RUSBY, Mem. Torr. Club, $3^3$ : 40. 1893.

Stamm $\pm$ 4kantig, am Grunde schmal geflügelt, mit 5—10 gelblichweißen, etwa 2 mm langen Borsten; Seitenzweige 15—30 cm lang, blattartig verbreitert, 1—2 cm breit, im Abstand von 15—30 mm unregelmäßig gekerbt, am Grunde verschmälert; Mittelrippe kräftig; Areolen mit ziemlich reichlichem Wollfilz; Bl. einzeln, selten zu zweit oder dritt, ca. 15 mm lang, gelb; Beere kugelig, ca. 1 cm dick, oben abgestumpft, Farbe nicht beschrieben. — Bolivien (in feuchten Wäldern der Yungas).

41. **Rhipsalis wercklei** BERG. — MfK., 16 : 64. 1906

Strauchig, schon vom Grunde aus verzweigt, hängend, bis 1,5 m lang; Zweige frischgrün, die untersten ausgebreitet abstehend, kräftig, meist 3kantig, an den Enden gestutzt und mit ziemlich breiten Flächen zu dritt bis fünft gipfelständig aufeinandersitzend; an ihrer Spitze 1—2, seltener 3 abgeflachte Tr., an deren Spitze wieder 1—2 ähnliche Tr., 15 (—20) cm lang, linealisch, beidendig stumpflich gespitzt, in der Mitte 12—18 mm breit, ziemlich dick; Kanten fast gerade verlaufend, wenig über den 4 cm entfernten, kleinen Areolen eingesenkt, letztere etwas schief; Mittelrippe deutlich; Bl. kremweiß, anscheinend einzeln, seitlich, 8—9 mm breit; Ov. nackt oder mit einer sehr kleinen Schuppe, ca. 3—3,5 mm lang, grünlich oder gelblichweiß. — Costa Rica (bei Navarro).

42. **Rhipsalis jamaicensis** BRITT. & HARR. — Torreya, 9 : 159. 1909

Strauchig, hängend, 3—10 cm lang; Hauptstamm kantig; Zweige in der Jugend stark borstig, später kahl, seicht gekerbt, an der Spitze abgestumpft, am Grunde zu einem 1—6 cm langen Stiel verjüngt, glänzendgrün, 1—4 cm lang, 1—2,5 cm breit, ca. 2 mm dick; Bl. ca. 6 mm lang, gelblichgrün; Ov. länglich, mit wenigen Schuppen; Beere kugelig, weiß, 6—8 mm dick. — Jamaika (Cockpit County, bei Troy).

SCHUMANN soll (nach VAUPEL) unter *Rh. alata* (Gesamtbschrbg. 635. 1898) diese Art beschrieben haben, zu der er auch *Rh. coriacea* aus Costa Rica stellte, die aber gespitzte Flachtriebe und stielrunde Stämme bzw. Langtriebe macht, auch etwas längere Hüllblätter hat.

**43. Rhipsalis angustissima** WEB. — Bull. Mus. Hist. Nat. Paris, 8: 465. 1902

Strauchig, sehr verzweigt, hängend; Glieder zweigestaltig: die unteren starr, zylindrisch, 25 cm lang, 2—3 mm dick, verholzt, die folgenden blattartig, lanzettlich, gesägt, am Grunde zylindrisch, oben zugespitzt, 9—10 cm lang, 12—13 mm breit, 1—3 mm dick, anfangs braunrot, später dunkelgrün, glänzend, mit kräftigem Mittelnerv; Tr. anfangs einzeln, dann mehrere in einer Areole, im unteren Teil wieder verzweigend; Areolen 2 cm entfernt, spärlich weißfilzig, mit ziemlich großen, hinfälligen und fleischigen Schuppen; Bl. sehr zahlreich, einzeln, selten zu zweit, 4—5 mm lang, wenig ausgebreitet, außen karminrot, innen heller, auf der Innenseite Pet. fast weiß, durchscheinend; Ov. kugelig, 2 mm dick, braunrot, mit einigen karminroten Schüppchen; Beere kugelig, 8 mm dick, mattweiß, mit einigen rosa Schüppchen; S. zahlreich, schwarz, sehr glänzend, länglich gespitzt, 0,25 mm lang; Keimbl. groß, blattartig, fast immer zweispaltig. — Costa Rica (bei Caché) (Abb. 630).

BRITTON u. ROSE haben diese Art mit *Rh. coriacea* vereinigt; während aber *Rh. angustissima* nur 0,6 bis 1,5 cm breite Triebe haben soll, sind die von *Rh. coriacea* nach BRITTON u. ROSE bis 3,5 cm breit, mit 2—7 langen Haarborsten in den Areolen, und zwar unten an den zylindrischen, selten an den abgeflachten Trieben, was bei *Rh. angustissima* nicht beschrieben worden ist. Auch die Blütenfarbe scheint abweichend zu sein.

Abb. 630. Rhipsalis angustissima WEB.

**44. Rhipsalis ramulosa** (SD.) PFEIFF. — En. Cact., 130. 1837

*Cereus ramulosus* SD., Cact. Hort. Dyck. 340. 1834. — *Hariota ramulosa* LEM.

Stamm rund, holzig, aufrecht, 30 cm hoch; Zweige zahlreich, in ca. 1 cm Abstand, breit-linealisch, am Rande schwach gesägt, an der Spitze abgestumpft, am Grunde in einen 1—6 cm langen Stiel verjüngt, 10—25 cm lang, ca. 2 cm breit (BRITTON u. ROSE: 2,5 cm), frischgrün, selten verzweigt, anfangs oft mit Borsten, später ganz kahl; Bl. einzeln, nahe den Zweigspitzen, weißlichgrün, radförmig; Ov. mit 2—3 kleinen Schuppen; Beere erbsenförmig, anfangs grün, dann durchschimmernd weiß; S. zahlreich, klein, schwarz. — W-Brasilien, benachbartes Bolivien (Isapuri), Peru (Pozuzo).

Eine am bolivianischen Fluß Bopi auf Bäumen von R. S. WILLIAMS gefundene Pflanze stellen BRITTON u. ROSE hierzu.

Die Pflanze ähnelt *Rh. lorentziana*, hat aber ein beschupptes Ovarium. VAUPEL (ZfS. 1: 19. 1923) sagt, daß ULE ein dem Typus im Berliner Herbarium gleiches

Exemplar in Brasilien (obere Acre Region, bei Seringal, San Francisco) sammelte und daß hierzu auch *Cactus dentatus* RUIZ (MARTIUS, Fl. Bras. 4²: 288. 1890) gehört, der zuerst von TAFALLA (bei Pozuzo in O-Peru) 1790 gesammelt wurde. *Epiphyllum ramulosum*, *E. ciliare* und *E. ciliatum* wurden von PFEIFFER als Synonyme von *Rh. ramulosa* genannt, alle ohne Autor bzw. HORT.-Namen.

### 45. Rhipsalis coriacea POLAK. — Linnaea, 41: 562. 1877

*Hariota coriacea* KUNTZE.

Stämme holzig und rund an der Basis, 4—8 m herabhängend, mit starker Verzweigung; Zweige oft bis 3,5 cm breit, dünn, lanzettlich, gespitzt, am Grunde gestielt, schwach gesägt, bis 20 cm lang, nach BRITTON u. ROSE (VAUPEL erwähnt das nicht) am Stamm und zuweilen an den Trieben mit 2—7 langen Haarborsten in den kleinen Areolen; Bl. seitlich, nach BRITTON u. ROSE ziemlich eng, 12 mm lang, grünweiß bis rosa, Staubf. zahlreich, weiß wie der Griffel und die Narben; Beere weiß, 7 mm dick, mit breiten, runden Schüppchen; S. schwarz. — Costa Rica (bei Cartago), weit verbreitet, besonders in höheren Lagen.

BRITTON u. ROSE vereinigen mit dieser Art die von ihr offenbar verschiedene *Rh. angustissima* (s. dort) und *Rh. leiophloea*, die allein schon durch nicht länger gestielte Endtriebe abweicht, diese höchstens 2,5 cm breit.

### 46. Rhipsalis purpusii WGT. — MfK., 28: 78. 1918

Strauchig, hängend, Stamm rund und mit glatter Rinde; Glieder anfangs rund, nach vorn meist geschweift, kantig, häufig in ein blattartiges Ende verlaufend, grün, mit vereinzelten rundlichen Schuppen besetzt; die folgenden Tr. sind blattartig, flach, lanzettlich bis elliptisch-lanzettlich, nach dem Grunde meist am breitesten, nach der Spitze zu ± langgestreckt, am Grunde gestielt, derb, lederartig, entfernt flach gekerbt, 8—20 cm lang, 1—3 cm breit, dunkelgrün, matt, in der Jugend heller; Bl. seitlich, grünlichweiß, 11 mm lang; Ov. 5 mm lang, 3 mm dick, beschuppt, Schuppen halbkreisförmig, rot; Beere kugelig, weiß, 5 mm dick, beschuppt; S. glänzend schwarz, schief birnförmig. — Mexiko (Chiapas, am Cerro de Boquerón), Guatemala (Dept. Escuintla, bei Pantaleón) (Abb. 631).

Die Kanten der Endtriebe zuweilen schwach rötlich.

### 47. Rhipsalis leiophloea VPL. — ZfS., I: 20. 1923

Strauchig; Langtriebe rund, an der Spitze blattartig verbreitert, mit glatter Rinde, die sich in größeren Stücken ablöst und auch am stielartigen kurzen Blattfuß fortsetzt; Seitentriebe spiralig angeordnet, in ca. 1 cm Entfernung, elliptisch oder eiförmig-elliptisch, nur schwach gekerbt, Stiel kaum länger als 1 cm und hier oft mit einem Seitentrieb versehen, bis 15 cm lang, 2,5 cm breit; Mittelnerv beiderseits hervortretend; Bl. zahlreich in der oberen Triebhälfte, einzeln, ca. 1 cm lang, weiß; Ov. mit einigen winzigen Schuppen; Beere erbsenförmig, beschuppt, Farbe von VAUPEL nicht angegeben. — Costa Rica (bei San José) (Abb. 632).

Von *Rh. coriacea*, zu der sie BRITTON u. ROSE stellen, allein schon durch den kurzen Blattstiel unterschieden, sowie schmälere Glieder und reinweiße Blüten.

### 48. Rhipsalis chloroptera WEB. — Dict. Hort. Bois, 1045. 1898

Strauchig; Stämmchen häufig 3kantig, Kanten scharf, fast geflügelt, schwach gesägt; Glieder teils länglich, bis 20 cm lang, oben oder oberhalb der Mitte bis 2 cm breit, nach unten verschmälert, teils spatelförmig, eilänglich oder lanzettlich, gestutzt, gesägt-gekerbt, 8—16 cm lang, 1,5—6 cm breit, laubgrün, mit grauem Schein, am Rande oft rot; Areolen von einer durchsichtigen, kaum 1 mm

Abb. 631. Rhipsalis purpusii WEINGT.

Abb. 632. Rhipsalis leiophloea VPL.

großen gerundeten Schuppe gestützt, wenig Filz und einzelne oder paarweise Börstchen; Bl. nicht zahlreich, ca. 1,5 cm lang und weit geöffnet, gelb, beim Verblühen dunkler; Ov. 4 mm lang, zylindrisch, kahl, hellgelb-grün und rötlich getönt. — Heimat nicht bekannt, vielleicht Brasilien.

BRITTON u. ROSE stellen sie zu *Rh. elliptica*, bei der keine häufig 3kantigen Stämmchen angegeben sind, auch ist ihr Ovarium 4kantig, die Blütenfarbe (nach LÖFGREN) weiß; bei *Rh. chloroptera* ist das Ovarium zylindrisch, die Blütenfarbe gelb.

**49. Rhipsalis elliptica** LINDBG. — In MARTIUS, Fl. Bras., $4^2$: 293. 1890

Strauchig, verzweigt, hängend, über 1,5 m lang; Glieder zu dritt oder viert in einer Reihe, lediglich durch Einschnürungen voneinander getrennt, bisweilen zu zweit nebeneinander, blattartig, länglich-elliptisch, 6—15 cm lang, 2,5—6 cm breit, beidseitig spitz oder stumpflich, am Rande schwach wellig gekerbt, zuweilen ganzrandig, dunkelgrün, hier und da mit einem Würzelchen am Mittelnerv; Areolen klein, mit winziger Schuppe, spärlichem Filz und zuweilen einem Börstchen; Bl. seitlich, einzeln, 8—9 mm lang; Ov. ± kantig; Beere kugelig, rosa, 5 mm dick. — Brasilien (São Paulo, bei Sorocaba; im Küstengebiet von Rio de Janeiro bis Santa Catharina; in São Paulo und Minas Geraes bis ins Innere vordringend).

**49a. v. helicoidea** LÖFGR. — Arch. Jard. Bot. Rio de Janeiro, II: 44. 1918

Glieder etwas kleiner als beim Typus und bisweilen runder, außerdem stets um die Achse gedreht, zuerst grün, später kupferrot; Bl. und S. nicht vom Typus unterschieden. — Rio de Janeiro (Ilha Grande).

Bei BRITTON u. ROSE nur Synonym vom Typus der Art.

50. **Rhipsalis lorentziana** GRIS. — Abh. Ges. Wiss. Göttingen, 24 : 139. 1879

Strauchig; Tr. lanzettlich, nach oben und unten ± verjüngt, an der Spitze stumpf, gezähnt, 10—30 cm lang, 2—4 cm breit, 1 mm dick, frischgrün, matt, seitlich verzweigt; Zähne stumpf, ca. 15 mm lang, oben rechtwinklig gestutzt; Mittelrippe kräftig; Areolen kaum filzig, ohne Borsten; Bl. einzeln, weiß; Ov. 4kantig, an den Kanten beinahe geflügelt, 7 mm lang, 4 mm dick, glatt, grün; Beere rundlich, undeutlich 4kantig, dunkelpurpurn, 8 mm lang, 4—5 mm dick; S. 1—3, klein, schwarz. — Argentinien (Salta, bei Oran; Catamarca; Tucuman).

Nach den Fotos von CASTELLANOS („Rhipsalis Argentinas", Tafel III, 1925) sind die ersten Stämmchen stielrund und die Verbreiterung schmäler; die zweiten Triebe fast stiellos, aber stark verjüngt an der Basis, die Zähnung nicht immer rechtwinklig gestutzt, sondern auch wellig gebogen; in einer Areole sind 2 Blüten sichtbar (obwohl CASTELLANOS angibt „Blüten einzeln"); gelegentlich soll auch ein Börstchen vorhanden sein.

51. **Rhipsalis goebeliana** (HORT.?) BACKBG. — Descr. Cact. Nov. 10. 1956

Buschig, hängend; Ersttriebe schmal-lineal, mit kräftigem Nerv, oben 8 mm breit, an der Basis stielrund, lebhaft grün; zweite Tr. nach der Spitze zu schmallänglich bis etwas breiter, manchmal schwach gewellt, 8—13 cm lang, 2,5—3 cm breit; die Areolen zeigen zuweilen ein winziges Börstchen; Bl. einzeln, rosaweiß; Ov. beschuppt, länglich; Beere grünlichweiß. — Heimat? (Abb. 633).

Abb. 633. Rhipsalis goebeliana (HORT.) BACKBG.

Von CASTELLANOS („Kat. *Hariota* und bras. *Rhipsalis*", 15. 1938) mit *Rh. houlletiana* identifiziert, mit der sie gar nichts gemein hat; die Kerbung ist meist rechtwinklig. Sie ist in deutschen botanischen Gärten vertreten, aber anscheinend nirgends unter ihrem Namen beschrieben, weswegen ich eine lateinische Diagnose gab, damit die keiner der bekannten Arten ähnelnde Pflanze einen gültigen Namen hat.

52. **Rhipsalis cuneata** BR. & R. — The Cact., IV: 246. 1923

Glieder länglich bis spatelig, 8—12 cm lang, dünn, stumpf, am Grunde keilförmig, stark gekerbt, die Vorsprünge breit gerundet; Tr. sich von der Spitze der vorigen her fortsetzend, an der Basis stark verjüngt; Areolen nackt, bisweilen auch mit 1—2 Borsten; Bl., soweit bekannt, einzeln; Fr. kugelig, 4 mm dick, nackt. — Bolivien (über San Juan), auf ca. 2000 m.

Die Art scheint *Rh. lorentziana* zu ähneln; VAUPEL hält sie für „nach einem anscheinend wenig vollständigen Herbarstück beschrieben", und ist der Ansicht, daß sie weiterer Beobachtung bedarf.

**53. Rhipsalis russellii** BR. & R. — The Cact., IV: 242. 1923

In großen Büscheln wachsend, hängend; Glieder 15 cm lang, 5—6 cm breit, am Grunde keilförmig, stark gekerbt, die Vorsprünge einander genähert und die Kerben wie Einschnitte wirkend; Tr. dunkelgrün mit bisweilen purpurnen Rändern; Bl. oft bis zu 9 an einer Areole, klein, kremfarben, 2 mm lang; Beere meist nur einzeln, kugelig, purpurn, 5—6 mm dick. — Brasilien (Bahia, bei Tonca da Onca).

Soll nach BRITTON u. ROSE der *Rh. elliptica* ähneln, was unverständlich ist, da diese nur schwach (selten kräftiger) gekerbt ist und auch zuweilen ganzrandige Triebe bildet.

**54. Rhipsalis robusta** LEM. non LINDBG. — Rev. Hort., XXXII: 502. 1860[1])

*Hariota robusta* KUNTZE.

Strauchig, aufrecht; Glieder elliptisch oder eiförmig, oben gerundet, am Grunde verjüngt, bisweilen 3flügelig, verhältnismäßig tief (1 cm und mehr) gekerbt, bis 4 mm dick, 20 cm lang, ca. 10 cm breit, dunkelgrün; Mittelnerv sehr dick, mit deutlichen Seitennerven; Areolen bis 5 mm ⌀, mit spärlichem Filz und 1 oder mehr Börstchen, die in der Jugend karminrot sind; Bl. bis 6 aus einer Areole, 1,2—1,4 cm lang, 1,5—1,8 cm breit, weit geöffnet, hellgelb; Fruchtkno-

Abb. 634. Rhipsalis robusta LEM. (Foto: E. BARTENS.)

---

[1]) Unter dem mir einst von O. VOLL zugesandten Material an Fotos, Herbarstücken, Beobachtungen usw. befindet sich auch der Hinweis auf eine Pflanze, „ähnlich *Rh. pachyptera*", aber mit „veilchenblauen Früchten"; Blüten winzig, in Büscheln. — Brasilien (Espiritu Santo, auf Felsen in sonniger Lage).

Möglicherweise handelt es sich um eine von MULFORD B. FOSTER gesammelte Pflanze (er bildet eine *Rh. pachyptera*-ähnliche Spezies in „Brazil-Orchid of the Tropics", 189. 1945, mit kleinen Blüten, ab), denn in den Notizen wurde seinerzeit der provisorische Name *Rh. fosteriana* vorgemerkt. Da *Rh. pachyptera* aber nicht in Büscheln blüht, kann es sich bei dem VOLL-Material kaum um eine Varietät dieser Art handeln, eher um *Rh. robusta*, die bis 6 Blüten gleichzeitig entwickelt und deren Fruchtfarbe nicht beschrieben ist. Sie wurde allerdings bisher nicht aus Espiritu Santo gemeldet.

ten kreiselförmig; Beere dick, gestutzt, darauf die vertrocknete Blütenhülle, Farbe nicht beschrieben. — Brasilien (Rio de Janeiro; Santa Catharina). — (Farbige Abbildung in ZfS. 209. 1925—26.) (Abb. 634.)

BRITTON u. ROSE identifizieren sie mit *Rh. pachyptera*, von der sie schon SCHUMANN trennte: „Die Größe der Glieder, die Tiefe der Kerben, die große Zahl der Blüten aus den Areolen erteilen ihr das Recht, eine besondere Art darzustellen." Die Triebgröße differiert weniger; aber *Rh. robusta* zeigt mehr Blüten gleichzeitig und ist wohl dunkelgrün wie *Rh. pachyptera*, jedoch nicht so auffällig rot gefärbt, wie es die letztere oft ist.

*Rh. pachyptera* v. *crassior* SD., in PFEIFFER, En. Cact. 132. 1837, ist nach VAUPEL vermutlich obige Art. Ein Name war *Rh. crassa* K. SCH. (Keys Monogr. Cact. 54. 1903).

### 55. **Rhipsalis platycarpa** (ZUCC.) PFEIFF. — En. Cact., 131. 1837

*Epiph. platycarpum* ZUCC., Cat. Cact. Monac. 1836. — *Cereus platycarpus* ZUCC. — ? *Rh. platycarpa* LEM. — *Hariota platycarpa* KUNTZE.

Strauchig, reich verzweigt, bis 80 cm hoch, im Aussehen fast dem *Epiphyllum* (*Phyllocactus*) *phyllanthus* ähnelnd; Glieder blattartig, 8—30 cm lang, 4—5 cm breit, grün, bisweilen rot gerandet, gekerbt; Kerben rund, anfangs mit Filz und Schuppen; Mittelnerv deutlich; Bl. in Scheitelnähe, unansehnlich, schmutzigweiß, ca. 2 cm lang, kaum geöffnet; Ov. schwach 4kantig, Kanten rötlich, sonst grün; Beere nackt, grünlich, wie das Ov. geformt. — Brasilien (Orgelgebirge).

VAUPEL sieht die Herkunftsangabe als zweifelhaft an, da das von ROSE gesammelte Exemplar aus dem Orgelgebirge nie in New York geblüht hat; ursprünglich war die Heimat nicht angegeben; LÖFGREN sah eine ähnliche Pflanze in Bahia. Der von VAUPEL erwähnte Trieb von Santa Marta (Kolumbien), der von H. H. SMITH dort gesammelt wurde und als *Rh. platycarpa* ausgegeben ist, mit seichter gekerbten Rändern, dürfte wohl das dort häufig vorkommende *Ep. phyllanthus* gewesen sein. GÜRKE gibt an (MfK. 17:33. 1907; Abb. in Blühende Kakteen, Taf. 90): „Bl. ausgebreitet, 10—11 mm lang; die Bl. nicht an der Spitze, sondern an der vollen Länge der Triebe." Das weicht von obiger Beschreibung wesentlich ab.

### 56. **Rhipsalis pachyptera** PFEIFF. — En. Cact., 132. 1837

*Cactus alatus* WILLD., En. Plant. Suppl. 35. 1813, non SWARTZ (1788). — *Epiph. alatum* HAW. 1819 non 1829. — *Cactus triqueter* VELL. non HAW., non WILLD. — *Cereus alatus* LK. & O. non DC. — *Lepismium fluminense* MIQU. — *Rh. pachyptera purpurea* CORD. — *Hariota triquetra* KUNTZE — *H. pachyptera* KUNTZE.

Strauchig, sehr verzweigt, anfangs aufrecht, dann hängend, bis ca. 1 m lang; erste Glieder länglich, spindelförmig, meist 3flügelig; die folgenden Glieder oval, elliptisch bis fast kreisrund, beidseitig stumpf, oder am Grunde verschmälert, grob gekerbt, dunkelgrün und mehr oder weniger rot gefärbt, besonders in der Trockenzeit, 8—20 cm lang, 5—12 cm breit, mit kräftigen Nerven; Areolen mit kleinen Schuppen und sehr wenig Filz; Bl. seitlich, meist einzeln, nur ausnahmsweise mehr, ca. 15 mm lang, stark duftend; Ov. kurz-zylindrisch oder fast kugelig, grün, nackt; Beere ellipsoidisch, rot. — Brasilien (von Santa Catharina bis Rio de Janeiro, in São Paulo häufig in den Bergen der Küste bis zur Serra da Cantareira).

Die Namen von HAWORTH und LINK und OTTO beruhen auf dem nur sehr **unvollständig** beschriebenen *Cactus alatus* WILLD.; *Cactus alatus* SWARTZ, jetzt

*Pseudorhipsalis alata*, stammt aus Jamaika. Die Namen sind früher häufig verwechselt worden.

57. **Rhipsalis oblonga** LÖFGR. — Arch. Jard. Bot. Rio de Janeiro, 2 : 36. 1918

Stamm anfangs vielleicht aufrecht, später hängend, sehr selten 3kantig oder 3flügelig; Zweige meist 1—3, bisweilen zu fünft, an der Spitze der Tr., blattartig dünn, länglich oval, oben stumpf, am Grunde ± undeutlich 3kantig, zuweilen fast stielartig verschmälert, 6—12 cm lang, selten mehr als 3 cm breit, am Rande flach gebuchtet, stumpf gezähnt, anfangs hellgrün, am Rande ± schwach gerötet; Mittelnerv kräftig; Areolen klein, ebenso die Schuppen, Borsten nur nach der Blüte erscheinend; Beere kugelig, gelblichgrün, 6—7 mm dick. — Brasilien (Rio de Janeiro; Ilha Grande).

58. **Rhipsalis crispata** (HAW.) PFEIFF. — En. Cact., 130. 1837

*Epiph. crispatum* HAW., Phil. Mag. 7 : 111. 1830. — *Rh. crispata latior* SD. — *Hariota crispata* LEM. — *Rh. rhombea crispata* K. SCH.

Strauchig, reich verzweigt, bis 40 cm hoch; Zweige meist aus der Spitze, seltener aus der Seite älterer Glieder, am Rande wellig gebogen, länglich oder elliptisch, am Grunde verjüngt, tief gekerbt, bis 12 cm lang, 7 cm breit; Farbe nach VAUPEL (in dessen Schlüssel) dunkelgrün (in der Beschreibung: gelblich-grün); Beere weiß, kugelig, mit wenigen Samen. — Brasilien (Rio de Janeiro bis São Paulo, im Küstengebiet). (Abb. 635, 636).

*Rh. crispa latior* SD. (*Hariota crispata latior* LEM.) soll größere und breitere Glieder haben, ist aber wohl nicht berechtigt, ebensowenig *Rh. crispa* FÖRST. und v. *major* FÖRST.; *Cereus crispatus* HORT. ist lt. PFEIFFER ein Synonym obiger Art gewesen. Ein Gartenname war *Rh. rhombea crispa* HORT. (Abb. 635).

59. **Rhipsalis crispimarginata** LÖFGR. — Arch. Jard. Bot. Rio de Janeiro, 2 : 37. 1918

Hängend; Stamm rundlich, verholzt; Glieder zu zweit, dritt oder mehr an älteren Zweigspitzen, bisweilen gebüschelt, blattartig, länglichoval, an der Spitze stumpf, am Grund fast stielartig verschmälert oder vollkommen

Abb. 635. Rhipsalis crispata (HAW.) PFEIFF. (Foto: E. BARTENS.)

Abb. 636. Rhipsalis crispata (Haw.) Pfeiff.: Knospen und Blüte. (Foto: E. Bartens.)

elliptisch oder fast rhombisch, am Rande stark gewellt, unregelmäßig gekerbt; in der Jugend ist der Rand schön rosenrot durchschimmernd gefärbt; Mittelnerv zuweilen ebenfalls gewellt, stark hervortretend; Areolen und Schuppen klein; Bl. radförmig, am Grunde mit schwachem Filz und bisweilen einem Borstenstächelchen, einzeln oder zu 2—3 erscheinend; Beere eiförmig, 7—8 mm lang, 5—6 mm dick, rosa, durchscheinend; S. klein, braunrot. — Brasilien (Rio de Janeiro; Ilha Grande).

60. **Rhipsalis incachacana** Card. — „Cactus", 7:34. 125—126. 1952

Am Grunde reich verzweigt, bis 1,50 m lang herabhängend; Glieder 20—30 cm lang, 4—6 cm breit, grün, am Rande ± gewellt, halbrundlich zwischen den Kerbungen hervortretend, Mittelnerv 2—3 mm dick; Areolen ca. 2 cm entfernt, in die Einschnitte eingebettet, nach den Zweigenden stärker genähert, anfangs 7 mm, später 5 mm ∅, hellbraun befilzt und mit ziemlich dicken Büscheln von 18 mm langen feinen Borsten versehen, diese hellbraun bis weißlich; Knospen konisch, leuchtend rot an der Spitze, unten gelb; Bl. 1—2, in der Mitte der Borsten, ca. 1 cm lang, außen glänzendrot, innen purpurviolett; Sep. 2 bis 6 mm lang, Pet. 5 mm lang; Staubf. weiß; Staubb. hellgelb; Gr. ca. 7 mm lang, oben dunkelpurpurviolett, am Grunde heller; N. 3—4, kurz, 0,5 mm lang, weiß; Ov. 2 mm lang, grünlich, am Grunde mit steifen, weißen Haaren sowie mit großen purpurnen Schuppen und einigen Haaren darin, besonders oben; Beere kugelig, rötlich — 5kantig, sonst grün, ca. 8 mm dick; S. 2 mm lang, glänzend schwarz, am Nabel leicht eingedrückt. — Bolivien (Prov. Chapare, Dept. Cochabamba, Incachaca, auf 2200 m).

Diese von Cardenas im Juni 1950 entdeckte Pflanze ist nicht allein durch ihre Blütenfarbe ungewöhnlich, sondern auch wegen der starken Borstenpolster in den Areolen, vor allem aber auch, weil (nach Cardenas) die Blüten unten zu einer kleinen Röhre verwachsen sind. Wieweit es sich bei den „areolis immersis" nur um tief in den Kerben stehende handelt oder um solche, die wie bei *Lepismium* eingesenkt sind, ist nicht erkennbar; sollte dies der Fall sein, gehört die Art zu *Lepismium*; dem würde auch die röhrenartige basale Hüllblattverwachsung entsprechen. Cardenas sagt leider nicht, ob das Ovarium eingesenkt ist; das ist zur Klärung der näheren Verwandtschaft wichtig. Andererseits hat die Art —

die somit ziemlich natürlich am Ende des Schlüssels steht — nicht nur die blattartige Gestalt der *Phyllorhipsalis*-Arten, sondern die Ovariumbekleidung und die Wellung der Glieder ± mit der vorhergehenden gemein, kann aber vielleicht auch als Übergangsstufe zu *Wittia* angesehen werden, wenn die (von CARDENAS nicht sehr deutlich gezeichnete) röhrenartige Verwachsung des unteren Blütenteiles länger als beim Typus von *Lepismium* ausgebildet ist. Würde das Ovarium wirklich „eingesenkt" sein, wäre für diese Art bei *Lepismium* ein eigenes Subgenus wegen der blattartigen Gestalt erforderlich; mit einer solchen, etwa „*Phyllolepismium*" zu nennenden Untergattung wäre dann in diesem Genus ebenso eine blattartige Form bekanntgeworden, wie es ± 3kantige Untergattungen in beiden Gattungen gibt. Jedenfalls ist die obige Art ein wichtiger Fund, was die verwandtschaftlichen Beziehungen von *Rhipsalis* zu den ihr nächststehenden Gattungen anbetrifft.

In „Cactus", l. c., Nr. 36. 1953, ist die Abbildungsbeschriftung von S. 126 in Heft 34 : 1952 korrigiert: „lies *R. incachacana*". Das ist zweifellos ein Irrtum, denn es handelt sich da um *Acanthorhipsalis paranganiensis*, 3kantig, von Felsen herabhängend. *Rh. incachacana* ist nur auf S. 125 (l. c., 1952) abgebildet.

\*

Im Katalog JOHNSON, „Succ. Parade", 15. 1955, finden sich folgende zwei unbeschriebene Artnamen:

*Rhipsalis quellebambensis* JOHNS. nom. nud.: „Kräftiger als *Rh. cassytha*; Bl. sehr klein; Fr. hellrot, ebenso die winzigen Ov.; Blüten lange andauernd." Vielleicht handelt es sich hier um *Rh. heptagona*.

*Rhipsalis dixous* JOHNS. nom. nud.: „Flachtriebig, gabelig verzweigend. — N-Peru, in trockener, im Sommer blattloser Vegetation." Es kann kaum einem Zweifel unterliegen, daß es sich hier um *Rh. micrantha* (HBK.) DC. handelt.

## Rhipsalis

### Namen, ungenügend bekannte oder Arten anderer Gattungen

*Rh. biolleyi* WEB. (Bull. Mus. Hist. Nat. Paris 8 : 467. 1902) — ist *Weberocereus biolleyi* (WEB.) BR. & R.

*Rh. bucheni* BÉHAGN. (Rev. Hort. LXXXV : 437. 1913, mit Abb.) ist nur ein Name, unvollständig beschrieben.

*Rh. carnosa* VÖCHT. (Pringsheims Jahrb. IX : 415. 1873), nur ein Name.

*Rh. erythrolepis* BÉHAGN. (Rev. Hort. LXXXV : 437. 1913, mit Abb.) ist nur ein Name, unbeschrieben (U.-G. *Phyllorhipsalis*).

*Rh. filiformis* (MfK. VI : 47. 1896), unbeschriebener Name (*Rh. cribrata filiformis?*).

*Rh. frondosa* WERCKLÉ (Subreg. fitogeogr. Costa Ricense, 42. 1909), von WEINGART (MfK. 20 : 185. 1910) als neue Art angesehen; nicht beschriebener Name.

*Rh. itatiaiae* WEB., unbeschrieben.

*Rh. lagenaria* VÖCHT., nur ein Name (Jahrb. Wiss. Bot. Leipzig, 9 : 368, 372. 1873).

*Rh. macahensis* GLAZIOU (Bull. Soc. Bot. France LVI, Mém. 3 : 326. 1909), nur ein unbeschriebener Name.

*Rh. macrocarpa* MIQU. (Bull. Sci. Nat. en Néerl. 49. 1838) (*Hariota macrocarpa* KUNTZE, Rev. Gen. Pl. I : 263. 1891); wahrscheinlich *Ep. phyllanthus* (L.) HAW.

*Rh. microcarpa* STEUD., wahrscheinlich ein Druckfehler (*Rh. macrocarpa*).
*Rh. miquelii* LEM. (Cact. 80. 1868), nur ein Name.
*Rh. oligosperma* LINDBG. (MfK. VII: 21. 1897), nur ein Name.
*Rh. pendula* VÖCHT. non PFEIFF. (in Pringsheims Jahrb. IX: 471. 1874), mehrfach abgebildet, anatomisch untersucht, aber unbeschrieben; bei BRITTON u. ROSE Syn. von *Rh. cribrata* RÜMPL.
*Rh. peruviana* K. SCH., mscr.-Name für *Acanthorhipsalis micrantha* (VPL.) BR. & R. (*Rh. asperula* VPL.).
*Rh. pfeifferi*, ein Name von VATTER, in Nat. C. & S. J. 4: 59. 1952. Art?
*Rh. pterocaulis* HORT. lt. FÖRSTER Syn. von *L. paradoxum* (PFEIFFER: *Cereus pterocaulis* HORT.).
*Rh. pulcherrima* LÖFGR. (MfK. 9: 136. 1899), nur ein Name.
*Rh. ramosissima* K. SCH. (Fl. Bras. 4²: 299. 1890); *Lep. ramosissimum* LEM. in Ill. Hort. XI: 72. 1864. — *H. ramosissima* KUNTZE, verschollene und nicht identifizierbare Art, von M. A. VERSCHAFFELT aus Brasilien eingeführt.
*Rh. riedeliana* REG. (Ind. Sem. 49. 1860) (*Hariota riedeliana* KUNTZE), unsicherer Name; Bl. nicht beschrieben.
*Rh. rugulosa* LEM. (Ill. Hort. 8: 1861. Tafel 293. — *Hariota rugosa* KUNTZE), verschollen; Bl. nicht beschrieben. Von den Antillen? BR. & R.: *Rh. floccosa* (*Lep. floccosum*).
*Rh. spathulata* OTTO (Sweet, Hort. Brit. 3: 288. 1839) (*Hariota spathulata* KUNTZE), Druckfehler?: *Peireskia spathulata*? (K. SCHUMANN)(*Peireskiopsis*).
*Rh. turpinii* LEM. (Cact. 80. 1868), nur ein Name.
*Rh. wettsteinii* K. SCH. (MfK. 17: 48. 1907), ein unbeschriebener Name.
*Rh. boliviana* RITT. (FR 115, in WINTER-Kat. 19. 1957) ist nur ein Name ohne weitere Angaben, so daß nicht ersichtlich ist, ob *Rh. boliviana* (BRITT.) LAUT. gemeint ist; jedenfalls ist der Name RITTERS nicht gültig.

## 21. LEPISMIUM PFEIFF.

In OTTO & DIETR. Allg. Gartenztg. 3: 315, 380. 1835
[als U.-Gattung K. SCH. in Gesamtbschrbg., 615, 618. 1898]

Der Gattungsname wurde von PFEIFFER in Hinsicht auf die die Areole stützenden Schuppen gewählt; diese kommen aber auch bei *Rhipsalis* vor. Nach heutigen Gesichtspunkten sind entscheidende Merkmale für die Gattungsabtrennung PFEIFFERS Angaben: „sepala ... in tubum brevissimum concreta ... tubo omnino immerso." Als ausschlaggebend erscheint das letztere. SCHUMANN hat bereits gesagt (Gesamtbschrbg. 614—615. 1898): „bei *Lepismium* liegen die Areolen schon an den vegetativen Zweigen niedriger." Zu welchen eigenartigen Bildungen es dabei kommt, zeigt seine Abbildung (l. c., S. 633, Fig. D): Hier sind mehrere Knospen der „*Rh. cavernosa*" fast unsichtbar gleichzeitig eingesenkt, wie man es in dieser Art auch nicht bei anderen mehrblütigen Kakteen (chilenische Kugelformen, *Lophocereus*, *Marginatocereus*, *Myrtillocactus*) findet. Es bleibt, zumindest häufig, nach der Blüte auch eine tiefe, runde Narbe nach. VAUPEL hat die Arten mit „eingesenktem Fruchtknoten" („Die Kakteen", 23. 1925) in folgende Gruppen geteilt: *Floccosae*, *Paradoxae*, *Myosurae*. SCHUMANNS Untergattungsteilung ist der Vorzug zu geben bzw. seiner Gliederung, die alle Untergattungen „mit eingesenktem Fruchtknoten" vereinigt. Dem entspricht auch PFEIFFERS diesbezügliches Merkmal.

Die Gattung umfaßt runde, flache und 3kantige Epiphyten mit meist hängendem, zum Teil aufrechtem Wuchs; die Einsenkung des Fruchtknotens wird (zumindest zum Teil) nach der Blüte deutlicher sichtbar.

Britton u. Rose stellten nur einen Namen, *Lepismium cruciforme*, zu der Gattung und führten darunter als Synonyme auf: *Rh. squamulosa* (SD.) K. Sch., *Rh. anceps* Web., *Rh. myosurus* (SD.) Först., *Rh. cavernosa* (Lindbg.). K. Sch. Berger sagt über *L. cruciforme*: „außerordentlich variierend ... je mehr Pflanzen man davon sieht, um so weniger sind sie auseinanderzuhalten, kein Merkmal bleibt stichhaltig." Andere Autoren sind anderer Ansicht. Castellanos unterscheidet z. B. in „Rhipsalis Argentinas", 497. 1925, bzw. in seinem Schlüssel *Rh. cruciformis* mit mehr flügelig-3—4kantigen und *Rh. myosurus* mit 3—4kantigen, nicht geflügelten Trieben. Borg („Cacti", 431. [1937] 1951) ist entgegen Berger der Ansicht, daß die verschiedenen Formen offenbar Artrang haben, wenn sie auch nahe verwandt sind und verschiedene Übergangsformen haben. Alle Ansichten haben etwas für sich, und mit den von Borg (der ebenfalls *Lepismium* anerkennt) angeführten Namen *L. cruciforme, myosurus, cavernosum* und *anceps* kann man die Hauptformen ausreichend erfassen. Die Blütenfarbe beschreibt Berger bei *L. myosurus* als „rötlich", Vaupel wie auch Borg dagegen als „zuerst reinweiß, außen und an der Spitze rosen- oder gelblichrot, später gelblich". Offenbar ist die Farbe variabel und reicht von der des Typus bis zu der von *L. anceps* (weiß mit violettem Anflug).

Eine Zusammenfassung (wie bei Britton u. Rose) erscheint nun aber angesichts der vorerwähnten Auffassung anderer Autoren ebensowenig befriedigend, wie — bezüglich Borgs Ansicht — die Auftrennung in eigene Arten (soweit dies den *L. cruciforme*-Formenkreis umfaßt). Das richtigste scheint demnach zu sein, auch dem sonstigen Gebrauch in ähnlichen Fällen entsprechend, die vom Typus *L. cruciforme* abweichenden Formen als „Haupt-Variationstypen" bzw. als Varietäten desselben anzusehen. Dazwischen sind Übergangsformen möglich. Alle weiteren früher zu *Rhipsalis* gestellten Arten, soweit sie zu den von Schumann aufgestellten Untergattungen (von *Rhipsalis*) mit „eingesenktem Fruchtknoten" gehören, sind dann entsprechend unter diesen bei *Lepismium* einzugliedern.

Borg führt übrigens in l. c., S. 430, unter *Lepismium* keines der von Pfeiffer gegebenen entscheidenden Trennungsmerkmale auf; nach seiner Gattungsdiagnose wären die von ihm aufgezählten Arten gar nicht abtrennbar. 1929 hat Berger noch die Untergattung *Trigonorhipsalis* aufgestellt, die dem Schumannschen Trennungsprinzip „nach der Gestalt" entspricht.

Vaupel führt in seiner *Rhipsalis*-Klassifizierung („Die Kakteen", 1 : 23. 1925) unter der Reihe der Arten mit eingesenktem Fruchtknoten auch Gruppe 8: *Pentapterae* an; das ist offenbar ein Irrtum, denn in l. c. (2 : 54. 1926) gibt er bei *Rh. pentaptera* ausdrücklich an: Fruchtknoten nicht eingesenkt. Seiner Gruppe 6: *Floccosae* entspricht die Schumannsche Untergattung *Calamorhipsalis* (die größte Gruppe), die Vaupelsche Gruppe 7: *Paradoxae* der Schumannschen Untergattung *Epallagogonium* und Vaupels Gruppe 13: *Myosurae* der Untergattung *Lepismium* (in Kaktus-ABC, 156. 1935: *Eulepismium* Knuth, ein Name, der jetzt nach den Regeln wie vorstehend zu ersetzen ist).

Wie wichtig gerade die sorgfältige Trennung nach eingesenktem und freistehendem Fruchtknoten ist, zeigen die Beispiele „*Rh. hadrosoma* und *Lep. grandiflorum*", deren diesbezügliche Unterschiede G. A. Lindberg in MfK. 151. 1897 genau schilderte; Britton u. Rose scheinen das übersehen zu haben, denn sie hielten beide für die gleiche Art. Da bei einigen Spezies das Merkmal der Fruchtknoteneinsenkung in der Literatur zum Teil nicht deutlich genug hervorgehoben wurde, auch bei einigen Artnamen z. B. bei BRITTON u. ROSE Unklarheit über dieses Charakteristikum einer eigenen Art besteht, habe ich bei dieser schwierigen Gruppe den Schlüssel ausführlicher gehalten.

Typus: *Lepismium commune* PFEIFF. — Typstandort: nur „Brasilien" angegeben.

Vorkommen: Brasilien, Argentinien (vielleicht auch östliches Bolivien), Venezuela, Paraguay.

Schlüssel der Arten:

| | |
|---|---|
| Triebe dreikantig bis flachgliedrig, zierlich; Areolen reichlich bewollt und beborstet . . . . . . | U.-G. 1: Lepismium |
| Triebe 3 (—4)kantig | |
| Triebe ± flügelig gekantet, bis 2,5 cm ⌀ | |
| Blüten erst weiß, dann gelb . . . . . . . | 1: **L. cruciforme** (VELL.) MIQU. |
| Triebe prall, nicht flügelkantig, bis 1,5 cm ⌀ | |
| Blüten erst rosa getönt, dann gelblich . . . | 1a: v. **myosurus** (SD.) BACKBG. n. comb. |
| Glieder zwergig, bis 3 mm ⌀ (nach VOLL) 3kantig . . . . . . . . . . . . . | 1b: — subv. **vollii** (BACKBG.) BACKBG. n. comb. |
| Triebe vorwiegend flach | |
| Triebe unten stielig verengt | |
| Blüten weiß . . . . . . . . . . . . | 1c: v. **cavernosum** (LINDBG.) BACKBG. n. comb. |
| Triebe bisweilen am Grunde 3kantig | |
| Blüten zuerst weiß, mit violettem Anflug, dann gelblich . . . . . . . . . . | 1d: v. **anceps** (WEB.) BACKBG. n. comb. |
| Triebe zylindrisch oder wenigstens zum Teil rund, einige mit leichter Furchung oder zierlicher Kantenmarkierung, aber im Querschnitt ± rund . . . . . . . . . . . . . . . | U.-G. 2: Calamorhipsalis K. SCH. |
| Triebe nur zum Teil (anfangs) mit Borsten, sonst kahl; Glieder nicht ungewöhnlich starr | |
| Triebe kurz gegliedert, aufrecht (kantig nur, wenn trocken) | |
| Areolen im Jungtrieb mit bis zu 12 nach oben anliegenden Borsten | |
| Blüten bis 3 cm breit, gelblichweiß | |
| Beere unbekannt . . . . . . . . . | 2: **L. epiphyllanthoides** (BACKBG.) BACKBG. |
| Triebe nicht kurz gegliedert, nicht ausgesprochen aufrecht | |
| Areolen in der Jugend ohne Borsten und stets nicht oder nur gering wollig | |
| Blüten seitlich | |
| Endverzweigung nicht viel kürzer | |
| Blüten nicht breiter als 2 cm | |
| Triebe nur 3—4 mm ⌀ | |
| Verzweigung gabelig oder in 3gliedrigen Wirteln | |
| Blüten nur bis 1,4 cm breit, weiß | |
| Beere weiß, platt . . . . . | 3: **L. gibberulum** (WEB.) BACKBG. |

Triebe 4—6 mm ⌀
  Verzweigung in Quirlen
    Blüten nur bis 1,5 cm breit, weiß
      Beere kugelig, zuerst fast schwarz, dann gelblich; Griffel unten rosa . . .   4: **L. puniceo-discus** (Lindbg.) Backbg.
      Beere scheibenförmig, hellorange; Griffel ganz weiß   4a: v. **chrysocarpum** (Löfgr.) Backbg. n. comb.
    Blüten breiter als 2 cm (ca. 2,5 cm breit)
      Triebe 8—12 mm ⌀
        Verzweigung gabelig, häufig auch wirtelig
          Blüten 2—2,5 cm breit, weiß bis hellgelb
            Beere rötlich . . . . . . .   5: **L. grandiflorum** (Haw.) Backbg. n. comb[1]).
Areolen ohne Borsten in nicht blühbaren Jungareolen, aber reichlicher wollig, wenn blühbar
  Blüten seitlich, bis wenig über 2 cm breit
  Endverzweigung nicht viel kürzer (Pflanzen weich)
    Hauptzweige kräftig, (4—)8—10 mm ⌀
      Ohne rötlichen Areolenhof
        Triebe meist nur abwechselnd gestellt
          Blüten nur bis 1,4 cm breit, grünlichweiß
            Beere weiß, mit rötlichem Schein . . . . . . . . .   6: **L. floccosum** (SD.) Backbg.
    Hauptzweige nur 5—6 mm breit
      Ohne rötlichen Areolenhof
        Triebe selten in Quirlen, meist gabelig verzweigt
          Blüten grünlichgelb
            Beere weiß . . . . . . . .   7: **L. pittieri** (Br. & R.) Backbg. n. comb.
      Mit rötlichem Areolenhof
        Triebe in 3—5gliedrigen Quirlen gestellt
          Blüten 2,2 cm breit, zart grünlichweiß
            Beere purpurn, kugelig (höchstens zur Blütezeit 1—2 Borsten in den Areolen und 1 mm große bräunliche Schuppe) . . . . . . .   8: **L. pulvinigerum** (Lindbg.) Backbg.

---

[1]) Areolen lt. Vaupel eingesenkt, lt. Lindberg „in einer vertieften Grube"; dadurch von *Rh. hadrosoma* unterschieden, die nicht eingesenkte Areolen hat; Britton u. Rose stellen letztere irrtümlich zu „*Rh. grandiflora*" (ihre Abb. auf Tafel XXI und XXXI?).

Areolen in der Jugend mit Borsten
  Blüten seitlich
    Mit großer roter oder brauner Areolenschuppe
      Mit rötlichem Areolenhof
        Triebe wenig verzweigt, manchmal in Wirteln zu 4; Glieder anfangs rund, später ± kantig
          Blüten 1,5—1,8 cm breit, weiß
          Beere weißlich, leicht rötlich getönt, groß . . . . . . 9: **L. tucumanense** (WEB.) BACKBG.
    Ohne große rote oder braune Areolenschuppen
      Triebe 3—5 mm ⌀
        Blüten nicht über 2 cm breit
          Endverzweigung viel kürzer
            Triebe in Wirteln, Pflanzen hart
              Blüten 1,8—2 cm breit, gelblich-weiß
                Beere weiß (Areolen anfangs mit 3—5 sehr kleinen weißen Borsten) . . . . 10: **L. neves-armondii** (K. SCH.) BACKBG.
          Endverzweigung nicht viel kürzer
            Triebe gabelig oder in 3—5zähligen Wirteln; Stamm kantig oder zylindrisch; Glieder zuerst fast zierlich rippig, später ± kantig
              Blüten 6 mm breit, weiß (innen)
              Beere purpurn, klein, gedrückt 11: **L. dissimile** LINDBG.
        Triebe unregelmäßig stehend, nicht wirtelig, die ersten rund, dann 6—9rippig, zuletzt fast zylindrisch
          Blüten klein, hellrosenrot
          Beere rot, kugelig . . . . 12: **L. pacheco-leonii** (LÖFGR.) BACKBG.
      Triebe 8—12 mm ⌀
        Blüten ca. 4 cm breit, gelblich-weiß
          Endverzweigung nicht viel kürzer
            Triebe zu zweien oder in 3—5-zähligen Wirteln
              Beere weiß oder rosa, ca. 1 cm dick . . . . . . 13: **L. megalanthum** (LÖFGR.) BACKBG.[1]

---

[1] VAUPEL sagt „Areolen nicht oder kaum eingesenkt"; er stellt sie aber zu den Arten mit eingesenktem Fruchtknoten. Abb. 640 zeigt sogar eine starke Versenkung der Blüte, wodurch eine tiefe Narbe verbleibt.

Blüten ± endständig
　Triebe ziemlich steif, zylindrisch oder
　　5kantig
　　　Endverzweigung unregelmäßig oder
　　　　wirtelig
　　　　　Triebe bis 12 mm ⌀, höchstens 5
　　　　　　Zweige im Wirtel
　　　　　　　Blüten ziemlich groß, gelb
　　　　　　　　Beere rot, verkehrt eiförmig
　　　　　　　　　(Areolenborsten im Alter
　　　　　　　　　nur ± verschwindend) . . 14: **L. chrysanthum** (LÖFGR.)
　　　　　　　　　　　　　　　　　　　　　　　　BACKBG. n. comb.
　　　Areolen (offenbar auch später) beborstet,
　　　　wenigfilzig, Pflanzen ungewöhn-
　　　　lich starr, zuerst fast aufrecht,
　　　　lang verzweigend
　　　　　Endverzweigung unregelmäßig, nicht
　　　　　　zu zweit und nicht in Wir-
　　　　　　teln
　　　　　　　Blüten strohgelb
　　　　　　　　Beere anfangs scheibenför-
　　　　　　　　　mig; Farbe? . . . . . . 15: **L. rigidum** (LÖFGR.) BACKBG.
　　　　　　　　　　　　　　　　　　　　　　　　n. comb.
Triebe kurz-3kantig, Kanten und Flächen gegeneinan-
　der versetzt . . . . . . U.-G. 3: Epallagogonium
　Triebe zuweilen mehrkantig　　　　　　　　　　　K. SCH.
　　Areolen ohne Borsten
　　　Verzweigung mäßig, Triebe lang
　　　　herabhängend
　　　　　Blüten einzeln, weiß
　　　　　　Beere rötlich . . . . . . . 16: **L. paradoxum** SD.
Triebe 3kantig fortlaufend . . . . . . . . . . . U.-G. 4: Trigonorhipsalis BERG.
　Triebe stets 3kantig
　　Areolen ohne Borsten, höchstens zur Zeit der
　　　Blüte mit 1 kleinen Bor-
　　　stenstachel und reichlichem
　　　Wollfilz
　　　　Blüten einzeln, weißlich
　　　　　Beere rot, kugelig . . . . 17: **L. trigonum** (PFEIFF.) BACKBG.

## Untergattung 1: Lepismium

(U.-G. *Eulepismium* KNUTH in BACKBG., J. DKG. (II), 75. 1942. — Nur ein Name, in Kaktus-ABC, 57. 1935)

1. **Lepismium cruciforme** (VELL.) MIQU. — Bull. Sci. Nat. en Néerl. 49. 1838
*Cactus cruciformis* VELL., Fl. Flum. 207. 1825. — *Cereus tenuispinus* HAW. — *Cereus squamulosus* SD. — *Cereus setosus* LODD. — *Lep. commune* PFEIFF. — *Cereus cruciformis* STEUD. — *Rh. mittleri* FÖRST. — *Rh. squamulosa* K. SCH. — *Rh. macropogon* K. SCH. — *Hariota cruciformis* KUNTZE. — *Hariota squamulosa* KUNTZE. — *Rh. cruciformis* (VELL.) CAST.

Strauchig, mäßig verzweigt, bis 60 cm hoch, kletternd; Stamm ziemlich aufrecht, 10—40 cm lang, Zweige 10—30 cm lang, 1—2,5 cm breit, gesättigt grün oder blaugrün ,häufig rot überlaufen ,3flügelig; Kanten scharf, zusammengedrückt, gekerbt; Kerbzähne stumpf, gerundet; Areolen mit einem dichten, hervorstehenden Büschel grauweißer bis bräunlicher Wolle, die von derberen Borsten durchsetzt ist; Bl. zahlreich, glockig-radförmig, 10 mm lang, weiß; Ov. zylindrisch bis kreiselförmig, weißlichgrün; Beere hervorragend, ± kugelig, 7 mm dick, am Grunde von Wolle umgeben, schön violett, glatt, glänzend, mit dicker, saftiger Haut, innen hohl; S. elliptisch-kahnförmig, beidseitig zugespitzt, gekielt, 1,5 mm lang, 0,75 mm dick, dunkelbraun. — Brasilien (Rio de Janeiro, Minas Geraes?, Santa Catharina). Paraguay (bei Santo Thomas usw.); Argentinien (bei Colonia Resistencia; Cordillera de Misiones, nördlicher argentinischer Chaco [SPEGAZZINI], nach CASTELLANOS auch in Formosa und Corrientes).

Nach BRITTON u. ROSE sowie VAUPEL gehörte *Rh. mittleri* FÖRST. hierher (SCHUMANN schrieb irrtümlich *Lep. mittleri*), ebenso *Rh. macropogon* K. SCH. (nicht — wie SCHUMANN angibt — zu *Rh. cavernosa*, da diese flachgliedrig ist). Nur Namen, wohl auch hierhergehörig, waren: *Cereus elegans* HORT.; *Lep. duprei* SD.

1a. v. **myosurus** (SD.) BACKBG. n. comb.
*Cereus myosurus* SD. in DE CANDOLLE, Prodr. 3 : 469. 1828. — *Cereus tenuis* DC. — *Lep. tenue* PFEIFF. — *Lep. knightii* PFEIFF. — *Lep. myosurus* PFEIFF[1]). — *Rh. myosurus* FÖRST. — *Rh. knightii* FÖRST. — *Lep. myosurus knightii* SD. — *Lep. myosurus laevigatum* SD. — *Hariota knightii* KUNTZE. — *Hariota knightii tenuispinus* KUNTZE. — *Rh. myosurus* K. SCH.

Strauchig, mäßig verzweigt, bis 1 m lang, mit zahlreichen Luftwurzeln, Zweige 3- bis manchmal 4kantig, 8—25 cm lang, 5—15 mm dick, die jüngsten häufig zugespitzt, zuerst sattgrün, bald graugrün, in der Sonne oft rötlich; Kanten scharf, schwach gewellt, nicht geflügelt; Areolen mit reichlichem Filz und einem Büschel von 1 cm langen, steifen grauen Haaren und Borsten; Bl. zahlreich, an ganzer Zweiglänge, einzeln, glockig-radförmig, (nach SCHUMANN) rosenrot, 8—9 mm lang, von steifen, weit hervorragenden Borsten umgeben; Ov. weißlichgrün, breitkreiselförmig, nackt; Beere karminrot, eiförmig, 4—5 mm dick, eingesenkt. — Brasilien (von Santa Catharina bis Rio de Janeiro, auf Bäumen und Felsen).

Der Name *Cactus tenuis* SCHOTT (DE CANDOLLE, Prodr. 3 : 469. 1828) gehört als Synonym hierher.

1b. — subv. **vollii** (BACKBG.) BACKBG. n. comb.
*Lep. vollii* BACKBG., Kaktus-ABC, 156, 411. 1935.

Winzig, 3kantig, grün, Glieder beidendig verjüngt, bis 3 cm lang, 2—3 mm dick, mit winzigen Areolen, darin ca. 10 Haarbörstchen, weiß, bis 2 cm lang. — Brasilien (Rio de Janeiro; von VOLL bei der Hauptstadt auf schattigen Felspartien gefunden).

CASTELLANOS („Kat. *Hariota* u. brasil. *Rhipsalis*", 10. 1938) stellt die Pflanze als Synonym zu *Rh. myosurus* (SD.) FÖRST. Es liegt der Gedanke nahe, daß er *L. vollii* als Sämlinge angesehen hat. VOLL war aber ein sehr sorgfältiger Beobachter, der viele *Rhipsalis* im Botanischen Garten von Rio de Janeiro als Sämlinge gesehen hat; man kann ihm daher nicht ohne weiteres einen solchen Irrtum unterstellen. Um eine Nachprüfung anzuregen, muß ich den Namen zumindest als Untervarietät erhalten. Vielleicht war dies schon *Cereus myosurus tenuior* SD. (Cact. Hort. Dyck. 65. 1834)? (Nur ein Name.)

*Rh. vollii* BACKBG. war nur ein provisorischer Name.

---

[1]) *L. myosurum* PFEIFF. ist von CASTELLANOS in „Kat. *Hariota* und bras. *Rhipsalis*", 10. 1938, irrtümlich so geschrieben.

1c. v. **cavernosum** (LINDBG.) BACKBG. n. comb.

*Lep. cavernosum* LINDBG., Gartfl. 39: 151. 1890. — *Rhipsalis cavernosa* LINDBG., in (SCHUMANN) Fl. Bras. 4². 289. 1890 (non K. SCH., 1893, wie BRITTON u. ROSE angeben).

Strauchig, mäßig verzweigt; Zweige meist blattartig flach, am Grunde meist stielartig verjüngt, hellgrün, bis 60 cm lang, 1,5—2,5 cm bis (selten) 3 cm breit; Kanten scharf, zusammengedrückt, sägeartig gekerbt; Areolen tief eingesenkt, mit weit hervorragendem Büschel von zuerst rötlichbrauner, später grauer Wolle und steifen, gekrümmten Borsten; Bl. einzeln, glockig-radförmig, eingesenkt, sehr kurz gestielt, 1,2—1,3 cm lang; Beere ganz eingesenkt, eiförmig, 6—7 mm dick, purpurn. — B r a s i l i e n (Rio de Janeiro, Minas Geraes, São Paulo; häufig in Wäldern).

*Rh. radicans* WEB. (Dict. Hort. Bois, 1047. 1898) wird oft als Synonym genannt (*Lepismium radicans* VÖCHTG., in Pringsheims Jahrb. IX. 399. 1873; nach VAUPEL ist es aber weder formell beschrieben, noch mit genügenden Angaben über Aussehen, Blüte und Heimat belegt bzw. nur anatomisch bearbeitet; auch danach ist WEBERS Namensersetzung *Rh. radicans* für *L. cavernosum* LINDBG. kaum berechtigt bzw. die Synonymie unsicher).

SCHUMANN brauchte in Fl. Bras. 4². 268. 1890 ENGELMANNS mscr.-Namen *Rh. brevibarbis* K. SCH., der von BRITTON u. ROSE als Synonym von *L. cruciforme* geführt wird. Die Pflanze weicht durch sehr kurze Borsten und Haare und weniger eingesenkte Areolen ab, ist also nicht ohne weiteres (wie es ENGELMANN tat) *L. cavernosum* gleichzusetzen; möglicherweise handelt es sich um eine der von ROLAND-GOSSELIN in Rev. Hort. LXX. 1898 erwähnten Abarten *L. cavernosum* v. *ensiforme* WEB. und v. *minus* LINDBG. (nur ein Name), da VAUPEL auf die Gleichheit der Blattform hinweist; da bei ersterer Varietät die Blüten weiß, mit rosa Spitzen, sein sollen, kann sie eventuell eine Form von v. *anceps* gewesen sein.

Abb. 637. Lepismium cruciforme (VELL.) MIQU. v. anceps (WEB.) BACKBG.

*Rh. radicans* v. *rosea* WEB. (Dict. Hort. Bois, 1047. 1898) soll kleine rosa Bl. ähnlich denen von v. *myosurus* haben; die Zugehörigkeit des Namens zu v. *cavernosum* ist also zweifelhaft, aber auch bei v. *myosurus* (v. *anceps*?).

1d. v. **anceps** (WEB.) BACKBG. n. comb.

*Rh. anceps* WEB., Rev. Hort. 64: 427. 1892. — *Lep. anceps* WEB. — *Rh. radicans anceps* WEB. — *Rh. radicans ensiformis* WEB.? — *Lep. cavernosum ensiforme* WEB.?

Strauchig, reich verzweigt; Zweige blattartig, selten 3kantig, nicht gegliedert, 40—50 cm lang, 1—2 cm breit, gekerbt, grün, bisweilen rötlich, mit zahlreichen Luftwurzeln an dem sehr vorspringenden Mittelnerv; Areolen 1—2 cm entfernt, mit einem Büschel weißer, verbleibender Haare und einer hinfälligen, purpurroten Schuppe; Bl. zahlreich, fast an der ganzen Trieblänge; Hüllbl. 5, weiß mit schwachem lilafarbenem Anflug, später rein gelb; Beere birnförmig, mit flachem

Scheitel, ca. 1,5 cm lang, 9 mm dick, karminrot, auch das Fruchtfleisch; S. wenige, dunkelbraun, länglich. — Brasilien (São Paulo, wahrscheinlich auch im Küstengebiet von Rio de Janeiro, nach LÖFGREN) (Abb. 637).

### Untergattung 2: Calamorhipsalis K. SCH.

(K. SCHUMANN, Gesamtbschrbg., 615. 1898, U.-G. von *Rhipsalis*)

**2. Lepismium epiphyllanthoides** (BACKBG.) BACKBG. — Kaktus-ABC, 154. 1935
*Rh. epiphyllanthoides* BACKBG., BfK. 1935-10: ohne Beschreibung vorher in „D. Kaktfrd.", 14—15. 1935.

*Epiphyllanthus*-ähnlicher Wuchs; Glieder ca. 2—4 cm lang, kurz aufeinandersitzend, ausgetrocknet schwach kantig, sonst stielrund, anfangs unter den Areolen ganz schwach rippenartig aufgewölbt; Areolen auf schwach rötlichem Vorsprung, weißfilzig, anfangs mit 12 nach oben anliegenden 4 mm langen, feinen, weißen Borsten; Bl. bis 3 cm ⌀, gelblichweiß, Sep. dunkler gespitzt; Beere unbekannt — Brasilien (im Süden, aufrecht in Tuffsteinlöchern, lt. VOLL) (Abb. 638).

Nach VOLL soll die Art zu *Lepismium* gehören.

**3. Lepismium gibberulum** (WEB.) BACKBG. — Kaktus-ABC, 155. 1935
*Rh. gibberula* WEB., Rev. Hort., 64: 426. 1892.

Strauchig, wenig verzweigt; Zweige meist gabelig oder in 3gliedrigen Wirteln, leicht gebogen, zylindrisch oder bisweilen undeutlich 5kantig, 10—20 cm lang, 3—4 mm dick, unter jeder Areole leicht gehökkert, matt grünlichgelb; Areolen klein, nicht oder schwach wollig; Schuppen winzig; Bl. zahlreich, seitlich, nach LÖFGREN stets im letzten Drittel der jüngsten Glieder, 12 bis 14 mm breit, an der Spitze schwach eingebogen, weiß; Beere plattkugelig, 8—10 mm dick, 7—8 mm lang, matt porzellanweiß; S. ca. 6, groß, ca. 1,5 mm lang, glatt, spitz, ganz dunkelbraun oder schwarz, mit ziemlich großem, schiefem Nabel. — Brasilien (São Paulo: Serra da Cantareira).

BRITTON u. ROSE sagen, daß die Wirtel auch 4—6gliedrig sein können; Bl. mit Haarbildung in den Areolen, Bl.-Farbe auch rosa; auf ihrer Abb. Pl. XXIX ist eine abgeblühte Areole als Narbe zu sehen, wie sie häufig bei *Calamorhipsalis*-Arten sichtbar bleibt.

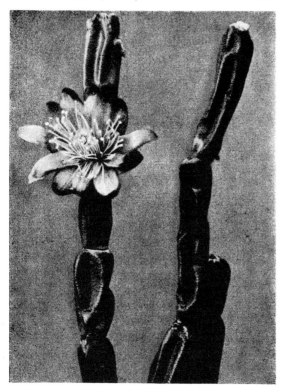

Abb. 638. Lepismium epiphyllanthoides (BACKBG.) BACKBG.

4. **Lepismium puniceo-discus** (LINDBG.) BACKBG. — Kaktus-ABC, 155. 1935

*Rh. puniceo-discus* LINDBG., Gartfl. 42 : 233. 1893. — *Rh. foveolata* WEB. (1898).

Strauchig, wenig verzweigt; Stamm hängend, rund, gegliedert; Glieder in Quirlen, anfangs gekrümmt, dann gerade, 20—40 cm lang, 4—6 mm dick, matt dunkelgrün, zuerst heller; Areolen schwachfilzig, borstenlos; Schuppen winzig, kaum sichtbar; Bl. einzeln an jüngeren Gliedern, weiß, fast trichterig, 1,5 cm lang, 1,5 cm breit; Beere kugelig, zuerst fast schwarz, später gelblich; S. ziemlich groß, kantig, schwarz. — Brasilien (Minas Geraes: Serra do Caracol).

Wurde zuerst *Rh. funalis gracilis* genannt, l. c., 1893.

4a. v. **chrysocarpum** (LÖFGR.) BACKBG. n. comb.

*Rh. chrysocarpa* LÖFGR., Arch. Jard. Bot. Rio de Janeiro, 1 : 94. 1915. — *Lep. chrysocarpum* (LÖFGR.) BACKBG., Kaktus-ABC, 153. 1935. — *Rh. puniceo-discus* v. *chrysocarpa* (LÖFGR.) BORG.

Unterscheidet sich durch scheibenförmige, hellorangefarbene Beere und ganz weißen Griffel (beim Typus unten rosa). — Brasilien (São Paulo).

Vom Typus in den angegebenen Merkmalen unterschieden und daher nicht einfach als Synonym desselben zu betrachten, wie es BRITTON u. ROSE tun, aber als eigene Art nicht genügend abweichend.

5. **Lepismium grandiflorum** (HAW.) BACKBG. n. comb.

*Rhipsalis grandiflora* HAW., Suppl. Pl. Succ. 83. 1819. — *Cactus funalis* SPRENG. — *Cactus cylindricus* VELL. non LAM., non ORT. — *Rh. funalis* SD. in DE CANDOLLE, Prodr. 3 : 476. 1828. — *Hariota funalis* LEM. — *Rh. cylindrica* STEUDEL. — *Hariota cylindrica* KUNTZE non (BR. & R.) BERG. — *Hariota grandiflora* KUNTZE.

Strauchig, verzweigt, hängend; Stamm verholzend, bis 2 cm dick; Verzweigung gabelig und häufig auch wirtelig; Zweige bis 1 m lang, bis 1 cm dick, zylindrisch, oben verjüngt, lebhaft grün, häufig gelblich oder graugrün, in der Jugend rötlichbraun überlaufen; Endglieder 5—15 cm lang; Areolen eingesenkt, zuweilen von einem roten Ring umgeben, wenig Filz; Bl. seitlich, zahlreich, radförmig, 1,5 cm lang, ca. 2,2 cm breit, Pet. ca. 12, weißlich, mit grünem Mittelstreif; Ov. kugelig, grün; Beere rötlich, nackt, 6—7 mm dick. — Brasilien (Rio de Janeiro, Minas Geraes, São Paulo).

Die Art war lange mehr unter dem jüngeren Namen *Rh. funalis* bekannt. Zwei Namen waren *Rh. calamiformis* und *Rh. funalis gracilior* PFEIFF.

6. **Lepismium floccosum** (SD.) BACKBG. — Kaktus-ABC, 155. 1935

*Rh. floccosa* SD., in PFEIFFER, En. Diagn. Cact. 134. 1837. — *Hariota floccosa* LEM. non CELS — *Rh. rugulosa* LEM. — *Hariota rugosa* KUNTZE.

Strauchig, aufrecht, dann hängend, verzweigt; Zweige fast stets abwechselnd, sehr selten zu zweit, immer zylindrisch, matt dunkel- oder graugrün, 10—30 cm lang, 4—5 mm dick, nach der Spitze verjüngt; Areolen unregelmäßig verteilt, mit reichlichem Wollfilz, der nach Abfallen der Blüte verbleibt; Schuppen klein; Bl. seitlich, radförmig, bis 14 mm breit, ± von gelblicher oder weißlicher Wolle eingehüllt, in der ziemlich zahlreiche Borsten stehen; Ov. hellgrün; Beere weiß, matt, 5—6 mm dick. — Brasilien (Minas Geraes, São Paulo: Serra da Cantareira).

Von SALM-DYCK (Cact. Hort. Dyck. 371. 1834) zuerst als *Rh. cassytha major* bezeichnet bzw. seit jenem Jahr in der Literatur bekannt. *Hariota floccosa* LEM. wurde 1839 beschrieben, CELS' gleicher Name erst 1891.

7. **Lepismium pittieri** (BR. & R.) BACKBG. n. comb.

*Rh. pittieri* BR. & R., The Cact., IV: 233. 1923.

Im Wuchs *Rh. cassutha* ähnelnd; Zweige 5—6 mm dick, mattgrün, rund; Pet. grünlich gelb, 5—6 mm lang; Ov. im Stamm eingesenkt, von weißen Haaren umgeben; Fr. sehr langsam reifend, weiß; S. schwarz. (Nach der Abbildung von BRITTON u. ROSE ist die Art anscheinend gabelig verzweigt.) — Venezuela (bei Puerto Cabello bzw. der Hazienda Koster).

Da BRITTON u. ROSE ausdrücklich sagen „ovary sunken in the stem", gehört die Art zu *Lepismium*; hieran zeigt sich gut der beachtliche Unterschied sonst gleicher Formen.

8. **Lepismium pulvinigerum** (LINDBG.) BACKBG. — Kaktus-ABC, 155. 1935

*Rh. pulvinigera* LINDBG., Gartfl. 38 : 186. 1889. — *Rh. funalis minor* PFEIFF.[1])
— *Rh. shaferi* CAST. non BR. & R., Rhipsalis Argentinas, 495. 1925.

Strauchig, verzweigt; Stamm anfangs aufrecht, später schlaff hängend; Zweige in 3—5gliedrigen Wirteln, spreizend, zylindrisch, bis 60 cm lang, 3—4 mm dick, glänzend grün; Areolen in regelmäßigen Spiralen, auf kleiner Erhöhung, mäßig eingesenkt, kahl, zur Blütezeit mit kurzer Wolle und 1—2 Borsten; Schuppen bleibend, 1 mm breit, rötlichbraun, halbkreisförmig, gezähnt, platt; Bl. einzeln, seitlich, radförmig, 22 mm breit; Beere kugelrund, purpurrot, durchscheinend, 6—7 mm dick. — Brasilien (São Paulo, Minas Geraes, Rio de Janeiro?); Paraguay (im Nordosten in trockenen Wäldern).

9. **Lepismium tucumanense** (WEB.) BACKBG. — Kaktus-ABC, 155. 1935

*Rh. tucumanensis* WEB., Rev. Hort. 64 : 426. 1892. — *Hariota tucumanensis* KUNTZE.

Strauchig, nach VAUPEL wenig, nach BRITTON u. ROSE reich verzweigt (CASTELLANOS in „Rhipsalis Argentinas" 494. 1925: mäßig verzweigt), sehr kräftig, groß, klimmend oder hängend; Zweige oft in Wirteln zu 4, 6—10 mm dick, zylindrisch, in trockenem Zustand kantig, nach der Spitze zu verjüngt, grün; Areolen anfangs borstig (BR. & R.), bald kahl, mit einer großen roten oder braunen Schuppe; Bl. seitlich, einzeln, am Grunde von einem dichten Wollbüschel umgeben, radförmig, 15—18 mm breit; Beere groß, plattkugelig, 8—10 mm dick, 7 mm hoch, wachs- oder porzellanweiß mit leichter rosa- oder fleischfarbener Tönung; S. 20—30, glatt, braun, glänzend, länglich, 1,2 mm lang, 0,8 mm breit, mit ziemlich großem, schiefem, weißem Nabel. — Argentinien (Prov. Tucuman, Catamarca, Santiago del Estero, Salta). BRITTON u. ROSE vermuten, daß die Art auch in Bolivien und Paraguay vorkommt.

10. **Lepismium neves-armondii** (K. SCH.) BACKBG. — Kaktus-ABC, 155. 1935

*Rh. funalis* G. VON BECK (Reise Herzog Sachsen-Coburg II : 15, 1838) non SD. — *Rh. neves-armondii* K. SCH. in MARTIUS, Fl. Bras. 4²: 284. 1890.

Strauchig, kräftig, anfangs fast aufrecht, reich verzweigt; Verzweigung ausgesprochen wirtelig; Wirtel zu 5—7 Zweigen, von denen einer oft länger wird und gleiche Wirtel bildet; Glieder zylindrisch, mattgrün, 3—10 cm lang, 3—5 mm dick, an der Spitze verjüngt; Areolen in verlängerten Spiralen, mit 3—5 sehr kleinen weißen Borsten; Schuppen klein, fast weiß, mit rotem Rand; Bl. nahe der Gliedspitze, einzeln, häufig zu zweit, ausgebreitet, 18—20 mm breit; Ov. am

---

[1]) K. SCHUMANN nennt das Synonym ? *Rh. grandiflora minor* (Gesamtbschrbg. 644. 1898), nach BRITTON u. ROSE aber wohl nur irrtümlich.

Grunde von radial ausstrahlenden Borsten umgeben; Beere mäßig eingesenkt, weiß, 6—8 mm dick; S. ziemlich groß (2 mm), fast nierenförmig, glatt, schwarz. — Brasilien (Rio de Janeiro: Tijuca und bei Petropolis).

Die Blüte ist hell gelblichweiß und scheinbar in der Farbe etwas variabel; ROSE fand rein weiße Blüten, spricht aber auch von gelben (in der Originalbschrbg. ?).

11. **Lepismium dissimile** LINDBG. — Gartfl., 39 : 148. 1890

*Rh. dissimilis* (LINDBG.) K. SCH. — *Rh. dissimilis setulosa* WEB.

Kräftig, rasenförmig, am Grunde oder an der Zweigspitze verästelt, anfangs aufrecht, dann hängend; Stamm zylindrisch oder kantig, bis 10 mm dick, in der Jugend mit 14 oder mehr Borsten in den Areolen; die folgenden Glieder sind ± kantig, 15—20 cm lang, bis 10 mm dick; sie stehen zu zweit oder in Wirteln zu 3—5; Areolen 4—20 mm entfernt, spiralig gestellt, mit einem Wollbüschel und später hinzutretenden Borsten besetzt; Schuppen verhältnismäßig groß, dreieckig bis kreisrund, rot, später verschwinden sie ganz; Bl. seitlich, 12—13 mm lang, radförmig, Knospe rot; Pet. äußere mit rosa Mitte und Spitze, innere weiß; Beere von Wolle umgeben, purpurn, klein, zusammengedrückt. — Brasilien (São Paulo: Ypanema und am Rio Socoraba).

v. *setulosa* WEB.: wohl nur eine Form, obere Zweige meist 5kantig, selten 4kantig; dazu wurde das Synonym *Rh. setulosa* WEB. (Hort. Bois, Paris) veröffentlicht.

BRITTON u. ROSE stellen hierzu als Synonym *Rh. pacheco-leonii*, angeblich nach eingehendem Studium (ihre Abbildung von *Rh. dissimilis* in The Cact., Tafel 32: Fig. 6, 7. 1923, soll nach VAUPEL *Rh. pacheco-leonii* sein); nach dem Schlüssel bzw. VAUPELS Angaben sind die beiden Arten deutlich unterscheidbar.

12. **Lepismium pacheco-leonii** (LÖFGR.) BACKBG. — Kaktus-ABC, 154. 1935

*Rh. pacheco-leonii* LÖFGR., Arch. Jard. Bot. Rio de Janeiro, II : 38. 1918.

Zuerst an Baumstämmen oder Ästen kriechend, später hängend, unregelmäßig verzweigt, nie wirtelig; Zweige sehr verschieden gestaltet: die ersten ganz cereusförmig, oft spindelartig gedreht, mit 6—9 Rippen von 1—2 mm Höhe, graugrün, 5—15 cm lang und länger, 8—10 mm dick; Areolen sehr dicht, mit 6—7 mm langen, weißen Borsten und etwas Wollfilz; die folgenden Glieder smaragdgrün, nicht glänzend, 4—6kantig, und zwar zwischen den auf 3 cm auseinandergerückten Areolen abwechselnd gekantet und abgeflacht; schließlich verflachen die Kanten so weit, daß die Glieder fast zylindrisch sind; Areolen mit einer kleinen Schuppe, aber später ohne Borsten; Bl. seitlich, radförmig, verhältnismäßig klein, in der Mitte hellrosenrot, an der Spitze dunkler; Beere kugelig, 6—7 mm dick, rot. — Brasilien (Rio de Janeiro: am Cabo Frio in den Küsten-Bergwäldern).

Vorstehende Beschreibung wurde nach VAUPEL wiedergegeben.

13. **Lepismium megalanthum** (LÖFGR.) BACKBG. — Kaktus-ABC, 155. 1935

*Rh. megalantha* LÖFGR., MfK. 9 : 134. 1899.

Strauchig; Stamm aufrecht, dann niedergebogen oder hängend, zylindrisch ± längsgestreift oder runzlig, matt graugrün, 0,8—1 cm dick, gegliedert, am Grunde sprossend; Glieder zu zweit oder in 3—5zähligen Wirteln, fast rund oder der Länge nach gefurcht, anfangs hellgrün, 8—15 cm lang oder länger; Areolen zuerst genähert, dann weiter auseinandergerückt und verschwindend, bis zur Blüte nicht oder kaum eingesenkt, anfangs mit reichlichen weißen Borsten; Schuppe angedrückt, 1—1,5 mm lang, rundlich, häutig, rotbraun, an der Spitze in eine Borste auslaufend, bisweilen mit kurzen Borsten besetzt oder gewimpert; Bl. radförmig, bis 4 cm breit, Knospe 1—1,5 cm lang, Blütenfarbe gelblichweiß; Beere etwas eingesenkt, gestutzt, über 1 cm dick, weiß oder rosa getönt, am Grunde von weißen Borsten umgeben. — Brasilien (São Paulo: auf der Insel São Sebastião) (Abb. 639—641).

Die Pflanze wurde von GÜRKE 1909 infolge von Verwechslung als *Rh. novaesii* GKE. (MfK. 19: 12. 1909, und Blühde. Kakt. Abb., Tafel 116) beschrieben und abgebildet. (Daher mußte die 1915 von LÖFGREN beschriebene *Rh. novaesii* in *Rh. loefgrenii* umbenannt werden).

Abb. 639. Lepismium megalanthum (LÖFGR.) BACKBG. (Foto: E. BARTENS.)

Die Abb. 13 in VAUPEL, „Die Kakteen", 2 : 51. 1926, ist sehr aufschlußreich, was die Abtrennung von *Lepismium* in meinem Sinne bzw. unter hauptsächlicher Berücksichtigung von PFEIFFERS Merkmal „tubo omnino immerso" anbetrifft; sie zeigt die auffällige Einsenkung sehr gut, ebenso die nachbleibende Narbe. In der Beschreibung sagt VAUPEL davon jedoch nichts, obwohl gerade nach diesem Merkmal z. B. *Lep. grandiflorum* und *Rh. hadrosoma* zu trennen sind, die BRITTON u. ROSE als ein und dieselbe Art ansahen.

Abb. 640—641 sind interessante Fotos der tiefen Narbe, die mit der Blüte entsteht.

**14. Lepismium chrysanthum** (LÖFGR.) BACKBG. n. comb.

*Rh. chrysantha* LÖFGR., Arch. Jard. Bot. Rio de Janeiro, 1 : 99. 1915.

Wuchs ± aufrecht, starr; Stamm ziemlich zylindrisch oder stumpf 5kantig, gegliedert; Verzweigung unregelmäßig, gabelig bis wirtelig, aber höchstens 5 Zweige in einem Wirtel; Zweige 3—8 cm lang, 6—12 mm dick, schmutziggraugrün, anfangs ± spindelförmig, oftmals rechts gedreht, später 5kantig; Areolen eingesenkt, bisweilen mit reichlichem Wollfilz und starren, weißen, bis 7 mm langen Borsten, die im Alter ± verschwinden; Schuppen klein, lebhaft rot; Bl. fast oder ganz am Ende der Triebe, weit geöffnet, ziemlich groß; Beere klein, verkehrt-eiförmig, rot. — Brasilien (Paraná, an der Küste; nach LÖFGREN vermutlich auch in Rio de Janeiro und São Paulo).

LÖFGREN hatte die Art in sein Subg. *Lepismium* hinter *Rh. dissimilis* eingegliedert, ein Beweis dafür, daß er bereits *Lepismium* weiter faßte als BRITTON u. ROSE, was nur auf Grund der Einsenkung des Fruchtknotens und/oder der Areolen möglich ist.

Britton u. Rose kannten die Art nur von der Originalbeschreibung. Vaupel gibt nicht an, welches Material ihm für seine Beschreibung vorlag.

### 15. **Lepismium rigidum** (Löfgr.) Backbg. n. comb.

*Rh. rigida* Löfgr., Arch. Jard. Bot. Rio de Janeiro, I: 93. 1915.

Strauchig, starr, aufrecht, spärlich verzweigt; Stamm am Grunde verholzt und mit grauer Rinde, fast zylindrisch, bis 16 mm dick, weiter oben deutlich 5kantig; Zweige unregelmäßig gestellt, niemals wirtelig, nicht einmal zu zweit, zuerst spindelförmig, dann stumpf

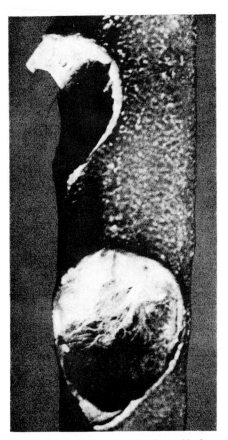

Abb. 640. Lepismium megalanthum: Endtrieb mit Narben des versenkten Fruchtknotens. (Foto: E. Bartens.)

Abb. 641. Lepismium megalanthum: Narbenlöcher des versenkten Blütensitzes, mit Filzhaarresten der vertieften Areole. (Foto: E. Bartens.)

5kantig, bis 60 cm lang, 8—15 mm dick, dunkelgrün; Areolen nahe beieinander, in spindelförmiger Anordnung, mit 5—15 weißen, ziemlich starren Borsten und wenig Filz; Schuppen rot, dreieckig bis lanzettlich; Bl. seitlich, fast radförmig; Beere ziemlich scheibenförmig (anfangs), Reifezustand nicht bekannt. — Brasilien (São Paulo: Serra da Cantareira bei Cachoeirinha, auch auf Felsen).

Vaupel: „Die jungen Triebe haben eine überraschende Ähnlichkeit mit denen der *Rh. dissimilis*, aber die erwachsenen Pflanzen sind von dieser gänzlich verschieden. Ihr wichtigstes Merkmal ist die außergewöhnliche Starrheit und Länge der Seitenzweige." Da VAUPEL nichts von Verkahlung schreibt, bleiben die Borsten offenbar auch an älteren Gliedern erhalten.

BRITTON u. ROSE stellten die Art (mit?) zu *Rh. neves-armondii*; sie kommen aber von ganz verschiedenen Standorten; außerdem bildet die letztere Wirtel und ist nicht mit Borsten versehen, auch nicht so starrtriebig.

### Untergattung 3: Epallagogonium K. SCH.
(K. SCHUMANN, Gesamtbschrbg., 615. 1898, U.-G. von *Rhipsalis*)

16. **Lepismium paradoxum** SD. — In PFEIFFER, En. Diagn. Cact., 140. 1837
*Rh. paradoxa* SD., Cact. Hort. Dyck. 1844. 39. 1845. — *Hariota alternata* LEM. — *Rh. alternata* LEM. — *Hariota paradoxa* KUNTZE.

Strauchig, bis 5 m lang herabhängend; Stamm im Alter bis 5 cm dick; Zweige zu zweit oder seltener in mehrzähligen Wirteln, 30—50 cm lang, gegliedert, hell- dann dunkelgrün, an den Kanten oft rötlich überlaufen; Abschnitte 2—5 cm lang, 3kantig, selten mehrkantig, Kanten und Flächen miteinander abwechselnd, Kanten scharf; Areolen auf den Kanten, wo diese abgesetzt sind; Bl. nahe dem Gliedende, einzeln, fast 20 mm lang; Ov. etwa halbkugelig, nackt, am Grunde von einem Büschel heller, kurzer Wolle umgeben; Beere halb eingesenkt, gedrückt-kugelig, 7—8 mm dick, schmutzigrot, undurchsichtig. — Brasilien (in São Paulo besonders häufig bei der gleichnamigen Stadt) (Abb. 642).

*Lep. alternatum* HORT., ein Name in LOUDON, Hort. Brit. Suppl. III : 576. 1839.

LINDINGER (Beitr. z. Kenntn. dikotyl. Pflanz., in Beih. Bot. Zbl., LXI : A. 378. 1942) sagt: „Die Glieder der *Rh. paradoxa* werden stets falsch beschrieben (SCHUMANN, VAUPEL, BERGER); als Glied werden die einzelnen Abschnitte aufgefaßt, die durch den Wechsel von Flächen und Kanten entstehen; wie man aber aus den abgesetzten Teilen und vor allem eindeutig am jungen Neutrieb feststellen kann, besteht jedes wirkliche Glied aus 5—7 solcher Abschnitte, die zwar miteinander abwechseln, aber nicht gegeneinander abgegliedert sind. In der Regel sind die ersten und letzten Abschnitte kürzer als die anderen."

Abb. 642. Lepismium paradoxum SD. (Foto: E. BARTENS.)

VAUPELS Fig. 14 („Die Kakteen", 2 : 53. 1926) zeigt, daß die Blüte keinerlei röhrenähnliche Verwachsung an der

Basis hat; dennoch wurde die Art von SALM-DYCK in dem PFEIFFERschen Werk zu *Lepismium* gestellt, ein Beweis dafür, daß schon damals dem eingesenkten Fruchtknoten (bzw. der vertieften Narbe, die auf VAUPELS Bild gut sichtbar ist), die gattungsmäßig entscheidende Bedeutung zugemessen wurde. Nur durch Beachtung dessen und entsprechende Gattungstrennung, nach den von SCHUMANN aufgestellten Untergattungsgruppen, ist eine befriedigende Einteilung möglich, nicht nur nach dem von BRITTON u. ROSE hervorgehobenen Teilmerkmal.

*Cereus pterocaulis* HORT. und *Rh. pterocaulis* (FÖRSTER), ersterer von PFEIFFER zitiert, gehören hierher.

### Untergattung 4: Trigonorhipsalis BERG.

(A. BERGER, Kakteen, 96. 1929, U.-G. von *Rhipsalis*)

**17. Lepismium trigonum** (PFEIFF.) BACKBG. — Kaktus-ABC, 156. 1935

*Rh. trigona* PFEIFF., En. Diagn. Cact. 133. 1837.

Strauchig, reich verzweigt, bis 2 m lang und mehr, stets hängend; Zweige zu zweit oder in 3—4gliedrigen Wirteln, 3kantig, 3—10 cm lang, bis 15 mm breit, grün, ± gedreht; Kanten schwach gekerbt; Areolen ± eingesenkt, klein, mit zuerst spärlichem, zur Blütezeit aber reichlicherem Filz und häufig einem kleinen, gebogenen Stachel; Schuppen klein, zuweilen geöhrt; Bl. (nach LÖFGREN) stets einzeln, radförmig, (Knospen zuerst kastanienbraun), fast purpurn, später orangegelb und von braunen Haaren umgeben; Beere (BR. & R.) kugelig, 8—10 mm dick, rot. — Brasilien (São Paulo und [vermutlich] Rio de Janeiro, lt. GLAZIOU; *Lep. cereoides*?) (Abb. 643).

SCHUMANNS Angabe, daß die Areolen mehrblütig sind, wird von LÖFGREN bestritten und stimmt auch nicht mit LINDBERGS Beobachtung überein; ebenso unzutreffend ist SCHUMANNS Ansicht, daß *L. trigonum* „die dreikantige Form von *Rh. dissimilis* ist" (Gesamtbschrbg., Nachtr. 140. 1903). LÖFGREN fand die Art im Staate São Paulo.

*Lepismium ramosissimum* LEM. 1864 (*Rhipsalis* K. SCH., 1890) s. unter „Rhipsalis — ungenügend bekannte Arten".

*Lepismium laevigatum* SD., unbeschrieben, ist ein undefinierbarer Name.

Abb. 643. Lepismium trigonum (PFEIFF.) BACKBG. (Foto: E. BARTENS.)

Untersippe 2: Pseudorhipsalides BACKBG.

*Rhipsalis*-ähnliche Pflanzen mit flachen, zum Teil (*Acanthorhipsalis micrantha, paranganiensis* und *incahuasina*) 3kantigen Trieben, ziemlich kurzer Röhre und zum Teil (*Acanthorhipsalis*) mit bestachelten Areolen. Tagblüher, zum Teil nachts und noch am Tage geöffnet.

Vorkommen: Den unterschiedlichen Charakteristika entspricht die ziemlich weit voneinander entfernte Verbreitung: *Acanthorhipsalis* in SO-Peru, Bolivien (im Osten), Argentinien (Oran); *Pseudorhipsalis* kommt in S-Mexiko, Costa Rica und Jamaika vor.

## 22. ACANTHORHIPSALIS (K. SCH.) BR. & R.
### The Cact., IV: 211. 1923
[Als U.-Gattung in K. SCHUMANN, Gesamtbschrbg., 617. 1898]

K. SCHUMANN und BRITTON u. ROSE trennten die hierhergehörenden Pflanzen vor allem wegen der Stacheln in den Areolen ab; da alle Arten mit diesem Merkmal versehen sind, zeigt sich daran ein charakteristisches Gruppenmerkmal. BRITTON u. ROSE geben noch an „Blütenhülle zu einer kurzen Röhre vereinigt"; dem scheint hier — wie bei *Lepismium* — weniger Bedeutung beizumessen zu sein. VAUPEL erwähnt dies überhaupt nicht, auch CARDENAS nicht („Cactus", 7: 34. 126—127. 1952), und seine Abbildung läßt auch eine solche „kurze Röhre" kaum erkennen. Wohl aber zeigt *Acanthorhipsalis incahuasina* CARD. eine gewisse Ähnlichkeit mit *Pfeiffera*; aber bei *Acanthorhipsalis* ist doch der rhipsalioide Charakter auffällig, vor allem in den an der ganzen Trieblänge erscheinenden Blüten, während *Pfeiffera* mehr nach der Spitze zu blüht; auch hat *Acanthorhipsalis* keine bestachelten Ovarien und Früchte. Man kann aber wohl in letzterer eine Übergangsstufe (zu *Pfeiffera*) bei den *Hylocereeae* sehen. VAUPEL sagt allerdings bei „*Rh. micrantha*", daß der Fruchtknoten „.... mit einem kleinen Stächelchen versehen oder kahl" ist. Ferner stellte er die *Acanthorhipsalis*-Arten zum Teil zu seiner *Rhipsalis*-Gruppe 10: *Monacanthae*, zum Teil (*Rh. asperula = Ac. micrantha*) zu seiner Gruppe 15: *Ianthothelae*. Auch er drückt damit den Übergangscharakter aus; aber der Fruchtknoten der *Acanthorh. micrantha* zeigt höchstens hier und da ein Borstenstächelchen (BRITTON u. ROSE erwähnen dies überhaupt nicht). In Cact. and Succ. Journ. (US.), XXIV: 6. 176—179. 1952 hat P. C. HUTCHISON *Acanthorhipsalis monacantha* wieder zu *Rhipsalis* gestellt und die Gattung als zweifelhaft erklärt. Er hält den Stachelcharakter nur für quasi stärkere Borsten und meint, daß dies Merkmal allein nicht ausreiche und auch keine „Röhre" vorhanden sei, die als Gattungsmerkmal zusätzliche Bedeutung hätte. Darauf habe ich schon oben verwiesen; auch bei *Lepismium* ist keine deutliche Röhre erkennbar, und ich legte bei letzterem Genus daher auch mehr Wert auf den eingesenkten Fruchtknoten. Nun sind aber bei *Acanthorhipsalis* doch die Stacheln durchaus als Stacheln anzusehen, und dies Merkmal weicht von denen der „*Rhipsalis*-Borsten" wesentlich ab. Neuerdings verdanken wir CARDENAS weitere Arten, die außerdem 3kantige Stämme oder 3flügelige Triebe haben, zum Teil auch kantiges Ovarium, wie es HUTCHISON für *A. monacantha* angibt; der *Pfeiffera*-ähnliche Charakter der Triebe ist bei letzterer Pflanze noch durch die Länge der Stacheln auffallend. Wenn VAUPEL ein Ovariumstächelchen bei „*Rh. micrantha*" beobachtete, mag dies auch auf Stachelreduzierung an der Blüte schließen lassen. HUTCHISON korrigiert BRITTON u. ROSES Beschreibung „flacher Triebe" bei *A. monacantha* in „auch dreikantig"; damit ist die Gestalt wenig rhipsalioid, paßt aber zu den von CARDENAS neu beschriebenen Arten. Jedenfalls hat CARDENAS *Acanthorhipsalis* als Gattung beibehalten, so daß es jetzt bereits 5 Arten gibt; ich schließe mich seiner Auffassung an, vor allem, weil mir hier wie sonst zweckmäßiger erscheint, durch eine Kleingattung besondere Charakteristika hervortreten zu lassen, da man so gewisse Zusammenhänge und Übergangsstufen deutlicher erkennt als bei zusammenfassenden „Sammelgattungen", was sich schon oft genug bewährt hat. HUTCHISONS obenerwähnte Arbeit hat aber — in bezug auf die Blüte — die Beschreibung von *A. monacantha* richtiggestellt und ist auch sonst ein wichtiger Beitrag zur Kenntnis dieser Gattung.

Typus: *Cereus micranthus* VPL. [*Acanthorh. micrantha* (VPL.) BR. & R.]. —

Typstandort: Sandia (SO-Peru), auf 2100 m.

Vorkommen: Wie bei Untersippe 2 angegeben.

## Schlüssel der Arten:

Rippen gekerbt (ausgerundet)
  Ausrundung flach
    Ovarium gelegentlich mit einem Borstenstächelchen
      Glieder ca. 2 cm breit
        Stacheln ca. 5—15 mm lang (Bl. purpurn) . 1: **A. micrantha** (VPL.) BR. & R.
  Ausrundung gewölbter
    Ovarium ohne Borstenstächelchen
      Glieder ca. 3—6 cm breit
        Stacheln bis 4 mm lang (Bl. rot) . . . . . 2: **A. crenata** (BRITT.) BR. & R.
Rippen ± kurz eingeschnitten (geradlinig gezähnt, nicht ausgerundet)
  Ovarium ohne Borstenstächelchen
    Glieder bis 3 cm breit (2—3rippig)
      Stacheln 2—12 mm lang (Bl.?; Fr. karmin) 3: **A. incahuasina** CARD.
    Glieder ca. 1—2 cm breit
      Stacheln ca. 5 mm lang (Bl. weiß; Fr.?) . 4: **A. paranganiensis** CARD.
    Glieder 2—3 cm breit
      Stacheln 5—10 mm lang (Bl. orange)
        Frucht orange bis blaßrosa, mit Schuppenspuren . . . . . . . . . . . . . . . . 5: **A. monacantha** (GRISEB.) BR. & R.
        Frucht rosa-lila, schuppenlos . . . . . . 5a: v. **samaipatana** (CARD.) BACKBG. n. comb.

**1. Acanthorhipsalis micrantha** (VPL.) BR. & R. — The Cact., IV: 211. 1923

*Cereus micranthus* VPL., in Engl. Bot. Jahrb. L, Beibl. 111: 19. 1913. —
*Rh. asperula* VPL., „Die Kakteen" II: 82. 1926.

Strauchig, an den Triebspitzen reich verzweigt; Zweige bis 20 cm lang, meist 3rippig, selten nur 2flügelig; Rippen stark zusammengedrückt, bis zum Mittelnerv reichend, ca. 1 cm hoch; Areolen 1 cm entfernt; St. 3—10, spreizend oder zurückgebogen, etwas abgeplattet und gedreht, bis 15 mm lang; Bl. zahlreich, einzeln, ca. 2,5 cm lang, purpurn; Ov. kreiselförmig, kaum 5 mm lang, mit sehr wenigen kleinen Schuppen, in den Achseln etwas Filz und vereinzelt ein Borstenstächelchen; Fr. kugelig bis kurz-zylindrisch, bis 1 cm lang, schwach geflügelt und mit wenigen Schüppchen, in den Achseln etwas bräunlichgelber Filz und ein 2 mm langes oder noch kürzeres Stächelchen, das anscheinend auch fehlen kann; S. zahlreich, schwarz. — Peru (Südosten, bei Sandia zwischen Gestrüpp an Felsen wachsend, auf 2100 m).

Da die Epidermis rauh ist, nannte VAUPEL die Pflanze *Rh. asperula*. Blüht und fruchtet im Juli, nach WEBERBAUER, der die Pflanze entdeckte. *Rh. peruviana* K. SCH. war ein provisorischer mscr.-Name.

2. **Acanthorhipsalis crenata** (BRITT.) BR. & R. — The Cact., IV: 212. 1923

*Hariota crenata* BRITT., Bull. Torr. Club 18 : 35. 1891. — *Rh. crenata* (BRITT.) VPL. (1926).

Durch die rundlichen Ausbuchtungen eine fast phyllokaktoide Pflanze, seitlich verzweigend; Tr. schmal-länglich, sehr flach, abgestumpft, 20—30 cm lang, 3—6 cm breit, stark gekerbt, mit kräftiger Mittelrippe; Areolen ziemlich groß, mit Filz und 3—8 St., 2—4 mm lang; Bl. seitlich, klein, rot; Beere 7 mm dick, Farbe unbekannt. — Bolivien (Yungas).

Im Index Kew. irrtümlich als *Hariota cinerea* aufgeführt (VPL.).

Abb. 644. Acanthorhipsalis paranganiensis CARD. (Foto: CARDENAS.)

3. **Acanthorhipsalis incahuasina** CARD. — „Cactus", 7 : 34. 127. 1952

Hängend, dicht verzweigt; Hauptwurzeln 1 cm oder mehr dick; Zweige bis 60 cm lang, blaßgrün, später flach, Stämme 3kantig; Tr. bis 3 cm breit und 3—4 mm dick; Areolen 2 cm entfernt, nicht eingesenkt; St. 8—13, strahlend, 2—12 mm lang, gelblich, manchmal 2—3 mehr als mittlere gestellt; Bl. anscheinend unbekannt; Fr. 1 bis 1,5 cm dick, kugelig, rosa-karmin, oben gehöckert, innen hellfarbenglasig; S. klein, 1 mm ⌀, braun, nierenförmig. — Bolivien (Dept. Santa Cruz, auf den Hängen von Incahuasi), auf 1200 m.

4. **Acanthorhipsalis paranganiensis** CARD. — „Cactus", 7 : 34. 126. 1952

Strauchig, hängend, dicht verzweigt; Stämmchen rund, 1 cm ⌀; Tr. 2—3flügelig, 2—4 m lang, ohne Luftwurzeln, zylindrische Mittelrippe; Areolen vertieft, 4—5 cm entfernt; St. 2—4, weißlich, 5 mm lang, sehr fein, borstenartig, in älteren Areolen 1 weißer Stachel, bis 6 mm lang, und 1—3 kurze Borsten; Bl. zahlreich, radförmig, an den Endzweigen, bis 2 cm lang, kremweiß; Ov. fast konisch, 5 mm lang, 5kantig, oben mit spitzen Schuppen und einigen kurzen Börstchen; Fr. unbekannt. — Bolivien (Prov. Ayopaya, Dept. Cochabamba, bei der Hazienda Parangani), auf 2600 m. (Abb. 644.)

5. **Acanthorhipsalis monacantha** (GRISEB.) BR. & R. — The Cact., IV: 212. 1923

*Rh. monacantha* GRISEB., Abh. Ges. Wiss. Göttingen, 24: 140. 1879. — *Hariota monacantha* KUNTZE.

Anfangs aufrecht, dann hängend; stark seitlich, seltener am Ende verzweigt; Tr. 2—3 cm br., bis 45 cm lang, flach oder 3kantig, gesägt, am Grunde ± verjüngt; Areolen 1 mm ⌀, meist 10—12 mm entfernt, teils auch mehr oder weniger; St. bis zu 6, bis 1 cm lang, gelblich oder weißlich, aufrecht oder waagerecht spreizend, in älteren Areolen noch zusätzliche Borsten; Bl. seitlich, einzeln, bis 15 mm lang, 12 mm breit; Hüllbl. 8—12, hell wachsig orange (nicht weiß, wie BRITTON u. ROSE wohl aus dem geschwärzten Herbarmaterial schlossen)[1]); Pet. 1 cm lang, 5 mm breit, spreizend; Staubf. weißlich; Gr. weiß oder krem; Ov. 6 mm ⌀, scharf 4—5kantig, grün oder rötlich getönt, mit 2—5 kleinen Schüppchen und Filzpölsterchen; Fr. kugelig, bis 10 mm ⌀, Schuppen verdorrt, Farbe erst orange, dann orangerot bis blaßrosa getönt; S. ca. 1,5 mm lang, dunkelbraun, zusammengedrückt, punktiert, fast birnförmig, langer Nabel. — Argentinien (Prov. Jujuy [BR. & R.]; Salta, im Schatten auf Bäumen, bei Oran).

5a. v. **samaipatana** (CARD.) BACKBG. n. comb.

*Rhipsalis monacantha* v. *samaipatana* CARD., The Nat. C. & S. J. 12: 4. 85. 1957.

Vom Typus der Art durch stärker gekerbte Triebe, entferntere Areolen sowie die völlig schuppenlosen rosalila Früchte unterschieden. — Bolivien (Prov. Florida, Dept. Santa Cruz, Baño del Inca [Samaipata], auf 1500 m).

## 23. PSEUDORHIPSALIS BR. & R.
### The Cact., IV: 213. 1923

*Rhipsalis*-ähnliche Pflanzen, hängend, mit ziemlich dünnen Trieben; Blüten seitlich, meist einzeln, spreizend, mit kurzer, aber deutlicher Röhre; Ov. und Fr. kugelig, etwas beschuppt; S. schwarz. VAUPEL bezog die beiden hierhergehörenden Arten in seine *Rhipsalis*-Gruppe 12: *Ramulosae* ein, bzw. teilte er sie dort ab „mit Blüten 15 mm und 26 mm lang". Über die längere Röhre sagt er nur in einer Bemerkung zu „*Rh. himantoclada*", daß die Darstellung BRITTON u. ROSES Fig. 216 (The Cact., IV: 214. 1923) nicht mit den Angaben ROLAND-GOSSELINS (Bull. Soc. Bot. France LV. 694. 1908) übereinstimmt, aber mit der ursprünglichen Beschreibung von *Wittia costaricensis*, die BRITTON u. ROSE als Synonym zu ersterer stellen, wohl weil die für *Wittia* charakteristische Anordnung der Staubblätter in zwei Gruppen bei „*W. costaricensis*" fehlt. Ob diese von der Pflanze ROLAND-GOSSELINS etwa verschieden ist, konnte auch VAUPEL, so wenig wie ich, mangels lebenden Materials bzw. entsprechender Blütenbeobachtung, nicht feststellen. BRITTON u. ROSE verlassen sich auch auf die Ansicht WERCKLÉS, der die Pflanze zuerst sammelte und *W. costaricensis* und *Rh. himantoclada* für dasselbe hielt. Der Einbeziehung der Gattung zu *Wittia* in „Flora of Panama" (1958) durch R. E. WOODSON jr. & R. SCHERY kann hier nicht gefolgt werden.

Typus: *Cactus alatus* SWARTZ (*Pseudorh. alata*). — Typstandort: Jamaika.

Vorkommen: Wie bei Untersippe 2 angegeben.

---
[1]) lt. HUTCHISON, l. c.

Schlüssel der Arten:

Blütenröhre gestreckt
  Röhre 8 mm lang . . . . . . . . . . 1: **P. himantoclada** (Rol.-Goss.) Br. & R.
  Röhre 25 mm lang . . . . . . . . . . 2: **P. macrantha** Alex.
Blütenröhre ziemlich kurz
  Röhre 4 mm lang. . . . . . . . . . 3: **P. alata** (Swartz) Br. & R.

1. **Pseudorhipsalis himantoclada** (Rol.-Goss.) Br. & R. — The Cact., IV: 213. 1923

   *Rh. himantoclada* Rol.-Goss., Bull. Soc. Bot. France, 55: 694. 1908. —
   ?*Wittia costaricensis* Br. & R., Contr. US. Nat. Herb. 16: 261. 1913.

Abb. 645. Pseudorhipsalis macrantha Alex. (Foto: Alexander.)

Strauchig, am Grunde verzweigt, 1 m und mehr lang; Glieder ziemlich dünn und schlaff, 4—5 cm breit (nach Vaupel; nach Britton u. Rose: 1—3 cm breit), am Rand sägeartig eingeschnitten, glänzend lebhaftgrün, im Neutrieb Spitze rötlich; Mittelrippe stärker hervortretend; Ersttriebe über 1 m lang werdend, ohne Unterbrechung, unten zylindrisch; die folgenden Tr. kürzer, nur 2—3 cm lang gestielt, die letzten Tr. kaum länger als 20 cm; Areolen sehr klein, spärlich-filzig, mit kleiner, ausdauernder, rötlicher Schuppe; Bl. einzeln, 26 mm lang, mit deutlicher Röhre, Saum spreizend, Hüllbl. außen rosa, innen weiß; Ov. lebhaft karmin, 1 cm lang, 5 mm dick, mit 4—6 kleinen, stumpfen, fleischigen Schuppen; Beere und Samen unbekannt. — Costa Rica (bei Pozo Azul).

Die Pflanzen sollen so umfangreich werden, daß schließlich eine einzelne Person ein ausgewachsenes Exemplar nicht mehr tragen kann.

2. **Pseudorhipsalis macrantha** Alex. — C. & S. J. (US), XIV: 2. 20. 1942

Epiphytisch; Stamm und Zweige blattförmig, hellgrün, Stämme an der Basis rund, überhängend; Tr. bis 90 cm lang und 4,5 cm breit, nach der Spitze verjüngt; Kerben 2—3 cm entfernt; Areolen winzig, graufilzig; Bl. 3 cm breit, einzeln oder (selten) zu zweien; Pet. 9—13, zurückgebogen-spreizend, hell zitronengelb, Sep. hell bräunlichorange mit purpurrosa Basis; Röhre 2,5 cm lang, grünlichorange mit purpurrosa Schein; Staubf. zahlreich, 20—30 mm lang; Staubb. krem; Gr. und N. krem, 5 spreizende Narbenstrahlen; Fr. rot, kugelig, 7—8 mm dick. — Mexiko (Oaxaca: in Regenwäldern nördlich von Niltepec bzw. auf der Nordseite der Haupt-Sierra bei La Gloria). Von T. MacDougall im Winter 1939—1940 gefunden; soll sich leicht mit *Epiphyllum* kreuzen lassen (Abb. 645).

Die Blüten öffnen gegen Abend und bleiben bis zum nächsten Nachmittag geöffnet. Steht der *P. himantoclada* nahe, hat aber eine längere Röhre.

Nach ALEXANDER welkt die Blüte erst am zweiten Nachmittag; die Art ist also kein reiner Nachtblüher.

Interessante Bastarde ($\times$ „*Cactus ackermannii*") sind, blühend, in C. & S. J. (US.) 122. 1953 abgebildet.

3. **Pseudorhipsalis alata** (SWARTZ) BR. & R. — The Cact., IV: 213—214. 1923

*Cactus alatus* SWARTZ, Prodr. 77. 1788., non WILLD. (1813). — *Cereus alatus* DC. non LK. & O. — *Epiph. alatum* HAW. 1829 non 1819. — *Rh. swartziana* PFEIFF. — *Hariota swartziana* LEM. — *Rh. alata* K. SCH. — *Hariota alata* KUNTZE.

Strauchig, auch auf Felsen vorkommend, bis 5 m lang; Glieder breit-linear, länglich linear oder lanzettlich, in der Mitte oder weiter oben oft eingeschnürt, Spitze stumpf, am Grunde stielartig verjüngt, hellgrün, ziemlich fleischig, bis 40 cm lang, 4—6 cm breit, ca. 1 mm dick, am Rande wellig gekerbt; Mittelrippe kräftig; Bl. ca. 15 mm lang, gelblichweiß; Ov. länglich, etwas gehöckert, mit einigen sehr kleinen Schüppchen; Beere eiförmig (?), an beiden Enden gerundet, 1 cm lang, gelbgrün; Samenangaben fehlend. — Jamaika (im Westen bzw. in den Bezirken Westmoreland, Hanover und Manchester).

Fruchtform nach BR. u. R. und VAUPEL, lt. GÜRKE: kugelig.

*Cactus dentatus* RUIZ (MARTIUS, Fl. Bras. $4^2$: 288. 1890) wurde von SCHUMANN als Synonym von *Rh. alata* angegeben, gehört aber nach BRITTON u. ROSE besser zu *Rh. ramulosa*; nach VAUPEL soll SCHUMANNS Beschreibung von *Rh. alata* ein Gemisch verschiedener Arten sein. *Cereus alatus crassior* SD. war nur ein Name, der vielleicht hierhergehört.

Nach BRITTON u. ROSE gehört hierher wohl auch STEUDELS *Rh. alata* (1840), nur ein Name, nicht zu *Rh. pachyptera*, wie SCHUMANN angibt.

**Pseudorhipsalis harrisii** (GÜRKE) Y. ITO — „Cacti", 160. 1952

*Rhipsalis harrisii* GÜRKE, MfK. 180. 1908.

Von BRITTON u. ROSE als Synonym zu *Ps. alata* gestellt. GÜRKE macht aber folgende Unterschiede: Glieder größer als bei „*Rh. alata*"; Tr. blattartig verzweigend, nicht aus stengeligen Triebteilen; Beere eiförmig, 1 cm lang, S. dunkelbraun, fein punktiert (*Ps. alata:* Beere kugelig, 5 mm ⌀, S. mattschwarz, nicht skulptiert). — Jamaika (Belvidere-Hanover, 160 m, auf Bäumen; Woodstock, 450 m, an Felsen und auf Bäumen).

Es scheint sich danach um eine eigene Art zu handeln.

Sippe 2: Epiphylloides BACKBG.
Pflanzen verschiedener Gestalt, Epiphyten, mit stets am Scheitel entspringenden Blüten und Verzweigungen.

Vorkommen: O- bis S-Brasilien.

Untersippe 1: Mediorhipsalides BACKBG.
Zylindrische bis keulige oder kantige, zum Teil zuweilen auch abgeflachte Glieder; Areolen meist auf den Gliedern; Blüten regelmäßig, ihre Größe ± stark reduziert.

Vorkommen: O- bzw. SO-Brasilien.

Abb. 646. Hatiora salicornioides (Haw.) Br. & R.

## 24. HATIORA Br. & R.
### Stand. Cycl. Hort. Bailey 3: 1432. 1915

[*Hariota* DC., Mém. Cact. 23. 1834, non Adans. (1763) (da *Hariota* DC. ein ungültiges Homonym von *Hariota* Adans. war, wurde von Britton u. Rose das Anagramm als neuer Gattungsname gewählt)]

Aus dem Scheitel verzweigende und blühende, normalerweise unbewehrte Pflanzen, die Triebe gewöhnlich mit zweierlei Areolen: gleichsam rudimentäre, seitliche, kleine (die vielleicht wirklich rudimentär sind, da an ein und derselben Pflanze zuweilen verkürzt-gedrungene, wie im Wachstum verlangsamt aussehende, scheinbar anomale Zweige[1]) vorkommen, die allseitig winzig borstenstachlige Areolen tragen; ein ähnlicher Fall wie bei *Rhipsalidopsis rosea*) und größere Scheitelareolen, die die Blüten und Triebe hervorbringen und mit reichlicherem Filz versehen sind; Sepalen gewöhnlich in zwei Serien: die äußeren breiter und kürzer, die inneren mehr petaloid; Petalen nach der Basis zu verschmälert; die Blüten sind ziemlich klein, denen der *Rhipsalis* ähnelnd (auch das Merkmal der auf einem Ring entstehenden Staubfäden kommt bei beiden Gattungen vor); das Ovarium ist kahl und nackt wie die Frucht. Die Blüten sind gelborange bis lachsfarben (und weichen damit in der Farbe von denen der *Rhipsalis*-Arten ab). Vaupel („Die Kakteen", I: 39. 1925) hat *Hatiora* nicht anerkannt, sondern für deren Arten seine Gruppe 4: *Salicornioides* aufgestellt, zu der er auch *Rh. clavata* zählt. Britton u. Rose, wie Berger, sagen jedoch bei dieser „flowers near end" bzw. „Blüte fast endständig". Sie weicht auch in der weißen Farbe von den Farbtönen der *Hatiora*-Blüten ab; wohl aber dürfte hier der Übergang zwischen beiden Gattungen zu suchen sein. Ich folge der heutigen Auffassung über die Artenabgrenzung (Weber sah *H. bambusoides* nur als var. von *H. salicornioides* an), bei *H. salicornioides* aber Vaupels Varietäten-Abtrennung, während Britton u. Rose keine solchen Unterschiede machten; es erscheint jedoch ratsam, zur besseren Kenntlichmachung der Abarten dieser variablen Spezies die verschiedenen Formen auseinanderzuhalten.

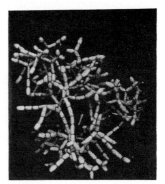

Abb. 647. Hatiora salicornioides: „v. setulifera hort. Belg." (Foto: O. Voll.)

Castellanos hat die Arten überflüssigerweise wieder unter *Hariota* aufgeführt.
In der Kultur sind die Pflanzen meist nicht so wüchsig wie *Rhipsalis*, zum Teil langsam wachsend. Als Kuriosum sei vermerkt, daß ich einmal im Botanischen Garten von Rio de Janeiro ein ganzes Beet mit diesen Epiphyten sah, die einzelnen Pflanzen in voller Blüte.

Typus: *Rhipsalis salicornioides* Haw. — Typstandort: nicht angegeben.

Vorkommen: Brasilien (Rio de Janeiro [und auf der Ilha Grande]; *H. salicornioides* auch in Minas Geraes; São Paulo).

---

[1]) Nach der Schumannschen Darstellung (MfK. 5:1, 23. 1895) handelt es sich um eine bei Wildformen regelmäßig auftretende Erscheinung (Abb. 647), die später kettenförmig aneinandergereihte, verholzte Triebe bildet; die flaschenförmigen Verzweigungen sind danach sekundäre Bildungen eines anscheinend dimorphen Typus von allseitig areolenbesetzten Gliedern; damit wird die Ähnlichkeit zu *Rhipsalidopsis* noch größer, von der Blütenform abgesehen.

## Schlüssel der Arten:

Glieder unten dünn, stielartig
  Glieder nicht sehr dichtstehend, kräftig (d. h.
    nicht schlank), nicht auffallend steif
    bzw. kurz, an der Spitze nicht auf-
    fällig stark behaart . . . . . . . .   1: **H. salicornioides** (Haw.)[1]) Br. & R.
  Glieder kürzer, Wuchs steifer . . . . . .   1a: v. **stricta** (Web.) Backbg. n. comb.
  Glieder schlank, dünn (Blüten hellgelb), stark
    verzweigter kleiner Busch . . . . .   1b: v. **gracilis** (Web.) Backbg. n. comb.
  Glieder am Triebende mit auffällig starker Be-
    haarung . . . . . . . . . . . . . .   1c: v. **villigera** (K. Sch.) Backbg. n. comb.
Glieder unten nicht ausgesprochen stielartig
  Glieder länglich-schlankkeulig . . . . . .   2: **H. bambusoides** (Web.) Br. & R.
  Glieder zylindrisch
    Epidermis hellgrün, rot gefleckt . . .   3: **H. cylindrica** Br. & R.
    Epidermis matt dunkelgrün . . . . .   4: **H. herminiae** (C.-Porto & Cast.) Backbg. n. comb.

### 1. Hatiora salicornioides (Haw.) Br. & R.[2]). — The Cact., IV: 217. 1923

*Rh. salicornioides* Haw., Suppl. Pl. Succ. 83. 1819. — *Cactus salicornioides* Lk. & O. — *Cactus lyratus* Vell. — *Hariota salicornioides* DC.

Strauchig, oft aufrecht, reich verzweigt, bis 40 cm lang; Zweige zu zweit oder in 3—5gliedrigen Wirteln, die inneren in der Jugend zylindrisch oder tonnenförmig, im Alter verholzt und mit brauner Rinde, 1—2,5 cm lang, etwa bis 2 cm dick, die folgenden stielrund oder schwach kantig, oben gestutzt, in einen deutlichen Stiel nach unten verschmälert, 1—3 cm lang, 4 bis 7 mm dick; Areolen mit spärlichem Wollfilz und sehr kleinen, hinfälligen Schuppen, am Standort (z. B. nach Ule) zumindest zu-

Abb. 648. Hatiora salicornioides v. stricta (Web.) Backbg.

---

[1]) Die von Vaupel genannten weiteren Varietäten von *Rh. salicornioides*: v. *ramosior* SD., v. *strictior* Först. (vielleicht dasselbe wie v. *stricta* Web.), v. *gracilior* SD. (die gleiche Varietät wie v. *gracilis* Web.?) habe ich nicht in den Schlüssel aufgenommen, weil sie nicht ausreichend charakterisiert sind (v. *ramosior*) bzw. in späteren Ausgaben gar nicht mehr aufgeführt wurden, nicht von Pfeiffer bzw. nicht in der Ausgabe 1886 von Förster-Rümpler. Aus diesem Grunde halte ich die Neukombinationen von Castellanos (in „Kat. *Hariota* und brasil. *Rhipsalis*", 8. 1938), noch dazu unter *Hariota* und als for., d. h. als for. *gracilior* (SD. ex Förster) Cast., for. *strictior* (Först.) Cast., ebenso wie for. *villigera* (Schum.) Cast., für eine überflüssige Synonymiebereicherung.

[2]) Der Artname Haworth's wird in Br. u. R. (Neudruck) „*salicornoides*" geschrieben.

weilen mit Börstchen, in der Kultur (nach Britton u. Rose; stets?) kahl; Bl. endständig an den jüngsten Gliedern, einzeln oder zu zweit, selten zu dritt, glockig, 12—13 mm lang, 10 mm breit, gelb, die Pet. zuweilen außen und am

Abb. 649. Hatiora salicornioides v. gracilis (Web.) Backbg. (Foto: E. Bartens.)

Abb. 650. Hatiora bambusoides (Web.) Br. & R. (Foto: E. Bartens.)

Grunde rötlich (nach BRITTON u. ROSE: lachsfarben; im Verblühen?); Ov. kurzzylindrisch, kahl und nackt; Beere kreiselförmig, weißlich, durchscheinend, an der Spitze rötlich; S. schwarz, umgekehrt eiförmig. — Brasilien (Rio de Janeiro; Minas Geraes) (Farbfoto Abb. 646).

Die var. *ramosior* SD. gehört vielleicht hierher; *Opuntia salicornioides* SPRENG. wurde von PFEIFFER nicht ganz richtig zitiert; der Name lautete bei SPRENGEL *Cactus (Opuntia) salicornioides*. *Rh. lagenaria* VÖCHT. („flaschenförmig"), in Pringsheims Jahrb. IX, 372. 1874, gehört sicherlich hierher. Die v. *setulifera* hort. belg., mit kugeligen oder mehr elliptischen, perlschnurartig aneinandergereihten Gliedern ist eine sterile Form, wie sie K. SCHUMANN (in Gesamtbschrbg. 611. 1898) dargestellt hat (Abb. 647). Die v. *schottmülleri* (*Rh. schottmülleri* HORT.), von SCHELLE als bloße Namen zitiert, gehören wohl auch hierher.

Es gibt eine Form mit rotfleckigen Areolen.

1a. v. **stricta** (WEB.) BACKBG. n. comb.

*Rh. salicornioides* v. *stricta* WEB., Dict. Hort. Bois 1048. 1898. — *Hariota salicornioides* v. *stricta* K. SCH.

Steifer Wuchs, kurze Glieder.

Vielleicht handelte es sich bei *Rh. salicornioides* v. *strictior* SD. (*Hariota salicornioides strictior* GÜRKE) bzw. *Rh. stricta* CELS cat. (*Hariota stricta* in MfK. 5 : 22. 1895) bereits um (zum Teil unpublizierte) Namen für die WEBERsche Varietät (Abb. 648).

1b. v. **gracilis** (WEB.) BACKBG. n. comb.

*Rh. salicornioides* v. *gracilis* WEB., Dict. Hort. Bois, 1048. 1898. — *Hariota salicornioides* v. *gracilis* K. SCH.

Sehr verzweigter, kleiner Busch; Glieder schlank, dünn; Bl. hellgelb.

*Rh. salicornioides gracilior* SD. (*Hariota salicornioides gracilior* GÜRKE), nur Namen, gehören vielleicht hierher (Abb. 649).

Abb. 651. Hatiora bambusoides (WEB.) BR. & R., eine etwas derbere Form. (Foto: H. KENNEWELL.)

1c. v. **villigera** (K. SCH.) BACKBG. n. comb.

*Hariota villigera* K. SCH., in MARTIUS, Fl. Bras. 4² : 265. 1890. — *Rh. salicornioides* v. *villigera* LÖFGR., Arch. Jard. Bot. Rio de Janeiro, 1 : 85. 1915. — *Hariota salicornioides* for. *villigera* (K. SCH.) CAST.

Strauch sehr verzweigt, die Zweige wirtelig gestellt; Glieder flaschenförmig, kräftiger, die obersten 2 cm lang, oben bis 6 mm im Durchmesser, an der Spitze wollig behaart und borstig; Areolen mit etwas reichlicherem Wollfilz und 1—2 schwarzen Börstchen versehen; Bl. unbekannt; Beere fast endständig, 8 mm dick im Wollfilz eingesenkt;

S. purpurschwarz, glänzend, 1—1,5 mm lang (Beschrbg. nach K. Schumann). — Brasilien (São Paulo, zwischen dem Pirituva und Sorocaba). Nach Löfgren eine Standortsform; anscheinend kommt aber *Hatiora* nur mit dieser Form im Staat São Paulo vor.

2. **Hatiora bambusoides** (Web.) Br. & R. — The Cact., IV: 218. 1923
*Rh. salicornioides* v. *bambusoides* Web., Rev. Hort. LXIV. 429. 1892. — *Hariota salicornioides* v. *bambusoides* K. Sch. — *Hariota bambusoides* Web., Dict. Hort. Boïs, 1048. 1898.

Strauchförmig, aufrecht, stärker als *H. salicornioides* und angeblich bis 2 m hoch, sehr verzweigt, am Grunde verholzt; Tr. zu zweit oder zu dritt, schlank-keulenförmig, bis 5 cm lang und an der etwas knotig verdickten Spitze bis 4 mm ⌀; Bl. orangerot; Pet. meist aufgerichtet, aber auch ± spreizend; Fr. unbekannt. — Brasilien (Rio de Janeiro) (Abb. 650—651).

*Hariota bambusoides* v. *delicatula* (Löfgr.) Cast. s. unter *Rh. clavata*.

Abb. 652. Hatiora cylindrica Br. & R., bestachelte Form mit z. T. etwas keuligen Gliedern.

3. **Hatiora cylindrica** Br. & R. — The Cact., IV: 219. 1923
*Rh. cylindrica* Vpl., „Die Kakteen", I: 39. 1925, non Steud. (1841), non Kuntze (1891). — *Hariota cylindrica* (Br. & R.) Berg. non Kuntze.

Aufrecht, sehr verzweigt, über 1 m Durchmesser erreichender Busch; Stamm holzig, mit kurzen, zylindrischen, an den Verbindungsstellen etwas verdickten

Gliedern; Verzweigung gabelig oder in 3gliedrigen Wirteln; Zweige zylindrisch, bis 3 cm lang, hellgrün, später rot gefleckt oder ganz rot; Bl. einzeln, endständig, 12 mm lang, orangegelb, Pet. gerundet; Beere ± kreiselförmig, durchschimmernd weiß, schwach purpurn gefleckt; S. unbekannt. — Brasilien (Rio de Janeiro: Ilha Grande) (Abb. 652, 653 rechts).

Nicht zu verwechseln mit *Hariota cylindrica* KUNTZE non (BR. & R.) BERG. (*Rh. cylindrica* STEUD., 1841) bzw. *Cactus cylindricus* VELL.; alle diese Namen gehören zu *Lep. grandiflorum*.

Ein Synonym von *H. cylindrica* ist lt. CASTELLANOS: *Rh. bambusoides* LÖFGR., non WEB.

Abb. 653. Links: Hatiora herminiae (CAMPOS-PORTO & CAST.) BACKBG. Rechts: Hatiora cylindrica BR. & R., normale Form. (Foto: O. VOLL.)

4. **Hatiora herminiae** (C.-PORTO & CAST.) BACKBG. n. comb.

*Hariota herminiae* C.-PORTO & CAST., in Rodriguesia no. 14.

Kleiner epiphytischer Strauch, aufrecht und überhängend, bis 30 cm groß; Stämmchen verholzt und grau berindet; Verzweigung gabelig bis quirlig; Glieder zylindrisch, oben etwas verdickt, auf der Spitze mit feinem grauem Filz, sonst matt dunkelgrün, mit einigen kleinen Seitenareolen, mit Schüppchen und je 1—2 winzigen Borsten; Bl. aus dem Filz der Endareolen, einzeln, selten zu zweien, sehr ansehnlich, 2 cm lang, voll geöffnet bis 2,5 cm breit; Ov. kegelig, 5 mm lang, 6 mm ⌀, hellgrün, am Rande mit 2—3 grünen Schuppen; Pet. im ganzen 18, die äußeren 12 sind elliptisch, von $5 \times 5$ bis $7 \times 15$ mm groß, die Ränder und Spitzen nach außen umgeschlagen, oben etwas gewellt und gefranst, schön dunkelrosa, die inneren 6 sind schmal-lanzettlich, am Grunde verwachsen, stehen aufrecht und umschließen fest die Antheren, sind am Grunde rosa, während die gefranste Spitze orange gefärbt ist; die Antheren sind etwas kürzer, hellrosa mit gelben Staubb.; der Gr. ist ebenso lang, hellrosa, mit 5 herausragenden gelben N.; Beere kegelig, ca. $5 \times 8$ mm groß, olivgrün, mit einem aus dem Blütenboden gebildeten grauen, häutigen Deckel; bei Druck treten die Samen oben aus diesem heraus, nicht aus der Basis wie bei anderen Arten; S. zahlreich, flach-oval, ca. 0,75 mm groß, kastanienbraun. — Brasilien (Campos do Jordão, auf 1600 m).

Die Art wurde 1936 von CAMPOS-PORTO gefunden. Sie ähnelt der *H. cylindrica*, hat aber etwas längere Gliedabschnitte; vor allem aber ist die Blüte annähernd doppelt so groß und etwas anders gefärbt, d. h. im Innern unten auch rosa.

Abb. 653 Vergleichsfoto von O. VOLL (*H. cylindrica* rechts, *H. herminiae* links).

## 25. ERYTHRORHIPSALIS Berg.
MfK. 30:4. 1920

Epiphytische Pflanzen mit runden, fein gerippten Trieben, genäherten und borstenbestandenen Areolen sowie scheitelständigen, radförmigen Blüten mit beschupptem, bewolltem und beborstetem Ovarium; die Frucht ist ± eirund, anfangs oft oben gestutzt, gelblich bis weiß beborstet und etwas gehöckert und in den Achseln bewollt. Britton u. Rose geben an „kurze, aber ausgeprägte Röhre"; möglicherweise handelt es sich auch nur um das Ovarium, dem die Blütenhülle breit öffnend aufsitzt. Vaupel erwähnt jedenfalls keine Röhre. Nur eine Art.

Typus: *Rhipsalis pilocarpa* Löfgr. — Typstandort: nicht angegeben.

Vorkommen: Brasilien (São Paulo).

### 1. Erythrorhipsalis pilocarpa (Löfgr.) Berg. — MfK. 30:4. 1920

*Rh. pilocarpa* Löfgr., MfK. 13:52. 1903.

Hängender Strauch, gegliedert; Glieder zu zwei oder in 3—6zähligen Wirteln, zylindrisch, schwach gerippt, 1 bis 12 cm lang, 3—6 mm dick, schmutzig graugrün; Rippen 8—10, fast immer deutlich ausgeprägt, unter der Lupe in Längs- und Querrichtung fein gestreift; Areolen genähert, mit 3—10 Borsten, aber ohne Wolle; Schuppen sehr klein; Blüten einzeln oder zu zweit,

Abb. 654. Erythrorhipsalis pilocarpa (Löfgr.) Berg. (Foto: E. Bartens.)

langsam öffnend, sehr duftend, bis 2,5 cm breit; Pet. 16—18 oder mehr, bis 3 mm breit, blaßgelb mit einem Stich ins Grünliche (Vaupel), nach Britton u. Rose auch weiß oder kremfarben mit rosa Spitzen; Ov. mit bis 10 Borsten in den von kleinen, häutigen Schüppchen bestandenen, rot umrandeten Areolen; Schuppen rotbraun, Wolle in den Achseln; Beere 12 mm lang und ⌀, anfangs ± gehöckert, gelbliche Borsten, später weniger gestutzt, mehr eirund und rot, aber noch mit deutlicher Höckerfelderung; S. ziemlich groß, schwarz. — Brasilien (São Paulo, in den Wäldern zwischen Tieté und Ytú; Rio de Janeiro) (Abb. 654).

Abb. 655 zeigt eine reife, deutlich höckerig gefelderte Frucht (Makroaufnahme von E. Bartens, Berggarten Hannover-Herrenhausen).

Abb. 655. Erythrorhipsalis pilocarpa: Frucht. (Foto: E. BARTENS.)

Der Griffel ist weit herausragend „und darin von *Rhipsalis* unterschieden", wie BRITTON u. ROSE sagen; aber z. B. bei *Rh. rhombea* sieht man auch längere Griffel. Von den ebenfalls beborsteten und zum Teil etwas ähnlichen Arten der *Rhipsalis*-Untergattung *Ophiorhipsalis* ist *Erythrorhipsalis* durch die scheitelständigen Blüten mit dem gehöckerten und beborsteten Ovarium und ebensolche Fruchtmerkmale unterschieden.

*Pfeiffera rhipsaloides* LÖFGR. (MfK. 13:54. 1903) war ein provisorischer Name LÖFGRENS für diese Pflanze.

## 26. RHIPSALIDOPSIS BR. & R.
### The Cact., IV: 209. 1923

Kleiner, bis 25 cm hoher, epiphytischer, nicht kletternder Strauch von merkwürdig dimorpher Gestalt: wurzelecht zierlich, oft cereiform, schlanktriebig, meist terminal verzweigend und ringsum mit Börstchen besetzt (wie VAUPELS Abbildung Fig. 18 in „Die Kakteen" II: 68. 1926 zeigt), dann aber auch — und besonders gepfropft — in flache Triebe mit im Querschnitt flach-elliptischer Form übergehend; die Blüten sind scheitelständig, ca. 3,7 cm breit; Ovarium 4kantig, nackt; Frucht unbekannt. Die Hüllblätter sind nur ganz am Grunde zu einer sehr kurzen Röhre verwachsen. Es ist eine gärtnerische Züchtung bzw. Kreuzung mit *Epiphyllopsis gaertneri* entstanden: × *Rhipsalis graeseri* WERD. (s. unter *Epiphyllopsis*); beide Gattungen stehen einander zweifellos sehr nahe, und VAUPEL sowohl wie LINDINGER (Beitr. z. Kenntn. dikotyl. Pflanzen, in Beihefte z. Bot. Centralbl. LXI: A. 379. 1942) verweisen richtig auf die ganz ähnlichen Blütenverhältnisse. VAUPEL stellte die Eltern obiger Kreuzung zu *Rhipsalis*; LINDINGER vereinigt sie unter *Rhipsalidopsis* mit *R. rosea* als Typ und trennt in seinem Schlüssel:

Blüten rosenrot, Ov. 4kantig,
    Glieder 2—4 cm lang, oft kantig . . .   R. rosea (LAG.) BR. & R.
Blüten scharlachrot, Ov. 5kantig,
    Glieder ± flach, am Triebende ± stark
        behaart . . . . . . . . . . . . .   R. gaertneri (REG.) LINDGR.

Glieder flach, ± dick, nach den Kanten
und dem oberen Ende zu gerundet;
Gliedfarbe oben ± dunkelgrün (bei
*R. gaertneri* oft mehr ins Gelbliche
spielend), nicht bebartet . . . . . R. serrata LINDGR.[1])

LINDINGER sagt, daß *R. serrata* neuerdings fälschlich als v. *makoyanum* (von *Epiphyllum gaertneri*, auch *Epiphyllum makoyanum* W. WATS. genannt) bezeichnet wird, daß aber REGEL den Typus gerade auf einer bebarteten Form wie „v. *makoyanum*" begründete, ferner „daß die Gattung *Rhipsaphyllopsis* WERD. somit hinfällig ist" (Namensvorschlag l. c. für die Hybridgattung).

Hybridgattungen werden meistens im Beschreibenden Teil unberücksichtigt gelassen. Das Handbuch dient nur der Beschreibung natürlicher Arten; es läßt sich auch nicht übersehen, ob oder wieviele neue eventuell noch hinzukommen. Dennoch führe ich WERDERMANNS Beschreibung unter *Epiphyllopsis* an, denn LINDINGER hält die Hybridgattung nur deshalb für überflüssig, weil er beide Eltern als Angehörige ein und derselben Gattung ansieht. BERGER war aber zweifellos ein guter Kenner dieser Pflanzen, auch von *Rhipsalidopsis*; ihm ist die Blütenähnlichkeit zwischen *Rhipsalidopsis* und *Epiphyllopsis* sicher nicht unbekannt gewesen. Für seine letztere Abtrennung gibt es wohl nur eine Erklärung: *Rhipsalidopsis* ist dimorph (wie zum Teil *Hatiora*, nach SCHUMANNS Abbildung Fig. 97 in Gesamtbschrbg. 611. 1898), wie man es auch ähnlich (l. c.) bei *H. salicornioides* sieht. Eine Tendenz zur Abflachung ist bei *Rhipsalidopsis* vorhanden, wie bei *H. salicornioides* zur Entwicklung keulig-stielgliedriger Triebe. Bei *Epiphyllopsis* sind aber nur zuweilen die Triebunterteile 3–6eckig, wie man dies auch bei *Epiphyllum*, *Rhipsalis* u. a. sieht; der normale Wuchs ist flachgliedrig. Außerdem erscheint mir die Stellung der Staubfäden nicht hinreichend geklärt: bei *Epiphyllopsis* sind sie in einer Gruppe nach dem inneren Blütengrunde zu angeheftet, bei *Rhipsalidopsis* hat es — nach der Zeichnung von BRITTON u. ROSE (l. c. IV: 209. 1923) — den Anschein, als wären sie auf dem Fruchtknoten inseriert (wie der innere Staubfädenring bei *Schlumbergera* LEM., nach BERGERS Angaben in „Kakteen", 98. 1929). Aber auch ohne die Klärung dieser Frage bleibt *Rhipsalidopsis* besser monotypisch. VAUPEL (l. c. II: 68. 1926) sagt, „die systematische Stellung der Art hat häufig gewechselt und ist sogar zeitweilig heftig umstritten worden. Sie ist kein *Epiphyllum* oder *Schlumbergera*, weil ihr die lange Röhre fehlt". Diese ist bei *Schlumbergera*, wie VAUPELS Fig. 25A (l. c. 92. 1926) sehr gut zeigt, auch länger als bei *Epiphyllopsis* (VAUPELS Abbildung Fig. 17, l. c. 67. 1926); allein schon deswegen ist BERGERS Trennung der beiden letzteren berechtigt, selbst wenn er es nicht hervorhebt. Die eigentümlich dimorphe Gestalt der *Rhipsalidopsis* aber sollte nicht mit anderen Arten verbunden werden. Nur durch Auseinanderhalten der eigenartigen, einander zum Teil zweifellos nahestehenden Formen dieser brasilianischen Pflanzen wird der klare Überblick über die dennoch vorhandenen Unterschiede ermöglicht und das bisherige Hin und Her in der Benennung beendet.

Typus: *Rhipsalis rosea* LAG. — Typstandort nicht näher angegeben.

Vorkommen: Südbrasilien (Staat Paraná).

---

[1]) Der Name ist mangels lateinischer Diagnose nach den Regeln ungültig.

1. **Rhipsalidopsis rosea** (Lag.) Br. & R. — The Cact., IV: 209. 1923
   *Rhipsalis rosea* Lag., Svensk Botanisk Tidskrift VI: 717. 1912.

   Zweige kurz, 1—3, scharf 4- oder manchmal 3—5kantig, mit etwas konkaven Flächen, ringsum darauf Areolen mit einigen gelblichen, abfallenden Börstchen (an cereiformen Gliedern mehr als an den Seitenareolen abgeflachter Tr.); Endtriebe mit der Tendenz zur Abflachung, besonders wenn die Pflanze gepfropft wird, die Glieder bis 37 mm lang, nach oben bis 11 mm breit und bis 3 mm dick, dann am Rande mit 2—3 Kerben; Gliedfarbe zuerst rot oder blaßgrün, dann matt dunkler grün; im Alter verkorkte Tr.; Areolen von einem roten Hof umgeben, an der Spitze etwas reichlicherer, sehr kurzer Wollfilz, erst weiß, dann gelblich, abfällige Börstchen und ein nur unter der Lupe erkennbares Schüppchen; Bl. scheitelständig, einzeln, radförmig, mit sehr kurzer Röhre, 3,7 cm breit, nach Rosen- oder Zedernöl duftend, rosa; Staubblätter von der halben Länge der Blütenhülle, oben eingebogen; Gr. rosenrot; N. 3—4, weiß, zurückgebogen, die Staubblätter kaum überragend; Ov. 4kantig, ca. 5 mm lang; Fr. unbekannt. — Brasilien (Paraná: im Urwald bei Caiguava), auf 1100 bis 1300 m.

   Wächst gepfropft sehr gut, dann der *Epiphyllopsis gaertneri* ähnelnd (s. auch dort bzw. die Hybridgattung *Rhipsaphyllopsis* Werd.).

   Untersippe 2: *Epiphyllanthi* Backbg.
   Rundlich-kugelige bis zylindrische oder zwergig opuntioide Triebglieder, allseitig mit Areolen; Blüten lang und schiefsaumig; scheitelständig.

## 27. EPIPHYLLANTHUS Berg.
Rep. Mo. Bot. Gard., 16 : 84. 1905

[bei Engelmann und anderen als *Epiphyllum*; bei Schumann zum Teil als *Cereus*; bei Löfgren als *Zygocactus*, ebenso bei Buxbaum (1957)]

Epiphytische oder im Schatten auf humosem Grund von Felspartien wachsende Pflanzen mit kugeligen bis zylindrisch gestreckten oder kleinen opuntioid abgeflachten Gliedern und großen zygomorphen Blüten; Staubfäden in zwei Serien; Ov. kantig, mit wenigen, kleinen Schuppen; die Beere ist klein, rundlich und offenbar nackt. Vaupel hat die Arten zu *Epiphyllum* gestellt, d. h. zur Gruppe „Blühende Glieder rund" (2 Arten) und zu der Gruppe „Blühende Glieder flach" (1 Art, neben den 3 noch dazugerechneten „*Zygocactus*"-Arten, die Vaupel als *Epiphyllum* führt). Da *Epiphyllum* jetzt im ursprünglichen Sinne von Haworth wiederhergestellt wurde, können die Arten nicht unter diesem Namen weitergeführt werden. Berger hat *Epiphyllanthus* dafür aufgestellt; die Gattung ist umstritten. So rechnet Lindinger (l. c. 380. 1942) *Epiphyllanthus obovatus* (Eng.) Br. & R. zu *Zygocactus*, als „*Zygocactus opuntioides* (Löfgr. & Dus.) Löfgr. (Syn. *Epiphyllanthus obovatus* Br. & R.)". Das ist eine Umkehrung der Synonymie wohl auf Grund von Vaupels Benennung *Epiph. opuntioides*. Vaupel sagt aber selbst, das Sellowsche Originalmaterial seien deutlich opuntioide, kleine Triebe, allseitig mit Borsten, gewesen. Im Sinne des Prioritätsgedankens besteht also kein Grund, den Namen, den Engelmann dem Fund des Entdeckers (wenn auch ohne Beschreibung) gab (Schumann hat im übrigen schon in Gesamtbschrbg. 224. 1898 eine zwar kurze, aber genügende Beschreibung gegeben), etwa nicht anzuerkennen; vielmehr ist *Z. opuntioides* das Synonym. Lindinger hält nun die Gattung *Epiphyllanthus* für unhaltbar, weil sie sich „nur auf die abweichende Verteilung von Areolen auch auf die Flachseiten gründet. Die Blüte ist eine echte *Zygocactus*-Blüte". Er fährt fort, daß vegetative Merkmale zur Begründung von Gattungen nur mit Vorsicht und in Verbindung mit anderen Merkmalen zu benützen sind. Einerseits ist nun aber nach den Darstellungen von VAUPEL und BRITTON u. ROSE bei *Epiphyllanthus* die Blüte außen anders gebaut als bei *Zygocactus* — wenngleich sich der innere Bau weitgehend ähnelt — andererseits ist die Situation der Scheitelzone bei beiden Gattungen wesentlich verschieden, was bei diesen in der Trennung umstrittenen Gattungen zu beachten wichtig ist.

BUXBAUM hat hierzu in seinen „Rhipsaliden-Studien" (J. DKG. Aug. 1942. Bl. 4—13) klärende morphologische Untersuchungen gemacht, die z. B. bei den scheinbar terminal blühenden *Rhipsalis* ergaben, daß die Blüten und Sprosse zwar gedrängten, aber relativ weit auseinanderliegenden Areolen des Sproßendes entspringen, während es sich z. B. bei *Epiphyllopsis* und *Zygocactus* (analog gleich auch bei *Hatiora*) um durch Internodienstauchung entstandene „Riesenareolen" handelt, sogenannte Scheitelareolen, wie sie auch *Rhipsalidopsis* entwickelt, ± umwallt und aus mehreren Areolensitzen bestehend, so daß genau genommen bei diesen Gattungen keine wirklich echt endständigen Blüten gebildet werden. Zum besseren Verständnis der komplizierten Verhältnisse des Blütenursprungs bei den *Epiphylloides*-Gattungen sei auf die BUXBAUMschen Darstellungen verwiesen. Jedenfalls ist das Sproß-Stirnbild bei *Epiphyllanthus* wesentlich etwa von dem der Riesenareole bei *Zygocactus* und *Epiphyllopsis* unterschieden. Selbst die gedrängten Spitzenareolen stehen lockerer; somit wird auch verständlich, daß alle Darstellungen bei *Epiphyllanthus* so gut wie keine genau terminal sitzenden Blüten und Sprosse zeigen. Außerdem spricht BUXBAUM richtig bei dem flachen *Epiphyllanthus obovatus* (bei BUXBAUM *E. opuntioides*) von „abgeplatteten Rundsprossen", wie sie noch deutlicher bei *Epiphyllanthus obtusangulus* zu sehen sind (*C. microsphaericus* K. SCH. gehört offenbar nicht hierher). Ähnlich ist der Sachverhalt bei *Rhipsalidopsis*. Beiden sind die allseitigen Areolen gemeinsam, soweit es sich bei letzterer um Wildformen handelt. Damit sind zwischen *Epiphyllanthus* und *Epiphyllopsis* sowie *Zygocactus* eine Reihe von wesentlichen Unterschieden gegeben, die eine Zusammenfassung im Sinne LINDINGERS nicht zulässig erscheinen lassen. Auch BUXBAUM gebrauchte daher den Gattungsnamen *Epiphyllopsis*[1]). Es handelt sich außerdem jeweils um Gruppenmerkmale, d. h. bei den „allseitigen Areolen" um solche mehrerer Arten bzw. Gattungen. Wenn alle auch nicht sehr formenreich sind, hat doch jede so eigenartige und zum Teil komplizierte Kennzeichen, daß das Gemeinsame der Gruppen-Habitusmerkmale einmal eine Kategoriegliederung, die z. B. von BUXBAUM dargestellten Unterschiede der Blütenzonen usw. andererseits eine Gattungstrennung verlangen. Nur so allein scheinen wir sowohl der richtigen Bewertung nahezukommen wie auch zu einer klaren Übersicht über diese eigenartigen Pflanzen zu gelangen, die auf relativ engem Raum so unterschiedliche Formen aufweisen. Dabei scheint mir in bezug auf die Blütengestalt weniger eine Entwicklungstendenz gegeben zu sein; es hat vielmehr den Anschein, als ob hier von der Natur eine horizontale Linie demonstriert wurde, in der regelmäßige und unregelmäßige, große und kleine Blüten (reduzierte), runde oder kantige Ovarien usw. nebeneinander auftreten, also weniger eine Entwicklungslinie als ein Entwick-

---

[1]) Neuerdings hat BUXBAUM das Genus, wie *Epiphyllanthus*, zu *Zygocactus* gestellt (Kakt. u. a. Sukk. 136. 1957); die ständigen „Neuklärungen" können hier nicht mehr berücksichtigt werden. Ich erkenne sie auch nicht an.

lungsfächer vorliegt. Dementsprechend habe ich auch die Gesamtgliederung vorgenommen.

*Epiphyllanthus* gehört darin zu den wertvollsten und seltensten Pflanzen, mit eigentümlicher Gestalt. Die Arten wachsen in (für Brasilien) relativ großer Höhe auf dem Itatiaya (ca. 2000 m). Ich führe *E. candidus* als eigene Art, wie alle bisherigen Autoren; interessant ist, daß VOLL ihn nur für eine verlängerte Schattenform (und daher auch eine hellere Blüte aufweisend, wie man dies ebenfalls bei *Zygocactus* findet) des *E. obtusangulus* hält, den ja auch schon BRITTON u. ROSE (The Cact. IV: 182. 1923, Fig. 190) mit einigen relativ langzylindrischen Trieben abbilden.

KNEBEL hatte (in MÖLLERS Deutsche Gärtnerzeitung 44: 34. 1929) für *Epiphyllanthus* den Gattungsnamen *Opuntiopsis* vorgeschlagen.

Typus: *Cereus obtusangulus* K. SCH. — Typstandort: Itatiaya-Gebirge (Rio de Janeiro).

Vorkommen: Im Itatiaya, ca. 2000 m Höhe, und im Grenzgebiet der Staaten Rio de Janeiro, Minas Geraes und São Paulo.

Schlüssel der Arten:

| | |
|---|---|
| Glieder opuntioid-flachrund . . . . . . . . . | 1: **E. obovatus** (ENG.) BR. & R. |
| Glieder ± kugelig-rundlich, zum Teil etwas kantig bis verlängert. . . . . . . . . . . . | 2: **E. obtusangulus** (LINDBG.) BERG. |
| Glieder kurz-schlankzylindrisch . . . . . . . . | 3: **E. candidus** (LÖFGR.) BR. & R. |

1. **Epiphyllanthus obovatus** (ENG.) BR. & R. — The Cact., IV: 180. 1923

*Epiphyllum obovatum* ENG., in SCHUMANN, Gesamtbschrbg., 224. 1898. — *Epiphyllum opuntioides* LÖFGR. & DUS. — *Zygocactus opuntioides* LÖFGR. — *Epiphyllanthus opuntioides* (LÖFGR. & DUS.) MORAN 1953. — *Epiphyllum polycanthum* BARB.-RODR. ex LÖFGREN (1918).

Epiphytischer oder auf schattigen Felspartien lebender kleiner Strauch; Stamm gegliedert oder rundlich, 30—40 cm lang; die Glieder 2—6 cm lang, bis 3 cm dick, mit bräunlicher Rinde; die Endglieder zu zweit, zu dritt oder zu viert, flach, umgekehrt-eiförmig, 5—6 cm lang, bis 2,3 cm breit, bis 6 mm dick, dunkelgrün; Areolen an der Seite und auf den Gliedern, mit weißlichem Filz und spreizenden Stächelchen, diese bis 5 mm lang und an alten Areolen zahlreicher (bis 30); Bl. stark zygomorph, 1—3, 4,5 cm lang, scharlachrot; Beere kreiselförmig, 10—12 mm dick, 7—8 mm hoch, glatt, glänzend rötlich; S. ziemlich klein, unregelmäßig, dunkelbraun, glänzend, grubig punktiert. — Brasilien (im Grenzgebiet von Rio de Janeiro, Minas Geraes und São Paulo; auf der Serra do Mantiqueira am Campo Jordão und Campo de São Francisco; im Staate Rio de Janeiro auf der Serra do Itatiaya, auf Bergrücken und blockreichen Abhängen).

SCHUMANN hat (in Gesamtbschrbg. Anhang, 76. 1903) später diese Art irrtümlich für „*Epiphyllum bridgesii*" (*Schlumbergera*) gehalten, obwohl das Herbarmaterial SELLOWS im Berliner Herbarium, nach VAUPELS Notiz, „auf der Oberfläche mit Borsten besetzte Areolen" aufwies, so daß ENGELMANNS Name einwandfrei gesichert ist.

2. **Epiphyllanthus obtusangulus** (LINDBG.) BERG. — Rep. Mo. Bot.Gard., 16: 84. 1905 (bzw. Syst. Rev. Gen. Cereus, 84. 1905)

*Epiphyllum obtusangulum* LINDBG. msc. — *Cereus obtusangulus* K. SCH., in MARTIUS, Fl. Bras. 4: 198. 1890. — *Zygocactus obtusangulus* LÖFGR. —

*Epiphyllanthus microsphaericus* sensu Br. & R., The Cact., IV : 181.1923. —
*Zygocactus microsphaericus* (Eng.) Buxb., Kakt. u. a. Sukk. 136. 1957.

Auf Bäumen oder zwischen Felsen wachsender, reich verzweigter kleiner Strauch; Stamm gegliedert: Verzweigung aufrecht oder hängend, zu zweit oder zu dritt, selten in größerer Zahl, verlängert; Glieder zylindrisch, kurz, eiförmig, rund oder fast scheibenförmig, mit gelbbrauner Rinde, später bisweilen ± gekantet, 20—25 mm lang, 4—6 mm dick; Areolen spiralig gestellt, 1 mm breit, mit Schuppen, Wollfilz und 1—20 geraden, kaum stechenden, 1—6 mm langen Borsten; Bl. 4—4,5 cm lang, etwas schief, rosafarben (nach Britton u. Rose: purpurn bis rosa); Ov. fast kreiselförmig, 5- oder 6kantig, nackt; Beere fast birnförmig, stumpfkantig, breit genabelt, 7 mm dick.— Brasilien (Rio de Janeiro; Serra do Itatiaya, 2000 bis 3000 m). (Abbildung einer Blüte in J. DKG. 212. 1932.) (Abb. 656—657.)

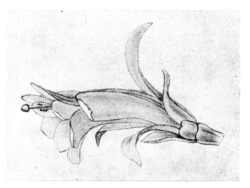

Abb. 656. Epiphyllanthus obtusangulus (Lindbg.) Berg. (nach Berger).

Die Längskanten bilden, nach Vaupel, kein charakteristisches Merkmal; die Glieder sind zunächst stets zylindrisch und werden nur bisweilen später unregelmäßig gekantet. Nach Löfgr. wechselt die Gestalt der Triebe nach dem Standort: im Schatten und bei dauernder Bodenfeuchtigkeit werden sie bis 30 cm lang, höchstens 10 mm dick, die Haut völlig glatt, Wollfilz und Stächelchen fehlen; an exponierten Stellen, wie auf dem Gipfel der Agulhas Negras, sind die Stammglieder kugelig, tonnen- bis eiförmig, mit dicker Haut und zahlreichen Areolen, die viele kürzere Borsten tragen. die blühenden Zweige oft ± zylindrisch.

Da für E. candidus ausdrücklich schattige Kultur vorausgesetzt wird, mag dieser nur eine Form des obigen sein, wenn auch mit etwas anderen Merkmalen.

Der Artname stammt lt. Vaupel von Lindberg (msc.,) als *Epiphyllum obtusangulum*.

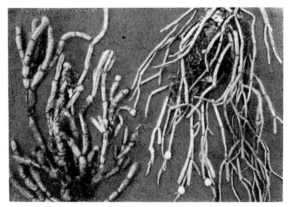

Abb. 657. Epiphyllanthus obtusangulus: nach Voll (links) aufrechte und (rechts) hängende Form, letztere meist als E. candidus (Löfgr.) Br. & R. bezeichnet — Nach Vaupels Zeichnungen in „Die Kakteen", 90. 1926, sind die Blüten von E. obtusangulus und E. candidus verschieden bzw. scheinen zu letzterem die Pflanzen (aus Schumanns Beschreibung) mit ± zylindrischen Gliedern zu gehören, die mit mehr kugeligen Trieben (Bild C von Vaupel) zu E. obtusangulus. In der Kultur bleiben die ± kugeligen Formen auch im Schatten so (E. microsphaericus sensu Br. & R.), daneben kommen verlängerte vor, so daß bei E. obtusangulus wohl zwei Formen unterschieden werden müssen. Die weiße Blüte von E. candidus besagt an sich wenig, da es auch eine weißblütige Form oder var. von Zygocactus truncatus gibt. (Foto: O. Voll.)

Von den bei BRITTON u. ROSE aufgeführten Synonymen *C. microsphaericus*, *C. parvulus*, *C. anomalus*, die sehr unvollständig beschrieben wurden, im Gegensatz zu *C. obtusangulus* (weswegen die meisten Autoren diesen Namen vorzogen). gehört der erste offenbar zu *Arthrocereus*, als *A. microsphaericus* (Syn. *C. damazioi* WGT.); die anderen sind unzureichend bekannte Namen der SCHUMANNschen Gruppe „*Microcerei*" (in MARTIUS, Fl. Bras. IV : 11. 1890). Siehe hierzu meinen Artikel über *Arthrocereus* in C. & S. J. (US.), XX : 2. 15. 1948; wegen der auffälligen, von SCHUMANN beschriebenen Schuppe an den Areolen kann *C. microsphaericus* nicht der *C. obtusangulus* gewesen sein, ganz abgesehen davon, daß SCHUMANN ja auch diesen — und eingehender — beschrieb, so daß BRITTON u. ROSEs Kombination *Epiphyllanthus microsphaericus* (ENG.) BR. & R. bzw. vorstehende Synonymie nicht richtig sein kann.

3. **Epiphyllanthus candidus**
(LÖFGR.) BR. & R. — The Cact., IV : 182. 1923

*Zygocactus candidus* LÖFGR.. Arch. Jard. Bot. Rio de Janeiro. 2 : 30. 1918. — *Epiphyllum candidum* BARBOSA RODRIGUES ex VAUPEL. „Die Kakteen", II : 88. 1926 (ursprünglich nur ein Name).

Abb. 658. Epiphyllanthus candidus (LÖFGR.) BR. & R.: kahle Form.

Erd- oder baumständig, strauchig gegliedert; Glieder zylindrisch oder schwach keulig und ± kantig, die untersten bis 2 cm dick und höchstens 5—6 cm lang, die folgenden bis 0,7 cm dick und 3—5 cm lang; Areolen mit 6—30 nicht stechenden, gleichförmigen Borsten; am Stamm sind die Areolen größer und die St. zahlreicher als an Junggliedern; Bl. leicht zygomorph, 3,5 cm lang, ganz weiß; Beere kugelig, rot. — **Brasilien** (Rio de Janeiro: im Itatiaya-Gebirge, auf 2000 m). Angeblich nur an schattigen Stellen; daher vielleicht nur eine Schattenform der vorhergehenden Art (VOLL.) (Abb. 657, 658).

Untersippe 3: *Epiphylli* BACKBG.

Pflanzen mit ziemlich einheitlichen „zygocactoiden" Körpern, d. h. ± flachen, nicht sehr langen, übereinander entstehenden und ziemlich gleich großen Gliedern, ± um die Seitenareolen vorspringend bzw. ± gezähnt oder gekerbt; Seitenareolen normalerweise nicht blühbar; Scheitelareole groß (gedrängte Areolenzone), zum Teil ± behaart; Blüten klein bis ziemlich groß, regelmäßig bis zygomorph; Früchte zum Teil kantig, ebenso die Ovarien.

Ich habe die vier hierhergestellten Gattungen wegen ihrer ziemlich einheitlichen Triebgestalt zusammengefaßt, da dieses Gruppenmerkmal sie verbindet. Vielleicht halten andere Autoren dies mehr für eine äußere Übereinstimmung. Das erscheint jedoch unwahrscheinlich, da es sich um Formen aus einem ziemlich engbegrenzten Raum handelt; zudem zeigen die regelmäßigen Blüten Stufen von klein bis ziemlich groß, die Zygomorphie ist variabel, die Fruchtknoten sind verschieden gestaltet, so daß man — mangels Kenntnis anderer Zusammenhänge — in den Blüten nur eine Ausschöpfung aller Formmöglichkeiten in einer gestaltlich ziemlich einheitlichen Gruppe sehen kann. Daher habe ich hierher auch „*Rh. epiphylloides*", als Gattung *Pseudozygocactus*, gestellt; allen Gattungen ist zudem die stärkere Scheitel-Areolenzone gemeinsam.

Vorkommen: Auf das mittlere O-Brasilien beschränkt.

## 28. PSEUDOZYGOCACTUS Backbg.

### BfK. 1938—6

[Von Campos-Porto und Werdermann als *Rhipsalis* (Rodriguesia II: 177), später von Campos-Porto und Castellanos als *Hariota* angesehen (Rodriguesia, Nr. 14)].

Hängende, reich verzweigte kleine Büsche, gabelig gegliedert; Glieder scheitelständig, „einem *Epiphyllum* fast vollständig gleichend" (Werdermann, J. DKG. I: 48. 1935—1936), länglich, am Scheitel gestutzt, seitlich gekerbt und darin mit Seitenareolen; Blüten scheitelständig (selten seitlich), ca. 1 cm lang oder etwas länger; Ovarium scharf 4kantig, kräftig geflügelt; Petalen ca. 10; Staubblätter ca. 10—12; Griffel 3—4 mm lang, mit 3 Narben, etwas die Staubblätter überragend; Frucht unbekannt.

In l. c. ist Werdermann der Meinung, daß es sich um eine echte *Rhipsalis* handelt und vertritt die Ansicht, daß dazu auch *Hatiora* gehört. Campos-Porto und Castellanos (Rodriguesia Nr. 14) haben die Art dagegen später zu „*Hariota*" (*Hatiora*) einbezogen. Sie kann aber m. E. weder zu *Rhipsalis* noch zu *Hatiora* gestellt werden, aus folgenden Gründen: Ein so scharf geflügelter Fruchtknoten kommt weder bei *Rhipsalis* noch bei *Hatiora* vor, bei *Rhipsalis* nicht eine so gestutzte Scheitelareolenzone, die mehr der der Epiphylloiden gleicht; Randareolen dagegen finden sich nicht bei *Hatiora*, die ein zylindrischer Typus mit allseitigen Areolen ist. Nur ein scheinbarer Widerspruch zu dieser Ansicht ist Werdermanns Angabe „Blüten selten seitlich"; auch bei *Zygocactus* (s. Abb. 667) finden sich gelegentlich Seitenblüten, während die Scheitelblütigkeit das normale Merkmal ist; offenbar liegt hier eine Reduzierung der Seitenblütigkeit vor, bzw. sind die Ausnahmen möglicherweise Rückschläge. Gerade auch darum paßt „*Rh. epiphylloides*" — außer durch die Scheitel-Blütenzone und die Form des Fruchtknotens, wie er bei *Epiphyllopsis* und *Schlumbergera* vorhanden ist — in die Gruppe der *Epiphylli*, von der Triebform ganz abgesehen. Ich halte die kleine Blüte für eine extreme Reduktionsstufe unter den regelmäßige Blüten aufweisenden *Epiphylli*. Die Pflanze kann somit nur ein eigenes Genus sein, denn die vorerwähnten Merkmale schließen sie aus anderen Gattungen aus.

Buxbaum (Kakt. u. a. Sukk. 8: 116. 1957) bezieht diese Pflanzen, wie Campos-Porto und Castellanos, zu *Hatiora* ein. Das ist unzulässig, da Britton u. Rose für diese das Gattungsmerkmal „Ovarium kugelig" angeben; bei *Pseudozygocactus* ist es aber „scharf 4kantig, stark geflügelt", woran sich erweist, daß das Genus zu den *Epiphylli* gehört, bei denen dieses Merkmal, bei gleicher Gestalt, mehrfach auftritt. Danach ist es auch nicht verwunderlich, daß *Hatiora* eine ziemlich einheitliche, andere Blütenfarbe als *Pseudozygocactus* hat. So ist man auch nicht gezwungen, ,,bei einer Rhipsalide Zygocactus-Habitus" (BUXBAUM) anzunehmen, eine habituelle Konvergenz, die nur hypothetisch sein könnte.

Typus: *Rhipsalis epiphylloides* CAMPOS-PORTO & WERD. — Typstandort: Brasilien (Itatiaya-Gebirge).

Vorkommen: Nur im Itatiaya-Gebirge und der Serra Bocaina.

### Schlüssel der Arten:

Glieder bis 1 cm breit . . . 1: **P. epiphylloides** (CAMPOS-PORTO & WERD.) BACKBG.
Glieder schmaler-länglich . . 1a: v. **bradei** (CAMPOS-PORTO & CAST.) BACKBG n. comb.

1. **Pseudozygocactus epiphylloides** (CAMPOS-PORTO & WERD.) BACKBG. — J. DKG (II) 22. 1942 m. Bschrbg.; zuerst, mit Gattung, als Typus erwähnt in BfK. 1938—6.

*Rh. epiphylloides* CAMPOS-PORTO & WERD., Rodriguesia II., p. 177, und in J. DKG. (I) 47. 1935/36. — *Hariota epiphylloides* (CAMPOS-PORTO & WERD.) CAMPOS-PORTO & CAST., Rodriguesia Nr. 14.

Epiphytisch, halbstrauchig, kurz gegliedert, an den Enden gabelig verzweigt; Glieder 2—2,5 cm lang, am Ende ca. 1 cm breit, in der Mitte 2—3 mm dick, keilförmig oder länglich, am Grunde verjüngt, am Ende breit abgestutzt, dort und meistens auch an den Seiten mit 1—2 kräftigen Kerben, darin anscheinend

Abb. 659. Pseudozygocactus epiphylloides (CAMPOS-PORTO & WERD.) BACKBG.
Abb. 660. Pseudozygocactus epiphylloides (CAMPOS-PORTO & WERD.) BACKBG.; von VOLL gesammelte, stärker zygocactoide Form.

nackte, winzige Areolen; Glieder „blattartig flach und einem *Epiphyllum* zum Verwechseln ähnlich" (WERD.); Bl. an den Enden, einzeln, seltener seitenständig, im ganzen ca. 1 cm lang; Ov. völlig nackt, mit 4 kräftigen Flügeln; Fr. unbekannt. (Die Blütenfarbe ist nicht angegeben.) — Brasilien (Itatiaya-Gebirge, auf ca. 1600 m, von Bäumen herabhängend); lt. CASTELLANOS: Ilha Grande) (Abb. 659—660).

Abb. 659 ein lebendes, mir von VOLL gesandtes Exemplar.

1a. v. **bradei** (CAMPOS-PORTO & CAST.) BACKBG. n. comb.

*Hariota epiphylloides* v. *bradei* CAMPOS-PORTO & CAST., Rodriguesia Nr. 14).

Glieder fast konisch schmal-länglich, weniger auffällig gekerbt. — Brasilien (Serra Bocaina). (Abb. 661).

Ich habe von VOLL lebendes Material erhalten, das sich nicht lange hielt; es war schwach-wüchsig, die Jungtriebe sehr schmal.

Beide Formen können (s. Abb. 659) aus den Triebgelenken Luftwurzeln bilden.

Abb. 661. Pseudozygocactus epiphylloides v. bradei (CAMPOS-PORTO & CAST.) BACKBG.

## 29. EPIPHYLLOPSIS BERGER [1]).

„Kakteen" (1928), 1929 (Index)

[*Epiphyllum* Subg. 1: *Epiphyllopsis* BERG., in „Kakteen", 97. 1929. — *Rhipsalidopsis* sensu LINDGR., in Beih. Bot. Zbl. LXI: A. 379. 1942 und R. MORAN, 1953]

*Zygocactus*-ähnliche, an der Stämmchenbasis zuweilen 3—6eckige, in den Haupt- und Endtrieben flachgliedrige, schwach gekerbte Pflanzen; Blüten regelmäßig, mit kurzer Röhre, einzeln oder zu zweien; Areolen nur an den schwach gekerbten Kanten und in einer gedrängten Zone am Triebscheitel; Staubfäden in einer Gruppe; Fruchtknoten 5kantig; Narben spreizend.

Wie die Verzweigung, so entstehen auch die Blüten im Scheitel; sie ähneln im Bau sehr denen von *Rhipsalidopsis*. Deshalb hat LINDINGER bereits 1942 *Epiphyllopsis* zu *Rhipsalidopsis* gestellt; dieser Auffassung entspricht VAUPELS Gruppe 11: Roseae (s. auch im einleitenden Text zu *Rhipsalidopsis*). VAUPEL hätte dann zu *Rhipsalidopsis* auch das einzige regelmäßig blühende „*Epiphyllum*" (*E. russellianum*) stellen müssen, faßt es aber unter diesem Genus mit *Epiphyllanthus* zusammen. Ebensogut hätte er letzteren mit *Rhipsalidopsis* zusammenziehen können, denn jener ist ein allseitig mit Areolen besetzter Typus wie *Rhipsalidopsis rosea*. Meines Erachtens ist *Epiphyllopsis* (wie *Schlumbergera* und *Zygocactus*)

---

[1]) In K. SCHUMANN, Gesamtbschrbg. (Schlüssel, 205. 1898), Sektion *Pseudepiphyllum* K. SCH. pro parte; darin auch „*Phylloc. russellianus*" (*Schlumbergera*).

ein ganz anderer, nämlich flachgliedriger, seitlich mit Areolen besetzter Typus. Ähnliche Glieder bei *Rhipsalidopsis* sind eine sekundäre Erscheinung dieses augenscheinlich dimorphen Typus. *Epiphyllanthus* gleicht darin auch mehr *Rhipsalidopsis*, indem nämlich *Epiphyllanthus obtusangulus* auch scheibenförmige Triebe machen kann, sowie bei Schattenwuchs (lt. LÖFGREN) völlig glatte, verlängerte Triebe, ohne Areolen, Filz oder Stacheln! Es ist ein nahezu polymorpher Typus. BUXBAUM dagegen hat — und bei seinem Verfahren einer strengen Trennung ist dies vielsagend — auch *Epiphyllopsis* aufrechterhalten (J. DKG. (II): Rhipsaliden-Studien Aug. 1942)[1]). Wenn er die cereoide Form von *Rhipsalidopsis* für einen Jugendzustand hält, ist dies nur eine weitere Begründung, daß es sich bei ihr um einen besonderen Typus handelt (s. auch unter *Hatiora*). Ovarium und Frucht sind überdies 5kantig, bei *Schlumbergera* dagegen 4kantig wie bei *Rhipsalidopsis* (warum stellte VAUPEL auch daher nicht *E. russellianum* zu seiner regelmäßig blühenden Gruppe 11: Roseae?); *Zygocactus* dagegen hat runde Fruchtknoten. Bei *Epiphyllopsis* ist im übrigen die Röhre kürzer als bei *Schlumbergera* (s. die Abbildungen von VAUPEL, l. c.).

Als besonderes Merkmal von *Epiphyllopsis* gibt KNEBEL noch an („Phyllokakteen"; 83. 1951), daß die Frucht einen Deckel bildet, der bei der Reife kreisrund abreißt, worauf die Samen aus der dann trockenen Frucht herausfallen. KNEBEL bestätigt auch, daß die Bebartung (z. B. bei v. *makoyana*) nicht konstant ist.

Typus: *Epiphyllum russellianum* v. *gaertneri* REG. (*E. gaertneri* K. SCH.). — Typstandort nicht genau bekannt (Brasilien: Santa Catharina).

Vorkommen: Bisher nur von S-Brasilien bekannt.

Anmerkung: Da LINDINGER seine „*Rhipsalidopsis serrata* LINDGR." als eine bartlose Art mit etwas abweichender Form und anders gefärbten Trieben beschreibt, beziehe ich sie hier als Varietät ein, während ich VAUPEL und LINDINGER folge, die *Epiphyllum makoyanum* W. WATS. nur als eine etwas stärker bebartete Form von „*Rh. gaertneri*" ansehen; ich führe sie nicht im Schlüssel auf, da mir die Unterschiede zu gering erscheinen, auch nicht feststeht, wieweit sie konstant sind.

## Schlüssel der Arten:

Blüten scharlachrot
  Fruchtknoten 5kantig (Narben spreizend)
    Glieder ± flach, ± scharfkantig, am oberen ± gerade abgestutzten Ende ± stark behaart
    Triebfarbe zum Teil oberseits ins Gelbliche spielend . . . . . . 1: **E. gaertneri** (REG.) BERG.
    Glieder ± dick, nach den Kanten und am oberen Ende ± gerundet, nicht bebartet
    Triebfarbe oben ± dunkelgrün . . 1a: v. **serrata** (LINDGR.) BACKBG. n. comb.

---

[1]) In „Die Kakteen", C IIc, VIII. 1958, bzw. in Cact. Cult. based on Biol., T. 9, 206, 1958 (London), hat BUXBAUM neuerdings *Epiphyllopsis* ebenfalls zu *Rhipsalidopsis* gestellt, entgegen seiner damaligen Beweisführung nebst Zeichnungen. Man weiß nicht mehr, ob oder welche Kombinationen BUXBAUMS überhaupt Bestand haben, welchen man glauben soll oder welche vielleicht morgen wieder wechseln. Hier muß es bei der ursprünglichen BERGERschen Auffassung bleiben, der ja so exakte Argumente zugrunde liegen, wie sie auch BUXBAUM l. c. einmal hatte.

Blüten zinnoberrot
  Fruchtknoten 5flügelig
    Triebe kleiner, Blüten und Wuchs
       kleiner . . . . . . . . . . . .  1b: v. **tiburtii** Backbg. & Voll

Abb. 662. Der ungewöhnliche Blütenreichtum der Epiphyllopsis gaertneri (Reg.) Berg.

1. **Epiphyllopsis gaertneri** (Reg.) Berg. — „Kakteen", 97. 1929 [1])

*Epiphyllum russellianum gaertneri* Reg., Gartfl. 33 : 323. 1884. — *Epiphyllum makoyanum* W. Wats. — *Epiphyllum gaertneri* K. Sch. — *Phyllocactus gaertneri* K. Sch.[2]) — *Schlumbergera gaertneri* (Reg.) Br. & R. — *Rh. gaertneri* Vpl. — *Epiphyllopsis gaertneri* v. *makoyana* (Watson) Knuth & Backbg., Kaktus-ABC 158. 1935. — *Schlumbergera gaertneri* v. *makoyana* (Watson) Borg, „Cacti" 358. 1937. — *Rhipsalidopsis gaertneri* (Reg.) Lindgr. (1942), ebenso R. Moran in Gent. Herb. 8 : 342. 1953.

Strauchig, reich verzweigt; Stamm gegliedert, aufrecht, die Äste meist später herabgebogen; basale Glieder 3—6eckig, eiförmig oder elliptisch, gerundet, scharf-

---

[1]) Hier unter *Epiphyllum*-Untergattung *Epiphyllopsis* Berg., aber mit Zusatz „*Epiphyllopsis* Berg., 1928"; wo als Gattung publiziert?

[2]) v. *makoyanus* bezeichnet Schumann nur als mögliche Abtrennung.

kantig, mit spärlichem Wollfilz und 6—20 kaum stechenden Börstchen oder bis 1 cm langen bräunlichen Borsten; spätere Glieder stets blattartig, breit-linealisch oder umgekehrt-eiförmig, elliptisch, seltener keilförmig, oben meist gestutzt, mit etwa 5 Kerbzähnen an jeder Seite, 1,5—5,5 cm lang, 1,3 bis 2 cm breit, gelblich- grün; Areolen kreisförmig, klein, mit kaum 1 mm langen Schüppchen und bräunlichen oder gelblichen Borsten, besonders am Ende der Glieder und hier einen ± langen Bart bildend; Bl. einzeln oder zu mehreren am Scheitel der Glieder, ca. 4 cm lang; Ov. 5kantig; Beere 1,2 bis 1,5 cm lang, scharf 5kantig, hellkarminrot; S. wenig über 1 mm lang, zusammengedrückt, an beiden Enden spitz, braun, glatt, stark glänzend. — Brasilien (Santa Catharina) (Abb. 662, 663 b, 664 links, 665).

Abb. 663. a: Schlumbergera russelliana (Hook.) Br. & R. Eine Zeichnung von Gardners brasilianischem Freund Miers (nach „The Spine"). Sie läßt den 4kantig geflügelten Fruchtknoten nicht genau erkennen, aber deutlich die kopfig zusammengeneigten Narbenstrahlen von Schlumbergera. — b: Die spreizenden Narbenstrahlen von Epiphyllopsis gaertneri (Reg.) Berg. mit scharf 5kantigem Fruchtknoten. Vaupels Abbildung in „Die Kakteen", 67. 1926 zeigt nur sehr kurzröhrige Blüten, obiges Foto zum Unterschied von Rhipsalidopsis etwas längere Röhren.

*Epiphyllum gaertneri* v. *makoyanum* Cap. & Rüst wird in MfK. 101. 1897 genannt. Die Behaarung wechselt in der Stärke; *E. makoyanum* ist eine stärker bebartete Form. *E. gaertneri coccineum* Cap. & Rüst war ein Name für eine etwas abweichende Blütenfarbe.

Die Glieder sind anfangs rötlich; später bleibt oft eine rötliche Kante erhalten. Die Röhrenlänge ist anscheinend ± variabel.

1a. v. **serrata** (Lindgr.) Backbg. n. comb.

*Rhipsalidopsis serrata* Lindgr., Beih. Bot. Zbl. LXI : A. 379. 1942 (ohne lat. Diagnose).

Weicht durch dunkelgrüne Oberfläche, dickere Glieder, an den Kanten und oben mehr gerundet und nicht bebartet, ab. Als eigene Art erscheint sie mir nicht genügend unterschieden; Ov. 5kantig, wie beim Typus der Art.

LINDINGER erwähnt, daß die Blüten bis 6 Tage geöffnet sind und sich nachmittags gegen 3 Uhr wieder schließen. (Abb. 664, rechts).

1 b. v. **tiburtii** BACKBG. & VOLL. — Arch. Jard. Bot. Rio de Janeiro, IX : 151. 1949

*Rhipsalidopsis gaertneri* v. *tiburtii* (BACKBG. & VOLL) MORAN, Gent. Herb. 8 : 342. 1953.

In allen Vegetationsteilen kleiner als der Typus der Art. Areolenhaare nicht sehr zahlreich, hellbraun, 5—7 mm lang; Bl. viel kleiner, nur bis 3,5 cm lang, beim Typus ca. 5 cm lang; Blütenfarbe zinnoberrot; Staubf. unten gelblich, nach oben zu scharlachrot (beim Typus einfarbig hellrot); Gr. gelblichrot mit weißlichgelben Narbenstrahlen; Ov. 9 mm lang, 8 mm breit, 5flügelig; Fr. kugelig, 1 cm lang und ebenso breit, mit 5 schwachen Rippen; S. spindelförmig, braun. — Brasilien (Paraná, von G. TIBURTIUS gefunden. Typus, No. 65041, im Herbarium des Bot. Gartens Rio de Janeiro). (Abb. 664, Mitte).

Die verschiedenen Standorte, das kleinere Ausmaß der Pflanzen und die wesentlich geringere Blütengröße hätten vielleicht auch eine eigene Art gerechtfertigt. Aber auch ohnedies zeigt sich an dieser Varietät, daß

Abb. 664. Epiphyllopsis gaertneri: links: Typus der Art; Mitte: v. tiburtii BACKBG. & VOLL, in allem kleiner; rechts: v. serrata (LINDGR.) BACKBG., unbehaart. (Foto: O. VOLL.)

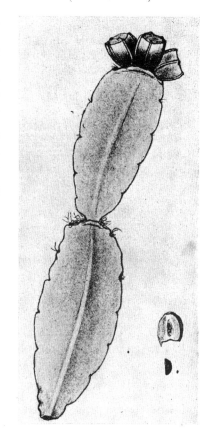

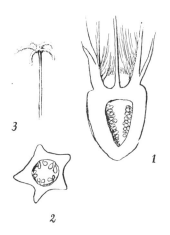

Abb. 665. Epiphyllopsis gaertneri: BERGERS Darstellungen in ,,Entwicklungslinien der Kakteen". (Zchg.: BERGER.)

die Gattung streng genommen nicht monotypisch ist, d. h. es gibt mehr als eine Form, aber beide mit genau gleichen Gattungsmerkmalen; auch das könnte als Argument dienen, daß „die Übersichtlichkeit des Systems durch die Schaffung kleinerer Gattungen gewinnt" (K. SCHUMANN, in MfK. 118. 1903, bei Beschreibung des Genus *Wittia*), d. h. daß *Epiphyllopsis* deshalb besser nicht mit *Rhipsalidopsis* verbunden werden sollte.

In MfK 7 : 1. 101. 1897 ist der Name *Epiphyllum coccineum* HORT. erwähnt. Hier wird von „Zwischenformen" gesprochen (zwischen Typus und v. *makoyanum*); es erscheint ferner nicht ausgeschlossen, daß damals auch Bastarde z. B. mit „*Epiphyllum bridgesii* LEM." (eine meist zu *Schlumbergera* gestellte, in der Herkunft unsichere Art) existierten; letzteres blüht purpurn bis karmin.

× **Rhipsaphyllopsis** WERD. (*Rhipsalidopsis* ♂ × *Epiphyllopsis* ♀)
Unter diesem Namensvorschlag publizierte WERDERMANN in Kkde. 3 : 10—11. 1939 eine Kreuzung von R. GRÄSER, Nürnberg, die er nicht sehr glücklich × *Rhipsalis graeseri* WERD. nannte, weil er damals noch der Auffassung VAUPELS war, der beide Elternteile zu *Rhipsalis* gestellt hatte. Der Name kann heute, wo die Zahl der Hybridgattungen wächst, richtiger nur lauten:

× **Rhipsaphyllopsis graeseri** WERD., wie der Autor selbst am Ende seiner Veröffentlichung vorschlug. Obwohl ich sonst keine Hybridgattungen in das Handbuch einbeziehe, muß doch diese Art aufgeführt werden, denn sie hat sich durch die Blütenfarbe, ihre Reichblütigkeit und Wuchswilligkeit den Markt erobert. Im Wuchs der Mutter, *Epiphyllopsis gaertneri*, sehr ähnlich, auch borstentragend, ist durch die Einkreuzung mit dem Vater *Rhipsalidopsis rosea* eigentlich — gegenüber *E. gaertneri* — nur eine andere Blütentönung erzielt worden (die variabel sein soll): Gesamtton siegellackrot, innen mehr bläulichrosa, später in bläuliches Karminrot übergehend. GRAESER gibt an, daß diese Pflanze beide Eltern an Raschwüchsigkeit und Blühwilligkeit übertrifft. Das letztere erscheint unmöglich, denn reichblühender als *Epiphyllopsis gaertneri* (s. farbige Abb. 662) kann überhaupt keine Pflanze sein. Ein Synonym ist × *Rhipsalidopsis graeseri* (WERD.) MORAN (1953).

Wie bereits oben erwähnt, scheint mit dem Namen „*Epiphyllum gaertneri* v. *coccineum* CAP. & RÜST" (*E. coccineum* HORT.) vielleicht ein Kreuzungsprodukt von *Epiphyllopsis* vorgelegen zu haben, da der Farbton der Blüten als „etwas abweichend" angegeben wird.

### 30. SCHLUMBERGERA LEM. non MORR.[1])
Rev. Hort. IV : 7. 253. 1858

[non *Schlumbergeria* E. MORR. [*Bromeliac.*] — bei SCHUMANN: *Phyllocactus* LK. — *Epiphyllum* U.-G. II, in A. BERGER, Kakteen 97. 1929]

Eine Ordnung in die schwierige Gruppe der *Epiphylloides* zu bringen, ist nur möglich, wenn — wie schon LEMAIRE, BERGER, BRITTON u. ROSE und andere

---

[1]) In K. SCHUMANN, Gesamtbschrbg. (Schlüssel, 205. 1898), Sektion *Pseudepiphyllum* K. SCH. pro parte.

R. MORAN bezieht in diese Gattung *Epiphyllum* HAW. sensu 1819 non HAW. 1812 als U.-G. *Zygocactus* (K. SCH.) MOR. ein (Gent. Herb. VIII : 329. 1953), läßt also *Zygocactus* K. SCH. als eigene Gattung (Fl. Bras. 1890) fallen. Dem kann hier nicht gefolgt werden. In VAUPELS Vergleichszeichnungen („Die Kakteen", 2 : 92. 1926) ist der wesentliche Unterschied des Blütenbaues ersichtlich, worauf hierzu verwiesen wird. Zieht man solche Blütenunterschiede

erkannten — strikt nach Merkmalseinheit gegliedert wird. Nun hat *Schlumbergera* insofern von *Rhipsalidopsis* und *Epiphyllopsis* abweichende Merkmale, als bei *Schlumbergera* die Staubfäden in zwei Gruppen stehen (bei den beiden anderen Gattungen in einer Gruppe), die Narben sind kopfig zusammengeneigt (bei den beiden anderen Gattungen nicht), die Blütenröhre ist länger bei *Schlumbergera* als bei den beiden anderen Gattungen, wie VAUPELs Darstellungen („Die Kakteen", II. 67 und 92 [Fig. 25a] 1926) deutlich zeigen; daher ist auch die Blütenlänge von „*E. russellianum*" um 1,5 cm länger angegeben. Hierauf ist m. W. bisher nirgendwo verwiesen worden; außerdem ist bei *Schlumbergera* die innere Staubfadenserie, ähnlich wie bei *Zygocactus*, auf 3 mm Länge becherförmig verwachsen, bei den beiden anderen Gattungen nicht. Bei einem Ordnungsprinzip nach Merkmalseinheit muß also *Schlumbergera* als eigenes Genus belassen werden. BRITTON u. ROSE bezogen darin *Epiphyllopsis gaertneri* ein; sie war aber aus den vorerwähnten Gründen getrennt zu halten, wie dies bereits BERGER tat.

Die einzige mit Sicherheit hierhergehörende Art ist verhältnismäßig selten in Kultur.

Typus: *Epiphyllum russellianum* HOOK. — Typstandort nicht angegeben.

Vorkommen: Brasilien (Rio de Janeiro: im Orgelgebirge).

1. **Schlumbergera russelliana** (GARDN.) BR. & R. — Contr. US. Nat. Herb., 16 : 261. 1913

*Cereus russellianus* GARDN., in LEMAIRE, Hort. Univ. I : 31. 1839. — *Epiphyllum russellianum* HOOK., Bot. Mag. LXVI, Taf. 3717. 1840. — *Phyllocactus russellianus* SD. — *Epiphyllum truncatum russellianum* G. DON — *Schlumbergera epiphylloides* LEM. (1858), nur eine Art-Umbenennung.

VAUPEL gibt als Erstautor HOOKER, Publ.-Jahr 1839 an, während BRITTON u. ROSE für HOOKER 1840 angeben. Die Pflanze wurde nach RUSSELL, Duke of Bedford, benannt.

Strauchig, an Baumstämmen zwischen Moospolstern, dicht verzweigt, bis 1 m lang; Stamm rund, 1—3 cm dick, gegliedert, mit graubrauner Rinde; Glieder länglich oder elliptisch, 2—3,5 cm lang, 1—2 cm breit, oben gestutzt, am Grunde verjüngt, mit deutlichem Mittelnerv, hellgrün; am Rand zwei Kerben mit kleinen Haarbüscheln; Bl. regelmäßig, 5,5 cm lang, dunkelrosa; Staubf. zahlreich, etwas länger als die Röhre, in 2 Gruppen, die inneren 10 stehen auf dem Fruchtknoten und sind auf 3 mm Länge zu einer becherförmigen Röhre verwachsen, die äußeren 20 sind der Röhre angeheftet; Fäden rosakarmin, unten hellrosa; Beutel dunkelrosa; Gr. etwas länger als die Staubbl., rosakarmin, mit 5—7 gleichgefärbten N.; Ov. umgekehrt-eiförmig, kurz 4kantig geflügelt, dunkelgrün; Beere geflügelt, oben gestutzt, gerandet und schwach genabelt, 1—1,2 cm lang, 7 mm dick; S. verkehrt-eiförmig, am Grunde spitz, 1,5 mm lang, dunkelkastanienbraun, glatt, glänzend. — Brasilien (Rio de Janeiro, im Orgelgebirge). (Abb. 663a).

Die Abb. 663a und Fig. 97 in HASELTONS „Epiphyllum Handbook" (120. 1946) von *Schlumbergera russelliana* zeigen nicht die Borsten, wie Fig. 119 in FÖRSTER-RÜMPLERS Handb. Cactkde. 873. 1886 (dort werden noch die Varietäten v. *rubrum*

---

zusammen, müßte man dieses Vorgehen auf die ganze Familie logisch erweitern, was nur zum Chaos führen kann bzw. jede mühsam gewonnene Erkenntnis der Unterschiede verdunkelt, wogegen das eigene Genus sie deutlicher hervorhebt und Halbheiten im Aufteilungsprinzip vermeiden läßt.

HORT. und v. *superbum* HORT. erwähnt [im Index als Untervarietäten von *Ep. russellianum* v. *gaertneri*]). *Ep. truncatum russellianum* soll nach BRITTON u. ROSE vielleicht ein Bastard gewesen sein.

Nach FÖRSTER-RÜMPLER stammt der Name der Art von GARDNER, die ausführliche Beschreibung dagegen von HOOKER.

**Schlumbergera bridgesii** (LEM.) LÖFGR. — Arch. Jard. Bot. Rio de Janeiro, II : 32. 1918

*Epiphyllum bridgesii* LEM., Ill. Hort. 8 : Misc. 5. 1861. — *Epiphyllum rueckerianum* SCHLUMBG. (ein Name)[1]). — *Epiphyllum truncatum bridgesii* RÜMPL. (1885).

Von LEMAIRE nach einem Exemplar aus der Sammlung L. DESMET beschrieben: Epiphyt; Glieder ca. 5,5 cm lang, 3 cm breit, grün, abgeflacht, mit 1—2 seitlichen Kerben; Areolen ± borstig, Borsten gelbbraun; Bl. am Ende der Triebe, 6 cm lang, fast regelmäßig, purpurn bis karmin; Hüllbl. oblong, gespitzt; Staubbl. weit hervorragend, fast ebensolang ist auch der Griffel, purpurn; Ov. kantig, in den Achseln manchmal Borsten. — Herkunft unbekannt (nach dem Namen wird vermutet, daß die Pflanze von BRIDGES gesammelt wurde). Von K. SCHUMANN wurde im Anhang der Gesamtbschrbg. 76. 1903 gesagt: ,,Blütenhülle noch deutlich zygomorph". Das bezieht sich vielleicht auf RÜMPLERS Abbildung Fig. 119, l. c. 873. 1886, für *Ep. russellianum;* ,,noch deutlich zygomorph" ist wohl nicht als so zygomorph zu verstehen, wie BRITTON u. ROSE SCHUMANN bei dieser Art kritisieren. Sie scheint kaum noch in Kultur zu sein. LINDINGER gibt (l. c. 380. 1942) für ,,*Zygocactus bridgesii*" weiße Frucht an.

Ein Farbfoto der Art ist in dem Buch ,,Cactus" von BERTRAND und GUILLAUMIN veröffentlicht worden (Tafel F, oben, 1949).

## 31. ZYGOCACTUS K. SCH.
### in MARTIUS, Fl. Bras. 4² : 223. 1890

[*Epiphyllum* sensu PFEIFF., En. Cact. 127. 1837, und VAUPEL, in ,,Die Kakteen", II : 87. 1926, pro parte — *Schlumbergera* U. G. *Zygocactus* (K. SCH.) MORAN, Gent. Herb. VIII : 329. 1953].

Zur Geschichte des Namens: Was heute unter dem nomen conservandum *Zygocactus* geht, hieß seit PFEIFFER überwiegend *Epiphyllum*. Dieser Name wurde von HAWORTH auf *Cactus phyllanthus* begründet und später um mehrere Arten, darunter auch *Zygoc. truncatus*, erweitert. Daher trennte LINK den ursprünglichen Typus unter Bildung der Gattung *Phyllocactus* ab; bei PFEIFFER verblieben dann unter *Epiphyllum* nur noch *E. truncatum* und *E. altensteinii*. Nachdem jetzt *Epiphyllum* HAW. im ursprünglichen Sinne erhalten wurde, gilt für *Epiphyllum* sensu PFEIFFER SCHUMANNS Name *Zygocactus*. VAUPELS Auffassung war ziemlich willkürlich; er zog unter *Epiphyllum* Arten von *Zygocactus*, *Epithelanthus* und *Schlumbergera* zusammen. So ist bei den *Epiphylloides* im Laufe der Zeit eine ziemlich verworrene Situation entstanden; die neuerlichen Umstellungen haben sie nicht gebessert, vielmehr zeigt sich auch hier, daß Widersprüche nur durch Trennung vermieden werden können.

Die Pflanzen sind gabelig vielverzweigte Epiphyten, mit ziemlich kurzen, flachen Gliedern, seitlich ± gezähnt; Blüten scheitelständig aus einer Areolenzone, die nicht bebartet ist; die Blüten sind polychrom, schiefsaumig, mit echter

---

[1]) Auch *Epiphyllum truncatum rueckerianum* oder fälschlich *Ep. ruckerianum* genannt.

Perigonröhre (BUXBAUM), diese scharf über dem Ovarium abgebogen, mit abstehenden äußeren Blütenblättern, alle ± zurückgebogen; Staubfäden und Griffel bogig hervorragend; Ovarium rund, glatt, kegelig verbreitert, oben mit kleinen Schuppen; Frucht nicht gekantet, dünnhäutig; S. dunkelbraun bis fast schwarz, glänzend.

BRITTON u. ROSE erkennen nur eine einzige Art an: *Z. truncatus* (HAW.) K. SCH. Je mehr Formen und Blütenfarben man sieht, um so mehr muß man dieser Auffassung zustimmen. E. SCHELLE zählt in „Kakteen", 269, 270. 1926, insgesamt 58 verschiedene Spielarten auf, rot, violett, fleischfarben und lachsfarbig blühende, darunter zweifellos auch nicht hierhergehörende (wie: *v. makoyanum*). VAUPEL führt noch *Epiphyllum delicatum* als eigene Art auf, aber nur wegen der weißrosa Blüten, die bekanntlich im Schatten heller gefärbt sind als im Sonnenlicht. Es gibt einige Spielarten mit weißer Röhre. In S-Brasilien (São Paulo) habe ich, wie im Bot. Garten von Rio de Janeiro, zahlreiche Blütenschattierungen gesehen; manche sind nur sehr gering unterschieden. BRITTON u. ROSES Bezeichnung „polychrom" ist durchaus treffend, und es kann daher hier nur auf SCHELLES Verzeichnis der Gärtnernamen verwiesen werden. *Z. altensteinii* (PFEIFF.) K. SCH. ist auch nur eine der Formen mit fast weißer Röhre.

Typus: *Epiphyllum truncatum* HAW. — Typstandort nicht genauer angegeben.

Vorkommen: Brasilien, in den Bergen des Staates Rio de Janeiro.

Abb. 666. Zygocactus truncatus (HAW.) K. SCH.

1. **Zygocactus truncatus** (HAW.) K. SCH. — In MARTIUS, Fl. Bras. 4²: 224. 1890

*Epiphyllum truncatum* HAW., Suppl. Pl. Succ. 85. 1819. — *Cactus truncatus* LK. — *Cereus truncatus* SWEET — *Ep. altensteinii* PFEIFF. — *Ep. truncatum altensteinii* LEM. — *Ep. purpurascens* LEM. — *Ep. truncatum violaceum* MORR. — *Ep. truncatum spectabile* MORR. — *Zygoc. altensteinii* K. SCH. — *Ep. delicatum* N. E. BROWN. — *Ep. delicatulum* K. SCH. — *Zygoc. delicatus* BR. & R. (1913) — *Schlumbergera truncata* (HAW.) MORAN, v. *altensteinii* (PFEIFF.) MORAN und v. *delicata* (N. E. BR.) MORAN, alle l. c. 1953.

Glieder 4—4,5 cm lang, 1,5—2,5 cm breit, mit 2—4 ± scharfen Zähnen an jeder Seite, die oberen Zähne größer werdend; Bl. scheitelständig, schiefsaumig, 6,5—8 cm lang, rosa bis tiefrot und violett; Ov. kreiselförmig, stielrund; Röhre über dem Ov. abgeknickt; Blumenbl. zurückgebogen; Staubfadenbasis mit feinem, zurückgeschlagenem Hautring; Fr. umgekehrt-eiförmig, 1,5—2 cm lang. — Brasilien (Rio de Janeiro: im Orgelgebirge) (Abb. 666—668).

Die Blüten entstehen manchmal auch seitlich (Abb. 667), so daß anzunehmen ist, daß hier im Laufe der Zeit eine Reduzierung der Seitenblütigkeit stattfand bzw. diese sich noch an Rückschlägen zeigt.

Getriebene Pflanzen werfen leicht Glieder und Knospen ab, hart gezogene nicht. Es empfiehlt sich, nach Ausbildung der neuen Endglieder die Pflanzen bis zum Welken trocken zu halten, um die Knospenbildung zu fördern bzw. erst dann wieder mehr Feuchtigkeit zu geben.

Bei uns blühen die Pflanzen zum Teil schon um die Weihnachtszeit (daher ihr volkstümlicher Name „Weihnachtskaktus"); in Brasilien ist (nach VOLL) die Hochblüte im Mai; dennoch liegt ein ziemlich gleicher Blührhythmus vor, d. h. die Blüten werden in der allgemeinen Ruhezeit entwickelt.

Die Gattung wurde bereits 1818 in England eingeführt; unter den Gartennamen sollen auch zahlreiche Bastarde (mit *Epiphyllopsis*) sein.

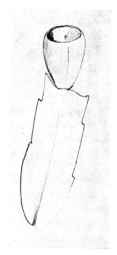

Abb. 667. Zygocactus truncatus: seltenes Exemplar mit auch seitlich blühenden Gliedern. (Foto: VOLL.)   Abb. 668. Zygocactus truncatus: Frucht. (Zchg.: BERGER.)

*Epiphyllum purpurascens* LEM. (Hort. Univ. II:349. 1841) gehört zu den Formen mit weißlicher Röhre, hatte aber einen purpurvioletten Saum. Es gibt auch Pflanzen mit ziegelrotem Saum und alle Übergänge.

BRITTON u. ROSE geben noch eine Beschreibung von *Epiphyllum guedeneyi* (*Phyllocactus guedeneyi*), das zweifellos nicht hierhergehört, da nach FÖRSTER-RÜMPLER die Blüte 15 cm ⌀ hatte und die Frucht „sehr groß, weinrot" war; es ist also ein *Epiphyllum* im jetzigen Sinne (*Phyllocactus*) gewesen.

Es gibt noch die Namen: *Cereus truncatus altensteinii* (SD.); *Epiphyllum gibsonii* mit tief orangeroten Blüten; außer den von SCHELLE aufgeführten ferner: v. *tricolor* RPL.; das von MORREN kurz beschriebene *E. truncatum cruentum;* die Gartennamen *albiflorum, aurantiacum, bicolor, grandidens, minus, purpuraceum* und *vanhoutteanum; E. ruckeri* PAXT. mag eine Z. *truncatus*-Hybride gewesen sein; *E. truncatum multiflorum* wurde als Synonym von *E. altensteinii* erwähnt; auch der Name *Phyllocactus truncatus* ist vorgekommen sowie *E. truncatum elegans; E. elegans* CELS und *E. violaceum* CELS sollen angeblich nur Formen von Z. *truncatus* gewesen sein; anscheinend *E. violaceum* meint BORG (in „Cacti", 419: 1937. 1951) mit seiner nachstehend aufgeführten neuen Varietät. Er fügt dem Typus Z. *truncatus* die Varietäten v. *altensteinii* (PFEIFF.) BORG. v. *delicatus* (N. E. BROWN) BORG (Abb. 670), v. *crenatus* BORG an und sagt über letzteren Namen „aus der gleichen Gegend und unter dem Namen *violaceus* von Händlern zweifellos mit Gartenvarietäten oder Hybriden von Z. *truncatus* von ungefähr gleicher Blütenfarbe aufgeführt. Glieder bis 2 cm breit, bis 6 cm lang, graugrün, mit 2—3—4 Kerbzähnen an jeder Seite, ganz gerundet, nicht spitz, jede Areole mit 1—2 kurzen, weißen Borsten; Triebscheitel nicht scharf gestutzt, mehr gerundet; Blüten etwas kleiner als die des typischen Z. *truncatus*, Röhre schlanker, aber gleiche Form und gleiche blauviolette Farbe". Borg sagt, daß es fast mehr eine eigene Art als eine Varietät sei. Was ist aber als „typischer" Z. *truncatus* bei dieser polychromen und in den Zähnen der Glieder variablen Art zu verstehen? Borg gibt auch nicht an, auf Grund welcher Feststellung der eigene Art- oder Varietätscharakter gesichert erscheint bzw. woher die Pflanze stammte. Man kann allerdings die ± weißröhrigen Formen als v. *altensteinii* (Abb. 669), die rosa bis weißlich blühende als v. *delicatus*, die rundzähnige als v. *crenatus* abtrennen, aber das ist mehr willkürlich, da ihnen angesichts des großen Formen- und Blütenfarbenschwarmes kaum der Charakter einer echten Varietät zukommt.

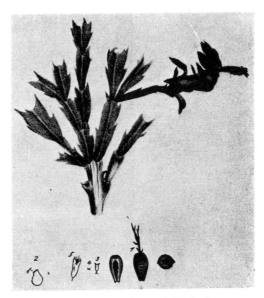

Abb. 669. „Epiphyllum Altensteinii" (in Pfeiffers Darstellung).

Subtribus 2: *Phyllocactinae* Backbg. (*Phyllocacteae* Berg.).

Meist reich buschig-verzweigte Pflanzen mit breiteren phyllocactoiden Trieben, ± ganzrandig, gekerbt oder ± lang bis lappig ausgesägt, mit deutlicher Mittelrippe, aber meist weiterwachsend, d. h. der Jahrestrieb nicht abgesetzt; Areolen nur randständig; Nacht- und zum Teil Tagblüher.

Vorkommen: Von Mittelmexiko (ohne Yukatan) über Mittel-Amerika und Panama bis zur Nordküste Südamerikas (Kolumbien, Venezuela [ohne Curaçao], Britisch-Guayana sowie bis zu den Inseln Trinidad und Tobago), in Ekuador, O-Peru, O-Bolivien, Paraguay, dem östlichen Brasilien und in Argentinien (? Chaco). Die südlicheren Gebiete zum Teil vielleicht kein natürlicher Verbreitungsraum.

Sippe 1: *Phyllocacti* Backbg.

Phyllocactoide Pflanzen mit normalen bzw. regelmäßigen wie auch ± in der Röhrenlänge bzw. den Sproßmerkmalen reduzierten Blüten.

Vorkommen: Wie bei der Subtribus 2 angegeben.

Untersippe 1: *Euphyllocacti* Backbg.

Pflanzen mit ± stark gekerbten oder gesägten Trieben und trichterigen bis glockig-trichterigen Blüten, diese regelmäßig bzw. mit leichter Asymmetrie (*Eccremocactus*); Früchte größer.

Es lassen sich (dem entspricht die Teilung im Schlüssel zu den Gattungen) eine Gruppe mit relativ schlankeren bzw. ± längeren Röhren sowie eine zweite mit der Neigung zur Verkürzung der Röhren unterscheiden (im letzteren Falle die Triebe nie gesägt).

Wie *Epiphyllum darrahii* und *E. anguliger* zeigen, ist die tiefgesägte Triebform nur eine etwas unterschiedlich geformte Auslappung zwischen den in tieferen Kerben sitzenden Areolen. Für den Zusammenhang mehrerer Gattungen spricht, daß diese Auslappung bei den Gattungen *Cryptocereus*, *Epiphyllum* und *Marniera* angetroffen wird; teilweise sind die Lappen extrem groß.

Abb. 670. ,,Zygocactus delicatus Br. & R.", eine weiß bis zart rosa blühende Form des Zygocactus truncatus. Sie wird auch als eigene Art oder var. unterschieden, was sich aber angesichts der großen Variationsbreite von Triebform und Blütenfarben kaum vertreten läßt. R. Moran hat Zygocactus 1953 zu Schlumbergera einbezogen, obwohl ersterer kreiseligen Fruchtknoten hat, letztere vierkantigen und die Blüten völlig verschieden gebaut sind, bzw. erstere stark zygomorph, letztere regelmäßig. (Foto: Voll.)

Daher war in diese Untersippe auch ,,*Werckleocereus imitans* Kimn. & Hutch." (C. & S. J. [US.] XXVIII: 5. 152. 1956) zu stellen bzw. zu *Cryptocereus* Alex.; *Werckleocereus* ist eine 3kantige ,,echt cereoide" Pflanze, die Röhre hat nur winzige (Br. & R.: minute) Schuppen, die Bestachelung reicht bis unter den Blütensaum. ,,*Werckleocereus imitans*" dagegen hat an der eigentlichen Röhre keine Stacheln, aber ansehnliche Schuppen und das dicht bestachelte Ovarium wie bei *Cryptocereus* (die Blütenhülle mehr scheinbar glockig, im Schnitt auch trichterig), so daß die Pflanze weit besser zu dieser Gattung zu stellen ist. Sie wurde zu *Werckleocereus* nur wegen der Stacheln am Ovarium eingegliedert (derentwegen Alexander wohl seine Gattung ,,*Cryptocereus*" nannte, bzw. sah er die Blüte als ,,hylocereoid" an), obwohl die Triebform eindeutig phyllocactoid ist. Die ,,*Euphyllocacti*" zeigen eine so geradezu mustergültige Reduktionslinie der Sproßnatur, daß bei deren Beachtung eine unbefriedigende Plazierung vermieden werden kann, um so eher, als für *W. imitans* bereits eine Gattung besteht. Bei dieser, *Cryptocereus*, ist damit aber auch eine leichte Reduzierung der Röhrenlänge erkennbar.

Verbreitung der Untersippe: Wie bei Subtribus 2 angegeben.

## 32. CRYPTOCEREUS Alex.
C. & S. J. (US.), 22 : 6, 164—165. 1950

Hängende Epiphyten mit zusammengedrückten, dickeren Gliedern, 4—6 mm dick, von dem kräftigen Mittelstiel beidseitig abwechselnd breitere, durchgehend abgeteilte Flügel hervorspringend, am Ende ± kahnartig gebogen; Areolen etwas eingesenkt oder auf einer etwas knotigen Basis, nach dem Scheitel zu mit winzigen Stächelchen; Blüten ± groß, mit kräftiger Röhre, Schuppen oben mehr abstehend, zum Fruchtknoten hin und auf diesem dicht gedrängt, in den Achseln mit Wolle und Stachelborsten oder Stacheln; Staubfäden ziemlich kurz; Fr. bestachelt. Nachtblüher.

Typus: *Cryptocereus anthonyanus* Alex. — Typstandort: Mexiko (Chiapas, Pico Carrizal).

Vorkommen: Mexiko (Chiapas) und Costa Rica.

### Schlüssel der Arten:

Blüten ca. 12 cm lang, ziemlich gerade . . 1: **C. anthonyanus** Alex.
Blüten 6—7 cm lang, über dem Ovarium etwas gebogen . . . . . . . . 2: **C. imitans** (Kimn. & Hutch.) Backbg. n. comb.

### 1. Cryptocereus anthonyanus Alex. — C. & S. J. (US.), 22 : 6. 164—165. 1950

Hängende, epiphytische Büsche, bis 1 m und mehr lang; Tr. 7—15 cm breit, hellgrün; die zweiseitig, flügelig, immer dem freien Raum der Gegenseite gegenüber vorspringenden Spreiten sind meist am Ende kahnartig gebogen bzw. gerundet, manchmal auch mehr hornartig geformt, 25—45 mm lang, 10—16 mm breit; Areolen klein, mit 3 kurzen St.; Bl. ± 12 cm lang, 10—15 cm breit, stark duftend; die äußeren Sep. purpurn getönt, die nächsten kremfarben und unten purpurrandig; Pet. kremfarben; Ov. ca. 2 cm lang, Schuppen 1—2 mm lang, in den Achseln schmutziggrauer Filz, graubraune Borsten und steife braune St., 1—3 mm lang; Röhre 3 cm lang, 1,5 cm ⌀, rund, die Schuppen daran 3—6 mm lang, eilanzettlich, nur die unteren in den Achseln mit Filz und Borsten; Hüllbl. 6 cm lang, lanzettlich und gespitzt; Staubf. kremfarben; Gr. kremfarben, 6,5—7 cm lang, 6 mm dick, unten auf 4 mm verengt; N. 12—14, lanzettlich, 16—18 mm lang. — Mexiko (Chiapas: Pico Carrizal) (Abb. 671—672).

Alexander stellt die Art zu den *Hylocereanae* (im Sinne Britton u. Roses), weil „die Blüte hylo-

Abb. 671. Cryptocereus anthonyanus Alex. (Foto: Alexander.)

cereoid ist"[1]). Er hält die Verwandtschaft für ziemlich dunkel. Da es aber ähnlich-triebige *Epiphyllum*-Arten gibt, wie *E. darrahii*, nur mit schlankerer und kahler Röhre und die Triebe selbst überhaupt keinem *Hylocereus* gleichen, kann mit diesem keine nähere Verwandtschaft gegeben sein. Nun hat aber T. MacDougall noch eine andere interessante Pflanze entdeckt: *Lobeira macdougallii*, mit nur befilztem Ovarium, ohne Borsten und Stacheln; ich selbst stellte die Gattung *Marniera* auf (*Epiphyllum macropterum*), deren Ovarium von Britton u. Rose „mit langen Haaren in den Achseln" beschrieben wurde, ein Merkmal, das nicht zu den „kahlblütigen" *Epiphyllum*-Arten paßt und anscheinend von anderen Autoren bisher übersehen wurde. Mit diesen drei Gattungen haben wir eine vollständige Reduktionslinie, an deren Anfang *Cryptocereus* steht, über das behaarte Ovarium von *Marniera* und das nur noch filzige von *Lobeira* zum kahlen Ovarium von *Epiphyllum*. Die von MacDougall entdeckten beiden Gattungen waren die „fehlenden Glieder" in dieser Reihe, die innerhalb der *Phyllocacti* alle möglichen Entwicklungsstufen oder Reduktionen der Sproßnatur an der Blütenröhre bzw. dem Ovarium zeigt, bei Pflanzen, die samt und sonders phyllocactoiden Habitus haben. Damit kann die Verwandtschaftsbeziehung als völlig klar angesehen werden.

Abb. 672. Blick in die Blüte des Cryptocereus anthonyanus Alex. (Foto: Alexander.)

2. **Cryptocereus imitans** (Kimn. & Hutch.) Backbg. n. comb.

*Werckleocereus imitans* Kimn. & Hutch., Univ. Calif. Bot. Gard. (Berkeley) Contr. No. 138 und C. & S. J. (US.) XXVIII: 5, 152—156. 1956.

Später hängend, seitlich verzweigend, an der Basis stielrund, weiter oben flach und ausgesägt, Lappen flossen- oder kahnförmig; Areolen in einer knotigen Verdickung im Winkel zwischen den Lappen, manchmal mit 1—2 Stächelchen; Blattschuppen unscheinbar; Bl. nächtlich; glockig-trichterig wirkend durch die locker abstehend gebogenen Übergangsschuppen bzw. Sep., im Querschnitt mehr trichteriger Saum; Röhre schwach langhöckerig gerieft; Areolen bewollt; Ov. ziemlich dicht mit Areolen und mit bis zu 4 mm langen St. besetzt; Sep. bräunlichgrün, fleischig; Pet. dünner, weiß, spitz zulaufend und auch gespitzt; Nektarkammer bis 1,5 cm lang; Staubf. über Nektarium freiwerdend, unterste in einem Ring inseriert, die zwei übrigen Serien getrennt, mittlere Serie auf 1 cm Länge, die dritte am Schlundsaum, kremweiß; Gr. bis 5,5 cm lang, kremfarben; Fr. länglich-kugelig, nadelig dünn bestachelt. — Costa Rica (im Südwesten, El General Valley, bei Cañas), epiphytisch auf Bäumen, auf ca. 500 m (Abb. 673).

---

[1]) Richtiger würde es heißen: „weil die Blüte selenicereoid ist", denn die *Hylocereus*-Blüten sind kahl, die des *Selenicereus* aber auch behaart und bestachelt, ähnlich wie die Blüte des *Cryptocereus*, die allerdings nicht so groß und spreizend ist.

BUXBAUM (Kakt. u. a. Sukk., 8: 8. 113. 1957) zieht die Art ebenfalls zu *Werckleocereus*. Er und obige Autoren haben übersehen, daß BRITTON u. ROSE eindeutig für ihre Subtribus *Hylocereanae* als deren Merkmal „angled, ribbed" angeben bzw. als Gattungsmerkmal bei *Werckleocereus* „3kantige Klimmer mit Luftwurzeln". Bei *Werckleocereus* ist eine phyllocactoide Pflanze daher keinesfalls unterzubringen, die „habituelle Konvergenz" hier völlig abwegig, wohl aber findet sich eine ähnliche Gestalt der Triebe unter den Phyllocactoiden mehrfach. Es sind auch keine unbewiesenen, rein hypothetischen Annahmen nötig, da die Pflanze den Blütenmerkmalen nach durchaus zu *Cryptocereus* paßt. Die Frucht des *Cr. anthonyanus* ist nicht bekannt, nach den Blütenkennzeichen aber zweifellos auch bestachelt. Selbst wenn die Bestachlung stärker reduziert wäre, gehörten die Arten zusammen, wie dies auch z. B. bei *Leptocereus* der Fall ist[1]).

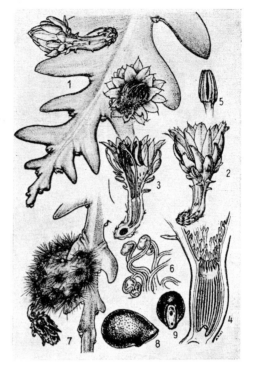

Abb. 673. Cryptocereus imitans (KIMN. & HUTCH.) BACKBG. (Zchg.: BLOS.)

### 33. MARNIERA BACKBG.
C. & S. J. (US.), XXII: 5, 153—154. 1950

Phyllocactoide Pflanzen mit breiten Trieben, Rand wenig gekerbt und ± wellig, oder tief gesägte, langlappige Zweige mit starker Mittelrippe; Blüten groß, lang- und ziemlich derbröhrig, eher *Hylocereus*- als *Epiphyllum*-Blüten ähnelnd; Fruchtknoten bekleidet, mit Haaren oder steiferen Borsten und damit vor allem von *Epiphyllum* abweichend, das kahle Fruchtknoten hat. Wahrscheinlich beide Arten Nachtblüher, obwohl HASELTON von *M. macroptera* Tagblüten angibt (noch am Tag offene?).

Typus: *Phyllocactus macropterus* LEM. — Typstandort nicht angegeben.

Vorkommen: Costa Rica und S-Mexiko (Chiapas).

Schlüssel der Arten:

Triebe nur schwach gekerbt, nicht gezähnt
    Ovarium behaart . . . . . . . . . . . . . . 1: **M. macroptera** (LEM.) BACKBG.
Triebe langlappig ausgeschnitten, die Lappen bis
    15 cm lang
    Ovarium mit steiferen Borsten (Borstenhaaren?) 2: **M. chrysocardium** (ALEX.) BACKBG.
                                                      n. comb.

---

[1]) Bild BUXBAUM, Die Kakteen, Morph. (73), zeigt die lebende, mäßig lang bestachelte Frucht von *Cr. imitans*.

1. **Marniera macroptera** (LEM.) BACKBG. — C. & S. J. (US.) 22 : 5. 153—154. 1950, 17. 1951

*Phylloc. macropterus* LEM., Ill. Hort. 11: Misc. 73. 1864. — *Epiphyllum macropterum* BR. & R.

Glieder manchmal bis 10 cm breit, dünn, Rand hornig; Areolen 4—6 cm entfernt, in schmalen Einschnitten längs der wenig gekerbten Ränder; Bl. gebogen, sehr groß; Röhre bis 12 cm lang und ziemlich kräftig; Schlund bis 6 cm lang;

Abb. 674. Marniera macroptera (LEM.) BACKBG. Der behaarte Fruchtknoten wird von BRITTON u. ROSE angegeben, ist aber auf dem Bild nicht mit diesem Merkmal dargestellt. (Abb. BRITTON u. ROSE.)

Sep. schmal, lachsfarben oder mit gelben Spitzen; Pet. rein weiß, bis 9 cm lang und bis 3 cm breit; Röhrenschuppen 10—12 mm lang; Staubf. in zwei Serien, eine oben am Rande der Blütenöffnung, die zweite 2 cm tiefer beginnend und an der ganzen inneren Röhrenwand angeheftet; Gr. kräftig, 20 cm lang, rein weiß; Ov. beschuppt und mit längeren Haaren in den Achseln; Fr. eiförmig, zugespitzt, rot, mit leistenartigen Rippen (lt. HALL). — Costa Rica. — (Abb. 674; Abbildung der Blüte in Kkde. 153. 1935 ist unsicher, da die Ovariumbekleidung aus dem Foto nicht hervorgeht.)

BRITTON u. ROSE nennen als Synonyme:

1: *Phyllocactus macrocarpus* WEB.; für diesen gibt SCHUMANN im Schlüssel (Gesamtbschrbg. Nachtr. 67. 69. 1903) an: Blüht zur Nacht; Frucht 15 cm lang, 5 cm Durchmesser. Da von obiger Art keine solche Fruchtgröße bekannt ist, kann man beide Namen nicht ohne weiteres vereinigen.

2: *Phyllocactus thomasianus* K. SCH. (MfK. 6. 1895). Dieser ist in „Epiphyllum Handbook" sowie von BRITTON u. ROSE sicher falsch verstanden. Die Bl. weicht durch die „inkarnatroten" äußeren Sepalen ab. Es kann sich nach allem bzw. da nichts von „behaartem Ovarium" gesagt wird, nur um ein *Epiphyllum* gehandelt haben.

3: *Phyllocactus costaricensis* WEB. (Bull. Mus. Hist. Nat. Paris, 8 : 463. 1902). Dessen Blüte ist SCHUMANN nicht bekannt gewesen, jedoch die Frucht.

In Gesamtbschrbg. Nachtr. 67. 1903 gibt SCHUMANN im Schlüssel bereits eine ausgezeichnete Reduktionslinie der Fruchtknoten-Beschuppung wieder bzw. der Arten mit weißem Griffel. Darin steht *Ph. costaricensis* am Ende: Ov. bzw. Frucht ohne Schuppen (nach WEBER?). Danach kann dies ebenfalls kein Synonym von *M. macroptera* sein.

Diese drei *Phyllocactus* müssen daher zu *Epiphyllum* gestellt und dort aufgeführt werden; sie gehören alle drei nicht zu *Marniera*, von der mit Sicherheit bisher nur zwei Arten bekannt sind.

Wenn *M. macroptera* wirklich ein Tagblüher ist, wie HASELTON angibt, so ist bisher das einzige Gegenstück bei *Epiphyllum: E. crenatum*, mit dem viele der tagblühenden Phyllohybriden erzielt wurden, vielleicht auch die Hybridgattung × *Seleniphyllum* ROWL., als deren Eltern ROWLEY *Selenicereus* und *Epiphyllum* ansieht; da es ein Tagblüher ist, kann also nur ein tagblütiges *Epiphyllum* beteiligt sein, denn *Selenicereus* ist Nachtblüher. Diese Kreuzung gehört zu den ältesten und langlebigsten Sammlungspflanzen; in meiner Familie befand sich ein Exemplar nahezu 50 Jahre.

2. **Marniera chrysocardium** (ALEX.) BACKBG. n. comb.

*Epiphyllum chrysocardium* ALEX., C. & S. J. (US.), XXVIII: 1. 3—6. 1956.

Abb. 675. Marniera chrysocardium (ALEX). BACKBG. Die Blüten entsprechen den Merkmalen dieses Genus. Die Auslappung erreicht ungefähr die Breite wie bei Epiphyllum grandilobum (WEB.) BR. & R., eine wenig bekannte Art, die vielleicht hierher gehört. (Foto: ALEXANDER.)

Epiphytisch; Tr. sehr breitlappig gesägt, bis 30 cm breit, bis zur Mittelrippe eingeschnitten, Lappen bis 15 cm lang und 4 cm breit, am Ende ± kahnförmig geschnitten; Areolen klein, einige mit 2—3 Borsten; Bl. 32 cm lang; Ov. 2 cm lang, stark gehöckert, Höcker 3,7 mm lang, in den Achseln 2—4 (Haar-?) Borsten; Röhre 16 cm lang, 1,25 cm ⌀; Schuppen 8—12 mm lang; Hüllbl. bis 14 cm lang; Sep. 8—10 mm breit, schmutzig purpurrosa, lanzettlich gespitzt; Pet. 15—25 mm breit, weiß, fast lanzettlich, mit scharf abgesetztem Spitzchen, Saum etwas ausgefressen; Staubf. 11 cm lang, goldgelb; Gr. 25 cm lang, 3,5 mm ⌀, milchweiß; N. 13, 1,5—2 cm lang; Fr. bestachelt. — Mexiko (im nördlichen Staate Chiapas, im Regenwald der Selva Negra, zwischen Tapalapa und Blanca Rosa, nahe Santa Lucía und dem Rio Napak) (Abb. 675).

Die Pflanze wurde von T. MACDOUGALL entdeckt. Die Blüten sollen nach saurem Rahm duften. ALEXANDER sagt selbst: „Die Art steht *E. macropterum* nahe, weicht aber stark durch die mächtige Lappung der Triebe ab."

*Epiphyllum* hat kahles Ovarium; es ist daher verwunderlich, daß ALEXANDER, der die Gattungen *Cryptocereus* und *Lobeira* aufstellte, diese Art zu *Epiphyllum* stellt, statt zu *Marniera;* mir blieb nichts anderes übrig, als diese Art hierunter einzugliedern. Die längere Lappung ist zwar auffällig, aber nicht etwa trennendes Merkmal, was die Gattungszugehörigkeit anbetrifft, da lappige Zähnung auch bei *Epiphyllum* auftritt (*E. darrahii* und *E. anguliger*); eine *Epiphyllum*-Art, *E. grandilobum* (WEB.) BR. & R., macht völlig ähnliche Triebe, bis 25 cm breit und ebenso stark gelappt. Es besteht die Möglichkeit, daß dies sogar der älteste Name für *M. chrysocardium* ist. Jedenfalls vergleicht ALEXANDER diese beiden Spezies nicht und gibt nicht die differierenden Merkmale auf. Wir wissen auch nur wenig über *E. grandilobum*, und ich habe mich vergeblich bemüht, in Kalifornien genauere Blütenangaben zu erhalten. Anscheinend hat das vor einiger Zeit im Univ. of Calif. Bot. Garden eingegangene Material [s. C. & S. J. (US.) XXVIII: 5. 154. 1956] noch nicht geblüht. Nach dem Bericht von KIMNACH und HUTCHISON, l. c., war *E. grandilobum* jüngst wieder von Costa Rica importiert worden. *M. chrysocardium* stammt allerdings aus dem mexikanischen Staat Chiapas; aber *E. oxypetalum* ist von Mexiko bis zum nördlichen Südamerika verbreitet, und ob nicht andere Arten ebenfalls ein größeres Areal besiedeln, können wir bei den erst verhältnismäßig wenig erforschten Phyllocactoiden der mittelamerikanischen Tropen nicht sagen.

BUXBAUM (Kakt. u.a. Sukk., 8 : 8. 113. 1957) führt die Art als *Epiphyllum*, obwohl er selbst auf die nahe Verwandtschaft mit „*E. macropterum*" hinweist. Der Typus von *Epiphyllum* ist aber kahlblütig, während „*Epiphyllum chrysocardium*" borstige Blüten hat, also keinesfalls zu *Epiphyllum* einbezogen werden kann, sondern zu *Marniera* gestellt werden muß. Dagegen spricht auch nicht die Auslappung, da ja BUXBAUM selbst eine habituelle Konvergenz bei mehreren Gattungen annimmt.

## 34. LOBEIRA ALEX.
### C. & S. J. (US.), XVI : 12, 177. 1944

Eine interessante, tagblütige Gattung phyllocactoider Pflanzen, die innerhalb der rein trichterig blühenden — nach *Cryptocereus* und *Marniera* — die dritte und stärkste Reduktionsstufe (der Sproßmerkmale an der Blüte) vor völliger

Abb. 676. Lobeira macdougallii ALEX. Die Blüten sind in der Reduktionslinie der Sproßnatur (mit nur noch Filz in den Achseln) die letzte Stufe vor völliger Verkahlung, wie bei Nopalxochia und Epiphyllum. (Foto: ALEXANDER.)

Verkahlung darstellt: am Ovarium und an der Frucht sind nur noch Filzpolster vorhanden. Die übrigen Merkmale sind: Triebe nicht breit, aber kräftig, wechselnd treppenartig gekerbt; Areolen hervortretend, filzig; Blüten zum Triebende hin entstehend, ca. 8 cm lang; Röhre ca. 3,5 cm lang; Röhrenschuppen ziemlich schmal, am Ovarium klein, nach oben verlängernd und in die lanzettlichen Sepalen übergehend; Pet. verbreitert und oft mit kleiner Spitze, purpurrosa; Staubf. zahlreich, in mehreren Serien an der Röhrenwand herabsteigend; Gr. kräftig; Fr. grün, oben mit Hals, gekantet, ca. 3,5 cm lang; S. zahlreich, schwarz (Abb. 676).

Typus: *Lobeira macdougallii* ALEX. — Typstandort: Mexiko (Chiapas: Cerro Hueitepec).

Vorkommen: Nur von Mexiko (Chiapas), bei San Cristobal Las Casas, auf ca. 2400 m, bekannt.

1. **Lobeira macdougallii** ALEX. — C. & S. J. (US.), XVI: 12, 177. 1944

Anfangs aufrecht, dann hängend; Tr. bis 25 cm lang, an der Basis 2,5 cm breit, sich meist nach der Spitze zu langsam verjüngend, größte Breite bis 5 cm, 4—6 mm dick, ganz unten fast stielartig rund; Kerbvorsprünge 2—3 cm lang. Kerben treppenartig, wechselseitig; Areolen sehr kurz befilzt; Ov. ca. 1 cm lang, die Schuppen darauf nur 1 mm lang; Röhre in der Mitte ca. 1 cm $\varnothing$, die oberen Schuppen bis 5 mm lang; Sep. zurückgebogen, ungefähr gleich lang wie die 3—3,5 cm langen Pet., diese nur etwas nach außen gebogen; Staubf. ca. 3,5 cm lang; Gr. ca. 5 cm lang; Fr. 2,8 cm $\varnothing$, mit 5 mm langem Hals; Fruchtschuppen nicht erkennbar, Filzpolster blaßbraun, 1—2 mm $\varnothing$; S. zahlreich, 2,5—3 mm $\varnothing$, schwarz. — Mexiko (Chiapas: bei der Stadt S. C. Las Casas, Cerro Hueitepec, auf 2400 m).

## 35. EPIPHYLLUM (HERM.) HAW. non PFEIFF.
### Syn. Pl. Succ. 197. 1812

[HERMANN: Par. Batavus Prodr. Add. 2 [1689]: ,,Epiphyllum americanum`` — *Phyllocactus* LK., Handb. Erkenn. Gewächse 2: 10. 1831. — *Phyllocereus* MIQU., Bull. Sci. Nat. en Néerl. 112. 1839 non KNEB. (1951)]

Zur Geschichte des Namens s. unter *Zygocactus*, für den früher oft der Name *Epiphyllum* gebraucht wurde. Neuerdings ist *Epiphyllum* als nomen conservandum für die Pflanzen erklärt worden, zu denen HAWORTHS Typus *Cactus phyllanthus* L. gehört. Diese Namenserhaltung ist sehr umstritten gewesen. Auf dem Stockholmer Kongreß wurde *Phyllocactus* als nomen conservandum vorgeschlagen und angenommen, aber später doch verworfen. Das steht im Widerspruch zu dem ,,Art. 4 der wesentlichen Grundsätze in der Nomenklatur: Formen und Namen, die zu Irrtümern und falschen Deutungen Anlaß geben oder Verwirrung ... anrichten können, sind zu vermeiden``. In Europa war *Phyllocactus* allgemein gebraucht; unter *Epiphyllum* verstand man das jetzige Genus *Zygocactus*, in Amerika dagegen, was in Europa als *Phyllocactus* galt. Da ja nomina conservanda gerade für Abweichungen von der allgemeinen Priorität zum Zwecke der Vermeidung von Irrtümern vorgesehen wurden, hätte in Hinsicht auf Art. 4 der Regeln *Phyllocactus* erhalten werden müssen. So wird die Verwirrung noch längere Zeit weiterwirken. Dennoch liegt *Epiphyllum* HAW. ein Typus zugrunde, der eine sehr einheitliche Artgruppe umfaßt (dazu hat HAWORTH später noch die Sektionen ,,*Nocturna*`` und ,,*Diurna*`` aufgestellt, in Phil. Mag. 6: 108, 109. 1829; zur letzteren gehört nach Abtrennung von *E. macropterum* nur noch *E. crenatum*).

Der Typus der Gattung wurde in vor-linnéscher Zeit zu *Cereus* gestellt; daher schlug DE CANDOLLE bei *Cereus* die Sektion „*Alati*" vor (Prodr. 3 : 469. 1828); LINNÉ stellte die Art jedoch zu *Cactus*, P. MILLER sogar zu *Opuntia*. *Phyllocereus* MIQU. non KNEB. war auf dem HAWORTHSchen Typus begründet. × *Phyllocereus* KNEB. non MIQU. ist dagegen eine Bezeichnung für ein Kreuzungsprodukt (*Phylloc. speciosus* HORT. KNEBEL und *Phylloc. cinnabarinus* HORT. KNEBEL).

K. SCHUMANN faßte *Phyllocactus* LK. mit den Gattungsnamen *Epiphyllum* HAW., *Phyllarthus* NICK.[1]), *Disocactus* LINDL., *Disisocactus* G. KUNTZE und *Phyllocereus* MIQU. als Synonyme zusammen und gliederte zuerst in die Sektionen 1: *Euphyllocactus* K. SCH. (*Epiphyllum* sensu HAW.); Sektion 2: *Ackermannia* K. SCH. (jetzt *Nopalxochia* BR. & R.: *N. phyllanthoides* und *N. ackermannii* HAW.; letzteren Namen haben BRITTON u. ROSE irrtümlich als Hybride aufgeführt, weil sie, wie SCHUMANN und viele andere, ihn mit einem gleich nach Einführung der *Nopalxochia* gezogenen Bastard (?) mit *Helioc. speciosus* verwechselt haben, die härteste und blühwilligste „Phyllocactusart". Sie hat borstenstachlige Röhren, *Nopalxochia ackermannii* nicht); Sektion 3: *Disisocactus* K. SCH. (*Disocactus* LINDL.); Sektion 4: *Pseudepiphyllum* K. SCH. (*Epiphyllopsis* BERG. und *Schlumbergera* LEM.). In dieser weitgefaßten Gattung entspricht *Epiphyllum* HAW. nur der Sektion 1: *Euphyllocactus* K. SCH. Im Anhang zu seiner Gesamtbschrbg. (67. 1903) gab SCHUMANN, nachdem er *Pseudepiphyllum* daraus entfernt hatte, für die Sektion 1: *Euphyllocactus* einen Schlüssel, wobei er diese wie die anderen als Untergattung bezeichnet. Damit umfaßte bei ihm *Phyllocactus* LK., soweit er *Epiphyllum* HAW. entspricht, 17 Arten; ihnen stehen in dem Schlüssel BRITTON u. ROSES 16 Arten gegenüber, allerdings zum Teil andere Namen (mit teilweise zweifelhafter Synonymie), und einige Arten sind Neubeschreibungen, die im SCHUMANNschen Schlüssel noch nicht enthalten waren. Es wurde daher ein neuer Schlüssel erforderlich, in dem einige Namen aus der bisherigen Synonymie herauszunehmen waren, bzw. es mußten einige Varietäten eingeschaltet werden, weil sie von ihrem Typus stärker abweichen.

Allen Arten gemeinsam ist die breitere, längere Blattform der Glieder, die verschieden gekerbt oder gezähnt sind, bis auf *E. crenatum* die nächtliche Blüte, eine meist längere und gewöhnlich ziemlich dünne Röhre, sowie eine nur mittelgroße bis kleine Blütenhülle im Vergleich zu den Hybriden; Röhre und Ovarium sind ± geschuppt, die Achseln kahl; die Frucht ist kugelig bis oblong, in einem Falle ziemlich groß, oft mit Kanten- bzw. Höckerbildung, rot, einseitig aufreißend, mit weißem oder rotem Fruchtfleisch; die Samen sind schwarz, glänzend. Die Hauptstämme sind meistens rund und später verholzend, zuweilen unten mehrkantig oder 3flügelig; die Areolen sind klein; Stacheln fehlen gewöhnlich an erwachsenen Pflanzen, sind aber an Sämlingen als steife Borsten zu beobachten,

---

[1]) Nur ein vermutliches Synonym, ohne Typus; der Name *Phyllanthus*, der bei früheren Autoren vorkommt, gehört (nach BRITTON u. ROSE) zu *E. phyllanthus*.

Abb. 677. Epiphyllum oxypetalum (DC.) HAW. Darstellung DECANDOLLES, als Cereus oxypetalus DC., in „Revue de la Famille des Cactées", 1829.

DECANDOLLE sagt dazu: „Sepalen und Petalen sind stark zugespitzt, und ihr Saum ist ein wenig zusammengeneigt, ungefähr wie bei Cereus flagelliformis." Dies ist aber wohl nur in Unkenntnis des Blütenhochstandes gesagt. Die Abbildung ist besonders interessant, weil BRITTON u. ROSE keine solche bringen und auch keine Fruchtangaben machen; sie haben wohl diese Darstellung übersehen. SCHUMANN stellte obige Pflanze mit Fragezeichen zu „Phyllocactus grandis". Das Bild ist aber die Illustration zu DECANDOLLES Originalbeschreibung der Art, obiger Name älter als „Phyllocactus grandis". SCHUMANNS Fruchtangaben für den letzteren „karminrot, gekantet" entsprechen DECANDOLLES Fruchtbild.

später reduziert; richtige Blätter fehlen; die Keimblätter sind groß und bleiben ziemlich lange erhalten; allgemein ist die Röhre viel länger als die Blütenhülle (darin unterscheidet sich die kurzröhrigere *Nopalxochia*, außer durch die längere bzw. auffälligere Beschuppung, von *Epiphyllum*); die Blüten sind meist duftend, nicht alle angenehm; die Früchte sind zum Teil eßbar; die Staubfäden sind lang und meist in zwei Serien angeheftet; die Blütenhülle fällt nach dem Verwelken bald ab.

Durch Kreuzung mit großblütigen Cereen, vorwiegend der Subtribus *Hylocereinae*, sind eine Unzahl von Bastarden entstanden; meist sind diese ziemlich großwüchsig; durch Umkehrung der vordem gebrauchten Elternpflanzen erzielte Knebel auch kleinwüchsige Formen. Es erübrigt sich, in diesem Handbuch, das nur der Erfassung natürlicher Arten und Gattungen dient, auf die kaum noch übersehbare Zahl der Kreuzungen einzugehen, doch sei hier auf die Rowleysche Arbeit in Band VI verwiesen, die einen wichtigen Beitrag zur Kenntnis der Phyllohybriden bringt. Britton u. Rose erwähnen, daß Ch. Simon, Paris-St. Quen, 1897 eine Liste von 370 *Phyllocactus*-Namen veröffentlichte; Britton u. Rose zählen 212 lateinische Art- und Varietätsnamen auf, außer einigen anderen. Inzwischen sind allein von Knebel genau 200 Kreuzungsnamen hinzugekommen! Vollständige Verzeichnisse gibt es nicht, und es muß daher hier auf die einzelnen besonderen Arbeiten verwiesen werden, vor allem Schelles Handbuch und Haseltons Epiphyllum-Handbook. Neuerdings sind in den USA ebenfalls Neuheiten der drüben „Orchid Cacti" genannten Bastarde erschienen; alte Bastarde sind unter neuen Namen aufgetaucht, ja, es sind sogar alte Namen aus geschäftlichen Gründen einfach mit neuen belegt worden. Dem könnte nur ein „Prüfgarten" abhelfen, vorausgesetzt, daß alle sich an die darin vorzunehmende Auslese und Namensfixierung halten, was als ziemlich aussichtslos erscheint.

Viele Bastarde sind inzwischen auch wieder verschollen. Die bekanntesten Züchter waren bzw. sind: Bornemann, Ch. Simon, Pfersdorff, Nicolai, Knebel, neuerdings Ventura Epiphyllum Gardens, Cactus Pete, H. M. Wegener, Beahm Gardens, Th. Monmonnier (die letzteren fünf in den USA) und andere. In den Vereinigten Staaten gibt es eine Epiphyllum-Society. Eines der übersichtlichsten bzw. nach Blütenfarben geordneten Verzeichnisse ist das von Schelle, „Kakteen", 260—268. 1926.

Typus: *Cactus phyllanthus* L. — Typstandort: nur „Brasilien" angegeben.

Vorkommen: Mexiko (Nayarit, Jalisco, Colima, Guerrero, Michoacan (?), Oaxaca, Chiapas, Veracruz) über Mittelamerika und Panama bis zum nördlichen Südamerika, in Westindien nur auf Trinidad und Tobago, Kolumbien, Venezuela bis Britisch-Guayana, im wärmeren Südamerika bis Paraguay und eventuell zum argentinischen Chaco Austral; aus Kuba berichtet, aber nur verwildert.

## Schlüssel der Arten:

Röhre und Ovariumschuppen kahl, ohne Filz
    oder Borsten
    Hauptzweige unten 3—4kantig oder rund
        Endzweige unten 3kantig oder rund,
            Spitze gerundet
            Röhre 7—9mal so lang wie der Blütensaum

Griffel rötlich
    Blüte kaum 5—6 cm ⌀, nicht
      sternförmig . . . . . . .   1: **E. phyllanthus** (L.) Haw.)
    Blüte nur 3 cm ⌀, sternförmig .   1a: v. **boliviense** (Web.) Backbg. n. comb.
    Griffel blaßrot bis fast weiß . . .   1b: v. **paraguayense** (Web.) Backbg.
    Röhre nur 6 cm lang                 n. comb.
    Griffel rot . . . . . . . . . . .   1c: v. **columbiense** (Web.) Backbg.
                                          n. comb.

Hauptzweige unten stets stielrund, nie
  kantig
  Röhre nur 1,5—3mal so lang wie der
    Blütensaum
    Endglieder lang und spitz zu-
      laufend
    Griffel weiß
      Blüten 25—30 cm lang, bis
        12 cm ⌀
        Epidermis matt
          Sepalen rötlich-gelblich
            Duft nicht angenehm   2: **E. oxypetalum** (DC.) Haw.
        Epidermis glatt
          Sepalen purpurn bis kar-
            min
            Duft angenehm . . .   2a: v. **purpusii** (Wgt.) Backbg. n. comb.
      Blüten nur 10—15 cm lang,
        bis ca. 4 cm ⌀
        Blattrand flach gekerbt .   3: **E. pumilum** (Vpl.) Br. & R.
        Blattrand langwellig aus-
          gerundet . . . . . .   4: **E. caudatum** Br. & R.
    Endglieder oben nur verjüngt oder
      gerundet
      Triebe grob-sägezähnig aus-
        geschnitten, spitzige oder
        rundliche Zähne
        Griffel weiß
          Glieder dünner, lederartig
            Sepalen chrom- bis zi-
              tronengelb
              Röhre mit linealen
                Schuppen . . . .   5: **E. darrahii** (K. Sch.) Br. & R.
          Glieder dicker
            Sepalen gelblich-fleisch-
              farben
              Röhre mit dreiseitig-
                lanzettlichen Schup-
                pen . . . . . .   6: **E. anguliger** (Lem.) G. Don
      Triebe langlappig ausgeschnitten,
        bis 25 cm breit
        Griffel weiß, (blaßrosa) . . .   7: **E. grandilobum** (Web.) Br. & R.

Triebe nur gekerbt (nicht lang-
gezähnt), bis fastganzrandig
Glieder tiefer gekerbt bis
rundlich ausgebogen, dick
oder fest
Griffel weiß
Röhre kantig
Ovarium mit bis 2 cm
langen, oben
häutigen
Schuppen
Tagblüher (meh-
rere Tage) . .    8: **E. crenatum** (Lindl.) G. Don
Ovarium bzw. Röhre
mit abstehen-
den, am Grunde
verdickten
Schuppen
Nachtblüher
(1 Nacht) . .    9: **E. caulorhizum** (Lem.) G. Don
Griffel rot oder rosa
Ovarium mit wenigen
Schüppchen
Triebe bis 12 cm
breit . . . .   10: **E. stenopetalum** (Först.) Br. & R.
Glieder ± schwach bzw. winkelig
gekerbt oder fast
ganzrandig bzw.
nicht bogig aus-
gerundet
Ovarium zahlreich be-
schuppt (auch die
Frucht)
Griffel weiß
Blüte 20 cm lang   11: **E. lepidocarpum** (Web.) Br. & R.
Ovarium klein-, nicht
zahlreich be-
schuppt
Griffel orange
Blüte 28 cm lang
Staubfäden weiß   12: **E. guatemalense** Br. & R.
Griffel weiß
Blüte 25—30 cm
lang
Staubfäden gelb
Sepalen in-
karnatrot
Ovarium zy-
lindrisch .   13: **E. thomasianum** (K. Sch.) Br. & R.

| | |
|---|---|
| Sepalen hellgelb Ovarium lang-eiförmig .... | 14: **E. ruestii** (WGT.) BACKBG. n. comb. |
| Griffel rosa oder rot (*E. pittieri*: unten rot, oben weiß) Blüte 10—13 cm lang .... | 15: **E. pittieri** (WEB.) BR. & R. |
| Blüte 15—25 cm lang (Griffel rosa oder rot) Triebe sehr steif | 16: **E. strictum** (LEM.) BR. & R. |
| Triebe schwach steif bzw. biegsam Röhre rötlich (Griffel rosa bis weiß) Ovarium sehr kleinschuppig . | 17: **E. cartagense** (WEB.) BR. & R. |
| Röhre grünlich, etwas kantig (Griffel karmin) Blüten geruchlos . | 18: **E. hookeri** (LK. & O.) HAW. |
| Ovarium unbeschuppt Blüte unbekannt Triebe fast ganzrandig . | 19: **E. costaricense** (WEB.) BR. & R. |

Ungenügend bekannt:

Blüten sehr groß, weiß
Frucht bis 15 cm lang, scharf gerippt  20: **E. macrocarpum** (WEB.) BACKBG. n. comb.

1. **Epiphyllum phyllanthus** (L.) HAW. — Syn. Pl. Succ., 197. 1812
   *Cactus phyllanthus* L., Sp. Pl. 469. 1753. — *Opuntia phyllanthus* MILL. — *Cereus phyllanthus* DC. — *Phyllocactus phyllanthus* LK. — *Rh. macrocarpa* MIQU. — *Rh. phyllanthus* K. SCH. — *Hariota macrocarpa* KUNTZE — *Epiphyllum gaillardae* BR. & R. — *Phylloc. gaillardae* VPL.
   Lang verzweigt; Hauptstämme schlank, rund oder 3—4kantig; Endzweige meist flach oder dünn, hellgrün mit purpurfarbenem Rand, bis 7 cm breit, der Saum der Tr. weitläufig gekerbt, Zähne gerundet; Bl. dünnröhrig (Röhre viel länger als der Saum), bis 30 cm lang, Blütensaum grünlich oder weiß, Hüllbl.

schmal, bis 2,5 cm lang; wenige spreizende und winzige Schuppen; Staubbl. kurz, ebenso die Narbenstrahlen; Fr. länglich, 7—9 cm lang, schwach 8rippig, hellrot; S. groß, schwarz, zahlreich. — Panama bis Britisch-Guayana, Bolivien, Peru, Brasilien und Paraguay. (Abb. 678—679).

Meist hoch in den Bäumen wachsend; ich sah die kolumbianische Varietät an langer Wurzel aus Palmenkronen hängen. Eine im ekuadorianischen Tiefland wachsende *Epiphyllum* sp. haben BRITTON u. ROSE hierhergestellt.

Ein Name war *Cereus phyllanthus marginatus* PARM., von LEMAIRE erwähnt, aber unbeschrieben.

Sämlinge entwickeln auch gleich Blattriebe.

Abb. 678. Epiphyllum phyllanthus (L.) HAW. Die für manche reine Epiphyllum-Arten typische lange und dünne Röhre ist hier am stärksten ausgeprägt: die Blütenhülle relativ klein, die Röhre extrem lang. (Foto: O. VOLL.)

1a. v. **boliviense** (WEB.) BACKBG. n. comb.

*Phylloc. phyllanthus boliviensis* WEB., Dict. Hort. Bois, 957. 1898.

Bl. nur 3 cm Durchmesser und mehr sternförmig; Gr. lebhaft rot; sehr reichblühend. — Bolivien (bei Santa Cruz gefunden).

1b. v. **paraguayense** (WEB.) BACKBG. n. comb.

*Phylloc. phyllanthus paraguayensis* WEB., Dict. Hort. Bois, 957. 1898.

Zweige bis 1,5 m lang; Bl. reinweiß, mit blaßrotem, manchmal fast weißem Gr.; Fr. gekantet, karminrot. — Paraguay (Cordillera de los Altos und andere Stellen).

1c. v. **columbiense** (WEB.) BACKBG. n. comb.

*Phylloc. phyllanthus columbiensis* WEB., Dict. Hort. Bois, 957.1898.

Mit viel kürzerer Blütenröhre, nur 6 cm lang. — Kolumbien (ich sah die Art in den Wäldern östlich des Rio Magdalena: von den Eingeborenen „Flor de baile" genannt).

Wegen der verhältnismäßig unscheinbaren Blüten wird diese Art kaum in Sammlungen angetroffen.

2. **Epiphyllum oxypetalum** (DC.) HAW. — Phil. Mag., 6 : 109. 1829

*Cereus oxypetalus* DC., Prodr. 3 : 470. 1828. — *Cereus latifrons* PFEIFF. — *Phylloc. oxypetalus* LK. — *Phylloc. latifrons* LK. — *Phylloc. grandis* LEM. — *Phylloc. guayanensis* BROGN. — *Epiph. acuminatum* K. SCH. — *Phylloc. acuminatus* K. SCH. — *Epiph. grande* BR. & R.

Kräftige, bis 3 m lange Pflanzen, stark verzweigt; Zweige flach und dünn, 10—12 cm breit, lang zugespitzt, tief gekerbt; Bl. mit größerer Hülle, gern hängend-gebogen; Röhre 13—15 cm lang, kräftig, rot, ca. 1 cm dick, mit schmalen, entfernt stehenden, bis 1 cm langen Schuppen; Sep. rötlich bis amberfarbig, schmal, bis 10 cm lang; Pet. oblong, weiß; Staubbl. zahlreich; Gr. dick, 20 cm lang; N. kremfarben, zahlreich. — Mexiko bis Guatemala, Venezuela und Brasilien. (Farbbild 677).

Im Gegensatz zur vorigen Art wegen der ansehnlichen Blüten viel kultiviert. Blütenhochstand gegen Mitternacht.

Nach PITTIER heißt in Venezuela auch diese Art „Flor de baile".

*Epiph. latifrons* ZUCC. war ein Synonym bei PFEIFFER. Der erste Name war *Cactus oxypetalus* MOCIÑO & SESSÉ; DE CANDOLLE stellte die Art zu *Cereus*. LABOURET hat bereits 1853 ein Dutzend Hybridnamen dieser Art publiziert (s. BR. & R.), die wohl alle in Vergessenheit geraten sind.

2a. v. **purpusii** (WGT.) BACKBG. n. comb.
*Phylloc. purpusii* WGT., MfK., 17 : 34. 1907.

Tr. am Ende verschmälert, an der Spitze kurz gerundet, ± gewellt; Oberhaut der älteren Tr. glatt; Schuppen am Grunde der Blumenkrone blattartig, anliegend, zahlreich, deckend; äußere Hüllbl. karminrot, ins purpurfarbige gehend, durch und durch gefärbt, auch die nächste Reihe noch deutlich karminrot gefärbt oder gestreift; Narbenstrahlen mehr konisch; im Gegensatz zum wenig angenehm riechenden Typus mit angenehmem Geruch (Beschrbg. nach WGT.). Wird von BRITTON u. ROSE als Synonym zu *Ep. oxypetalum* gestellt, weicht aber in der Epidermis sowie der Petalenfarbe und den Röhrenschuppen ab, die beim Typus einzeln, pfriemlich und abstehend sind. — Mexiko (Orizaba, bei Sta. Ana, von PURPUS gefunden). Die oft stark gewellten Triebe setzen gern seitliche Blatttriebe an; auf Grund der vorerwähnten Unterschiede muß WEINGARTS Name wenigstens als Varietät erhalten werden.

Abb. 679. Epiphyllum phyllanthus: Sämlinge. (Zchg.: BERGER.)

3. **Epiphyllum pumilum** BR. & R. — Contr. US. Nat. Herb., 16 : 258. 1913
*Phylloc. pumilus* VPL., MfK., 23 : 117. 1913.

Zuerst aufsteigend, dann oft hängend, bis 5 m lang; Hauptstamm rund; Endzweige dimorph, entweder rund und nur oben, andere ganz abgeflacht, bis 1,50 m lang, selten 3flügelig, die flachen Tr. meist nur bis 60 cm lang und 8,5 cm breit; Bl. klein, Röhre nur bis 6 cm lang, grünlichweiß bis rötlich; Sep. linear, grünlich oder rötlich, gespitzt; Pet. weiß, lanzettlich, bis 4 cm lang; Gr. dünn, weiß, 4—7 cm lang, 2—2,5 cm dick; Fr. glänzend kirschrot, 5—7kantig, mit einigen sehr kleinen aufgerichteten Schuppen; Fruchtfleisch weiß, eßbar; S. sehr klein, ganz schwarz. — Guatemala (im Tiefland).

Wird zuweilen mit *Ep. pittieri* verwechselt.

4. **Epiphyllum caudatum** BR. & R. — Contr. US. Nat. Herb., 16 : 256. 1913
*Phylloc. caudatus* VPL., MfK., 23 : 116. 1913.

Alte Stämme rund und dünn; Tr. verlängert-lanzettlich, an der Basis zu einem runden Stiel verengt, 15—20 cm lang, wellig ausgebogen; Bl. weiß, Röhre ca. 7 cm lang; Pet. ca. 6 cm lang; Ov. und der überwiegende Röhrenteil nackt. — Mexiko (Oaxaca, bei Comaltepec, auf 540—900 m).

Ein ähnlich gespitzt-triebiges *Epiphyllum* soll PURPUS aus Chiapas geschickt haben, aber am Rande gezähnt. Der Name scheint bisher nicht festzustehen (noch unbeschrieben?).

5. **Epiphyllum darrahii** (K. Sch.) Br. & R. — Contr. US. Nat. Herb., 16 : 256. 1913

*Phylloc. darrahii* K. Sch., Gesamtbschrbg. Nachtr. 69. 1903.

Vielverzweigt, oft unten rund und holzig; Glieder ziemlich dick, bis 30 cm lang, bis 5 cm breit, tief sägezahnartig eingeschnitten, Zähne verschiedengestaltig, runder oder spitzer; Bl. mit 9 cm langer Röhre, etwas gebogen; Schuppen klein, linear, grün, anliegend; Sep. zitronengelb, spreizend oder zurückgebogen, gespitzt, 4 cm lang; Pet. rein weiß, ca. 4 cm lang; Gr. herausragend. — Mexiko (Abb. 680).

Vielleicht nur eine Varietät des nächsten, da nicht wild gefunden. Die Zahnung ist bei beiden sehr variabel, soll bei *E. anguliger* „mehr nach vorn weisende spitzere Zähne" haben, aber die Abbildungen bei Britton u. Rose zeigen solche auch zum Teil bei *E. darrahii*.

Abb. 680. Epiphyllum darrahii (K. Sch.) Br. & R.

6. **Epiphyllum anguliger** (Lem.) G. Don — In Loudon, Encycl. Pl. ed. 3 : 1380. 1855

*Phylloc. anguliger* Lem., Jard. Fleur. 1 : pl. 92. 1851. — *Phylloc. serratus* Brogn.

Vielverzweigt, Stämme und untere Zweige rund, die oberen abgeflacht, mit tief gezähntem Rand, ziemlich fleischig; Areolen manchmal mit 1—2 weißen Börstchen (die bei *E. darrahii* fehlen sollen, lt. K. Sch.); Blütenröhre kräftig, ca. 8 cm lang, ohne Schuppen; Sep. bräunlichgelb bzw. gelblich-fleischfarben; Pet. weiß, länglich, gespitzt, ca. 5 cm lang; Gr. schlank; Fr. nach Schumann bei der Reife außen und innen weiß, 3—4 cm ⌀. — Mexiko (Nayarit, Jalisco, Colima, Guerrero bzw. mehr an der Pazifikseite) (Abb. 681).

Zähnung verschiedenartig; wie das vorige wohl nur an der Blüte zu erkennen. *Phylloc. angularis* war nur ein Name, Lemaire zugeschrieben.

Bild einer blühenden Pflanze in M. DKG. 55. 1931.

7. **Epiphyllum grandilobum** (Web.) Br. & R. — Contr. US. Nat. Herb., 16 : 257. 1913

*Phylloc. grandilobus* Web., Bull. Mus. Hist. Nat. Paris, 8 : 464. 1902.

Zweige hellgrün, sehr groß, bis 25 cm breit, mit Mittelnerven, oft von Fingerdicke, sowie großen seitlichen Lappen, mit stumpfer oder gerundeter Spitze, die Spreiten 3—5 cm lang, nach Britton u. Rose. Sie müssen aber viel länger werden können, da sonst die Triebbreite von bis zu 25 cm nicht erreicht würde; Bl. sollen groß, weiß und nächtlich sein; Fr. außen und innen rot. — Costa Rica (bei La Hondura, nordöstlich von S. José und zwischen La Palma und Carrillo). Eine ähnliche Pflanze soll von PITTIER 1911 in Panama gefunden sein.

Wegen der großen Breite der Triebe und ihrer langen Lappung eine interessante Art. Sie gleicht darin völlig der *Marniera chrysocardium* aus dem mexikanischen Staat Chiapas (etwa identisch?). HASELTON (Epiphyllum-Handbook 153. 1946) gibt an: „Blüten 12,5 cm breit, würziger Duft; Griffel blaßrosa, fast weiß."

Was CLARENCE KL. HORICH in C. & S. J. (US.) XXIX : 6. 171. 1957 als *Epiphyllum grandilobum* „in den Regenwäldern von La Hondura, Costarica" abbildet, ist irgendeine andere Art, aber nicht die vorstehende, von der SCHUMANN sagt: „mit großen seitlichen Lappen, die die Areolen voneinander trennen".

Abb. 681. Epiphyllum anguliger (LEM.) BR. & R. (Foto: E. BARTENS.)

8. **Epiphyllum crenatum** (LINDL.) G. DON — In LOUDON, Encycl. Pl. ed. 3. 1378. 1855

*Cereus crenatus* LINDL., in Edwards Bot. Reg. 30 : pl. 31. 1844. — *Phylloc. crenatus* LEM.

Alte Stämme holzig und rund; Tr. blaugrün, oft an der Spitze Wurzeln zeigend, ziemlich steif, 2—3 cm breit, aufgerichtet, wenigstens zuerst, mit größeren Einkerbungen, Blattrand dazwischen rundlich ausgebogen, unten verjüngt, Rippe dick; Areolen an der Basis oft mit Börstchen und Haaren; Bl. sehr duftend, ziemlich groß, Saum bis 12 cm breit, kremfarben bis grüngelb; Röhre 10—12 cm lang, dünn, mit linealischen, bis 3 cm langen Schuppen; Pet. bis 6 cm lang; Staubb. gelb; Ov. mit bis zu 2 cm langen Schuppen. — Honduras und Guatemala (Dept. Quiché, bei Sacobaja, auf 1500 m). — (Abbildung einer blühenden Pflanze in Kkde. 171. 1937.)

× *Phylloc. cooperi* REG. ist die bekannteste Hybride, ein Bastard mit *Selenic. grandiflorus*. Es gibt noch zahlreiche andere Bastarde obiger Art, deren Tagblütigkeit und Blütengröße zum Kreuzen besonders geeignet sind. Bezüglich der Namen wird auf die Spezialliteratur verwiesen.

Durch Tagblütigkeit von den anderen Arten abweichend und ein Übergang zu *Marniera*, aber ohne die Ovariumhaare der letzteren.

9. **Epiphyllum caulorhizum** (LEM.) G. DON — In LOUDON, Encycl. Pl. ed. 3 : 1380. 1855

*Phylloc. caulorrhizus* LEM., Jard. Fleur. 1: Misc. 6. 1851.[1]

---

[1] LEMAIRE und SCHUMANN schrieben „*caulorrhizus*".

Lanzettliche Glieder, kräftig, bräunlichgrün, gekerbt; Areolen mit spärlichem Filz und einigen Börstchen; Bl. bis 25 cm lang; Röhre kantig, mit abstehenden, am Grunde verdickten, roten Schuppen: Sep. gelb; Pet. weiß, an der Spitze hellgelb, gespitzt. — Honduras?

Von BRITTON u. ROSE als *E. crenatum* angesehen; es ist aber nach SCHUMANN ein Nachtblüher, die Bl. am Morgen verwelkend, während *E. crenatum* mehrere Tage offene Bl. hat.

10. **Epiphyllum stenopetalum** (FÖRST.) BR. & R. — Contr. US. Nat. Herb., 16: 259. 1913

*Phylloc. stenopetalus* FÖRST., Handb. Cact. 441. 1846.

Hellgrün, mit großen, breiten, nicht sehr dicken, festen und zum Teil etwas gewellten Trieben sowie gerundeten Rändern zwischen den ziemlich tiefen Kerben; Bl. angenehm duftend; Röhre bis 15 cm lang, mit kleinen spreizenden, rosa Schuppen; Sep. rosa bis rötlich grün; Pet. weiß, bis 8 cm lang, nur 4—7 mm breit, spreizend oder umgebogen; Gr. etwas hervorragend, schlank, rosa oder purpurn; 12—14 gelbe N.; Fr. unbekannt. — Mexiko (Oaxaca; auch auf humusbedeckten Felsen gefunden [F. SCHWARZ]). (Abb. 682).

Abb. 682. Epiphyllum stenopetalum (FÖRST.) BR. & R. auf Felsen in Mexiko (Prov. Oaxaca, bei Ecatepec). (Foto: SCHWARZ.)

Die Blüten schließen erst am Vormittag; ich kultivierte von F. SCHWARZ erhaltene Stücke, die hart, aber nicht sehr wüchsig waren; die Spezies bildet große Kolonien. Nach T. MACDOUGALL soll sie in Oaxaca „Kinchinjunga" heißen. Die Triebe haben einen ziemlich kräftigen Mittelnerv.

11. **Epiphyllum lepidocarpum** (WEB.) BR. & R. — Contr. US. Nat. Herb., 16: 257. 1913

*Phylloc. lepidocarpus* WEB., Bull. Mus. Hist. Nat. Paris, 8: 462. 1902.

Alte Stämme unten zylindrisch, holzig, Verzweigung meist flach, zum Teil 3flügelig an der Basis, dicklich, nicht sehr steif, bis 3 cm breit, Rand treppenartig gekerbt; Areolen mit kurzem Filz und einigen Börstchen; Bl. 20 cm lang, weiß; Fr. 9 cm lang, 4 cm dick, violettrot, mit langen Schuppen, diese gebogen; Fruchtfleisch weiß oder rot (WERCKLÉ), angenehm säuerlich schmeckend. — Costa Rica (bei Cartago). WEBER beschrieb das Fruchtfleisch als weiß; an BRITTON u. ROSE gesandte Pflanzen unter diesem Namen hatten unbeschuppte Früchte; andere Art, daher die abweichende Angabe: Fruchtfleisch rot? (Abb. 683).

12. **Epiphyllum guatemalense** BR. & R. — Contr. US. Nat. Herb., 16: 257. 1913
*Phylloc. guatemalensis* VPL., MfK. 23: 116. 1913.

Kräftige Pflanzen, 1 m und mehr lang; alte Stämme holzig, mit grauer Rinde, rund; Zweige grün, flach, 4—8 cm breit, an der Basis verjüngt und fast stielrund, weitläufig gekerbt, an der Spitze etwas gerundet; Bl. ca. 28 cm lang.; Röhre ca. 15 cm lang, gerade, grün oder gelbgrün, etwas kantig, wenigstens unten, mit einigen rotgespitzten Schuppen, innere Röhre in der Mitte dicht behaart (!): Sep. schuppenartig, mit roten Spitzen; Pet. weiß, schmal, 8—9 cm lang, gespitzt; Staubf. rein weiß; Gr. glänzend, orange, ebenso die N.: Ov. blaßfarben, mit einigen spreizenden Schuppen; Fr. leuchtend weinrot, 8 cm lang, gekantet, schlank. — Guatemala.

Scheint Jugend- und Altersform zu bilden, erstere mit breiteren Trieben, letztere schmaler, steifer und mit hornigem Rand (BR. & R.). — (Abbildung einer blühenden Pflanze in C. & S. J. (US.) 189. 1947.)

13. **Epiphyllum thomasianum** (K. SCH.) BR. & R. — Contr. US. Nat. Herb., 16: 259. 1913
*Phylloc. thomasianus* K. SCH., MfK. 5:6 1895.

Von BRITTON u. ROSE 1923 zu *Ep. macropterum* (*Marniera macroptera*) gestellt, weicht aber in mancherlei Beziehung ab: die Schuppen am Ov. sind nicht als behaart beschrieben, die Sep. sind inkarnatrot (bei *Marniera* lachsfarben), die Röhre ist bis 20 cm lang (bei *Marniera* nur bis 12 cm lang); Schuppen auf Ov. braun (*Marniera*: grün); Stbb. graubraun. Die Pet. sind weiß.

Abb. 683. Epiphyllum lepidocarpum (WEB.) BR. & R.

Die Abbildung in MfK. 6. 1895 ist zweifellos von einer nicht voll eröffneten Blüte gemacht (daher SCHUMANNS Beschreibung einer glockigen Hülle, nach der Abbildung); er sagt selbst bezüglich der einwärts geneigten Sepalen: „.... ob auch bei Vollblüte?" Daher zeigt seine spätere Abbildung (Reprod. in „Epiphyllum Handbook", Fig. 123, 149. 1946) eine voll geöffnete, gebogene Blüte. Sie wird also auch nächtlich sein, während die von *Marniera macroptera* eine Tagblüte sein soll. — Herkunft unbekannt.

14. **Epiphyllum ruestii** (WGT.) BACKBG. n. comb.
*Phyllocactus ruestii* WGT., MfK. 123. 1914.

Aufrecht, verzwergt; Stamm unten rund, darüber unregelmäßig 1—3kantig; die eigentlichen Tr. sind blattartig, lanzettlich, dunkelgrün, gekerbt, sie entstehen aus dem Stamm; Areolen ziemlich entfernt stehend, wenigfilzig und mit einem Borstenstächelchen; Bl. langtrichterig; Ov. lang eiförmig, grünlich, mit ca. 15 winzigen Schuppen; Röhre etwas kantig, dünn, lang, gelb, mit kleinen, entfernt stehenden Schuppen; Sep. gelb, schmallanzettlich, lang zugespitzt; Pet. weiß, lanzettlich, kurz gespitzt; Staubf. zahlreich, gelb, Staubb. bräunlich; Gr. weiß, mit 10 gelben Narbenstrahlen. — Honduras.

Die Blüten sollen nach WEINGART in der Gestalt der ersten Abbildung SCHUMANNS von *E. thomasianum* ähneln, die Röhre ca. 13 cm lang sein (ohne Ovarium); die mikroskopische Untersuchung ergab, daß *E. ruestii* weder mit voriger Art noch dem etwas ähnlichen *E. strictum* identisch ist; er gehört aber nach WEINGART in die Nähe von *E. thomasianum* wegen der gelben Staubfäden.

15. **Epiphyllum pittieri** (WEB.) BR. & R. — Contr. US. Nat. Herb., 16: 258. 1913

*Phylloc. pittieri* WEB., Dict. Hort. Bois, 957. 1898.

Stämme meist unten rund, vielverzweigt, bis 3 m lang; Zweige dünn und flach, meist 5 cm breit werdend, der Rand weitläufig gezähnt (flach-treppenstufig eingeschnitten); Bl. ziemlich klein, Röhre nur ca. 8 cm lang, weiß bis grünlichweiß und mit einigen wenigen roten, aufgerichteten Schuppen; Sep. 4—4,5 cm lang, schmal, gelblichgrün, die unteren etwas rot getönt; Pet. weiß, etwas kürzer als die Sep.; Staubf. weiß, aufgerichtet, in zwei Serien, länger als der Gr.; Gr. oben weiß, unten rot oder purpurn; Ov. mit wenigen roten Schuppen; Fr. dunkelrot, 2 cm lang; S. mattschwarz. — Costa Rica.

Die Art soll sehr reich blühen.

16. **Epiphyllum strictum** (LEM.) BR. & R. — Contr. US. Nat. Herb., 16: 259. 1913

*Phylloc. strictus* LEM., Ill. Hort. 1: Misc. 107. 1854.

Bis 2 m lang; Glieder linear, grün, 5—8 cm breit, weitläufig eingeschnitten, steif; Röhre 13—15 cm lang, dünn, grün, mit einigen entfernten Schuppen, 8—12 mm lang; Sep. rosa; Pet. weiß, schmal, zugespitzt, 6—8 cm lang; Staubf. weiß; Gr. rosa oder rot. N. gelb; Fr. kugelig, 4—5 cm $\varnothing$; S. schwarz. — S-Mexiko, Guatemala bis Panama (als Typstandort wurde Kuba angegeben, die Pflanze dort aber nur aus Samen herangezogen).

Die Art ist auch in Honduras gefunden worden.

17. **Epiphyllum cartagense** (WEB.) BR. & R. — Contr. US. Nat. Herb., 16: 256. 1913

*Phylloc. cartagensis* WEB., Bull. Mus. Hist. Nat. Paris, 8: 462. 1902. — *Phylloc. cartagensis refractus* WEB. — *Phylloc. cartagensis robustus* WEB.

Bis 3 m lang werdend, am alten Teil ± abgeflacht; Glieder kurz oder verlängert, 4—5 cm breit, weitläufig eingeschnitten, grün; Röhre 10—15 cm lang, dünn, rötlich, mit einigen entfernt stehenden Schuppen; Sep. rosa bis gelblich; Pet. weiß, 5—7 cm lang; Staubf. in nur einer Serie, weiß; Gr. rosa bis weiß; N. gelb; Fr. länglich, 7—8 cm lang, außen rot, innen weiß. — Costa Rica (bei Cartago, auf 1400 m).

Ähnelt im Aussehen *Nopalxochia ackermannii* hybr.; nach BRITTON u. ROSE sind verschiedene Rassen zu erkennen, was Gliederrand, Größe der Blüte und Griffelfarbe anbetrifft; daher wohl auch WEBERS Varietäten (v. *refractus:* mit zurückgeknickten Sepalen).

18. **Epiphyllum hookeri** (LK. & O.) HAW. — Phil. Mag., 6: 108. 1829

*Cereus hookeri* LK. & O., Cat. Sem. Hort. Berol. 1828. — *Cereus marginatus* SD. (1834) non DC. (1828). — *Phylloc. hookeri* SD.

Meist 2—3 m lang werdend, ausnahmsweise aber auch bis 7 m lang; Glieder dünn, bis 9 cm breit, hellgrün, treppenstufig eingeschnitten, nach unten allmählich verschmälert, mit nicht sehr breiter Mittelrippe; Bl. geruchlos; Röhre

11—13 cm lang, grünlich, mit wenigen schmalen, schwach spreizenden, rotgespitzten Schuppen; Sep. schmal, grünlichrosa, manchmal nur an der Spitze rosa; Pet. rein weiß, schmal, 5 cm lang; Staubbl. in nur einer Serie, im inneren Röhrenoberteil; Staubf. weiß; Gr. karmin, gelbliche Basis und rosa Spitze, in der Oberhälfte glatt, in der Unterhälfte papillös; N. gelb; Ov. grün, etwas gekantet, 2 cm lang, mit einigen spreizenden Schuppen; Fr. länglich, rot, etwas kantig und mit einigen Schüppchen; S. zahlreich, schwarz, glänzend, nierenförmig. — Guayana, N-Venezuela und auf den Inseln Trinidad und Tobago (Abb. 684).

Abb. 684. Epiphyllum hookeri (Lk. & O.) Haw. (Foto: Rose.)

Einzige, auf den westindischen Inseln festgestellte Art; wenn die Verbreitung als eine natürliche anzusehen ist, müßten die beiden Inseln länger mit dem südlichen Festland verbunden gewesen sein. Die auffallende Geruchlosigkeit widerlegt die Zweckbestimmung des Duftens dieser Nachtblüher für die Bestäubung.

19. **Epiphyllum costaricense** (Web.) Br. & R. — Contr. US. Nat. Herb., 16 : 256. 1913

  *Phylloc. costaricensis* Web., Bull. Mus. Hist. Nat. Paris, 8 : 463. 1902.

Sehr kräftig, ähnlich *E. oxypetalum;* Glieder bis 30 cm lang und 6—7 cm breit, am Rande fast gerade; Areolen 3—4 cm voneinander entfernt; Bl. nicht bekannt; Fr. 8—9 cm lang, 6—7 cm ⌀, lederartig zähe Haut, rot, nackt, nicht beschuppt, mit Andeutungen von Längsrippen; S. umgekehrt eiförmig, groß, schwarz, ähnlich denen des *E. phyllanthus;* Nabel verlängert. — Costa Rica (bei S. José, am Rio Virilla, am Rio Maria und bei La Urnia).

48*

Bereits Schumann hielt die Art für ungenügend bekannt; Britton u. Rose stellten sie als Synonym zu *Epiphyllum macropterum* (*Marniera macroptera*), zu dem Weber seinerseits wieder *E. thomasianum* stellte. Aber außer bei *Marniera macroptera* sind keine behaarten Ovarien festgestellt, so daß diese Synonymie nicht richtig sein kann. Abgesehen davon scheint übersehen worden zu sein, daß *E. costaricense* „fast ganzrandig" beschrieben wurde, was für *Marniera macroptera* schon gar nicht zutrifft, von dem hornigen Rand der letzteren ganz abgesehen. Da die Früchte der *Marniera* nicht bekannt sind, von *E. costaricense* nicht die Blüte, und die Schumannsche Eingliederung von *E. costaricense* mit „Fruchtknoten ... ohne Schuppen" nur eine Vermutung — nach der schuppenlosen Frucht — sein kann, verlangt die geringere Breite und Charakterisierung der Triebe als „fast ganzrandig", die Art getrennt zu halten. Vielleicht gibt dies auch Veranlassung, neues Material von den bekannten Standorten eingehender zu untersuchen.

20. **Epiphyllum macrocarpum** (Web.) Backbg. n. comb.

*Phylloc. macrocarpus* Web., Bull. Mus. Hist. Nat. Paris, 8: 464. 1902.

Große Pflanze mit sehr großer, weißer Blüte, die zur Nacht blüht; bemerkenswert ist die Beere, welche 15 cm lang wird, bei 5 cm Durchmesser, mit zahlreichen, mehr oder weniger unregelmäßigen, wenig vorspringenden, aber scharfen Rippen; sie ist außen karminrosa gefärbt, das Fleisch ist weiß. — Costa Rica (bei Piedras Negras, auf 800 m; die Früchte werden gegessen, schmecken aber fade). (Beschreibung von K. Schumann.)

Britton u. Rose stellen die Art mit Fragezeichen zu „*E. macropterum*", aber dafür gibt die Beschreibung des *E. macrocarpum* keine Anhaltspunkte, da die Blütenangaben, wie auch die der *Marniera*-Frucht, ungenügend sind. Höchstens könnte man einen Vergleich mit *E. cartagense* ziehen, dessen Früchte ebenfalls außen rot sind (auch ohne Schuppenangabe beschrieben) und innen weiß, der Geschmack ist bei beiden Arten als fade angegeben, und die Blüten des *E. cartagense* sind auch ziemlich groß (20 cm lang, weit geöffnet [K. Schumann]). Bei letzterem soll allerdings die Frucht nur 8 cm groß sein; bekanntlich können Früchte verschieden groß werden. Aber die Angabe „Frucht 15 cm lang" bei *E. macrocarpum* verlangt, diese Art vorderhand getrennt aufzuführen.

\*

Die von Britton u. Rose — außer ihrem allgemeinen Hybridenverzeichnis — aufgeführten nachfolgenden Kreuzungen können nur genannt werden; andere gehören zu *Nopalxochia*, da sie rote Tagblüher sind. Unter den nachfolgenden sind nur wenige noch bekannt: *Phylloc. albus grandiflorus*; *Phylloc. albus superbus*; *Phylloc. cooperi* Reg. (s. auch unter *E. crenatum*), 1884; *Phylloc. hibridus gordonianus*; *Phylloc. hibridus wrayi*; *Phylloc. hildmannii*; *Phylloc. marsus*; *Phylloc. pfersdorffii*; *Phylloc. roseus grandiflorus* Wats., 1889; *Phylloc. triumphans*; *Cactus ensiformis* Bid. (1883).

*Epiphyllum guedeneyi* (? *Phylloc. guedeneyi*), von Britton u. Rose unter *Zygocactus truncatus* erwähnt, gehört nach der Blütenbeschreibung hierher. Es wurde von Houllet in Rev. hort. 230. 1871 beschrieben: „Glieder graugrün; Ov. zylindrisch, mit 15 mm langen, linealischen Schuppen; Sep. oben schwach rötlich, unten gelblich; Pet. elfenbeinweiß; Bl. angeblich groß (Br. & R.); Fr. groß, weinrot, fast kugelig." Schumann hält die Pflanze für vielleicht identisch mit *E. crenatum*; diese Annahme gestatten aber die bei letzterem fehlenden Fruchtangaben nicht. Es ist ein zweifelhafter Artname.

*Phylloc. tonduzii* WEB. ist nur als Name von SCHUMANN erwähnt (MfK. 10 : 127. 1900); ebenso ist *Phylloc. tuna* nur ein von WERCKLÉ gebrauchter Name (MfK. 15 : 180. 1905).

Alle weiteren Bastardnamen, meist unter *Phyllocactus* geführt, werden nach dem Vorbilde VAUPELS in diesem Handbuch natürlicher Arten unberücksichtigt gelassen. Ein alter, harter Gattungsbastard ist „*Seleniphyllum* ROWL." (s. auch unter *Marniera*) (Abb. 685).

**Epiphyllum gigas** WOODS. & SCHERY — „Flora of Panama", 1958

Soll eine riesige Blüte haben — Panama (Cerro Trinidad). Weiteres ist mir über diesen Neufund nicht bekannt.

*Epiph. biforme* DON: *Disocactus biformis* LINDL.
— *ciliare* HORT. (in PFEIFF., En Diagn. Cact. 130. 1837) ist *Rh. ramulosa* (SD.) PFEIFF.
— *crenulatum* HORT. (*Cereus crispatus crenulatus* hort. berol.), nur ein Name bei PFEIFFER, für *Rh. rhombea* PFEIFF.

Abb. 685. Epiphyllum × Selenicereus (Seleniphyllum), eine altbekannte, in den Sammlungen häufige und sehr harte Pflanze. (Foto: ROWLEY.)

— *nelsonii* BR. & R.: *Chiapasia nelsonii* (BR. & R.) BR. & R.
— *phyllanthoides* SWEET: *Nopalxochia phyllanthoides* (DC.) BR. & R.
— *speciosum* HAW.: *Nopalxochia phyllanthoides* (DC.) BR. & R.

Die nicht hierhergehörenden Namenskombinationen von *Phyllocactus* sind über den Index bei den betreffenden Gattungsnamen zu finden (s. auch unter *Epiphyllanthus* bzw. dort die *Epiphyllum*-Synonyme).

## 36. ECCREMOCACTUS BR. & R.
The Cact., IV.: 204. 1923
[bei VAUPEL als *Phyllocactus*]

Phyllocactoide Epiphyten, die zu der kurzröhriger blühenden Gruppe gehören, bzw. Blüten mehr glockig über der Röhre entstehend; die Glieder sind ziemlich dicklich, in den Areolen oft kleine Stacheln; Röhre ziemlich kurz, breit geschuppt, die Schuppen in ähnlich geformte Sep. übergehend; Ov. mit etwas kurzem Haarfilz in den Achseln und manchmal Börstchen, also in der Reduktionslinie vor *Nopalxochia* rangierend, die überdies Tagblüher ist, *Eccremocactus* dagegen Nachtblüher; Fr. oblong; S. klein, zahlreich, schwarz.

Typus: *Eccremocactus bradei* BR. & R. — Typstandort nicht genauer angegeben.

Vorkommen: Nur in Costa Rica.

1. **Eccremocactus bradei** Br. & R. — Contr. US. Nat. Herb., 16 : 262. 1913
*Phylloc. bradei* Vpl., MfK. 23 : 118. 1913.

Epiphytisch auf Bäumen, später hängend, in der Kultur anfangs aufrecht; Glieder 15—30 cm lang, 5—10 cm breit, hell mattgrün, flach, Mittelnerv etwas erhöht, Kanten gekerbt, mit flachen, schwach gerundeten Vorsprüngen; Areolen mit kleinen Stächelchen, diese einzeln, zu zweien oder dreien, dunkelbraun, bis 6 mm lang; Bl. sich langsam entwickelnd, 6—7 cm lang, schwach unsymmetrisch; Sep. dick, rosa, glänzend, die nächsten rosaweiß; Pet. fast weiß, wachsartig, die Hülle glockig-trichterig und nicht sehr weit offen, d. h. nicht radförmig; Röhre manchmal nur 1 cm lang, die ganze Blüte nur 5—7,5 cm lang; Staubf. im Schlund (nur dort?) angeheftet, weiß, stark einwärts geneigt; Gr. schlank, fast weiß bzw. oben etwas rötlich, glatt; N. 8; Ov. durch die verlängerten Höcker etwas kantig wirkend, in den Achseln etwas kurzer Filz, die Schuppen dick, oval, purpurn; S. 1,5 mm lang. — Costa Rica (Cerro Turriwares, bei Orotina bzw. in dichten Wäldern auf geringer Höhe ü. M.) (Abb. 686—687).

In der Kultur verschwinden die Areolen-Stachelbündel; die Blüte ist nur eine Nacht geöffnet.

Eine gute Blütendarstellung in C. & S. J. (US.) 179. 1956.

Abb. 686. Eccremocactus bradei Br. & R. (Foto: Voll.)

Abb. 687. Frucht des Eccremocactus bradei Br. & R.

—. PSEUDONOPALXOCHIA Backbg.
In Backeberg, Die Cactaceae, I: 69. 1958.

Die einzige bisher bekannte Art beschrieb T. M. MacDougall in C. & S. J. (US.), 22—23. 1947, als *Nopalxochia*, die aber kahle Röhren und Ovarien hat, keine Borsten wie die nachstehend beschriebene Art. Die neue Gattung gehört damit in der Klassifikation zu der Gruppe mit glockig-trichterigen Blüten bzw. vor den Tagblüher *Nopalxochia*, bei der Stacheln, Filz oder Borsten ganz reduziert sind, während der Nachtblüher *Eccremocactus* noch Filzspuren aufweist. Nach T. M. MacDougall ähneln die Triebe denen von *Nopalxochia*. Die Frucht ist mit Borsten besetzt. Auf Grund des Borstenmerkmals konnte die eine Art nicht zu *Nopalxochia* gestellt werden. Eigenartig ist die becherig-trichterige Blütenform.

Typus: *Nopalxochia conzattianum* T. M. MacDougall. — Typstandort: Mexiko (Oaxaca: Dani Guie Yape, bei Santiago Lachiguiri).

Vorkommen: nur vom Typstandort bekannt.

1. **Pseudonopalxochia conzattianum** (T. M. MacDougall) Backbg. n. comb.
*Nopalxochia conzattianum* T. M. MacDougall, C. & S. J. (US.) 22—23. 1947.

Epiphytisch auf Bäumen; Tr. ähnlich *Nopalxochia phyllanthoides*, ausgereift flach; Bl. ca. 8 cm lang, becherig-trichterig, leuchtendrot mit orangefarbenem Ton; Pet. ca. 20, schmal bis fast lanzettlich, becherig gebogen, oben gerundet und gespitzt, bis 5 cm lang; Röhre 8—10 mm $\varnothing$, 2,8 cm lang, mit (wie am Ov.) pfriemlich-linearen Schuppen, purpurrot, oben rosa, 1 cm lang; Ov. ebenso beschuppt und mit 1—4 weißlichen Borsten; Gr. ca. 5,5 cm lang, rot; N. ca. 2 cm lang, violettrot; Staubf. zahlreich, unten grün, oben rötlich oder weiß; Staubb. gelblich; Fr. grün, $4 \times 3$ cm groß, gekantet, mit bis 10 Borsten in den Areolen; S. dunkelbraun, zahlreich (C. & S. J. (US.) 162. 1951). — Mexiko (Oaxaca, bei Santiago Lachiguiri, auf ca. 1800 m).

Mit der Entdeckung dieser Art durch MacDougall ist eine weitere Entwicklungsstufe in der Reduzierung der Sproßmerkmale an den Röhren bzw. Ovarien phyllocactoider Pflanzen bekanntgeworden.

## 37. NOPALXOCHIA Br. & R.
The Cact., IV: 204. 1923

[*Epiphyllum* Haw. pro parte. — *Phyllocactus* Lk. pro parte]

Flachtriebige Pflanzen mit stielrundem Stamm, Epiphyten; Glieder flachrundstufig gekerbt; Bl. ziemlich groß, zuerst fast glockig öffnend; Röhre nicht länger als der Blütensaum, mit mehreren schmalen und abstehenden Schuppen; Sep. kurz, abstehend oder zurückgebogen, die inneren spreizend oder ± zusammengeneigt; zahlreiche Staubblätter.

Die Gattung gehört wahrscheinlich zu den ältesten Kakteenkulturpflanzen Mexikos; sie hieß bei den Azteken, nach F. Hernandez „De Historia Plantarum Novae Hispaniae" (II, 167—168, 1651), in welchem Werk sie auch abgebildet ist (Abb. 688), „Nopalxochitl". Nach diesem Namen benannten Britton u. Rose die Gattung. Andere phyllocactoide Pflanzen hießen „Nopalxochiquezaltic" oder „Costicnopalxochitl quezaltic" (die Namensverbindung mit „Nopal" besagt, daß die Azteken die Pflanze zu den Opuntien rechneten). Bei Britton u.

Abb. 688. „Nopalxochitl" nannten die Azteken die Pflanzen des Genus Nopalxochia; vielleicht stellt dieses Bild aus F. HERNANDEZ „De Historia Novae Hispaniae" aber auch ein Epiphyllum dar, das in Altmexiko „Nopalxochiquezaltic" oder „Costicnopalxochitl quezaltic" hieß.

ROSE ist das Genus monotypisch, weil sie die zweite gute Art *N. ackermannii* (HAW.) KNUTH mit deren Hybride verwechselten.

Eine interessante Standortsangabe findet sich bei SPEGAZZINI (Cact. Plat. Tent., 485. 1905): „Sporadische epiphytische Vorkommen auf Bäumen in den Wäldern von Misiones" (Argentinien). Da SPEGAZZINI außerdem auch *Epiphyllum phyllanthus* aufführt, kann es sich nicht um eine Verwechslung handeln. Es wäre das eine teilweise Bestätigung der Verbreitungsangabe bei SCHELLE (Kakteen, 256. 1926): „S-Mexiko bis Misiones". CASTELLANOS u. LELONG geben in „Opuntiales vel Cactales" kein Vorkommen von *Nopalxochia* in Argentinien an. Da es sich aber bei SPEGAZZINIS Angabe um ein Wildvorkommen handeln muß, sollte diese Angabe nachgeprüft werden.

Typus: *Cactus phyllanthoides* DC. — Typstandort nicht angegeben.

Vorkommen: Mexiko [nur *N. ackermannii* (HAW.) KNUTH ist mit Sicherheit wildwachsend beobachtet worden.]

Schlüssel der Arten:

Triebe hell- bis blattgrün
    Blüten innen hellrosenrot (bis gelblichweiß:
        SCHELLE). . . . . . . . . . . . . . . . 1: **N. phyllanthoides** (DC.) BR. & R.
Triebe dunkelgrün
    Blüten tiefrot. . . . . . . . . . . . . . . 2: **N. ackermannii** (HAW.) KNUTH

1. **Nopalxochia phyllanthoides** (DC.) BR. & R.[1]). — The Cact. IV: 205. 1923
   *Cactus phyllanthoides* DC., Cat. Hort. Monsp. 84. 1813. — *Cactus speciosus* BONPL. (1813) non CAVAN. (1803). — *Epiph. speciosum* HAW. — *Cactus elegans* LK. — *Epiphyllum phyllanthoides* SWEET — *Cereus phyllanthoides* DC. — *Phylloc. phyllanthoides* LK. — *Opuntia speciosa* STEUD.

Stämme etwas holzig; Zweige an der Basis rund, oben oft zu abgesetzten weiteren Trieben verlängert, ziemlich dünn, lanzettlich, zugespitzt, flachstufig eingekerbt, oft gerötet; Mittel- und Seitennerven deutlich; Bl. 10 cm lang, zahlreich erscheinend, geruchlos; Röhre kurz (nach BR. & R. manchmal nur 2 cm lang), wie der etwas kantige Fruchtknoten mit roten Schuppen besetzt; Hüllbl. schmal, außen rosenrot und innen zuweilen heller; Sep. lanzettlich, abstehend; Pet. schmal-spatelig, stumpflich; Staubf. und Gr. weiß; N. 5—8, weiß; Fr. elliptisch, kantig, 3—4 cm lang, grün, zuletzt rot. — Mexiko (Wildstandort nicht mit Sicherheit festgestellt). (Abb. 689 b).

---

[1]) *Nopalxenia phyllanthoides* ist ein Schreibfehler HERTERS, in „Cactus", 45: 204. 1955.

Nach HASELTON („Epiphyllum Handbook", 127. 1946) ist allerdings eine Standortsangabe in Biologia Centrali-Americana, Vol. 50, zu finden: „Auf Bäumen zwischen Orchideen ... in S-Mexiko, bei Tlacolula"; die Art wurde auch in einem Canyon bei Jalapa gefunden. Ob ein Wildvorkommen, ist zweifelhaft.

Eine wenig beachtete Verbreitungsangabe macht SCHELLE („Kakteen", 256. 1926): „S-Mexiko bis Argentinien (Misiones); die argentinischen Pflanzen zeigen rosafarbige Staubfäden und Griffel (nach SPEGAZZINI)." HUMBOLDT will die Pflanze bei Turbaco, unweit von Cartagena (Kolumbien) gesehen haben. Nach dieser und SCHELLES Angabe hätte die Art eine ähnlich weite Verbreitung wie *Epiph. phyllanthus*. Genaue Feststellungen des wirklichen Wildvorkommens fehlen. Die mexikanische Standortsangabe stammt von EHRENBERG.

Abb. 688 ist eine alte Darstellung der Pflanze, bzw. soll sie obige Art sein. Da aber *N. phyllanthoides* eine ziemlich kurze Röhre hat, kann es sich auch um die nächste Art handeln.

Meist als Hybride angesehen ist der bekannte „*Phyllocactus* Deutsche Kaiserin", den BERGER als eine Form von *N. phyllanthoides* bezeichnet. *Nopalxochia phyllanthoides* ist mit *Helioc. speciosus* gekreuzt worden, und umgekehrt wohl auch mit anderen Pflanzen. Daher stammen die Bastarde: *Epiph. hybridum* HORT. in PFEIFF., En. Cact. 121. 1837 (bei PFEIFFER als Synonym von *Cereus speciosissimus lateritius*); *Epiph. jenkinsonii* G. DON (1834), vielleicht auch *Epiph. splendidum* PAXT.

a

b

Abb. 689 a. Nopalxochia ackermannii (HAW.) KNUTH. SCHUMANNS Abbildung der sehr selten gewordenen echten Art, oft verwechselt mit „Phyllocactus ackermannii hybr.". Nach MAC DOUGALL stehen beide Arten des Genus einander nahe; eine Sämlingsform des Typus der Gattung wurde „Deutsche Kaiserin" genannt.
b. Charakteristische Knospen des Gattungstypus.

(Mag. Bot. 1 : 49. 1834, Blüte 25 cm breit, orangegetöntes Rot, Röhre viel kürzer als der Saum; nach der Blütenfarbe kann es nur ein hierhergehörender Bastard gewesen sein); *Epiph. splendens* HORT. (1839); *Phylloc. erebus* (Blüh. Kakt. 3, Tafel 160); *Phylloc. haagei*. Vorstehende Namen werden von BRITTON u. ROSE unter *Epiphyllum* besonders aufgeführt.

Weiter mögen hierhergehören: *Phylloc. striatus*, und *Ph. striatus multiflorus*. PFEIFFER erwähnt (En. Cact. 124. 1837) *Cereus phyllanthoides albiflorus* (der vielleicht der von SCHELLE erwähnten innen weißlich blühenden Form entspricht und auch als Name *Phylloc. phyllanthoides albiflorus* vorkommt). SALM-DYCK nannte noch: *Cereus phyllanthoides curtisii; C. phyllanthoides guillardieri, C. phyllanthoides jenkinsonii* (*Epiph. jenkinsonii* G. DON?), *C. phyllanthoides vandesii* (alle in Cact. Hort. Dyck. 65. 1834). Nur ein Name war *Cereus phyllanthoides* v. *stricta* PFEIFF. SCHUMANN hielt *Cactus alatus* WILLD. non SWARTZ (*Rh. pachyptera*) für obige Art. —

Die Pflanze wurde bereits — außer von HERNANDEZ 1651 — von PLUKENET 1691 abgebildet, *Phillanthos* genannt.

Unter den von BRITTON u. ROSE gegebenen Illustrationshinweisen fehlt: BERTUCH u. SEIDEL (Fortsetzung des Allg. Teutschen Gartenmagazins, Weimar, 1. 1815, Tafel 16: *Cactus phillantoides*). Diese Angabe stammt von LINDINGER (Beih. Bot. Zbl. A. 382. 1942), ebenso die Notiz, daß die Abbildung der „*Nopalxochia phyllanthoides*" von TROLL (in Vergl. Morphologie d. höheren Pflanzen 1, Abb. 715, 1937) nicht diese Art, sondern *Epiph. crenatum* oder einer seiner Bastarde ist.

2. **Nopalxochia ackermannii** (HAW.) KNUTH — Kaktus-ABC, 161. 1935

*Epiph. ackermannii* HAW., Phil. Mag. 6 : 109. 1829. — *Cactus ackermannii* LINDL. — *Cereus ackermannii* OTTO. — *Phylloc. ackermannii* SD.

Tr. manchmal etwas weich; Glieder lanzettlich, buchtig gekerbt, am Grunde stielrund, im Umriß manchmal etwas eichenblattähnlich, dunkelgrün; Bl. groß, ziemlich locker, tief dunkelrot; Sep. spitz, abstehend; Pet. nach oben verbreitert, stumpfer; Staubf. zahlreich, rot; Gr. mit 8—10 dunkelroten Narben; Röhre schlank, grün, kantig und gefurcht, mit rötlichen, abstehenden Schuppen, aber unbestachelt (Beschrbg. nach BERGER, „Kakteen", 100. 1929). — Mexiko (von BOURGEAU wildwachsend bei Izhuantlancillo gesehen; von E. A. GOLDMAN in Chiapas; von HARTWEG 1839 am Cumbre de Potontipeque bei Oaxaca, auf immergrünen Eichen und anderen Waldbäumen, zusammen mit der Orchidee *Epidendrum vitellinum* (Bericht in Allg. Gartenztg. 15 : 356. 1847, nach Hortic. Soc. London trans. sect. ser. 3, 1). (Abb. 689a).

BRITTON u. ROSE nahmen hybriden Ursprung der Art an, weil sie sie, wie K. SCHUMANN, mit einem Bastard verwechselten, der bald nach der 1824 erfolgten Einführung mit *Helioc. speciosus* gezüchtet wurde und an den Borsten erkenntlich ist, die an Röhre und Ovarium gebildet werden. Sein einziger beschriebener Name ist bislang wohl *Cactus hybridus* P. C. VAN GÉEL (Sert. Bot. 1 : pl. 115. 1832); der sonst noch gelegentlich gebrauchte Name *Phylloc. ackermannii hybridus* ist ohne Beschreibung. Da es sich um den zweifellos meistverbreiteten, härtesten und blühwilligsten „Phyllocactus" handelt, der überall in unzähligen Exemplaren vorhanden ist, sollte die Pflanze — mit mehr Berechtigung als viele der anderen Bastarde — einen dem heutigen Stande unserer Kenntnis entsprechenden Namen erhalten, der nach Wuchscharakter und Blütenmerkmalen bisher nur sein kann: *Nopalxochia ackermannii hybrida*.

**Nopalxochia** × **capelleana** (ROTH.) ROWL. n. comb.
*Phylloc. capelleanus* ROTH., MfK., 11 : 138. 1901.

Diese Kreuzung hat, nach ROTHER, *N. phyllanthoides* und *N. ackermannii* als Eltern und erregte seinerzeit Aufsehen durch deren Merkmale: rote Blattnerven, gedrungene Blüten mit nur 4,5 cm langer Röhre und bis 40 gerundete, sanft zurückgebogene Pet., wie bei *N. phyllanthoides*, aber mit Karmin überhaucht; Blütendurchmesser ca. 11 cm; Bl. zahlreich entwickelt.

Dieser Bastard scheint heute kaum noch bekannt zu sein — HASELTON führt ihn in seinem „Epiphyllum Handbook" nicht auf —, sollte aber wohl neu gezogen werden.

Untersippe 2: *Wittiae* BACKBG.

Eine Gruppe phyllocactoider Pflanzen mit verschieden spezialisierten bzw. modifizierten Blüten; teils Nacht-, teils (?) Tagblüher; die Blüten zeigen eine Reduktionslinie der Größe bis zur relativ sehr kleinblütigen *Wittia*, aber (nach K. SCHUMANN) „vollkommen von der Tracht eines *Phyllocactus*". Während die Früchte von *Chiapasia* und *Disocactus* ziemlich klein, rund bis ± ovoid und glatt sind, ist die *Wittia*-Frucht zwar ebenfalls klein und teils glatt, zum Teil aber auch auffällig gehöckert. Alle bilden ausgeprägte Röhren, die kürzeste *Wittia;* auf Grund ihrer in zwei ungleich langen Serien angeordneten Staubfäden hat sie nichts etwa mit *Rhipsalis* gemein. Da sie nordwärts bis Panama vorkommt, die anderen drei Gattungen von Mexiko her bis Guatemala und Honduras, ist auch ein geographischer Zusammenhang der Untersippe gegeben; die nördlicheren Gattungen haben kürzere, dünne Röhren. Nach alledem erscheint die Zusammenfassung dieser interessanten Pflanzen in einer zusammenhängenden Gruppe als gerechtfertigt; alle Blüten haben zudem einen roten Farbton.

Vorkommen: Von Mexiko (Chiapas) über Guatemala bis Honduras, Panama, Kolumbien (Venezuela?: VAUPEL) bis Peru (im Nordosten).

### 38. CHIAPASIA BR. & R.
The Cact., IV : 203. 1923

[vordem als *Phyllocactus* angesehen, von BRITTON & ROSE zuerst als *Epiphyllum*, von LINDINGER und KIMNACH als *Disocactus*]

Stachellose, phyllocactoide Epiphyten mit gekerbten Trieben und schlanken stielrunden Stämmchen; die Blüten haben mit ihrer glockigen Form und den umgebogenen Petalen eine entfernte Ähnlichkeit mit Irisblüten, nur ca. 5 cm lang, lilarosa und mehrere Tage andauernd; die Frucht ist etwas breitkugelig, nicht groß, glatt.

LINDINGER (Beih. Bot. Zbl. A, 383. 1942) meint, daß keine generischen Unterschiede zu *Disocactus biformis* bestehen, und stellte die eine Art daher zu *Disocactus*. Das ist zweifellos ein Irrtum angesichts der einzigartigen Blütenform; vielleicht hat er dies aus der unzureichenden Abbildung BRITTON u. ROSES geschlossen.[1])

---

[1]) Eine eingehende Beschreibung der hierher gehörenden einzigen Art veröffentlichte M. KIMNACH in C. & S. J. (US.), XXX : 3. 80, 83. 1958. Er bezog dabei *Chiapasia nelsonii* zu *Disocactus* ein, indem er LINDINGER folgt, und begründet dies unter anderem damit, daß

**Typus:** *Epiphyllum nelsonii* Br. & R. — Typstandort: Mexiko, bei Chicharras im Staate Chiapas.

**Vorkommen:** nur von dort bekannt.

1. **Chiapasia nelsonii** (Br. & R.) Br. & R. — The Cact., IV : 203. 1923
   *Epiph. nelsonii* Br. & R., Contr. US. Nat. Herb. 16 : 257. 1913. — *Phylloc. nelsonii* Vpl. — *Phylloc. chiapensis* J. A. Purpus, MfK. 28 : 118. 1918. — *Disocactus nelsonii* (Br. & R.) Lindgr., l. c.

Reich verzweigt; Stämme dünner als bei *Epiphyllum;* Tr. bis 1,20 m lang, schlank, oben flach und dünn, 3—4 cm breit, Rand niedrig gekerbt, die Vorsprünge schwach ausgebogen; Bl. glockig-trichterig; Sep. schmaler, nach außen abstehend; Pet. breiter, etwas spitz zulaufend, umgebogen, insgesamt ca. 10 Hüllbl., davon 5 die innere Krone bildend; Röhre kurz, schlank, verjüngt zum kürzeren Ov., dieses mit einigen kleinen Schuppen; Staubf. ca. 20, nicht länger als die Pet., aber mit dem noch längeren Gr., dessen N. dünn und ziemlich lang sind, aus der

Abb. 690. Chiapasia nelsonii (Br. & R.) Br. & R.

Britton u. Rose keine Charaktere für die Trennung von *Chiapasia* angaben, sondern im Schlüssel nur sagten: „größere Blüten und mehr Staubfäden." In den Gattungsbeschreibungen geben sie aber bei *Chiapasia* an: „Ovarium ovoid" (nach Kimnach kann man hinzusetzen: ungehöckert), bei *Disocactus* „Ovarium klein, zylindrisch, verlängert" und in der Artbeschreibung „etwas gehöckert". Die Blütenformen sind auch ziemlich verschieden. Sie zeigen bei Britton u. Rose (Fig. 204 und 205) eine weitgehende Übereinstimmung der Disocactusblüten bzw. durch „schmal-lineale" Perigonblätter (Weingart: bei *Disocactus eichlamii*; Britton u. Rose „linear" bei *D. biformis*), gegenüber den bis 2 cm breiten (Kimnach), innersten Perigonblättern von *Chiapasia*, die glockig-trichterige Blüten hat. Danach muß ich die Gattungen getrennt halten, wie es Britton u. Rose taten. In den heute so gern vorgenommenen Zusammenziehungen sehe ich weder eine Notwendigkeit noch einen Vorteil, was das Wissen um die obenerwähnten Unterschiede anbetrifft, zumal es gegenüber *Chiapasia* bei *Disocactus* zwei weitgehend ähnlich blühende Spezies gibt.

Blüte weit hervorstehend; Fr. breitkugelig, nicht groß, glatt, mit vertrocknetem Blütenrest; S. bräunlich—schwarz, glänzend bis matt, 1,75 mm groß, ovoid, fein punktiert. — Mexiko (Chiapas, auf 900—1800 m, bei Chicharras). (Abb. 690—691).

Abb. 691. Die Blüte der Chiapasia nelsonii ähnelt etwas einer Lilienblüte.

In HASELTONS „Epiphyllum Handbook" 122. 1946 ist mit Fig. 99 „eine frühe Zeichnung K. SCHUMANNS von *Chiapasia nelsonii*" wiedergegeben, aber irrtümlich, denn es handelt sich um *Disocactus biformis* LINDL.

Ein gutes Farbbild in ZfS., 96. 1927, als *Phylloc. chiapensis*.

## 39. DISOCACTUS LINDL.
In Edwards Bot. Reg. 31: pl. 9. 1845
[*Disisocactus* KUNTZE, Bot. Zeit. 3: 533. 1845]

Unregelmäßig, gern von einem runden Stamm her, verzweigend; Triebe zahlreich, flach, stachellos; Areolen randständig; Tagblüten, nahe dem Ende der Triebe entstehend, aber auch etwas tiefer; Röhre gestreckt, doch kürzer als der Blütensaum; Petalen wenige, schmal, locker gestellt und spreizend umgebogen; Ovarium klein, zylindrisch, mit einigen winzigen Schuppen; Fr. kugelig bis ovoid, nicht gekantet bzw. glatt und nackt.

LINDINGER sieht (in Beih. Bot. Zbl. A: 383. 1942) *D. eichlamii* (WGT.) BR. & R. „auf Grund der röhrigen Blüte und der weit herausragenden Staubfäden und Griffel" als nicht hierhergehörig an und stellte dafür den Gattungsnamen *Trochilocactus* LINDGR. („Kolibrikaktus") mit dem Typus *Phylloc. eichlamii* WGT. auf. Er gibt aber keine hinreichend begründende und keine lateinische Diagnose, so daß der Name ungültig ist. Ein Vergleich der Blüten beider Arten läßt diese

Abtrennung auch nicht recht verständlich erscheinen. Beide Arten des Genus haben ziemlich schlanke, schmalblättrige Blüten (mit ± hervorstehenden Staubblättern und Griffeln).

Typus: *Cereus biformis* LINDL. — Typstandort: nicht angegeben.
Vorkommen: Guatemala und Honduras.

### Schlüssel der Arten:

Perigonblätter linealisch (bei *Chiapasia* nicht linealisch)
  Glieder mehr schmallang, nur sehr schwach eingekerbt
    (flach-stufenartig)
    Staubfäden und Griffel wenig hervorragend
      Blütenblätter stärker spreizend . . . . . . . 1: **D. biformis** (LINDL.) LINDL.
  Glieder breiter, fast lanzettlich, gezähnt-gekerbt
    Staubfäden und Griffel weiter hervorragend
      Blütenblätter weniger spreizend. . . . . . . 2: **D. eichlamii** (WGT.) BR. & R.

**1. Disocactus biformis** (LINDL.) LINDL. — In Edwards Bot. Reg. 31 : pl. 9. 1845

*Cereus biformis* LINDL., in Edwards Bot. Reg. 29 : Misc. 51. 1843. — *Disisocactus biformis* KUNTZE — *Phylloc. biformis* LAB. — *Epiph. biforme* G. DON.

Buschig, oft von einem ± rundlichen Stamm verzweigt; Tr. schmallang, an der Basis rundlich verjüngt, oben flach und nur schwach an den Areolen ein-

Abb. 692. Disocactus biformis (LINDL.) LINDL. (Foto: ROSE.)

gekerbt bzw. eingeschnitten, die Zweige bis 8 cm (und mehr?) lang, 1—2 cm breit; Blütenknospen verlängert, gespitzt, aufwärts gebogen; Röhre ca. 1 cm lang; Hüllbl. 8 (9), linear, rot, zurückgebogen, spreizend; Ov. ovoid, kürzer als die Röhre, mit einigen kleinen Schuppen; Staubf. 10—12, etwas länger als der Blütensaum; N. wenige, dünn; Fr. nackt, glatt, klein, umgekehrt eiförmig, an der Basis verjüngt. — Honduras und Guatemala (Abb. 692).

Nach BRITTON u. ROSE ein Schattenblüher; die Blüten sollen sich nachts oder am frühen Morgen öffnen, den ganzen Tag offen sein und am nächsten Morgen zu welken beginnen. Röhre und Ovarium sollen ziemlich gleich lang sein.

2. **Disocactus eichlamii** (WGT.) BR. & R. — Contr. US. Nat. Herb., 16 : 259. 1913

*Phylloc. eichlamii* WGT., MfK. 21 : 5. 1911. — *Trochilocactus eichlamii* (WGT.) LINDGR. (1942).

Nahe der Basis verzweigt, mit rundlichen Stämmchen, diese etwa 6 mm dick; Tr. blattartig, bis 22 cm lang und 4,5 cm breit, die stielrunden Stämmchen bis 40 cm lang, nach oben zu sind sie etwas kantig, werden dort auch blattartig oder verzweigen sich durch blattartige Glieder weiter; die Auskerbung ist gerundet-stufenartig; Areolenschuppen, wenn vorhanden, nur winzig; Areolen 1—2,5 cm entfernt, kahl; Bl. oft zu drei bis vier, 7—8 cm lang, Ov. 3,5—4 mm dick, grün, mit ganz kleinen, dunkelroten Schüppchen, fast unmerklich in die 2,5 cm lange Röhre übergehend, die ebenfalls einzelne fest anliegende Schuppen aufweist; Hüllbl. nach EICHLAM brillantrot, weniger weit geöffnet bis enger zusammenstehend als bei *D. biformis;* Staubf. rot, wenige, ungleich lang, am Röhreneingang angehef-

Abb. 693. Disocactus eichlamii (WEINGT.) BR. & R.

tet, mit den Antheren das Perigon um 1 cm überragend; Staubb. klein, weißlich; Gr. karmesinrot, mit 5 helleren, spreizenden N., noch 1 cm weiter als die Antheren hervorragend; Fr. weißlich durchscheinend bis rot (wenn reif?), reichlich erbsengroß, mit ganz kleinen, nicht sehr zahlreichen Schüppchen besetzt, innen weiß; S. ziemlich gerundet, nach dem Nabel zugespitzt, schwarz, glanzlos, stark grubig. — Guatemala (bei Sta. Lucia C. und in der Kaffeezone, epiphytisch auf Bäumen) (Abb. 693).

WEINGART beschreibt die Blüte als „Hülle dicht geschlossen", EICHLAM als „röhrig". Das mag LINDINGER veranlaßt haben, für diese Art (in Beih. Bot. Zbl. LXI: A, 383. 1942) eine eigene Gattung *Trochilocactus* vorzuschlagen, mit dem

Typus „*Trochilocactus eichlamii* (WGT.) LINDGR."; auch den weit herausragenden Griffel gibt er zur Begründung der Abtrennung an. Nun hat aber PORSCH in „Bestäubungsleben der Kakteenblüte, I, S. 66—67" [J. DKG. (II), 1938/I] vergleichende Darstellungen beider Blüten gegeben, die eine starke Übereinstimmung der Ovariumzone zeigen; außerdem sind die Hüllblätter von *D. eichlamii* durchaus nicht „röhrig geschlossen", sondern sogar ziemlich locker geöffnet. Der scheinbare Widerspruch findet seine Erklärung wohl in der Bemerkung von BRITTON u. ROSE zu *D. biformis*: „die Hüllbl. spreizen mehr am Morgen als am Nachmittag". Vielleicht haben EICHLAM und WEINGART den eigentlichen Blütenhochstand gar nicht bemerkt. Weiter herausragende Griffel und Staubblätter oder geringere Unterschiede im Blütensaum und Öffnen der Hülle können auch bei einem sonst so ähnlichen Bau nicht zur Gattungsabtrennung herangezogen werden, da man z. B. bei *Cleistocactus* solche Unterschiede in der verschiedensten Form findet, auch abgebogene Röhren, wie sie PORSCH bei *D. eichlamii* abbildet. Nackte oder winzig schuppige Früchte sind ebensowenig ausschlaggebend, da dies auch bei *Wittia* vorkommt. Man muß solche Merkmale von Fall zu Fall gesondert bewerten.

### 40. BONIFAZIA STANDL. & STEYERM.
Nat. Hist. Mus. Chic., Publ. Bot. ser. 23 : 66. 1944

Ein wenig bekannter Epiphyt, mit kleinen purpurrosa Blüten; kleines Ovarium mit breiten Schuppen; Röhre stark verlängert, an der Basis abgekrümmt, mit wenigen breiten Schuppen; Hüllblätter wenige; Staubblätter ziemlich zahlreich, Staubfäden herausragend; Griffel dünn.

Steht anscheinend *Disocactus* nahe (bzw. *D. eichlamii*) und unterscheidet sich wohl hauptsächlich durch die längere Röhre und breitere Schuppen bzw. Hüllblätter.

In der Schreibweise des Artnamens habe ich mich nach R. S. BYLES in „Dict. Gen. u. Subg. Cactac. 6. 1957" gerichtet. In Kakt. u. a. Sukk., 9 : 5. 73—75. 1958, berichtet CLARENCE K. HORICH über die Auffindung der Art und schreibt „*quezaltica*". Die Schreibweise der Originalveröffentlichung war mir nicht zugänglich. HORICH fand die Art auch im Cantón Tuhilacán, auf ca. 2000 m; er nimmt an, daß sich die Verbreitung auch auf das Quellgebiet des Rio Nimán (Rio Ococito) erstreckt. Auch er ist meiner Ansicht, daß die Gattung *Disocactus* nahe verwandt ist. Die Pflanzen bringen ca. 6—7 cm lange Röhrenblüten hervor, denen bald beerenförmige, nackte, rote Früchte folgen. Die Büsche erreichen ca. 1 m Durchmesser, die Triebe sind ca. 10—20 cm lang und 3—5 cm breit, an stieligen Zweigen, junge Triebe spärlich schwach behaart, später völlig kahl.

Typus: *Bonifazia quezalteca* STANDL. & STEYERM. — Typstandort: Departement Quezaltenango, zwischen San Martin Chile Verde und Colombo, oberhalb Mujuliá (in dichten nassen Wäldern auf weißen Sandhängen).

Vorkommen: Guatemala.

1. **Bonifazia quezalteca** STANDL. & STEYERM. — Nat. Hist. Mus. Chic., Publ. Bot. ser. 23 : 66. 1944

Epiphyt, die Zweige unbestachelt, die holzigen Stämme rund; Glieder abgeflacht, plan, entfernt schwach gekerbt, verjüngte oder ± gerundete Spitze; Bl. klein, rosapurpurn; Ov. oval, mit breiten, ovalen, gerundeten Schuppen; Röhre stark verlängert, dünn; Hülle viermal länger als die eigentliche Röhre, mit einigen breiten, entfernten Schuppen; Blüte unten scharf abgebogen; Hüllbl.

wenige, breit-länglich, oben gerundet und gespitzt; Staubf. ca. 35, dem Röhreninnern angeheftet, sehr dünn, hervorragend; Gr. sehr dünn; N. 4, kurz. — Guatemala.

Der Gattungsname ist nicht glücklich gewählt, da er gleichlautend ist mit der Rubiaceengattung *Bonifacia* Manso ex Steud. (1840).

## 41. WITTIA K. Sch.
### MfK., 13 : 8. 117. 1903

Epiphytische, kleine, verzweigte Sträucher; Glieder flach, länglich und am Rande gekerbt, ohne Stacheln; Bl. klein, zylindrisch, einzeln aus den Areolen; Röhre im Verhältnis zum Saum lang; Hüllblätter wenige, die freien Enden kürzer als die Röhre; Staubblätter in zwei ungleich langen Gruppen; Griffel kurz, mit zusammengeneigten Narben; Ovarium kurz, glatt oder stark gehöckert, ohne Haare oder Borsten. Die Hüllblätter stehen mit den freien Enden ziemlich aufgerichtet. (Saum nachts breiter geöffnet?)

Typus: *Wittia amazonica* K. Sch. — Typstandort: Bei Leticia und Tarapoto (N-Peru).

Vorkommen: Panama, Kolumbien bis N-Peru (Venezuela?).

### Schlüssel der Arten:

Ovarium nicht gehöckert . . . . . . . . . . . . . . . . . . 1: **W. panamensis** Br. & R.
Ovarium gehöckert . . . . . . . . . . . . . . . . . . . . . 2: **W. amazonica** K. Sch.

1. **Wittia panamensis** Br. & R. — Contr. US. Nat. Herb., 16 : 241. 1913

Tr. bis 1 m lang, 4—7 cm breit, schwach gekerbt; Bl. zahlreich erscheinend, bis 15 oder mehr gleichzeitig, aber einzeln aus den Areolen in der oberen Triebhälfte, vor der Entfaltung 2,5—3,5 cm lang, deutlich 5kantig, steif, purpurn; Röhre 5—6 mm lang; Hüllbl.: äußere 10, davon die 5 äußersten gleichmäßig, stumpf, auf dem Rücken gerippt, die 5 anderen dünner, nicht gerippt, etwas länger, alle aufrecht; innere ebenfalls 10, dünner, heller purpurn, viel kleiner als die äußeren, gespitzt; Staubbl. nicht hervorragend und in zwei Reihen stehend, eine am Grunde der Röhre, die andere an der Mündung, kurz; N. 4, weiß, zusammengeneigt, etwas hervorragend; Ov. kugelig, mit wenigen häutigen Schuppen, purpurn; Fr. glatt, 1 cm lang, grünlichweiß bis scharlach. — Panama (auf Höhen bei Chepo), Kolumbien (bei Marrangati), vielleicht auch in Venezuela (Abb. 694).

2. **Wittia amazonica** K. Sch. — MfK., 13 : 8. 117. 1903

Strauchartig, reich verzweigt; Glieder hängend, lanzettlich oder lineal-lanzettlich, spitz oder stumpf, am unteren Ende stielartig zusammengezogen, mit starker Mittelrippe, mäßig oder stärker gekerbt, Vorsprünge gerundet, dick lederartig, laubgrün, 15—40 cm lang, 4,5—9 cm breit; Bl. zylindrisch, schwach gekrümmt, einschließlich Ov. 2,5 cm lang, weinrot; Hüllbl. 10, gerade vorgestreckt; die äußeren bis 10 mm lang, die inneren höchstens 8 mm lang und mehr häutig; Staubbl. in zwei Gruppen, sehr klein, höchstens bis zum Blütensaum reichend; Gr. 1,8 cm lang, mit 5 zusammengeneigten N.; Ov. 5 mm lang, stark gehöckert, mit kräftigen 3kantigen Schuppen auf den Höckern; Fr. 1,2—1,7 cm lang, höckerig gekantet und oben tief genabelt; S. zahlreich, umgekehrt-eiförmig, etwas zusammengedrückt, am Grunde schief gestutzt. Ov. und Fr. kahl. — Peru (bei Leticia und unfern Tarapoto, nahe der brasilianischen Grenze).

Abb. 694. Wittia panamensis Br. & R. (Foto: Rose.)

*Wittia costaricensis* Br. & R. war ein Name für eine an der Westküste von Costa Rica vorkommende Art, die von den amerikanischen Autoren später zu *Pseudorhipsalis himantoclada* gestellt wurde.

*Wittia* wird meist als Übergang zu *Rhipsalis* angesehen. Das ist m. E. eine mehr äußerliche Bewertung nach der Kleinheit der Blüte und der Frucht. Es hat aber den Anschein, daß *Wittia* eher die äußerste Reduktionsstufe eines besonderen Gruppenastes mit roten Blüten ist; das zeigt sich gut an den gestreckten Blüten der *W. panamensis*, zumal diese auch ziemlich glatte und kleinschuppige Ovarien hat, ebenso eine weiß bis rot gefärbte Frucht wie *D. eichlamii* (beide *Wittia*-Arten stimmen übrigens stark überein in der Form der Hüllbl. und darin, daß deren innerste Serie dünner und kürzer als die äußeren ist; die Höckerbildung des Ov. bei *W. amazonica*, die so abweichend erscheint, ist wohl bei *P. panamensis* lediglich reduziert). Aus all diesen Gründen hielt ich es für richtiger, auf die Zusammenhänge durch eine eigene Untersippe „*Wittiae*" hinzuweisen. Wie *Rhipsalis* als äußerste Reduktionsstufe einfach gebauter Blüten, erscheint *Wittia* als Gegenstück bei einem Ast mehr spezialisierter Blüten, jene als Angehörige der großen Subtribus 1: *Rhipsalidinae*, in der blattartige bis phyllocactoide Glieder in verschiedenen Verwandtschaftsgruppen erscheinen, aber auch einen gewissen Zusammenhang zeigen mit der Subtribus 2: *Phyllocactinae*, in der diese Gestalt ausschließlich angetroffen wird, während die Sippe 2: *Epiphylloides* der Subtribus 1: *Rhipsalidinae* in Brasilien einen mehr eigenen Entwicklungsweg darzustellen scheint. Ähnlich liegen die Dinge in der folgenden Subtribus 3: *Hylocereinae*, in der mehr cereoide Typen entwickelt worden sind.

Subtribus 3: *Hylocereinae* Backbg.

Meist langtriebige Körper, cereoid oder — in Zwischenformen — kantig und geflügelt bzw. als höchstmodifizierte Stufe besonderer epiphytischer Anpassung ± abgeflacht; Blüten mit längeren Röhren, in verschiedenen Stufen der Reduzierung des Sproßcharakters und der Röhre, die meist länger oder deutlich ausgeprägt ist, bis zur extremen Reduzierung bei *Wilmattea minutiflora*.

Vorkommen: Von den USA (SO-Texas, Florida) über fast ganz Mexiko, Guatemala, Honduras, Costa Rica, Panama, einerseits über N- und

SO-Kolumbien, O-Peru, O-Bolivien und O-Argentinien bis Paraguay hinunter, andererseits über viele Inseln von Kuba bis Trinidad, Venezuela (Holländisch-Guayana?) und S-Brasilien.

Sippe 1: *Strophocerei* BACKBG.

Auf tropischen Urwaldwuchs durch breitflügelige bis anliegende Körper besonders spezialisierte Pflanzen, mit einem tag- und einem nachtblühenden Ast, der nachtblütige *Strophocactus* wohl entfernt phyllocactoid, aber in der Blüte „selenicereoid", mit der flügelig-3kantigen, tagblütigen *Deamia* im Habitus zu den mehr cereoiden Typen übergehend. Die Blüten sind ein ursprünglicher „Sproßtypus", Röhre bzw. Ovarium und Frucht ziemlich steif und länger beborstet.

Vorkommen: Mexiko, Costa Rica, Kolumbien, Brasilien (Amazonas).

Untersippe 1: *Nyctostrophocerei* BACKBG.

Körper flach anliegend; Nachtblüher.

Ein nur bei Manaos bzw. in den dortigen Amazonaswäldern vorkommender Cereus.

## 42. STROPHOCACTUS BR. & R.
Contr. US. Nat. Herb., 16 : 262. 1913

Eigentümlicher Epiphyt, vielleicht auch vom Boden her aufsteigend und mit Hilfe von Luftwurzeln klimmend, die am Mittelnerv hervorgebracht werden;

Abb. 695. Strophocactus wittii (K. SCH.) BR. & R. liegt den Stämmen flach an.

am Rande zahlreiche, engstehende Areolen, mit vielen spitzen Stacheln; Bl. groß, nach BRITTON u. ROSE rot, nach einem Foto VOLLS aber anscheinend weiß, nächtlich. BRITTON u. ROSE sagen ,,Röhre und Ovarium mit zahlreichen Haaren in den Achseln''; nach VOLLS Abbildung kann ich an der Röhre nur lockere, gekräuselte Haare feststellen (höchstens noch wenige dünne Borsten mögen vorhanden sein), wogegen an der Röhrenbasis und am Ovarium zwar dünne, aber abstehende, längere Borsten sichtbar sind; dagegen ist die schlank-eiförmige, bis 3,5 cm lange Frucht (oben tief genabelt) mit bestachelten Areolen besetzt, der Filz wenig auffällig, hier und da mit 2 mm langen Blättchen, die Stacheln haben mehr steifborstigen Charakter; die Samen sind schwarz.

Über die eigentümlich flache Gestalt sagt BERGER (,,Entwicklungsl. d. Kakteen'', 36. 1926): ,,In dieser Gattung erfährt die Reduktion der Rippen ihr Extrem.'' Man kann hinzusetzen: die nächst geringer reduzierte Stufe ist *Deamia*.

Typus: *Cereus wittii* K. SCH. — Typstandort bei Manaos.

Vorkommen: In den feuchten Amazonaswäldern ziemlich verbreitet.

1. **Strophocactus wittii** (K. SCH.) BR. & R. — Contr. US. Nat. Herb., 16 : 262. 1913

*Cereus wittii* K. SCH., MfK. 10 : 154. 1900.

Dünn und flachtriebig, den Baumstämmen anliegend, bis 10 cm breit bzw. 3—4mal so lang wie breit, oben und unten abgerundete Tr. mit sehr dichtstehenden

Abb. 696. Blühender Strophocactus wittii, eine sehr seltene Aufnahme. (Aus den Kulturen von Kakteen-HAAGE, Erfurt.) SCHUMANNS Abb. 6 in Gesamtbeschrbg. Nachtr. 51. 1903 zeigt eine stärker borstenhaarig bekleidete Röhre.

und bestachelten Areolen, nur höchstens 8 mm entfernt und mit Wollhaar und Borsten außer den Stacheln, diese zahlreich, gelbbraun, bis 12 mm lang; Bl. langröhrig, bis 25 cm lang; Röhre nach oben verjüngt, nach unten bis doppelt so stark wie oben; die äußeren Hüllbl. länger als die inneren, die schmallanzettlich sind, angeblich rot (vielleicht hellrot bis weißlich); Hülle nach Verwelken glatt abfallend; Fr. verlängert-ovoid, mit Borstenstacheln; S. eigentümlich ohrenförmig, schwarz. — Brasilien (in feuchten Wäldern der Region von Manaos) (Abb. 695—696).

Untersippe 2: *Heliostrophocerei* BACKBG.

Ein tagblühender Ast epiphytischer Cereen mit extremer Reduzierung der Rippen, ebenfalls windend den Bäumen anliegend, aber oft 5—8-rippig, daneben auch bis auf 3flügelige Rippen reduziert. Blüten groß, am Tage offen.

### 43. DEAMIA BR. & R.
The Cact., II: 212. 1920

Länger werdende Pflanzen, epiphytisch auf Bäumen oder Felsen kletternd und auch hängend; Zweige gewöhnlich 3flügelig, aber auch 5—8rippig oder -flügelig, mit Hilfe von Luftwurzeln klimmend; Areolen mit zahlreicheren Stacheln, anfangs borstig; Tagblüten (vielleicht schon nachts geöffnet und nur noch am Tage offen?), ziemlich langröhrig, gelblich- bis rein weiß; Staubf. zahlreich, dünn, in zwei Serien; Fr. wie das Ov. bestachelt.

BRITTON u. ROSE führten nur einen Artnamen auf, wiesen aber bereits darauf hin, daß die Merkmale stärker abweichen und eingehendere Beobachtungen erfordern. Ob die 1938 von CLOVER beschriebene Art aus Honduras — angesichts der von BRITTON u. ROSE für *D. testudo* angegebenen Verbreitung von S-Mexiko bis Kolumbien — nur eine abweichende Form oder wirklich eine gute Art ist, läßt sich der Beschreibung nicht entnehmen.

Abb. 697. Deamia testudo (KARW.) BR. & R., ein anliegend-klimmender Epiphyt. (Foto: ROSE.)

Typus: *Cereus testudo* KARW. — Typstandort: nicht genauer angegeben.

Vorkommen: Von S-Mexiko und Honduras bis Kolumbien.

### Schlüssel der Arten:

Stacheln bis 2 cm lang . . . . . . . . . . . . . . . 1: **D. testudo** (KARW.) BR. & R.

Stacheln, bzw. meist nur einzelne, bis 5,2 cm lang . . 2: **D. diabolica** CLOVER

1. **Deamia testudo** (KARW.) BR. & R. — The Cact., II : 213. 1920

*Cereus testudo* KARW., in ZUCCARINI, Abh. Bayer. Akad. Wiss. München, 2 : 682. 1837. — *C. pterogonus* LEM. — *C. pentapterus* OTTO — *C. miravallensis* WEB. — *Selenicereus miravallensis* BR. & R. (1909).

Fast baum- oder strauchartig, aber an Bäumen oder Felsen anliegend, bis 3 m lang; Zweige 5—8rippig oder 3kantig-flügelig, bis 15 cm lang und 8 cm breit, nach oben verschmälert, hellgrün, fast smaragdgrün; Rippen bis 3,5 cm hoch, ± stark zusammengedrückt, zwischen den Areolen Querfurchen; Areolen bis 2,5 cm entfernt, rund, 3—4 mm ⌀, mit anfangs gewölbtem, weißem Filzpolster, das bald verkahlt; St. anfangs 3—4, später bis 10 oder mehr, spreizend, steif, anfangs hellgelb, dann braun, der längste bis 2 cm lang, die anderen nach unten gewendet, außerdem noch einige Borstenstacheln, später abfallend; Bl. seitlich, bis 28 cm lang, verlängert trichterig, bis 20 cm ⌀; Sep. hellgrünlichweiß; Pet. rein weiß bis kremfarben, spatelig-lanzettlich; Staubf. hellgelb, Beutel dunkler; Gr.

Abb. 698. Die seltene Blüte der Deamia testudo (KARW.) BR. & R. (Kundenfoto HAAGE, Erfurt.)

gelblich, ebenso die N., etwas weiter hervorragend; Fr. rot, bestachelt. — Mexiko (bei Carrizal, Veracruz und im Süden) bis Kolumbien (dort bei Cartagena gefunden) (Abb. 697—698).

Die Art war zu SCHUMANNS Zeit noch fast ausschließlich unter dem Namen *Cereus pterogonus* verbreitet. Nur ein Name war *Cereus nothus* HORT. (GRUS.) non WENDL.

*Cereus acanthosphaera* WGT. (MfK. 24 : 81. 1914), mit gelblichgrünen Früchten, aus dem mexikanischen Staate Veracruz, ist vielleicht diese Art oder eine Form von ihr gewesen (s. auch hinter *Selenicereus nelsonii*).

2. **Deamia diabolica** CLOV. — Bull. Torr. Bot. Club, 65 : 570. 1938

Kräftig; gegliedert, 3—4kantig; Rippen dünn, 3—4 cm hoch, schwach gekerbt; Areolen 1,5—2 cm entfernt, an ausgereiften Tr.; St. nadelförmig, verschieden lang bzw. 0,5—5,2 cm lang, braun, später grau, am Grunde verdickt, 1 St. oft viel länger als die anderen; Bl. 22—24 cm lang, weiß; Röhre mit kleinen Schuppen, die Achseln mit bräunlichem Wollfilz und 3 braunen bis gelblichen Haaren, gekräuselt; Ov. oval, dicht goldbraun bestachelt; Fr. ziemlich klein, locker bestachelt. — Britisch-Honduras (Distrikt von Corozal).

Sippe 2: *Nyctohylocerei* BACKBG.

Kantige bis vielrippige, zur Luftwurzelbildung neigende, aufsteigende bzw. klimmende bis epiphytische (zum Teil durch Absterben des Unterteils) Cereen, nie abgeflacht, Rippen zum Teil nur 3kantig reduziert; Nachtblüher; die Blüten zeigen eine Reduktionslinie in der Größe und der Sproßnatur bzw. von bestachelten und beborsteten bis zu kahlen Röhren bzw. Ovarien. Je ein Ast mit Stacheln oder Borsten und einer nur beschuppt an Röhre und Ovarium.

Vorkommen: wie unter Subtribus 3 angegeben.

Untersippe 1: *Selenicerei* BACKBG.
Körper kantig oder vielrippig; Blüten mit Stacheln und/oder steifen Borsten an der Röhre bzw. am Ovarium.

## 44. WERCKLEOCEREUS BR. & R.[1]
Contr. US. Nat. Herb., 12 : 432. 1909

Klimmende bzw. epiphytische Cereen mit Luftwurzeln; Areolen mit kurzen Borsten oder weichen Stacheln; Blüten kurztrichterig; Röhre kräftig; Röhre und Ovarium mit schwarzem Wollfilz und einigen fast schwarzen Stacheln; Frucht kugelig, Areolen bestachelt.

Typus: *Cereus tonduzii* WEB. — Typstandort: Copey, nahe Santa Maria de Dota.

Vorkommen: Costa Rica.

### Schlüssel der Arten:

Triebe kaum gekerbt, Areolen mit Borstenstacheln auf fast fortlaufenden Rippen oder nur geringen Erhöhungen
Blüten nur bis 8 cm lang . . . . . . . . . . . 1: **W. tonduzii** (WEB.) BR. & R.

Triebe etwas stufig gekerbt; Areolen oben auf dem Absatz, kurzstachlig
Blüten 10 cm oder mehr lang . . . . . . . 2: **W. glaber** (EICHL.) BR. & R.

„*Werckleoc. imitans* KIMN. & HUTCH." s. unter *Cryptocereus*.

**1 Werckleocereus tonduzii** (WEB.) BR. & R. — Contr. US. Nat. Herb., 12 : 432. 1909

*Cereus tonduzii* WEB., Bull. Mus. Hist. Nat. Paris, 8 : 459. 1902.

Tr. kräftig, buschig verzweigt; Glieder 3kantig, selten 4kantig, tiefgrün, nicht bereift; Rand fast ungekerbt; Areolen klein, ohne St. oder mit weichen Borsten, kurz; Bl. mit ziemlich glatter Röhre; Sep. bräunlich, bis 2 cm lang; Pet. kremweiß, oblong, 2,5 cm lang; Gr. etwas hervorragend; Röhre und Ov. mit schwarzfilzigen und dunkel bestachelten Areolen, bis ca. 10 St.; Fr. kugelig, zitronengelb, weißfleischig, oben genabelt. — Costa Rica (Abb. 699).
Ein gutes Blütenfoto in MfK. 85. 1921.

Abb. 699. Werckleocereus tonduzii (WEB. BR. & R. (Foto: O. VOLL.)

---

[1] BERGER stellt in „Kakteen", 1929, *Deamia* und *Werckleocereus* zu *Selenicereus*.

2. **Werckleocereus glaber** (EICHL.) BR. & R. — Addisonia, 2 : 13. 1917
*Cereus glaber* EICHL., MfK. 20 : 150. 1910.

Tr. schlank, 3kantig, blaßgrün und etwas reifig, klimmend; Gliedkanten etwas vorspringend geteilt; Areolen auf dem Vorsprung, klein, 3—4 cm entfernt; St. 2—4, 1—3 mm lang, spitz, mit verdickter Basis; Bl. 10 cm oder mehr lang, St. an Röhre und Ov. gelb bis braun; Pet. weiß, etwas gezähnt; Gr. blaßgelb; N. weiß; Fr. unbekannt. — Guatemala (an der Westküste).

Die Pflanze ähnelt im Habitus etwas *Wilmattea minutiflora*.

## 45. SELENICEREUS (BERG.) BR. & R.
Contr. US. Nat. Herb. 12 : 429. 1909

[A. BERGER, Subsect. von Eucereus, Rep. Mo. Bot. Gard. 16 : 76. 1905]

Schlanke, klimmende oder kletternde bzw. rankende Cereen mit ziemlich langen Trieben, gerippt oder kantig, unregelmäßig Luftwurzeln hervorbringend; Areolen klein, stachellos oder mit kurzen Stacheln; Blüten groß, oft sehr groß, nächtlich; Röhre ziemlich lang, etwas gebogen; Röhre und Ovarium gewöhnlich behaart und mit Borsten, zum Teil unbehaart, aber bestachelt; obere Schuppen und Sepalen schmal; Petalen breit, weiß; die meist von der inneren Hülle abstehenden Sepalen sind grün, braun, rötlich oder orange; Staubfäden zahlreich, in zwei Gruppen; Griffel oft hohl, dick, lang; Frucht groß, rötlich, mit abfallenden Stacheln, Haaren und Borsten bekleidet.

Die *Selenicereus*-Arten sind, im Gegensatz zu den *Hylocereus*-Arten, im allgemeinen wüchsiger und auch blühwilliger. Ihre großen, zum Teil angenehm duftenden Blüten, die meist gern erscheinen, haben ihnen in vielen Sammlungen einen Platz verschafft, und sie sind in der Literatur eingehend gewürdigt worden. Dabei sind manchmal geringere Unterschiede, zuweilen nur in der Blüte, zur Artenabtrennung herangezogen worden; z. B. gibt WEINGART zu wenig über seinen *S. pseudospinulosus* (im Gegensatz zu *S. spinulosus*) an, als daß eine Unterscheidung leicht wäre. Über manche Arten bzw. deren eigene Stellung gehen die Ansichten der Autoren auseinander, was den richtigen Überblick und die Aufschlüsselung erschwert hat. BRITTON u. ROSE verweisen z. B. *S. maxonii* (*C. roseanus* VPL.), *S. pringlei* (*C. jalapensis* VPL.), *S. vaupelii* (WGT.) BORG (bzw. *C. vaupelii* WGT.) in die Synonymie; BERGER und BORG aber halten sie als Arten aufrecht. Bei den Varietäten (z. B. bei *S. grandiflorus*) sind echte Varietäten und Hybridennamen gemischt worden, es gibt zweifelhafte Namen (wie *C. acanthosphaera* WGT.) oder lange verschollene Pflanzen (wie *C. humilis* DC.), die wahrscheinlich hierhergehören, doch sind die Angaben nicht ausreichend. Bei einigen Arten bringt eine Veränderung in der Kultur Unsicherheit in die richtige Bestimmung, und die Kürze der Stacheln mancher Spezies sowie die Frage, ob die angegebenen Merkmale über zusätzliche Haare und Borsten veränderlich sind, machen ebenfalls die Gattung *Selenicereus* — trotz des einfach anmutenden Schlüssels bei BRITTON u. ROSE — zu einer nicht leicht übersehbaren Cereengruppe.

Gute Abbildungen blühender *Selenicereus*-Arten finden sich auf den Tafeln zu „Blühende Kakteen" (Band III: Herausg. VAUPEL).

Typus: *Cactus grandiflorus* L. — Typstandort: nicht angegeben.

**Vorkommen:** Von S-Texas über O-Mexiko, Mittelamerika und Westindien bis zur Nordküste von Südamerika (eine Art von Uruguay und Argentinien, aber gleichzeitig aus Honduras berichtet, so daß das erstere Vorkommen möglicherweise eine verwilderte Verbreitung ist).

### Schlüssel der Arten:

Areolen an Röhre und Ovarium mit langen Haaren (und Borsten bzw. Stacheln)
  Zweige gerippt, kantig oder fast rund, nicht mit spornartigem Vorsprung unter den Areolen
    Areolen nicht auf vorspringenden Höckern
    Stacheln nadelförmig
      Areolen ohne zusätzliche Borsten, nur anfangs längere Haare
        Rippen (4—5—) 7—8
          Stacheln anfangs gelblich, nicht sehr lang
            Areolenwolle nicht rein weiß .    1: **S. grandiflorus** (L.) Br. & R.
            Areolenwolle anfangs rein weiß    1a: v. **affinis** (SD.) Borg
            Areolenwolle dunkelbraun . .    1b: v. **ophites** (Lem.) Borg
          Stacheln gelblich, ziemlich lang [auch v. *uranos* (Ricc.) Borg] . . .    1c: v. **barbadensis** (Eng.) Borg
          Stacheln weiß, dünn und weich .    1d: v. **irradians** (Lem.) Borg
          Stacheln braun, klein (4rippig) . .    1e: v. **tellii** (Hort.) Borg
          Stacheln braungelb, 0—2—6
            Triebe 5—6rippig (mit schwachen Höckern)    2: **S. hallensis** (Wgt.) Wgt.
      Areolen mit zusätzlichen Borsten
        Triebe 4—6rippig
          Areolen mit nur bis 2 zusätzlichen, zurückgebogenen Borsten
            Stacheln nadelförmig
              Stacheln anfangs strohgelb, später bräunlich . . .    3: **S. urbanianus** (Gürke & Wgt.) Br. & R.
              Stacheln bräunlich . . .    4: **S. coniflorus** (Wgt.) Br. & R.
        Triebe 6—7rippig
          Areolen mit bis 5 Borsten (=*C. jalapensis*) . . . . . . .    5: **S. pringlei** Rose
        Triebe 7—10rippig
          Areolen außer mit kurzen nadelförmigen Stacheln mit vielen längeren (Borsten) Haaren . . . . . . . . .    6: **S. hondurensis** (K. Sch.) Br. & R.
    Stacheln mehr borstenförmig, bis 2 mm lang
      Triebe 9—10rippig, nur 1 cm ⌀
        Areolen mit vielen angepreßten Borsten . . . . . . .    7: **S. donkelaarii** (SD.) Br. & R.

                Stacheln konisch
                    Triebe 8—10rippig
                        Areolen mit zusätzlichen Bor-
                            sten, 6 und mehr
                            Stacheln sehr kurz, ca. 12 .    8: **S. brevispinus** Br. & R.
                    Triebe (3—) 4—6 (7—10) rippig
                        Rippen ungehöckert bzw. nicht
                            gekerbt
                            Areolen nur anfangs und nur
                                mit wenigen zusätzlichen
                                längeren Haaren
                                Stämme kräftig, 3—5 cm ⌀
                                    Stacheln sehr kurz, steif,
                                        6—12 (Br. & R.: 4)   9: **S. pteranthus** (Lk. & O.) Br. & R.
                                Stämme schlank, 1,5 bis
                                    3cm⌀, Rippen bis 10
                                    Stacheln sehr kurz,
                                        7 bis 9 (Berger: 5)  10: **S. kunthianus** (O.) Br. & R.
                            Areolen stets mit zusätz-
                                lichen ca. 4 Haaren
                                und 2 Borsten
                                Stacheln rauh, nur 0,5
                                    mm lang . . . .   11: **S. vaupelii** (Wgt.) Berg.
                            Areolen anfangs nur mit
                                einigen zusätzlichen
                                Borsten
                                Stacheln gelblich, sehr
                                    kurz (*Cereus rosea-
                                    nus* Vpl.) . . . .   12: **S. maxonii** Rose
                            Areolen ohne zusätzliche
                                Haare und Borsten
                                Randstacheln anfangs
                                    nicht rot (Stacheln
                                    4—5, meist über
                                    Kreuz, kurz, gelb)  13: **S. rothii** (Wgt.) Berg.
                                Randstacheln anfangs
                                    rot (später grau) .  14: **S. radicans** (DC.) Berg.
        Rippen 7, schwach geschweift
            Areolen anfangs mit einigen
                längeren Haaren
                Blütenareolenhaare
                    braun (Bl. geruchlos)  15: **S. boeckmannii** (O.) Br. & R.
        Areolen auf vorspringenden Höckern
            Areolen ohne zusätzliche
                Borsten . . . . .    16: **S. macdonaldiae** (Hook.) Br. & R.
            Areolen mit zusätzlichen
                Borsten
                Blüten größer als bei
                    vorigem, Höcker
                    spitzlicher . . . .    16a: v. **grusonianus** (Wgt.) Backbg.
                                                n. comb.

Zweige mit spornartigem Vorsprung
Stacheln anfangs borstig, später fest . . 17: **S. hamatus** (Scheidw.) Br. & R.
Areolen an Röhre und Ovarium ohne lange Haare, aber bestachelt
Zweige bestachelt
Stacheln nadelförmig, etwas länger, bis 1 cm lang, bräunlichgelb . . . . . . . 18: **S. vagans** (K. Brand.) Br. & R.
Stacheln winzig, sehr scharf, einer etwas zurückgebogen
Blüten weiß, Sepalen lederartig . . . . 19: **S. pseudospinulosus** Wgt.
Stacheln (wenigstens teilweise) kurz, konisch
Stacheln äußerst kurz
Mit zusätzlichen 2 abgebogenen Borsten
Rippen 4—5, scharf
Ovariumstacheln 10 und mehr
Blüten oben weißlich, unten rosa, Sepalen bräunlich-karmin . 20: **S. spinulosus** (DC.) Br. & R.
Stacheln (unterste) bis 2 cm lang
Ohne zusätzliche Borsten
Rippen 7—8 stumpf
Ovariumstacheln 1—3
Stacheln: zwei untere 1—2 cm lang, die übrigen winzig . . 21: **S. murrillii** Br. & R.
Zweige unbestachelt
Rippen 3—5, etwas höher
Blüten weiß . . . . 22: **S. inermis** (O.) Br. & R.
Rippen 6—12, niedrig
Blüten hellrot (Borg: weiß) . . . . . . 23: **S. wercklei** (Web.) Br. & R.
Areolen an Röhre und Ovarium ohne Haare, nur mit Filz sowie mit Borsten (weiß)
Triebe nur bis 1,5 cm dick
Rippen 6—7, niedrig, schwach höckrig
Stacheln ca. 12, nadelförmig, weiß bis gelblich . . . . . . . 24: **S. nelsonii** (Wgt.) Br. & R.

1. **Selenicereus grandiflorus** (L.) Br. & R. — Contr. US. Nat. Herb., 12 : 430. 1909
*Cactus grandiflorus* L., Sp. Pl. 467. 1753. — *Cereus grandiflorus* Mill.

Stämme kletternd, bis 2,5 cm dick, grün oder blaugrün; Rippen 7—8 oder weniger, niedrig, durch breite, runde Zwischenräume getrennt; St. nadelförmig,

7—11, 4 mm bis 1 cm lang, gelblich, anfangs mit Haaren untermischt, die bei Triebreife verschwinden; Knospen mit schmutzigweißen Haaren bedeckt; Bl. ca. 18 cm lang; Röhre und Ov. behaart und bestachelt; Sep. lang und schmal, lachsfarben; Pet. weiß, einen Becher bildend; Gr. oft hervorragend; Fr. eßbar, eiförmig, 8 cm lang, gelblich und rot gemustert, mit bräunlicher Wolle und gelblichen Stacheln. — Jamaika und Kuba; Mexiko (östliches Tiefland).

Beim Typus der Art sind Sep. und Pet. etwas einwärts gekrümmt, Gesamtlänge der Bl. bis 30 cm; Staubf. und Antheren sind gelblich, Gr. weißlich, N. zahlreich, grünlichgelb.

Es werden eine Anzahl von Varietäten unterschieden, z. B. von BORG folgende:

1a. v. **affinis** (SD.) BORG — „Cacti", 1937. 206. 1951

*C. grandiflorus affinis* SD., Cact. Hort. Dyck. 1849. 51. 216. 1850.

Tr. 7rippig, kürzer, stark von unten her verzweigend; die Haare der jungen Areolen sind weißlich. BORG hält die Pflanzen für so abweichend, daß es sich hier um eine eigene Art handeln kann. (Abb. 700).

1b. v. **ophites** (? LEM.) BORG — „Cacti", 1937. 206. 1951

*C. ophites* LEM., MfK. 4 : 173. 1894 ?, nur ein Name?

Gehört nach Ansicht von BORG und BERGER hierher (BRITTON u. ROSE konnten LEMAIRES Namen mit keiner Art identifizieren): Stämme 1,5—2,5 cm dick, tief graugrün, meist mit 6 Rippen, aber auch 4 oder 8 Rippen; Triebspitzen anfangs rot; Areolen mit sehr kurzer brauner Wolle; St. spreizend, sehr kurz, dick und weißlich. BORG hält die Pflanze für vielleicht auch eine eigene Art.

1c. v. **barbadensis** (ENG.) BORG — „Cacti", 1937. 206. 1951

*C. grandiflorus* v. *barbadensis* ENG., wo beschrieben? Von BERGER in „Kakteen", 112. 1929 (und früher; wo?)

Mit dunkelgrünen, rot überlaufenen Tr. und längeren St., gelb, sowie einige Haare am Jungtrieb; Bl. sehr groß, Sep. mehr rötlich und mehr zurückgebogen. — Barbados, St. Thomas (BERGER).

v. **uranos** (RICC.) BORG (*C. uranus* HORT. (MfK. 117. 1893); *C. grandiflorus uranos* RICC., Boll. R. Ort. Bot. Palermo, 8 : 249. 1909) ist vielleicht nur eine Form des vorigen, heller grün, aber ebenfalls längere, gelbe St.; Sep. und Pet. schmäler und mehr spreizend (BORG, in „Cacti", 206. 1951).[1])

1d. v. **irradians** (LEM.) BORG — „Cacti", 1937. 206. 1951

*C. irradians* LEM. Ill. Hort. 11: Misc., 74. 1864[1]).

Von BRITTON u. ROSE zu *S. boeckmannii* gestellt, von BORG zu *S. grandiflorus*. Nach folgender Beschreibung gehört er eher hierher: ähnelt v. *barbadensis*, aber tiefgrün, bis 2 cm dick, meist mit 6 Rippen, kleinen weißlichen Areolen und Büscheln von ca. 0,5 cm langen, weichen, weißlichen St.; langsam wachsend; Bl. in typischer Form, aber kleiner, Pet. mehr ausgebreitet.

1e. v. **tellii** (HORT.) BORG — „Cacti", 1937. 206. 1951

*C. tellii* HORT., in Hildmann Kat. bzw. MfK. 5 : 43. 1895, nur ein Name.

Ist unter diesem Namen seit längerer Zeit im Handel; Beschreibung lt. BORG: sehr schlank, bis 1 cm dick, mit 4, selten 5 Rippen, tief grün; Areolen bräunlich; St. klein, bräunlich; Bl. in der typischen Form, aber kleiner. Soll aus Mexiko stammen.

---

[1]) *C. uranus* wurde l. c. 1893 mit etwas kleinerer Blüte und mehr gelblichen Petalen beschrieben. — DIGUET (Cact. Utiles Mex., 214, 1928) erwähnt noch eine v. *albispinus*, die wohl zu v. *irradians* gehört.

Abb. 700. Selenicereus grandiflorus v. affinis (SD.) Borg? (Aus den Kulturen von Kakteen-Haage, Erfurt.)

BRITTON u. ROSE (The Cact., II : 21. 1920) konnten den Namen nicht identifizieren; er ist aber für eine *S. grandiflorus*-Form in Gebrauch.

*C. grandiflorus* v. *haitiensis* (MfK. 13 : 183. 1903) bzw. *C. haitiensis* HORT., von SCHELLE hierher gestellt, soll nach BRITTON u. ROSE eher zu einer anderen Art gehören (wie, nach den gleichen Autoren, v. *ophites*), ebenso wohl der Name v. *mexicanus* HORT.; v. *cubensis* HORT. (in SCHELLE „Kakteen", 120. 1926) mag der Typus sein. SCHELLE beschreibt v. *haitiensis* als „hellgrün, gelbstachlig", was sich mit v. *uranos* (RICC.) BORG deckt.

Die v. *barbadensis* wird von BORG auf WEINGART zurückgeführt. Laut SCHUMANN (MfK. 13 : 12. 184. 1903) stammt aber der Name von ENGELMANN; WEBER schickte nur die Pflanze an WEINGART.

Nach SCHUMANN (l. c.) ist die Form von St. Thomas dunkler grün, aber heller als der Typ, bis 9 Rippen.

Nur Namen waren: *C. scandens minor* BOERH. (vielleicht hierhergehörend), ferner *C. grandiflorus* v. *minor* SD., v. *spectabilis* KARW. In Abbildungen wurden Formen auch als *C. grandiflorus major* und als *C. gracilis scandens* bezeichnet.

*Selenicereus grandiflorus* ist oft gekreuzt worden wegen der gern erscheinenden, prächtigen Blüten; manche Kreuzungen sind wieder verschwunden. Einige haben feste Namen erhalten, wie *C. grandiflorus maximilianus* NEUB. (mit zurückgebogenen Sepalen). Beachtenswert waren die Kreuzungen mit *C. speciosus*; nach SCHUMANN gehören dazu die Namen:

*Cereus fulgidus* HORT., aufrecht, mit prachtvollen roten Blüten. BRITTON u. ROSE stellen diesen Bastard zu dem folgenden als Synonym; er ist aber durch seinen aufrechten Wuchs und das Fehlen von Luftwurzeln unterschieden.

*Cereus maynardii* PAXT. (Bot. Mag. 14 : 75. 1847): Hellgrün, rankend, 3—4-kantig, bis 3,5 cm ⌀; St. ca. 9, nadelförmig, strohgelb mit braunen Spitzen; Bl. bis 18 cm breit, scharlach. Die Pflanze bildet Luftwurzeln. Sie wurde nach VISCOUNTESS MAYNARD benannt und sollte daher *C. maynardae* heißen.

*C. grandiflorus ruber* HORT. ist ein Name für einen Bastard im Habitus ähnlich *Aproc. flagelliformis*. Bastarde sind weiter *C. grandiflorus callicanthus* RÜMPL.[1]) [*Selenic. grandiflorus callicanthus* (RÜMPL.) BORG.], *C. grandiflorus flemingii* (*C. flemingii*) RÜMPL., *C. grandiflorus viridiflorus* (MfK. 6 : 80. 1896); *C. maximiliani*, *C. grandiflorus maximiliani* (auch: v. *maximilianus* geschrieben), *C. nycticalus maximiliani* (nach BERGER auch hierhergehörend).

Für *C. maynardii* PAXT. geben BRITTON u. ROSE, außer *C. fulgidus*, noch folgende Synonyme an: *C. grandiflorus speciosissimus* PFEIFF. (1837), *C. grandiflorus hybridus* HAAGE in FÖRST. (1846); ebenso stellen sie *C. ruber* dazu, was aber nach SCHUMANNS Ansicht nicht richtig ist (Blüte lachsrot, lt. WEINGART). Auch der Name *C. grandiflorus maynardii* PAXT. kommt für *C. maynardii* PAXT. vor.

Ein Name war noch *C. grandiflorus schmidtii* (MfK. 4 : 189. 1894), ein Bastard, der schwierig zu halten war. Er soll identisch sein, lt. BRITTON u. ROSE, mit *C. grandiflorus schmidtii* BERG. (Hort. Mortol. 70. 1912).

Wie schon BRITTON u. ROSE berichteten, wird *S. grandiflorus* viel für Herzmittel gebraucht. Früher wurde er zum Teil ladungsweise exportiert. Heute wird er bei größeren Firmen angepflanzt, aber auch andere Arten (Madaus; bei der Fa. Schwabe wird neuerdings auch *Eriocereus martinii* versuchsweise für den

---

[1]) BERGER schrieb „*callianthus*". *Cereus callicanthus* HORT. (MfK. 109. 1893) war nur ein Name; es handelte sich um eine Kreuzung mit *Selenic. pteranthus*.

gleichen Zweck angebaut). SCHUMANN gibt noch an, der Saft der Pflanze sei so stark, daß er auf der Haut Blasen zieht.

2. **Selenicereus hallensis** (WGT.) WGT. — In BORG, „Cacti", 1937. 211. 1951

*Cereus hallensis* WGT., in BORG, „Cacti", 211. 1951 (Beschreibung wo?).

Rankend, Luftwurzeln bildend, bis 3 m lang; Äste blaßgrün, meist mit 5—6 Rippen oder Kanten; Areolen auf kleinen Erhebungen, 2—3 cm entfernt, klein, braunfilzig; St. oft fehlend oder 2—6, bräunlich-gelb, dünn, 1—3, bis 1 cm lang, die anderen ganz klein; Bl. groß und sehr schön, 30 cm lang und 28 cm breit; Röhre behaart und bestachelt, bräunlich-rot; Sep. ockergelb; Pet. einen lockeren Becher formend, oben breit, gespitzt (auch die ziemlich breiten Sep.); duftet nach Vanille. — Kolumbien (Abb. 701).

Ich habe die angegebene Beschreibung WEINGARTS nicht finden können; aber W. HAAGE bildet ihn unter dem Namen *S. hallensis* WGT. blühend ab in „Freude mit Kakteen", 140. 1954. BERGER erwähnt ihn nicht. Besonders die inneren Sep. sind oben ziemlich verbreitert.

Abb. 701. Blüte des Selenicereus hallensis (WEINGT.) WEINGT. (Aus den Kulturen von Kakteen-HAAGE, Erfurt.)

3. **Selenicereus urbanianus** (GÜRKE & WGT.) BR. & R. — Contr. US. Nat. Herb., 16 : 242. 1913

*Cereus urbanianus* GÜRKE & WGT., Notizbl. Bot. Gart. Berlin, 4 : 158. 1904, non BERGER (1905). — *C. paradisiacus* VPL., MfK. 23 : 37. 1913.

Stämme bis 5 cm dick, anfangs glänzendgrün, später matter, oft gerötet; Rippen 5—6, selten 3—6, anfangs scharf; St. mehrere, spreizend, dünn, nadelförmig, anfangs strohfarbig, bis 1 cm lang, später bräunlich; am Grunde der 2—3 cm entfernten Areolen einige längere weiße Haare und 1—2 dünne Borstenstacheln; Bl. bis 30 cm lang; Sep. schmal, grün, außen bräunlich, nach oben rot; Pet. gelblichweiß, außen etwas bräunlich; Staubf. und Gr. gelblichgrün, N. gelb; Fr. kugelig, gehöckert. — Haiti und Kuba.

Eine merkwürdige monströse Form dieser Art (aus Kuba) hat DAWSON in C. & S. J. (US.) 181. 1954 abgebildet.

BRITTON u. ROSE stellen als Synonym hierher: *S. maxonii* ROSE. Nach BERGER und BORG ist *S. maxonii* (Syn. *C. roseanus* VPL.) eine eigene Art. Zu BERGERS Zeit war obige Art vorwiegend als *C. paradisiacus* bekannt. BORGS Kombination *S. paradisiacus* (VPL.) BR. & R. ist ein Irrtum. BRITTON u. ROSE geben die Stacheln nur als bräunlich an; in der Originalbeschreibung: anfangs strohfarben.

## 4. Selenicereus coniflorus (WGT.) BR. & R. — Contr. US. Nat. Herb., 12 : 430.1909
*Cereus coniflorus* WGT., MfK. 14 : 118. 1904. — *C. nycticalus armatus* K. SCH. (Gesamtbschrbg. 147. 1898).

Abb. 702. Selenicereus coniflorus (WEINGT.) BR. & R.: Trieb und Frucht. (Foto: ROSE.)

Mattgrün, oft gerötet; Stämme 4—5flächig, Kanten schwach gebuchtet; Rippen gerundet; Areolen 12—14 mm entfernt, kurz weißfilzig; St. nadelförmig, steif, stechend, bräunlich, spreizend, 0,5—1,3 cm lang, mit meist 2 unteren ± anliegenden Borsten; Bl. groß, schwach duftend; Röhre matt bräunlich-grün; äußerste Sep. innen fleischfarbig; Pet. nicht gekrümmt, gerade, weiß; Blütengrund zart hellgrün; Petalenhülle ca. 12 cm breit, nicht fest geschlossen; N. hellgrün. Pet. etwas gefranst und gespitzt. — Haiti, in Florida verwildert (SMALL). (Abb. 702).

BRITTON u. ROSE geben die Stacheln als blaßgelb an, was wohl durch die Zusammenfassung mit *S. pringlei* ROSE (Syn. *C. jalapensis* VPL.) zu erklären ist, der aus Mexiko stammt und von BERGER als eigene Art angesehen wurde.

**5. Selenicereus pringlei** ROSE — Contr. US. Nat. Herb., 12 : 431. 1909

*Cereus jalapensis* VPL., MfK. 23 : 26. 1913.

Hochkletternd, gelbgrün, oft gerötet, scharf gerippt; Rippen 6—7, Areolen 1—1,5 cm entfernt; St. nadelförmig, spreizend, anfangs gelb, zuletzt weiß; Randst. 5—6, Mittelst. 1, daneben oft noch bis 5 weiße Borsten; Bl. 20 cm lang, mit brauner Wolle; Sep. 3—4 mm breit, Pet. etwas kürzer, weiß, lang zugespitzt. — Mexiko (Veracruz, bei Jalapa)(Abb. 703).

BORGS Kombination *S. jalapensis* (VPL.) BR. & R. gibt es nicht bei BRITTON u. ROSE.

**6. Selenicereus hondurensis** (K. SCH.) BR. & R. — Contr. US. Nat. Herb., 12 : 430. 1909

*Cereus hondurensis* K. SCH., in WEINGART, MfK. 14 : 147. 1904.

Abb. 703. Selenicereus pringlei ROSE (Cereus jalapensis VPL.) (Aus den Kulturen von Kakteen-HAAGE, Erfurt.)

Tr. bis 22 mm dick; Rippen 7—10. Kanten schwach gebuchtet, Furchen verflachend; Areolen mit bräunlichem Filz und krausen, grauen und bis 15 mm langen Wollhaaren; St. 7—9, weiß, wenig stechend, brüchig; Mittelst. 1 oder mehrere, rötlich-braun, bis 6 mm lang; Bl. 23 cm lang, 18 cm breit; Ov. gehöckert, reichlich grauweißwollig behaart; Sep. abstehend, braun oder dunkelgelb; Pet. zusammengeneigt, gelblichweiß; N. grüngelb. — Honduras, Guatemala.

Verfärbt sich im Winter tief purpurn. Nach BRITTON u. ROSE sind die Haare der Areolen auch borstig, die Bl. rein weiß, die Röhre und das Ov. mit borstigen Haaren besetzt.

**7. Selenicereus donkelaarii** (SD.) BR. & R. — The Cact., II : 200. 1920

*Cereus donkelaarii* SD., Allg. Gartenztg. 13 : 355. 1845 (auch *C. donkelarii* und *C. donkelaeri* geschrieben).

Tr. sehr lang, 1 cm dick; Rippen 9—10, undeutlich oder stumpf; Areolen ziemlich dicht; St. 10—15, randständige mehr borstenförmig, anliegend, mittlere 1 oder mehr, 1—2 mm lang; Bl. 18 cm lang; Röhre schlank; Sep. rötlich; Pet. 1 cm breit, weiß; Staubf. und Gr. unten grünlich, oben weißlich. — Mexiko (Yukatan, in dichten Wäldern).

**8. Selenicereus brevispinus** BR. & R. — The Cact., II : 201. 1920

*Cereus brevispinus* BERG., in „Kakteen", 113. 1929.

Rippen 8—10, leicht gebuchtet, hellgrün; Furchen eng; Spitze des Neutriebes weiß behaart; Areolen auf kleinen höckerartigen Erhebungen, braunfilzig; St. 12, kegelig, 1 mm lang, die 3—4 mittleren etwas dicker, die äußeren etwas hakig gekrümmt, daneben einige Borsten, 6 oder mehr; Bl. 25 cm lang, weißhaarig; Sep. dunkelbraun; Pet. sehr breit, weiß. — Kuba (Abb. 704—705).

BERGER (l. c.) gibt an, daß nach WEINGART *C. gonaivensis* WGT. aus Haiti dieselbe Art sein soll; er ist bei BRITTON u. ROSE nicht verzeichnet.

Abb. 704. Selenicereus brevispinus BR. & R. Epiphytisch auf einer Fächerpalme (Sabal sp.?) in der Savannah von Herradura, Kuba. (Foto: C. F. BAKER.)

9. **Selenicereus pteranthus** (LK. & O.) BR. & R. — Contr. US.Nat. Herb., 12 : 431. 1909

*Cereus pteranthus* LK. & O., Allg. Gartenztg., 2 : 209. 1834. — *C. nycticallus* LK. (die erste Schreibweise war „*nycticallus*", später schrieb man *C. nycticalus*). — *C. brevispinulus* SD.

Kräftig, 1,3—3—5 cm dick, blaugrün, oft gerötet; Rippen 4—6, anfangs scharf, später verflachend und die Stämme fast rund; Triebspitzen mit weißer Wolle und gelben St.; Areolen 8—12 mm entfernt, weißfilzig; St. 6—12, anfangs gelb, später grau, bis 6 mm lang; Bl. bis 30 cm lang, mit weißwolliger Röhre und Ov.; Sep. bräunlichrot, Pet. rein weiß, außen grün gekielt; Staubf. oben gelblich; Gr. weißlich, auch die N.; Fr. rund, rot, bestachelt, 6—7 cm ⌀. — Mexiko (Tamaulipas und Veracruz).

Abb. 705. Selenicereus brevispinus Br. & R. in Blüte. (Foto: Rose.)

Die Art wurde früher meist als *C. nycticalus* oder „Prinzessin der Nacht" bezeichnet; Blüte nicht duftend, im Gegensatz zur „Königin der Nacht", *S. grandiflorus*, mit dem sie auch gekreuzt wurde, wodurch von beiden Arten manchmal schwer definierbare Bastarde entstanden; ein solcher ist z. B. *C. peanii* Beguin, nur ein Name.

Nur Namen sind: *C. antoinii* Pfeiff.; *C. rosaceus* DC.; *C. nycticalus gracilior* Haage; *C. nycticalus maximiliani*; *C. nycticalus viridior* und die von Diguet genannten Varietäten: *S. pteranthus* v. *armatus*, v. *gracilior*, v. *viridior* (Cact. Utiles Mex. 216. 1928).

### 10. **Selenicereus kunthianus** (O.) BR. & R. — Contr. US. Nat. Herb., 12 : 430. 1909

*Cereus kunthianus* O., in SALM-DYCK, Cact. Hort. Dyck. 1849. 217. 1850.

Stämme 7—10rippig, die Furchen verflachend; Areolen braunfilzig, mit gekräuselter Wolle; Randst. 4, über Kreuz, sehr klein, steif, braun; Mittelst. 1 oder fehlend; Bl. ca. 23 cm lang, duftend; Ov. wenig gehöckert, wie die Röhre mit weißen Borstenst. und graurosafarbenen Haaren; Hüllbl. sehr zahlreich; Sep. rötlichgrün, lineal-lanzettlich; Pet. lanzettlich, rein weiß, gespitzt und ausgekerbt; Gr. grünlichgelb, ebenso die Staubf.; Fr. karmin, behaart und bestachelt. — Heimat nicht bekannt, angeblich aus Honduras stammend.

BERGER und BORG geben nur 4 Randst. und einen oft fehlenden Mittelst. an; BRITTON u. ROSE sagen: St. 7—9, nur 1—2 mm lang.

### 11. **Selenicereus vaupelii** (WGT.) BERG. — „Kakteen", 114. 1929

*Cereus vaupelii* WGT., MfK. 22 : 106. 1912.

Tr. nicht sehr lang, hell graugrün, anfangs dunkler, manchmal gerötet, an der Spitze mit einem derben, grauen Haarbüschel, 13—18 mm $\varnothing$; Rippen 5, schmal, Kanten kaum geschweift; Areolen 18—20 mm entfernt, klein, graufilzig; St. sehr klein, etwa 0,5 mm lang, rauh; Randst. 0—2—5; Mittelst. 1—2 und zusätzlich 4 graue, ca. 7 mm lange Haare und 2—3 anliegende kleine Borstenst.; Bl. 25 cm lang, nach Vanille duftend; Sep. außen rotgrün, innen gelb; Pet. bis 18 mm breit, weiß; Ov. kugelig, gehöckert, schuppig, rotgrau und behaart, und, wie die Röhre, mit einem 3 mm langen St.; N. tiefgelb. — Haiti (von VAUPEL gesammelt).

Durch glänzendere Epidermis und stärkere Haarbüschel an der Triebspitze, blaßgelben Griffel, nur 1 Areolenstachel am Ovarium, kaum geschweifte Rippen und rotgraufarbene Röhrenhaare von *S. boeckmannii* (schneller als *S. vaupelii* wachsend) unterschieden, zu dem ihn BRITTON u. ROSE stellen. BORG schreibt irrtümlich *S. vaupelii* (WGT.) BR. & R.

### 12. **Selenicereus maxonii** ROSE — Contr. US. Nat. Herb., 12 : 430. 1909

*Cereus roseanus* VPL., MfK. 23 : 27. 1913.

Rippen 5—6; Areolen klein; St. kurz, gelblich, außerdem noch einige zurückgebogene weiße Borsten; Bl. 20 cm lang, mit weißer Wolle, Haaren und Borsten; Sep. grünlich, bräunlich oder rosa; Pet. breiter, weiß; Gr. kräftig, rahmfarben. — Kuba (Prov. Oriente, epiphytisch auf Palmen).

Die Stacheln bzw. Borsten auf dem Ovarium sind sehr kurz.

MARSHALL [C. & S. J. (US.) 58. 1936] führt einen *Selenicereus roseanus* ohne Autorenangabe auf.

### 13. **Selenicereus rothii** (WGT.) BERG. — „Kakteen", 116. 1929

*Cereus rothii* WGT., MfK. 32 : 146. 1922.

Ältere Tr. stielrund, geschwollen, ohne Höcker; jüngere saftgrün, mit 5—6 Rippen; Areolen erhaben, 10—14 mm entfernt; St. 4—5, nur 3—5 mm lang, meist über Kreuz stehend; Bl. 27 cm lang, schwach duftend; Sep. rötlich-grün; Pet. außen schwach gelb, innen weiß. — Paraguay.

BRITTON u. ROSE bezeichnen die Art als einen neuen Namen von *S. macdonaldiae*; BERGER sagt jedoch — wohl wegen der fehlenden typischen Höcker des

*S. macdonaldiae* und der kleineren Blüte von *S. rothii* —, daß die beiden Arten ganz verschieden sind.

14. **Selenicereus radicans** (DC.) BERG. — „Kakteen", 116. 1929

*Cereus radicans* DC., Prodr. 3 : 468. 1828.

Beschreibung nach BERGER (nach der von WEINGART im Magdeburger Grusonhaus 1899 wiedergefundenen Pflanze): Tr. spröde, brüchig, 15 mm dick, hellglänzend grün; Rippen 3—4 bis (meistens) 5; anfangs Kanten und Furchen scharf, dann verflachend, Stämme später rund; Areolen 15 mm entfernt, auf Höckern; Randst. 3—5, anfangs rot, dann grau, 3—4 mm lang, kegelig; Mittelst. 0 oder 1, etwas länger; Bl. 32 cm lang; Ov. gehöckert, braun behaart und büschelig bestachelt; Sep. außen rot, innen gelb; Pet. weiß; Staubf. und Gr. weiß; N. gelb. — Heimat unbekannt.

Nach BRITTON u. ROSE bzw. der von ihnen erwähnten Beschreibung PFEIFFERS soll die Art 6—9 Rand- und 1 Mittelstachel haben, alle braun.

Als Synonyme gibt PFEIFFER an: *C. biformis* HORT. und *C. reptans* SD. non WILLD., nur Namen.

15. **Selenicereus boeckmannii** (O.) BR. & R. — Contr. US. Nat. Herb., 12 : 429. 1909

*Cereus boeckmannii* O., in SALM-DYCK, Cact. Hort. Dyck. 1849. 217. 1850.
— *C. eriophorus* GRIS. (1866) non PFEIFF. (1837).

Kräftig, Tr. 2 cm dick, frischgrün; Rippen 7, Kanten etwas buchtig gekerbt; Furchen gerundet; Areolen 12—16 mm entfernt, graufilzig; St. am Grunde verdickt, ca. 1 mm lang, die drei oberen und der Mittelst. braun, die drei unteren grau; Bl. bis 30 cm lang, über 20 cm breit; Ov. gehöckert, mit kleinen Schuppen, kurzer Wolle und langen, braunen Wollhaaren sowie 2—3 derben, braunen St.; Röhre schlank, oft rötlich, und ähnlich bekleidet; Sep. sehr schmal, bis 13 cm lang, 5 mm breit, oft eingerollt, innere Sep. zitronengelb oder dunkler; Pet. 2 cm breit, lang zugespitzt, rein weiß; Staubf. grün; Gr. mit hellgelben dicken N. — Kuba, Haiti und O-Mexiko; auf den Bahama-Inseln verwildert.

BERGER gibt als Verbreitung nur Kuba an (WEINGART auch Zacuapan [Mexiko]); die anderen Vorkommen von BRITTON u. ROSE gegeben [durch die Verbindung mit *S. vaupelii* und *C. irradians* LEM.? Letzterer ist als v. *irradians* (LEM.) BORG zu *S. grandiflorus* gestellt].

Die Blüten duften nach Vanille (BERGER). Nicht zu verwechseln mit *C.* × *beckmannii* (s. unter *S. macdonaldiae*).

16. **Selenicereus macdonaldiae** (HOOK.) BR. & R. — Contr. US. Nat. Herb., 12 : 430. 1909

*Cereus macdonaldiae* HOOK., in Curtis' Bot. Mag. 79. pl. 4707. 1853.

Schnell wachsend; alte Stämme immer rund, sehr lang, anfangs dunkelgrün, 10—15 mm dick, mit 5 flachen gehöckerten Rippen; Areolen auf der Höckervorderseite, klein, mit mehreren braunen, winzigen St.; Bl. bis 35 cm lang; Ov. gehöckert, beschuppt und rostbraun behaart sowie mit kurzen braunen St., ebenso die Röhre; Sep. purpur-rötlich oder -orange, teilweise zurückgebogen; Pet. weiß oder krem, breit, ± gezähnt und gespitzt; Staubf. und Gr. weiß; N. gelblich. — Uruguay und Argentinien (nach SPEGAZZINI); lt. BRITTON u. ROSE ursprünglich „Honduras" angegeben. SPEGAZZINI glaubte, der Name stamme von dem Küstenort Maldonado; das ist aber wegen der Endsilbe unwahrscheinlich. Nach DIGUET auch in Mexiko (Abb. 706).

Die Frucht ist eiförmig, ca. 8 cm lang und dicht bestachelt. Borg sagt, die Art habe die größten Kakteenblüten; aber die des *Hylocereus polyrhizus* habe ich in Kolumbien bis fast 40 cm lang gemessen. Der Name wurde auch *C. mac donaldiae* geschrieben.

*C. donatii* HORT., ein Name, wird als Synonym angegeben.

Eine sehr schöne und merkwürdige Kreuzung soll NEUBERT (München) erzeugt haben: *C. beckmannii* hybr., lt. WEINGART (Kkde. 5 : 83. 1934) ein Bastard von *S. macdonaldiae* und *Helioc. speciosus*, 3—5kantige Triebe, an den Kanten rot, mit kurzen Stacheln und wenigen Luftwurzeln; Blüten außen gelb, dann rot und in der Mitte violettrot. Der Bastard „Frau Pauline Haupt" (Kat. HAAGE u. SCHMIDT, 1928) soll dieselbe Hybride darstellen.

Abb. 706. Selenicereus macdonaldiae (HOOK.) BR. & R. in Blüte. (Foto: CUTAK.)

Abb. 707. Selenicereus hamatus (SCHEIDW.) BR. & R.

16a. v. **grusonianus** (WGT.) BACKBG. n. comb.

*Cereus grusonianus* WGT. (MfK. 15 : 54. 1905). — *Selenic. grusonianus* (WGT.) BERG.

Wird von BRITTON u. ROSE als eine Rasse von *S. macdonaldiae* angegeben; von BERGER und BORG als eigene Art geführt; Tr. lang, samtartig dunkelgrün, mit sehr vielen Luftwurzeln; Rippen 6, schmal, später verflachend; Areolen an der Vorderseite kleiner, spitzer Höcker, mit dreiseitiger, abstehender spitzer Schuppe, graufilzig und mit 3—4 kegeligen, 2 mm langen St., davon einer nach unten, rotbraun, die anderen nach oben, gelblichweiß, rotbraun gespitzt, außerdem einige weiße Borsten; Bl. wie die des *S. macdonaldiae*, aber noch größer und voller, mit Vanilleduft. — Soll (nach BERGER) angeblich aus Mexiko stammen; dann könnte er — wenn SPEGAZZINIS Angabe betr. *S. macdonaldiae* stimmte — keine Rasse des letzteren sein. Da die Pflanze von WEINGART nur in einem Kulturhaus gesehen wurde, scheint die Herkunftsangabe so unsicher wie bei *S. macdonaldiae* zu sein.

17. **Selenicereus hamatus** (SCHEIDW.) BR. & R.—Contr. US. Nat. Herb., 12 : 430. 1909

*Cereus hamatus* SCHEIDW., Allg. Gartenztg., 5 : 371. 1837. — *C. rostratus* LEM. (1838).

Tr. sehr lang, 16—22 mm dick, hellgrün, glänzend, meist 4kantig, mit haken- oder nasenförmigem Sporn, bis 1 cm lang, unter den Areolen; St. 5—6, die oberen borstenförmig, weißlich, 4—6 mm lang, abfallend, 2—3 untere bleibend, kräftiger, braun; Bl. 30 bis fast 40 cm lang; Ov. stark gehöckert, schwarzfilzig und bestachelt; Röhre grün oder bräunlich, wie das Ov. mit dunklen oder schwarzen Haaren sowie mit dünnen, weißen St.; äußere Sep. mehr rötlich, innere mehr chromgelb; Pet. rein weiß, sehr breit; Staubf. zahlreich; Gr. sehr dick, kremfarben. — Mexiko (Veracruz, bei Jalapa, in den Wäldern) (Abb. 707).

Die Blüte ähnelt durch die Breite der Petalen und ihre Anordnung einer Blüte von *Epiphyllum*-Hybriden, ist aber eine der größten überhaupt. BORG gibt als Vorkommen noch „Kleine Antillen" an (verwildert?), BERGER auch „S-Mexiko". BRITTON u. ROSE geben die Blüten nur mit 25 cm Länge an, ferner, daß die Jungstacheln borstenförmig sind, die älteren „braun oder schwarz". Die Art wird viel als Unterlage für *Zygocactus* usw. genommen.

MARSHALL [C. & S. J. (US.) 58. 1936] führt auch einen *Selenicereus rostratus* ohne Autorenangabe auf.

18. **Selenicereus vagans** (K. BRAND.) BR. & R. — The Cact., II : 205. 1920

*Cereus vagans* K. BRAND., Zoe 5 : 191. 1904. — *C. longicaudatus* WEB.

Stämme kriechend, oft Massen bildend, mit Luftwurzeln; Glieder 1—1,5 cm ⌀; Rippen ca. 10, niedrig; Areolen 1—1,5 cm entfernt; St. nadelförmig, zahlreich, bis 1 cm lang; Bl. 15 cm lang; Röhre 9 cm lang, leicht gebogen, bräunlich, ohne Haare, mit Bündeln von 5—8 dünnen St., ebenso am Ov.; Sep. linear, bräunlich bis grünlichweiß, 6 cm lang; Pet. weiß, lanzettlich, 6 cm lang, gespitzt, sonst gewellt oder gezähnt, besonders oben; Staubf. weiß oder mit grünlicher Basis; Gr. grünlich oder oben kremfarben. — Mexiko (Mazatlan, an der Westküste).

Vielleicht gehört hierher als eine Rasse oder Form mit helleren Stacheln der „*S. pseudospinulosus* HORT. non WGT.", den MARSHALL (Cact. 114. 1941) erwähnt: „stärker bewaffnet als der weißlichrosa blühende *S. spinulosus.*" Der richtige *S. pseudospinulosus* ist dagegen nach WEINGART äußerst kurz bestachelt und soll die Pflanze der Abbildung BRITTON u. ROSES Fig. 286 (The Cact., II : 207. 1920) sein. Eine Pflanze mit mehr Stacheln, wie von MARSHALL erwähnt, habe ich auch im Garten Les Cèdres, auf Cap Ferrat, gesehen. Sie entsprach keiner der anderen dünnen und wenig bestachelten Arten. Nach MARSHALLS Bezeichnung könnte man von einem „falschen *S. pseudospinulosus*" sprechen, der anscheinend keinen Namen hat. Die Blüte habe ich nicht gesehen, kann auch nicht feststellen, ob es sich etwa um den *C. longicaudatus* WEB. handelt.

### 19. Selenicereus pseudospinulosus Wgt. — M. DKG. 255. 1931
Non *S. pseudospinulosus* hort., in Marshall, Cactaceae, 114. 1941.

Gleicht sehr dem *S. spinulosus*, doch in den Areolen ein St. oft nach oben und/oder nach unten bogig gekrümmt, sich fast der Rippe anlegend; Bl. mit ledergelben Sep. (bei *S. spinulosus* bräunlich karminfarben); Pet. weiß (bei *S. spinulosus* oben weiß, unten zart rosa); Ov. größer, länger und weniger kräftig bestachelt als bei *S. spinulosus*. — Mexiko (Tamaulipas, mit meterlangen Trieben kriechend, in regenfeuchter Gegend, lt. Weingart) und (lt. Britton u. Rose) bis USA (SO-Texas).

### 20. Selenicereus spinulosus (DC.) Br. & R. — Contr. US. Nat. Herb., 12: 431. 1909

*Cereus spinulosus* DC., Mém. Mus. Hist. Nat. Paris, 17: 117. 1828.

Sehr verzweigt; Äste lang und schlank, lebhaft glänzend grün, mit einzelnen Luftwurzeln; Rippen 4—5, selten 6, etwas zugespitzt, später stumpf, Furchen seicht, bald flach; Stachelpolster weitläufig gestellt, 18—24 mm entfernt, anfangs nur 9—12 mm, stark gewölbt, mit kurzer, etwas steifer, anfangs lebhaft rotbrauner, später graubrauner Wolle; Randst. 6—8, die oberen ziemlich stark und steif, pfriemlich, kurz, hornfarbig, gelblichweiß oder fast

Abb. 708. Selenicereus spinulosus (DC.) Br. & R. (?)

weiß, etwas abstehend, die zwei untersten ca. 5 mm lang, viel dünner und mehr borstenartig, blasser, der Kante dicht anliegend; Mittelst. 1, den oberen Randst. gleich; Stamm bis 2,5 cm, Äste nur 11—13 mm stark; Bl. geruchlos, 15 cm breit, morgens schon geschlossen; Röhre 10 cm lang, hell- bis weißlichgrün, mit rötlichem Anflug; Ov. dicht mit roten, weißlichen und weißen Borstenst. besetzt; Sep. lineal-lanzettlich, trüb hellrotbraun; Pet. ca. 7,5 cm lang, umgekehrt-lanzettförmig, oben 11 mm breit, blendend weiß, nach der Basis rosenrot angehaucht; Staubf. weiß, Staubb. gelb; Gr. weiß; N. weiß. — Mexiko (Hidalgo: am Rio Tonaltongo, lt. Weingart) (Abb. 708).

Beschreibung nach Förster-Rümpler, Handb. Cactkde. II: 757. 1898. Die Abbildung in Britton u. Rose: The Cact. 207. 1920 (Fig. 286) und Tafel XXXVIII: 2 sind lt. Weingart die vorige Art.

### 21. Selenicereus murrillii Br. & R. — The Cact., II: 206. 1920

Sehr dünner Ranker, bis 6 m oder mehr lang, nur 8 mm dick, mit vielen Luftwurzeln, dunkelgrün, Rippen ± rötlich; Rippen 7—8, stumpf, durch breite

Zwischenräume getrennt; Areolen bis 2 cm entfernt, weißfilzig und mit 5—6 winzigen Stächelchen, die zwei untersten länger und zurückgebogen, bis 2 cm lang, die anderen konisch, grünlich bis schwarz; Bl. 15 cm lang und breit; Röhre 6 cm lang, purpurgrün, weißfilzig und mit 1—2 winzigen St.: Sep. grüngelb, die äußersten rückwärts purpurn, stark spreizend; Pet. reinweiß, die äußersten etwas grünlich scheinend, alle eine glockige Korolla bildend; Staubf. krem, ebenso der Gr. und die Staubb.; Ov. nur mit bis 3 Stächelchen, aber ohne Haare. — Mexiko (bei Colima).

Ein Blütenbild in MARSHALL u. BOCK, ,,Cactaceae", 114. 1941.

22. **Selenicereus inermis** (O.) BR. & R. — The Cact., II: 207. 1920

*Cereus inermis* OTTO, in PFEIFFER, En. Diagn. Cact. 116. 1837. — *C. karstenii* SD.

Schlanktriebig, bis 1,25 cm dick, glänzend hellgrün, 3—4—5kantig; Kanten scharf, gerade oder etwas gebuchtet; Arcolen entfernt, bis 6 cm weit, anfangs nur mit einigen Borsten, ohne St.; Bl. ca. 15 cm lang; Ov. und Röhre mit einigen Schuppen und einzelnen St., ohne Haare; Sep. gelblichgrün, am Grunde rötlich wie auch die sonst weißen Pet.; Gr. dick, rötlich; N. gelblichgrün. — Venezuela, Kolumbien.

23. **Selenicereus wercklei** (WEB.) BR. & R. — The Cact., II: 208. 1920

*Cereus wercklei* WEB., Bull. Mus. Hist. Nat. Paris 8: 460. 1902.

Dünn, reich verzweigt, viele Luftwurzeln; Areolen auf nur anfangs etwas geschwollenen Erhebungen; Tr. blaßgrün, 5—15 mm dick, nahezu rund, mit 6—12 schwachen Rippen; Areolen stachellos, nur mit winzigem Filzbüschel; Bl. 15—16 cm lang, hellrot (BORG: weiß); Sep. schmal, grünlich; Pet. oblong; Gr. unten grün, in der Mitte rosa, oben fast weiß; Ov. stachlig; Fr. eiförmig, gelb, mit Stachelbündeln. — Costa Rica (am Cerro Mogote, bei Miravalles).

Ähnelt fast einer *Rhipsalis;* unterscheidet sich vom *S. inermis* durch die zahlreicheren Rippen.

24. **Selenicereus nelsonii** (WGT.) BR. & R. — The Cact., IV: 283. 1923

*Cereus nelsonii* WGT., ZfS. 1: 33. 1923.

Dünn, stark verzweigt, bis 15 mm dicke Tr., gelegentlich mit Luftwurzeln; Rippen 6—7, niedrig, etwas gehöckert; Areolen klein, rund, ca. 1 cm entfernt; St. ca. 12, nadelförmig, weiß bis gelblich, 5—7 mm lang; Bl. ca. 20 cm lang; Sep. linear, rotbraun; Pet. schmal-lanzettlich, 7 cm lang, bis 15 mm breit, rein weiß; Röhre mit Filz und weißen Borsten, ebenso am Ov.; Fr. 2,5 cm dick, rötlich, mit zahlreichen rundlichen Areolen und bis 1 cm langen St. in Büscheln. — Mexiko (im Süden, ohne genauen Standort). — (Abbildung in ZfS. 35. 1923.) Die Blüten sollen duften (BORG), Staubf. und Gr. sollen weiß sein.

Zu *Selenicereus* gehört nach BRITTON u. ROSE vielleicht:

*Cereus acanthosphaera* WGT., MfK. 24: 81. 1914

Dunkelgrün, kletternd und überhängend; Zweige 3—7 m lang, aber aus ca. 20 cm langen Gliedern bestehend, diese mit 4, seltener mit 5 Rippen, die Glieder annähernd gleich breit in der Länge, an einer Seite mit reichlichen Luftwurzeln, die Rippenflächen zum Teil aufeinanderliegend, in X-Form; Areolen ca. 15 mm entfernt, wenigfilzig; St. anfangs 1, später 2—3—4, die seitlichen bis 12 mm lang; Fr. gelblichgrün, faustgroß, mit auffällig starken St. und Blütenrest darauf.

BRITTON u. ROSE meinen, es könne sich auch um eine *Deamia testudo* handeln; das erscheint nicht ausgeschlossen, da diese in jener Gegend vorkommt, doch sollen deren Früchte rot sein, auch bestachelt. Vielleicht ist die von WEINGART beschriebene Farbe die unreifer Früchte? (s. auch unter *Deamia*).

**Selenicereus humilis** (DC.) MARSH., in C. & S. J. (US.), VIII: 4. 57. 1936

*Cereus humilis* DC., Prodr. 3: 468. 1828.

In l. c. führt MARSHALL die Pflanze von DE CANDOLLE als *Selenicereus*, von Santo Domingo, auf. BRITTON u. ROSE geben die Beschreibung wieder: Niedrig, 2,5 cm ⌀, mit spreizenden, verlängerten, wurzelnden Tr.; Rippen 4—5, stark zusammengepreßt; Areolen 8 mm entfernt, kahl oder weißfilzig; St. 4—8 mm lang; Randst. 8—12, borstenförmig, weiß; Mittelst. 3—4, stärker, strohfarben.

Ob es sich um eine gute eigene Art handelt, läßt sich nicht feststellen. DE CANDOLLE wußte das Ursprungsland nicht. SALM-DYCK hatte ihm die Pflanze unter dem Namen *Cereus gracilis* gesandt, PFEIFFER führte noch *C. humilis* v. *minor* (Syn. *C. myriacaulon* MART., *C. mariculi* HORT.), LEMAIRE eine v. *major* auf; auch eine v. *rigidior* und eine v. *myriacaulon* wurden von SALM-DYCK (1849) genannt.

Es gibt noch einen *Cereus albisetosus* HAW. (Suppl. P. Succ. 77. 1819 [Syn. *Piloc. albisetosus* (HAW.) K. SCH.]), von dem BRITTON u. ROSE sagen: Offensichtlich kein *Cephalocereus* (sensu BR. & R.), vielleicht ein *Selenicereus*, eine kriechende, grüne, 5kantige Art, Areolen mit brauner Wolle und mehreren weißen Borstenstacheln. Heimat: Santo Domingo, ähnlich *C. reptans*. [Gemeint ist wohl *C. reptans* SD. non WILLD. — *S. radicans* (DC.) BERG., dessen Heimat unbekannt ist.]

Vielleicht handelt es sich bei dieser Art um MARSHALLS *S. humilis* (DC.) aus Santo Domingo. Dann hätte HAWORTHS 1819 beschriebener Name den Vorrang. Die Cereen von Santo Domingo sind nur wenig bekannt.

BR. & R. erwähnen hierunter einen *Cereus rigidus* LEM., der vielleicht ein *Selenicereus* war. (s. auch WEINGART, in MfK. 181. 1931).

MARSHALL nennt in l. c. noch die Namen „*Selenic. acutangulis*", meint aber wohl *C. acutangulus* (*Acanthoc. acutangulus*), ferner *S. flavicomatus*, ein undefinierbarer Name wie *S. viridicarpus*, der wohl dasselbe ist wie *S. verdicarpus* [C. & S. J. (US.) XV: 74. 1943]. *S. nyctacaulis* in MARSHALL, Cact. 113. 1941, soll „*nycticalus*" heißen; er ist aber nirgends mit *Selenicereus* kombiniert, sondern dann nur als *S. pteranthus*. *Selenicereus seidelianus* ist nur ein Katalogname von SCHMOLL (1947).

\*

Wenn es auch nicht die Aufgabe dieses Handbuches natürlicher Arten ist, alle Kakteenbastarde zu verzeichnen, sondern höchstens solche, die BRITTON u. ROSE gesondert aufführen, möge doch eine selenicereoide Hybride hier erwähnt und vor dem Vergessenwerden bewahrt sein, die:

**„Rettigsche Hybride"**: RETTIG hat eine Reihe von Kreuzungen vorgenommen, die insgesamt so bezeichnet wurden, aber eine hat doch diese Sammelbezeichnung als festen Namen bekommen. Es ist eine der hervorragendsten Züchtungen, die, wo sie noch vorhanden ist, weitergezogen werden sollte. Ich habe eine Pflanze davon im Jardin Exotique in Monaco und im Garten Les Cèdres auf Cap Ferrat gelassen. Vielleicht hat RETTIG mit dieser Pflanze eine Kreuzung zwischen einem *Selenicereus* und einem *Aporocactus* vorgenommen, denn sie ist ein rosaweißer Tagblüher. Die zierlichen, meist 4kantigen Stämmchen sind mit hellen, borstenartigen Stachelbündeln besetzt; die Pflanze ist sehr wüchsig. Die Blüte hat ca. 10 cm Durchmesser, hält mehrere Tage an, erscheint später in großer Zahl und ist von einem duftigen Weißrosa. Der Bau der Blüte läßt auf *Selenicereus* als einen Elternteil schließen, die rosa Farbe und die Tagblütigkeit auf einen rotblühenden Elternteil, einen Tagblüher (Abb. 709).

Abb. 709. Selenicereus-Bastard „Rettigsche Hybride", eine der schönsten und dankbarsten, tagblütigen Kreuzungen.

## 46. MEDIOCACTUS Br. & R.
### The Cact., II: 210. 1920

Wohl meist epiphytisch wachsende Cereen mit langen, überhängenden Trieben, meist 3kantig, ziemlich dünn und Luftwurzeln bildend; Areolen nur kurzstachlig; Blüten groß, trichterig, nächtlich; Röhre mit entferntstehenden Schuppen; Pet.

weiß; Ov. gehöckert, seine Areolen mit Filz und St.; Fr. länglich, rot, ihre Areolen filzig und bestachelt.

BYLES sagt in seinem Katalog der Gattungsnamen unter *Mediocactus:* ,,Subg. A. BERGER, Kakteen, 118 (1929)." Da BERGER in diesem Buch einen Kompromiß zwischen alten Sammelgattungen und der BRITTON u. ROSEschen Klassifikation zu finden suchte, hat er alle Säulenkakteen unter ,,*Cereus*" publiziert und die amerikanischen Gattungen dahinter aufgeführt; das bedeutet aber z. B. bei ,,*C. setaceus*" nicht, daß ,,*Mediocactus coccineus* BR. & R.", den BERGER dazu als Synonym aufführt, *Mediocactus* Untergattungsrang gibt. Es war ein etwas unglücklicher Gliederungsversuch, denn so rangieren oft später beschriebene Namen vor den gültigen, nur weil sie als ,,*Cereus*" beschrieben waren, d. h. darunter eingeordnet werden mußten.

Abb. 710. Mediocactus coccineus (SD. in DC.) BR. & R. (Aus CASTELLANOS u. LELONG ,,Opuntiales vel Cactales".) (Bild: CASTELLANOS.)

Über die Zahl der guten Arten bzw. die richtige Synonymie besteht einige Unklarheit, auch, weil SALM-DYCK den Namen *Cereus coccineus* für zwei verschiedene Pflanzen verwandte. Der Typus der obigen Gattung ist *C. coccineus* SD. in DE CANDOLLE, Prodr. 3 : 469. 1828; die Artbezeichnung ist irreführend, denn die Pflanze blüht weiß, nicht, wie SALM-DYCK damals meinte, ,,vermutlich rot". *Cereus coccineus* SD. (in PFEIFFER, En. Cact. 122. 1937) war dagegen ein späteres Homonym SALM-DYCKS, und daher wählten BRITTON u. ROSE dafür einen neuen Namen: *Heliocereus elegantissimus* BR. & R., denn dies war ein rotblühender *Heliocereus*.

BORG irrt also, wenn er (in ,,Cacti", 213. 1951) schreibt: ,,*C. coccineus* SD. in DC. ist identisch mit oder eine Varietät von *Helioc. schrankii* (s. unter *Heliocereus*) und hat also nichts mit *Mediocactus* zu tun." Gerade dieser *C. coccineus* SD. in DE CANDOLLE ist der erste Name für einen *Mediocactus*. PFEIFFER führt ihn allerdings, unrichtig, unter *C. setaceus* SD. var. *viridior* als Synonym auf (En. Cact. 120. 1837), mit DC. als Autor. Der erste *C. coccineus* steht — nach BRITTON u. ROSE — vor *C. setaceus;* daher muß die PFEIFFERsche Synonymie umgekehrt lauten: *C. coccineus* (SD.) DC.- Syn. *C. setaceus* (SD.) DC. v. *viridior* SD. (in Cact. Hort. Dyck. 65. 1834). Wenn der bei DE CANDOLLE aufgeführte Name *C. coccineus* (SD.) DC. auch mißverständlich ist, gebührt ihm doch der Vorrang, wie BRITTON u. ROSE richtig sagen. Wenn BERGER die Art als *Cereus setaceus*, bzw. wenn BORG ihn als *Mediocactus setaceus* (SD.) BORG aufführt, ist dies ebenfalls unrichtig.

BRITTON u. ROSE stellen noch *Cereus hassleri* als Synonym zu *Medioc. coccineus*; als aufrecht wachsende Pflanze ist er — wie BERGER richtig hervorhebt — aber eine eigene Art; über die weiteren Synonyme *C. lindmanii* WEB. und *C. lindbergianus* WEB. gehen die Ansichten auseinander.

Ich habe hierher noch eine interessante Pflanze gestellt, die, wie ich glaube, nur ein *Mediocactus* sein kann. Ich sah sie in der früher HAHNschen Kakteenzüchterei in Berlin-Lichterfelde; sie soll von BLOSSFELD gesammelt worden sein und weiß blühen. Der rankenden Form nach gehört sie hierher, hat aber undeutliche Rippen, mehr als die anderen, bzw. sie trägt die Areolen auf undeutlich querlaufenden Erhebungen. Ich benannte die Art nach dem verstorbenen, verdienstvollen Züchter A. HAHN (jetzt Kakteenkulturen DIETER SCHNEIDER vorm. A. HAHN, wo ich auch die Aufnahme der Pflanze machte).

BRITTON u. ROSE benannten die Gattung „*Mediocactus* — d. h. mittlerer Cactus", weil die Triebe meist 3kantig wie bei *Hylocereus* sind, die Blüten aber mit stachligem Ovarium wie bei *Selenicereus*; das Ovarium von *Mediocactus* ist allerdings stärker gehöckert. Ob danach die BLOSSFELDsche Pflanze in das Genus paßt, ist noch zu klären; vielleicht nimmt sie auch eine Sonderstellung ein. Genaugenommen unterscheidet sich *Mediocactus* lt. Gattungsdiagnose nur durch das stark höckrige Ovarium von den Selenicereen mit haarlosen, aber am Ovarium (und der Röhre) bestachelten Arten; nach BERGER sollen allerdings auch die Röhren der *Mediocactus*-Blüten einige Stacheln tragen, wovon andere Autoren nichts sagen, so daß BERGERs Angabe vielleicht nur ungenau ist.

Typus: *Cereus coccineus* SD., in DE CANDOLLE (1828), non SD. (1837). — Typstandort: nicht genauer angegeben.

Vorkommen: O-Peru (Kolumbien?), Bolivien, Paraguay, Argentinien und Brasilien.

Schlüssel der Arten:

Wuchs hängend
  3kantige Triebe (normalerweise)
    Kanten ziemlich scharf
      Stacheln zuerst borstig, rötlich, dann bräunlich, konisch, bis 2 mm lang
        Blüten 25—30 cm lang . . . . . . . . 1: **M. coccineus** (SD. in DC.) BR. & R.

      Stacheln gelblich, zuerst mit Borsten gemischt, 2 bis 3 mm lang
        Blüten bis 38 cm lang . . . . . . . . 2: **M. megalanthus** (K. SCH.) BR. & R.

  Mehrkantige Triebe, bis ca. 5 Kanten, aber undeutlich, flachhöckrig, etwas quergefeldert
    Stacheln borstenartig dünn
      Blütenlänge nicht bekannt . . . . . . . 3: **M. hahnianus** BACKBG.

Wuchs aufrecht
  3kantige Triebe (auch 4—5kantig)
    Stacheln konisch, unten verdickt, wenige, bis 6 mm lang
      Blütenlänge bis 30 cm . . . . . . . . 4: **M. hassleri** (K. SCH.) BACKBG.
                                                                                                           n. comb.

1. **Mediocactus coccineus** (SD. in DC.) BR. & R. — The Cact., II: 211. 1920
    *Cereus coccineus* SD., in DE CANDOLLE, Prodr. 3: 469. 1828. — *C. setaceus* SD. — *C. setaceus viridior* SD. — *Medioc. setaceus* (SD.) BORG.

Abb. 711. Mediocactus coccineus (SD. in DC.) BR. & R. mit den stark gehöckerten jungen Früchten (reif: Abb. 710) des Genus. (Aus den Kulturen von Kakteen-HAAGE, Erfurt.)

Überhängend; Glieder meist 3kantig-flügelig, mitunter 4—5kantig, bis 2 cm und mehr breit, hellgrün; Kanten leicht geschweift; Areolen erhaben, 1—3 cm entfernt; St. 2—4, kegelig, 1—3 mm lang, rötlich, später bräunlich (anfangs nur Borsten in den Areolen und später auch noch vorhanden); Bl. 25—30 cm lang; Röhre weitläufig geschuppt; Ov. mit Filz und St., stark gehöckert; Staubf., Gr. und N. gelblich; Fr. anfangs stark gehöckert, dann eiförmig, rot, mit 1—2 cm langen St. — Brasilien bis Argentinien (Abb. 710—712).

Die in „Cactus", 5—6: 6. 1946, von SOULAIRE abgebildete unbestachelte Frucht ist die eines *Hylocereus*, nicht die obiger Art.

**Cereus lindbergianus** WEB., in K. SCHUMANN, Gesamtbschrbg., 151. 1897 und Nachtr. 57. 1903

Schwächlich, verzweigt, kriechend und Wurzeln treibend, grün; Zweige kaum 1 cm ⌀; Rippen 4—6, zusammengedrückt, geflügelt; Areolen 5 mm entfernt, ohne Filz, klein; St. anfangs als kleines haarborstiges Bündel, später verschwindend. Die Buchten zwischen den Rippen werden vollkommen flach. — Paraguay (am Rio Paraguary an beschatteten Felsen).

Nach dieser Beschreibung kann man diese zierliche, später stachellose und rundlich-triebige Pflanze keinesfalls zu *M. coccineus* stellen, wie es BRITTON u. ROSE tun und K. SCHUMANN in seinem Anhang, weil WEINGART der Ansicht war, daß *C. hassleri* (der als aufrechte Art sowieso genügend unterschieden ist), *C. lindmanii* und *C. lindbergianus* nicht zu trennen sind. Da die Blüten unbekannt sind, d. h. ob kahl oder behaart, ist solch ein Urteil bei obiger Art nicht möglich; es könnte ja auch eine kahl blühende *Monvillea* sein.

Im übrigen ähneln die Merkmale in mancher Beziehung denen von *Medioc. hahnianus*, dessen Knospen aber zeigen, daß er keine kahle Blüte hat.

Abb. 712. Mediocactus coccineus (SD. in DC.) BR. & R. in Blüte. (Foto: O. VOLL.)

Wegen seiner Neigung zum Wurzelntreiben ist allerdings zu vermuten, daß *C. lindbergianus* ein *Mediocactus* ist, der dann vielleicht in die Nähe von *M. hahnianus* gehört.

**2. Mediocactus megalanthus** (K. SCH.) BR. & R. — The Cact., II : 212. 1920

*Cereus megalanthus* K. SCH., Bot. Jahrb. ENGLER, 40 : 412. 1907. — *Selenic. megalanthus* (K. SCH.) MORAN, Gent. Herb., 8 : 325. 1953.

Epiphytisch auf Bäumen, Massen von herabhängenden Zweigen bildend; Tr. oft nur 1,5 cm dick, stark Luftwurzeln bildend, 3kantig; Kanten nur schwach gebuchtet; St. 0—3, gelblich, 2—3 mm lang, am Jungtrieb mit einigen weißen Borsten gemischt; Bl. sehr groß, bis 38 cm lang; Pet. 11 cm lang, 3,5 cm breit, weiß; zahlreiche Staubf. und N. — O-Peru (Dept. Loreto, bei Tarapoto).

Da 3kantig und steife Stacheln nur am Ovarium, offenbar ein *Mediocactus*. VAUPEL gab eine eingehende Beschreibung der Bl. in Mfk. 182-3. 1912.

3. **Mediocactus hahnianus** Backbg. — Descr. Cact. Nov. 10. 1956

Epiphytisch; Tr. hängend, undeutlich 5kantig, die Rippen eigentlich nur durch kleine flache Höcker angedeutet; Areolen ziemlich nahe stehend, kaum filzig; St. kurz, hellfarbig, fast borstenartig, aber fest, ca. 10, die meisten gleich lang, einige nach unten etwas länger; die Zweige verjüngen sich höckerig am Triebende, in dessen Nähe die behaarten Knospen entstehen; Bl. unbekannt. — Paraguay? (Abb. 713).

Abb. 713. Mediocactus (?) hahnianus Backbg.

4. **Mediocactus hassleri** (K. Sch.) Backbg. n. comb.

*Cereus hassleri* K. Sch., MfK. 10 : 45. 1900.

Von Schumann als „mit Hilfe von Wurzeln an Bäumen emporsteigend und stark verzweigend, Äste s-förmig gekrümmt herabhängend" beschrieben. Es mag sein, daß die Pflanze später diesen Wuchs annimmt; anfangs ist sie aber starr aufrecht und dicker als *M. coccineus;* ich sah bis fast 5 cm starke Tr., die im Gegensatz zum Typus dunkelgrün sind; Areolen 3—4 cm entfernt; St. anfangs nicht als Borsten, auch später nicht mit solchen gemischt; St. 3—7, meist 2 etwas längere bzw. einer, der längste, bis 6 mm lang, unten verdickt, der andere kürzer, außerdem noch 1—3 ziemlich kurze, bis ca. 3 mm lang, starr; Bl. bis über 21 cm lang (bis 30 cm lang?); Röhre nur geschuppt, erst an der Basis wie das Ov. bestachelt, die Achseln mit Filz (am Ovarium); Pet. spatelig, kremweiß; Staubf. sehr dünn; Fr. karminrot, bis 6 cm lang, 3,5 cm dick; S. umgekehrt-eiförmig, etwas zusammengedrückt, schwarz, wenig glänzend, vorn schwach gekielt und reihenweise feingrubig punktiert. — Paraguay (Cordillera de Altos; Estancia Tagatiya) (Abb. 714—716).

Allein schon durch das Fehlen der Borsten von *M. coccineus* unterschieden, weswegen letzterer ja auch *C. setosus* genannt wurde.

In Monaco sah ich eine merkwürdige Monstrosität (Abb. 714), die fast konischzylindrische Glieder bildete, später gewulstet, zuletzt normal wachsend.

**Mediocactus lindmanii** (Web.) Backbg. n. comb.

*Cereus lindmanii* Web., in K. Schumann, Gesamtbschrbg. 163. 1898.

Diese Art wurde wegen der umstrittenen Stellung nicht in den Schlüssel aufgenommen, ist aber offensichtlich unterschieden: mit Wurzeln kletternd, 3kantig, grün, Zweige bis 3 cm Durchmesser, zwei Seiten ausgehöhlt, die dritte flach, bisweilen auch zwei flach; Areolen bis 2 cm entfernt, mit wenig und sehr kurzem Filz; St. kurz, bis 2 mm lang, spitz, steif, an der Basis zwiebelig verdickt; Randst. 6—10, strahlend, bisweilen dem Zweige angedrückt, etwas kürzer als der einzelne Mittelst., welcher einem 3kantigen Nagel gleicht, seltener sind 2 Mittelst. vorhanden; bisweilen finden sich noch 3—5 sehr dünne, nach unten gedrückte, ganz anliegende untere St.; Bl. 20 cm lang; Fruchtknoten gehöckert, mit Bündeln von kegelförmigen, stechenden, 4—6 mm langen St.; Blütenhülle lang trichterförmig; äußere Hüllbl. linealisch, grün, innere weiß, schmal lanzettlich. — Paraguay (Chaco, Puerto Casado bei Asuncion).

Angesichts der ziemlich zahlreichen St. und der viel kürzeren Bl. von *M. coccineus* unterschieden, aber wegen des höckrigen und bestachelten Ov. ein *Mediocactus*.

BRITTON u. ROSE verzeichnen unter *Mediocactus* noch den Namen *Cereus prismaticus* SD. (DE CANDOLLE, Prodr. 3 : 469. 1828) non HAW. als wohl identisch mit *M. coccineus*; vielleicht war dies der erste Name für *M. lindmanii*, denn es wurden für ihn von PFEIFFER auch bis 10 Stacheln angegeben sowie untere kürzer, allerdings 3—4 mittlere; aber die Stachelzahl scheint bei *Mediocactus* variabel zu sein. SCHUMANN meinte, er stamme aus Südamerika; dann wäre es zweifellos ein *Mediocactus*.

Abb. 714. Mediocactus hassleri (K. SCH.) BACKBG. bildet gern scheinbar monströse Triebe, die später normal werden.

— **Cereus (Mediocactus) pomifer**
WGT. — ZfS. 70—71. 1927

Tr. bis 25 cm lang, 3 cm breit, unten auf 2 cm verjüngt; Rippen 3, Kanten gerundet; Areolen 20—25 mm entfernt, über einer kleinen Kantennase, kaum befilzt; St. 3—4, im liegenden Kreuz, 3—4 mm lang, konisch, schwarzbraun, unten stark verbreitert, starr, stechend, der untere ± gekrümmt; Bl. anscheinend nicht groß; Röhre knapp 7 cm lang, glatt, gerieft, mit 11 mm entfernten, hellbraunfilzigen Areolen, 2 mm ⌀; Blütenhülle ca. 3,1 cm lang; Fr. ca. 3,5 cm lang, 3 cm ⌀, in bis 1,5 cm Abstand mit kurz braunfilzigen Areolen besetzt, diese mit bis 7 St., 10—18 mm lang, nagelartig, schwarzbraun, steif, stechend, am Grunde verdickt; Fruchtnabel ringförmig, tief; S. zahlreich, ziemlich groß, schwarz, glänzend, 4 mm lang. — Westindien (Martinique, in trockenen Felsennischen beim Leuchtturm Caravelle, Straße von Cubet. Coll. Père Duss, 1890 (Herb. KRUG et URBAN). Soll bis 4—5 m hoch werden (bzw. klettern?).

WEINGART sagt: „Blüte kann nur klein gewesen sein", und gibt obige Beschreibung nach Herbarmaterial. Wahrscheinlich ist es gar kein *Mediocactus*, da dieser sonst in Westindien nicht vorkommt und auch keine kleinen Blüten hat. Die Frucht ist eßbar. Eine Klärung dieser Art ist erst an Hand von neu gesammeltem lebendem Material bzw. der lebenden Blüte möglich.

Abb. 715. Stark monströs erscheinende bzw. zylindrische Jungtriebe des Mediocactus hassleri (K. Sch.) Backbg.

Abb. 716. Die Blüte des Mediocactus hassleri (K. Sch.) Backbg.

## 47. WEBEROCEREUS Br. & R.
### Contr. US. Nat. Herb., 12 : 431. 1909

Epiphyt; Triebe schlank, klimmend oder hängend, rund, kantig oder sogar (selten) abgeflacht, mit Luftwurzeln; Blüten rosa, nächtlich, kurztrichterig oder glockigtrichterig; Ovarium höckerig, in den Areolen mit steifen Borstenhaaren, obere Schuppen bzw. Petalen zurückgebogen spreizend; Frucht haarig.

Offenbar eine *Mediocactus* folgende Reduktionsstufe, was die Blütengröße anbetrifft, aber auch die Umwandlung der Stacheln und Borsten.

Typus: *Cereus tunilla* Web. — Typstandort: Costa Rica, bei Tablón.

Vorkommen: Zwei Arten in Costa Rica, eine Art in Panama.

### Schlüssel der Arten:

Petalen rosa
    Triebe deutlich gekantet (2—5kantig) . . . . . 1: **W. tunilla** (Web.) Br. & R.
    Triebe rund oder undeutlich gerippt . . . . . 2: **W. biolleyi** (Web.) Br. & R.
Petalen weiß
    Triebe scharf 3kantig, auch 2kantig . . . . . 3: **W. panamensis** Br. & R.

1. **Weberocereus tunilla** (Web.) Br. & R. — Contr. US. Nat. Herb., 12 : 432. 1909

*Cereus tunilla* Web., Bull. Mus. Hist. Nat. Paris, 8 : 460. 1902. — *C. gonzalezii* Web. (lt. Br. & R.), Ibid.

Kletternd, wenig wurzelnd; Stamm schlank, (2—)4—5kantig, 1—1,5 cm dick, in Neutrieb 4rippig, später fast quadratisch im Querschnitt; Areolen anfangs 3 später bis 6 cm entfernt, vorspringend, mit halbkugeligen Filzpolstern; St. zahlreich, nach BRITTON u. ROSE: 6—12, steif, anfangs gelb, bald braun, an der Basis geschwollen, bis 8 mm lang, später fallen sie meist ab; Bl. kurz, ca. 6 cm lang, 4 cm ⌀, mit wachsartiger, gehöckerter Röhre, Hüllbl. nur ca. 2 cm lang; Sep. bräunlich, abstehend; Pet. rosalachsfarbig; Röhrenareolen mit braunen Borstenbündeln. — Costa Rica (bei Cartago bzw. Tablón) (Abb. 717).

Mit dieser Art halten BRITTON u. ROSE *C. gonzalezii* WEB. (Bull. Mus. Hist. Nat. Paris, 8:460. 1902) für identisch, wohl, weil SCHUMANN sich über die Berechtigung einer Trennung nicht im klaren war. Immerhin hat WEBER zwei Arten gleichzeitig beschrieben, und *C. gonzalezii* unterscheidet sich nach der Beschreibung durch „nur 2,5 cm entfernte Areolen; St. nur 4—5, schwächlich (nicht steif wie beim Typus), braun, nur 3—4 mm lang; Ov. bestachelt (!). — Costa Rica (bei Pacayas, nordöstlich von Cartago).

Abb. 717. Weberocereus tunilla (WEB.) BR. & R.

Danach erscheint es richtiger, um die Kenntnis von zwei differierenden Formen zu erhalten, die vorstehende Art als *W. tunilla* v. *gonzalezii* (WEB.) zu bezeichnen.

2. **Weberocereus biolleyi** (WEB.) BR. & R. — Contr. US. Nat. Herb., 12 : 431. 1909

*Rhipsalis biolleyi* WEB., Bull. Mus. Hist. Nat. Paris, 8 : 467. 1902. — *C. biolleyi* WEB. (1903).

Zweige lang und dünn, biegsam, auf Baumästen und überhängend, 4—6 mm dick, rund oder schwach kantig, in der Jugend oft abgeflacht oder 3flügelig, meist stachellos oder nur gelegentlich mit 1—3 gelben St. aus den kleinen, entfernten Areolen; Bl. 3—5 cm lang, alle Hüllbl. länglich, die inneren rosa; Ov. gehöckert, behaart. — Costa Rica (bei Port Limón).

3. **Weberocereus panamensis** BR. & R. — The Cact., II : 215. 1920

Stämme bis 2 cm breit, stark 3kantig oder einige Tr. flach, Ränder scharf; Areolen klein, jede unter einer dicken Schuppe, mit 1—3 kurzen, weichen St.; Bl. 4—7 cm lang; Sep. gelbgrün; Pet. oblong, weiß; Schlund 1 cm lang; Staubf. nicht hervorragend, weiß, in zwei Serien; Gr. und N. weiß, die letzteren auch rosa; Ov. gehöckert, grün, mit spreizenden Schuppen, jede Areole mit 4—8 langen, weißen Haaren; Fr. rot, 2—3 cm ⌀, gehöckert, rundlich. — Panama (am Rio Fato).

Die Röhre ist mit aufwärts gekrümmten Schuppen besetzt.

Untersippe 2: *Hylocerei* BACKBG.

Eine Gruppe von normalerweise 3kantigen Epiphyten mit auffälliger Schuppenbildung an den Röhren, bei *Wilmattea* noch mit Filzspuren, bei *Hylocereus* kahl (Reduktion des Areolencharakters durch Überwachsung?).

Vorkommen: Die monotypische *Wilmattea* nur in Guatemala und Honduras; *Hylocereus* in Westindien und von Mexiko über Mittelamerika bis zum nördlichen Südamerika.

### 48. WILMATTEA BR. & R.
### The Cact., II: 195. 1920
[anfangs von BRITTON u. ROSE als *Hylocereus* angesehen (1913)]

Epiphytischer Klimmer, mit Luftwurzeln, dünn, mit wenigen, kurzen Stacheln; Blüten meist einzeln, ziemlich klein, aber relativ breit, mit schmalen Hüllblättern und ziemlich kurzer Röhre; Röhrenschuppen dichtsitzend, Röhre und Ovarium mit Filzspuren und in einigen Achseln bis 4 kräuselige Borsten, diese haarartig; Griffel und Staubfäden kurz, letztere auf der inneren Petalenbasis, ziemlich aufrecht, vom langen Griffel überragt. Die Blüten sind nächtlich.

Typus: *Hylocereus minutiflorus* BR. & R. — Typstandort: Guatemala, am Lago Izabel.
Vorkommen: Guatemala und Honduras.

1. **Wilmattea minutiflora** (BR. & R.) BR. & R. — The Cact., II: 195. 1920

*Hylocereus minutiflorus* BR. & R., Contr. US. Nat. Herb. 16: 240. 1913. — *Cereus minutiflorus* VPL. (1913).

Abb. 718. Wilmattea minutiflora (BR. & R.) BR. & R. nach dem Abblühen.

Dünner, kletternder Ranker mit 3kantigen Tr., die Kanten scharf, aber nicht geflügelt, nicht hornrandig; Areolen 2—4 cm entfernt; St. meist 1—3, winzig, bräunlich; Röhre nur 6—10 mm lang (von mir 6 mm lang beobachtet), mit dichtstehenden, breitlichen und oben ± schmal gerundeten Schuppen besetzt, in einzelnen Achseln bis 4 mm lange Borsten, in anderen fehlend; Sep. linear, mit roter Mittellinie und Spitze; Pet. bis 3,5 cm lang, sehr schmal, spitz zulaufend, weiß; Staubf. ziemlich aufrecht im unteren Teil der Pet. angeheftet; Staubb. kremfarben; Gr. weiß, ca. 1,5 cm lang; N. ca. 12, unten weiß, oben rosa, ca. 4 mm lang; Fr. unbekannt. — Guatemala (Lago Izabel), Honduras (Abb. 718—719).

In der Kultur werden die Triebe manchmal rundlich; es sind auch, statt der Stacheln, längere Haare in den Areolen beobachtet worden.

*Wilmattea viridiflora* (VPL.) BR. & R. (in BORG, „Cacti", 213. 1951) ist offenbar ein doppelter Schreibfehler.

Abb. 719. Längsschnitt durch die Blüte der Wilmattea minutiflora (BR. & R.) BR. & R.

## 49. HYLOCEREUS (BERG.) BR. & R.
Contr. US. Nat. Herb., 12 : 428. 1909

[A. BERGER, Subgenus in Syst. Rev. Gen. Cereus, Miss. Bot. Gard. St. Louis, 72. 1905]

Rankende bzw. klimmende Epiphyten, zum Teil mit Kletterstacheln, 3kantig bis 3flügelig, Luftwurzeln bildend, die Stacheln meist kurz oder fehlend, anfangs oft als Borsten (bzw. am Sämling); Blüten sehr groß, nächtlich, auffällig bzw. groß beschuppt, aber kahl, wie auch das Ovarium bzw. die beschuppte Frucht, die Schuppen oft ziemlich dünn; Samen klein, schwarz; Keimblätter groß (Abb. 720), oben abgeflacht, an der Basis zusammenhängend. Eine sehr einheitliche Artengruppe, mehrere Spezies einander nahestehend.

Typus: *Cactus triangularis* L. — Typstandort: nicht genau angegeben (an der Küste Jamaikas).

Vorkommen: Von Mexiko über Mittelamerika und die Antillen bis zum nördlichen Südamerika; N-Peru; zum Teil als Zierpflanzen in vielen wärmeren Ländern.

Abb. 720. Hylocereus-Sämling. (Zchg.: Berger.)

## Schlüssel der Arten:

Pflanzen nicht ziemlich kurz- und dünntriebig
  Areolen bestachelt
    Triebe nicht tief gekerbt
      Stämme bläulich oder ± weißlich
        Rand deutlich hornig
          Stacheln kurz, konisch
            Triebe nicht besonders rot
              Sepalen so lang wie Petalen . . .  1: **H. guatemalensis** (Eichlam) Br. & R.
            Triebe anfangs ziemlich rot und auch die Kanten
              Sepalen viel kürzer als Petalen . .  2: **H. purpusii** (Wgt.) Br. & R.
          Stacheln nadelförmig
            Stacheln 5—8
              Sepalen linear, lang zugespitzt . . .  3: **H. ocamponis** (SD.) Br. & R.
            Stacheln ca. 10
              Sepalen lanzettlich, abgestumpft . .  4: **H. bronxensis** Br. & R.
        Rand höchstens undeutlich hornig
          Stacheln kurz, konisch
        Triebe ± bereift-grün

        Triebe 4—6 cm stark . . . . . . .  5: **H. peruvianus** Backbg.
      Rand nicht hornig
        Stacheln kräftig
          Triebe zumindest eine Zeitlang weißlich
            Triebe bis 4 cm dick
              Triebe nicht ganz weiß
                Narben geteilt (starke Luftwurzelbildung) . . . . . . . . .  6: **H. polyrhizus** (Web.) Br. & R.
            Triebe oft ganz weiß
              Narben geteilt . . . . . . . .  7: **H. venezuelensis** Br. & R.

Triebe kräftig, 5—10 cm dick
  Narben ungeteilt . . . . . . . .   8: **H. costaricensis** (Web.) Br. & R.
Stämme rein grün
 Rand hornig
  Rippen hoch, dünn, gekerbt . . . . . .   9: **H. undatus** (Haw.) Br. & R.
  Rippen dick, kaum gekerbt . . . . . .  10: **H. cubensis** Br. & R.
 Rand nicht hornig
  Narben verzweigt oder gegabelt
   Stacheln mehrere; Rand ziemlich gerade;
    Narben geteilt . . . . . . . . .  11: **H. lemairei** (Hook.) Br. & R.
   Stacheln einzeln; Rand wellig, Narben
    gegabelt (wenigstens zuweilen) . .  12: **H. monacanthus** (Lem.) Br. & R.
  Narben ungeteilt
   Petalen rot oder rötlich
    Rippen dünn, ± geflügelt; Petalen
     linear . . . . . . . . . . . . .  13: **H. stenopterus** (Web.) Br. & R.
    Rippen kantig, nicht geflügelt; Petalen fast lanzettlich . . . . . .  14: **H. extensus** (SD.) Br. & R.
   Petalen weiß
    Ovariumschuppen wenige und weitläufig . . . . . . . . . . . .  15: **H. napoleonis** (Grah.) Br. & R.
    Ovariumschuppen braun, dicht gestellt
     Gliedkanten stark höckrig . . .  16: **H. trigonus** (Haw.) Saff.
     Gliedkanten kaum oder nicht gehöckert
      Glieder etwas gekerbt . . . .  17: **H. triangularis** (L.) Br. & R.
      Glieder ganz ungehöckert . .  18: **H. antiguensis** Br. & R.
Triebe mit etwas zurückgebogenen kurzen Vorsprüngen
 Stämme ± weißlich bereift . . . . . . .  19: **H. estebanensis** Backbg.
Areolen unbestachelt
 Triebe ziemlich tief gekerbt, Flanken dünn, mit
  vorspringenden Flügelflächen, gerundet  20: **H. calcaratus** (Web.) Br. & R.
Pflanzen kurz- und dünntriebig, stark luftwurzelbildend
 Stämme rein grün
  Rand nicht hornig
   Stacheln klein, fast borstig . . . . . .  21: **H. microcladus** Backbg.

1. **Hylocereus guatemalensis** (Eichl.) Br. & R. — The Cact., II: 184. 1920
*Cereus trigonus guatemalensis* Eichl., MfK. 21: 68. 1911.

Hoch klimmend, 3—5 m lang, meist 3kantig, 2—7 cm breit, an der Basis oft schmal oder fast rund; Glieder schön bereift oder mit der Zeit ± grün werdend: Rippenkante niedrig gewellt, der Rand hornig; Areolen bis 2 cm entfernt; St. 2—4, konisch, dunkel, 2—3 mm lang (am Sämling zahlreich und borstenartig); Bl. 30 cm lang; Sep. rosa, zugespitzt; Pet. lanzettlich, gespitzt, weiß; Gr. gelb; N. ungeteilt, 25; Fr. 6—7 cm ⌀, mit großen Schuppen; S. schwarz. — Guatemala.

2. **Hylocereus purpusii** (Wgt.) Br. & R. — The Cact., II: 184. 1920

*Cereus purpusii* Wgt., MfK. 19: 150. 1909.

Stämme bläulich, klimmend, verlängert, epiphytisch; Rippen 3 oder 4, mit hornigem Rand und nur schwach welliger Kante; Areolen klein; St. 3—6, kurz; Bl. 25 cm lang und breit; Röhre dicht beschuppt; Sep. schmal, purpurn; Pet.: äußere Reihe goldgelb, innere Reihe weiß mit goldgelben Spitzen. — Mexiko (Tuxpan und westmexikanisches Tiefland) (Abb. 721).

Abbildung und genauere Beschreibung der schönen Blüte in Kkde. 128—129. 1936.

 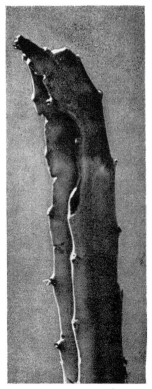

Abb. 721. Hylocereus purpusii (Weingt.) Br. & R. (Aus den Kulturen von Kakteen-Haage, Erfurt.)

Abb. 722. Hylocereus peruvianus Backbg. (Neutrieb).

3. **Hylocereus ocamponis** (SD.) Br. & R. — Contr. US. Nat. Herb., 12: 429. 1909

*Cereus ocamponis* SD., Cact. Hort. Dyck. 1849. 220. 1850.

Scharf 3kantig, zuerst hellgrün, bald bereift, im Alter dunkel bläulichgrün; Rippenrand ziemlich wellig geformt, mit horniger, brauner Kante; Areolen 2—4 cm entfernt, nahe der Basis der welligen Kantenlinie; St. 5—8, nadelförmig, 5—12 mm lang; Bl. 25—30 cm lang und fast so breit; Sep. schmal, lang zugespitzt, grünlich, spreizend oder zurückgebogen; Pet. oblong, gespitzt, weiß; Gr. stark; N. ungeteilt, grün; Ov. mit dichtstehenden, ovalen, gespitzten und purpurrandigen Schuppen. — Mexiko (Standort nicht bekannt; nach Kulturpflanzen beschrieben).

WEINGART war der Ansicht, daß *C. napoleonis* GRAH. diese Art war. BRITTON u. ROSE halten aber beide für verschiedene Arten und *H. ocamponis* mehr dem *H. triangularis* nahestehend.

Eine dem *H. ocamponis* verwandte Pflanze wurde von T. S. BRANDEGEE auf dem Cerro Colorado, Mexiko (Sinaloa) gesammelt, sowie von ROSE, STANDLEY und RUSSELL bei Villa Union, nahe Mazatlan (Mexiko).

4. **Hylocereus bronxensis** BR. & R. — The Cact., II: 185. 1920

Glieder scharf 3kantig, dunkelgraugrün, 3—4 cm breit; Rippenkante stark wellig verlaufend, der Rand braun-hornig; Areolen 2—3 cm entfernt; St. ca. 10, nadelförmig, später braun, ca. 6 mm lang; Bl. 25 cm lang; Sep. breit, eiförmig, oben $\pm$ gerundet; Pet. länglich, oben gerundet und $\pm$ gespitzt; Ov. mit breiten Schuppen; N. vermutlich geteilt. — Herkunft unbekannt.

Dem *H. ocamponis* dem Habitus nach verwandt, aber die Blüten ganz abweichend. Abbildung einer blühenden Pflanze in C. & S. J. (US.) 120. 1955.

5. **Hylocereus peruvianus** BACKBG. — Fedde Rep. LI, 61—62. 1942 (April)

Große, halbepiphytische Pflanzen, vom Boden her aufsteigend und an Sträucher bzw. niedrigere Bäume gelehnt, stark verzweigt, Tr. bis 80 cm und mehr lang, lebhaft grün, manchmal etwas bereift und leicht gedreht, 4—6 cm breit werdend; St. wenige, bis 4, kurz, kräftig. Die Art bildet auch längere Luftwurzeln. Die Bl. ist nicht bekannt. — Peru (RAUH: im Tal des Rio Saña, auf 1000 m häufig; von mir in N-Peru, im Trockenbusch westlich von Canchaque gefunden), das südwestlichste, bekannte *Hylocereus*-Vorkommen. Bis in diese Gegend reicht auch die Verbreitung von *H. microcladus* und *H. venezuelensis* (s. dort) (Abb. 722).

Über das Vorkommen und die Verbreitung von *Hylocereus* bzw. dessen Arten im nördlich-nordwestlichen Südamerika ist offenbar nur wenig bekannt. Abgesehen davon, daß der kleine, von mir in Kolumbien gefundene *H. microcladus*, von RAUH in N-Peru, und *H. venezuelensis* von ihm in S-Ekuador und in N-Peru angetroffen wurde, erwähnen BRITTON u. ROSE in SW-Ekuador noch folgende Vorkommen (ohne Artnamen):

Nr. 22116: dicht an die Stämme gepreßt, so daß Material kaum zu erlangen war; am Rand der Mangrovesümpfe bei Guayaquil. (*H. microcladus* wächst ähnlich; bei diesem ist auffällig, daß ich ihn in kolumbianischen Urwaldgebieten fand, RAUH aber in anscheinend zeitweise trockenem Gebiet.)

Nr. 23342: *Hylocereus* sp. von einem „ungewöhnlichen Standort, nämlich aus der halb-ariden Region am Rande des Catamayo-Tales". Stämme ziemlich stark, fast 10 cm breit (unten?), halb holzig, ganz über die Krone kleiner Bäume gebreitet; Bl. nicht gesehen; St. 4 in einem Bündel, fast 1 cm lang.

Es kann sich hier um *H. peruvianus* gehandelt haben.

Nr. 23396: in feuchterem Gebiet an einem Fluß östlich von Portovelo (S-Ekuador); die Pflanzen waren zwar in Blüte, aber unerreichbar, und zwar von einer Krone zur anderen rankend; Stämme 3kantig, weißlich; Bl. 31 cm lang; Sep. purpurfarbig; Pet. weiß mit rosa; Staubf. gelb; unterste Sep. orangerot; Schuppen auf Ov. länglich, gespitzt, dunkelgrün mit purpurfarbenem Rand. Über die N. wird merkwürdigerweise nichts gesagt. Anscheinend konnte nur eine Blüte erlangt werden und ist damals noch keine Aufmerksamkeit auf die Narben gerichtet worden. Vielleicht war dies auch *H. venezuelensis*.

## 6. Hylocereus polyrhizus (WEB.) BR. & R. — The Cact., II: 185. 1920

*Cereus polyrhizus* WEB., in SCHUMANN, Gesamtbschrbg. 151. 1898.

Stark verzweigende, viele Luftwurzeln bildende und damit großenteils stammanliegende Tr., meist nur 3—4 cm dick, gewöhnlich 3kantig, zuerst oft rötlich, bald weißlich bereift und dann wieder grün werdend; Rippen anfangs mehr flügelig, später sind die Tr. mehr gefüllt; Areolen auf den Erhebungen der schwach wellig verlaufenden Kantenlinie, die nicht hornig ist; St. 4—5, 2—4 mm lang, bräunlich und ziemlich kräftig, manchmal von 2 (K. SCH.: 3—4) weißen Borsten begleitet, die bald abfallen; Knospen kugelig, purpurn; Bl. (nach BRITTON u. ROSE bis 30 cm lang.) bis fast 40 cm lang, stark duftend; Sep. rötlich, linear, lang zugespitzt, die untersten nach außen zum Teil umrollend; Pet. etwas breiter und weniger lang zugespitzt, weiß; Gr. dick; N. geteilt (BRITTON u. ROSE sagen: ungeteilt, kurz, was nicht meiner Beobachtung entspricht); Ov. und Röhre mit breiten, langen, allmählich spitz zulaufenden Schuppen besetzt, diese an der Basis

Abb. 723. Hylocereus polyrhizus (WEB.) BR. & R., mit riesigen Schuppen an der Blüte, die zu den größten Kakteenblüten gehört. Die Narben sind geteilt.

Abb. 724. Hylocereus venezuelensis BR. & R. ist anscheinend von Venezuela bis Nordperu verbreitet (von RAUH 1954 in Nordperu gesammelt).

übereinandergreifend, mit roten Rändern; Fr. scharlachrot, oblong, 10 cm lang. — Kolumbien und Panama (Abb. 723).

Diese Art scheint die mächtigsten Schuppen zu entwickeln. Über die ekuadorianischen Formen, die BRITTON u. ROSE hierunter, ohne Artnamen, erwähnen: s. unter *H. peruvianus*.

7. **Hylocereus venezuelensis** BR. & R. — The Cact., II: 226. 1920

Ziemlich schlanker Ranker, bläulich-weißlich, 3kantig; Glieder 3—4 cm breit; Rand nicht hornig; St. 2—3, kurz, stämmig, braun bis schwarz; Bl. stark duftend, groß, 25 cm lang; Schuppen auf Röhre und Ov. rotrandig, sonst grün; Pet. breit, länglich, oben weiß, unten rosa; N. kremfarben, tief gespalten. — Venezuela (bei Valencia) bis N-Peru (von RAUH im Trockenwald des Rio Piura und in Ekuador bei Arenillas, im Süden, gefunden).

Die von RAUH gesammelte Pflanze (Abb. 724) entspricht genau der von mir in Venezuela gefundenen; beide hatten die typische weißliche Farbe, die vielleicht im trockenen Zustand stärker hervortritt. Nach RAUH werden die Triebe 2—3 m lang. Über die zum Teil wenig bekannte, teils auffällige Verbreitung von Hylocereen im nordwestlichen Südamerika s. unter *H. peruvianus* und *H. microcladus*.

8. **Hylocereus costaricensis** (WEB.) BR. & R. — Contr. US. Nat. Herb. 12: 428. 1909

*Cereus trigonus costaricensis* WEB., Bull. Mus. Hist. Nat. Paris, 8: 457. 1902.

Vielleicht der stärkste Ranker dieser Gattung; Tr. manchmal bis 10 cm breit, meist 3kantig, zuerst grün oder rötlich, dann bald weißlich und zuletzt grün oder grau; Rippen oder Flanken

Abb. 725. Hylocereus costaricensis (WEB.) BR. & R.: Blütenanlage, zu einem Sproß umgewandelt (nach BERGER).

verhältnismäßig dünn, später aber mehr gefüllt; Randlinie variabel, entweder gerade oder etwas wellig verlaufend, gerundet, niemals hornig; St. 2—4, kurz, derb, bräunlich, meist von 2 Haaren oder Borsten begleitet, die bald abfallen; junge Knospen kugelig, purpurfarben; Bl. 30 cm lang oder mehr, stark duftend; Sep. schmal, rötlich, besonders oben; Pet. rein weiß, gespitzt; N. kurz, ungeteilt, gelblich; Ov. mit dichtstehenden Schuppen, tief purpurfarben gerandet; Fr. scharlach, oblong, 10 cm lang. — Costa Rica (Abb. 725—726).

Nach R. E. WOODSON jr. & R. W. SCHERY („Flora of Panama", Ann. Miss. Bot. Gard. VII: 1, Febr. 1953) konspezifisch mit *H. polyrhizus*. Aber die Triebstärke ist — trotz sonst ähnlicher Beschreibung — sehr verschieden. Nach SCHUMANN (Nachtr. 57. 1903) sind die Schuppen obiger Art noch schmäler als bei *H. trigonus* (schmal-lineallanzettlich!); die Petalen sind ziemlich breit.

9. **Hylocereus undatus** (HAW.) BR. & R. — In BRITTON, Flora Bermuda, 256. 1918

*Cactus triangularis aphyllus* JACQ., Stirp. Amer. 152. 1763. — *Cereus triangularis major* DC. — *C. undatus* HAW., Phil. Mag. 7 : 110. 1830, non PFEIFF. — *C. tricostatus* Goss. — *Hyloc. tricostatus* BR. & R.

Tr. in Massen erscheinend, kriechend und hängend; Rippen meist 3, hoch, dünn, grün; Randlinie meist stark in Wellen verlaufend, im Alter ± hornig; Areolen bis 4 cm entfernt; St. 1—3, klein, 2—4 mm lang; Bl. bis 29 cm lang und mehr; Sep. gelblich-grün, alle nach außen umbiegend, manchmal stark zurückgebogen; Pet. rein weiß, aufrecht, breit, fast lanzettlich, ganzrandig mit kleinen Spitzen; Staubf. dünn, krem; N. ca. 24, ungeteilt, krem; Gr. stark, 7—8 mm ⌀, krem; Fr. oblong, 10—12 cm ⌀, rot, mit großen dünnen Schuppen bedeckt oder fast glatt, wenn reif; S. schwarz. — Heimat unbekannt. Die Pflanze ist lange in vielen tropisch-subtropischen Ländern in Kultur, zum Teil auch verwildert; an der Riviera erwies sie sich als ziemlich widerstandsfähig (Abb. 727).

Abb. 726. Hylocereus costaricensis (WEB.) BR. & R. in Blüte. (Foto: CUTAK.)

Die Art geht teilweise unter dem Namen *C. triangularis* HORT. non HAW. (wohl weil sie von JACQUIN für eine Varietät des LINNÉschen *Cactus triangularis* angesehen wurde, bzw. weil PFEIFFER zu der Varietät v. *major* von *C. triangularis* HAW. *C. undatus* HAW. als Synonym aufführte).

PÈRE DUSS sammelte 1884 auf Martinique Material, das der Artbeschreibung entspricht; JACQUINS v. *aphyllus* stammt ebenfalls von den Bergwäldern jener Insel, so daß Martinique vielleicht die eigentliche Heimat dieses *Hylocereus* ist.

In Mexiko (Yukatan) gibt es zwei Formen: ,,Chacoub", mit rötlich geranderter, weißer Bl. und rötlichpurpurner, kugeliger Fr.; sowie ,,Zacoub" mit rein weißer Bl. und länglicher, kremweißer Fr. Beide Fruchtarten sind in Yukatan sehr geschätzt und werden oft auf dem Markt verkauft. *H. undatus* bildet manchmal als Heckenpflanze mit zahllosen Blüten einen großartigen Anblick.

10. **Hylocereus cubensis** BR. & R. — The Cact., II : 188. 1920

Schlanktriebig, sehr lange Zweige, stark wurzelnd, 3kantig, 2—4 cm breit; Rand kaum geschwungen, schließlich hornig; St. 3—5, schwarz, 2—3 mm lang; Bl. groß, weiß, ca. 20 cm lang, Ov. mit großen Schuppen; Fr. etwas länger als breit, 10 cm lang, rötlich. — Kuba (Prov. bzw. Ort Guanabacoa: Jata Hills; vielleicht auch bei Portales [Prov. Pinar del Rio] und auf der Insel Pines).

11. **Hylocereus lemairei** (Hook.) Br. & R. — Contr. US. Nat. Herb., 12 : 428. 1909

*Cereus lemairei* Hook., in Curtis' Bot. Mag., 80 : pl. 4814. 1854. — *C. trinitatensis* Lem. & Herm.[1])

Ziemlich schlank, hoch klimmend; Glieder 3kantig, stark einseitig wurzelnd, 2—3 cm dick, grün; Areolen auf geringen Randerhöhungen, 2—2,5 cm entfernt; St. meist 2, sehr kurz, mit verdickter Basis, bräunlich; Bl. ca. 27 cm lang; Sep. ca. 20, 12 cm lang, bis 1 cm breit, oben leicht abgebogen, weit spreizend, gelblich-

Abb. 727. Hylocereus undatus (Haw.) Br. & R., eine Zierpflanze vieler tropischer Gärten, hier als Mauerpflanzung in Honolulu, Hawaii-Inseln. (Foto: Rose.)

grün, manchmal etwas rötlich, die inneren mehr rosa; Pet. ca. 15, fast lanzettlich, bis 3,5 cm breit, gespitzt, oben weißlich, nach unten mehr rosa; Gr. dick; N. tief gespalten, zum Teil mehrfach; Ov. mit ovalen, dunkelgrünen Schuppen; Blütenduft schwach und nicht sehr angenehm; Fr. purpurn, länglich, 6—7 cm lang, bei Reife halbseitig aufspaltend bzw. beidseitig; Fleisch weiß. mit schwarzen S. — Trinidad; Tobago (vielleicht auch Surinam) (Abb. 728).

12. **Hylocereus monacanthus** (Lem.) Br. & R. — The Cact., II : 190. 1920

*Cereus monacanthus* Lem. non Cels, Hort. Univ. 6 : 60. 1845.

Grüne Stämme, 3kantig; Rand wellig geschwungen; Areolen ca. 3 cm entfernt, filzhaarig; St. meist einzeln, manchmal 2, steif, an der Basis stark verdickt; Bl. trichterig, 28 cm lang, 17 cm breit; Röhre und Ov. mit großen Schuppen bedeckt; Sep. schmal, grünlich; Pet. breit-länglich; Staubf. ca. 200, bis 9 cm lang,

---

[1]) Nach Weingart eine eigene Art mit breit dreiflügeligen Trieben und anderer Bestachelung; von Berger (Kakteen, 120. 1929) daher als *Hylocereus trinitatensis* (Lem.) Berg. bezeichnet.

weiß, unten rosa; Gr. hervorragend, gelb; N. zahlreich, spreizend. — Kolumbien und Panama, hier auch auf den Urava-Inseln.

**13. Hylocereus stenopterus** (WEB.) BR. & R. — Contr. US. Nat., Herb. 12 : 429. 1909

*Cereus stenopterus* WEB., Bull. Mus. Hist. Nat. Paris, 8 : 458. 1902.

Elastische Tr., schwach wurzelnd; Tr. 14 cm breit, hellgrün, nicht bereift; Kanten 3, dünn; Areolen schwach erhaben; St. 1—3, klein, gelb; Bl. nur 10—12 cm lang, früh schon schließend; Röhre nur 2 cm lang; Hüllbl. alle gleich, rötlich-purpurn, linear, ca. 7 cm lang; Staubf. kurz, hervorragend; Gr. weiß, sehr weit hervorragend; N. weiß, oft kopfig zusammengeneigt; Schuppen auf Ov. kreisrund, weiter nach oben mehr länglich, grün, mit purpurfarbenem Rand. — Costa Rica (Valle de Tuís) und wohl auch sonst in Mittelamerika.

Abb. 728. Hylocereus lemairei (HOOK.) BR. & R., abblühend. (Foto: CUTAK.)

**14. Hylocereus extensus** (SD.) BR. & R. — The Cact., II : 191. 1920

*Cereus extensus* SD., in DE CANDOLLE, Prodr. 3 : 469. 1828.

Kriechend und klimmend, mit Luftwurzeln; Glieder grün, ziemlich schlank, 3flächig, die gerundeten Kanten ganz gerade; Areolen entfernt, klein, filzig und oft auch beborstet; St. 2—3, selten 4, sehr kurz und derb, dunkelbraun, 1—2 mm lang; Bl. groß und ansehnlich; Röhre grün, zylindrisch; Schuppen auf Ov. eiförmig, auf der Röhre ziemlich kurz und in die verlängerten Sep. übergehend, die schmal und grünlich-gelb sind, Spitze und Rand rötlich; Pet. länglich bis fast eiförmig, mit Spitze, rosa; Gr. dick, hervorragend; N. ungeteilt; Fr. unbekannt. — Trinidad.

**15. Hylocereus napoleonis** (GRAH.) BR. & R. — Contr. US. Nat. Herb., 12 : 429. 1909

*Cereus napoleonis* GRAH., in Curtis' Bot. Mag. 63 : pl. 3458. 1836.

Stark verzweigt, hellgrün; Tr. 3kantig, scharfgratig, konkave Flanken; Rand gehöckert, nicht hornig; Areolen ca. 4 cm entfernt; St. 4—5, steif, ca. 9 mm lang, unten verdickt; Bl. 20 cm lang und breit: Röhre 7,5 cm lang, grün, mit einigen wenigen anliegenden, tiefroten Schuppen, nach oben verlängert; Sep. lanzettlich-linear, gelb; Pet. rein weiß, spatelförmig-lanzettlich, oben gekerbt; Staubf. zahlreich, gelb; Gr. dick; N. zahlreich, ungeteilt. — Heimat unbekannt (nach SCHUMANN Westindien und S-Mexiko).

BRITTON u. ROSE halten es für möglich, daß diese Art mit *H. triangularis* verwandt ist, obwohl PFEIFFER beide für ganz verschieden hielt.

Nur Namen bzw. Synonyme sind *C. triangularis major* (von SCHUMANN als fraglich hierhergestellt, von BRITTON u. ROSE bei *H. undatus* genannt); ferner: *Cactus napoleonis*. Gartennamen waren *Cereus lanceanus* G. DON, *C. inversus*.

PFEIFFER stellte hierher den mit BURMANNS Tafel von PLUMIER (pl. 199, f. 2) abgebildeten Cereus, der aber nach der stachligen Frucht eher ein *Acanthocereus* war (ähnlich *A. tetragonus*) und den GOSSELIN für unbeschrieben hielt bzw. *Cereus plumieri* Goss. (Bull. Soc. Bot. France, 54 : 668. 1907) nannte.

### 16. **Hylocereus trigonus**

(HAW.) SAFF. — Ann. Rep. Smiths. Inst., 1908 : 556. 1909

? *Cactus triangularis foliaceus* JACQ., Stirp. Amer. 152. 1763. — *Cereus trigonus* HAW., Syn. Pl. Succ. 181. 1812. — *C. venditus* PAULS.

Schlanktriebig, 2—3 cm breit, kletternd, bis 10 m lang, tiefgrün; Glieder 3kantig, Rand nicht hornig, stark wellig geschwungen; Areolen auf der

Abb. 729. Frucht des Hylocereus trigonus (HAW.) SAFF. (Foto: ROSE.)

oberen Spitze der geschwungenen Einkerbungen; St. meist 8, 4—7 mm lang, steif, zuerst grünlich, bald dunkelbraun, mit meist 2 Borsten oder Beistacheln; Blütenhülle groß; Ov. mit großen, dünnen Schuppen; Fr. länglich oder fast eiförmig, rot 10 cm lang, fast glatt werdend. — Hispanola, Porto Rico, Vieques, Culebra, St. Jan, St. Thomas, Tortola, Virgin Gorda, St. Croix, St. Eustatius, Saba, St. Martin (Abb. 729).

HAWORTH hatte die Art zuerst als var. von *Cactus triqueter* beschrieben (Misc. Nat. 189. 1803); PAULSENS Name basierte auf der Jugendform einer Pflanze von

St. Jan. *Cereus triqueter* Haw. mag diese Art oder *Hylocereus lemairei* gewesen sein.

17. **Hylocereus triangularis** (L.) Br. & R. — Contr. US. Nat. Herb., 12 : 429. 1909
*Cactus triangularis* L., Sp. Pl. 468. 1753. — *Cereus compressus* Mill. — *C. triangularis* Haw.

Hoch kletternder Ranker, auch kriechend, scharf 3kantig, 3—4 cm breit, mit zahlreichen Luftwurzeln; Rand nicht hornig, fast gerade verlaufend oder nur schwach um die Areolen erhöht, diese ca. 2 cm entfernt; Stacheln meist 6—8, nadelförmig, aber mit verdickter Basis; Bl. 20 cm und mehr lang; Sep. linear-lanzettlich, spitz zulaufend, 6—8 cm lang, länger als die Pet.; Pet. weiß, länglich; Schuppen auf Röhre und Ov. grün, 2,5 cm lang; Fr. rot. — Jamaika (an der Küste auf Felsen sehr häufig).

Abb. 730. Hylocereus estebanensis Backbg.

*Cereus triangularis pictus* DC., eine gelb panaschierte Form, hatte weiche, oft borstenartige Stacheln. Salm-Dyck benannte eine mexikanische Kulturform *C. triangularis uhdeanus*, mit 4—6 Rand- und 1 Mittelstachel, alle klein und gelb; er hielt sie für eine vielleicht eigene Art. *C. anizogonus* SD. soll ein Synonym obiger Art sein. *C. compressus* MILL. ist wohl mit obiger Art identisch (wenn ihn auch MARTYN später zu *Cactus pentagonus* stellte, aber wohl irrtümlich); er wurde im Ind. Kew. als aus Mexiko beheimatet angegeben. *Cephaloc. compressus* (MfK. Index 1912) gehört hierher. *Cereus americanus triangularis* war ebenfalls ein Name.

18. **Hylocereus antiguensis** BR. & R. — The Cact., II : 193. 1920

Stämme hochkletternd, in Baumkronen große Kolonien bildend; Tr. 2—4 cm dick, 3kantig, selten 4kantig; Rand nicht hornig, kaum wellig geschwungen; Areolen bis 3,5 cm entfernt; hauptsächliche St. 2—4, ca. 6 mm lang, Borsten oder Beist. 2—5; Bl. 14 cm lang; Sep. linear; Pet. gelb, zumindest im Verblühen, breiter als die Sep.; Röhre mit linearen und spitz zulaufenden Schuppen. — Insel Antigua (Westindien). Steht *H. trigonus* am nächsten.

19. **Hylocereus estebanensis** BACKBG. — Descr. Cact. Nov., 11. 1956

Schlanktriebig, manchmal fast rundlich, meist bald weißlich bereift oder graugrün; Rippenkante ziemlich gerade verlaufend, mit zurückgebogenen höckerartigen Erhebungen, auf denen die Areolen sitzen, so daß die St. etwas zurückgeneigt und wie Kletterst. wirken; St. 2—4, kurz, derb, braun; Bl. bis ca. 25 cm lang, Sep. und Pet. linear-lanzettlich; Pet. weiß, Sep. zum Teil oben schärfer zurückgebogen; Schuppen auf Röhre und Ov. nicht sehr groß, eher verhältnismäßig klein, abstehend, spitz zulaufend. — Venezuela (San Esteban bei Puerto Cabello) (Abb. 730).

Bildet oft riesige Kolonien in den Baumkronen; ich fand ein Exemplar mit Hunderten von Blüten, das am Stamm so stark verwurzelt war, daß sich mein Peon daran emporziehen und einen Trieb (Abb. 730) herabholen konnte. Dies ist zweifellos der „*Hylocereus* sp." (Nr. 21870, Dr. ROSE), bei Puerto Cabello gesammelt; er unterscheidet sich von allen anderen durch die zurückgeneigten Erhebungen des Randes. ROSE gibt richtig an, daß er dem *H. venezuelensis* ähnelt. Leider habe ich 1928, als ich den Cerens fand, nicht auf eventuelle Narbengabelung geachtet. Aber durch die Höcker ist er eindeutig von anderen unterschieden.

Abb. 731. Blüte des seltenen Hylocereus calcaratus (WEB.) BR. & R. (Foto: R. H. DIEHL.)

20. **Hylocereus calcaratus** (WEB.) BR. & R. — Contr. US. Nat. Herb., 12 : 428. 1909

*Cereus calcaratus* WEB., Bull. Mus. Hist. Nat. Paris, 8 : 458. 1902.

Klimmer; Glieder 4—6 cm dick, stark 3flügelig und die Flanken als rundliche, zungenförmige Vorsprünge erweitert; Areolen klein, auf einem Ende der Vorsprünge, stachellos, aber mit 2—4 kleinen, weißen Borsten; Bl. unbekannt. — Costa Rica (Puerto Limón) (Abb. 731).

Die Pflanze, die Dr. Rose in New York beobachtete, hat nie geblüht; er war daher im Zweifel, ob es ein *Hylocereus* sei. Nach dem Blütenfoto in The Nat. C. & S. J. X : 1. 21. 1955 gehört die Art hierher.

21. **Hylocereus microcladus** Backbg. — Fedde Rep., LI : 61. 1942 (April)

Stark verzweigt, den Bäumen fest angeheftet bzw. epiphytisch, 3kantig (bis zuweilen 5kantig), strangförmig, frischgrün; Zweige bis 15 cm lang und 15—20 mm dick; Areolen zahlreich, ziemlich genähert; St. borstenartig, klein, dünn, wenige bis mehrere, ziemlich kurz und seitwärts strahlend, oft abfallend; Luftwurzeln zahlreich; Bl. unbekannt. — Kolumbien (im Norden, von mir in den Wäldern zwischen Rio Magdalena und Sierra Nevada de Santa Marta gefunden), bis N-Peru (von Rauh in N-Peru epiphytisch auf Bäumen beobachtet) (Abb. 732).

Abb. 732. Hylocereus microcladus Backbg., kommt von Nordkolumbien bis Nordperu vor.

Die Peruart gleicht ganz der von mir in Kolumbien gesehenen. Da auch *H. venezuelensis* von Rauh in S-Ekuador und N-Peru gefunden wurde, muß die Verbreitung solcher Hylocereen entweder weiter reichen als bisher bekannt, oder es sind Relikte aus jener Zeit, als auch Monvillea-Arten (*M. maritima* und *M. diffusa*) bis an die nordperuanische und südekuadorianische Westküste gelangten, ein ganz ungewöhnliches Vorkommen, das sich wohl nur durch eine Westwärtswanderung im Raume des jetzigen Canchaque-Einschnittes erklären läßt, der offenbar früher tiefer lag.

— **Hylocereus schomburgkii** (O.) Backbg. n. comb.

*Cereus schomburgkii*. O., in Förster, Handb. Cactkde., 422. 1846, nur als Name.

Dieser wird von K. Schumann (Gesamtbschrbg. 158. 1898) kurz wie folgt beschrieben: laubgrün, 3kantig, mit 3—5 geraden, hellbraunen, borstenartigen St., bis 9 mm lang. — Guayana.

Die Stachelangaben lassen vermuten, daß sie nach einem Jungtrieb gemacht wurden. Obiger Pflanze am nächsten kommt ein mir aus dem Botanischen Garten, Jena, zugegangener Rankcereus mit folgenden Kennzeichen: Tr. leicht gebogen, kräftiggrün, das vorliegende Stück ca. 2 cm ⌀, 3kantig, langtriebig, beidendig etwas verjüngt; Kanten lang geschweift; Areolen auf Erhebungen, winzig; gelegentlich ein Stächelchen, kaum über 1 mm lang, oben hornfarben, am Fuß nicht verdickt, unten braun; Bl. sollen reich in der Kultur erscheinen und weiß sein. Ungewöhnlich ist, daß die Areolen bis 5 cm entfernt sind, viel weiter als z. B. bei *Hyloc. lemairei*, dem er ähnelt, der aber nur bis 2,5 cm entfernte Areolen hat, die St. am Grunde verdickt. BRITTON u. ROSE stellen *C. schomburgkii* zu *H. napoleonis*, der aber viel längere und stärkere bzw. unten verdickte St. hat.

Der in Jena als *C. schomburgkii* kultivierte Cereus kann — da es keine andere ähnliche Art gibt — die obige Spezies sein, zumal er auch aus Surinam stammen soll. Die Cereen von Guayana sind noch wenig bekannt. Dorther stammt angeblich auch:

**Hylocereus scandens** (SD.) (in Cact. Hort. Dyck. Cult., 219. 1850 als *Cereus scandens* SD.): 3kantig, schmal- und langtriebig, bläulichgrün, beidendig verjüngt und geschweift; Areolen auf Erhebungen, mit 4—6 winzigen St., diese aber kräftig und zurückgebogen, anfangs rötlich, dann graubraun, mit verdickter Basis.

Er scheint dem vorigen etwas ähnlich zu sein bzw. dem *H. estebanensis* nahezustehen, der ebenfalls Kletterstacheln bildet, der aber mehr bereiftgrün ist und zurückgebogene Höcker aufweist.

Eine noch unbestimmte Art brachte aus Surinam 1916 Dr. SAMUELS, von der BRITTON u. ROSE annehmen, daß sie vielleicht identisch war mit *H. lemairei*. Die Merkmale sind: Jungtrieb mit 10—12 Borstenstacheln in jeder Areole (wohl Spitzentrieb); andere Stücke wiesen 3—5 braune Stacheln auf, bis 2—3 mm lang; die Triebe knapp 2 cm breit, 3kantig, die Areolen nur bis 1,5 cm entfernt.

LINNÉ soll eine ähnliche Pflanze aus Surinam (in Amoen. Acad., 8 : 257. 1783) als *Cactus triangularis* bezeichnet haben, um den es sich aber nicht handeln kann.

*Hylocereus* sp.: Eine weitere unbestimmte Art sammelte E. A. GOLDMANN bei Carrizal, Mexiko (Veracruz): 3kantig, in Massen kleinere Bäume überwuchernd; Flanken dick, kaum wellig; Areolen 5—6 cm entfernt; 6—8 pfriemliche St., 12—15 cm lang; Bl. und Fr. unbekannt. Nach der Stärke der Flanken bzw. der Länge der St. zu urteilen, kann es eventuell auch ein *Acanthocereus* gewesen sein.

*Cereus radicans* DC., den BRITTON u. ROSE unter *Hylocereus* nennen, s. unter *Selenicereus radicans* (DC.) BERG.

*Cereus horrens* LEM., Hort. Univ., 6 : 60. 1845: Klimmend und wurzelnd, 3 Rippen, stark gehöckert; Areolen entfernt, mit weißem Filz; St. 5—7, weißlich, verschieden, stark, sehr lang. Die Art ist nicht wieder gefunden worden und daher nicht mehr zu identifizieren.

Sippe 3: *Heliohylocerei* BACKBG.

Eine Gruppe von wenigen Arten, die durch die Luftwurzelbildung, rankenden Wuchs und ihr epiphytisches Vorkommen zweifellos in die Nähe der epiphytischen Rankcereen gehört. Die Blüten aber sind, wie die Triebe, ganz abweichend; letztere sind dünn, hängend, klein- und ziemlich vielrippig; die Blüten sind am Tage offen, ± schiefsaumig bis nahezu regelmäßig, zum Teil flattrig, Röhre und Ovarium bestachelt. Sie bilden eine wohlgetrennte und gut geschlossene Gruppe.

Vorkommen: Wahrscheinlich alle aus Mexiko; *Aporocactus flagelliformis* ist angeblich nicht mit Sicherheit wildwachsend bekannt.

## 50. APOROCACTUS LEM.[1]
Ill. Hort., 7: Misc. 67. 1860

[*Aporocereus* FRIČ & KRZGR., nom. nud., 1934]

Dünne, ziemlich weiche, hängende Epiphyten mit vielen Luftwurzeln; Bl. verhältnismäßig klein, trichterig, mit locker gestellten Hüllbl., Röhre ± gebogen, der Blütensaum zum Teil ± schief; Staubf. in einer Serie, ± herausragend; Röhre ziemlich eng, ± bestachelt bzw. beborstet wie das Ov. und die Fr., die klein und kugelig ist. Die Blütenfarbe ist bei allen rot.

Typus: *Cactus flagelliformis* L. — Typstandort: nicht angegeben.

Vorkommen: Mexiko (Oaxaca, Hidalgo, Chihuahua?).

### Schlüssel der Arten:

Blüten über dem Ovarium ± stark abgebogen
  Rippen 7—8; Zweige sehr dünn, bis 1 cm ⌀ . . .  1: **A. leptophis** (DC.) BR. & R.
  Rippen 10—12; Zweige kräftiger, wenig höckrig
    Mittelstacheln 3—4, bräunlich mit gelben Spitzen, nicht kürzer als die Randstacheln
      Sepalen schmal . . . . . . . . . . . . .  2: **A. flagelliformis** (L.) LEM.
    Mittelstacheln 4—5, anfangs kräftig rötlich, kürzer als die Randstacheln
      Sepalen breiter; Saum weniger schief . . .  3: **A. flagriformis** (ZUCC.) LEM.
  Rippen 8—10, deutlicher gehöckert, Triebe 12 bis 25 mm ⌀
    Mittelstacheln undeutlich (bis ca. 20 Stacheln)
      Sepalen schmal; Saum etwas schräg . . .  4: **A. conzattii** BR. & R.
Blüten fast gerade, nicht über dem Ovarium stark abgebogen
  Rippen niedrig, stumpf, ca. 8; Triebe 15—18 mm ⌀
    Röhre mehr stachlig bekleidet
      Petalen lang zugespitzt . . . . . . . . .  5: **A. martianus** (ZUCC.) BR. & R.

1. **Aporocactus leptophis** (DC.) BR. & R. — Contr. US. Nat. Herb., 12 : 435. 1909
*Cereus leptophis* DC., Mém. Mus. Hist. Nat. Paris, 17 : 117. 1828. — *C. flagelliformis leptophis* K. SCH.

Oft kriechend; Tr. zylindrisch, 8—10 mm dick; ziemlich kräftig 7—8rippig; Rippen stumpf, etwas geschweift; Areolen filzig, mit 12—13 steifen Borstenst.; Röhre unmittelbar über Ov. abgebogen; Hüllbl. eng-oblong, 2—3 cm lang, bis 6 mm breit. — Mexiko.

Die Röhre ist ziemlich glatt und schuppenlos, wenigstens auf einer längeren Strecke.

2. **Aporocactus flagelliformis** (L.) LEM. — Ill. Hort., 7: Misc. 68. 1860
*Cactus flagelliformis* L., Sp. Pl., 467. 1753. — *Cereus flagelliformis* MILL. — *C. flagelliformis minor* SD.

Anfangs mehr aufrecht, dann hängend; Tr. 1—2 cm dick, oft auch niederliegend und kriechend; Rippen 10—12, unscheinbar, ein wenig höckerig; Areolen 6—8 mm entfernt; Randst. 8—12, nadelförmig, dünn, rotbraun; Mittelst. 3—4, bräunlich,

---

[1] DE CANDOLLE machte die interessante Angabe, daß der Typus des Genus in Arabien verwildert ist.

mit gelben Spitzen; Bl. 7—8 cm lang, 3—4 Tage offen, karmoisin; Sep. ± zurückgebogen, schmal; Pet. weniger spreizend, breiter; Fr. klein, kugelig, 10—12 mm dick, rot, borstig; Fruchtfleisch gelblich. — Mexiko (ein Vorkommen ist aus Hidalgo von H. BRAVO berichtet: auf Felsen; verwildert?).

× **Cereus smithii** PFEIFF. — En. Cact., 111. 1837

*Cereus mallisonii* HORT., Ibid. — *C. flagelliformis speciosus* SD. — *C. flagelliformis mallisonii* WALP. — *C. crimsonii* PRITZ. — *C. funkii* HORT. Monac. non K. SCH. — *Aporocactus mallisonii* HORT. (HAAGE).

Die Pflanze wurde beschrieben von LINK u. OTTO in Verh. Ver. Beförd. Gartenb., 12:134. T. 1. 1837, aber mit abweichender Blüte abgebildet.

Ein Bastard zwischen *Aporocactus flagelliformis* und *Heliocereus speciosus* (*Heliaporus* ROWL.); dicker, großrippiger, Stämme ziemlich weich und kriechend, 6kantig; Bl. fast gerade und mit ziemlich kurzer Röhre; Staubf. aufgerichtet. Eine gutwüchsige Pflanze, die meist als *Cereus mallisonii* HORT. geht (Abb. 735).

Weitere hierhergehörende Bastardnamen sind: *C. aurora* (MfK. 81. 1906), angeblich eine Kreuzung mit *Echinopsis; C. rueferi*[1]) und v. *major; C. moenninghoffii* FISCH.,( MfK. 143. 1905), ein Bastard mit *A.martianus; C. vulcan* (MfK. 10. 1906) (× *A. flagelliformis*) und v. *funkii, nothus* (*Cereus nothus* WENDL. non HORT.), *scotii, smithii*.

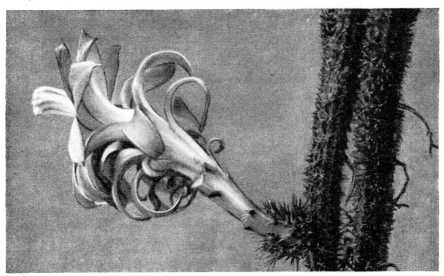

Abb. 733. Aporocactus flagriformis (ZUCC.) LEM. Die ungewöhnlichen Blüten erinnern in der Form an die des Zygocactus.

Die Art ist auch mit *Nopalxochia ackermannii* (hybrida?) gekreuzt. Eine fast unglaubliche Kreuzung gelang R. GRÄSER, Nürnberg: *Aporocactus* × *Trichocereus candicans*, Körper wie bei letzterem, Blüte ziemlich klein und rot (nach Angaben GRÄSERS). Hier versagen alle bisherigen Anschauungen über die Unmöglichkeit des Kreuzens von Kakteengattungen, die nicht näher miteinander verwandt sind. Ich habe die GRÄSERsche Hybride gesehen, wenn auch nicht die Blüte.

---

[1]) BRITTON u. ROSE schrieben „ruferi".

3. **Aporocactus flagriformis** (Zucc.) Lem. — In Britton u. Rose, Contr. US. Nat. Herb., 12 : 435. 1909

*Cereus flagriformis* Zucc., in Pfeiffer, En. Cact. 111. 1837.

Abb. 734. Aporocactus conzattii Br. & R. (Foto: Rose.)

Erst ± aufrecht, dann kriechend, stark verzweigt; Tr. grün, 10—24 mm ⌀; Rippen 11, niedrig, stumpf, etwas höckerig; Areolen klein, 4—6 mm entfernt; Randst. 6—8, nadelförmig, 4 mm lang, hornfarbig, aber im Jungtrieb schön leuchtend rötlich, im Vergleich zu *A. flagelliformis* rötlicher bestachelt; Mittelst. 4—5, kürzer als die Randst., aber kräftiger, braun; Bl. dunkelkarmoisin, 10 cm lang, 7,5 cm breit; Röhre 3 cm lang oder mehr; Hüllbl. in 3 Serien, diese deutlich getrennt; Pet. 10 mm breit, lang zugespitzt; Staubf. rot, aufgerichtet, herausragend; N. 6, weiß. — Mexiko (Oaxaca: San José del Oro). LEMAIRES Kombination (Les Cactées, 58. 1868) war nicht gültig publiziert (Abb. 733).

4. **Aporocactus conzattii** BR. & R. — The Cact., II : 220. 1920

Kriechend oder hängend, wenig Luftwurzeln; Rippen 8—10, deutlich, niedrig gehöckert; St. nadeldünn, 15—20, hellbraun, ungleich, bis 12 mm lang; Bl. 8—9 cm lang; Röhre meist unten nur leicht gebogen, ziemlich viele Areolen daran, mit weichen Borstenst.; Saum nur leicht schief, mehr trichterig geöffnet; Hüllbl. alle schmal, ziegelrot; Röhre 2 bis 2,5 cm lang; Staubf. weiß. Die Blüte bleibt auch nachts bzw. 2 Tage offen. — Mexiko (Oaxaca: Cerro San Felipe) (Abb. 734).

*Aporocactus oaxacensis* ist ein Katalogname von SCHMOLL (1947).

5. **Aporocactus martianus** (ZUCC.) BR. & R. — The Cact., II : 220. 1920

*Cereus martianus* ZUCC., Flora 15² : Beibl. 66. 1832.
— *Erioc. martianus* RICC. (1909).

Stämme ziemlich kräftig, etwas verzweigt, 15—18 mm ⌀; Rippen nur 8, niedrig, stumpf; Areolen 12 mm entfernt; St. 6—8, nadel- bis borstenförmig; Bl. tief-rosenrot, 8—10 cm lang; Sep. schmal-lanzettlich, lang zugespitzt; Pet. oben noch mehr verjüngt; Gr. weit herausragend; Fr. kugelig, 2 cm ⌀, grünlich, stachlig. — Mexiko (Mittelmexiko).

Abb. 735. „Heliaporus smithii", ein Bastard des Aporocactus flagelliformis × Heliocereus speciosus (Cereus mallisonii HORT.).

— (Abbildung der Blüte in MARSCHALL u. BOCK, „Cactaceae", 115. 1941.)

Die Pflanze ist — nach SCHUMANN — von KARWINSKI bei Zimapan und San José del Oro gefunden worden, Wuchs angeblich strauchartig, bis 1 m hoch, aufsteigend, Bl. 10—12 cm lang; Beere rötlichgrün.

Diese Beschreibung weicht besonders durch die Wuchsangaben von der BRITTON u. ROSES ab, die merkwürdigerweise KARWINSKIS Standort nicht angeben, sondern nur sagen, daß sie die Pflanze lediglich aus Beschreibungen kennen.

Ebenso merkwürdig ist, daß HELIA BRAVO wie BRITTON u. ROSE über die Verbreitung von *Aporoc. flagelliformis* sagen: „nirgendwo als Wildvorkommen bekannt". SCHUMANN dagegen gibt an:

1: bei San José del Oro. Das ist in Oaxaca, wo KARWINSKI den *A. flagriformis* fand, der von dort stammt und den SCHUMANN in Gesamtbschrbg., Anhang, 47. 1903, als „von KARWINSKI zusammen mit *C. flagelliformis* vorkommend gefunden" beschreibt.

2: soll EHRENBERG *A. flagelliformis* an Bäumen und Felsen „bei Guanchinango und S. Bartolo am Rio Grande" gefunden haben, nach WISLIZENUS wächst er auch in Chihuahua; ferner bei Chilchecomula am Citlaltepetl auf *Taxodium* bis 2760 m gehend.

**Aporocactus knebelii** HORT. KNEB. — C. KNEBEL „Phyllokakteen", 60. 1931 (Abb. l. c. Tafel 5) ist eine Pflanze, die nach KNEBELS Angaben keine Kreuzung, sondern aus *Aporocactus*-Samen bei ihm entstanden ist. Die Rippen sind ziemlich hoch, mit Einsenkungen der Flanken vor der Areole, diese gleichsam auf einem dahinter langsam wieder absinkenden Höcker stehend; Tr. ca. 15 mm dick, meist 4rippig (5rippig?); die Bl. sind karminrosa, trichterig, locker ausgebreitete Hülle, ca. 6 cm ⌀ (Abb. 736).

Es liegt die Vermutung nahe, daß durch Insekten eine Einkreuzung von *Heliocereus* entstand, die KNEBEL entging, der diese Pflanze für eine Mutation oder einen Rückschlag hielt; sie ist wüchsig und aufrechter als ein *Aporocactus*.

Abb. 736. „Aporocactus knebelii" HORT. KNEB., soll echt aus Samen gefallen sein (KNEBEL), ähnelt im Wuchs dem Heliaporus smithii, ist jedoch zierlicher.

KNEBEL berichtet in l. c. auch über interessante andere Kreuzungen; so hat WEINGART *Disocactus eichlamii* mit *Aporocactus martianus* gekreuzt (gen. hybr. *Aporodisocactus*), ferner hat RETTIG die beiden Hybriden *Phylloc. cooperi* und *C. mallisonii* gekreuzt, ein Bastard, der der WEINGARTschen Hybride außerordentlich ähnelte (s. auch im 6. Band den Beitrag von ROWLEY über „Phyllohybriden", der für Kreuzungen von *Aporocactus* und *Heliocereus* den Hybridgattungsnamen × *Heliaporus* vorschlug).

Einen Bastard von *Epiph. crenatum* × *Aporoc. flagelliformis* beschrieb WEINGART in MfK. 23. 1920 als *Cereus freiburgensis* hybr. HORT. MUNDT.

Wenn auch Kreuzungen aus dem Rahmen dieses Handbuches natürlicher Arten fallen, so ist doch sicher, daß vererbungskundlich interessante Beobachtungen bei solchen Bastarden zu machen sind (s. auch GRÄSERS „Aporotrichocereus").

Tribus 2: *Cereeae* BR. & R. emend. BACKBG.[1])

In der Klassifikation BRITTON u. ROSES entsprach ihre Tribus 3: *Cereeae* BR. & R. der SCHUMANNschen Unterfamilie *Cereoideae* K. SCH., d. h. es waren darunter nicht nur alle Säulen- und Kugelformen zusammengefaßt, sondern auch alle epiphytischen bzw. luftwurzelbildenden Gattungen der Ranker, Klimmer bzw. Halbepiphyten. Die Aufgliederung der SCHUMANNschen Unterfamilie erforderte eine Trennung der Epiphyten und Nichtepiphyten in die Tribus 1: *Hylocereeae* und Tribus 2: *Cereeae*, so daß letztere jetzt nur die Nichtepiphyten umfaßt und insofern als eine „verbesserte Tribus" anzusehen ist, als in ihr nur die bodenbewohnenden Arten (mit *Pfeiffera* SD. als Übergang) bzw. Gattungen zusammengefaßt sind, die keine Luftwurzeln bilden und niemals abgeflachte Körper haben. Es sind Pflanzen sowohl mit cereoiden wie cactoiden Körpern, als solche wenigstens in der Hauptphase ihres Lebens getrennt, die aber doch dergestalt einen Zusammenhang zeigen, als cereoide und cactoide Körper in manchen Gattungen ineinander übergehen: cereoide Gattungen können zum Teil kugelige Jungformen bilden (*Helianthocereus*), oder sie sind (*Arequipa*) überhaupt teils halbcereoid, teils cactoid; von *Trichocereus* zu *Echinopsis* und *Pseudolobivia* ist eine fortschreitende Reduktionslinie der Körperform, von hochcereoiden zu flachrunden — bei an der Blüte sichtbarer naher Verwandtschaft — festzustellen, und in der Sippe „Lobiviae" wiederholt sich das gewissermaßen in Kurzformen. Andererseits zeigen viele als „Cactoide" angesehene Gattungen ausgesprochen cereoide Altersformen, so *Neoporteria*, *Copiapoa*, *Echinopsis*, *Matucana*, auch *Ferocactus* wird zum Teil dick-cereoid usw. Bei *Melocactus* gibt es ebenfalls zum Teil cereoide Altersformen, so daß man diese Gattung als eine ein besonderes Scheitelcephalium tragende Reduktionsstufe (zusammen mit dem stets mehr flachkugeligen, d. h. stärkstreduzierten *Discocactus*) ansehen kann, den cereoiden Cephaliumsträgern (die zum Teil auch ein Scheitelcephalium bilden) verwandt, und weswegen ich die kugeligen Formen in der nördlichen Gruppe hinter der Sippe 9: „*Cephalocerei*" als Sippe 10: „*Cephalocacti*" zusammenfaßte. Auch die Gattung *Wilcoxia* ist zwergcereoid, wie viele Arten der Gattung *Echinocereus*. BRITTON u. ROSE faßten die beiden letzteren Gattungen als Subtribus 3: *Echinocereanae* zusammen. Aber ihr Schlüssel zu den 8 Subtribus ist nur ein künstlicher, so daß ihren differenzierenden Merkmalen nicht der Charakter einer eindeutigen und scharfen Trennung zukommt. Dies erforderte also eine genauere Aufgliederung. Es konnte dies einmal nur durch eine Trennung der nördlichen und südlichen Verbreitung geschehen, zumal in beiden Großarealen andere Merkmale angetroffen werden. An der Sippe der *Cephalocerei* (und hier besonders an der Gattung *Pilosocereus* BYLES & ROWL.) sowie der Sippe „*Cephalocacti*" erkennt man — mit der gemeinsamen Verbreitung von Mexiko über

---

[1]) Die vollgültige Publikation der Kategorien oberhalb der Gattungen kann erst später, wahrscheinlich in Band 6, erfolgen.

Mittelamerika (zum Teil) und Westindien bis Peru (westlich) und Mittel-Brasilien (östlich) hinunter —, daß das Nordgebiet einst einen größeren Umfang und dies mehr nach Süden hinunter hatte, als es heute auf den ersten Blick erkennbar ist. Die Trennung wurde also auch nach areal-geographischen Erwägungen vorgenommen; da wir aber über die Verbreitungsvorgänge in der Vergangenheit nicht allzuviel wissen, mögen hier und da noch einige Korrekturen notwendig sein. Das kann sich jedoch nur auf die cereoiden Formen erstrecken, da die kugeligen weit eindeutiger getrennt sind. Für die Trennung des Nord- und des Südverbreitungs-gebietes wurde die Kategorie ,,Semitribus" eingeschaltet, die diese für Sukkulenten ganz natürliche Verbreitungseigentümlichkeit sinnfällig wiedergibt. Daneben war — d. h. sowohl in der nördlichen wie in der südlichen Gruppe — nach cereoiden und cactoiden Formen zu trennen, wobei den ,,*Echinocerei*" im Norden sowie den ,,*Pfeifferae*" und ,,*Milae*" im Süden eine eigene Sippenkategorie eingeräumt wurde, da sie ± kurzcereoid sind. Ferner waren sippenmäßig besondere Eigentümlichkeiten, wie Cephaliumsbildung, Mehrblütigkeit, besondere Blütenformen (z. B. die ,,kolibriblütigen" *Loxanthocerei*) usw. durch Trennung abzugrenzen, was auch die Bestimmung erleichtert.

Die Hauptmerkmale der *Cereoideae* sind eingangs bei der Unterfamilie besprochen. Blätter sind im allgemeinen bei dieser Unterfamilie nicht zu finden, es sei in Form von winzigen Schuppen (z. B. bei *Arthrocereus*) oder im Jugendstadium (BRITTON u. ROSE geben dies an für: *Harrisia*, *Acanthocereus*, *Nyctocereus*, *Selenicereus*, *Hylocereus* und einige andere Gattungen, also überwiegend solche des mehr nördlichen Großvorkommens).

Vorkommen: Im gesamten Verbreitungsgebiet der *Cactaceae*, mit Ausnahme des alleräußersten Nordens und Südens, aber nur neuweltlich.

Semitribus 1: *Austrocereeae* BACKBG.

Südlicher Ast der Gesamtverbreitung, mit anderen Merkmalen als bei den *Boreocereeae*.[1])

Vorkommen: In Südamerika im Westen von den Galapagos-Inseln und Ekuador, über Peru, Bolivien bis Mittel-Chile sowie von Osten her im nördlicheren Mittel-Brasilien (bzw. südlich des Amazonasgebietes) über Paraguay, Uruguay sowie N- und Mittel-Argentinien bis etwa 40° s. Br. (Gebiet von Comodoro Rivadavia).

Subtribus 1: *Austrocereinae* BACKBG.

Cereoide Formen, zumindest im Alter, mit einigen stärkeren Reduktionsstufen der Körpergröße (*Echinopsis*, *Pseudolobivia*), die aber den cereoiden Formen sehr nahestehen, zum Teil zwergig cereoide Sippen (*Pfeifferae*, *Milae*) in verschiedenen Stufen der Sproßmerkmalreduzierung an der Blüte, in einem Falle (der *Oreocereus*-verwandten *Morawetzia*) mit Scheitelcephalium, in der Sippe *Loxanthocerei* mit eigentümlich spezialisierten (sogenannten Kolibri-) Blüten und hier teilweise auch mit nur halbcereoiden bzw. kugelig-reduzierten Körpern.

Vorkommen: Im gleichen Gebiet wie unter Semitribus 1 angegeben, aber in N-Brasilien etwas weiter nördlich als die kugeligen Formen

---

[1]) Zur Bestimmung sind für die richtige Orientierung gegebenenfalls die ausschlaggebenden Kennzeichen der nördlichen und südlichen Semitribus zu vergleichen.

und dem kurz-cereoiden Wuchs ähnelnd, so daß beide Gattungen unter Sippenrang angeführt werden mußten. Während aber *Echinocereus* meist langröhrigere und borstenstachlige Blüten entwickelt, sind diese bei *Mila* stark verkürzt, ähnlich wie bei *Pfeiffera;* bei der letzteren ähneln die Früchte noch kleinen *Erdisia*-Früchten, bei *Mila* sind an denselben die Sproßmerkmale noch weiter reduziert; die Frucht ist nahezu nackt. In beiden Gattungen muß man — wie bei *Echinocereus* — wohl Abzweigungen mit Neigung zu cereoidem Wuchs sehen, ohne daß es sich um reduzierte Stufen bestimmter Cereensippen handelt. So stellte ich die ,,*Pfeifferae*'' und ,,*Milae*'' an den Anfang der ,,*Austrocereeae*'', d. h. hierher wegen der Gestalt und der offensichtlich auch cereoiden Anlage, als sonst aber ganz selbständige Entwicklungsstufen, die damit jedoch nicht mehr so ungewöhnlich sind, wie es früher den Anschein hatte. Zur Zeit BRITTON u. ROSES war *Mila* monotypisch und nur aus dem Hinterland von Lima bekannt; daher das Anagramm ,,*Mila*'', wie ,,*Lobivia*'' (Bolivia) und ,,*Denmoza*'' (Mendoza). Bei allen diesen Gattungen ist seither eine weiterreichende Verbreitung bekanntgeworden.

Vorkommen: Mittel-Peru, unfern Lima, im Eulaliatal auf 1000—1400 m, bis Matucana auf 2500 m, im Cañetetal auf 800 m, im Santatal auf 1800 m, und im Rio-Fortaleza-Tal geht die Gattung sogar bis auf 3500 m. Die Gesamtverbreitung erstreckt sich also auf einen Höhenunterschied von ca. 3000 m.

## 52. MILA BR. & R.
### The Cact., III: 211. 1922

Kolonienbildende, zwergig-cereoide Pflanzen mit weichem Fleisch und verschieden starken, niedrig- bzw. kleinrippigen, geraden oder ± gebogenen Einzeltrieben. Die Stachelmerkmale sind sehr verschieden: zum Teil kräftig, fast pfriemlich, oder nadelig, steif bis weich und zum Teil borstenförmig. Bei einigen Arten ist die Bekleidung ausschließlich borstenförmig, oder es werden zusätzlich Haarborsten ausgebildet bzw. diese verlängern sich teilweise im Alter. Die Blüten sind kleintrichterig und ziemlich kurzröhrig, entstehen ± am Scheitel und bilden an der Röhre bzw. am Ovarium noch Filz und feine Haare. Die Frucht ist so gut wie nackt; die Samen sind schwarz.

Die zu BRITTON u. ROSES Zeit noch monotypische Gattung ist durch die Funde von mir (1931), AKERS (1953) und RAUH (1954 und 1956) heute auf ein Dutzend Arten angewachsen, die in Mittel-Peru über einen viel weiteren Raum vorkommen, als man es ursprünglich angenommen hatte.

Typus: *Mila caespitosa* BR. & R. — Typstandort: bei Santa Clara, östlich von Lima.

Vorkommen: Mittel-Peru, von wenig über Meereshöhe bis auf 3500 m (Eulalia-, Rimac-, Cañete-, Santa- und Rio-Fortaleza-Tal).

### Schlüssel der Arten:

Ohne zusätzliche Haarborsten, höchstens später
    mehr borstenfein werdende Stacheln,
        zum Teil verlängert

Mit derben, fast pfriemlichen Stacheln, ohne später borstendünn werdende Stacheln, alle deutlich geschieden
    Einzeltriebe bis 12 cm (—20 cm) lang, gestreckt
        Mittelstacheln im unteren Areolenteil, gelblich bis goldbraun, ± über Kreuz, Basis verdickt, bis 2 cm lang, anfangs auch schwärzlich oder rot
            Randstacheln ca. 7—20, ± im oberen Areolenhalbkreis . . . . . . .    1: **M. pugionifera** Rauh & Backbg.

Mit einzelnen längeren, nadelförmigen, aber steifen Mittelstacheln, meist undeutlich geschieden
    Randstacheln nicht später borstenartig verlängert
        Einzeltriebe länglich, meist bis ca. 10 cm lang (Neutriebe)
            Mittelstacheln gelblich, braun- (nicht schwarz-) gespitzt, 4 (—7) kräftiger, meist 1—2 die längsten, bis 2 cm lang
            Randstacheln dünn, weißlich (zum Teil erst später), 12 bis 25 oder mehr
            Körper kräftig, meist bis 3 cm ⌀ . . . . . . . .    2: **M. nealeana** Backbg.

            Körper dünner, meist bis 2 cm ⌀ (Mittelstacheln nur 1—2)    2a: v. **tenuior** Rauh & Backbg.

        Mittelstacheln gelb, schwarz- (nicht braun-) gespitzt bis 2 cm lang
        Randstacheln bis 35, weißlich
        Areolen oben stark weißwollig . . . . . . . .    3: **M. albo-areolata** Akers

    Mittelstacheln unten (oder ganz) weiß, im oberen Drittel oft intensiv schwarzbraun (zum Teil nur ganz wenig), 2,5 cm lang
    Areolen nur gelbweiß-filzig    4: **M. lurinensis** Rauh & Backbg.

    Mittelstacheln nur anfangs gelb, dann bald braun, kräftig, bis 3 cm lang
    Randstacheln 20 oder mehr, hyalinweiß
    Areolen ± weißwollig . .    5: **M. caespitosa** Br. & R.

Einzeltriebe ± kugelig; Rübenwurzel
  Mittelstacheln schmutzig hornfarben,
    zum Teil dunkelbraun gespitzt, bis
    2,5 cm lang
  Randstacheln sehr zahlreich, hyalin-
    weiß
    Körper bis 3,5 cm ⌀ . . .   6: **M. fortalezensis** Rauh & Backbg.

Randstacheln später borstenartig verlängert
  Einzeltriebe aufgerichtet, bis ca. 30 cm lang,
    fast cereoid, bis 5 cm ⌀
  Mittelstacheln am Triebende verlän-
    gert, steifnadelig und dicht sprei-
    zend, goldbraun, bis ca. 10, un-
    gleich, zum Teil anfangs (obere)
    schwärzlichbraun, zum Teil Basis
    verdickt, bis ca. 2 cm lang
  Randborsten (nicht-stacheln) dünn,
    hyalin, zum Teil ± fast kräuselig
    gebogen, später zahlreich, verlän-
    gert, mit den vergrauten mittleren
    allseits zum Körper hin wirr ver-
    flochten . . . . . . . . . . .   7: **M. cereoides** Rauh & Backbg.

Mit kaum unterschiedenen bzw. nicht deutlich
  verlängerten Mittelstacheln
Randstacheln später nicht verlängert
  Mittelstacheln und Randstacheln kaum
    in Farbe oder Länge unterschie-
    den, anfangs bräunlich hornfarben
    (später und in der Kultur hyalin-
    weiß)
  Randstacheln 12—16, hyalinweiß
    (etwas variierend) . . . . . .   8: **M. kubeana** Werd. & Backbg.

Mit zusätzlichen Haarborsten; Stacheln dünn-
  elastisch
Mit deutlich verlängerten Mittelstacheln
Stacheln später alle hyalin-grauweiß
  Einzeltriebe länglich, schlank bis kräftiger
  Borstenhaare mehr abwärts geneigt
  Mittelstacheln weißlich, bis 3,5 cm
    lang, stärker abwärts weisend
  Randborsten ± kräuselig, Borsten-
    haare bis 3,5 cm lang . . . .   9: **M. albisaetacens** Rauh & Backbg.

  Borstenhaare ziemlich stark aufwärts
    verflochten
  Mittelstacheln verlängert, dünn,
    hellbräunlich, bis 2 cm lang,
    bald hyalingrau
  Randborsten 30—40, dicht und
    ziemlich lang, aufwärts gerichtet   10: **M. sublanata** Rauh & Backbg.

Mittelstacheln wenig verlängert, sehr
   dünn, weiß mit bräunlicher Spitze         10a: v. **pallidior** Rauh & Backbg.
Ohne verlängerte Mittelstacheln; alle Stacheln sehr
   kurz, borstenfein, später nur einzelne, abstehende bzw. längere Haarborsten
Einzeltriebe kurzzylindrisch, schlank, ±
   gekrümmt
   Mittelstacheln borstenfein, sehr kurz,
      von den randständigen nicht unter-
      schieden, nur anfangs leicht bräun-
      lich getönt, sehr zahlreich, insgesamt
      bis ca. 50 . . . . . . . . . . .         11: **M. breviseta** Rauh & Backbg.
Einzeltriebe bis 25 cm lang
   Mittel- und Randstacheln nicht unter-

Abb. 739. Mila pugionifera Rauh & Backbg. (Foto: Rauh.)

schieden, länger und steifer als bei voriger, zahlreich, dicht abstehend verflochten, ± gleich lang . . . . 12: **M. densiseta** RAUH & BACKBG.

Abb. 740. Mila nealeana BACKBG.; Standortsbild.

1. **Mila pugionifera** RAUH & BACKBG. — Descr. Cact. Nov., 11. 1956

Kräftig bläulichgrüne, zylindrische Tr., 5—20 cm lang; Rippen 11, um die Areolen verdickt; Mittelst. 4, über Kreuz, 1 vorgestreckt, 3 abwärts gerichtet, gelblich bis goldbraun, bis 2 cm lang, ungleich; die eigentlichen Randst. ± in dem oberen Areolenhalbteil, meist 3 seitliche Paare, zuweilen noch ein oberer mittlerer, dunkelgefärbt wie zuweilen auch der obere Mittelst.; später sind alle St. ± zum Körper geneigt, bis auf einen abstehenden, pfriemlichen St., dieser wie alle anderen schmutziggrau bis schwärzlich. — Peru (Santa-Tal, auf ca. 1800 m) (Abb. 739, Tafel 36).

Mitunter sind Rand- und Mittelst. zahlreicher. Bl. 3 cm lang, blaßgelb.

Abb. 741. Mila nealeana BACKBG. in Blüte.

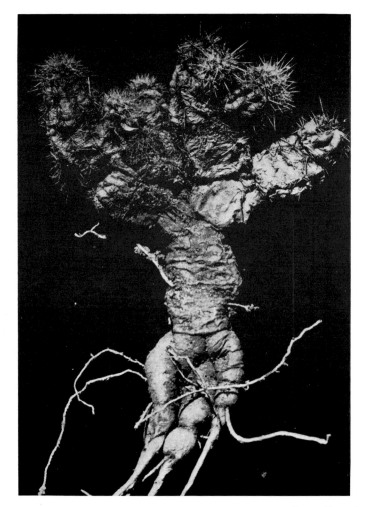

Abb. 742. Mila nealeana v. tenuior RAUH & BACKBG. (Foto: RAUH.)

## 2. **Mila nealeana** BACKBG. — BfK. 1934-11

Große Kolonien bildend; Einzeltriebe oft bis 30 cm lang, 3 cm und etwas mehr dick; Rippen 11—14, niedrig und warzenähnlich aufgelöst; Areolen sehr dichtstehend, anfangs rund, hellbräunlich befilzt; Randst. sehr dünn und hyalin, kaum 5 mm lang oder etwas länger; Mittelst. ziemlich gerade abstehend; Bl. kurz, gelb, ca. 3,5 cm lang; Fr. klein, grün. — Mittel-Peru (Eulalia- und Rimac-Tal, auf ca. 1500 m), sowie im Cañete-Tal auf 1200 m) (Abb. 740-741, Tafel 37).

### 2a. v. **tenuior** RAUH & BACKBG. — Descr. Cact. Nov. 11. 1956

Etwas dunkler grün, bis 3,0 cm ⌀; Rippen ca. 10; Randst. anfangs gelblich mit dunkler Spitze. Der Typus ist mehr graugrün, die Jungtriebe der var. weniger gekrümmt bzw. nach oben etwas verjüngt, beim Typus oft nahezu so stark wie im unteren Teil. — Mittel-Peru (Rimac-Tal, auf 2000 m) (Abb. 742).

Abb. 743. Mila albo-areolata AKERS.
(Foto: AKERS.)

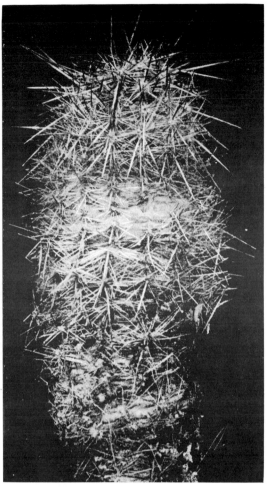

Abb. 744. Mila lurinensis RAUH & BACKBG.
(Makrofoto: RAUH.)

3. **Mila albo-areolata** AKERS — Fuaux Herb. Bull., 5 : 2—3. 1953

Kleine Kolonien mit bis zu 20 Tr.; Stämme dunkelgrün, bis 8 cm lang, bis 2,5 cm ⌀; Rippen 10—12, ca. 5 mm hoch bzw. breit; St. ca. 35, schwach stechend; Randst. 4—7 mm lang, allseitig waagerecht angelegt; Mittelst. 3—5, nadelig, 8—20 mm lang, gelb, schwarz gespitzt; Bl. fast radförmig öffnend, trichterig erweiternd bis etwas glockig; Hüllbl. goldgelb, breit-lanzettlich und schwach gespitzt bzw. oben ziemlich breit und rasch zu einer kurzen Spitze verjüngt; Röhre 1,5 cm lang; Schuppen klein, rot gespitzt, in den Achseln Wollfilz und bis 20—30 seidige Haare, 1—3 mm lang; Ov. rötlichgrün, schuppig und behaart; Fr. ca. 12—15 mm ⌀, mit verbleibendem Blütenrest, Fruchtfleisch grünlich, säuerlich; S. sehr klein, schwarz, ganz fein punktiert, mit mattem Glanz und graufarbenem Nabel. — Mittel-Peru (auf den Hügeln von Quilmana, bei Imperial, südlich von Lima) (Abb. 743).

Die Früchte sind gelblich- bis rötlich-olivgrün gefärbt und zart hell geadert; bei der Reife werden sie durchscheinend wie auch die der anderen *Mila*-Arten.

4. **Mila lurinensis** RAUH & BACKBG. — Descr. Cact. Nov., 11. 1956

Kleine, lockere Polster; Tr. frisch graugrün; Glieder kleincereoid, bis 10 cm lang, 3 cm ⌀; Rippen 10—14, ± spiralig oder gerade herablaufend; Areolen klein, im Scheitel ledergelb befilzt; Randst. zahlreich, bis 40, sehr fein, weißlich, meist nur 0,5 cm lang, daneben zuweilen derbere, im Neutrieb oben braunschwarze; Mittelst. 2—3 oder mehr, bis 2,5 cm lang, manchmal ganz weiß und nur mit kleiner dunkler Spitze oder in der unteren Hälfte weißlich, im oberen Drittel intensiv schwarzbraun. — Mittel-Peru (Lurin-Tal, 1000 m, auf trockenen Terrassen) (Abb. 744).

Bei dieser oben etwas verjüngten Art scheint der Körper stark durch, da die feinen, kürzeren St. wenig verflochten sind.

Abb. 745. Mila caespitosa BR. & R. (Foto: RAUH.)

5. **Mila caespitosa** BR. & R. — The Cact., III: 211. 1922

Höchstens bis 15 cm hoch; Tr. bis 3 cm ⌀; Rippen meist 10, 3—5 mm hoch, Kante gerade verlaufend; Areolen anfangs dicht braunfilzig, 2—4 mm entfernt; St. zuerst gelblich, mit braunen Spitzen, bald ganz braun; Randst. 20 oder mehr, meist bis 10 mm lang; Mittelst. mehrere, die längsten bis 3 cm lang, kräftig, im Vergleich zu den Randst.; Bl. ca. 1,5 cm lang, gelb, im Verwelken rötlich; Pet. lanzettlich spitz zulaufend oder schwach abgerundet; Röhre kurz, ebenso wie das Ov. mit einigen längeren Haaren; Gr. 8 mm lang; Fr. bis 1 cm $\varnothing$, glatt oder nur gelegentlich mit Andeutung von Filzresten; S. 1 mm lang, winzig gehöckert, länger als breit, ziemlich großer, weißer Nabel. — Mittel-Peru (unteres Rimac-Tal, bei Santa Clara bis nahe Chosica) (Abb. 745, Tafel 38).

v. *grandiflora* RITT. (FR 162a, Winter-Kat. 15. 1957), nur ein Name, scheint der Bestachelung nach eher zu *M. nealeana* zu gehören.

Abb. 746. Mila fortalezensis RAUH & BACKBG. (Foto: RAUH.)

6. **Mila fortalezensis** RAUH & BACKBG. — Descr. Cact. Nov., 11. 1956

Glieder kurz, manchmal fast kugelförmig, oft nur wenige aus einer bis 10 cm langen Rübenwurzel, manchmal mehr gruppenbildend; Rippen ca. 11—13, höckerig, niedrig; Epidermis graugrün; St. zahlreich, dicht verflochten, mittlere ca. 6—8

Abb. 747. Mila cereoides Rauh & Backbg. (Foto: Rauh.)

Abb. 748. Mila kubeana Backbg.; Standortsbild. Die Pflanzen fallen unter den Sträuchern oft wenig auf.

deutlicher unterscheidbar und zum Teil länger, bis 2,5 cm lang, schmutzig hornfarben, oft an der Basis dunkel oder schwärzlich bzw. der oberste ganz schwärzlich; Fr. sehr klein, grün, nur 0,8 cm ⌀. — Mittel-Peru (Rio Fortaleza, auf 900 m, in Granitgrus, bei Km 250) (Abb. 746).

7. **Mila cereoides** RAUH & BACKBG. — Descr. Cact. Nov., 11. 1956

Einzeltriebe fast wie ein kleiner *Haageocereus* aussehend, aufgerichtet, nur an der Basis gekrümmt, bis 30 cm lang und 5 cm ⌀; Rippen 13, leicht spiralig gestellt, warzig aufgelöst; Areolen 3 mm entfernt; Areolenfilz gelbbraun; Randst. erst ca. 18, später mehr und dann einige verlängert und borstenartig sowie etwas kräuselig; Mittelst. bis 11, davon ca. 4 kräftiger, ± in Kreuzform gestellt, unten etwas verdickt. — Mittel-Peru (Rio Fortaleza, auf 3500 m) (Abb. 747).

Das Vorkommen ist, zusammen mit dem von *M. sublanata*, das höchste bisher bekannte. Diese Art ist auffallend langtriebig.

Abb. 749. Mila kubeana BACKBG. in Blüte und Frucht (Kulturexemplar).

8. **Mila kubeana** WERD. & BACKBG. — In BACKEBERG, „Neue Kakteen", 83. 1931

Große Kolonien bildend, frischgrün, weich; Gruppen bis ca. 15 cm hoch und mehr; Einzeltriebe später ± liegend, daraus die Jungtriebe ± aufrecht und ziemlich kurz; Rippen ca. 11, ziemlich flach und gerundet, um die Areolen höckerartig geteilt; Areolen anfangs mit gelbem Filz, bald kahl oder abfallend; Mittelst. bis 4 deutlicher erkennbar, aber kaum in der Stärke und Länge unterschieden, alle anfangs oben etwas hellbräunlich, oder am Grunde, der unterste zuweilen etwas mehr abwärts gerichtet oder anliegend, die seitlichen auch gebogen, alle oft ziemlich ungleich stehend; Bl. seidig hellgelb mit schmal-lanzettlichen Pet.; Sep. schmal, grünlich, oben rot getönt; Röhre kurz, grün; Fr. glänzend olivgrün, bei der Reife weinrot, ca. 5 mm ⌀. — Mittel-Peru: (Rimac-Tal, bei Matucana, auf 2500 m) (Abb. 748 und Farbfoto Abb. 749).

Die Art scheint etwas variabel zu sein bzw. sind bei der am Typstandort Matucana gesammelten Art einige mittlere St. durch geringe Verlängerung etwas deutlicher erkennbar, die Randst. stehen wenig ab, die Areolen sind ziemlich klein und hellfilzig. Unterhalb von Matucana kommt eine andere Form vor, die nur bis 10 Rippen hat, die Areolen größer und hellbraunfilzig bzw. dicker befilzt und dadurch genäherter erscheinend; die Randst. sind länger und stehen mehr ab, so daß keine Mittelst. deutlich erkennbar sind; anscheinend sind die Tr. auch etwas länger. Vielleicht muß diese Form als eigene Art abgetrennt werden, wenn mehr über sie bzw. etwaige Unterschiede von Bl. und Fr. bekannt ist. Damit diese Form nicht in Vergessenheit gerät, gebe ich ihr vorerst den provisorischen Namen; v. *setispina*. — Mittel-Peru (unterhalb von Matucana, auf 1500 m).

Abb. 750. Mila albisaetacens RAUH & BACKBG.

9. **Mila albisaetacens** RAUH & BACKBG. — Descr. Cact. Nov., 11. 1956 [1])

Bis 15 cm lange Tr., seitlich verzweigend, graugrün; Rippen 9—10, warzenförmig geteilt; Areolen sehr klein, erhaben, schwach bräunlich befilzt; Randst. zahlreich, später ± stark verlängert und ganz borstenförmig bzw. mit ± kräuseligen und langen Borstenhaaren untermischt, wirr verflochten; Mittelst. 3—5, grauweiß, stärker verlängert, meist abwärts gerichtet, später alle grau.— Mittel-Peru (Santa-Tal, auf 1800— 2000 m) (Abb. 750).

Dies ist vielleicht *Mila senilis* RITT., nur ein Name (FR 557).

10. **Mila sublanata** RAUH & BACKBG. — Descr. Cact. Nov., 11. 1956

Alte Tr. kurz schwarzborstig, bis 15 cm lang, 2 cm ⌀; ca. 12 Rippen, niedrig; St. am Triebende mit deutlich bis 2 cm langen mittleren St. durchsetzt, diese gerade oder leicht gebogen abstehend, später mehr anliegend, dünner werdend und in den dicht aufrecht verflochtenen Borstenhaaren fast verschwindend, so daß die Tr. unten wie mit steifen Haaren verkleidet aussehen und damit von allen anderen Arten stärker abweichen. — Mittel-Peru (Rio Fortaleza, 3500 m) (Abb. 751).

10a. v. **pallidior** RAUH & BACKBG. —.Descr. Cact. Nov., 11. 1956

Schlank-zylindrisch, bis 16 cm lang, erst frisch-, dann graugrün, später braun; Areolen länglich, hellbraunfilzig; St. nicht in mittlere und randständige getrennt,

---

[1]) RAUH schrieb (1958) „*albisaetacea*".

die mittleren im Scheitel höchstens etwas dunkler gespitzt, aber bald alle weißlich, kürzer als beim Typus, weniger dicht aufrecht verflochtene, etwas abstehende Borsten. — Mittel-Peru (Rio Fortaleza, 3500 m).[1])

Abb. 751. Junge Mila sublanata RAUH & BACKBG. (Makrofoto: RAUH.)

**11. Mila breviseta** RAUH & BACKBG. — Descr. Cact. Nov., 12. 1956

Bleich graugrün; Tr. kurz, aufgebogen, bis 2 cm stark; Rippen ca. 13, ganz niedrig und in winzige Höckerchen aufgelöst, anfangs zart hellbraun-filzig; St. alle kurz und äußerst feinborstig, anfangs einzelne ein wenig kräftigere, aufgerichtete erkennbar, bald alle gleichförmig und besonders auswärts allmählich einzelne längere, grauweiße und sehr dünne Borstenhaare erscheinend; im Scheitel einige schwach dunkel gespitzte St. — Mittelperu (Eulalia-Tal, auf 1200 m) (Abb. 752).

---

[1]) In Descr. Cact. Nov. wurde versehentlich „1800 m" angegeben.

## 12. **Mila densiseta** RAUH & BACKBG. — Descr. Cact. Nov., 11. 1956

Lockere Polster; Pflanzen frischgrün; Tr. niederliegend, bis 25 cm lang, 4 cm ⌀, oberseits Seitensprosse entwickelnd; Tr. 12—15rippig; St. alle weiß, im Scheitel oben leicht gelblich oder hell-bräunlich; Mittelst. nicht unterscheidbar und nicht kräftiger bzw. nicht länger, alle ziemlich gleich lang, borstenartig, etwas steif, sehr zahlreich, verflochten und etwas abstehend, bis 0,6—2 cm lang; weiter unten erscheinen später leicht gekräuselte, stark aufrecht weisende Haarborsten, bis 13 mm lang, weiß. — Südperu (Pisco-Tal, 2000 m) (Abb. 753).

Abb. 752. Mila breviseta RAUH & BACKBG. (Makrofoto: RAUH.)

Südlichstes, bisher bekanntes *Mila*-Vorkommen. Am gleichen Standort gibt es noch eine braunstachlige Art mit hervortretendem, an der Spitze hellbräunlichem Mittelstachel, von der aber kein lebendes Material vorliegt.

Außer obigen Arten fand RAUH noch eine *Mila* im Cañete-Tal auf 800 m (coll. Nr. 1954/K 87) mit zahlreichen, nadelartig verlängerten hellen St., diese etwas abwärts gerichtet, ohne Borsten. Sie gehört in die Nähe von *M. nealeana*, mag aber eine eigene Art oder eine Varietät der letzteren sein.

Dr. ROSE fand 1914 in der Umgebung von Matucana zwei Arten, unbeschrieben (Nr. 18652-3), bei denen es sich wohl um *M. kubeana* und v. *setispina* n. prov. handelt, oder *M. nealeana*.

Die von mir in „Neue Kakteen", Anhang S. 83. 1931, abgebildete, irrtümlich als *M. caespitosa* bezeichnete Pflanze ist *M. nealeana*.

Abb. 753. Mila densiseta RAUH & BACKBG. (Foto: RAUH.)

*Mila caespitosa* wurde zuerst von der WILKE-Expedition 1854 gefunden und von ENGELMANN als *Mamillaria flavescens* bezeichnet. *Cereus flavescens* O. in PFEIFF. (*Echinocereus flavescens* in FÖRSTER-RÜMPLER 826. 1886), mit 10—16 Rippen und zahlreichen gelblichen St., haarförmig, soll vielleicht auch eine *Mila* gewesen sein, oder aber ein *Haageocereus*, was nicht mehr festzustellen ist. Es soll auch den Namen *Mila melaleuca* HORT. geben, unbeschrieben; es ist mir über ihn nichts weiter bekannt.

Sippe 3: *Corryocerei* BACKBG. (Syst. Übersicht, Dez. 1937).

Aufrecht-verzweigte Pflanzen, nur in wenigen Fällen (bei *Erdisia*) liegend und dünn, sonst meist kräftiger, die Arten von *Neoraimondia* und *Neocardenasia* sehr stark und gerade aufstrebend; ebenso *Armatocereus*, aber etwas schwächer und jährlich abgesetzte Triebverlängerung bildend, *Brachycereus* von den Galapagos-Inseln nur dünn und niedrig. Die beiden letzteren Gattungen sind Nachtblüher. Allen gemeinsam ist das bestachelte Ovarium und/oder die stachlige Frucht; die *Nyctocorryocerei* haben länger-stachlige Röhren, ebenso bei den *Heliocorryocerei* die Blüten von *Erdisia* und *Neocardenasia*. Die Sippe enthält die einzigen südamerikanischen Cereen, bei denen es zu Stachelbildung an der Blüte und/oder der Frucht kommt. Zum Teil sind die Blüten ziemlich eng (*Armatocereus, Neocardenasia, Brachycereus*), zum Teil sind sie ziemlich groß und weit, aber kurzröhrig.

Vorkommen: Von den Galapagos-Inseln über S-Ekuador, Peru bis (*Neocardenasia*) O-Bolivien.

Untersippe 1: *Heliocorryocerei* BACKBG.

Tagblühender Zweig; bei *Neoraimondia* und *Neocardenasia* verschiedenartige Areolenverdickung bzw. modifizierte Areolen, bei *Neoraimondia* verlängert weiterwachsend.

Vorkommen: Von S-Ekuador über W-Peru bis O-Bolivien.

## 53. CORRYOCACTUS BR. & R.
The Cact., II: 66. 1920

Überwiegend tief verzweigende, aufrechte Cereen, stark gerippt, mittelstark bis dick, alle ziemlich bis sehr stark bestachelt, mit breit öffnender Blütenhülle und relativ kurzen Röhren, die ziemlich große Frucht bestachelt; Schuppen an Röhre und Ovarium zahlreich; Griffel kurz; Samen klein. Die Röhrenschuppen sind höchstens kurz- oder auch weich bestachelt.

Da zu BRITTON u. ROSES Zeit erst wenig über die Gattungen *Corryocactus* und *Erdisia* bekannt war, sind beide Gattungsbeschreibungen wie auch die der Arten zum Teil unvollständig, bzw. es geht aus ihnen nicht klar hervor, welches die gattungstrennenden Merkmale sind (s. auch unter *Erdisia*).[1] Die *Corryocactus*-Blüten sind mit 6—10 cm Durchmesser größer als die *Erdisia*-Blüten mit bis 5 cm Breite. Der Hauptunterschied liegt aber in der Blütenform, die bei *Corryocactus* glockig bis breitglockig, bei *Erdisia* mehr trichterig ist; im Gegensatz zu den Röhren von *Corryocactus* sind die von *Erdisia* deutlich bzw. länger bestachelt, auch sind deren Früchte viel kleiner als die von *Corryocactus*. Während in Peru beide Gattungen annähernd die gleichen Areale haben, auch bis N-Chile reichen, kommt in Bolivien allein *Corryocactus* vor, soweit dies bis heute bekannt ist.

Typus: *Cereus brevistylus* K. SCH. — Typstandort: Yura, bei Arequipa, S-Peru.

Vorkommen: Von Mittel- bis S-Peru und N-Chile sowie in Bolivien bis Tarija.

### Schlüssel der Arten:

Pflanzen über 1,50 m hoch, bis 3 m oder etwas mehr
    Straff aufrecht wachsend
        Triebe kräftig 10—20 cm ⌀

---

[1] BUXBAUM hat — im Gegensatz zu RAUHS Ansicht — beide Gattungen als nicht nahe verwandt angesehen. Das ist nur über seine systematische Gliederung zu verstehen; in Wirklichkeit sind sie sehr nahe verwandt.

Blüten bis 10 cm breit, gelb
    Triebe bis 15 cm ⌀, Scheitel nicht verjüngt, breitrund
        Stacheln bis 25 cm lang . . . . . .    1: **C. brevistylus** (K. Sch.) Br. & R.

Blüten nur bis 6 cm breit, orange
    Triebe nur 6—10 cm ⌀, Scheitel mäßig verjüngt
        Stacheln zum Teil bis 16 cm lang .    2: **C. brachypetalus** (Vpl.) Br. & R.

Blüten bis 6 cm ⌀, gelb
    Triebe 10—20 cm ⌀, Kante zuerst fast warzig-höckrig (Frucht kürzer bestachelt), oben ± verjüngt
        Stacheln bis 20 cm lang . . . . . . .    3: **C. puquiensis** Rauh & Backbg.

Kletternd bis rankend, bis 4 m lang
    Triebe ziemlich dünn, bis 4 cm ⌀
    Bestachelung ziemlich kurz
        Blüten 7—7,5 cm lang, glockig-trichterig, dunkelorange bis goldgelb . . . .    4: **C. pulquinensis** Card.

Pflanzen nur bis ca. 1,50 m hoch werdend
  Blüten gelblich
    Triebe mehr als 6—7 cm ⌀ erreichend
      Stacheln länger werdend (10—20 cm lang)
        Blüten, soweit bekannt, gelb
          Triebe dick, bis über 10 cm ⌀, oben kräftig verjüngt
            Rippenkante nicht höckerig
            Stacheln bis 20 cm lang . . . . . .    5: **C. pachycladus** Rauh & Backbg.

      Stacheln bis über 8 cm lang
        Blüten gelb
          Rippenkante rundlich, wenig höckerig
            Frucht langnadelig bestachelt .    6: **C. krausii** Backbg.

      Stacheln ziemlich kurz
        Blüten orangegelb bzw. tiefgelb
          Rippenkante stark höckerig markiert
            Frucht mäßig lang bestachelt .    7: **C. brevispinus** Rauh & Backbg.

Blüten rötlich
  Triebe meist kaum über 6—7 cm ⌀
    Blüten 4—7 cm breit
      Bestachelung nicht verflochten
        Petalen purpurrot
          Stacheln bis 5 cm lang
            Triebe bis 6 cm ⌀ . . . . . . .    8: **C. melanotrichus** (K. Sch.) Br. & R.
        Petalen lachsrot
          Stacheln bis 7 cm lang
            Triebe bis 10 cm ⌀ . . . . . .    8a: v. **caulescens** Card.

          Stacheln bis 5 cm lang
            Triebe bis 3,5 cm ⌀ . . . . . . .    9: **C. ayopayanus** Card.

Bestachelung ziemlich verflochten bzw.
   derb
Petalen lilarosa
   Stacheln bis 6 cm lang
      Triebe bis 7 cm ⌀ . . . . . . . 10: **C. perezianus** CARD.
Petalen orangerot
   Stacheln bis 5 cm lang
      Triebe bis 4,5 cm ⌀ (Blüten nur
         4 cm breit) . . . . . . . . . . 11: **C. tarijensis** CARD.

Abb. 754. Corryocactus brachypetalus (VPL.) BR. & R. Dies ist offenbar der VAUPELsche Typus, da er „breit becherförmige Blüten" angab. (Foto: FUAUX.)

Anmerkung: Allen Arten ist, zum Unterschied von *Erdisia*, eine Verengung der Blüte über dem Ovarium und eine ± glockige Erweiterung der kurzen Röhre gemeinsam. Bei den peruanischen Arten werden in den Beschreibungen Borsten und kleine St. an der Röhre angegeben; Cardenas berichtet bei den bolivianischen Arten, mit Ausnahme von *C. perezianus*, nur Borsten, keine Stacheln an der Röhre (vergleiche hierzu die Blütenabbildungen von *Corryocactus* und *Erdisia*).

1. **Corryocactus brevistylus** (K. Sch.) Br. & R. — The Cact., II: 66. 1920
   *Cereus brevistylus* K. Sch., in Vaupel, Bot. Jahrb. Engler, 50: Beibl. 111: 17. 1913.[1])

Abb. 755. Corryocactus brachypetalus (Vpl.) Br. & R. von den Lomas bei Atico; dies scheint die von Dr. Rose gesammelte Form zu sein, da die auch orangefarbene Blüte weniger „becherförmig" ist, nach der Blütenskizze in Britton u. Rose. (Foto: Rauh.)

Bis 3 m hohe, von unten her verzweigende, starke Pflanzen mit ziemlich dicken Tr. und nur 6—7 ziemlich hohen und an der Basis breiten Rippen; Areolen groß, 3 cm entfernt, kreisrund und erhaben, mit kurzer, dichter Wolle; St. ca. 15, zuerst bräunlich, sehr ungleich, einige weniger als 1 cm lang, manche ca. 3 cm lang und andere bis über 24 cm lang; Bl. breittrichterig, über dem Ov. eingeschnürt, zahlreich, gelb; Gr. kurz, dick, weiß, mit zahlreichen weißen, dünnen N.; Ovariumschuppen klein, mit brauner Wolle, weißen Borsten und kurzen St.; Fr. kugelig, saftig, bestachelt. — Peru (im Süden), auf ca. 2000 m.

---

[1]) Name zuerst nur genannt in A. Weberbauer, „Die Pflanzenwelt der peruanischen Anden", 128—129, 1911. Britton u. Roses Fig. 99 (The Cact., II: 67. 1920) zeigt sehr starke Säulen mit breitrundem Scheitel, die damit von allen anderen Arten abweichen.

Abb. 756. Corryocactus puquiensis Rauh & Backbg. Rippen höckerig (bei C. pachycladus; nicht höckerig). Die Blüte ist rein gelb. (Foto: Rauh.)

Abb. 757. Die Blüte des Corryocactus puquiensis Rauh & Backbg.; der Fruchtknoten ist ovoid. (Foto: Rauh.)

2. **Corryocactus brachypetalus** (VPL.) BR. & R. — The Cact., II: 67. 1920

*Cereus brachypetalus* VPL., Bot. Jahrb. Engler, 50: Beibl. III: 16. 1913.

Bis 4 m hoch; Äste von der Basis ziemlich senkrecht aufstrebend, oft sehr zahlreich, zu mehrere Meter breiten Ansammlungen; Rippen meist 7—8, etwas um die Areolen gehöckert bzw. quergeteilt; Areolen meist 2 cm entfernt, bis 1 cm groß, mit kurzer Wolle; St. zuerst schwarz, mit brauner, anfangs oft rötlicher Basis, bis 20, sehr ungleich, die meisten weniger als 1 cm lang, die längsten 10—16 cm lang, oft unten zusammengedrückt und gedreht; Bl. breittrichterig, 4—6 cm breit, Öffnung oben 2—3 cm breit; Pet. tieforange, 1—1,5 cm lang, die äußeren gespitzt, die inneren stumpf oder gestutzt; Staubf. sehr kurz, 5—8 mm

Abb. 758. Corryocactus pachycladus RAUH & BACKBG. mit reingelber Blüte, aus dem Puquiotal, 3500 m. (Foto: RAUH.) Die Pflanze erreicht, obwohl stärker als die Küstenarten, nicht den Durchmesser des Corryocactus brevistylus, der riesige Stacheln bildet und oben flachrund ist (vgl. BR. & R. II, Fig. 99. 1920); beide sind aber nicht gehöckert.

lang, gelb; Gr. einschließlich N. 2 cm lang; Areolen auf Ov. mit schwarzer und weißer Wolle und kurzen St.; Fr. kugelig, grüngelb, 6—7 cm ⌀, mit Bündeln später abfallender St. bedeckt, saftig, angeblich eßbar; S. dunkel, 1,5 mm lang. — Peru (bei Mollendo überaus zahlreich)(Abb. 754 bis 755, Tafel 39—41).

Im Winter-Kat. 7. 1956 sind anscheinend *C. brevistylus* und *C. brachypetalus* zum Teil verwechselt worden. Nr. FR 122: *C. brachypetalus* var. „Dicke Säulen, riesige rote St., bis 30 cm, manchmal bis 45 cm lang" (?) kann nur eine Stachelvariante von *C. brevistylus* sein. FR 271, „*C. brevistylus*: vielästige Büsche, hellgrüngelblich" und „FR 176: *C. brachypetalus* var., Säulen 8 cm ⌀" dürften beide *C. brachypetalus* sein, oder eine Form (Varietät?) desselben, wie sie Rauh bei Atico fand (Tafel 41).

**3. Corryocactus puquiensis** Rauh & Backbg. — Descr. Cact. Nov., 12. 1956[1])

Bis 5 m hohe Gruppen mit bis 20 cm dicken Stämmen; Rippen meist 8; Tr. nicht nur basal entstehend, auch höher und unten oft gebogen (aufwärts gekrümmt), am Scheitel etwas verjüngt zulaufend, auch mehr gerundet; St.

---

[1]) Von Rauh 1954 (K. 48) zuerst vom Vulkan Chachani (3000 m) berichtet, „vielleicht identisch mit K 39 (Puquiotal)". Für K 39 wurde 1954 angegeben: „1,50 m hoch"; dies ist *C. pachycladus*.

Abb. 759. Corryocactus krausii Backbg.; die bisher einzige aus Chile (Mamina) bekannte Art. Blüte gelb; Rippen nicht höckrig (Foto: Kraus.)

Abb. 760. Die Blüte des Corryocactus krausii Backbg. Sie unterscheidet sich von der der orange blühenden südperuanischen Küstenart durch mehr gelbe Farbe und länglichen Fruchtknoten. (Foto: Kraus.)

bis 20 cm lang, manchmal in einer Areole mehrere längere, seitwärts, etwas nach unten oder auch etwas nach oben gerichtet; Randst. bis 15, bis 3 cm lang; Mittelst. meist 1; Bl. ca. 6 cm breit, rein gelb, breit und locker geöffnet; Fr. gelbgrün, 8—10 cm ⌀, kurzstachelig. — Peru (am Vulkan Chachani, auf 3000 m, im Puquio-Tal, auf 3500 m und Tal des Rio Majes, bei 3000 m) (Abb. 756—757, Tafel 42—43). Die Rippen sind anfangs besonders stark höckrig.

4. **Corryocactus pulquinensis** CARD. — The Nat. C. & S. J., 12 : 4. 84. 1957

Bis 4 m lang, kletternd, wenigtriebig; Zweige glänzend dunkelgrün, 3—4 cm ⌀; Rippen 4—5, 12—15 mm hoch, 15—18 mm breit, stumpflich, gekerbt; Areolen 3—4 cm entfernt, 5—7 mm ⌀, rund, hervorstehend, grau- oder schwarzfilzig; St. 3—7, mittlere schwer unterscheidbar, doch manchmal ein mittlerer erkennbar, alle nadelig oder fast pfriemlich, 0,5—2 cm lang, weißlich, Spitze bräunlich, etwas zurückgebogen, zusammengedrückt; Bl. bis 7,5 cm lang; Ov. kugelig, 2 cm lang, glänzend grün, höckerig, mit 4—5 mm entfernten und bis 3 mm dicken, runden Areolen, braunfilzig, hervorstehend, Schuppen grün, spitzlich, in den Achseln mit 2—4 dünnen und bis 4 mm langen St., rotbraun, sowie 3—4 braunen Borsten, 3 mm lang; Sep. fleischig, grünlich, scharf kurz gespitzt; Pet. in äußerer Reihe spatelig, 2,5 cm lang, rotorange, innere dunkelorange oder goldgelb, Basis rötlich, oben oft ausgerandet; Staubbl. vom Grunde bis zur Petalenbasis; Staubf. rötlich, Staubb. gelblich; Gr. 1,5 cm lang, 5 mm dick, weiß; N. 14, gelb. — Bolivien (Prov. Valle Grande, Dept. Santa Cruz, am Wege Pulquina—Saipina, auf 1500 m).

Abb. 761. Längsschnitt durch die Blüte des Corryocactus krausii BACKBG.; der Fruchtknoten ist oblong. (Foto: KRAUS.)

5. **Corryocactus pachycladus** RAUH & BACKBG. — Descr. Cact. Nov., 12. 1956[1])

Bis 1,50 cm hohe Pflanzen mit ziemlich dicken Stämmen, nach dem Scheitel zu verjüngt (spitzig); Rippen 6, hellgrün; Areolen mit bis 20 cm langen Mittelst.; 3 nach unten weisende St. länger als die übrigen, alle anfangs rotbraun, später grau; manchmal werden nur 2—3 längere gebildet, daneben mehrere ziemlich kurze, wie sie auch an normal bestachelten Areolen vorhanden sind. — Peru (Puquio-Tal, auf 3500 m) (Abb. 758; vgl. Abb. 756).

6. **Corryocactus krausii** BACKBG. — Descr. Cact. Nov., 12. 1956

Aufgerichtet, fast baumartig, vom Grunde verzweigt, in breiten Gruppen; Rippen ca. 8—10, gerundet, später breit und ziemlich niedrig; Areolen eingesenkt,

---

[1]) Diese Art hat RAUH nur fotografiert, aber nicht in sein Peruwerk aufgenommen, weil er sie wohl für identisch mit dem auch im Puquio-Tal vorkommenden *C. puquiensis* ansah. Die Abbildungen zeigen aber deutlich, daß letzterer stark gehöckerte Kanten hat, *C. pachycladus* jedoch so gut wie ungehöckerte, so daß es sich auch deshalb um eine andere Art handelt.

ziemlich groß und rund, im oberen Teil unbewehrt; St. sehr ungleich, ca. 4 kürzere bis ziemlich kurze; 1—2 längere, als mittlere kaum unterschieden, einer, der längste, bis ca. 8 cm oder mehr lang; allseits abstehend, später mehr waagerecht, nicht sehr kräftig, elastisch, zum Teil unten etwas abgebogen, einer auch $\pm$ nach unten weisend; Bl. glokkig-trichterig, ca. 5—6 cm lang, Hülle trichterig öffnend; Pet. gelb, spatelig, etwas spitz zulaufend oder mehr gestutzt, die äußeren manchmal etwas gewellt; Staubf. aus dem ganzen Röhreninnern, bis zur Griffelbasis, dort sehr kurz, oben etwas länger, den Griffelfuß dicht umschließend; Ov. länglich, länger als die eigentliche (kurze) Röhre, wie diese mit ziemlich kurzen Stacheln und kräuseligen Haaren versehen, diese zum Teil kräftiger. — Chile (Mamina) (Abb. 759—762).

Der einzige bisher aus Chile bekannte *Corryocactus*. Auffällig sind die häufig — wie bei *Armatocereus* — abgesetzten Glieder und die gelbe Blüte. Der genaue Farbton derselben und die Fruchtangaben sind mir nicht bekannt. Ich benannte die Art nach Herrn F. KRAUS, Santiago, der sie auffand und auch die *Neochilenia reichei* (?) wiederentdeckte.

### 7. Corryocactus brevispinus
RAUH & BACKBG. — Descr. Cact. Nov., 12. 1956[1])

Ähnelt dem Typus der Gattung in der Wuchsform und den quergeteilten, höckerigen

Abb. 762. Die Frucht des Corryocactus krausii BACKBG. Die Rippen sind nur schwach geschwollen. (Foto: KRAUS.)

Abb. 763. Corryocactus brevispinus RAUH & BACKBG., vom Vulkan Coropuna (Peru).

---

[1]) RAUH hat diese Art, die er selbst nicht sah, wohl deshalb in sein Peruwerk nicht aufgenommen; die Bilder zeigen aber, daß es sich um eine typische, selbständige Art handelt.

Abb. 764. Die Frucht des Corryocactus brevispinus RAUH & BACKBG. ist ebenfalls kürzer bestachelt als die anderer Arten.

Abb. 765. Corryocactus melanotrichus (K. SCH.) BR. & R. mit Kammform (Bolivien, La Paz).

Rippen; die St. sind aber mehr pfriemlich und viel kürzer, bis ca. 3 cm lang, ungleich geringer an Zahl, einige ziemlich kurz; Bl. gelblichorange (auf Abb. 763: links am linken Trieb); Sep. ziemlich schmal-länglich; Fr. groß wie beim Typus, mit vielen kurz bestachelten Areolen besetzt, grün, Fruchtfleisch weiß, mit zahlreichen Samen. — Peru (Vulkan Coropuna) (Abb. 763—764; nach Farbfotos, die ich über RAUH erhielt).

**8. Corryocactus melanotrichus** (K. SCH.) BR. & R. — The Cact., II: 68. 1920

*Cereus melanotrichus* K. SCH., Gesamtbschrbg. 71. 1898. — *Erdisia melanotricha* (K. SCH.) BACKBG. (1935).

Dicht aufrecht verzweigt, bis 1,20 m hoch; Äste bis 6 cm ⌀, gelblichgrün; Rippen 7—9, niedrig, gerundet; Areolen 2 cm entfernt, rund, 3 mm groß; St. 10—11, ungleich, 0,7—2 cm, davon 1—3 mittlere und einer davon meist länger, bis 3 cm lang; die oberen St. hellbraun mit dunkleren Querstreifen, die unteren mehr grau; Bl. nicht zahlreich, 5 cm lang, 6 cm breit; Ov. kugelig, 4 mm lang, zahlreich kurz-geschuppt, braun und kurz behaart und mit 3 mm langen, weißlichen, dünnen St.; Röhre kurz, grün beschuppt, mit braunen Haaren und 2—6 Borstenhaaren; Sep. lanzettlich, grünlich; Pet. mehr spatelförmig, 2,5 cm lang, purpurrot; Staubf. purpurn; Staubb. gelb; Gr. 1 cm lang, dick; N. 11, dick, 7 mm lang; Fr. kugelig, 4 bis 8 cm ⌀, weich, Fleisch grün, sauer; Fruchthaut sehr dünn; Fruchtareolen mit Büscheln von 9—12 dünnen St., 1 cm lang; S. schwarz, 12 mm lang, etwas blank. — Bolivien (bei La Paz, auf den Flanken der Barranca von Miraflores, auf ca. 3300 m; BANG) (Abb. 765).

Beschreibung nach CARDENAS. Sie weicht etwas von der Beschreibung SCHUMANNS nach dem Herbarmaterial von BANG ab; BRITTON u. ROSE geben als Sepalenfarbe gelb an, während SCHUMANN sagte: „Blütenhülle getrocknet rötlichgelb" (totes Blütenmaterial). Die von SCHUMANN beschriebenen „langen schwarzen Haare aus den Röhrenachseln" sind bei lebendem Material mehr dunkelbraun.

Die von WERDERMANN in BACKEBERG, „Neue Kakteen", 78. 1931, angegebene Blütenfarbe „rosarot" bezieht sich auf die var. *caulescens* CARD.

Abb. 766. Blüte des Corryocactus melanotrichus v. caulescens CARD.

8a. v. **caulescens** CARD. — Rev. Agricult. Cochabamba, 7: 20. 1952

Bis 1,50 m hoch, von unten her breiter bzw. lockerer verzweigt; Zweige bis ca. 10 cm ⌀; Rippen 8, 1,5 cm hoch; St. 15—16, nadelförmig, blaßgelb, ungleich, 1—7 cm lang; Mittelst. manchmal nur 1, manchmal bis 3; alle St. an der Basis etwas verdickt, Fuß schwärzlich; Bl. breit-trichterig, 5—6 cm lang und 6 cm breit; Ov. kugelig, 17 mm ⌀, in den Achseln mit schwärzlichem Filz, kurzen weißen Haaren, dünnen St. und einer schwarzen Borste; Röhre stark verbreiternd, hellgrün, mit kurzen schwarzen Haaren und 6—7 biegsamen Haarborsten; Sep. rosa, bis 3 cm lang; Pet. lachsrot, ca. 3 cm lang; Staubf. purpurn; Staubb. abgeflacht, gelb; Gr. 1,5 cm lang, dick und weißlich; 14 N., ca. 1 cm lang; Fr. wie beim Typus (Abb. 766).

Die Rippen sind etwas stärker gehöckert als beim Typus der Art. — Bolivien (La Paz, am gleichen Standort wie der Typus; Cochabamba: Cerro de Arani (Typstandort der var.); Chuquisaca: auf 2750 m).

Ich fand diese Varietät bereits 1931 bei La Paz, konnte sie aber nicht unterscheiden, denn in der Trockenzeit blühten alle Pflanzen nicht; von damals stammt das Material, an dem ich im Jardin Les Cèdres die Blüten der beifolgenden Abb. 766 aufnahm. In der Kultur wurden die Sträucher noch etwas höher als am Standort.

In die Nähe dieser Art gehört wohl auch, da nur 1—2 m hoch, Bestachelung nicht verflochten und die Triebe nur 4—5 cm $\varnothing$, die Blüten aber lachsrot wie die stärkere Varietät, der inzwischen bzw. nachträglich von CARDENAS beschriebene:

— **Corryocactus charazanensis**
CARD. — „Cactus", 12:57. 247—248. 1957

Säulig, 1—2 m hoch, grün, zum Scheitel verjüngt; Rippen 4—5, gekerbt, 1 cm hoch, 1,5 cm breit; Areolen 1,5—2 cm entfernt, querelliptisch, 8 mm lang, graufilzig; St. ca. 11, strahlend, die kürzesten 5 mm lang, die mittleren 1,5 cm lang, die längsten 2,5 cm lang, pfriemlich, weißlich; Bl. wenige, 6 cm lang; Ov. kugelig, dunkelgrün, dunkel befilzt und mit Borsten; Röhre kurz, stark verbreiternd; Sep. grünlich, 1—1,5 cm lang; Pet. lachsrosa, 3—4 cm lang; Staubf. purpurn; Gr. 1 cm lang, dick, weiß; N. 12, gelblich; Fr. kugelig, 3—5 cm $\varnothing$, dunkelbraun befilzt und mit dünnen St.; S. klein, 1—2 mm lang, birnförmig, dunkelbraun, fein punktiert. — Bolivien (Prov. Bautista Saavedra, Dept. La Paz, Charazani, auf 3000 m) (Abb. 769 rechts).

Abb. 767. Corryocactus ayopayanus CARD.

Abb. 768. Corryocactus perezianus CARD.
(Fotos: CARDENAS.)

Auffallend durch seine abrupt erweiternde Röhre.

9. **Corryocactus ayopayanus** CARD. — Rev. Agricult. Cochabamba, 7 : 21. 1952

Tr. von der Basis verzweigend, gebogen, bis 1,50 m hoch, dunkelgrün, bis 3,5 cm ⌀; Rippen 4—5, gehöckert, 1 cm hoch; Areolen 4 cm entfernt, rund,

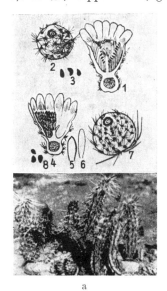

Abb. 769. a: Corryocactus tarijensis CARD. —
b: Corryocactus charazanensis CARD. (Foto: CARDENAS.)

8—10 mm ⌀, graufilzig; St. 10—13, 0,5—5 cm lang, mittlere kaum unterscheidbar, die längsten pfriemlich, bis 5 cm lang; Bl. an der Spitze, trichterigbreit, 6 cm lang, 7 cm breit; Ov. kugelig, 1,5 cm ⌀, Achseln dunkelbraun-filzig, mit kurzen, weißen Haaren und 5—7 mm langen schwarzbraunen St.; Röhre 2,5 cm lang, geschuppt, Schuppen gespitzt, grün, Achseln mit dunkelbraunen Borstenhaaren; Pet. lachsrot, 2,5 cm lang; Staubf. am Grunde entspringend, purpurn und mit gelben Staubb.; Gr. dick, 1,5 cm lang, rosa; N. 11, gelblich, 7 mm lang; Fr. weich, 3 cm ⌀, Fleisch grün, außen braunfilzig und mit ca. 13 dünnen bräunlichen oder weißlichen St.; S. dunkelbraun, 12 mm lang. — Bolivien (Dept. Cochabamba—Prov. Ayopaya, bei Tiquirpaya nahe Santa Rosa, auf 2760 m) (Abb. 767).

10. **Corryocactus perezianus** CARD. — Rev. Agricult. Cochabamba, 7 : 22. 1952

Säulig, bis 1,20 m hoch, nicht sehr stark und meist von unten verzweigt, grün; Zweige 7 cm ⌀;

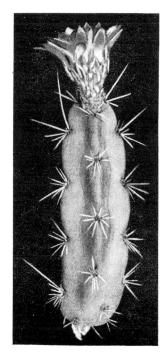

Abb. 770. Corryocactus ayacuchoensis v. leucacanthus RAUH & BACKBG. Blütentrieb. (Foto: OCHOA.)

Rippen 8—9, 7 mm hoch; Areolen bis 1,5 cm entfernt, braun oder grau befilzt; St. 16—18, seitlich gerichtet, 1—6 cm lang und ziemlich verflochten, gelblich; Bl. fast urnenförmig-trichterig, 5—6 cm lang und breit; Ov. 1,5 cm lang, rund, dunkelgrün, fein bestachelt, St. kurz, grünlich; Röhre kurz; Sep. lanzettlich, 2,5 cm lang, Pet. 3 cm lang, alle lilarosa; Staubf. purpurn; Staubb. rosagelb; Gr. kurz, dick, 12 mm lang, weißlichgelb; N. gelblich, 11, 8 mm lang; Fr. kugelig, mehr querrund, 4 cm ⌀, Achseln dunkel befilzt, mit bis ca. 10 St. besetzt, 1 cm lang, gelbbraun; S. klein, 12 mm lang, schwarz, matt. — Bolivien (Dept. La Paz—Prov. Loaiza, bei Summitas Luribay, auf 2800 m) (Abb. 768).

Abb. 771. Corryocactus ayacuchoensis v. leucacanthus RAUH & BAGKBG. (Foto: RAUH.)

11. **Corryocactus tarijensis** CARD. — Rev. Agricult. Cochabamba, 23. 1952

Bis 60 cm hoch, mit gebogenen Tr., Zweige graugrün, bis 4.5 cm ⌀; Rippen 7, ca. 1,5 cm hoch; Areolen 2—3 cm entfernt, rund, erhaben, graufilzig; St. 13, pfriemlich, stark, ziemlich verflochten, grau, Spitze braun, Basis verdickt, 1—5 cm lang; Bl. hochseitlich, trichterig, 3—4 cm lang, 4 cm breit; Ov. kugelig, 1,5 cm lang, spitz beschuppt, Areolen braunfilzig und mit weißen Haaren und mehreren Borsten sowie bis 2 cm langen dünnen St.; Sep. goldgelb; Pet. spatelförmig, orangerot; Staubf. weiß, Staubb. gelb; Gr. dick, 2 cm lang, weiß; N. 12, weißlich-gelblich; Fr. kugelig, bis 2 cm ⌀, mit dunkelbraunen St. und Borsten; S. braun, 13 mm lang. — Bolivien (Prov. Mendez [Tarija], bei Agua de Toro, 2800 m) (Abb. 769, links).

Dies ist offenbar die RITTER-Nr. FR 77 „*Erdisia* sp. von Tarija, 60 cm hoch (WINTER-Kat. 7. 1956)".

Auf seiner Perureise 1954 fand Prof. RAUH einen Cereus im Innern, der offenbar — nach der Dicke der Äste zu urteilen — zu *Corryocactus* gehört und daher hierzugestellt wird.

**Corryocactus ayacuchoensis** RAUH & BACKBG. — Descr. Cact. Nov. 12. 1956

Bis 1 m hohe Säulen, bis 10 cm dick, 6rippig, frischgrün; 9—10 Randst., 3 Mittelst., diese stärker, 1—2 von ihnen nach oben, einer schräg nach unten abstehend, verschieden lang (bis 3,5 cm), rotbraun, alle ± an der Basis verdickt, die dünneren Randst. meist heller. — S-Peru (Trockengebiet bei Ayacucho, auf 2700m) (Tafel 44B).

v. **leucacanthus** RAUH & BACKBG. — Descr. Cact. Nov. 12. 1956

Bei gleicher Höhe wie der Typus sind die Äste nur bis ca. 8 cm stark, sonst ähnlich; St. weißlich-hellfarbig, in der Jugend oft gefleckt und die Basis dunkel gefärbt; Rand- und Mittelst. schwer trennbar, etwas zahlreicher, manchmal bis 18, die längsten bis 2,5 cm lang. — S-Peru (Ayacucho) (Abb. 770—772, Tafel 44A).

Beide ähneln in der Wuchsform wie auch sonst im Habitus *C. melanotrichus*, so daß ich sie nur hier unterbringen konnte.

Um diese Pflanzen handelt es sich offenbar bei dem von C. OCHOA 1949 gefundenen

Abb. 772. Corryocactus ayacuchoensis v. leucacanthus RAUH & BACKBG.: Von C. OCHOA gesammeltes Herbarmaterial. (Foto: C. OCHOA.)

Cereus: „Tr. 5,5—6,5 cm ⌀; Rippen 5—6; 10—11 Randst., bis 2 cm lang und 3—4 Mittelst., bis 5—6 cm lang; Bl. orangegelb; Röhre dichtschuppig, dunkelgrün, 1,2 cm ⌀, oben leicht rosa getönt, mit bis 6 mm langen, grauen oder weißlichen Haaren; Ov. bis 1,4 cm ⌀, mit gelblichen oder braunen St., bis 4 mm lang, und mit feinen weißen Haaren; Fr. 3 cm ⌀, kugelig, dunkelgrün, stark bestachelt, mit grauem Filz und weißlichen Haaren."—Mittel-Peru (18 km von La Mejorada entfernt, am Wege nach Ayacucho) (Abb. 772: Herbarblatt C. OCHOA).

Nach dem geringeren Durchmesser zu urteilen und da die Stacheln weißlich sind, ist dies v. *leucacanthus;* die Blüte des Typus der Art mag ähnlich sein.

Abb. 773. Corryocactus heteracanthus BACKBG. (Foto: RAUH.) ohne die auffallende Höckerung des C. puquiensis RAUH & BACKBG. (vgl. Abb. 756).

Wegen der stachellosen, kurzen Röhre und des breit öffnenden Perianths zweifellos ein *Corryocactus*.

Dem Habitus und der gelben, nicht sehr großen Blüte nach mag eine weitere *Corryocactus*-Art sein:

**Cereus (Corryocactus?) chachapoyensis** OCHOA & BACKBG. n. sp.

Ramis ad 60—80 cm longis, ad 2 cm ⌀; costis ca. 12; aculeis albido-flavescentibus, 1 centrali longiore atque crassiore; floribus ad ca. 2 cm ⌀; tubo 1,5—2 cm longo; phyllis perigonii interioribus flavis, ± lanceolatis.

Lockerstrauchig; Tr. bis 60—80 cm lang, bis 2 cm ⌀; Rippen ca. 12; St. mehrere, gelblichweiß, 1 mittlerer kräftiger und länger; Bl. gelb, bis 2 cm ⌀ und ebenso lang, Bekleidung und Fr. unbekannt; Pet. etwas breitlanzettlich, Sep. schmäler. — N-Peru (Dept. Amazonas, am Wege Chachapoyas — Conila). Von C. OCHOA im Mai 1952 gefunden (Abb. 774).

Es kann sich auch um eine *Erdisia* handeln (wenn nicht überhaupt um eine Pflanze mit besonderem Gattungsrang), was erst nach Kenntnis der Röhrenform und ihrer Bekleidung festzustellen ist.

Abb. 774. Corryocactus (?) chachapoyensis OCHOA & BACKBG. (Foto: C. OCHOA.)

**Corryocactus heteracanthus** BACKBG. — Descr. Cact. Nov. 12. 1956

Aufrechte, von unten verzweigende, bis 2 m hohe Säulen, in Gruppen; Tr. 10—20 cm dick; Rippen 8 (—9?), nicht sehr hoch und kaum höckerig; ca. bis 10 St., oft weniger, zum Teil ziemlich kurz; Mittelst. schwer trennbar, unregelmäßig lang, meist aber ein längerer verschieden spreizend, aufwärts, seitlich oder abwärts, und viel länger als die anderen. — Peru (Trockenhänge bei Ayacucho) (Abb. 773). Mittelst. 2(—3), bis 5 cm lang.

Die Pflanzen ähneln im Wuchs dem *C. brachypetalus*, der aber höher und nicht so dick wird, auch viel mehr Stacheln hat, vor allem oft viel kürzere, außer dem ebenfalls abstehenden, längeren mittleren. Auf Grund dieser Ähnlichkeit stellte ich obige Art ebenfalls zu *Corryocactus*.

Diese Art wurde zuerst von HERTLING, im Juni 1931, am Rio Mantaro, am rechten Flußufer zwischen Anca und der Einmündung des Rio Mayoc (gegenüber „El Piso") gefunden, inmitten von verwilderten Agaven und *Op. maxima*; auch baumförmige oder buschige *Op. streptacantha* kommen dort vor. Alle diese mexikanischen Opuntien sind zweifellos aus der Kultur (wegen der eßbaren Früchte) entwichen, auch bei Cuzco und sogar bei Cochabamba in Bolivien gefunden, wo CARDENAS die letztere unter dem Synonym *Op. arcei* CARD. als vermeintliche bolivianische Art beschrieb (s. auch unter *Op. streptacantha*).

*Corryocactus procumbens* in C. & S. J. (US.) 86. 1939 ist ein undefinierbarer Name.

## 54. ERDISIA Br. & R.[1])
The Cact., II: 104. 1920

Meist ziemlich schlanktriebige Pflanzen, zum Teil dünn- und niederliegend verzweigt, zum Teil kräftiger und aufrecht, zum Teil mit stärkerer Wurzel bzw. unterirdischem Teil; Rippen nicht sehr zahlreich, meist nur bis 8 (—10), zum Teil um die Areolen eingesenkt; Blüten etwas glockig-trichterig bzw. nur trichterig; Röhre ± kurz bzw. vom länglichen Ovarium kaum zu trennen, Röhre mit Ovarium gleichmäßig, ziemlich dicht und länger bestachelt und damit deutlich von *Corryocactus* unterschieden; *Erdisia* neigt dazu, eine merkwürdige Art von terminalen Blüten zu bilden (wie es auch bei *Wilcoxia*, und besonders oft bei *W. albiflora*, vorkommt; bei letzterer sterben dadurch die Triebenden ab und verzweigen dann), indem die Triebspitze sich ohne ersichtliche Trennung in den Fruchtknoten bzw. die Röhre fortsetzt (s. Abb. 778). Die Frucht ist ziemlich klein, dünnhäutig wie bei *Corryocactus*, saftig und mit Stachelbündeln besetzt; S. zahlreich, schwarz.

Die erste, von WEBERBAUER im peruanischen Departement Junin gesammelte *Erdisia*, *Cereus squarrosus* VPL., war eine andere Art als die, welche BR. u. R. als *Erdisia squarrosa* ansahen, und die von COOK u. GILBERT 1915 bei Ollantaitambo am Rio Urubamba gesammelt wurde. Ich habe WEBERBAUERS Pflanze in Junin nachgesammelt; sie hat weniger Stacheln als die Art von Ollantaitambo, diese hellfarbig, vor allem aber hat sie — was VAUPEL allerdings nicht beschrieb, weil er darüber wohl nicht unterrichtet war — dicke, holzige rübenartige Wurzeln; die Blütenfarbe soll „trüborange" sein (außerdem fand ich im Tarmagebiet eine neue, kurzstachlige Art mit großer, holziger Rübe).

1956 sammelte Frau Dr. HILDE NOODT bei Ollantaitambo die Pflanze von COOK und GILBERT nach und sandte sie an den Botanischen Garten Kiel, wo ich sie mit meiner Pflanze vergleichen konnte; es ist eine eigene, neue Art mit honiggelben und zahlreicheren Stacheln (Abb. 154 und 155 in BRITTON u. ROSE, The Cact., II: 104—105. 1920) und fast niederliegend-sparrigem Wuchs. Eine weitere *Erdisia* fand ich südlich von Cuzco, bei Urcos, 1931; sie wurde 1954 von RAUH nachgesammelt. Wie das Foto zeigt, ist der Wuchs ganz anders: zahlreiche, bis 1 m hohe, aufrechte Pflanzen in großen Kolonien, die Blüte ist feuerrot. Die Ollantaitambo-Art blüht zweifellos hellrot (da BRITTON u. ROSE für *E. squarrosa* angeben: Blüten hellrot oder scharlach; VAUPELS Art blüht gelb, also bleibt für die Ollantaitambo-Pflanze nur die ± hellrote Farbe übrig). Die Art von Ollantaitambo ist dadurch besonders charakterisiert, daß die Stacheln in Unter- und Oberstacheln zu trennen sind, die unteren sehr dünn, zur Hälfte nach oben, zur Hälfte nach unten anliegend bzw. strahlend. BRITTON u. ROSES Beschreibung basiert auf dem Ollantaitambo-Material, da sie angeben: „Stacheln gelblich"; VAUPEL hatte aber gar keine Stachelfarbe angegeben. Im übrigen sind bei diesen *Erdisias* die Stacheln ziemlich variabel an Zahl, Stärke und Spreizrichtung. Aber die Junin-Art hat Rübenwurzeln und keine Ober- und Unter-

---

[1]) RAUH gibt in Beitr. z. Kenntn. d. peruan. Kaktveg., 248. 1958, an, ich sähe den Unterschied von *Corryocactus* und *Erdisia* nur in der Stellung der Blüten, hätte allerdings nicht den Blütenbau untersucht. Er bezieht sich hier nur auf meine Jahre zurückliegenden ersten Beobachtungen; inzwischen konnte ich feststellen, daß sich *Corryocactus* und *Erdisia* vor allem durch die Röhre unterscheiden, d. h. wo bei *Corryocactus* die Blütenform weniger breitglockig erscheint als bei den anderen Arten, fehlt der Röhre doch jene ± langstachlige Bekleidung, die das hervorstechende Merkmal bei *Erdisia* ist und die damit in der Reduktionslinie vor *Corryocactus* steht, den ich als Leitgattung der Sippe voranstellte. Die Erdisiablüten haben auch mehr trichterige Gestalt.

stacheln, die Ollantaitambo-Art dagegen hat Ober- und Unterstacheln, und über Rübenwurzeln ist nichts bekannt, ebensowenig bei E. erecta.

Typus: *Cereus squarrosus* VPL. — Typstandort: Peru (Tarma, Dept. Junin).

Vorkommen: Peru (Dept. Junin und im ganzen Marañongebiet, bei Mariscal Caceres bzw. nach Ayacucho zu; nördlich, westlich und südlich von Cuzco; Dept. Ancachs (Huari); bei Arequipa im Südwesten des Landes); Chile (bis Santiago bzw. Aranas, in nur zwei bisher bekannten, vereinzelten Arealen).

### Schlüssel der Arten:

Triebe zylindrisch, nicht keulig; Rippen 5 und mehr
  Rippen nur ± gekerbt, nicht gehöckert
    Triebe dünn, nicht zum Teil unterirdisch
      Zweige liegend bzw. ± aufsteigend
        Pflanzen mit holzigen Rübenwurzeln
          Stacheln ziemlich gleichmäßig, bis 10—12, hell, ohne Ober- und Unterstacheln
            Randstacheln nicht sehr fein
              Mittelstacheln bis 3 cm lang
                Blüten trüborange (?)[1] . . . .   1: **E. squarrosa** (VPL.) BR. & R.
            Randstacheln sehr fein
              Mittelstacheln dünn, bis 1 cm lang
              Blüten scharlachrot (unterseits himbeerrote Petalen)   2: **E. tenuicula** BACKBG.
        Pflanzen ohne holzige Rübenwurzeln
          Stacheln ungleich, 10—11, ein mittlerer 2—3mal so lang wie die Randstacheln   3: **E. apiciflora** (VPL.) WERD.
      Zweige aufrecht, dichtstehend, bis ca. 1 m hoch
        Pflanzen ohne holzige Rübenwurzeln
          Stacheln in Ober- und Unterstacheln geteilt, honiggelb, 14—20, Basis schwärzlich
            Blüten hellrot . . . . . . . . .   4: **E. aureispina** BACKBG. & JACOBS.
          Stacheln 10(—18), sehr ungleich, am Fuß deutlicher verdickt
            Blüten feuerrot . . . . . . . . .   5: **E. erecta** BACKBG.
    Triebe kräftig, aufrecht, bis 2 m hoch und 3 cm ⌀
      Stacheln ca. 11(—14), ungleich, elastisch, 1—2 länger
        Blüten orangerot, innen gelblich . .   6: **E. maxima** BACKBG.
  Rippen kräftig gehöckert
    Triebe schlank
      Stacheln 12—13, bis 2,5 cm lang, davon 4—5 mittlere, stärkere nach oben gerichtet

---

[1] Anscheinend variabel oder nach Herbarmaterial beschrieben; Kulturpflanzen blühten innen hellgelb mit außen roter Spitze, die äußeren Perigonblätter oberseits blaßgelb, außen mit grüner Basis und weinroter Spitze (RAUH).

| | |
|---|---|
| Blüten unten gelb, oben rötlich, mehr glockig . . . . . . . . . . . . . | 7: **E. philippii** (Reg. & Schm.) Br. & R. |
| Triebe ± keulig, an der Basis verjüngt | |
|   Rippen niedrig, oben gerundet | |
|     Triebe zum Teil unterirdisch, daraus oberirdische mit ± langer und dünner Basis entstehend | |
|       Stacheln 2—5, pfriemlich; Mittelstacheln 1, bis 2,5 cm lang | |
|         Blüten blaßpurpurn, am Rande gelblich . . . . . . . . . . . . . | 8: **E. spiniflora** (Phil.) Br. & R. |
|       Stacheln 9—11, davon 1 mittlerer, bis 5—6 cm lang | |
|         Blüten orangerot . . . . . . . . . | 9: **E. meyenii** Br. & R. |
| Triebe fast immer 4kantig, nicht keulig, halb aufrecht oder überhängend, bis 5 cm ⌀ | |
|   Rippen 4 (selten 5), kräftig | |
|     Stacheln: 4—8 Randstacheln; Mittelstacheln 1—2, länger, bis 5 cm lang, pfriemlich (alle Stacheln hellgelb) | |
|       Blüten leuchtend zinnoberrot . . . . | 10: **E. quadrangularis** Rauh & Backbg. |

**1. Erdisia squarrosa** (Vpl.) Br. & R. — The Cact., II: 104. 1920

*Cereus squarrosus* Vpl., Bot. Jahrb. Engler, 50: Beibl., 111: 21. 1913.

Mit Rübenwurzel, niederliegend bis aufsteigend, sperrig; ganze Pflanze bis halbmeterlang, Äste bis 25 cm lang, 2—2,5 cm ⌀, oft rötlich; Rippen 7—8, zusammengedrückt, bis 8 mm hoch, stumpf, gekerbt; Areolen auf den Kerben, bis 2,5 cm entfernt, bis 5 mm ⌀, graufilzig; St. ziemlich kräftig, zum Teil fast pfriemlich; Randst. 9—10 (—11) (wenn 11, dann zwei nach oben weisend und nur 3 mm lang), von den unteren oft ein Paar ziemlich dünn, die übrigen bis ca. 12 mm lang; Mittelst. meist 1 auffällig, waagerecht abstehend, bis 3 cm lang, aber zuweilen noch ein oberer aufrecht stehend und nicht viel kürzer, fast randständig, an älteren Pflanzen können auch 4 mittlere St. über Kreuz stehen, alle kräftigeren anfangs mit dunklem Fuß und dieser verdickt; Stachelfarbe anfangs gelblich-hornfarben, später baßfarbig, gelb gespitzt, oder die mittleren etwas gefleckt und mit dunkler Spitze; Bl. 4—4,5 cm lang; Röhre und Ov. mit zahlreichen lanzettlichen, dachziegelig gestellten Schuppen, in ihren Achseln kurzer Filz und ein Bündel schwärzlicher Borsten; Pet. 2 cm lang, 8 mm breit, oft fein gespitzt; Gr. kräftig, über 1 cm lang; Fr. 2,5 cm lang, 1,7 cm ⌀; S. zahlreich, schwarz, 2 mm lang, etwas zusammengedrückt, fein grubig punktiert. — Mittelperu (Dept. Junin, bei Tarma, 3000—3100 m).[1]) (Abb. 775, Tafel 45).

Vaupels Beschreibung wurde nach dem von Rauh 1956 gesammelten Material etwas erweitert.

Werdermanns Beschreibung in Backeberg „Neue Kakteen", 101, 1931, ist nach Britton u. Roses, nicht nach Vaupels Beschreibung wiedergegeben, bzw.

---

[1]) Aus dieser Gegend sandte mir Rauh eine „*Erdisia* ohne Nr.": „dünnsäulig, niederliegend, Rübenwurzel; Blüten schokoladenbraun; Narben gelb. — Tarma, Trockenhänge auf 3000 m" (Rauh). Das Material traf tot ein; worum es sich hier handelte, vermag ich nicht zu sagen, ebensowenig, was *Erdisia brachyclada* Ritt. n. nud. (FR 657) ist.

er gibt die Herkunft an „von Cuzco". Die dort vorkommenden Pflanzen sind von der Typart verschieden: die bei Ollantaitambo wachsende, mehr honiggelb bestachelte und von den amerikanischen Autoren für *E. squarrosa* gehaltene Spezies ist *E. aureispina* BACKBG. & JACOBS., die südlich von Cuzco wachsende aufrechte Art, von der BRITTON u. ROSE auch berichten, ist *E. erecta* BACKBG. Die Ollantaitambo-Art (mit Ober- und Unterstacheln) wurde wahrscheinlich deshalb mit dem Typus der Gattung verwechselt, weil sie auch sperrig und fast niederliegend wächst.

Abb. 775. Erdisia squarrosa (VPL.) BR. & R.: Die Bestachelung ist anscheinend variabel (Foto: RAUH.)

2. **Erdisia tenuicula** BACKBG. — Descr. Cact. Nov. 12. 1956

Sperrig, fast niederliegend, mit ziemlich dicker, holziger Rübe; Zweige 1,5—3 cm dick; Rippen 8 (—10), sehr zierlich und niedrig; Rand- und Mittelst. fast gleichförmig, ziemlich dünn, hell; 9—15 fast hyaline Stacheln, bis 5 mm lang; 1 Mittelst. wenig länger oder etwas mehr, nicht viel stärker als die übrigen;

Bl. ca. 2,6 cm lang, 3,6 cm breit; Röhre nicht so auffällig beschuppt wie beim Typus der Gattung, dunkelfilzige Areolen, darin fast seitwärts abstehende, dunkle elastische St.; Pet. ziemlich breit, kurz gespitzt, orangerot. — Peru (im Tarma-Gebiet; Conococha-Paß, 4000 m) (Abb. 776—779).

Abb. 776. Erdisia-Sämlinge (E. tenuicula?), aus von C. Ochoa im Dept. Junin (Peru) bei Salccachupan gesammeltem Samen (Pflanze in der Sammlung Andreae).

Es kommen später bis 5 deutlichere Mittelst. vor.

Der Röhre fehlen die auffällig ,,dachziegelig gestellten Schuppen" (Vaupel) des Typus der Gattung. Wie fast alle *Erdisias* eine sehr harte und wüchsige, gern blühende Pflanze. Der Typus der Art steht heute als lebende Pflanze im Jardin Exotique de Monaco. Die Pflanze wurde von mir schon 1936 gefunden. *Erdisia tuberosa* war ein unbeschriebener Name Blossfelds in Kkde. 113. 1937.

Rauh gab mir die Blütenlänge zuerst mit 1,5 cm an; in seinem Peruwerk: bis 3 cm lang, 2 cm ⌀. Variabel?

3. **Erdisia apiciflora** (Vpl.) Werd. — Kkde., 6. 1940

*Cereus apiciflorus* Vpl., Bot. Jahrb. Engler, 50: Beibl., 111: 15. 1913.

Niederliegend oder aufsteigend; Tr. bis 50 cm lang, bis 2,5 cm dick; Rippen sehr niedrig und schmal, ca. 8; St. ziemlich dünn, abstehend, stechend; Randst. ca. 10, sehr dünn, fast horizontal spreizend, bis 1 cm lang; Mittelst. 1, stecknadeldick, bis 2 cm lang; Bl. zu mehreren am Scheitel, bis 4 cm lang; Ov. und Röhre zylindrisch, ca. 1 cm lang, dicht klein geschuppt und in den Achseln Büschel kurzer, schwarzbrauner Wolle sowie abstehende St. (Vpl.: steife Borsten); Blütenhülle trichterig, Hüllbl. zahlreich, breitlanzettlich; Staubf. zahlreich; Gr. ziemlich kräftig, kurz; Pet. scharlachrot. — Peru (Dept. Ancachs, Prov. Huari, auf

2500—2600 m). Rauh fand die Art auch im Dept. Ayacucho, ich ebenfalls (von letzterem Fund das typische Foto der scheitelnahen Blüten, wofür Vaupels Name sehr treffend ist) (Abb. 780—781).

4. **Erdisia aureispina** Backbg. & Jacobs. — Descr. Cact. Nov. 12. 1956

Schlanksäulig, halb niederliegend, bis 1(—2) m lang, 1—3 cm ⌀; Rippen 6—8—9, schmal, niedrig; Areolen auf der Spitze der aus der Kerbe hervorstehenden Kante, dunkel befilzt, 3 mm dick, 1—1,5 cm entfernt; St. verschieden, zahlreich, 6—10 dünne Unterst., zur Hälfte nach oben und unten gerichtet, die untersten sehr fein, bis 1 cm lang, Oberst.

Abb. 777. Erdisia tenuicula Backbg. in Blüte; die Art bildet große, holzige Rüben.

Abb. 778. Erdisia tenuicula Backbg.; Triebspitze in die Blüte übergehend, was bei Erdisia öfter vorkommt.

stärker 8 (—9—10), allseitig spreizend, aber 6 mehr sternförmig, zum Teil steil aufwärts stehend, an der Basis schwarzbraun, Spitze etwas durchscheinend, goldgelb; Bl. 2,5—4 cm lang, bis 5 cm breit, hellrot; Gr. kräftig, 1,5 cm lang; Fr. 1,5—2 cm ⌀; S. klein. — Peru (Ollantaitambo am Rio Urubamba, nördlich von Cuzco, auf ca. 3—3800 m) (Abb. 782).

Die Beschreibung wurde nach dem Material, das Frau Dr. H. Noodt 1956 sammelte, vorgenommen und in den fehlenden Angaben durch die Britton u. Roses ergänzt, deren Abbildung Fig. 155 (The Cact,, II: 105. 1920) genau der Ollantaitambo-Art entspricht. Die von Britton u. Rose südlich von Cuzco, an der Bahn nach Juliaca gesehenen Pflanzen sind *E. erecta*.

5. **Erdisia erecta** Backbg. — Fedde Rep., LI: 62. 1942

Schlanke, aufrechte Stämme, selten überbiegend, in dichten Ansammlungen, bis ca. 1 m hoch; Tr. von der Basis aufsteigend, wenig verzweigt oder nur bei

Beschädigung des Scheitelpunktes; Zweige bis ca. 3 cm stark; Rippen 5—6, schmal, nicht hoch; St. ca. 10(—18), ungleich, nach allen Seiten spreizend, hellfarbig, mit dunklem Fuß, teils kurz, teils 1—2 auf- und abwärts gerichtet abstehend, an der Basis zum Teil deutlicher verdickt; Bl. scharlach-karmin bzw. feuerrot; Fr. klein, 2 cm ⌀, bestachelt und dünnhäutig. — Peru (Vilcanota-Tal, bei Urcos; dort von mir 1931 und von RAUH 1954 gefunden) (Abb. 783—784).

Abb. 779. Erdisia tenuicula-Form; Blüte orangerot. (Foto: RAUH.)

## 6. **Erdisia maxima** BACKBG. — Fedde Rep., LI: 62. 1942

Lockerstrauchig, oft anlehnend, bis 2 m hohe und breite Gruppen bildend, Äste ± gebogen; Zweige ca. 3 cm (und mehr?) dick; Rippen ca. 6, gerundet, kaum um die Areolen eingesenkt und ziemlich niedrig; Areolen schwach, niedriger als die Rippenkante stehend, ca. 3 mm dick und 3 cm entfernt, zuerst weißlichfilzig, dann mehr bräunlich; Randst. ca. 10, bis 2 cm lang, unregelmäßig stehend bzw. ungleich; 1 Mittelst., 1,8—3 cm lang, verschieden gerichtet, zuweilen auch

Abb. 780. Erdisia apiciflora (Vpl.) Werd.: Jungpflanze.

Abb. 781. Erdisia apiciflora (Vpl.) Werd.

Abb. 782. Erdisia aureispina Backbg. & Jac., mit Ober- und Unterstacheln, die längeren auffallend auf- und abwärts gerichtet.

mal zwei längere; St. alle zuerst glasigweiß, dann gelblich, stechend; Bl. seitlich unterm Scheitel, 4,5—5 cm lang, ca. 5 cm breit, orangerot; Röhre zylindrisch, dicht mit Areolen besetzt, diese bestachelt; Fr. kugelig, grün, mit bei Reife abfallenden Borstenst. besetzt; S. schwarz, kleingrubig punktiert. — Peru (bei Mariscal Caceres von mir 1931 gefunden). Eine frischgrün gefärbte Art (Abb. 785, Tafel 46).

Abb. 783. Erdisia erecta BACKBG.

7. **Erdisia philippii** (REG. & SCHM.) BR. & R. — The Cact., II: 105. 1920

*Cereus philippii* REG. & SCHM., Gartenfl. 31: 98. 1882. — *Echinocactus philippii* K. SCH. — *Echinopsis philippii* NICH.

Aufrecht, ziemlich dünn, säulenförmig, oben gerundet und von St. überragt, blaugrün, ca. 3 cm ∅; Rippen 8—10, gerade, stumpf und in ellipsoidische Höcker zerlegt; Areolen 1—1,5 cm entfernt, rund, filzig; St. ca. 12—13, davon 8 randständige, die längsten bis 12 mm lang, Mittelst. 4—5, der oberste längste bis 2,5 cm lang, meist nach oben gerichtet; Bl. nahe Scheitel, ca. 4 cm lang; Ov. kugelig, mit Wolle und schwachen Borsten; Röhre ebenfalls beschuppt und behaart (Borstenst. fehlend?); Hüllbl. spatelig, kurz gespitzt, rötlichgelb; Gr. mit purpurroten N. etwas die Staubf. überragend; Staubf. in zwei Serien (untere am Grunde verwachsen?; lt. Schumann nicht sicher, während Britton u. Rose dies als bestimmt angeben). — Chile (Standort nicht angegeben).

Während Schumann am Ov. nur schwache Borsten angibt, sagen Britton u. Rose „Bündel von nadelartigen Stacheln".

8. **Erdisia spiniflora** (Phil.) Br. & R. — The Cact., II: 106. 1920

*Opuntia spiniflora* Phil., Linnaea, 30: 211. 1859. — *Op. bicolor* Phil. — *Op. clavata* Phil. — *Cereus hypogaeus* Web. — *Echinocereus hypogaeus* Rümpl. — *Eulychnia clavata* Phil. — *Echinocereus clavatus* K. Sch.

Aus unterirdischem Rhizom aufsteigende keulige Glieder, selten verzweigt, bis 20 cm lang, 2—4,5 cm ⌀, blaugrün; Rippen 8, 5—10 mm hoch, stumpf, seicht gebuchtet; Areolen 1—2,5 cm entfernt; Randst. meist 2—5, pfriemlich, spreizend, gerade; Mittelst. einzeln, bis 2,5 cm lang, alle unten schwärzlich, oben braun; Ov. bräunlich, breitkreiselig, mit stark stechenden, geraden St. besetzt; Bl. 4 cm breit, Sep. bräunlich, Pet. blaß purpurrot, schwach gespitzt, nach unten gelblich, lanzettlich; Gr. die Staubb. überragend, mit 14 bis 10 mm langen N.; Fr. ellipsoidisch bis keulig, oben gerundet, 4,5—5 cm lang, 2,5—3 cm ⌀. bestachelt, gelblich; S. 2 mm lang, seitlich zusammengedrückt, schwarz, glänzend, fein punktiert. — Chile (bei Santiago, Aranas), in den höheren Gebirgslagen (Abb. 786).

Weicht von allen anderen Arten durch die keulige Frucht ab.

9. **Erdisia meyenii** Br. & R. — The Cact., II: 105. 1920

*Cereus aureus* Meyen, Allg. Gartenztg., 1: 211. 1833, non SD. (1828). —

Abb. 784. Erdisia erecta Backbg. in Blüte; sie unterscheidet sich von E. aureispina auch durch hellere Areolen und verdickte Stachelbasis. (Foto: Rauh.)

Abb. 785. Erdisia maxima Backbg.: Blüte.

Abb. 787. Erdisia meyenii Br. & R. in Blüte.

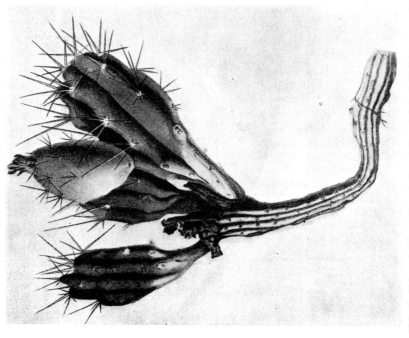

Abb. 786. Erdisia spiniflora (Phil.) Br. & R.; Originalabbildung aus Regel: „Gartenflora", dort als Opuntia clavata Phil. bezeichnet. (Fotokopie: British Museum [Natural History]).

*Cactus aureus* MEYEN (1834). — *Echinocactus aureus* MEYEN (1837). — *Cleistocactus aureus* WEB. (1904).

Mit unterirdischen Stämmen wachsend, ähnlich wie die vorige Art, und daraus ± keulige bis zylindrische, an der Basis (bzw. unterirdisch) verjüngte Tr., die nach allen Seiten von dem gemeinsamen Hauptwurzelsystem verlaufen; Gl. 10—20 cm lang, in der Kultur bis 50 cm lang und zylindrisch beobachtet, 3—5 cm ⌀, nur manchmal ± keulig; Rippen 5—8, 1 cm und mehr hoch; St. 9—11 randständige, ungleich, davon ein unterer meist der längste, sowie 1 (—2) Mittelst. als längste, bis 6 cm lang, alle St. bräunlich bis schwärzlich oder heller und an der Spitze dunkler, am Fuß einige ± verdickt; Bl. ca. 4 cm lang, orangerot (RAUH)[1]; Hüllbl. nicht weit spreizend, mehr halb aufgerichtet, zahlreich, breitspatelig und

Abb. 788. Erdisia quadrangularis RAUH & BACKBG.: Knospen und Blüte. (Foto: RAUH.)

---

[1]) BRITTON u. ROSE geben die Blütenfarbe als „gelb" an; ich sah sie orangegelb. Variabel?

± gerundet, unten verjüngt; Röhre und Ov. beschuppt und mit Stachelborsten besetzt; Fr. ca. 2 cm ⌀, rötlich. — Peru (im Süden, Region von Arequipa) und in N-Chile (Kordillere von Tacna) (Abb. 787, Tafel 47).

Die Pflanzen Rauhs stammen von Cerros de Caldera, westlich von Arequipa, Sandboden, auf 2500 m; meine Pflanzen wurden südlich von Arequipa gesammelt.

10. **Erdisia quadrangularis** Rauh & Backbg. — Descr. Cact. Nov. 12. 1956

Bis 1,50 cm hoch, sparrig verzweigt und ± überhängend, meist 4-, selten 5-kantig; Areolen 8 mm ⌀; Randst. 4—8, blaßgelb, 1—2 cm lang; Mittelst. bis 5 cm lang, sehr steif und derb, blaßgelb; Bl. hochstehend, 4 cm lang, 3 cm ⌀; Röhre kleinschuppig, kurz bestachelt und schwarz behaart; Sep. grün, 1 cm lang; Pet. 1,5 cm lang, 6 mm breit, unterseits orange, innen leuchtend zinnoberrot; Staubf. zinnober; Gr. rot; N. gelblich; Fr. 3 cm⌀, eiförmig, rötlichgrün, bestachelt, innen grün. — Südlicheres Peru (Puquiotal, auf 3300 m) (Abb. 788, Tafel 48).

## 55. NEORAIMONDIA Br. & R.
The Cact., II : 181. 1920

Die zu dieser Gattung gehörenden Arten sind die auffallendsten Vertreter der pazifischen Cereenflora, durch die eigenartige Blütenbildung und die meist kandelaberartig und wuchtig aufstrebenden dicken Säulen. Obwohl die Pflanzen in der ganzen Längenausdehnung von Peru und bis nach N-Chile hinein gefunden werden, bestand bis in die jüngste Zeit Unklarheit, ob es sich nur um eine — wie Britton u. Rose noch annahmen — oder um mehrere Arten handelt. Die erste Spezies dieses Genus wurde zweifellos von Meyen im Gebiet von Tacna gefunden und von ihm *Cereus arequipensis* genannt (1833) bzw. als „8kantiger Cereus, 6—10 m hoch, mit haarigen Areolen in regelmäßigen Abständen, aus denen

Abb. 789. Neoraimondia-Landschaft in N-Peru (Neoraimondia gigantea v. saniensis Rauh & Backbg.) (Farbfoto: Rauh.)

die Stachelpolster und langen weißen Blüten entstehen" beschrieben. MEYEN mag auch die ähnlichen Pflanzen bei Arequipa gesehen haben, ohne Blüte, und benannte diesen Cereus wohl daher nach der bedeutendsten Stadt S-Perus. Später sammelte WEBERBAUER südlich von Mollendo Material, sah grünlichweiße Blüten, und danach beschrieb K. SCHUMANN den *Pilocereus macrostibas* K. SCH., 6 m (und mehr) hoch werdende Pflanzen. Diese Art wählten BRITTON u. ROSE als Typus ihrer Gattung. 1931 sah ich dann, daß die mittelperuanischen Pflanzen viel kleiner bleiben und rosa blühen, ferner, daß es in N-Peru eine ähnlich riesige Art wie im äußersten Süden gibt, purpurblütig. Um festzustellen, wie der älteste Name des Typus lauten muß, bzw. um welche Pflanzen es sich im Tacna-Gebiet bei den dort von MEYEN gesehenen Cereen gehandelt hatte, bereiste ich jene Region und nahm die riesigen Exemplare auf, die dort vorkommen. — Danach muß als ältester Name der weiß blühenden Typart *Cereus arequipensis* MEYEN angesehen werden. Daß die Pflanzen aus der Umgebung Arequipas in der Blüte abweichen, ebenso in der Rippenzahl und Wuchshöhe, stellte RAUH erst 1956 fest, ebenso eine abweichende nördliche Pflanze aus dem Gebiet des Rio Saña, die eine Varietät der großen *Neoraimondia gigantea* ist, niedriger bleibt und breiter verzweigt. Eine ähnliche Pflanze, etwas höher, mit roten Blüten, wurde im Gebiet des Rio Majes gefunden, und schließlich noch eine weitere bei Atico, bis rund 4 m hoch und mit 7—8 Rippen, die Triebe eigentümlich aus-

Abb. 790. Kakteenvegetation am Ostrand des Despoblado (Desierto de Sechura) N-Perus: Junge Neoraimondia gigantea (WERD. & BACKBG.) BACKBG., Melocactus unguispinus BACKBG., Haageocereus versicolor (WERD. & BACKBG.) BACKBG.

einanderstrebend und oft oben etwas verjüngt. So sind heute insgesamt 4 Arten und 3 Varietäten bekanntgeworden, und die Höhe der Vorkommen wurde von Meeresnähe bis 2000 m festgestellt.

Die Gattungsmerkmale sind: dicksäulige, wenigrippige Pflanzen, meist aus den unteren Triebteilen verzweigend; Äste aufragend, überwiegend parallel, in einem Falle ± auseinanderstrebend, die Äste teils kürzer, teils ziemlich lang; aus den dickfilzigen und zum Teil außerordentlich lange Stacheln (bis 25 cm lang) tragenden Areolen entwickeln sich bei Blühreife in Reihen untereinander merkwürdige, knollige oder zylindrische Kurztriebe, modifizierte Blütenkurztriebe, die noch gelegentlich Stacheln hervorbringen und aus denen bis zu zwei Blüten gleichzeitig entstehen können. Sie sind ziemlich kurztrichterig, mit bewollter und höchstens unscheinbar bestachelter Röhre und mit am Tage radförmig geöffneter Hülle; Ovarium mit kurzer brauner Wolle in den Achseln; Frucht kugelig bis länglich, mit braunem Filz in runden Polstern und mit kurzen Stacheln; Samen mattschwarz, mit fein punktierter Oberfläche. Dem Genus scheint *Neocardenasia* aus O-Bolivien mit ebenfalls verdickenden Areolen und bis zu zwei gleichzeitig erscheinenden Blüten, die jedoch lang und weich bestachelte Röhren haben, nahezustehen.

Typus: *Neoraimondia macrostibas* (K. SCH.) BR. & R. [= *N. arequipensis* (MEYEN) BACKBG.]. — Typstandort: südlich von Mollendo.

Vorkommen: Von N-Peru bis N-Chile.

## Schlüssel der Arten:

Hohe Pflanzen, bis 4 m und mehr (—10 m) hoch
    Triebe ziemlich parallel und meist dicht aufsteigend
        Rippen ca. 8
            Pflanzen 6—10 m hoch[1])
                Blüten grünlichweiß . . . . . . . 1: **N. arequipensis** (MEYEN) BACKBG.
        Rippen meist 6—7
            Pflanzen bis ca. 5 m hoch
                Blüten rosa (blaß weinrot)
                    Rippen meist 7 . . . . . . . . 1a: v. **rhodantha** RAUH & BACKBG.
                Blüten hell karminrot
                    Rippen meist (4—) 5—6 . . . . . 1b: v. **riomajensis** RAUH & BACKBG.
        Rippen meist 4 (—5)
            Pflanzen bis 8 m hoch, dicht aufstrebend
                Blüten purpurrot . . . . . . . . . 2: **N. gigantea** (WERD. & BACKBG.) BACKBG.
            Pflanzen bis 4 m hoch, breit aufstrebend
                Blüten hell weinrot . . . . . . . . 2a: v. **saniensis** RAUH & BACKBG.
    Triebe ± schräg bzw. locker aufstrebend, nicht dicht und parallel, oben ± verjüngt
        Rippen (6—) 7—8
            Pflanzen bis 4 m hoch
                Blüten unbekannt . . . . . . . . 3: **N. aticensis** RAUH & BACKBG.
Niedrige Pflanzen, nur bis ca. 2 m hoch
    Triebe ziemlich parallel aufsteigend
        Rippen (4—) 5—6
            Pflanzen kaum über 2 m hoch
                Blüten rosa . . . . . . . . . . . 4: **N. roseiflora** (WERD. & BACKBG.) BACKBG.

### 1. Neoraimondia arequipensis (MEYEN) BACKBG. — BfK., 1936—9

*Cereus arequipensis* MEYEN, Allg. Gartenzlg., I: 211. 1833. — *Pilocereus macrostibas* K. SCH., MfK., 13: 168. 1903. — *Cereus macrostibas* BERG. — *Neoraimondia macrostibas* (K. SCH.) BR. & R., The Cact., II: 181. 1920.

Senkrecht aufragende, unten etwas gebogene Tr., bis über 8 m hoch[1]) und im Stamm bis 40 cm, in den Tr. über 20 cm dick; Epidermis graugrün; Rippen 8, bis 6,5 cm hoch, anfangs stark zusammengedrückt, später ohne ausgeprägte Längsfurchen zwischen den Rippen, diese nach unten verbreiternd und in die benachbarten sanft übergehend, so daß ein hohl gerundeter Zwischenraum zwischen den Rippenkanten gebildet wird; Areolen 3—4 cm entfernt, anfangs kreisrund, dick braunfilzig, bis 2 cm ⌀, später weiter verdickend, rundknollig oder zylindrisch und verlängert, zu manchmal länglichen Gebilden mit gerundeten, rippenartigen Kanten heranwachsend; St. unregelmäßig, 1—2—4—7, rund, pfriemlich, aber sehr elastisch und manchmal bis 25 cm lang, nur mäßig stechend; Bl. auf den Areolengebilden, manchmal mit ganz kurzem Stiel, dicht beschuppt und wollfilzig an Röhre und Ov.; Pet. waagerecht spreizend, linealisch, oben und unten verjüngt, ca. 1—1,7 cm lang; Staubbl. senkrecht über der radförmig

---

[1]) MEYEN berichtete eine Höhe bis zu 10 m, und solche riesigen Pflanzen nahm ich auf der Tacna-Pampa auf.

geöffneten Hülle aufragend, weiß; Gr. weiß, N. rötlich; Fr. ca. 7 cm groß, purpurn, auch innen, mit Filzpolster und Stacheln, beide bei der Reife abfallend. — Peru (von der Region südlich Mollendo [Tacna, N-Chile], nördlich bis zum Nazca- und Puquio-Tal [Rauh]) (Abb. 791).

Abb. 791. Neoraimondia arequipensis (Meyen) Backbg. auf der Tacna-Pampa S-Perus. Dies ist der dort von Meyen gesammelte Typus des Genus, ,,bis 35 Fuß (10 m!) hoch" (Meyen), von Weberbauer nachgesammelt, ,,Blüten grünlichweiß" (K. Schumann, bei dem Synonym Pilocereus macrostibas K. Sch.). — Die höchsten Arten wachsen auf ebenem Gelände des äußersten Nordens und Südens von Peru und sind die größten Kakteen Südamerikas.

## 1a. v. **rhodantha** Rauh & Backbg. — Descr. Cact. Nov. 13. 1956

Bis 5 m hoch; Tr. fast immer 7rippig, frischgrün, 30—40 cm ⌀, im Scheitel mit dicken, lederbraunen Wollareolen; Blütenknospen dicht schwarzwollig; Schuppen durch Harzausscheidungen miteinander verklebt; R. 5 cm lang, rot,

Abb. 792. Neoraimondia arequipensis v. rhodantha Rauh & Backbg. (Foto: Rauh.)

1 cm ⌀, grauweißwollig; Bl. geöffnet 2 cm ⌀; Pet. 1 cm lang, rosarot; Staubbl. und N. weiß; Fr. länglich. — S-Peru (Region von Arequipa, westlich der Stadt, auf trockenen Cerros, zusammen mit *Browningia*, *Weberbauerocereus*, *Arequipa* und *Haageoc. platinospinus*) (Abb. 792, Tafel 49).

Abb. 793. Neoraimondia arequipensis v. riomajensis RAUH & BACKBG. (Foto: RAUH.).

Abb. 794. Neoraimondia gigantea (WERD. & BACKBG.) BACKBG. im östlichen Desierto de Sechura N-Perus; Blüten purpurrot. Der Verfasser neben einem alten Exemplar; diese nördliche Großform unterscheidet sich von der südlichen auch durch weniger Rippen.

**1b. v. riomajensis** RAUH & BACKBG. — Descr. Cact. Nov. 13. 1956

Weicht bei gleicher Höhe von voriger var. durch die Rippenzahl (4—) 5—6 und hellkarminrote Blüten ab. — S-Peru (Rio Majes) (Abb. 793).

Abb. 795. Neoraimondia aticensis RAUH & BACKBG. Die einzige Art mit sparrig auseinanderstrebenden und oft oben etwas verjüngten Trieben. Die Blüte ist bisher nicht bekannt. (Foto: RAUH.)

**2. Neoraimondia gigantea** (WERD. & BACKBG.) BACKBG. — Fedde Rep., LI: 62. 1942

*Cereus macrostibas* v. *giganteus* WERD. & BACKBG., in „Neue Kakteen", 74. 1931. — *Neor. macrostibas* v. *gigantea* (WERD. & BACKBG.) BACKBG., in BACKEBERG & KNUTH, Kaktus-ABC, 176, 411. 1935.

Riesige, dicht nebeneinander aufragende Säulen, bis ca. 8 m hoch; Rippen meist nur 4, seltener 5; Areolen stark genähert; Blütenareolen fast konisch ver-

Abb. 796. Neoraimondia aticensis RAUH & BACKBG. Bestand bei Atico; bisher die einzige Art, die unmittelbar am Meer angetroffen wurde. (Foto: RAUH.)

Abb. 797. Typische Kakteenlandschaft aus dem Hinterland von Lima mit Mischbestand von Neoraimondia roseiflora, Haageocereus acranthus und anderen Haageocereus-Arten. (Foto: RAUH.)

längert; Bl. purpurrot, ebenso die Fr. — N-Peru (Despoblado, westlich von Morropon; Rauh: bei Yequetepeque, auf 300 m) (Abb. 794, 800).

2a. v. **saniensis** Rauh & Backbg. — Descr. Cact. Nov. 13. 1956

Weicht vom Typus der großen nordperuanischen Art ab durch nur ca. 4 m Höhe; Tr. 4—5rippig, breiter und lockerer, aber parallel aufsteigend; Bl. hellweinrot. — N-Peru (Rio Saña). (Farbfoto 789).

3. **Neoraimondia aticensis** Rauh & Backbg. — Descr. Cact. Nov. 13. 1956

*Neoraimondia arequipensis* v. *aticensis* (Rauh & Backbg.) Rauh & Backbg., in Rauh, Beitr. z. Kenntn. d. peruan. Kaktveg., 263. 1958.

Weicht von allen anderen Arten und deren var. ab durch nicht parallel, sondern etwas auseinanderstrebend aufsteigende Äste, die oft nach der Spitze zu verjüngt sind; Rippen (6—) 7 (—8); Bl. unbekannt. — S-Peru (am Meeresufer bei Atico) (Abb. 795—796).

Bei den anderen Arten ist die Spitze der Triebe nicht verjüngt, sondern eher als gestutzt zu bezeichnen; daher und wegen des abweichenden, auseinanderstrebenden Wuchses der Triebe als eigene Art angesehen.

Rauh hat die Spezies neuerdings zu *N. arequipensis* einbezogen, dem ich hier nicht folgen kann. Rauh sagt l. c. selbst: „Die Säulen divergieren und verjüngen sich zur Spitze hin auffallend. Viel länger als bei den übrigen Arten tritt der

Abb. 798. Neoraimondia roseiflora (Werd. & Backbg.) Backbg. Die niedrigste Art, mit rosafarbenen Blüten. (Foto: Rauh.)

Abb. 799. Neoraimondia roseiflora (WERD. & BACKBG.) BACKBG. Bild der Bestachelung einer Triebspitze. (Foto: RAUH.)

Primärsproß in Erscheinung. Die Pflanze nimmt auch in ökologischer Hinsicht eine Sonderstellung ein ... steigt bis ans Meer hinab, so daß die Kandelaber noch von den Brandungswellen erfaßt werden, und erreicht ihre obere Verbreitungsgrenze bereits bei 100 m. Säulen 3—8 m hoch, sich verjüngend, 6—8-rippig, St. an der Triebbasis bis 20 cm lang; Blütenkurztriebe ± bis 5 cm lang ..."

Solange *N. roseiflora* (auch von RAUH) als eigene Art angesehen wird, muß dies auch bei der aus mehreren Gründen erstaunlich abweichenden *N. aticensis* der Fall sein, die sich in der Form wesentlich von *N. arequipensis* unterscheidet.

4. **Neoraimondia roseiflora** (WERD. & BACKBG.) BACKBG. — Fedde Rep., LI : 62. 1942

*Cereus macrostibas* v. *roseiflorus* WERD. & BACKBG., in ,,Neue Kakteen", 74. 1931. — *Neor. macrostibas* v. *rosiflora* (WERD. & BACKBG.) BACKBG., in BACKEBERG & KNUTH, Kaktus-ABC. 176. 1935.

Meist 5kantige, dicke Säulen, ziemlich niedrig, viel niedriger als die der beiden anderen Arten, schon in 1,50 m Höhe blühbar; Areolen, wenn blühbar, knollig rund oder länglich; Bl. hellrosenrot, mit dunklem Mittelstreifen; Fr. wie bei den anderen Arten. — Mittel-Peru (Gebiet von Chosica, auf ca. 1200 m und im Piscotal, auf ca. 1000 m [RAUH]) (Abb. 797—799, 801).

Abb. 800. Rundknollige Blütenareolen einer Neoraimondia.

Die Schreibweise lautete im Kaktus-ABC ,,rosiflora"; nach der ersten Artbezeichnung in BACKEBERG ,,Neue Kakteen", 74, 1931, ,,roseiflorus" wurde in Fedde Rep. und damit auch hier die letztere Schreibweise beibehalten.

Die von AKERS in C. & S. J. (US.) 99—101. 1946 abgebildeten und als *N. macrostibas* bezeichneten Pflanzen sind obige Art. Anscheinend waren ihm meine früheren Publikationen nicht bekannt bzw. daß der südperuanische, weißlich blühende Typus viel größer ist; die nördliche große Art hat dagegen purpurrote Bl. und weniger Rippen, wie solche nach AKERS, Abbildung l. c. Fig. 62, auch bei *N. roseiflora* vorkommen.

## 56. NEOCARDENASIA BACKBG.[1]
### BfS. 1 : 2. 1949

Großsäulige Pflanzen, später stammbildend; Rippen mit großen, erhabenen Areolen, wenn blühbar werdend; Areolen anfangs etwas vertieft stehend, später

---

[1]) BUXBAUM zieht in ,,Die Kakteen", System (4), *Neoraimondia* und *Neocardenasia* zusammen. Letztere bildet einen längeren Stamm, erstere nicht; bei *Neocardenasia* ist die Röhre lang und dicht bestachelt, bei *Neoraimondia* sind die Stächelchen so kurz, daß sie weder von SCHUMANN noch von BRITTON u. ROSE erwähnt werden. Sie sind unauffällig und vielleicht

verdickt, manchmal 2 Blüten hervorbringend; Ovarium und Röhre dicht mit borstenstachligen Areolen besetzt, Röhre über dem Ovarium etwas eingeengt, sonst zylindrisch; Hüllblätter seitwärts abstehend und nach außen biegend; Frucht filzig und borstig, Borsten bei Reife nur teilweise abfallend; Samen dunkelbraun. Eigenartig ist die Blüte im Innern gebaut: die Staubfäden sind ziemlich

Abb. 801. Zylindrische Blütenareolen einer Neoraimondia. (Foto: RAUH.)

zum Teil noch stärker reduziert, was aus den Beschreibungen in RAUHS Peruwerk nicht deutlich hervorgeht (auf Grund seiner neuerlichen genaueren Blütenuntersuchungen heißt es im Schlüssel von Band I, S. 72, eindeutiger: bei *Neoraimondia* — Röhre nicht deutlich bestachelt; bei *Neocardenasia* — Röhre auffällig dicht und lang bestachelt). Hinzukommt die weite geographische Trennung und die Tatsache, daß *Neocardenasia* keine auffällig verlängerten, weil ständig fortwachsenden Blütenkurztriebe bildet. Diese Verschiedenheiten gestatten keine Zusammenziehung.

kurz und nur am oberen Rande des Röhrenschlundes befestigt (s. Originalzeichnung CARDENAS), bei *Neoraimondia* tiefer.

Die Gattung wurde von Prof. HERZOG vor vielen Jahren entdeckt; aus den mir von ihm zur Verfügung gestellten, damals aufgenommenen Fotos bringe ich das der ersten angetroffenen Pflanze sowie ein späteres Standortfoto von CARDENAS. Die Art benannte ich zu Ehren des Erstentdeckers, die Gattung nach dem bolivianischen Botaniker Prof. CARDENAS, der in den letzten Jahren zahlreiche neue Kakteenarten seines Landes beschrieb.

Typus: *Neocardenasia herzogiana* BACKBG. — Typstandort: Bolivien (Cochabamba, bei Perez).

Abb. 802. Neocardenasia herzogiana BACKBG. Originalaufnahme von Prof. HERZOG, der diese Pflanze als erster fand.

Abb. 803. Neocardenasia herzogiana BACKBG. Bild von der Wiederauffindung dieser Gattung. (Foto: CARDENAS.)

Abb. 804. Triebteil einer Neocardenasia, mit einigen doppelblütigen Areolen. (Foto: CARDENAS.)

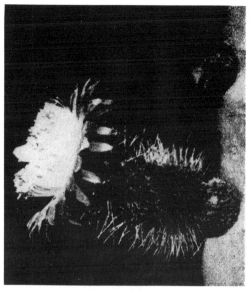

Abb. 806. Die Blüte der Neocardenasia unterscheidet sich von der einer Neoraimondia durch die schlankeren, langbestachelten Röhren. (Foto: Cardenas.)

Abb. 805. Stammteil einer Neocardenasia; er zeigt die Ähnlichkeit mit alten Neoraimondia-Stämmen. (Foto: Cardenas.)

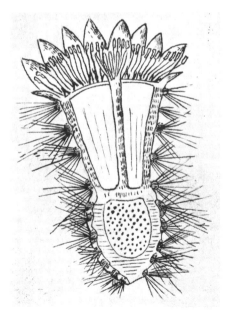

Abb. 807. Zeichnung von Cardenas: Längsschnitt einer Neocardenasia-Blüte.

Vorkommen: Bolivien, im Dept. Cochabamba und Chuquisaca.

1. **Neocardenasia herzogiana** Backbg. — BfS., 1 : 2. 1949

Bis 10 m hoch werdende Säulenkakteen, später mit kräftiger Stammbildung, aus dem oberen Drittel verzweigend; Rippen 6—7; Areolen, wenn blühbar werdend, fast kugelig, dick, 3—4 cm entfernt; St. 11—14, mittlere kaum unterscheidbar, bis 18 cm lang, die kürzesten ca. 2 cm lang; Bl. 6—7 cm lang, über dem Ov. etwas eingeengt; Röhre zylindrisch und mit Borstenst. in den dichten Areolen bestanden, wie auch am Ov., die Borstenst. ziemlich weich; Pet. rosa, oblong; Gr. etwas hervorragend; Staubb. etwas zusammengedrückt; Fr. eiförmig, 5—6 cm lang, mit Filz und Borsten, Fruchtfleisch rosa; S. dunkelbraun, Nabel mit doppelter Vertiefung. — Bolivien (Dept. Cochabamba und Chuquisaca) (Abb. 802—808).

Die erste Erwähnung der Pflanzen durch CARDENAS erfolgte in „Folia Universitaria", Cochabamba, 1947, als *Neoraimondia macrostibas* (K. SCH.) BR. & R.

Abb. 808. Sämlinge von Neocardenasia.

Der Eingeborenenname ist Carapari. HERZOG nannte die Pflanzen sehr bezeichnend „die bolivianischen Neoraimondias". Beide sind Tagblüher, beide können zwei Blüten gleichzeitig aus verdickten Areolen bilden, nur daß sie bei *Neocardenasia* nicht die Größe der *Neoraimondia*-Blütenkurztriebe erreichen. *Neocardenasia* hat aber einen ursprünglicheren Blütentyp insofern, als die Röhre lang bestachelt und ziemlich eng ist; sie nähert sich damit den nachtblütigen *Corryocerei* (*Brachycereus* und *Armatocereus*), die ähnlich enge, aber lockerer und derber bestachelte Röhren haben.

## Calymmanthium RITT. n. g.

n. nud. in Katalog WINTER 5. 1958

[als nom. provis. „*Diploperianthium* RITT. n. g." im WINTER-Kat. 5. 1957; nachträglich geändert; unter dem ersten Namen in meiner Klassifikation erwähnt]

Über diese Gattung liegen nur folgende kurze Angaben vor: „Wuchs wie *Dendrocereus* (Cuba), aber ganz absonderliche Blüten: Auf einheitlichem Fruchtknoten und Nektarkammer 2 Blütenhüllen, eine äußere, außen mit bestachelten Areolen, innen beschuppt, ohne Blütenblätter, in ihr eine nackte innere mit Schuppen und Blütenblättern. — Peru" (ohne Standortsangabe).

Man kann sich die Blüte danach nur schwer vorstellen, zumal es bisher keine ähnliche gibt. Anscheinend ist der Kelchblattkreis nach außen isoliert hochgezogen, mit den üblichen Schuppen, während der innere der eigentliche Kronblätterkreis ist. Da für den unteren bzw. äußeren bestachelte Areolen angegeben werden, scheint das Genus zu den *Corryocerei* zu gehören.

Es wird nur 1 Art aufgeführt:

**Calymmanthium** (*Diploperianthium*) **substerile** RITT. n. sp. (ohne lateinische Diagnose).

Eine weitere Beschreibung der Art ist bisher nicht erfolgt, auch ist leider nichts darüber gesagt, ob es sich um einen Tag- oder Nachtblüher handelt, so daß u. U. eine Umstellung in die Untersippe 2: *Nyctocorryocerei* erfolgen muß.

Die für die eigentliche Blütenkrone angegebenen „Schuppen" sind wohl nur stark reduzierte Blumenblätter. Wahrscheinlich Abb. 910; siehe auch S. 986.

Untersippe 2: *Nyctocorryocerei* BACKBG.
Nachtblühender Zweig, teils hohe Säulenkakteen, teils niedrige, ohne modifizierte Areolen; Röhren eng und bestachelt.
Vorkommen: Galapagos-Inseln, S-Ekuador und N-Peru. Auf den Galapagosinseln nur *Brachycereus*; auf dem Festland nur *Armatocereus*.

## 57. ARMATOCEREUS BACKBG.

BfK., 1934—3; mit lateinischer Diagnose: BfK., 1938—6
[*Lemaireocereus* BR. & R. pro parte]

Die zu dieser Gattung gehörenden Pflanzen wurden noch in jüngerer Zeit als *Lemaireocereus*-Arten angesehen, obwohl dies Genus BRITTON u. ROSES — wie *Cephalocereus* sensu BR. & R. — eine ihrem sonstigen Aufspaltungsprinzip nicht entsprechende Zusammenfassung verschiedenartigster Blütentypen war. Ohne deren sorgfältige Trennung wird keine Klarheit über die entsprechenden Merkmale gewonnen werden können. So teilte ich *Lemaireocereus* auf, bzw. es konnte der Name nur beim Typus *L. hollianus* belassen werden. *Armatocereus* hat durch die neueren Funde von RAUH bewiesen, wie notwendig diese Aufteilung war, denn es hat sich gezeigt, daß die hierhergehörenden Arten sehr einheitlich charakterisiert sind und in der Sippe der „Corryocerei" durch ihre meist gestreckten, engen und bestachelten Blüten erkennen lassen, wo entwicklungsgeschichtlich die Verbindung zu dem niedrigen Galapagos-Genus *Brachycereus* zu suchen ist, dessen Blüten ebenfalls eng und stark bestachelt sind, die Perigonblätter sehr schmal. Ihm kommt vielleicht der ebenfalls niedrigere, d. h. nicht baumförmige *Armatocereus humilis* am nächsten, der früher ebenfalls zu *Lemaireocereus* gestellt wurde, trotz seines abseitigen Vorkommens in der kolumbianischen Westkordillere auf 700—1000 m. ü. M. Auch bei ihm läßt sich, wenn auch nicht so auffällig wie bei den übrigen Arten, das Kennzeichen feststellen, das alle *Armatocereus*-Spezies aufweisen: abgeschnürte Triebe. Bei manchen Arten folgen sie fast kettenartig. Die Blüten sind schlanktrichterig-eng, die Röhre ist bestachelt, ebenso wenigstens bei einigen Arten auch das Ovarium bzw. mit Borsten besetzt oder auch ohne solche. Die Perigonblätter sind verhältnismäßig schmal, zum Teil linealisch, der Schlund ziemlich eng. Die Frucht ist $\pm$ rundlich bis länglich-eiförmig und verschieden stark bestachelt, zum Teil sehr groß und stark bestachelt, die Stacheln hellfarbig bis dunkelbraun. Die Samen sind groß, schwarz und stumpf. Die baumförmigen Arten bilden teilweise mächtige Kronen und dicke Stämme; sie gehören zu den größten Cereen des westlichen Südamerika. Ihre Verbreitung erstreckt sich von nahe Meereshöhe bis auf 3000 m, und zwar im Rio-Majes-Tal im südlichen Peru, so daß sie in diesem Lande weiter nach Süden reicht, als es bisher bekannt war.

**Typus:** *Cactus laetus* HBK. — Typstandort: bei Sondorillo (N-Peru), im Gebiet von Huancabamba.

**Vorkommen:** Kolumbien (Venticas del Dagua), Ekuador (Chanchan-Tal und im Süden), Peru (in der nordwestlichen Wüste, bis zum Rio Huancabamba hinauf und südwärts zum Churin-Tal, bis auf über 2000 m, sowie in ungefähr gleicher Höhe bis zum Eulalia- und Rimac-Tal, südwärts bis zum Pisco-Tal auf 1200 m und im Tal des Rio Majes zwischen 2000—3000 m).

Schlüssel der Arten:

Große, ± deutlich stammbildende, hochkronige Pflanzen
  Stämme zuletzt ziemlich hoch und dick, verzweigend
    Triebe grün, große Kronen bildend
      Krone ziemlich steil aufsteigend
        Glieder unten nicht viel stärker verdickt
          Stacheln nur später ziemlich lang
            Blüten weiß . . . . . . . . . . 1: **A. cartwrightianus** (Br. & R.) Backbg
          Stacheln bereits am Jungtrieb sehr lang . . . . . . . . . . . . 1a: v. **longispinus** Backbg.
      Krone zuletzt mit sehr dicken Ästen auseinanderstrebend
        Glieder unten viel dicker (Blüte weiß)
          Stacheln zahlreich, nur bis 4 cm lang . 2: **A. godingianus** (Br. & R.) Backbg.
    Triebe graugrün; breit- oder hochkronig
      Glieder meist beidendig etwas verjüngt
        Stacheln nicht auffällig, bzw. nur Mittelstacheln lang
          Blüten weiß (Krone sehr breit) . . 3: **A. arboreus** Rauh & Backbg.
      Glieder blaugraugrün, oft oben stachellos
        Blüten karminrot (Krone schlank)
          Frucht rundlich, locker und nicht sehr lang bestachelt . . . . 4: **A. rauhii** Backbg.
Stämme, wenn ausgebildet, viel kürzer und weniger stark als bei vorigen
  Triebe ± grün, ziemlich gerade aufsteigend verzweigt (Blüten weiß)
    Glieder graugrün, teils kurz, teils länger, obere stärker bestachelt
      Rippen bis 10
        Frucht weißlich und ziemlich weich bestachelt . . . . . . 5: **A. procerus** Rauh & Backbg.
    Glieder fahlgrün
      Rippen ca. 5, dünn und hoch
        Frucht dunkelgrün, dicht braunstachlig (Pflanzen nur 2 m hoch) 6: **A. churinensis** Rauh & Backbg.

Abb. 809. Armatocereus procerus RAUH & BACKBG. (Farbfoto: RAUH.)

Triebe bleigrau, auseinanderstrebend aufge-
richtet (Blüten weiß)
Pflanzen bis 3 m hoch
Rippen meist 4—5, schmal und hoch
Frucht lang bräunlich bestachelt     7: **A. oligogonus** Rauh & Backbg.
Pflanzen bis 6 m hoch
Rippen meist 7, nicht hoch, verbreiternd,
Kanten scharf
Frucht groß, dicht fuchsbraun be-
stachelt . . . . . . . . .     8: **A. laetus** (HBK.) Backbg.
Pflanzen bis 2 m hoch
Rippen 7—9, schmal, 2 cm hoch
Frucht sehr groß, hellviolettgrau
bestachelt . . . . . . . .     9: **A. riomajensis** Rauh & Backbg.
Triebe stumpfgrün, plump, ± reifig
Pflanzen 2 bis 3 m hoch, meist niedriger und
breitkronig
Rippen 4(—8), entfernt und ziemlich hoch
Blüten breitsaumig, Petalen linea-
lisch, strahlend und ziemlich
lang, weiß . . . . . . . .     10: **A. matucanensis** Backbg.
Stammlose, breite Ansammlungen bildende Pflanzen
Triebe grün
Rippen 3—4 (—6), bis 2 cm hoch
Blüten grünlichweiß . . . . . .     11: **A. humilis** (Br. & R.) Backbg.
n. comb.

1. **Armatocereus cartwrightianus** (Br. & R.) Backbg. — Backeberg & Knuth. Kaktus-ABC, 176. 1935

*Lemaireocereus cartwrightianus* Br. & R., The Cact., II: 100. 1920.

Bis 5 m hohe Pflanzen, zum Teil auch noch höher, mit oft längerem und dickem, glattem bzw. verholztem Stamm; Äste wirr und reich verzweigt; Tr. bis 60 cm lang, 8—15 cm ⌀; Rippen 7—8; Areolen groß, braunfilzig; Jungst. anfangs rotbraun, bald weißlich und mit dunkleren Spitzen, Neutriebe dicker Glieder oft dicht und fein bestachelt; St. 16 und mehr, zum Teil bis 20, manchmal variabel in der Farbe, dunkel, braun oder grauweiß, anfangs bis 2 cm lang, an alten Tr. zunehmend länger und bis 12 cm lang oder mehr; Bl. schlankröhrig, 7—9 cm lang; Sep. schmal, Pet. ziemlich kurz; Röhre spärlich bestachelt; Staubf. zahlreich, nicht herausragend; Fr. kugelig bis länglich, bis 9 cm lang, mit weichen St. bedeckt; Fruchtfleisch weiß. — Von S-Ekuador (Umgebung von Guayaquil) bis N-Peru (Despoblado), zahlreich und oft das Landschaftsbild bestimmend (Abb. 619, 810—811).

1a. v. **longispinus** Backbg. — Descr. Cact. Nov. 14. 1956

Während beim Typus die Jungst. ziemlich kurz sind, bildet die Varietät bereits an Neutrieben lange St. aus, wie sie sonst erst nach und nach an älteren Gliedern erscheinen; die größeren Pflanzen sind außerdem noch auffällig wilder bestachelt. — S-Ekuador bis N-Peru (Abb. 812, Tafel 50).

Diese langstachlige Form kommt auch bei Guayaquil vor (Tafel 50), wo ich sie nahe der Stadt im Busch fand; einer der längsten St. steht bei der Guayaquil-Form meist mehr waagerecht ab.

*Armatoc. cartwrightianus* ist kräftig grün gefärbt, nicht grau getönt; er gehört zu den am schnellsten wachsenden Cereen; ich habe an meinen Exemplaren Jahrestriebe von über 50 cm Länge gesehen, und zwar an eingetopften Stücken!

Abb. 810. Armatocereus cartwrightianus (Br. & R.) Backbg.: Blüten und eine junge, noch wenig bestachelte Frucht. (Foto: Rauh.)

2. **Armatocereus godingianus** (Br. & R.) Backbg. — BfK., 1938—3
   *Lemaireocereus godingianus* Br. & R., The Cact., II: 91. 1920.

Mächtige Pflanzen, bis 10 m hoch, mit mäßig langem, aber dickem, holzigem Stamm, darüber breit verzweigend, Äste nicht senkrecht, sondern mehr schräg aufwärts gerichtet; Stamm bis 50 cm ⌀; Glieder anfangs hellgrün, bald graugrün, im Unterteil am dicksten, allmählich nach oben zu verjüngt, plump und groß; Rippen 7—11; St. nadelförmig, 2—4 cm lang, anfangs bräunlich; Bl. ziemlich groß, 10—11 cm lang, weiß; Röhre nur 2 cm lang, deren Wände bis 1 cm dick oder mehr; Areolen auf Röhre und Ov. dichtstehend, groß, mit brauner Wolle und gelben Borstenst.; Fr. groß, 10 cm oder mehr lang, mit gelben St. besetzt; S. ziemlich groß, matt, schwarz. — Ekuador (Chanchan-Tal, oberhalb und unterhalb Huigra, auf 800 bis ca. 1200 m) (Abb. 813).

Britton u. Rose sagen (The Cact., II: 92. 1920), daß das Vorkommen von *A. godingianus* weiter oberhalb sich mit dem „eines unbeschriebenen *Trichocereus* vermischt, mit dem diese Art oft verwechselt worden ist". Ich habe daraufhin das obere Chanchan-Tal besucht. Der *Trichocereus* ist die Wildform des von Britton u. Rose selbst beschriebenen *Tr. pachanoi*, den sie aber nur als Kulturpflanze bei Cuenca sahen; Tr. von beiden zeigten die Übereinstimmung. Der *Trichocereus* wird auch in N-Peru kultiviert. Eine gewisse Wuchsähnlichkeit ist, von weitem gesehen, vorhanden.

3. **Armatocereus arboreus** RAUH & BACKBG. — Descr. Cact. Nov. 13. 1956

Baumförmig, höhere und dicke Stämme bildend, die dann breit mit starken Ästen verzweigen, die Tr. darüber aber ziemlich gerade aufsteigend, bis 6 m oder mehr hoch; Tr. sehr zahlreich, verlängert, bis 60 cm lang, 15 cm ⌀; Rippen (5—) 6; Randst. meist nicht lang; Mittelst. 1—3, bis 15 cm lang; Bl. weiß; Fr. länglich, anscheinend nicht sehr dicht bestachelt. — Mittel-Peru (oberhalb des Eulalia-Tales, auf 2000 m, und wohl auch in anderen Tälern jenes Gebietes, bis auf 2500 m, Pisco-Tal, 2500 m [RAUH]) (Abb. 814).

Abb. 811. Scheitelstück des kürzer bestachelten Typus von Armatocereus cartwrightianus.

Schon vor mehreren Jahren erhielt ich von BÖRNER (Gera) Fotos dieses riesigen Armatocereus, der viel stärker als z. B. *A. matucanensis* wird; er gehört, neben *A. cartwrightianus*, *A. godingianus* und den großen *Neoraimondia*-Arten zu den mächtigsten Kakteengestalten des westlichen Südamerika.

„*A. matucanensis*" in „Cactus", 59 : 1956 (Fig. 15) ist wohl obige Art.

4. **Armatocereus rauhii** BACKBG. — Descr. Cact. Nov. 13. 1956

Stammbildende, bis 4—6 m hohe, groß- und aufrecht-triebige, aber wenig oder gar nicht an den Tr. verzweigende Art von blaugraugrüner Farbe; Rippen bis ca. 10, schmal, bis 2,6 cm hoch, 5 mm stark; Areolen 3 mm groß, querrund, weißfilzig;

Randst. 6—7 (—10), 1—2 mm lang, untere etwas länger; z. T. 1 Mittelst., grau, 6 mm bis 1—3 cm lang, Spitze schwarz; Farbe der übrigen St. schwarzbraun, später grau; Bl. karminrot; Röhre mit entfernt stehenden schwarzroten Stachelbündeln; Staubf. blaßviolett; Fr. 3—5 cm groß, dunkelgrün, rotschwarz bestachelt. — Peru (Huancabamba-Tal: Olmos/Jaën, auf Trockenhängen, 1500 m ü. M.. bzw. 900—1100 m) (Abb. 815—818, Tafel 51).

Dies ist vielleicht die *Armatocereus* sp. ,,von Olmos", RITTER-Nr. FR 296 (im WINTER-Kat. 5. 1956).

5. **Armatocereus procerus** RAUH & BACKBG. — Descr. Cact. Nov. 13. 1956

Ziemlich wenig-triebige Pflanzen, bis ca. 3—7 m hoch, ohne deutlichen Stamm, sondern nur einzelne Gliedreihen stärkeren Dickenwachstums; Äste kaum oder wenig seitwärts verzweigt; Rippen ca. 8—10; St. an den oberen Tr. unauffälliger; Randst. 15—20, bis 2 cm lang; Mittelst. bis 4, bis 12 cm lang, weiter unten fast alle (und einige besonders) lang bzw. nach unten geneigt; alte Glieder ockerbraun; Bl. 10 cm lang, 5 cm ⌀, weiß; Fr. (nach RAUH) grün, weiß bestachelt, 7 cm groß. — Peru (vom Rio Casma bis Rio Nazca, auf 700—1200 [—1500] m) (Abb. 809, 819—821, Tafel 52).

Weicht durch keinen glatten Stamm, sondern durch die aus verdickten abgeschnürten Gliedern bestehende säulige Basis ab, die sich schon ziemlich bald über dem Boden verzweigt (ähnlich ist die Basis des *A. laetus*, aber stärker verzweigt); der Primärsproß kann auch unverzweigt sein. Nach RAUH ist dies vielleicht RITTERS *A. armatus* (FR 131).

Abb. 812. Scheitel von Armatocereus cartwrightianus v. longispinus BACKBG. (vom Verfasser auch im Küstengebiet von Guayaquil [Ekuador] gefunden).

Abb. 813. Armatocereus godingianus (BR. & R.) BACKBG. (Ekuador).

Abb. 814. Armatocereus arboreus RAUH & BACKBG. Die große, breitkronige Art wurde zuerst von BÖRNER (Gera) gefunden. (Foto: BÖRNER.)

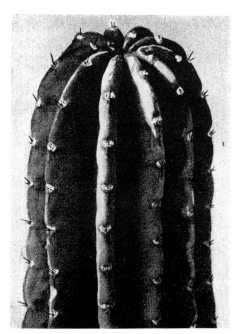

Abb. 815. Triebspitze von Armatocereus rauhii BACKBG.: Form mit kurzen Stacheln.

6. **Armatocereus churinensis** RAUH & BACKBG. — Descr. Cact. Nov. 13. 1956

Bis 2 m hoch; Äste ausgebreitet. bis 50 cm lang, blaßgrün; Rippen ca. 5, schmal und ziemlich hoch; Areolen 5 mm⌀, grau; Randst. 9—12, 1,5—3 cm lang; Mittelst. 1—2 (—3), länger, etwas abwärts gerichtet, gedreht, grau, bis 15 cm lang[1]); Bl. weiß; Fr. dunkelgrün, dicht bräunlich bestachelt, 10 cm lang. — Mittel-Peru (Churin-Tal. oberhalb 2000 m ziemlich häufig auftretend) (Abb. 822—823).

7. **Armatocereus oligogonus** RAUH & BACKBG. — Descr. Cact. Nov. 13. 1956

Bis ungefähr 3 m hoch; Äste locker aufgerichtet; Tr. verlängert, bleigraugrün; Rippen meist 4—5, schmal, mäßig hoch; St. bis ca. 8—12, meistens 1 (—2) als längste, bis ca. (3—) 8—10 cm lang; Bl. 10 cm lang, weiß; Fr. läng-

---

[1]) RAUH gibt in seinem Peruwerk „bis 1,5 cm lang" an; er berichtete dies an mich: 15 cm.

Abb. 816. Armatocereus rauhii BACKBG. (Foto: RAUH.)

Abb. 817. Die Frucht des Armatocereus rauhii BACKBG. (Foto: RAUH.)

Abb. 818. Blüten bzw. Knospe des Armatocereus rauhii, bisher die einzige rotblühende Art. (Foto: RAUH.)

lichrund, stark bestachelt, 10 cm lang, St. bräunlich. — N-Peru (Huancabamba-Tal, bei Olmos, auf 500 m) (Abb. 824—825).

Ähnelt dem *A. laetus*, von dem er sich durch die geringere Rippenzahl unterscheidet; außerdem bleibt er niedriger.

Abb. 819. Bestachlung am unteren Stammteil von Armatocereus procerus RAUH & BACKBG (Foto: RAUH.)

8. **Armatocereus laetus** (HBK.) BACKBG. — BACKEBERG & KNUTH, Kaktus-ABC, 176. 1935

*Cactus laetus* HBK., Nov. Gen. et Sp. 6 : 68. 1823. — *Cereus laetus* DC. — *Lemaireocereus laetus* BR. & R.

Bis 6 m hoch, reich und ziemlich senkrecht verzweigt, bald fahl-graugrün, aber nicht bereift; Rippen 6—8; Areolen 2—3 cm entfernt; St. ca. 12, anfangs braun, später grau bis weiß, zum Teil dunkel gespitzt, 1 (—2) Mittelst., an der Basis zum Teil gerieft, flacher und ± gedreht, 1—3 (—8) cm lang; Bl. 8—10 cm

Abb. 821. Frucht des Armatocereus procerus Rauh & Backbg. (Foto: Rauh.)

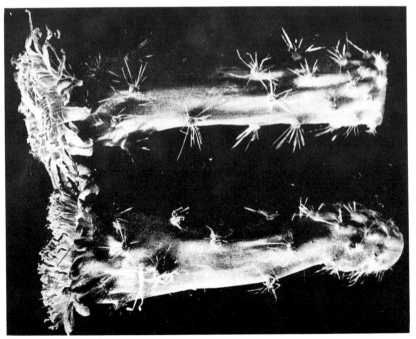

Abb. 820. Blüten des Armatocereus procerus Rauh & Backbg. (Foto: Rauh.)

Abb. 823. Armatocereus churinensis-Frucht. (Foto: Rauh.)

Abb. 822. Armatocereus churinensis Rauh & Backbg. (Foto: Rauh.)

lang, Pet. weiß, 2 cm lang; Röhre mit schwarzbraunen Stachelbündeln; Fr. grün, mit fuchsbraunen St. dicht besetzt, Fruchtfleisch weiß; S. schwarz. — N-Peru (im Gebiet östlich der Westanden bzw. am Rio Huancabamba und südlich [Jaën]) (Abb. 826).

Abb. 824. Armatocereus oligogonus RAUH & BACKBG. hat weniger Rippen als der ähnliche Armatocereus laetus (HBK.) BACKBG. (Foto: RAUH.)

Die Fr. sind eßbar, die S. ziemlich groß, wie bei allen *Armatocereus*-Arten, soweit bekannt. Stachellänge und Rippenzahl sind variierend.

*Armatocereus mocupensis* HORT., *A. marañonensis* KRAINZ & RITT. sind Katalognamen im WINTER-Kat. (5. 1956), die vielleicht hierher gehören (die letztere Art mag auch mit *A. rauhii* identisch sein); *A. marañonensis* soll 5—7 m hoch werden, Tr. bis 15 cm ⌀, blaugrün. Daraus läßt sich wenig über einen etwaigen Unterschied entnehmen. Der einheimische Name dieser Pflanze ist „Jungo" (RITTER-Kat.-Nummer FR 285). So nennt man in Peru den *A. laetus*.

Die von BRITTON u. ROSE (The Cact., II : 99. 1920) für diese Art gegebenen Abbildungen (Fig. 145 und Fig. 146) sind anscheinend beide nicht *A. laetus*; jedenfalls ist die bei Matucana aufgenommene Abb. 146 *A. matucanensis*, während die Abb. 145 einen baumförmigen Cereus mit so starkem Stamm zeigt, wie ihn der richtige *A. laetus* von Huancabamba (RAUH-Nr. K 69 [1956]) nicht hat, der eher als stammlos bezeichnet werden kann. BRITTON & ROSE waren selbst nicht bei Huancabamba, kannten also den richtigen *A. laetus* nicht. (Daraus, daß sie *A. matucanensis* mit *A. laetus* verwechselten beziehungsweise beide

Abb. 825. Frucht des Armatocereus oligogonus RAUH & BACKBG. (Foto: RAUH.)

für identisch hielten, erklärt sich auch RITTERs irrtümliche Synonymie in WINTER-Kat., 6. 1956.) Fig. 145 könnte der von RITTER erwähnte *A. armatus* JOHNS. (*A. arboreus*?) sein, über den mir keine Angaben vorliegen, der aber [nach RITTER] stammbildend ist [zuerst erwähnt als nom. prov. in C. & S. J. (US.) 54. 1952.]

9. **Armatocereus riomajensis** RAUH & BACKBG. — Descr. Cact. Nov. 13. 1956

Nur bis 2 m hoch; Äste locker aufgerichtet; Tr. bis 60 cm lang, bleigraugrün, bis 5—6 cm ⌀; Rippen 7—9, 1,5—2 cm hoch; Areolen hellgelbbraun-filzig, dann grau; Randst. 10—15, bis 1 cm lang, hellgrau; Mittelst. meist 1—4, davon 1—2 bis 12 cm lang, aschgrau mit bräunlicher Spitze, an der Basis zusammengedrückt,

± gedreht und gekantet bzw. unten verdickt, auf- und abwärts weisend; Bl. weiß, 8—10 cm lang; Fr. bis 15 cm lang, 5 cm dick, mit hellgrauvioletten St., bräunlich gespitzt, bis 4 cm lang, aber nicht verflochten. — S-Peru (Rio-Majes-Tal, ab 1000 m aufwärts, zwischen 2000 und 3000 m häufig) (Abb. 827).

Eine der niedrigsten *Armatocereus*-Arten; die Rippen sind ziemlich schmal.

Abb. 826. Armatocereus laetus (HBK.) RAUH & BACKBG. (Foto: RAUH.)

10. **Armatocereus matucanensis** BACKBG. — BACKEBERG & KNUTH, Kaktus-ABC, 176. 411. 1935

*Lemaireocereus matucanensis* (BACKBG.) MARSH., The Cact. 82. 1941.

Breitkronige, sperrige Pflanzen mit ziemlich kurzem oder anfangs fehlendem Stamm; Tr. zum Teil dunkler grün, wenigrippig, 4—5 (—8) Rippen, deren Kanten über den Areolen ± höckerig geschwollen; St. ca. 8 oder mehr, 1—2 länger, ein längster meist seitwärts abstehend, bis 10 cm lang; Bl. weiß; Fr. groß, grün, dicht bestachelt; S. groß, schwarz, matt. — Peru (um Matucana auf 2200—2600 m) (Abb. 828—831, Tafel 53—55).

Dies ist wohl der „*Lemaireocereus laetus*" Fig. 146 von Britton u. Rose (The Cact., II : 99. 1920).

Die Bl. ist 10 cm lang und fällt durch ihre strahlig abstehenden, schmalen Pet. auf, während die gelbliche Masse der Staubbl. die Mitte ziemlich stark ausfüllt; die Röhre ist 7 cm lang, 2,5 cm ⌀; die Sep. sind bräunlichgrün, kleiig beschuppt, die äußeren Pet. mehr grünlichweiß, die rein weißen inneren 3 mm breit, die Staubf. weiß. Nach Rauhs Angaben können die Triebe auch bereift sein.[1])

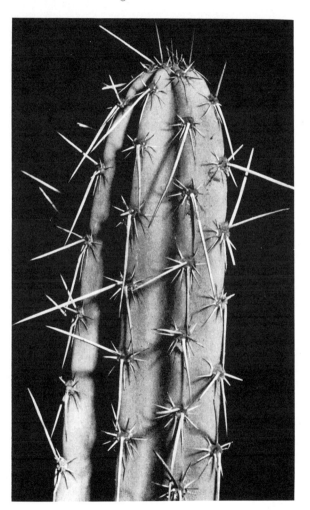

Abb. 827. Armatocereus riomajensis Rauh & Backbg. bleibt viel niedriger als A. laetus (HBK.) Backbg. (Foto: Rauh.)

---

[1]) Der Typus der Art kommt im Rimac-Tal unter- und oberhalb Matucanas häufig auf 2200—2600 m ansteigend vor. Nach Rauh reicht die Verbreitung bis zum Rio Fortaleza-Tal (Abb. Tafel 54) und südlich bis zum Pisco-Tal. Die Blüten sind im Bau ganz gleich. Tafel 54 zeigt jedoch, daß die Form aus dem Rio-Fortaleza-Tal offenbar etwas mehr Rippen hat, die

Abb. 828. Blüten des Armatocereus matucanensis Backbg. (Farbfoto: Rauh.)

Die Art kann nicht mit dem riesigen *A. arboreus* verwechselt werden, da sie nach Rauhs Feststellungen nur 2—3 m hoch wird.

Abb. 829. Armatocereus matucanensis Backbg. bei Matucana, Mittel-Peru. (Foto: Rauh.)

**11. Armatocereus humilis** (Br. & R.) Backbg. n. comb.

*Lemaireocereus humilis* Br. & R., The Cact., II : 101. 1920. — *Ritterocereus humilis* (Br. & R.) Backbg. comb. nud., C. & S. J. (US.) 121. 1951.

Breite, dichte Gebüsche bildend; Stämme ziemlich weich, dunkelgrün, 1—4 m lang, bis 4 cm dick, meist mit weniger oder keiner Verzweigung; die Tr. sind manchmal deutlich abgesetzt, manchmal nur eingeengt, innerhalb der Abschnürung auch nach oben zu verjüngt wie bei anderen Arten; Rippen 3—4(—6), etwas an den Areolen eingesenkte Kante, darin die großen, weißen Areolen, die St. vorwiegend in deren Unterteil, braun, bald weiß, nadelförmig, bis 2 cm lang; Bl. mäßig groß, bis 6 cm lang, grünlichweiß; Sep. nach außen gebogen, lineal-länglich, die Pet. fast ebenso geformt; Ov. mit ziemlich dichtstehenden Areolen, diese weißfilzig, aber stachellos; Röhre mit verhältnismäßig wenigen Areolen, in diesen kleine Stachelbündel mit wenigen hellen St.; Fr. rund, 4 cm ⌀, sehr stachlig. — Kolumbien (Westkordillere, bei Venticas del Dagua im Dagua-Tal, 700—1000 m; von Pittier gefunden).

Diese Art war durch ihr abseitiges kolumbianisches Vorkommen wenig geklärt, die Röhrenbestachelung durch Britton u. Rose nicht vermerkt, so daß die

---

Triebe sind dicker, die Rippen etwas höher, und offensichtlich ist auch die Bestachelung etwas zahlreicher, die Mittelstacheln sehr derb, an der Spitze braunschwarz. Genauere Untersuchungen können erst ergeben, ob diese zahlreicher-rippige und derber bestachelte Form als Varietät abzutrennen ist. Eine ähnliche Form kommt auch bei Matucana vor (Abb. 831).

damit gegebene abseitige Stellung bisher nicht auffiel. Durch die ± abgeschnürten Glieder und die entfernten Stachelbündel an der Röhre (wie z. B. bei *A. rauhii*) und das Vorkommen in der kolumbianischen Westkordillere fügt sie sich einerseits gut in die Gattung *Armatocereus* ein, ist der Wuchsform nach aber auch ein Bindeglied zu *Brachycereus* von den Galapagos-Inseln.

Abb. 830. Armatocereus matucanensis BACKBG. Typus der Art mit wenigen Rippen, wie in BfK., Nachtrag 1, 1935—3, abgebildet, mit mäßiger Bestachelung, wie auch aus dem Farbfoto Abb. 828 ersichtlich. (Foto: RAUH.)

(8.) **Armatocereus — Cereus ghiesbreghtii** K. SCH., Gesamtbschrbg. 81. 1898[1])
Dieser *Cereus* gehört auf Grund seines Habitus und der regelmäßigen Abschnürung seiner Glieder zweifellos zu *Armatocereus*. SCHUMANN beschrieb ihn: Aufrecht, später wahrscheinlich verzweigt, gegliedert, mit tonnenförmig aufgetriebenen Gliedern (wenigstens in den Kulturen), oben gerundet, am Scheitel wenig eingesenkt, mit gelbbraunem, kurzem Filz und von sich kreuzenden, langen St. überragt, 6—8 cm ⌀, nur am Scheitel durch scharfe, weiter unten verflachende Furchen getrennt;

---

[1]) In der Sammlung HAAGE, Erfurt, sah ich eine von mir stammende kleinere Pflanze des *A. laetus*, die völlig dem *C. ghiesbreghtii* glich, wie dieser vordem in den Sammlungen und auch bei mir vorhanden war.

Abb. 831. Armatocereus matucanensis BACKBG.: stark bestachelte, mehrrippige Form von Matucana. (Foto: RAUH.)

Kanten ziemlich scharf, Stamm unten zylindrisch; Areolen 1—1,5 cm entfernt, elliptisch bis eiförmig, 5 mm ⌀, später verkahlend; Randst. 10—12, die untersten bis 14 mm lang; Mittelst. 2—4, davon der unterste oder der oberste der längste, bis 5 cm lang, alle steif, pfriemlich, grau, oben dunkelbraun, beim Austrieb rötlich, nur der größte bisweilen zusammengedrückt, am Fuß verbreitert und manchmal gewunden. — Mexiko (Abb. 832).

Die Herkunft ist sicher ein Irrtum; ich habe in der Kultur auch länger werdende Triebe gesehen, die nicht mehr „tonnenförmig", sondern oben etwas verjüngt waren. Nach dem am Fuß verbreiterten und manchmal ± gewundenen Mittelst. halte ich ihn für eine Form von *A. laetus*; jedenfalls gehört er in seine Nähe, und wenn die Triebe besonders wüchsiger Pflanzen etwas länger werden, ist die Ähnlichkeit noch größer, zumal die Farbe auch in graugrün übergehen kann.

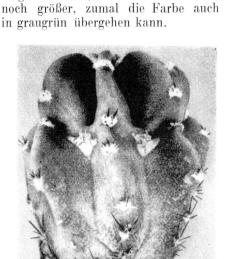

Abb. 832. „Cereus ghiesbreghtii K. Sch." gehört (auch nach Ritter) in dieses Genus wegen seines Habitus bzw. der abgesetzten Jahrestriebe; er konnte aber bisher nicht sicher mit einer der anderen Arten identifiziert werden.

Abb. 833. Sämling des „Armatocereus marañonensis Krainz & Ritt. nom. nud.", eine graugrüne Pflanze, von der bisher keine genaueren Angaben vorliegen (A. rauhii?).

Rauh sah auch einen blaugrünen *Armatocereus*, niedrigstämmig, im Pisco-Tal, auf 2000 m. Es steht noch nicht fest, ob er etwa mit *A. matucanensis* identisch ist.

Über einige neuere Ritter-Funde besteht noch keine Klarheit. Er erwähnt (Winter-Kat. 1956/57) einen „*Armatocereus armatus* Johns. (nicht *mocupensis*)", dessen Beschreibung mir nicht vorliegt (— *A. arboreus* Backbg.?), „eine der mächtigsten Kakteengestalten Perus" (Ritter, Nr. FR 131), ferner einen *A. confusus* (nom. nud. Ritter, Nr. FR 566, Winter-Kat., 4. 1957), „ähnlich *A. armatus*". Die Angaben genügen nicht zur Identifizierung. *A. marañonensis* Ritt. nom. nud., l. c. 4. 1957 „blaugrün", 5—7 m hoch, 15 cm ⌀, ist danach auch nicht sicher zu identifizieren (Abb. 833), dasselbe gilt für die Ritter-Nr. FR 296 „von Olmos, blaugrün, mit hellen St.", sowie für *A. balsasensis* Ritter (FR 273a), „ähnlich *A. marañonensis*. Bläulichgrün, riesenhaft, bis 10 m hoch."

## 58. BRACHYCEREUS Br. & R.
### The Cact., II : 120. 1920

Niedrigtriebige, vielverzweigte und größere Ansammlungen bildende Pflanzen; Zweige zylindrisch; Rippen zahlreich, niedrig, mit dichtstehenden Areolen, schwach filzig und mit zahlreichen Stacheln; Blüten engtrichterig; Ovarium und Röhre mit kleinen Schuppen und großen stachligen Areolen; Sepalen lanzettlich; Petalen sehr schmal, lang zugespitzt; Staubf. sehr kurz; Ovarium schiefkugelig, bestachelt; Frucht ellipsoidisch, sehr stachlig, später (bei Reife) wahrscheinlich ohne Stacheln. Schumann bezeichnete die Pflanzen als ungewöhnlich „wegen ihres sehr dichten, weichen Stachelkleides, so daß man den Pflanzenkörper nicht sehen kann, die Staubfäden kürzer als ich sie sonst bei irgendeiner anderen Art sah, die Petalen auch ungewöhnlich schmal".

Nach der Templeton Crocker Expedition 1932 der California Academy of Science kamen Zweifel auf, ob der Name des von Britton u. Rose für ihre Gattung aufgeführten Typus *Cereus thouarsii* der richtige für die niedrigen, dicht bekleideten Pflanzen ist. J. T. Howell legte in seinem Bericht „The Cactac. of the Galapagos Islands" (Proc. Calif. Ac. Sci. 4th Series, Vol. XXI, Nr. 5 : 52—53. 1933) dar, daß *Cereus thouarsii* Web. nach einem jungen Stück eines Cereus mit weniger Rippen und nicht völlig dichter Bestachelung beschrieben wurde, und zwar eines großen Cereus; Schumann (Gesamtbschrbg., Nachtrag, 24. 1903) beschreibt seine Frucht als „rotviolett, ähnlich einer großen Pflaume", während die *Brachycereus*-Frucht klein und bestachelt ist. Nach Howell ist *Cereus thouarsii* Web. eine große Cereenart, die er — da er eine Auseinandersetzung mit den Kleingattungen Britton u. Roses damals noch umgehen konnte — zu „Cereus" stellt, womit aber *Jasminocereus* Br. & R. gemeint ist, denn Howell stellt als Synonym dazu *Cereus galapagensis* Web. (über das Namensproblem bei *Jasminocereus* s. unter dieser Gattung).

Der richtige Name für den Typus von *Brachycereus* ist nach Howell *Cereus nesioticus* K. Sch., den Howell zwar auch zu „Cereus" stellt, der aber nach seiner Beschreibung dem Genus *Brachycereus* entspricht: „Stämme aufrecht, 30—50 cm lang, manchmal bis 300 Triebe in einer Kolonie; Rippen 12—18, meistens 13—16; Blütenhülle und Frucht strahlend bestachelt; Samen ganz glatt".

Dementsprechend mußte in der Beschreibung der von Britton u. Rose gebrauchte Name des Typus geändert werden.

Typus: *Cereus thouarsii* sensu Br. & R. non Web. (*Cereus nesioticus* K. Sch.) — Typstandort: Albemarle- und Narborough-Insel, auf steriler, schwarzer Lava.

Vorkommen: Nach Howell: Auf den Galapagos-Inseln Abingdon, Albemarle, James, Tower und Narborough.

### 1. **Brachycereus nesioticus** (K. Sch.) Backbg. — Backeberg & Knuth, Kaktus-ABC, 176. 1935

*Cereus nesioticus* K. Sch., in Robinson, Fl. Galap. Islands, Proc. Am. Acad. Sci., 38 : 179. 1902. — *Brachycereus thouarsii* sensu Br. & R. non *Cereus thouarsii* Web. (1899).

Rasenförmig, bis 300 Tr. in den Kolonien; Zweige vom Grunde her nach allen Richtungen wachsend, 30—60 cm lang; Rippen 12—18, meist 13—16, kaum 3 mm hoch, gekerbt und fast in Höcker aufgelöst; Areolen rund, 2,5 mm ⌀, mit spärlichem Filz; St. mehr als 40, ungleich, nicht in Rand- und Mittelst. zu trennen, bis 3 cm lang, gerade, steif, spreizend, nicht stechend, pferdehaarartig; Bl. seitlich, 7 cm lang; Ov. schief-kugelförmig, leicht gehöckert, mit kleinen Schüppchen, in den Achseln gelbbraune, strahlende, bis 5 mm lange St.; Blütenhülle 2,5—3 cm $\varnothing$; Sep. lanzettlich, 1,2 cm lang, 2 mm breit, Pet. noch schmäler, linealisch, wahrscheinlich weiß; Staubf. sehr kurz, kaum 1 mm lang; Beere 2,5 cm lang, 1,3 cm dick; S. rotbraun, zahlreich, 1,2 mm lang, fein punktiert. — Galapagos-Inseln (Abb. 834).

Abb. 834. Brachycereus nesioticus (K. Sch.) Backbg. Die Gattung ist Armatocereus nahe verwandt und besiedelt die Lavafelsen der Galapagos-Inseln. (Bild: Insel Narborough.) (Foto: T. Asaeda.)

Sippe 4: *Gymnanthocerei* Backbg. (*Gymnocerei* Backbg. 1937 [Syst. Übersicht] pro parte; der Name wurde später nur für nördliche Cereen verwandt).

Baumförmige Cereen mit fast oder ganz kahlen Blüten und Früchten; Blüten geradsaumig (in einem Falle etwas schrägsaumig), Röhren meist reicher oder groß beschuppt, Schuppen zum Teil dachziegelig gestellt.

Vorkommen: Von den Galapagos-Inseln (*Jasminocereus*) über N-Peru (*Gymnocereus*), Mittel-Peru (Hochland: *Azureocereus*), S-Peru und N-Chile (*Browningia*), nördliches Argentinien (*Stetsonia*).

## 59. JASMINOCEREUS Br. & R.
The Cact., II: 146. 1920

Baumförmige Cereen mit längerem, dickem Stamm, zylindrisch; Rippen zahlreich und niedrig; Blüten nächtlich, mit trichterförmiger Hülle, zahlreichen Petalen und zierlicher Röhre mit sehr kleinen, ziemlich weit gestellten Schuppen. die sich zum Ovarium bzw. an demselben verdichten; Petalen schmal; Ovariumachseln mit Filzspuren (aber ohne Haare oder Stacheln, lt. K. Sch.); Frucht violett, zähhäutig, mit weißem, weichem Fleisch, eßbar, außen mit kleinen häutigen Schüppchen; Samen klein, schwarz.

Obwohl *Jasminocereus* zu den auffälligsten Erscheinungen der Galapagos-Flora gehört, zuerst von Charles Darwin beobachtet und für *Cereus peruvianus* gehalten, dann von mehreren Expeditionen gesehen und von Alban Stewart sowie J. T. Howell eingehender bearbeitet wurde (außer den Beschreibungen Webers und Schumanns), bestand noch immer Unklarheit über die Artenzahl und Namen der Galapagos-Cereen. Howell (s. unter *Brachycereus*) stellte zwar fest, daß „*Cereus nesioticus* K. Sch." der einzige beschriebene Name für einen *Brachycereus* ist und alle anderen zu *Jasminocereus* gehören; aber seine Bearbeitung der *Jasminocereus*-Arten war unzureichend und löste nicht das Problem ihrer richtigen Benennung. Mit dem Gattungsnamen Britton u. Roses setzte er sich nicht auseinander bzw. nicht mit den Blütenmerkmalen [Schumann sagt nichts von Filzspuren am Ovarium bei seinem *Cereus sclerocarpus*, sondern „ovario squamoso glabro (!) inermi", während Britton u. Rose Filzspuren für das Ovarium ihres *Jasminocereus galapagensis* (Web.) Br. & R. angeben.] Nach Ansicht Britton u. Roses und Howells kommt auf den Galapagos-Inseln nur eine Art vor, obwohl Alban Stewart festgestellt hatte, daß es dort zwei baumförmige Arten gibt: „*Cereus galapagensis* Web. und *Cereus sclerocarpus* K. Sch.". Howell klärte dies nicht und auch nicht, warum Britton u. Rose von „schokoladenbraunen, gelb gestreiften Blüten" sprechen, Schumann aber von rötlichen; sie erwähnen nur Stewarts Feststellung einer größeren Variabilität der Blüten bei beiden Arten, was sich aber nicht eindeutig auf die Farbe, sondern wohl nur auf die Blütengröße bezieht, die Britton u. Rose „von 5 bis 11 cm lang" wiedergeben. Auch die Bestachelung ist verschieden; *C. sclerocarpus* hat lt. Schumann „20—25 ziemlich gleiche, gerade, pfriemliche, stechende Stacheln, bis 4,5 cm lang". *Jasminoc. galapagensis* beschreiben Britton u. Rose mit „10 oder mehr Stacheln, manchmal nur bis 1 cm lang, manchmal bis 8 cm, gewöhnlich dünn und auch borstenförmig". Sowohl die Angaben über die Blütenfarbe wie die Bestachelung decken sich also nicht und bestätigen die Angabe A. Stewarts über zwei auf den Galapagos vorhandene baumförmige Cereen, die sich freilich als Vertreter einer lokalen Gattung sehr nahestehen.

Howell wies nach, daß der erste Name für *Jasminocereus C. thouarsii* Web. ist. Ein zweites Stück anscheinend der gleichen Art hat Weber als *C. galapagensis* be-

Abb. 835. Jasminocereus thouarsii (Web.) Backbg. auf der Galapagos-Insel Indefatigable (Conway Bay). Die Art wurde früher als J. galapagensis (Web.) Br. & R. bezeichnet, der aber ungeklärt ist. (Foto: T. Asaeda.)

schrieben, jedoch so unvollständig, daß BRITTON u. ROSE diesen Namen nur verwandten, weil sie glaubten, es sei der einzige und älteste Name für die bei ihnen monotypische Gattung (denn den eigentlich richtigen Namen „*Cereus thouarsii* WEB." stellten sie zu *Brachycereus*). Nachdem HOWELL die obenerwähnten Merkmalsdifferenzen nicht an Ort und Stelle bzw. in seiner Bearbeitung klärte, bleibt nichts anderes übrig, als sich an ALBAN STEWARTS Feststellung zweier Arten baumförmiger Galapagos-Cereen zu halten bzw. an BRITTON u. ROSES eine Beschreibung einer schokoladenfarbig blühenden und dünn bestachelten Art sowie an SCHUMANNS andere Beschreibung eines rötlich blühenden Cereus mit steifer, pfriemlicher Bestachelung, also zwei Arten aufzuführen, weil die differierenden Merkmale von Blüte und Bestachelung der beiden nicht in einer einzigen Artbeschreibung unterzubringen sind. Da SCHUMANN ein sorgfältiger Beobachter war, muß das Ovarium seiner Art als kahl, das des „*Cereus thouarsii* WEB." lt. BRITTON u. ROSE als „mit Filzspuren versehen" beschrieben werden. STEWART gab noch an, daß die beiden Arten „auf Grund von Habitusmerkmalen unterschieden werden könnten", womit er wohl die Bestachelung meint (s. oben). Merkwürdig ist, daß die Triebe abgeschnürt sind wie bei *Armatocereus*, obwohl den stachligen Blüten des letzteren mehr die ebenfalls stachligen von *Brachycereus* nahestehen, wohingegen *Jasminocereus*-Blüten ganz anders geformt sind.

Typus: *Cereus galapagensis* WEB. [*Jasminocereus thouarsii* (WEB.) BACKBG. (non sensu BRITTON u. ROSE: *Brachycereus*)].— Typstandort: Insel Charles der Galapagos-Inseln.

Vorkommen: Galapagos-Inseln Albemarle, Charles, Chatham, Indefatigable, James.

### Schlüssel der Arten:

Bestachelung dünn bis borstig
    Blüten schokoladenfarbig, gelb gestreift
        Ovarium mit Filzspuren . . . . . . . . 1: **J. thouarsii** (WEB.) BACKBG. n. comb.
Bestachelung steif, pfriemlich, stechend
    Blüten rötlich
        Ovarium (nach K. SCHUMANN) kahl . . 2: **J. sclerocarpus** (K. SCH.) BACKBG.

### 1. Jasminocereus thouarsii (WEB.) BACKBG. n. comb.

*Cereus thouarsii* WEB., Bull. Mus. Hist. Nat. Paris, 5 : 312. 1899 non *Brachycereus thouarsii* sensu BR. & R. — *Cereus galapagensis* WEB. l. c. — *Jasminocereus galapagensis* (WEB.) BR. & R., The Cact., II : 146. 1920.

Baumförmig, bis 8 m und mehr hoch; Stamm dick, zylindrisch, bis 30 cm ⌀; Äste spreizend, sehr stark, mit anscheinend jährlichen Einschnürungen, die Glieder bis 14 cm dick; Rippen 15—18, nur 1 cm hoch, durch breite, runde Zwischenräume getrennt; Areolen nur bis 1 cm entfernt, braunfilzig; St. variabel in der Länge, manchmal nur bis 1 cm lang, zuweilen bis 8 cm lang, dünn, häufig borstenartig, oft 10 oder mehr in einer Areole; Bl. in der Größe variierend, 5—11 cm lang, schokoladenbraun mit gelben Streifen; Sep. spatelförmig, 2—3 cm lang; Pet. linear, 2—3 cm lang; Ov. rundlich, mit wenigen Schuppen, eiförmig. 1—1,5 mm lang, gespitzt; Röhre zweimal so lang wie die Hüllbl.; Fr. grünlich. kurz-oblong, 5 cm lang, 4 cm ⌀, mit dünner, zäher Haut, eßbar[1]), nach SCHUMANN

---
[1]) Vielleicht Fruchtangabe für *J. sclerocarpus*?

violettrot, Fleisch weiß, weich, mit vielen kleinen S. (fur *C. thouarsii* WEB. beschrieben). — Galapagos-Inseln (Abb. 835).

Die Blütenfarbe ist ganz ungewöhnlich; BRITTON u. ROSE geben nicht an, woher ihre Beschreibung stammt.

2. **Jasminocereus sclerocarpus** (K. SCH.) BACKBG. — Cact. J. DKG. (II) 24. 1944

*Cereus sclerocarpus* K. SCH., in ROBINSON, Proc. Am. Acad. Sci. 38 : 179. 1902, und in Gesamtbschrbg., Nachtrag, 35. 1903.

Baumförmig, Stamm (einschließlich Krone?) 3—6 m hoch, bis 22 cm ⌀, mit wenigen parallelen Ästen; Rippen im Querschnitt stumpf dreiseitig, 1 cm hoch, durch scharfe Furchen gesondert; Areolen kreisförmig, 1,5—2,5 cm voneinander entfernt, 3—5 mm ⌀, mit kurzem Wollfilz versehen; St. 20—25, nicht in Rand- und Mittelst. zu sondern, gerade, pfriemlich, stechend, bis 4,5 cm lang; Bl. rötlich, ganze Länge derselben 10—11 cm; Ov. stielrund, mit zerstreuten, eiförmigen, spitzen, 1—1,5 mm langen Schüppchen, ohne Haare und St.; Blütenhülle trichterförmig; Röhre zierlich, mit wenigen kleinen Schuppen besetzt; Sep. fast spatelförmig, 3 cm lang, spitz, an der Spitze ausgebissen gezähnelt, innere kürzer und schmäler, zugespitzt; Staubf. nur am Schlunde befestigt, 2 cm lang; Gr. so lang wie die Blütenhülle, mit 11 fast 2 cm langen, fadenförmigen N.; Fr. eiförmig, 7 cm lang, 3 cm ⌀, von der abgewelkten Blüte gekrönt, Haut hart; S. nicht zahlreich, scheibenförmig, 1 mm ⌀, schwarz und glänzend, fein grubig punktiert. — Galapagos-Inseln (Albemarle, lt. SNODGRASS und HELLER; „auf den Inseln Bindloe, Chatham, James und Narborough wächst ein großer Cereus, der vielleicht derselbe ist", schreibt SCHUMANN, dessen Beschreibung ich wiedergebe).

Zum Vergleich erwähnt SCHUMANN *Cereus galapagensis* WEB., sagt aber, daß das Spiritusmaterial nicht zur Klärung ausreicht. Man ist daher zur Trennung der beiden von STEWART festgestellten Arten auf die Beschreibungen angewiesen, die in Blütenfarbe, Stachelmerkmalen und Frucht differieren, sowie auf die Samenzahl.

Der Gattungsname wurde wegen des kräftigen Jasmingeruches der Blüten gewählt, sagt BORG; BRITTON u. ROSE beziehen den Namen auf die Blüten, was aber nicht recht verständlich ist.

## 60. STETSONIA BR. & R.
### The Cact., II : 64. 1920

Baumförmige Cereen, mit deutlicher Stammbildung, stark verzweigend; Rippen kräftig; Blüten nächtlich, trichterig, groß, Röhre ziemlich schlank und gebogen mit vereinzelten breiten und gespitzten Schuppen; Ovarium mit dachziegelig dicht gestellten, häutigen Schuppen; Petalen fast lanzettlich, spitz zulaufend. Die Pflanzen sind typische Erscheinungen der nordwestlichen Buschwüsten Argentiniens, wo sie in zahllosen Exemplaren angetroffen werden. In der Kultur blühen merkwürdigerweise sogar hin und wieder kleinere Stücke (vielleicht, wenn es Kopftriebe sind?).

Typus: *Cereus coryne* SD. — Typstandort: nicht angegeben.

Vorkommen: nordwestargentinische Buschwüstengebiete.

1. **Stetsonia coryne** (SD.) BR. & R. — The Cact., II : 64. 1920

*Cereus coryne* SD., Cact. Hort. Dyck., 1849. 205. 1850.

Bis 5—8 m hohe, baumartige Gewächse, mit dickem, verhältnismäßig kurzem Stamm, bis ca. 40 cm ⌀; manchmal bis 100 und mehr Äste, bis 60 cm lang,

Abb. 836. Stetsonia coryne, der typische Kakteenbaum der trockenen nordwest-argentinischen Pampas (aus BERGER „Entwicklungslinien"). (Foto: ROSE.)

ziemlich aufrecht verzweigt und verlängert; Rippen 8—9, 1—1,5 cm hoch, stumpfkantig und ± gekerbt, anfangs schön graubläulichgrün; St. 7—9 ungleich, unten zwiebelig verdickt, ein mittlerer vorgestreckt, bis 5 cm lang, die Randst. bzw. deren oberster bis 3 cm lang, alle anfangs bräunlichgelb, bald weiß und oben auf einer längeren Strecke schwärzlich, später grau; Bl. 12—15 cm lang; Röhre zylindrisch, weitläufig häutig beschuppt wie der dachziegelig von Schuppen bestandene Fruchtknoten; Pet. weiß, spreizend. — Argentinien, (im trockeneren Nordwesten bzw. auf Hügeln und buschbewachsenen Pampas) (Abb. 836—837).

Obwohl viele Samen in den Handel gelangten, sind Fruchtangaben nirgends

Abb. 837. Blüte der Stetsonia coryne (SD.) BR. & R. Die monotypische Gattung besiedelt die mittelargentinische Pampa in großer Zahl. (Foto: SCHELLE.)

zu finden, auch bei SPEGAZZINI und CASTELLANOS nicht. Ungeheure Bestände sah ich im Gebiet von Santiago del Estero.

BERGER wies bereits („Kakteen", 148. 1929) auf die nähere Verwandtschaft mit *Jasminocereus* hin; die ziemlich schlanke, zylindrische und etwas gebogene Röhre sowie die lockere Verteilung der Schuppen an ihr und deren Häufung auf dem Ov., wie auch die Stellung der verhältnismäßig schmalen Pet. stimmt weitgehend überein, nur daß bei *Jasminocereus* noch Filzspuren am Ov. sind (wenn sie nicht schon bei *J. sclerocarpus* fehlen). BERGER reihte beide in seine Sippe „*Gymnocerei*" ein, die aber eine ziemlich willkürliche Zusammenfassung war, so daß ich sie dahingehend verbesserte, daß ich darunter nur die wirklich kahlblütigen Vertreter des nördlichen Verbreitungsastes beließ, die südlichen aber unter der Sippe „*Gymnanthocerei*" zusammenfaßte; gerade *Jasminocereus* und *Stetsonia* mit ihrer weiten räumlichen Trennung und doch nahen Verwandtschaft zeigen gut den Zusammenhang dieser kahlblütigen, baumförmigen Formen im südamerikanischen Raum, vorwiegend westlich der Anden.

## 61. BROWNINGIA BR. & R.
The Cact., II: 63. 1920

Merkwürdige Säulenkakteen, die einen pfahlähnlichen Ersttrieb mit starker Bestachelung bilden, dann bei Abschluß des Haupttriebes dieser verkahlend

Abb. 838. Browningia candelaris (MEYEN) BR. & R. Hängende Kronenform.

und die Zweige unbestachelt; Verästelung nur am Ende des Stammtriebes; Bestachelung des Haupttriebes sehr lang und dicht; Rippen der Seitenäste ziemlich zahlreich und schmal, um die Areolen verdickt, so daß die Furchen wellig verlaufen; Areolen breit-oval, etwas eingesenkt; Blüten groß, trichterig, nächtlich, mit großen, dichtstehenden Schuppen, diese häutig-dünn, aber fleischig, Achseln

Abb. 839. Browningia candelaris (MEYEN) BR. & R. Breitkronige Form; die Pflanzen wachsen meist weit voneinander entfernt. (Farbfoto: RAUH.)

kahl; Frucht eiförmig, dicht mit ± abstehenden großen Schuppen und Blütenresten besetzt; Samen groß, schwarz, matt.

Die Pflanzen stehen in größeren Abständen und fruchten daher offenbar nicht häufig; wahrscheinlich sind ihre Bestände zurückgegangen, denn ich fand in N-Chile Reste in Schluchten inmitten sonst vegetationsloser Gebiete.

Pflanzentriebe lassen sich weder pfropfen noch bewurzeln.

Typus: *Cereus candelaris* MEYEN. — Typstandort: an Hängen entlang des Weges von Tacna nach Arequipa, auf ca. 2700 m.

Vorkommen: Peru (im Südwesten, Region von Arequipa, auf ca. 2300 m [Rauh]) bis N-Chile (bzw. bis zum Hinterland von Arica).

1. **Browningia candelaris** (Meyen) Br. & R. — The Cact., II: 63. 1920

*Cereus candelaris* Meyen, Allg. Gartenztg., 1: 211. 1833. — *Cereus sigillarioides* Solms.

Stämme 3—5 m hoch, bis 50 cm ⌀, nach oben allmählich verjüngt und im Oberteil verzweigend; Zweige gerade oder gekrümmt, zum Teil abwärts und

Abb. 840. Browningia candelaris (Meyen) Br. & R. mit vereinzelten Früchten (Foto: Rauh).

wieder nach oben gebogen; Stamm anfangs stark bestachelt, Zweige kahl; Rippen bis über 30, ziemlich schmal und flach, nur 5 mm hoch und breit; Areolen meist nur 1 cm entfernt, groß, oval, 5—15 mm ⌀, im Alter erhaben oder auch etwas

Abb. 841. Browningia candelaris (Meyen) Br. & R. Das bisher größte gefundene Exemplar mit eigenartigen, kammförmigen Wucherungen (rechts). (Peru: Chuquibamba.) (Foto: Rauh.)

vertieft, wenn verkahlt; St. am Hauptstamm bis ca. 20, sehr ungleich, bis 10 cm lang oder auch bis mehr als 50 St. und bis 15 cm lang, anfangs braun, dann grau oder schwarz; an Blütenzonen der Äste sind zuweilen borstige St. vorhanden; Bl. abends öffnend, morgens schließend, duftlos, 8—12 cm lang, etwas gebogen; Röhre mit großen, dichtstehenden Schuppen, dünnhäutig, aber fleischig, ebenso auf dem Ov.; Röhre 4 cm lang; Blütenöffnung ziemlich eng; Pet. schmal, ca. 2 cm lang, bräunlich bis rosa oder die innersten rosa bis weiß; Staubf. an dem Röhreninnern, unten 3 cm lang, oben 2 cm lang; Gr. dünn, 7 cm lang, krem; N. ca. 12, 4—5 mm lang, krem; Fr. eßbar, mit ± abstehenden Schuppen und Blütenrest, bis 7 cm lang, aromatisch duftend; S. 2 mm dick, matt, schwarz. — Peru bis N-Chile (Abb. 838—842, Tafel 56—57).

F. Ritter hat (in Winter-Kat., 6. 1956) noch eine unbeschriebene v. *chilensis* als südlichste, chilenische Form aufgeführt, „mit aufrechten Ästen", eine auf-

Abb. 842. Browningia candelaris (Meyen) Br. & R.: jüngere aufrechte Kronenform. (Peru: Tal Nazca-Puquio.) (Foto: Rauh.)

recht-triebige Form auch aus dem „Dept. Ica und Ayacucho". Die unzulänglichen Angaben lassen nicht erkennen, ob die Abtrennung berechtigt ist. Ich sah aufrecht-triebige Pflanzen sowohl in Chile wie in Peru, wie überhaupt die Form der *Browningia*-Krone wechselt (s. die Vergleichsaufnahmen). Nur auf Grund dessen eine Varietät abzutrennen, erscheint mit nicht ausreichend begründet.

### 62. GYMNOCEREUS Backbg. n. g.[1])

[non *Gymnanthocereus* Backbg., BfK., 1937—7, Nachtrag, 15 — sensu *Gymnanthocereus* pro parte, BfK. 1938-1 — Als Name in Rauh, Beitr. z. Kennt. d. peruan. Kaktveg., 283. 1958]

Arboreus, altus; ramis erectis; trunco glabro, longiore; aculeis in trunco deficientibus; costis numerosis, humilibus, solum prope apicem aculeis fere setiformibus, mox caducis; flore blanco, nocturno, glabro; tubo satis brevi, ad 6 cm longo, latisquamoso, squamis non persistentibus, sed sensim nigrescentibus, ± evanescentibus; fructu carnoso, globoso vel oblongo, ± squamoso vel squamis ± corrugatis; seminibus satis parvis, nigris.

Als die Gattung *Gymnanthocereus* 1937 aufgestellt wurde, wählte ich als Typus den ältesten anscheinend hierher gehörenden Namen „*Cactus chlorocarpus* HBK.", zumal dieser von mir 1931 am Humboldt-Fundort festgestellt wurde, nachdem Britton u. Rose ihn nicht mehr identifizieren konnten. Die Blüte sah ich nur in eingeschrumpften Resten; schon bei der Beschreibung der Gattung wurden Borsten in den Areolen angegeben, die Blütenfarbe als rötlich-orange, die Frucht als kugelig. Es handelte sich hier um einen *Seticereus*, was man aber damals wegen der gegenüber *Seticereus* völlig abweichenden Baumform nicht vermuten konnte. Da an Blütenresten wie an trockenen Früchten kaum noch Behaarung zu finden war, gab ich der Gattung (irrtümlich, wie sich später zeigte) den Namen „*Gymnanthocereus*". Heute wissen wir, daß auch bei der Gattung *Cereus* Mill. riesige baumförmige und niedrige, fast auch kriechende Arten vorkommen. Meine Einbeziehung von *Cereus microspermus* Werd. & Backbg. zu *Gymnanthocereus* in BfK. 1937—7 war somit ein Irrtum, der sich aus obengenannten Umständen erklärt. Ich versuchte dann 1942, um der letzteren Art ihren Namen zu belassen, den Typus des Genus auszuwechseln. Aber das ist nach den internationalen Regeln nicht mehr zulässig.

Somit ergab sich der Tatbestand, daß zwei Arten (eine seit 1931 bekannte und eine weitere, von Frau Amstutz in O-Peru gefundene Spezies) meiner nachfolgenden Beschreibung ohne Gattungsnamen waren bzw. die erstere einen neuen und gültigen Gattungsnamen erhalten mußte, was ich oben mit der lateinischen Diagnose nachgeholt habe.

Marshall hielt [zuerst in „Cactus", Paris, 1946, dann in „Revisions in the Taxonomy and some new combinations in Cactaceae", C. & S. J. (US.) XIX : 2. 25 pp. 1947] die 1938 unter „*Gymnanthocereus*" aufgeführte Art von der Westandenseite Nordperus für eine Spezies der Gattung *Browningia*. Beide stehen einander zweifellos nahe und haben auch mitunter sich ähnelnde Früchte, aber allein schon

---

[1]) Buxbaum sagt in Skde. (SKG.) VI : 6. 1957 (Fußnote), die Zeichnung zu *Gymnanthocereus chlorocarpus* in BfK. 1937-7, Nachtrag 15, stamme von ihm, was ich verschwiegen hätte. Das aufgeweichte, stark verfärbte Material und „die damals noch unzureichend erforschte Entwicklungsdynamik" hätten die Untersuchungen unvollständig bleiben lassen. Abgesehen von dem reichlich verspäteten Einspruch gegen die Nichtnennung des Zeichnungsautors soll hier aber nicht verschwiegen werden, daß jene unzulängliche Untersuchung zu dem Mißverständnis bei *Gymnanthocereus* mit beigetragen hat.

deren Beschuppung ist verschieden. Eine Vereinigung von *Gymnocereus* mit *Browningia* ist nicht möglich, ohne daß die wirklichen Unterschiede übersehen oder vergessen würden. Die für *Browningia* typische Primärsproßbildung mit ihrer scheinwirteligen Verzweigung und die damit beginnende Unterdrückung der langen Primärstacheln schließen diese Gattung jedenfalls von allen anderen aus.

Abb. 843. Gymnocereus microspermus (WERD. & BACKBG.) BACKBG. im Tal von Olmos-Jaën, N-Peru. (Foto: RAUH.)

H. JOHNSON [in C. & S. J. (US.) 110. 1953] ist der Ansicht, daß es noch drei weitere bisher unbeschriebene „*Gymnanthocereus*"-Arten gibt — also richtiger: *Gymnocereus*-Arten —, die sich alle in den Gattungsmerkmalen gleichen, bzw. kommt er nach seinen Standortsuntersuchungen zu der Ansicht, daß „die Gattung gut begründet ist und keine Beziehungen zu *Browningia* hat, die in Blüten, Frucht und Samen abweicht".

*Browningia* hat das einzigartige Merkmal einer starken Stammbewaffnung, bzw. sie wächst anfangs unverzweigt, dann bildet sich oben am Haupttrieb eine ± stachellose Zone, aus deren Spitze die Pflanze völlig stachellos verzweigt (höchstens Jungtriebe anfangs ± bestachelt). Bei *Gymnocereus* ist es umgekehrt: der Stamm verkahlt, die weichen Stacheln finden sich nur nach den Triebspitzen zu, und die Entdeckung des *Gymnoc. amstutziae* hat erwiesen, daß es zwei in den Merkmalen sehr ähnliche und doch deutlich trennbare Arten gibt, d. h. daß dies Genus auch nicht monotypisch ist. Die Blüten von *Browningia* sind wesentlich größer, die Schuppen trocknen pergamenten ein und bleiben ± auch noch an der Frucht erkennbar, die im übrigen sehr dicht und länglich beschuppt ist. Die Schuppen (nicht Sepalen) der *Gymnocereus*-Blüte werden bald schwarz und ziehen ein, die Frucht ohne deutliche, pergamentene Schuppen und nicht sehr dicht beschuppt. Die Samen von *Browningia* sind auch viel größer. *Gymnocereus* hat überdies sehr weiche, fast borstenartige Stacheln am Scheitel; die Pflanzen verzweigen sich unregelmäßig und nicht allein von dem Oberteil einer einzelstämmigen Jugendform her, bilden aber Stämme, diese jedoch rund und ziemlich glatt. *Browningia* ist ein Vertreter reiner Wüstengebiete, *Gymnocereus* kommt nur in feuchten, tropischen Tälern vor.

Abb. 844. Blüte des Gymnocereus microspermus (WERD. & BACKBG.) BACKBG.

Die weißen Blüten sind nächtlich wie bei *Browningia*; soweit bekannt, sind sie nur ca. 6 cm lang. Die Samen sind klein, etwas glänzend.

Typus: *Cereus microspermus* WERD. & BACKBG. — Typstandort: unterhalb Canchaque, einem Dorf am Westabhang der nordperuanischen Westkordillere, am Wege nach Huancabamba, in steilen Schluchtspalten.

Vorkommen: N-Peru (Canchaque), im Tal von Olmos auf 1000 m, und (*G. amstutziae*) in Mittel-Peru (östlich von Cerro de Pasco, bei Jaupi Bajo, am Rio Paucartambo, auf 1500 m in Schluchten des Nebelwaldes).

Schlüssel der Arten:

Rippen breiter, oben gerundet, Kante nicht
    höckerig erhöht
      Areolen größer
        Stacheln straffer, ± aufgerichtet . . . 1: **G. microspermus** (WERD. & BACKBG.) BACKBG. n. comb.
Rippen ziemlich schmal, nicht breit gerundet,
    Kante höckerig um die Areolen erhöht
      Areolen ziemlich klein
        Stacheln dicht, borstenartig, weich und
        schräg abwärts gerichtet . . . . . 2: **G. amstutziae** RAUH & BACKBG.

1. **Gymnocereus microspermus** (WERD. & BACKBG.) BACKBG. comb. nov. — Als comb. nud. in RAUH, Beitr. z. Kenntn. d. peruan. Kaktveg. 283. 1958

*Cereus microspermus* WERD. & BACKBG., in BACKEBERG, "Neue Kakteen", 80. 1931. — *Trichocereus microspermus* (WERD. & BACKBG.) BORG, Cacti 141. 1937 — *Gymnanthocereus microspermus* (WERD. & BACKBG.) BACKBG., in BfK., 1937—7 und 1938—1. — *Browningia microsperma* (WERD. & BACKBG.) MARSHALL, l. c.

Baumartige Pflanzen, 4—6 m hoch (RAUH), mit runden Stämmen, bis 30 cm dick, unten glatt, zylindrisch und oft stachellos; schon bald zahlreich eng-aufrecht verzweigend; an der Spitze rotbraun bestachelt; Rippen durch zahlreiche Einschaltungen bis über 20 an der Zahl, gerade herablaufend, nicht hoch, gerundet und nicht sehr breit, im Neutrieb sehr niedrig und fast in Höcker aufgelöst.

Abb. 845. Gymnocereus amstutziae RAUH & BACKBG., eine langborstenstachlige Form aus feuchttropischen Quebradas des östlichen Zentral-Peru. (Foto: RAUH.)

später bis 1 cm hoch, nicht gegliedert; Areolen ziemlich genähert, kräftig weißfilzig; St. häufig nur dünn, fast borstig-elastisch, im Neutrieb kastanienbraun bis rötlichbraun, zuweilen auch einzelne kräftigere und· viel längere, schräg nach unten weisende, aber die meisten Areolen ohne solche bzw. nur mehr am oberen Teil der Pflanzen; St. bis 30 und mehr, an jungen Tr. 12—16, 2—5 mehr nach unten weisend, bis 1,2 cm lang, einige ziemlich lang; Farbe hell- bis dunkelgelbbraun oder rötlichbraun; Bl. 6 cm lang mit kräftiger Röhre, fleischig beschuppt, die Schuppen bald schwarz werdend und schrumpfend; Fr. grün, 5—6 cm ⌀. mit N. und vertrocknetem Blütenrest; S. ca. 1 mm groß, rein- oder braunschwarz, länglich, nur schwach glänzend bis ± matt, warzig. — N-Peru (Canchaque- und Olmos-Tal, hier zwischen 1400—1600 m) (Abb. 843—844, Tafel 58—60).

Auffallend durch die schöne dunkelgrüne Farbe und die kastanienbraunen Stacheln. Alte Triebe sehen oft wie zerfressen aus.

*Jasminocereus microspermus* BACKBG. & KNUTH („Cactus" 3 : 8. 1948) war ein Irrtum MARSHALLS.

2. **Gymnocereus amstutziae**
RAUH & BACKBG. — Descr. Cact. Nov. 14. 1956

Baumförmig, 5 m hoch; Tr. anfangs nur 5—6 cm ⌀, aufgerichtet, im oberen Teil graugrün, bald schmutziggrün; Rippen anfangs 11, schmal und höckerig um die Areolen erhöht, bis 12 mm hoch; Areolen ca. 4 mm entfernt, rund, mit bräunlichem Filz, ca. 4—5 mm ⌀, an der Spitze sehr genähert; St. bis ca. 15, nicht stechend, sehr biegsam, fast borstenartig, etwas brüchig, anfangs bräunlich, bald dunkelgrau bis schwärzlich, einzelne der ± 6 mittleren St.

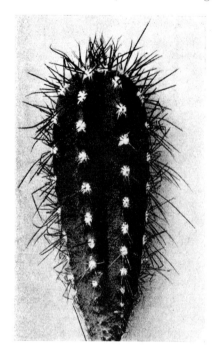

Abb. 846. Sämling des Gymnocereus (?) altissimus RITT. nom. nud. „vom Marañon"; Weiteres ist über diese Art bisher nicht bekannt.

bis 4,5 cm lang, schräg abwärts gerichtet; Bl. und Fr. unbekannt.—Mittelperu (östlich von Cerro de Pasco, am Rio Paucartambo bei Jaupi Bajo, an schwer zugänglichen tropischen Felshängen) (Abb. 845).

Nach Frau E. AMSTUTZ benannt, die die Pflanze entdeckte. Der Stamm derselben ist bis 2 m hoch, bis 40 cm ⌀[1]).

— **Gymnocereus** sp.?, RITTER, Nr. FR 291 (WINTER-Kat., 7. 1955)

*Gymnanthocereus altissimus* RITT., nur ein Name (Abbildung im WINTER-Kat. 1957, Titelbild) (Abb. 846).

Für diese Pflanze ist nur angegeben „bis 10 m hohe Bäume, vom Marañon". Während die beiden vorerwähnten Arten stets ziemlich steil bzw. dicht aufragende

---

[1]) Die Art wächst mit einer „undefinierbaren *Erdisia* (?) sp." (RAUH) zusammen. RITTER nennt noch einen *Gymnanthocereus pilleifer* RITTER (FR 659), ohne weitere Angaben. Wenn es sich um eine gute andere Art handelt, müßte sie unter dem Gattungsnamen *Gymnocereus* beschrieben werden; bislang ist es nur ein Katalogname.

Äste bilden, ist RITTERS Pflanze breit und sehr sperrig verzweigt. Ob es sich wirklich um einen *Gymnocereus* handelt, ist nicht festzustellen. RITTER führt auch *Setic. chlorocarpus* als „*Gymnanthocereus*" auf, obwohl er später an den oberen Areolen Borsten bildet, wie von WERDERMANN in BACKEBERG, „Neue Kakteen", 77. 1931, beschrieben, wo auch vermerkt ist: „Früchte grün, mit Borsten in den Areolen" (gemeint ist wohl Behaarung, da die Art derselben früher nicht immer exakt bezeichnet wurde). Danach kann es keinesfalls ein *Gymnocereus* sein. Den ähnlichen *Seticereus roezlii* (FR 301) hielt RITTER in Kat. 5. 1955 noch für eine eigene, neue Gattung.

## 63. AZUREOCEREUS AKERS & JOHNS.
### C. & S. J. (US.) XXI : 5. 133. 1949

[Zuerst als „*Clistanthocereus*" pro parte, in BACKEBERG, J. DKG., (II), Mai 1937, 24]

Eine Gattung lange unbekannt gewesener riesiger Säulenkakteen aus Innerperu. Sie wurde zwar erst 1949 beschrieben, aber ihr Typus war bereits 18 Jahre bekannt. Während meiner Peruexpedition 1931 besuchte mein damaliger Mitarbeiter HERTLING für mich das Rio-Mantaro- und Rio-Huanta-Gebiet und machte dort Aufnahmen, so auch die ersten Fotos der großen *Azureocereus*-Arten. Eine der beiden wurde in J. DKG. Mai 1937, 24, als „*Clistanthocereus hertlingianus*" veröffentlicht, und es nimmt wunder, daß AKERS und JOHNSON diese ziemlich verbreitete damalige Jahrbuchveröffentlichung übersehen haben. HERTLING kam um die Zeit der Fruchtreife und sah nur eine hochsitzende Blüte, die er nicht herabholen konnte, weil er kein Werkzeug dazu hatte. Er sah aber, daß es eine zylindrische Blüte war, und da ähnlich gehöckerte Cereen mit zylindrischen Blüten im Gebiet von Huaraz wachsen, auch die Frucht der Zeichnung BRITTON u. ROSES (The Cact., IV, App. 278. 1923) ähnelte, blieb mir nichts anderes übrig, als die Art zu dem derzeit von mir für zylindrische, enge und kurzsaumige Blüten bzw. Pflanzen mit stark in Höcker ausgebildeten Rippen aufgestellten Genus *Clistanthocereus* (Tagblüher) einzubeziehen. Ich war der Ansicht, daß es sich bei den beiden HERTLINGschen Cereenbildern, die ich hiermit noch einmal als Dokumente ihrer Erstentdeckung bringe (*A. hertlingianus* wurde zuerst 1937 in der vorerwähnten Jahrbuchausgabe abgebildet, *A. viridis* n. sp. bereits in BACKEBERG: Kakteen-Index, 49. 1936, ohne Namen), um ein und dieselbe Art handelt, bzw. es lagen von HERTLING nur die Fotos, aber keine gegenteiligen Angaben vor. Als ich dann 1936 wieder in das Mantarogebiet kam, hielt ich das Aufsuchen der Rio-Huanta-Region für unnötig und durchsuchte die Gebiete nördlich von Mariscal Caceres. Prof. RAUH war es vorbehalten, durch das nochmalige Aufsuchen des Huanta-Gebietes Klarheit über die *Azureocereus*-Arten zu schaffen, nachdem vorher schon AKERS und JOHNSON mit ihrer Beschreibung 1949 bzw. den Kennzeichen: „Nachtblüher, etwas schiefer Blütensaum, dachziegelig beschuppte, bald trockene Früchte; Blütenröhre zylindrisch, leicht gekrümmt", die Berechtigung einer eigenen Gattung *Azureocereus* erwiesen hatten. Hierher gehört auch der seinerzeit von mir zu *Clistanthocereus* gestellte „*C. hertlingianus*". Um welche der beiden Arten es sich bei diesem handelte, um den von AKERS und JOHNSON als Typus ihrer Gattung gewählten *A. nobilis* oder die zweite jetzt von RAUH festgestellte Spezies, ergab sich aus dessen Standortsfotos.

AKERS und JOHNSONS Typus *A. nobilis* ist nach ihren Fotos (in C. & S. J. (US.), 133, 135. 1949) die langbestachelte Art. Damit entspricht sie genau meinem Foto in J. DKG., Mai 1937, 24, als Abbildung meiner Beschreibung von „*Clistanthoc.*

*hertlingianus*". Da dieser sich als ein *Azureocereus* erwies, muß der Typus der Gattung umbenannt werden in *Azureocereus hertlingianus* (BACKBG.) BACKBG. (Syn.: *Azureocereus nobilis* AKERS & JOHNS.). Es ist die kräftig bläulich gefärbte Art. Mit dieser comb. nov. von „*Clistanthocereus hertlingianus*" ist nicht nur Klarheit über die betreffende Art geschaffen, sondern mit ihr auch der Name des Erstentdeckers, 18 Jahre vor AKERS und JOHNSON, ehrend erhalten geblieben. Die zweite Art charakterisierte RAUH als „Grüne Säulen, bis 10 m hoch"; die Fotos zeigen, daß sie ziemlich kurz und also auch nicht so wild wie *A. hertlingianus* bestachelt ist, die Fruchtschuppen sind spitz ausgezogen und mit der Spitze deutlich abstehend (was in Fig. 90 von AKERS und JOHNSON, l. c., nicht der Fall ist). Blütenangaben konnte RAUH 1954 nicht machen; doch zeigt die sonst große Ähnlichkeit der Pflanzen, daß beide zur gleichen Gattung gehören; *A. viridis* wird aber noch höher, bzw. es sind die Rippen an alten Trieben noch höckeriger. Angaben, wo HERTLING und RAUH die Pflanzen fanden, s. unter den Artbeschreibungen. Da die im Kakteen-Index 49. 1936 von mir ohne Namen abgebildete Pflanze ziemlich kurzstachlig ist, handelt es sich bei dieser zweiten von HERTLING fotografierten Spezies um die neue Art *A. viridis*; der Name besagt, daß dieser Cereus zum Unterschied von dem blaugrünen Typus der Gattung nur grün ist. Auf diese Unterschiede hatte HERTLING seinerzeit nicht geachtet, bzw. er hielt wohl diese so ähnlichen Säulen für variabel in Bestachelung und Triebfarbe. Ich war mir zuerst nicht schlüssig, ob man *A. viridis* nur als Varietät von *A. hertlingianus* oder als eigene Art ansehen sollte. Da *A. viridis* aber noch höher wird sowie Triebfarbe und Bestachelung doch wesentlich verschieden sind, scheint mir eigener Artrang beider Formen vorzuziehen zu sein, zumal auch die Form der Fruchtschuppen abweichend ist und somit wahrscheinlich auch die der Schuppen an der Röhre.

Typus: *Azureocereus hertlingianus* (BACKBG.) BACKBG. (Syn: *A. nobilis* AKERS & JOHNS.). — Typstandort: Am Rio Mantaro, südlich von La Mejorada, Peru, d. h. ziemlich weit von der Einmündung des Rio Huanta bzw. den HERTLING-Standorten (s. unter den Arten).

Vorkommen: Mittel-Peru (Mantaro-Gebiet bzw. am Rio Huanta) auf ca. 1800—2200 m (nach RAUH).

### Schlüssel der Arten:

Säulen bis 5—8 m hoch, Epidermis blaugrün bis blau
    Stacheln ziemlich lang, 1 deutlich herabgebogen
        Fruchtschuppen nicht stark zugespitzt-abstehend . . . . . . . . . . . . . 1: **A. hertlingianus** (BACKBG.) BACKBG.
Säulen bis 10 m hoch, Epidermis dunkelgrün
    Stacheln ziemlich kurz, ohne deutlich herabgebogene längere, bis 2 cm lang
        Fruchtschuppen breit dreieckig, stark zugespitzt und abstehend      2: **A. viridis** RAUH & BACKBG.

1. **Azureocereus hertlingianus** (BACKBG.) BACKBG.[1]) — „Cactus", 11 : 52. 104. 1956
*Clistanthocereus hertlingianus* BACKBG., J. DKG. (II), Mai 1937, 24. (Gattungen der Sippe *Loxanthocerei*). — *Azureocereus nobilis* AKERS & JOHNS.. C. & S. J. (US), XXI : 5. 133. 1949.

---

[1]) *A. hertlingianus* (BACKBG.) RITTER, in Winter-Kat. 4 : 1957, ist eine spätere und daher ungültige Kombination.

Bis 8 m hohe Säulen, hellblaugrün; Tr. bis 30 cm dick, nicht sehr zahlreich; Rippen zahlreich, bis 18 und mehr, um die Areolen höckerig verdickt, besonders am Scheitel, oder fast höckerartig am alten Tr.; Bestachelung eigentüm-

Abb. 847. Azureocereus hertlingianus (BACKBG.) BACKBG. Das erste, von mir 1937 veröffentlichte Bild eines Azureocereus mit dem richtigen Namen des Gattungstypus (1931 am Rio Mantaro bzw. an der Einmündung des Rio Acobamba gefunden). Leuchtend blaugrüne Art. (Foto: HERTLING.)

lich variabel: am nicht blühenden Jungtrieb 1—3 stärkere längere St., offenbar manchmal unten etwas kantig oder gedrückt, bis 8 cm lang, ferner 4 stärkere und längere Randst., einer meist nach oben, drei nach unten gerichtet und daneben bis 6 kürzere und unter der Spitze oft ± gebogene weitere Randst., alle zuerst gelb mit braunen Spitzen; am blühbaren Tr. aus den großen, bis über

1 cm dicken und im Oberteil der Höcker stehenden Areolen (3,5—4 cm entfernt) bis 30 St., nicht in Rand- und Mittelst. zu trennen, elastischer, ± gleich lang und nur hin und wieder längere daraus hervorragend, die Randst. auch anfangs gelblich mit rötlicher Spitze; 1 Mittelst. an nichtblühenden Areolen meist deutlich schwach abwärts gekrümmt und schräg nach unten gerichtet; Bl. (nach AKERS) kurzzylindrisch, Röhre etwas gebogen, Blütenöffnung ca. 5 cm ⌀; Bl. nächtlich; Sep. bräunlich purpurn; Pet. weiß, spatelförmig; Staubf. zahlreich, am Röhreninnern in einer Serie, weiß; Gr. nicht hervorragend, weiß, kräftig; N. 1 cm lang, weiß; Röhre 5 cm lang, dunkel purpurbraun, mit dicht aneinanderliegenden Schuppen, diese am Rande fast gewimpert, in den Achseln kahl; Fr. ähnlich beschuppt, mit kurzgeschrumpftem Blütenrest, 2,5 cm ⌀, Schuppen fast schwarz, Fr. bei Reife trocken; S. nicht groß, glänzend und schwarz, punktiert; Nabel dunkelbraun. — Peru (Rio Mantaro, südlich von La Mejorada) (Abb. 847—850, Tafel 61).

Abb. 848. Azureocereus hertlingianus (BACKBG.) BACKBG. Form mit etwas kürzeren, aber stark bündeligen Stacheln. (Foto: RAUH.)

Der Blütensaum ist etwas schief, was auch durch die Rohrenkrümmung bewirkt sein mag. HERTLING hatte (s. Beschrbg. von *Clistanthoc. hertlingianus* in J. DKG., (II), Mai 1937, 24.) den Durchmesser der Bl. von unten richtig mit 5 cm geschätzt; die in dieser Beschreibung angegebene Blütenfarbe „rubido-aurantiaco" ist eine Sehtäuschung durch die Entfernung bzw. die Röhrenfarbe gewesen; die Stachelzahl ist sowieso unregelmäßig; die Angaben über Haare an Bl. und Fr. sind keine Beobachtungen HERTLINGS, sondern auf meine Einreihung zu *Clistanthocereus* zurückzuführen. Die hiermit erfolgte teilweise Richtigstellung — nach den Beobachtungen von AKERS und auch RAUH — besagt aber nicht, daß es sich bei der Beschreibung etwa nicht um diese Art handelte; die Identität ist nach Standort und Abbildungen eindeutig, da es dort keinerlei andere Säulenkakteen dieser Merkmale gibt.

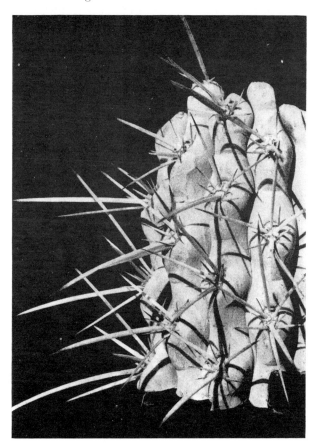

Abb. 849. Azureocereus hertlingianus (BACKBG.) BACKBG. Normaler Jungtrieb einer älteren Pflanze. (Foto: RAUH.)

Zu den Abbildungen: HERTLING nahm das erste Bild am Rio Huanta, rechtes Ufer, zwischen der gegenüberliegenden Einmündung des Rio Acobamba und Rio Mantaro-Mayoc im Juni 1931 auf. In dem Foto von *Erdisia maxima* (das HERTLING ebenfalls, aber unterhalb meines Standortes La Mejorada aufnahm) ist obige Art auch zu sehen, bzw. dies ist eine Aufnahme vom AKERS-Standort.

Rauh nahm die Pflanzen auf: zwischen Ayacucho und der Mantaro-Brücke, Trockenhänge auf 1800 m. Seine Fotos zeigen auch die beiden Stachelformen und eine Verbänderung.

*A. hertlingianus* v. *nobilis* („Cactus", 104. 1956) war eine provisorische Bezeichnung.

Ritter (1958) führt noch den Katalognamen *Azureocereus ciliisquamus* Ritter (FR 669) an, „in Wuchs und Bestachlung *A. hertlingianus* ähnlich. Bläuling.

Abb. 850. Stachelveränderung (wie des öfteren bei cereoiden Pflanzen) an einer blühbaren Triebspitze von Azureocereus hertlingianus. (Foto: Rauh.)

Große Bäume". Da *A. hertlingianus* auch ± gewimperte Blütenschuppen hat und auch alle anderen von RITTER gemachten Angaben auf ihn zutreffen, ist mangels Angabe anderer Unterschiede anzunehmen, daß es sich bei RITTERS Namen um ein Synonym von *A. hertlingianus* handelt.

2. **Azureocereus viridis** RAUH & BACKBG. — Descr. Cact. Nov. 14. 1956[1])

Bis 10 m hohe, meist nicht sehr zahlreich kandelaberartig verzweigte Säulen mit im Alter dickem, deutlichem Stamm, dieser aber noch mit Rippenmarkierung und höckerähnlichen Erhebungen durch das Einsinken der ehemaligen Areolen; Rippen ca. 12—14, ± durch Schwellung um die Areolen wie gehöckert erscheinend, bei sehr geschwollenen oberen Tr. weniger ausgeprägt, bei anderen (s. HERTLING-Bild), bzw. wohl in der Trockenzeit, fast wie ganz gehöckert wirkend; Bl. weiß; Röhre (nach den Blütenresten zu urteilen) genau so beschuppt wie die Fr., d. h. mit scharf zugespitzten, etwas abstehenden Schuppen, die Fr. bei der Reife von unten quer halb aufreißend bzw. klaffend, wodurch die Samen leicht herausfallen. Die St. sind im Gegensatz zu *A. hertlingianus* wesentlich kürzer und dünner, meist ± gleich lang oder hier und da einige längere mehr hervorragend, (ca. 10—) ± 20. — Peru (auf Trockenhängen des Apurimac-Tales, häufig auf 1900 m, bis auf 2200 m aufsteigend) (Abb. 851—853, Tafel 62).

Die Epidermis ist zum Unterschied von *A. hertlingianus* rein grün. HERTLING nahm sein Foto am rechten Ufer des Rio Huanta auf, kurz vor

---

[1]) Nach RAUH kommen diese und die vorige Art nie gemeinsam vor.

Abb. 851. Azureocereus viridis RAUH & BACKBG. Das erste Foto dieser grünen, mehr „hochschlanken" Art, von mir 1936 im Kakteen-Index, S. 49, veröffentlicht. (Foto: HERTLING.)

der gegenüberliegenden Einmündung des Rio Lireay, in offenem Buschgelände, mit verwilderten Kulturopuntien (Juni 1931). Eines der RAUH-Fotos zeigt ein ungewöhnlich stark verzweigtes Exemplar (Tafel 62).

Abb. 852. Früchte des Azureocereus viridis RAUH & BACKBG. (Foto: RAUH.)

Das Foto RAUH (*A. hertlingianus*) in „Cactus", 51 : 94. 1956, zeigt obige Art.

Einen weiteren vielleicht hierhergehörenden Cereus fand RAUH auf den Trockenhängen bei Ayacucho:

**Cereus (Azureocereus ?) deflexispinus** RAUH & BACKBG. — Descr. Cact. Nov. 14. 1956

Säulenförmige, bis 1,5 m hohe Pflanzen; Tr. bis 10 cm dick, anfangs leicht bläulich; Rippen 7—8—9, um die Areolen etwas höckerig geschwollen; Areolen länglich, braungrau-filzig; St. schwer in Rand- und Mittelst. unterscheidbar, bis ca. 6 dünn-pfriemliche kürzere Randst., die seitlichen die längeren, sowie 1—2 längere mittlere (manchmal noch ein Randst. derber), bis 4 cm lang, ziemlich kräftig, pfriemlich, an der Basis verdickt wie alle kräftigeren, der längste stark abwärts gebogen, manchmal auch der obere mittlere länger, aufwärts weisend; Bl. unbekannt. — Peru (Trockenhänge bei Ayacucho, auf 2700 m) (Abb. 854).

Auf Grund der Triebähnlichkeit hierhergestellt; auffällig durch die geringe Höhe.

JOHNSON führt in seinem Katalog „Succ. Parade", 15. 1955, folgende beiden, nicht gültig beschriebenen Namen:

*Azureocereus imperator* JOHNS. nom. nud.: „Große unverzweigte Cereen, ganz blau, niedrig-runde Rippen mit kastanienbraunen St.; im Alter bildet die Art an den blühbaren Areolen 30—40 glasig weiße, bis 5 cm lange Borstenst.".

Abb. 853. Azureocereus-Landschaft. (Farbfoto: RAUH.)

Nach diesen Angaben dürfte es sich um *A. hertlingianus* handeln, der oft lange Zeit als einzelne Säule wachsen kann.

*Azureocereus ayacuchensis* JOHNS. nom. nud., l. c., 19. 1955 (Foto), nur ein Name, scheint vom vorigen nicht unterschieden zu sein; weitere Angaben fehlen.

Sippe 5: *Loxanthocerei* BACKBG. (Syst. Übersicht, Dez. 1937).

Eine Sippe von tagblühenden Säulenkakteen verschiedener Form oder Größe, fast baumartig bis kriechend oder sperrig-niedrig, zum Teil anfangs $\pm$ kugelig bis später $\pm$ verlängert (beide Formen z. B. bei *Arequipa*), zum Teil auch dicke, aufrechte, unverzweigte Säulen im Alter (*Denmoza* zum Teil). Ich trennte daher die Sippe in zwei Untersippen, eine mit gleich cereoiden, eine mit anfangs cactoiden

Abb. 854. Azureocereus (?) deflexispinus RAUH & BACKBG. Ein nur 1,50 m hoher Cereus aus dem Azureocereus-Areal; eine dritte Art? Blüten und Früchte unbekannt.

Körpern. Daß es sich auch bei den cactoiden Formen um Angehörige dieser Sippe handelt, zeigen die Blüten, die fast alle ± rotfarbig sind, häufig schiefsaumig bzw. dann, wenn der Saum weiter geöffnet ist, in einem Falle (*Clistanthocereus*) durch die enge Öffnung kaum schief erscheinend oder wenn die Hüllblätter stark reduziert sind (*Denmoza*, meistens auch bei *Cleistocactus*), zum Teil sehr schief, manchmal (bei einigen *Cleistocactus*) mit ± stark abgebogenen Röhren oder diese bei den stark zygomorphen Blüten zum Teil s-förmig gebogen, rund oder zusammengedrückt. In beiden Untersippen gibt es je eine besondere Stufe: *Morawetzia* mit keulig verdicktem Triebende und Scheitelcephalium, *Matucana* mit völlig reduzierter Blütenbekleidung, d. h. die Röhren- und Ovariumachseln kahl, sonst die Blüten durch stärkere Schiefsaumigkeit sich ähnelnd; mit Ausnahme von *Matucana* sind bei allen die Röhren ± behaart. Bei *Seticereus* bilden sich in der blühbaren Zone ± lange oder dichte Borsten (kein Cephalium oder Pseudocephalium).

Vorkommen: Von Ekuador über Peru und Bolivien bis N-Argentinien (nicht in Chile), meist in höheren Lagen, in einem Falle fast auf Meereshöhe.

Untersippe 2: *Euloxanthocerei* BACKBG.

Von Anbeginn cereoide Pflanzen; Blüten mit zylindrischer Röhre, gerade oder ± gebogen, wesentlich länger als der Blütensaum, dieser ± gerade, ± stark schief oder reduziert; Körper zum Teil mit ± Haarbildung, in einem Falle (*Morawetzia*) bei Blühbarwerden am Ende ± verdickt und mit einer Art Scheitelcephalium.

Vorkommen: Wie unter Sippe 5 angegeben.

## 64. CLISTANTHOCEREUS BACKBG.

J. DKG. (II), Mai 1937, 24.

Zu BRITTON u. ROSES Zeit war die Kenntnis der ± schrägsaumig bzw. am Tage blühenden Cereen der andinen Gebiete noch ziemlich unvollständig. So ist auch die „Sammel"-Gattung *Borzicactus* BR. & R. zu erklären. Hierunter wurden, außer zwei ekuadorianischen Arten, die allein den Merkmalen des Typus entsprechen, noch einbezogen: ein *Haageocereus* (*H. decumbens*), zwei *Seticereus*-Arten (*S. icosagonus* und *S. humboldtii*) und außerdem noch, als selbständige Arten, zwei Synonyme der beiden letzterwähnten Spezies, ferner ein *Loxanthocereus* (*L. acanthurus*). Typus war *Borzicactus ventimigliae* Ricc.; für ihn und *B. morleyanus* Br. & R. wurde der Blütensaum nur als „somewhat zygomorphic" bzw. „slightly oblique" angegeben; bei keinem wurde der Wollring in der Röhre erwähnt. Die Blütensaumangabe ist unrichtig und (nach der Abb. 230 in The Cact., II : 161. 1920 zu schließen) nur so zu erklären, daß eine bereits sich wieder schließende Blüte beobachtet wurde. In Wirklichkeit haben die ekuadorianischen *Borzicactus*-Arten ± stark schiefsaumige, ziemlich engschlundige Blüten mit nicht zusammengedrückter Röhre (was auch nicht angegeben wurde).

Abb. 855. Clistanthocereus fieldianus (Br. & R.) Backbg. (Foto: Rauh.)

Auf das Vorgesagte ist es zurückzuführen, daß Akers und Buining *Clistanthocereus* als nicht berechtigt ansahen und *Cl. tessellatus* zu *Borzicactus* stellten; sie kannten anscheinend keine voll geöffneten *Borzicactus*-Blüten. Aus alledem ergibt sich auch, wie notwendig meine Aufgliederung der „*Loxanthocerei*" war, bzw. wie notwendig eine Gattungsgliederung ist, die unter jedem Genus in den Blüten einheitlich charakterisierte Arten zusammenfaßte; nur das konnten natürliche Gattungen sein. Jede Zusammenfassung mußte — wie es vordem der Fall gewesen war — die exakte Kenntnis der tatsächlich vorhandenen Artengruppen erschweren.

So wurde auch *Clistanthocereus* als eigene Gattung erforderlich; d. h. an den Anfang der Gattungsreihe waren jene Pflanzen zu stellen, die fast radiäre Blüten haben, der Saum höchstens schwach schräg; daß es davon mehr als eine Art gibt, haben die neueren Funde gezeigt und damit erwiesen, daß auch dieses Genus nicht monotypisch ist. *Clistanthocereus* hat außerdem sehr derbröhrige Blüten, fast dick-zylindrisch, die Hülle nicht trichterig öffnend (wie es selbst bei den fast radiären *Loxanthocereus*-Arten der Fall ist, die durch Übergänge aber wieder unter sich die Zusammengehörigkeit erkennen lassen).

Abb. 856. Die dickröhrige, gerade Knospe des Typus von Clistanthocereus; Hülle nicht trichterig, Saum nicht breit. (Foto: RAUH.)

In J. SKG. „Skde.", IV : 44. 1951, sagte BUINING, „die Arten der Gattung *Clistanthocereus* gehören zu *Borzicactus*, da die Blütenröhren Wollringe aufweisen, die gerade das wichtigste Unterscheidungsmerkmal zwischen *Borzicactus* und *Loxanthocereus* darstellen ... das Genus *Clistanthocereus* ist wissenschaftlich unbegründet". Das war eine voreilige Behauptung, der die „wissenschaftliche Begründung" fehlte, d. h. sie ging von einer unzulänglichen Kenntnis des Genus *Borzicactus* wie vor allem der sogenannten „Wollringe" aus.

„*Borzicactus fieldianus* BR. & R." (als dritte *Borzicactus*-Art erst im Appendix zu The Cact. IV : 278. 1923, beschrieben) wurde — was aber, wie aus Nachstehendem hervorgeht, wenig besagen will — ohne Wollring beschrieben; die Blütendarstellung, l. c., mit der dicken Röhre, der nicht-trichterigen bzw. ziemlich engen Öffnung und dem stark seitlich gerichteten Saum zeigt allein schon, daß diese Blüte nicht mit der eines *Borzicactus* identifiziert werden kann, wenn man nicht alle Logik der Trennung vermissen lassen will. Dieser Art war also ein zuerst monotypischer Gattungsrang zu geben, und vorstehende Spezies ist damit der Typus des Genus. Eine weitere, in der Blüte sehr ähnliche, nur ganz schwach schrägen Saum aufweisende Art fand dann AKERS: „*Borzicactus tessellatus* AKERS & BUIN.". Bei ihr wurde ein deutlicher Wollring festgestellt. RITTER gab später

(Winter-Kat. 8. 1957) an, daß es sich bei dem „Wollring" um Beschädigung durch Kolibribesuch handele und die Art zu *Loxanthocereus* gehöre. Auch das war eine unzulängliche Behauptung. Abgesehen davon, daß ein Kolibri kaum einen so feinen und ebenmäßigen Wollring durch Zerstörung der Staubfädenbasen hervor-

Abb. 857. Clistanthocereus-Art am Eingang zur Quebrada Yanganuco, Cordillera Blanca, 3000 m („Borzicactus tessellatus Akers & Buin." ?). (Foto: Rauh.)

rufen kann, ergaben die auf meine Nachfrage hin erfolgten, exakten Untersuchungen Rauhs an dem umfangreichen, von ihm mitgebrachten Blütenmaterial, daß solche Haar- oder Wollbildung häufiger vorkommt, als wir es vordem wußten, bzw. daß dieses Staminodialhaarphänomen ebenfalls eine Reduktionslinie aufweist. „Wollringe" sind an sich kein Gattungsmerkmal, sondern nur in Verbindung mit anderen, einheitlichen Merkmalen einer bestimmten Artengruppe. Solche Haare werden gefunden bei *Borzicactus, Clistanthocereus, Bolivicereus, Submatucana, Acanthocalycium* und *Denmoza*, woraus allein schon ihr Charakter als nur

„Gattungsbegleitmerkmal" hervorgeht[1]). RAUHS Untersuchungen bei einer als *Clistanthocereus fieldianus* anzusehenden Art ergaben, daß diese nur Spuren einer Haarbildung aufweist, was das Fehlen der entsprechenden Angabe bei BRITTON u. ROSE erklärt. Solche stark reduzierten Haarbildungen wurden aber auch bei einigen *Loxanthocereus*- und *Haageocereus*-Arten gefunden. Danach war also „*Borzicactus tessellatus*" zu *Clistanthocereus* zu stellen, und dessen unterscheidende Gattungsmerkmale sind mithin: Blüten fast radiär, derbzylindrisch, ohne trichterige Hülle, Saum fast gerade oder nur sehr schwach schräg; im Röhrengrund bzw. an der unteren Staubfädenbasis kann ein Wollring gebildet werden, oder die Haarbildung ist zu Spuren reduziert. Die Frucht ist nicht völlig trocken.

Der Wuchs ist unterschiedlich; er ist strauchig bis baumförmig, d. h. teils gestrüppbildend und dabei höher werdend (BRITTON u. ROSE geben für *Cl. fieldianus* sogar „bis 6 m hoch" an) oder niedrig-baumförmig, bis ca. 1,80 m hoch (AKERS). Die Nektarkammer ist, nach RAUH, kurz und breit (bei *Loxanthocereus* länglich).

Typus: *Borzicactus fieldianus* BR. & R. — Typstandort: östlich von Huaraz (Peru), auf 2600 m.

Vorkommen: Nördliches Mittel-Peru, Gebiet von Huaraz bzw. am Rio Huaura, zwischen Churin und Oyon; von RAUH auch am Eingang zur Quebrada Yanganuco gesehen.

### Schlüssel der Arten:

Buschbildend, zum Teil bis 6 m lang
   Blüten nur mit Spuren von Haarbildung an der
      Staubfädenbasis . . . . . . . . . . . . 1: **Cl. fieldianus** (BR. & R.) BACKBG.

Niedrig-baumförmig werdend, bis 1,80 m hoch
   Blüten mit deutlichem Wollring . . . . . . . 2: **Cl. tessellatus** (AKERS & BUIN.) BACKBG. n. comb.

1. **Clistanthocereus fieldianus** (BR. & R.) BACKBG. — J. DKG. (II), 24. 1937
   *Borzicactus fieldianus* BR. & R., The Cact., IV, Anhang, 278—279. 1923.

Strauchig bis Dickichte bildend, bis ± niedrig und baumähnlich, nach BRITTON u. ROSE bis 3—6 m lang, nach RAUH meist bis 1,50 m hoch, auch aufsteigend, hängend oder liegend; Tr. bis 8 cm ⌀; Rippen 6, in fast warzenartige, längliche Höcker geteilt, diese bis 2 cm lang und 1,5 cm breit, ziemlich genau 6kantig, ca. 1—2 cm hoch; Areolen groß, rundlich bis länglich-oval, kurz-wollig, darüber

---

[1]) RAUH stellt (Beitr. z. Kenntn. d. peruan. Kaktveg., 287. 1958) *Clistanthocereus* zu *Borzicactus*, indem er hierfür als Gattungsmerkmal „fast gerade Röhre, Ring staminodialer Wollhaare" angibt. Letzteres Merkmal ist als entscheidendes Gattungsmerkmal — wie hier ausgeführt — nicht brauchbar. Hinzu kommt, daß RAUH keine *Borzicactus*-Blüten genauer untersuchen konnte bzw. daß BRITTON u. ROSE sie unrichtig abbildeten. Kennzeichnend ist — vom Wollring abgesehen — für *Borzicactus* „die stärkere Zygomorphie der Blüten (s. Blütenfotos) und der enge Schlund". Danach sind *Clistanthocereus fieldianus* sowie *C. tessellatus* wie auch „*Borzicactus piscoensis*" (den RAUH zu *Borzicactus* einbezieht) nicht zu *Borzicactus* zu stellen (RAUH gibt über die Zygomorphie des letzteren nichts an). Dagegen spricht erfahrungsgemäß auch das weit abgelegene Areal des letzteren; RAUH sagt auch selbst: „*B. fieldianus* und *B. tessellatus* weichen sowohl im Habitus als auch im Blütenbau auffallend von den ekuadorianischen ab." Der Blütenform nach sind sie nicht zu vereinigen. RAUH meint, ich grenze — wie AKERS — *Borzicactus-Loxanthocereus* nur wegen des Staminodialhaarringes ab. Das war meine frühere (!) Ansicht. Heute ist für mich nur der sehr unterschiedliche Blütenbau maßgebend. Ohne dementsprechende scharfe Trennung erscheint es mir auch nicht möglich, übersichtliche Klarheit in die *Loxanthocerei*-Gattungen zu bringen. Viel der Verwirrung geht auf BRITTON u. ROSES unrichtige Darstellung von *Borzicactus* zurück.

eine furchenartige Einsenkung bis zur Querkerbung; Stachelzahl verschieden, anfangs nur ca. 5, grau mit bräunlicher Spitze, ca. 1 cm lang, später 2—3 derbe Mittelst., bis 4 cm lang; nach Britton u. Rose bis 10 weißliche, pfriemliche, sehr ungleiche und bis 5 cm lange St.[1]), zum Teil noch länger; Bl. fast regelmäßig, wenig weiter Schlund bzw. Öffnung, Saum fast waagerecht abstehend, kaum schräg; Pet. zinnoberrot; Röhre gleichmäßig dick, 1,8 cm $\varnothing$; Ov. karminrot, kaum abgesetzt; Behaarung braun; Schuppen kräftig und länglich-spitz; Fr. kugelig, 4 cm $\varnothing$. — Nördliches Mittel-Peru (von Macbride und Featherstone zuerst 1922 östlich von Huaraz auf 2600 m gefunden) (Abb. 855—856).

Die Beschreibung wurde zum Teil nach dem lebenden Material von Rauh vervollständigt. Danach sind die St. der lebhaft bläulich-grünen Pflanze anfangs braun, die mehr außen stehenden 5—8 mm lang, die mittleren stärker pfriemlich, zuerst bis 1,5 cm lang, manchmal etwas gedrückt und leicht gekantet, die Oberfläche nicht ganz glatt, ein mittlerer nach der Basis stärker verdickt: an jungen Scheiteltrieben habe ich zum Teil bis 14 St. gezählt; die Areolen können bis 9 mm lang und 7 mm breit sein.

In dem fast regelmäßigen Bau ähnlich ist die Blüte des *Loxanthocereus piscoensis* Rauh & Backbg.; sie ist die der fast radiären Gestalt der Bl. dieses Genus am nächsten kommende Stufe, hat aber eine deutlich trichterige Hülle, die weniger starke *Loxanthocereus*-Röhre und ist auch dem Habitus nach m. E. eher ein *Loxanthocereus*. „*Cleistocactus fieldianus* v. *samnensis* Ritter" (FR 304) ist ein Katalogname, die Kombination mit *Cleistocactus* noch abwegiger als die mit *Borzicactus*. Ritter gibt nicht an, worin diese var. vom Typus der Art abweicht.

2. **Clistanthocereus tessellatus**
(Akers & Buin.) Backbg. n. comb.

*Borzicactus tessellatus* Akers & Buin.. Succulenta, 6: 81—83. 1954 (mit Blütenbild).

Abb. 858. Blüte des „Borzicactus tessellatus Akers & Buin.", eine typische Clistanthocereus-Blüte. Staminodialhaare sind heute, in verschiedenen Reduktionsstufen bis zu Spuren, auch von Loxanthocereus und Haageocereus bekannt; das wichtigere Merkmal ist die derbzylindrische, fast radiäre Blüte ohne trichterige Hülle. — Danach ist dieser Cereus eine Clistanthocereus-Art. Ritters Angaben über das Fehlen von Staminodialhaaren bzw. seine Erklärung „Staubfädenzerstörung durch Kolibribesuch" sind lt. Rauh eine Täuschung.
(Foto: Akers.)

Baumförmig, bis 1,80 m hoch; Rippen 5—6, mit sechseckigen, oben gefurchten Höckern; Randst. ca. 10, ziemlich kurz, 7—15 mm lang, rötlichbraun gefleckt; Mittelst. meist 1, ziemlich kräftig, pfriemlich; Bl. zylindrisch, rot, fast geradsaumig bzw. wenig schräg; Schuppen lang, fleischig, spitz zulaufend, ziemlich schmal,

---

[1]) Nach Rauh: Randstacheln 6—11; Mittelstacheln 1—3, bis 4 cm lang, alle Stacheln derb. Die Blüte ist ca. 5 cm lang.

in den Achseln zahlreiche kräftige Haare, braun bis schwarz, weiß gespitzt; im Röhrengrund ein Wollring; Fr. gelb, mit schildförmigen, flachen Schuppen; Fruchtfleisch auftrocknend. — Nördliches Mittel-Peru (am Rio Huaura, zwischen Churin und Oyon) (Abb. 857 (?), 858—860).

Der Wollring ist hier kräftig; bei *Cl. fieldianus* sind, wie ich mich am Mikroskop überzeugte, nur Spuren von Haarbildung zu sehen. Darin unterscheiden sich beide Arten deutlich, wohingegen bei dem anscheinend variablen Wuchs besonders des *Cl. fieldianus* und angesichts der bei beiden Arten hellgrünen Farbe der Epidermis sonst eine Unterscheidungsmöglichkeit höchstens in den ziemlich länglichen Höckern des *Cl. tessellatus* gegeben zu sein scheint.

Dieser Höckerform ähnelt wieder *Loxanthocereus granditessellatus* in der Rippenteilung (die Bl. hat eine gekrümmte Röhre, der Wuchs ist niederliegend!). „Tessellate" Rippenfelderung tritt bei verschiedenen Gattungen auf, *Loxanthocereus*, *Borzicactus*, *Rauhocereus*, manchmal ganz abweichend wie bei *Trichocereus thelegonus*. Bei *Loxanthocereus* wird sie nur bei einigen Arten beobachtet. An der äußerst formenreichen Großzahl der peruanischen Cereen erweist sich besonders deutlich das Erfordernis einer scharfen Gattungsteilung und Schlüsselgliederung; ohne sie ist hier auch keine ausreichende Bestimmungsmöglichkeit gegeben. RITTER führt als Varietät noch einen „*Loxanthocereus tessellatus* (AKERS & BUIN.) RITTER v. *spinosior*" auf (FR 167), nur ein Name. Unterschied? Die Kombination mit *Loxanthocereus* erfolgte hier auf Grund einer ungenauen Feststellung bzgl. staminodialer Haare, während RITTER *Cl. fieldianus* zu *Cleistocactus* stellte. Eigenwilliges Umkombinieren bedeutet eben noch kein logisches allgemeines Trennungsprinzip.

Abb. 859 u. 860. „Borzicactus tessellatus AKERS & BUIN.". Abbildungen aus der Originalveröffentlichung in Succulenta, 81—83. 1954. (Foto: AKERS.)

859  860

### 65. LOXANTHOCEREUS BACKBG.
J. DKG. (II), Mai 1937, 24.

[*Maritimocereus* AKERS & BUIN., Succulenta, 4: 49—52. 1950,[1]). — *Borzicactus* RICC. sensu BR. & R. pro parte].

Die Gattung ergab sich durch die Aufteilung der BRITTON u. ROSEschen Gattung *Borzicactus*, in der Arten der jetzigen tagblühenden Gattungen *Loxantho-*

---

[1]) Die Schreibweise *Maritinocereus*, l. c., war ein Druckfehler (nach BYLES).

*cereus*, *Borzicactus* und *Seticereus* sowie des nachtblütigen Genus *Haageocereus* („*Borzicactus decumbens* [VPL.] BR. & R.") vermengt worden waren. Von dem Typus „*Borzicactus ventimigliae* RICC." weicht *Loxanthocereus* durch die meist ± s-förmig gebogenen Röhren mit (± schief-)**trichterförmiger** Hülle und nicht engen Schlund ab, die Röhren sind auch schlanker, und innen ist meist keine Haarbildung vorhanden; die Griffel ragen verschieden weit hervor.

In neuerer Zeit sind von AKERS und BUINING (in Succulenta, 4 : 49—52. 1950) das Genus *Maritimocereus* AKERS & BUIN. beschrieben und in dem J. SKG. „Skde.", IV : 45. 1951 der unbeschriebene Name *Pseudoechinocereus* BUIN. genannt worden (auch Katalognamen von JOHNSON?).

Alle diese Pflanzen gehören hierher. AKERS und BUINING geben die *Maritimocereus*-Merkmale wie folgt an: „Mit unterirdisch-holzigem Stamm und daraus sprossend; Blüten zygomorph, s-förmige Röhre, sehr schlank, behaart; Griffel hervorragend; Frucht gehöckert und behaart, bei Reife aufplatzend, Schuppen dünn." Im übrigen sind die „unterscheidenden Gattungsmerkmale" (in Succulenta, l. c.) dürftig und zu allgemein gehalten, so daß sie nicht als wirklich trennende Kennzeichen anzusehen sind.

Den ersten der kriechenden und mit in der Erde versenktem holzigem Basalteil versehenen, küstennah vorkommenden Cereen dieser Art fand ich 1931 oberhalb von Mollendo und stellte ihn anfangs — wegen des unterirdischen Körperteiles, wie er auch bei *Erdisia meyenii* vorkommt — zu *Erdisia*, bis ich die Blüte sah, die genau so schlankröhrig ist wie die von „*Maritimocereus gracilis*"; auch sonst ähneln sich die Pflanzen. Daß aber diese kriechenden Arten nicht von *Loxanthocereus* abtrennbar sind, zeigt die bisher von AKERS anscheinend noch nicht beschriebene, sondern nur l. c. genannte, zweifellos gute Art „*Pseudoechinocereus splendens*", die dem ganzen Charakter nach ebenfalls hierhergehört, aber derbere, doch stark s-förmige Röhren hat. Gehöckerte und klein beschuppte Früchte bildet auch z. B. *Loxanthocereus acanthurus* (VLP.) BACKBG. (s. Abb. 882).

Es sind also alle Übergänge vorhanden und daher keine eindeutige Trennungsmöglichkeit gegeben. Ferner sah ich in der Sammlung ANDREAE, Bensheim, noch einen „*Pygmaeocereus nigrispinus*" von AKERS, mit der Notiz „Von Chala"[1]); von dort berichtet AKERS (in J. SKG. „Skde.", IV : 44. 1951, in dem BUININGschen Bericht „Kakteen in Peru") über einen „*Maritimocereus nana* AKERS" als noch unbeschrieben, stark sprossend, Glieder nur 10 cm lang; da ihn AKERS selbst zu *Maritimocereus* stellt, gehört er also ebenfalls hierher. Durch die Verbreitung von *Loxanthocereus*-Arten unter verschiedenen und zum Teil unbeschriebenen Gattungsnamen ist die Übersicht über dieses Genus erschwert worden. Ich habe aber obige offensichtlich guten Arten hier eingegliedert, unter Nennung von AKERS als Klammerautor, und eine kurze lateinische Diagnose gegeben, damit ein gültiger Name besteht bzw. die besagten Spezies hinreichend geklärt sind. Es existiert auch noch ein *Loxanthocereus rhodoflorus*, ein unbeschriebener Name von AKERS oder JOHNSON, den ich (ebenfalls aus der Sammlung ANDREAE) abbilde; er ähnelt einer feinstachligen Form, die in besagter Sammlung auch als „*Pseudoechinocereus splendens*" bezeichnet ist, aber anscheinend zumindest eine etwas abweichende Form darstellt. Die Bezeichnung „*rhodoflorus*" deutet ebenfalls auf die Zugehörigkeit zu *Loxanthocereus* hin, und es ist möglich, daß es sich um die gleiche Pflanze wie *L. gracilispinus* RAUH & BACKBG. handelt, was aber ohne Vergleich der Blüten nicht festzustellen ist.

---

[1]) Siehe auch unter *Pygmaeocereus*.

Ich habe den Schlüssel allein auf die vegetativen Merkmale hin aufgestellt. Das wird die Bestimmung erleichtern; Blütenangaben würden auch nur verwirrend sein, denn Länge, Röhrenkrümmung, die rote Farbe und Zygomorphie der Blüten sind sehr unterschiedlich, bis zu fast radiären Blüten, mit denen *Loxanthocereus* an *Clistanthocereus* anschließt. Die Röhren sind aber schlanker, der Saum abweichend.¹)

*Loxanthocereus*-Arten sind, wenigstens die bisher bekannten, in der Kultur meistens ziemlich hart, wenn auch wurzelecht verhältnismäßig langsam wachsend. Sie blühen meist schon als kleinere Stücke, wie überhaupt gern in der Kultur. Die zahlreichen Neufunde der RAUH-Expedition 1956 und die dabei von Herrn ZEHNDER, Turgi (Schweiz), gesammelten und eingeführten Pflanzen sind eine wertvolle Bereicherung der Sammlungen. Kulturpflanzen haben meist eine feinere Bestachelung (wie bei *Haageocereus*), und es wäre wünschenswert, daß beide Habitusformen nebeneinander abgebildet würden. Aus vorstehendem Grunde ist es aber vorderhand wichtiger, daß im Interesse richtiger Nachbestimmung von in Übersee gesammeltem Material der Standorts-Habitus gezeigt wird.

Typus: *Cereus acanthurus* VPL. — Typstandort: Matucana (Mittel-Peru), auf 2370 m.

Vorkommen: Nur in Peru, von nahe Meeresküste (die kriechenden Arten) bis 3300 m.

Schlüssel der Arten:

Pflanzen nicht zwergig
  Pflanzen überwiegend aufrecht wachsend
    Triebe ca. 10 cm ⌀ (zum Teil auch etwas mehr)
      Rippen 14—15
        Mittelstacheln nagelförmig, derb, 2—3, bis 3 cm lang, hellgrau, braunspitzig . . . 1: **L. clavispinus** RAUH & BACKBG.
        Mittelstacheln derb-nadelig, 1 (—3), meist 2 cm lang (höchstens 2,5 cm), gelbbraun 2: **L. erigens** RAUH & BACKBG.
        Mittelstacheln kräftig, 6—8, meist bis 2,5 cm lang, 1 Hauptstachel bis 10 cm lang (Randstacheln derb), braunspitzig 3: **L. hystrix** RAUH & BACKBG.
    Triebe bis ca. 6 cm ⌀
      Rippen ca. 12
        Mittelstacheln 1—4 (dann über Kreuz), bis 6 cm lang, derb, unten zwiebelig verdickt . . . . . . . . . . . . . . 4: **L. jajoianus** (BACKBG.) BACKBG.
      Rippen ca. 15
        Mittelstacheln 1—3, gelb, einer bis 16 mm lang, die anderen kürzer (Randstacheln bis 30) . . . . . . . . . . . . . . 5: **L. keller-badensis** BACKBG. & KRAINZ

---

¹) Die mehr trichterig erweiternden Blüten von *Loxanthocereus* sind nicht so engschlundig wie die ± scharf zygomorphen *Borzicactus*-Blüten. RITTER hat in seiner Schrift (1958) zu meiner Diagnosenliste mit *Loxanthocereus faustianus* eine Untergattung *Faustocereus* RITTER von *Haageocereus* aufgestellt. Mir scheint, er hat die richtige Art nicht gesehen, denn *L. faustianus* ist mit seiner schlanken und schrägsaumigen Blüte eine *Loxanthocereus*-Art, deren Einbeziehung zu *Haageocereus* mir unverständlich ist. RITTER sind aber auch sonst wesentliche Irrtümer unterlaufen, indem er z. B. *Chileorebutia* FRIČ wieder ausgräbt, wohlgemerkt: der Typus ohne Borsten an der Blüte, und führt darunter Arten auf mit Borsten an der Blüte.

Pflanzen halb aufgerichtet bis niederliegend, nicht
  ausschließlich kriechend
  Ohne auffällige Wollflocken in den Areolen
    Ohne Haare im Scheitel
      Rippen nicht auffällig bzw. nicht groß
        gefeldert, höchstens $\pm$ V-förmig
        bis quer-gekerbt
        Triebe ca. 10 cm $\emptyset$, 2 (bis 2,5) cm lang
          Rippen ca. 10 (—12)
            Mittelstacheln 1, bis 7 cm lang; alle
            Stacheln sehr derb . . . . . .   6: **L. pachycladus** Rauh & Backbg.[1])
        Triebe 8 cm $\emptyset$
          Rippen 10—12
            Mittelstacheln meist 1 (Hauptsta-
            chel), bis 5 cm lang, derb-
            pfriemlich
            Blütenblätter schmal (Randsta-
            cheln zum Teil derb) . . .   7: **L. piscoensis** Rauh & Backbg.
        Triebe 5 cm $\emptyset$
          Rippen ca. 18
            Mittelstacheln bis 6, 1—3 längste
            bis 3 cm lang, goldbraun, bald
            schwarz . . . . . . . . . .   8: **L. faustianus** (Backbg.) Backbg.[2])
          Rippen ca. 12
            Mittelstacheln meist 2, bis 3,5 cm
            lang, steif, graubraun, bereift,
            Spitze dunkel violettfarben; Rand-
            stacheln bis 15 . . . . . . .   9: **L. aticensis** Rauh & Backbg.
        Triebe 4—5 cm $\emptyset$
          Rippen 20
            Mittelstacheln 1—2 (—4) längere,
            davon 1 bis 2 cm lang, rostbraun .   10: **L. ferrugineus** Rauh & Backbg.
        Triebe 3—3,5 (—5 cm) $\emptyset$
          Rippen 18—19
            Mittelstacheln bis 10, fein, von den
            (30) Randstacheln kaum geschie-
            den, 1 oberer etwas kräftiger, bis
            ca. 2 cm lang . . . . . . . .   11: **L. eulalianus** Rauh & Backbg.
          Rippen 16—17
            Mittelstacheln dünn, kaum geschie-
            den, brüchig, 2—4, bis 2,8—3
            cm lang, ein längster schräg auf-
            wärts, anfangs gelbbraun . . .   12: **L. erectispinus** Rauh & Backbg.

---

[1]) Rauh hält *L. pachycladus* und *L. piscoensis* (den er zu *Borzicactus* stellt) für einander nahe verwandt. Sie wachsen aber ziemlich entfernt voneinander, und genauere Untersuchungen der Blüten von beiden mögen doch wesentlichere Unterschiede zeigen.

[2]) Siehe Fußnote auf S. 942 bzgl. Ritters anscheinend irriges Subgenus *Faustocereus* (von *Haageocereus*).

Mittel- und Randstacheln sehr hart,
bis 1 cm lang, 1 mittlerer, nur bis
1,5 cm lang, alle anfangs rötlich-
grau, Spitze violettschwarz, bereift  13: **L. riomajensis** Rauh & Backbg.

Rippen auffällig (zum Teil groß) gefeldert:
Pflanzen halb liegend bis auf-
gerichtet
  Triebe 5 cm ⌀, graugrün
    Höcker bis 3 cm lang
      Rippen nur 6—7
        Mittelstacheln 1—2, bis 5 cm lang  14: **L. granditessellatus** Rauh &
  Triebe bis 8 cm ⌀                                           Backbg.
    Höcker bis 2 cm lang
      Rippen ca. 8
        Mittelstacheln 1—4 (bei 4: über
        Kreuz), derb, bis 2,5—4 cm lang  15: **L. sulcifer** Rauh & Backbg.

    Höcker bis 1,5 cm lang
      Rippen 9
        Mittelstacheln 1—4, ein längster bis
        4 cm lang . . . . . . . . . .  15a: v. **longispinus** Rauh &
Mit ± Haaren im Scheitel                                          Backbg.
Haare weißlich, fein
  Triebe 5—8(—10) cm ⌀
    Rippen 18
      Mittelstacheln 1, bis 2 cm lang, fein-
      nadelig, dunkelbraun
      Blüte fast radiär (L. rhodoflorus
      Akers n. n. ?) (einzelne Woll-
      flocken) Röhre dunkel braunrot  16: **L. gracilispinus** Rauh & Backbg.

  Triebe 5 cm ⌀
    Rippen 17 (—18)
      Mittelstacheln 1—4, bis 2 cm lang,
      ± pfriemlich
      Blüte fast radiär; Röhre
      zinnoberrot . . . . . . . .  17: **L. peculiaris** Rauh & Backbg.

  Triebe 3,5 cm ⌀
    Rippen 18
      Mittelstacheln mehrere, 1—2 längste
      aufwärts gerichtet, dunkelbräun-
      lich, alle Stacheln bald schwarz,
      anfangs im Scheitel ± verflochten,
      bis 2,5 cm lang, insgesamt bis 4  18: **L. pullatus** Rauh & Backbg.
      Mittelstacheln kürzer, weniger ver-
      flochten im Scheitel[1]) . . . . .  18a: v. **brevispinus** Rauh &
                                                        Backbg.
      Mittelstacheln länger, dichter, mehr
      gelblich . . . . . . . . . . .  18b: v. **fulviceps** Rauh & Backbg.

---

[1]) Erste Angabe Rauhs; später: Mittelstacheln (auch?) fehlend.

Triebe 3 (—3,5) cm ⌀
  Rippen 16 (5 mm hoch)
    Mittel- (3—6) und Randstacheln
    (12—15) schwer unterscheidbar,
    gleichlang, anfangs gelblichweiß    19: **L. eriotrichus** (Werd. & Backbg.)
Haare graufilzig, ziemlich kurz                              Backbg.
  Triebe ca. 5 cm ⌀
    Rippen 15—18, gefeldert
      Mittel- und Randstacheln ca. 20,
      gleichlang, bis 1 cm lang, 2—5
      (—7) mittlere, einer deutlicher, bis
      1,5 cm verlängert . . . . . . .    20: **L. acanthurus** (Vpl.) Backbg.
      Mittelstacheln kräftiger, bis 2 cm
      lang oder etwas mehr . . . . .         20a: v. **ferox** (Backbg.) Backbg.
Mit auffälligen Wollflocken, zuletzt in fast allen
    Areolen
  Mit Borstenhaaren im Scheitel
    Triebe ca. 5 cm ⌀
      Rippen 17—18
        Mittelstacheln von den zahlreichen
        feinen Randstacheln kaum ge-
        schieden, 1 (—2) ± kräftig, bis
        2 cm lang, violett-bräunlich, an-
        fangs sehr dünn [1]) . . . . . .    21: **L. multifloccosus** Rauh & Backbg.
Pflanzen liegend oder kriechend (zum Teil unter-
    irdisch und verholzt, teils verweht)
  Triebe bis 8 cm ⌀
    Rippen 21
      Mittelstacheln kaum geschieden, zu-
      weilen 1 länger, bis 1,5 cm lang    22: **L. canetensis** Rauh & Backbg.
  Triebe bis ca. 3—5 cm ⌀, stets gebogen
    Rippen ca. 13
      Stacheln bis ca. 30
        Mittelstacheln bis 3 cm lang, die läng-
        sten an der Krümmungsaußen-
        seite (Röhre stark gekrümmt) . .    23: **L. sextonianus** (Backbg.) Backbg.
    Rippen ca. (11—) 12 (—13)
      Stacheln ca. bis 10 (oder etwas mehr),
      davon:
        Mittelstacheln 1—3, bis ca. 2 cm lang
          Pflanzen bis 0,75—2 m lang . .    24: **L. gracilis** (Akers & Buin.)
                                                          Backbg.
          Pflanzen nur bis 20 cm lang, Mittel-
          stacheln bis 3 cm lang, derb-
          nadelig, starrend . . . . . .    25: **L. camanaensis** Rauh & Backbg.
        Mittelstacheln 1—4, kräftiger, ein
        längerer bräunlich, im Scheitel
        aufgerichtet
          Blütenröhre kräftiger . . . . .    26: **L. splendens** (Akers) Backbg.

---
[1]) Kulturneutriebe: blaß bräunlich- bis fast ganz weiß.

Pflanzen zwergig, stark sprossend
: Triebe nur bis 10 cm lang
:: Blüten (nach AKERS) ähnlich wie
::: bei L. gracilis . . . . . . . . 27: **L. nanus** (AKERS) BACKBG.

1. **Loxanthocereus clavispinus** RAUH & BACKBG. — Descr. Cact. Nov. 15. 1956

Von der Basis verzweigt, bis 50 cm hoch, mit dicker Wurzel; Tr. ca. 8—10 cm ⌀; Rippen 14, Randst. sehr derb, bis 30, ± 1,5 cm lang; Mittelst. nagelförmig steif, 2—3, bis 3 cm lang, anfangs mit hellgrau bereifter Basis, Spitze schokoladenbraun; blühbare Areolen mit dickem Wollfilz; Pet. der ca. 7—8 cm langen, mit gekrümmter und stark behaarter Röhre versehenen Bl. wahrscheinlich rot (RAUH). — Mittel-Peru (Nazca-Tal, 600 m, auf steinigem Grund der Felswüste) (Abb. in Band VI).

Abb. 861. Loxanthocereus hystrix RAUH & BACKBG. (Foto: RAUH.)

2. **Loxanthocereus erigens** RAUH & BACKBG. — Descr. Cact. Nov. 16. 1956

Bis 1,50 m hoch, straff aufrecht, von unten verzweigt; Tr. bis 10 cm ⌀; Rippen 14, ca. 1 cm breit; Areolen anfangs gelbbraun, 0,4 cm ⌀; Randst. zahlreich, bis 1 cm lang, anfangs gelblich-braun, borstenfein; Mittelst. 1—3, bis 2,5 cm lang, meist 2 cm lang, anfangs lederbraun, dann grau; Bl. ca. 8 cm lang, unterhalb des Scheitels, meist alle auf einer Seite; Röhre behaart; Pet. zinnoberrot; Fr. unreif 1 cm lang, 1—2 cm ⌀, dunkelweinrot, behaart. — Mittel-Peru (Cañete-Tal, 1100 m) (Abb. in Band VI).

3. **Loxanthocereus hystrix** RAUH & BACKBG. — Descr. Cact. Nov. 15. 1956

Ähnelt *L. ferrugineus*, aber viel kräftiger und auch wilder bestachelt, bis 1,50 m hoch, teilweise niederliegend, bis 10 cm ⌀; Rippen 15; Areolen rundlich, 5 mm ⌀, graufilzig; Randst. bis 2,5 cm lang, anfangs olivgrün-braun, dann grau mit dunkelbrauner Spitze; Mittelst. 6—8, 2 bis 2,5 cm lang, der längste mittlere bis 10 cm lang; Bl. nur als Knospen gesehen, bis ca. 5 cm lang, später wohl noch länger, mit leicht gebogener und behaarter Röhre; Pet. schmal, zinnoberrot. — Südliches Peru (Nazca-Lucanas, 3300 m, Felsspalten in der beginnenden Tolaheide) (Abb. 861). Die Mittelst. sind oft gedreht, graubraunviolett bereift und gespitzt.

Bei der RITTER-Nr. FR 181 (WINTER-Kat., 9. 1956, als *Haageocereus* bezeichnet) mag es sich um diese Art handeln, da sie als „geht höher in die Berge als alle Haageocereen, sehr schöne, doppelt gebogene (!), mennigrote (!) Bl. von 12 cm Länge, längste von allen (Haageocereen?); von Lucanas, 3000 m" beschrieben wird. Jedenfalls handelt es sich danach nicht um einen *Haageocereus*. (Sämlingsbild: Abb. 889).

— v. **brunnescens** RAUH — Beitr. z. Kenntn. d. peruan. Kaktveg., 312. 1958

Dicker, bis 19rippig; Rippen zwischen den Areolen eingeschnürt, letztere gelbbraun; Randst. dünner und kürzer, bis 1 cm lang, mit derberen, bis 1,5 cm langen lederbraunen untermischt; Mittelst. meist 1, stumpf lederbraun, nicht bereift oder gedreht, bis 5 cm lang. — Peru (zwischen Nazca und Lucanas, 3000 m).

Abb. 862. Loxanthocereus jajoianus (BACKBG.) BACKBG. (S-Peru, bei Uyupampa.)

4. **Loxanthocereus jajoianus** (BACKBG.) BACKBG. — Fedde Rep. LI, 64. 1942
*Borzicactus jajoianus* BACKBG., Kaktus-ABC, 192, 194, 411. 1935.

Gruppenbildend, aufrecht bis gebogen, bis 60 cm hoch (am Standort); Tr. stumpfgrün, bis 6 cm ⌀; flachrunde Rippen, 5 mm hoch, 1 cm breit, um die Areolen verbreiternd und mit etwas V-förmiger Kerbe über den 6 mm langen, länglichen Areolen, die anfangs gelbfilzig sind; Randst. ca. 20, bis 6 mm lang; Mittelst. pfriemlich, bis 6 cm lang, unten verdickt, alle strohgelb; Bl. orangefarbig, etwas schief, ca. 6 cm lang; Fr. kugelig. — S-Peru (bei Uyupampa, auf ca. 2600 m) (Abb. 862).

Im Jardin Exotique, Monaco, steht ein Exemplar meiner Sammlung, seit 22 Jahren auf *Trichoc. pachanoi* gepfropft, das noch nie blühte, aber über 1,50 m hoch geworden ist.

5. **Loxanthocereus keller-badensis** BACKBG. & KRAINZ — J. SKG. „Skde.", II : 22. 1948

Bis 65 cm hoch, am Grunde verzweigt; Tr. bis 5,5 cm ⌀; Rippen 15, 5—6 mm hoch, am Grunde bis 9 mm breit; Areolen dichtstehend, anfangs gelbfilzig, später

Abb. 863. Loxanthocereus pachycladus RAUH & BACKBG. (Foto: RAUH.)

weiß, 3 mm groß; Randst. 25—30, erst hellbraungelb, dann grau, bis 8 mm lang; Mittelst. 1—3, der mittlere gerade abstehend, bis 16 mm lang, die zwei anderen etwas kürzer, gelb, später schwärzlich; Bl. engtrichterig, bis 8 cm lang, nach oben trichterig verbreitert und ziemlich weit geöffnet; Röhre mit etwas Wolle; Pet. bläulich-karminrot; Fr. rund, ca. 1,2 cm ⌀, grün; S. schwarz. — Peru (Rimac-Seitentäler, zusammen mit *Austrocylindrop. pachypus*).

Die Art ähnelt fast einem *Cleistoc. areolatus*.

— **Loxanthocereus brevispinus** RAUH & BACKBG. — Beitr. z. Kenntn. d. peruan. Kaktveg., 317. 1958[1])

Erst nachträglich von RAUH beschrieben: Bis 30 cm hoch, aufrecht; Tr. bis 6 cm $\varnothing$: Rippen 14, 1 cm breit, mit seichter V-Kerbe; Areolen

Abb. 864.
Loxanthocereus piscoensis RAUH & BACKBG. Makrofoto des Stachelbildes. (Foto: RAUH.)

[1]) *Loxanthocereus brevispinus, pachycladus, eulalianus* und *riomajensis* wurden ohne Blüten gesammelt; sie gehören dem Habitus nach offenbar hierher bzw. wurden sie hier aufgeführt, um die Kenntnis von ihnen zu erhalten. Ob eine teilweise Umstellung zu *Haageocereus* nötig ist, könnten erst Blütenuntersuchungen ergeben.

länglich, 3 mm groß; Randst. bis 25, 3—4 mm lang, nicht verflechtend, anfangs gelblich mit fast schwarzer Spitze; Mittelst. 1—3, sehr derb, 1,5—2 cm lang, meist schräg aufwärts, anfangs graubraun-violett; Bl. und Fr. nicht bekannt. — Peru (Pisco-Tal, 1500—1800 m).

6. **Loxanthocereus pachycladus** RAUH & BACKBG. — Descr. Cact. Nov. 16. 1956

Teilweise niederliegend, mit aufgerichteten Triebenden, von unten her verzweigt; Tr. bis 10 cm ⌀; Rippen 10, bis 1 cm br., zwischen den Areolen leicht eingeschnürt und mit V-Kerbe über denselben; Randst. 8—12, sehr derb, anfangs ledergelb; Mittelst. 1, bis 7 cm lang, sehr derb, anfangs ledergelb, quergerieffelt, später grau; Bl. unbekannt. — Mittleres Peru (Cañete-Tal, häufig auf 1400 m) (Abb. 863).

Abb. 865. Loxanthocereus faustianus (BACKBG.) BACKBG. in Blüte.

7. **Loxanthocereus piscoensis** RAUH & BACKBG. — Descr. Cact. Nov. 16. 1956.

*Borzicactus piscoensis* (RAUH & BACKBG.) RAUH, Beitr. z. Kenntn. d. peruan. Kaktveg., 291. 1958.

Bis 1 m lang, teilweise niederliegend, von unten her verzweigt; Tr. bis 8 cm ⌀; Rippen 10—12; Querfurche zwischen den Areolen; Randst. ca. 15, sehr derb. 1—1,5 cm lang; Mittelst. meist 1, bis 5 cm lang, später abwärts gekrümmt; alle St. anfangs schmutzig gelbbraun bereift; Bl. (als Knospe) bis 6 cm lang; Röhre 5 cm lang, olivbraun; Schuppen mit weißen Haaren in den Achseln; Pet. schmal, unten orange, an der Spitze zinnoberrot; Staubb. karminviolett; Staubf. karmin; Gr. rot, etwas hervortretend; Fr. ? — Südliches Peru (Pisco- und Cañete-Tal, auf 2000 m) (Abb. 864)[1]).

8. **Loxanthocereus faustianus** (BACKBG.) BACKBG. — Fedde Rep. LI, 65. 1942

*Borzicactus faustianus* BACKBG., in Kaktus-ABC, 193, 411. 1935. — *Haageocereus faustianus* (BACKBG.) RITTER, Schrift 42. 1958

Niederliegend bis aufrecht, entfernt einem *Haageoc. chosicensis* ähnelnd und daher wohl oft übersehen bzw. nur in der Blütezeit leichter unterscheidbar; Tr. bis 5 cm ⌀, unregelmäßig verzweigt, Glieder oft aufgebogen, bis 40 cm lang; Rippen ca. 18, 6 mm breit, 5 mm hoch; Areolen ziemlich dichtstehend, schwachfilzig; Randst. borstenartig fein, 35—40, bis 10 mm lang; bis 6 Mittelst., schwer zu unterscheiden, dazwischen 1—3 längere, bis 3 cm und mehr lang, alle anfangs unten gelb, oben braun, später sämtliche St. schwarz werdend, ziemlich wirr stehend; Bl. ca. 6 cm lang, feuerrot, trichterig schräg geweitet; Fr. kugelig. — Peru (Rimac-Tal, oberhalb von Chosica, im Talgrund)(Abb. 865).

Auffallend ist die starke spätere Schwarzfärbung der St., die bei mehreren Cereen jener Gegend auftritt.

9. **Loxanthocereus aticensis** RAUH & BACKBG. — Descr. Cact. Nov. 15. 1956

Teilweise niederliegend, bis 50 cm lang; Tr. bis 5 cm ⌀; Rippen 12; zwischen den Areolen eine Querfurche; Areolen 1 cm lang, auf warzighöckeriger Erhebung; Randst. 15, 1—1,5 cm

Abb. 866. Loxanthocereus aticensis RAUH & BACKBG. (Foto: RAUH.)

---

[1]) RAUH stellte später die Art zu *Borzicactus*, wegen eines kurzen Wollringes im Röhrengrund. Der Blütenschnitt zeigt keine starke Zygomorphie, wohl aber (Knospenaufnahme!), daß sie zweifellos trichterig öffnet, während die Röhre nur schwach gebogen ist. Demgemäß konnte ich die Art vorderhand weder zu *Borzicactus* noch zu *Clistanthocereus* stellen. Der Wollring ist insofern unbeachtlich, als er teils vorhanden, teils ± reduziert oder nicht vorhanden ist bei: *Haageocereus, Clistanthocereus, Submatucana*. (Siehe auch Einleitung zu *Clistanthocereus*).

lang, anfangs graubraun; Mittelst. meist 2, bis 2,5 cm lang, graubraun bereift, mit dunkelvioletter Spitze; Bl. rot (nur als Knospen gesehen). — Südliches Peru (bei Atico, *Neoraimondia*-Formation) (Abb. 866).

Es gibt auch Formen mit hellgrauen St.

10. **Loxanthocereus ferrugineus** RAUH & BACKBG. — Descr. Cact. Nov. 15. 1956

Bis 80 cm hoch; Tr. 4—5 cm ⌀; Rippen 20; Randst. zahlreich, ca. 1 cm lang; Mittelst. 1—4, 1—2 längere, der längste bis 2 cm lang, anfangs aufgerichtet, rostbraun, später grau und etwas abwärts geneigt; Bl. 10 cm lang, mit dünner,

Abb. 867. Loxanthocereus ferrugineus RAUH & BACKBG. (Foto: RAUH.)

wolliger Röhre; Pet. zinnoberrot; mit stehenbleibender Wolle alter Blütenareolen; Fr. bis 4 cm ⌀, blaß weinrot, leicht behaart. — Südliches Peru (Nazca-Tal, 1000 m) (Abb. 867). Ähnlich ist *Loxanthocereus* (?) *brevispinus* Rauh & Backbg., Beitr. z. Kenntn. d. peruan. Kaktveg., 317. 1958 (siehe Nachtrag in Band VI).

Abb. 868. Loxanthocereus eulalianus Rauh & Backbg.? (Foto: Fuaux.)

11. **Loxanthocereus eulalianus** Rauh & Backbg. — Descr. Cact. Nov. 14. 1956

Wahrscheinlich identisch mit einer Pflanze in der Sammlung Lex Fuaux, Rosanna (Australien): Niederliegend oder halb aufgerichtet, dunkelgrün; Tr. 3—5 cm ⌀; Rippen ca. 19, 5 mm breit, ohne Querfurche; zahlreiche dünne Randst., ca. 30; Mittelst. kaum geschieden, bis 10[1]); manchmal ein längerer und kräftigerer, bis 2 cm langer oberer Randst., gelb, alle übrigen zu Anfang goldbraun, im Scheitel dicht, dünn; Areolen im Scheitel stark gedrängt, hellbräunlich; Bl. unbekannt. — Mittel-Peru (Eulalia-Tal, auf 1000 m) (Abb. 868). Die Tr. sind bis 30 cm lang. In Rauhs Peruwerk als *L. eulaliensis* Rauh & Backbg.

---

[1]) Rauh gibt nur 1 (—4) Mittelstacheln an, was nicht dem mir gesandten Stück entspricht; gemeint sind wohl die Hauptstacheln.

Die Pflanze von Lex Fuaux (Fuaux-Nr. C 30) ist sehr ähnlich, hat die gleichen bräunlichhellen Filzareolenoberteile ohne St. (oder mit wenigeren St.), „geringer behaart als *L. eriotrichus*" (Fuaux; auf dem Foto sind aber gar keine Haare zu sehen); Bl. 5 cm lang, hellrot. Sie wurde als *L. acanthurus* ? bezeichnet, hat aber mit diesem nichts zu tun. Diese Pflanzen haben schwach V-furchenähnliche Einsenkungen auf den Rippen. Da es aber häufiger vorkommt, daß solche teils vorhanden sind, teils fehlen (z. B. bei *Haageoc. olowinskianus*-var.), läßt sich Endgültiges erst nach Beobachtung der Blüten von *L. eulalianus* bzw. nach deren Vergleich mit den Blüten der Pflanzen in der Sammlung Fuaux sagen.

Abb. 869. Loxanthocereus erectispinus Rauh & Backbg. (Foto: Rauh.)

12. **Loxanthocereus erectispinus** Rauh & Backbg. — Descr. Cact. Nov. 15. 1956

Bis 60 cm lang; Tr. ± gebogen, bis 3 cm ⌀; Rippen 16, schmal; Areolen klein, zuerst mit bräunlichem Filz; St. meist sehr dünn und gleichlang, bis 1,5 cm lang (Randst.), die mittleren können bis 2,8—3 cm lang werden, anfangs gelblichbraun, ebenfalls dünn, brüchig, abstehend und schräg aufwärts gerichtet, ziemlich dicht, manchmal hell goldgelb; Knospenwolle stehenbleibend; Bl. nur als Knospen gesehen; Pet. zinnoberrot. — Mittel-Peru (Churin-Tal, auf 2000 m). (Abb. 869).

Ähnelt mit der stehenbleibenden Knospenwolle fast einem *Haageocereus*, hat aber sehr kleine Areolen, über denselben eine deutliche V-Furche und sehr wellig geschweifte Rippenbasen, die Rippen ziemlich schmal, besonders zu Anfang.

13. **Loxanthocereus riomajensis** RAUH & BACKBG. — Descr. Cact. Nov. 15. 1956

Wenig verzweigt; Tr. dünn, bis 3 cm ⌀, selten bis 5 cm, bis 50 cm lang; Rippen 16—17, sehr niedrig; Areolen klein, weißfilzig; St. alle sehr steif, starr und stechend, von eigentümlich mehlig-graugelber Farbe, dunkelbraun gespitzt, die meisten ca. 1 cm lang oder weniger (5—6 mm lang); Mittelst. meist fehlend oder als Hauptst. bis 1,2—1,5 cm lang, schräg abwärts gerichtet; Bl. unbekannt. — S-Peru (Rio-Majes-Tal, auf 1500 m, an Trockenhängen, zusammen mit *Browningia candelaris* und *Haageocereus pluriflorus*) (Abb. 870).

Da keine Blüten gesehen wurden, kann es sich eventuell auch um einen *Haageocereus* handeln, wenngleich die Pflanze einem solchen nicht sehr ähnlich sieht.

14. **Loxanthocereus granditessellatus** RAUH & BACKBG. — Descr. Cact. Nov. 15. 1956

Niederliegend; Tr. bis 2 m lang, 5 cm ⌀; Rippen 6—7, mit stark hervortretenden, ca. 3 cm langen und 1,7 cm breiten Felderungen, mit Querfurche und senkrechter Furche (zur Areole hinab), letztere ca. 1 cm lang; Areolen im Oberteil der Felderung und ± eingesenkt, bis 1,3 cm lang und 7 mm breit, mit dunklem Filz, dieser anfangs im Oberteil bräunlich; Randst. 8—10, ungleich, bis 1 cm lang; Mittelst. 1—2, bis 5 cm lang, zuerst bräunlich, bald grau; Bl. bis 10 cm (?) lang, rot, mit gekrümmter Röhre, stark beschuppt, an der Basis mit breiten, weißen Areolen, mit langen schwarzen Wollhaaren darin; Fr. kugelig, bis 3 cm ⌀, grün, mit breit-dreieckigen, plötzlich scharf zugespitzten Schuppen; Fruchtfleisch stark wässerig. — Mittel-Peru (Santa-Tal, auf 1800 m häufig) (Abb. 871). Blüten mit Staminodialhaarspuren.

Abb. 870. Loxanthocereus riomajensis RAUH & BACKBG. (Foto: RAUH.)

Die Epidermis ist anfangs stumpf-hellgrün, bald dunkler schmutziggrün, um den Felderrand ± wie bereift erscheinend; die Felder sind länglich, fast oval, aber scharfkantig umgrenzt. Die Triebe scheinen denen des „*Borzicactus tessellatus*" zu ähneln, der aber als baumförmig, bis 1,80 m hoch beschrieben wurde, auch keine gebogene, nicht so schlanke Röhre hat; Stachelzahl und -länge sind dagegen fast die gleichen. Alle Schuppen laufen in eine feine Spitze aus.

Abb. 871. Loxanthocereus granditessellatus Rauh & Backbg. (Foto: Rauh.)

Abb. 872. Loxanthocereus sulcifer Rauh & Backbg. Typus der Art. (Foto: Rauh.)

15. **Loxanthocereus sulcifer** Rauh & Backbg. — Descr. Cact. Nov. 14. 1956[1])

Meist niederliegend und bogig aufsteigend, bis 1—2 m lang; Tr. bis 8 cm ⌀, geschwollen; Rippen ca. 8, in längliche, ca. 1 cm breite Höckerfelder geteilt, diese 6kantig, bis 2 cm lang, mit senkrechter Furche zu einer Querfurche in V-Form; Areolen anfangs mit gelbbraunem Filz, dann von unten her schwarz werdend, zuletzt ganz schwarzgrau und nach und nach größer werdend, bis ca. 7 mm lang

Abb. 873. Loxanthocereus sulcifer Rauh & Backbg.: Blüte. (Foto: Rauh.)

und 5 mm breit, wenn blühbar, mit rundlicher gelbbrauner, dickerer Filzbildung; Randst. ca. 9, 5—9 mm lang; Mittelst. meist 4 und in Kreuzform stehend, der längste 2,5—4 cm lang, gelblich, zuerst aufwärts gerichtet, manchmal auch dunkler braun; Bl. ca. 5 cm unterhalb des Scheitels, zygomorph, mit leicht gekrümmter Röhre, diese behaart; Breite der geöffneten Bl. 4 cm; Pet. lebhaft

---

[1]) Ritter führt in Kat. Winter. 10. 1958, noch die (bisherigen) Katalognamen *Loxanthoc. otuscensis* Ritter (FR 579) sowie *L. parvitessellatus* Ritter (FR 578) auf, ersterer „sechseckig gefeldert", letzterer „kleiner gefeldert als *L. tessellatus* und mehrrippiger; große rote Blüten". Mit welchen Artnamen der Rauh-Funde diese Ritter-Namen vielleicht identisch sind, läßt sich nach der kurzen Bezeichnung nicht sagen; sie scheinen aber *L. sulcifer* zumindest nahezustehen.

zinnoberrot, mit karminrotem Schein; Gr. blaßrötlich; N. grün; Staubf. lebhaft karmin; Staubb. gelb; Fr. nur unreif gesehen. — Peru (Rio Fortaleza, 2400 bis 3000 m) (Abb. 873).

15a. v. **longispinus** RAUH & BACKBG. — Descr. Cact. Nov. 14. 1956

Bis 1 m lang, bläulichgrün; Rippen 9; Felder mehr gleichseitig als länglich, bis 1,5 cm lang, aber 6eckig, zumindest anfangs ohne sichtbare senkrechte Furche oder diese nur äußerst kurz; Mittelst. ± 4, davon 1—2 längere, ein längster bis 4 cm lang; blühbare Areolen bis 9 mm lang, 5 mm breit. — Peru (Rio Fortaleza, vom gleichen Standort wie der Typus der Art) (Abb. 874).

Der unter der coll. Nr. K 96/1954 von RAUH gesammelte Typus hat derbe Mittelst., mittellang, etwas aufgerichtet, und eine schmallängliche Felderung bzw. anscheinend meist nur 1 längeren Mittelst., die V-Furche später nicht immer so scharf markiert wie zuerst. Die Art scheint also ziemlich variabel zu sein, doch weichen Felderform und Länge des Mittelst. bei obiger var. erheblicher ab.

Abb. 874: Loxanthocereus sulcifer v. longispinus RAUH & BACKBG.; er hat auch zahlreichere und dünnere untere Randstacheln.

16. **Loxanthocereus gracilispinus** RAUH & BACKBG. — Descr. Cact. Nov. 16. 1956

Niederliegend, von unten her stärker verzweigt; Tr. anfangs grün, bis 60 cm lang, 5 (—10) cm ⌀; Rippen 18; Areolen klein, gelblich; Randst. dünn, bis 5 mm lang, anfangs gelblich-bräunlich, mit weißen dünnen Haaren im Scheitel untermischt; Mittelst. 1, bis 2 cm lang, anfangs mit gelblichem Fuß, oben dunkel lederbraun; Bl. 10—12 cm lang, 2 cm breit; Röhre mit bräunlicher Wolle, leicht gebogen; Ov. befilzt; Röhre 1 cm ⌀[1]), Behaarung ziemlich lang; Pet. zinnoberrot, länger als die karminroten Staubf.; Staubb. weißlich; Gr. karminrot, kürzer als die Staubbl.; N. grün; Bl. vorwiegend von der Unterseite des Sprosses her erscheinend, alte Knospenwolle stehenbleibend. — Mittleres Peru (Loma-Wüste bei Pachacamac, 100 m) (Abb. 875, Tafel 63).

Um die gleiche Pflanze mag es sich bei *L. rhodoflorus* AKERS nom. nud. handeln, der auch 18 Rippen, seidig weiße Haare im Scheitel und ziemlich dünne bzw. schlanke Triebe hat (Abbildung aus der Sammlung ANDREAE, Bensheim). Die Pflanzen waren zum Teil auch als „*Pseudoechinocereus splendens*" etikettiert, stimmen aber nicht mit den von JOHNSON erhaltenen Pflanzen im Jardin Les

---

[1]) Erste Angabe RAUHS; später: 5 mm ⌀.

Cèdres überein, sondern sind wohl nur Formen der anderen, bei ANDREAE als *L. rhodoflorus* (Abb. 890 [?], Tafel 64 A) bezeichneten Pflanzen. Da deren Blüten nicht bekannt sind, ist eine Identifizierung nicht möglich, obwohl es sich dem unbeschriebenen Artnamen nach zweifellos um einen *Loxanthocereus* handelt.

Abb. 875. Loxanthocereus sp. „K 175", nach RAUHS Felddiagnose L. gracilispinus RAUH & BACKBG., in seinem Peruwerk, Abb. 150 (links), als L. multifloccosus RAUH & BACKBG. bezeichnet, da ohne Scheitelhaarschopf. Eine weitere Art oder Varietät mit weniger Areolenflocken? (Foto: RAUH.)

17. **Loxanthocereus peculiaris** RAUH & BACKBG. — Descr. Cact. Nov. 16. 1956

Teilweise niederliegend; Tr. bis 80 cm lang oder hoch, bis 5 cm ⌀; Rippen 17; Areolen sehr klein, 3 mm ⌀; Randst. zahlreich, 4—5 mm lang, anfangs gelblichbraun, borstenfein; Mittelst. 1—2, bis 2 cm lang, anfangs gelblichbraun; Bl. in Scheitelnähe, bis 8 cm lang, 2 cm ⌀, fast radiär bzw. mit beinahe gerader Röhre, diese nur 5 mm ⌀ (damit eine typische *Loxanthocereus*-Röhre, trotz geringer Biegung), zinnoberrot, behaart; Pet. sehr schmal, zinnoberkarmin, zurückgebogen; Staubf. karminviolett, nur halb so lang wie die Pet.; Staubb. gelb; Gr. länger als die Perigonröhre; N. grün. — S-Peru (Pisco-Tal, auf 2000 m, zusammen mit

*Haageocereus acranthus* v. *metachrous* und *Neoraimondia*)[1]). Es kommen bis 4 Mittelst. vor (Abb. 876).

Abb. 876. Loxanthocereus peculiaris RAUH & BACKBG. Blüte auch ± radiär, aber die Röhre hat nur 5 mm ⌀. (Foto: RAUH.)

Unter der coll. Nr. K 169 (1956) sammelte RAUH eine ähnliche Pflanze im Canta-Tal (Rio Chillon, 2400 m), die er anfangs als vielleicht mit obiger identisch hielt. Er beschrieb sie später als:

— **Loxanthocereus cantaensis** RAUH & BACKBG. — Beitr. z. Kenntn. d. peruan. Kaktveg., 314. 1958

Bis 60 cm lang, bis 5 cm ⌀, mit rübenförmiger Wurzel (welche manche *Loxanthocereus*-Arten haben); Rippen 18; Areolen sehr klein, mit zahlreichen dünnen Randst., anfangs lederbraun, ebenso der Areolenfilz; Mittelst. meist 1, anfangs dunkelbraun, bis 2,5 cm lang; Bl. bis 10 cm lang[2]), 2,5 cm ⌀, schwach zygomorph, mit leicht gekrümmter Röhre; Pet. lebhaft karminrot, zugespitzt; Staubbl. ungleich lang, ca. ± so lang wie die Pet.; Staubf. oben karmin, unten weiß; Staubb. gelb; Gr. karmin, länger als die Staubbl., aber kürzer als die Pet.; N. grün. Weicht ab in der

---

[1]) Erste Höhenangabe; später 1700 m.
[2]) Erste Angabe; später: 8 cm lang.

etwas breiter öffnenden Bl., den lebhaft karminroten Pet. sowie der etwas größeren Blütenlänge und durch kürzere Mittelst.[1]).

18. **Loxanthocereus pullatus** RAUH & BACKBG. — Descr. Cact. Nov. 14. 1956

Niederliegend und etwas aufsteigend; Tr. bis 50 cm lang, 3—5 cm ⌀; Rippen ca. 18; Randst. ca. 20, verflochten, hornfarben, etwas abstehend, dünn, bis 7 mm

Abb. 877. Loxanthocereus pullatus v. brevispinus RAUH & BACKBG. (Makrofoto: RAUH.)

lang; Mittelst. mehrere, davon 1—2 Hauptst., länger und aufwärts gerichtet, dunkelbräunlich, bald schwarz werdend und im Scheitel verflochten, bis 2,5 cm lang, steif, manchmal mit bläulichem Schein, und dazwischen Haare, an der Basis

---

[1]) Bei RITTER (Kat. 1958) gibt es einen *Haageocereus peculiaris* (FR 681); er gehört wohl hierher. Vgl. darüber die entsprechende Notiz (bez. der Gattungszugehörigkeit) bei den RITTER-Namen am Ende von *Haageocereus*.

heller; Bl. zinnoberrot; Röhre 4 cm lang; Staubf. weiß; Staubb. weißlichgelb; N. grün. — Mittleres Peru (im Wüstengebiet bei Km 80 der Panamerikanischen Straße, nahe Huacho).

18a. v. **brevispinus** Rauh & Backbg. — Descr. Cact. Nov. 15. 1956

Weicht durch kürzere Mittelst., im Scheitel nicht so sehr verflochten, ab. Am gleichen Standort (Abb. 877).

Abb. 878. Loxanthocereus eriotrichus (Werd. & Backbg.) Backbg. (Foto: Fuaux.)

18b. v. **fulviceps** RAUH & BACKBG. — Descr. Cact. Nov. 15. 1956

Weicht durch stärker ockerfilzigen Scheitel und längere, fast grünlichgelbe Mittelst. ab. Am gleichen Standort (Tafel 64 C). Von RAUH 1958 nicht erwähnt (K 46 b, 1956).

19. **Loxanthocereus eriotrichus** (WERD. & BACKBG.) BACKBG. — BfK. 1937—11

*Cereus eriotrichus* WERD. & BACKBG., in BACKEBERG, „Neue Kakteen", Anhang, 80. 1931. — *Borzicactus eriotrichus* (WERD. & BACKBG.) BACKBG., BfK. 1935—5, und Kaktus-ABC, 192. 1935. — *Binghamia eriotricha* (WERD. & BACKBG.) BORG.

Abb. 879. Loxanthocereus eriotrichus (WERD. & BACKBG.) BACKBG., Originaltypus, mit stärkerer Scheitelbehaarung.

Halb niederliegend, verzweigt, bis 40 cm lang; Körper graugrün; Scheitel mit St. bedeckt und mit Haaren untermischt, die die St. am Scheitelpunkt überragen; Rippen ca. 16, 5 mm hoch, über den Areolen scharf quergefurcht; Areolen höchstens 1 cm entfernt, anfangs stark gelbfilzig; 12—15 Randst., bis 8 mm lang, sowie 3—6 gleich lange Mittelst., schwer unterscheidbar, alle anfangs gelblichweiß, später grau, zum Teil dunkel gespitzt; Bl. feuerrot, Saum spitztrichterig schief, die oberen Pet. ziemlich gerade vorgestreckt, die unteren inneren nach unten stärker gebogen; Fr. kirschgroß; S. matt. — Peru (Rimac-Tal, von Matucana abwärts, auf ca. 2000 m) (Abb. 878—879).

Im Katalog „10 Jahre Kaktfrschg.", 1937, unterschied ich noch eine v. *longispinus*, unbeschrieben; ich habe aber nicht mehr feststellen können, wieweit es etwa Übergänge zu dieser Form mit längeren Mittelst. gibt.

20. **Loxanthocereus acanthurus** (VPL.) BACKBG. — J. DKG. (II), Mai 1937, 24

*Cereus acanthurus* VPL., Bot. Jahrb. ENGLER, L, Beibl. 111 b : 13. 1913. — *Borzicactus acanthurus* (VPL.) BR. & R., The Cact., II: 161. 1920. — *Binghamia acanthura* (VPL.) BORG, „Cacti", 185. 1951.

Niederliegend, spreizend, zum Teil aufsteigend, manchmal über Felsen hängend; Tr. bis 30 cm lang, 2—5 cm dick; Rippen 15—18, sehr niedrig, gerundet, durch scharfe Kerben quergefurcht; Areolen klein, sehr genähert, erst wenn blühbar, stärkere Wolle hervorbringend; bis ca. 20 Rand- und 2—5 Mittelst., bis 1 cm lang, wenig unterschieden bzw. ziemlich gleich lang, anfangs bräunlich; Bl. scharlachrot, gestreckt-trichterig, Röhre nur wenig gekrümmt, 4—5 cm lang; äußere Pet. etwas umgebogen-abstehend, innere Pet. vorgestreckt; Staubf. unten weiß, oben scharlach; Gr. rosa, über die Staubgefäße mit den grünen N. hervortretend; Fr. kugelig, 2—2,5 cm ⌀, nach oben etwas höckerig, behaart, klein beschuppt. — Peru (bei Matucana, auf ca. 2300 m und talabwärts). (Abb. 880—882).

20a. v. **ferox** (BACKBG.) BACKBG. — C. & S. J. (US.) XXIII: 19. 1951

*Borzicactus acanthurus* v. *ferox* BACKBG., in Kaktus-ABC, 192. 1935.

Abb. 880. Loxanthocereus acanthurus (Vpl.) Backbg.

Abb. 881. Loxanthocereus acanthurus (Vpl.) Backbg. in Blüte. (Foto: Fuaux.)

Querfurche ziemlich kräftig; zwischen den 25—28 Randst. ein bis 2 cm langer, bräunlich-hornfarbener mittlerer St. — Peru (Matucana, auf ca. 2000 m) (Abb. 883).

Anscheinend sind diese Pflanzen etwas variabel, was Stärke und Rippenzahl anbetrifft. Die hier wiedergegebenen Blütenfotos stammen zumeist von Mr. LEX FUAUX, Rosanna (Australien); die Aufnahmen zeigen alle bisher von Matucana bekanntgewordenen Arten dieser ± liegenden Pflanzen.

VAUPEL gibt bei der Beschreibung des Typus der Art keine Scheitelhaare an. RAUH hat jedoch unter der coll. Nr. K 19 (1956) Pflanzen gesammelt, die in allen Merkmalen der VAUPELschen Beschreibung entsprechen, aber längeren grauweißen Haarfilz im Scheitel zeigen. Dementsprechend habe ich die Pflanze im Schlüssel eingegliedert. Es mag sein, daß es Exemplare ohne solche filzähnlichen Haare gibt oder diese wechselnd stark ausgebildet werden; vielleicht ist es auch ein Kennzeichen früherer Kreuzung mit *L. eriotrichus*, da beide am gleichen Standort gefunden werden (s. auf Tafel 65).

Die Pflanzen blühen gern in der Kultur, und zwar gegen Sommerende.

### 21. **Loxanthocereus multifloccosus**
RAUH & BACKBG. — Descr. Cact. Nov. 16. 1956

Niederliegend; Tr. graugrün, bis 40 cm lang, 5 cm ⌀; Rippen 17—18; Areolen anfangs gelblich-filzig; St. zahlreich, strahlend, verflochten; Mittelst. dünn, kaum unterschieden, 1 (selten 2) etwas derber, bis 2 cm lang, braun; Scheitel dicht bestachelt, ohne Haarschopf im

Abb. 882. Loxanthocereus acanthurus-Früchte.

Scheitel; jede Areole zuletzt ein dickeres weißes Wollbüschel bildend, wodurch sich die Art auch von dem am gleichen Standort wachsenden *L. gracilispinus* unterscheidet, der solche nur vereinzelt hervorbringt; Bl. mit fast gerader Röhre, zinnoberrot; Pet. 2 cm lang. — Peru (Loma-Wüste bei Pachacamac, 100 m) (Abb. 884).

### 22. **Loxanthocereus canetensis** RAUH & BACKBG. — Descr. Cact. Nov. 16. 1956

Niederliegend, bis 80 cm lang; Tr. bis 8 cm ⌀; Rippen 21, 5 mm breit, mit Querfurchen; Randst. zahlreich, 5 mm lang, zuerst bräunlich, dann grau; Mittelst. in der Länge kaum unterschieden. manchmal ein längerer, bis 1,5 cm lang, oft fehlend; Bl. bis 10 cm lang, lebhaft zinnoberrot, mit gekrümmter, behaarter Röhre; Staubf. karminrot; Staubb. gelb; Fr. ca. 1,5 cm lang, dunkel weinrot. — Peru (Imperial, Cyanophyceenwüste, Eingang zum Cañete-Tal, zusammen mit einem *Haageocereus*) (Abb. 885).

### 23. **Loxanthocereus sextonianus** (BACKBG.) BACKBG. — Fedde Rep., LI, 65. 1942

*Erdisia sextoniana* BACKBG., Kaktus-ABC, 174, 411. 1935.

Größere holzige Rüben bzw. unterirdischer Pflanzenteil; Tr. leicht abbrechend, dünn und meist kürzer bleibend (in der Kultur gepfropft bis 40 cm lang!), unten bis tief seitlich verzweigend, gekrümmt und einseitig länger bestachelt, frischgrün; Rippen ca. 13, 2,5 mm hoch; Areolen rund, klein; Randst. bis 30, rosagelb, grau, braun oder dunkel, die schwer unterscheidbaren mittleren bis 3 cm lang, meist an einer Seite besonders lang, goldbraun und zum Teil in Zonen verschieden gefärbt; Bl. mit sehr schlanker Röhre, diese schwach behaart, Hüllbl. rot, locker nach außen umbiegend, Staubf. aufrecht, vom Gr. überragt; Fr. grün, rund. — S-Peru (oberhalb Mollendos, zusammen mit *Islaya minor* BACKBG.).

Abb. 883. Loxanthocereus acanthurus v. ferox (BACKBG.) BACKBG. (Foto: FUAUX.)

Blüht willig. In Kaktus-ABC, 1935, wurde, da die Blüte damals noch unbekannt war, vermutet, daß es vielleicht ein *Haageocereus* sei, da die Art in der Nähe von *Haageoc. decumbens* vorkommt. Ich habe gepfropfte Stücke viele Jahre kultiviert, und ungewöhnlich große Stücke stehen in meiner Sammlung im Jardin Exotique, Monaco; sie sind gepfropft, halten sich aber nur mit Stütze aufrecht und wachsen zum Teil auch kriechend, mit reichlicher Sprossung.

Abbildung eines blühenden Triebes im Peruwerk RAUHS, Abb. 142, rechts (1958).

Abb. 884. Loxanthocereus multifloccosus RAUH & BACKBG. (Makrofoto: RAUH.)

24. **Loxanthocereus gracilis** (AKERS & BUIN.) BACKBG. — In RAUH, Beitr. z. Kenntn. d. peruan. Kaktveg. 300. 1958

*Maritimocereus gracilis* AKERS & BUIN., „Succulenta", 49—52. 1950 (anfangs durch Druckfehler, auch in J. SKG. „Skde.", IV: 44. 1951, als *Maritinocereus*).

Verzweigt mit 10—20 Tr., 0,75—2,00 m lang, aus unterirdischem holzigem Wurzelstock entstehend; Äste ca. 5 cm dick, mit 11 höckerigen Rippen; Epidermis olivgrün, oben purpurn; Areolen 2 cm entfernt, mit 8 strahlenden, steifen, gelben, 1 cm langen St.; Mittelst. ungefähr doppelt so lang, 1—3, gelb und steif; Bl.

zygomorph, orange-scharlach, mittelgroß; Röhre schlank, s-förmig gekrümmt. mit vorstehenden schmalen Schuppen und vielen weißen Haaren; Ov. gehöckert und behaart; innere Pet. breiter als die lanzettlichen äußeren, alle spitz zulaufend; Gr. weiter herausragend; Fr. höckerig, behaart, gelbgrün, mit Blütenrest, mit scharf gespitzten festen Schuppen, bei Reife aufplatzend, Fruchtfleisch grün; S. schwarz, matt, punktiert. — S-Peru (bei Chavina) (Abb. 886, Tafel 64B).

Abb. 885. Loxanthocereus canetensis RAUH & BACKBG. (Foto: RAUH.)

25. **Loxanthocereus camanaensis** RAUH & BACKBG. — Descr. Cact. Nov. 15. 1956

Niederliegend, mit kurzen Tr., diese nur bis 20 cm lang, 4 cm ⌀; Rippen 13; Areolen ca. 1 cm entfernt, auf durch scharfe Querfurchen abgeteilten Längshöckern, diese ca. 1 cm lang, 6 mm breit; Randst. ca. 6—10, anfangs dunkler graubraun, bald grau, strahlend, kräftig-nadelig, bis ca. 5 mm lang; Mittelst. 1—2 (—3), anfangs graubraun, bis 3 cm lang, der Hauptst. meist ± stark aufgerichtet, nadelig-pfriemlich; Bl. in Scheitelnähe, ca. 8 cm lang, stark zygomorph; Röhre rötlich, mit kurzen, herablaufenden Schuppen, in den Achseln lange, weiße Haare; Ov. sehr klein; Pet. bis 3·cm lang, 3—5 mm breit, zugespitzt, orangerot; Staubf. gebündelt, zur Oberseite der Bl. hinweisend, an der Spitze karminrot; Staubb. gelb; Gr. zinnoberrot, herausragend; N. grün; Fr. ? — S-Peru (Loma-Wüste an der Straße Camaná-Arequipa, bei Km 165, 300 m) (Abb. 887).

Diese Art ist dem mit viel zahlreicheren Randst. versehenen *L. sextonianus* und dem viel länger werdenden *L. gracilis* nahe verwandt; die Tr. sind bei allen stärker gekrümmt.

26. **Loxanthocereus splendens** (AKERS) BACKBG. — Descr. Cact. 14. 1956

Als *Pseudoechinocereus splendens* AKERS, nur ein Name, in J. SKG. „Skde.", IV : 45. 1951, Gattung und Artname nicht beschrieben.

Ziemlich aufrecht, zumindest anfangs, oder niederliegend; Tr. bis 3 cm dick und mehr (?); Rippen bis ca. 12—14, ohne V-Kerbe, nur um die Areolen verdickt; Randst. bis ca. 14, dünn; Mittelst. 1—4, kräftiger, besonders ein bräunlicher, vorgestreckt; Röhre kräftig, nicht sehr lang, kräuselig behaart, oben lanzettliche längere Schuppen, in die Sep. übergehend; Pet. rot, breit-spatelig, nicht scharf spitz zulaufend; Staubf. um Gr. gedrängt; N. länglich, schwach geöffnet. — Peru (Standort unbekannt) (Abb. 888).

Die Blütenaufnahme stammt von einem im Jardin Botanique Les Cèdres beobachteten, ziemlich kräftigen Exemplar, das von JOHNSON kam.

27. **Loxanthocereus nanus** (AKERS) BACKBG. — Descr. Cact. Nov. 17. 1956

Von AKERS als nom. nud. aufgeführt in J. SKG. „Skde." IV : 44. 1951: „*Maritimocereus nana:* stark sprossend, nur 10 cm lange Sprosse. Gehört mit *M. gracilis* zur Gattung *Maritimocereus*. Ebenfalls ein guter Blüher, doch weniger auffällig als *M. gracilis.* Beide wachsen auf Felsen am Meeresufer im Chala-Atico-Gebiet von Peru."

Abb. 886. Loxanthocereus gracilis (AKERS) BACKBG.

Da *Maritimocereus* nicht von *Loxanthocereus* unterschieden ist, mußte „*Maritimocereus nana*" als *Loxanthocereus nanus* (AKERS) der Vollständigkeit halber beschrieben werden. Die Beschreibung wurde in Descr. Cact. Nov. unter Verwendung von AKERS' Angaben gegeben. Hoffentlich kann lebendes Material in Blüte beobachtet werden bzw. eine entsprechende Vervollständigung oder genauere Beschreibung danach erfolgen.

Abb. 887. Loxanthocereus camanaensis Rauh & Backbg. in Blüte. (Foto: Rauh.)

Nicht zu verwechseln mit *Pygmaeocereus bylesianus* Andreae & Backbg. n. sp., eine zwergige Art (und Genus), die *Haageocereus* nahesteht und ein Nachtblüher mit langen, dünnen Röhren ist.

Unter der Bezeichnung *Haageocereus multicolorispinus* (nur ein Name) sah ich bei *Andreae* eine der schlanken und zygomorphen Blüte nach zu *Loxanthocereus* gehörende Art. Mehr konnte ich darüber nicht feststellen.

66. BOLIVICEREUS Card.

C. & S. J. (US.) XXIII : 3, 91. 1951

Aufrechte, von der Basis verzweigende Pflanzen; Stämme holzig, rund; Rippen zahlreich, niedrig, quergefurcht; rote Tagblüten; Röhre mittellang, zylindrisch, behaart, etwas zusammengedrückt;

Abb. 888. Loxanthocereus splendens (Akers) Backbg.

Blütensaum sehr schief, Hüllblätter schmal, locker stehend und kräftig umgebogen; Griffel nicht die Staubgefäße überragend; im Röhrengrund ein Wollring; Frucht klein, dicht bewollt, wenig saftig, an der Basis öffnend; Samen sehr klein.

Abb. 889. ? Loxanthocereus sp. RITT., FR 181, von Lucanas (S-Peru). (Sammlung SAINT-PIE.)

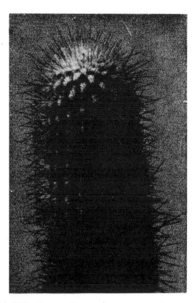

Abb. 890. Loxanthocereus sp. von AKERS, anscheinend auch Loxanthocereus rhodoflorus HORT. genannt; steht offenbar dem L. gracilispinus nahe.

a

b

Abb. 891. Bolivicereus samaipatanus CARD. Typus der Art. a: Originalfoto CARDENAS; b: blühende Kulturpflanze (Foto: CULLMANN).

CARDENAS vergleicht die Gattung mit *Cleistocactus* bzw. dessen ähnlichem Habitus und der Blüte von *Cl. baumannii* und sagt, die Blüten seien mehr geöffnet. Ferner vergleicht er die Blüten mit denen von *Loxanthocereus*, *Oreocereus* und *Borzicactus* sowie den Wollring mit *Denmoza*; er hält die Blüte für eine Zwischenstufe zwischen *Cleistocactus* und *Loxanthocereus*. Richtiger wäre der Vergleich mit der *Borzicactus*-Blüte gewesen, die anscheinend wenig bekannt ist; sie ist ebenfalls außerordentlich schiefsaumig, und im Röhrengrund findet sich gleichfalls ein Wollring. Auf den ersten Blick erscheint die *Bolivicereus*-Blüte von der *Borzicactus*-Blüte überhaupt nicht verschieden; bei letzterer ragen die Griffel auch verschieden weit vor (s. Abb. 895, 901), wie auch bei *Bolivicereus*. Beide Gattungen stehen einander sehr nahe; die weite räumliche Trennung besagt wenig, da wir heute wissen, daß *Cleistocactus* bis Peru geht, *Frailea* und *Malacocarpus* sogar bis Kolumbien! Die einzigen stichhaltigen Unterschiede sind nach CARDENAS' Beschreibung für *Bolivicereus*: leicht zusammengedrückte Röhre, sehr schmale Petalen, sehr kleine, ziemlich trockene, basal öffnende Frucht.

Typus: *Bolivicereus samaipatanus* CARD. — Typstandort: Bolivien (Santa Cruz, bei ,,El Fuerte" de Samaipata).

Vorkommen: O-Bolivien (Santa Cruz, bei ,,El Fuerte", ,,La Angostura" und San Miserato).

Abb. 892. Bolivicereus samaipatanus v. divimiseratus CARD. (Foto: CARDENAS.)

Abb. 893. Sämlingspflanze (RITTER-Nr. FR 355) von Bolivicereus samaipatanus CARD.

### Schlüssel von Art und Varietäten:

Pflanzen bis 1,50 m hoch
    Stacheln nadelförmig, weißlich, blaßgelb oder bräunlich

Stacheln 13—22
  Blüten 4 cm lang . . . . . . . . . . . . . . 1: **B. samaipatanus** Card.
Pflanzen nur bis 70 cm hoch
  Stacheln anfangs gelb, später grau, dünn
    Stacheln 9—13
      Blüten 5 cm lang, zahlreich . . . . . . . . 1a: v. **multiflorus** Card.
  Stacheln schwärzlich-aschgrau, borstenförmig, brüchig
    Stacheln 13—18
      Blüten 6 cm lang . . . . . . . . . . . . . 1b: v. **divi-miseratus** Card.

1. **Bolivicereus samaipatanus** Card. — C. & S. J. (US.), XXIII:3. 91. 1951

Aufrecht, gruppenbildend, von der Basis verzweigt, bis 1,50 m hoch; Tr. 3,5—4 cm ⌀; Rippen 14—16, niedrig, 2 mm hoch, 7 mm breit, quergefurcht; Areolen 3—4 mm entfernt, oben anfangs bräunlich-filzig; St. 13—22, dünn, ungleich, 4—30 mm lang, strahlend, weißlich-aschfarben, blaßgelblich oder bräunlich; Bl. sehr schiefsaumig, mit schmalen, lockeren und zurückgebogenen Pet.; Röhre leicht zusammengedrückt; Sep. purpurrot, spitzlich; Pet. blutrot, linear, 15 mm lang; Staubf. in zwei Serien; im Röhrengrund ein Wollring; Antheren dunkel-purpurn; Gr. nicht hervorragend; Fr. kugelig, klein, 9—11 mm lang, 7—9 mm breit, dicht weiß- und braunwollig, mit Blütenrest; S. winzig, schwärzlich-braun oder schwarz. — Bolivien (Dept. Santa Cruz, bei Samaipata, auf 1890 m) (Abb. 891, 893). Hat mit 4 cm Länge die kürzeste Blüte.

1a. v. **multiflorus** Card. — C. & S. J. (US.), XXIII:3. 93. 1951

Nur bis 70 cm hoch werdend, Bestachelung dünn, anfangs gelb, später aschgrau, St. 9—13, davon 6—10 Randst. und 3 Mittelst., länger als die 4—6 mm langen seitlichen St.; Knospen dicht weiß- und braunbehaart; Bl. zahlreich erscheinend, 5 cm lang, rotorange. — Bolivien (Dept. Santa Cruz, bei „La Angostura").

Weicht durch oft mehr liegenden Wuchs und die Blütenfarbe ab, auch scheint die Blütenhülle weniger schief zu sein.

1b. v. **divi-miseratus** Card. — The Nat. C. & S. J. (Gr. Brit.), 1:9. 1951

Lockere Gruppen, bis 70 cm hoch; St. schwärzlich-aschgrau, borstenförmig und brüchig, 13—18, die längeren etwas abwärts gerichtet, sehr dünn, verflochten; Bl. rot, 6 cm lang. — Bolivien (Dept. Santa Cruz, bei San Miserato) (Abb. 892).

Die Varietät v. *divi-miseratus* Card. wurde vor der Gattungsbeschreibung bzw. dem Typus und der v. *multiflorus* publiziert, da die amerikanische Veröffentlichung erst später herauskam.

## 67. BORZICACTUS Ricc.
Boll. R. Ort. Bot. Palermo 8:261. 1909

Bei Britton u. Rose eine Sammelgattung verschiedener Cereentypen, weshalb die Gattung aufgespalten wurde, bzw. es konnten nur Arten bei ihr belassen werden, die den Kennzeichen des Typus entsprechen. Die übrigen Spezies (zum Teil sogar Synonyme als selbständige Arten) mußten auf die Gattungen *Seticereus*, *Haageocereus* und *Loxanthocereus* verteilt werden (s. dort). Inzwischen fand ich noch zwei neue Arten dieser ausschließlich ekuadorianischen Gattung. Die dem Typus entsprechenden Gattungsmerkmale sind: Niedrige, buschige, zum Teil ± niederliegend-aufsteigende Cereen mit schiefsaumigen, ziemlich engschlundigen

Blüten mit zahlreicheren Petalen, das Perigon nicht trichterig, sondern ± abruptschief, die Röhre nicht zusammengedrückt, innen ein Wollring, keine Borstenbildung in der Blütenzone; Frucht kugelig, nicht groß, schwach behaart. Die Blüten sind alle rotfarbig und am Tage geöffnet, die Hüllblätter nicht sehr schmal wie bei *Bolivicereus*, der ebenfalls einen Wollring und stark schiefsaumige Blüten hat, dessen Röhre aber schwach zusammengedrückt ist. Beide Gattungen stehen einander jedoch zweifellos sehr nahe. Über die Eingliederung von Kugelformen in *Borzicactus* s. unter *Submatucana* und bei Abb. 1007[1]).

Typus: *Borzicactus ventimigliae* Ricc. — Typstandort: nur ,,Quito" angegeben.
Vorkommen: Nur in Mittel- und S-Ekuador.

Schlüssel der Arten:

Rippen mit ± V-förmiger Kerbe über den Areolen
  Rippen 8—11 (—14?)
    Bestachelung nicht lang und wirr verflochten
      Längere Mittelstacheln nur vereinzelt, seitlich
      oder abwärts weisend, biegsam
        Stacheln ± rotbraun, Basis meist gelb . . .  1: **B. sepium** (HBK.) Br. & R.
    Bestachelung ziemlich verflochten (am Standort)
      Längere Mittelstacheln zahlreicher, ziemlich
      lang (in der Kultur steifer, kürzer, verschieden spreizend)
        Stacheln dunkelbraun bis zum Teil schwärzlich . . . . . . . . . . . . . . . .  2: **B. aequatorialis** Backbg.
  Rippen 13—16
    Areolen nicht sehr dicht bzw. nicht sehr filzig
      Mittelstacheln nadelig-biegsam, Stacheln zahlreich und dicht
        Stacheln goldgelb . . . . . . . . . . .  3: **B. websterianus** Backbg.
      Mittelstacheln mehr pfriemlich-steif
        Stacheln rotbraun, dunkel . . . . . . . .  3a: v. **rufispinus** Backbg.
    Areolen dichtstehend und kräftig weißfilzig
      Mittelstacheln borstenartig dünn bis nadelförmig, länger und schräg abwärts weisend
        Stacheln bräunlich . . . . . . . . . . .  4: **B. morleyanus** Br. & R.

1. **Borzicactus sepium** (HBK.) Br. & R. — The Cact., II: 160. 1920

*Cactus sepium* HBK., Nov. Gen. Sp. 6: 67. 1823. — *Cereus sepium* DC. — *Cleistocactus sepium* Web. — ? *Borzicactus ventimigliae* Ricc., Boll. R. Ort. Palermo, 8: 262. 1909. — ? *Cereus ventimigliae* Vpl. (Synonymie nach Br. u. R.)

Schlankstämmig bis etwas kräftiger, biegsam, manchmal liegend und wieder aufsteigend; Tr. bis 1,5 m lang, bis ca. 4 cm ⌀; Rippen 8—11 (—14?), nicht gefeldert, mit ± V-förmiger Furche und ohne Abplattung des höchstens schwachen Höckers; Randst. 8—10, dünn, spreizend, bis 10 mm lang; Mittelst. mehrere unterscheidbar, aber meist 1—3 längere oder 1 besonders lang und schräg abwärts, oben zum Teil dunkler, manchmal bis 4 cm lang; Bl. zygomorph, weniger stark

---

[1]) Über die Unterschiede von *Clistanthocereus* und *Loxanthocereus* s. in den Einleitungen zu diesen Gattungen. *Borzicereus* Frič & Kreuzinger nom. nud. (1934) gehört nicht hierher (z. T. *Seticereus*, z. T. *Cleistocactus*).

als bei *B. morleyanus*, innen rot, Sep. scharlach; Röhre behaart; Fr. ca. 2 cm ⌀, Fruchtfleisch weiß; S. zahlreich, klein. — Ekuador (bei Riobamba und auf dem umgebenden Hochland). (Abb. 894).

BRITTON u. ROSE führen aus, daß *Borzicactus ventimigliae* RICC. nicht von HUMBOLDTS *Cactus sepium* verschieden sein kann und das aus Palermo erhaltene Exemplar dem *Cereus sepium* bzw. der Pflanze entspricht, die sie unter diesem Namen von Berlin erhielten. Nach RICCOBONOS Beschreibung sind aber die Rippen gegenüber der Angabe bei *Cactus sepium* HBK. (die nur „angulis brevibus" lautet) als „areola a linea fere hexagonali" beschrieben. Dem entspricht die Abb. 895. Danach kann BR. & R. nicht das richtige Vergleichsmaterial vorgelegen haben. Angesichts der auffälligen Unterschiede der beiden Pflanzen glaube ich, daß Abb. 895 *Borzicactus ventimigliae* RICC. ist, zumal RICCOBONO vom Blütensaum sagt „leggermente zigomorfi". Beide Arten haben engschlundige Blüten. *Borzicactus ventimigliae* muß danach — wenn er auch angesichts der ungeklärten Vergleichsangabe BR. & R.'s nicht im Schlüssel aufgenommen wurde — als gute Art gelten.

## 2. **Borzicactus aequatorialis**

BACKBG. — Descr. Cact. Nov. 17. 1956

Aufrecht, schlanksäulig, bis 4 cm stark; Rippen oben rundlich, um die Areolen geschwollen und über ihnen ± gekerbt, so daß sie wie gehöckert erscheinen; St. verschieden lang und in allen Richtungen spreizend und ± verflochten, keine

Abb. 894. Borzicactus sepium (HBK.) BR. & R. ohne stärkere Rippenfelderung.

Abb. 895. Borzicactus ventimigliae RICC., mit stark gefelderten Rippen. Zweifellos nicht identisch mit *B. sepium*, sondern eine gute, eigene Art. (Sammlung „Les Cèdres", St. Jean-Cap-Ferrat.)

dünnen nadeligen Randst., sondern mehr pfriemlich und mehr abstehend, gerade oder ± gebogen, zum Teil (besonders in der Kultur), kürzer und steifer, verschieden gerichtet; St. oben dunkel bis schwärzlich, später grau, Basis anfangs gelblich. — Ekuador (genau auf dem Äquator, in der Nähe der beiden Wappenberge bzw. des Condamine-Vermessungsdenkmals, auf den Berghängen). Ich fand die Art bereits 1933; sie war aber noch unbeschrieben (Abb. 896—897).

Ich hielt diese Art zuerst für *B. ventimigliae* Ricc. (BfK. 1937—12.).

Abb. 896. Borzicactus aequatorialis Backbg. Wächst genau auf dem Äquator, nördlich von Quito.

Abb. 897. Borzicactus aequatorialis: Kulturexemplar; Form mit stärkeren Stacheln.

3. **Borzicactus websterianus** Backbg. — BfK. 1937—11

Aufrecht, von unten verzweigend, gruppenbildend; Tr. ziemlich stark werdend, bis 10 cm ⌀ (stärkste Art), hellgrün; ca. 14 Rippen, später bis 1 cm breit, niedrig, anfangs über der Areole stark eingezogen, später V-förmige Kerben; St. goldgelb, unregelmäßig strahlend, stechend, ca. 20 Randst. und ca. 4 mittlere unterscheidbar, meist einer der längste, bis 5 cm lang, die meisten bis 12 mm lang; Bl. karminrot, schiefsaumig. — Ekuador (Provinz Cuenca) (Abb. 898).

In der Kultur werden die St. dünner und sind kürzer.

3a. v. **rufispinus** Backbg. — BfK. 1937—11

Tr. mehr dunkelgrün; St. stark verflochten und dunkel- bis rotbraun, — Ekuador (Prov. Cuenca) (Abb. 899).

Rauh sammelte diese Varietät ebenfalls bei Cuenca, auf ca. 3000 m, an Trockenhängen.

4. **Borzicactus morleyanus** Br. & R. — The Cact., II: 160. 1920

Meist aufrecht-buschig, zum Teil niedergebogen; Tr. bis 6 cm ⌀; Rippen 13—16, niedrig, gerundet, mit V-Kerben; Areolen auffällig, hellfilzig, ziemlich genähert; St. bis 20, Randst. borstig fein, mittlere länger, elastisch, gerade, oft abwärts weisend, braun, bis über 2,5 cm lang; Bl. bis 6 cm lang, sehr schiefsaumig, karminrot, Staubf. violettkarmin; Knospe und R. stark- bzw. krauswollig; Fr. kugelig. — Ekuador (bei Huigra, Chanchan-Tal) (Abb. 900—901).

BRITTON u. ROSES Bild Fig. 230, l. c., zeigt eine verfallende Blüte, während ich am Standort (s. Abb. 901) breiter und sehr schief geöffnete Blüten beobachtete. Das Foto von POINDEXTER in C. & S. J. (US.), 58. 1949, zeigt dagegen im Hochstand nur schwach und wenig zygomorph öffnende Blüten (bei einer aus der ehemaligen Sammlung von Mrs. Y. WRIGHT stammenden Pflanze). Es liegt die Vermutung nahe, daß es sich hier um einen Bastard mit einem *Seticereus* handelt, jedenfalls nicht um *B. morleyanus*.

## 68. SETICEREUS BACKBG.

Als *Seticereus* BACKBG. zuerst erwähnt in J. DKG. (II), 17. 1936; mit Latein-Diagnose, in J. DKG. (II), 75. 1942

[*Borzicactus* BR. & R. pro parte. — Als *Binghamia* BR. & R. sensu BACKBG., in „D. Kaktfrd.", 124. 1934. — *Gymnanthocereus* BACKBG. als Gattungsname mit dem Typus *Cactus chlorocarpus* HBK., in BfK. 1937—7]

Zur Geschichte der Gattung: Als das Genus *Borzicactus* BR. & R. sich in dessen ursprünglichem Umfang als nicht haltbar erwies, stellte ich die darunter aufgeführten, jetzt zu *Seticereus* gehörenden Arten zuerst zu *Binghamia* BR. & R. aus folgenden Gründen: BRITTON u. ROSE charakterisierten den Typus von *Binghamia* (*Binghamia melanostele* (VPL.) BR. & R. in ihrem Schlüssel: „Areolen der blühenden Pflanzen lang-borstig." Dies Merkmal traf allerdings weder auf das Oberflächencephalium von *Cereus melanostele* VPL. zu, noch auf einen *Haageocereus* (*Cereus acranthus* VPL., der ebenfalls dazugestellt wurde), aber es schien

Abb. 898. *Borzicactus websterianus* BACKBG.

Abb. 899. *Borzicactus websterianus* v. *rufispinus* BACKBG.

Abb. 900. Borzicactus morleyanus Br. & R. mit Blüte und Frucht.

Abb. 901. Die typische, stark schiefsaumige Borzicactus-Blüte des B. morleyanus, vom Verfasser am Typstandort gesammelt.

wenigstens auf die jetzt zu *Seticereus* gestellten Arten zu passen, die lange Borsten in blühbaren Areolen entwickeln. Da sich jedoch *Binghamia* Br. & R. als ein Genus confusum erwies bzw. auch als späteres Homonym von *Binghamia* Farlow ex Agardh (Algae) verworfen werden mußte, stellte ich das Genus *Seticereus* auf. Mit dem Synonym *Gymnanthocereus* Backbg. hat es folgende Bewandtnis (s. auch unter *Gymnocereus* Backbg. genus novum): Als Typus dieser Gattung wählte ich seinerzeit den anscheinend ältesten hierhergehörenden Namen *Cactus chlorocarpus* HBK. Als sich diese Art als ein *Seticereus* erwies, tauschte ich den Typus von *Gymnanthocereus* aus, d. h. wählte ich dafür *Cereus microspermus* Werd. & Backbg. Dies ist nach den Regeln nicht mehr möglich; so mußte das neue Genus *Gymnocereus* Backbg. aufgestellt werden, während *Gymnanthocereus* Backbg. als Synonym zu *Seticereus* Backbg. gestellt werden mußte, weil hierher jetzt der erste Typus gehört.

Die Merkmale, die Wuchsform und die Synonymie der zur Gattung *Seticereus* gehörenden Arten konnten erst in jüngerer Zeit geklärt werden; die langborstigen, niedrigen Arten sind ± kriechend bzw. aufsteigend, die wenig beborsteten dagegen strauchig-baumförmig. Das erste Standortsfoto einer solchen Art [*Seticereus chlorocarpus* (HBK.) Backbg.]

brachte ich in „Neue Kakteen", 1931; den ebenfalls strauchig-baumförmig wachsenden *Seticereus roezlii* (HAAGE jr.) BACKBG. zeigte RAUH zum ersten Male am Standort mit Aufnahmen von seiner Reise 1954. Die unterscheidenden Merkmale der Gattung sind: In der Zone der blühbaren Areolen ± lange Borsten; Blüten stark zylindrisch, etwas schiefsaumig; Röhre zusammengedrückt, im inneren Grunde ohne Borstenring; Fr. kugelig, ziemlich groß, bis 4 cm ⌀, gelb bei der Reife, Fruchtfleisch saftig, weiß; S. zahlreich, klein, mattschwarz. Bl. und Fr. nur schwach behaart.

Abb. 902. Seticereus icosagonus (HBK.) BACKBG. Größere Kolonie am Typstandort bei Huancabamba. (Foto: RAUH.)

Typus: *Cactus icosagonus* HBK. — Typstandort: Nabón, Ekuador.
Vorkommen: Von S-Ekuador (Nabón, bei Loja, Catamayo-Tal) bis N-Peru (Rio-Huancabamba- und Olmos-Tal, auf ca. 2000 m).

### Schlüssel der Arten:

Niederliegende bis aufsteigende, feinstachlige Triebe
    Borsten der Blütenzone lang und dicht, straff
        Borsten goldgelb
            Blüten rot
                Ohne längere, pfriemliche Mittelstacheln . . 1: **S. icosagonus** (HBK.) BACKBG.
                Mit längeren, pfriemlichen Mittelstacheln . 1a: v. **oehmeanus** (BACKBG.) BACKBG. n. comb.
            Blüten orangegelb. . . . . . . . . . . . . 1b: v. **aurantiaciflorus** BACKBG.
        Borsten rotbraun
            Blüten bläulich-karmin getönt . . . . . . . . 2: **S. humboldtii** (HBK.) BACKBG.

Baumförmig wachsende Pflanzen mit derberen Stacheln
  Borsten der Blütenzone gering an Zahl, kräuselig,
    locker, erst spät gebildet und nicht sehr lang
  Borsten dunkel
    Höhere Stammbildung (später?)
      Krone breit und locker verzweigt . . . . . 3: **S. roezlii** (HAAGE jr.) BACKBG.
    Kurzer Stamm oder von der Basis her aufsteigende
      Äste
      Krone dichter bis sehr dicht . . . . . . . 4: **S. chlorocarpus** (HBK.)
          BACKBG.

*Seticereus oehmeanus* v. *ferrugineus* BACKBG. wurde nicht in den Schlüssel aufgenommen, da es sich anscheinend um eine Naturkreuzung mit *S. humboldtii* handelt; es gibt mehrere solcher Wildbastarde, da die beiden Arten, bzw. *S. humboldtii* und *S. icosagonus*, an vielen Stellen gemeinsam vorkommen.

Abb. 903. Blüte des Seticereus icosagonus (HBK.) BACKBG. (Foto: FUAUX.)

1. **Seticereus icosagonus** (HBK.) BACKBG. — J. DKG. (II), 28. 1942

    *Cactus icosagonus* HBK., Nov. Gen. Sp. 6 : 67. 1823. — *Cereus icosagonus* DC. — *Cereus isogonus* K. SCH. — *Borzicactus icosagonus* (HBK.) BR. & R. — *Cleistocactus icosagonus* WEB. — *Cereus aurivillus* K. SCH. — *Borzicactus aurivillus* (K. SCH.) BR. & R. — *Binghamia icosagona* (HBK.) BACKBG. (1935), l. c.

Niederliegend bis aufsteigend, große, niedrige Kolonien bildend; Tr. bis ca. 60 cm lang, bis 6 cm ⌀; Rippen 18—20, niedrig, wenig höckerig, bei manchen Pflanzen werden die Tr. am Ende dicker, die Rippen stärker höckerig gewulstet und die Borstenst. mehr tiefgelb; St. borstenförmig, zahlreich in den nahestehenden Areolen, diese bei Blühbarwerden manchmal straffe, ziemlich lange, dünne Borsten entwickelnd, die nicht abfallen; Bl. ziemlich geradröhrig, mit etwas schiefem Saum, sehr zahlreich erscheinend; Röhre etwas zusammengedrückt; Pet. locker, umgebogen, lanzettlich, hell- bis kräftig rot, auch fast scharlachrot; Blütenlänge bis 8 cm; Schuppen der Röhre und der ziemlich großen, gelben Fr. weißlich bis bräunlich behaart; S. matt, schwarz, klein. — S-Ekuador bis N-Peru. (Abb. 902—905).

Abb. 904. Starker Borstenschopf eines alten Triebendes von Seticereus icosagonus (HBK.) BACKBG.; die Borstenbildung in verschiedener Länge und Stärke — hier besonders auffällig — ist für diese Gattung typisch und in ihrem Namen ausgedrückt. (Foto: RAUH.)

1a. v. **oehmeanus** (BACKBG.) BACKBG. n. comb.

*Seticereus oehmeanus* BACKBG.; als Name zuerst in Kakt. u. a. Sukk. (I. DKG.), mit Abb., 186. 1937; mit latein. Diagn. in Kkde. 31. 1943.

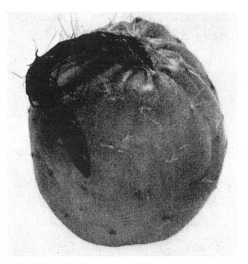

Abb. 905. Frucht eines Seticereus icosagonus (HBK.) BACKBG.

St. hellbräunlich; 1—2 stärkere Mittelst., wenn zwei vorhanden, der obere bis 3 cm lang, der untere bis 6 cm lang: Bl. zinnoberrot. — N-Peru (bei Huancabamba) (Abb. 906).

**Seticereus oehmeanus v. ferrugineus** (BACKBG.) BACKBG.— Kkde. 31. 1943

*Seticereus ferrugineus* BACKBG., Kakt. u. a. Sukk. (I. DKG.), mit Abb., 11 : 185. 1937.

wurde zwar 1943 gültig beschrieben, es handelt sich aber möglicherweise um eine Naturhybride mit *Setic. humboldtii*. Die kräftigen St. sind bräunlich, wenn auch heller als bei letzterem, einige kräftiger; Bl. dunkel-karminrot. — N-Peru (bei Huancabamba gefunden).

1b. v. **aurantiaciflorus** BACKBG. — Kkde. 31. 1943

Weicht vom Typus der Art durch hell-orangegelbe Bl. ab; da ein solcher

Abb. 906. Seticereus icosagonus v. oehmeanus (BACKBG.) BACKBG.

Blütenfarbton sonst bei den „Loxanthocerei" nicht bekannt ist, habe ich diese Varietät abgetrennt (Abb. 907).

Auch *S. icosagonus* hat variable Blütenfarbtöne; man findet blaßkarmin- bis dunkler karminrote sowie ziegel- bis scharlachrote Blüten.

## 2. **Seticereus humboldtii**

(HBK.) BACKBG. — BfK. 1937—11

*Cactus humboldtii* HBK., Nov. Gen. Sp. 6 : 66. 1823. — *Cereus humboldtii* DC. — *Cleistocactus humboldtii* WEB. — *Cereus plagiostoma* VPL., Bot. Jahrb. ENGLER, 50 : Beibl., 111 : 20. 1913. — *Borzicactus plagiostoma* (VPL.) BR. & R. — *Borzicactus humboldtii* (HBK.) BR. & R. — *Binghamia*

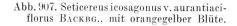

Abb. 907. Seticereus icosagonus v. aurantiaciflorus BACKBG., mit orangegelber Blüte.

Abb. 908. Seticereus humboldtii (HBK.) BACKBG. Die reine Art ist dunkel kastanienbraun bestachelt und beborstet (wenn blühbar), die Blüte ist karminrandig getönt. — Selten rein, am Standort oft verbastardiert; größere Kolonien der reinen Art fand ich auf dem Cerro Colorado bei Huancabamba (N-Peru). (Foto: FUAUX.)

Abb. 909. Alte Seticereus humboldtii (Foto) und S. icosagonus sind außerordentlich reichblühend.

Abb. 910. Baumförmiger Cereus von Chamaya (N-Peru). Bild 1954 unter der Nr. K 131 (Setic. roezlii) erhalten, wahrscheinlich Calymmanthium RITTER nom. nud. (Foto: RAUH.)

*humboldtii* (HBK.) Backbg., ,,D. Kaktfrd.", 124. 1934, und BfK. 1934—10.

Niederliegend, dunkelgrün; Rippen 10—12, niedrig, etwas höckerig; St. borstig, steif, kastanienbraun, ebenso der Borstenschopf der Blütenzone, oft besonders stark entwickelt; Bl. 7 cm lang, bläulich karminrot; Gr. hervorragend; Fr. kugelig, gelblich, bis 3 cm $\varnothing$; S. klein, schwarz, matt. — S-Ekuador bis N-Peru (Abb. 908—909).

*Cereus plagiostoma* Vpl. ist nach der Abbildung diese Pflanze. Die Rippenzahl wurde mit 15 angegeben, ist aber variabel; Vaupel gibt die St. mit schwärzlich an, was sich aber wohl auf Herbarmaterial bezieht. (Dieses stammt von San Miguel, Dept. Cajamarca, Peru.)

Ritter (Kat. 1958) nennt die Art fälschlich *Cleistocactus plagiostoma* (Vpl.) Ritter (FR 577); über die Identität mit *Cactus humboldtii* kann aber kein Zweifel bestehen, ebensowenig darüber, daß die Art nicht zu *Cleistocactus* gehört.

Abb. 911. Seticereus roezlii-Blüte; die Areolen weisen anfangs kurze Borsten auf; später nimmt die Borstenbildung zu.
(Abb. 912: dieselbe Pflanze, einige Jahre später)

Abb. 912. Älterer Triebteil eines Seticereus roezlii (Haage jr.) Backbg., mit bereits stärkerer bzw. längerer Borstenbildung, die nie die Dichte wie bei S. icosagonus erreicht.

3. **Seticereus roezlii** (Hge. jr.) Backbg. — J. SKG. ,,Skde.", III: 5. 1949[1])

*Cereus roezlii* Hge. jr., in K. Schumann, Gesamtbschrbg., 64. 1898. — *Cleistocactus roezlii* (Hge. jr.) Backbg., in Kaktus-ABC, 190. 1935. — *Borzicereus roezlii* (Hge. jr.) Frič. — *Borzicactus sepium* v. *roezlii* (Hge. jr.) Borg — *Borzicereus roezlii* (Hge. jr.) Frič & Krzgr. (1935).

---

[1]) Rauh gibt in Beitr. z. Kenntn. d. peruan. Kaktveg. (S. 326) hierfür seine Sammelnummer K 131 (1954) an (1956 unter K 70 gesammelt), bezeichnet aber das Bild l. c. Seite 164,

Strauchig, breit und locker verzweigt, bis 2 m hoch; Tr. graugrün, bis 7 cm ⌀; Rippen bis 9, zwischen den Areolen quergeteilt, gerundet; Areolen bis zu 2 cm entfernt, unter einer V-förmigen Einsenkung, anfangs gelbfilzig; Randst. 9—12, strahlend, der längste untere bis 1 cm lang, hellbraun, pfriemlich; Mittelst. 1, länger bzw. verschieden lang, von 1—4 cm lang, anfangs ± waagerecht, später oft etwas nach unten weisend; in den Areolen werden mit zunehmendem Alter lockere und meist aufrecht stehende Haarborsten ausgebildet, die allmählich zunehmen, anfangs aber nur vereinzelt auftreten; Bl. zylindrisch, schwach gebogen, Saum locker, etwas schief; Pet. schmal, etwas zurückgebogen, rot. — Peru (im Tal von Bellavista-Olmos, N-Peru, bzw. am Marañon bei Bellavista bestandsbildend, 1500—2000 m) (Abb. 911—914, 919).

Abb. 913. Sämlinge von Seticereus roezlii (HAAGE jr.) BACKBG. (Aus den Kulturen der Fa. KUENTZ, Fréjus [S-Frankreich].)

Eine in den Sammlungen lange vereinzelt vorhandene, sehr blühwillige Pflanze, zum Teil mit *Setic. chlorocarpus* verwechselt; die Zugehörigkeit beider Arten zu dieser Gattung erwies sich erst mit der beobachteten Borstenbildung eines alten Exemplars meiner Sammlung. 1954 brachte RAUH dann die ersten Standortsbilder von *S. roezlii*, dessen Mittelstachellänge variabel ist. Ich bilde ein Kopfstück mit der für *Seticereus* charakteristischen Beborstung ab.

*Borzicactus roezlii* (HGE. jr.) BACKBG. ist eine irrtümliche Kombination bei MARSHALL. Das Farbfoto 914 zeigt eine niedrige Pflanze in Blüte. In der Schweiz sah ich vor Jahren eine alte, mehrere Meter hohe.

RITTER stellt diese Art zu *Cleistocactus* und nennt sie *Cleistocactus roezlii* (HGE. jr.) RITTER; diese Kombination hatte ich aber bereits 1935 vorgenommen, bevor der eigene Gattungsrang erkannt wurde.

---

das ich seinerzeit unter K 131 erhielt, als „*Cereus* sp. von Chamaya", "ähnlich der Abbildung JOHNSONS, Titelfoto in C. & S. J. (US.) XXIV : 5. 1952". JOHNSON beschreibt diese Pflanze: „Bis 6 m hoch, über einem stachligen Stamm verzweigt; Nachtblüher mit kurzer, röhriger, weißer Blüte. Röhre und Ovarium mit merkwürdigen, dünnen, häutigen Schuppen. — N-Peru (beidseits des Marañon, auf 500—900 m)." Allem Anschein nach handelt es sich hier wie bei RAUHS Abb. 910 um das Genus *Calymmanthium* RITTER (*Diploperianthium* nom. prov.), eine noch unbeschriebene Gattung, die demnach also zuerst von JOHNSON beobachtet wurde, dann 1954 von RAUH. (Siehe S. 887.)

RAUHS Blütenfarbenangabe bei *Seticereus roezlii* „weiß", ist natürlich nur ein Versehen und muß „rot" heißen. Meine Herkunftsangabe „Bolivien" in Kaktus-ABC, 190. 1935 (als *Cleistocactus*) geht darauf zurück, daß man damals über die richtige Gattungszugehörigkeit dieser Art noch nichts wußte. WEBER sah die ihm bekannten Arten dieses Genus auch als *Cleistocactus*-Spezies an.

Hierher gehört vielleicht:

**Cleistocactus chotaensis** WEB., Bull. Mens. Soc. Nice, 44: 47. 1904

*Cereus chotaensis* VPL., MfK., 23: 25. 1913.

Bis 2 m hoch; Bl. 5 cm lang, orangefarben, Saum 2,5 cm breit; Ovariumschuppen mit langen schwarzen Haaren. — Peru (Rio Chota).

Nach WEBER ähnelt die Art einer von HUMBOLDT in derselben Gegend gesammelten. Das kann sich nur auf *Cactus chlorocarpus* HBK. beziehen,

Abb. 914. Seticereus roezlii (HAAGE jr.) BACKBG. Jüngeres, aber schon stärker verzweigtes Exemplar. Es zeigt auch bei dieser Art die typische, reiche Seticereus-Blüte. (Farbfoto: PALLANCA, Bordighera.) (Vergleiche hierzu Abb. 73, oben, in RAUH's Peruwerk 166. 1958, Standortsbild).

dem auch *Setic. roezlii* im Wuchs ähnlich sieht. Da die Blütenfarbe einmal nicht ganz exakt angegeben worden sein kann, aber bei *S. icosagonus* auch scharlach-orange Tönungen vorkommen, kann auch die Blütenfarbe annähernd zutreffen, wie dies auch für Blütenlänge und Saumbreite zutrifft, sowie für die Röhrenbehaarung. Das Foto einer von RAUH unfern des Rio Chota gesammelten Pflanze mag diese Art darstellen (?) (Abb. 920).

In MfK. 164. 1905 sagt GÜRKE: „Von dieser Art, welche am Rio Chota gesammelt wurde, existiert nur im Herbar ED. ANDRÉ unter Nr. 3597 eine getrocknete Blüte, welche ähnlich der von *Cleistocactus humboldtii* ist und ihrer Form nach ebenfalls zu *Cleistocactus* gehört."

Daraus geht hervor, daß es gleichfalls ein *Seticereus* war. Ich bin aber nicht sicher, ob die von RAUH unfern des Rio Chota gesammelte Pflanze diese Art ist. Es besteht immerhin noch die Möglichkeit, daß WEBERS „*Cleistoc. chotaensis*" eine weitere baumförmige Art war und (nach PALLANCAS Farbfoto) *Setic. roezlii* eine etwas niedrigere Spezies, die in der Kultur aber ziemlich lang werden kann. Endgültiges läßt sich bisher kaum darüber sagen.

4. **Seticereus chlorocarpus** (HBK.) BACKBG. n. comb.[1])

*Cactus chlorocarpus* HBK., Nov. Gen. Sp., 6 : 67. 1823. — *Cereus chlorocarpus* DC., Prodr., 3 : 466. 1828. — *Gymnanthocereus chlorocarpus* (HBK.) BACKBG., BfK 1937—7. — *Browningia chlorocarpa* (HBK.) MARSH., C. & S. J. (US.), 114. 1945.

Diese Art sahen BRITTON u. ROSE (The Cact., II : App. 224. 1920) noch als nicht identifizierbar an. Als ich 1931 bei Huancabamba sammelte, fand ich sämtliche von HUMBOLDT, BONPLAND und KUNTH beschriebenen Arten, die HUM-

Abb. 915. Seticereus chlorocarpus (HBK.) BACKBG. ? Lockerkronige Pflanze im Tal von Olmos, jenseits der Paßhöhe, dort bestandsbildend. (Foto: RAUH.)

---

[1]) Diese Kombination wurde gleichzeitig auch in RAUHS Peruwerk aufgenommen, der in einer Fußnote sagt: „BACKEBERG & WERDERMANN, Neue Kakteen, 77. 1931." WERDERMANN führte damals nur *Cereus chlorocarpus* (HBK.) DC. an, und zwar unter der Gattungsrubrik *Lemaireocereus* BR. & R.

BOLDT dort zuerst gesehen hatte. Die einzige bisher nicht identifizierbare Art war ein niedrig baumförmiger, dicht breitkronig verzweigter Cereus, bis 1,50 m und mehr hoch, nicht so locker- bzw. breitkronig wie *S. roezlii*. Diese von den niedrigen *Seticereus*-Arten völlig abweichende Pflanze sah ich nach den runden grünlichen Früchten und der größeren Wuchsform als Typus von *Gymnanthocereus* an (als vermutlich ältesten Namen), wies aber schon in BfK., 1937—7, Nachtr. 15, ebenso in der Beschreibung in BACKEBERG, „Neue Kakteen", 77. 1931, auf Borsten hin, die ich in den oberen Areolen beobachtet hatte. Auf Grund dieser Borsten und des strauchigen, dem *Setic. roezlii* ähnlichen Wuchses wurde die Art jetzt — nachdem die RAUH-Fotos diese Habitusähnlichkeit mit den Standortsaufnahmen belegten — zu *Seticereus*

Abb. 916. Seticereus chlorocarpus (HBK.) BACKBG. vom Typstandort bei Huancabamba, dichtkronige Form (zusammen mit Espostoa lanata [HBK.] BR. & R.).

Abb. 917. Seticereus chlorocarpus (HBK.) BACKBG. ist die anfangs am stärksten bestachelte Seticereus-Art. Triebspitze. (Foto: RAUH.)

gestellt. Die Körperfarbe ist mattgrün, fein punktiert; Rippen 9—10, ca. 2 cm hoch, durch scharfe Furchen getrennt; Areolen ca. 2 cm entfernt, etwas filzig; in blühbaren alten Scheitelteilen aus den Areolen 5—6 haarborstenartige, gekrümmte, hellgelbe Borsten; Randst. ca. 8—10, bis 1 cm lang, nadelförmig, grau, etwas rauh; Mittelst. (1—) 3—4, ungleich, der untere gewöhnlich der längste, bis 5 cm lang, pfriemlich, gerade, steif, stechend; Fr. grün, mit kräftigen Haaren. — N-Peru (bei Huancabamba und im Tal Olmos-Jaën, auf der pazifischen und atlantischen Seite, auf 800 m) (Abb. 915—918).

Abb. 918. Seticereus chlorocarpus-Sämling. (Aus den Kulturen der Fa. KUENTZ, Fréjus [S-Frankreich].)

Nach BUXBAUMS Untersuchung trockenen Blütenmaterials (seine Zeichnung dazu in BfK., 1937—7, Nachtrag 15) sind die Blüten rötlichorange, außen mit Schuppen und wohl auch mit Haaren, wie die grünen Früchte, deren Fleisch sich beim Öffnen orange verfärben soll. Weder ich noch RAUH sahen offene Blüten, letzterer jedoch in den Blütenareolen 1 cm lange, auch weiße Borsten.

Unterscheidet sich von *S. roezlii* leicht durch das Fehlen einer scharf markierten V-förmigen Einsenkung über den Areolen; an Sämlingen sind die St. oben dunkel, unten hell, die Areolen anfangs ziemlich kräftig hellfilzig.

Nach den Merkmalen der Sämlingspflanzen gehört vielleicht hierher — eher als zu „*Gymnanthocereus*" (jetzt: *Gymnocereus*, siehe auch dort, S. 924) —:

**„Gymnanthocereus altissimus** n. sp.", RITTER Nr. FR 291, in WINTER-Kat. 8. 1956. Sämlingspflanzen haben 7 Rippen, anfangs hell-, später bläulichgrün; Epidermis punktiert; St. ca. 10—12, gelblich-rotbraun, davon 1—2 längere; Areolen unten mit Flocken (Abb. 846).

Später werden die St. sicher länger und kräftiger als beim Sämling (über 1 cm lang).

Die Pflanze ähnelt den *S. chlorocarpus* und *S. roezlii*.

Ein *Seticereus* ist vielleicht ferner:

**Cleistocactus monvilleanus** (WEB.) WEB., in GOSSELIN, Bull. Mens. Nice, 44: 45. 1904

*Cereus monvilleanus* WEB., in K. SCHUMANN, Gesamtbeschrbg. 67. 1897. (Nach SCHUMANNS Zeilen in MfK., 68. 1903, vielleicht *S. humboldtii*).

Säulenförmig, verzweigt; Rippen 19, gerundet, etwas ausgebuchtet; ca. 20 borstenförmige Randst., auch nadelförmig. — Herkunft unsicher (nach BR. & R.: vielleicht Peru, Ekuador oder Bolivien). WEINGART meint, daß er *Cereus auricillus* am nächsten kommt, d. h. *Setic. icosagonus*.

Es gibt noch einen schönen Bastard zwischen *Seticereus* und *Denmoza*, der goldbraune Stacheln hat, zum Teil etwas rötlichbraun, und gruppenartig wächst, die Triebe mehr denen von *Seticereus* ähnelnd. Die Kreuzung kann als × *Setidenmoza icosagonoides* bezeichnet werden.

Abb. 919. Altes Triebstück von Seticereus roezlii (Hge. jr.) BACKBG., mit der vorgeschrittenen Borstenbildung älterer, strauchig werdender Seticereus-Arten, die eine geringere Beborstung entwickeln als die kriechenden. (Foto: RAUH.)

## 69. CLEISTOCACTUS LEM.
Ill. Hort. 8: Misc. 35. 1861

[*Cleistocereus* FRIČ & KRZGR. nom. nud., 1934]

Der Gattungsname bezieht sich auf den Blütensaum, der bei den meisten Arten ziemlich eng ist. Die Pflanzen sind schlanke Säulenkakteen, aufrecht, überhängend, liegend oder kriechend, mit ziemlich niedrigen Rippen sowie meist nadelförmig dünnen bis borstigen oder haarartigen, verschieden langen und zum Teil lebhaft gefärbten Stacheln, nur bei wenigen Arten sind sie pfriemlichkräftiger; die Röhren sind zylindrisch, manchmal etwas gedrückt, nur wenig zum Saum hin oder gar nicht erweitert, ± gebogen bis s-förmig gekrümmt, über dem Ovarium oft abgebogen oder wie geknickt, schmal bzw. länglich beschuppt und ± behaart; die Sepalen und Petalen sind nur kurz, schmal, rot, grün, gelblich oder orange gefärbt; die Früchte sind nicht groß, kugelig, kurz beschuppt und schwach behaart; Samen nicht groß, dunkelbraun bis schwarz, punktiert.

Zur Zeit BRITTON u. ROSES waren 3 Arten bekannt, deren Zahl heute auf über 30 angewachsen ist; weitere sind noch ohne Namen im WINTER-Kat. 1956 genannt, über die leider keine ausreichenden Angaben zu erlangen waren. 1936 stellte ich eine Nordverbreitung bis Peru und den bisher einzigen weißblühenden *Cleistocactus* fest. Der zum Typus *Cl. baumannii* gehörende Formenkreis mußte zum Teil neu benannt werden. Die Namen *Cereus baumannii colubrinus* K. SCH. und *Cereus baumannii flavispinus* K. SCH. entsprachen — wie WEINGART in MfK. 18: 1. 8. 1908 richtig ausführte, bzw. GÜRKE, l. c. 168. 1907 — nicht dem ursprünglichen *Cereus colubrinus* O. bzw. *Cereus baumannii flavispinus* SD., die, wie der Name „*colubrinus*" sagt, dünne und niederliegende Arten waren, während die Namen später auf kräftigere, aufrechte Formen angewandt wurden: auch *Cl. grossei* HORT. war bisher nicht gültig beschrieben, unterscheidet sich aber wesentlich durch die mehr geöffnete Blüte[1]). Die Pflanzen gehören zum Teil mit zu den schönsten Cereenarten, auch durch ihre eigenartig geformten und meist gern erscheinenden Blüten.

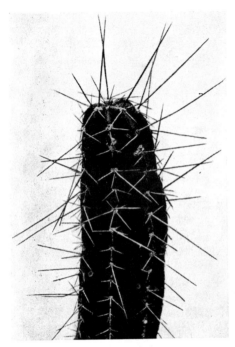

Abb. 920. Seticereus (?) chotaensis (VPL.) (?).

BUXBAUM hat (in „Cactus", 87 pp., 1956) die Gattung in die U.-G. 1: *Annemarnieria* F. BUXB. und U.-G. 2: *Eucleistocactus* F. BUXB. unterteilt. Wie schon in den Schlüsseln der Kategorien gesagt, ist eine Gliederung nach „zylindrischgeraden, kaum gebogenen Blüten" (U.-G. 1) und „röhrigen, s-förmig gebogenen, schiefsaumigen Blüten" (U.-G. 2) eine unzulängliche Aufteilung, von der ich ab-

---

[1]) CARDENAS [in C. & S. J. (US.), XXIV: 5. 149. 1952] beurteilt die verwandtschaftlichen Beziehungen der Arten unter sich nach der „Blütenmorphologie". Von einer solchen Bewertung habe ich bei den Schlüsseln absehen müssen; da Blüten verhältnismäßig selten zu beobachten sind, ist es auch ratsam, die verwandtschaftlichen Beziehungen möglichst in den Habitusmerkmalen darzustellen. Nach sorgfältigen Untersuchungen habe ich im übrigen bisher in der Blütenform und -farbe keine Zusammenhänge feststellen können: von geraden Röhren bis zu allen möglichen Biegungen, Abbiegungen und Knickungen über dem Ovarium, bis zu enger oder weiterer Öffnung des Saumes, ebenso wie in der Länge der Blüten, sieht man ebenso viele Varianten wie in der Färbung zwischen weiß und schmutzig-weinrot bzw. in kontrastierender Mehrfarbigkeit, *C. tominensis* hat z. B. ganz grüne Blüten, oder diese sind oben rot. Hier scheint ein bestimmter Erbfaktorenkomplex alle gegebenen Variationsmöglichkeiten zu zeigen. Hiernach schlüsselmäßig zu gliedern, erscheint als nicht möglich, da die Merkmale auch nicht immer konstant zu sein scheinen. CARDENAS (l. c.) sagt z. B. über die Röhre von *C. parapetiensis* „differs ... by rather curved flowers", Foto und Blütenzeichnung zeigen aber auch ganz gerade Röhren. Sehr unterschiedlichen inneren Bau der Ovariumszone bei sonst größter Ähnlichkeit von Pflanze und Blütenform zeigen z. B. *C. brookei* und *C. wendlandiorum*.

sehen muß. Bei *Loxanthocereus* sieht man sämtliche Saumformen bis zur fast regelmäßigen Blüte; bei *Cl. morawetzianus* zeigt das Herbarblatt Ochoas, daß es bei ein und derselben Art Blüten mit geraden, s-förmigen bis scharf geknickten Blüten gibt. Die Nektarkammerverhältnisse zeigen vollends eine so große Verschiedenheit, daß man auch hier von einer „allmöglichen Formenreihe" sprechen kann, die verdient, viel gründlicher bearbeitet zu werden, dann aber wohl erweisen wird, daß eine Trennung im Sinne Buxbaums nicht möglich ist.

**Typus:** *Cereus baumannii* Lem. — **Typstandort:** nicht angegeben.

**Vorkommen:** Nördliches Argentinien, Uruguay, Paraguay, Bolivien, Peru.

### Schlüssel der Arten:

Ohne Borstenstacheln oder Haare
  Pflanzen erst ± aufrecht, dann überhängend, anlehnend
        oder liegend bis kriechend, meist ziemlich dünn
    Rippen nur undeutlich
      Triebe dünn, bis 2 cm ⌀, kriechend
        Blüten orangerot . . . . . . . . . . . . 1: **C. anguinus** (Gürke) Br. & R.
    Rippen deutlich durch scharfe Furchen getrennt, schmal
      Triebe schlank, bis über 2,5 cm ⌀, anfangs aufrecht, dann überhängend oder klimmend (im Alter stärker), Spitze verjüngt
        Blüten orangerot (feuerrot) [v. colubrinus (O.) Ricc. wohl nur eine Form]
          Stacheln gelblich- bis dunkelbraun . . . 2: **C. baumannii** (Lem.) Lem.
          Stacheln goldgelb . . . . . . . . . . . 2a: v. **flavispinus** (SD.) Ricc.
      Triebe kräftiger, bis 3,5 cm ⌀, liegend
        Stacheln gering an Zahl
        Blüten: Sepalen unten rot, Mitte grünlich,
          Petalen oben hellgrün . . . . . . . . 3: **C. dependens** Card.
  Pflanzen zum Teil liegend, aber kräftig und auch spreizend aufrecht; Bestachelung (mittlere) lang, steif, stechend
    Stacheln gelblich (bezw. —bräunlich)
      Stacheln oben gelbbraun, unten weißlich, ziemlich wirr
        Blüten purpurn, Sepalen gelb . . 4: **C. candelilla** Card.
      Stacheln ± gelbbraun, seitlich ziemlich dicht abstehend
        Blüten rot, oben grün . . . . . . 5: **C. smaragdiflorus** (Web.)
      Stacheln hellgelb                                Br. & R.
        Blüten nicht weiter geöffnet
          Blüten karmin, oben goldgelb . . 6: **C. flavispinus** (K. Sch. non SD.)
        Blüten weiter geöffnet                           Backbg. n. comb.
          Blüten rosakarmin . . . . . . . . 7: **C. grossei** (Wgt.) Backbg.
    Stacheln (mittlere) rotbraun bis dunkler
      Blüten derber als bei *C. baumannii*,

karmin, unten blaurot (= *C. baumannii colubrinus* K. Sch.) . . .  8: **C. bruneispinus** Backbg.
   nom. nov.
Stacheln fahl bräunlichgelb; unten ziemlich dicht verzweigt
   Blütenröhre karmin, Saum hellgelbbraun mit rötlicher Mitte . . . .  9: **C. compactus** Backbg.

Pflanzen säulig, aufrecht, wenig verzweigt, 2—3 m hoch
 Bis 2 m hoch
  Stacheln anfangs nadelig und sehr in der Farbe variierend, von gelblich zu grau bis rotbraun, erst später einer derber
   Blüten unten oder ganz grün bzw. oben weinrot, wenig offen, kurz (2,6 cm lang) . . . . . . . . . .  10: **C. tominensis** (Wgt.) Backbg.
 Bis 3 m hoch
  Stacheln aschfarben, oben braun
   Blüten unten grün, Mitte orange, oben weinrot (4 cm lang) . . . . . . .  11: **C. pojoensis** (Card.) Backbg.
    n. comb.

Pflanzen hochstrauchig, stärker verzweigt, bis 3 m hohe, aufrechte Sträucher
 Triebe zahlreich-rippig (16—19)
  Stacheln nadelig, bis 3 cm lang, rotbraun
   Blüten weinrot, 6 cm lang, wenig offen  12: **C. buchtienii** Backbg.

  Stacheln nadelig, bis 4 cm lang, strohgelb
   Blüten 7—8 cm lang (Sepalen grün)  12a: v. **flavispinus** Card.

  Stacheln nadelig, bis 4 cm lang, hellbraun, dunkel gefleckt
   Blüten 3 cm lang, ± lachsrosa . . .  13: **C. luribayensis** Card.

 Triebe weniger-rippig, (11—15)
  Rippen 13—15
   Stacheln goldbraun
    Blüten reinkarmin, 4,3 cm lang . .  14: **C. areolatus** (Mulpf.) Ricc.

  Rippen ca. 11
   Stacheln strohfarben, kürzer
    Blüten karmin, 2,5 cm lang . . . .  14a: v. **herzogianus** (Backbg.)
    Backbg. n. comb.

Pflanzen mittelhoch, aufrecht, reicher verzweigt, bis 2 m hoch
 Mittelstacheln nadelförmig
  Sträucher bis ca. 0,70 m hoch
   Stacheln hyalin bis gelblich
    Blüten innen blaurosa, außen rot. Sepalen gelb gespitzt . . . . . .  15: **C. tarijensis** Card.

   Stacheln weißlich bis braun
    Blüten innen lachsrosa, außen oben dunkelrot, Sepalen gelb gespitzt .  16: **C. rojoi** Card.

Stacheln anfangs rosa bis weißlich, später
aschgrau
    Blütensaum blaurosa, Sep. weißspitzig   17: **C. ianthinus** CARD.
Sträucher bis 1,50 m hoch
  Stacheln gelb
    Blütensaum grün, Blüten 4 cm lang   18: **C. ayopayanus** CARD.
Sträucher bis 2 m hoch
  Stacheln rotbraun
    Blütenhülle blaurosa . . . . . . .   19: **C. ressinianus** CARD.
  Stacheln blaßgelb
    Blütenhülle grün, Blüten 7 cm lang.   20: **C. angosturensis** CARD.
Mittelstacheln pfriemlich, steif
  Stacheln strohgelb
    Blüten weiß, eng, ± scharf geknickt   21: **C. morawetzianus** BACKBG.
  Stacheln bräunlich, steifer, länger und
    dichter (Blüte?, rot?) . . . . . .      21a: v. **pycnacanthus** RAUH
                                            & BACKBG.

Mit Borstenstacheln, brüchig, verschieden lang, zum Teil
  haarartig oder mit Haaren gemischt
  Pflanzen mittelhoch, basal verzweigt, bis ca. 1 m hoch
    oder mehr
    Nur mit Borstenstacheln, zum Teil sehr fein oder mit
      festeren Mittelstacheln, nadelförmig
      Triebe sehr dünn, bis ca. 1,5 cm ⌀
        Stacheln hyalinweiß, kurz, bis 2 cm lang
          Blüten hellrot, 3,5 cm lang . . . .   22: **C. hyalacanthus** (K.SCH.) GOSS.
      Triebe ziemlich kräftig, bis 5 cm ⌀ oder mehr
        Stacheln glasartig, dünn, gelbliche oder
          bräunliche mittlere viel länger als
          die weißlichen Randstacheln, im
          Schopf fast haarartig
          Blüten hellrot, oben etwas dunkler,
            4 cm lang . . . . . . . . . .   23: **C. jujuyensis** (BACKBG.)
                                                     BACKBG.
        Stacheln glasartig, dünn, lang, mittlere
          kräftiger, länger und buntfarbig:
          weiß, bräunlich, fuchsrot
          Blüten 8 cm lang, weinrot bis fast
            lachsrot . . . . . . . . . . .   24: **C. tupizensis** (VPL.) BACKBG.
        Stacheln strohgelb
          Blüten 8 cm lang, weinrot . . . . .   24a: v. **sucrensis** (CARD.)
                                                     BACKBG. n. comb.
    Mit Haarstacheln (wenigstens überwiegend)
      Dicht länger weiß behaart, mit dünnen, fahlgelben
        mittleren Stacheln
        Blüten langzylindrisch, weinrot
          Frucht rot . . . . . . . . .   25: **C. strausii** (HEESE) BACKBG.
          Frucht grün, Behaarung noch dichter   25a: v. **fricii** (DÖRFL.)
                                                     BACKBG. n. comb.
      Kurz behaart, ohne sichtbare Mittelstacheln
        Haarstacheln gelblich (—weißlichgrau)
          Ohne Nektarkammer, Ovariumknick gerundet
            Blüte (Sepalen oben) tiefrot, innen gelb   26: **C. brookei** CARD.

Mit häutig verschlossener Nektarkammer, Knick
rechtwinklig
Blüte orange, oben rötlich . . . . . 27: **C. wendlandiorum** BACKBG.
Haarstacheln weiß und braunfarbig
Blüten unten rot, oben gelbgrün, nur
3,5 cm lang. . . . . . . . . . 28: **C. parapetiensis** CARD.

Einige zweifelhafte oder ungenügend geklärte Arten s. im Text. — *Cleistocactus parvisetus* (O.) WEB. war offenbar ein *Leocereus* oder *Brasilicereus*.

1. **Cleistocactus anguinus** (GÜRKE) BR. & R. — The Cact., II : 175. 1920
*Cereus anguinus* GÜRKE, MfK., 17 : 166. 1907.

Niederliegend bis kriechend; Stämme undeutlich gerippt, manchmal fast zylindrisch; Rippen 10—11; Randst. 18—22 oder etwas mehr, sehr fein und kurz, grau, an der Basis bräunlich, ebenso zum Teil an der Spitze; Mittelst. 1—2 oder fehlend, etwas kräftiger, gelblich, manch-

Abb. 921. Cleistocactus anguinus (GÜRKE) BR. & R.

Abb. 922. Cleistocactus baumannii (LEM.) LEM.

mal einer noch länger; Bl. s-förmig gekrümmt, orangerot, ca. 7,5 cm lang; Staubf. herausragend. — Paraguay (Abb. 921).

2. **Cleistocactus baumannii** (LEM.) LEM. — Ill. Hort., 8 : Misc. 35. 1861
*Cereus baumannii* LEM., Hort. Univ., 5 : 126. 1844. — *Cereus tweediei* HOOK.

— *Aporocactus baumannii* Lem. — *Cereus melanhalonius* Monv. (nur ein Name?, in Rümpler, 740, 1886).[1])

Anfangs aufrecht, ohne Stütze später überhängend, lehnend oder liegend, schlank, bis etwas über 2,5 cm $\varnothing$, an der Spitze etwas verjüngt, sattgrün; Rippen bis 16, bis 5 mm hoch, unten verflachend; Randst. auf bis 1 cm entfernten Areolen, 15—20, bis 1,5 cm lang; 1 Mittelst., meist etwas aufrecht, bis 2,5 cm lang, gelblich- bis dunkelbraun und mit hellerer Spitze; Areolen des Typus sollen braun mit weißem Rand sein; Bl. etwas s-förmig gebogen, feuerrot, innen heller; Fr. bis 1,5 cm $\varnothing$, rot mit weißem Fleisch. — NO-Argentinien, aus Uruguay berichtet sowie in Paraguay (an dem Rio Paraguary) (Abb. 922, 923 rechts).

Ein Name war *Cereus anguiniformis* Hort. Der schlanke, später oft liegende oder hängende Typus ist offenbar in den Stachelfarben variabel und nicht mit den kräftiger aufrechten, ähnlichen folgenden Formen zu verwechseln, wie Weingart in MfK., 8. 1908, ausführte.

Danach ist eine Form des Typus, dünnschlangenförmig (daher der Name), der bräunliche Mittelstacheln aufweisende:

*Cleistocactus colubrinus* Lem., Ill. Hort., 8: Misc. 35. 1861

    *Cereus colubrinus* O., in Först. Handb. Cactkde., 409. 1846. — *Aporocactus colubrinus* Lem. (1860). — *Cereus subtortuosus* Hort.

Wenn diese Form unterschieden werden soll, heißt sie wohl richtig *Cleistoc. baumannii colubrinus* (O. non K. Sch.)-Ricc. (Boll. R. Ort, Bot. Palermo, 8: 266.1909).

*Cl. baumannii* v. *colubrinus* K. Sch. s. unter *Cl. bruneispinus* Backbg. nom. nov.

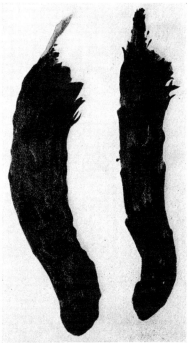

Abb. 923. Rechts: Blüte des Cl. baumannii (Lem.) Lem. Links: Blüte des Cl. bruneispinus Backbg.

*Cleistocereus baumannii* (Lem.) Frič & Krzgr. (1935) ist nur ein Name, ebenso *Cleistocereus colubrinus* (O.) Frič & Krzgr.

**2a. v. flavispinus** (SD.) Ricc. — Boll. R. Ort. Bot. Palermo, 8 : 266. 1909

    *Cereus colubrinus* v. *flavispinus* SD., Cact. Hort. Dyck., 1844 : 32. 1845 non *C. baumannii* v. *flavispinus* sensu K. Sch. (1898). — *Cleistocactus colubrinus* v. *flavispinus* (SD.) Borg.

Rippen bis ca. 16; Scheitel verjüngt; St. 16—18, allseitig strahlend, 1 mittlerer, aufgerichtet (oben) oder später mehr seitlich, goldgelb; Bl. ? — Paraguay (soll lt. Weingart von Anisits [zusammen mit *Cl. anguinus*] wiedergesammelt worden sein). Siehe hierzu auch unter *Cleistocactus flavispinus*.

Nach Gürke soll die Blüte karminrot sein.

---

[1]) Der Artname erscheint bei Britton u. Rose nicht.

### 3. Cleistocactus dependens CARD. — C. & S. J. (US.), XXIV : 5. 144. 1952

Niederliegend, überhängend oder klimmend; Tr. zylindrisch, bis 3,5 cm ⌀; Rippen 10—12, rund, niedrig, schmal; Areolen 11—15 mm entfernt, oben weißgrau-, unten schwarzfilzig; 8—13 Randst., bis 3 mm lang, stechend, rötlich-grau; 3—4 Mittelst., dunkler als die Randst., einer bis 15 mm lang, grau, schwarz gespitzt, abwärts weisend; Bl. schlankröhrig, nicht gebogen, bis 4,5 cm lang; Ov. kugelig, dunkelpurpurn; Röhre „stachelbeerfarbig"; Sep. 6 mm lang, unten rosa, in der Mitte grüngelb und mit dunkelbrauner Haarspitze; Pet. oben hellgrün und unten weißlich; Zwischenserie grün; Fr. rund, 14 mm breit, dunkelweinrot; S. 1 mm lang, schwarz, glänzend, fein punktiert. — Bolivien (Dept. Sta. Cruz, Provinz Florida, bei „La Negra", 1400 m, bzw. zwischen La Angostura und La Negra).

Abb. 924. Cleistocactus smaragdiflorus (WEB.) BR. & R., von mir am Standort nördlich von Tucuman aufgenommen.

### 4. Cleistocactus candelilla CARD. — C. & S. J. (US.), XXIV : 5. 146. 1952

Aufrecht oder niederliegend, 1 m hoch werdend, von der Basis verzweigt; Tr. 3 cm ⌀; Rippen 11—12, rund, 3 mm hoch, 4 mm breit, mit Querfurchen; Areolen 5 mm entfernt, braunfilzig; 13—15 Randst., bis 5 mm lang, der längste aufwärts oder abwärts gerichtet; 3—4 schwach abgeflachte mittlere St.; alle St. oben gelbbraun, unten weißlich; Ov. 4 mm ⌀, mit fleischigen, braunrosa Schuppen, oben durchsichtig; Röhre gerade oder etwas gebogen, über Ov. verengt, hellpurpurn; Sep. lanzettlich, gelb, braun gespitzt, auswärts gebogen; Pet. röhrenartig gestellt, purpurn mit weißem Rand, 7 mm lang; Gr. weiß, oben purpurn;

N. hellgrün oder gelblich; Fr. 1 cm ⌀, hell-lachsrot, mit wenigen, kurzen, weißen Haaren. – Bolivien (Dept. Sta. Cruz, Provinz Florida, bei La Tigre [Pampa Grande], auf 1400 m).

5. **Cleistocactus smaragdiflorus** (WEB.) BR. & R. — The Cact., II: 174. 1920
   *Cereus smaragdiflorus* WEB., Dict. Hort. Bois, 281. 1894. — *Cereus baumanni smaragdiflorus* WEB.

Teils niederliegend, teils ± schräg aufgerichtet-spreizend; Tr. kräftig, bis 3,5 cm ⌀; Rippen 12—14, niedrig; Randst. zahlreich, nadelförmig; Mittelst. mehrere, oben aufrecht, seitlich ± waagerecht spreizend, steif, stechend, bis über 3,5 cm lang, gelbbraun bis dunkler; Bl. röhrig, bis 5 cm lang, gerade, Ov. und Röhre rot, Saum grün, wenig geöffnet, Hüllbl. sehr schmal, etwas nach außen gekrümmt; N. wenig hervorragend; Fr. kugelig, 1,5 cm ⌀. — Paraguay, N-Argentinien (Prov. Jujuy, Salta, Catamarca, La Rioja, Tucuman) (Abb. 924 bis 925).

*Cereus colubrinus smaragdiflorus* WEB. war nur ein Name, in Dict. Hort. Bois, 281. 1894. Die v. *flavispinus* BORG („Cacti", 194, 1951) ist nicht gültig beschrieben und auch kaum berechtigt.

*Cleistocereus smaragdiflorus* (WEB.) FRIČ & KRZGR. ist nur ein Name (1935).

In die Nähe dieser Art, aber mit weniger Randst., mit noch kürzerer Blüte, in Wuchshöhe sowie Rippenzahl ziemlich gleich, die Triebe aber schlanker, gehört wohl der nachträglich von CARDENAS beschriebene:

— **Cleistocactus fusiflorus** CARD. — „Cactus", 12: 57. 253—257. 1957
Säulig, basal verzweigt, bis 70 cm hoch; Tr. bis 2,4 cm ⌀, frischgrün; Rippen 13—14, 4 mm hoch, 4—5 mm breit; Areolen 6—10 mm entfernt, elliptisch,

Abb. 925.
Die Blüte des Cleistocactus smaragdiflorus (WEB.) BR. & R.

3 mm lang, graufilzig; Randst. 8—9, spreizend, die kürzesten 3 mm, die mittleren 5 mm, die längsten 7 mm lang; Mittelst. 1, 1—2 cm lang, alle nadelig dünn, hellgrau und braunspitzig; Bl. röhrig, bis 3,5 cm lang; Ov. 7 mm lang, hellgrün; Röhre 2,8 cm lang, oben und unten etwas eingeengt, hellgelb, zuletzt etwas rötlich, fast ganz haarlos; Ov. 7 mm lang, mit hyalinen Schüppchen, spitz, in den Achseln weiße und braune Haare; Pet. magenta (bräunlichpurpurn), hyalin gerandet; Sep. unten rosa, oben grünlichbräunlich; Staubf. unten weiß, oben purpurn; Staubb. magenta; Gr. 2,4 cm lang, weiß; N. 6, smaragd; Fr. kugelig, 1,5 cm ⌀, gelb, mit kurzen hyalinen Schuppen, darin weiße und braune Haare; S. sehr klein, 1 mm groß, glänzend dunkelbraun, fein punktiert. — Bolivien (Prov. Valle Grande, Dept. Santa Cruz, Saipina, auf 1900 m).

Abb. 926. Cleistocactus flavispinus (K. Sch. non SD.) Backbg. am Standort auf einem Steingrab.

Abb. 927. Cleistocactus flavispinus (K. Sch.) Backbg. in Blüte.

6. **Cleistocactus flavispinus** (K. Sch. non SD.) Backbg. n. comb.

*Cereus baumannii* v. *flavispinus* sensu K. Sch. non SD., Gesamtbschrbg., 133. 1898.

Aufrecht, heller grün, bis ca. 3 cm ⌀; Rippen bis ca. 16, schmal und niedrig; Areolen ca. 1 cm entfernt, oben braun, unten graufilzig; Randst. bis ca. 18, nur von der Areolenmitte seitlich und abwärts, nicht nach oben gerichtet, sehr dünn; bis ca. 3 mittlere St. unterscheidbar, zwei davon länger, einer der längste, bis ca. 2 cm lang, waagerecht abstehend, blaßgelb: Bl. unten dunkel karminrosa, Sep. orange, Pet. im Aufblühen goldgelb (Weingart), später der Saum matt scharlach-, dann blutrot, die ganze Bl. sanft gebogen und allmählich verbreiternd, die Staubbl. hervorragend, mit den darüber hinausreichenden gelben N. — Herkunft nicht bekannt, vielleicht Paraguay (Abb. 926—927).

Dies ist die früher oft irrtümlich als „*C. colubrinus* oder *C. baumannii* v. *flavispinus*" bezeichnete aufrechte Art. Da die Stellung der St., der aufrechte Wuchs, die hellere Trieb- und Stachelfarbe und die Blütenform von den *Cl. baumannii*-Varietäten abweicht, habe ich diese kräftigeren Pflanzen als eigene Art führen müssen. *Cl. bruneispinus* steht ihnen der Stachelstellung und der Blütenform nach nahe, hat aber weißgerandete Areolen.

*Cleistocereus aureispinus* Frič (Kreuzinger, „Verzeichnis", 39. 1935) ist nur ein Name.

7. **Cleistocactus grossei** (Wgt.) Backbg. — Descr. Cact. Nov. 17. 1956

*Cereus grossei* Hort. Wgt., in MfK., 18: 1, 8. 1908.

Aufsteigend verzweigt, ziemlich schlank, Tr. bis ca. 2,5 cm ⌀, aber durch niedrigen Wuchs und nicht verjüngten Scheitel sowie die rosakarmin gefärbten, oben nicht verengten, sondern etwas trichterig geöffneten Bl. sehr unterschieden von *Cl. baumannii;* WEINGART (l. c.) sah „*Cereus grossei*" als eine Varietät des letzteren an; *Cl. baumannii* v. *grossei* HORT. und *Cl. colubrinus* v. *grossei* (in BORG, „Cacti", 193. 1951) sind nur Namen. Beschreibung und Foto nach einer im Jardin Botanique Les Cèdres vorhandenen Pflanze. — Paraguay (?) (Abb. 928) „*Cl. grossei*" in Kfrd. 121. 1934 ist *Cl. flavispinus, Cleistocereus grossei* (HORT.) FRIČ & KRZGR. ist nur ein Name (1935).

 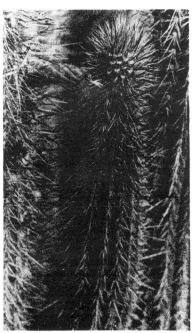

Abb. 928. Cleistocactus grossei (HORT. WEINGT.) BACKBG.; die einzige Art mit etwas weiter geöffneter Blüte.

Abb. 929. Cleistocactus bruneispinus BACKBG.

## 8. Cleistocactus bruneispinus BACKBG. nom. nov.

*Cereus baumannii colubrinus* K. SCH. non *Cereus colubrinus* O., in Gesamtbschrbg., 133. 1898. — Nach K. SCHUMANN: Körper etwas stärker als bei *C. baumannii,* mit dunklen, braunen, kräftigen und langen Mittelst.

Die Areolen sind braun, weißfilzig gerandet wie bei *Cl. baumannii,* die Pflanzen sind aber kräftiger im Wuchs und gleichmäßig dicht in der längeren dunkelrotbraunen Bestachelung, die wohl etwas variabel ist; vor allem aber sind die Bl. viel dickröhriger, über dem Ov. weniger gekrümmt, die Schuppen nicht so auffällig und die Staubbl. weniger weit herausragend, wohl aber der Gr., der hell gefärbt ist. Wie bei *Cl. flavispinus* stehen die St. nur von der Areolenmitte ab seitlich und nach unten, nicht nach oben gerichtet wie bei *Cl. baumannii;* andererseits sind die Bl. anders geformt als bei *Cl. flavispinus.* Daher — aber auch, um die häufig verwechselten Formen zu klären — war es nötig, die kräftigeren, aufrechten Pflanzen als eigene Arten, unter Berücksichtigung auch der Blütenform, abzutrennen. (Abb. 923, links; Abb. 929).

9. **Cleistocactus compactus** Backbg. — Descr. Cact. Nov. 17. 1956

Dicht basal verzweigend und schräg oder senkrecht aufsteigend, nicht sehr hoch, bis ca. 40 cm hoch; Tr. bis 3 cm dick; Rippen 12—14; Randst. bis ca. 20, allseitig strahlend; Mittelst. 1, zuweilen fehlend, anfangs aufrecht, später etwas abwärts weisend, hellgelbbraun, im Scheitel dunkler, manchmal blaßgelblichbraun; Areolen anfangs ziemlich groß, hellfilzig; Bl. geradröhrig, unten karmin, oben hellbräunlicher Saum mit rötlicher Mitte der Pet.; Hüllbl. eng stehend, aber nach außen umgebogen. — Herkunft unbekannt (Abb. 930).

Nach lebenden Pflanzen im Jardin Botanique Les Cèdres, St. Jean-Cap-Ferrat, beschrieben.

Abb. 930. Cleistocactus compactus Backbg. (Typpflanze im Jardin Botanique Les Cèdres, St. Jean-Cap-Ferrat.)

10. **Cleistocactus tominensis** (Wgt.) Backbg. — Backeberg & Knuth, Kaktus-ABC, 190. 1935

*Cereus tominensis* Wgt., M. DKG., 117. 1931. — *Borzicereus tominensis* (Wgt.) Frič & Krzgr. (1935). — *Borzicactus tominensis* (Wgt.) Borg (nicht Br. & R.).

Aufrecht, säulenförmig, lange unverzweigt, bis 2 m hoch; Tr. bis 5 cm dick; Rippen 18—22, niedrig, quergekerbt; Areolen rund, klein, genähert, oben goldgelb, unten schwärzlich-filzig; St. dünn, wenigstens anfangs, 8—9, graufarben, am Scheitel gelb, bis 2 cm lang, später kräftiger, Randst. kaum über 1 cm lang, oft im Scheitel goldgelb, Sämlinge zeigten variierende Stachelfarben von grau bis rotbraun oder anfangs mit rosa Spitze; Bl. nur 2,6 cm lang, wenig geöffnet, rein grün, gelblich bis rot, oder unten grün und oben rot. — Bolivien (im Tal von Tomina, östlich von Sucre, auf 1800—2000 m) (Abb. 931).

Abb. 931. Sämling des Cleistocactus tominensis (WEINGT.) BACKBG.

Abb. 932. Cleistocactus buchtienii BACKBG. in Blüte (Foto: ANDREAE)

In meiner Sammlung in Monaco steht ein ca. 1,50 m hohes unverzweigtes Exemplar, das öfter geblüht hat. Sämlinge habe ich früher auch als Pfropfunterlage benutzt; heute ist der Cereus selten geworden.

11. **Cleistocactus pojoensis** (CARD.) BACKBG. n. comb.

*Cleistoc. candelilla* v. *pojoensis* CARD., in C. & S. J., XXIV : 5. 147. 1952.

Säulenförmig, von der Basis her verzweigend, 1—3 m hoch werdend; Zweige 4—5 cm ⌀, oben verjüngt; Rippen 13—17, 3 mm hoch; Areolen 7 mm entfernt, bis 4 mm dick, braunfilzig; Randst. 8—12, bis 8 mm lang, Mittelst. 1, später meist abwärts gerichtet, 2—3 cm lang; Bl. röhrig, 4 cm lang, fast gerade, Öffnung eng, unten gelbgrün, Mitte orange, oben weinrot; Hüllbl. ± weinrot, schmalspitz; Staubf. weiß, Staubb. weinrot; Gr. hervorragend; N. grün; Fr. rund,

12 mm ⌀, dunkel- weinrot. — Bolivien (Dept. Cochabamba, Prov. Carrasco, bei der Hazienda La Habana (Pojo), auf 2500 m, ebenso bei Mizque und Huerta Molina).

CARDENAS stellte diese Art als Varietät zu *Cl. candelilla* CARD., der dünner ist, wirrer stehende, dichtere Mittelbestachelung und weniger Rippen hat; die Bl. sind auch anders gefärbt, außerdem wird *Cl. candelilla* nur 1 m hoch und ist mehr liegend.

Der Höhe von bis 3 m sowie dem ganzen Typus, der Bestachelung und Blüte nach ist obige Pflanze eine eigene Art, die mehr dem *Cl. tominensis* nahezustehen scheint.

Abb. 933. Triebspitze des Cleistocactus buchtienii BACKBG.

12. **Cleistocactus buchtienii** BACKBG. — BACKEBERG & KNUTH, Kaktus-ABC, 189, 411. 1935

Aufrecht strauchig, wenig verzweigend, wenigstens anfangs, sehr raschwüchsig; Tr. sanft gebogen, bis 5 cm dick; Rippen ca. 18, schmal, niedrig, mit schwacher V-förmiger Kerbe über den kleinen, anfangs braunfilzigen Areolen; St. ca. 12, fein, nadelförmig, stechend, darunter 4 mittlere erkennbar, bis 3 cm lang, alle rotbraun; Bl. 6 cm lang, wenig öffnend, 0,9 cm dick, weinrot; Gr. mit den N. herausragend. — Bolivien (zwischen Arque und Cochabamba) (Abb. 932—933).

12a. v. **flavispinus** CARD. — C. & S. J. (US.), XXIV: 6. 182. 1952

Weicht vom Typus ab durch nur 1 Mittelst., alle St. strohfarben; Bl. etwas länger, mit purpurrosa Ov. und Röhre sowie längeren dunkelgrünen Sep. — Bolivien (Dept. Cochabamba, Prov. Tarata, La Angostura, auf 2570 m).

13. **Cleistocactus luribayensis** CARD. — C. & S. J. (US.), XXVIII: 2. 59. 1956

Säulig bis baumartig verzweigt, 2—3 m hoch werdend; Zweige oben sehr verjüngt, 4—6 cm ⌀; Rippen ca. 19, 4 mm hoch, quergefurcht; St. 16—22, Rand- und Mittelst. schwer unterscheidbar, die Randst. 5—15 mm lang, die mittleren 1—4 cm, etwas nach unten gerichtet, alle St. weiß bis schwachbraun; Bl. 3 cm lang, rosa, 5 mm ⌀; Pet. mehr lachsrosa; Fr. 2 cm ⌀; S. schwarz, punktiert, blank. — Bolivien (Prov. Loiaza, Dept. La Paz, bei Luribay, auf 2600 m).

Die Bl. sind auffällig kurz und dick (CARDENAS).

14. **Cleistocactus areolatus** (MÜHLPF.) RICC. — Boll. R. Ort. Bot. Palermo, 8 : 264. 1909

*Cereus areolatus* MÜHLPF. (Hort., Cat. 1860), in K. SCHUMANN, Gesamtbschrbg., 100 (Fig. 20), 1898.

Bis 3 m hoch, aufrecht, strauchig; Tr. bis 4 cm dick, hellgrün, punktiert; Areolen 1 cm entfernt, anfangs hellbraun-filzig; Rippen 13—15, niedrig, deutliche Längsfurchen und V-förmige Kerben; St. kaum in Rand- und Mittelst. zu trennen, etwa 7—9 seitliche und 1—3 mittlere St., diese bis 3 cm lang, die übrigen bis 1 cm lang, alle dünn, nadelförmig, anfangs grünlich- bis honiggelb oder gelbbraun; Bl. bis 4,3 cm lang, fast zylindrisch, oben verjüngt, karmin, Hüllbl. nicht umgebogen; Ov. rotbraun beschuppt, Röhre 2,5 cm lang; Gr. weißlich, N. smaragdgrün, bis 4 mm lang, eben hervorragend. — Bolivien (genauerer Standort nicht bekannt) (Abb. 934).

*Cl. herzogianus* BACKBG. wurde von WERDERMANN für identisch mit obigem gehalten, ist aber unterschieden; nach den heutigen Gesichtspunkten stellte ich ihn jedoch als Varietät zu *Cl. areolatus*. Diese Art wird später sehr dichtstrauchig und üppig.

K. SCHUMANN führt noch als ein Synonym an: *Cereus dumesnilianus* LAB. non HGE. non MONV. (Cat. Hort. Gruson bzw. Hort. berol.). *Cleistocereus areolatus* (MÜHLPF.) FRIČ & KRZGR. war nur ein Name (1935).

14a. v. **herzogianus** (BACKBG.) BACKBG. n. comb.

*Cleistoc. herzogianus* BACKBG., in BfK., 1934—6 (Abb.)

Weicht von vorerwähntem Typus der Art ab durch weniger Rippen (11) und durch kürzere strohfarbene St.; die mittleren können fehlen oder sie sind deutlich als längere unterschieden; Bl. nur 2,5 cm lang; S. klein, glänzend. — Bolivien (bei Arque auf ca. 2500 m) (Abb. 935).

In die Nähe dieser Art gehört vielleicht:

Abb. 934. Triebspitze des Cleistocactus areolatus (MÜHLPFRDT.) RICC. mit Frucht.

**Cereus parviflorus** K. SCH., in Gesamtbschrbg., 100. 1898

Verzweigt, bis 3 m hoch, Tr. bis 3 cm ⌀; Rippen 12, quergebuchtet; Areolen sehr genähert, 3 mm ⌀; Randst. 5—7, Mittelst. 1, bis 1,5 cm lang, die übrigen bis 4 mm lang, alle dunkelgelb; Bl. bis 3 cm lang, rot; Fr. gelb, 1 cm ⌀. — Bolivien (bei Pairotani), auf 2400 m.

Der Fundort liegt m. W. nicht weit von Cochabamba. Bei *Cl. areolatus* v. *herzogianus* sind ca. acht bis 6 mm lange Randst. vorhanden.

Es hat den Anschein, als ob *C. parviflorus* K. SCH. eine weitere Varietät von *Cl. areolatus* ist; die Narbenfarbe ist bei SCHUMANNS Pflanze nicht angegeben; die Fr. des *Cl. areolatus* v. *herzogianus* ist rosaorange, nicht gelb. Wahrscheinlich muß SCHUMANNS Pflanze als *Cl. areolatus* v. *parviflorus* (K. SCH.) bezeichnet werden.

GOSSELIN (Bull. Mens. Soc. Nice, 44 : 32. 1904) nannte vorstehende Pflanze *Cleistoc. parviflorus* (K. SCH.) GOSS.

Abb. 935. Cleistocactus areolatus v. herzogianus (BACKBG.) BACKBG.

**15. Cleistocactus tarijensis** CARD. — C. & S. J. (US.), XXVIII: 2. 54. 1956

Säulen aufrecht, verzweigt, bis 60—70 cm hoch; Zweige bis 5 cm $\emptyset$; Rippen ca. 20. 3 mm hoch; St. ca. 20, dünn, hyalinweiß bis gelblich, manchmal auch 3—4 mittlere St., seitlich oder abwärts weisend, die seitlichen bis 25 mm lang; Bl. röhrig, bis 4 cm lang; Ov. hellgrün; Sep. lanzettlich, rot, Spitze gelb; Pet. spatelig, blaurosa, Basis weiß; Fr. 15 mm $\emptyset$; S. dunkelbraun, glänzend. — Bolivien (Prov. Cercado, Dept. Tarija, bei Tarija, auf 1900 m).

**16. Cleistocactus rojoi** CARD. — C. & S. J. (US.), XXVIII: 2. 56. 1956

Säulig. aufrecht, bis 60 cm hoch; Zweige dunkelgrün, nur bis 2,5 cm $\emptyset$; Rippen 17. 4 mm hoch; St. bis 25, meist keine Mittelst. unterscheidbar, mitunter aber 3—4, bis 2 cm lang, abwärts gerichtet, alle übrigen dünn. 3—20 mm lang, weißlich oder braun; Bl. am Schlund verengt, 6 cm lang, 1 cm $\emptyset$: Sep. dunkelrot, oben gelb, lanzettlich; Pet. spatelig, lachsrosa; Fr. eiförmig, 18 mm lang, blaßpurpurn oder rosa; S. dunkelbraun. glänzend. — Bolivien (Prov. Entre Rios. Dept. Tarija, am Wege Entre Rios—Villa Montes, auf 600 m).

**17. Cleistocactus ianthinus** CARD. — C. & S. J. (US.), XXVIII: 2. 57. 1956

Säulig, einzeln oder von der Basis verzweigt, 50—70 cm hoch werdend; Zweige blaßgrün, bis 3 cm $\emptyset$; Rippen ca. 10, bis 4 mm hoch; Randst. 10—14, bis 8 mm lang, ein mittlerer bis 3 cm lang, St. anfangs blaßrosa oder weißlich, später aschgrau; Bl. 3 cm lang; Röhre lilarötlich; Sep. blaurosa, oben weißlich; Pet. dunkelblaurosa, lanzettlich: Fr. kugelig, 1 cm $\emptyset$, dunkelblaurosa. — Bolivien (Prov. Charcas, Dept. Potosi, bei Calahuta [Rio Caine,] auf 2000 m)(Abb. 936). Die Röhrenfarbe ist sehr ungewöhnlich.

Abb. 936. Cleistocactus ianthinus CARD. (Foto: CARDENAS.)

**18. Cleistocactus ayopayanus** CARD. — C. & S. J. (US.), XXVIII: 2. 58. 1956

Säulig, aufrecht verzweigt, 1—1,5 m hoch werdend; Zweige blaßgrün, 3,5 cm $\emptyset$; Rippen $\pm$ 15, 4 mm hoch, quergefurcht; St. 13—16, dünn, 1,2—4 cm lang, spreizend, gelb, unten etwas verdickt; Bl. 4 cm lang, 5 mm $\emptyset$; Sep. schuppenähnlich,

5 mm lang, oben grün; Pet. spitz, dunkelgrün; Fr. kugelig, blaßrot, 1 cm ⌀; S. ?.
— Bolivien (Prov. Ayopaya, Dept. Cochabamba, auf dem Wege Morochata—Independencia, auf 2300 m).

**19. Cleistocactus ressinianus** CARD. — C. & S. J. (US.), XXVIII: 2. 55. 1956

Säulig, von der Basis her verzweigt, 1,5—2 m hoch werdend; Zweige oben etwas verjüngt, 4 cm ⌀; Rippen ca. 22, quergefurcht, 4 mm hoch; St. 8—15, bis 15 mm lang, manchmal auch mittlere erkennbar, bis 3,5 cm lang, rotbraun, spreizend; Bl. mit zygomorphem Saum, 7—8 cm lang, rosapurpurn, 1 cm ⌀; Sep. lanzettlich, dunkel blaurosa; Pet. spatelig. 18 mm lang, blaurosa; Fr. kugelig, bis 3 cm ⌀; S. schwarz, punktiert, glänzend. — Bolivien (Prov. Oropeza, Dept., Chuquisaca, am Wege Sucre—Tarabuco, auf 2700 m).

**20. Cleistocactus angosturensis** CARD.—C. & S. J. (US.), XXVIII: 2. 60. 1956

Säulig, vom Grunde verzweigt, 1,5—2 m hoch werdend; Zweige 2,5—3,5 cm ⌀; Rippen ca. 15, 5 mm hoch; Randst. 10—13, spreizend, 3—15 mm lang; Mittelst. 2—4, 15—40 mm lang, alle blaßgelb; Bl. ca. 7 cm lang, 1 cm ⌀; Sep. lanzettlich, nur bis 5 mm lang, dunkelgrün; Zwischenreihe 1,5 cm lang; Pet. lanzettlich, blaßgrün; Fr. kugelig, 2 cm ⌀, dunkelrot; S. klein, punktiert, dunkelbraun oder schwarz, glänzend. — Bolivien (Prov. Tarata, Dept. Cochabamba, Angostura, auf 2550 m) (Abb. 937).

Ähnelt *Cl. buchtienii* v. *flavispinus*, ist aber weniger verzweigt und hat grünliche Hüllblätter.

Abb. 937. Cleistocactus angosturensis CARD. (Foto: CARDENAS.)

Auffällig ist der große Höhenunterschied der bolivianischen *Cleistocactus*-Vorkommen. Während diese und einige andere Arten auf über 2500 m Höhe vorkommen, wächst *C. rojoi* nur auf 600 m. So große Höhenunterschiede bei ein und derselben Gattung sind selten.

In die Nähe dieser Art, d. h. bis 2 m hoch, St. gelblich, nadelig, aber ohne deutlich unterscheidbare Mittelst., die Blüte rosa mit weißlichem Rand, gehört wohl der erst 1957 von CARDENAS beschriebene:

— **Cleistocactus reae** CARD. — „Cactus", 12: 57. 251—252. 1957

Säulig, 1—2 m hoch; Tr. dunkelgrün, 3—4,5 cm ⌀; Rippen 19, stumpflich, 7 mm hoch, 8 mm breit; Areolen nur 5 mm entfernt, rund, 5 mm ⌀, hervorstehend, graufilzig; St. 16—20, gelblich, dünnadelig, 5—25 mm lang; Bl. zahlreich, 5—7 cm lang, zylindrisch; Ov. 1 cm ⌀, mit weißen und braunen Haaren; Röhre schwach gebogen, 4 cm lang, dunkelrötlich; Schuppen 3—4 mm lang, Spitze weißlich, mit kurzen Haaren; Sep. purpurn, Spitze dunkelgrün; Pet. rosa, weißrandig; Staubf. lilarot, auch purpurn; Staubb. gelb; Gr. 5 cm lang, unten weißlich, oben gelblich; N. 7, smaragdgrün; Fr. kugelig, ziemlich groß, 2,5 cm ⌀, rot, Schuppen dünn, Haare kurz, braun bis schwarz; S. klein, 1,5 mm groß, dunkelbraun, glänzend, fein punktiert. — Bolivien (Prov. Inquisivi, Quima, auf 3000 m).

21. **Cleistocactus morawetzianus** BACKBG. — J. DKG. (I), 77. 1936

Stark verzweigte, aufrechte Büsche, bis fast 2 m hoch; Tr. graugrün; Rippen bis ca. 14, etwas um die Areolen verdickt und mit V-Furche über denselben;

Abb. 938. Cleistocactus morawetzianus BACKBG. (Foto: RAUH.)

Areolen ca. 1 cm entfernt, etwas eingesenkt; St. bis 14, aus unterem Areolenteil, einige nach unten gerichtete manchmal sehr dünn und anliegend, manchmal etwas kräftiger, alle am Fuß ± verdickt, die mittleren schlecht unterscheidbaren bis ca. 3, rundlich oder manchmal etwas gedrückt, pfriemlich, in verschiedenen Richtungen gebogen, einer meist geradeaus gerichtet, alle anfangs goldgelb, bald weißgrau mit strohgelben Spitzen und ganz oben oft dunkelgetönt; Bl. ca. 5,5 cm lang, 9 mm dick, Röhre zylindrisch, über Ov. ± scharf gebogen; Pet. reinweiß mit grünlichem Schein; Gr. lang hervorragend. — Peru (Mantaro-Gebiet, bei Mariscal Caceres) (Abb. 938—940, Tafel 66).

Die von mir beobachteten Bl. wiesen einen scharfen Röhrenknick auf und hatten leicht grünlich getönte weiße Röhren und Pet. Unweit meines Fundortes, d. h. an der Straße Huancayo—Ayacucho, bei Condorbamba, Km 173—174, beobachtete C. OCHOA Pflanzen dieser Art mit 6—7 cm langen Bl., am Ov. grünlichweiß beschuppt, die Sep. bis 7 mm lang, die Pet. bis 3,5 mm lang und bis 2,2 mm breit, weiß, mit sehr zartem rosa Ton. Vor allem aber zeigte sich, daß die Röhre teils stark geknickt, teils schwach gekrümmt, aber auch ziemlich gerade-gestreckt sein

Abb. 939. Cleistocactus morawetzianus-Blüte.

kann. Ähnliche Beobachtungen sind auch von CARDENAS bei bolivianischen Arten gemacht worden. Hier zeigt sich wieder, daß die Röhrenform bei ein und derselben Art variabel sein kann und danach nicht etwa schärfere Unterteilungen oder Artabtrennungen vorgenommen werden können. — (Abb. 940: Herbarfoto C. OCHOA, coll. 18. 3. 1949.)

RITTER hat früher auch von einem „rotblühenden *Cl. morawetzianus*" berichtet; mehr ist darüber nicht bekannt. Vielleicht meinte er „zartrosa"?

v. **arboreus** AKERS [C. & S. J. (US.), XX : 9. 129. 1948, Abb. 96, der Blüte] ist nur ein Name; die Blüte wird nicht näher beschrieben. Da als Standort „La

Mejorada" angegeben wird, wo ich die Art sammelte, mag es sich nur um eine etwas abweichende Wuchsform handeln.

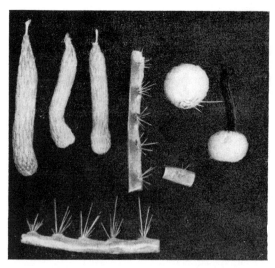

Abb. 940. Cleistocactus morawetzianus-Herbarmaterial, gesammelt von C. Ochoa: Die Tafel zeigt an ein und derselben Art gerade, leicht geschwungene und geknickte Röhren, ähnlich wie bei Loxanthocereus, aber sie sind sehr schlank, der Saum fast geschlossen. Nur durch schärfste Unterscheidung der einheitlichen Gruppen- sowie der Artmerkmale kann das Wissen um die Unterschiede gesichert werden. Buxbaums Unterteilung in zwei Untergattungen hat die für Cleistocactus charakteristische starke Variabilität von Form und innerem Bau der Cleistocactus-Blüten nur unzulänglich erfaßt.

21a. v. **pycnacanthus** Rauh & Backbg. — Descr. Cact. Nov. 17. 1956

Dünne, bis 1,5 m hohe Säulen; Rippen ca. 8, niedrig, ziemlich schmal, ca. 6 mm breit; Areolen rundlich, ca. 5 mm ⌀; Rand- und Mittelst. schwer unterscheidbar, bis 4 mittlere, dicker, rundlich, davon zwei länger, der obere der längste, bis 3,5 cm und mehr lang, die anderen ca. 10—12 meist pfriemlich oder dünner, allseitig strahlend, unten nicht wesentlich verdickt, aber der obere längste anfangs dunkler, später an der Basis mehr verbreitert; alle längsten mittleren St. anfangs aufgerichtet, später seitlich-schräg aufwärts stehend, ziemlich gleich lang und dicht, Farbe im Neutrieb hornfarben bis dunkel; Bl. unbekannt. — Peru (Trockengebiet bei Ayacucho, 2700 m) (Abb. 941).

Bei v. *pycnacanthus* sind die Areolen größer bzw. dicker und heller; eine V-Furche ist auch vorhanden.

22. **Cleistocactus hyalacanthus** (K. Sch.) Goss. — Bull. Mens. Soc. Nice, 44 : 33. 1904

*Cereus hyalacanthus* K. Sch., Gesamtbschrbg., 101. 1898.

Aufrecht, bis 1 m hoch; Tr. bis 1,5 cm ⌀, wenig verzweigt, schlank zylindrisch, Scheitel mit weißem Filz bekleidet, verjüngt; Rippen 20, schmal und niedrig, 2—3 mm hoch, nur schwach quergekerbt und kaum durch die Bestachlung sichtbar; Areolen elliptisch, 2 mm breit, mit grauem Filz; St. im oberen Areolenteil, mehr als 25, bis 2 cm lang; glashell weiß, borsten- oder nadelförmig, biegsam und brüchig, wenig stechend, später 1—2 etwas stärker und oben grauschwarz (unter dem Mikroskop: sehr fein behaart); Bl. etwas gekrümmt, bis 3,5 cm lang; Ov. 4 mm ⌀, kugelig, ziemlich reichlich mit brauner Wolle versehen; Blütenhülle röhrig-trichterig, Saum wenig zygomorph, hellrot, beschuppt und wollig; unterste Staubf. miteinander zu einer Haut verbunden. — Argentinien (Jujuy, vielleicht aus der Umgebung von Rosario de Lerma).

Hierfür ist auch *Cl. jujuyensis* gehalten worden (WERDERMANN, Blüh. Kakt., Mappe 36, Tafel 142. 1938), der aber nur eine hellrote Röhre hat und innen leuchtend karmin blüht. Ich habe einst in Salta bei F. EBBER solche sehr dünnen, glasig trübweiß haarstachligen Cereen gesehen, ohne unterscheidbare Mittelst.; die Art ist wohlunterschieden, aber seither nie mehr wiedergesammelt worden.

Abb. 941. Cleistocactus morawetzianus v. pycnacanthus RAUH & BACKBG.

Abb. 942. Cleistocactus tupizensis (VPL.) BACKBG. Standortsaufnahme.

### 23. **Cleistocactus jujuyensis** (BACKBG.) BACKBG. — Beitr. Skde. u. -pflege, 49—50, 1942[1])

*Cleistoc. strausii* v. *jujuyensis* BACKBG., Kaktus-ABC, 190. 1935.

Strauchig, vom Grunde verzweigend, bis über 1 m hoch; Tr. ca. 4—6 cm dick; Rippen ca. 20, schmal und niedrig; Areolen ziemlich klein, anfangs bräunlich-, später weißfilzig; St. sehr zahlreich, im Scheitel fast haarartig dünn, aber spröde, stechend, glasig weiß bzw. manchmal etwas gelblichweiß; ca. 25—30 Randst.; Mittelst. etwas stärker, durch die Färbung und Länge deutlich unterschieden, im Scheitel alle St. sehr hell und dichtstehend, später der Körper stark durchscheinend; mittlere St. gelblich bis braun und über 3 cm lang; Bl. ca. 4 cm lang;

---

[1]) *Cleistocereus strausii luteispina* und *rubricentra* FRIČ & KRZGR. nom. nud. (Verz. 39. 1935) scheinen hierher zu gehören, da die Mittelstachelfarbe etwas variabel ist.

Ov. grünlich; Röhre hellrot, ca. 3,5 cm lang; Sep. schmal, spitz, hellrot mit weißer Spitze; Pet. etwas bläulich karmin, weniger umgebogen als die Sep., Bl.-Öffnung ca. 15 mm breit, innen fast geschlossen; Staubb. herausragend; Fr. klein, rund. — N-Argentinien (Jujuy) (Abb. 944—945).

Wurde auch als *Cleistocereus hyalacanthus* bezeichnet (KREUZINGER, ,,Verzeichnis", 39. 1935); *Cleistocactus hyalacanthus* ist aber eine andere Art.

Abb. 943. Cleistocactus tupizensis-Blüte. (Foto: FUAUX.)

24. **Cleistocactus tupizensis** (VPL.) BACKBG. — BACKEBERG & KNUTH, Kaktus-ABC, 190. 1935

*Cereus tupizensis* VPL., MfK., 26 : 124. 1916.

Bis 3 m hoch, häufig niedriger, basal verzweigend und die Äste aufwärts gebogen; Areolen ca. 7 mm entfernt, ziemlich groß, rundlich bis oval; Rippen anfangs mindestens 14, später bis 24, zierlich; St. ca. 15—20, glasig, brüchig, verschieden lang; Mittelst. 2, untereinander, ca. 4,5 cm lang werdend, aufwärts und abwärts gerichtet, von weißlich bis leuchtend fuchsrot, oft derber, später oft schwer unterscheidbare mittlere St.; Bl. nur schwach gebogen, 8 cm lang, mit etwas schiefem Saum, weinrot; Gr. herausragend, Pet. breiter als Sep. — Bolivien (bei Tupiza); am Standort sah ich nur ca. 1,50 m hohe Gruppen, doch z. B. in der Sammlung GASTAUD, Roquebrune, wesentlich höher gewordene (Abb. 942—943).

24a. v. **sucrensis** (CARD.) BACKBG. n. comb.

*Cleistoc. sucrensis* CARD., C. & S. J. (US.), XXIV : 5. 148. 1952.

Aufrecht, bis 1 m hoch, von der Basis verzweigt; Tr. 4,5—5,5 cm ⌀; Rippen ca. 24; St. 15—18, ungleich, aber mittlere schwer unterscheidbar, bis 6 cm lang, schlank nadelförmig, junge St. strohgelb, später grau; Bl. zahlreich, 6,5—8 cm lang, Röhre wenig gebogen; Sep. dunkellachsrot, Pet. weinrot; Gr. etwas herausragend aus dem nicht oder kaum geöffneten Saum, schwach zygomorph; Röhrenhaare lachsrot und zum Teil schwärzlich; Gr. an der Basis gekrümmt (normal?). — Bolivien (Dept. Chuquisaca, Prov. Oropeza, bei Km 7, an der Straße von Sucre nach Tarabuco).

CARDENAS beschrieb diese Pflanzen als eigene Art, sie sind aber eher eine var. von *Cl. tupizensis*, dem sie im Aussehen ähneln durch die gleiche Rippen- und Stachelzahl sowie die gleich lange und ähnlich gefärbte Blüte, nur die Stachelfarbe ist unterschiedlich, obwohl *Cl. tupizensis* auch sehr variabel gefärbt ist; der einzige wirkliche Unterschied scheint die weniger weit geöffnete Blüte zu sein.

Abb. 944. Cleistocactus jujuyensis BACKBG. Standortsaufnahme.

Abb. 945. Cleistocactus jujuyensis BACKBG. hat ziemlich kleine Blüten, die jedoch sehr reich erscheinen.

25. **Cleistocactus strausii** (HEESE) BACKBG. — Kkde. u. Kfrd., 125. 1934

*Cereus strausii* HEESE, in Gartfl., 62 : 383. 1907 (Abb. als *Pilocereus strausii* und danach auch *Piloc. strausii* HEESE genannt; dadurch VAUPELS Kombination *Cereus strausii* (HEESE) VPL., in MfK, 37. 1913. Die Schreibweise VAUPELS war zuerst irrtümlich „straussii", von ihm in MfK., 48. 1914, berichtigt; BRITTON u. ROSE schrieben nach VAUPEL auch unrichtig „straussii"). — *Borzicactus strausii* BERG. (1929).

Säulenförmig, gepfropft bis mehrere Meter hoch, wurzelecht wahrscheinlich am Standort wesentlich niedriger; Rippen ca. 25, frischgrün; Areolen ca. 5 mm entfernt, weißfilzig; 30—40 bis 17 mm lange weiße, haarfeine Borsten und 4 abwärts gerichtete, hellgelbe, 2 cm lange St.; Bl. 8—9 cm lang, gerade, weinrot, rötlichbraun behaart; Sep. dunkelkarmin mit violettem Schein; Staubf. weißrot; N. 12, grün; Fr. etwas gespitzt-kugelig, rot, wollig; S. klein, blank, schwarz. — Bolivien („in hohen Lagen", bisher nicht wiedergefunden) (Abb. 947).

Zur Standortsfrage berichtet I. DÖRFLER (Wien) in M. DKG., 52. 1930, nach einem Bericht von FRIČ „nordargentinisch-bolivianisches Grenzgebiet auf 1200 bis 2000 m". Ich habe persönlich seinerzeit dem Auspacken der FRIČ-Importe beigewohnt, die in Pasacanazylindern eintrafen und größtenteils dadurch verloren waren. Es handelte sich um den *Cl. jujuyensis* (auch Bild FRIČ, l. c.), daher die Fußnote von DÖRFLER: „FRIČ und KLUSAČEK haben versuchsweise Importsamen dieser gelbstachligen Type ausgesät; die Sämlinge zeigen gelbe bis rote bis fast schwarze Mittelstacheln", d. h. die typischen *Cl. jujuyensis*-Mittelstachelfarben. (FRIČs Angaben waren häufig nur mit größter Vorsicht aufzunehmen und manchmal falsch).

Abb. 946. Cleistocactus strausii v. fricii (DÖRFL.) BACKBG., stärker weißhaarig, mit grünen Früchten. Pflanze meiner Sammlung im Jardin Exotique de Monaco.

HEESE schrieb „aus hohen Lagen Boliviens". Es bleibt abzuwarten, wo die Art wiedergefunden wird. *Cleistocereus strausii* (HEESE) FRIČ & KRZGR. ist nur ein Name.

*Demnosa strausii* (HEESE) FRIČ (MÖLLERS Deutsch. Gärtnerztg., 170. 1929) war nur ein Name. Eine schöne Form, *Cl. strausii* f. *brevispinus*, entstand bei B. PALLANCA, Bordighera, aus Samen (Tafel 106, rechts), ebenso ein sehr blühwilliger Bastard ($\times$ *Oreocereus* ?) (Tafel 106, links).

25a. v. **fricii** (DÖRFL.) BACKBG. n. comb.

*Pilocereus strausii* v. *fricii* DÖRFL., M. DKG., 55. 1930 (nicht, wie BORG schreibt: *Cleistoc. strausii* v. *fricii* DÖRFL.). — *Cleistocactus nivosus* BORG, „Cacti", 195. 1951.

Eine schon lange bekannte Form, die nicht — wie DÖRFLER angab — aus FRIČ'schem Import stammt: mit bis 5 cm langen Haaren neben den Haarborsten und St.; Fr. grün; Bl. nicht unterschieden. Stammt wahrscheinlich aus dem HEESE-Import. So wird auch verständlich, warum BORG (l. c.) bei seinem *Cl. nivosus* schreibt: „aus den bolivianischen Anden mit einer schneeweißen Varietät von *Cl. strausii* importiert". BORG spricht bei *Cl. strausii* v. *fricii* nur von „geraden, langen weißen Haaren am Scheitel", sie sind aber an der ganzen Pflanze dichter. Eine große Pflanze von mir (s. Abb. 946) steht im Jardin Exotique de Monaco und hat dort unbeschadet den Schneewinter 1955/56 überstanden, ein Zeichen, daß sie aus kälteren Höhenlagen stammt. BORGS *Cl. nivosus* hat die gleiche Rippenzahl wie der Typus des *Cl. strausii*, die Blütenlänge ist auch gleich, obwohl BORG von *Cl. nivosus* sagt: „Bl. zweimal so lang wie bei *Cl. strausii*"; er gibt aber selbst dessen Blütenlänge mit 8—9 cm an, für seinen *Cl. nivosus* nur 7—8 cm. Wahrscheinlich hat er an FRIČS „falsche *Cl. strausii* = *Cl. jujuyensis*" gedacht? Denn er nennt auch einen *Cl. strausii* v. *jujuyensis* FRIČ, eine von KREUZINGER vermiedene Kombination, der statt dessen sagt (Verzeichnis, 39. 1935): „*Cleistocereus strausii luteispina*" und „*Cl. strausii rubricentra*", nur Namen für *Cleistocactus jujuyensis*-Stachelvarianten. Für *Cl. strausii* v. *fricii* (DÖRFL.) BACKBG. gibt KREUZINGER (l. c.) das Synonym *Cl. strausii lanatus* FRIČ an, nur ein Name. Einen *Cl. strausii* v. *jujuyensis* FRIČ gibt es nicht;

Abb. 947. Cleistocactus strausii (HEESE) BACKBG. Nur gepfropfte Exemplare werden so hoch, daß sie, wie dieses, selbst durch das Dach wachsen können. (Aufnahme aus den Kulturen der Fa. Alavena, Bordighera.)

BORG meint *Cl. strausii* v. *jujuyensis* BACKBG., denn ich hielt den *Cl. jujuyensis* zuerst für eine Varietät des *Cl. strausii*, infolge FRIČS mystifizierenden Angaben (Abb. 946, Tafel 67).

26. **Cleistocactus brookei** CARD. — C. & S. J. (US.), XXIV : 5. 144. 1952

Aufrecht, bis 50 cm hoch; Tr. bis 4,5 cm ⌀, hellgrün; Rippen ca. 24, sehr schmal, 2—3 mm hoch und breit, mit Querfurchen; Areolen 3—4 mm entfernt, rund, 2 mm ⌀, oben hellgrau, unten braun befilzt; St. bis ca. 30, 4—10 mm lang, fein und dünn, borstenartig, im Scheitel bräunlich, sonst strohgelb bis später grau; Bl. s-förmig, 5 cm lang, tiefrot; Ov. gebogen, 12 mm ⌀, mit seidigen weißen Haaren; Röhre schwach abgeflacht, unten ca. 1 cm ⌀, nach oben etwas schlanker, gebogen; Sep. unten orange, oben tiefrot; Pet. unten purpurweiß oben gelb; Staubf. in zwei Serien, unten weiß, oben purpurn; Staubb. dunkelviolett; Gr. weiß, oben grünlich; N. grün; Fr. ca. 1 cm ⌀, purpurn, mit einigen weißen Haaren, sich oben öffnend; S. dunkelbraun, 1,2 mm ⌀. — Bolivien (Dept. Sta. Cruz, Prov. Cordillera, bei „Pozo Nr. 4", Camiri, auf 900 m, und zwischen Sudañez und Incahuasi, Prov. Hernando Siles, Dept. Chuquisaca, auf 1200 m).

Abb. 948. Cleistocactus wendlandiorum BACKBG. blüht schon als ziemlich kleines Exemplar.

Abb. 949. Die Blüte des Cleistocactus wendlandiorum BACKBG. mit der über dem Ovarium fast rechtwinklig abgeknickten Röhre.

Ähnelt sehr der nächsten Art; der Blütensaum ist aber weniger schräg, das Ov. nicht scharf rechtwinklig abgebogen und die Nektarkammer ist oben nicht häutig geschlossen; die Bl. ist mehr rot gefärbt.

**27. Cleistocactus wendlandiorum** BACKBG. — Kakt. u. a. Sukk. (II) (DKG.), 6 : 2. 114—117. 1955[1])

Säulig, anscheinend einzeln, blühfähige Pflanzen bei 18 cm Höhe; ca. 3 cm ⌀, hellgrün; Rippen ca. 22, 3 mm breit, 2 mm hoch; Areolen ca. 2 mm lang, ± länglich; St. etwa 40, sehr dünn und kurz, borstenartig, am Scheitel ca. 1 cm lang,

---

[1]) Nach Ansicht von W. HAAGE, Erfurt, handelt es sich bei dieser Art um *Cereus flavescens* OTTO in PFEIFFER; SALM-DYCK beschrieb ihn schon nicht mehr. SCHUMANN und BRITTON & ROSE stellen diesen Namen zu dem undefinierbaren *Cactus multangularis* WILLD. PFEIFFERS Beschreibung ist unzureichend.

dicht und aufrecht stehend, später etwas bestoßen, weißlich bis kremfarben, einige mittlere mehr gelblich, wodurch die Bekleidung einen ± gelblichen Schein bekommt; Mittelst. nicht gut unterscheidbar; im Scheitel ist die Farbe heller, der Körper durch die steifen Borsten sichtbar; Bl. 5 cm lang, 8 mm ⌀; Ov. 3—4 mm lang, rechtwinklig von der Röhre abgebogen bzw. Röhre zwischen Knick und Ov. noch etwas eingeengt (unten); Saum sehr schräg, ca. 13 mm weit; Röhre unten rötlichorange, oben gelblich; Schuppen orange mit roten Spitzen; Sep. karmesinorange, in die gleichfarbigen Pet. übergehend, diese lanzettlich und bis 2,5 mm breit; Staubf. sehr dünn, in zwei Serien, unten weiß, oben karmesin, etwas mit den Staubb. aus dem Saum hervortretend, später auch der Gr., dieser kremfarben; N. grünlichweiß; die Staubf. sind basal häutig verwachsen und bilden so eine geschlossene Nektarkammer bzw. sie geben dem Gr. nur wenig Raum. — Bolivien (Herkunftsgebiet unbekannt) (Abb. 948—949, Tafel 68A und B).

Die scharfe Knickung der Röhrenbasis und die häutige Verwachsung der Staubf. unterscheiden außer durch die schrägere Bl.-Öffnung und die mehr orangefarbene Bl. diese Art von der vorigen. Anscheinend hat *Cl. hyalacanthus*, nach SCHUMANNS Beschreibung, eine ähnliche Verwachsung der Staubf.-Basen.

Die höchst eigentümliche Form dieser Blüte fordert eine Überprüfung des Begriffes „Kolibriblüten" heraus. Die Makroaufnahmen (Tafel 68A—B) der Ovariumzone zeigen, daß die Nektarkammer hautartig verschlossen und durch die Knickung für den Kolibrischnabel unzugänglich ist, ja, es hat den Anschein, als wenn die Blüte mehr gegen als für Kolibribesuch eingerichtet wäre. Erreichbar ist das Nektarium nur für Kleininsekten. Wie ich schon früher schrieb, mag der Kolibri in solchen Fällen diese Insekten „herauspinzettieren" und dadurch seine Bestäuberarbeit leisten. Der Begriff „Anpassung" führt hier leicht zu Konstruktionen, wie sie in jedem Falle möglich sind, wo es sich um das Zusammenpassen von Formenreihen handelt. Es gibt lang- und dünnröhrige *Pseudolobivia*-Arten, die strikt nur am Tage geöffnet sind; sie gehören der Form nach zu den Nachtfalterblüten [PORSCH, „Das Bestäubungsleben der Kakteenblüte", II: Nachtblüher. J. DKG. (II), 1939/I]. Die *Trichocereus*-Arten sind nur nach dem „überwiegenden Blütenhochstand" in den nachtblühenden Ast der „*Trichocerei*" einzugliedern, sind aber zum Teil mehrere Tage offen, auch ohne zu schließen. In allem zeigt sich mit Sicherheit nur eines: die allmögliche Formenreihe. Das sollte in der Deutung der Erscheinungen berücksichtigt werden; es werden sich bei näheren Untersuchungen aller Vorgänge in der Blüte wahrscheinlich noch ganz andere Gesichtspunkte ergeben.

Die Pflanze wurde nach K. WENDLAND, von dem ich sie erhielt, und seinem Onkel, der sie entdeckte, benannt.

*Cleistoc. strausii* v. *flavispinus* HORT. und *Cl. flavescens* HORT. (in W. HAAGE, „Freude mit Kakteen", 135. 1954) sind nur Namen.

28. **Cleistocactus parapetiensis** CARD. — C. & S. J. (US.), XXIV : 6. 183. 1952

Säulenförmig, bis 60 cm hoch oder etwas mehr; Tr. bis 4 cm ⌀, nach oben verjüngt, frischgrün; Rippen 19, niedrig, 4 mm hoch und 5 mm breit, mit Querfurchen; Areolen 5 mm entfernt, oben graubraun-filzig; St. ca. 20, ungleich, 3—6 mm lang, die längsten mittleren bis 10 mm lang, nadeldünn, haarartig, einige dicker, andere dünner, weiß oder braun; Scheitel dicht mit weichen St. bedeckt; Bl. vom Scheitel bis 30 cm abwärts erscheinend, nur 3—3,5 cm lang, 6—7 mm breit, über dem Ov. schwach gebogen, letzteres kugelig, schwach abgeflacht, 6 mm lang, mit breiten, fleischigen, dunkelpurpurn gefärbten Schuppen und dichten, kurzen weißen Haaren; Röhre 2,5 cm lang, stachelbeerrot, mit einigen grüngespitzten Schuppen und weißen Haaren; Hüllbl. grüngelb, die äußeren mit rosa Basis, lanzettlich; Staubf. in zwei Serien, unten weiß, obere an der Basis weiß, oben rosa; Staubb. purpurn, flach; Gr. 2,8 cm lang, weiß; N. smaragdgrün; Fr. kugelig, 1 cm ⌀, purpurn, mit wenigen dunklen Schuppen und einigen weißen Haaren, auftrocknend und oben öffnend; S. 1 mm ⌀, dunkelbraun, glänzend. — Bolivien (Dept. Sta. Cruz, Prov. Cordillera, an der Straße Camiri—Charagua, auf 900 m, im Tal des Rio Parapeti). Die Pflanzen sollen in Bolivien das ganze Jahr über blühen.

Zweifellos ein *Cleistocactus* ist folgende Art, die anscheinend in die Nähe von *Cl. tominensis* gehört, aber ohne Kenntnis lebenden Materials nicht in den Schlüssel aufgenommen werden konnte:

— **Cleistocactus laniceps** (K. Sch.) Goss., Bull. Mens. Soc. Nice, 44: 32. 1904

*Cereus laniceps* K. Sch., Gesamtbschrbg., 93. 1898.

Aufrecht, bis 4 m hoch; Tr. bis 5 cm dick; Rippen 9, stumpf, mit Querfurchen, kaum gegliedert; Areolen groß, 6 mm ⌀, mit einem gewölbten Polster von grauem Wollfilz; St. meist nur 3, aus dem oberen Areolenteil, pfriemlich, grau, ca. 1,5 cm lang, manchmal untereinanderstehend; Bl. 3,5 cm lang; Ov. kugelig, 5 mm lang, mit pfriemlichen Schuppen und reichlicher brauner Wolle darin, ebenso an der Röhre; Sep. und Pet. schmallanzettlich, bis 8 mm lang, wahrscheinlich rot; Fr. kugelig, 1 cm ⌀, dicht wollig bekleidet; S. 1 mm ⌀, schwarz, glänzend. — Bolivien (Kordillere von Tunari, auf 1300 m).

Die Art hat den Namen nach den dichten, wolligen Areolenpolstern im Scheitel; blühbare Areolen sind goldbraun. Diese Spezies wurde bisher nicht wiedergefunden.

### Cactus serpens HBK.-Gruppe:

Die hierunter aufgeführten Arten wurden zu *Cleistocactus* gestellt nach Weber (in Bull. Mens. Soc. Nice, 44: 39. 1904), der die vordem einzige bekannte und von Humboldt, Bonpland und Kunth 1823 als *Cactus serpens* HBK. beschriebene Art unter *Cleistocactus* einbezog. Nach seiner Blütenbeschreibung scheint diese Einbeziehung richtig zu sein, falls nicht etwa nähere Untersuchungen sogar ein eigenes Genus ergeben. Ritter hat die Typart als *Leocereus* bezeichnet (Winter-Kat., 10. 1956) und scheinbar verschiedene Arten als *Cl. serpens* angesehen, da er die Blütenfarbe l. c. mit „blutrot bis zinnoberrot" angibt. Rauh sah leider keine Blüten, aber das lebende Material gestattet, drei deutlich unterschiedene Arten aufzustellen. Die Blütendarstellung Britton u. Roses von *Leocereus* (The Cact., II: 109. 1920) entspricht im übrigen nicht der Beschreibung, die Britton u. Rose von *Cl. serpens* wiedergeben, wonach die Röhre wenige Schuppen hat, oben kahl, unten behaart ist. Es widerspricht auch allen Erfahrungen, daß eine im Osten Brasiliens beheimatete Gattung zugleich in N-Peru vertreten ist, wenn es sich um ein so absonderlich charakterisiertes Genus handelt (bei *Pilosocereus*, der eine ungewöhnlich weite Verbreitung hat, ist die Sachlage eine andere). Bevor nicht

Abb. 950. „Cleistocactus serpens (HBK.) Web." mit holziger Wurzelknolle.

genauere Untersuchungen vorliegen, mußten alle Arten daher bei *Cleistocactus* belassen werden. RITTER scheint eine der beiden neuen Arten gesehen zu haben, denn die ursprüngliche Blütenbeschreibung besagt für *Cl. serpens:* „Blüte fleischrot." Allen gemeinsam scheint eine reiche fuchsbraune Haarbildung der entstehenden Knospen zu sein. In der Gestalt ähneln die Pflanzen dem ebenfalls kriechenden *Cleistocactus anguinus* (GÜRKE) BR. & R., so daß auch deswegen die Eingliederung der *Cactus-serpens*-Gruppe zu *Cleistocactus* nicht abwegig er-

Abb. 951. Makroaufnahme einer Triebspitze von Cleistocactus serpens (HBK.) WEB. (Foto: RAUH.)

scheint, zumal auch das Areal in seiner Abgelegenheit nicht ungewöhnlich ist, denn *Frailea* und *Malacocarpus* wurden noch in Kolumbien gefunden; d. h. es kann sich bei den nachstehend beschriebenen Arten sehr wohl auch deswegen um *Cleistocactus*-Arten handeln, denn zweifellos muß eine Vegetationsbrücke der vorerwähnten Gattungen (wofür auch *Cleistocactus morawetzianus* in Peru spricht) von Kolumbien her bis zum Hauptvorkommen von *Frailea* und *Malacocarpus* bestanden haben; durch irgendwelche Einflüsse sind vielleicht verbindende Arten verschwunden, und andere Gattungen haben sich dort ausgebreitet. Eine Erklärung für das merkwürdige Arealbild von *Frailea* und *Malacocarpus* steht jedenfalls noch aus; es dürfte aber wohl kaum eine andere als die obige geben, und dies gestattet wiederum interessante andere Rückschlüsse, so über das Alter aller dieser Gattungen usw.

Schlüssel der Arten (zu *Cleistocactus* gestellt):

Mäßig verzweigt, Triebe niederliegend
  Triebe ca. 2 cm ⌀
    Mittelstacheln deutlich verlängert, 1 (—2) bis 3 cm lang, später schräg abwärts weisend
      Randstacheln ± spreizend, ca. 10—15 (große holzige Rübe) . . . . . . . . . . . . . . . . 29: **C. serpens** (HBK.) WEB.
  Triebe ca. 3—4 cm ⌀
    Mittelstacheln mehrere, kaum von den Randstacheln unterschieden, sondern ungefähr gleich lang wie diese
      Randstacheln zahlreicher. . . . . . . . . . 30: **C. crassiserpens** RAUH & BACKBG.
Stark verzweigt, Triebe niederliegend
  Triebe nur 8—10 mm ⌀
    Mittelstacheln fehlend od. einzelne, kaum in der Länge unterschieden, z. T. kürzer als die Randstacheln
      Randstacheln ca. 10—11, sehr dünn . . . . . 31: **C. tenuiserpens** RAUH & BACKBG.

29. **Cleistocactus serpens** (HBK.) WEB., in GOSSELIN, Bull. Mens. Soc. Nice, 44 : 39. 1904

*Cactus serpens* HBK., Nov. Gen. Sp., 6 : 68. 1823. — *Cereus serpens* (HBK.) DC., Prodr., 3 : 470. 1828.

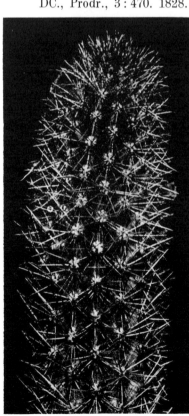

Kriechend; große, holzige Rübenwurzel mit sehr langen Verzweigungen bzw. zusätzlichen längeren Faserwurzeln und einzelnen kräftigeren; Tr. ziemlich lang, bis 2 cm oder etwas mehr dick; Rippen 8—11, niedrig, gerundet, im Neutrieb ± höckerartig; Areolen 0,5—1 cm entfernt, mit dürftigem, etwas grauem Wollfilz; Randst. 10—15, ± horizontal strahlend, etwa 0,5 cm lang, 1 Mittelstachel deutlicher unterscheidbar, bis 3 cm lang, oft fehlend, anfangs oder später auch viel dünner und kürzer, hellgelb bis braun, später grau; Bl. röhrenförmig, 5 cm lang, fleischrot, mit wenigen Röhrenschuppen, in deren unteren Achseln Haare; Pet. 8—12, lanzettlich, spitz zulaufend, in 2—3 Serien stehend; Staubbl. etwas kürzer als die Pet.; Ov. länglichrund; N. 8. — N-Peru (auf trockenen Hügeln am Rio Huancabamba) (Abb. 950—951).

*Leocereus serpens* war nur ein Katalogname RITTERS.

Abb. 952. *Cleistocactus crassiserpens* RAUH & BACKBG. unterscheidet sich durch dickere Triebe von *Cl. serpens* und das Fehlen sichtbar längerer Mittelstacheln. — Die beiden neuen Arten wurden nach WEBERS Ansicht bez. *Cl. serpens* zu diesem Genus gestellt; ob sie aber wirklich hierher gehören, steht noch nicht fest. (Foto: RAUH.)

30. **Cleistocactus crassiserpens** Rauh & Backbg. — Descr. Cact. Nov. 17. 1956

Niederliegend; Tr. 3—4 cm ⌀, 1—2 m lang; Rippen ca. 12, schmal, niedrig; St. weißlich-bräunlich, bis ca. 20, strahlend, dünn, bis 5—7 mm lang, mittlere nur undeutlich geschieden, aber am Scheitel oft ein oberer Randst. borstenartig verlängert, bis 2 cm lang, bräunlich, sonst nur vereinzelt 1—2 verlängerte auf- und abwärts weisend, an der Basis meist etwas dunkler; die ziemlich kleinen Areolen sind breit-länglich, anfangs mehr rund und auf etwas höckrigen Erhöhungen stehend. Die Tr. sind an der Spitze meist etwas verjüngt. — N-Peru (atlantische Seite der Paßhöhe Olmos, auf 1800 m) (Abb. 952).

Abb. 953. Cleistocactus tenuiserpens Rauh & Backbg. ist die dünnste Art; sie bildet lebhaft fuchsbraun behaarte Knospen und ist meist niederliegend. (Foto: Rauh.)

31. **Cleistocactus tenuiserpens** Rauh & Backbg. — Descr. Cact. Nov. 17. 1956

Reich verzweigt, bis 2 m lang; Tr. sehr dünn, frischgrün, nur 8—10 mm stark, am Scheitel gehöckert; Rippen 9—10, 1 mm hoch, etwas geschweift, an der Basis 2 mm breit; Randst. sehr dünn und nur 2—8 mm lang, blaßfarben, in den oberen Areolen etwas länger, leicht stechend, manchmal 1—2 aufgerichtet, bis 2,5 cm lang, anfangs rosafarben, alle St. an der Spitze bräunlich, borstenförmig und ziemlich dicht, ± anliegend oder spreizend; Knospe mit starker fuchsbrauner Haarbildung entstehend; Bl. unbekannt. — N-Peru (Huancabamba-Tal, bei Chamaya, 700 m) (Abb. 953). Die Areolen sind kaum 1 mm groß, braunschwarz, die Jungstacheln rötlichbraun.

*Cleistocactus lanatus* (HBK.) WEB. s. unter *Espostoa; Cleistocactus kerberi* (K. SCH.) Goss. unter *Rathbunia; Cleistocactus parvisetus* (O.) WEB. s. bei *Leocereus*.

Es sind in neuerer Zeit noch weitere *Cleistocactus*-Arten gefunden worden, bisher aber nicht beschrieben:

Aus WINTER-Kat., 6—7. 1956 (FR: RITTER-Nummern):

Abb. 954. Cleistocactus sp. RITTER, Nr. FR 106, aus Bolivien.    Abb. 955. Cleistocactus sp. RITTER, Nr. FR 112, aus Bolivien (Tirata).

*Cleistocactus* sp. (FR 359) (Abb. 957), l. c. als *Cl. herzogianus* v. *Copachuncho* (Herkunftsort ?), hat offenbar nichts mit *Cl. areolatus* v. *herzogianus* zu tun (s. Abb. 935, ca. 12 Randst., 1 längerer mittlerer, unten heller als oben).

*Cleistocactus* sp. (FR 19, 19a—19d) als Stachelvarianten von *Cl. baumannii*, mit gelben, roten, weißen und schwarzen St.; es ist nicht ersichtlich, ob es sich um die schlanken, liegenden Typvarianten in weiteren Farben handelt oder die kräftigeren, mehr aufrechten Arten.

*Cleistocactus* sp. (FR 356, 358), ersterer eine dünne Art mit roten Bl., letzterer gelbe St. mit karminfarbenen Bl.: über diese waren keine weiteren Angaben zu erlangen; FR 106 (Abb. 954) (feine gelbbraune St., rote Bl.) und FR 112 (Abb. 955) (stärkere gelbbraune St., Bl. rot, „von Tirata"), beide aus der Verwandtschaft von *Cl. areolatus* und *Cl. buchtienii* (9—10 Rippen; Areolen bei FR 112 dunkelbraun, bei FR 106 hellfilzig, Epidermis matt); über FR 108 (zarte, goldgelbe, dichte St.), FR 113 (vielrippig, groß, gelbe St.;

Bl. karmin), FR 323 (ganz grüne Bl., „von Ayata"), FR 324 (weiß-hellgelbe St., zitronengelbe Bl., „von Palhuya"), FR 325 (Abb. 956) (St. haarförmig, dünn, hell; Bl. orange) waren ebenfalls keine weiteren Angaben zu erlangen, bzw. es konnte nicht geklärt werden, inwieweit es sich etwa um schon von CARDENAS beschriebene Arten handelt oder um *Cl. wendlandiorum*.

956 957

Abb. 956. Cleistocactus sp. RITTER, Nr. FR 325, aus Bolivien; Stacheln dünn und haarförmig, hell; Blüte orange.
Abb. 957. Cleistocactus sp. RITTER, Nr. FR 359.

JOHNSON (Kat., 14. 1955) nennt die Pflanzen der *C.-serpens*-Gruppe:

**Borzicactella** JOHNS., nom. nud., gibt aber keine Beschreibung dieses Gattungsnamens und auch keine Begründung, warum er dies Genus aufstellte. Er führt zwei Arten an: *B. viperina* „mit ganz holzigem Wurzelstamm: Bl. karmin, mit kurzer s-förmiger Röhre, schmalen Schuppen mit reichlichen schwarzen Haaren und ausgebreiteter Korolla". Nach den Angaben über die Wurzel kann es sich um *Cl. serpens* handeln.

Ein zweiter Name ist *B. prostrata*: „Kriechend, Triebe ca. 2 cm ⌀; Bl. hellscharlach, Röhre kurz s-förmig gebogen; Korolla erweitert; obere Perigonbl. helmförmig."

Nach der Blütenbeschreibung besteht vorderhand keine Veranlassung, diese *Cleistocactus anguinus* ähnelnden Pflanzen als eigenes Genus abzutrennen, denn alle Kennzeichen gibt es auch bei *Cleistocactus*. Leider kann man JOHNSONS Angaben auch nicht entnehmen, um welche der von RAUH gefundenen und bereits beschriebenen Arten es sich handelt bzw. zu welcher welche Blütenangaben gehören.

Abb. 958. Cleistocactus sp. (?) Johns. (Cl. apurimacensis nom. nud.).

Abb. 959. Bastard von Cleistocactus strausii × Denmoza, mit langen, roten Stacheln. Dieser schöne Bastard ist eine Bereicherung der Sammlungen, auch, da er viel später als Cl. strausii blüht.

Ein weiterer Name Johnsons ohne gültige Beschreibung ist:

*Cleistocactus huantensis* Johns. (Kat., 14. 1955): „Triebe dünn, 2,5—4 cm ⌀, bis 1,80 m hoch; Bl. rotbraun, röhrig. Wächst in größeren Ansammlungen, meist unter Mezquitebäumen. — Peru (bei Huanta)". Mehr ist über die Art nicht angegeben. Ein Katalogname von Johnson (Akers ?) ist ferner:

*Cleistocactus apurimacensis* hort. Johns. (Abb. 958), 9—10 Rippen, gerundet, 9—12 Randst., 1 mittlerer, pfriemlicher, dunkel, manchmal etwas gebogen, nach aufwärts oder abwärts gerichtet, bis ca. 15 mm lang; Bl. unbekannt und daher auch die Zugehörigkeit noch offen; Areolen rundlich, weißfilzig, darüber eine V-Furche. — Peru (Apurimac-Tal).

*Cleistocactus luminosus* Johns. ist nur ein Name in Kat., 14. 1955.

Es sind einige schöne Kreuzungen von *Cleistocactus strausii* × *Echinopsis* und × *Denmoza* entstanden; von diesen bringe ich die Abb. 960 aus der Sammlung Andreae (Bensheim). Ferner hat der verstorbene Kakteenzüchter Hahn einen Bastard *Cl. strausii* × *Denmoza* gezogen, schlank, mit langen roten Stacheln, der ähnlich wie *Cl. strausii*, aber zu anderer Jahreszeit blüht (Abb. 959).

## 70. OREOCEREUS (Berg.) Ricc.
Boll. R. Ort. Bot. Palermo, 8 : 258. 1909

[Subg. A. Berger, in Rep. Mo. Bot. Gart., 16 : 64. 1905.]

Diese Cereengattung gehört zu den schönsten aller Säulenkakteen. Ihre Merkmale sind: kräftige bis dicke Triebe, basal oder seitlich entstehend, ± behaart, mit pfriemlich-starken und in der Farbe sehr variablen Mittelstacheln; die Blüten (soweit bekannt) etwas gedrückt-röhrig, Griffel im Blütenhochstand noch über die hervorstehenden Staubbeutel herausragend; Frucht ± kugelig, bei der Reife hohl, die Samen aus der basalen Öffnung herausfallend; Samen ziemlich groß, matt, schwarz, zum Teil auch kleiner und blank.

Abb. 960. Drei Bastarde von Cleistocactus strausii: × Denmoza, aber kurzstachlig; × Seticereus (links hinten); × Echinopsis (Hintergrund Mitte und rechts hinten).

Abb. 961. Oreocereus neocelsianus BACKBG. (der Typus der Art), bzw. die am meisten vorkommende Bestachelung bzw. Behaarung.

Obwohl die Gattung seit etwas über 100 Jahren bekannt ist, besteht bisher Unklarheit über die Zahl der guten Arten, die Übergänge, Abgrenzung und Variationsbreite von Behaarung und Bestachelung sowie zum Teil auch über den richtigen Namen. BRITTON u. ROSE bezeichneten das Genus als monotypisch, bzw. sie sahen *O. celsianus* als Typ an; was sie aber als solchen abbildeten, war der peruanische *O. hendriksenianus* BACKBG. Als Synonym führten sie *Pilocereus fossulatus* auf, eine gute eigene *Oreocereus*-Art. So wie infolgedessen ihre Beschreibung eine Vermengung von Merkmalen dreier Arten ist, war bereits die erste Artbeschreibung „*Pilocereus celsianus* LEM., (in Kat. CELS) in Cact. Hort. Dyck. Cult., 1849 : 185. 1850", eine Vermengung von zwei Arten, wie ich in Desert. Pl. Life, 1 : 5—6. 1949, ausführte: *Oreocereus celsianus* und *Oreocereus trollii*, die beide gleichzeitig von BRIDGES gefunden und für etwas in der Größe verschiedene Formen einer Art gehalten wurden. Dies ist nur verständlich, wenn vorher Klarheit über die „Celsianus-Formen" besteht. In den Sammlungen trifft man unter diesem Namen zwei verschiedene Arten an: den großen, dicktriebigen *O. maximus* und einen schlankeren Cereus, den eigentlichen „*O. celsianus*"; von letzterem sagt SALM-DYCK: „alle Pflanzen, die ich sah, verzweigten von der Basis, und die Stammhöhe scheint 0,75—1,25 m (3—5 Fuß) nicht zu überschreiten". Solche

Pflanzen gibt es tatsächlich; sie stammen aus der gleichen Region wie *O. trollii*, d. h. Bridges mußte beide gefunden haben, und wenn man die Standortsbilder sieht, versteht man, daß man sie anfangs für in der Trieblänge etwas verschiedene Formen einer Art ansah, zumal alte *O. trollii* auch ziemlich lang werden können. Während aber *O. trollii* stets basal verzweigt, können bei dem „echten *celsianus*" auch am Stamm˙Verzweigungen auftreten, wie auch bei anderen Arten. Die Salm-Dycksche Beschreibung spricht von Pflanzen, „die aus der Basis verzweigen, mit 12—17 Rippen, mit zahlreichen Haaren bedeckt, Stacheln strohgelb, an der Basis orange, verschieden lang, ein starker mittlerer, 2—3 Zoll lang … sehr variabel nach dem Standort …, die einen höher, die anderen niedriger und ganz in Wolle eingehüllt, mit stärkeren und zahlreicheren Stacheln". Es ist unverkennbar, daß die „niedrigeren, ganz in Wolle eingehüllten" Pflanzen *O. trollii* waren. Nachdem dieser 1929 von Kupper als eigene Art beschrieben wurde, bzw. da für *Piloc. celsianus* kein Typus existiert, wies ich in Des. Pl. Life, 6. 1949, nach, daß nach den Int. Nom.-Regeln, Art. 75—76, der Name *O. celsianus* für die „größeren Formen" der Salm-Dyckschen Beschreibung nicht aufrechtzuerhalten, sondern der diesen Teil der Gesamtbeschreibung darstellende Cereus neu zu benennen ist. Ich wählte dafür den Namen *O. neocelsianus*; er ist etwas variabel in der Wuchsform, vor allem aber in der Dichte der Bekleidung und der Stachelfarbe.

Abb. 962. Oreocereus neocelsianus: eine ebenfalls nur mittelhohe Form, aber etwas dicker und geschlossener verzweigt.

Die stärkere „*celsianus*-Form" der Sammlungen ist eine zweite, viel größere Art, die ich bei Tupiza fand und *O. maximus* nannte. In der Kakteenzüchterei Pecheret (Antibes) habe ich Aussaaten meiner Samen beobachtet: sie sind so variabel in der Behaarung, der Länge, Stärke und Farbe der Stacheln wie fast alle Oreocereen. Man kann wohl einzelne Varianten bezeichnen, es gibt aber so viele Zwischenformen, daß eine scharfe Abgrenzung nicht möglich ist. Ähnlich ist es mit *O. fossulatus*; Schumann war er als eigene gute Art unbekannt, denn er stellt ihn als Synonym zu *Pilocereus celsianus*; es scheint aber so, als wenn seine v. *gracilior* K. Sch. eine Varietät des *O. fossulatus* war. Förster gibt für den Typus (Handb. Cact., 660. 1886) als Herkunft an: „Bolivien, Chuquisaca". Ich habe in mehreren südfranzösischen Sammlungen und bei Pallanca, Bordighera, die ältesten Formen untersucht, die als diese Art bezeichnet waren; sie sind derber und wilder bestachelt als die bei La Paz gefundenen Pflanzen und zeigen, daß auch diese Art so variabel ist wie die anderen, aber durch die strauchige und seitliche Verzweigung sowie die dünneren Triebe durchaus unterschieden ist. Als ich 1933 den von Britton u. Rose abgebildeten — und auch von Werder-

MANN bereits beobachteten — „Oreocereus celsianus mit niedrigerem Wuchs, große Kolonien bildend" untersuchen wollte, fand ich nahe der chilenischen Grenze in S-Peru (er geht bis auf chilenisches Gebiet) eine ganz andere Art als den O. neocelsianus. Die ersten Pflanzen, die ich sah, hatten etwas lockere Behaarung und ganz braune Scheitelwolle. Ich halte diese heute nicht mehr für typisch; BLOSSFELD hat solche auch bei dem O. celsianus gefunden und diese Form irrtümlich für O. hendriksenianus angesehen. RAUH fand in Peru auch ganz weißwollige, dicht behaarte Formen und sehr langstachlige bzw. noch dichter bestachelte als die von mir gesehenen. Diese chilenisch-peruanische Art verzweigt tief und bildet immer große Ansammlungen. Man kann ihre stärksten Abweichungen als Varietäten bezeichnen, aber es wird wohl Übergänge geben. Der „Oreocereus horridispinus RITT. & KRAINZ, in WINTER-Kat., 4. 1956, Manuskriptname ohne Beschreibung, mit mächtigen, bunten Stacheln, ohne Haare, östlich von Arica", ist dagegen zweifellos der von mir in BfK, 1938-3, J. DKG. (II), 31. 1944, genannte und in C. & S. J. (US.), 44. 1951, mit lateinischer Diagnose beschriebene „O. variicolor". Später habe ich festgestellt, daß es sich um eine aufrechte *Arequipa* handelt, nachdem eine alte Pflanze meiner Sammlung, die jetzt im Jardin Exotique, Monaco, steht und jedes Jahr blüht, eine *Arequipa*-Blüte zeigte. „Oreocereus ritteri KRAINZ & RUPF nom. prov." wurde später von CULLMANN beschrieben. Nach den unter O. hendriksenianus v. *densilanatus* dargelegten Gesichtspunkten über die Artabgrenzung kann er nicht als eigene Spezies angesehen werden.

Abb. 963. Fast haarlose Form des Oreocereus neocelsianus, mitten zwischen normal stark behaarten wachsend, also nur eine Sämlingsform, mit längerer und dichterer bzw. dünnerer Bestachelung. — Die Art ist sehr variabel, ebenso wie O. maximus; es konnten daher keine Varietäten für die von früheren Autoren abgetrennten Formen aufgestellt werden, zumal sie untereinander am gleichen Standort vorkommen.

Bei der Typusangabe muß man davon ausgehen, daß RICCOBONO und BERGER darunter die Art aus dem bolivianisch-argentinischen Grenzgebiet verstanden, d. h. den von mir aus der SALM-DYCKschen Beschreibung herausgelösten O. neocelsianus BACKBG., da BERGER als Pflanzenhöhe „über 1 m hoch" angibt. BERGER hielt, wie BRITTON u. ROSE, die Gattung für monotypisch, mit der Verbreitung von „Bolivien und südlichem Peru bis in das nördliche Chile"; ihm war noch unbekannt, daß zwei Arten auch bis N-Argentinien vorkommen.

Die Standortsaufnahmen Abb. 961 bis Abb. 964 könnten — jede Pflanze für sich gesehen — in Wuchsform und Bekleidung vier verschiedene Arten vermuten lassen. Sie stammen alle aus dem nordargentinischen Grenzgebiet, sind sämtlich im Vergleich zum *O. maximus* ± niedrige Formen und zeigen das starke Variieren in Form, Anordnung der Triebe und Dichte der Bekleidung; die einen wachsen sperrig und sind fein bzw. dicht behaart, die Äste locker spreizend, die anderen ragen ziemlich geschlossen auf, mit zottigerer Behaarung. Die Doppelsäule ist sogar fast haarlos, steht aber inmitten der anderen, und das Feld mit den dicken niedrigen Formen zeigt sehr gut (Foto CASTELLANOS aus Jujuy, Mine La Pulpera), warum nach BRIDGES die hier ebenfalls vorkommenden *O. trollii* (bei Pueblo

Abb. 964. Oreocereus neocelsianus BACKBG. Bestand von ziemlich dicken und niedrigeren Formen in N-Argentinien (Jujuy: Mine La Pulpera); diese Formen machen es verständlich, daß der Erstbeschreibung auch der Oreocereus trollii (KUPP.) BACKBG. zugrunde lag, wie sich aus SALM-DYCKS vermischter Beschreibung ergibt. Nachdem KUPPER die letztere Art herausgelöst hatte, mußte die erstere einen neuen Namen erhalten. (Foto: CASTELLANOS.)

Viejo zusammen mit *O. neocelsianus*) nur als eine besonders starkwollige niedrige Form des ,,*Pilocereus celsianus*" angesehen wurden, als die Beschreibung in SALM-DYCK, Cact. Hort. Dyck. Cult., 1849 erfolgte. Die ,,*Oreocereus-celsianus*-Formengruppe" ist merkwürdigerweise bisher noch von keinem Botaniker eingehend studiert worden. Meine Aussaatbeobachtungen an *O. maximus* lassen zwar erkennen, daß *Oreocereus* außerordentlich variabel sein kann, ob aber *O. neocelsianus* nicht doch noch nach Höhe, Wuchsform und Charakter der Bekleidung in berechtigte Varietäten unterteilt werden muß, kann sich erst aus einer eingehenderen Standortsbeobachtung erweisen. Außer am Scheitel etwas hochgerundeten Formen gibt es auch solche mit fast keulig und etwas abgeflacht verlaufenden Triebformen.

Typus: *Pilocereus celsianus* LEM. sensu BERG. (*Oreocereus neocelsianus* BACKBG. nom. nov.). — Typstandort: nur angegeben ,,aus den Bergen Boliviens", d. h. also S-Bolivien.

Vorkommen: Südlicheres Peru, N-Chile, Bolivien, nördliches Argentinien.

### Schlüssel der Arten:

Mittelstarke Säulen, ungepfropft bis wenig
über 1 m hoch, bis ca. 12 cm dick,
z. T. seitlich verzweigt . . . . . . 1: **O. neocelsianus** BACKBG.

| | |
|---|---|
| Dickere, höhere Säulen (über 3 m hoch), bis 20 cm dick, seitlich verzweigt . . | 2: **O. maximus** BACKBG. |
| Schlankere, strauchig mehr seitlich verzweigte Säulen, meist 5—8 cm stark, bis fast 2 m hoch werdend | |
| Stacheln 1—4 derbere, zum Teil lange mittlere, gelb bis bräunlich . . . | 3: **O. fossulatus** (LAB.) BACKBG. |
| Stacheln schlanker, kürzer und meist hellgelb, 1 längerer mittlerer Stachel | 3a: v. **gracilior** (K. SCH.) BACKBG. n. comb. |
| Mittelstarke, bis 1 m hohe, bis ca. 10 cm starke Säulen, von unten her verzweigend große Kolonien bildend . . . . . | 4: **O. hendriksenianus** BACKBG. |
| Stacheln nur dünn im Vergleich zum Typus, kürzer, sehr dichte und längere Behaarung, oben weiß, rosa bis bräunlich . . . . . . . . . . | 4a: v. **densilanatus** RAUH & BACKBG. |
| Stacheln sehr lang und kräftig; Behaarung oft gelblich (auch braun?) im Scheitel . . . . . . . . . . . | 4b: v. **spinosissimus** RAUH & BACKBG. |
| Niedrige, anfangs oft kugelige Triebe, nur am Grunde entstehend, höchstens bis 1 m (?) hohe Einzelpflanzen . . . | |
| Wuchs aufrecht; Stachelfärbung und Behaarung variabel . . . . . . . . | 5: **O. trollii** (KUPP.) BACKBG. |
| Wuchs später liegend, dicht weiße Behaarung, ziemlich langtriebig im Alter . . . . . . . . . . . . | 5a: v. **crassiniveus** (BACKBG.) BACKBG. n. comb. |
| Wuchs aufrecht, schlanker, Bestachelung dünner . . . . . . . . . | 5b: v. **tenuior** BACKBG. |

1. **Oreocereus neocelsianus** BACKBG. — Des. Pl. Life, 21:1, 6. 1949

*Pilocereus celsianus* LEM. ex Cat. Cels, in SALM-DYCK, Cact. Hort. Dyck. Cult., 1849: 185—186. 1850, pro parte; *Oreoc. celsianus* sensu BERG. & RICC. — *Piloc. bruennowii* HGE. — *Piloc. celsianus lanuginosior* SD. — *Piloc. celsianus williamsii* K. SCH. — *Piloc. celsianus bruennowii* K. SCH.[1]) — *Cleistocactus celsianus* WEB. — *Cereus celsianus* BERG. — *Oreoc. celsianus bruennowii* BR. & R., Stand. Cyl. Hort. Bailey, 4:2404. 1916.[1]) — *Oreoc. bruennowii* (HGE.) BACKBG., Kaktus-ABC 187. 1935[1]). — *Oreoc. celsianus williamsii* (K. SCH.) BORG, „Cacti", 154:1951 (1937?)[2]).

---

[1]) Diese Pflanzen haben nach SCHUMANN bräunlichweiße Wolle und kräftigere braungelbe Stacheln (nach dem bei HAAGE, Erfurt, befindlichen lebenden Material auch dickwolligere Areolen); anscheinend handelt es sich hier um die von BLOSSFELD unter dem irrtümlichen Namen „Oreocereus hendriksenianus" in S.-Bolivien gesammelte Form. Mangels ausreichender Kenntnis der schon von SCHUMANN erwähnten Übergänge läßt sich nicht sagen, ob eine eigene Varietät berechtigt ist; wenn ja, müßte der Name *O. neocelsianus* v. *bruennowii* (K.SCH.) lauten.

[2]) SCHUMANN beschrieb *Piloc. celsianus* v. *williamsii* „Mittelstark oder schlanker, Wolle reinweiß, dichter anliegend, seitlich verflochten; Stacheln sehr kurz, 1 cm lg., weiß, aufrecht". Um welche Planze es sich hier handelte, läßt sich angesichts der Einbeziehung von *O. fossulatus* durch SCHUMANN nicht mehr mit Sicherheit sagen. BORG schreibt nur, unvollständig, SCHUMANNS Text nach.

Vom Grunde und aus den Seiten verzweigt, aufrecht oder aufsteigend, über
1 m hoch, 8—12 cm dick, anfangs heller, später dunkler grün oder graugrün;
am Scheitel gerundet, wollhaarig und bestachelt; Rippen 10—17, bis 8 mm hoch,
stumpf, um die Areolen geschwollen; Furchen scharf; Areolen 10—18 mm entfernt, groß, filzig, mit bis 5 cm langen Wollhaaren, diese manchmal im Scheitel
bräunlich; St. gelb bis rötlichbraun oder orange, später nachdunkelnd; Randst.
ca. 9, steif, pfriemlich, der unterste 2 cm lang; Mittelst. 1—4, kräftiger, bis 8 cm
lang; Bl. seitlich gegen die Spitze, 7—9 cm lang; Röhre von oben und unten zu-

965 966

Abb. 965. Blühender Scheitel des Oreocereus neocelsianus BACKBG. mit der bei älteren Stücken
oft zu beobachtenden fast keuligen Triebverdickung, ähnlich wie bei Morawetzia,
bei der aber ein Scheitelschopf mit zentralständigen Blüten entwickelt wird, bei
Oreocereus nicht.

Abb. 966. Oreocereus neocelsianus BACKBG.: dünn- und gelbstachlige Form.

sammengedrückt, mit spitzen Schuppen und langen Haaren; Sep. bräunlichgrün;
Pet. schmalspatelig, trübrosa; schiefer, 3 cm breiter Saum; Staubf. etwas länger,
oben violett, ebenso die Staubb.; Gr. weit hervorragend; N. 8, grün; Fr. kugelig,
am Grunde öffnend. — S-Bolivien bis N-Argentinien (Abb. 961—966).

Beschreibung nach A. BERGER. Die Wuchsform ist manchmal kompakter und
die Triebe etwas enger aufsteigend, manchmal etwas schlanker und lockerer.
Aussaaten zeigten, daß die Stachelfarben und die Stärke der Behaarung sehr
wechseln. BLOSSFELD hat auch Pflanzen mit brauner Scheitelwolle gesammelt
(Abbildung in Kkde., 87. 1936, fälschlich als *O. hendriksenianus*); von RAUH und
ZEHNDER 1956 in Peru gefundene Formen von *O. hendriksenianus* hatten auch
gelbliche und rosafarbene Haare. Das alles zeigt, daß eine Varietätenabtrennung
danach nicht möglich ist, sondern es sich jeweils nur um Formen handelt. Das
gilt auch für die RITTER-Bezeichnungen (WINTER-Kat., 3. 1957) v. *villosissima*
(Nr. FR. 78) und v. *ruficeps* (Nr. FR. 78a); es ist fraglich und unbestätigt, ob
die Samen dem Namen entsprechend einheitlich charakterisierte Pflanzen ergeben. Gepfropfte Stücke werden über doppelt so lang.

Nur ein Name war *Piloc. williamsii* LEM. (1862).

2. **Oreocereus maximus** BACKBG. — Des. Pl. Life, 21:1, 8. 1949

Aufrechte, bis über 3 m hohe Säulen, seitlich verzweigt, bis 20 cm dick; Behaarung derber, locker und oft kräuselig; Areolen groß, länglich, dick braunfilzig; Stacheln hornförmig dick, zum Fuß hin an Stärke zunehmend, oft oben oder nach unten zu etwas gekrümmt, Rand- und Mittelst. kaum unterscheidbar, zwei untere, seitliche Paare etwas dünner, die übrigen dicker, manchmal

Abb. 967. Oreocereus maximus BACKBG.; diese auch seitlich verzweigende Art wird mehrere Meter hoch und ist viel stärker als O. neocelsianus.

Abb. 968. Oreocereus fossulatus (LAB.) BACKBG. Der Typus der Art ist derber bestachelt und weniger behaart.

etwas seitlich gekantet, 1 St. oder mehrere etwas länger oder einer ziemlich lang und dick, in allen Farben von hellgelb bis orangebraun, manchmal ein stärkerer mittlerer aufwärts und auch oft noch oben auswärts gekrümmt; Bl. am Scheitel, wie die des *O. neocelsianus*; Fr. gelbgrün, kugelig-verkehrt-eiförmig; S. ziemlich groß, matt schwarz. — Bolivien (östlich des Flusses bei Tupiza, in den Bergen) (Abb. 967, Tafel 69).

Die größte Art, die in vereinzelten Stücken noch höher wird als oben angegeben.

3. **Oreocereus fossulatus** (LAB.) BACKBG. — „D. Kaktfrd.", 122. 1934

*Pilocereus fossulatus* LAB., Rev. Hort., IV. 4 : 24. 1855. — *Piloc. fossulatus pilosior* RÜMPL. — *Piloc. fossulatus gracilis* RÜMPL. — *Piloc. kanzleri* HGE.

Bis ca. 2 m hoch, locker-strauchig verzweigt, am Scheitel verjüngt; Rippen 11—14, um die Areolen verdickt, durch scharfe Furchen getrennt; über den Areolen eine V-Furche, unter der die Rippenkante fast kinnartig vorspringt und die obenauf die länglichen, dickfilzigen Areolen trägt; Randst. ziemlich dünnpfriemlich, zahlreich, bis ca. 16, ausgebreitet; Mittelst. 1—4 unterscheidbar, einer derber und länger, bis ca. 4 cm lang, gelblich bis bräunlich oder an der Basis dunkler; Bl. wohl von gleicher Farbe wie bei der v. *gracilior*. — Bolivien (angeblich von Chuquisaca, aber wohl weiter verbreitet) (Abb. 968—969).

Abb. 969. Oreocereus fossulatus (LAB.) BACKBG., eine Form des Typus.
Abb. 970. Oreocereus sp. RITTER, Nr. FR 100a (O. fossulatus v. rubrispinus RITTER nom. nud.). Angesichts der Variabilität des Typus wohl nur eine Form.

Nur Namen waren: *Piloc. celsianus fossulatus* LAB., *Piloc. foveolatus* LAB. Die RITTER-Nr. FR 100a: *O. fossulatus* v. *rubrispinus* (Abb. 970), dürfte kaum vom Typus unterschieden sein, wie ich ihn an der Riviera in alten, zum Teil auch rotbraun bestachelten Exemplaren sah, während FR 100 — „v. *flavispinus*, schlankere Triebe, weiße Haarbüschel" — offenbar die v. *gracilior* K. SCH. ist.

Diese Art scheint die einzige mit glänzenden kleineren Samen zu sein.

3a. v. **gracilior** (K. SCH.) BACKBG. n. comb.

*Piloc. celsianus* v. *gracilior* K. SCH., Gesamtbeschrbg. 180. 1898, non *Piloc. fossulatus gracilis* RÜMPL.

Bis 2 m hoch, ziemlich schlanktriebig, manchmal auch niedriger und lang spreizend behaart, sonst lockerer, später gering behaart; Tr. bis ca. 8 cm dick; Rippen ca. 15 mm breit, mit V-Furche und kinnförmigem Vorsprung; St. ca. 14, dünn, bernsteingelb, ebenso der meist einzelne mittlere St., bis 5 cm lang; Bl. grünlichrosa; Gr. weit hervorragend; S. schwarz, blank. — Bolivien (bei La Paz) (Abb. 971—973).

Die v. *gracilis* RÜMPL. hatte nur kürzere St.; meine v. *lanuginosior* BACKBG. (Kaktus-ABC, 186. 1935) (non *Piloc. celsianus lanuginosior* SD.) war wohl nur eine Standortsform auf magerem, höherem Gelände; sie war auch niedriger [= v. *pilosior* (HORT.) BORG] (Abb. 971).

Die v. *gracilior* weicht durch die bernsteingelben, dünneren und meist etwas kürzeren St. wesentlich ab. In der Sammlung PALLANCA sah ich einen *O. fossulatus* HORT., der — wenn nicht ein Bastard — eine Art Übergangsform zu *O. neocelsianus* darstellt.

BORG nennt („Cacti", 155. 1951) noch eine v. *robustior* HORT., die anscheinend den Typus der Art repräsentiert, während seine v. *spinis-aureis* HORT. wohl die v. *gracilior* ist.

4. **Oreocereus hendriksenianus** BACKBG. — BACKEBERG & KNUTH, Kaktus-ABC, 186, 411. 1935

Dichte, breite Kolonien bildend, von unten verzweigend und die Tr. ± aufgebogen, bis ca. 1 m hoch; ca. 10 Rippen, bis 2,5 cm breit, flachrund, mit seichter Querfurche zwischen den Areolen, diese bis 1,8 cm groß, länglichrund, anfangs gelb-, zuletzt schwarzgrau-filzig; Haare strähnig aus den Areolen herabhängend, am Scheitel sehr dicht, anfangs dunkel- bis braunfarbig, später weiß; Randst. ca. 8—9, bis 15 mm lang; später (außer dem zuerst 1) bis 4 Mittelst., horngelb, sanft gebogen, meist unregelmäßig über Kreuz stehend und bis 7 cm lang; Bl. 7 cm lang, karminrot; Fr. gelbgrün. — S-Peru bis N-Chile. — (Typ-Standortsbild in Kakt. u. a. Sukk., 189. 1937.) (Abb. 974—976.)

Den Typus der Art fand ich südlich von Uyupampa, an der Bahn von Arequipa nach Juliaca, auf ca. 3000 m.

Diese Art ist WERDERMANNS Abbildung „*Piloc. celsianus*" in M. DKG., 49. 1929.

Abb. 971. Oreocereus fossulatus v. gracilior (K. SCH.) BACKBG., am Standort oberhalb von La Paz (Bolivien) (v. pilosior (HORT.) BORG?) Jüngere Pflanze.

4a. v. **densilanatus** RAUH & BACKBG. — Descr. Cact. Nov. 17. 1956

Weicht vom Typus der Art ab durch sehr dichte, oft rein weiße, langzottige Behaarung sowie feinere und kürzere St., die gelb sind. — S-Peru (Puquio-Tal, auf 3300 m) (Abb. 977, Tafel 70—71).

Vielleicht sind mit dieser und der nächsten Varietät identisch die RITTER-Nr. FR 177a und b: „*Oreocereus ritteri* KRAINZ & RUPF mscr.", im WINTER-Kat., 5. 1956, noch unbeschrieben. RITTER gibt an, „ich sammelte die Samen der weißen Art getrennt von der fuchsroten" und „lange gelbe bis schneeweiße oder fuchsrote Wolle", „Blüte tief karminrot", „die langen Haare stehen vom Körper ab".

Karminrote Blüten sah ich auch bei *O. trollii*; die braune Scheitelfärbung ist offensichtlich ein häufiges Merkmal der breite Kolonien bildenden südperuanischen Art; bei v. *spinosissimus* ist sie (nach RAUH) auch fuchsrot. Alle anderen Oreocereen zeigen auch eine variabel dichte Bekleidung, so daß mir vorderhand keine Berechtigung zur Aufstellung einer eigenen Art als gegeben erscheint. Die fuchsrot-schopfige Form wäre demnach die RITTER-Nr. FR 177b bzw. die folgende Varietät.

Bei *Oreocereus ritteri* CULLM., Kakt. u. a. Sukk., 9 : 7, 101—103. 1958 kann es sich nur um vorstehende Varietät handeln, nicht um eine eigene Art, zumal auch

Abb. 972. Die Blüte des Oreocereus fossulatus v. gracilior (K. Sch.) Backbg. mit dem für Oreocereus-Blüten typischen, lang herausragenden Griffel.

Abb. 973. Oreocereus fossulatus v. gracilior (K. Sch.) Backbg.

Rauh, nach dessen Auskunft, in der gleichen Gegend sammelte. Die Blütenangaben „karmin bis karminviolett" liegen innerhalb der Farbstreuung, wie sie auch sonst (z. B. bei *Seticereus icosagonus*) bekannt ist, d. h. genügen nicht für eine eigene Art, ebensowenig die gering abweichende Staubfädenanheftung; daß die Frucht nicht basal öffnet, ist eine von dem entsprechenden Gattungsmerkmal völlig abweichende Angabe, die einer genaueren Nachprüfung bedarf. Der Habitus gleicht ganz dem obiger Varietät, so daß den Angaben Cullmanns nur ergänzende Bedeutung zukommt.

Zur Frage „Varietät" oder „Art" bedarf es noch folgender Hinweise: die *Oreocereus*-Artabgrenzung entspricht bei allen Spezies ihrer Wuchsform: *O. neocelsianus* bildet über mannshohe, verhältnismäßig gering, schräg und zumeist basal oder tief sprossende Exemplare; *O. trollii* und *O. trollii* v. *crassiniveus* niedrige, basal verzweigende, ± aufrechte bis kriechende Einzelpflanzen; *O. maximus* riesige, dicke, auch seitlich sprossende große Einzelgruppen; *O. fossulatus* wächst im Alter strauchig dicht verzweigt und bildet ganz abweichende buschartige Ansammlungen; *O. hendriksenianus* weicht durch ungefähr bzw. durchschnittlich bis 1 m hohe, aufrechte Triebe und vor allem große Ansammlungen ab, basal verzweigend oder aus niederbiegenden Trieben, genau wie es für *O. ritteri* angegeben wird, wo die Bezeichnung „Büsche bildend" in Hinsicht auf die Wuchsform von *O. fossulatus* nicht so eindeutig ist wie „Ansammlungen". Es ist nicht einzusehen, warum das bisherige Prinzip der „Arttrennung nach der jeder Spezies eigentümlichen Form" zugunsten einer einzelnen verlassen werden soll. *O. hendriksenianus* ist m. E. eine in der Wuchsform einheitliche, im Habitus variable Spezies, die von S-Peru bis N-Chile vorkommt und vielleicht noch mehr Varietäten umfaßt, als bisher bekannt sind; v. *densilanatus* gleicht ganz der Abbildung des *O. ritteri* CULLM. l. c. S. 102, der hier also nur als Synonym angesehen werden kann.

974    975

Abb. 974. Oreocereus hendriksenianus BACKBG. Typus, der von mir bei Uyupampa gesammelt wurde. O. hendriksenianus bildet einheitlichere Bestände als O. neocelsianus, so daß für die stärker unterschiedenen Merkmale Varietäten abgetrennt werden können. Der Typus ist am lockersten behaart.

Abb. 975. Oreocereus hendriksenianus BACKBG. Nahaufnahme des Typus von Uyupampa (S-Peru).

4b. v. **spinosissimus** RAUH & BACKBG. — Descr. Cact. Nov. 17. 1956

Weicht vom Typus der Art ab durch dichte, oft gelbliche Behaarung und sehr lange, seitwärts weit abstehende, intensiv gelbe St. — S-Peru (Puquio-Tal, auf 3300 m) (Abb. 978).

Zum Unterschied von v. *densilanatus* ist bei dieser Varietät der Schopf, nach RAUH, zum Teil auch fuchsrot, ähnlich wie bei dem Typus der Art, bei der er jedoch mehr kaffeebraun bis rötlichbraun ist.

*Oreoc. tacnaensis*, nur ein Name (FR 124, WINTER-Kat., 3. 1957), mag auch hierher gehören.

5. **Oreocereus trollii** (KUPP.) BACKBG. — BACKEBERG & KNUTH, Kaktus-ABC, 187. 1935

*Cereus trollii* KUPP., M. DKG., 1 : 96. 1929.

Kurz-säulenförmig, aufrecht und anfangs kugelig vom Grunde sprossend und so kleine Gruppen bildend, meist vollkommen von Wolle verhüllt; Rippen

Abb. 976. Oreocereus hendriksenianus BACKBG.: Blüte. (Foto: RAUH.)

15—25, niedrig, besonders am Scheitel stark gehöckert; Areolen bis 3 cm entfernt, mit bis 7 cm langen weißen Wollhaaren und 10—15 borstenförmigen bis pfriemlichen Rand- und 1 bis mehreren Mittelst., diese im Neutrieb leuchtend braunrot, später hell, goldgelb, aber auch rotbraun; Bl. ca. 4 cm lang, rosarot (WERDERMANN), aber auch karminrot bis innen bläulichkarmin, Röhre gebogen, Gr. mit den grünlichen N. von den karminvioletten Staubf. und den Beuteln überdeckt; die Bl. entstehen an alten Exemplaren seitlich weit herunter (nicht am Scheitel). — Im nordargentinisch-bolivianischen Grenzgebiet bis auf ca. 4000 m (Abb. 979—980).

Nur ein Name war: *Oreocereus irigoyenii* FRIČ.

Abb. 977. Oreocereus hendriksenianus v. densilanatus Rauh & Backbg. (Foto: Rauh.)

Abb. 978. Oreocereus hendriksenianus v. spinosissimus Rauh & Backbg. (in Rauhs Peruwerk 329. 1958, Abb. 159 : VI irrtümlich als v. horridispinus [ein Ritter-Name]). (Foto: Rauh.)

5a. v. **crassiniveus** (Backbg.) Backbg. n. comb.

*Oreocereus crassiniveus* Backbg., in Des. Pl. Life, 21 : 1. 9. 1949.

Weicht von dem Typus der Art ab durch längere, niederliegende und dann wieder aufsteigende Tr. mit sehr dichter, flaumig lockerer Behaarung und fast weißen St., die weniger auffällig als beim Typus sind. — S-Bolivien (nördlich von Tupiza, in den Bergtälern an der Bahn nach Uyuni) (Abb. 981).

Abb. 979. Oreocereus trollii (Kupp.) Backbg.

Die Gruppen wirken durch den auseinanderstrebenden, kriechenden Wuchs lockerer als beim Typus.

5b. v. **tenuior** Backbg. — Descr. Cact. Nov. 17. 1956

Aufrecht, schlank, bis 60 cm hoch und ca. 9 cm $\varnothing$; St. steifnadelig, dünner als beim Typus der Art, weißlich bis gelblich und rötlich. — Bolivien (Gebiet von Huari-Huari).

Wurde von Walterspiel gesammelt. Lebende Pflanzen in den Kulturen des Kakteenzüchters Ross (Bad Krozingen).

In Kreuzinger, „Verzeichnis", 39. 1935, erscheint noch der Name *Oreocereus bolivianus* (Roezl), non *Cereus bolivianus* Web. (MfK., 12 : 21. 1902 = *Cereus tephracanthus bolivianus* Web.). Worum es sich bei der anscheinend von Roezl

Abb. 980. Oreocereus trollii (KUPP.) BACKBG., links: hellstachlig; rechts: dunkelstachlig und in Blüte. (In den Kulturen der Fa. PALLANCA, Bordighera, aufgenommen.)

Abb. 981. Oreocereus trollii v. crassiniveus BACKBG. wächst oberhalb von Tupiza (S-Bolivien) und weicht vom ± aufrecht wachsenden Typus der Art durch später verlängerten, niederliegenden Wuchs, sehr helle, feinere Stacheln und besonders dichte, weiße Behaarung ab. — Eine weitere, schlanke und aufrechte Varietät ist v. tenuior BACKBG. aus dem Gebiet von Huari-Huari (Bolivien).

Abb. 982. „Oreocereus horridispinus RITTER & KRAINZ": Sämlingspflanze. Diese Art ist offenbar identisch mit meinem „Oreocereus variicolor BACKBG.", den ich später zu Arequipa stellte; er hat nur äußerst geringe oder fehlende Behaarung (Zwischenstufe zwischen Oreocereus und Arequipa?).

gesammelten Pflanze handelte, ist nicht mehr festzustellen; nach der Eingliederung von Kreuzinger muß es aber wohl eine bolivianische *Oreocereus*-Form gewesen sein. *O. horridispinus* Ritter u. Krainz n. nud. (FR 123b) (Abb. 982, Sämling) siehe auch unter *Arequipa variicolor*.

*Oreocereus lanatus* (HBK.) Br. & R. s. unter *Espostoa*.

## 71. MORAWETZIA Backbg.
### J. DKG. (I), 73. 1936
[In W. T. Marshall ,,Cactaceae" und Borg ,,Cacti" als *Oreocereus*]

Auf meiner Perureise im Winter 1935/36, die ich im Auftrage des verstorbenen nordamerikanischen Sammlers Victor Morawetz unternahm (Bild seiner Schausammlung in der Einleitung zu Band I), fand ich am Rio Mantaro in Mittel-Peru

Abb. 983. Morawetzia doelziana Backbg.: der behaarte Typus.

den nördlichsten Cereus aus der Verwandtschaft der Oreocereen, eine bisher monotypische Gattung. 1954 fand Rauh noch eine haarlose Varietät der sonst locker behaarten Spezies. Die Gattungsmerkmale sind: niedrige, breitbuschige, säulige Pflanzen, gewöhnlich nur von unten sprossend, bei Absterben des Cephaliums auch seitlich desselben; Triebe locker behaart oder haarlos, am Ende bei Blühbarwerden etwas keulig verdickt; Cephalium flach und nicht groß, am Triebende, mit Borsten untermischt; Blüten aus dem Kopfcephalium, karminrot, leicht gebogen, mit schiefem Saum, dieser leicht trichterig öffnend, der Griffel die Staubb. etwas überragend; die Röhre ist behaart und rund; die Frucht gleicht der der Oreocereen, d. h., sie ist gelblichgrün und öffnet sich basal; die Samen sind mattschwarz, bei Reife locker in der Frucht.

Die Gattung wurde — wohl weil man keine blühbaren Stücke gesehen hatte — von Borg und Marshall als Synonym von *Oreocereus* angesehen, hat aber keine

Abb. 984. Blick in den Scheitelschopf der **Morawetzia doelziana** BACKBG.
Abb. 985. Morawetzia doelziana BACKBG.: Seitenansicht eines blühbaren Triebes, durch die Cephaliumbildung zur Spitze hin ± keulig verdickt.

zusammengedrückten Röhren und unterscheidet sich vor allem durch die Cephaliumbildung. Die Blüte ist selbststeril, was sich auch an der Griffelvorreife zeigt, indem dieser lang aus der Knospe hervortritt, später aber den Saum kaum überragt. Die Pflanzen haben sich als sehr rasch- und gutwüchsig erwiesen.

Typus: *Morawetzia doelziana* BACKBG. — Typstandort: Bei Mariscal Caceres (Mittel-Peru, am Rio Mantaro).

Vorkommen: Im Gebiet des Rio Mantaro und Rio Huanta.

1. **Morawetzia doelziana** BACKBG.—
J. DKG. (I), 73. 1936
*Oreocereus doelzianus* (BACKBG.) BORG, „Cacti", 156. 1951.

Große Ansammlungen bildend, normalerweise von unten verzweigt,

Abb. 986. Blüte der Morawetzia, ohne den länger herausragenden Griffel wie bei Oreocereus.

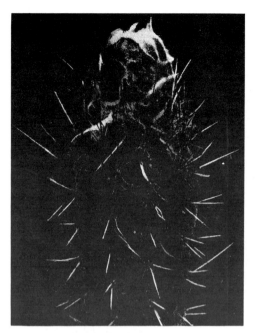

Abb. 987. Frucht der Morawetzia doelziana BACKBG.

bis etwa 1 m hoch werdend, schlanktriebig, dunkelgrün; Tr. bis ca. 8 cm dick, wenn blühbar werdend an der Spitze keulig $\pm$ verbreitert und oft doppelt so dick wie an der Basis; Rippen ca. 11, bis 1,5 cm breit und 6 mm hoch; Areolen ca. 1,5 cm entfernt, rundlich-graufilzig; bis etwa 20 Rand- und Mittelst., anfangs schwer unterscheidbar, bis ca. 3 cm lang, stechend; später 4 über Kreuz stehende stärkere Mittelst., einer nach oben und einer nach unten vorspringend, bis 4 cm lang, die Farbe anfangs gelbbraun bis dunkelbraun oder rötlichbraun, später grau; nach den Triebenden zu lockere Haarbildung aus den Areolen, später diese $\pm$ verkahlend; Scheitelschopf mit wolligen Haaren und Borstenst. untermischt, bis 5 cm lang; Bl. meist zu mehreren erscheinend, im Schopf, ca. 10 cm lang, unten weißlich, nach oben zu leuchtend bläulichkarminrot; Blütenöffnung ca. 3 cm weit,

Abb. 988. Morawetzia doelziana v. calva RAUH & BACKBG: die unbehaarte Varietät. (Foto: RAUH.)

± zygomorph; Pet. schmal, spitz zulaufend; Röhre rund, locker behaart; Staubf. in zwei Serien, am Griffelfuß eine Nektarhöhle bildend, unten karmin, dann weiß und oben wieder karminrot; Gr. weißgelb; N. gelbweiß; Fr. umgekehrt kugeligeiförmig, kahl, strichig quergeschuppt, oben mit vertieftem Nabel, Blütenrest haftend; S. schwarz, bohnenförmig, mit weißem Nabel, vor Reife im oberen Fruchtteil befestigt. — Mittel-Peru (bei Mariscal Caceres und nach Ayacucho hinüber) (Abb. 983—987).

1a. v..**calva** Rauh & Backbg. — Descr. Cact. Nov. 18. 1956

Weicht vom Typus ab durch das Fehlen der Haare, Schopf ziemlich festborstig. — Mittel-Peru (La Mejorada, im Mantaro-Tal und Trockengebiet bei Huanta) (Abb. 988—989).

Untersippe 2: *Brachyloxanthocerei* Backbg.

Pflanzen anfangs kugelig, später zum Teil liegend, aber auch ± schwach verlängert bis aufrecht (dicksäulig).

Vorkommen: Peru, N-Chile, nordwestliches Argentinien.

Abb. 989. Steriler jüngerer Trieb von Morawetzia doelziana v. calva Rauh & Backbg.

## 72. DENMOZA Br. & R.[1])
The Cact., III: 78. 1922

Die Geschichte der Gattung und ihrer beiden Arten ist ziemlich verworren. Salm-Dyck (1834) sah sie als *Echinocactus* an, (1850) auch als *Echinopsis*, Lemaire (1861) als *Cleistocactus*, K. Schumann (1898) und Spegazzini (1905) als *Pilocereus*, Berger (1905) anfangs als *Cereus*. Pfeiffers Beschreibung (En. Cact., 50. 1837) läßt — im Gegensatz zu der Salm-Dycks (Cact. Hort. Dyck. Cult., 182. 1950) — klar erkennen, daß die erste bekanntgewordene Art *D. rhodacantha* war, d. h. die Art, welche ohne Borstenstachelbildung schon recht früh als sogar halbrunde Form blüht.

Während Britton u. Rose, Spegazzini und Hosseus nur eine Art kannten, d. h. beide Arten als ein und dieselbe Spezies ansahen, hat Castellanos (Opuntiales vel Cactales, 97. 1943) beide als selbständige Arten erwähnt bzw. auch eine weitere Verbreitung berichtet als die früheren Autoren, die das Vorkommen für auf die Vorberge westlich von Mendoza beschränkt hielten, weswegen Britton

---

[1]) *Demnosa* Frič [erwähnt in C. & S. J. (US.) 73. 1955] war ein unbeschriebener Gattungsname für *Cleistocactus strausii* (*Demnosa strausii* (Heese) Frič nom. nud.).

u. Rose das Anagramm dieses Stadtnamens als Gattungsbezeichnung wählten. Sie führten die dichte Borstenstachelbildung alter *D. erythrocephala* nicht in ihrer Gattungs-, sondern nur in der Artbeschreibung an, verwechselten also damit die beiden Arten; der Hinweis auf die Borstenbildung wurde nur als Anmerkung hinter der Gattungsbeschreibung gegeben, d. h., als Typus der Gattung gilt *D. rhodacantha* (SD.) Br. & R.; was die amerikanischen Autoren aber darunter verstanden, ist *D. erythrocephala* (K. Sch.) Berg. Berger erkannte als erster, daß es zwei *Denmoza*-Arten gibt: eine bereits als halbkugelige Form bzw. ziemlich früh blühende Spezies mit sehr starken Stacheln, eine zweite, die erst als dickzylindrische Form mit stärkerer Borstenstachelbildung um den Scheitel blüht. Die Gattungsmerkmale sind: Blüten am Scheitel; Röhre zylindrisch, mit engem Saum, ± gebogen, kurz; die Blütenhülle in den Sepalen und Petalen kaum unterschieden, dicht stehende, schmallanzettliche Schuppen; Staubfäden mit Staubbeutel und Griffel herausragend; im Röhrengrund ein Wollring; Frucht kugelig, trocken, seitwärts von oben her aufreißend; Samen schwarz, matt, punktiert.

Typus: *Echinocactus rhodacanthus* SD. — Typstandort: Nicht angegeben (Andenvorberge westlich Mendoza).

Vorkommen: Argentinien (Berge von Mendoza, San Juan, La Rioja, Salta, [Tucuman?], nach Castellanos, l.c.).

Abb. 990. Denmoza rhodacantha (SD.) Br. & R. Altes Exemplar, ohne Borstenbildung zum Scheitel.

Schlüssel der Arten:

Ohne Borstenstacheln um den Scheitel blühend,
    mit derben Stacheln . . . . . . . . . . 1: **D. rhodacantha** (SD.) Br. & R.
Erst als längliche Form, mit dichterer Borstenstachelbildung um den Scheitel blühend. 2: **D. erythrocephala** (K. Sch.) Berg.

1. **Denmoza rhodacantha** (SD.) Br. & R. — The Cact., III: 79. 1922

*Echinocactus rhodacanthus* SD., Cact. Hort. Dyck. Cult., 341. 1834. — *Echinopsis rhodacantha* SD. — *Cleistocactus rhodacanthus* Lem. — *Pilocereus rhodacanthus* Speg.

Kugelig, anfangs halbrund, bis ± verlängert; soweit bekannt, kaum sprossend, dunkelgrün, 9—16 cm breit; Rippen ca. 15, gerade, Furchen tief; Areolen in seichten Buchten, 2—2,5 cm entfernt, graufilzig; Randst. 8—10, strahlend, leicht rückwärts gekrümmt, rot, bis 3 cm lang, später grau; Mittelst. 1 oder fehlend, etwas stärker; Bl. 7 cm lang, Saum schief, eng; Hüllbl. rot. — Argentinien (nach Berger aus dem Gebiet von Tucuman; nach Pfeiffer und Förster-Rümpler von Mendoza) (Abb. 990).

Die Verbreitung dieser Art reicht wohl auch weiter, wie die der nächsten. Nach BRITTON u. ROSE gehören hierher: *Mamillaria coccinea* G. DON, *Cactus coccineus* GILL., *Echus. rhodacanthus coccineus* MONV., v. *aurea* HORT. und v. *gracilior* LAB. (nur Namen ?), *Echus. coccineus* HORT., *Cereus rhodacanthus* WEB.

2. **Denmoza erythrocephala** (K. SCH.) BERG. — „Kakteen", 146. 1929

*Pilocereus erythrocephalus* K. SCH., Gesamtbschrbg., 195. 1898. — *Cereus erythrocephalus* (K. SCH.) BERG. (1905).

Bis über 1,50 m im Alter hoch werdend, dicksäulig, bis 30 cm ⌀; Rippen 20—30; St. zahlreich, über 30, die inneren bis 6 cm lang, gerade oder etwas gebogen, steif, fuchsrot, an älteren, besonders an blühfähigen Pflanzen sind die äußeren St. dünner und weißlich, fast haarartig, dazwischen stehen noch Wollhaare, die den Pflanzen, besonders im Alter an dem manchmal schiefstehenden Scheitel ein schopfartiges Aussehen verleihen; Bl. 7,5 cm lang; Hüllbl. 1 cm lang, rot, zusammengeneigt; Gr. und Staubgefäße herausragend. — NW-Argentinien, bei Mendoza auf den Andenvorbergen sowie (nach CASTELLANOS) auch in La Rioja, San Juan und Salta (vielleicht aber zum Teil nur die vorige Art) (Abb. 991—994).

BRITTON u. ROSE sowie HOSSEUS und SPEGAZZINI haben die vorige Art mit jungen Pflanzen der *D. erythrocephala* für identisch gehalten.

Abb. 991. Denmoza erythrocephala (K. SCH.) BERG. mit stärkerer Borstenbildung in älteren Scheiteln.

Eine *Denmoza erythrocephala* aus La Rioja bilden CASTELLANOS und LELONG in „Opuntiales vel Cactales", Tafel L: g, 1943, ab; ein Standortsbild einer sehr alten Pflanze ist in „D.Kaktfrd." 3:12, 135. 1934 veröffentlicht worden.

— **Denmoza** (?) **ducis pauli** (FÖRST.) WERD. — ZfS., 334. 1927/28

*Echinopsis ducis pauli* FÖRST., Handb. Cact. 641. 1885.

Beschreibung nach FÖRSTER: „Körper länglich; Rippen 18, die eine oder die andere abgebrochen, einzelne wohl auch ineinander verlaufend, matt dunkelgrün; St. anfangs purpurbraun, 6—8 Rand- und 1 Mittelst., vorgestreckt, im Scheitel aufrecht; Bl. unbekannt. — Herkunft ?".

Eine umstrittene Art. FRIČ brachte eine „*Lobivia ducis pauli*" in den Handel, von der WERDERMANN (in BACKEBERG, „Neue Kakteen", 86. 1931) sagte, „die in Kaktusář, Císlo 1, Ročnik 2 (1931), beschriebene und abgebildete Pflanze ... scheint mir ... der *Lobivia* (WERD.: *Echinopsis*) *longispina* BR. & R. zumindest sehr nahezustehen". (Diese wurde von mir zu *Pseudolobivia* gestellt.)

SCHÜTZ hat in „Sukkde." II, J. SKG., 31, 1948, bzw. mit dem Namen *Pseudolobivia ducis pauli* (FRIČ) KRAINZ n. comb. WERDERMANNS Ansicht zu widerlegen versucht bzw. er wollte beweisen, daß FRIČ mit seiner „*Lobivia ducis pauli*" eine andere Art als „*Echinopsis ducis pauli* FÖRST.", d. h. eine neue Spezies gefunden habe. Dazu ist zu sagen: FRIČs Autorname bezeichnete nur eine comb. nov. Für eine Neuentdeckung hätte FRIČ auch kaum den Namen eines früheren württembergischen Fürsten verwandt. FRIČ selbst sagte mir, er hätte die FÖRSTERsche Art wiedergefunden. Die für FRIČs Fund gemachten Angaben „Pflanzen bis 60 cm ⌀ und Stacheln bis 30 cm" sind zwei der bei ihm nicht seltenen Übertreibungen. Ich sammelte am FRIČ-Standort, und dessen Foto zeigt, daß WERDERMANNS Ansicht durchaus zu Recht besteht. FRIČs *Lob. ducis pauli* ist ein Synonym von *Pseudolobivia longispina* (BR. & R.) BACKBG.

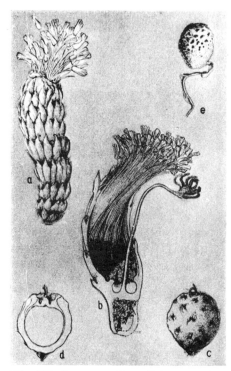

Abb. 992. Denmoza: Darstellung von Blüte mit Wollring, Frucht und Samen in CASTELLANOS & LELONG: „Opuntiales vel Cactales", Tafel XXXI, 1943 [Denmoza erythrocephala (K. SCH.) BERG.].

Die nach seiner Meinung echte „*Echinopsis ducis pauli* FÖRST." bildet WERDERMANN in ZfS., 335. 1927/28, ab und hält sie für eine dritte *Denmoza*-Art. Das Pflanzenfoto entspricht ungefähr der unten erwähnten Aufnahme von FRIEDR. AD. HAAGE jr., St. 6—7 und meist ein mittlerer, genau wie es FÖRSTER beschreibt. WERDERMANN gibt an: „Bl. etwas zygomorph, fast ganz geschlossen bleibend; Röhre schlanktrichterig, ca. 3 cm lang verwachsen; Fruchtknoten 4—5 mm ⌀; Sep. fast so lang wie Pet., diese 1 cm lang, purpurrosa bis schwach violettlich; Gr. weiß oder zart rosa; N. dunkelpurpurrot; Staubf. unten weiß, oben rosa bis dunkelpurpurviolett; am Grunde der Bl. eine kräftige Ringleiste mit 5 mm langen Haaren; Fr. und S. unbekannt."

WERDERMANN hat die Art also wohl auf Grund der geringeren Bestachelung und der purpurrosa bis violettlichen Petalenfarbe als eigene *Denmoza*-Spezies angesehen, weswegen ich ihn auch als Autor dieser Kombination anführe bzw. lt. seiner Fußnote. Die Bl. ist als ziemlich geschlossen abgebildet.

Es müßte festgestellt werden, ob diese Pflanze etwa mit der von CASTELLANOS aus La Rioja berichteten übereinstimmt (woher *Denmoza*-Vorkommen vordem nicht gemeldet waren); dann wäre die Herkunft geklärt und damit eine dritte *Denmoza* bekannt.

Abb. 993. Älteres Exemplar von Denmoza erythrocephala (K. Sch.) Berg.

Abb. 994. Hellfarbiges Exemplar von Denmoza erythrocephala (K. Sch.) Berg.

Ob es sich aber wirklich um Försters Pflanze handelt, läßt sich noch immer nicht mit Bestimmtheit sagen, da dieser keine Blütenbeschreibung gab. Von Friedr. Ad. Haage jr. erhielt ich die beigegebene Abb. 995 einer im Habitus ebenfalls ganz *Denmoza* ähnelnden Pflanze, deren Bestachelung gleichfalls genau Försters Beschreibung entspricht. Die Bl. ist schlankröhrig, etwas s-förmig gekrümmt und schrägsaumig, leicht trichterig geöffnet (!); Röhre rot, behaart; Sep. kräftig rot, spitz; Pet. weiß, zart rosa (!) getönt, gerundet; Staubf. karminrot; Staubb. blauviolett; Gr. rot, unten hell. — Herkunft? Ob ein Wollring in der Bl. ist, ist unbekannt.

Der Blütenform und -farbe sowie der Tönung der Staubf. nach ist es keine *Denmoza* im üblichen Sinne, aber auch nirgendwo anders unterzubringen.

Abb. 995. Denmoza sp.? Vielleicht war dies „Echinopsis ducis pauli Först.", nicht genau Werdermanns Beschreibung von „Denmoza ducis pauli (Först.) Werd." entsprechend. (Bild: Kakteen-Haage, Erfurt.)

Sollte dies etwa die FÖRSTERsche Pflanze gewesen sein? Sie ist meines Wissens sonst nirgends beschrieben worden.

Eine in Habitus und Blüte ähnliche „Denmoza" (aus der ehemaligen Sammlung GUTEKUNST) ist in Kkde., 122, 1935, abgebildet, d. h. auch mit etwas trichterig öffnenden Blüten. Höchstwahrscheinlich waren beide Pflanzen Bastarde.

### 73. AREQUIPA BR. & R.
The Cact., III: 100. 1922

[*Arequipiopsis* KRZGR. & BUIN., in Fedde Rep. L, 198. 1941. — *Arequipa* BR. & R. emend. KRZGR. & BUIN., in Fedde Rep., 198. 1941, ist eine unrichtige Verbesserung und ein Name für nur mutmaßlich andere Gattungsmerkmale aufweisende Pflanzen.]

Die Gattung erhielt ihren Namen nach der südperuanischen Stadt, bei der BRITTON u. ROSE die Pflanze sammelten, die sie als einzige zu dieser Gattung gehörige Art ansahen; dabei irrten sie im Namen des Typus.

In J. DKG. (II), Mai, 1940, 6: „Die Arten der Gattung *Arequipa* BR. & R.", hat es H. OEHME unternommen, die einzelnen Namen zu klären. Ich folge ihm hier zum Teil; dennoch kann die Gattung nicht als völlig geklärt gelten. Ihre Merkmale sind nach BRITTON u. ROSE: „Einzeln oder sprossend, kugelförmig oder kurzzylindrisch; Blüten im Scheitel, trichterig, scharlach; Ovarium und Röhre beschuppt, Achseln behaart, aber ohne Stacheln oder Borsten; Frucht, soweit bekannt, trocken, mit basaler Öffnung lösend; Samen schwarz, punktiert, mit breitem Nabel." Diesen Angaben fehlen drei wichtige Merkmale: Blütensaum schief; Röhre gebogen, nicht zusammengedrückt. Ein Wollring ist nicht in der Blüte vorhanden. Damit unterscheidet sich *Arequipa* im einzelnen von *Oreocereus*, *Borzicactus*, *Bolivicereus* und *Denmoza*, bzw. auch, was die Fruchtmerkmale anbetrifft.

1931 fand ich in N-Chile einen Säulenkaktus, den ich zuerst *Oreocereus variicolor* nannte (ein Synonym ist offensichtlich die RITTER-Nr. FR 123b: „*Oreocereus horridispinus* RITT. & KRAINZ mscr."). Die Pflanze ist haarlos oder bildet nur wenige nach unten anliegende Haare. Als sie blühte, sah ich, daß die Röhre nicht zusammengedrückt, es also kein *Oreocereus* ist; über die Früchte ist mir nichts bekannt und sagt auch RITTER nichts. Die Arten der Gattung *Arequipa* sind anfangs ± cactoid, im Alter ± verlängert. Solche Altersformen findet man auch zum Teil bei *Copiapoa*, bei einigen *Neoporterias* und bei *Matucana*. Da aber die anfangs cactoiden, später ± verlängerten Arten zweifellos zu den „*Loxanthocerei*" gehören, faßte ich sie hierunter in der Untersippe 2: „*Brachyloxanthocerei*" zusammen.

Von deren behaart-blütigen Arten weicht nun aber *A. variicolor*, die ich zuerst als *Oreocereus* ansah, durch stark-cereoiden Habitus beträchtlich ab; mehr noch von *Arequipa*, durch rein cactoiden, stark sprossenden Wuchs, „*Echus. myriacanthus* VPL." und „*Echus. aurantiacus* VPL." (von BRITTON u. ROSE, wie OEHME und z. T. WERDERMANN hierunter genannt). Nach den von letzterem Autor in Kkde., 77. 1939, veröffentlichten Fotos des VAUPELschen Herbarmaterials von „*Echus. aurantiacus* VPL." war bereits zu vermuten, daß diese weit abseits des *Arequipa*-Areals wachsenden Kugelformen mit ± gedrücktrunden Körpern, ± stark von unten sprossend, bei *Arequipa* nicht befriedigend untergebracht sind. Alles sprach für eine eigene Entwicklungsstufe, die *Matucana* nahesteht, nur daß die Röhren behaart sind. Nach der eingehenden Untersuchung lebenden Materials von „*Echus. aurantiacus* VPL." durch

M. KIMNACH und P. C. HUTCHISON im C. & S. J. (US.), XXIX : 2. 46—51. 1957, läßt sich die Eingliederung zumindest der letzteren Art bei *Arequipa* nicht aufrechterhalten. Wenn aber die vorerwähnten Autoren diese Spezies zu *Borzicactus* stellen, so halte ich das für abwegig. Es handelt sich um eine reine Kugelform, während die in Ekuador wachsenden *Borzicactus*-Arten schlanke Säulenkakteen sind. Würde man eine solche Zusammenfassung weiter verfolgen, würde dies jede Grenze zwischen cereoiden und cactoiden Gattungen verwischen; es müßte logischerweise auch sonst so verfahren werden. Die Notwendigkeit dazu ist weder einzusehen, noch kann ich nach den Gesichtspunkten meiner Gliederung einer solchen Zusammenfassung folgen; vielmehr war für diese Pflanzen ein eigenes Genus *Submatucana* einzuschalten, das in der Reduzierung der Sproßmerkmale vor *Matucana* steht; die Blüten ähneln einander überraschend. Hinzu kommt, daß bei „*Echus. aurantiacus*" ein Wollring von Staminodialhaaren vorhanden ist. Diesem Unterscheidungsmerkmal kommt aber nur sekundäre Bedeutung zu, da solche Haare von RAUH zum Teil auch sonst, bzw. ± reduziert, beobachtet wurden. Wahrscheinlich war es dieses Merkmal, das die amerikanischen Autoren bewog, diese Art zu *Borzicactus* zu stellen. Ob „*Echus. myriacanthus* VPL." ebenfalls einen Wollring hat, steht bisher nicht fest; man mag es vermuten, doch muß diese Spezies vorderhand bei dem neuen Genus *Submatucana* zwar genannt, aber noch in der bisherigen Kombination aufgeführt werden, bis auch für sie weitere Untersuchungen vorliegen (s. hierzu die Beschreibung am Ende der Gattung *Submatucana*).

Zu „*Arequipiopsis* KRZGR. & BUIN.", in Fedde Rep. L, 198. 1941

Der Name dieser Gattung ist eine unnötige Synonymievermehrung. Die Autoren haben sie mit dem Hinweis aufgestellt, daß ein Typaustausch nicht möglich ist, denn *Echinocactus leucotrichus* PHIL. sei keine *Arequipa* im Sinne BRITTON u. ROSES, die diesen Namen in ihrer Gattungsbeschreibung mit den Merkmalen von *A. rettigii* vermischt hätten. Da der Gattungsname beim Typus bleiben muß, sei *Arequipa* nur „*Echinocactus leucotrichus* PHIL.", eine Pflanze mit Borsten an der Röhre, während die bisher als *Arequipa* bezeichneten Pflanzen zu dem neuen Namen *Arequipiopsis* gestellt werden müßten.

Nun haben aber BRITTON u. ROSE gar keine Merkmalsvermischung vorgenommen, und es ist durchaus klar, welche Pflanze sie als Typus ihres Genus wählten; sie bezeichneten sie nur falsch, im Glauben, daß PHILIPPIS Pflanze die gleiche wie die von ihnen bei Arequipa gesammelte war.

DÖLZ hat, in Fedde Rep., 49—54. 1942, die Auffassung obiger Autoren widerlegt und darauf verwiesen, daß über den Typus von *Arequipa* keine Zweifel bestehen, d. h. daß es *A. rettigii* ist, daß dem Typus nur der richtige ihm zustehende Name zu geben sei und *Arequipa* somit nicht durch *Arequipiopsis* ersetzt werden kann, zumal deren Leitart „*Echinopsis hempeliana* GÜRKE" ebenfalls zu *Arequipa* sensu BR. & R. gehört; wäre „*Echinocactus leucotrichus* PHIL." eine andere Gattung, müßte sie einen anderen Namen erhalten.

KREUZINGER und BUINING gehen bei ihrer Ansicht davon aus, daß „*Arequipa* = *Echinocactus leucotrichus*" insofern von den Pflanzen mit den Merkmalen von *A. rettigii* abweicht, als Borsten an der Röhre vorhanden sind „wie bei *Arequipa myriacantha* (VPL.) BR. & R.". Wenn dem so wäre, müßte also ein neuer Gattungsname für diese Pflanzen gewählt werden; die von KREUZINGER und BUINING dafür publizierte Namensfassung *Arequipa* BR. & R. emend. KRZGR. & BUIN. ist aus obigen Gründen nicht zulässig bzw. da der Gattungsname ordnungsgemäß bereits vergeben war.

Nun besteht aber durchaus noch keine Klarheit über den Begriff „Borsten". Zu früherer Zeit hat man etwas straffere oder lockere Haare häufiger „Borsten" genannt, weil man damals noch nicht so genau unterschied. Erst wenn neues lebendes Material von *Echinocactus leucotrichus* PHIL. gesammelt worden ist und eine genaue Blütenbeobachtung vorliegt, kann über eine eventuelle Namensänderung entschieden werden. Bis dahin können die Pflanzen nur, wenn auch unter Vorbehalt, unter *Arequipa* aufgeführt werden.

Typus: *Echinocactus leucotrichus* sensu BR. & R. [*Arequipa rettigii* (QUEHL) OEHME]. — Typstandort: S-Peru, bei Arequipa.

Vorkommen: N-Chile, S- und (die flachrunden Arten) Mittel-Peru.

## Schlüssel der Arten:

Anfangs kugelige, später ± verlängerte Körper
  Mittelstacheln nicht elastisch
    Randstachelen zahlreich, wenigstens anfangs mehr borstenförmig bzw. ziemlich kurz, später 1 auffälliger Mittelstachel neben anderen . . 1: **A. rettigii** (QUEHL) OEHME

    Randstacheln nicht anfangs borstenförmig; Mittelstacheln mehrere, stark, gebogen
      Blüte rein rot . . . . . . . 2: **A. weingartiana** BACKBG.

      Blüte karmin . . . . . . 2a: v. **carminanthema** BACKBG.

  Mittelstacheln elastisch . . . . . . . . . 3: **A. hempeliana** (GÜRKE) OEHME

Körper von Anfang an cereoid
  Manchmal mit geringer Haarbildung in den Areolen
    Rippen ca. 12, breiter; Körper deutlich sichtbar
      Mittelstacheln 4, bis über 4 cm lang, weißlich bis blutrot . 4: **A. variicolor** (BACKBG.) BACKBG. n. comb.[1])

  Ohne Haare in den Areolen
    Rippen bis 18, schmal und niedrig
    Mittelstacheln bis 7 (—12), derbpfriemlich (Randstacheln bis 14, weiß, sehr dünn), Hauptstacheln 1—4—7, bis 4,5 cm lang, dicht starrend, zum Teil aufwärts gebogen, anfangs violettlich bis bräunlich oder schwärzlich, unten ± hornfarben und zum Teil etwas verdickt . . . . . . . . . 5: **A. erectocylindrica** RAUH & BACKBG.

Die von SÖHRENS in ZfS. 174. 1923/24 als „*Echinocactus leucotrichus*" abgebildete Pflanze s. unter *A. weingartiana*.

---

[1]) Vorderhand als hierhergehörig angesehen, aber nicht völlig geklärt.

1. **Arequipa rettigii** (QUEHL) OEHME — J. DKG. (II), Mai, 1940, 7

*Echinocactus rettigii* QUEHL, MfK., 29 : 129. 1919. — *Arequipa leucotricha* sensu BR. & R. non PHIL., The Cact., III : 101. 1922. — *Arequipiopsis rettigii* (QUEHL) KRZGR. & BUIN., Fedde Rep., 199. 1941.

Anfangs kugelig, später säulenförmig, mit dünnem, ,,mehlartigem" (QUEHL) Überzug; Rippen 10—20, ziemlich eng stehend; Areolen ziemlich nahe stehend, bis 5 mm entfernt, anfangs mit grauem Filz und später einen ± reicher-filzigen Scheitel bildend; Randst. nach BRITTON u. ROSE bis 20, nach QUEHL bis 30, horizontal spreizend, sehr dünn, weißglasig, bis 10 mm lang; Mittelst. mehrere, bis etwa 10 (nach QUEHL), an alten Pflanzen einer besonders auffällig und bis 3 cm lang; Bl. bis 6 cm lang, scharlachrot, mit schlanker Röhre, diese mit langen weißlichen Haaren in den Achseln; Saum etwas schief, nicht sehr lang, trichterig öffnend; Fr. rund, 2 cm ⌀. — S-Peru, bei Arequipa (auch N-Chile ?) (Abb. 996—998).

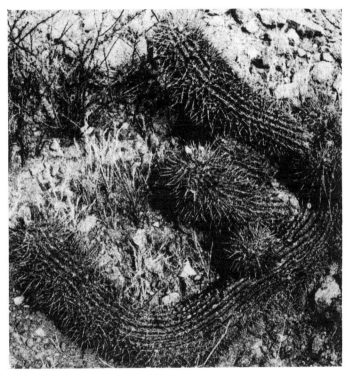

Abb. 996. Arequipa rettigii (QUEHL) OEHME. (Foto: RAUH.)

Ich habe die Pflanzen, wie auch ROSE, nur bei Arequipa gesehen. Die Typstandortangabe BRITTON u. ROSES ist nach dem Typexemplar von PHILIPPIS *Echinocactus leucotrichus* gegeben, der aber eine ungeklärte Art ist und nur gleichfarbige Blüten hatte.

Von den übrigen, von BRITTON u. ROSE als Synonym zu ,,*Arequipa leucotricha*" gestellten Namen ist ,,*Echinocactus clavatus* SÖHR." nach heutiger Auffassung eine *Neoporteria*, ,,*Echinopsis hempeliana* GÜRKE" eine gute, eigene *Arequipa*-Art.

— **Echinocactus leucotrichus** Phil. non sensu Söhr. —Anal. Muc. Nac. Chile, 1891² : 27, 1891, in ,,Verzeichnis der auf der Hochebene von der Prov. Antofagasta und Tarapaca gesammelten Pflanzen''.

*Echinocactus* ? Kugelförmig, mehrköpfig, 15 Rippen, durch Buchten geteilt; Areolen mit kurzem Wollfilz und mit langen, weißen, dünnen Borsten versehen; St. etwa 6, ziemlich lang, hellbraun, der oberste größer als die übrigen; Bl. scharlach, die vertrockneten fast dunkelpurpurn; am Fruchtknoten und an der Röhre lange, sehr zahlreiche braune (rotgelbe) Borsten. — In der Prov. Tarapaca bei Naquira und Usmaga; die mitgebrachte lebende Pflanze hatte einen Durchmesser von 6 cm; die weißen Borsten sind bis 5 cm lang (Originalangabe 50 cm, aber sicher ein Druckfehler).

Die Länge der St. konnte Philippi nicht mehr angeben, da sie auf dem Transport abgebrochen waren.

Es ist dies wahrscheinlich eine weitere *Arequipa* gewesen, wenn auch nichts über Zygomorphie angegeben ist; es sind aber bisher keine anderen ähnlichen Pflanzen mit scharlachfarbener Bl. bekannt. Jedenfalls handelt es sich aber nicht um die Pflanze, die Britton u. Rose als Typus ansahen und bei Arequipa sammelten und die Quehl aus von Dr. Rose erhaltenem Samen heranzog.

Abb. 997. Arequipa rettigii (Quehl) Oehme. Stärkeres, aufrechtes Exemplar mit dem typischen wolligen Scheitel älterer Pflanzen.

Abb. 998. Die ungewöhnlich langen, schlanken Blüten der Arequipa rettigii (Quehl) Oehme.

Der nur auf diese Art und auf *A. myriacantha* (VPL.) BR. & R. bezogene Gattungsname *Arequipa* BR. & R. emend. KRZGR. & BUIN. ist eine unrichtige bzw. ungültige Abgrenzung des Gattungsnamens von BRITTON u. ROSE bzw. des unter *A. leucotricha* BR. & R. non PHIL. [*A. rettigii* (QUEHL) OEHME] von den amerikanischen Autoren irrtümlich als Synonym aufgeführten Namens *Echinocactus leucotrichus* PHIL. sowie der *A. myriacantha* (VPL.) BR. & R.

— **Arequipa spinosissima** KRAINZ & RITT. sp. n. mscr. (RITTER-Nr. FR 196, in WINTER-Kat., 12. 1956, bisher unveröffentlicht).

„Zarte, dichte St. Im Gebirge von Quicache, Peru, 3500 m, in Flußsand", ohne weitere Angaben. (Siehe auch am Ende der Gattung.)

Ein von der Kakteenzüchterei SAINT-PIE, Asson, erhaltener Sämling ähnelt ganz dem kugeligen Seitentrieb der *A. rettigii* aus der Sammlung RETTIG, in J. DKG. (II), Mai, 1940, 6. Die St. sind etwas rauhhaarig, Randst. zahlreich, borstenfein. Der Beschreibung QUEHLS nach ist kein Unterschied festzustellen. Die mittleren sind oben bräunlich wie bei *A. rettigii*. Stachelbehaarung gibt auch QUEHL an.

*Arequipa rettigii* muß schon zu SCHUMANNS Zeit in deutschen Sammlungen vertreten gewesen sein, denn seine Standortsangabe bei „*Echinopsis rhodacantha*" (Denmoza): „... bei Arequipa" (außer bei Mendoza) kann sich nur auf die vorstehende Art beziehen.

2. **Arequipa weingartiana** BACKBG. — Kaktusář, 61. 1936

*Arequipiopsis weingartiana* (BACKBG.) KRZGR. & BUIN., in KREUZINGER, Fedde Rep., 199. 1941.

Zuerst einfach, kugelförmig, bald sprossend, im Alter zylindrisch und bis 40 cm hoch und ca. 12 cm dick, aschgrau-grün; ca. 16 Rippen, ca. 1 cm breit, oben in leichte Höcker auslaufend; Areolen ca. 7 mm lang, länglich und wollig: ca. 12 Randst. oder mehr, ca. 15 mm lang, seitlich kammförmig strahlend; ca. 4 Mittelstacheln, ungleich, kreuzförmig gestellt, am Grunde verdickt, zuweilen leicht einwärts gekrümmt, bis 5 cm lang, an der Spitze schwärzlich, sonst alle hell aschgrau, anfangs gelblich, mit dunkler Spitze; Bl. aus den anfangs starkwolligen Scheitelareolen, engröhrig, stark zygomorph, ca. 5,5 cm lang und 2,5 cm weit geöffnet, außen mit länglichen, spitzen Schuppen und weißer Wolle, hellziegelrot; Fr. klein, rundlich, S. leicht herausfallend. — N-Chile (westliche Kordillerenseite, auf ca. 3500 m) bis Peru (Vulkan Chachani, 2400 m, nach RAUH) (Abb. 999).

2a. v. **carminanthema** BACKBG. — Kaktusář, 61. 1936

Stämme bald zylindrisch und mehr verzweigend, nicht ganz so stark wie beim Typus der Art; Bl. dunkelkarminrot. — N-Chile, im Gebiet des Typus der Art (Abb. 1000).

Eine Unterscheidung dieser Art (aus N-Chile) von *A. erectocylindrica* RAUH & BACKBG. n. sp. würde, nur nach der Höhe und Stärke der Altersform sowie nach den Stachelangaben betrachtet, schwerhalten. Die Jugendformen sind jedoch völlig verschieden: die chilenische Spezies ist fast breitkugelig (s. Abb. 999 u. 1003), während die peruanische *A. erectocylindrica* sofort schlank-cereoid wächst, die wilde und dichte Bestachelung den Körper verdeckend, während er bei *A. weingartiana* deutlich sichtbar ist; bei letzterer sind die Rippen auch breiter und durch Querfurchen fast höckerartig markiert. Vor allem aber fehlen bei *A. weingartiana* die feinen, hellen, durcheinanderragenden zahlreichen Randst. der *A. erectocylindrica*; sie sind derber und weniger gleichförmig strahlend.

*Echinocactus leucotrichus* sensu Söhr. non Phil. non sensu Br. & R., in ZfS., 174. 1923/24

Nach der Abbildung l. c.: im Alter schwach verlängerte Pflanzen, anscheinend graugrün; Rippen ca. 16—18, um die Höcker leicht erhaben; St. ca. 20, mit einigen etwas längeren mittleren, ± aufwärts gekrümmt, die Randst. nicht borstenartig; Bl. rot, schlankröhrig, Saum nicht lang, etwas zygomorph und kurztrichterig auf der offenbar nur schwach gebogenen Röhre.—Peru (Tacna).

Abb. 999. Arequipa weingartiana Backbg.   Abb. 1000. Arequipa weingartiana v. carminanthema Backbg.

Söhrens behauptet, daß am Standort die Zygomorphie weit stärker sei, die vorderen Hüllbl. lippenartig nach unten abgebogen. Er knüpft daran die Ansicht, daß die Änderung der Blütenform auf den weit südlicher gelegenen Platz, an dem die Pflanze bei der Bl. kultiviert wurde, zurückzuführen ist. Das ist nur eine Hypothese; solche Veränderungen hat z. B. *A. weingartiana* nicht gezeigt, sondern die Blüte blieb in Norddeutschland genau so schief wie in Chile.

Die von Söhrens abgebildete Pflanze hat eine der *A. rettigii* in der Form und der Röhrenlänge sehr ähnliche Bl. Es scheint also noch eine weitere *Arequipa*-Art in der Prov. Tacna zu geben. Kreuzinger hat dies in Fedde Rep., 199. 1941, richtig erkannt, wenn auch seine Kombination *Arequipiopsis soehrensii* Krzgr., nom. prov. für *Echus. leucotrichus* Söhr. non Phil. unrichtig ist. Ich bin aber auch seiner Ansicht, daß es sich hier um eine weitere Art handelt, für die dann der Name lauten muß: **Arequipa soehrensii** (Krzgr.) Backbg. n. comb. (Syn.: *Arequipiopsis soehrensii* Krzgr.

nom. nud.). Damit der von KREUZINGER vorgeschlagene Artname Gültigkeit hat — obige Beschreibung ist nach dem Foto hinreichend gegeben, — füge ich als lateinische Diagnose hinzu: Flores similes illi *Arequipae rettigii* sed aculei radiales non saetiformes, longiores, centrales aliquid curvati, apicem superantes, erecti. — Peru (Provincia Tacna). Die Bl. ist viel länger als die der *A. weingartiana* und ähnelt der von *A. rettigii*, während die Bestachelung sehr abweichend ist.

Abb. 1001. Arequipa hempeliana (GÜRKE) OEHME.

3. **Arequipa hempeliana**
 (GÜRKE) OEHME — J. DKG. (II), Mai 1940, 8

*Echinopsis hempeliana* GÜRKE, MfK., 16 : 94. 1906. — *Arequipiopsis hempeliana* (GÜRKE) KRZGR. & BUIN., Fedde Rep., 199. 1941.

Abb. 1002. Arequipa erectocylindrica RAUH & BACKBG. (Foto: RAUH.)

Graugrün, später verlängert, etwas bereift; Rippen 14—20, gerade, im Querschnitt breit dreieckig, durch deutliche, aber flache Furchen geschieden; Areolen 10—15 mm entfernt, anfangs hellgelb-filzig, später bis 7 mm lang und 5 mm breit, zuletzt verkahlt; Randst. 8—12, durchscheinend bernsteinfarbig, undeutlich marmoriert, bald vergrauend, verschieden lang, 1—3 cm lang und meist bogig gekrümmt; Mittelst. 3—4, gelbrot, mit dunkelbrauner Spitze, diese nicht vergrauend, 4—5 cm lang, sehr elastisch und zum Teil verflochten; Bl. 7,5 cm lang, oben schieftrichterig; Pet. lanzettlich, spitz, zinnoberrot bzw. ins blaurote spielend, an der Spitze karminrot; Ov. grün; Röhre gerieft, mit weißen, krausen Haaren; Gr. unten grünlichweiß, oben hellrot; N. gelb. — N-Chile (Abb. 1001).

Eine blühwillige Art.

4. **Arequipa variicolor** (BACKBG.) BACKBG. — „Cactus", 8:37. 217. 1953

*Oreocereus variicolor* BACKBG., BfK., 1938—3, lat. Diagn. in C. & S. J. (US.), 20. 1951.

Säulenförmig, höher als *Oreocereus hendriksenianus*, stumpfgrün; Rippen ca. 12, gerundet, um die Areolen verbreitert; Areolen ca. 2 cm entfernt, groß, 12 mm lang, 8 mm breit, braunweiß-filzig; ca. 15 Randst., verschieden stark, pfriemlich-rund, seitwärts strahlend; 4 Mittelst., viel länger, pfriemlich, ziemlich stark, aufgerichtet, fast weiß, bleichgelb bis dunkelblutrot, die längsten bis über 4 cm lang; außerdem unten aus den Areolen wenige wirre Haare, bis 1 cm lang, manchmal auch fehlend; Bl. ca. 6 cm lang, nicht breitgedrückte Röhre, diese ca. 12 mm ⌀, oben gebogen, Öffnung trichterig, Schuppen mit wirren, lockeren und kräuseligen Haaren; Hüllbl. ca. 8 mm breit, lanzettlich, nicht deutlich gespitzt, rot; Staubf. um den Gr. geschlossen, letzterer hervorstehend, rötlich, mit hellen N. — N-Chile (östlich von Arica in den Bergen nach Ticnamar zu) (Abb. 1005).

Abb. 1003. Arequipa erectocylindrica RAUH & BACKBG.: jüngere Pflanze. (Foto: RAUH.)

Die Mittelstachelfarbe variiert; die Säulen sind aufrecht, keine dichten Kolonien bzw. keine niederliegenden und wieder aufgebogenen Triebe bildend; da die Blüte keine zusammengedrückte Röhre hat, kann es kein *Oreocereus* sein. Die alten Pflanzen meiner Sammlung, jetzt in Monaco, haben zuletzt jedes Jahr geblüht.

Zur Klärung der richtigen Gattungszugehörigkeit bleibt noch abzuwarten, welche Fruchtbeobachtungen etwa RITTER gemacht hat. Bezüglich *Arequipa* wissen wir von BRITTON u. ROSE, daß die Früchte „trocken" sind und „mit basaler Öffnung" lösen, von RAUH, daß „die Samen leicht herausfallen" und daß die Blütenreste haften und die Fruchtfarbe auch die gleiche ist. Die Fruchtunterschiede sind also nicht beträchtlich, und das Merkmal der nicht abgeflachten Röhre scheint mir bei *A. variicolor* das wichtigste zu sein. Vielleicht haben wir in ihr — auch angesichts der fast oder ganz reduzierten Haare — das „missing link" zwischen *Oreocereus* und *Arequipa* zu sehen; es würde das geographisch ziemlich begrenzte Vorkommen der letzteren im äußersten Nordwesten des *Oreocereus*-Areals, auch ihre zum Teil später liegenden cereoiden Triebe, verständlicher machen.

*Oreoc. horridispinus* RITT. & KRAINZ (WINTER-Kat., 4. 1956) ist wohl die gleiche Art, bzw. nur ein Name (Abb. 982).

Abb. 1004. Arequipa erectocylindrica RAUH & BACKBG. mit Früchten. (Foto: RAUH.)

5. **Arequipa erectocylindrica** RAUH & BACKBG. — Descr. Cact. Nov. 18. 1956

Bis 50 cm lang, 15 cm⌀, stumpf- bis graugrün; Rippen 15—17 (—18), ca. 5 mm breit und hoch, um die Areolen leicht geschwollen; Areolen bis 6 mm groß, etwas länglich, anfangs gelblichgrau-filzig; 12—14 oder mehr, ganz dünn-

Abb. 1005. Arequipa variicolor (BACKBG.) BACKBG., Blüte rundröhrig, Griffel etwas hervorragend, Pflanzen nur manchmal sehr gering behaart (Zwischenstufe zwischen Arequipa und Oreocereus?).

pfriemliche bis nadelige, weißliche Randst., zum Teil horngrau, bis 1 cm lang, strahlend, aber waagerecht spreizend; Mittelst. (die derberen als solche angesehen) 7(—12),[1] d. h. meist 3 in der oberen, ca. 4 in der unteren Areolenhälfte, hornfarbig mit dunkler Spitze, anfangs mehr bräunlich bzw. oben dunkler bis schwärzlichbraun, dicht starrend, zum Teil aufgebogen, ebenso 1 Hauptst. (oder mehrere), ± zum Scheitel gekrümmt, dort durcheinanderragend, bis 4—4,5 cm lang, sehr derb, die übrigen etwas weniger lang; Bl. ca. 7 cm lang, scheitelnah, rot, schiefsaumig; Fr. zitronengelb, unten öffnend. — S-Peru (Vulkan Chachani, 2400 m) (Abb. 1002—1004).

Anfangs schlanker als *A. weingartiana* und *A. rettigii*. Variiert in der Bestachelung; bei jüngeren Pflanzen sind die unteren (Rand-) St. dünner; auch die Stellung der mittleren bzw. Hauptst. variiert. Äußerst wild bestachelte Pflanzen und damit von den anderen Arten ebenfalls abweichend.

Zu den im Katalog von WINTER 1956 angegebenen Ritterfunden:

*A. leucotricha* (- *rettigiana*, FR 127). Die Synonymie ist ein Irrtum, da *A. leucotricha* eine andere Art als *A. rettigii* ist. Die RITTER-Nr. erscheint daher später nur unter letzterem Namen.

---

[1] RAUH gibt in seinem Peruwerk 1958 nur 2—4 Mittelstacheln an; an dem mir gesandten Stück sind häufig ca. 7 derbe vorhanden, sowie zum Teil noch einige dünnere Übergangsstacheln.

Abb. 1006. Arequipa sp. RITTER, Nr. FR 196 (A. spinosissima RITTER nom. nud., von Quicache, S-Peru).

*A. spinosissima* RITTER (FR 196) (Abb. 1006) von Quicache, auf 3500 m (s. auch weiter vorn). Es handelt sich um als Sämlinge dicht, kurz, fein und weiß bestachelte Pflanzen. Ob damit etwa *A.leucotricha* identisch ist, bleibt abzuwarten. Sämlinge der Ritterart blühen schon früh, die Knospen mit kräuselig abstehenden weißen Haaren. Außer über 30 sehr feinen Randstacheln, hell gelblichweiß in zunehmendem Alter, erscheinen mehrere Mittelstacheln, darunter 1 längerer und kräftigerer, unten gelblich, oben dunkelbraun.

\*

Zu *Arequipa* wurden bisher die nachstehenden beiden Arten gestellt, die von VAUPEL beschrieben wurden. Inzwischen veröffentlichten M. KIMNACH und P. C. HUTCHISON noch einen „*Borzicactus calvescens*". Durch ihre Untersuchungen ergab sich die Notwendigkeit, eine eigene Gattung für diese Kugelformen einzuschalten:

## SUBMATUCANA BACKBG. n. g.

In RAUH, Beitr. z. Kenntn. d. peruan. Kaktveg. erwähnt: 357. 1958

[Bei KIMNACH u. HUTCHISON als *Borzicactus* (1957)]

Plantae globulares vel aliquid depressae, solitariae vel caespitosae; flore ± zygomorpho; phyllis perigonii ± reflexis; staminibus erectis, congregatis; tubo squamoso, ± piloso; fructu longitudinaliter dehiscente.

Einzelne oder unten sprossende, kugelige Pflanzen; die Rippen in Höcker aufgelöst, oft ± 6kantig bzw. mit ± deutlicher kurzer Furche zur nächstoberen Höckerbasis; Blüten mit kräftiger Röhre; Saum ± stark zygomorph; Perigonblätter weiter öffnend bis ± umgebogen; Staubfäden aufgerichtet und um den Griffel geschart; Röhre mit oben schlank zugespitzten Schuppen, die Achseln ± stark behaart oder nur gering behaart; im Röhrenrund eine Haarbildung oder fehlend (wie auch bei *Loxanthocereus* u. a.); Frucht rundlich, auftrocknend, längsaufreißend.

Da die Beschreibungen von KIMNACH und HUTCHISON erst nach Abschluß von Band I veröffentlicht wurden, konnte dort die Gattung nur ohne Nummer eingegliedert werden.

So verfehlt wie HUTCHISONS Einbeziehung von *Weingartia* WERD. zu *Gymnocalycium* (s. unter *Weingartia*) muß auch die Eingliederung von *Submatucana* zu *Borzicactus* erscheinen. Seit jeher haben sich alle Autoren bemüht, cereoide und kugelige Pflanzen auseinanderzuhalten, vor allem auch BRITTON u. ROSE. Verläßt man dieses Prinzip, ist das Ende einer solchen Entwicklung nicht abzusehen. Es läßt dies auch ein einheitliches Gliederungsprinzip vermissen. Die amerikanischen Autoren versuchen, die „gedrückte Röhre" von *Oreocereus* und *Seticereus* rein mechanisch zu klären, was nicht richtig ist, und zwar offensichtlich nur, um anzudeuten, daß — wie sie sagen — auch diese Gattungen zu *Borzicactus* einbezogen werden sollten. Dann müßten auch *Loxanthocereus* und *Bolivicereus* folgen. Solche Sammelgattungen würden die klare Übersicht nur unnötig erschweren und sind eine Rückkehr zu einer längst überwundenen Auffassung. Wechselnd starke Zygomorphie, auf die KIMNACH und HUTCHISON ebenfalls verweisen, sind von *Loxanthocereus* genau so bekannt, wie ± schwache, gelegentliche Haarbildung im Röhrengrund, die Gegenstand besonderer Untersuchungen sein muß, da ihr Charakter noch nicht geklärt ist bzw. es sich um verschiedenartige Bildungen handelt. Wenn KIMNACH und HUTCHISON ferner gelegentlich winzige Borsten in den Blütenachseln von *Matucana* beobachtet haben wollen, besagt dies ebensowenig, wie wenn DÖLZ und ich gelegentlich Stacheln oder Borsten an einer *Lobivia*-Frucht oder am Ovarium von *Rebutia* sahen. Das sind Atavismen, Rückschläge, die nur unterstreichen, daß die einzige logische Gliederungsmethode die nach den Reduktionsstufen des Sproßcharakters sein kann, wobei selbstverständlich Rückschläge gelegentlich auftreten können. Um so deutlicher zeigt sich aber auch, daß *Submatucana* und *Matucana* nahe zueinander gehören und die letztere die Folgestufe der ersteren ist[1]), ja *Submatucana* läßt geradezu in der zum Teil geringen Bekleidung mancher Blüten erkennen, wie es zum Entstehen der kahlblütigen *Matucana* gekommen sein kann. Es kann hier nur wiederholt werden, worauf ich schon des öfteren hinwies: das Nichtvorhandensein eines klaren Gliederungsprinzipes nach den Reduktionsstufen, wo immer man es anwenden kann, hat lange Zeit entsprechende Untersuchungen verhindert, und wenn man heute wieder eine Zusammenfassung betreibt, ohne daß man bisher ein ähnlich klares Prinzip erkennt wie das vorerwähnte, wird damit gegen jenes schärfere Trennungsprinzip operiert, das häufig überhaupt erst zu einer genaueren Kenntnis bisher unbeachteter Merkmalsunterschiede führte. Solange ich Sinn und Absicht dieser neuerlichen Sammelgliederungsmethode nicht erkenne, ist es mir nicht möglich, ihr zu folgen. Es würde der Gesamtmaterie damit auch die einheitliche Bestimmungsgrundlage entzogen.

Typus: *Echinocactus aurantiacus* VPL. — Typstandort: Peru (Dept. Cajamarca, bei San Pablo, 2200—2400 m).

Vorkommen: Im nordöstlichen Peru.

### Schlüssel der Arten:

Körper kugelig bis flachkugelig, im Alter nicht verlängert
  Blütenbehaarung nur kurz
    Stacheln ziemlich zahlreich, bis über 30
      Stacheln rötlichbraun
        Blüten kräftig-röhrig, schiefsaumig, orangegelb
          Haarring im Blütengrund . . . . 1: **S. aurantiaca** (VPL.) BACKBG. n. comb.
      Stacheln gelblich-bräunlich bzw. gelblich mit bräunlicher Basis (obere Randstacheln), die Mittelstacheln (bzw. die längsten oberen) zum Teil braun
        Blüten kräftig-röhrig, schwach bis stärker schiefsaumig, orange und hellpurpurn
          Haarring im Blütengrund fehlend . 2: **S. calvescens** (KIMN. & HUTCH.) BACKBG. n. comb.

Vielleicht hierhergehörig:

Blütenbehaarung 2 cm lang (Haarborsten?)
  Stacheln borstenartig

---

[1]) Weswegen nach dem hier angewandten Gliederungsprinzip *Submatucana* zu ihrer Berechtigung keiner „weiteren Beobachtung am Standort" (RAUH) bedarf, höchstens, ob nicht auch noch die eine oder andere *Matucana*-Art von RITTER dazugehört.

Stacheln anfangs rotbraun, später
schwärzlich
Blüten engtrichterig
Haarring im Blütengrund? . . . . 3: **Arequipa**(?)**myriacantha** (VPL.) BR. & R.
(Diese Art wird bis zur endgültigen Klärung unter ihrem bisherigen Namen aufgeführt).

## 1. **Submatucana aurantiaca** (VPL.) BACKBG. n. comb.[1]

*Echus. aurantiacus* VPL., Bot. Jahrb. ENGLER, 50: Beibl. 111: 23. 1913. — *Arequipa aurantiaca* (VPL.) WERD., Kkde., 77. 1939. — *Borzicactus aurantiacus* (VPL.) KIMN. & HUTCH., C. & S. J. (US.), XXIX: 2. 46—51. 1957.

Kugelig, einzeln oder sprossend, bis 15 cm ⌀ und hoch; Rippen ca. 16; Areolen elliptisch; St. ca. 25, rötlichbraun, ungleich, zum Teil bis 30, schwer in rand- und mittelständige trennbar, die äußeren bis 2,5 cm lang, die obersten 3—4 aufgerichtet und fast gerade, die übrigen ± gebogen, die längsten ca. 3—7 mittleren 2,5—4,5 cm lang; Bl. mit kräftiger Röhre, diese mit oben schlankspitzen Schuppen und Haarbüscheln, 7—9 cm lang, voll geöffnet mit stark zygomorphem, bis 5—7 cm breitem Saum; Perigonbl. wie bei *Matucana* umbiegend, ± lanzettlich, die inneren unten und in der Mitte orangegelb, an den Seiten und der Spitze ziemlich dunkelrot; Staubf. von unten her an der Röhre inseriert, mit den Basen die Nektarkammer um den Griffelfuß abschließend und (stets?) mit einem Ring von Staminodialhaaren; Gr. bis 8 cm lang, oben braunrosa; N. gelbgrün; Fr. ± länglichrund, bis 2 cm ⌀, dunkelbraun oder purpurrot, Pulpa trocken, mit einem oder mehr Längsrissen öffnend; S. dunkelbraun bis schwarz, mützenförmig, fein gehöckert. — N-Peru (Dept. Cajamarca, 2200—2400 m; Dept. Huancabamba, bei Sondor, von BLOSSFELD hier gesehen. Im Dept. Cajamarca von WEBERBAUER auch zwischen Chota und Hualgayoc auf 3500—3600 m) (Abb. 1007, oben).

## 2. **Submatucana calvescens** (KIMN. & HUTCH.) BACKBG. n. comb.[1]

*Borzicactus calvescens* KIMN. & HUTCH., C. & S. J. (US.), XXIX: 4, 111—115. 1957.

Kugelig, ca. 15 cm hoch und ⌀, sprossend, dunkel- und glänzendgrün; Rippen 16—17, ganz in ± 6kantige Höcker aufgelöst, oben kurze Furche; Areolen 2—3mal länger als breit, bis 12 mm lang, kurz graufilzig; St. 25—35, gerade oder schwach gebogen, steif, hellbräunlichgelb getönt, die randständigen 0,5—2 cm lang, die 4—8 mittleren 1,5—4 cm lang, die obersten jeweils die längsten; Bl. ± zygomorph, bis 8 cm lang, 3—5 cm ⌀, schwach gekrümmt, in den Achseln der unteren Röhrenhälfte mit bis zu 10 weißlichen Haaren, bis 2,5 mm lang; Perigonbl. außen lanzettlich, zugespitzt, die inneren verlängert-oblong, orangepurpurn, am Rande bzw. der Spitze mehr purpurn (magenta); Röhrenschuppen gelbgrün bis rötlichbräunlich, gespitzt; Fr. ± kugelig, beschuppt; S. etwas länglich, runzlig, schwarz. — Peru (Dept. La Libertad, Prov. Santiago de Chuco, 15 km nördlich von Angasmarca, bei der Kohlenmine unterhalb Arenillas, ca. 3700 m).

Ein Synonym ist (nach RITTER selbst) *Matucana megalantha* RITTER n. nud. (FR 593).

### **Submatucana** sp. ?

Gedrückt-rund, glänzend-dunkelgrün; Scheitel ohne Filz; Rippen 20, niedrig, rundkantig, um die Areolen verbreitert, ohne Querteilung bis auf den oberen

---

[1]) RITTER führt *Submatucana aurantiaca* und *S. calvescens*, trotz behaarter Röhren mit den Katalognamen *Matucana aurantiaca* (VPL.) RITTER und *calvescens* (KIMN. & HUTCH.) RITTER. Ich kann dem hier nicht folgen.

Abb. 1007. Oben: Submatucana aurantiaca (VPL.) BACKBG. Eine stets kugelige bis halbrunde Pflanze, die HUTCHISON (wegen des Wollringes?) zu Borzicactus stellte. — Staminodialhaare sind heute von mehreren Gattungen bekannt; stärkere Reduktionsstufen derselben sind wahrscheinlich bisher übersehen worden. Submatucana ist Matucana in der Blütenform sehr ähnlich, die Röhre aber behaart. Die nächste Reduktionsstufe ist die kahlblütige Matucana. Submatucana war gewissermaßen das „missing link" zu der kahlröhrigen, überwiegend kugeligen Gattung, und die bisherige Einbeziehung von „Echinocactus aurantiacus" zu Arequipa befriedigte ebensowenig, wie die HUTCHISONS zu Borzicactus, mit der sogar die bisher von amerikanischen Autoren befolgte systematische Trennung der BRITTON u. ROSESchen Subtribus „Cereanae" und „Echinocactanae" verlassen wurde, ohne an deren Stelle ein anderes, überzeugenderes, systematisches Trennungsprinzip zu setzen. (Foto: HUTCHISON.)

Unten: Submatucana sp.? Von Professor ELLENBERG in NO-Peru gefundene Pflanze, die vielleicht hierher gehört. Blüte und Frucht sind bisher nicht bekannt. Nach dem fehlenden Filz im Scheitel scheint die Art nicht zu Oroya zu gehören, nach der Form auch nicht zu Matucana.

Teil, dort kurze, scharfe Furchen, oft nur schräg nach rechts oben oder dort stärker, später verschwindend; Längsfurchen wellig verlaufend; Areolen langoval, mit dem Oberteil zuweilen ganz leicht nach rechts gerichtet, ca. 5 mm lang, anfangs spärlich hell-lohfarben befilzt, etwas außerhalb des Scheitels bald schmutziggrau; Rand- und Mittelst. undeutlich geschieden: Randst. bis zu ca. 20, dünn, verschieden lang, bis etwas über 1 cm lang, meist kürzer, die untersten die kürzesten; Mittelst. bis 10, anfangs weniger, ± aufgerichtet, den Scheitel hoch überragend oder auch ± zusammengeneigt, bis 4,3 cm lang, nadelig fest, aber biegsam, schmutzig-hornfarben bis fahlbraun, bald schwarz werdend, der stärkste mittlere nur schwach unten verdickt; alle St. nicht sehr stechend, ± brüchig; Bl. und Fr. unbekannt. — NO-Peru (Abb. 1007, unten).

1957 von Prof. Ellenberg gesammelt; Blüte und Früchte waren nicht vorhanden. Ob die interessante Pflanze zu *Submatucana* gehört, steht demnach nicht mit Sicherheit fest, wenn sie auch sehr den Arten dieses Genus gleicht; *Submatucana calvescens* scheint ihr stark zu ähneln, wenngleich obige Art keine scharf 6kantigen Höcker hat.

Vielleicht hierher gehörend:

3. **Arequipa** (?) **myriacantha** (Vpl.) Br. & R., The Cact., III: 101. 1922

*Echus. myriacanthus* Vpl., Bot. Jahrb. Engler, 50: Beibl. 111: 25. 1913.

Niedergedrückt-kugelig, 10 cm ⌀, 8 cm hoch; Rippen 26, stark gehöckert, durch scharfe Furchen getrennt, im Scheitel in Warzen aufgelöst, später durch Querfurchen bis zur halben Höhe eingeschnitten; Areolen stark genähert, breit-elliptisch, klein, 2 mm breit, 3 mm lang, mit sehr kurzem Filz; St. sehr zahlreich, borstenartig, anfangs rotbraun, später zum Teil schwarzgrau oder grau, bis 25 Randst., 6—18 mm lang, die mittleren bis 2,5 cm lang; Bl. engtrichterig, in größerer Zahl, aus jüngeren Areolen, bis 6 cm lang; Röhre engtrichterig, 3 cm lang, in den Schuppenachseln flachgedrückte, bis 2 cm lange haarförmige Borsten (Haare?); Perigonbl. nicht zahlreich, 2 cm lang, 3 mm breit, die inneren schmaler, rosa. — Peru (Dept. Amazonas, Prov. Chachapoyas, oberhalb von Balsas).

Die entlegen wachsende *A. myriacantha* konnte bisher nicht wiedergesammelt werden; es stehen daher noch genauere Untersuchungen der Röhrenbekleidungs-Reduktionsstufe (auch Staminodialhaare?) bei dieser Art aus.

## 74. MATUCANA Br. & R.
### The Cact., III: 102. 1923

Die Gattung trägt ihren Namen nach dem peruanischen Ort Matucana an der Lima—Oroya-Bahn, wo die einzige zur Zeit Britton u. Roses bekannt gewesene Art wächst: *Matucana haynei* (O.) Br. & R. Allerdings hatte damals schon Weberbauer oberhalb von Balsas (Peru) eine Pflanze gefunden, die Vaupel als *Echinocactus weberbaueri* Vpl. beschrieb bzw. die amerikanischen Autoren als „sehr ähnlich *Matucana haynei*" bezeichneten. Dabei gaben sie nicht die dunkelrotbraune Stachelfarbe an und auch nicht, daß die Blüten zitronengelb sind. Diese Art ähnelt also durchaus nicht *M. haynei*, und so wurden — auf Grund der Britton u. Roseschen Bemerkung — lange Zeit die 1932 auf der Expedition des Deutsch-Österreichischen Alpenvereins in die peruanische Cordillera Negra gefundenen Pflanzen für *Echus. weberbaueri* gehalten. Erst jetzt, als ich die Arten mit der VAUPELschen Originalbeschreibung verglich, konnte dieser Irrtum festgestellt bzw. konnten sie als neu beschrieben werden. Ich benannte sie nach Prof. HERZOG, dessen Initiative die damalige Expedition zu verdanken war und der auch als erster von einigen interessanten ostbolivianischen, erst später beschriebenen *Cactaceae* berichtete. Inzwischen sind durch Prof. RAUH auf seinen Perureisen 1954 und 1956 eine Anzahl weiterer Arten in der Cordillera Negra, Cordillera Blanca, im Santa-, Fortaleza-, Churin- und Pisco-Tal sowie im Gebiet Nazca-Puquio gefunden worden, bzw. es wurde damit eine viel größere Verbreitung der Gattung festgestellt, als vordem bekannt war. Auch der französische Jäger EDMOND BLANC hatte eine neue Art und eine Varietät derselben in der Cordillera Negra entdeckt (1953), und neuerdings sind auch noch Funde F. RITTERS bekannt geworden, wenn von ihnen auch genauere Angaben noch ausstehen. *Matucana weberbaueri* wurde jedoch bisher nicht wiedergefunden, da ihr Vorkommen zu weit abseits liegt. Mit der Farbe der Bestachelung sowie dem „scheibenartigen Körper" weicht sie stark von anderen *Matucanas* ab, vor allem aber ist sie bisher die einzige mit nicht roten, sondern zitronengelben Blüten. VAUPEL vergleicht sie mit „*Echus. myriacanthus*"; nach der Beschreibung könnte der Verdacht aufkommen, daß auf Grund der Bestachelungsähnlichkeit eine Verwechslung mit *Oroya borchersii* vorliegt, aber mit der Blütenlänge von 5,5 cm und der engtrichterigen kahlen Röhre weicht „*Echus. weberbaueri*" doch so sehr ab, daß dieser zu *Matucana* gestellt werden muß.

Auf Grund der neueren Funde kann die ursprüngliche Beschreibung wie folgt ergänzt werden: Flachkugelige bis ausgesprochen zylindrische Pflanzen, oft später die Form wechselnd, einzeln oder schwach sprossend bis große Polster bildend; Röhre ziemlich schlank, Schuppenachseln kahl, Perigonblätter schiefsaumig gestellt, ± aufgerichtet bis ± stark umgebogen; Griffel, Staubfäden und Narben meist lebhaft gefärbt; zum Teil auch die Staubbeutel, der Griffel gewöhnlich hervorragend; Blütenlänge sehr verschieden, von fast nur 3 cm bis 8 cm lang; Frucht meist klein, ca. 1 cm groß, mit Längsrissen öffnend.

Typus: *Echinocactus haynei* O. — Typstandort: Matucana (Mittel-Peru, auf ca. 2400 m).

Vorkommen: wie oben angegeben, von 2000 m bis 4150 m, vom oberen Rio Saña-Tal bis südlich des Pisco-Tales.

### Schlüssel der Arten:

Stacheln nicht alle dunkelrotbraun
  Blüten rot (bei Nr. 12 unbekannt)
    Stacheln weder alle wellig noch alle pfriemlich, Randstacheln dünn bis borstig, seitlich ± verflochten
      Mittelstacheln deutlich unterschieden, zum Teil nur weniger auffällig
        Pflanzen vorwiegend bzw. anfangs kugelig, höchstens vereinzelt im Alter länglich
          Pflanzen einzeln
            Mittelstacheln meist nicht wesentlich länger oder nur etwas dunkler, erst im Alter zum Teil stärker verlängert

| | |
|---|---|
| Bestachelung insgesamt weißlich | |
| Perigonblätter karmin, stark umgebogen . . . . . . | 1: **M. haynei** (O.) Br. & R.¹) |
| Perigonblätter karmin, aufrecht . . . . . . . . | 1a: v. **erectipetala** Rauh & Backbg. |
| Mittelstacheln lang, aufrecht im Scheitel, steifnadelig, bräunlich bis schwarz, besonders im Oberteil Perigonblätter tiefkarmin Blüten kurz, ca. 4 cm lang | 2: **M. breviflora** Rauh & Backbg. |
| Pflanzen einzeln oder auch sprossend | |
| Mittelstacheln nadelig, etwas derber und länger | |
| Bestachelung insgesamt gelblich bzw. hellbräunlich; Körper anfangs flacher, nur vereinzelt bzw. später verlängert Perigonblätter rotviolett Staubbeutel karmin (!) (Staubfäden karmin) . | 3: **M. yanganucensis** Rauh & Backbg. v. *yanganucensis* |
| Perigonblätter lachsrot Staubbeutel gelblich (!) (Staubfäden lachsrot). | 3a: v. **salmonea** Rauh & Backbg. |
| Bestachelung weißlich bzw. rein weiß, abstehend Perigonblätter hellkarmin (Staubfäden oben karmin, unten weißlich) | 3b: v. **albispina** Rauh & Backbg. |
| Bestachelung blaß bräunlich im Scheitel, dort Mittelstacheln länger, Pflanzen länglicher Perigonblätter karmin . . | 3c: v. **suberecta** Rauh & Backbg. |
| Bestachelung bräunlich (hell), schopfig im Scheitel aufgerichtet bzw. länger und kräftiger, zueinandergeneigt; Pflanzen flacher (?) Blüte nur bis 4 cm groß, lebhaft karmin . . . . | 3d: v. **parviflora** Rauh & Backbg. |

---

¹) Rauh gibt die Blütenfarbe mit „lebhaft karminrot" an, und so sah ich sie auch; bei Britton u. Rose lautet die Angabe der Blütenfarbe „scharlach" (ungenaue Bezeichnung, oder variabel wie bei *M. yanganucensis* v *longistyla*?). Ich sah auch Unterschiede in der Größe und Breite der Röhrenschuppen.

Bestachelung kräftig hellbraun
Pflanzen flacher (?)
Perigonblätter, Staubfäden und Griffel karmin; Staubbeutel und Narben gelb . . . . . . . . . 3e: v. **fuscispina** Rauh & Backbg.

Bestachelung am Fuß schwarzbraun (Mittelstacheln braun), sonst weißlich (anfangs gelblich)
Griffel besonders lang, wie die Narben violett . . 3f: v. **longistyla** Rauh

Pflanzen anfangs flacher rundlich, später gestreckt, bis 30 cm lang, z. T. sprossend
Mittelstacheln derb-steif, sehr variabel
Verlängerte Körper bis 15 cm ⌀
Mittelstacheln steifer, aber biegsam, variabel in allen Übergängen von hell bis dunkel
Perigonblätter karmin . . . 4: **M. multicolor** Rauh & Backbg.

Mittelstacheln pfriemlich, in der Farbe variabel
Verlängerte Körper bis 10 cm ⌀
Mittelstacheln kaum biegsam
Perigonblätter dunkelkarmin
Hauptstachelfarben:
   Stacheln ± tiefbraun 5: **M. hystrix** Rauh & Backbg.
   Stacheln schwarz . . 5a: v. **atrispina** Rauh & Backbg.
   Stacheln bereift weißgrau . . . . . . . 5b: v. **umadeavoides** Rauh & Backbg.

Pflanzen stark polsterbildend, selten einzeln, dann später länglich
Mittelstacheln nicht wesentlich länger, weißlich
Bestachelung weißlich bis silberig, oft anliegend, ± längere und dunklere Mittelstacheln
Perigonblätter karmin . . 6: **M. blancii** Backbg.

Mittelstacheln ziemlich lang und schwärzlich . . . . . . 6a: v. **nigriarmata** Backbg.

Pflanzen normalerweise gleich länglich (in einem Falle die längere var. zuerst flach!) bis zylindrisch

Pflanzen wohl stets einzeln
Form gleich verlängert
Bestachelung dicht, hell bis weißlich, feinborstig, mittlere im Scheitel wenig länger und ± aufrecht
Perigonblätter, Staubfäden und Griffel karmin
Pflanzen bis 50 cm lang, 10 cm ⌀ . . . . . . . 7: **M. cereoides** Rauh & Backbg.
Bestachelung locker, mit nadeligen, längeren Mittelstacheln kontrastierend, mittlere bis 5 cm lang
Perigonblätter rot
Pflanzen bis ca. 60 cm lang, Randstacheln hart und zerbrechlich . . . . 8: **M. elongata** Rauh & Backbg.[1])
Randstacheln dünn, fast haarartig . . . . . —: **M. comacephala** Ritter
Form zweigestaltig
Jungpflanzen gleich länglich, fein weißborstig, ähnlich *M. haynei*, dann bis 15 cm lang, 8 cm ⌀ . . . . . 9: **M. variabilis** Rauh & Backbg.
Jungpflanzen flachrund; steife, braune und kürzere Mittelstacheln, Wuchs später bis 40 cm lang, 10 cm ⌀ 9a: v. **fuscata** Rauh & Backbg.
Mittelstacheln nicht unterschieden oder fehlend
Stacheln seitlich strahlend, nicht stark verflochten . . . . 10: **M. herzogiana** Backbg.
Stacheln länger, weich, stark seitlich und wirr verflochten 10a: v. **perplexa** Backbg.

---

[1]) Bei dieser Art tritt nach Rauh auch ganz abweichendes Scheitelsprossen auf. Dies und (z. B. bei manchen Arten) auffallend in der Stärke abweichende Bestachelung mögen zum Teil noch unerkannte andere Ursachen haben. So ergaben z. B. Versuche von Prof. Claeys, Gent, mit dem Hormon Gibberelin (Gibberellic Acid der Plant Protection Ltd., England) teils sonst nicht zu beobachtendes Scheitelsprossen oder stärkeren Wuchs und auch wesentlich kräftigere Bestachelung (bei *Mam. plumosa* sogar zweimaliges Blühen im Jahr). Claeys erzielte auch z. B. bei *Notoc. scopa* genau solche verstärkte Bestachelung in ringförmigen Zonen (siehe Abbildung unter *Notocactus*) wie bei von mir in Uruguay gesammelten Pflanzen. Angenommen, obige Erscheinungen wären auf das Vorhandensein eines solchen Hormons am Standort zurückzuführen, könnten Bezeichnungen wie „v. *crassispinus*, v. *ferox* usw." keine „echten" Varietäten sein. Gerade darum aber erscheint es als erforderlich, den Charakter des Standortshabitus genau wiederzugeben, weil sonst drüben gesammelte Pflanzen nicht nachzubestimmen sind (z. B. ändert *Haageocereus acranthus* in der Kultur zum Teil erheblich seine Bestachelung: sie wird feiner und oft auch kürzer; sollte mithin in den Kulturen ein entsprechend aktivierender Bodenbestandteil fehlen?) Hier erscheinen systematische Untersuchungen als ebenso interessant wie notwendig.

Stacheln alle wellig, gelb, locker verwoben
  Rippen zu schmalen Höckern erhöht . . . . . . 11: **M. ritteri** KRAINZ & RUPF[1]) nom. nud.
Stacheln alle pfriemlich, besonders die mittleren, gelbbraun
  Rippen rundhöckerig, quergekerbt . . . . . . . . 12: **M. currundayensis** RITT.[1]) nom. nud.
Stacheln alle dunkelrotbraun
  Blüten zitronengelb, 5,5 cm lang
    Rippen in breit-elliptische Höcker aufgelöst . . . . 13: **M. weberbaueri** (VPL.) BACKBG.

1. **Matucana haynei** (O.) BR. & R. — The Cact., III: 102. 1922

*Echinocactus haynii* O., in SALM-DYCK, Cact. Hort. Dyck., 1849: 165. 1850. — *Cereus hayni* CROUCH. (1878).

Meist einzeln, anfangs kugelig, später ± verlängert, zum Teil kurzsäulig, meist bis ca. 10 cm ⌀, bis 30 cm hoch; Rippen ca. 25, ± spiralig, höckerig; Areolen sehr genähert, anfangs mit reichlichem Wollfilz, später verkahlend; St. zahlreich, borstenförmig, weißlich, einige mittlere stärker, insgesamt über 30, die mittleren dunkel gespitzt, bräunlich, in der Kultur oft alle weiß und gleich lang; Bl. 6—7 cm lang, mit kräftiger, leicht gebogener Röhre und etwas schiefem Saum, die Hüllbl., besonders die unteren, ± stark umgebogen, scharlach-karmin; Röhre gerieft,

Schuppen wenige; N. grün. — Peru (bei Matucana; 2400—3200 m) (Abb. 1010—1012, Tafel 72—73).

Die oft zitierte Typortangabe „Obrajillo" ist in der Originalbeschreibung nicht angegeben; in ihr lautet der Name auch „*haynii*", aber schon SCHUMANN schrieb „*haynei*" nach dem Berliner Prof. HAYNE.

1a. v. **erectipetala** RAUH & BACKBG. — Descr. Cact. Nov. 18. 1956

Weicht vom Typus der Art ab durch leicht bogenförmig gekrümmte Bl., nur 5 cm lang, mit

Abb. 1008.
Blütenform der Matucana yanganucensis RAUH u. BACKBG. v. yanganucensis (Typus der Art). (Foto: RAUH.)

---

[1]) Ob angesichts des abweichenden Habitus diese Arten etwa zu *Submatucana* gehören, läßt sich mangels entsprechender Blütenangaben noch nicht sagen.

stark aufgerichteten Perigonbl., die Pet. heller karminrot als beim Typus der Art, der stark umgebogene Perigonbl. hat. — Mittel-Peru (Matucana, 2500 m) (Abb. 1013).

Farbangabe der Blüte nach einem Farbfoto; lt. Rauh (auch?) dunkelkarmin.

1931 fand ich bei Matucana ein einzelnes Exemplar mit fast rein weißlichen St., das bereits als kleineres Stück schlankcereoiden Wuchs aufwies. Neuerdings hat Rauh im Pisco-Tal eine ganz ähn-

Abb. 1009.
Blütenform der Matucana yanganucensis v. salmonea Rauh u. Backbg. (Foto: Rauh.)

1010  1011

Abb. 1010. Matucana haynei (Otto) Br. & R. Von mir bei Matucana gesammelte ± cereoide ältere Pflanzen.

Abb. 1011. Matucana haynei (Otto) Br. & R. Von mir gesammeltes, ungewöhnlich großes, blühendes Stück in der ehemaligen Kakteensammlung des Gartens von C. Faust, Blanes (Barcelona).

liche Art gefunden, auf ca. 2000 m (*M. cereoides* RAUH & BACKBG.), also annähernd gleicher Höhe, die vermuten läßt, daß es sich um die gleichen Pflanzen handelt, wie die 1931 von mir gesehene, und die sich in meiner Sammlung im Jardin Exotique, Monaco, als lebendes Exemplar noch heute befindet. Auffällig sind bei beiden auch die ziemlich gerade herablaufenden Rippen. Vielleicht war diese heute mehr im Gebiet des Pisco-Tales vorkommende Art früher noch mehr nördlich bzw. stärker auch im Matucana-Tal verbreitet.

Abb. 1012.
Blüte der Matucana haynei (OTTO) BR. & R.

Abb. 1013. Matucana haynei v. erectipetala RAUH & BACKBG. (Foto: RAUH.)

Ob es sich bei

v. *gigantea* RITT. (RITTER-Nr. FR 142b, im WINTER-Kat., 15. 1956)
um die gleiche Art handelt, läßt sich auf Grund der kurzen Notiz „doppelt so groß wie FR 142 (*M. haynei*) und 142a" nicht feststellen.

Sämlingspflanzen haben durchaus den Charakter von *M. haynei*, mit länglicheren, abstehenden, oben dunkleren Mittelstacheln. Nach RITTER sollen *M. multicolor* oder *M. hystrix* die gleiche Art sein, was keinesfalls zutrifft. Übrigens berichtet RITTER *M. haynei* noch von 4000 m. *M. robusta* RITTER (FR 565) „ähnlich *haynei*, derbstachelig, groß" ist diesen Angaben nach undefinierbar.

2. **Matucana breviflora** RAUH & BACKBG. — Descr. Cact. Nov. 18. 1956

Stets einzeln, nie sprossend, bis 15 cm lang, 15 cm ∅, ± kugelig; Stachelfarbe stark variierend, anfangs teils ganz blaugrau, teils oben tief-purpurbraun, unten

Abb. 1014. Matucana haynei?, von RAUH am Rio Chillon im Canta-Tal (Mittel-Peru) gesammelt. (Foto: RAUH.)

hellbräunlich, teils oben dunkelbraun und unten bernsteingelb oder ganz dunkel bis tintenschwarz, im Alter platingrau, wie bereift; Randst. ± gescheitelt, mit den Nachbarst. verflechtend, bis 2 cm lang; Mittelst. meist 3—4, sehr derb, 4—7 cm lang, bei der schwarzstachligen Form nur 3—4 cm lang; Bl. kurz, ca. 4 cm

Abb. 1015. Matucana breviflora RAUH & BACKBG.

lang, die St. nur wenig überragend; Röhre bis 4 cm lang, tief dunkelkarminrot (Basis orangerot), besonders dunkel bei der schwarzstachligen Form; Staubf. und Gr. karmin, Staubb. gelb; N. grünlich, die Länge der Perigonbl. erreichend (RAUH)[1]). — Südlicheres Peru (30 km westlich Incuio, nahe der Laguna Parinacocha, auf vulkanischem Gestein, am Fuß des Vulkans Sarasassa, in der Tolaheide, 3600 m) (Abb. 1015).

RAUH sah kurze Wollhaare in den basalen Achseln; falls es Röhrenhaare wären, hätte die Art zu *Submatucana* gehört.

### 3. Matucana yanganucensis
RAUH & BACKBG. — Descr. Cact. Nov. 18. 1956

v. *yanganucensis*: Kugelig, bis 10 cm ⌀, meist auch größer werdend; Rippen 27; Areolen scharf abgesetzt; Randst. nicht gescheitelt, 1—1,2 cm lang, derb, weißlich, anfangs gelbbraun; Mittelst. 1—2, gelblichbraun, bis 2,5 cm lang; Bl. bis 6 cm lang, unten gelblichrot; Perigonbl. intensiv

Abb. 1016. Matucana yanganucensis RAUH & BACKBG.

---

[1]) RAUHs spätere Angabe lautet: Narben 5, gelblich, Längenangabe auf den ganzen Griffel bezogen.

rotviolett, 2—2,5 cm breit; Staubbl. oben intensiv violett, kürzer als die Pet.; Gr. viel kürzer als die Staubbl., violett; N. gelblich; Staubb. karminrot (!). — N-Peru (Cordillera Blanca, bei der Hazienda Catac, auf ca. 3300 m). (Abb. 1008, 1016—1017).
*Matucana coloris-splendida* RITTER (FR 142 a) ist ein unbeschriebenes Synonym.

Abb. 1017. Matucana yanganucensis RAUH & BACKBG. In der Kultur werden die Stacheln meist heller und dünner.

Abb. 1018. Matucana yanganucensis v. albispina RAUH & BACKBG. (Foto: RAUH.)

3a. v. **salmonea** Rauh & Backbg. — Descr. Cact. Nov. 18. 1956

Weicht durch lachsfarbene Bl. ab; Staubb. gelb (!); Rippen ca. 30; Randst. bis 2 cm lang, zuerst bräunlich, dann gelblichweiß; 1 der Mittelst. bis 2,5 cm lang; Röhre stark gebogen, bis 4,5 cm lang, unten weißlich. — Vom gleichen Standort wie der Typus der Art (Abb. 1009). (Die Lachsfarbe der Petalen ist hell)[1].

Abb. 1019. Matucana yanganucensis v. suberecta Rauh & Backbg. (Foto: Rauh.)

3b. v. **albispina** Rauh & Backbg. — Descr. Cact. Nov. 18. 1956

Weicht durch rein weiß gefärbte St. ab; Randst. stärker gescheitelt, verflochten; Mittelst. 2—3, bis 2 cm lang, an der Spitze gelblich; Rippen ca. 30; Bl. stark zygomorph, 5 cm lang, 2,5 cm ⌀; Perigonbl. blaßkarmin; Gr. und N. violettkarmin. — Vom gleichen Standort wie der Typus der Art (Abb. 1018).

*M. weberbaueri* v. *blancii* (nom. prov. in „Cactus", 107. 1956, Fig. 25) ist mit obiger var. identisch.

3c. v. **suberecta** Rauh & Backbg. — Descr. Cact. Nov. 18. 1956

Anfangs kugelig, später verlängert, bis 20 cm lang, 10 cm ⌀; Randst. mehr borstenförmig, abstehend; Mittelst. 3—4, weißlich, dünn, aufwärts abstehend,

---

[1] Rauh gibt in seinem Peruwerk an „Staubbeutel karminviolett", sein Farbfoto Abb. 1009 zeigt gelbliche Staubbeutel, beim Typus der Art (Abb. 1008) sind sie karminviolett.

Abb. 1020. Matucana yanganucensis v. parviflora Rauh & Backbg. hat die kleinste Blüte des Genus, nur 3 bis 4 cm lang.

Abb. 1021. Matucana yanganucensis v. fuscispina Rauh & Backbg. Während Typus und die anderen Varietäten aus der Cordillera Blanca stammen, wurde diese var. von Rauh in der Cordillera Negra gefunden; vielleicht eine eigene Art mit schlankeren Blüten. (Foto: Rauh.)

an der Spitze etwas bräunlich; Bl. bis 5 cm lang, rot. — N-Peru (Santa-Tal, 2500 m) (Abb. 1019).

Weicht, bei allgemeiner Habitusähnlichkeit, durch den verlängerten Wuchs ab; im Santa-Tal scheint allein diese Varietät vorzukommen.

3d. v. **parviflora** Rauh & Backbg. — Descr. Cact. Nov. 19. 1956

Weicht durch steifere St. ab, im oberen Teil der Pflanze ziemlich aufgerichtet und etwas zueinander geneigt und so eine Art Schopf bildend; Bl. auffallend klein, bis 4 cm lang, 1,5 cm ⌀, wenig zygomorph; Staubb. gelb, Gr. und Staubf. rosa. — N-Peru (Cordillera Blanca) (Abb. 1020).

3e. v. **fuscispina** Rauh & Backbg. — Descr. Cact. Nov. 18. 1956

Einzeln, nur zuweilen sprossend (?); Rippen ca. 25, höckerig; St. stark verflochten, aber Körper durchscheinend; im Scheitel Stachelfarbe besonders kräftig bräunlich; Mittelst. kaum unterschieden, dunkler, nadelförmig, bis 3 cm lang, abstehend, später grau; Bl. sehr groß, 6 cm lang, karmin. — N-Peru (Cordillera Negra, 3500 m) (Abb. 1021).

Weicht durch kräftiger bräunliche Stachelfarbe sowie anscheinend ziemlich flachen Wuchs stärker von vorstehenden ab und könnte vielleicht auch als eigene Art angesehen werden, wenn weitere Beobachtungen noch andere Unterschiede ergeben sollten.

Mit welchen von Rauh gefundenen Pflanzen etwa *M. yanganucensis* v. *setosa* Ritter und v. *grandiflora* Ritter (nur Namen bzw. neue Kombinationen in Kat. 1958 (s. auch die Synonyme am Ende dieser Gattung) identisch, oder ob sie berechtigt sind, ist bisher nicht feststellbar.

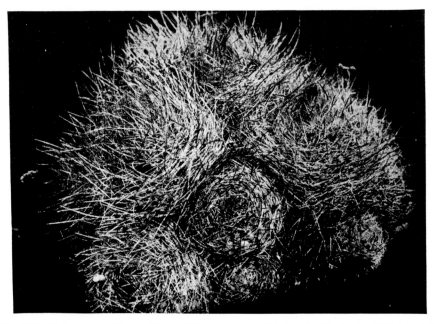

Abb. 1022. Matucana multicolor Rauh & Backbg., so variabel in der Farbe der Mittelstacheln, daß Varietäten nicht abtrennbar sind. (Foto: Rauh.)

3f. v. **longistyla** RAUH — Beitr. z. Kenntn. d. peruan. Kaktveg. 352. 1958

Kugelig, bis 15 cm ⌀; Rippen 23, dunkelgrün, mit warzigen Erhebungen; Randst. bis 1,2 cm lang, verflochten; Mittelst. 2—3, bis 1,5 cm lang, intensiv braun mit schwärzlicher Spitze; Bl. 4,5 cm lang, 2 cm ⌀; Röhre blaßrot, unten gelblich; Pet. zinnober- bis blaßkarminrot; Staubf., Gr. und N. violett. — Peru (Cordillera Blanca).

4. **Matucana multicolor** RAUH & BACKBG. — Descr. Cact. Nov. 19. 1956

Einzeln, bis 30 (—40) cm lang, bis 15 cm ⌀, aber meistens gedrückt-kugelig, sprossend; Rippen ca. 14, bis 1,6 cm entfernte Kanten; Stachelfarbe sehr variabel: bei der häufigsten Form Randst. weiß, gescheitelt, derb, bis 2 cm lang, verflechtend, Mittelst. 2—4, sehr derb, bis 7 cm lang, unten schwach honigfarben, Spitze braunrot, im Scheitel zusammenneigend, Bl. ca. 5 (—7) cm lang, karminrot; Fr. 1—1,5 cm lang. — Südlicheres Peru (Nazca-Puquio, 4100 m, atlantische Seite, auf blockigen Schutthalden oberhalb Lucanas) (Abb. 1022).

Abb. 1023. Matucana hystrix RAUH & BACKBG., die Art mit den steifsten Stacheln; der Typ mit tiefbraunen Stacheln.

Neben der häufigsten Stachelfarbe kommen noch folgende Varianten vor, die nur als Formen angesehen werden können:

Alle Stacheln fast stets reinweiß, nur im Scheitel an der Spitze leicht bräunlich; Mittelst. nur bis 3 cm lang.

Alle Stacheln mehr ins Graue gehend; Mittelst. im Scheitel im oberen Drittel fast schwarzviolett, bis 6—7 cm lang, derb.

Mittelstacheln im Scheitel honig- bis bernsteinfarben, nur 4 cm lang, Randstacheln weiß.

Mittelstacheln im Scheitel, besonders im oberen Drittel, über bernsteingelb und braun bis schwarzviolett variierend, 6—7 cm lang.

Neben den Hauptvarianten sind zweifellos noch Übergänge vorhanden, so daß eine Abtrennung der Hauptformen, wie bei der nächsten Art, nicht möglich ist.

5. **Matucana hystrix** RAUH & BACKBG. — Descr. Cact. Nov. 19. 1956

v. *hystrix*: Verlängert, zuweilen bis 30 cm lang, 10 cm ⌀; Rippen ca. 23; St. den Körper stark verdeckend, in der Farbe und Stärke ziemlich variabel; Randst. weißlich, bis 1,5 cm lang, etwas steif, ± kammförmig gestellt; Mittelst. fast pfriemlich bzw. stark, bis 5 cm lang, dunkelbraun, an der Basis etwas verdickt; Bl. bis 7 cm lang, schon an kleineren Exemplaren, 2,5 cm breit, tief dunkelkarminrot; Staubf. und Gr. leuchtend karmin, Staubb. gelb; N. grünlich; Fr. 1 cm lang, grünlich rot. — Südliches Peru (zwischen Nazca und Lucanas, auf der pazifischen Andenseite bzw. beginnenden Tola-Heide, in Felsspalten und auf Felsköpfen, 3400 m) (Abb. 1023—1024). Mittelst. meist 1—4.

Abb. 1024. Matucana hystrix RAUH & BACKBG.: Blüte des Typus der Art. (Foto: RAUH.)

Bei dieser Art sind stärkere Merkmalsunterschiede als bei *M. breviflora* und *M. multicolor* festzustellen, bzw. sie sind leichter als Varietäten zu bezeichnen. Während der Typus bzw. die Mehrzahl der Pflanzen langnadelig-pfriemliche und ± schokoladenbraune St. hat, weichen folgende Hauptvariationstypen wesentlich ab (von Zwischenformen abgesehen):

5a. v. **atrispina** RAUH & BACKBG. — Descr. Cact. Nov. 19. 1956[1])
St. derber, tiefschwarz, Basis aschgrau, verdickt; später alle aschfarben. — Am gleichen Standort wie der Typus der Art.

---

[1]) RAUH führt in seinem Peruwerk 1958 die Varietätsnamen nicht an. Die bei mir vorhandenen drei Typpflanzen gingen mir aber von RAUH zu, sind sehr verschieden und daher als Hauptvariationstypen anzusehen, ohne deren Benennung über sie keine Verständigung möglich ist.

5b. v. **umadeavoides** Rauh & Backbg. — Descr. Cact. Nov. 19. 1956

Mittelst. noch derber, dickpfriemlich und häufig gekrümmt (während die Mittelst. des Typus der Art und der v. *atrispina* mehr gerade gerichtet sind), überwiegend hellhorngrau, wie bereift erscheinend, Spitze bräunlich, Basis etwas verdickt. — Am gleichen Standort wie der Typus der Art.

Auffallend sind an jungen Pflanzen die weit abstehenden mittleren St., die im Verhältnis zur Pflanze ziemlich lang erscheinen. Ihr Aussehen erinnert stark an hell bestachelte *Pyrrhocactus umadeave*; daher der Name der Varietät.

6. **Matucana blancii** Backbg. — The Nat. C.& S. J., 11:4, 69. 1956

Anfangs einzeln, bald länglichrund, gruppen- bis polsterbildend, selten später einzeln, dann bis 30 cm hoch und 20 cm ⌀; Areolen länglich, ziemlich genähert, nicht sichtbar stark weißwollig wie beim Typus der Gattung; Scheitel von St. verdeckt; St. borstenartig, seitlich anliegend bis etwas abstehend, besonders später, silbrigweiß; manchmal einige mittlere etwas länger und zuweilen auch ± dunkler getönt, wenigstens oben. — Peru (von Edmond Blanc 1953 in der Cordillera Negra, unfern Pueblo Libre, gefunden) (Abb. 1025 bis 1027, Tafel 74).

Abb. 1025. Matucana blancii Backbg. aus der Cordillera Negra; jüngere Pflanze.

Abb. 1026. Matucana blancii Backbg., ältere Gruppenpflanze. (Foto: E. Blanc.)

6a. v. **nigriarmata** Backbg. — The Nat. C.& S. J., 11:4, 69. 1956

Weicht vom Typus der Art ab durch viel längere, ganz schwarze und kräftigere Mittelst. — Peru (Cordillera Negra) (Abb. 1028—1029).

Es gibt, wie es naheliegt, Übergänge zu voriger; aber die silbrigweißen Pflanzen des Typus und die ganz schwarzen und ziemlich langen Mittelst. der Varietät sind im Extrem doch so verschieden, daß eine Abtrennung derselben angezeigt ist.

### 7. **Matucana cereoides** RAUH & BACKBG. — Descr. Cact. Nov. 19. 1956[1])

Später säulenförmig, bis 50 cm lang, 10 cm ⌀; Rippen 24; Randst. zahlreich, schneeweiß, dünn, bis 2,5 cm lang; Mittelst. (0—) 1—4, bis 5 cm lang, aufwärts gebogen, entweder rein weiß oder unten weiß und im oberen Drittel hellbräunlich bis schwärzlich, manchmal fehlend; Bl. bis 8 cm lang, zygomorph, karminrot; Staubb. gelb, Gr. länger als die abwärts weisenden Staubbl., aber kürzer als die Perigonbl.; N. grün. — Südliches Peru (Pisco-Tal, an steilen Felswänden, 2000 m) (Abb. 1030, 1031 (?), Tafel 75).

Die Bl. ist ungefähr so lang wie die der *M. haynei*; doch fehlen dieser die bei obiger Art früh auftretenden längeren Mittelst.

Abb. 1027. Matucana blancii BACKBG. (?), sehr ähnliche Pflanze, von RAUH in der Cordillera Blanca, Quebrada Santa Cruz (3600 m), gesammelt. (Foto: RAUH.)

### 8. **Matucana elongata** RAUH & BACKBG. — Descr. Cact. Nov. 19. 1956

Säulenförmig, bis 60 cm lang, 15 cm dick, an der Spitze zuweilen (typisch?) verzweigt; St. weißlichgrau, anfangs bräunlich, mit dunkelbrauner Spitze; Randst. weiß, bis 2 cm lang, hart; Mittelst. oft bis 3—5 cm lang, aufrecht; Bl. 5 cm lang, rot; Fr. kugelig, rotbraun, mit Längsrissen öffnend. — Nördliches Mittel-Peru (Rio Fortaleza, 4150 m) (Abb. 1032). Die Mittelstachelzahl beträgt 1—3, anfangs bräunlich, dunkel gespitzt.

---

[1]) RAUH spricht bei dieser Art wie bei *M. breviflora* von „wenigen kurzen Wollhaaren in den basalen Achseln". Hieran zeigt sich, daß die kahlröhrige *Matucana*-Blüte eine Folge-Reduktionsstufe von *Submatucana* ist. Um Mißverständnissen bezgl. Abtrennung von *Submatucana* vorzubeugen, sei darauf verwiesen, daß bei dieser auch Haare an der Röhre angegeben sind, worauf VAUPEL in MfK., 169, 171. 1914 (wie KIMNACH und HUTCHISON bei *S. calvescens*) ausdrücklich hinweist. Wie wichtig die Gattungstrennung ist, zeigt, daß die Benennungen uneinheitlich sind und erst die Abtrennung zur genaueren Kenntnis der Unterschiede führte.

Bildet die längsten und kräftigsten Säulen und ist dichter bzw. langnadeliger bestachelt als *M. haynei*, auch ist die Bl. kürzer. Von keiner anderen verlängerten Art ist auch eine Spitzenverzweigung berichtet.

— **Matucana comacephala** Ritter — Succulenta 8 : 92—93. 1958

Meist 75 cm lang werdend (selten bis 1,20 m), später säulig, 7—8 cm ⌀; Rippen ca. 25, 5—7,5 mm hoch, deutlich gehöckert; Areolen mittelgroß, 5—7,5 mm entfernt; Randst. 15—20, zart, fast haarartig, 1—5 cm lang, etwas abstehend; Mittelst. 5—10, kräftiger bzw. wenigstens nadelig, 1—4 cm lang, schräg aufwärts weisend und zum Teil ± gebogen bzw. einer zuweilen abwärts gerichtet und auch ± gebogen; St. alle weiß; Scheitel mit Areolenhaaren; Bl. aus dem Scheitel, 4,5—5,5 cm lang, schiefsaumig; Staubf. und Gr. karminrot; Pet. rot; Nektarkammer rot bis orange, oben mit etwas aufgerichtetem Verschluß; Fr. 2—2,5 cm lang, 5 mm ⌀, kahl, grünlich, mit Längsrissen öffnend; S. 2 mm groß, bräunlichschwarz, feinhöckrig, mit großem subventralem Nabel. — Peru (Cordillera Blanca, Ostseite, angeblich nur lokal vorkommend).

In der säuligen Form, deren Größe und der Blütenlänge auffällig mit *M. elongata* übereinstimmend, die aus dem Rio-Fortaleza-Tal von 4150 m Höhe berichtet wurde (Rauh); da dieses Vorkommen im hohen Norden des Gesamtareals von Matucana liegt, könnte man ebensogut nur eine Varietät in obiger Art sehen, mit weicheren Randstacheln und vielleicht mehr wolligem Scheitel, da auch *M. elongata* bis 60 cm hoch wird, obige Art meist 50—75 cm (Ritter-Nr. FR 587).

*Matucana crinifera* Ritter (FR 595), ,,ähnlich *M. comacephala*, mit einem Schopf von weißen Borsten bzw. Haaren", wird genau wie diese charakterisiert und ist vielleicht nur eine Form derselben. Es ist auch nach den unzulänglichen Angaben nicht nachzuprüfen, ob *Matucana rarissima* Ritter (FR 178) ,,Cereenwuchs, schönfarbig bestachelt" (das ist die ganze Angabe) nicht etwa mit *M. elongata* identisch ist.

9. **Matucana variabilis** Rauh & Backbg. — Descr. Cact. Nov. 19. 1956

v. *variabilis*: Eine zum Teil merkwürdig die Gestalt wechselnde Pflanze, d. h. ihre Jugendformen verhalten sich umgekehrt zu den Altersformen; während der

Abb. 1028. Matucana blancii v. nigriarmata Backbg. mit tiefschwarzen Mittelstacheln.

Typus der Art gleich länglich wächst, aber nur 15 cm lang und 8 cm dick wird, bildet die var. anfangs flache und später ziemlich langsäulige Körper, doch wachsen beide durcheinander; Rippen 23; Areolen klein; Randst. zahlreich, weiß, ver-

Abb. 1029. Sämlingspflanze von Matucana blancii v. nigriarmata BACKBG. ?; der Same wurde von VARGAS gesammelt, die Pflanze befindet sich in der Sammlung ANDREAE.

Abb. 1030. Matucana cereoides RAUH & BACKBG. (Foto: RAUH.)

flechtend, bis 8 mm lang; Mittelst. kaum geschieden, kaum länger als die Randst., weiß, an der Spitze bräunlich; Bl. nur abgetrocknet gesehen; Fr. ca. 1 cm lang. — Mittleres Peru (10 km nördlich Churin, 2500 m) (Abb. 1033—1035). Mittelst. 1—3 (lt. Rauh).

Rauh fand keine Pflanzen, die länger als 15 cm waren.

9a. v. **fuscata** Rauh & Backbg. — Descr. Cact. Nov. 20. 1956

Zuerst oft ganz flach, mit ziemlich derben, stechenden Mittelst., später langzylindrisch, bis 40 cm lang, 10 cm ⌀; Rippen 20; Randst. derb, 1—1,5 cm lang, im Scheitel weißlichgelb; Mittelst. 2—3, bis 4 cm lang, im Scheitel aufwärts gebogen, braunrot; alle St. im Alter schwarzgrau; Bl. nur abgetrocknet gesehen, ca. 5 cm lang, karminrot; Fr. 1,5 cm lang (Abb. 1033 u. 1034, rechts).

Der Typus und die var. wachsen an steilen, nahezu unzugänglichen Felswänden. Nach erster Angabe Rauhs soll die Varietät karminrot blühen; später (1958) gibt Rauh für die Pet., Staubf. und Gr. „lachsrot" an.

10. **Matucana herzogiana** Backbg. — The Nat. C. & S. J., 11 : 4, 70. 1956

*Matuc. weberbaueri* sensu Backbg., Beitr. z. Skde. u. -pflege, 42. 1939 (mit Abb).

Etwas längliche Körper, ca. 10 cm hoch, 6—7 cm ⌀; Rippen stark in rundliche Höcker aufgelöst, schrägstehend; St. borstenförmig, blaß gelblichweiß, anliegend strahlend und alle etwas gebogen; Mittelst., wenn vorhanden, nicht länger, dünn, die Areolen wirken eher mittelstachellos, die oberen Randst. zum Scheitel hin etwas verflochten; Bl. unbekannt, wahrscheinlich von der Tönung der übrigen Arten aus jenem Gebiet. — Peru (Cordillera Negra) (Abb. 1036—1037).

Die Pflanzen wurden schon 1932 von der Expedition des Deutsch-Österreichischen Alpenvereins gefunden, die auf Veranlassung von Prof. Herzog die Cordillera Negra erstieg. Durch die unvollständigen Angaben Brittons u. Roses bei der Beschreibung von *Echinocactus weberbaueri* wurden die weißborstigen Pflanzen

Abb. 1031. Matucana cereoides Rauh & Backbg.? Ein von mir 1933 bei Matucana gesammeltes Exemplar von schlank-cereoidem Wuchs und gerade herablaufenden Rippen.

früher als diese Art angesehen. Die amerikanischen Autoren schrieben: „ähnelt sehr *Matucana haynei*"; auch daher wurden die vorhergehenden Arten anfangs zum Formenkreis der *M. weberbaueri* gerechnet; deren St. sind aber nach Vaupels Beschreibung dunkelrotbraun und bis 4 cm lang; Bl. zitronengelb!

10a. v. **perplexa** Backbg. — The Nat. C. & S. J., 11 : 4, 70. 1956

*Matuc. weberbaueri* sensu Backbg. (forma), Beitr. z. Skde. u. -pflege, 42. 1939.

Weicht vom Typus der Art durch dünne, lange, dicht miteinander verflochtene Borstenst. ab, durch die der Körper nicht sichtbar ist. — Peru (Cordillera Negra) (Abb. 1038).

**11. Matucana ritteri** Krainz & Rupf n. sp., mscr., in Winter-Kat., 15. 1956

Dunkellaubgrün, bis ca. 10 cm ⌀, über 16 Rippen, diese zu fast spitzen Höckern erhöht; Areolen länglich, anfangs kräftiger filzig; St. bis ca. 20, anfangs hell-, später etwas dunklergelb, biegsam, deutlich haarig-gerauht, am Fuß bräunlich, gebogen und wellig locker verflochten; Bl. ziegelrot bis karmin, mit violetter Umrandung, 7 cm lang, mit ziemlich schlanker Röhre (FR 299). — Peru (Abb. 1039).

Abb. 1032. Matucana elongata Rauh & Backbg. Die Pflanze wird bis 60 cm lang. (Foto: Rauh.)

Die Abb. 1039 entspricht der bei Saint-Pie zuerst unter diesem Namen bzw. der Nr. FR 299, aufgezogenen Pflanze, und so wurde sie im Schlüssel eingerückt. Ritters Angaben beziehen sich im Winter-Katalog nur auf die Blüte. Später lief unter anderen Samen der gleichen Ritter Nr. eine ganz andere Pflanze auf: Dunkelgrün; 12 Rippen, breitrund, mit durch scharfe Querfurchen abgeteilten niedrigen Höckern; nur Randst., 7, abstehend, die meisten aufwärts gebogen bzw. die unteren zurückgebogen, einige ganz gelblich, andere unten dunkel und nach oben zu hornfarben, oft zwei der oberen stärker als die anderen. Diese Pflanze ähnelt mehr der *M. currundayensis*, hat aber weit weniger St. und keine mittleren. Ich führe die Pflanze hier an, weil sie als Sämlingspflanze sicher im Handel ist; die richtige Art scheint aber die zuerst erwähnte zu sein bzw. später vielleicht ein Versehen vorzuliegen.

12. **Matucana currundayensis** RITT. n. sp., nom. nud., in WINTER-Kat., 15. 1956

Breit-kugelig, über 12 Rippen, diese in rundliche Höcker aufgelöst und durch flächig geschnittene Querfurchen getrennt; Areolen ziemlich groß, oval, reich filzig; St. ca. 16—18, pfriemlich, die mittleren kräftig, gelbbraun, anfangs mit langem gelbem Fuß, im Scheitel aufgerichtet, bis 3,5 cm lang, die seitlichen bis 2 cm lang, seitlich spreizend. — Peru (Cerro Currunday, bei Samne) (Abb. 1040).

Bl. langröhrig, blaß lachsrosa. Der Körper ist frischgrün und deutlich punktiert. Im WINTER-Kat. als *M. currundayii*, aber wohl ein Schreibfehler. Möglicherweise handelt es sich um eine *Submatucana*.

13. **Matucana weberbaueri** (VPL.) BACKBG. — Beitr. z. Skde. u. -pflege, 40—42. 1939 (die Kombination zuerst irrtümlich für *M. herzogiana* [s. Vorwort zur Gattung])

*Echinocactus weberbaueri* VPL., Bot. Jahrb. ENGLER, 50: Beibl. 111: 26. 1913.

Abb. 1033. Matucana variabilis RAUH & BACKBG. Links: Form des Typus; rechts: Form der v. fuscata RAUH & BACKBG. Anfangs sind die Formen oft umgekehrt, d. h. die später länglichere zuerst fast flachrund. (Foto: RAUH.)

Abb. 1034. Matucana variabilis Rauh & Backbg.: Jungpflanzen. Links: v. variabilis; rechts: v. fuscata Rauh & Backbg.

Abb. 1035. Die Blüte der Matucana variabilis Rauh & Backbg. (Foto: Rauh.)

Abb. 1036. Matucana herzogiana BACKBG.

Abb. 1037. Matucana herzogiana BACKBG. mit offenerer Bestachelung und deutlicheren Rippenhöckern (eine Form?).

Gedrückt-kugelig, 10 cm breit, 7 cm hoch; Rippen 21, in runde Höcker geteilt; Areolen stark genähert, breit-elliptisch; St. ca. 30, dunkelrotbraun, nach allen Seiten spreizend, bis 3,5 cm lang, am Scheitel bis 4 cm lang, später fast schwarz; Bl. 5,5 cm lang, eng-trichterig; Ov. klein, eiförmig; Röhre mit wenigen lanzettlichen Schuppen; Pet. oblong, zitronengelb; Staubf. in zwei Serien; Röhrenachseln kahl; Fr. oval, 1,3 cm lang, 7 mm $\varnothing$; S. schwarz, mützenförmig, matt. — Peru (Dept. Amazonas, Prov. Chachapoyas, an der östlichen Talwand des Marañon, über Balsas, 2000—2100 m).

Herbarfoto (WERDERMANN) mit typischer *Matucana*-Blüte in Beitr. z. Skde. u. -pflege, 1 : 41. 1939.

Im WINTER-Kat., 14. 1957, erschienen noch folgende unbeschriebene Katalog-Namen RITTERS für von ihm gefundene *Matucanas:*

M. *coloris-splendida* RITT. (FR 592; 1956: FR 142a), „St. buntglänzend; weiße, gelbe bis schwarze var.", jetzt: M. *yanganucensis* RAUH & BACKBG.

Abb. 1038. Matucana herzogiana v. perplexa BACKBG.

*M. coloris-splendida* v. *setosa* Ritt. (FR 592a), jetzt *M. yanganucensis* v. *setosa* Ritter.

*M. coloris-splendida* v. *grandiflora* Ritt. (FR 592b), jetzt *M. yanganucensis* v. *grandiflora* Ritter.

*M. megalantha* Ritt. (FR 593), s.: *Submatucana calvescens*.

Vielleicht sind einige davon mit von Rauh gefundenen Arten identisch, das ist aber nach den unzureichenden Angaben nicht festzustellen.

Vargas sammelte noch eine bisher ungeklärte *Matucana* sp. (Abb. 1041, Sammlung Andreae).

Abb. 1039. Matucana ritteri Krainz & Rupf nom. nud. (FR 299)

Abb. 1040. Matucana currundayensis Ritter nom. nud. (FR 164). Körper glänzend frischgrün, Stacheln gelbbraun; eine Submatucana-Art?

Sippe 6: *Trichocerei* (Berg.) emend. Backbg.

Pflanzen vorwiegend säuliger Gestalt, zum Teil niedrige, cactoide Körper, aber zweifellos Reduktionsstufen der cereoiden Verwandten; Blüten trichterig, zum Teil mit Borsten, in einem Falle mit derberen, sonst mit weichen Haaren bekleidet; teils Nacht-, teils Tagblüher.

Ich habe Bergers ursprüngliche Sippe ,,*Trichocerei*'' aufgeteilt, d.h., sie war ziemlich weit gefaßt; wie Berger unter seinem Schema in Entwicklungslinien, 49. 1926, andeutete, rechnete er auch cactoide Formen dazu und wies selbst schon auf die Teilung zwischen Tag- und Nachtblüher hin. Inzwischen hat sich gezeigt, daß die von ihm eingeführte Sippenkategorie bei schärferer Zusammenfassung gewisser Blütenmerkmale weitere sippenmäßige Zusammenhänge erkennen läßt: mehrere von Berger zu den ,,*Trichocerei*'' gestellte Gattungen werden besser abgetrennt; *Austrocactus* und *Eriosyce* waren daher zu der großen südlichen Kugelkakteengruppe zu stellen; schiefsaumige und bestachelt blühende oder fruchtende Gattungen konnten noch enger in den Sippen ,,*Corryocerei*'' und ,,*Loxanthocerei*'' zusammengefaßt werden.

In dieser verbesserten Fassung zeigt die Sippe auch ein geographisch geschlossenes Vorkommen in den Andenländern.

Vorkommen: S-Ekuador, Peru, N- bis Mittel-Chile, Bolivien, N- bis südliches Mittel-Argentinien, vorwiegend in höhergelegenen Gebieten.

Untersippe 1: *Nyctotrichocerei* Backbg.

Nachtblütige Gattungen.

Vorkommen: wie bei der Sippe angegeben.

Abb. 1041. Matucana sp., von Vargas gesammelt (Sämlingspflanze in der Sammlung Andreae); weiteres ist über diese Art bzw. ihre eventuelle Identität mit einer der von Rauh gesammelten nicht bekannt.

## 75. SAMAIPATICEREUS Card.
C. & S. J. (US.), XXIX : 5. 141. 1952

Baumförmig wachsender Säulenkaktus mit wenigen Rippen, diese stark zusammengedrückt und, besonders anfangs, kräftig quergefurcht; Stacheln konisch, pfriemlich, sehr kurz, besonders am älteren Teil; Blüten hochseitlich entstehend, nächtlich, ziemlich dick- und derbtrichterig; Röhre und Ovarium beschuppt, die Achseln mit Filz und Haaren oder auch mit einigen Borsten; soweit bekannt, Frucht gestutzt, mit Blütenresten darauf, sowie deutlichen Areolenpolstern, bei Reife der Länge nach aufreißend; Samen 1,5 mm lang, dunkelbraun oder schwärzlich, mit breitem Nabel, glänzend, fein punktiert.

Diese sowie die nächste Gattung — der früher zu *Eulychnia* gestellte „*Cereus castaneus* K. Sch.", der aber wegen seiner steifborstigen Blüte und vor allem mit seinem ziemlich niedrigen und koloniebildenden Wuchs von den *Eulychnia*-Arten sehr abweicht — haben den kräftigen Blütenbau und die Borstenbildung (bei einer *Samaipaticereus*-Art fehlend) gemeinsam; bei der Gattung *Setiechinopsis* sind die Borsten fast ganz reduziert bzw. nur gelegentlich zu beobachten, und alle weiteren „*Nyctotrichocerei*" haben nur behaarte Blüten. *Samaipaticereus* steht also wohl am besten am Anfang dieser Reduktionslinie.

**Typus:** *Samaipaticereus corroanus* Card. — Typstandort: Bolivien (Prov. Florida, Dept. Santa Cruz, auf 1500 m).

**Vorkommen:** nur vom Typstandort bekannt.

### Schlüssel der Arten:

Pflanzen bis 4 m hoch
  Rippen 4—6
    Stacheln höchstens bis 1 cm lang
      Blüten nicht schrägsaumig
        Ovarium mit Haaren und Borsten . . . . . . 1: **S. corroanus** Card.
  Rippen ca. 9
    Stacheln bis 2,5 cm lang
      Blüten schwach schrägsaumig, nicht weit offen
        Ovarium nur mit Haaren, ohne Borsten . . . 2: **S. inquisivensis** Card.

1. **Samaipaticereus corroanus** Card. — C. & S. J. (US.), XXIV : 5. 141. 1952

Baumförmig, bis 3,5 m hoch, mit niedrigem Stamm, dieser bis 15 cm ⌀; Zweige lang, zahlreich, aufsteigend, dunkelgrün, ca. 4 cm ⌀; Rippen 4—6, schmal, 1,5 cm hoch, unten 2 cm breit; Areolen 1,5 cm entfernt, 3eckig, 5 mm breit, graufilzig; St. ca. 5, sehr kurz, anfangs bräunlich, später grauweiß, 2—3 mm lang, mit geschwollener Basis, ein St. bis 1 cm lang, grau, braun gespitzt, abwärts gerichtet; Bl. 4,5—5 cm lang, über dem Ov. leicht gebogen, letzteres kugelig, 1 cm ⌀; Röhre mit bis 1,5 cm langen fleischigen Schuppen, in deren Achseln kurze, braune, dichte Behaarung und einige wenige Borsten, diese hellbraun; äußere Sep. lanzettlich, bis 1 cm lang, weißlichgrün, innere 12 mm lang, weiß, braun gespitzt; Pet. 1 cm lang, elliptisch oder linear, ausgebreitet, rein weiß; Staubf. in zwei Serien, die untere ungefähr in der Röhrenmitte inseriert, die oberen an der Petalenbasis, dünn, weiß; Staubb. hellgelb; Gr. nicht hervorragend, 3,5 cm lang, weiß; N. 3 mm lang, hellgelb; Nektarhöhle 1 cm lang, weiß, beim Verblühen rot; Fr. kugelig, lachsrot, gehöckert, in der Länge aufreißend, Fruchtfleisch rot-orange, Saft mit einem wasserlöslichen Farbstoff; S. 1,5 mm lang, dunkelbraun oder schwärzlich, glänzend, fein punktiert, mit breitem Nabel. — Bolivien (Prov. Florida, bei „El Puente de Samaipata", auf 1500 m) (Abb. 1042, 1043).

Cardenas weist selbst auf die abweichende, gedrungene und borstentragende Röhre bzw. das Ov. hin; ähnliche Merkmale, wenn auch die Borsten anders angeordnet sind, zeigt *Philippicereus*. Cardenas meint, daß vielleicht *Piloc. campinensis* Backbg. & Voll — den wir nur mit Vorbehalt zu *Pilocereus* stellten — *Samaipaticereus* verwandt ist. Das erscheint mir unwahrscheinlich, weil die Bl. ganz kahl ist; ich wies vielmehr in der Beschreibung (in Arqu. do Jard. Bot., Rio de Janeiro, Vol. IX, 162. 1949) darauf hin, daß die glockige Bl. zwar zu *Pilocereus* (jetzt: *Pilosocereus*) paßt, nicht aber die stark beschuppte Röhre, und daß die Art vielleicht richtiger zu *Monvillea* gestellt wird. Mit *Samaipaticereus* scheint mir keine Verwandtschaft gegeben, auch aus arealgeographischen Erwägungen nicht.

2. **Samaipaticereus inquisivensis** Card. — „Cactus," 12 : 57. 247. 1957

Säulig, bis 4 m hoch, dunkelgrün; Zweige 4—5 cm ⌀; Rippen 9, stumpflich, 6 mm hoch, 1 cm breit; Areolen 2 cm entfernt, elliptisch bis rund, 7 mm ⌀, graufilzig, anfangs hellbraun filzig; St. 8—11, nicht in rand- und mittelständige geschieden, 0,2—0,5—2,5 cm lang, alle nadelig, grau; Bl. zu mehreren erscheinend, seitlich am Oberteil der Tr., 5 cm lang, eng-trichterig und schwach schrägsaumig; Ov. kugelig, 1 cm lang, dunkelgrün, mit zahlreichen, weiß gespitzten, 1,5 cm langen Schuppen; Röhre erweiternd, mit fleischigen, dunkelgrünen Schuppen und dunkelgrauen sowie braunen Haaren; Sep. lanzettlich, unten weißlich, oben grün, 8 mm lang; Pet. weiß, lanzettlich, 1 cm lang; Staubf. 1 cm über dem Grund frei werdend, 2 cm lang, weiß; Staubb. bräunlich; Nektarhöhle weiß; Gr. 3,5 cm lang, weiß, nicht hervorragend; N. 11, 3 mm lang, gelblich; Fr. unbekannt. —

Abb. 1042. Samaipaticereus corroanus Card. (Foto: Cardenas.)

Abb. 1043. Samaipaticereus corroanus Card. Nahaufnahme der Blüte. (Foto: Cardenas.)

Bolivien (Prov. Inquisivi, Dept. La Paz, Puente de Inquisivi, auf 2000 m).

Im Katalog Johnson, „Succ. Parade", 14. 1955, findet sich der folgende unbeschriebene Name:

*Samaipaticereus peruvianus* JOHNS. nom. nud.: ,,Von unten sprossend, 1,50 bis 4,50 m hoch; Tr. vierkantig, kurzstachelig; Bl. nächtlich; R. kurz; Pet. weiß, kurz; Fr. grün, mit orange Pulpa" (nach dem Artnamen: aus Peru).

Möglicherweise handelt es sich um die gleiche Art wie die erste oben beschriebene aus O-Bolivien, d. h., sie würde dann im wärmeren Ostandenraum viel weiter nach Norden reichen, als bisher bekannt ist.

## 76. PHILIPPICEREUS BACKBG.

Cactaceae, J. DKG. (II), 27 : 75. 1942

[Von BRITTON u. ROSE in The Cact., II : 84. 1920, zu *Eulychnia* gestellt]

Ziemlich niedrige, große Ansammlungen bildende Cereen; Blüten breitglockig, außen mit langen, steifen Borsten dicht bekleidet, in den Achseln Filz; Staubfäden fast im Röhrengrund inseriert, zahlreich und dicht um den Griffel stehend; Frucht ca. 5 cm ⌀, fleischig, beschuppt, mit Blütenrest, Borsten nur oben; Samen 1,5 mm lang, mattschwarz.

Abb. 1044. Philippicereus castaneus (PHIL.) BACKBG. Unterscheidet sich von Eulychnia-Arten durch zierlicheren Wuchs und dünnstachlige Blüten und Früchte.

Die Pflanzen ähneln im Habitus der Triebe gewissen *Eulychnias*; während aber — soweit ich Blütenmaterial zu sehen Gelegenheit hatte (SKOTTSBERG-Material von Stockholm bzw. von Sr. JILES, Ovalle, gesammelt) — die Samenhöhle bei *Eulychnia* ziemlich klein und hochsitzend ist, ist sie bei *Philippicereus* viel größer und tiefreichend. ROSE schrieb (in The Cact., II : 84. 1920), daß seit der Beschreibung die Pflanzen lange nicht mehr gefunden wurden, bis er sie dann wieder entdeckte. Seine Blütenzeichnung, l. c., entspricht aber nicht den hier beigefügten Abbildungen der Herbarblüten von JILES, obwohl es sich um die gleichen Cereen handelt, da *Philippicereus*, soweit dies bisher bekannt ist, durch seinen niedrigen Koloniewuchs nur als einziger dieser Verwandtschaft abweicht. Die lange, fast weichstachlige Beborstung der Blüte ist auch von der der derbhaarigen *Eulychnia spinibarbis* sehr abweichend, und es ist verwunderlich, daß nicht bereits ROSE obiges Genus abtrennte, nachdem er bei manchen Gattungen schon viel geringere Unterschiede zur Trennung heranzog. Zweifellos bildet *Philippicereus* eine zwar in vorerwähnten Merkmalen abweichende Form, aber auch wieder eine verbindende in der Gruppe der ,,*Nyctotrichocerei*" (bzw. bei denen mit borstiger Blütenbekleidung), zu jenen mit ähnlichem Wuchs: den niedrigen chilenischen *Trichocereus*-Arten.

Typus: *Cereus castaneus* K. SCH. — Typstandort: Bei Los Molles (Prov. Aconcagua), Chile.

Vorkommen: Chile, an der Küste von Los Molles bis Los Vilos sowie Prov. Coquimbo, bei Taliney (letzterer Standort: nach Jiles).

1. **Philippicereus castaneus** (Phil.) Backbg. — J. DKG. (II), 29 : 75. 1942

    *Eulychnia castanea* Phil., Linnaea, 33 : 80. 1864. — *Cereus castaneus* K. Sch., Gesamtbschrbg., 22. 1903.

Bis 20 m breite Ansammlungen, Pflanzen bis 1 m hoch; Zweige bis 8 cm ⌀; an der Basis spreizend oder niederliegend und mit aufsteigenden Enden; Rippen 9—11, niedrig und rundlich; Areolen ca. 1 cm entfernt, groß und rund; St. anfangs gelb mit braunen Spitzen, später ± grauweiß; Randst. 8—10, kurz, un-

Abb. 1045. Philippicereus castaneus (Phil.) Backbg. Blütenschnitt (Herbarmaterial: Naturhist. Museum Stockholm, von Jiles gesammelt).

gleich, meist 5—20 mm lang; Mittelst. 1, 6—10 cm lang, stark, vorgestreckt; Bl. nahe Zweigende, 3—5 cm lang; Ov. höckerig, in den Areolen der kurzen Röhre kurze braune Wolle und längere, derbe, braune Borsten, bis 1,5 cm lang; Schuppen nur klein, mit härterer Spitze; Pet. 1—1,5 cm lang, breit, deutlich gespitzt, weiß oder rosa getönt, angeblich nachts und noch am Tage offen bleibend; Fr. kugelig, 5 cm groß, fleischig, Borsten nur am Oberteil, der auch die Blütenreste trägt; S. mattschwarz, 1,5 mm lang. — Chile (an der Küste von Los Molles bis Los Vilos und in Coquimbo bei Taliney) (Abb. 1044 bis 1046).

Anscheinend ist die Art variabel. Nach Jiles (Mus. Stockholm, Nr. 2057, coll. 18. 9. 51) werden die Pflanzen bei

Abb. 1046. Philippicereus castaneus (Phil.) Backbg.: Frucht. (Herbarmaterial: Naturhist. Museum Stockholm, von Jiles gesammelt.)

Taliney nur bis 80 cm hoch; die Bl. sind 2,5 cm lang, 3 cm breit und urnenförmig; Hüllbl. 2 cm lang, fleischig; Röhrenwand schwächer als bei *Eulychnia;* Areolen ca. 6 mm groß; St. dünn, aber steif (randständige); bis 4 Mittelst.; die Bl. ist an der Röhre von unten bis zum flachen Saum mit bis 2 cm langen goldbraunen, fast stachelfesten Borsten besetzt, weit dichter und länger als in der Fig. 124 von Britton u. Rose, l. c. Die Blütenangaben sind nach dem Herbarmaterial (s. Abb. 1045) gemacht und sind für lebendes Material als etwas größer anzunehmen. Auffällig ist die größere Mittelstachelzahl an dem Jiles-Material. Ein gutes Foto einer blühenden Pflanze ist in C. & S. J. (US.), 186. 1953, wiedergegeben.

## 77. SETIECHINOPSIS (Backbg.) de Haas
### Succulenta 22 : 9. 1940

[Als Untergattung von *Echinopsis,* in Backeberg, BfK., 1938-6 — *Acanthopetalus,* Y. Ito, Expl. Diagr. 292. 1957; *Pilopsis* Y. Ito (1950) war nur ein Name]

Merkwürdige, von Anfang an zylindrische und daher mehr zwergig-cereoide Pflanzen; Nachtblüher; Blüten duftend, lange und ziemlich dünne Röhre, Schuppen borstenartig verlängert, am Ovarium hin und wieder Borsten in den behaarten Achseln; Staubf. nicht in zwei Serien; Griffel kurz; Pflanzen selbstfertil, auch autogam; Frucht keulig-zylindrisch, trocken werdend; Samen braunschwarz.

Abb. 1047. Setiechinopsis mirabilis (Speg.) de Haas. Links: Blüte; rechts: Frucht der kleinen, stark zylindrischen Pflanze. (Foto: O. Voll.)

Abb. 1048. Knospe der Setiechinopsis mirabilis (Speg.) de Haas, zeigt die besonders am Röhrenrand sichtbaren Schuppenborsten.

Nach der Wuchs- und Blütenform scheint *Setiechinopsis,* wie *Chamaecereus,* zu den „*Trichocerei*" zu gehören, ebenso wie *Echinopsis,* die zum Teil im Alter auch zylindrische Formen zeigt. Die selbstfertile Pflanze neigt zur Selbstbestäubung, was der innere Blütenbau erleichtert.

Typus: *Echinopsis mirabilis* SPEG. — Typstandort: Bei Colonia Ceres, Argentinien (Prov. Santiago del Estero).

Vorkommen: nur aus der argentinischen Provinz Santiago del Estero bekannt.

1. **Setiechinopsis mirabilis** (SPEG.) DE HAAS — Succulenta, 22 : 9. 1940
*Echinopsis mirabilis* SPEG., Anal. Mus. Nac., Buenos Aires, III : 4. 489. 1905. — *Arthrocereus mirabilis* (SPEG.) MARSH., Cactaceae, 92. 1941. — *Acanthopetalus mirabilis* (SPEG.) Y. ITO, l. c. 143. 1957.

Einfach, selten verzweigt, zylindrisch, bis 15 cm hoch, ca. 2 cm ⌀, dunkelbräunlich-grün; Rippen 11; Areolen winzig; St. gerade; Randst. 9—14, dünn; Mittelst. 1, vorgestreckt, 1—1,5 cm lang; Bl. am Scheitel, bis 12 cm lang; Pet. schmal und weiß, spitz zulaufend; Röhre schlank und lang, reichlich bewollt, am Ov. auch zuweilen Borsten und die Schuppen in stachelartige Spitzen ausgezogen; Sep. schuppenähnlich; Fr. bis 4 cm lang, 6 mm ⌀; S. rund, 15 mm ⌀. — Argentinien (Prov. Santiago del Estero) (Abb. 1047—1048).

BRITTON u. ROSE sagen (nach SPEGAZZINI): „Blüte geruchlos"; sie duftet aber sogar sehr stark. Eine Einbeziehung zu *Arthrocereus* ist völlig verfehlt.

## 79. TRICHOCEREUS (BERG.) RICC.

Boll. R. Ort. Bot. Palermo, 8 : 236. 1909

[Untergattung BERGER: Rep. Mo. Bot. Gart., 16 : 73. 1905]

Die unterscheidenden Gattungsmerkmale für *Trichocereus* waren bei BRITTON u. ROSE: „Säulige Pflanzen, niederliegend oder aufragend; Blüten nächtlich, groß, trichterig; Hülle nach dem Verblühen abfallend oder haftend; Hüllblätter verlängert; Staubfäden zahlreich, in zwei Serien; Narben zahlreich; Röhre und Ovarium mit zahlreichen Schuppen, in den Achseln lange Haare; Frucht ohne Borsten oder Stacheln."

Diese Kennzeichen gestatten keine eindeutige Abtrennung jener Pflanzen, die die amerikanischen Autoren als *Trichocereus*-Arten ansahen, denn sie finden sich auch bei anderen Gattungen (bei den chilenischen Arten sind die Staubfäden im übrigen nicht in zwei Serien angeordnet; jedenfalls sagt WERDERMANN davon nichts in seiner Beschreibung von *T. litoralis* [M. DKG., 91. 1930], und ich habe davon nichts an dem JILES-Herbarmaterial feststellen können, soweit es mir vorlag oder dies erkennbar war).

Man versteht daher, daß BERGER *Echinopsis* mit *Trichocereus* vereint sehen wollte (was BRITTON u. ROSE ablehnten) und daß CASTELLANOS in „Opuntiales vel Cactales" *Lobivia* als Untergattung zu *Echinopsis* gestellt hat; folgerichtig hätte er letztere aber zu *Trichocereus* stellen und *Lobivia* selbständig lassen müssen, weil diese tagblütig, *Echinopsis* nachtblütig ist. Aber auch das Merkmal der Nachtblütigkeit war nicht allen von BRITTON u. ROSE aufgeführten *Trichocereus*-Arten gemeinsam. Überdies hatten sie noch ziemlich kurz- und derbtrichterig am Tage blühende Arten einbezogen. Solche Blüten haben aber auch Gattungen oder Formengruppen, die man nicht unter *Trichocereus* aufnehmen kann, wie die zum Teil flach-kugeligen *Echinopsis*-Verwandten (*Pseudolobivia*), die kleineren Formen von *Lobivia*, die großen Kugelkörper im nördlichen Argentinien (*Soehrensia*), die im Alter elastisch bestachelten dicken und tagblütigen Hochlandcereen N-Argentiniens und Boliviens (*Helianthocereus*: Subg. *Helianthocereus*) und die ganz ähnliche Blüten aufweisenden niedrig-gruppigen und tagblütigen Cereen N-Argentiniens (*Helianthocereus*: Subg. *Neohelianthocereus*). Um also überhaupt zu einer merkmalsmäßig möglichst einheitlichen Gattung zu gelangen, mußte ich die vorstehend in Klammern aufgeführten Gattungen abtrennen, ferner die eigenartige zwergige *Setiechinopsis* und *Weberbauerocereus*, einen Tagund/oder Nachtblüher aus Peru, mit nicht weiter Blütenöffnung und ± s-förmig gebogenen Röhren, von dem durch RAUH jetzt noch mehr Arten bekannt wurden. *Trichocereus* steht anscheinend auch die Gattung *Haageocereus* nahe, hat aber mehr zylindrisch-röhrige Trichterblüten und ganz andere, ziemlich dünnhäutige und wenig behaarte Früchte. Auch *Roseocereus* scheint in die trichocereoiden Formengruppen zu gehören.

Mit obigen Gattungen sind alle jene Pflanzen ausgesondert, bei denen dies durch Frucht- und andere Merkmale leichter möglich ist. Dennoch wäre eine Abtrennung der starken Hochlandstagblüher von *Trichocereus* noch schwierig bzw. die richtige Eingliederung der mehrere Tage geöffnete Blüten mit fast glockiger Hülle (und mit anscheinend nicht in zwei Serien angehefteten Staubfäden) zeigenden chilenischen Trichocereen, ohne noch besondere Gesichtspunkte herauszuarbeiten.

Auch unter den bisher als *Trichocereus*-Arten angesehenen großen Cereen N-Argentiniens gibt es solche mit Blüten, die (zumindest eine Zeitlang) am Tage geöffnet sind. CARDENAS hat alle diese ,,Pasacanoide Trichocereen" genannt (Fuaux Herb. Bull., 5: 6—25. 1953), dazu aber nur mit Vorbehalt *Trichoc. terscheckii* und *T. werdermannianus* gestellt (auch *T. validus* gehört hierzu). Hier ist die Trennung am schwierigsten, d. h. zwischen den zum Teil auch am Tage geöffnete Blüten zeigenden *Trichocereus*-Arten und den Hochlands-*Helianthocereus*-Arten, und zwar deshalb, weil ,,*Trichocereus pasacana*" zwar am Tage geöffnete Blüten zeigt, jedoch nicht nur in Scheitelpunktnähe, wie bei den großen und starken Hochlands-*Helianthocereus*-Arten. Die Blüten können bei ,,*Trichocereus pasacana*" sowohl sehr hoch wie auch seitlich entwickelt werden. Dennoch hat ,,*Trichocereus pasacana*" ein wichtiges Merkmal mit den Hochlands-*Helianthocereus*-Arten gemeinsam: ältere Pflanzen bzw. die Triebenden größerer Exemplare weisen mehr lange und elastische, zum Teil sogar borstig-elastische Stacheln auf. Ein junger *Helianthocereus poco* (also eine Art mit roten, derb-trichterigen, kürzeren Blüten auf dem Scheitel und damit von den *Trichocereus*-Arten im üblichen Sinne völlig verschieden) hat ganz pasacanoiden Charakter. Es ist aber durchaus natürlich, daß es bei jenen *Helianthocereus*-Arten Übergänge zu den starken *Trichocereus*-Arten mit noch tagsüber geöffneten Blüten (diese allerdings viel länger und relativ schlanker) gibt; bei letzteren findet jedoch nie eine so starke Stachelumwandlung im Alter statt wie bei ,,*Trichocereus pasacana*", höchstens daß sie (*Trichoc. validus*) am Scheitel dünner und geringer an Zahl sind. Das gibt es aber auch bei anderen Cereengattungen. Da ,,*Trichocereus pasacana*" auch höchstens 14 cm lange und derbröhrigere Blüten hat, muß er oder kann er ohne weiteres zu *Helianthocereus*, als Übergangsstufe zu den starken Hochlandstrichocereen, gestellt werden. Staubfäden in zwei Serien hat sowohl *Helianthocereus* wie *Trichocereus*, wenigstens bei einer ganzen Reihe von Arten, soweit bekannt.

Setzt man nun noch eine ,,Durchschnittsblütenlänge" für die Trennung an, so wird sie weiter erleichtert. Man kommt dann nämlich bei den ,,echten *Trichocereus*-Arten" zu einer Durchschnittslänge von 18 cm, bei *Helianthocereus* von 12 cm!

Ganz offensichtlich sind die Trichocereoiden nicht streng nach Tag- und Nachtblütigkeit zu trennen. Hier scheinen Varianten durch die Erbanlagen gegeben zu sein, die auch beweisen, daß Bezeichnungen wie ,,biologische Tag- oder **Nacht-**

blüher" (BUXBAUM) mehr fiktiver Art sind, bzw. daß die wahren Ursachen dieser Erscheinung angesichts der Übergänge als noch ungeklärt gelten müssen. Das entsprechende Merkmal muß bei *Trichocereus* also als „Blüten meist nachts, zum Teil auch tagsüber oder noch am Tage geöffnet" angegeben werden.

Einige Schwierigkeiten bereitet dann nur noch die richtige Eingliederung der chilenischen Trichocereen[1]). Ihre Blüten haben eine Durchschnittslänge von nur 10 cm; sie sind zum Teil bis 4 Tage geöffnet und schließen teilweise auch nachts nicht (WERDERMANN). Keinesfalls können sie zu *Helianthocereus* gestellt, aber auch nicht als eigene Gattung angesehen werden, obwohl sie angesichts des trennenden Charakters der Andenmauer und des isolierten pazifischen Vorkommens eine alte Abzweigung sind. Sie haben — wie ich an dem JILES-Herbarmaterial sah — auch eine fast glockig-trichterige Hülle, wenigstens meist. Die Röhre selbst ist aber ziemlich schlank, so daß die Blüten nicht den derb-trichterigen Charakter haben wie bei *Helianthocereus, Soehrensia* usw. Neben der äußeren Ähnlichkeit mit manchen *Eulychnia*-Arten scheinen die Tagblüten der letzteren lediglich mehr gestaucht-reduzierte Formen zu sein, aber den chilenischen Trichocereen doch sehr nahezustehen. So wird verständlich, daß PHILIPPI *Trichoc. chilensis* v. *eburneus* (K. SCH.) „*Eulychnia eburnea* PHIL." nannte.

Nach dem Vorhergesagten erschien es mir also angebracht, die chilenische Trichocereengruppe als Untergattung *Medioeulychnia* getrennt zu halten.

Auf diese Weise scheint mir das Genus *Trichocereus* genügend klar von anderen mit ähnlichen Blütencharakteren abgegrenzt zu sein.

Typus: *Cereus macrogonus* O. — Typstandort: Nicht angegeben (Herkunftsangabe „Brasilien" ist ein Irrtum), wahrscheinlich Peru.

Vorkommen: Von Ekuador über Peru und Bolivien bis zum südlichen Mittel-Argentinien und in Chile.

### Schlüssel der Arten:

Blüten ± schlank-trichterig, Durchschnittslänge
    (aller Arten) 18 cm, nachts und
    zum Teil noch tagsüber geöffnet . . . . . . U.-G. 1: Trichocereus
Pflanzen nicht strauchig, niedrig oder ausschließ-
    lich niederliegend
  Rippen ca. 14
    Zweige über 15 cm ⌀
      Pflanzen über 3 m hoch bis sehr groß,
        stammbildend
        Blüten seitlich entstehend
          Pflanzen ± tief seitlich verzweigend
            Zweige ziemlich parallel aufstei-
              gend
              Epidermis kräftig grün . . . 1: **T. terscheckii** (PARM.) BR. & R.
            Zweige schräg aufsteigend
              Epidermis heller grün. . . . 1a: v. **montanus** BACKBG.

---

[1]) AKERS [C. & S. J. (US.) XX : 9. 128. 1948] trennt *Trichocereus* in die größerblütige „*Sectio typica*" und die kleinerblütige „*Sectio Parviflorae*"; mit der letzteren sind die pazifischen Küsten-Trichocereen gemeint, von denen er l. c. die Blüte des *Trichoc. cephalomacrostibas* abbildet. Er gibt dabei an: „Blüten nächtlich", was in dieser eindeutigen Form nicht zutrifft. Mir erschien eine Abtrennung als U.-Gattung *Medioeulychnia* nach den hier wiedergegebenen Gesichtspunkten richtiger.

Pflanzen seitlich verzweigend, höhere
Stämme bildend
Zweige gebogen aufsteigend
Epidermis gelblichgrün . . .    2: **T. validus** (Monv.) Backbg.
Blüten kranzförmig um den Scheitel
entstehend
Pflanzen starke Stämme bildend,
darüber verzweigt . . . . . .    3: **T. werdermannianus** Backbg.
Zweige wenigstens bis 10 cm ⌀
Pflanzen bis 2,5 m hoch, stammlos?
Blüten scheitelnah, aber nicht kranz-
förmig gebildet
Stacheln borstenartig .    4: **T. tacaquirensis** (Vpl.) Card.
Zweige bis 8 cm ⌀
Pflanzen 6—7 m hoch; Stämme bis 4 m
und mehr hoch
Rippen deutlich quergeteilt . . .    5: **T. thelegonoides** (Speg.) Br. & R.
Rippen nicht deutlich quergeteilt.    6: **T. santiaguensis** (Speg.) Backbg.
n. comb.
Rippen (4—) 6—8 (—10)
Pflanzen häufig später teilweise liegend,
bereift, stark
Zweige bis 20 cm ⌀
Stacheln pfriemlich, braun,
unten nicht verdickt,
meist weniger als 4 cm
lang (Rippen 6—8) . .    7: **T. peruvianus** Br. & R.
Pflanzen aufrecht, hochstrauchig, selten kurz-
stammbildend
Zweige bis 15 cm ⌀
Triebe blaugrün oder graugrün
Rippen 8—10, nicht stark quergefurcht
(blaugrün)
Stacheln anfangs kastanien-
braun
Mittelstacheln 2, ein oberer, aufwärts weisender
bis 10 cm lang, nicht
basal verdickt . . . .    8: **T. puquiensis** Rauh & Backbg.
Rippen 7, kurz quergefurcht
Stacheln lederbraun
Mittelstacheln 1—2, meist
waagerecht und ± ab-
wärts gerichtet . . . .    —: **T. schoenii** Rauh & Backbg.
Rippen 8, stark quergefurcht, Furchen
abgeflacht
Stacheln anfangs fast
schwärzlichbraun
Mittelstacheln 2—3, bis
5 cm lang, basal verdickt    9: **T. chalaensis** Rauh & Backbg.

Zweige bis 10 cm ⌀
   Triebe blaugrün
      Rippen 7, sehr breit, stark quergefurcht,
         Furchen nicht abgeflacht
         Stacheln graubraun, unten heller
            Mittelstacheln (auch als randständige gestellt):
               1 längerer, bis 4 cm lang    10: **T. santaensis** RAUH & BACKBG.
   Triebe dunkelgrün
      Rippen 9, anfangs über Areolen eingedrückt
         Pflanzen bis 2,50 m hoch
            Stacheln derb-pfriemlich
               Mittelstacheln 1 . . . .    11: **T. taquimbalensis** CARD.
               Mittelstacheln 4 . . . .         11a: v. **wilkeae** BACKBG.
Zweige 5—10 cm ⌀ (nur vereinzelt am alten Stamm stärker)
   Rippen ca. 6—8
      Pflanzen nur bis 2 m hoch
         Triebe stumpf- bis dunkelgrün, über den Areolen eingesenkt
            Mittelstacheln 1, 5 (—10) cm lang
               Blüte weiß . . .    12: **T. tarmaensis** RAUH & BACKBG.
            Mittelstacheln 3—4
               Blüte hellrosa . . . .    13: **T. tulhuayacensis** OCHOA
      Pflanzen höher als 2 m
         Triebe hell-blaugrün (mit Stamm)
            Stacheln weißgrau, derb-pfriemlich . . . . . .    14: **T. knuthianus** BACKBG.
         Triebe nicht hellblau, nur zum Teil mäßig bereift bis grün
            Stacheln sehr kurz oder fehlend, dunkelgelb bis braun . . . . . . . .    15: **T. pachanoi** BR. & R.
            Stacheln länger, nadelförmig bis pfriemlich, braun bis dunkler, Basis verdickt . . . . . . .    16: **T. macrogonus** (SD.) RICC.
            Stacheln pfriemlich, gelb
               Basis nicht verdickt . . .    17: **T. bridgesii** (SD.) BR. & R.
               Basis verdickt . . . . .    18: **T. cuzcoensis** BR. & R.
Pflanzen strauchig-aufrecht, über 1,50 m hoch
   Rippen 13—14
      Zweige meist 6—7 cm ⌀ (Nr. 19: bis 10 cm ⌀)
         Pflanzen 1,50 m oder etwas mehr hoch
            Triebe oben ziemlich glänzend

     Rippen unten ca. 7 mm breit
      Stacheln gelb . . . . . .  19: **T. vollianus** Backbg.
      Stacheln rötlichbraun . . .   19a: v. **rubrispinus** Backbg.
    Triebe oben nicht ziemlich glänzend
     Rippen unten ca. 4 cm breit
      Stacheln bräunlichgelb . .  20: **T. spachianus** (Lem.) Ricc.[1])
Pflanzen niedriger-buschig, höchstens bis ca. 1 m
  hoch, von unten her verzweigend
  und vereinzelt auch längere Triebe
  Rippen 14—20, ziemlich schmal
   Zweige bis 12 cm ⌀
    Pflanzen ziemlich dicht-aufrecht spros-
     send, selten über 1 m
     hoch oder lang, meist
     niedriger
     Triebe bis 12 cm ⌀, hellgrün
      Stacheln ca. 10, hellgelb .  21: **T. shaferi** Br. & R.
     Triebe bis ca. 11 cm ⌀, dunkelgrün
      Stacheln ca. 16, bräunlich
      Sepalen rötlich . . . . .  22: **T. manguinii** Backbg.
  Pflanzen bis ca. 25 cm hoch
   Triebe bis ca. 6 cm ⌀, kräftiggrün
    Stacheln später bis über 15,
     gelblich oder weißgrau
    Sepalen grün . . . . . .  23: **T. schickendantzii** (Web.) Br. & R.
Rippen meist 10—12
  Pflanzen anfangs nicht sehr zahlreich von
    unten her sprossend,
    breiter spreizend und
    auch aufsteigend, zum
    Teil ziemlich dick
   Triebe ca. 8 cm ⌀
    Epidermis hellgrün
    Stacheln bis 18, bernstein-
     gelb . . . . . . . .  24: **T. neolamprochlorus** Backbg.
                  nom. nov.
    Epidermis stumpfgrün
    Stacheln 15 (—20), bräunlich
     fahlgelb
    Triebe bis 1,50 m lang, zu-
     weilen bis 10 cm ⌀ . .  25: **T. courantii** (K. Sch.) Backbg.
   Triebe bis 15 cm ⌀ ; basal, anfangs
    fast kugelig, verzweigend
    Epidermis gelblichgrün
    Stacheln bräunlichgelb,
     mehr nadelförmig . .  26: **T. candicans** (Gill.) Br. & R.
    Epidermis blaß-, aber mehr
     reingrün
    Stacheln pfriemlich . . . .  26a: v. **gladiatus** (Lem.) Berg.

---

[1]) Hierhinter der 1 m hohe *Trichocereus trichosus* Card. (1957).

                Stacheln ziemlich kurz, dünner (Triebe ziemlich dick) . . . . . . . .    26b: v. **tenuispinus** (Pfeiff.) Backbg.
        Triebe 6,5 cm ⌀, kürzer, zum Teil fast liegend
          Epidermis dunkelgrün
            Sepalen karminrot . . .   27: **T. purpureopilosus** Wgt.
Pflanzen breite, niedrige, aufrechte Kolonien bildend; dicht und nadelförmig lang bestachelte Triebe
Rippen ca. 14
    Triebe 6 cm ⌀
        Stacheln anfangs nur gelb .   28: **T. camarguensis** Card.
Rippen 15—18
    Triebe 5—6 cm ⌀
        Stacheln sehr variabel, weiß, gelblich bis rötlich und fast schwärzlich . . .   29: **T. strigosus** (SD.) Br. & R.
Pflanzen ausschließlich niederliegend
Pflanzen sperrig verzweigt
Rippen ca. 9, nicht 6seitig gefeldert
    Triebe 3,5 cm ⌀
        Stacheln 8—10, dünn, kurz   30: **T. uyupampensis** Backbg.
Rippen 12—13, in 6seitige Höcker aufgelöst
    Stacheln 7—9, nadelförmig, 2—4 cm lang . . . . .   31: **T. thelegonus** (Web.) Br. & R.
Blüten etwas glockig-trichterig, Durchschnittslänge (aller Arten) 10 cm, hochseitlich entstehend; Röhre zwischen Ovarium und Hülle meist schlank; Blüten mehrere Tage (auch tagsüber) offen . . . .   U.-G. 2: Medioeulychnia Backbg.

Blüten bis 15 cm lang
Pflanzen hoch-aufrecht, bis 3 m und mehr hoch, Bestachelung sehr variabel
Randstacheln bis ca. 12, nicht sehr kurz
Rippen 16 (—17)
    Areolen groß, graufilzig
        Triebe bis 12 cm ⌀
          Stacheln sehr verschiedenartig, gelblich . . . . .   32: **T. chilensis** (Colla) Br. & R.
          Stacheln starrend, weiß, anfangs braun, (Blüte rosa?)   32a: v. **eburneus** (Phil.) Marsh.
Pflanzen bis ca. 2 m hoch
Randstacheln bis 20 und mehr, sehr kurz
Rippen ca. 8
    Areolen sehr groß, braunfilzig
        Triebe bis 10 cm ⌀

Stacheln auffällig in kurze
Rand- sowie lange Mittel-
stacheln getrennt . . .    33: **T. cephalomacrostibas** (WERD. &
                              BACKBG.) BACKBG.
Pflanzen bis 1 m hoch, aufrecht, dann umbiegend
  und von neuem aufsteigend
  Rippen fast stets 21
    Areolen nicht sehr dick
      Triebe 10—12 cm ⌀
        Stacheln ziemlich kurz und
        gleich lang . . . . . .    34: **T. litoralis** (JOH.) LOOS.
Blüten 7—12 cm lang
Pflanzen aufrecht-strauchig bis Kolonien bildend,
        zum Teil aufgebogene Triebe
  Rippen 8—10
    Blüten 7—8 cm lang
      Triebe bis 1,50 m lang, nur wenig
      basal verzweigt
        Randstacheln nur bis 1,5 cm lang,
        dünn-pfriemlich (Röhre dun-
        kel behaart) . . . . . . .    35: **T. deserticolus** (WERD.) BACKBG.
  Rippen 12—14 (—16)
    Stacheln sehr elastisch bis borstenartig
      Blüten ca. 12 cm lang
        Triebe bis 2 m hoch, bis 14 cm ⌀
        Stacheln kaum in mittlere und
        randständige trennbar, bis
        12 cm lang, ± borstenartig    36: **T. skottsbergii** BACKBG.
      Blüten ca. 8 cm lang
        Triebe bis 1,60 m hoch und bis
        12 cm ⌀
        Stacheln bis 6 cm lang, teilweise
        haarfein (ca. die Hälfte)    36a: v. **breviatus** BACKBG
    Stacheln pfriemlich steif
      Blüten ca. 12 cm lang, schwarz behaart
        Triebe bis 1,20 m lang, bis 10 cm ⌀,
        tief verzweigend, oft liegend
        und dadurch niedrige Pflan-
        zen
        Mittelstacheln mehrere, davon ein-
        zelne z. T. bis 6 cm lang, Rand-
        stacheln 1,2—2,5 cm lang    37: **T. coquimbanus** (MOLINA) BR. & R.
      Blüten nur ca. 7 cm lang, schwarz behaart
        Triebe bis 1 m lang, bis 7 cm ⌀, oft
        niederliegend und dadurch
        niedrig
        Mittelstacheln 6, bis ca. 3 cm lang,
        Randstacheln ca. 12, bis 1,2
        cm lang . . . . . . . . .    38: **T. nigripilis** (PHIL.) BACKBG.
                                         n. comb.

## Untergattung 1: Trichocereus

(als U.-G. 1: *Eutrichocereus* BACKBG., in BfK., 1938—6)

Typus: *Cereus macrogonus* SD.

1. **Trichocereus terscheckii** (PARM.) BR. & R. — The Cact., II: 140. 1920

*Cereus terscheckii* PARM., in PFEIFFER, Allg. Gartenztg., 5 : 370. 1837. — *C. fercheckii* PARM., Hort. Belge, 5 : 66. 1838 (fide Ind. Kew.). — *C. fulvispinus* SD. — *Pilocereus terscheckii* RÜMPL.

Anfangs nur säulig, später stark verzweigt, bis 12 m hoch; Stamm bis 45 cm ⌀; Rippen 8—14, bis 4 cm hoch; Areolen 1,5 cm ⌀, bis 3 cm entfernt; St. 8—15, pfriemlich, gelb, bis 8 cm lang; Bl. 15—20 cm lang, 12,5 cm breit; Pet. 7 cm lang, gespitzt, weiß; Röhrenschuppen oval, mit Spitze, Achseln mit brauner Wolle. — N-Argentinien (Catamarca, La Rioja, Tucuman, Salta, Jujuy) (Abb. 1049).

Abb. 1049. Trichocereus terscheckii (PARM.) BR. &R. der „Cardon del Valle" N-Argentiniens (oder v. montanus?) (im Hintergrund: Aconquija-Kette). (Foto: ROSE.)

1a. v. **montanus** BACKBG. — BACKEBERG & KNUTH, Kaktus-ABC, 205. 1935 (ohne lat. Diagn.). Lat. Diagn. C. & S. J. (US.), 45. 1951.

Weniger verzweigt, Tr. dicker, schräg aufsteigend. — N-Argentinien (Prov. Salta, in der Quebrada Escoipe beobachtet) (Abb. 1050).

Es gibt zweifelsohne zwei verschiedene Formen (wenn nicht Arten). BERGERS Foto Abb. 1049 (aus Entwicklgsl. 51. 1926) zeigt (wie BRITTON u. ROSES Abbildung Fig. 204) einen anderen Typus als die parallel-kandelaberartig aufstrebenden großen Cereen von Tucuman. Die Varietät scheint der „Cardon del Valle" zu sein. Was bzw. ob der Typus der „Cardon grande" ist, kann ich nicht feststellen.

Ob es sich bei dem von CARDENAS unter *T. terscheckii* in Fuaux Herb. Bull. (5 : 10. 1953) erwähnten südostbolivianischen großen Cereus (Abb. 1051), dessen

Wuchsform der des Typus entspricht, um diesen handelt, erscheint nach dem Vorkommen bei Tarija zweifelhaft; vielleicht ist es *T. validus*, dessen Vorkommen bisher nicht feststeht (? Syn.: *C. validissimus* WEB. 1896), letzterer hat jedenfalls 10 Rippen. Siehe unter der nächsten Art.

Abb. 1050. Trichocereus terscheckii v. montanus BACKBG. ? Der Sammler FRIČ vor einer Pflanze mit Kammbildung. (Foto: FRIČ.)

Abb. 1051. Trichocereus terscheckii?, von CARDENAS bei Tarija (Palos Blancos) gesehene, nicht näher bestimmte Pflanze. (Foto: CARDENAS.)

2. **Trichocereus validus** (MONV.) BACKBG. — „Cactus", 46—47 : 265. 1955

*Echinopsis valida* MONV., in SALM-DYCK, Cact. Hort. Dyck. Cult., 181. 1850. — ? *Cereus validissimus* WEB., Dict. Hort. Bois, 473. 1896.

Bis 35 cm dick, seitlich verzweigend; Rippen ca. 10, später allmählich an Zahl etwas zunehmend; Äste seitwärts aufgebogen, am Scheitel sehr gering bzw. schwach bestachelt; Areolen am Triebende ziemlich groß, bis 3 cm entfernt; St. nur aus der unteren Areolenhälfte, 7—10 randständige, bis 3,2 cm lang, der unterste der längste; 1—2 Mittelst., einer anfangs oben randständig stehend, bis 7 cm lang; St. an der Basis etwas dicker, blaßgelb, manchmal oben dunkler; die blühbaren Areolen entwickeln ziemlich starken Wollfilz; Bl. ± hochseitlich: Röhre 10—12 cm lang; Schuppen länglich, in den Achseln hell graubraune Haare; Pet. weiß, spatelig und spitz zulaufend; Durchmesser der geöffneten Bl. 12—14 cm: Gr. nach Abfallen der Blüte anfangs sitzenbleibend (!); Fr. eiförmig, wollig. — Bolivien (?) (Abb. 1052—1053).

Die Scheitelareolen haben meist nur 1—2 schwächere St. Vielleicht handelt es sich bei dem CARDENAS-Foto (Abb. 1051) aus der Gegend von Tarija um diese

Art, da sie aus N-Argentinien von keinem Sammler berichtet wurde. Über die Synonyme usw. habe ich eingehend in „Cactus", 46—47. 1955, berichtet, da „*Echinopsis valida*" vordem ein zweifelhafter Name war. BRITTON u. ROSE stellten ihn als Synonym zu *Echinopsis forbesii* (LEHM.) A. DIETR., nach dem Foto von MEYER in MfK.,117. 1895, die gar nichts mit jener Pflanze zu tun hat, von der LABOURET einen Durchmesser von 35 cm berichtete. Anscheinend ist die *Echinopsis valida* MEYER non MONV. dasselbe wie *Echinopsis rhodotricha*, und da SCHUMANN und BRITTON u. ROSE jene „*Echinopsis valida*" und *E. forbesii* zusammenfassen (bei SCHUMANN *E. valida* als Varietät von *E. forbesii*), muß an-

Abb. 1052. Blühender Scheitel von Trichocereus validus (MONV.) BACKBG. im Jardin Botanique Les Cèdres, St. Jean-Cap-Ferrat.

genommen werden, daß *Echinopsis forbesii* der älteste Name für *Echinopsis rhodotricha* ist, zumal diese Arten ja zum Teil variabel sind.

BORG („Cacti", 257. 1951) verlegt die Herkunft von „*Echinopsis valida* MONV." nach Paraguay; es mag sein, daß der große *Cereus* noch bis dorthin vorkommt, woher BORG die Standortsangabe hat, gibt er leider nicht an. Die von BORG in l. c. noch angegebenen Namen: *Echinopsis valida gigantea* R. MEY. und *Echinopsis valida forbesii* gehören nicht hierher; der erstere ist vielleicht ein *Trichoc. terscheckii* bzw. ein jüngeres Exemplar desselben gewesen, der letztere muß, wie oben gesagt, als Synonym zu *Echinopsis forbesii* gestellt werden.

BRITTON u. ROSE war „*Echinopsis valida*" nicht bekannt, sonst hätten sie diese nicht mit der von MEYER abgebildeten kleinen Pflanze verbinden können. *Echinopsis valida densa* REG. war entweder *Echinocereus acifer* oder *Echinocereus coccineus*.

3. **Trichocereus werdermannianus** BACKBG. — BACKEBERG & KNUTH, Kaktus-ABC, 206, 412. 1935

Bis 5 m hoch; Stamm bis 1 m hoch und bis 60 cm ⌀; Rippen ca. 10, später 14 und mehr, 2 cm hoch; Areolen 2,5 cm entfernt; St. am Jungtrieb ca. 10, mittlere kaum unterschieden, bis 7 cm lang, gelblich bis bräunlichgelb bzw. hornfarbig; Bl., wenn zahlreich vorhanden, ± kranzförmig um den Scheitel oder scheitelnah; bis 20 cm lang; Gr. weiß, kaum die Staubb. überragend; N. 15—19; Fr. kugelig, 3,5 cm ⌀, lange, aber nicht sehr zahlreiche schwarze und weiße Haare tragend; S. 1,3 mm groß, mützenartig, rauh punktiert. — Bolivien (von mir, als Typort, im Charcoma-Tal, östlich von Tupiza gefunden, von Cardenas auch in den trockenen interandinen Tälern der Departements Potosi und Chuquisaca, auf ca. 2600 m Durchschnittshöhe der Vorkommen) (Abb. 1054—1055).

Abb. 1053. Trichocereus validus (Monv.) Backbg. hat am Scheitel nur dünne und kurze Stacheln, diese oft sogar fehlend.

Abb. 1054. Trichocereus werdermannianus Backbg. neben Neoraimondia arequipensis eine der größten Kakteengestalten Südamerikas (zwischen Camargo und Tarija). (Foto: Cardenas.)

Während *Trichocereus validus* und *T. terscheckii* seitlich ± weit herab blühen, ist *T. werdermannianus* durch seine nur hochsitzenden Bl. eindeutig unterschieden. Sie alle scheinen nach den viel längeren Bl. und der sich nie verändernden Stachelbildung an den Spitzen großer Pflanzen echt trichocereoide Riesenformen zu sein, die (zum Teil) auch nachts geöffnete Bl. zeigen, wie ich zumindest an zwei Arten beobachtete.

„*Trichocereus pasacana*" dagegen scheint die größten Formen der *Helianthocereus*-Formengruppe zu bilden, mit kürzeren Bl., gedrungeneren Röhren und an alten Exemplaren bzw. solchen an hohen Standorten mit borstenartig elastischen St., wie sie den Hochlands-*Helianthocereus*-Arten eigentümlich sind. Ich habe daher *Trichocereus pasacana* auch zu *Helianthocereus* gestellt. Er ist zudem Tagblüher, soweit bekannt.

4. **Trichocereus tacaquirensis** (Vpl.) Card. — Rev. de Agricult. (Cochabamba), 8 : 17. 1953

*Cereus tacaquirensis* Vpl., MfK., 26 : 122. 1916.

Dicksäulig, bis 2,5 m hoch; Rippen 2 cm hoch; St. zahlreich, länger und borstenartig, elastisch, bis 8 cm lang; Areolen groß, kreisrund, dickfilzig; Bl. bis 20 cm lang, weiß; Pet. länglich-spatelig; Staubf. in zwei Serien; S. schwarz. — Bolivien (Tacaquira) (Abb. 1056—1057).

Cardenas, l. c., meint, die Art gliche sehr *T. taquimbalensis* Card. Ich erhielt Pflanzen von beiden von Frau Wilke, seinerzeit Tupiza, die den letzteren bereits vor dem letzten Kriege fand. Die St. beider haben keinerlei Ähnlichkeit, da die des *T. taquimbalensis* sehr stark pfriemlich sind.

5. **Trichocereus thelegonoides** (Speg.) Br. & R. — The Cact., II : 131. 1920

*Cereus thelegonoides* Speg., Anal. Mus. Nac., Buenos Aires, III : 4. 480. 1905.

Stämme 4—6 m hoch, zylindrisch, bis 18 cm ⌀, oben ± verzweigt; Äste ± gebogen ansteigend, 5—8 cm dick; Rippen bis 15, niedrig, gerundet und zuerst stark gehöckert durch eine Einsenkung zwischen den Areolen, diese klein, rund, befilzt; St. 8—10,

Abb. 1055. Trichocereus werdermannianus Backbg. am Typstandort bei Tupiza, blühend. (Foto: Wilke.)

gelb oder bräunlich, borstenartig, 4—8 mm lang; Bl. 20—24 cm lang, außen grünlich; Pet. fast lanzettlich, gespitzt, weiß. — N-Argentinien (Jujuy, auf trocknen Hügeln).

6. **Trichocereus santiaguensis** (Speg.) Backbg. n. comb.

*Cereus santiaguensis* Speg., Anal. Mus. Nac., Buenos Aires, III : 4. 478. 1905.

Stämme 4—7 m hoch, zylindrisch, bis 20 cm ⌀; Zweige bogig parallel aufsteigend, 6—10 cm ⌀, an der Spitze gelbgrün, sonst blaßgrün und nicht glänzend; Areolen klein, bis 3,5 cm ⌀, zuerst weißfilzig, dann grau, nur 1—1,5 cm entfernt; St. leicht zurückgebogen, die untersten bis 1 cm, die obersten bis 0,5 cm lang; 1 Mittelst. kräftiger, 1—2 cm lang; Bl. 18—20 cm lang, geruchlos; Pet. lanzettlich; Gr. weiß. — Argentinien (Prov. Santiago del Estero in Wäldern, besonders nahe der Station Icaño) (Abb. 1058).

Britton u. Rose stellen diese hohe Art merkwürdigerweise als Synonym zu *T. spachianus*, der bei weitem nicht diese Höhe erreicht. Ich habe in der Sammlung Pinya de Rosa, Spanien, eine Pflanze gesehen, die ungefähr Spegazzinis Angaben: „14 Rippen, bis ca. 12 Rand- und 1 Mittelst." entspricht, sowie der Farbe der Scheitelst. „rötlich-gelblich". Sie ist viel feiner bestachelt als *T. spachianus*, ähnelt aber diesem, die Stachelfarbe ist auch zarter, die unteren Randst. länger. Ihre Ähnlichkeit würde verständlich machen, daß Britton u. Rose

Abb. 1056. Trichocereus tacaquirensis (VPL.) CARD.: Triebstück, das ich vor dem Kriege von Frau WILKE erhielt.

Abb. 1057. Trichocereus tacaquirensis (VPL.) CARD. Blühbare Pflanzen. (Foto: WILKE.)

sie zu *T. spachianus* stellen, sie ist aber deutlich unterschieden, bzw. halte ich die in Spanien gesehene Pflanze für SPEGAZZINIS Art, die ich sonst nirgends in den Sammlungen sah; sie stammt wohl aus dem Faustgarten in Blanes bei Barcelona, wo sie aber nicht mehr (?) vorhanden ist.

7. **Trichocereus peruvianus** BR. & R. — The Cact., II : 136. 1920

*Cereus rosei* WERD., in BACKEBERG, „Neue Kakteen", 101. 1931.

Entweder $\pm$ aufrecht oder überliegend bis hängend, 2—4 m lang; Tr. bis 20 cm $\varnothing$, anfangs bereift; Rippen über den Areolen etwas eingesenkt und $\pm$ höckerig erscheinend, breit-rund; Areolen bis 2,5 cm entfernt, ziemlich groß, braunfilzig; St. zuerst braun, ca. 10, einige bis 4 cm lang, stark und steif, Basis nicht verdickt; Bl. weiß, groß, zum Teil zahlreich nach dem Scheitel zu entwickelt. — Peru (bei Matucana; nach RAUH bis oberhalb von Matucana bzw. bei Tamboraque an der Lima—Oroya-Bahn bis auf 2800 m) (Abb. 1059—1060, Tafel 76).

BRITTON u. ROSE bilden mit ihrer Fig. 197 einen baumartig aufrechten Cereus ab, RAUH dagegen einen hängenden; ich selbst fand die Art anfangs $\pm$ aufrecht, dann überliegend bis niederliegend. Es kommen bei Matucana aber auch Exemplare des aufrechten *T. santaensis* vor, den BRITTON u. ROSE wohl nicht als besondere Art erkannten.

Die Identifizierung dieser Art mit *Tr. macrogonus* (Kkde., 20. 1941) kann ich nicht aufrechterhalten.

8. **Trichocereus puquiensis** RAUH & BACKBG. — Descr. Cact. Nov. 20. 1956

Bis 4 m hoch, verzweigt, blaugrün; Zweige bis 15 cm $\varnothing$; Rippen 8—10, ohne Querfurche über denselben, aber um die Areolen etwas geschwollen, letztere ca. 1 cm ⌀; St. anfangs kastanienbraun; Randst. bis 10, 1—2 cm lang; Mittelst. meistens 2, davon 1 aufgerichtet, bis 10 cm lang, einer abwärts gerichtet, bis 5—8 cm lang; Bl. weiß; Röhre bis 10 cm lang, bis 2,5 cm ⌀, dunkel behaart; Sep. unterseits rötlichgrün, oberseits grün; Pet. weiß; Staubf. und N. sowie Gr. grün; Staubb. gelb. — Südliches Peru (Puquio-Tal, 3300 m) (Abb. 1061).

Unterscheidet sich von *T. cuzcoensis* durch am Grunde nicht verdickte St. sowie mehr Rippen und längere Mittelst.

— **Trichocereus schoenii** RAUH & BACKBG. — In RAUH, Beitr. z. Kenntn. d. peruan. Kaktveg. 362. 1958

Bis 3 m hoch, unregelmäßig von der Basis her verzweigt; Tr. graugrün, bis 10—15 cm ⌀; Rippen 7, 1 cm hoch, ca. 1,5 cm breit; Areolen graufilzig, 1 cm ⌀, 2 cm entfernt, mit querstehender V-Furche; Randst. 6—8, ungleich lang, 1—1,5 cm lang, lederbraun, später grau mit brauner Spitze; Mittelst. 1—2, waagerecht abstehend bzw. schräg auf- oder abwärts gerichtet, bis 7 cm lang, Basis nicht verdickt; Bl. in Scheitelnähe, bis 16 cm lang, 10 cm ⌀; Röhre dicht beschuppt und schwarzwollig behaart; innere Perigonblätter weiß, bis 7 cm lang, 2,5 cm breit, die äußeren braunrot. — Peru (Rio Majes, Talkessel von Chuquibamba, oberhalb 3000 m, bestandsbildend), Typ.-Nr. K 185. — (Abb.: Tafel 105.)

Abb. 1058. Trichocereus santiaguensis (SPEG.) BACKBG. ?, ein noch junges Exemplar, wenn es sich um SPEGAZZINIS Art handelt.

Unterscheidet sich von vorstehender Art durch V-Furche und längere St. sowie graugrüne Farbe, die Mittelst. überwiegend seitlich oder abwärts gerichtet. Die V-Furche ist nur kurz und zuweilen nicht sehr deutlich.

9. **Trichocereus chalaensis** RAUH & BACKBG. — Descr. Cact. Nov. 20. 1956

Aufgerichtet, bis 4 m hoch, von unten ziemlich dicht und steil aufsteigend verzweigt; Tr. in der Nebelzeit stark geschwollen und zum Teil bis 15 cm ⌀; Rippen 8, ca. 2 cm breit, mit Querfurche über den Areolen, die Furche oben und unten mit Abflachung; Areolen auf dem vorspringenden Rippenteil; Randst. 6—10, bis 1 cm lang; Mittelst. 2—3, bis 5 cm lang, zuerst dunkelbraun bzw. oben dunkler und fast schwarz; Bl. 17 cm lang, 10 cm breit; Röhre ca. 2 cm dick; Schuppen grün, mit schwarzen Haaren; Sep. unterwärts bzw. nach oben zu hellweinrot mit grüner Mitte; Pet. weiß, bis 2 cm breit; Staubf. grün; N. weiß. — S-Peru (auf trockenen Hügeln 8 km südlich von Chala und 3 km vom Meer entfernt, ca. 200 m) (Abb. 1062, Tafel 77).

Abb. 1059. Trichocereus peruvianus Br. & R.; eine häufig ± liegende Art.

10. **Trichocereus santaensis** Rauh & Backbg. — Descr. Cact. Nov. 20. 1956

Bis 5 m hoch, vom Grunde verzweigt, blaugrün, etwas bereift; Rippen 7, ziemlich breit, über den Areolen deutlich quergefurcht, wenigstens im Jungtrieb; Areolen ± schildförmig, weißfilzig, bis 5 mm ⌀, Randst. 2—3, ziemlich kurz, bis 2 cm oder höchstens etwas mehr lang; Mittelst. bis 4 cm lang; Bl. nur als Knospe gesehen, dunkelbraun oder schwarz behaart. — Nördliches Peru (Tal des Rio Santa, Puente Bedoya, Huayanca) (Abb. 1063, Tafel 78). Tr. zuweilen bis 15 cm ⌀.

Unterscheidet sich von *T. cuzcoensis* durch nicht basal verdickte St., mehr Reif bzw. weniger St. sowie kürzere Mittelst. Von dem etwas ähnlichen *T. peruvianus* durch stets aufrechten Wuchs unterschieden. Die Verbreitung scheint bis zum Rimac-Tal hinabzureichen.

11. **Trichocereus taquimbalensis** CARD. — Rev. de Agricult. Cochabamba, 8 : 16. 1953

Abb. 1060. Trichocereus peruvianus BR. & R. in Blüte.

Säulig, einzeln oder verzweigt, ohne Hauptstamm, bis 2,50 m hoch; Zweige kräftig, zuweilen oben schlanker, dunkelgrün, bis 15 cm ⌀; 9 Rippen; Areolen 1,5 cm entfernt, rund bis elliptisch-dreieckig, 1 cm ⌀, hervorstehend, weißlich befilzt; Randst. 8—13, pfriemlich, strahlend, bis 2 cm lang; Mittelst. 1, waagerecht oder

Abb. 1061. Trichocereus puquiensis RAUH & BACKBG. (Foto: RAUH.)

nach unten spreizend, stark, bis 6 cm lang; alle St. an der Basis verdickt, erst hellbraun, dann grau; Bl. bis 23 cm lang; Ov. rund, 2,2 cm $\varnothing$; Schuppen 1 cm lang, gespitzt, dunkelgrün, mit bis 2 cm langen weißen und dunkelbraunen Haaren in den Achseln; Sep. bräunlich, bis 10 cm lang; Pet. spatelig, bis 10 cm

Abb. 1062. Trichocereus chalaensis RAUH & BACKBG. (Foto: RAUH.)

lang, gespitzt, weiß; Staubf. in zwei Serien, hellgrün; Staubb. gelb; Gr. 16 cm lang, mit bis 16, 2 cm langen gelben N.; Fr. kugelig, ca. 4 cm $\varnothing$, dunkelgrün, breit geschuppt, wie die Röhre behaart; S. schwarz, fast glänzend, nierenförmig, 1,5 cm lang, punktiert. — Bolivien (Prov. Tarata, Dept. Cochabamba, bei Taquimbala, 2800 m) (Abb. 1064—1065).

Die Bl. sind (noch?) am Tage geöffnet, die St. anfangs oft quergestreift, mit dunkler Basis und Spitze.

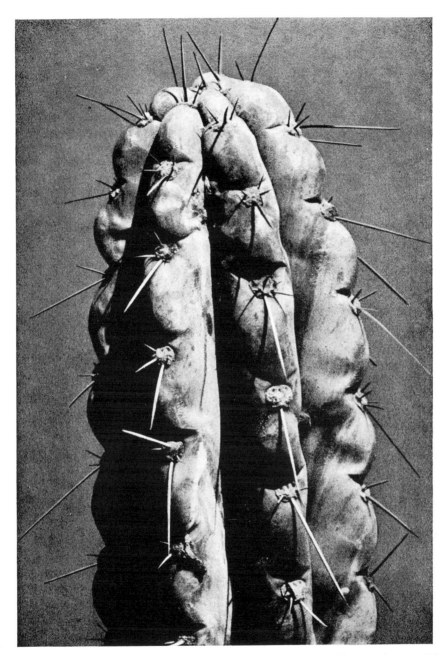

Abb. 1063. Trichocereus santaensis Rauh & Backbg., ähnelt etwas Tr. peruvianus, wächst aber stets aufrecht. (Foto: Rauh.)

11a. v. **wilkeae** Backbg. — Descr. Cact. Nov. 20. 1956

Weicht vom Typus der Art ab durch bis 2,5 cm lange Randst., diese pfriemlich, zum Teil stark, anliegend gebogen, zuweilen fast hakig gekrümmt; 4 Mittelst.,

Abb. 1064. Trichocereus taquimbalensis CARD., vor dem Kriege zuerst von Frau WILKE (Tupiza) gefunden. (Foto: CARDENAS.)

Abb. 1065. Trichocereus taquimbalensis CARD.: Blütentrieb. (Foto: CARDENAS.)

dick-pfriemlich, nach unten zu häufig zusammengedrückt und an der Basis sehr verdickt. Alle St. können dunkle Basis und Spitzen haben. Nach dem Standortsfoto von Frau WILKE scheinen die etwas gekrümmten Bl. auch ein wenig schlanker als beim Typus der Art zu sein. — Bolivien (Gebiet von Tupiza, ziemlich weit vom Typstandort der Art entfernt) (Abb. 1066).

Diese var. fand Frau WILKE, seinerzeit Tupiza, bereits vor dem letzten Krieg und sandte mir lebende Tr.; die damals neue Art wollte ich nach ihr benennen, was durch den Krieg unterblieb. Die Pflanzen stehen zweifellos dem Typus der Art nahe, unterscheiden sich aber durch die Art der Bestachelung bzw. 4 Mittelst. So kann ich wenigstens die Varietät nach der Entdeckerin benennen, der ich seit 1931 zahlreiche wertvolle Beobachtungen und lebendes Pflanzenmaterial bolivianischer *Cactaceae* verdanke.

12. **Trichocereus tarmaensis** RAUH & BACKBG. — Descr. Cact. Nov. 20. 1956

Aufrecht, bis 2 m hoch, von der Basis verzweigt; Tr. stumpfgrau- bis dunkler grün, bis 10 cm $\varnothing$; Rippen 7—8, unten 2 cm breit, oben gerundet und mit seichten V-Furchen über den Areolen, die darunter $\pm$ schräg in die Rippenkante eingedrückt erscheinen; Areolen 2 cm entfernt, 8 mm $\varnothing$, anfangs gelbbräunlich befilzt, bald grau; Randst. ca. 2—5(—7), 0,8—3 cm lang, manchmal ein oberer längerer bis 3,3 cm lang; Mittelst. 1, waagerecht oder etwas abwärts spreizend, bis 10 cm lang; alle St. anfangs hornfarben und $\pm$

bräunlich gefleckt[1]), bald grau; Bl. langröhrig, weiß und ziemlich groß (nur vertrocknet gefunden); Röhre dicht braunschwarz behaart, einige Haare etwas abgeflacht und ziemlich fest; Fr. ca. 4 cm ⌀, ± behaart; S. schwarz, glänzend, punktiert, mützenförmig, größer als bei dem *Tr. tulhuayacensis*. — Peru (Tarma, Trockenhänge auf 3000 m) (Abb. 1068, Tafel 79).

### 13. Trichocereus tulhuayacensis

Ochoa — Kakt. u. a. Sukk. (II). 7 : 106—107. 1957

Bis 2 m hoch; Tr. tief verzweigend bzw. von kurzem Stamm, dunkelgrün, 10—12 cm ⌀, an den Areolenvorsprüngen leicht gerötet; Rippen 7—9, meist 8, ca. 8—10 mm hoch, 3—3,5 cm breit, mit leichter bogiger Einsenkung über den Areolen; Areolen 6—8 mm ⌀, anfangs gelblich-filzig, dann grau; Randst. 8, 1,5—2,5 cm lang; Mittelst. 3—4, ein längster bis 5,5 (—8) cm lang; alle St. meist abwärts geneigt, mit Ausnahme des längsten, weißgrau, Spitze braun, in der Jugend nur bis 1,8 cm lang, gelblich und dunkel gespitzt; Bl. zu 7—12 erscheinend, derbtrichterig; Röhre ca. 6,5—7 cm lang, 2,5 cm ⌀, rötlich-dunkelgrün; Schuppen bis 1,8 cm entfernt, mit schwarzen und graubraunen Haaren, wie auch der Fruchtknoten; Ov. bis 2,8 cm ⌀; Sep. rosagrün mit rosa Rand, bis 6 cm lang; Pet. hellrosa, nach der Basismitte zu in elfenbeinweiß übergehend, bis 5,5 cm

Abb. 1066. Trichocereus taquimbalensis v. wilkeae
Backbg.: Einzeltrieb.

[1]) An meinem Kulturstück sind die derberen Neustacheln hell rötlich-, die übrigen dunkelbraun.

Abb. 1067. Stachel-Vergleichsfoto: a. Trichocereus taquimbalensis-Typus (oben), Trichocereus taquimbalensis v. wilkeae (unten); b. Oreocereus maximus.; c. Trichocereus tacaquirensis.

lang, 2 cm breit, oben leicht gesägt und nicht gespitzt; Fr. bis 4,5 cm ⌀, spitzschuppig, dunkelgrün, reichlich bräunlich behaart: S. schwarz, winzig punktiert, nur schwach gebogen, blank. — Mittel-Peru (10 km von Huancayo, 3400 m, bei Huachac). Von C. Ochoa 1951 gefunden (Abb. 1069—1070).

Abb. 1068. Trichocereus tarmaensis Rauh & Backbg. (Foto: Rauh.)

Unterscheidet sich von *Tr. tarmaensis* Rauh & Backbg. (1 Mittelst.) durch 3—4 mittlere St. sowie breitere Rippenbasis (*Tr. tarmaensis:* bis 2 cm breit). Außerdem ist obige Art die einzige peruanische Spezies mit hellrosa Bl., für *Trichocereus* ein auffälliges Merkmal. Der bei Tarma vorkommende *Trichocereus* hat dagegen lt. Ochoa keine rosa Bl. (von Rauh nur abgeblüht bzw. mit vertrockneten Bl. gefunden; er blüht demnach weiß). Die S. des *Tr. tarmaensis* sind auch größer und mehr mützenförmig gebogen. Der Eingeborenenname obiger Art ist „Tulhuay".

**14. Trichocereus knuthianus** Backbg. — Succulenta, 19 : 3. 42—43. 1937

Aufrecht, baumförmig, längeren, ziemlich dicken Stamm bildend, bis 3 m hoch; Äste bis 10 cm dick, leuchtend bereift hellblaugrün; Rippen 7, gerundet, bis 3 cm breit; Randst. 7; Mittelst. 1, bis 10 cm lang, bald fast rein weißgrau, an der Spitze anfangs gelblich; Areolen groß, reich befilzt; Bl. groß, weiß. — Peru (am Marañon, auf ca. 2000 m) (Abb. 1071).

Weicht von allen anderen peruanischen Arten ähnlichen Triebwuchses durch die mächtigen weißlichen St. und die leuchtend blaubereifte Farbe der Epidermis ab. Nach Graf F. M. Knuth, meinem Mitautor am Kaktus-ABC, benannt.

*Trichoc. cuzcoensis* v. *knuthianus* Ritt. (Kat. 11. 1958) kann nur auf einer Verwechslung beruhen.[1])

Abb. 1069. Trichocereus tulhuayacensis Ochoa, die bisher einzige bekannte rosa blühende Trichocereus-Art. (Foto: C. Ochoa.)

15. **Trichocereus pachanoi** Br. & R. — The Cact., II: 134. 1920

Baumförmig, bis 6 m hoch; Tr. zahlreich, anfangs leicht bereift, später schön bläulichgrün; Rippen 6—8, breit, gerundet, mit Quereinsenkung über den Areolen; St. meist fehlend, am Standort aber öfter entwickelt, 3—7, ungleich, 1—2 cm lang oder weniger, dunkelgelb bis braun, in der Kultur gewöhnlich ganz fehlend; Bl. sehr groß, 19—23 cm lang, nächtlich, zum Scheitel zahlreich gebildet,

---

[1]) *Trichocereus crassiarboreus* Ritter n. nud. (FR 662) mag dagegen dem Text der Beschreibung nach *T. knuthianus* sein.

Abb. 1070. Trichocereus tulhuayacensis Ochoa. Nahaufnahme eines Blütentriebes. (Foto: Ochoa.)

stark duftend; Sep. bräunlichrot; Pet. länglich, weiß; Staubf. grünlich; Gr. unten grünlich, oben weiß; N. gelblich; Ov. und Röhre mit schwärzlichen Haaren besetzt. — Ekuador (oberes Chanchan-Tal) (Abb. 1072—1074).

Rose gibt an, daß die Art in den hohen Anden zu Hause ist, auf 2000—3000 m, und in Ekuador im Chanchan-Tal bis zum *Armatocereus-godingianus*-Vorkommen hinabreicht; Roses Abbildung Fig. 196 stammt vom Stadtrand bei Cuenca. Ich habe die Pflanzen in N-Peru auch bei Huancabamba gesehen, Rauh nahm ein Exemplar in der Quebrada Santa Cruz (Cordillera Blanca, 3300 m, in Peru) auf; Cardenas sandte mir ein Foto der in Bolivien „Achuma" genannten, in der Provinz Cochabamba, bei „Angostura", auf 2560 m gesehenen, dort kultivierten Pflanze. Nach

Abb. 1071. Trichocereus knuthianus Backbg. Baumförmige Art mit rundem Stamm, hellblauer Epidermis und weißen Stacheln (Typstandort am Rio Marañon; von mir 1931 aufgenommen). Die Art hat nichts, wie Ritter meint, mit Trichoc. cuzcoensis zu tun.

meinen eigenen Beobachtungen handelt es sich überall — von Cuenca bis Bolivien — um verwilderte Pflanzen dieser des öfteren angebauten, in N-Peru „San Pedro" genannten Spezies, die sich gut als lebender Zaun eignet (wie *Marginatocereus marginatus* in Mexiko, *Ritterocereus deficiens* und *griseus* in Venezuela, Curaçao usw.); außerdem lassen mir von Eingeborenen erzählte Einzelheiten darauf schließen, daß die Pflanze, wie auch einige andere Cereen, ein Alkaloid enthält. Für das eigentliche Ursprungsgebiet der Art halte ich die Hänge des oberen Chanchan-Tales, wo die Pflanze baumförmig in großen Beständen zweifellos wild vorkommt.

*T. pachanoi* hat sich als eine der besten Unterlagen erwiesen; als solche führte ich sie zuerst 1931 ein; seitdem ist sie sehr stark vermehrt worden und heute in den meisten Sammlungen anzutreffen.

16. **Trichocereus macrogonus** (SD.) Ricc. — Boll. R. Ort. Bot. Palermo, 8 : 236. 1909

*Cereus macrogonus* SD., Cact. Hort. Dyck. Cult., 1849 : 203. 1850.

Aufrecht, im Alter über 2 m hoch werdend, ziemlich kräftig, ca. 7 cm ⌀, bläulich-grün, ±

Abb. 1072. Trichocereus pachanoi Br. & R., als Anpflanzung in N-Peru.

Abb. 1073. Blüten des Trichocereus pachanoi Br. & R.

bereift, besonders anfangs; Rippen meist 7, bis 8—9 mm dick, ± über den Areolen eingedrückt; Areolen 1,5 cm entfernt, 6 mm ⌀, kurz graufilzig; Randst. 6—9, strahlend oder wenig schräg aufrecht, stark pfriemlich, bis 2 cm lang, hornfarbig bis braun, später schwärzlich; Mittelst. 1—3, etwas stärker und länger, meist etwas aufwärts oder abwärts gerichtet; Bl. nach Schumann 6—7 cm lang, nach Borg 18 cm lang, ungefähr in dieser Länge von mir in der Sammlung Gastaud gesehen (Abb. 1075); Fr. etwas breitkugelig, 5 cm ⌀; S. eiförmig, schwarz, glänzend, grubig punktiert. — Herkunft unbekannt.

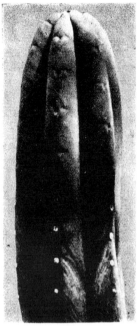

Schumanns Blütenangabe muß unrichtig sein oder bezog sich auf eine in der Kultur ungewöhnlich klein gebliebene; schon Weber gab die Länge mit 18 cm an. Die äußeren Sep. laufen schmal-spitz zu, die inneren sind fast spatelig, die Pet. breit und oben schwach verjüngt, nicht gespitzt. Man nahm ursprünglich die Herkunft aus Brasilien an, Borg aus „Argentinien und Bolivien", wo die Art nirgends festgestellt wurde.

Schumann stellt hierher mit ? *C. hexagonus* (Vel. non L.) Mill. (Fl. Flum. V. t. 18); vielleicht erklärt dies die ursprüngliche Standortsangabe „Brasilien"; Britton u. Rose erwähnen diesen Namen nicht unter *T. macrogonus*, wohl aber *Eriocereus tephracanthus* (Lab.) Ricc., der nichts mit obiger Art zu tun hat, sondern das monotypische Genus *Roseocereus* Backbg. darstellt. *C. hempelianus* Bauer soll nach Fobe nur eine kräftige, blaugrüne Varietät von *T. macrogonus* sein, d. h. wohl eine weniger degenerierte, als es in Glashaussammlungen meist der Fall ist.

Abb. 1074. Trichocereus pachanoi Br. & R. ist eine der besten Pfropfunterlagen, durch klebrigen Saft, fehlende Stacheln und auch bei zunehmendem Alter grün bleibend, in die Dicke wachsend, vom Pröpfling nicht ausgesogen.

Abb. 1075. Trichocereus macrogonus (SD.) Ricc., wurde bisher nicht mit Sicherheit wiedergefunden.

Abb. 1076. Trichocereus sp., von Rauh im Mantarogebiet Mittel-Perus gefunden, vielleicht die Wildform des Tr. macrogonus.

Rauh fand 1954 (coll. Nr. K 68-1954) einen *Trichocereus*, der vielleicht als Wildform des *T. macrogonus* angesehen werden kann:

Bis 3 m hoch; Tr. bis 6 cm ⌀; Rippen 8, oben gerundet, ohne Querkerben; Areolen kräftig graufilzig; Randst. bis 10, der obere oder einer der drei mittleren aufwärts oder schräg abwärts weisend, die mittleren etwas an der Basis verdickt (auch die randständigen ?), bis 8 cm lang, der kürzeste Randst. nur 1,2 cm lang, alle bräunlich; Bl. unbekannt; die Tr. sind im jüngsten Teil bereift. — Mittleres Peru (Apurimac-Tal, bei der Hazienda Marcahuasi, 1900 m) (Abb. 1076).

Bei *T. macrogonus* sind später sämtliche St. unten zwiebelig verdickt, d. h. wenn sie richtig entwickelt sind.

17. **Trichocereus bridgesii** (SD.) Br. & R. — The Cact., II: 134. 1920

*Cereus bridgesii* SD., Cact. Hort. Dyck. Cult., 1849 : 208. 1850. — *C. lagenaeformis* Först. — *C. bridgesii brevispinus* K. Sch. — *C. bridgesii lageniformis* K. Sch. — *C. bridgesii longispinus* Maass. — *C. lasiacanthus* K. Sch. in Rusby, Bull. N. Y. Bot. Gard., 4 : 365. 1907, als Hyponym. — *Trichocereus bridgesii* v. *brevispinus* (K. Sch.) Borg, v. *longispinus* (Maass) Borg, v. *lageniformis* (Först.) Borg (1951).

Abb. 1077. Trichocereus bridgesii (SD.) Br. & R. mit Früchten, bei Anzaldo-Cochabamba (Bolivien) (Foto: Cardenas.)

Abb. 1078. Trichocereus bridgesii f. monstrosa, zylindrisch, areolen- und stachellos; später werden von unten her Stachelareolen ausgebildet, der Scheitel ist quergefurcht.

Mehr oder weniger verzweigt, bis 5 m hoch, blaßgrün, ± bereift, besonders am jüngeren Triebteil; Äste 10—15 cm dick werdend; 4—8 Rippen, rundlich, anfangs scharf getrennt, später verflachend und manchmal fast kantig, meist mit Quersenkungen und dadurch gerundete Erhöhungen; St. 2—6, gelblich, nadelig bis pfriemlich, sehr ungleich, bis 10 cm lang, unten nicht verdickt; Bl. 18 cm lang, weit geöffnet; Pet. weiß; Schuppen auf Röhre und Ov. klein, reich behaart; Fr. länglichrund, bis 6 cm lang. — Bolivien (bei La Paz, von CARDENAS aus der Prov. Cochabamba berichtet, bei Anzaldo) (Abb. 1077—1078).

Abb. 1079. Trichocereus cuzcoensis BR. & R. als Heckenpflanzung. (Foto: RAUH.)

Die Art variiert stark in der Stärke und Bestachelung, so daß die von SCHUMANN aufgeführten Varietäten nicht abtrennbar sind. In der Kultur degenerieren die Pflanzen nicht selten zu dünnen und sich biegenden Säulen; als Pfropfunterlage weniger geeignet. Eine sehr merkwürdige monströse Form habe ich aus Samen gezogen, und sie ist heute weiter verbreitet: *T. bridgesii* f. *monstrosa*. Sie ist anfangs völlig stachellos und zylindrisch, am Scheitel mit einer Querfurche, so daß junge Vermehrungsstücke dieser Art fast einem großen *Conophytum* ähneln; später treten dann monströs-unregelmäßige und bestachelte Höcker auf, mit meist längeren und kräftigeren St. Eine der eigentümlichsten monströsen Formen.

Nach BRITTON u. ROSE hat SÖHRENS aus N-Chile eine ähnliche Pflanze wie
*T. bridgesii* berichtet; vielleicht handelte es sich hier um *T. uyupampensis*, der
im äußersten peruanischen Süden vorkommt und — obwohl niederliegend —
mit seinen 9 Rippen als kleineres Stück für ähnlich angesehen werden kann.

**18. Trichocereus cuzcoensis** BR. & R. — The Cact., II: 136. 1920

Bis 6 m hoch, aufrecht, dicht verzweigend, hellgrün am Jungtrieb; 7—8 Rippen,
niedrig, rund; Areolen nur 1—1,5 cm entfernt; St. zahlreich, bis 12, sehr kräftig,
bis 7 cm lang, an der Basis verdickt; Bl. bis
14 cm lang, nächtlich, aber am Vormittag noch
geöffnet; Röhre grün, bis 6 cm lang; Pet. oblong,
4—5 cm lang, weiß; Schuppen auf Röhre und
Ov. klein, mit wenigen langen Haaren in den
Achseln. Nach den RAUH-Fotos sind bei dieser
Art die Rippen ebenfalls über den Areolen eingedrückt. — Peru (Region von Cuzco; auch
als Heckenpflanzen) (Abb. 1079).

**19. Trichocereus vollianus** BACKBG. — BACKE-
BERG & KNUTH, Kaktus-ABC, 205, 412. 1935

Aufrecht-strauchig; Tr. bis 10 cm dick; Rippen
ca. 13, hellgrün, glänzend, gerundet, bis 7 mm
breit und 5 mm hoch; Areolen bis 2,5 cm entfernt;
Randst. 8—11, strahlend, dünn, stechend, bis
7 mm lang; Mittelst. 1, bis 2,5 cm lang; alle
St. bernsteingelb; Bl. weiß, bis 12 cm lang; Fr.
länglich, behaart. — Bolivien (aus der Gegend
Arque—Cochabamba).

Ähnelt dem *T. spachianus*, ist aber dicker,
glänzender und hellgrüner. Gute Unterlage.

**19a. v. rubrispinus** BACKBG. — BACKEBERG
& KNUTH, Kaktus-ABC, 206, 412. 1935

St. rotbraun; da Zwischenfärbungen zur
Stachelfarbe des Typus von mir nicht beobachtet
sind, als Varietät abgetrennt.

Abb. 1080. Trichocereus shaferi BR. & R.

**20. Trichocereus spachianus** (LEM.) RICC.— Boll. R. Ort. Bot. Palermo, 8: 237. 1909

*Cereus spachianus* LEM., Hort. Univ., 1: 225. 1840. — *Echinocereus spachianus* RÜMPL.

Aufrecht, bis über 2 m hoch, später von unten her sprossend; Äste aufsteigend,
parallel zum Haupttrieb, über 1 m hoch, 5—6 cm ⌀; Rippen 10—15, gerundet;
Areolen ca. 1 cm entfernt, mit gelblicher Wolle, diese später weiß; Randst. 8—10,
0,6—1 cm lang, nadelförmig, steif, stechend, ambergelb bis bräunlich; Mittelst. 1,
stärker und länger; Bl. ca. 20 cm lang, weiß, Öffnung ca. 15 cm breit. — Argentinien (lt. SPEGAZZINI um Mendoza, in San Juan, La Rioja und San Luis; nach
VATTER auch in Jujuy, bis 2000 m).

Die Bl. sind geruchlos; lt. SPEGAZZINI sollen wildwachsende Pflanzen beträchtlich von Kulturformen abweichen, was sich nur auf stärkere Bestachelung beziehen kann. Bl. nächtlich, noch am Tage offen.

Einen merkwürdigen *Trichocereus*, nur bis 1 m hoch, mit keuligen Tr., ziemlich
schlanken Röhren und lang seidig behaarten Früchten beschrieb CARDENAS erst

so spät, daß diese Art nicht mehr in den Schlüssel aufgenommen werden konnte. Sie steht mit 1 m Höhe zwischen den vorstehenden Arten und den nächsten, niedrigeren, die mehr Rippen haben:

Abb. 1081. Trichocereus manguinii BACKBG. (der mehr Tr. schickendantzii ähnelt, aber aufrecht wächst und rote statt grüne Knospen bildet) oder Tr. shaferi BR. & R.? (Standortsbild Marsoner).

— **Trichocereus trichosus** CARD. — „Cactus", 12:57. 249—250. 1957

Säulig, einzeln, keulig, 1 m hoch, grau- oder bläulichgrün; Rippen 9, breitstumpflich, 2 cm hoch, 5—6 cm breit; Areolen 5 cm entfernt, dreieckig, bis 2 cm breit, graufilzig; Randst. 4—6, 1—3,5 cm lang; Mittelst. 1, waagerecht abstehend, 7 cm lang, alle pfriemlich, grau, braunspitzig, Basis verdickt; Bl. scheitelnah, 23 cm lang; Ov. kugelig, dunkelgrün, mit weißen und braunen Haaren; Röhre 8 cm lang, mit grünen Schuppen; Sep. lanzettlich, spitzlich, 6 cm lang, untere grünlich, obere purpurbraun; Pet. spatelig, 7 cm lang, weiß; Staubf. in zwei Serien, 8 und 4 cm lang, grünlich; Gr. 14 cm lang, grünlich; N. 14, smaragdgrün, 2 cm lang; Fr. lang behaart; S. 2 mm lang, mattschwarz. — Bolivien (Prov. Cordillera, Dept. Santa Cruz, am Wege Lagunillas—Santa Cruz, auf 600 m).

21. **Trichocereus shaferi** BR. & R. — The Cact., II: 144. 1920

Zylindrisch, aufsteigend, stärker verzweigend, bis 50 cm hoch und 12,5 cm ⌀, hellgrün; Rippen ca. 14, 10—15 mm hoch; Areolen genähert, nur 5—7 mm entfernt, anfangs weißfilzig; St. ca. 10, nadelig, bis 1,2 cm lang, hellgelb; Bl. am Scheitel, 15—18 cm lang; Röhre schlank; Sep. linear; Pet. weiß; Röhren- und Ovariumschuppen mit langen braunen Haaren. — Argentinien (Salta, bei San Lorenzo, auf ca. 1800 m) (Abb. 1080).

22. **Trichocereus manguinii** BACKBG. — „Cactus", 8:35. 147—148. 1953

Aufrecht, reichlich und dicht von unten sprossend, dunkelgraugrün; Tr. bis 95 cm hoch, bis 11 cm ⌀; Rippen 18—20; Areolen leicht eingesenkt, rund, befilzt; ca. 11 Randst., bis 5 Mittelst., bis 4 mm lang. In der Heimat werden in den Areolen zum Teil noch etwas längere mittlere St. ausgebildet, die allerdings oft auch fehlen; Bl. bis zu 16 cm lang, sehr breit; Sep. und Röhre rötlichbraun; Schuppen 6 mm lang; Pet. bis 19 mm br., z. T. bis 3 cm breit, oben mit Spitze; Staubf. in zwei Serien, grünlichgelb, oben gelb; Gr. gelb, ca. 3 mm dick; N. 23, gelbgrün; braune Wollhaare an Röhre und Ov.; die untere Staubf.-Serie ist in der Röhrenmitte inseriert. — Nördliches Argentinien?, Paraguay? (Abb. 1081).

Abb. 1082. Trichocereus schickendantzii (WEB.) BR. & R.

Unterscheidet sich von *T. shaferi*, außer durch die dunklere Farbe, durch mehr Rippen und mehr St. (längere Mittelst. sind für *T. shaferi* nicht beschrieben) sowie durch etwas längere Tr. Die Pflanzen können sehr reich blühen, auch aus älteren Areolen, wie ich an einer größeren Pflanze in Pinya de Rosa (Kollektion RIVIERE) sah, während *T. shaferi* nur am Scheitel blüht (BR. & R.).

23. **Trichocereus schickendantzii** (WEB.) BR. & R. — The Cact., II: 144. 1920

*Echinopsis schickendantzii* WEB., Dict. Hort. Bois., 473. 1896.

Meist später reichlicher und dicht von unten sprossend, bis ca. 25 cm hoch; Tr. 6 cm ⌀, kräftiggrün, glatt; Rippen 14—18, nur 5 mm hoch, leicht zwischen den Areolen eingedrückt; St. gelblich, biegsam, 5—10 mm lang; Randst. anfangs 9, später mehr; Mittelst. 2—8; Bl. 20—22 cm lang; Röhre und Sep. grün; Schuppenachseln schwarz behaart; Pet. spitz-oblong, weiß; Fr. eßbar. — NW-Argentinien (Tucuman) (Abb. 1082).

Wird die Art als Pfropfunterlage benutzt, müssen die Areolen abgelöst werden, da die Pflanze sonst zu stark sproßt.

### 24. Trichocereus neolamprochlorus BACKBG. nom. nov.

*Echinocereus lamprochlorus* sensu RÜMPL. — *Echinopsis lamprochlora* WEB. — *Trichocereus lamprochlorus* sensu BR. & R., The Cact., II : 132. 1920 excl. Fig. 192.

Abb. 1083. Trichocereus neolamprochlorus BACKBG. nom. nov., fälschlich als Trichocereus lamprochlorus in den Sammlungen.

Eine bisher nicht eindeutig geklärte, wenn auch lange in den Kulturen vorhandene Art. Die Abbildung Fig. 192 in BRITTON u. ROSE, l. c. (S. 133), entspricht nicht den in europäischen Sammlungen unter dem Namen „*Trichocereus lamprochlorus*" vertretenen Pflanzen. Nach der RÜMPLERschen Beschreibung ist diese Art charakterisiert: „Ziemlich niedrig, von unten her sprossend; Tr. glänzend hell-, später mehr schmutziggrün, ca. bis 8 cm $\varnothing$; Rippen 9—10, gerundet (bei LEMAIRE bis 15), zwischen den Stachelpolstern geschweift-gekerbt; St. nach allen Seiten strahlend; Randst. fein, steif, blaßgelb, unten rötlich (RÜMPLER); Mittelst. bis 4 unterscheidbar, im aufrechten Kreuz, der unterste der längste, bis ca. 2 cm lang; Bl. seitlich aus den vorjährigen Areolen, ca. 24 cm lang, 16 cm weit; Ov. kugelförmig, beschuppt, mit schwarzgrauer Wolle; Röhre gefurcht mit spärlicher grauer Wolle, grün; Sep. schmal, rot, zurückgebogen; Pet. weiß, bis 2,5 cm breit, zugespitzt; Staubf. weiß; Staubb. gelb; Gr. grünlich, mit 16 N.; Fr. grün, länglichrund, oben gerieft, glänzend, spärlich behaart." Die Beschreibung ist nach der SCHUMANNS ergänzt, die Fruchtangaben nach einer Pflanze im Jardin Bot. Les Cèdres, St.-Jean-Cap-Ferrat (Abb. 1083).

Dies ist offenbar die Art, für die SPEGAZZINI als Herkunft angibt: „Zahlreich auf trockenen Hügeln bei Cordoba und Mendoza; Bl. weiß, rosenähnlicher Duft". Sie ist zweifellos der *T.-candicans*-Formengruppe nahe verwandt (s. meinen Bericht in „Cactus", 41 : 105—111. 1954). SCHUMANN sagt von ihr richtig: „Bl. seitlich aus den vorjährigen Areolen".

Die Fig. 192 bei BRITTON u. ROSE (The Cact., II : 133. 1920) zeigt an dem von SHAFER bei Andalgala gesammelten Cereus Bl. am Scheitel, gedrungen und offensichtlich kürzer-trichterig, Röhre ziemlich stark behaart. Ich halte diesen Cereus für eine der tagblühenden *Helianthocereus*-Arten (*H.-huascha*-Form), die bei

Andalgala vorkommen. BRITTON u. ROSES Bild ist auch am Tage aufgenommen, wie man sieht. Die Abbildung gehört keineswegs hierher.

Von obiger Beschreibung weicht ab:

**Cereus lamprochlorus** LEM., in Cact. Aliq. Nov. 30. 1838

*Cereus nitens* SD., Cact. Hort. Dyck. Cult., 43. 1850.

Eine mangels Blütenbeschreibung kaum noch identifizierbare Art: „Rippen 15; St. steif, stechend, fast rötlichbraun, in der Jugend durchsichtig gelb, braun gespitzt; Randst. 12—15, 6—9 mm lang; Mittelst. 4, kreuzständig, länger, stärker, der unterste abwärts gebogen, 2,7—3 cm lang; Bl. und Fr. unbekannt."

Vom „*T. lamprochlorus* unserer Sammlungen" weicht LEMAIRES Art ab durch mehr Rippen und umgekehrte Stachelfärbung, d. h. die St. waren braungespitzt, während es bei RÜMPLER und SCHUMANN heißt: „gelb, unten purpurrot." SCHUMANNS Beschreibung ist, was die Wuchshöhe und -art anbetrifft, offenbar auch eine Fassung, die die beiden verschiedenartigen Pflanzen zu verbinden sucht. Ähnlich war es schon bei BRITTON u. ROSES Angabe: „säulenförmig, einzeln oder unten verzweigt, 1,50—2 m hoch." Der „*Trichoc. lamprochlorus* unserer Sammlungen" ist mehr liegend, gebogen, nicht als säulenförmig zu bezeichnen.

Abb. 1084. Trichocereus sp., von CARDENAS am Wege Colonia-Cochabamba (Bolivien) gesammelt, ähnlich dem echten C. lamprochlorus LEM. der von den amerikanischen Autoren mit Tr. neolamprochlorus verwechselt wurde. (Foto: CARDENAS.)

BRITTON u. ROSE waren sich auch bewußt, daß bei diesem Namen eine Artverwechslung vorliegt, denn sie schrieben: „eine stark sprossende Pflanze mit niederliegenden Stämmen wird oft mit dieser Art verbunden, aber wir waren nicht in der Lage festzustellen, ob beide die gleiche Art oder ob sie verschieden sind."

Die gleichen Autoren geben noch an: „SCHUMANN bezog hier eine von KUNTZE in Jujuy gesammelte Pflanze ein" (dort kommt der *T. lamprochlorus* unserer Sammlungen gar nicht vor) und fahren fort: „Pflanzen bekam Dr. SHAFER auch in Andalgala." Von dort kommt *Helianthocereus huascha*, und eine von seinen Formen zeigen BRITTON u. ROSE in ihrer Fig. 192 als *Trichoc. lamprochlorus*.

CARDENAS fand in Bolivien einen Cereus, den er anscheinend für den echten *C. lamprochlorus* LEM. hielt, eine Pflanze, die auf 3000 m in der Prov. Cochabamba, am Wege nach Colonia, wächst. Dieser ist aufrecht, hat ca. 15 Rippen, stimmt soweit mit LEMAIRES Beschreibung überein, kann aber doch nicht dessen Pflanze sein, da die weiteren Merkmale sind: „Randst. ca. 12, alle von der Mitte der Areole ab seitlich und abwärts strahlend, dünn, anscheinend nur bis 1 cm lang, Mittelst. nur undeutlich unterschieden, einer länger, zuweilen etwas nach oben, sonst nach unten abstehend; Bl. langtrichterig, am Scheitel entstehend." (Abb. 1084).

Aus dieser Beschreibung kann man nicht zur Genüge auf eine Identität zwischen LEMAIRES Pflanze und der von CARDENAS schließen. RÜMPLERS Standortsangabe „Bolivien" allein genügt dazu auch nicht.

Es nimmt wunder, daß bis heute niemand auf die Unstimmigkeiten bei dieser Art — die schon BRITTON u. ROSE empfanden — gestoßen ist. Eine Lösung ist nur so denkbar:

LEMAIRES *Cereus lamprochlorus* muß als zweifelhafte bzw. bis heute anscheinend nicht wiedergefundene Art angesehen werden; keine der übrigen Beschreibungen unter diesen Namen entspricht der LEMAIRES. Die Pflanze von CARDENAS ist wahrscheinlich unbeschrieben und sollte dann benannt werden.

Der „*Trichocereus lamprochlorus*" unserer Sammlungen mußte einen neuen Namen erhalten. Ich benannte ihn daher **Trichocereus neolamprochlorus**. Ihm entspricht die SPEGAZZINISCHE Beschreibung und dessen Standortsangabe: bei Cordoba und Mendoza. Damit ergibt sich auch eine natürliche geographische Beziehung zu dem „*Trichoc. lamprochlorus salinicola* SPEG." [jetzt: *T. courantii* (K. SCH.) BACKBG.], der, wie *T. candicans*, der gleichen Formengruppe angehört; alle stammen aus dem westlich- bis südlich-mittelargentinischen Gebiet und haben nichts mit LEMAIRES (nach RÜMPLER aus Bolivien stammender) Spezies zu tun. Auch CARDENAS' Pflanze muß etwas anderes sein, weil ihr die „4 stärkeren, kreuzständigen, bis 3 cm langen St." fehlen, die *C. lamprochlorus* LEM. hatte. Vielleicht ist aber die RITTER-Nr. FR 75 (WINTER-Kat., 11. 1956) die gleiche Art wie die von CARDENAS gefundene.

Abb. 1085. Trichocereus courantii (K. SCH.) BACKBG., aufrecht wachsend, dunkelgrün.

Möglicherweise gehört hierher noch: *Cereus chiloensis lamprochlorus* MONV. und *Echinocactus wangertii* LAB., oder sie sind Synonyme von LEMAIRES *C. lamprochlorus*.

25. **Trichocereus courantii** (K. SCH.) BACKBG. — „Cactus", 9 : 41, 107. 1954

*Cereus candicans* v. *courantii* K. SCH., Gesamtbschrbg., 70. 1898. — *Cereus linkii* ROL.-GOSS. non LEHM.[1]). — *C. lamprochlorus* v. *salinicola* SPEG., Cact. Plat. Tent., 478. 1905, und in Nov. Add. Fl. Pat., 938. 1902.

Stumpfgrün, aufrecht-säulig, langsam wachsend, anfangs wenig an der Basis sprossend, bis 35 cm lang, 7 cm und mehr dick; 10 Rippen, an der Basis 1,6 cm breit; Randst. 9—11, später mehr, bis 16 und zuletzt auch bis 20, fahlgelb bis bräunlich, ebenso die 1—4 Mittelst., an der Basis verdickt und dunkler; Bl. 24 cm

---

[1]) Rev. Horticole, 477—478. 1906.

lang, in oberen seitlichen Areolen, 12 Stunden geöffnet, nach Rosen duftend; Ov. länglichrund, grün. — **Argentinien** (bei Bahia Blanca und zwischen Rio Negro und Rio Colorado) (Abb. 1085—1086).

Abb. 1086. ?Trichocereus courantii (K. Sch.) Backbg. Standortsbild aus der Sierra Lihuel Calel (südlicheres Argentinien). (Foto: Stegmann.) Die Art wächst aufrecht und ist schlanker als Tr. candicans.

Nach Spegazzini werden die Pflanzen im Alter bis 1,50 m hoch und 7—10 cm dick; obige Beschreibung nach meinem größten Kulturexemplar, das jetzt in der Sammlung in Monaco steht; Spegazzini sagt, daß die Art selten sei. Sie ist vielleicht die beste aller Pfropfunterlagen, leider auch die seltenste; ich habe eine *Eriosyce* darauf gepfropft (heute ebenfalls in Monaco), die zu ansehnlicher Größe heranwuchs, wie es sonst nicht möglich ist, da die Unterlage die nötige Härte und das Dickenwachstum für ständig an Umfang zunehmende Pröpflinge haben muß.

Meine Pflanze entspricht Schumanns *C. candicans* v. *courantii;* sie stammt von Rio Negro. Damit ist die Identität mit Spegazzinis Varietät, die er zu *T. neolamprochlorus* stellte, erwiesen. Ein Name war *C. gladiatus courantii* hort. Monv.

Das Standortsbild wurde von Stegmann in der Sierra Lihuel Calel aufgenommen (zusammen mit einer verschleppten *Cylindrop. tunicata*). Diese kurz und derb bestachelte Pflanze mit ihrem südlichen Standort, weitab von den Vorkommen des *T. candicans*, ist sicherlich *T. courantii*; bei ihr entstehen die Bl. auch auf dem Scheitel, was bisher nirgends beschrieben wurde, da *T. courantii* wohl nie in europäischen Sammlungen blühte. Spegazzinis Angaben über alte, besonders hohe Tr. sind wohl nur für Ausnahmen zutreffend; offenbar setzt die reichlichere Sprossung erst in vorgerücktem Alter ein.

Borg führt die Art als *T. candicans courantii* (K. Sch.) Borg bzw. v. *linkii* (Rol.-Goss.) Borg.

**26. Trichocereus candicans** (Gill.) Br. & R. — The Cact., II: 142. 1920

*Cereus candicans* Gillies, in Salm-Dyck, Cact. Hort. Dyck., 335. 1834. — *Echinocereus candicans* Rümpl. — *Echinopsis candicans* Web. — *Echinocactus candicans* hort., in Pfeiff., En. Cact., 91. 1837. — *C. candicans spinosior* SD. (nach Br. & R.).

Bis 75 cm hoch, anfangs fast kugelig, von unten sprossend, gelblichgrün, Ansammlungen bis zu 3 m Breite bildend; Tr. 8—12 cm und mehr dick; Rippen 9—11, niedrig, breit; Areolen groß, ziemlich weißfilzig, bis 2 cm entfernt; St. mittelstark-pfriemlich bis derb-nadelförmig, gelblich hornfarben, spreizend; Randst. 10—12, bis 4 cm lang; Mittelst. meist 4 unterscheidbar, bis 8 cm lang; Bl. bis 20 cm lang, stark duftend; Schuppen oval und gespitzt, lang behaart; Pet. oblong, weiß; Fr. ellipsoidisch-kugelig, seitlich aufreißend. — **Argentinien** (bei Mendoza und Cordoba, San Juan, Catamarca, La Rioja; nach SPEGAZZINI). (Abb. 1087—1089).

Hierher gehören offenbar die Namen *Cereus dumesnilianus* HGE., *C. dumesnilianus* MONV. non LAB., *C. candicans dumesnilianus* ZEISS. und *Echinocactus dumelianus* CELS.[1])

Die Art ist etwas variabel; eine etwas feiner und länger bestachelte Form mag der *C. candicans spinosior* SD. (WALPERS, Rep. Bot., 2 : 276. 1843) gewesen sein; der Name ist unbeschrieben, die Formabweichung aber gut unterscheidbar. Ein Name war, *C. gladiatus vernaculatus* MONV.

Die von SCHUMANN hierher gestellten *Echinocactus auratus* PFEIFF. und *Echinopsis aurata* SD. (als Synonym des ersteren) gehören zu *Eriosyce*. WEBER meinte, daß *Cereus regalis* HAW. hierher gehört.

Abb. 1087. Trichocereus candicans (GILL.) BR. & R., später hängend oder liegend (Standortsbild). (Foto: STEGMANN.)

Das Blütenfoto Abb. 1089 zeigt eine in manchen Sammlungen als *Cereus linkii* ROL.-GOSS. kultivierte Pflanze; dieser Name gehört aber zu *Trichoc. courantii*.

26a. v. **gladiatus** (LEM.) BERG. — ,,Kakteen", 139. 1929

*Cereus gladiatus* LEM., Cact. Aliq. Nov., 28. 1838. — *C. candicans robustior* SD. (nach RÜMPL.) — *Echinocereus gladiatus* RÜMPL. — *C. candicans gladiatus* (LEM.) K. SCH. — *Trichoc. gladiatus* (LEM.) BACKBG., Kaktus-ABC, 202. 1935.

Fahl bläulichgrün bis blaßgrün, wenig stark verzweigt, bis 65 cm hoch; Tr. bis 14 cm ⌀; Rippen bis 11, unten 2,5 cm breit; Areolen ziemlich groß, 15 mm lang; bis 13 Randst., bis 5 cm lang; 1—4 Mittelst., 7,5 cm und mehr (lt. BERGER bis 10 cm) lang, oft rot geringelt oder rötlich an der Basis oder gedreht (Abb. 1090).

Die von RÜMPLER hierher mit ? gestellte v. *robustior* kann, wenn dies die von BERGER dargestellte Form ist (,,Kakteen", 138. 1929), auch eine gröbere Form des Typus der Art sein. BERGER führt sie als *T. candicans* v. *robustior* (SD.) BERG.

---

[1]) Bei BRITTON u. ROSE irrtümlich als *Echinopsis dumeliana* CELS, bei SALM-DYCK aber als *Echinocactus*; bei SCHUMANN als *Echinopsis dumesniliana* CELS.

26 b. v. **tenuispinus** (Pfeiff.)
Backbg. — "Cactus", 9 : 41, 107. 1954

*Cereus candicans tenuispinus* Pfeiff., En. Cact. 91. 1837. — *C. montezumae* Hort., in Pfeiff.

Kräftig bläulichgrün, geringer sprossend, bis 85 cm hoch und bis 13 cm dick; Rippen 9—11, unten bis 4 cm breit; St. ziemlich kurz, kaum über 2 cm lang; 12—13 Randst. und 1 (—4) schwer unterscheidbare mittlere, alle fahlgelb, an der Basis braunrot; Areolen ungefähr 3 cm entfernt wie bei der vorigen var.; Bl. seitlich aus der vorjährigen Areolenregion (wie bei dem zweifellos verwandten *T. neolamprochlorus*!) (Abb. 1091).

*Echinocereus candicans tenuispinus* Pfeiff. in Rümpl. ist wohl nur ein unrichtiges Zitat; ein Name war auch *Cereus candicans gracilior* Monv.

Abb. 1088. Trichocereus candicans (Gill.) Br. & R. Typus der Art.

### 27. **Trichocereus purpureopilosus**
Wgt. — M. DKG., II : 96. 1930

Von unten her sprossend; Glieder zum Teil liegend und aufsteigend, bis 32 cm lang (soweit bekannt), bis 6,5 cm ⌀, dunkellaubgrün, etwas glänzend; 12 niedrige Rippen; Randst. bis 20, dünn, bis 7 mm lang; Mittelst. meist 4, in aufrechtem Kreuz, 3—7 mm lang, manchmal auch 5 Mittelst. im Fünfeck, alle hell hornfarbig, am Grunde karminrot und verdickt; Bl. 21,5 cm lang; Ov. 2 cm lang; Öffnung der Bl. ca. 14 cm breit; Sep. bis 4,5 cm lang, lanzettlich, kräftig karminrot; Pet. (in zwei Reihen wie die Sep.) 4,5 cm lang, 1,5 cm breit, am Ende gerundet und mit Spitze, weiß mit rosa Schein; Staubf. anscheinend nicht in zwei Serien, hellgelbgrün; Gr. stark, unten grünlichweiß, oben weiß; N.

Abb. 1089. Trichocereus candicans (Gill.) Br. & R., noch aufrechte jüngere, blühbare Pflanze (Sammlung Gastaud, Monaco-Roquebrune).

gelb; Staubf. wie der Gr. gefärbt. — Argentinien (Sierra de Cordoba) (Abb. 1092).

28. **Trichocereus camarguensis** CARD. — Rev. Agricult., Cochabamba, 8 : 17. 1953

Säulig, sprossend, bis 50 cm hoch; Tr. etwas gebogen aufsteigend, hellgrün; Rippen 14, sehr niedrig, bis 5 mm hoch und 1 cm breit; Areolen 8 mm entfernt, rund, 5 mm ⌀; Randst. 12—13, strahlend, bis 3 cm lang; Mittelst. 2—3, bis 5 cm lang; alle St. nadelig, gelb oder aschfarben; Bl. seitlich, nahe dem Scheitel, bis 20 cm lang; Ov. kugelig, 2 cm ⌀, wie die Röhre mit braunen und weißen Haaren versehen; Sep. bis 10 cm lang, linear, purpurgrün; Pet. bis 9 cm lang, spatelig, gespitzt, am Rande gewellt, weiß; Staubf. in zwei Serien, unten grün, oben gelblich; Gr. gelbgrün; N. 17; Fr. kugelig oder ovoid, 2 cm ⌀; S. klein, dunkelbraun, glänzend, 1,2 mm lang. — Bolivien (Prov. Cinti, Dept. Chuquisaca, bei Camargo, 2700 m) (Abb. 1093).

Unterscheidet sich von dem ähnlichen *T. strigosus* durch lockereren Wuchs und stets nur gelbe, nicht in der Farbe variierende St.

29. **Trichocereus strigosus** (SD.) BR. & R. — The Cact., II: 143. 1920

*Cereus strigosus* SD., Cact. Hort. Dyck., 334. 1834. — *C. intricatus* SD. — *Echinocereus strigosus* LEM. — *Echinoc. strigosus spinosior* RÜMPL. — *Echinoc. strigosus rufispinus* RÜMPL. — *Echinoc. intricatus* RÜMPL. — *C. strigosus intricatus* WEB. — *C. strigosus longispinus* MAASS.

Aufrecht, sprossend, Ansammlungen bis 1 m breit bildend; Tr.

Abb. 1090. Trichocereus candicans v. gladiatus (LEM.) BERG.

Abb. 1091. Trichocereus candicans v. tenuispinus (PFEIFF.) BACKBG.

unverzweigt, aufrecht oder aufsteigend, bis 60 cm hoch, 5—6 cm ⌀, sehr bestachelt; Rippen 15—18, sehr niedrig, bis 5 mm hoch, gerundet; Areolen ziemlich genähert, bis 8 mm entfernt, anfangs dicht weißfilzig; St. zahlreich, nadelförmig, sehr variabel in der Farbe, von weiß über gelblich bis rosa, rotbraun oder schwarz, 1—5 cm lang; Bl. weiß bis zartrosa, 20 cm lang; Schuppen mit langen, seidigen Haaren besetzt; S. schwarz, glänzend, 2 mm lang. — W-Argentinien (bei Mendoza und in San Juan) (Abb. 1094—1095).

Die Knospen sind zuerst von bräunlichen, langen und gewundenen Haaren bedeckt bzw. zottig behaart.

Die Varietätsnamen v. *variegatus* HORT. für Pflanzen mit braungespitzten gelblichen oder rötlichgelben St. (nach BORG) bzw. v. *longispinus* HORT. mit sehr langen, anfangs blutroten St. sind ziemlich willkürliche Formabgrenzungen.

BORG führt noch eine v. *intricatus* WEB. auf [*C. strigosus intricatus* (SD.) WEB.], die

Abb. 1092. Trichocereus purpureopilosus WEINGT.

Abb. 1093. Trichocereus camarguensis CARD. (Foto: Cardenas.)

als var. des *Trichocereus* heißen müßte: v. *intricatus* (SD.) BORG; BORG sagt dazu: „oft gekrümmt (oder gedreht); St. lang, karmin, anfangs dunkler gespitzt." Nach SCHUMANN hat aber WEBER, auf den BORG diesen Namen bezieht, gesagt: „Von der Stammart durch regelmäßigeren, aufrechten Wuchs, dunkleres Grün der jungen Pflanzen und durch mehr rote Bestachelung verschieden." Es ist danach zweifelhaft, welche Form BORG mit v. *intricatus* gemeint hat, bzw. er scheint den Namen unrichtig verwandt zu haben.

Eine Abgrenzung nach Stachelfarben erscheint als nicht vertretbar, zumal SCHELLE richtig sagt („Kakteen", 86. 1926): „Verändert in der Kultur seine Gestalt gegenüber der in seiner Heimat"; genau so äußert sich SPEGAZZINI (Cact. Plat. Tent., 479. 1905), bzw. er sagt, daß die Pflanzen dann von den beschriebenen Typen abweichen.

Weit eher ist eine Abgrenzung nach den Bl. möglich (bei denen es duftende und geruchlose geben soll). Die Bl. gewisser Exemplare sind hellrosa; eine solche Pflanze habe ich im Jardin Exotique de Monaco gesehen und steht auch in meiner dortigen Sammlung. Hierfür könnte man den Namen v. *roseoalbus* aufstellen. Ferner ist BORG der einzige, der von den Pet. sagt: „zurückgebogen oder spreizend." Die Bl. mit zurückgebogenen Pet. haben mehr breitere, gewellte und leicht gespitzte, die spreizenden zum Teil mehr lanzettliche Hüllbl.

Nur ein Name war *C. strigosus rufispinus* HORT.; ferner gehören hierher anscheinend auch *Cereus myriophyllus* GILL. und *C. spinibarbis flavidus* LAB.

### 30. **Trichocereus uyupampensis** BACKBG. — BACKEBERG & KNUTH, Kaktus-ABC, 205, 412. 1935

Liegend bis hängend; Tr. bis 2' m lang, ca. 3,5 cm ⌀; Rippen 9, flach und schmal, um die Areolen schwach erhöht; Areolen klein, rund, hellbraunfilzig; St. 8—10, fein, unregelmäßig gestellt, mehrere Millimeter lang, Fuß verdickt, einige St. dunkler, bis 6 mm

Abb. 1094. Trichocereus strigosus (SD.) BR. & R.

Abb. 1095. Trichocereus strigosus (SD.) BR. & R.; größere Kolonie einer rotstachligen Form.

lang (ca. 2), unregelmäßig nach oben und unten weisend: Bl. ca. 16 cm lang, außen rötlich, innen weiß. — S-Peru (bei Uyupampa, auf ca. 3000 m). Selten.

31. **Trichocereus thelegonus** (WEB.) BR. & R. — The Cact., II: 130. 1920
   *Cereus thelegonus* WEB., in K. SCHUMANN, Gesamtbschrbg., 78. 1898.

Niederliegend oder manchmal wieder aufsteigend; Tr. bis 1 m lang, dunkelgrün, zylindrisch, bis 7,5 cm ⌀; Rippen 12—13, breit und gerundet, in hervorstehende, sechsflächige, ± deutliche Höcker gefeldert; Areolen rund, filzig; St. zuerst braun, dann grau, manchmal auch dunkler bis fast schwarz gefärbt; Randst. 6—8, nadelig, etwas spreizend, 1—2 cm lang; Mittelst. 1, vorgestreckt, 2—4 cm lang; Bl. weiß, ca. 20 cm lang; Röhre ziemlich dicht beschuppt, locker hell behaart, Haare ziemlich lang; Pet. fast linear, langsam spitz zulaufend; Sep. breiter, verjüngt und manchmal mit kleiner Spitze oder etwas gewelltem Rand; Fr. ca. 5 cm lang, rot, seitlich aufreißend; S. schwarz. —

Abb. 1096. Trichocereus thelegonus (WEB.) BR. & R.; eine ungewöhnliche Art mit gefelderten Rippen. (Foto: KNUTH.)

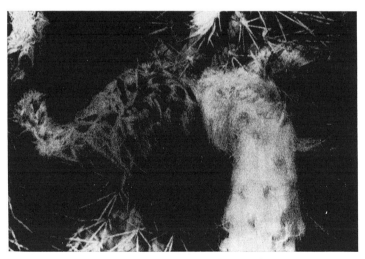

Abb. 1097. Trichocereus thelegonus-Frucht.

NW-Argentinien (Catamarca, Tucuman) (Abb. 1096—1097). — Bei PALLANCA, Bordighera, sah ich eine gelbstachlige Pflanze von RITTER, der in Kat. 12. 1958 (FR 17) einen *Trichoc. thelegonoides* „mit goldgelben Stacheln" anbietet. Er sagt aber nichts über baumförmigen Wuchs; nach Spegazzini sind die Stacheln des *Trichoc. thelegonoides* auch „setacei", d. h. borstenförmig. Anscheinend handelt es sich bei der Ritter-Nr. FR 17 um die bei Pallanca gesehene gelbstachlige *Trichoc-.thelegonus*-Form.

Einen auch in der niederliegenden Wuchsform merkwürdig ähnlichen Cereus fand Rauh 1954 in S-Ekuador:

**Cereus** (*Trichocereus?, Monvillea?, Rauhocereus?*) **pseudothelegonus** Rauh & Backbg. n. sp.

Decumbens, ad 2—3 m longus; ramis ad 8 cm ⌀, in tubercula mammosa, fere hexagona dissolutis; costis ca. 10; areolis oblongis, primum dense tomentosis, tomento albido; aculeis primum subnigris, deinde albido-cinereis, ca. 10 radialibus, ca. 1.2—1,8 cm longis, inferioribus longioribus, aculeo centrali 1, ca. 2 cm longo; flore fructuque ignoto.

Niederliegend, bis 2—3 m lang; Tr. bis 8 cm ⌀, in fast sechsseitige, grobwarzige Höcker aufgelöst; Rippen ca. 10; Areolen länglich, anfangs stark weißfilzig; Randst. ebenmäßig strahlend, bis ca. 10, 1 Mittelst. 2 cm lang, die seitlichen St. etwas kürzer, alle anfangs fast schwärzlich; Bl. und Fr. unbekannt.

Abb. 1098. Trichocereus (?) pseudothelegonus Rauh & Backbg. aus Ekuador; Blüte unbekannt.

— S-Ekuador (Giron Pasaje, in einem Trockental auf 200 m) (Abb. 1098). Trotz der Ähnlichkeit mit *Trichoc. thelegonus* kann es sich nicht um diesen handeln. Ein lebendes Exemplar befindet sich im Jardin Les Cèdres, St. Jean-Cap-Ferrat, und sollte auf die Bl. hin beobachtet werden.

Untergattung 2: **Medioeulychnia** Backbg.

in BfK., 1938-6. — Typus: *Cereus litoralis* Joh.

32. **Trichocereus chilensis** (Colla) Br. & R. — The Cact., II: 137. 1920[1])

*Cactus chiloensis* Colla, Mem. Acad. Sci. Torino, 31: 342. 1826. — *Cereus chiloensis* DC. — *C. chilensis* Pfeiff. — *C. panoplaeatus* Monv. — *C. heteromorphus* Monv. — *C. longispinus* SD. — *C. pepinianus* Lem. — *C. subuliferus* SD. — *C. gilvus* SD. — *C. chilensis polygonus* SD. usw. (s. weiter unten). — *C. quisco* Remy. — *C. linnaei* Först. — *C. funkii* K. Sch. — *C. chilensis pycnacanthus* K. Sch. — *C. chilensis zizkaanus* K. Sch. — *C. chilensis panhoplites* K. Sch. — *C. chilensis poselgeri* K. Sch. — *C. chilensis heteromorphus* K. Sch.

---

[1]) In „Kakt. u. a. Sukk." 8: 11. 162. 1957 erscheint der Name „*Trichocereus maritimus*", mit Abbildung. Es ist nicht ersichtlich, warum dieser unbeschriebene Name gegeben wurde, zumal der Typus der Art sehr variabel ist und eine Höhe bis über 3 m erreicht.

Zur Schreibweise: Ich behalte die von Prof. Skottsberg in Acta Hort. Gotoburgensis XVIII: 146. 1950 vorgeschlagene Richtigstellung des Artnamens („*chiloensis*" ist ein orthographisch-geographischer Irrtum) bei, da der Cereus aus Chile, nicht von der Insel Chiloë, kommt. Schon Pfeiffer, und nach ihm Schumann wählten die richtige Schreibweise „*chilensis*".

Säulig, von der Basis her aufrecht verzweigt; Äste später zahlreicher, bis 3 oder mehr Meter hoch, nach Britton u. Rose sogar 8 m Höhe erreichend (aber wohl nur unter sehr günstigen Umständen); Rippen später meist 16—17, niedrig und breit, in große Höcker geteilt; Randst. 8—12, anfangs meist hellgelb mit braunen Spitzen, bald grau, leicht spreizend, oft stark, 1—2 oder bis 4 cm lang; Mittelst. einzeln, kürzer oder bis 4—7 (bis 12) cm lang; St. anfangs bernsteingelb, fast schwarz, tabakbraun oder in Zwischentönen gefärbt, später weißlichgrau, Spitzen oft dunkler, Basis der Mittelst. oft ± verdickt; Bl. bis 14 cm lang; Sep. rötlich- oder bräunlichweiß; Pet. rein weiß, oblong-spatelförmig; Gr. unten grün, oben krem; N. ca. 18, kremfarben; Fr. kugelig. — Chile (von der Prov. Atacama bis zur Prov. Curicó, auf ca. 600 km Nordsüdverbreitung).

Abb. 1099. Trichocereus chilensis (Colla) Br. & R. als „v. panhoplites K. Sch." bezeichnete Form.

Abb. 1100. Trichocereus chilensis v. eburneus (Phil.) Marsh. (Foto: Skottsberg.)

Britton u. Rose und Werdermann (M. DKG., 92. 1930) weisen darauf hin, daß — angesichts der weiten Verbreitung — die Verschiedenartigkeit des Habitus so groß ist, auch nach dem Alter wechselnd, daß eine berechtigte Unterteilung in Varietäten kaum möglich ist. Werdermann beobachtete nur Exemplare bis meist 3 m Höhe, selten höhere.

Will man aus dem Schwarm der Formen bestimmte benennen, kann man folgende Varietätsbezeichnungen verwenden:

v. *heteromorphus* (MONV.): eine scheinbar abnorme Form, da nur als bis 3,5 cm ⌀ angegeben.

v. *panhoplites* (K. SCH.) BORG: St. anfangs fast schwarz; Mittelst. 4, oberster bis 8 cm lang, steif, gerade vorgestreckt; Randst. 11 (Abb. 1099).

Nach SCHUMANN ist diese var. identisch mit *C. panoplaeatus* MONV. bzw. die richtigere Schreibweise für diesen Artnamen.

v. *polygonus* (SD.) BORG: „Sehr kräftig, durch tiefe Furchen über den Areolen gefeldert" (K. SCH.); SCHUMANN meint, daß dies wohl *C. quisco* REMY ist. Dann müßte die var. heißen: v. *quisco* (REMY) BORG.

v. *poselgeri* (K. SCH.): Mittelst. kürzer als bei voriger var. Da SCHUMANN sagt, „v. *linnaei*" (*C. linnaei* FÖRST.) sei nicht unterschieden, muß die var. dann richtiger v. *linnaei* (FÖRST.) heißen.

v. *pycnacanthus* (K. SCH.) BORG: Mittelst. 4, kaum 2 cm lang; Randst. 13; alle St. anfangs dunkelbernsteingelb.

v. *zizkaanus* (K. SCH.) BORG: St. mittellang, anfangs fast schwarz-, später hell tabakbraun, zum Teil ± gebogen.

Der Name erschien zuerst in Gard. Chron., 1873, und FRIČ gibt als Autor SEITZ an, schreibt aber *zizkaianus*; auch die Schreibweise *ziczkaanus* findet sich (MfK., 5 : 44. 1895).

MARSHALL (in MARSHALL und BOCK, „Cactaceae", 95. 1941) führt noch an: v. *funkii* K. SCH. [*Trichoc. funkii* (K. SCH.) BERG., in „Kakteen", 136. 1929]

Abb. 1101. Trichocereus chilensis v. eburneus (PHIL.) MARSH. (Herbarmaterial: Naturhist. Museum Stockholm).

„hellgrün". SCHUMANN sagt im Schlüssel aber, daß *C. chilensis* hellgrün und sammetartig matt sei, während er dort umgekehrt eine „laubgrüne nicht stark glänzende Form mit bis 14 Rippen" als eigene Art *Cereus funkii* K. SCH. aufführt. Will man sie unterscheiden, muß es also richtiger heißen:

v. *funkii* (K. SCH.) BORG: Rippen bis 14; Epidermis erst laubgrün, dann graugrün, nicht stark glänzend.

Ein Name war *C. chilensis funkianus* Cat. HORT. non Hort. Monac. (d. h. *Cereus funkii* Hort. Monac. ist ein *Aporocactus*-Bastard).

Ferner erwähnt MARSHALL, l. c., noch eine v. *spinosissimus* HORT.: „12 Randst., 3—4 Mittelst., alle lang, dünn, aufsteigend, braun bis grau."

Eher berechtigt als Varietät ist, auch auf Grund der kürzeren, glockigen Blüte:

32a. v. **eburneus** (PHIL.) MARSH. — MARSHALL & BOCK, Cactaceae, 95. 1941
*Eulychnia eburnea* PHIL. (in K. SCH., Gesamtbschrbg., 59 : 63. 1898, ohne Literaturbezug). — *Cereus chilensis* v. *eburneus* (PHIL.) K. SCH. l. c.

SCHUMANN gibt nur an: ,,Im Gegensatz (zu ?) viel kräftiger; meist sind nur 1—2 Mittelst. vorhanden, die jung bräunlich sind, aber bald elfenbeinweiß werden." MARSHALL bzw. BORG sagen: ,,Bl. rosa" (MARSHALL) bzw.: ,,Bl. rosa oder rosa getönt" (BORG) (Abb. 1100 bis 1101).

Nach SCHUMANNS Angabe in Gesamtbschrbg., 59. 1898, wo er die *Eulychnia spinibarbis* (O.) BR. & R. (PHILIPPIS *E. breviflora*) irrtümlich als *C. coquimbanus* beschreibt, bzw. im Nachtrag, 23. 1903, wo er dies etwas verworren richtigstellt, spricht er von einer *Eulychnia eburnea* und meint damit den zweiten von ihm im Nachtrag, l. c., erwähnten ,,Cereus mit eßbaren Früchten", hebt auch die weißen St. hervor und daß sie sehr lang würden. Hier kann es sich — abgesehen von dem von SCHUMANN mißdeuteten richtigen *Trichocereus coquimbanus* — nur um die von JILES (coll. Nr. 2027, erhalten über Naturhistoriska Riksmuseet, Stockholm) gesammelte weißstachlige *T.-chilensis*-Form von Coquimbo handeln. Da der Name zuerst von PHILIPPI stammte, ist dieser als Klammerautor anzugeben, Nach

Abb. 1102. Trichocereus cephalomacrostibas (WERD. & BACKBG.) BACKBG. aus S-Peru, nordöstlich von Mollendo in Gipsstaub wachsend.

dem abgebildeten Material ergänze ich die Beschreibung: Pflanzen 2—4 m hoch; Areolen weißlichgrün, 16 mm lang; Randst. ca. 10, bis 18 mm lang, zum Teil unten zusammengedrückt oder die oberen etwas gebogen; Mittelst. bis 4, 1—2 davon bis 9 cm lang, unten ± kantig und gedreht, weißlich und oben dunkler, 2 weitere meist bis 2 cm lang; Bl. ca. 10 cm lang, ± glockig; Röhre 5,5 cm lang; Pet. 4 cm lang, weiß; Ov. 1,7 cm lang; Behaarung der Röhre nur schwach. — Chile (Coquimbo: Manquehua, auf 600 m).

Die Pflanze hat einen kurzen Stamm; von rosa getönten Bl. sagen SCHUMANN und JILES nichts; vielleicht meinten MARSHALL und BORG damit eine andere Varietät?

Die Vollblüte beginnt (nach SCHUMANN) bei *Trichocereus chilensis* am Nachmittag; damit zeigt sich auch der echte *Trichocereus*-Charakter. Nach einem WERDERMANN-Foto, l. c. Fig. S. 95, blüht die Art aber noch bei Tage, wahrscheinlich mehrere Tage, wie *T. litoralis* (4—5 Tage geöffnet, ohne nachts zu schließen). Es ist dies die Eigenart dieser abgezweigten Artengruppe.

Die stark variierenden Pflanzen haben zu einer großen Anzahl von Bezeichnungen derselben, zum Teil nur als Namen, geführt:

Bei PFEIFFER: *C. quintero* H. GÖTT. (nicht PFEIFF., wie von BRITTON u. ROSE angegeben), *C. coquimbanus* HORT. non MOLINA, *Echinocactus pyramidalis* und *E. elegans*, beide HORT.

Bei SALM-DYCK: *C. chilensis brevispinulus, spinosior, flavescens, polygonus*.

Bei SCHUMANN: *C. chilensis linnaei* (FÖRST.) K. SCH. (Gesamtbschrbg.).

Bei WEBER: *C. chilensis quisco* (REMY) WEB. (MfK., 110. 1898).

1103          1104

Abb. 1103. Trichocereus litoralis (JOHOW) LOOS.

Abb. 1104. Tr. litoralis mit der Blüte des Schmarotzers Phrygilanthus aphyllus (Mitte), aus der Areole erscheinend. Kulturpflanze des Botanischen Gartens Hamburg, von LEMBCKE (Santiago) gesandt. Meist gehen die Pflanzen (gewöhnlich Tr. chilensis) in der Kultur bald ein, wenn sie den Schmarotzer beherbergen; Tr. litoralis scheint darin härter zu sein.

Ferner gibt es die Namen: *Echinocereus chiloensis* CONS. & LEM., *C. fulvibarbis* O. & DIETR., *C. chilensis fulvibarbis* SD. (mit etwas weniger Rippen), *Cereus elegans* LEM., *C. duledevantii* LEM.

Ob *C. polymorphus* G. DON und sein Synonym *Cactus polymorphus* GILL. hierhergehören (aus Chile 1827 eingeführt), ist nicht mit Sicherheit festzustellen; doch sollen zu *T. chilensis* die Namen *C. spinibarbis minor* MONV. und *v. purpureus* MONV. zu stellen sein.

Verworren ist die Geschichte des *C. pepinianus*, der von SALM-DYCK bei seiner Beschreibung (Allg. Gartenztg., 13 : 354. 1845) LEMAIRE zugeschrieben, dann aber von SALM-DYCK 1850 unter seinem eigenen Namen publiziert wurde, während LEMAIRES Name irgendwo anders hin zu gehören scheint, vielleicht zu *Copiapoa;* dieser Auffassung war SCHUMANN, der eine *Copiapoa* als *Echinocactus pepinianus* LEM. beschrieb.

RITTER nennt noch (WINTER-Kat., 9. 1957) folgende neue var.-Namen: v. *australis* RITT. (FR. 228a), v. *conjungens* RITT. (FR. 228c). Ob sie angesichts der von WERDERMANN und anderen festgestellten Variationsbreite dieser Art berechtigt sind, läßt sich bei den bisher unbeschriebenen Namen nicht feststellen.

33. **Trichocereus cephalomacrostibas** (WERD. & BACKBG.) BACKBG. — BACKEBERG & KNUTH, Kaktus-ABC, 201, 412. 1935

*Cereus cephalomacrostibas* WERD. & BACKBG., in BACKEBERG, „Neue Kakteen", 101. 1931.

Dichte Gruppen, bis 2 m hoch; Tr. bis 10 cm $\varnothing$, graugrün; Rippen 8, breit, um die Areolen verdickt, mit Querfurchen dazwischen; Areolen sehr dicht stehend, besonders später, bis 1,5 cm lang und breit, dick braunfilzig wenn jung, im Scheitel fast geschlossen; Randst. bis ca. 20, sehr kurz, aber pfriemlich; Mittelst. 1—3 oder noch

Abb. 1105. Trichocereus skottsbergii BACKBG., von SKOTTSBERG bei Frai Jorge (Chile) gesammelt. (Foto: SKOTTSBERG.)

ein etwas längerer, sehr kräftig, bis 12 cm lang, anfangs dunkelbraun, später fahlgrau, zum Teil gerieft-gekantet, etwas gebogen oder in verschiedenen Richtungen vorgestreckt, bei Wildpflanzen zum Teil durcheinanderragend, bei

Abb. 1106. Trichocereus skottsbergii BACKBG. Herbarmaterial von Blüte und Stacheln (lang und ziemlich weichelastisch) (Herbarmaterial: Naturhist. Museum Stockholm).

Kulturpflanzen offener, kürzer bzw. schwächer, oben aufrecht, später seitwärts weisend; Bl. ca. 12 cm lang, weiß; S. glänzend schwarz. — S-Peru (oberhalb Mollendo) (Abb. 1102).

Die Blüte bildete Akers in C. & S. J. (US), 131. 1948, Fig. 98, ab.

34. **Trichocereus litoralis** (Joh.) Loos. — „Cat. Cactac. Chilens.", in Rev. Chil. Hist. Nat., XXXIII : 598. 1929
*Cereus litoralis* Joh., in „Las Cactac. de los alrededores de Zapallar", Rev. Chil. Hist. Nat., XXV : 157. 1921.

Säulig, anfangs aufrecht, dann niederbiegend und wieder aufsteigend, dies sich wiederholend, wenn die Pflanze ca. 1 m Höhe erreicht hat; niederliegende Teile

Abb. 1107. Trichocereus skottsbergii v. breviatus Backbg. (Herbarmaterial: Naturhist. Museum Stockholm).

Abb. 1108. Trichocereus skottsbergii v. breviatus Backbg. am Standort. (Foto: Skottsberg.)

entwickeln kräftige Adventivwurzeln; Tr. bis 12 cm dick, dunkelgrün bis graugrün; Rippen meist 21, 5 mm hoch, gerundet, nicht breit, fast in Warzen geteilt; Areolen 1 cm entfernt; Randst. 9—20, dünn-pfriemlich, strahlend; Mittelst. (1—) 5—8, ungleich, dicker, 2 cm oder etwas mehr lang; alle St. anfangs honigfarben, später grau; Bl. an der Nordseite (Sonnenseite; südl. Halbkugel), von Scheitelnähe bis 60 cm weit herunter erscheinend, 12—14 cm lang, 10 cm breit, etwas gebogen; Röhre und Ov. mit zahlreichen langen, dunklen Haaren; Sep. grünlich weiß, zugespitzt, an der Spitze rötlich; Pet. reinweiß, zugespitzt; Staubf. grünlichweiß; Staubb. schwefelgelb; Gr. blaßgrün. — Chile (Prov. Aconcagua, an der Küste nördlich von Valparaiso) (Abb. 1103—1104).

Bild einer blühenden Pflanze in M. DKG., 93. 1930.

35. **Trichocereus deserticolus** (WERD.) BACKBG. — BACKEBERG & KNUTH, Kaktus-ABC, 202. 1935

*Cereus deserticolus* WERD., Notizbl. Bot. Gart. u. Mus., Berlin, Bd. 10, Nr. 96, 764. 1929.

Bis 1,5 m hoch, vom Grunde verzweigt; Rippen 8—10, tief eingeschnitten, 1,5—2,5 cm hoch, über den Areolen deutlich gefurcht; Areolen bis 1,5 cm entfernt, mit dunklem Wollfilz; Randst. ungleich, 15—25, dünn pfriemlich, 1—1,5 cm lang, dunkel bis grau; Mittelst. 1—3, bis 12 cm lang, manchmal etwas gebogen; Bl. 7—8 cm lang, außen mit dunkler Wolle; Pet. rein weiß. — Chile (Prov. Antofagasta, bei Taltal, auf ca. 500 m).

36. **Trichocereus skottsbergii** BACKBG. — Acta Hort. Gotoburg., XVIII: 146. 1950

Aufrecht, bis 2 m hoch; Tr. bis 14 cm $\varnothing$, graugrün; Rippen bis 14 (oder mehr ?); Areolen bis 8 mm lang, grauschwarz; Randst. ca. 22—26, seitlich spreizend, ziemlich ungleich, 0,7—6,2 cm lang, biegsam bis borstenförmig, wenig stechend, grauhornfarben; Mittelst. bis 12 cm lang, 3 deutlicher unterscheidbar, später kaum noch trennbar, grau bis hellbraun; Areolen nur bis 8 mm entfernt; Bl. bis 12 cm lang, weiß; Röhre ca. 4,5 cm lang, mausgrau behaart, Haare dicht, aber nicht sehr lang, manchmal etwas dunkler; Gr. bis 5 cm lang, gelblich, wie die Staubf. — Chile (SHOTTSBERG coll. Frai Jorge, bei Estancia Frai Jorge; JILES coll. Nr. 2056 in Prov. Coquimbo, Küste von Talinay) (Abb. 1105 bis 1106).

Der Typus der Art hat ziemlich lange St., die längsten mittleren etwas nach unten weisend; das Ov. ist dicht grau behaart.

36a. **v. breviatus** BACKBG. — Descr. Cact. Nov. 20. 1956

Aufrecht, bis 1,6 m und mehr hoch, graugrün; Tr. bis 12 cm $\varnothing$; Rippen bis 16; St. zahlreich, in blühbaren Areolen zum Teil fast haarartig fein, bis 40, meist 1—3 längste bis 6 cm lang, die haarfeinen oft nur 6 mm lang, fast die

Abb. 1109. Trichocereus coquimbanus (MOL.) BR. & R. (Herbarmaterial: Naturhist. Museum Stockholm).

Hälfte aller St. ist haarborstenartig, Farbe wie beim Typus der Art; Bl. ca. 8 cm lang; Röhre mit schwärzlichen Haarbüscheln; Sep. oben schmallanzettlich; Staubf. nicht in zwei Serien, an der ganzen Röhrenwand inseriert, aber unten eine Nektarkammer freilassend. — Chile (Prov. Coquimbo, Frai Jorge) (Abb. 1107—1108).

Der Typus der Varietät wurde von JILES unter coll. Nr. 2030 an den Lomas de Frai Jorge gesammelt; daraus ergibt sich, daß hier sowohl der von SKOTTSBERG gesammelte Typus wie auch die Varietät vorkommt, letztere aber anscheinend nur in diesem Gebiet. Sie mußte wegen der kürzeren St. und Bl. und der offenbar zum Teil noch haarartig-feineren Bestachelung abgetrennt werden.

37. **Trichocereus coquimbanus** (MOL.) BR. & R. — The Cact., II: 139. 1920

*Cactus coquimbanus* MOL., Sagg. Stor. Nat. Chil., 170. 1782.

Niederliegend und aufbiegend, oft große Ansammlungen bildend; Tr. bis 1,20 m lang, manchmal aufrecht, bis 10 cm dick (lt. JILES); Rippen bis 14 (lt. JILES-Material); Areolen groß, rund, mit kurzer Wolle: St. bis ca. 20, sehr ungleich,

Abb. 1110. Trichocereus coquimbanus (MOL.) BR. & R., eine überwiegend halbliegende Art. (Foto: SKOTTSBERG.)

Abb. 1111. Die Blüte des Trichocereus nigripilis (PHIL.) BACKBG. ist glockiger und kürzer als die anderer chilenischer Arten der U.-G. Medioeulychnia (von Trichocereus) (Herbarmaterial: Naturhist. Museum Stockholm).

mittlere kaum unterscheidbar, es sei denn ein besonders langer, alle derb-pfriemlich, bis 5,5 cm oder etwas mehr lang (der längste), andere nur bis 2,5 cm lang, die kürzesten nicht mehr als 12 mm lang, alle rund, grau, mit durchscheinenden dunkleren Spitzen, sämtlich steif; Bl. bis 12 cm lang, schlank-trichterig bis etwas glockig; Röhre mit schwachen schwarzen Haarbüscheln; Fr. grün, rund, ca. 5 cm $\varnothing$. — Chile (Prov. Coquimbo, an der Küste) (Abb. 1109—1110).

Der Beschreibung lag auch das JILES-Material coll. Nr. 2064 (von Naturhistoriska Riksmuseet, Bot. Avdeln., Stockholm, erhalten) zugrunde, wie es in den Herbarfotos abgebildet ist.

38. **Trichocereus nigripilis** (PHIL.) BACKBG. n. comb.

*Cereus nigripilis* PHIL., Fl. Atac., 23. 1860. — *Trichocereus coquimbanus nigripilis* (PHIL.) BORG.

Aufrecht bis niederliegend und aufsteigend; Tr. bis 1 m lang, zum Teil spreizendaufrecht, 6—7 cm $\varnothing$; Rippen bis ca. 12; Areolen dichtstehend, 1 mm groß, dunkelgrau; Randst. ca. 12, strahlig spreizend, bis 11 mm lang, grau, oben dunkler, in der Durchsicht rötlich; Mittelst. 6, 2 rechts und 2 links gerichtete bis 15 mm lang, ein nach oben und ein nach unten weisender bis 28 mm lang, zuweilen unten etwas kantig gepreßt, wie die Randst. gefärbt, letztere manchmal etwas elastisch; Bl. breit offen, ca. 6,5 cm lang; Röhre nur ca. 3,5 cm lang, reich schwärzlich behaart, Haare lang; Pet. spitz zulaufend oder gespitzt; Gr. 2,5 cm lang, Staubf. in einer Serie. — Chile (Prov. Coquimbo, JILES coll. Nr. 2244, von Quebrada Honda, Meeresnähe) (Abb. 1111).

Durch kleinere und stärker behaarte Bl. sowie kürzere St. usw. hinreichend als Art unterschieden.

*

In KREUZINGER „Verzeichnis", 38. 1935, finden sich folgende Kombinationen mit *Trichocereus*, nur Namen, die zu den betreffenden Arten bei *Echinopsis* gehören: *Trichoc. albispinosus* (K. SCH.) FRIČ, *Trichoc. campylacanthus* (PFEIFF.) FRIČ, *Trichoc. leucanthus* (GILL.) FRIČ, *Trichoc. rhodotrichus* (K. SCH.) FRIČ, *Trichoc. rhodotrichus* v. *argentiniensis* (R. MEY.) FRIČ, *Trichoc. shaferi* (BR. & R.) FRIČ (*Echinopsis* BR. & R., 1923, non *Trichocereus* 1920).

*Trichoc. campos-portoi* WERD. s. unter *Arthrocereus*. *Trichoc. fascicularis* (MEY.) BR. & R. ist unter *Weberbauerocereus* aufgeführt.

Im WINTER-Kat. 9. 1957 wird noch ein unbeschriebener Name RITTERS aufgeführt: *T. fulvilanus* RITTER (FR 263), „Chile, blaugrün, orangefilzige Areolen" (eine *Eulychnia*?)

Ferner erwähnt RITTER (Kat. WINTER, 11. 1958) noch folgende Namen:

FR 677: *Trichocereus cuzcoensis* v. *knuthianus* RITT. n. nud. (Zwischen *T. knuthianus* und *T. cuzcoensis* besteht keinerlei Ähnlichkeit. Es muß sich also bei RITTERS Pflanze um eine Form oder var. des letzteren handeln. Eher könnte dem Namen nach FR 662: *T. crassiarboreus* RITTER n. nud. mit *T. knuthianus* identisch sein).

FR 663: *Trichocereus tenuiarboreus* RITTER n. nud. und

FR 270: *Trichocereus glaucus* RITTER n. nud. sind mangels ausreichender Angaben nicht einmal in der Nähe anderer bekannter Arten zu nennen.

Ferner führt RITTER alle am Tage ± am Scheitel blühenden *Helianthocereus*-Arten mit ihren relativ kurzen, kräftigen Blüten als *Trichocereus*, d. h. *T. poco* und *T. orurensis* sowie *T. pasacana* und v. *boliviensis* (s. unter *Helianthocereus*). Ebenso dürfte es sich bei den „*Trichocereus*"-Arten FR 426, „von Famatima, mit blutroten Blüten" (FR 426a: „mit gelben

Blüten"), FR 429: „mit weißen Blüten", sowie FR 427: von Catamarca, „mit roten Blüten" um die Arten des *Helianthoc.-huascha*-Formenkreises handeln, die zum Teil auch bereits von VATTER so kurz gekennzeichnet wurden.

FR 287: *Trichocereus tropicus* RITTER n. nud. „Vom Marañon, schön gefelderte Triebe." Es liegt die Vermutung nahe, daß dies *Rauhocereus riosaniensis* ist, dessen v. *jaenensis* RAUH ja auch in jenem Gebiet vorkommt und gefelderte Rippen hat.

FR 536: *Trichocereus spinibarbis* (OTTO) RITTER comb. nud.: Nach dem Klammerautor kann es sich hier nur um die *Eulychnia spinibarbis* handeln, die bei RITTER merkwürdigerweise nicht unter *Eulychnia* erschien (1958). Sollte darauf eine der „Neubenennungen" zurückzuführen sein bzw. RITTER den *Trichocereus*-Namen wegen des *Trichocereus-chilensis*-Synonyms *Cereus spinibarbis minor* MONV. für eine solche Pflanze gewählt haben?

Im Katalog JOHNSON, „Succ. Parade", 14. 1955, gibt es den folgenden nicht gültig beschriebenen Namen:

*Trichocereus infundibuliformis* JOHNS. nom. nud.: „Bis 6 m hoch; Rippen 10—11; Areolen dunkel; Fr. braunhaarig. — O-Peru, auf ca. 1800 m zusammen mit *Azureocereus* und *Cleistocactus luminosus*." JOHNSON bildet die Art l. c. zwar ab, doch ist aus dem Foto nicht genug zu entnehmen; der genannte *Cleistocactus* ist auch ein nomen nudum. Vielleicht ist dies der in jenem Gebiet vorkommende *Trichocereus* sp. (RAUH: K 68 — 1954); s. auch unter *T. macrogonus*.

## 79. ROSEOCEREUS BACKBG.
### BfK. 1938-6.
[Von RICCOBONO zu *Eriocereus* gestellt]

Eine in den Sammlungen nicht häufige Pflanze; BRITTON u. ROSE war sie anscheinend unbekannt, denn sie stellten die einzige bekannte Art als Synonym zu *Trichocereus macrogonus*. BORG („Cacti", 179. 1951) bezog sie daher zu *Trichocereus* ein.

Bei der Frage, ob RICCOBONOS Eingliederung der Spezies zu *Eriocereus* berechtigt ist, ergeben sich folgende Erwägungen: bei BRITTON u. ROSE war *Eriocereus* nur eine Untergattung von *Harrisia*. BERGER („Kakteen", 1929) entschied sich dann für RICCOBONOS Auffassung, *Eriocereus* als eine eigene

Abb. 1112. Roseocereus tephracanthus (LAB.) BACKBG. Standortsaufnahme. (Foto: CARDENAS.)

Gattung anzusehen. Das einzige ausschlaggebende Unterscheidungsmerkmal ist für *Harrisia*: nie aufplatzende, für *Eriocereus*: aufspringende Früchte. Das zweite von BERGER, l. c., für das letztere Genus hervorgehobene Fruchtmerkmal „± stark gehöckert" findet sich auch bei *Harrisia* (*H. nashii*, *H. portoricensis*). Nun sind beide Untergattungen BRITTON u. ROSES aber geographisch sehr weit getrennt. Die südlichsten Standorte von *Harrisia* liegen auf Jamaika, Haiti und Portorico; *Eriocereus* kommt nur in Südamerika (Bahia, als nördlichster Standort) vor. Es ist wohl anzunehmen, daß beide einen gemeinsamen Ursprung haben, aber irgendwie mit besonderen Fruchtmerkmalen isoliert wurden. In *Monvillea* mit ihren kahlen Blüten kann man dann eine weitere Reduktionsstufe dieser schlanken und meist nicht völlig aufrechten Pflanzen sehen. So stellte ich alle drei Gattungen zu den nördlichen „*Boreocereeae*", d. h. es empfiehlt sich, RICCOBONOS und BERGERS Ansicht zu folgen und sie als getrennte Gattungen aufzufassen.

*Roseocereus* ist aber nicht überzeugend in *Eriocereus* einzugliedern aus folgenden Gründen:

Sämtliche *Eriocereus*-Arten sind später überbiegend, liegend oder klimmend bzw. anlehnend, nie völlig aufrecht. *Roseocereus tephracanthus* dagegen wächst aufrecht, strauch- oder baumförmig, mit kräftigen Trieben, die höchstens unter

Abb. 1113. Roseocereus tephracanthus (LAB.) BACKBG. Trieb mit stark wolliger Knospe.

der Last oberer Seitentriebe etwas gebogen sind. Die Blüten haben trichocereoiden Charakter in der Stärke der Röhre und besonders in der starken und dichten Behaarung des Fruchtknotens; selbst die Knospen sind behaart. Es werden aber am Ovarium mächtige Schuppen entwickelt, freistehend und bogig zur Röhre gekrümmt, mit dunkler Spitze; sie trocknen mit dem Verfall der Blüte auf, sind meist rot gefärbt, oben dreiseitig und bleiben auf der stark gehöckerten Frucht, die nur behaart ist, als markante Höckerkrönung erkennbar. Die Röhre ist sehr stark gefurcht, bzw. es sind die Schuppenbasen lang herabgezogen. Die Abbildungen lassen den eigenartigen Charakter dieser Blüten erkennen und verstehen, warum BRITTON u. ROSE die Art als ein *Trichocereus*-Synonym ansahen. Im übrigen ist das *Roseocereus*-Areal ganz abgelegen. Wegen aller dieser Eigenarten errichtete ich für sie eine eigene Gattung und stellte sie auch zu den „*Trichocerei*".

Typus: *Cereus tetracanthus* LAB. — Typstandort nicht angegeben.

Die Schreibweise „*tetracanthus*" scheint, weil als Merkmal nicht zutreffend, eine irrtümliche Schreibung gewesen zu sein, da schon FÖRSTER richtiger *C. tephracanthus* schreibt (wobei er LABOURET als Autor angibt).

Vorkommen: O-Bolivien (Cochabamba bis Chuquisaca).

1. **Roseocereus tephracanthus** (LAB.) BACKBG. — BfK., 1938-6

*Cereus tetracanthus (tephracanthus)* LAB., Rev. Hort., IV: 4. 25. 1855 — *Eriocereus tephracanthus* (LAB.) RICC. — *Trichocereus tephracanthus* (LAB.) BORG.

Abb. 1114. Blüte des Roseocereus tephracanthus (LAB.) BACKBG.

Aufrecht, strauch- bis baumförmig, ± bläulich graugrün; Tr. bis ca. 6 cm ⌀; Rippen meist 8, gerundet, nicht hoch, unter den Areolen aufgewölbt, nach unten zu verflachend; Areolen etwas eingesenkt, querrund, weißfilzig; Randst. 4—7, ein unterer zuweilen etwas zusammengedrückt, weißlich, bräunlich gespitzt; Mittelst. 1, etwas kräftiger, bräunlich zu Anfang; Bl. 18—22 cm lang; Sep. grünlichrosa, Zwischenreihe rosa getönt; Pet. grünlichweiß bis weiß; Ov. und Röhre mit langen, breiten, bogig gewölbten Schuppen, in deren Achseln dichte, lange und weiße, verfilzte Haare, die bis zur Knospenspitze reichen; Röhre durch lang herabgezogene Schuppenbasen gerieft; Schuppen rötlich; Fr. stark gehöckert. — Bolivien (Cochabamba bis Chuquisaca) (Abb. 1112—1116).

BRITTON u. ROSES Hinweis auf den älteren Namen *Cereus tephracanthus* LK. & O. läßt erkennen, daß sie ihn hier einbeziehen; wahrscheinlich hat aber SCHUMANN

Abb. 1116. Die stark gehöckerten Früchte sind ein typisches Roseocereus-Merkmal wie der aufrechte, ziemlich hohe, strauchige Wuchs. (Foto: CARDENAS.)

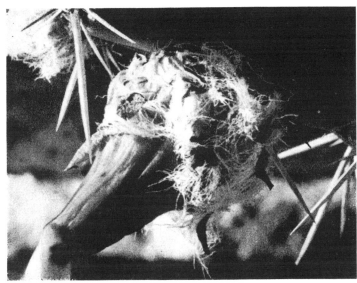

Abb. 1115. Fruchtknoten des Roseocereus tephracanthus (LAB.) BACKBG., mit den langen Schuppen und der starken Haarentwicklung, die das Genus charakterisieren.

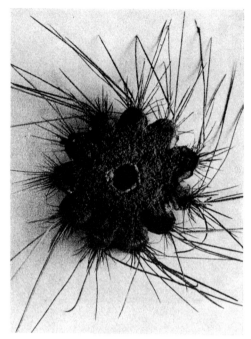

Abb. 1117. Eulychnia spinibarbis (OTTO) BR. & R. Querschnitt durch einen alten Trieb (Herbarmaterial: Naturhist. Museum Stockholm).

Abb. 1118. Eulychnia spinibarbis (OTTO) BR. & R. Blütenquerschnitt (Herbarmaterial: Naturhist. Museum Stockholm).

recht, der meint, daß dies nur ein Schreibfehler bei STEUDEL (1840) und *Echinocactus* (*Malacocarpus*) *tetracanthus* gemeint war.

Manche Autoren führen noch eine v. *bolivianus* (WEB.), „mit gelben Neustacheln und rein weißen Blüten"; aber SCHUMANN sowie BERGER sagen richtig, daß die Unterschiede gering sind. BORG („Cacti", 179. 1951) schreibt den Varietätsnamen unrichtig: *Trichoc. tephracanthus* v. *boliviensis*.

## 80. EULYCHNIA PHIL.
Fl. Atac., 23. 1860

Baumförmige bis hochstrauchige Pflanzen (nach BRITTON & ROSE — wenn sie nicht zwei Arten für die gleiche hielten — *E. acida* außer baumförmigen auch niedrigen Wuchs zeigend); Blüten am Tage geöffnet, glockig-becherförmig, kurz, mit nicht sehr breiter Hülle; mit ziemlich kleiner Samenhöhle; Ovarium und der sogenannte Röhrenteil, der so gut wir ganz fehlt, übergangslos, dicht beschuppt und dicht wollhaarig oder mit kürzerem Wollfilz; untere Blütenwand ziemlich dick sowie meist auch Griffel und Narben; Staubfäden nur kurz und, soweit bekannt, nicht in zwei Serien; Frucht rundlich, mit fleischiger Wand, zum Teil sehr angenehm duftend, aber kaum genießbar; S. ziemlich klein, mattschwarz oder dunkelbraun.

Bei einigen Arten bilden die Areolen der Sämlinge ± lange Wollhaare aus, so daß die Jungpflanzen mit den helleren oder dunkleren Stacheln und dem Haarbesatz sehr hübsch aussehen; bei anderen Arten ist die Haarbildung nur gering. Dafür werden die Areolen besonders zum Triebende und in der Blütenzone ziemlich dickfilzig, dichtstehend und fast zottig-filzig. Der Haarfilz kann mehr oder weniger stark ausgebildet sein, es ist aber nicht richtig, wenn CULLMANN bei der

Beschreibung von *Eulychnia ritteri* sagt: „die nördlichen chilenischen *Eulychnia* durch ± ausgeprägte Pseudocephaliumbildung abweichend"; der Begriff Pseudocephalium sollte auf *Eulychnia* nicht angewendet werden.

Die Gattung wurde von R. PHILIPPI 1860 mit dem Typus *E. breviflora* PHIL. aufgestellt; der älteste Name für diese bzw. die erste beschriebene *Eulychnia* war aber „*Cereus spinibarbis* O.". Die Fruchtbekleidung ist verschiedenartig: braun behaart, seidig weiß behaart oder kurz filzwollig. Die gutwüchsigen Sämlinge sind mit den länger behaarten Arten in den ersten Jahren eine Zier jeder Cereensammlung.

Bisher waren *Eulychnia*-Arten nur aus Chile bekannt. Jüngst fand RITTER (anfangs Nr. FR 276, ohne Namen) eine peruanische Spezies im Küstengebiet des peruanischen Departements Arequipa, mit ziemlich kurzen Blüten. Ihre Sämlinge sind langhaarig, mit schwarzen Stacheln; die ähnlich lang behaarte Sämlinge bildende *Eulychnia saint-pieana* mit gelblichen Stacheln scheint ihr nahezustehen.

Den nahe verwandten *Cereus castaneus* (PHIL.) K. SCH., den PHILIPPI ebenfalls zu *Eulychnia* stellte, habe ich als eigenes Genus *Philippicereus* abgetrennt; die Pflanzen unterscheiden sich nicht nur durch ihren Wuchs in höchstens 1 m hohen Dickichten, sondern auch durch die bis zum Saum lang und dicht bestachelten Blüten (Bestachelung viel länger, als es die Zeichnung Fig. 124 BRITTON u. ROSES [The Cact., II: 84. 1920] wiedergibt). Dies ist in der Reduktionslinie der Sproßnatur der Blüten ein ursprünglicheres Charakteristikum und muß daher — wie dies auch sonst gehandhabt wird — als Argument für die Gattungstrennung, außer dem ganz anderen Wuchsmerkmal, herangezogen werden. Interessant ist, daß sich bei *Eulychnia* die Reduzierung insofern fortsetzt, als *E. spinibarbis* und *E. iquiquensis* noch etwas längere Haarbekleidung an der Blüte aufweisen, während diese bei *E. acida* bis auf kurzen Haarfilz reduziert ist; die Früchte von *E. iquiquensis* zeigen aber auch eine kurze Behaarung, so daß eine weitere Trennung innerhalb dieser Merkmale nicht möglich ist.

Abb. 1119. *Eulychnia iquiquensis* (K. SCH.) BR. & R., von mir 1931 an trockenen Felshängen bei Tocopilla aufgenommen, einem wegen seiner Trockenheit sonst fast völlig vegetationslosen Gebiet.

Typus: *Eulychnia breviflora* PHIL. [*E. spinibarbis* (O.) BR. & R.]. — Typstandort: bei Coquimbo (Chile).

Vorkommen: Chile, im nördlichen Küstenbereich (nach RITTER auch bis S-Peru).

Schlüssel der Arten:

Blüten weiß oder ± rosa getönt
  Blütenröhre und Ovarium mit längeren Haaren
    Blütenbekleidung braunhaarig
      Areolen der Glieder wenig-filzig . . . . . 1: **E. spinibarbis** (O.) BR. & R.
    Blütenbekleidung weißhaarig
      Areolen der Glieder stark filzig
        Stacheln später über 20, grau
          Blüten 5(—7) cm lang . . . . . . . 2: **E. iquiquensis** (K. SCH.) BR. & R.

Stacheln: bis 4 mittlere, schwarz, Randstacheln bis 12, bräunlich
Blüten ca. 2 cm lang . . . . . . . . 3: **E. ritteri** Cullm.

Blütenröhre und Ovarium nur mit sehr kurzem
Filz versehen
Areolen der Glieder groß, rund, erhaben und
dickfilzig . . . . . . . . . . . . . 4: **E. acida** Phil.

1. **Eulychnia spinibarbis** (O.) Br. & R. — The Cact., II: 82. 1920
*Cereus spinibarbis* O., in Pfeiff., En. Cact., 86. 1837. — *Eulychnia breviflora* Phil., Fl. Atac., 24. 1860. — *Echinocereus spinibarbis* K. Sch. — *C. breviflorus* K. Sch. — *C. coquimbanus* sensu K. Sch. non Mol., in Gesamtbschrbg., 58. 1898.

Baumförmig, bis 4 m hoch, stärker verzweigt; Tr. bis 7,5 cm ⌀; Rippen 12—13; St. ca. 20, die meisten bis ca. 18 mm lang; die längsten, als Mittelst. gerechnet, bis 15 cm lang; Bl. 3—6 cm lang, in den Achseln mit hell-gelblichbraunen Haaren; Sep. gespitzt; Pet. weiß oder rosa, oblong, 2 cm lang, gespitzt; Gr. nur 1.5 cm lang, nicht hervorragend; Ov. und Fr. mit langen hellbraunen Haaren bekleidet, letztere grünlich; Fr. 7 cm lang, 4,5 cm ⌀. — Chile (an der Küste der Prov. Coquimbo) (Abb. 1117—1118).

Abb. 1120. Eulychnia iquiquensis (K. Sch.) Br. & R. Triebspitze einer Jungpflanze.

Abb. 1121. Früchte der Eulychnia iquiquensis (K. Sch.) Br. & R., mit seidiger Behaarung und aromatisch duftend.

Jiles hat bei Tongoy, in Meeresnähe, Pflanzen gesammelt (deren St. sehr weich bis fast borstenartig waren), die dem *Trichocereus skottsbergii* im Wuchs sehr ähnelten. Daran zeigt sich auch, daß *Eulychnia* den ähnlichen chilenischen *Trichocereus*-Arten der U.-G.: *Medioeulychnia* nahesteht. Die St. dieser elastisch bewaffneten Form waren bis 12 cm lang, die ausgesprochen borstenartigen ca. 7, bis 6 cm und mehr lang; die Fr. ist nur 5,5 cm lang (Jiles). Man könnte diese Pflanzen v. *setispina* nennen (Coll. Nr. 2065, von Jiles); manche

Borstenst. sind sogar gewellt. Bei dieser Form sind die Knospenhaare grau, beim Typus weißlich; bei beiden werden sie dann erst zu festeren goldbraunen Haaren, bis 1,8 cm lang.

Als Synonym führen BRITTON u. ROSE *Cereus panoplaeatus* MONV. (Hort. Univ., 1 : 220. 1840) auf, diesen jedoch auch als Synonym unter *Trichocereus chilensis*; da SCHUMANN seine v. *panhoplites* (des letzteren) als mit MONVILLES Namen identisch erachtet, gehört dieser nicht zu *E. spinibarbis*, dagegen *Cereus coquimbanus* sensu K. SCH. non MOL., den SCHUMANN später (im Nachtrag der Gesamtbschrbg.) als *Eulychnia breviflora* bezeichnete.

Als hierhergehörige Namen führen BRITTON u. ROSE noch auf: *Cereus tortus* FÖRST., *Cereus chilensis breviflorus* HIRSCHT, beide unbeschrieben.

v. *taltalensis*, v. *lanuginosior*, v. *tenuis* sind Katalognamen RITTERS in WINTER-Kat., 6. 1957 (FR 214, 215, 215a).

2. **Eulychnia iquiquensis** (K. SCH.) BR. & R. — The Cact., II : 83. 1920

*Cereus iquiquensis* K. SCH., MfK., 14 : 99. 1904.

Baumförmig, bis 7 m hoch, unten fast stachellos; Stamm meist sehr kurz, bis 25 cm ⌀; Tr. tief entstehend, manchmal auch seitlich verzweigt; Rippen 12—15, etwas höckerig; Areolen genähert, breitrund, bis 1 cm breit, mit kurzem weißem Wollfilz; St. an nicht blühbaren Tr. ca. 12 bis 15, die meisten ca. 1 cm lang, 1—2 sehr stark, bis 12 cm lang; an blühbaren Areolen St. oft borstenförmig und zahlreich; Bl. 6—7 cm lang, als Knospe mit seidigen, langen, weißen Haaren bedeckt; Pet. kurz, weiß; Fr. kugelig, unten verjüngt, 5—6 cm ⌀, fleischig, dicht mit seidigem Haar bedeckt. — Chile (an den Hängen der Küstenberge in den Provinzen Atacama, Antofagasta und Tarapacá, nahe dem Meer, auf trockenen, oft felsigen Böden) (Abb. 1119—1121).

Abb. 1122. Eulychnia acida PHIL. (Foto: JILES.)

3. **Eulychnia ritteri** CULLM. — Kakt. u. a. Sukk., 9 : 8. 121—122. 1958

Kleine Bäume oder Büsche bis 3 m hoch, tiefer und reichlich verzweigend; Tr. 6—8 cm ⌀; Areolen 0,5—0,75 cm stark, fast einander berührend, mit zottigem, grauweißem, längerem Filz; Randst. bis 12, bräunlich, dünn, 1—2 cm lang; Mittelst. 1—4, schwarz, 3—6 cm lang, die längsten abwärts gerichtet; Bl. ca. 2 cm lang, 1,5 cm breit, außen schmal grün beschuppt und mit weißer Wolle; Perigonblätter rosa, 8—10 mm lang, 3—5 mm breit, abgerundet, nicht weit öffnend; beim Verblühen bleibt der Blütenunterteil grün; Staubf. weiß, wenig zahlreich, nicht in zwei Serien; Staubb. gelb; Gr. bis 7 mm lang, dick, weiß; N. 10, dick; Fr. rund, grünlichorange, bis 3 cm ⌀, Pulpa farblos, schleimig, sauer; S. 1,5 mm lang, dunkelbraun, matt und fast glatt, mit weißem Hilum. — Peru (Arequipa, Küstengebiet von Chala, ca. 400 km von der chilenischen Grenze nordwärts).

Die Sämlinge sind ziemlich lang weißhaarig mit schwärzlichen St. Dieser Art scheint *Eulychnia saint-pieana* RITT., bisher unbeschrieben (FR 479a), anfangs mit ähnlicher Behaarung und gelben St., nahezustehen, als Sämling ebenfalls eine sehr schöne Pflanze (Abb. 1125b).

Die obige Art wurde in früheren Samenlisten von WINTER unter dem unbeschriebenen Namen *Eulychnia ritteri* KRAINZ & RUPF angeboten; diese Angabe fehlt bei CULLMANN.

### 4. **Eulychnia acida** PHIL. — Linnaea, 33 : 80. 1864

*Cereus acidus* K. SCH., Gesamtbschrbg. Nachtr., 22. 1903.

Meist baumartig, bis 7 m hoch, mit deutlichem, manchmal bis 1 m hohem Stamm [oder auch niedrig-verzweigt, strauchig, bis nur 1 m hoch (?)[1]), Zweige dann liegend und aufsteigend]; Rippen 11—12, breit und niedrig; St. verschieden,

Abb. 1123. Links: Blüte der Eulychnia acida PHIL.; rechts: Blüte einer ähnlichen Pflanze mit dünneren Stacheln (Zorilla, Dept. Ovalle, Coquimbo) (Herbarmaterial JILES).

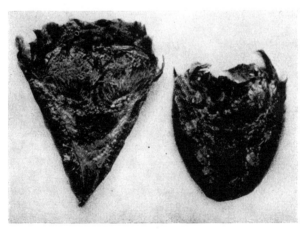

Abb. 1124. Innenseite der gleichen Blüten wie in Abb. 1123 (Herbarmaterial JILES, Naturhist. Museum Stockholm).

---

[1]) Hier mag es sich um eine andere Art handeln, etwa die der Abb. 1125a?

vorgestreckt, anfangs bräunlich, später graufarben, manche bis 20 cm lang; Bl. 5 cm lang, verschieden geformt, kreiselig verjüngt oder länglich-rund; Röhre und Ov. dicht klein beschuppt und mit ausgezogenen festen Spitzen, in den Achseln sehr kurzer Filz; Pet. rosa, später auch weiß; N. lang, 12—15; Fr. fleischig. — Chile (von Choapa bis Copiapo) (Abb. 1122, 1123 links, 1124 links).

Das von JILES gesammelte Material hatte auch gedrehte St. (Fundort: Jorilla [Coquimbo, Dept. Ovalle]). Die kürzere Form obiger Beschreibung ist ungeklärt. Die Pflanze der rechten Abb. 1123 und 1124 scheint nicht beschrieben zu sein.

Abgesehen von *Eulychnia iquiquensis* (FR 202), *E. acida* (FR 232; 1956 als *Eulychnia* sp. von Ovalle) und *E. ritteri* (FR 276) sowie der erst 1958 angebotenen

a          b

Abb. 1125 a. Eulychnia sp. RITTER, Nr. FR 215 von Chañaral, angeblich nur 1,50 m hohe Pflanzen (Sämlingspflanze aus den Kulturen des Züchters SAINT-PIE, Asson [S-Frankreich].)

Abb. 1125 b. Eulychnia saint-pieana RITTER n. nud. mit gelblich-hornfarbenen Stacheln und dichterer Behaarung. [Aus den Kulturen des Züchters SAINT-PIE, Asson (Südfrankreich)]. Ob dies nur Varietäten einer einzigen Art sind, läßt sich bislang nicht sagen. Die bisherige Unsicherheit der RITTER-Namen erweist sich an dem links abgebildeten Sämling, Nr. FR 215 von Chañaral (so hieß die Art im Katalog WINTER 1956). Im Katalog 1957 heißt sie Eulychnia spinibarbis lanuginosior RITTER und 1958 „Eulychnia longispina lanuginosior RITTER (nicht spinibarbis)". Wahrscheinlich sind mit dieser Eulychnia floresiana und saint-pieana eng verwandt. Eine Beschreibung dieser Pflanzen ist angesichts obiger verwirrender Umbenennungen bisher nicht möglich.

Bei den in der Jugend mit Behaarung versehenen Arten verschwindet diese später.

*E. saint-pieana* RITT. sind bei folgenden RITTER-Nummern in den WINTER-Katalogen 1956—1958 verwirrende Umbenennungen erfolgt bzw. bei den nachstehenden Arten, über deren Berechtigung kein genügender Aufschluß zu erhalten war:

FR 214a: *Eulychnia longispina* (1957 als *E. spinibarbis*) Ritt. n. nud.;
FR 214 : — *longispina* v. *taltalensis* (1958; 1956 als *E. acida* von Taltal, 1956 als *E. spinibarbis*, 1957 als *E. spinibarbis taltalensis*, sämtlich Ritter als Autor der nomina nuda);

Abb. 1126. Rauhocereus riosaniensis Backbg. (Trockenwald Rio Saña, N-Peru). (Foto: Rauh.)

FR 215  : — *longispina* v. *lanuginosior* (1958; 1956 *Eulychnia* sp. Chañaral) RITTER n. nud. (Abb. 1125a);
FR 215a : — *longispina* v. *tenuis* RITT. (1958);
FR 197  : *Eulychnia aricensis* RITT. (1958; vor 1956 als *E.* von Arica, 1957 als *E. cephalophora* n. nud. ohne Autor);
FR 202a : *Eulychnia floresiana* RITT. & KRAINZ, nom. nud. 1958 (vor 1956 als *Eulychnia iquiquensis* v. *floresii*, 1956 als *E. floresii*).

Besonders wüchsig ist die braunstachlige und als Sämling nur schwachflockige *Eulychnia aricensis* (FR 197), anfangs mit ca. 10 Rippen, länglichen weiß- bis grau-haarfilzigen Areolen, aber ohne längere Haare; St. anfangs rötlichbraun, oben dunkler, mehrere mittlere dunklere und sehr dünne helle randständige Stacheln; später sollen die Pflanzen ein „goldhaariges Pseudocephalium" haben, womit nach früherer Anmerkung weiche dünne Stacheln in der Blütenzone gemeint sind, bei denen diese Bezeichnung irreführend ist. Bei FR 202, 202A und 215 sind die Sämlinge behaart (FR 202: *Eulychnia iquiquensis*), so daß wohl alle verwandt sind, die Sämlinge von FR 202a (*E. floresiana*) denen von *E. ritteri* ähnelnd; bei *E. iquiquensis* ist die Behaarung geringer und die Art im Sämling deutlicher durch die mehr hervortretende Bestachelung unterschieden.

## 81. RAUHOCEREUS BACKBG.

Descr. Cact. Nov. 5. 1956

Die Pflanzen wachsen ± sperrig verzweigt, z. T. aus einem kurzen dickeren Stamm; Triebe bis 4 m hoch und bis 8 cm ⌀; Rippen an der Basis ca. 2 cm breit; über den Areolen eine durchgehende V-förmige Furche mit einer oberen und unteren Abflachung derselben, so daß zwischen diesen Furchen Höcker entstehen; vom unteren Areolenrand zieht sich nach beiden Seiten noch eine schwachkantige Erhöhung zur Längsfurche, auch ± deutlich noch je eine nach schräg abwärts, wodurch sich eine

Abb. 1127. Blühender *Rauhocereus riosaniensis* BACKBG. Die Gattung ist bisher monotypisch; die Blüten sind glockig-trichterig, dicht beschuppt und schwarz behaart, die Früchte himbeerrot, eiförmig und innen zinnoberrot. (Nach einem Farbbild von RAUH.)

eigenartige Felderung der höckerartigen Erhebungen ergibt; nach der Triebspitze zu sind Längs- und Querfurchen besonders scharf eingesenkt, so daß der Scheitel ganz höckerig erscheint; Areolen anfangs wenig, gar nicht oder sehr kurz bestachelt, weißfilzig, rundlich; Stacheln ungleich, wenige deutliche Mittelstacheln, meist ein längster, bis 5 cm lang, an der Basis lebhaft dunkel-karminrot; die Knospen entstehen zu mehreren kurz unterhalb des Scheitels und sind kugelig;

Röhre glockig-trichterig, sehr dicht beschuppt, in den Achseln behaart; Blütensaum waagerecht abstehend; Petalen weiß; Fr. eiförmig, beschuppt und behaart, später himbeerrot, Fleisch innen lebhaft zinnoberrot bis blutrot; Samen klein, schwarz. Die Blüte ist noch am Tage geöffnet (RAUH). Die Pflanzen wurden von RAUH zuerst 1954 gefunden.

Typus: *Rauhocereus riosaniensis* BACKBG. — Typstandort: N-Peru, im Tal des Rio Saña, auf 1000 m.

Vorkommen: N-Peru, Rio-Saña-Tal und massenhaft im Tal von Jaën.

Abb. 1128. Rauhocereus riosaniensis BACKBG. Nahaufnahme eines Triebes mit der eigenartigen, abgeflachten Höckerfelderung der Triebe. (Foto: RAUH.)

1. **Rauhocereus riosaniensis** BACKBG. — Descr. Cact. Nov. 20. 1956

Sperrig verzweigt, z. T. aus einem dickeren Stamm; Tr. bis 4 m hoch und meist bis 8 cm dick; Rippen bis 6, quergefurcht und die Höcker gekantet; Areolen ca. 4 mm $\varnothing$; St. meist 6 (—8), der oberste der längste, bis 5 cm lang, an der Basis karminrot, oben gelblich, später alle weißgrau, manchmal auch unten violettgrau, die meisten 17—27 mm lang (seitliche), dünn, daneben bis 3 noch kürzere, dünnere, bis 5 mm lang und zuweilen noch 1—2 winzige hellbräunliche im oberen Areolenrand; Bl. bis 10 cm lang, 5 cm ⌀, radförmig, weiß, anscheinend noch am Tage offen; Röhre dicht beschuppt, glockig-trichterig, schwarz behaart; Pet. weiß; Fr. himbeerrot, eiförmig, dicht länglich beschuppt, 3,5 cm lang, Fruchtfleisch ± zinnoberrot; S. schwarz, klein, glänzend, warzig punktiert. — Peru (Bombax-Trockenwald des Rio Saña, auf 1000 m, und östlich der Anden bei Jaën sehr zahlreich) (Abb. 1126—1128).

Eine durch ihre merkwürdige Höckerfelderung bemerkenswerte Pflanze.

Dies ist der Typus des Genus und der Art, gemäß der mir seinerzeit von RAUH gesandten Felddiagnose, die ich nach RAUHS Angaben und lebendem Material (K 75, von Chamaya, Huancabamba-Tal) vervollständigte; der 1954 gesandte Typus der v. *typica* befindet sich im Jardin Botanique Les Cèdres und ist mir nicht mehr zugänglich. Ich belasse die Beschreibung so, für den Fall, daß beide Varietäten nur als Formen angesehen werden. RAUH sah beide zuerst als identisch an (also höchstens formverschieden), später (1958) hat er sie wie folgt unterschieden:

v. **riosaniensis** — Beitr. z. Kenntn. d. peruan. Kaktveg., 367. 1958

5—6rippig; Mamillen weniger kantig als bei der nachstehenden var. und weniger erhaben; Randst. 1—4, bis 1,5 cm lang; Mittelst. meist 4, schräg über Kreuz stehend, viel dünner als bei der v. *jaenensis*, bis 5 cm lang. — N-Peru (Bombaxwald im Tal des Rio Saña, 1000 m. Typus: K 141-1954).

v. **jaenensis** RAUH — Beitr. z. Kenntn. d. peruan. Kaktveg., 367. 1958

Randst. 2—4, bis 1,5 cm lang, sehr derb und stechend; Zentralst. meist 2, sehr derb, an der Basis bis 2 mm dick, bis 2 cm lang, der obere schräg aufwärts, der basale schräg abwärts gerichtet, oft der Sproßachse anliegend. Pflanze zuweilen stammbildend, mit über 20 cm dicken Stämmen. — N-Peru (Trockenwald des Rio Huancabamba, zwischen Chamaya und Jaën, 700 m. Typus: K 75-1956).

Danach kommt die Stammbildung anscheinend nur bei dieser var. gelegentlich vor. Das mir vorliegende Exemplar der letzteren var. hat auch nur 1 Mittelst. (überwiegend) sowie bis 8 Randst., die obersten sehr fein und im oberen Areolenfilz; später werden sie durch dessen stärkere Entwicklung nach unten gedrängt. Vielleicht ist dies RITTERS *Trichocereus tropicus* RITTER n. nud. (FR 287): „Vom Marañon. Schlank, schön gefelderte Triebe."

RAUHS Fotos l. c. lassen keine großen Stärkeunterschiede der Mittelstacheln erkennen.

## 82. HAAGEOCEREUS BACKBG.[1])
BfK. 1934-3 u. 6

[*Binghamia* BR. & R., The Cact., II: 167. 1920, non *Binghamia* FARLOW ex AGARDH (Algae) 1899; non *Binghamia* sensu BACKBG., BfK. 1934-10 (= *Selicereus* BACKBG., 1937); *Peruvocereus* AKERS, C. & S. J. (US.), XIX: 5. 67. 1947]

Der Gattungsname BRITTON u. ROSES war nicht nur ein Homonym — weswegen er verworfen werden mußte —, sondern auch auf einem mißverstandenen

---

[1]) *Haageocactus* BACKBG. (erwähnt in C. & S. J. (US.) 73. 1955) war nur ein nomen provis. in MÖLLERS Deutsch. Gärtnerztg. 187. 1931.

RITTER (Schrift 1958, S. 14) veröffentlicht ein Genus *Haageocereus* BACKBG. mut. char. RITTER, mit dem Typus: *Binghamia multangularis* BR. & R. Die Richtigstellung der mitunter verworrenen Angaben RITTERS kann zum Teil erst im Nachtrag, Band VI, erfolgen.

Namen begründet: *Cephalocereus melanostele* VPL. Es war zweifellos ein *Haageocereus*, den sie für diesen hielten, doch gaben sie, nach VAUPEL, für ihn an: „Borstenstacheln von einer Seite, die VAUPEL ein Seitencephalium nannte." Sie erkannten nicht, daß es sich hier um das jetzige Genus *Pseudoespostoa* handelte, weswegen sie auch *Ps. melanostele* als *Esposta lanata* abbildeten. Auf Grund der Angabe „Borstenstacheln von einer Seite" bezog ich zu *Binghamia* zuerst die Arten mit solchen Bildungen ein, die später — auch wegen der Tagblüten — mit dem Genus *Seticereus* abgetrennt werden mußten.

Für die von BRITTON u. ROSE gefundene und irrtümlich „*Binghamia melanostele*" genannte Pflanze stellte ich 1934 die Gattung *Haageocereus* auf, mit dem neuen Namen *Cereus pseudomelanostele* WERD. & BACKBG. (1931) als Typus.

In C. & S. J. (US.), 67. 1947, veröffentlichte AKERS eine Gattung *Peruvocereus*, mit *P. salmonoideus* AKERS als Typus und den Kennzeichen: „Mit Stacheln oder Borsten oder dicht behaart; Blüten seitlich oder am Ende, am Tage geöffnet, einzeln, schlanktrichterig, Öffnung radförmig; Ovarium beschuppt und behaart; Frucht verlängert kugelig oder rund, rosagrün bis rot, nicht abreißend; Samen klein, schwarz, blank."

Über das Genus *Haageocereus* herrschte längere Zeit Unklarheit. BORG schrieb noch (in „Cacti", 192. 1951): „Die Merkmale dieser Gattung sind dunkel, und es ist nicht klar, ob sie als eigenes Genus oder als Subgenus von *Borzicactus* und als eine Art Übergang von *Binghamia* und *Harrisia* zu *Borzicactus* anzusehen ist." Diese dunkle Formulierung erklärt sich wohl durch die unnatürliche Stellung von *Binghamia* im Schlüssel BRITTON u. ROSES.

Als die Berechtigung von *Peruvocereus* als eigenes Genus immer zweifelhafter wurde, versuchte AKERS [in C. & S. J. (US.), 67. 1947], sein Genus neben *Haageocereus* aufrechtzuerhalten mit folgender Gegenüberstellung:

*Peruvocereus*: Aufrecht, mit Borstenhaaren, Tagblüher;

*Haageocereus*: Biegend oder niederliegend, ohne Borstenhaare, Nachtblüher.

Nun ist aber der Typus von *Haageocereus* mit Borstenhaaren beschrieben worden, und AKERS stürzte sein Genus selbst auch noch dadurch, daß er [C. & S. J. (US.), XXII: 6. 174. 1950] unter Umkehrung der Gattungssynonymie den Typus meines Genus, *C. pseudomelanostele* WERD. & BACKBG., als Synonym zu seinem *Peruvocereus multangularis* (WILLD.) AKERS stellte, ganz abgesehen davon, daß „*Cactus multangularis* WILLD." nach WERDERMANNS Ausführungen (in BACKEBERG, „Neue Kakteen", 81. 1931) ein zu verwerfender Name ist, „weil es unmöglich ist, die alte Art einwandfrei festzulegen" (es mußte daher auch der AKERSschen Pflanze ein neuer Name gegeben werden: *Haageocereus akersii*, nach ihrem Entdecker). Im übrigen ist *Peruvocereus* auch kein echter Tagblüher, wie aus AKERS' eigenen Beschreibungen hervorgeht. Einige Blüten öffnen wohl am frühen Nachmittag, andere erst gegen Abend; ihr Blütenhochstand ist in der Nacht. Aber auch die übrigen Merkmale berechtigen nicht zur Getrennthaltung von zwei

---

WERDERMANN hat z. B. (s. oben und weiter hinten) nachgewiesen, daß *Cactus multangularis* WILLD. „in der Luft hängt" und nicht verwandt werden sollte. Ferner hat RITTER dieser Gattung das Subgenus *Faustocereus* RITTER angehängt, mit dem Typus *Loxanthocereus faustianus* BACKBG. Anscheinend kennt RITTER aber gar nicht die richtige Art, die Abb. 865 in Blüte zeigt, ein typischer tagblühender *Loxanthocereus* mit stark s-förmig gebogenen schlanken Röhren. Im übrigen werden unter der Untergattung *Faustocereus* 10 „unveröffentlichte Namen" genannt; sie müssen hier vorderhand unbeachtet bleiben, da nach Vorstehendem nicht klar ist, wohin sie in Wirklichkeit gehören. Überflüssig erscheint nach Vorgesagtem auch *Loxanthocereus* mut. char. RITTER.

Gattungen. Durch die Perureisen von RAUH 1954 und 1956 hat sich gezeigt, daß dieses rein peruanische Genus eine große Artenzahl aufweist (und sicherlich sind noch nicht einmal alle bekannt).

Hinzu kommt noch, daß *Neobinghamia* zum Teil [*N. climaxantha* (WERD.) BACKBG.] entfernt einem *Haageocereus* ähnelt, eine Art allerdings mehr einer *Espostoa*. AKERS beschrieb WERDERMANNS „*Binghamia climaxantha*" noch einmal als *Peruvocereus albicephalus*, sprach aber mit JOHNSON (in BUINING, J. SKG. „Skde.", IV : 45. 1951) selbst schon die Vermutung aus, daß beide identisch sind. *Neobinghamia* mußte von mir — als Gegenstück zu *Neodawsonia* — 1951 aufgestellt werden; BUXBAUM hielt das Genus noch 1952 für überflüssig. RAUH hat 1956 eine Anzahl Arten gefunden, die diese Gattung besonders interessant erscheinen lassen, denn die einzelnen Spezies zeigen zwar einheitlich abweichende Blütenwollzonen, unter sich sind sie aber recht verschiedenartig, und eine von RAUH im Eulaliatal gefundene Art zeigt deutlich die stufenförmigen Wollringe, wie sie WERDERMANN für die von BLOSSFELD zuerst gesehene Pflanze beschrieb, die aber andererseits keine deutlichen Unterschiede von „*Peruvocereus albicephalus*" zeigt. (Weiteres s. im Band IV.)

Nach unserem gegenwärtigen Wissen gibt es aufrechte und niederliegende Arten von *Haageocereus*, stark und zart bestachelte, sowie eine Gruppe, die besonders im Scheitel haarfeine Borsten, gerade oder ± gekräuselt, bildet. Eine klare Übersicht über die stark angewachsene Artenzahl war nur durch eine Gliederung in Reihen zu erzielen. Die „*Setosi*" stellen darin die am schwierigsten zu identifizierenden Arten dar, bzw. es waren zur Erleichterung der Bestimmung die ihnen zum Teil recht ähnlichen Arten ohne Borsten im Scheitel unter der Reihe „*Asetosi*" abzutrennen. Innerhalb der „*Setosi*" sind dann wieder schlankere und dickere Triebformen unterscheidbar. Es mußte bei dieser Gliederung vor allem nach den vegetativen Merkmalen getrennt werden, weil sonst kaum eine Bestimmungsmöglichkeit gegeben wäre, da die *Haageocereus*-Arten im allgemeinen in der Kultur nicht blühwillig sind. Nach Blütenformen ist überdies keine Aufschlüsselung möglich; einmal sind sie sehr vielfältig und zum anderen noch gar nicht alle bekannt. Als WERDERMANN und ich 1931 die ersten Arten der „*Setosi*" beschrieben, haben wir deshalb, bzw. angesichts der schon damals erkennbaren Variationsbreite, nur eine Spezies mit dickeren Körpern, auffälligerer Borstenbildung und grünlichweißen Blüten (*Cereus pseudomelanostele*) und eine Art mit schlankeren Körpern, weniger auffälliger Borstenbildung und rötlichen Blüten (*Cereus chosicensis*) aufgestellt; andere Unterscheidungen waren damals nicht möglich. Mit den AKERSschen Beschreibungen waren dann schon weitere, von den beiden vorerwähnten abweichende Arten bekanntgeworden. Die RAUHschen Reisen haben schließlich ein so umfangreiches Material ergeben, daß seine wichtigen Standortsbeobachtungen hinsichtlich des Originalhabitus sowie der einzelnen Artunterschiede nur durch eine möglichst genaue Trennung unserem Wissen erhalten werden konnten.

Danach läßt sich die Gattungsbeschreibung von *Haageocereus* wie folgt vervollständigen: Aufrechte oder niederliegende Pflanzen verschiedener Triebstärke und -länge, mit oder ohne Borstenbildung im Scheitel, diese unterschiedlich lang und stark, die Borsten haarfein bis etwas kräftiger; die Blüten eng- oder weittrichterig, mit schlankeren oder kräftigeren, fast glatten oder gerieften Röhren, diese gerade oder zum Teil etwas gebogen, manchmal etwas kantig, der Blütensaum breiter oder schmäler, die Sepalen ± umbiegend, die Petalen von weiß über rosa bis dunkelkarminrot, zum Teil grünlich oder smaragdfarben, in fast allen Übergängen; die Griffel ± weit hervorragend; die Röhrenschuppen entfernter oder ziemlich nahe stehend, flockig befilzt bis schütter oder stärker behaart; die Frucht kugelig bis oblong, bei der Reife ziemlich dünnhäutig, verschieden groß, bis ca. 6 cm lang, klein beschuppt und meist nur gering bekleidet. Die Blüten verfärben sich in einem Falle von weißlichrosa bis karmin, wenn sie abblühen; bei einer Varietät lassen sich auch weiße und rote Blüten trennen, während die Pflanzen sonst nicht unterschieden sind. Der Blütenhochstand ist nachts.

Bei mehreren Arten bleibt der bei Blühbarwerden der Areolen entstehende stärkere Filz oder eine kräftigere Haarbildung stehen; zum Teil sind es wohl auch unausgebildete Knospen. Wenn es sich um Spitzenblüher handelt, verbleiben solche Flockenzonen stufenförmig, bei den anderen manchmal seitlich stärkerfilzige Areolen in unregelmäßiger Anordnung. Das ist zwar eine ähnliche, aber durchaus unterschiedliche Bildung gegenüber den langhaarigen Blütenzonen bei *Neobinghamia*, wo sich der abweichende Charakter derselben besonders deutlich an *N. mirabilis* mit ihren unregelmäßig-stufenförmigen, zottig-fellartigen Bildungen zeigt, und (s. Abbildung von *N. climaxantha*) daran, daß diese Zonen noch später blühbar bleiben.

Über die Höhe der Pflanzen besteht noch keine Klarheit. RAUH sah im allgemeinen keine Arten über 1,50 m hoch, während AKERS bei *Peruvocereus albisetatus* „bis 2 m" angibt, sonst meist auch keine größeren Trieblängen als 1 m, nur bei *Peruvocereus rubrospinus* „1.50 m"; auffällig abweichend ist die Längenangabe bei *Peruvocereus setosus*, für dessen Typus „1—3 m", bei der v. *longicoma* nur „30 cm" bei gleicher Triebstärke genannt werden. Durchschnittlich werden die „*Setosi*", wie die meisten *Haageocereus*-Arten, kaum länger als 1,20 m. Sonst kommen größere Längen der Triebe nur bei den „*Acranthi*" vor, bei denen sie dann überbiegen und niederzuliegen beginnen. Der kriechende *H. repens* kann bis 2 m lang werden.

Eine merkwürdige Eigenschaft, besonders der „*Setosi*", die der Polymorphie der Reihe entspricht, ist, daß die Arten in der Kultur ihr Aussehen zum Teil wesentlich verändern, indem die Stärke der Stacheln mitunter nachläßt, sofern die Kulturverhältnisse nicht, wie an der Riviera, den heimatlichen entsprechen. Dafür sind die Pflanzen nicht selten noch schöner als am Standort, wo sie häufig später nach unten zu schmutzig bis schwärzlich aussehen. Die Wandlungsfähigkeit der Stachelfarbe zeigt sich am Standort daran, daß oben gelb bestachelte Pflanzen an den basalen Jungtrieben rötliche oder rotbraune Stachelfarbe zeigen können und daß die Stacheln oft borstenfein sind; bei einer Art variiert die Stachelfarbe von zitronengelb bis granatrot, ohne daß eine Unterscheidungsmöglichkeit gegeben ist; die verschieden gefärbten Pflanzen kann man nur als Formen ansehen. Die Unterscheidung der Arten und Varietäten war also vor allem auf andere Merkmale hin vorzunehmen bzw. auf den Charakter der Hauptstacheln am Standort sowie zusätzlich auf das typische und gleichbleibende Merkmal der Scheitelborsten, wo sich dieses, wie bei den „*Setosi*", zeigt. Es wird eine interessante Aufgabe sein, ergänzend dazu die Veränderung in der Kultur festzuhalten, so, wie ich es z. B. im Band I mittels Vergleichsfotos bei einigen zwergigen Platyopuntioiden unternahm, bei denen sonst zum Teil Wild- und (besonders gepfropfte) Kulturformen nur schwer identifizierbar sind.

*Haageocereus* gehört mit seinen vielen bunten Arten, auch wenn sie nicht alle gern blühen, ohne Zweifel zu den schönsten Säulenkakteen, eine Zierde aller Sammlungen, zumal sie auch meistens wurzelecht ziemlich hart sind, wenngleich sie durch Pfropfung schneller zu ansehnlichen und besonders prächtig bestachelten Exemplaren heranwachsen.

Die Gattung ist, wie bereits gesagt, rein peruanisch und kommt vom äußersten Norden bis nahe an die chilenische Grenze vor, die meisten Arten von Meeresnähe bis auf ca. 1000 m ü. M. („*Setosi*"), *H. zehnderi* auf 1300 m, *H. crassiareolatus* auf 1200 m, *H. dichromus* (bzw. seine var.) bis auf 1700 m. Am höchsten steigen einige Verwandte des *H. acranthus* bzw. eine var. von ihm hinauf: v. *metachrous* auf 2000 m; *H. zonatus* wird noch bis 2400 m hoch gefunden. Die Mehrzahl der dicht-, bunt- und feinstachligen Spezies kommt jedoch von 1000 (1200) m an abwärts vor, die einzelnen Arten meist auf bestimmte Höhenlagen beschränkt, und nur bei *H. divaricatispinus* sind größere Höhenunterschiede festgestellt worden: von 500—1200 m.

Typus: *Cereus pseudomelanostele* WERD. & BACKBG. — Typstandort: Peru, bei Santa Clara, östlich von Lima.

Vorkommen: in ganz Peru, an der pazifischen Gebirgsseite, bis Küstennähe.

### Schlüssel der Reihen:[1])

Wuchs nicht ausschließlich niederliegend (höchstens im Alter bei größerer Trieblänge)
- Starktriebige Pflanzen, ± aufrecht oder bogig aufstrebend (nur vereinzelt überbiegend); breitere Rippen; meist größere bzw. starkfilzige Areolen und/oder sehr kräftige Hauptstacheln; im Scheitel zum Teil kräftigere, borstenähnliche Feinstacheln . . .    Reihe 1: Acranthi BACKBG.
- Schlanktriebige, dichtbuschig aufstrebende Pflanzen, nur ausnahmsweise liegend; Areolen klein; Bestachelung dicht, meist ± bräunlich, selten fahlgelb; Mittelstachel nur zum Teil kräftiger und verlängert; Borsten fehlend    Reihe 2: Versicolores BACKBG.
- Mittelstarke bis kräftige Pflanzen (8—15 cm oder mehr ⌀), aufrecht, von unten her verzweigt; feine Randstacheln und kräftignadelige bis etwas stärkere Hauptstacheln, ± verlängert, meist gelb oder rötlich; mit oder ohne Borsten im Scheitel
  - Ohne Borsten im Scheitel
    Pflanzen meist stärker aufrecht, häufig längere bzw. kräftigere Hauptstacheln . . . . .    Reihe 3: Asetosi BACKBG.
  - Mit Borsten im Scheitel, stets fein
    Pflanzen schlanker bis stärker, mit ± kräftigen Hauptstacheln, mitunter die mittleren nicht auffallend . . . . . . . . . . . .    Reihe 4: Setosi BACKBG.

Wuchs ausschließlich niederliegend bzw. nur am Ende ± aufgebogen; Borsten stets fehlend
- Triebe 5 cm und mehr dick
  - Bestachelung nicht sehr dicht; kräftige bis stärkere oder auffällig längere Mittelstacheln, zum Teil an der Basis zwiebelig verdickt    Reihe 5: Decumbentes BACKBG.

---

[1]) Nach RAUH haben die Reihen 1, 5, 6 vorwiegend weittrichterige Blüten, die der Reihe 2—4 sind engtrichteriger. — Unter Mittelstacheln sind zum Teil die Hauptstacheln zu verstehen, wenn die übrigen schwer trennbar sind (vgl. mit dem Beschreibungstext).

Bestachelung sehr dicht, aufwärts weisende Randstacheln, fein; Pflanzen oft stark verweht,
bis 2 m lang . . . . . . . . . . . . . . Reihe 6: Repentes BACKBG.

Zugehörigkeit unsicher:

Triebe 3—4 cm ⌀, nicht lang; Blüten nicht bekannt
(eventuell zum Genus *Loxanthocereus* ge-
hörend?) . . . . . . . . . . . . . . . . . . Zweifelhafte Arten

Der besseren Übersichtlichkeit wegen bringe ich nachstehend, wie bei *Tephro-cactus*, die Schlüssel sämtlicher Reihen, Unterreihen und Arten hintereinander.

### Reihe 1: Acranthi BACKBG.
### Schlüssel der Arten:

Areolen alle groß bzw. dick
  Ohne verbleibende Wollflocken in den Areolen[1])
    Bestachelung seitwärts verflochten, an-
      fangs kastanienbraun
      Randstacheln zahlreich, bis 50, sehr
        dünn
        Rippen 12—14
        Hauptstacheln 1—2, auf-
        und abwärts weisend . 1: **H. lachayensis** RAUH & BACKBG.
      Randstacheln bis 20, derber
        Rippen 13
        Hauptstacheln 1—2—4 . 2: **H. pseudoacranthus** RAUH & BACKBG.
    Bestachelung (Randstacheln) seitwärts
      nur wenig ineinander-
      ragend, anfangs ocker-
      gelb
      Randstacheln zahlreich, regelmäßig
        allseits spreizend
      Rippen 13
        Hauptstacheln meist 1 auf-
        fällig länger, bis 5 cm
        lang, daneben einige kräf-
        tigere mittlere, zum Teil
        auch länger . . . . . 3: **H. achaetus** RAUH & BACKBG.
  Bestachelung nicht seitwärts verflochten,
    anfangs braun, mittlere
    Stacheln oft hellfarben
Wuchs meist aufrecht
  Ohne borstenähnliche Feinstacheln
    im Scheitel
    Rippen 12—14
      Mittelstacheln kräftig,
      pfriemlich (Blüten mit
      Staminodialhaarring)
      Wuchs: gering ver-
      zweigt . . . . . . 4: **H. acranthus** (VPL.) BACKBG.

---

[1]) Blütenareolen mit verlängerter Wolle bzw. stehengebliebene Knospenanlage; nicht alle gelangen zur Ausbildung (RAUH).

Mittelstacheln auffällig
  dick (manchmal fehlend)
  Wuchs: stärker ver-
    zweigt                        4a: v. **crassispinus** Rauh & Backbg.
Mit anfangs borstenähnlichen Fein-
  stacheln vermischt
  Rippen ca. 16
    Mittelstacheln anfangs hell-
    braun, Randstacheln
    kaffeebraun . . . . .         4b: v. **metachrous** Rauh & Backbg.
Mit verbleibenden Wollflocken
  Wuchs später mehr liegend
    Wollflocken nicht auffällig zonen-
    förmig stehenleibend
      Mittelstacheln nicht sehr lang,
      nicht strikt abwärts gerichtet
      Rippen 14—15
        Mittelstacheln hellbraun .    4c: v. **fortalezensis** Rauh & Backbg.
      Mittelstacheln ziemlich lang und
      steil abwärts gerichtet
      Rippen 12
        Mittelstacheln gelblich .      5: **H. deflexispinus** Rauh & Backbg.
Wuchs meist aufrecht, ziemlich geschlos-
  sen
  Wollflocken rings in Zonen stehen-
  bleibend
  Rippen ca. 13—14 . . . . .      6: **H. zonatus** Rauh & Backbg.
Areolen (nicht blühbare) nicht auffällig groß
  und dicht
Stacheln nicht alle fast nagelartig derb (Rand-
  stacheln ziemlich fein)
Bestachelung offener, anfangs dunkel- bis
  violettbraun
  Ohne Scheinborsten im Scheitel
    Rippen ca. 13, 12 mm breit
      Blüten weiß . . . .          7: **H. olowinskianus** Backbg.
Bestachelung seitlich mehr verflochten
Mit Scheinborsten im Scheitel (Fein-
  stacheln)
  Bestachelung mäßig dicht
    Triebe bis 10 cm ⌀
    Rippen bis 16
      Blüten weiß . . . .          7a: v. **repandus** Rauh & Backbg.
      Blüten rot . . . . .          7b: — subv. **erythranthus** Rauh &
                                              Backbg.
    Triebe nur bis 6 cm ⌀
    Rippen 13
      Blüten lebhaft rot .         7c: v. **rubriflorior** Rauh & Backbg.[1]

---

[1] Rauh sah später (in seinem Peruwerk 1958) diese var. als subvar. von v. *subintertextus* an (Blüte weiß), so daß demnach bei beiden Varietäten weiße und rote Blüten auftreten. Meine Beschreibung als eigene var. beruht auf dem Triebdurchmesser von 6 cm, bzw. weil Rauh für v. *subintertextus* zuerst 10 cm ⌀ angab, so daß ich beide als getrennte Varietäten

Bestachelung auffälliger verflochten
Rippen 14
Blüten grünlichweiß . . . . . . . . . 7d: v. **subintertextus** Rauh & Backbg.

Stacheln alle nagelartig derb
Triebe bis 10 cm ⌀
Randstacheln 25
Mittelstacheln 1, bis 3 cm lang,
sandig und grau, anfangs
violettgrau
Rippen 13 . . . . . . . . 8: **H. clavispinus** Rauh & Backbg.

Randstacheln ca. 15
Mittelstacheln 1—2, bis 6 cm
lang, glatt, anfangs
violettbraun, dann
hell und braun gefleckt
Rippen ca. 11
Blüten weiß, sehr zahlreich erscheinend . 9: **H. pluriflorus** Rauh & Backbg.

### Reihe 2: Versicolores Backbg.

#### Schlüssel der Arten:

Triebe bis 5 cm ⌀, bzw. im Durchschnitt
Rippen zahlreicher, bis 22
Mittelstacheln meist nicht vorhanden, Stacheln kurz und sehr dicht; Körper kaum sichtbar
Stacheln dunkel bernsteingelb, bald
schmutzigfarben. . . . . . . 10: **H. icosagonoides** Rauh & Backbg.

Mittelstacheln gewöhnlich vorhanden, teilweise weniger auffällig; Bestachelung weniger dicht bzw. Körper noch sichtbar, Stacheln nicht bald schmutzigfarben
Stacheln ± rötlich-bräunlich, in Zonen heller oder dunkler; Blüten alle weiß
Mittelstacheln kräftiger, meist vorhanden. . . . . . . . . . . . . 11: **H. versicolor** (Werd. & Backbg.)
Backbg.
Mittelstacheln fehlend, Stacheln insgesamt mehr borstenartig . . 11a: v. **lasiacanthus** (Werd. & Backbg.) Backbg.

Stacheln ± goldgelb bzw. gelblich, mittlere oft fehlend . . . . . . . 11b: v. **aureispinus** Backbg.

---

ansehen mußte. Rauh nannte später für letztere var. einen Durchmesser von 6 cm; die Stacheln sind auch mehr verflochten.

# Haageocereus

| | |
|---|---|
| Stacheln einheitlich tief fuchsbraun Mittelstacheln ± deutlich hervortretend, Bestachelung fein und und dicht (Syn. H. talarensis BACKBG. n. nud., H. versicolor v. atroferrugineus BACKBG. n. nud.) . . . . . . . . . . | 11c: v. **fuscus** BACKBG. |
| Mittelstacheln schräg abwärts gerichtet, kräftig, hellbraun, Randstacheln dunkel-fuchsrot . . . | 11d: v. **catacanthus** RAUH & BACKBG. |
| Rippen meist 10—12(—14) | |
| Mittelstacheln kräftiger, strohgelb, bis 2,5 cm lang und (z. T. viel) länger | 11e: v. **xanthacanthus** (WERD. & BACKBG.) BACKBG. |
| Mittelstacheln dünn, blaßbraun (wie die sehr feinen 10—15 Randstacheln), bis 3 cm lang (Pflanzen dünn, später liegend, daraus zuerst wieder aufrecht sprossend) . . . . . . . . . . | 11f: v. **humifusus** (WERD. & BACKBG.) BACKBG. |
| Triebe 8—10 cm ⌀ | |
| Rippen ca. 18 | |
| Mittelstacheln (und Randstacheln) ± gelbbraun, 1—2, später stark abwärts geneigt und nach links gebogen | |
| Wolle der Knospen häufiger flokkig stehenbleibend . . . . . | 12: **H. pseudoversicolor** RAUH & BACKBG. |

## Reihe 3: Asetosi BACKBG.

### Schlüssel der Arten:

| | |
|---|---|
| Ohne Borsten im Scheitel; Randstacheln fein und zahlreich | |
| Triebe später ca. 7 cm ⌀ | |
| Stacheln bernsteingelb | |
| Triebe ca. 7 cm ⌀ | |
| Rippen ca. 19 | |
| Mittelstacheln nicht ± abwärts geneigt, zuweilen etwas kräftiger-nadelig, wenn hervortretend | |
| Mittelstacheln ± länger und aufwärts gerichtet, ziemlich dünn-nadelig | |
| Blüten weiß . . . . . . . | 13: **H. laredensis** (BACKBG.) BACKBG. |
| Mittelstacheln kräftiger, 1—3, bis 6 cm lang (Triebe oft nur 5 cm ⌀) . . . . . . | 13a: v. **longispinus** RAUH & BACKBG. |

    Mittelstacheln ± abwärts geneigt,
     kräftig nadelig, meist einzeln
      Blüten grünweiß . . . . .  14: **H. viridiflorus** (Akers) Backbg.[1])
  Triebe ca. 8 cm ⌀
   Rippen ca. 18
    Mittelstacheln kräftig, meist ± abwärts gebogen
     Mittelstachel 1 (—2)
      Mittelstacheln unten nicht knotig verdickt
       Mittelstacheln bis 4 cm lang, anfangs leuchtend gelb (Blüten mit Staminodialhaarring) .  15: **H. aureispinus** Rauh & Backbg.

       Mittelstacheln (1—2) mit hellbrauner Basis, oben dunkelbraun, anfangs rötlichbraun  15a: v. **fuscispinus** Rauh & Backbg.

      Mittelstacheln unten knotig verdickt, derb
       Mittelstacheln bis 4 cm lang, anfangs bernsteingelb . . . .  15b: v. **rigidispinus** (Rauh & Backbg.) Rauh & Backbg.

    Mittelstacheln dicht auf- und abwärts durcheinanderstarrend, ziemlich lang, gerade
     Mittelstacheln 1—2, bis 5 cm lang, ziemlich gerade untereinanderstehend
      Blüten grünweiß . . . . .  16: **H. acanthocladus** Rauh & Backbg.

 Stacheln blaßgelblich
  Triebe 8 cm ⌀
   Rippen ca. 28 (lt. Rauh: 18)
    Mittelstacheln dünn-elastisch, fast borstenähnlich
     Mittelstacheln 1 (—2) . . . . .  17: **H. tenuispinus** Rauh & Backbg.

  Triebe später 10 (—12) cm ⌀
   Rippen 17—20
    Stacheln rein gelb

---

[1]) Die Neukombinationen der Akersschen Namen, die gute Arten oder Varietäten darstellen, wurden von mir bereits bei der Bearbeitung des Rauh-Materials vorgenommen, weit früher als die nachstehend erwähnten Cullmanns, weswegen dieselben hier (nach dem Vorbild von Croizat, der z. B. bei *Echinofossulocactus* Oehmes comb. nov. mangels Basonym nicht anerkannte) unberücksichtigt bleiben, da ihnen ebenfalls die Basonymangabe fehlt. Cullmann stellt auch (alle seine n. comb.: in Kakt. u. a. Sukk., 8: 12. 180. 1957) die Kombination *Haageocereus multangularis* (Willd.) Cullm. mit einem Foto auf, obwohl Werdermann nachwies, daß dieser Name nicht mehr zu identifizieren ist. Es sind von mir jetzt auch mehr Taxa von Akers als berechtigt anerkannt worden als die, welche Cullmann aufführt. Seine Kombinationen wurden nur da erwähnt, wo sie von meiner Auffassung abweichen.

Mittelstacheln nicht sehr kräftig,
   wenig oder mehr verlän-
   gert, nur vereinzelt bis
   7 cm lang
   Mittelstacheln (längere) 1—2, spä-
     ter abwärts gerichtet
     Blüten weiß . . . . . . .   18: **H. pacalaensis** BACKBG.
Stacheln hornfarben und ± deutlich
   fleckt, zuweilen an-
   fangs rotgelb
   Mittelstacheln lang, kräftig und
     dicht starrend
     Blüten weiß (± grünlich?)
     Früchte länglich, rot   19: **H. horrens** RAUH & BACKBG.
Rippen 22
   Stacheln unten gelb, oben bräunlich
   Mittelstacheln lang, ziemlich
     kräftig und dicht
     starrend
     Früchte rund, rot. .   19a: v. **sphaerocarpus** RAUH & BACKBG.

## Reihe 4: Setosi BACKBG.
### Schlüssel der Unterreihen:

Triebe schlank, (4—5—) 7—8 cm ⌀ . . . .   U.-Reihe 1: Chosicenses BACKBG.
Triebe mittelstark, später bis 10 cm ⌀ . . .   U.-Reihe 2: Pseudomelanosteles BACKBG.
Triebe ziemlich dick werdend, (10—) 15 cm ⌀,
   reichlicher oder gering mit Haar-
   borsten versehen . . . . . . .   U.-Reihe 3: Pachycladi BACKBG.

## Unterreihe 1: Chosicenses BACKBG.
### Schlüssel der Arten:

Borstenhaare ziemlich kurz, nicht über 2 cm
   lang
   Borstenhaare im Scheitel höchstens 1 cm
     lang
     Stacheln nicht alle stärker spreizend
       Triebe bis ca. 6 cm ⌀, Länge variabel
       von 0,60—1,20 m (selten mehr)
       meist bis 1 m
       Mittelstacheln 1—2, am Scheitel kräf-
         tig-nadelig, bis ca. 2 cm
         lang
       Areolen ± rundlich
         Blüten karminrosa
          Hauptstacheln variabel von
          hellgelb bis bernstein,
          auch etwas in der Stärke   20: **H. chosicensis** (WERD. & BACKBG.)
                                              BACKBG.

Hauptstacheln rötlich (fuchsrot), ziemlich fest
(Triebe lt. Rauh bis 8 cm ⌀,
lt. Akers bis 6 cm ⌀) . . . . . . . 20a: v. **rubrospinus** (Akers) Backbg.

Areolen auffallend länglich, bis 8 mm
lang
   Blüten unbekannt
     Hauptstacheln steif, bis 2,5
     cm lang, gelblich-bern-
     stein . . . . . . . . . . 21: **H. longiareolatus** Rauh & Backbg.

Mittelstacheln dünn und ziemlich kurz
(bis 1,5 cm lang) oder fehlend
   Areolen weiß
     Borsten dicht, abstehend, 1 cm
     lang
       Blüten grünlichweiß
         Pflanzen bis 1—2 m hoch
         (v. *robustus* Akers,
         rötliche Blüte, ein Ba-
         stard oder Form des
         Typus?) . . . . . . 22: **H. albisetatus** (Akers) Backbg.

   Areolen grau
     Borsten kurz, kaum 0,5 cm lang
       Blüten smaragd (!)
         Pflanzen bis 50 cm hoch,
         Triebe 5 cm ⌀ . . . 23: **H. smaragdiflorus** Rauh & Backbg.

Triebe 7—8 cm ⌀ (selten etwas mehr)
Mittelstacheln 1,2—2 cm lang, gelb
   Mittelstacheln 1
     Blüten tiefrot . . . . . . . . 24: **H. albispinus** (Akers) Backbg.

   Mittelstacheln mehrere
     Blüten bläulich-altrosa-orange
     (Blüten reichlich er-
     scheinend) . . . 24a: v. **floribundus** (Akers) Backbg.
                                                            n. comb.

Mittelstacheln nur 9 mm lang, gelb,
rot gespitzt
   Mittelstacheln 2
     Blüten unbekannt . . . . . . 24b: v. **roseospinus** (Akers) Backbg.
                                                            n. comb.

Stacheln alle stärker und dicht spreizend
(± rot gefärbt oder wenigstens
teilweise)
   Triebe 5—8 cm ⌀, 1 m lang
     Mittelstacheln nadelig steif, vor-
     gestreckt, zitronengelb
     bis granatrot, bis 2 cm
     lang, zum Teil gezont
     Triebe 8 cm ⌀ . . . . . 25: **H. dichromus** Rauh & Backbg.

Mittel- und Randstacheln ziemlich
gleich lang, im Oberteil
± blaßrot, dünn, kurz
Triebe 5 cm ⌀ (Mittel-
stacheln vereinzelt bor-
stig verlängert) . . . .  25a: v. **pallidior** Rauh & Backbg.
Triebe nur 4 cm ⌀, 50 cm lang
Mittel- und Randstacheln gleichlang,
weißlich mit rötlicher Spitze . .  26: **H. peniculatus** Rauh & Backbg.
Borstenhaare im Scheitel 1,5—2 cm lang
Hauptstacheln nicht sehr lang und dicht,
höchstens 3,5 cm lang
Triebe 6—8 cm ⌀
Areolen zur Blütezeit ziemlich dick (bis
1 cm ⌀), Knospenwolle verblei-
bend
Mittelstacheln nur vereinzelt vorhanden, steifnadelig, bis 2,5 cm
lang, blaßgelb
Sepalen unten grün, oben rötlich  27: **H. crassiareolatus** Rauh & Backbg.
Mittelstacheln zum Teil steif und da-
neben noch borstenartig dünne
und stark biegsame, bernsteingelb, bis 3,5 cm lang (zum Teil
gefleckt)
Sepalen und Röhre smaragdgrün  27a: v. **smaragdisepalus** Rauh &
Backbg.

Areolen unauffällig, ohne verbleibende
Knospenwolle
Mittelstacheln 4—4,5 cm lang, horngelb, braun gefleckt, nadelig-
stechend
Blüten grünlichweiß mit grün-
lichem Mittelstreifen. . . .  28: **H. chrysacanthus** (Akers) Backbg.
Triebe 4—5 cm ⌀
Mittelstacheln am Scheitel borsten-
dünn, locker, bis 4 cm lang, blaß-
gelb bis weißlich . . . . . . .  29: **H. seticeps** Rauh & Backbg.
Mittelstacheln am Scheitel steifnade-
lig, bernsteinfarben, bis 2,2 cm
lang, dazwischen gleichlange feine
Borstenstacheln, weiß, oben zum
Teil bernsteinfarben gefleckt (da-
neben bis 2 cm lange Haare) .  29a: v. **robustispinus** Rauh & Backbg.
Hauptstacheln alle ziemlich dicht stehend
und lang (8—10 cm)
Mittelstacheln ockergelb, Basis gelb-
lich
Sepalen obenauf grün
Blüten weiß . . . . . . . .  30: **H. turbidus** Rauh & Backbg.

Mittelstacheln bernsteinfarben bis rot-
 gelb gefleckt
  Sepalen oben bräunlichrot . . . 30a: v. **maculatus** Rauh & Backbg.
Borstenhaare im Scheitel über 2 (—4,5) cm lang
 Triebe 6 cm ⌀
  Borstenhaare 2 cm lang
   Hauptstacheln 1—2, ca. 2 cm lang, bräun-
    lich, dünner
    Blüten rot bis scharlachrot
     Pflanzen 1—3 m hoch 31: **H. setosus** (Akers) Backbg.
  Borstenhaare 4,5 cm lang
   Hauptstacheln 1—2 steifnadelig, kräftiger,
    bis 3,5 cm lang
    Blüten unbekannt
     Pflanzen nur 30 cm hoch 31a: v. **longicoma** (Akers) Backbg.
Borstenhaare im Scheitel (zum Teil auch die
 Stacheln alle borstig), ca. 4,5 cm
 lang
 Stacheln nicht (fast) alle lang und borsten-
  förmig
  Triebe 6—7 cm ⌀
   Mittelstacheln 1—2, leicht geneigt,
    biegsam-nadelig, 2,5—4,5 cm
    lang, gelblich, braun gespitzt
    Blüten tief bläulichrosa [*Peru-
     voc. multangularis* (Willd.)
    Akers: nomen dubium] . . 32: **H. akersii** Backbg.
 Stacheln fast alle (mit seltener Ausnahme
  einzelner steiferer) ± borsten-
  artig dünn, gelblich wie die
  Borsten, bis 4 cm lang, später
  abwärts geneigt
  Triebe (4,5—) 8 cm ⌀
   Blüten grünlichweiß (?) . . . 33: **H. zehnderi** Rauh & Backbg.

### Unterreihe 2: Pseudomelanosteles Backbg.

#### Schlüssel der Arten:

Triebe später ca. 10 cm ⌀
 Areolen nicht genähert, nicht in symmetrisch
  sich kreuzenden Spiralen
  Borstenhaare nicht über 2 cm lang, ± ge-
   krümmt und mit Borstensta-
   cheln gemischt, weißlichgelb
   Borsten bis 2 cm lang
    Mittelstacheln bis 8 cm lang, einzelne
     kräftig
     Blüten grünlichweiß . . . . . 34: **H. pseudomelanostele** (Werd. & Backbg.) Backbg.
   Borsten bis 1,5 cm lang
    Mittelstacheln bis 4 cm lang, nadelig
     Blüten tiefrosa . . . . . . . . 34a: v. **clavatus** (Akers) Backbg.

Borsten kaum 1 cm lang
  Mittelstacheln 1—2, 2—3 cm lang,
    steif, kräftig
    Blüten karminrot
    (Pflanzen nur 1,20 m lang) . .  34b: v. **carminiflorus** Rauh & Backbg.
  Mittelstacheln 1 oder mehr, dünn, stechend, bis 2 cm lang, oder fehlend; übrige Stacheln gleichlang, größenteils haarborstenförmig, alle anfangs gelb
    Blüten (fleisch)rosa
    (Pflanzen 1—3 m lang) . . .  35: **H. salmonoideus** (Akers) Backbg.
Borstenhaare 3,5 cm lang, weiß, im Scheitel aufrecht
  Mittelstacheln bis 3 cm lang, dünn, biegsam, später abwärts geneigt, meist einzeln
    Blüten rot (?)
    (Pflanzen 1,30 m lang). . . .  36: **H. comosus** Rauh & Backbg.
Triebe (8—) 10 cm ⌀
Areolen genähert, in symmetrisch und dicht in sich kreuzenden Spiralen angeordnet
  Borstenhaare kurz, kaum 1 cm lang
    Mittelstacheln 1—2, 1,5—2 cm lang oder (anfangs) kürzer
      Blüten weiß
      (Pflanzen bis 1,20 m hoch) .  37: **H. symmetros** Rauh & Backbg.

## Unterreihe 3: Pachycladi Backbg.

### Schlüssel der Arten:

Triebe (10—) 15 (oder mehr) cm ⌀
  Haarborsten an den Trieben reichlicher bzw. länger, im Scheitel aufrecht, weiß, 2,5—3 cm lang
    Stacheln alle auffälliger spreizend
      Pflanzen bis 1,20 m hoch
        Haarborsten später nicht den Körper umspinnend
          Hauptstacheln meist 1, bis 4 cm lang, kräftig-nadelig, hellbräunlich zum Teil gefleckt
          Areolen mit Knospenwolle .  38: **H. divaricatispinus** Rauh & Backbg.
    Stacheln nicht alle auffällig spreizend
      Pflanzen bis 70 cm hoch
        Haarborsten später den Körper umspinnend
          Hauptstacheln 1 (—2) (oder 0), gelblich, steif, bis 3 cm lang
          Areolen klein . . . . . . .  39: **H. piliger** Rauh & Backbg.

Haarborsten wenige oder kaum als solche
 erkennbar, höchstens 1,5 cm
 lang
 Hauptstacheln meist 1 (—3), bis
  3 cm lang, gelb, rötlich ge-
  spitzt, (z. T. abwärts geneigt)   40: **H. pachystele** Rauh & Backbg.

## Reihe 5: Decumbentes Backbg.
### Schlüssel der Arten:

Mittelstacheln 3 cm und mehr lang, später silber-
 oder platingrau
 Rippen bis 13
  Triebe bis 8 cm ⌀
   Areolen dick, zuerst gelblich filzig
    Mittelstacheln meist 1, bis 7 cm lang   41: **H. platinospinus** (Werd. & Backbg.) Backbg.

 Rippen ca. 20
  Triebe bis 5 cm ⌀
   Areolen ziemlich klein, grau
    Mittelstacheln an der Basis nicht zwie-
     belig verdickt, nicht säbel-
     artig gebogen
      Mittelstacheln 1—2, bis 5 cm lang   42: **H. decumbens** (Vpl.) Backbg.
      Mittelstacheln bis 10 cm lang .   42a: v. **spinosior** Backbg.
    Mittelstacheln an der Basis zwiebelig
     verdickt
      Mittelstacheln bzw. Hauptsta-
       cheln 2, bis 4,5 cm lang, nicht
       säbelartig gebogen . . . .   43: **H. australis** Backbg.
      Mittelstacheln 2—3, bis 3 cm lang,
       säbelförmig aufwärts gebogen   43a: v. **acinacispinus** Rauh & Backbg.

Mittelstacheln nur bis 2 cm lang
 Rippen ca. 16
  Triebe bis 8 cm ⌀
   Mittelstacheln 1—2, mäßig kräf-
    tig, anfangs dunkelbraun, mit
    gelber Basis, später grau bis
    rötlichgrau . . . . . . . .   44: **H. litoralis** Rauh & Backbg.

## Reihe 6: Repentes Backbg.
### Schlüssel der Arten:

Triebe bis 2 cm lang, unterwärts wurzelnd
 Randbestachelung sehr dicht und zahl-
  reich, nach oben gerichtet
  Triebe bis 8 cm ⌀
   Mittelstacheln 1—2, 2—3 cm lang,
    anfangs bersteinfarben
    Blüten rein weiß . . . . . .   45: **H. repens** Rauh & Backbg.

## Zweifelhafte Arten
(zum Teil zu *Loxanthocereus* ?)[1])

Triebe fast unter Stacheln verborgen
    Triebe ca. 4 cm ⌀
        Mittelstacheln bis 6 cm lang
            Mittelstacheln 1—2, sehr biegsam, nicht stechend, anfangs rotbraun, bald grau
                Triebe nur 25 cm lang . . . . . 46: **H. paradoxus** Rauh & Backbg.
        Mittelstacheln bis 5 cm lang
            Mittelstacheln 1—3, in der Durchsicht rötlich, fester
                Triebe bis 80 cm lang . . . . . 47: **H. ambiguus** Rauh & Backbg.
        Mittelstacheln bis 2,5 cm lang
            Mittelstacheln meist 1, in der Durchsicht lederbraun
                Triebe bis 90 cm lang . . . . .    47a: v. **reductus** Rauh & Backbg.
    Triebe nur 2—3 cm ⌀
        Mittelstacheln bis 3 cm lang
            Mittelstacheln 1—3, anfangs ledergelb, braunspitzig
                Triebe bis 50 cm lang . . . . 48: **H. ocona-camanensis** Rauh & Backbg.
Triebe deutlich unter der Bestachelung sichtbar
    Triebe 3—3,75 cm ⌀, anfangs warzig höckerig
        Stacheln anfangs braun, oben dunkler, bald grau, ziemlich dünn
        Mittelstacheln bis 3 (—5) cm lang
            Mittelstacheln 1—2
                Triebe 30—50 cm lang . . . . . 49: **H. mamillatus** Rauh & Backbg.
        Mittelstacheln bis 4 cm
            Mittelstacheln 2—3
                Triebe bis 20 cm lang . . . . 49a: v. **brevior** Rauh & Backbg.

### Reihe 1: Acranthi Backbg.

**1. Haageocereus lachayensis** Rauh & Backbg. — Descr. Cact. Nov. 22. 1956

Aufrecht, bis ca. 8 cm ⌀; Rippen ca. 12 oder etwas mehr; Areolen länglichrund, reichlichfilzig; Randst. bis 50, nadelig, allseitig strahlend, oben etwas weniger an Zahl; Mittelst. zum Teil den Randst. gegenüber wie Oberst. gestellt, etwas kräftiger, einige noch stärker, die stärksten 1—2 am längsten, bis ca. 3 cm lang, meist aufwärts und abwärts weisend, kastanienbraun, im Scheitel mit gelblicher Basis, später alle vergrauend; Bl. und Fr. unbekannt. — Peru (Prov. Chanchay: Lomas de Lachay, 90 km nördlich von Lima). Die Pflanzen werden ca. 60 cm hoch (Abb. 1130).

Im Scheitel sind alle St. braun, manchmal fleckig.

---

[1]) Ritters Angaben oder Argumente können bisher wegen des Fehlens von Blütenaufnahmen nicht berücksichtigt bzw. die Arten vorläufig nur hier einbezogen werden.

2. **Haageocereus pseudoacranthus** RAUH & BACKBG. — Descr. Cact. Nov. 23. 1956

Von unten verzweigt; Rippen ca. 13, an der Basis etwas geschweift; über den Areolen eine V-Furche; Areolen mit bräunlichem Filz; St. in drei Serien übereinander; unterste St. bis 20, nadeldünn; Übergangsst. 6 oder mehr, ± pfriemlich; Hauptst. 1—2 (—4) als längste, pfriemlich, zuerst aufgerichtet, dann vorgestreckt, bräunlich; Bl. unbekannt. — Mittleres Peru (Lurin-Tal, bei 1000 m) (Abb. 1131).

Durch Bestachelung und Habitus von allen anderen Arten abweichend. Pflanzenhöhe 1—1,5 m, Triebstärke 8—10 cm ⌀.

3. **Haageocereus achaetus** RAUH & BACKBG. — Descr. Cact. Nov. 25. 1956

Wenig verzweigt, bis 1—1,2 m hoch; Tr. bis 15 cm ⌀; Rippen 13; Areolen 1 cm ⌀, anfangs ockerbraun-filzig, später grau; Randst. bis 1,5 cm lang, einzelne

Abb. 1129. Haageocereus-Landschaft in Peru. (Farbfoto: RAUH.)

länger, zuerst ockergelb; Hauptst. meist 1, bis 5 cm lang, sehr derb, anfangs ockerbraun, heller gezont, später grau, daneben einige kräftigere mittlere, zum Teil auch länger; Bl. nur trocken gesehen, mit stark wollig behaarter, 5 cm langer Röhre. — Peru (Churin-Tal, 1200 m, selten) (Abb. 1167, Tafel 88).

Ähnelt *H. acanthocladus* in der regelmäßigen Auf- und Abwärtsstellung der Hauptst., ist aber viel dicker und höher.

4. **Haageocereus acranthus** (VPL.) BACKBG. — BACKEBERG & KNUTH, Kaktus-ABC, 207. 1935[1])

*Cereus acranthus* VPL., Bot. Jahrb. ENGLER, 50, Beibl. 111. 14. 1913.

---

[1]) VAUPEL verstand hierunter Pflanzen mit starren Stacheln (MfK., 155/6. 1914), 2 Mittelstacheln pfriemlich! Ich verstand darunter die gleichen Pflanzen, wie auch BRITTON u. ROSE („from Sta. Clara to Matucana"), die sie demgemäß auch richtig abbildeten. RITTER (Schrift 1958) behauptet, ich hätte diese später als *H. olowinskianus* bezeichnet (eine ganz andere Art),

„Bis 3 m hoch"[1]), aufgebogen, auch aufrecht, bis 8 cm ⌀; Rippen 12—14, am Scheitel stark gehöckert; Areolen dichtstehend, ziemlich groß, gelb- bis dunkelbraun befilzt; Randst. ca. 20—30, gelb, bis 1 cm lang; Mittelst. aus Übergängen, mehrere, kräftiger, besonders meist 1, bis 4 cm lang; Bl. 6—8 cm lang[2]), (grünlich) weiß; Staubbl. hervorragend; Gr. meist noch etwas länger; Fr. anfangs grün, breitrund. — Peru (bei Santa Clara, Lima—Oroya-Bahn, auf 400 bis 600 m) (Abb. 1132).

Wird in der Kultur feinstachliger. Stacheln (auch bei 4a) gelb mit dunkler Spitze.

*Piloc. acranthus* K. SCH. (1911), nur ein Name, war die erste Benennung dieser Art (zuerst bei WEBERBAUER, in „Die Pflanzenwelt d. peruan. Anden", 56. 1911; Ausgabe 1945: Tafel IV b))

4a. v. **crassispinus** RAUH & BACKBG. Descr. Cact. Nov. 22. 1956

Weicht vom Typus der Art ab durch längere und derbere Mittelst., 3 cm und mehr lang; sie sind auch ziemlich stark pfriemlich, die Randst. derbnadelig und sehr ebenmäßig strahlend; Bl. mit kräftiger Röhre, ca. 6 cm ⌀, grünweiß, die Sep. stark umgerollt, die Pet. nur nach auswärts gebogen, locker stehend. — Peru (Cañete-Tal, auf 1000 m, ebenso im Pisco-Tal auf 1000 m). Die Pflanzen sind niedriger und reicher verzweigt als der Typus der Art (Abb. 1129, 1133—1134. Tafel 80).

Abb. 1130.
*Haageocereus lachayensis* RAUH & BACKBG.

4b v. **metachrous** RAUH & BACKBG. — Descr. Cact. Nov. 22. 1956

Weicht vom Typus ab durch dunkelbräunlichen Filz im Scheitel und ziemlich dichte, fast kaffeebraune Bestachelung; Rippen 16; Randst. im Scheitel zum

---

und beide müßten unter „*Cereus limensis*" zusammengefaßt werden, d. h. *H. olowinskianus* und der von mir angeblich „mißverstandene Cereus VAUPELS". Die Pflanze aus dem oberen Rimac-Tal müsse den neuen Namen *Haageocereus limensis* v. *andicolus* RITTER erhalten (welche meint er damit eigentlich?). Was *Cereus limensis* SD. war, kann man nicht mehr sagen. Die Blüte wurde nicht beschrieben, und SALM-DYCK bezeichnete alle Stacheln als „acicularis setaceis". Damit ist also weder VAUPELS Pflanze, mit starren Stacheln, noch mein *H. olowinskianus*, noch *H. clavispinus*, noch *H. lachayensis* zusammenzubringen (wie man sehr gut an RAUHS Fotos erkennen kann), so daß RITTERS Text (er zieht alle zu „*Haageoc. limensis*") eine recht leichtfertige Umkombinierung ist. Vieles ist ja schon durch RAUH sorgfältig nachgewiesen; auf weiteres kann ich hier nicht mehr eingehen; es würde eine besondere Schrift erfordern, um alle Irrtümer RITTERS richtigzustellen.

[1]) Nach RAUH übertrieben; er sah nur eine Länge bis 2 m; bei VAUPEL 1 m (nach WEBERBAUERfoto zu kurz angegeben).

[2]) Am Fuß der Staubfäden erscheint auch bei dieser Art, wie auch z. B. bei *H. aureispinus* (zum Teil auch bei *Loxanthocereus, Clistanthocereus, Neobinghamia, Weberbauerocereus, Submatucana*, und zwar nicht immer innerhalb des Genus), staminodiale Haarbildung, ein Beweis, daß ihr keine gattungstrennende Bedeutung zukommt.

Teil Borsten ähnelnd, zahlreich, bis 15 mm lang; Mittelst. 1—2, derb, bis 2 cm lang, unten anfangs ledergelb, oben braunviolett; Bl. 12 cm lang; Röhre rötlichgrün, behaart; Sep. unterseits braunkarminrot; Pet. weiß bis zart karminrosa, bei Abblühen wie der anfangs rötlichgelbe Gr. und die weißen Staubf. sich alle

Abb. 1131. Haageocereus pseudoacranthus RAUH & BACKBG. (Foto: RAUH.)

intensiv karminrot verfärbend; Bl. gegen 17 Uhr öffnend, ca. 4 cm ⌀. — Peru (Pisco-Tal, 2000 m, auf Schutt-Terrassen bestandsbildend). Blütenlänge (lt. RAUH) 8,5 cm (Abb. 1135, Tafel 81).[1])

Die Pflanzen werden bis 1,50 m lang. Es können noch zwei weitere dünnere Mittelstacheln vorhanden sein.

4c. v. **fortalezensis** RAUH & BACKBG. — Descr. Cact. Nov. 22. 1956

Bis 1,5 m lang, zum Teil niederliegend, von voriger var. durch hellere Stachelfarbe und weniger geschweifte Rippenbasen abweichend, im Scheitel aber eben-

---

[1]) RITTER (Kat. WINTER, 8. 1958) nennt die gleiche Kombination, aber mit dem unrichtigen Synonym „*Haageocereus metachrous* RAUH & BACKBG.", während die Kombination in Descr. Cact. Nov. richtig wie oben lautet (RITTER-Nr. FR 146).

falls mit sehr feinen Randst. untermischt (Scheinborsten); Rippen 14—15; Areolen rundlich, in abgeblühten oft Wollflocken stehenbleibend; Randst. ± kurz: 1—2 Hauptst. bis 3 cm lang, anfangs hell-kaffeebraun, im Scheitel kräftig, aber dünner als beim Typus der Art, einfarbig goldbraun (beim Typus gelber Fuß);

Abb. 1132. Haageocereus acranthus (VPL.) BACKBG. Typus der Art. (Foto: RAUH.)

Rand- und Übergangsst. bis 40, fein; Bl. ? — Peru (Rio Fortaleza, zwischen 800—1400 m bestandsbildend) (Abb. 1136).

Dieser var. scheint der *H. zonatus* am nächsten zu stehen. Triebe bis 10 cm ⌀.

5. **Haageocereus deflexispinus** RAUH & BACKBG. — Descr. Cact. Nov. 22. 1956

Bis 1,50 m hoch; Tr. 10—12 cm ⌀; Rippen 12, unten etwas geschweift; über den Areolen eine V-Furche; Areolen groß, 8 mm ⌀, oben hellbraun-filzig, im Alter schwarz; St. im Scheitel nicht mit dünnen, borstenähnlichen Randst. untermischt, aber Areolen dort sehr dichtstehend, diese im Unterteil grau; Randst. derb, bis 1 cm lang, zuerst bernsteinfarben, später grau; Hauptst. (1) bis 8 cm lang, anfangs bernsteingelb, dann hellgrau, stark abwärts gerichtet und sehr derb; Bl. ? — Peru (Churin-Tal, in der Felswüste auf 1200 m) (Abb. 1137).

Weicht von allen anderen Arten der Reihe durch die langen, stark abwärts gerichteten Hauptst. ab und bildet auch flockige Areolenwolle. Randstacheln bis 40.

6. **Haageocereus zonatus** Rauh & Backbg. — Descr. Cact. Nov. 22. 1956[1])

Bis 1,50 m hoch, buschig verzweigt, stets in Ansammlungen wachsend; Tr. bis 7 (—10) cm ⌀; Rippen 13—14, unten 1 cm breit, nach oben konisch zulaufend: Scheitel flach oder etwas vertieft; Areolen rund, bis 1 cm ⌀, anfangs

Abb. 1133. Haageocereus acranthus v. crassispinus Rauh & Backbg., aufrechter und länger bestachelt als der Typus der Art. (Foto: Rauh.) (Ritters „Haageocereus limensis montanus"?)

gelbbraunfilzig, dichtstehend, später grau; Randst. gleichmäßig strahlend, verschieden zahlreich, dünn, einige ähnliche mittlere, insgesamt 15—25, zum Teil bis 40, anfangs blaßgelb, 5 mm lang; Mittelst. 1—2 (—4), derb, 2—2,5 cm lang waagerecht oder abwärts gerichtet, mit feiner Spitze, zuweilen gefleckt; in den blühreifen Areolen Wollflocken stehenbleibend, mit vertrockneten Knospenresten darin, auffällige Flockenzonen bildend; Bl. 7 cm lang, weiß. — Peru (Churin-Tal, 2000 m) (Abb. 1138, Tafel 82 A und B).

Der Vergleich des mir gesandten und des daneben für Heidelberg gesammelten Materials zeigt, daß die Art in der Bestachelung variabel ist: mein Exemplar hatte nur bis höchstens 25 St., das andere bis 40, die Randst. bei meiner Pflanze

---

[1]) Ritter nennt diese Art *H. acranthus* v. *zonatus* (Rauh & Backbg.) Ritter (FR 145a). Wegen der umgreifenden Wollzonen, des aufrechten Wuchses und der derberen Bestachelung wird die Art hier (wie auch von Rauh) als eigene Spezies angesehen, zumal sie auch ziemlich hoch wächst, auf 2000—2400 m.

sehr dünn, von Rauh werden sie für die andere als „sehr derb" angesehen. Mein Exemplar ähnelt weit mehr einem Cereus aus dem gleichen Gebiet (2400 m), den Rauh 1954 unter der coll. Nr. K 86b sammelte. Die Wollflockenzonen — nicht zu verwechseln mit denen von *Neobinghamia*[1]), bei denen dies eine cephalioide Bildung ist — sind deutlich sichtbar stehengebliebene Knospen mit stärkerer Wollbildung darum herum; sie bestehen meist aus zwei Etagen von Areolen, in der Regel um die Sproßachse angeordnet, aber auf der Lichtseite stärker als auf der Schattenseite, dort also geringer blühend. Diese Haare sind seidig-weiß, büschelig, 2,5—3 cm lang; Haare mehrzellig, mit glatter Hülsenwand, wie ein Sklerenchymbündel gebaut. Es scheint hier besonders reichliche Knospenareolenwolle vorzuliegen, wie sie weniger auffällig z. B. auch bei *H. versicolor* oder *H. icosagonoides* auftritt, bei *H. deflexispinus* etwas stärker.

Die 1954 gesammelte Pflanze mag eine eigene var. sein.

**7. Haageocereus olowinskianus** Backbg. — BfK. 1937-5

v. *olowinskianus:* Bis 1 m hoch, in dichten Ansammlungen; Tr. laubgrün, bis 7 cm $\emptyset$; Rippen ca. 13, flach, 12 mm breit, 6 mm hoch, um die Areolen wellig verbreitert und über ihnen eine $\pm$ deutliche V-Furche; Areolen länglich, 11 mm entfernt, 4 mm breit, gelbweiß-filzig; Randst. über 30, fein, fest, bis 1 cm lang oder etwas mehr; Mittelst. schwer unterscheidbar, kräftiger, ca. 10—12, 1—2 (—3) Hauptst. bis 6 cm lang, der untere oft dünn; alle St. anfangs hell, dann eigentümlich fuchsrotbraun bzw. violettlich rostfarben, zuletzt grau, an der Wildform viel derber als in der Kultur (Mittelst.); Bl. ca. 8 cm lang; Röhre gerieft, schwach behaart; Perigonblätter sanft nach außen umgebogen; Pet. weiß; Gr. über die hervorstehenden Staubbl. hervorragend. — Peru (südlich von Lima, auf trockenen Hügeln nahe dem Meer). Einzelne Triebe können unten bis 8 (—10) cm $\emptyset$ haben (Abb. 1139—1140, 1142).

---

[1]) Da *Neobinghamia* erst in Band IV beschrieben wird, sei hier, unter Bezug auf Ritters Behauptung, dies sei ein Gattungsbastard, bereits auf folgendes hingewiesen: Ritter kennt anscheinend nur eine Art, die *N. climaxantha*. Es mag gelegentlich eine Verbastardierung vorkommen, aber letztere Art weicht durch die starke und längere seidige Scheitelhaarschopfbildung allein schon von *Haageocereus* ab. Rauh hat (wohl auf Ritters Behauptung hin) in „Beitr. z. Kenntn. d. peruan. Kaktveg.", 435—438. 1958, eingehend diese Frage untersucht und die Trennung begründet. Auffällig ist die Tatsache des Stufenblühens, ferner die völlig abweichende Bildung reicher Wollringe, fellartiger Bahnen oder intermediärer Bildungen dieser Art. Eine ähnliche, ungewöhnliche Bildung findet man zuweilen vor Entstehung des eigentlichen Schopfes bei *Espostoa* (s. Abbildung in Band IV), als waagerecht-stufige Wollflockenbildung, wie sie bei *Neobinghamia* gewissermaßen verstärkt auftritt, später jedoch deutlich von ähnlichen Kennzeichen bei *Haageocereus* und dem *Espostoa*-Cephalium unterschieden. Auf Grund dieser cephalioiden Bildung konnte *Neobinghamia* nur zu den „*Cephalocerei*" gestellt werden, *Haageocereus* jedoch allein zu den „*Trichocerei*". Rauh meint l. c., *Neobinghamia* gehöre auf Grund des Blütenbaues nicht zu den „*Cephalocerei*"; dem widerspricht aber das Merkmal starker cephalioider Blütenzonen.

Bisher ist es noch völlig ungeklärt, wie wir uns das Entstehen der peruanischen Kakteenflora zu erklären haben. Alle Anzeichen besagen jedoch, daß im Westen des Kontinentes in lange zurückliegenden Zeiten südlich-nördlichere Vertreter mit südlicheren zusammengestoßen sind (dafür sprechen *Monvillea, Espostoa, Frailea,* die kolumbianischen *Mamillarien,* der kolumbianische *Malacocarpus* usw.). Demzufolge kann man in *Neobinghamia* bisher nur ein Genus sehen, das mit den peruanischen „*Cephalocerei*" (angesichts der verwandtschaftlichen Beziehungen zu brasilianischen Gattungen zweifellos eine alte Sippe) zusammenhängt; die cephalioiden Bildungen mögen dagegen im Laufe der Zeit ihren verschiedenen Charakter erlangt haben. Es ist auch durchaus möglich, daß *Haageocereus* eine Abzweigung darstellt, aber wir wissen es nicht. Bisher läßt er sich logisch nur bei den „*Trichocerei*" eingliedern. Im übrigen erscheint dies mehr als entwicklungstheoretische Frage, die wohl noch sehr lange ihrer Beantwortung harren wird. Die interessanten *Neobinghamia*-Arten verlangen jedenfalls nach dem Obengesagten ihre eigene Gattungszusammenfassung.

### 7a. v. **repandus** Rauh & Backbg. — Descr. Cact. Nov. 24. 1956

Bis 1 m hoch; Tr. 10 cm ⌀; Rippen 12—16, 1 cm breit, über den Areolen ± deutliche V-Furche; Randst. zahlreich, bis 1 cm lang, steif, dunkelfuchsbraun, im Scheitel von dünneren durchzogen, die wie Borsten aussehen; Hauptst. 1—3,

Abb. 1134. Die Blüte des Haageocereus acranthus v. crassispinus Rauh & Backbg. Haageocereus-Blüten weichen in der Farbe, der Dichte der Bekleidung, der Form und Länge der Röhre und Hülle voneinander ab. Außerdem wurden von Rauh bei manchen Arten Staminodialhaarspuren festgestellt, wie auch bei Loxanthocereus, so daß diesem Merkmal bei der Beurteilung der Gattungszugehörigkeit keine ausschlaggebende Bedeutung zukommt (eher dagegen dickeren Wollringen als Begleitmerkmal anderer Charakteristika, wie bei Denmoza, Acanthocalycium usw.). Aus obigen Gründen mußte auch Peruvocereus Akers eingezogen werden. (Foto: Rauh.)

dicker, 2—5 cm lang, häufig abwärts geneigt, an der Spitze dunkelbraun; Bl. ca. 8 cm lang, 4 cm ⌀; Sep. außen dunkelweinrot; Pet. weiß; Staubf. weiß; N. grün. — Mittel-Peru (Wüstengebiet dei Pachacamac, 100 m) (Abb. 1141).

Weicht vom Typus der Art ab durch mehr und schmalere Rippen, kürzere Rand- und Mittelst. und mehr auffällige Feinst. (borstenähnlich) im Scheitel.

**7b. subv. erythranthus** RAUH & BACKBG. — Descr. Cact. Nov. 24. 1956

Weicht von der var. ab durch rote Bl. und schmutzig zinnober- bis karminrote Staubf. — Am gleichen Standort wie die var.; Staubf. und Gr. sind blaßviolett (bei 7a: weiß) (Abb. 1171, unten rechts)

Abb. 1135. Haageocereus acranthus v. metachrous RAUH & BACKBG. (Foto: RAUH.)

**7c. v. rubriflorior** RAUH & BACKBG.[1]) — Descr. Cact. Nov. 24. 1956

*Haageocereus olowinskianus* v. *subintertextus* subv. *rubriflorior* (RAUH & BACKBG.) RAUH & BACKBG., l. c. 387. 1958.

Tr. nur 6 cm ⌀; Rippen 13, 5 mm breit; Areolen sehr klein; Mittelst. ziemlich dünn, bis 3 cm lang; Bl. 7—8 cm lang; Röhre schlanker als beim Typus der Art; Pet. intensiver rot als bei subv. *erythranthus*; Staubf. karmin, N. grün.

---

[1]) Ursprünglich von RAUH allein als „viel schlanker" bezeichnet (das entspricht auch seiner Abbildung), und daher von mir als eigene var. beschrieben.

Die Bl. ist lebhaft zinnober-karmin und im allgemeinen kleiner als bei v. *repandus*, wo die Größe von 8 cm nur ein ungefähres Maß ist. — Peru (Pachacamac).

Abb. 1136. Haageocereus acranthus v. fortalezensis Rauh & Backbg. (Foto: Rauh.)

7d. v. **subintertextus** Rauh & Backbg. — Descr. Cact. Nov. 24. 1956

Tr. 10 cm $\varnothing$[1]); Rippenbasis kaum geschweift, Rippen 14; Randst. fast borstenartig und so auch $\pm$ im Scheitel verflochten, später auch seitwärts; Hauptst. meist 1(—3), anfangs fuchsrot bis dunkelbraun, bis 3 cm lang; Bl. 5—6 cm lang; Röhre 1,5 cm $\varnothing$, olivbraun; Schuppen mit intensiv grüner Spitze; Sep. an der Spitze rötlichbraun, unten grün; Pet. grünlichweiß; N. gelbgrün. — Peru (Pachacamac) (Abb. 1143).

8. **Haageocereus clavispinus** Rauh & Backbg. — Descr. Cact. Nov. 21. 1956

Bis 1 m hoch, sehr derb bestachelt, von der Basis verzweigt, meist aufgerichtet; Tr. bis 10 cm $\varnothing$; Rippen 13; Areolen sehr dichtstehend und sehr groß, länglichrund, 8 mm $\varnothing$, graufilzig; Randst. zahlreich, derb, ca. 25, Übergangsst. etwas dicker, bis 12, bis 1 cm lang; Hauptst. 1, zuweilen am oberen Rande, nagelartig dick, bis 3 cm lang; alle St. anfangs violettlich grau, dann weißgrau, wie mit sandiger Schicht überzogen; Bl. 5—6 cm lang, wahrscheinlich weiß, obere Perigonblätter an der Spitze rötlich; Fr. 2,5 cm lang, 2 cm $\varnothing$, dunkelgrün. — Peru (Wüste bei Ataconga) (Abb. 1144—1145).

---

[1]) Erste Angabe Rauhs an mich, später: „viel schlanker, nur bis 6 cm $\varnothing$". Rauh spricht hier von „(weißen) Borstenhaaren". Sie treten, etwas gewunden, auch bei Pflanzen des Typus der Art auf (K 104), jedoch in der braunen Farbe der übrigen Stacheln, und scheinen später stärker zu werden, sind also mehr „Feinstacheln".

**9. Haageocereus pluriflorus** RAUH & BACKBG. — Descr. Cact. Nov. 23. 1956

Bis 80 cm hoch, stark verzweigt; Tr. hellgraugrün, ± aufgebogen, bis 10 cm ⌀; Rippen ca. 11, 1 cm breit am Grunde, 5 mm hoch; Areolen durch seichte Einschnürung abgesetzt; Randst. bis 15, 8 mm lang, hellgrau bereift, mit bräunlicher Spitze, sehr regelmäßig strahlend; Mittelst. meist 1, selten 2, bis 6 cm lang, schräg

Abb. 1137. Haageocereus deflexispinus RAUH & BACKBG. (Foto: RAUH.)

abwärts gerichtet, hellgrau mit bräunlicher Spitze, anfangs bräunlichviolett; alle St. anfangs an der Basis gelblich, schwarzbraun gespitzt; Bl. sehr zahlreich auftretend, an einer größeren Pflanze bis 100, in Scheitelnähe, zuweilen an einer Triebspitze bis 10 gleichzeitig geöffnet, 12 cm lang, bis 4,5 cm ⌀; Röhre bräunlichgrün, leicht gekrümmt, mit sehr kleinen, bis 2 mm langen Schuppen, darin kurze, weißlichbraune Haare; Sep. braunrot, heller gesäumt, 5 mm breit, bis 3 cm lang; Pet. kremweiß mit grünlichem Mittelstreifen, an der Spitze leicht gezähnt;

Staubf. weiß; Staubb. gelb; Staubbl. ¾ so lang wie die Perigonblätter; Gr. weiß, hervorragend; N. 9, gelblichgrün; Fr. ?. — S-Peru (Tal des Rio Majes, bei der Hazienda Ongoro, auf Verwitterungsschutt, Km 180, ca. 1000 m) (Abb. 1146—1147, 1171 oben, Tafel 83).

Abb. 1138. Haageocereus zonatus RAUH & BACKBG. (Foto: RAUH.)

Anscheinend der reichste Blüher unter allen Haageocereen, die Bl. um 9 Uhr bei voller Sonne noch voll geöffnet. Wie *H. clavispinus* ein von den übrigen Arten ziemlich stark abweichender Typus. Die Hauptst. sind zuweilen kurz über der Areole abgebogen und oft auf eine weitere Strecke braun gefleckt oder getönt, stets mit hellgrauem Basalteil. Die Blüten haben einzelne staminodiale Haare an der Basis der Staubfäden.

### Reihe 2: Versicolores BACKBG.

10. **Haageocereus icosagonoides** RAUH & BACKBG. — Descr. Cact. Nov. 23. 1956

Bis 1,50 m hoch, buschig verzweigt; Tr. bis 5 cm ⌀; Rippen ca. 20, bis 5 mm breit; Borsten im Scheitel nur sehr kurz und spärlich; Areolen mit bräunlichem Filz; Hauptst. ziemlich anliegend, dicht den Körper umschließend, bräunlichgelb, im Scheitel oft etwas rötlich, bis 1 cm lang, dicht verflochten; ein sichtbar längerer Mittelst. fehlt im allgemeinen; in Blütenzonen bleiben kürzere Wollflocken etagenförmig stehen; Bl. 6 cm lang, weiß. — N-Peru (Rio-Saña-Tal, 500 m) (Abb. 1174, Tafel 91).

Die Pflanze ähnelt auffallend schlankeren *Seticereus icosagonus*, von den Wollflocken abgesehen. Randstacheln zahlreich, ca. 30—40, gelbbraun, in der Kultur oben auch weißlich, Stacheln im Scheitel bräunlich.

Abb. 1140. Kulturpflanze des Haageocereus olowinskianus BACKBG. mit Blüte.

Abb. 1139. Haageocereus olowinskianus BACKBG. Typus der Art. (Foto: RAUH.)

11. **Haageocerus versicolor** (Werd. & Backbg.) Backbg. — Backeberg & Knuth, Kaktus-ABC, 209. 1935

*Cereus versicolor* Werd. & Backbg., in Backeberg, „Neue Kakteen", 81. 1931.

Aufrecht, schlanktriebig, bis 1,50 m hoch; Tr. bis 5 cm ⌀; Rippen 16—22; Bestachelung in Zonen farbig wechselnd, hellere und dunklere; Areolen klein; Randst. 25—30, nadelig fein, bis 5 mm lang; Mittelst. 1—2 deutlicher, bis 4 cm lang; meist einer nach unten und oben zeigend, anfangs unten gelblich, oben fuchsrotbraun, zuweilen aufhellend oder dunkler bleibend und dadurch die Zonenfärbung; Bl. ca. 8 cm lang, 6—5 cm breit, radförmig geöffnet; Röhre schlank, 16—18 mm ⌀, über Ov. verjüngt; Nektarkammer innen 12 mm hoch; Röhre hellgrün; Sep. hellgrünlichbraun; Pet. weiß, 5—7 mm breit, zuweilen auch kremfarben (Sep. dann dunkelrosa bis lila); Gr. weißlich; Staubf. und Schlund grünlichweiß; Staubb. krem. — N-Peru (Despoblado, von der Küste bis — vor allem — zu den östlichen Trockengebieten; Typstandort: bei Serran, Ost-Despoblado[1])). (Abb. 1148—1150).

Abb. 1141. Haageocerus olowinskianus v. repandus Rauh & Backbg. (Foto: Rauh.)

---

[1]) Despoblado ist die landesübliche Bezeichnung für die große nordperuanische Wüste „Desierto de Sechura", ein Gebiet, das bis zum Fuß der Anden reicht.

Abb. 1143. Haageocereus olowinskianus v. subintertextus Rauh & Backbg. (Foto: Rauh.)

Abb. 1142. Haageocereus olowinskianus Backbg. Jugendform (Foto: Rauh.)

Färbung stark variabel und daher in mehreren Varietäten auftretend. Die Früchte sind rundlich, ca. 3 cm ⌀, gelb.

11a. v. **lasiacanthus** (Werd. & Backbg.) Backbg. — Backeberg & Knuth, Kaktus-ABC, 210. 1935

*Cereus versicolor* v. *lasiacanthus* Werd. & Backbg., in Backeberg, „Neue Kakteen", 81. 1931.

Weicht ab durch Fehlen der Mittelst. und mehr borstenartige Bestachelung. — N-Peru (unfern Carrasquillo, auf trockenem Boden).

Nur ein Name war: v. *spinosior* Hort.

Abb. 1144. Haageocereus clavispinus Rauh & Backbg. in ödem Wüstengelände N-Perus. (Foto: Rauh.)

11b. v. **aureispinus** Backbg. — Backeberg & Knuth, Kaktus-ABC, 210. 1935; lat. Diagn. in C. & S. J. (US.), 47. 1951

Weicht durch goldgelbe bis hellere Farbe der St. ab. — Peru (Ost-Despoblado) (Abb. 1151).

11c. v. **fuscus** Backbg., Fedde Rep., LI:62. 1942

*H. versicolor* v. *atroferrugineus* Backbg., nom. nud., in Kat. 10 J. Kaktfrschg., 5. 1937. — *H. talarensis* Backbg., nom. nud., l. c.

Weicht durch einheitlich dunkelfuchsrote bis violettrotbraune Bestachelung ab, oft ohne deutlichere Mittelst. oder mit einzelnen längeren und meist etwas abwärts weisenden. Die ganze Bestachelung ist feiner und dichter als beim Typus. — Peru (Despoblado, bei Salitrales, bei Talara usw.).

Die Mittelst. sind, wenn überhaupt vorhanden, viel kürzer und dünner, auch nicht so auffallend kontrastierend gefärbt, wie bei der nächsten var.

*H. versicolor paitanus* RITTER (FR 303) ist nur ein Katalogname (1958) für diese Varietät.

11d. v. **catacanthus** RAUH & BACKBG. — Descr. Cact. Nov. 23. 1956

Weicht von vorstehender var. ab durch viel derbere, ziemlich steife und schräg abwärts weisende Mittelst., die fast milchkaffeefarben sind. — N-Peru (Ost-Despoblado, Canchaque-Tal, Buenos-Aires, auf 100 m) (Abb. 1152).

Wohl die schönste var., da die Randst. so dunkel braunrot wie bei voriger var. sind; die Mittelst. sind an der Basis oft abwärts gekrümmt, d. h. nicht ganz gerade nach unten gerichtet.

Abb. 1145. Haageocereus clavispinus RAUH & BACKBG. (Foto: RAUH.)

11e. v. **xanthacanthus** (WERD. & BACKBG.) BACKBG. — BACKEBERG & KNUTH, Kaktus-ABC, 210 1935

*Cereus versicolor* v. *xanthacanthus* WERD. & BACKBG., in BACKEBERG, „Neue Kakteen", 81. 1931.

Weicht vom Typus der Art ab durch weniger Rippen, 10—14, ± deutlich gekerbt; Randst. 25—30; Mittelst. 1—2, ziemlich derb, ± stark verlängert, bis 2,5 cm oder viel mehr lang, fahlgelblich getönt. — N-Peru (Despoblado und Tal von Cajamarquilla, bei Chilete, 500 m) (Abb. 1153—1154).

RITTER-Nr. FR 169 (WINTER-Kat., 9. 1956)? Siehe auch *H. pseudoversicolor*. Diese Varietät scheint in sich noch wieder eine gewisse Variationsbreite zu haben bzw. Formen, die voneinander etwas stärker abweichen.

Vielleicht gehört hierher auch RITTER-Nr. FR 294a: ,,v. *collareformans*" (nur ein Name), ebenso ,,v. *elegans*" (FR. 169).

Abb. 1146. Haageocereus pluriflorus RAUH & BACKBG. (Foto: RAUH.)

Abb. 1147. Haageocereus pluriflorus RAUH & BACKBG. ist wohl die blühwilligste Art der Gattung. (Foto: RAUH.)

11f. v. **humifusus** (WERD. & BACKBG.) BACKBG. — In RAUH, Beitr. z. Kenntn. d. peruan. Kaktveg., 401, 1958

*Cereus versicolor* v. *humifusus* WERD. & BACKBG., in BACKEBERG, ,,Neue Kakteen", 81. 1931. — *Haageocereus humifusus* (WERD. & BACKBG.) BACKBG., Kaktus-ABC, 208. 1935.

Abb. 1148. Haageocereus versicolor (WERD. & BACKBG.) BACKBG. (Foto: RAUH.)

Niederbiegend und dann daraus aufrecht sprossend; Tr. zartgrün; Rippen ca. 12, flach; Areolen klein; Randst. 10—15, sehr fein, 0,5 cm lang; Mittelst. 1—2, 2—3 cm lang, dünn, stechend; alle St. zuerst gelb mit bräunlicher Spitze, später mehr gelbbraun, alle fein und zierlich. — N-Peru (Ost-Despoblado, unterhalb Canchaque auf humosem Waldboden, oft in größeren Gebüschen, auf 1500 m).

Durch sein abweichendes Aussehen von mir eine Zeitlang als eigene Art geführt (Kaktus-ABC), aber doch wohl nur eine var. aus weniger trockenem Gebiet.

12. **Haageocereus pseudoversicolor** Rauh & Backbg. — Descr. Cact. Nov. 23. 1956

Buschig von unten verzweigt, bis 1,2 m hoch; Tr. ca. 8—10 cm ⌀; Rippen ca. 18; Randst. zahlreich, bis 1 cm lang, gelbbraun; Mittelst. 1 (—2), bis 3 cm lang, fahlbraun bis dunkler, ± abwärts und ± links gedreht; Areolen unscheinbar, bräunlich-filzig, im Scheitel weiß, flockige Areolenwolle mit den Knospen entwickelt, die später ± erhalten bleibt; Bl. bis 5,5 cm lang; Sep. unterseits dunkelweinrot; Pet. weiß; Fr. ca. 2—3 cm ⌀, grünlich-rot. — N-Peru (Kakteenwüste des Rio Saña-Tales, 100—200 m) (Abb. 1155, Tafel 84).

Im Habitus *H. versicolor* sehr ähnlich, aber mit viel dickeren Tr., mehr Knospenwolle, weniger große Büsche bildend.

Abb. 1149. Haageocereus versicolor (Werd. & Backbg.) Backbg. (Foto: Rauh.)

Vielleicht handelt es sich bei der Ritter-Nr. FR 169 (Winter-Kat., 9. 1956) um diese Art (wenn es nicht *H. versicolor* v. *xanthacanthus* „mit weniger Rippen" ist), da der Same im vorhergehenden Katalog als *H. versicolor zonalis* angeboten wird. Genauere Einzelheiten fehlen.

Ritter nennt die Art, die nichts mit *H. laredensis* zu tun hat: *H. laredensis* v. *pseudoversicolor* (Kat. 1958; FR 294b).

Reihe 3: Asetosi BACKBG.

13. **Haageocereus laredensis** (BACKBG.) BACKBG. — BACKEBERG & KNUTH, Kaktus-ABC, 208, 412. 1935

*Cereus pseudomelanostele* v. *laredensis* BACKBG., in „D. Kaktfrd.", 54. 1933.

Steht zwischen *H. pacalaensis* und *H. pseudomelanostele*, aber schlanker. Aufrecht, von unten verzweigend; Tr. bis 7 cm ⌀; Rippen ca. 18, schmal und niedrig, um die Areolen leicht erhöht; St. 40—45, leuchtend goldgelb, im Scheitel goldbraun, bis 12 mm lang, zuweilen ein längerer Mittelst. nach aufwärts gerichtet; Bestachelung bei wüchsigen Pflanzen locker, der frischgrüne Körper durchscheinend; Bl. eine Stunde vor Sonnenuntergang öffnend, bis zum nächsten Mittag offen; Sep. bräunlicholivgrün; Pet. weiß; äußere Hüllbl. stark umbiegend. — N-Peru (bei Laredo auf Hügeln, bei 600 m). Nach RAUH auch im Rio Fortaleza-Tal (Abb. 1156).

Die oft honiggelben St. sind länger als bei *H. pacalaensis*. RAUH fand die Art auch bei Tumbez, an der Küste, auf ca. 10 m ü. M.; die Pflanzen waren bis 1 m hoch, zum Teil etwas niederliegend (RAUH-Nr. K 107).

Eine ähnliche von RITTER gefundene Art s. Tafel 107.

13a. v. **longispinus** RAUH & BACKBG. — Descr. Cact. Nov. 23. 1956

Bis 1 m hoch; Tr. bis 5 cm ⌀; Randst. dicht verflochten, hell-bernsteinfarben; 1—3 Hauptst. unterscheidbar, einer als längster bis 6 cm oder mehr lang, biegsam. — Peru (Rio Fortaleza-Tal, auf 500 m häufig) (Abb. 1157).

Abb. 1150. Sich bereits schließende Blüte des Haageocereus versicolor (WERD. & BACKBG.) BACKBG.

*H. laredensis* v. *montanus* RITT. (FR 294a) „St. bräunlichgelb, mit Wollringen" dürfte nicht hierhergehören. Die Angaben sind aber unzureichend.

14. **Haageocereus viridiflorus** (AKERS) BACKBG. — In RAUH, Beitr. z. Kenntn. d. peruan. Kaktveg., 404. 1958

*Peruvocereus viridiflorus* AKERS, C. & S. J. (US.), XIX : 9. 143. 1947.

Bis 1 m hoch; 10—20 Tr., bis 7 cm ⌀; Rippen 19—20; Randst. ca. bis 60, sehr fein, bis 5 mm lang; Mittelst. mehrere, bis 2,5 cm lang, fast pfriemlich; St. im Scheitel feiner; Bl. grünlichweiß mit grünlicher Mitte, manchmal ziemlich grün, an der gleichen Pflanze etwas variierend; Röhre ca. 6,5 cm lang; geöffnete Bl. ca. 4,5 cm breit; Sep. gelbgrün; Ov. hellgrün; Staubf. grünlich; Gr. tief grünlich; N. grüngelb; Fr. kugelig bis kreiselig, über 4 cm ⌀, pflaumenrot, innen grünweiß, mit 3 mm langen Haarbüscheln; S. klein, schwarz, glänzend, fein punktiert. — Peru (Rio Chillon Canyon, Canta-Straße, ca. 10 km oberhalb Santa Rosa de Quiver, auf 1000 m).

AKERS hält die stärker grünlichen Bl. für die grünsten von ihm gesehenen, doch hat *H. smaragdiflorus* (im Gegensatz zu obiger Art: mit Haarborsten im Scheitel) intensiv smaragdgrüne Bl.

Abb. 1152. Haageocereus versicolor v. catacanthus RAUH & BACKBG. (Foto: RAUH.)

Abb. 1151. Haageocereus versicolor v. aureispinus BACKBG. (Foto: RAUH.)

15. **Haageocereus aureispinus** RAUH & BACKBG. — In RAUH, Beitr. z. Kenntn. d. peruan. Kaktveg., 404. 1958

Bis 80 cm hoch, basal verzweigend; Tr. 6—8 cm ⌀; Rippen 18—20, frischgrün; Areolen dichtstehend, rundlich-länglich, 0,3 cm ⌀, weißlichgelb-filzig; Randst.

Abb. 1153.
Haageocereus versicolor v. xanthacanthus (WERD. & BACKBG.) BACKBG. (Foto: RAUH.)

30—40, dünn, bis 1 cm lang, leuchtendgelb, allseits strahlend, ohne Borstenhaare; Mittelst. 1 (—2), anfangs aufgerichtet, später schräg abwärts weisend, bis 4 cm lang, im Neutrieb hellgelb mit dunkler Spitze, später rötlichviolett bis nach tiefschwarzviolett, grau bereift; Bl. nahe dem Scheitel, engtrichterig, 6—7 cm lang, bis 3 cm ⌀; Röhre 1 cm ⌀, dicht beschuppt, kurz weißhaarig; Sep. an der Basis unterseits grün, oben dunkelweinrot, die mittleren oberseits grünlichweiß; Pet. meist reinweiß, 1,5 cm lang, gespitzt, am Rande papillös; Staubf. grünlich, Staubb. gelb; Gr. und N. grünlich; Nektarkammer 1,5 cm lang, darüber an der inneren Staubblattbasis 0,5 cm lange einreihige Haare; Fr. kugelig bis länglich, 3—4 cm ⌀, weinrot, behaart und beschuppt. — Peru (Canta-Tal, 800—1200 m).

Dies ist die Pflanze, die ich bei der Beschreibung von *H. horrens*, außer der eigentlichen Typus-Nr. K 68 unter der Sammel-Nr. K 170 mit einbezog, da ich sie (auch wegen der nicht verdickten Stachelbasis) nur als Form des *H. horrens* ansah. Nachdem aber hier Staminodialhaare[1]) beobachtet wurden, erscheint auch deshalb ein eigener Artrang als berechtigter (Tafel 86—87).

Abb. 1154. Haageocereus versicolor v. xanthacanthus (WERD. & BACKBG.) BACKBG.; eine besonders langstachlige Form (in der Sammlung des Jardin Botanique Les Cèdres, von RAUH 1954 gesammelt).

15a. v. **fuscispinus** RAUH & BACKBG. — In RAUH, Beitr. z. Kenntn. d. peruan. Kaktveg., 404. 1958

Unterscheidet sich durch anfangs rötlichbraune St.; Mittelst. 1—2, an der Basis hellbraun, Spitze dunkelbraun, bereift, im Alter tiefschwarz; Bl. wie beim Typus. — Standort wie beim Typus.

15b. v. **rigidispinus** (RAUH & BACKBG.) RAUH & BACKBG. — In RAUH, Beitr. z. Kenntn. d. peruan. Kaktveg., 407. 1958

*Haageocereus rigidispinus* RAUH & BACKBG., Descr. Cact. Nov. 26. 1956.

Bis 80 cm hoch, basal verzweigend, bis 8 cm ⌀; Rippen 18—19, 0,5 cm breit, 3 mm hoch, lebhaft grün; Areolen 1 cm entfernt, rundlich bis langoval, 0,7 cm ⌀,

---

[1]) Diese Haarbildung ist wohl überhaupt weit häufiger in den *Cactaceae*-Blüten zu finden als bisher bekannt, verschiedenartig (vgl. die einzelnen Darstellungen bei RAUH in „Beitr. z. Kenntn. d. peruan. Kaktveg.", 1958), daher höchstens mitunter Gattungsbegleitmerkmal, sonst aber noch wenig geklärt.

im Scheitel hellgrau-filzig; Randst. 40—50, sehr derb und stechend, 0,8 cm lang, nur die zur Areolenbasis hinweisenden dünner, anfangs bernsteingelb, im Alter graubraunviolett, an Jungtrieben oft mit rötlichbrauner Spitze; Mittelst. 1—2, der mittlere sehr derb, 3,5—4 cm lang, an der Basis 2 mm dick, dort auffallend knotig verdickt, waagerecht abstehend, im Scheitel aufgerichtet, anfangs bernsteingelb mit dunkelbrauner Spitze, früh grau bereift, der zweite nur 2—3 cm lang, scharf abwärts gekrümmt, anliegend; Bl. 5—6 cm lang, mit dünner grünlicher Röhre; Pet. äußere grünlich, innere weiß; Fr. kugelig, bis 4 cm $\varnothing$, rotbraun. — Peru (Canta-Tal, Rio Chillon in Mittel-Peru, unterhalb Sta. Rosa de Quiver, 800—1000 m) (coll. Nr. K 170a) (Abb. 1158).

Abb. 1155. Haageocereus pseudoversicolor RAUH & BACKBG., ähnelt H. versicolor, wird aber viel stärker. (Foto: RAUH.)

Da diese Pflanze im Stachelbild wesentlich abweicht, auch unten knotig verdickte Mittelst. hat und mir in RAUHS Feldnotizen keine Blütenangaben vorlagen, sah ich sie als eigene Art an, was ich aus besagten Gründen auch heute noch für möglich halte. Dennoch schließe ich mich hier RAUHS neuerer Fassung an.

## 16. **Haageocereus acanthocladus** Rauh & Backbg. — Descr. Cact. Nov. 23. 1956

Bis 70 cm hoch; Tr. 6 cm ⌀, buschig verzweigt; Rippen 18; Randst. zahlreich, derb, 1—1,5 cm lang; Hauptst. 1—2, ziemlich derb, anfangs an der Basis bernsteingelb, Spitze dunkelbraun, grau bereift, später grau bis grauschwarz, bis 5 cm lang; Bl. unter dem Scheitel; Röhre 8—10 cm lang, 2—2,5 cm ⌀; Sep. weinrot, oberseits grünlich, zuweilen grasgrün; Pet. weißlich-grün; Gr. kurz; Staubf. gelb; Fr. weinrot, bis 2 cm ⌀ oder etwas größer, zuerst kugelig, dann ± oblong. — Mittleres Peru (Churin-Tal, bei Sayan, 900 m). Die Bl. haben innen vereinzelte staminodiale Haare (Abb. 1159, Tafel 85).

Abb. 1156. Haageocereus laredensis Backbg.

Abb. 1157. Haageocereus laredensis v. longispinus Rauh & Backbg.

Unterscheidet sich von *H. viridiflorus* durch längere Mittelst. und steifere Randst. sowie längere Röhre und anders gefärbte Sep.; Mittelst. ziemlich genau untereinander auf- und abwärts gerichtet.

Im Chillon-Tal (Standort des *H. viridiflorus*) gibt es auch Formen des *H. acanthocladus* (var. ?), bis 80 cm hoch; Tr. nur 5 cm ⌀; Rippen 17—19, schmal; Hauptst. 1 (2), 1 mm dick, bernsteinfarben, im Scheitel zusammengeneigt (coll. Nr. K 170/I. 1956).

Eine Pflanze „mit braunrötlichen Randst. und meist 2 Hauptst., schwach aufwärts gerichtet bis waagerecht abstehend, 3 cm lang, im oberen Drittel braun, sonst grau bereift, im Alter rotgrauviolett bis schwarz werdend" (coll. Gruppe Nr. K 170—170/I); gehört zu obiger Art als Form, wenn nicht stärker als 6 cm ⌀, sonst zu *H. horrens*.

**17. Haageocereus tenuispinus** RAUH & BACKBG. — Descr. Cact. Nov. 22. 1956

Bis 60 cm hoch, von unten verzweigt; Tr. 8 cm ⌀; Rippen bis 28[1]), sehr schmal; Areolen rund, anfangs 3 mm ⌀, gelbweiß-filzig; Randst. zahlreich, dünn, gelblich, etwas abstehend strahlig, bis ca. 1 cm lang; Hauptst. meist 1, nadelig dünn, ± elastisch, anfangs aufwärts, später mehr abwärts weisend, anfangs blaßgelb, später schwarzgrau, bis 5 cm lang, im Scheitel zum Teil borstig fein (aber keine

Abb. 1158. Haageocereus aureispinus v. rigidispinus RAUH & BACKBG. (Foto: RAUH.)

---

[1]) Nach meinen Notizen bzw. dem mir gesandten Stück; RAUH gibt (1958) an: 18 Rippen, Randstacheln ± 30.

richtigen Borsten im Scheitel); Bl. und Fr. unbekannt. — Nördliches Peru (zwischen Trujillo und Chimbote, bei Km 465 und 30 km nördlich Pativilca, auf steinigen Cerros, dicht mit gelben Flechten bewachsen) (Abb. 1160).

Fällt durch seine dünnen, längeren Hauptst. auf; er weicht auch von anderen nördlichen Arten dieser Reihe durch die geringere Höhe ab.

Abb. 1159. Haageocereus acanthocladus Rauh & Backbg. (Foto: Rauh.)

18. **Haageocereus pacalaensis** Backbg. — „D. Kaktfrd.", 54. 1933

Der Name lautete durch Druckfehler zuerst *Cereus (Haageocereus) tapalcalaensis*, in Kaktus-ABC, 209, 412. 1935, richtiggestellt.

Bis 1,70 m hoch, gelblichgrün; Tr. 10(—12) cm ⌀ oder etwas mehr; Rippen 17—20, ziemlich niedrig, anfangs höckerig; Areolen rund, braun-filzig; St. gelb, später grau; Randst. bis 25, bis 1 cm lang, strahlig stehend; Mittelst. entweder ca. 4, bis 1 cm lang, oder daneben noch 1—2 zuweilen bis 7 cm lang, biegsam und nach unten gerichtet, von strohgelber Farbe; Bl. ca. 10 cm lang; Sep. grün, rötlich getönt; Pet. weiß; Röhre schlank, gefurcht, kurz behaarte Achseln; Gr. und Staubf. grünlich; N. gelblichweiß; Fr. bis 8 cm groß, breitrund, rötlichgrün, nach unten verjüngt, Fleisch innen weiß; S. fast blank, fein punktiert, Nabel auf seitlich leicht ausgebogenem Vorsprung. — Peru (Dept. Libertad, auf felsigsteinigem Boden der pazifischen Küstenvorberge)[1] (Abb. 1161).

Ein Standortsbild in „D. Kaktfrd.", 49. 1933.

Abb. 1160. Haageocereus tenuispinus RAUH & BACKBG. (Foto: RAUH.)

19. **Haageocereus horrens** RAUH & BACKBG. — Descr. Cact. Nov. 22. 1956

Aufrecht, von unten verzweigend, 0,80—1 m hoch; Tr. bis 5,5 cm ⌀; Rippen ca. 18; Epidermis rein grün; Bestachelung starrend dicht, alle St. anfangs gelblich hornfarben, undeutlich gefleckt, rasch vergrauend, nur zum Gelenk hin gelblicher; Randst. zahlreich (über 60), steifnadelig, schräg abstehend, bis ca. 1 cm lang; Mittelst. mehrere, kaum als solche erkennbar, d. h. undeutlich geschieden, etwas stärker bis pfriemlich, meist 2 längere aufwärts und abwärts weisend, bis 4 cm lang, im Scheitel dicht geschlossen aufrechtstehend, bald schmutziggrauhornfarben bis grau, anfangs noch mit dunklerem oder geflecktem Oberteil; am

---

[1] Nach RITTER (Schrift 1958) soll er — obwohl aufrecht, ausgesprochen dick und relativ kurzstachlig! — mit der viel schlankeren und länger bestachelten *H. laredensis* identisch bzw. ein Synonym desselben sein, ebenso der kriechende *H. repens*. Anscheinend kennt RITTER die richtigen Arten überhaupt nicht, denn sonst könnte er eine solche Ansicht nicht äußern.

Gelenk sind die St. nadelig-borstig dünn; Bl. mit grünlicher Röhre, Pet. weiß; Fr. oval, 3—4 cm lang, 1—2 cm ⌀, weinrot. — Peru (bei Trujillo) (Abb. 1162—1164, 1171 unten links).

Die Art wurde zuerst von H. Johnson gesehen und in C. & S. J. (US.), 121. 1952, abgebildet („zwischen Geröll an Canyon-Ausgängen nördlich und südlich von Trujillo").

Abb. 1161. Haageocereus pacalaensis Backbg.

19a. v. **sphaerocarpus** Rauh & Backbg. — Descr. Cact. Nov. 22. 1956
Buschbildend, 0,80—1,30 m hoch; Tr. bis 10 cm ⌀; Rippen ca. 22; Randst. stark verflochten; Hauptst. 1—2, bis 9 cm (!) lang, mit gelblicher Basis und bräunlicher Spitze, auf- und abwärts weisend, im Alter graurot; Bl. 5—7 cm lang; Röhre 1 cm ⌀, gelblichgrün; Schuppenachseln befilzt und mit wenigen steiferen Haaren; Sep. innen und außen rötlichgrün; Pet. ?; Fr. kugelig, ca. 2 cm ⌀, weinrot. — Peru (Rio Fortaleza, bei Km 230) (Abb. 1165—1166).

### Reihe 4: Setosi Backbg.

20. **Haageocereus chosicensis** (Werd. & Backbg.) Backbg. — Backeberg & Knuth, Kaktus-ABC, 207. 1935
*Cereus chosicensis* Werd. & Backbg., in Backeberg, „Neue Kakteen", 74. 1931.

v. *chosicensis:* Schlankwüchsig, bis 1,50 m hoch, vom Grunde verzweigt, Scheitel von Wollfilz geschlossen und von rostgelben bis bräunlichen oder weißlichen St. überragt; Rippen ca. 19, 3—4 mm hoch, ohne Querfurchen; Areolen ca. 1 cm entfernt, 3—4 mm ⌀, dicht gelbweiß-filzig; Randst. strahlend, 30 oder mehr, fein nadelartig bis borstenförmig und von Haarborsten begleitet, nach der Mitte zu derber, gelblich, mit dunklen Spitzen; Mittelst. 3—4, davon meist nur 1—2 stärker ausgeprägt (oft auch einige Randst. mittelstachelartig), der unterste am stärksten, ± pfriemlich, schräg nach unten zeigend, bis 2 cm lang, bereift gelbgrau, an der Spitze dunkler, manchmal einige auch durchsichtig hellgrün; Bl. schlanktrichterig, lilarot; Fr. ± kugelig, grün bis rosa, kaum beschuppt und nur sehr gering behaart. Mit Staminodialhaarbildung am Staubfädengrund. — Peru (Chosica und Umgegend, an der Lima—Oroya-Bahn) (Abb. 1168, Tafel 89).

Unter den Aussaaten sind auch Formen mit weißlichen oder ± rötlichen St. aufgetreten. Ähnliche Kultursämlinge werden andere Arten der „*Setosi*" ergeben, da ihre St. noch nicht voll ausgebildet sind, wie die Stärke derselben überhaupt

Abb. 1162. Haageocereus horrens Rauh & Backbg., eine Form (?) mit später stärker abwärts geneigten Mittelstacheln (Rio Fortaleza, 1000 m). (Foto: Rauh.)

in der Kultur nachläßt, zum Teil auch die Intensität der Färbung, die ja am Standort sogar an ein und derselben Pflanze wechseln kann (Jungtriebe oft rötlicher gefärbt). Bei überseeischen Samen der in ihrer Heimat teilweise dicht zusammenwachsenden Pflanzen kann es auch vorkommen, daß zwischen ihnen solche von natürlichen Kreuzungen sind.

Abb. 1163. Haageocereus horrens RAUH & BACKBG., rötlich bestachelte Form. (Foto: RAUH.)

Das alles erschwert die Bestimmung von Kulturpflanzen, bei denen außerdem anfangs nicht von der normalen Triebstärke ausgegangen werden kann, d. h. wenn die Exemplare noch nicht ausgewachsen sind. Drüben sind die zahlreichen Arten und Varietäten, wie der Schlüssel zeigt, jedoch deutlich unterschieden. Man kann sie daher auch nicht etwa nur als Varietäten weniger Arten ansehen, weil ihre Wuchshöhe, Triebstärke und Bestachelung an voll ausgewachsenen Stücken zu unterschiedlich und sonst auch eine Aufschlüsselung unmöglich ist. Aus alledem ergibt sich, wie wichtig die von RAUH am Standort gemachten Beobachtungen sind bzw. daß danach exakt getrennt werden muß, wenn eine genaue Kenntnis aller Arten und Varietäten gewonnen und erhalten werden soll.

Um dennoch eine Bestimmung möglichst zu erleichtern, habe ich auch nach Borstenlänge und Hauptstachelzahl gegliedert.

Außer den hier aufgeführten Pflanzen sind von RAUH noch einige weitere der „Chosicenses" gesammelt worden, die in Triebstärke und Bestachelung etwas abweichen, bei denen aber vorderhand eine Eingliederung nicht möglich ist. Ferner lassen sich von *H. chosicensis* usw. — mit Ausnahme des stärker unterschiedenen v. *rubrospinus* — abweichende Stachelfarben nicht trennen, weil es sich dabei nur um Formen handelt.

Abb. 1164. Haageocereus horrens Rauh & Backbg., gelblich bestachelte Form. (Foto: Rauh.)

20a. v. **rubrospinus** (Akers) Backbg. — C. & S. J. (US.), XXIII: 47. 1951
*Peruvocereus rubrospinus* Akers, C. & S. J. (US.), XIX: 8. 121. 1947. —
*Haageocereus rubrospinus* (Akers) Cullm. comb. nud.

Bis 1,50 m hoch (Akers); Tr. bis 6 cm ⌀; Rippen 21—22; Randst. ca. 25, gelb, rot gefleckt; Mittelst. 1—2, nadelig bis dünner, fast borstig, rötlich bis rot; Bl. 7 cm lang, 5 cm breit, rosakarmin; Sep. tiefrot; Fr. ziemlich klein, rot. — Mittel-Peru (ca. 300 m über dem Rio-Eulalia-Westufer) (Abb. 1169).

In den Merkmalen kaum unterschieden ist eine von Rauh in gleicher Gegend gesammelte Pflanze, die nach seinen Angaben bis 80 cm hoch wird; ca. 19 Rippen;

Tr. bis 8 cm ⌀; St. fuchsrot; Fr. weinrot. Die Mittelst. sind auch etwas kräftiger. Die var. schwankt also etwas in ihren Kennzeichen.

*Peruvoc. ferruginospinus* HORT., nur ein Name, hierhergehörend?

Abb. 1165. Haageocereus horrens v. sphaerocarpus RAUH & BACKBG. (Foto: RAUH.)

21. **Haageocereus longiareolatus** RAUH & BACKBG. — Descr. Cact. Nov. 21. 1956

Bis 1 m hoch; Tr. bis 6,5 cm ⌀; Rippen 20; Areolen ca. 8 mm lang, 4 mm breit, weißfilzig; Borsten im Scheitel; St. ziemlich fest; Randst. ca. 30—50, ca. 4 mm lang, gelblich; Hauptst. 1—2 (—4), bis 2,5 cm lang, rötlichgelblich im Scheitel, dort auch kürzer; Randst. kaum oder nicht verflochten; Bl. und Fr.? — Mittel-Peru (Eulalia-Tal, 1000 m) (Abb. 1170, Tafel 90).

Hat auffällig verlängerte Areolen.

22. **Haageocereus albisetatus** (AKERS) BACKBG. — In RAUH, Beitr. z. Kenntn. d. peruan. Kaktveg., 414. 1958

*Peruvocereus albisetatus* AKERS, C. & S. J. (US.), XX: 12. 184—185. 1948.

Bis 1—2 m hoch; Tr. bis 6 cm ⌀; Rippen 25—26; ca. 25 Randst., kurz, borstig, bis 13 mm lang, erst gelblich, bald weißlich; Borsten weiß, kurz, bis 1 cm lang; Mittelst. fehlend oder nur 1 ganz dünner, nadeliger, bis 1,5 cm lang, wie die Randst. gefärbt; Bl. nur vereinzelt; Röhre grün, rötlich beschuppt, bis 5 cm lang; Blütenbreite bis 4,5 cm; Fr. bis 4,5 cm lang, gelblichrot. — Mittel-Peru (auf Hügeln über dem Eulalia-Tal) (Abb. 1172—1173).

Akers unterscheidet noch eine v. *robustus* Akers, Pflanzen bis 6,5 cm ⌀; Mittelst. stets vorhanden, bis 1,5 cm lang, Randst. und Borsten etwas länger; Bl. ca. 5,5 cm lang (gleicher Standort). Während die Blütenfarbe des Typus von Akers als grünlichweiß oder rötlichgrünlich oder purpurrot angegeben wird, soll die var. *robustus* grünlich lilarosa blühen. Die Unterschiede sind so gering und die Merkmale offensichtlich so variabel, auch in der Blütenfarbe, daß die Berechtigung einer var. *robustus* als zweifelhaft erscheint. Das Stachelkleid des Typus ist aber auffällig, weil es fast einem *Cleistoc. strausii* ähnelt.

*Peruvocereus albispinosus*, nur ein Name, mag hierhergehören. Es scheint sich um einen Katalognamen zu handeln, der nicht von Akers beschrieben wurde.

Abb. 1166. Haageocereus horrens v. sphaerocarpus Rauh & Backbg. (Foto: Rauh.)

23. **Haageocereus smaragdiflorus** Rauh & Backbg. — Descr. Cact. Nov. 21. 1956

Bis 50 cm hoch; Tr. 5 cm ⌀; Rippen ca. 20, schmal; Areolen im Scheitel kurzborstig; St. borstenartig dünn, zahlreich; mitunter 1 Mittelst., bis 2 cm lang, dünn; Bl. 5 cm lang; Pet. lebhaft smaragdgrün; Staubf. grün; N. grünlich. — Mittel-Peru (Tal des Rio Eulalia, 1300 m).

Die unscheinbar blaßgelblich bis weißlich, kurz und fein bestachelte dünne Pflanze mit grauweißen Areolen weicht darin wie in der innen leuchtend smaragdgrünen Bl. wesentlich von anderen Arten ab. Zwischen den Stacheln einzelne weiße Borstenhaare.

**24. Haageocereus albispinus** (AKERS) BACKBG. — In RAUH, Beitr. z. Kenntn. d. peruan. Kaktveg., 414. 1958

*Peruvocereus albispinus* AKERS, C. & S. J. (US.), XX : 10. 154—155. 1948.

Bis 1 m hoch; bis zu 15 Zweige; Tr. 7—9 cm ⌀; Rippen 25—26; Randst. ca. 20—25, blaßgelb, bis 5 mm lang, dazu 30—35 weiße Borsten, bis 7 mm lang; Mittelst. 1, bis 1,2 cm lang, an Kulturstücken anscheinend oft nicht so lang oder deutlich, gelb; Bl. 4 cm breit; Röhre 6,5 cm lang; Pet. tiefrot, mit bläulichem und orangefarbenem Ton; Fr. 6 cm ⌀. — Mittel-Peru (auf Hügeln über dem Tal des Rio Eulalia) (Abb. 1175—1177).

Abb. 1167. Haageocereus achaetus RAUH & BACKBG.

Abb. 1168. Haageocereus chosicensis (WERD. & BACKBG.) BACKBG. (Foto: RAUH.)

Der Name trifft eigentlich nicht zu, da die St. gelblich und nur die Borsten weißlich sind. In der Kultur scheint der Farbton aber wesentlich heller zu sein.

*Haageocereus chosicensis* v. *albispinus* BACKBG., in Kaktus-ABC versehentlich ohne lateinische Diagnose publiziert (207. 1935), „mit nahezu weißen Stacheln", ist wahrscheinlich der erste Name für die Spezies gewesen.

**24a. v. floribundus** (AKERS) BACKBG. n. comb.

*Peruvocereus albispinus* v. *floribundus* AKERS, C. & S. J. (US.), XX : 10. 155. 1948.

Weicht durch etwas geringeren Triebdurchmesser ab sowie durch geringere und mehr gelbliche Bestachelung, die St. etwas länger; Bl. zahlreicher erscheinend. — Gleicher Standort wie beim Typus der Art.

*Peruvoc. atrispinus floribundus* HORT., nur ein Name, hierhergehörend?

Abb. 1169. Haageocereus chosicensis v. rubrospinus (AKERS) BACKBG. (Foto: RAUH.)

24b. v. **roseospinus** (AKERS) BACKBG. n. comb.

*Peruvocereus albispinus* v. *roseospinus* AKERS, C. & S. J. (US.), XX : 10. 156. 1948.

Weicht vom Typus der Art ab durch nur bis 7 cm starke Tr.; Mittelst. rosafarben; die Rippenzahl scheint auch etwas geringer zu sein; die Mittelst. treten deutlicher über die kurzen Randst. und Borsten hervor. Vielleicht nur eine Form. Gleicher Standort wie beim Typus der Art.

25. **Haageocereus dichromus** RAUH & BACKBG. — Descr. Cact. Nov. 24. 1956

Bis 1 m hoch; Tr. bis 5—8 cm ⌀; Rippen 20; St. nadelig, im Scheitel dicht aufgerichtet; Areolen gelblich; Borsten spärlich; Randst. 8 mm lang; Mittelst. stechend, bis 2 cm lang, zuerst gelb (auch zitronengelb), in Übergängen bis granatrot; Bl. nur als Knospe mit weinroten Sep. gesehen. — Peru (Churin-Tal, 1200 m, nicht häufig). Mittelst. anfangs auch fast schwarzrot, weiß gezont (Abb. 1178).

Die Stachelfarbe ist sehr variabel. Vielleicht handelt es sich bei der RITTER-Nr. FR 182 (WINTER-Kat., 9. 1956) bzw. bei *H. marksianus* RITT. nom. nud. um die gleiche Art, da ich bei Aussaaten das gleiche Farbenspiel sah[1]). Da aber von der RITTER-Pflanze kein Standort angegeben wurde, kann über die Identität nichts Sicheres gesagt werden.

Bei RITTER gibt es auch den Kat.-Namen *H. chosicensis* v. *dichromus* (RAUH & BACKBG.) RITT., eine unzutreffende Kombination.

Abb. 1170. Haageocereus longiareolatus RAUH & BACKBG. (Foto: RAUH.)

---

[1]) In den Hydrokulturen von Dr. KARIUS; hier war kein Unterschied von *H. dichromus* festzustellen. Neuerdings nennt RITTER aber *H. marksianus* (Kat. 1958): *H. chosicensis* v. *marksianus* RITTER (FR 182), gleichzeitig aber als Synonym einer weiteren Kombination: *H. chosicensis* v. *turbidus* (RAUH & BACKBG.) RITTER. Durch diese wiederholten Umkombinationen vermag man kaum noch hindurchzufinden.

Haageocereus

Abb. 1171. Drei Haageocereus-Arten in Blüte. Oben: H. pluriflorus Rauh & Backbg.; **unten links**: H. horrens Rauh & Backbg.; unten rechts: H. olowinskianus v. repandus subv. erythranthus Rauh & Backbg. (Farbfoto: Rauh.)

25a. v. **pallidior** Rauh & Backbg. — Descr. Cact. Nov. 24. 1956

Nur bis 5 cm ⌀; Rippen ca. 18; Areolen klein, 2 mm ⌀; St. viel kürzer als beim Typus der Art, fast gleich lang, bis 5 mm lang, unten weißlich, an der Spitze rötlich, im Scheitel mit spärlichen Borsten untermischt; Mittelst. meist fehlend oder bis 2 cm lang. — Peru (Churin-Tal, 1700 m) (Abb. 1179).

Weicht durch feinere, kürzere und nicht so variable Stachelfarbe ab, im Scheitel kupferrot.

Abb. 1172. Haageocereus albisetatus (Akers) Backbg., Sämling dieser Art (?). (Aus der Züchterei Saint-Pie, Asson [S-Frankreich].)

Abb. 1173. Haageocereus albisetatus (Akers) Backbg. Kulturpflanze in der Sammlung Andreae.

26. **Haageocereus peniculatus** Rauh & Backbg. — Descr. Cact. Nov. 21. 1956

Bis 50 cm hoch; bis 4 cm ⌀ (oder mehr?); Areolen im Scheitel nur wenigborstig; Rippen ca. 16; alle St. dicht abstehend, ziemlich gleich lang, bürstenartig feinelastisch, unten weißlich, oben rötlich bis rotbraun, mittlere manchmal zu mehreren ein wenig mehr vorragend, aber nicht deutlich als solche abstehend. — Mittel-Peru (Tal des Rio Eulalia, auf 1000 m) (Abb. 1180).

Eine zierliche und abstehend-feinborstenstachlige Art.

27. **Haageocereus crassiareolatus** Rauh & Backbg. — Descr. Cact. Nov. 24. 1956

Bis 1 m hoch; Tr. bis 6 cm oder etwas mehr ⌀; Rippen 18; Areolen anfangs weißgelb-filzig, 5—7 mm ⌀; Borsten bis 1,3 cm lang; in Blütenareolen kräftigere Wolle stehenbleibend; Randst. 8 mm lang; Mittelst. bis 2 cm lang, graugelblich, die zahlreichen und sehr dünnen Randst. blaßgelblich; Bl. zahlreich erscheinend, bis 8 cm lang; Röhre etwas gebogen, grünlich; Sep. oben rötlich, nach unten zu grünlich; Pet. ?; Fr. 5 cm lang, rot. — Peru (Churin-Tal, Rio Huaura, 1200 m) (Abb. 1181, Tafel 92).

Auffällig durch seine besonders zur Blütezeit ziemlich dicken Areolen, die auf einseitig. ziemlich reichen Blütenansatz schließen lassen und am Oberteil auch als sterile Areolen ca. 5 mm dick sind. Mittel-(Haupt-) Stacheln können auch fehlen.

27a. v. **smaragdisepalus** RAUH & BACKBG. — Descr. Cact. Nov. 24. 1956

Weicht vom Typus der Art ab durch dickere Stämme, bis 8 cm ⌀; Rippen 20; Randst. dünn, bis 1,8 cm lang, zuerst gelblich, mit Borsten untermischt; Mittelst. 1, bis 3,5 cm lang, oft gefleckt; Bl. mit smaragdgrüner Röhre und Sep. (außen); Petalenfarbe nicht bekannt. — Peru (Churin-Tal, 1400 m) (Abb. 1182).

28. **Haageocereus chrysacanthus** (AKERS) BACKBG. — In RAUH, Beitr. z. Kenntn. d. peruan. Kaktveg., 415. 1958

*Peruvocereus chrysacanthus* AKERS, C. & S. J. (US.), XXI: 2, 45. 1949.

Abb. 1174. Haageocereus icosagonoides RAUH & BACKBG. (Foto: RAUH.)

Bis 1 m hoch, 5—25 Zweige; Tr. bis 7,5 cm ⌀; Rippen 17—18; Areolen 5 mm lang und breit, mit kurzen Haaren und ca. bis 65 ungleichen, bis 12 mm langen gelblichen, bräunlich gefleckten St., dazwischen 2—3 Hauptst., dünn und stechend, bis 4,5 cm lang bzw. mit ca. 15 gelblichweißen Borsten, bis 17 mm lang; Bl. 5 cm breit; Pet. grünlichweiß, in der Mitte grün gestreift; Sep. mehr rötlichgrün; Röhre bis 6 cm lang; Fr. grün oder rötlichgrün, 3×4 cm groß. — Mittel-Peru (Panamerikanische Straße, Km 226, nördlich von Lima).

Hat fast den Charakter der Bestachelung von *H. pseudomelanostele*, bleibt aber wesentlich schlanker. *H. pseudomelanostele* v. *chrysacanthus* (AKERS) RITTER ist eine comb. nud., die nach den aus dem Schlüssel hervorgehenden Unterschieden auch nicht anerkannt werden kann.

Ein Kat.-Name RITTERS ist *H. chryseus* (FR 585) [*H. chrysacanthus* RITT. (1957) non (AKERS) BACKBG.]. Die Angaben ,,schöne, hohe Triebe, dichte goldgelbe Stacheln" gestatten keine sichere Identifizierung.

Abb. 1175. Haageocereus albispinus (AKERS) BACKBG. (Foto: RAUH.)

29. **Haageocereus seticeps** RAUH & BACKBG. — Descr. Cact. Nov. 21. 1956

Bis 1 m hoch; Tr. ca. 4—5 cm ⌀; Rippen 19; Areolen reichfilzig; Randst. dünn, im Scheitel mit kürzeren Borsten untermischt; Mittelst. zum Teil borstig dünn und zum Teil gewunden, anfangs gelblich, zum Teil kräftiger, alle am Triebende locker abstehend; Bl. ?; Fr. weinrot, bis 2 cm ⌀; Knospenwolle in den Blütenareolen oft stehenbleibend. — Mittel-Peru (Tal des Rio Eulalia, 1000 m) (Abb. 1183).

Weicht von anderen Arten durch die langen kräftig-borstenähnlichen Hauptst. bei geringer Triebstärke ab. Randst. ca. 50, 5 mm lang, Mittelst. 1 (—4), 2,5 (—4) cm lang, borstenartig.

Abb. 1176. Haageocereus albispinus (AKERS) BACKBG. (?), tiefrot blühend (Sammlung DELRUE, Menton).

Abb. 1177. Haageocereus albispinus (AKERS) BACKBG. (?) (Aus der Sammlung DELRUE, Menton.)

29a. v. **robustispinus** RAUH & BACKBG. — Descr. Cact. Nov. 21. 1956

Weicht durch etwas weniger Rippen, ca. 17, ab sowie anfangs ± fuchsfarbene, kräftigere, bis 2,2 cm lange Mittelst. und bis 1,5 cm lange Borsten; Bl. weinrot; Staubf. rot; Fr. 2 cm ⌀, weinrot. — Gleicher Standort wie beim Typus der Art (Abb. 1184).

30. **Haageocereus turbidus** RAUH & BACKBG. — Descr. Cact. Nov. 25. 1956

Bis 1,20 m hoch; Tr. 5—8 cm ⌀, buschig verzweigend; Rippen ca. 19; Areolen anfangs mit Borsten; St. elastisch, wenig stechend, anfangs lebhaft gelb bis fuchsrot; Borsten kräuselig, locker; Randst. zahlreich, sehr dünn und etwas abstehend; Mittelst. im Scheitel aufrecht und zum Teil stark biegsam und nicht stechend, bis 8 (—10) cm lang, an der Basis anfangs gelb, oben gelblich bis rötlich, später graurötlich-violett bereift, Hauptst. mehr waagerecht abstehend bzw.

durcheinanderragend; Bl. 5(—6) cm lang, 2,5 cm ⌀; Röhre grün, mit kurzem Filz in den Achseln; Schuppen sehr klein; Sep. unterseits weinrot, oberseits grün; Pet. weiß; Staubf. weiß; N. grün. — Peru (Nazca-Tal, häufig in der Felswüste auf 600—800 m). Mittel- (Haupt-) Stacheln: 1—2 (Abb. 1185).

Abb. 1178. Haageocereus dichromus RAUH & BACKBG. (Foto: RAUH.)

30a. v. **maculatus** RAUH & BACKBG. — Descr. Cact. Nov. 25. 1956

Weicht vom Typus der Art ab durch etwas kürzere St., später die Hauptst. mehr abwärts gerichtet, anfangs stark dunkler gefleckt; die Bl. ist länger als beim Typus der Art: 8 cm lang; Röhrenschuppen grünlich, mit bräunlichgelber Spitze; Sep. unterseits braunrötlich; Pet. weiß; Fr. bis 2 cm ⌀, hellweinrot (bei Vollreife wahrscheinlich noch größer). — Peru (Nazca-Tal, in der *Loxopterygium*-Formation, auf 1200 m häufig, zusammen mit *Loxanthocereus ferrugineus, Neoraimondia roseiflora* und *Tephrocactus mirus*). Die Hauptst. sind stärker als beim Typus der Art (Abb. 1186).

Abb. 1179. Haageocereus dichromus v. pallidior Rauh & Backbg.

Abb. 1180. Haageocereus peniculatus Rauh & Backbg. (Foto: Rauh.)

31. **Haageocereus setosus** (Akers) Backbg. — In Rauh, Beitr. z. Kenntn. d. peruan. Kaktveg., 414. 1958

*Peruvocereus setosus* Akers, C. & S. J. (US.), XIX:5. 68. 1947.

Säulig, 1—3 m hoch, bis zu 25 Zweige; Tr. bis 6 cm ⌀; Rippen 20—21; Schopf aus feinen St. und Borsten; Areolen rund, mit 90—100 St. und Borsten; St. zu einem Drittel nadelförmig, gelb, 1 cm lang (Nebenst.); Hauptst. 1—2, bis 2 cm lang, bräunlich, stechend; Borsten zu 70% über 2 cm lang, gelb, rot oder silbergrau getönt und später grau, Bl. 5 cm lang (Röhre); Röhre ziemlich schlank, mit schmalen Schuppen und weißen und braunen Haaren; Pet. rot oder scharlachrosa; Fr. 4 cm ⌀, unten grün, oben rosa. — Mittel-Peru (Caracoles-Hügel, südlich von Lima, in der küstennahen Wüste).

31a. v. **longicoma** (Akers) Backbg. — In Rauh, Beitr. z. Kenntn. d. peruan. Kaktveg., 414. 1958

*Peruvocereus setosus* v. *longicoma* Akers, C. & S. J. (US.), XIX:6. 91. 1947.

Weicht nach Akers vor allem durch den niedrigen Wuchs ab, bis 30 cm hoch, wenig verzweigt; Tr. 6 cm ⌀, wie beim Typus; Bestachelung kräftiger; nur ca. 50 Borsten, bis 4,5 cm lang; 20 feine St., gelb bis grau; Hauptst. 1—2, bis 3,5 cm lang, kräftig-nadelig; Stachelfarbe der Nebenst. gelb oder grau und gestreift, der Hauptst. rötlich und dann grau; Bl. und Fr. unbekannt. — Vom gleichen Standort wie der Typus der Art (Abb. 1187).

Nach dem AKERS-Foto ähnelt die Pflanze im Habitus etwas dem *H. chrysacanthus*. Angesichts des großen Längenunterschiedes kann v. *longicoma* nur deshalb als var. angesehen werden, weil sie am gleichen, ziemlich begrenzten Standort vorkommt und auch länger beborstet ist. Die Hauptst. sind ebenfalls länger als beim Typus der Art. Vielleicht gibt es Zwischenformen, denn sonst könnte man eher eine eigene Art für letztere Pflanze annehmen.

Abb. 1181. Haageocereus crassiareolatus RAUH & BACKBG. (Foto: RAUH.)

32. **Haageocereus akersii** BACKBG. — In RAUH, Beitr. z. Kenntn. d. peruan. Kaktveg., 416. 1958

*Peruvocereus multangularis* (WILLD.) AKERS, C. & S. J. (US.), XX : 6. 174. 1950 — *Haageocereus multangularis* (sensu AKERS) CULLM. comb. nud., l. c.

Ähnelt nach dem AKERS-Foto der vorigen Pflanze (v. *longicoma*). Bis 1 m hoch; Tr. 10—15, bis 7 cm ⌀, etwas keulig; Rippen 17—18; Randst. ca. 23, bis 1 cm lang, blaßgelb; Haarborsten bis 25, aus dem Areolenunterteil, seidig, 2—4 cm lang, weißlich; Hauptst. 1—2, biegsam, bis 4,5 cm lang, gelblich, braun gespitzt, schwach abwärts weisend; Bl. einzeln unterhalb des Scheitels, 7 cm lang (Röhre), bis 5 cm breit; Röhre schlank, mit schmalen, gespitzten Schuppen und kurzflockiger Behaarung; Pet. tief bläulichrosa oder mit mehr purpurnem Ton; Fr. ovoid, 4 cm lang, bläulichrot, Schuppen mit winziger, hornförmiger gelber Spitze, Pulpa weiß; S. mit kleinem, grauem Hilum. — Mittel-Peru (unfern Cajamarquilla, in den niedrigen Nebencanyons des Rimac-Flusses) (Abb. 1188).

Abb. 1182. Haageocereus crassiareolatus v. smaragdisepalus RAUH & BACKBG. (Foto: RAUH.)

Steht *H. pseudomelanostele* nahe, bleibt aber schlanker und ist dichter bzw. länger und deutlicher borstenhaarig, auch weicht die Bl. im Farbton völlig ab. Man könnte versucht sein — und früher hatte ich die Ansicht — die Art als var. zu *H. pseudomelanostele* zu stellen. Nach der Beurteilung des gesamten bisher gefundenen *Haageocereus*-Materials ist das aber nicht zu rechtfertigen, auch wäre sonst eine klare Gliederung aller Arten und var. nach Triebstärke, Behaarungslänge, Blütenfarbe usw. unmöglich.

AKERS hat die Pflanze *Peruvoc. multangularis* (WILLD.) AKERS genannt, bzw. sie damit ausdrücklich als den wiedergefundenen *Cactus multangularis* WILLDENOWS (1813) bezeichnet. Eine solche Identifizierung ist, wie nachstehend dargelegt, nicht möglich. Der Pflanze war daher ein neuer Name zu geben; ich benannte sie nach AKERS, dessen Verdienst es ist, eine Anzahl neuer Arten bzw. ihrer Unterschiede (in der Reihe ,,*Setosi*'') festgestellt zu haben.

*Cactus multangularis* WILLD. — En. Plant. Suppl., 33. 1813
    *Cereus multangularis* HAW. (1819). — *Echinocereus multangularis* FÖRST.-RÜMPL. (1885). — *Echinocereus rigidispinus* MHLPF., in RÜMPLER.

Abb. 1184. Haageocereus seticeps v. robustispinus RAUH & BACKBG. (Foto: RAUH.)

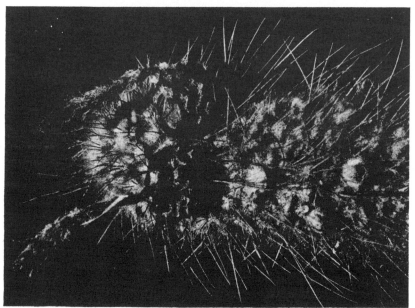

Abb. 1183. Haageocereus seticeps RAUH & BACKBG. (Foto: RAUH.)

WERDERMANN hat in BACKEBERG, „Neue Kakteen", 81. 1931, ausgeführt: „Von dieser Art sind auch eine Anzahl Varietäten beschrieben worden (v. *albispinus* SD., v. *prolifer* SD., v. *rufispinus* FOBE, v. *limensis* MAASS, v. *pallidior* PFEIFF.: BACKBG.). Bei der Nachforschung nach der Erstbeschreibung (WILLDENOW 1813) und dem Originalmaterial stellte sich aber heraus, daß die WILLDENOWsche Beschreibung zu kurz und wenig eindeutig ist, um danach zu identifizieren; sie würde auf eine Anzahl Cereen passen.

Abb. 1185. Haageocereus turbidus RAUH & BACKBG. (Foto: RAUH.)

Heimat und Standort sind auch nicht angegeben. Das gesamte Herbarmaterial von WILLDENOW liegt im Dahlemer Bot. Garten. Hierunter war *Cactus multangularis* nicht zu finden. Alle späteren Beschreibungen der Art, z. B. von HAWORTH, SCHUMANN, SCHELLE usw., hängen also gewissermaßen in der Luft. Da es unmöglich ist, die alte Art einwandfrei festzustellen, habe ich mich entschlossen, den Namen *Cactus multangularis* zu verwerfen."

Damit wird auch die Kombination *Binghamia multangularis* (WILLD.) BR. & R., The Cact., IV (App.) 279. 1923, hinfällig.

AKERS hat hierher auch als Synonyme *Binghamia melanostele* sensu BR. & R. und *Haageocereus pseudomelanostele* (WERD. & BACKBG.) BACKBG. gestellt, von denen obige Art sich allein schon nach der Borstenlänge und Blütenfarbe unterscheidet. Außerdem war letztere Art Typus meines Genus *Haageocereus*, und AKERS hat damit sein Genus *Peruvocereus* gestürzt, indem er dadurch *Peruvocereus* mit dem Typus von *Haageocereus* identifizierte. *Binghamia melanostele* BR. & R. non *Cephalocereus melanostele* VPL. kann nur mit ? als Synonym zu *Haageoc. pseudomelanostele* gestellt werden, da man angesichts der heute bekannten mehreren einander ähnlichen Arten kein sicheres Urteil über die Identität fällen kann, zumal BR. & R. irrtümlich VAUPELS Blütenbeschreibung wiedergaben[1]).

Abb. 1186. Haageocereus turbidus v. maculatus RAUH & BACKBG. (stark gefleckte Scheitelstacheln!). (Foto: RAUH.)

[1]) Als zweifelhafte Namen, deren Zugehörigkeit zu *Haageocereus* ebenfalls nicht mehr einwandfrei festzustellen oder überhaupt zweifelhaft ist, sind folgende anzusehen, die BRITTON

33. **Haageocereus zehnderi** Rauh & Backbg. — Descr. Cact. Nov. 23. 1956[1])

Bis ca. 1 m hoch, aufrecht; Tr. bis 8 cm⌀, jüngere bis 4,5 cm⌀, schmutziggrün, buschig verzweigt; Rippen ca. 18, 5 mm hoch, 5 mm breit; St. zahlreich, borstenartig dünn, dichtstehend, anfangs honigfarben, bis 3 cm lang, zuweilen von etwas kräftigeren untermischt, bis ca. 50, nicht angepreßt, Haupt- und Nebenst. kaum zu unterscheiden, manchmal auch bis 5 cm lang und überwiegend später etwas abwärts gerichtet; Areolen rund, bis ca. 5 mm⌀, schmutzigweiß befilzt; Borsten bis 3,5 cm lang, blaß gelblich; Bl. (grünlich- [?]) weiß; N. grün. — Peru (Santa-Tal, bei Huallanca, 1300 m). Die Röhre ist gedrückt-rund, die Fr. 5 cm ⌀, weinrot (Abb. 1189, Tafel 93).

Abb. 1187. Haageocereus setosus v. longicoma (Akers) Backbg. (Foto: Akers.)

---

u. Rose in The Cact., II: 20. 1920, aufführen: *Cereus flavescens* Pfeiff.; *Echinocereus flavescens* Rümpl.; *Cereus kageneckii* Gmel. (Syn. *Cactus kagenecki* DC.); *C. ochracranthus* Pfeiff.; *C. lecchii* Pfeiff. (*Cactus lecchii* Colla); *C. lanuginosus aureus* Colla; *Echinocactus lecchii* G. Don.; Engelmann hat sogar eine dem *Nyctocereus serpentinus* ähnliche Pflanze als „*Cereus multangularis*" etikettiert; *Cereus limensis* SD. (Allg. Gartenztg. 13 : 353. 1885); *Echinocereus limensis* Rümpl.; *Echinocereus multangularis limensis* Lem.; *Cereus multangularis limensis* (Maass) könnte schon eher zu *Haageocereus* gestellt werden: „Aufrecht, dick, kräftiggrün; Rippen 12; Areolen genähert, oval, mit gelbem Filz; St. nadelig, borstenartig, steif, 8—10 mittlere, spreizend, gelblichrot, einer länger; Randst. 20—25, unten weiß, oben rötlichgelb." Schumann stellte den Namen *Cereus limensis* daher auch zu *C. multangularis*, da ihm zu seiner Zeit keine anderen ähnlichen Pflanzen bekannt waren. Die Angaben reichen aber mangels Triebstärke und Blütenmerkmalen sowie Borstenlänge, und da auch die Rippenzahl ziemlich gering ist, nicht zu einer sicheren Identifizierung aus.

Vielleicht gehören hierher auch der oberhalb Limas gesammelte *Cereus flavispinus* Roezl in Morren (Belg. Hort. 24 : 39. 1874), der aber nicht gültig beschrieben ist, sowie die auf *Cactus flavispinus* Colla basierenden, von K. Schumann unter „*Pilocereus strictus* Rümpl." aufgeführten *Cereus flavispinus* SD. (Pfeiffer, En. Cact. 82. 1837) bzw. *Pilocereus flavispinus* Rümpl. (Handb. Cactkde. 2 : 659. 1886).

[1]) Hat lt. Rauh anscheinend nur lokale Verbreitung. Ritter, der ihn nicht fand, sprach (Schrift 1958) von „Fundzettelverwechslung" oder „völlig falscher Diagnose". Ich bedaure — wie überhaupt den Ton der Ritterschrift — eine solche Belastung der gewissenhaften Registrierung aller Angaben in diesem Handbuch, durch voreilige und unbegründete Behauptungen, die sich gegen Rauhs vorbildliche Arbeit richten.

Durch das lange, dichte und borstenfeine Stachelkleid einer der schönsten Haageocereen. Er wurde nach Herrn ZEHNDER, Turgi (Schweiz), benannt, der der Begleiter von Prof. RAUH war und durch größere Importe der neuentdeckten Pflanzen auch deren Verbreitung in den Sammlungen ermöglichte.

Abb. 1188. Haageocereus akersii BACKBG. (Peruvocereus multangularis [WILLD.] AKERS) mit ungewöhnlich tiefsitzenden (verzögerten?) Blüten. (Foto: RAUH.)

## Unterreihe 2: Pseudomelanosteles BACKBG.

**34. Haageocereus pseudomelanostele** (WERD. & BACKBG.) BACKBG. — BACKEBERG & KNUTH, Kaktus-ABC, 209. 1935

?*Binghamia melanostele* sensu BR. & R. non VPL., The Cact., II : 167. 1920. — *Cereus pseudomelanostele* WERD. & BACKBG., in BACKEBERG, ,,Neue Kakteen", 74. 1931.

Bis 1 m hoch, dicht vom Grunde verzweigt; Tr. ± keulig und dick; bis 10 cm ⌀; Rippen 18—22 oder mehr; Areolen etwas filzig; Randst. zahlreich, goldgelb bis heller, von feinen Borstenhaaren begleitet, diese nicht über 2 cm lang, besonders deutlich im Scheitel, später abfallend, zum Teil auch gekrümmt; Hauptst. deutlich verlängert und kräftiger, 1 bis mehr, anfangs dunkler, später mehr grau- bis blaßgelb, einzelne bis 8 cm lang (!); Bl. 4—5 cm lang (Röhre), 3 cm ⌀; Pet. günlichweiß, Sep. stark umbiegend. — Mittel-Peru (Cajamarquilla an der Lima—Oroya-Bahn, auf 500 m) (Abb. 1190—1191). (Siehe hierzu auch S. 1224.)

Eine sehr stämmige Art aus dem unteren Wüstengebiet des Rimac-Tales.

Abb. 1189. Haageocereus zehnderi RAUH & BACKBG. (Foto: RAUH.)

34a. v. **clavatus** (Akers) Backbg. — In Rauh, Beitr. z. Kenntn. d. peruan. Kaktveg., 429. 1958
  *Peruvocereus clavatus* Akers, C. & S. J. (US.), XIX : 10. 55. 1948. —
  *Haageocereus clavatus* (Akers) Cullm. comb. nud., l. c.

Bis 1 m hoch; Tr. bis 10 cm ∅; Rippen 18—20; Randst. ca. 30, gelb, braun gefleckt; Haarborsten 30—35, gelblich; Hauptst. 2, gelb, braun gespitzt, bis 4 cm lang; Bl. (Röhre) 6,5 cm lang, 5 cm breit; Pet. tiefrosa. —.Peru (Lurin-Tal).

Dem Typus der Art in Höhe, Triebstärke und Rippenzahl sowie etwas keuliger Triebgestalt gleichend. Die Hauptst. sind aber kürzer, die Bl. größer und ganz anders gefärbt. Nach alledem konnte die Akerssche Pflanze nur als var. angesehen werden.

Abb. 1190. Haageocereus pseudomelanostele (Werd. & Backbg.) Backbg.; Typpflanze, von mir am Typstandort aufgenommen.

34b. v. **carminiflorus** Rauh & Backbg. — Descr. Cact. Nov. 21. 1956

Bis 1,20 m hoch; Tr. bis 10 cm ∅; Rippen 20; Areolen mit lockerem weißlichem Filz; Hauptst. 1—2, bis 3 cm lang; Bl. 8 cm lang (Röhre), etwas gebogen; Sep. dunkelweinrot; Pet. karminrot; Staubf. oben violett; N. grünlich. — Mittel-Peru (Eulalia-Tal, 1000 m) (Abb. 1192).

Die Hauptst. sind schräg aufwärts gerichtet, anfangs bernsteingelb, Spitze etwas dunkel; die Bl. erscheinen auf der Triebspitze. Durch längere Bl. und andere Pet. sowie Staubfädenfarbe von voriger var. unterschieden.

Hiermit dürfte Ritters Kat.-Name *H. convergens* Ritt. (FR 671) identisch sein.

35. **Haageocereus salmonoideus** (Akers) Backbg.[1]) — In Rauh, Beitr. z. Kenntn. d. peruan. Kaktveg., 429. 1958

*Peruvocereus salmonoideus* Akers, C. & S. J. (US.), XIX : 7. 109. 1947.

Bis 1 m hoch; Tr. bis 10 cm ⌀; Rippen ca. 22; Areolen rund, im Scheitel keinen deutlichen Borstenschopf bildend, d.h. Borsten kurz; ca. 60–80 Nebenst., davon 30% Borsten, ziemlich gleich lang, ca. bis 8 mm lang, anfangs gelb, mit weißen Borsten; Hauptst. 1—2, kräftiger, bis 2 cm lang, gelb; Bl. 6 cm lang; Pet. rosa; Fr. 6,5 cm ⌀,

Abb. 1191. Haageocereus pseudomelanostele (Werd. & Backbg.) Backbg. in Blüte.

Abb. 1192. Haageocereus pseudomelanostele v. carminiflorus Rauh & Backbg. (Foto: Rauh.)

[1]) Schreibweise von Akers; Rauh schrieb (1958) „*salmonoides*".

grün, oben rosa. — Mittel-Peru (Rimac-Tal, ca. 15 km oberhalb von Chosica) (Abb. 1193).

Die Art erhielt den Namen wegen der fast fleischrosafarbenen Bl.; die Spezies gehört in die Nähe von *H. pseudomelanostele*, hat aber kürzere Borsten, und auch die Hauptst. sind kürzer; die Fr. ist ziemlich groß; die Perigonblätter scheinen weniger stark umzubiegen als bei *H. pseudomelanostele*.

Die Art war der Typus des AKERSschen Genus *Peruvocereus*.

In der Sammlung ANDREAE, Bensheim, sah ich einen ,,*Peruvocereus pseudocephalus*", offenbar ein unbeschriebener Name; die Pflanze ist kurz- und dichtborstig wie *H. salmonoideus*, hat aber einen rosa Scheitel. Vielleicht ist dies nur eine Form des letzteren, im übrigen dem oben etwas länger haarborstigen ,,*Peruvocereus albispinosus*" der Sammlung ANDREAE ähnelnd (nur ein Name; s. unter *Haageocereus albisetatus*).

Abb. 1193. Haageocereus salmonoideus (AKERS) BACKBG. (Foto: AKERS.)

36. **Haageocereus comosus** RAUH & BACKBG. — Descr. Cact. Nov. 21. 1956

Bis 1,30 m hoch; Tr. bis 10 cm $\varnothing$; Rippen ca. 20, schmal; Areolen rund, weißlich befilzt; Nebenst. zahlreich, dünn, gelb, besonders im Scheitel mit dichtstehenden, aufgerichteten, weißen, bis 3,5 cm langen Borsten untermischt; Hauptst. gelb, ziemlich dünn, biegsam, bis 3 cm lang, später $\pm$ abwärts gerichtet; Bl. wahrscheinlich rot; Fr. 4 cm $\varnothing$, rund, gelbgrün, rosa anlaufend. — Mittel-Peru (Eulalia-Tal, 1000 m) (Abb. 1194, Tafel 94).

Auffallend durch den langen Borstenbesatz und die dünnen, sehr biegsamen, daraus herausragenden St.; Randst. ca. 25—30.

Abb. 1194. Haageocereus comosus RAUH & BACKBG. (Foto: RAUH.)

37. **Haageocereus symmetros** RAUH & BACKBG. — Descr. Cact. Nov. 24. 1956

Bis 1,20 m hoch; Tr. 8—10 cm ⌀; Rippen 21; Areolen rund, im Scheitel dichtstehend und nach unten zu auffällig — wie die Berührungszeilen von *Mamillaria* — in sich überschneidenden Spiralen sehr symmetrisch angeordnet; Borsten im Scheitel sehr kurz, gelb; Randst. zahlreich, 5 mm lang, bernsteingelb; Mittelst. 1—2, kurz, bis höchstens 2 cm lang, braungelb, heller gezont, im Alter grau, in der Jugend alle dünn, bis nur 5 mm lang; Bl. (Röhre) ± 5 cm lang; Röhre grün, Schuppen klein; Sep. unterseits weinrot; Pet. weiß. — Mittel-Peru (Churin-Tal, Rio Huaura, 1200 m) (Abb. 1195).

Durch die auffällig symmetrisch sich überschneidenden dichten Areolenspiralen von anderen Arten unterschieden.

### Unterreihe 3: Pachycladi BACKBG.

38. **Haageocereus divaricatispinus** RAUH & BACKBG. — Descr. Cact. Nov. 26. 1956

Bis 1,20 m hoch, von unten her reich verzweigt; Tr. zum Scheitel hin etwas verjüngt, dick, zuletzt bis 10 (—15) cm ⌀; Rippen 18—19; Areolen etwas hervortretend, rund, mit weißlichem Filz; im Scheitel bis 3 cm lange Borsten, aufgerichtet und mit den Randst. untermischt; Randst. abstehend, verschieden gefärbt, gelb bis purpurrötlich; Hauptst. meist 1, bis 4 cm lang, anfangs aufrecht, dann vorgestreckt oder ± abwärts gerichtet, außerdem 3—6 kürzere mittlere, am Fuß graugelb, an der Spitze bräunlich; Bl. 10 cm lang; Röhre dunkelpurpurn, 1 cm ⌀, Schuppen mit kurzen und lockeren Haaren; Perigonblätter dunkelpurpurn, auf der Oberseite etwas heller; Staubf. oben lebhaft karminrot, nach unten zu weißlich; Gr. karmin; N. grün; Fr. eiförmig, bis 6 cm lang, 4 cm ⌀, blaß weinrot (blaß-karmin), behaart, von der vertrockneten, stark behaarten Bl. gekrönt. — Mittel-Peru (Lurin-Tal, zwischen 800—1200 m sehr häufig). Randst. zahlreich, borstenförmig. Bl. innen mit Staminodialhaaren (Abb. 1196—1197, 1217, Tafel 95).

Durch die spreizende Bestachelung von anderen Arten abweichend, auch durch die ungewöhnlich reiche Verzweigung.

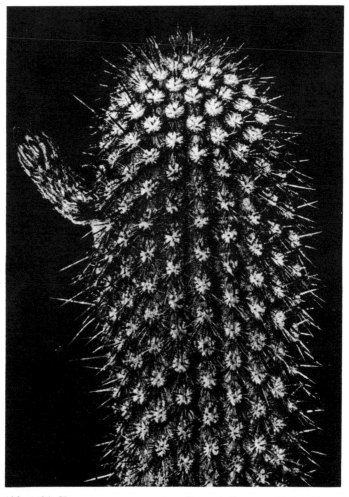

Abb. 1195. Haageocereus symmetros RAUH & BACKBG. (Foto: RAUH.)

39. **Haageocereus piliger** RAUH & BACKBG. — Descr. Cact. Nov. 26. 1956

Bis 70 cm hoch; Tr. bis 20 cm ⌀ ( ? )¹); Rippen bis 16, bis 1 cm breit, ziemlich flach, etwas um die Areolen verdickt; Areolen ziemlich klein, rundlich, gelblich-weiß-filzig, im Scheitel einen kleinen Schopf mit locker verflochtenen Haaren und Jungstacheln bildend; Haare bis 2,5 cm lang, weiß, anfangs zum Teil bräunsich (Sämlinge), ± aufgerichtet, später die Pflanze ganz locker umkleidend; Randst. nadelig fein, gelblich, etwas steif; Hauptst. 1 (—2) oder fehlend, nur bis 2 cm lang, anfangs bernsteinfarbig, dann grau, Spitze dunkler; Bl. unbekannt. — Mittel-Peru (Wüstengebiet von Pachacamac, 100 m) (Abb. 1198).

Die ziemlich dicken Stämme, locker von Haaren umsponnen, an den Jungtrieben oben mit seidig weichen, feinen weißen Haaren und zartgelben St., machen diese Art zu einer von allen anderen abweichenden. Manchmal sind die Jungst. bei jüngeren Tr. ± rötlichgelb, wie dies auch bei anderen *Haageocereus*-Arten vorkommt.

Abb. 1196. Haageocereus divaricatispinus RAUH & BACKBG. (Foto: RAUH.)

40. **Haageocereus pachystele** RAUH & BACKBG. — Descr. Cact. Nov. 24. 1956

Bis 80 cm hoch, von unten verzweigt; Tr. 10—15 cm ⌀; Rippen 1 cm breit, 16 (—20); Areolenzeilen weit voneinander entfernt; Areolen rundlich, anfangs ockergelb-filzig, dann grau, 1 cm entfernt, 3 mm ⌀; Randst. spitz, zahlreich, anfangs gelblich mit dunkler Spitze, mit bis zu 1,5 cm langen Borstenhaaren

---

¹) Angabe RAUHS in der Felddiagnose: „bis 15 (20) cm ⌀", die größte Stärke als zum Teil zu beobachtender Basal-Durchmesser anzusehen?

untermischt, diese aber ziemlich spärlich; Randst. fast pfriemlich, 0,8—1 cm lang, davon 17—20 derbere und 30—40 dünnere, die zur Areolenbasis hinweisenden fast borstenartig, weiß und bis 1,5 cm lang; Hauptst. 1(—3), bis 3 cm lang, anfangs aufwärts gerichtet oder waagerecht vorgestreckt, zuerst unten bernsteingelb, an der Spitze lederbraun, später hellgrau bereift; Bl. nicht geöffnet gesehen. Knospen grün; Sep. nur wenig rot getönt; Fr. bis, 4 cm $\varnothing$, blaß weinrot. — Mittleres Peru (Churin-Tal, bei Sayan, auf 900 m, zusammen mit *H. acanthocladus*) (Abb. 1199, Tafel 96).

An manchen und besonders stärkeren Seitentrieben sind die Borsten sehr unscheinbar.

Abb. 1197. Haageocereus divaricatispinus RAUH & BACKBG. (Foto: RAUH).

## Reihe 5: Decumbentes BACKBG.

41. **Haageocereus platinospinus** (WERD. & BACKBG.) BACKBG. — BACKEBERG & KNUTH, Kaktus-ABC, 209. 1935[1])

    *Cereus platinospinus* WERD. & BACKBG., in BACKEBERG, ,,Neue Kakteen", 76. 1931. — *Borzicactus platinospinus* (WERD. & BACKBG.) BORG.

---

[1]) Einzige landinnere Art dieser Reihe; die übrigen gehören der küstennahen feuchten Nebelwüste an.

Niederbiegend und wieder aufgerichtet; Pflanzen von St. starrend, mattgrün, Scheitel von Filz und St. geschlossen; Rippen ca. 13, etwa 0,6 cm hoch, oben gerundet, über den Areolen stark eingedrückt; Areolen graufilzig; Randst. ca. 10—13, horizontal strahlend, weißgrau mit brauner Spitze, bis 1,5 cm lang, die seitlichen die längsten; Mittelst. 1—2—4, pfriemlich, zuweilen leicht gebogen, meist ±

Abb. 1198. Haageocereus piliger RAUH & BACKBG. (Foto: RAUH.)

waagerecht stehend, zuerst violettbraun, bis 7 cm lang, später weißlich-grau; Bl. weiß. — S-Peru (Wüste bei Arequipa, auf magerem Boden) (Abb. 1200).

Schon von Dr. ROSE bei Arequipa beobachtet, bzw. in The Cact., II: 162. 1920 (Fig. 232) als „*Borzicactus decumbens*" abgebildet. Die unvollkommene Blütenabbildung, l. c. (Fig. 233) (von SÖHRENS, aus der Tacna-Pampa), ist dagegen wohl die des *H. australis*. Dr. ROSE vermutete selbst schon, daß es mehrere Arten gibt, und stellte die Arequipa-Spezies nur zögernd zu „*Borzicactus decumbens*".[1]

---

[1] Ein ähnlicher Fall (bei BRITTON u. ROSE) wie bei den nachstehenden „Zweifelhaften Arten", was deren Gattungszugehörigkeit anbetrifft. Zur Erhaltung der Kenntnis von ihnen können sie nur so einbezogen werden, vorbehaltlich späterer Umstellung, nach Beobachtung der Blüte. RITTERS Argumente dagegen (Schrift 1958) sind um so mehr abwegig, als er selbst häufig so verfahren ist, noch dazu ohne Beschreibung.

Abb. 1199. Haageocereus pachystele RAUH & BACKBG. (Foto: RAUH.)

Abb. 1200. Haageocereus platinospinus RAUH & BACKBG. (Foto: RAUH.)

42. **Haageocereus decumbens** (Vpl.) Backbg. — Backeberg & Knuth, Kaktus-ABC, 207. 1935

*Cereus decumbens* Vpl. — Bot. Jahrb. Engler, 50: Beibl., 111. 18. 1913. —
*Borzicactus decumbens* (Vpl.) Br. & R., The Cactac. II. 162. 1920.

In oft riesigen Ansammlungen, niederliegend, an den Enden aufgebogen; ca. 20 Rippen; Tr. bis 5 cm $\varnothing$; Areolen kurzfilzig; Randst. zahlreich, bis 30 oder

Abb. 1201. Haageocereus decumbens (Vpl.) Backbg. ist auch in der Kultur ein williger Blüher.

mehr, bis 5 mm lang, hellfarbig; Mittelst. 1—2 deutlicher unterscheidbar (andere sind Übergangsst.), bis 5 cm lang, hell- bis tief dunkelbraun, oft schräg abwärts gerichtet; Bl. ca. 8 cm lang, weiß, radförmig öffnend; Sep. rötlich-grün, nach unten umgebogen, seitlich oder waagerecht mit nach oben gebogenen Enden. — S-Peru (oberhalb von Mollendo). Die Bl. sind bis 10 Uhr geöffnet (Abb. 1201—1202, 1205a, Tafel 97).

Die St. sind am Fuß nicht kräftig verdickt. In den Sammlungen auch unter dem Namen *Cereus multangularis*.

Abb. 1202. Haageocereus decumbens (VPL.) BACKBG. tritt in S-Peru in Massenbeständen auf. (Foto: RAUH.)

42a. v. **spinosior** BACKBG. — BACKEBERG & KNUTH, Kaktus-ABC, 208. 1935 [lat. Diagn. in C. & S. J. (US), 47. 1951].

Dicht mit langen, silbergrauen und bis 10 cm langen Mittelst. besetzt. — S-Peru (etwas höher als v. *decumbens* vorkommend) (Abb. 1203).

43. **Haageocereus australis** BACKBG. — J. DKG. (I), 104. 1936[1])

Niederliegend, bis 1 m lang, rübenförmige Wurzel; Einzelglieder zuweilen zum Ende ± keulig verdickt, bis über 25 cm lang, 4—6 cm ⌀, dunkelgrün; Rippen

---

[1]) Nach RITTER ein Synonym von *H. decumbens*, obwohl diesem u. a. die basale Stachelverdickung fehlt. RITTER hätte besser für eine ähnliche Aufschlüsselung gesorgt, wie sie hier unternommen wurde, um genaue Rechenschaft über die Unterschiede abzulegen, statt mit Umkombinationen und vagen Behauptungen fast alle Namen anderer Autoren durcheinanderzuwerfen und damit einen heillosen Wirrwarr anzustiften, vor allem auch bei den Beziehern seiner Samen. Es wird ihnen im Interesse einer korrekten Benennung empfohlen, das heranwachsende Pflanzenmaterial nach den Publikationen von RAUH (1958) und Band II und III dieses Handbuches zu überprüfen bzw. soweit überhaupt über die RITTERschen Katalognamen und ihre meist dürftige Kennzeichnung hinaus ausreichende Angaben zu erhalten waren oder Jungpflanzenmaterial untersucht werden konnte.

ca. 14, 5 mm breit, niedrig, um die Areolen etwas geschwollen, anfangs gelbfilzig; St. aschgrau, im Scheitel der Pflanze die mittleren dunkel gespitzt; Randst. ca. 20, bis 8 mm lang, fein, glashell; Mittelst. 8—10, unregelmäßig gestellt, darunter zwei längere, diese besonders deutlich an der Basis verdickt, bis 4,5 cm lang, nach oben und unten, später zum Körper gerichtet, anfangs ± abstehend,

Abb. 1203. Haageocereus decumbens v. spinosior BACKBG. (Foto: RAUH.)

zuweilen verflechtend; Bl. weiß, ca. 7 cm lang, 3,5 cm breit; Röhre bräunlich beschuppt und behaart; Fr. anfangs grünlich, später rosa, ca. 4 cm groß; S. schwarz, halbmatt, klein. — Peru (im äußersten Süden und im chilenischen Tacna-Bezirk) (Abb. 1204). Wenn die Pflanzen von Abb. 1205a und Tafel 97 einen verdickten Fuß haben, gehören sie hierher.

Unterscheidet sich von *H. decumbens* durch gedrungenere Glieder und ziemlich starke Bestachelung, vor allem auch durch die geschwollenen Stachelbasen; ich sah auch gekantete Mittelstacheln.

Abb. 1204. Haageocereus australis Backbg.

**43a. v. acinacispinus** Rauh & Backbg. — Descr. Cact. Nov. 25. 1956

Niederliegend, auf der Unterseite wurzelnd; Tr. bis 50 cm lang, 4—5 cm dick, von der Basis verzweigt; rübenförmige Wurzel; Randst. dünn, zu Anfang rötlich-violett; Mittelst. 2—3, bis 3 cm lang, davon der mittlere stark säbelförmig gebogen, ± kantig, nach oben gekrümmt, mit verdickter Basis, zuerst rötlich-violett, bald aschgrau bzw. hell silbriggrau, mit schwärzlicher Spitze; Bl. bis 10 cm lang; Röhre schokoladenbraun, Schuppen klein; Bl. geöffnet 4 cm $\varnothing$; Pet. unterseits schokoladenfarbig; äußere Pet. kremfarben mit braunem Mittelstreifen, die inneren (kürzer als die äußeren) weiß; Staubbl. kürzer als die Perigonblätter; Gr. länger als die Staubbl. — S-Peru (Felswüste bei Km 697

Abb. 1205a. Haageocereus decumbens (Vpl.) Backbg. (?), derbstachlige Form. (Foto: Rauh.)  Abb. 1205b. Haageocereus australis v. acinacispinus Rauh & Backbg. (Foto: Rauh.)

der Panamerikanischen Straße, zusammen mit *Islaya grandiflorens*). Die Triebe haben ca. 19 Rippen (Abb. 1205b).

**44. Haageocereus litoralis** RAUH & BACKBG. — Descr. Cact. Nov. 26. 1956

Niederliegend, etwas aufsteigend, bis 80 cm lang; Tr. ca. 8 cm ⌀; Rippen 16, ca. 1 cm breit; Borsten fehlend; Randst. zahlreich, 8—10 mm lang; Hauptst. 1—2, bis 2 cm lang; alle St. zuerst mit gelblicher Basis, nach der Spitze zu dunkler; Bl. nicht geöffnet gesehen, wahrscheinlich weiß; Röhre und Sep. lebhaft tiefgrün; Schuppenachseln behaart.—S - P e r u (auf Küstenhügeln nahe Atico, *Neoraimondia*-Formation). Randst. ca. 30, Hauptst. mitunter bis 5, aber nur 2 kräftiger (Abb. 1206).

In der gleichen Gegend gibt es einen gleich langen, -starken und -rippigen Cereus, die St. gleich gefärbt, mit ebenfalls 1—2 Hauptst., aber bis 3 cm lang; Bl. 12 cm lang, mit dunkelbrauner Röhre; Sep. schokoladenbraun; Pet. wahrscheinlich weiß. Die Hauptst. treten manchmal etwas zahlreicher hervor. Nach den RAUH-Fotos sind die Pflanzen kaum unterscheidbar, sondern nur die Röhren- und Sepalenfarbe weicht durch braune Färbung ab. Ohne Blütenvergleich läßt sich nicht sagen, ob die letztere Pflanze (coll. Nr. K 158/1956) als var. abtrennbar ist; vielleicht handelt es sich nur um eine Form.

Reihe 6: Repentes BACKBG.

**45. Haageocereus repens** RAUH & BACKBG. — Descr. Cact. Nov. 26. 1956[1])

Abb. 1206. Haageocereus litoralis RAUH & BACKBG. (Foto: RAUH.)

Niederliegend und im Wüstensand oft stark verweht, Triebenden ± aufgerichtet; Tr. bis 2 m lang, bis 5—8 cm ⌀; Rippen 19; Areolen 2—3 mm ⌀, jung ockergelb, ohne Borsten; alle St. anfangs bernsteingelb, die Randst. alle schräg aufwärts gerichtet, 8—10 mm lang, anfangs ocker- bzw. ledergelb, später blaßgrau, auf der aufliegenden Triebunterseite mehr rötlich, ca. 40, alle sehr dünn, in eine lange pfriemliche Spitze auslaufend; Hauptst. 1 (—2), nur wenig stärker als die Randst., 1,5 cm lang, meist schräg abwärts gerichtet; Bl. 6—7 cm lang, bis 3,5 cm ⌀; Hülle radförmig ausgebreitet; Sep. unterseits schmutzig schokoladefarben-purpurn, oberseits grünlich; Pet. reinweiß; Haare der Röhre schwarzbraun; Staubf. weiß, an der Basis grünlich; Staubb. gelb; N. gelblichweiß; Fr. ? —

---

[1]) Soll, nach RITTER, eine Form von *H. laredensis* bzw. ebenso ein Synonym desselben sein, wie *H. pacalaensis* (s. dort). Bezeichnend für die Oberflächlichkeit der RITTERschrift 1958 ist, daß nicht einmal das Publikationsjahr nachgeprüft wurde. Angenommen (was durchaus nicht der Fall ist), alle drei wären wirklich identisch, wäre nämlich der erste gültige Name: *H. pacalaensis*.

Nördliches Peru (Küstensandwüste der Panamerikanischen Straße bei Km 535, 20 km südlich Trujillo). Oft mit Flechten bewachsen (Abb. 1207—1209, Tafel 98).

Die Röhre ist gerieft, die Pet. sind oblong, innere ± gestutzt, nicht zugespitzt, äußere gerundet. Die Pflanze ist ein typischer Nachtblüher und, soweit bekannt, bisher die einzige ausgesprochen kriechende Art im Norden, dem Habitus nach mehr den „Setosi" und „Asetosi" nahestehend als den ähnlich wachsenden „Decumbentes"; bei ersteren gibt es sonst keine kriechenden Arten, weswegen für obige Art eine eigene Reihe einzuschalten war.

Abb. 1207. Haageocereus repens RAUH & BACKBG., halb verweht im Wüstensand. (Farbfoto: RAUH.)

H. JOHNSON hat diese Pflanzen bereits gesehen und in C. & S. J. (US.), 122. 1951, erwähnt.

*Loxanthocereus casmaensis* („Cactus", 164. 1957) war ein nom. prov. ohne Beschreibung. Erst auf der RAUH-Reise 1956 ergab sich der Nachweis der *Haageocereus*-Zugehörigkeit.

### Zweifelhafte Arten:

Die nachfolgenden Arten haben alle sehr niedrigen oder ± liegenden Wuchs. Bis auf *H. mamillatus*, der entfernt *H. decumbens* ähnelt, weicht ihr Habitus aber sowohl von dem der „Decumbentes" wie der „Repentes" ab, auch fehlen Borsten (die aber bisher bei keiner der niederliegenden *Haageocereus*-Arten beobachtet wurden). Da die Blüten unbekannt sind, besteht die Möglichkeit, daß die eine oder andere Spezies zu *Loxanthocereus* gehört. Sie mußten aber hier aufgenommen werden, um die Kenntnis von diesen Pflanzen zu erhalten.

46. **Haageocereus paradoxus** RAUH & BACKBG. — Descr. Cact. Nov. 21. 1956

Niedrig, bis 25 cm hoch; Tr. 4 cm $\varnothing$; Rippen ca. 17, sehr schmal und niedrig, am Grunde etwas geschweift; Borsten fehlend; St. deutlich spreizend; Randst. borstenfein, bis ca. 1 cm lang oder etwas länger, anfangs rötlich getönt, später weißlich, zuweilen mit etwas getönter Spitze; Hauptst. aus den etwas verlängerten mittleren meist einzeln weit hervorragend, bis 6 cm lang, stark biegsam, kaum stechend, anfangs rötlich bis rot, bald hellgrau, dann schwarz; Bl. ? — Mittel-Peru (Eulalia-Tal, 1000 m) (Abb. 1210).

Die kleine Pflanze ähnelt *H. peniculatus*, ist von diesem aber durch die auffallend langen Hauptst. und das Fehlen von Borsten unterschieden; statt dessen sind die Randst. zum Teil borstenartig dünn und biegsam, keineswegs aber Borsten wie bei den „*Setosi*".

Die Art wurde nach RAUHs Felddiagnose beschrieben, ist aber in seinem Werk 1958 nicht erwähnt.

Abb. 1208. Haageocereus repens RAUH & BACKBG., Stachelbild und Blüte. (Foto: RAUH.)

47. **Haageocereus ambiguus** RAUH & BACKBG. — Descr. Cact. Nov. 25. 1956

Niederliegend, von der Basis her verzweigt; Tr. bis 80 cm lang, 4 cm ⌀; Rippen 15—16, am Grunde 8 mm breit; Areolen klein; Randst. zahlreich, bis 1 cm lang, anfangs bräunlichviolett, später grauviolett; Hauptst. 1—2 (—3), deutlicher und länger als bei der var. ausgebildet, meistens 1, bis 5 cm lang, oft abwärts gerichtet, granatbraun in der Durchsicht, an der Basis bereift, später grau bereift; Bl. ? — Südliches Peru (bei Atico, Km 725 der Panamerikanischen Straße) (Abb. 1211).

47a. v. **reductus** RAUH & BACKBG. — Descr. Cact. Nov. 25. 1956

Unterscheidet sich vom Typus der Art durch nur bis 80 cm lange Tr.; Rippen 17—18, am Grunde nur 5 mm breit; Randst. nur 5—7 mm lang, 1 längerer Hauptst. nur 2,5 cm lang, in der Durchsicht lederbraun, der zweite Hauptst. in der Regel viel kürzer und dünner, beide an der Spitze braunviolett. — Am gleichen Standort wie der Typus der Art (Abb. 1212).

Abb. 1209. Haageocereus repens RAUH & BACKBG. mit starkem Flechtenbewuchs, wie ihn viele Kakteen der Wüsten-Nebelzone aufweisen; die säuligen Arten werden zum Teil auch von Tillandsien besiedelt. (Foto: RAUH.)

48. **Haageocereus ocona-camanensis** RAUH & BACKBG. — Descr. Cact. Nov. 26. 1956[1])

Niederliegend, am Ende ± aufsteigend, blattgrün; Tr. bis 50 cm lang, 2—3 cm ⌀; Rand- und Übergangsst. zahlreich, bis 8 mm lang, hellhornfarben bis blaß bräunlich, bald schmutziggrau; Hauptst. 1—3, ungleich nach verschiedenen Richtungen abstehend, bis 3 cm lang, anfangs ledergelb mit ± rötlichbrauner Spitze; Bl. ? — Südliches Peru (Sandwüste zwischen Ocona und Camana, 200 m) (Abb. 1213).

49. **Haageocereus mamillatus** RAUH & BACKBG. — Descr. Cact. Nov. 25. 1956

Niederliegend; Tr. 30—50 cm lang, bis 3—3,75 cm ⌀; Rippen ca. 16—17, anfangs etwas warzig-höckerig aufgelöst bzw. quer abgeschnürt; Randst. 20—30, bis 5 mm lang, alle St. im Neutrieb ± bräunlich bis dunkler; Hauptst. 1—2,

---

[1]) Von RAUH 1958 nicht angeführt. Nach mir gesandtem Material und RAUH's Felddiagnose (K 155—1956) beschrieben; die Pflanze hat 15 Rippen.

bis 3(—5) cm lang, anfangs bräunlich, dann grau mit dunkler Spitze; Röhre stark behaart; Bl. nur als Knospen beobachtet; Sep. außen olivgrün. — **Südliches Peru** (auf Lomas, an der Straße Camana—Arequipa, bei Km 165, 400 m).

49 a. v. **brevior** RAUH & BACKBG. — Descr. Cact. Nov. 26. 1956

Niederliegend, mit holzig verdickten Hauptwurzeln; Tr. kurz, bis 20 cm lang, 4—5 cm ⌀, zu Anfang warzig geteilt, Epidermis hell punktiert; Rippen 17—18; Randst. sehr dünn, bis 5 mm lang, grauweiß; Hauptst. 2—3, bis 4 cm lang, anfangs hellbraun, mit dunkler Spitze, im Alter bereift; die Bestachelung ist im Areolenquerschnitt deutlich in seitwärts strahlende Rand- (oder Unter-) St., schräg aufragende Übergangs- und gerade vorstehende Hauptst. geteilt, rand- und mehr mittelständige St. in der Aufsicht aber nur undeutlich geschieden; Bl. ? — **Südliches Peru** (Gipswüste zwischen Ocona und Camana, zusammen mit *Islaya copiapoides*, 800 m). Kulturtriebe sind rein weiß und kurz bestachelt (Abb. 1214).

Abb. 1210. Haageocereus (Loxanthocereus ?) paradoxus RAUH & BACKBG.

\*

JOHNSON führt in seinem Katalog: „Succ.-Parade", 14. 1955, noch die folgenden beiden nicht gültig beschriebenen Arten:

*Haageocereus arenosa* JOHNS. nom. nud.: „In Kolonien; Tr. bis 60 cm hoch, vorwärts kriechend und im Sande wurzelnd; Bl. groß, weiß, langröhrig. — Mittel-Peru (Küstensandwüste)." Wohl identisch mit *H. repens* RAUH & BACKBG.

*Haageocereus pyrrhostele* JOHNS. nom. nud.: „Bis 90 cm hoch; Tr. ca. 6,5 cm ⌀; Rippen ca. 15, niedrig; Areolen mit vielen kleinen, dünnen, roten und gelben Randst.; Bl. weiß." Mangels Abbildung reichen die Angaben nicht aus, um festzustellen, wo die Art einzuordnen bzw. ob sie mit einer der von RAUH gefundenen identisch ist.

— **Cereus (Haageocereus ?) sp.** von Huancavelica (oberes Pisco-Tal ? [Peru]).

Rippen 12—14, niedrig, Areolen rund, weißfilzig; Randst. über 80; Mittelst. mehrere, einige oder nur 1—2 kräftiger, nadelförmig, wie die fast borstenfeinen Randst. hell gefärbt, im Oberteil dunkler; Haarborsten nicht beobachtet; Bl ?

Diese Pflanze sah ich in der Kakteenzüchterei des Herrn SAINT-PIE, Asson (Südfrankreich); es scheint sich um einen *Haageocereus* zu handeln (s. Abb. 1216, eines Sämlings). Die Herkunft der schönen Pflanze konnte ich nicht feststellen, sie mangels weiterer Angaben auch nicht in den Schlüssel aufnehmen. Sie kann höchstens mit dem nom. prov. *Haageoc. huancavelicensis* bezeichnet werden, um nicht in Vergessenheit zu geraten.

\*

In den WINTER-Katalogen finden sich mehrere ungeklärte *Haageocereus*-Arten, die RITTER fand:

Katalog 1956 (Seite 8—9) und Katalog 1957 (Seite 6—7):

**Haageocereus** sp. FR 125: *H. australis* v. *albiflorus*; da diese Art weiß blüht bzw. von RITTER auch eine rot blühende var. (FR 185) angegeben wird, handelt es sich wohl um den Typus der Art.

Abb. 1211. Haageocereus (Loxanthocereus?) ambiguus RAUH & BACKBG. (Foto: RAUH.)

**Haageocereus australis** v. **rubiflorus** (FR 185); eine rote Bl. dieser Art ist unwahrscheinlich; vielleicht ein ähnlich aussehender *Loxanthocereus*?

**Haageocereus chosicensis** v. **chrysacanthus** „syn. *multangularis*": FR 147a, aus dem Canyon del Pato; es muß sich danach entweder um *H. chrysacanthus* oder *H. akersii* handeln. Die beiden sind aber nicht identisch.

**Haageocereus decumbens** ,,var. mit dichterer Bestachelung", FR 126a: vielleicht handelt es sich um die v. *spinosior* BACKBG.

**Haageocereus** sp., FR 146: ,,Von Ica. Prächtig braunrot, ähnelt *acranthus*" (Kat. 1957); dies mag *H. acranthus* v. *metachrous* sein (?).

Abb. 1212. Haageocereus ambiguus v. reductus RAUH & BACKBG. (Foto: RAUH.)

**Haageocereus** sp., FR 148, 1956 als ,,von Ica, Bl. 7 cm lang, orangezinnober; St. alle kräftig und steif, Pflanzen bis 1 m hoch", aufgeführt im Katalog 1957 als *H. variabilis* RITT. n. nud. Es scheint sich hier eher um einen *Loxanthocereus* zu handeln, oder eine rotblühende Varietät von *H. olowinskianus*.

**Haageocereus** sp. FR 173, ,,*bicolor*", aus den Kordillerentälern südlich von Lima ,,St. braun, unten weiß; Mittelst. nach oben gebogen". Undefinierbare Art.

**Haageocereus** sp. FR 174 ,,aus dem Süden des Dept. Lima, auf dürren Wüstenbergen". Die zusätzliche Angabe ,,verwandt mit *Arequipa*" ist unverständlich, da beide Gattungen nichts miteinander zu tun haben. Vielleicht ein *Loxanthocereus*, da beide zum Teil von RITTER verwechselt werden. Zum Beispiel führt er in Katalog 1957 einen *Haageoc. faustianus* auf, der ein *Loxanthocereus* ist.

Abb. 1213. Haageocereus ocona-camanensis RAUH & BACKBG. (Foto: RAUH.)

**Haageocereus pacaranensis**, FR 277, ,,von Pacaran, bis 50 cm hoch, 20 feine Randst., Mittelst. gelbbraun gespitzt". Undefinierbare Art, ebenso dessen v. *tenuispinus* RITT. (l. c. FR 277a) (Abb. 1215).

**Haageocereus marksianus**, FR 182, Pflanzen mit gelben, andere mit roten St., Bl. unscheinbar. Siehe hierzu die Fußnote bei *H. dichromus*.

Katalog 1957:

**Haageocereus ferox** RITT. (FR 188), ,,nicht *platinospinus*, viel wilde St. nach allen Seiten starrend." Das kann für mehrere von RAUH gefundene Arten gelten.

**Haageocereus montana** Ritt. (FR 581) (soll wohl „*montanus*" heißen). Undefinierbare Pflanze, ohne weitere Angaben. Nach neuerer Angabe Ritters identisch mit *H. hystrix*.

Abb. 1214.
Haageocereus (Loxanthocereus?) mamillatus v. brevior Rauh & Backbg. (Foto: Rauh.)

Im Katalog H. Winter 1958:

**Haageocereus chosicensis** v. **aureus** Ritter (FR 147d), „Varietät aus N-Peru; St. stärker und mehr goldgelb". Bei dieser Pflanze aus N-Peru kann es sich nicht um eine Varietät von *H. chosicensis* handeln, um welche Art aber, ist nicht festzustellen.

**Haageocereus fulvus** Ritter (FR 584). „St. derber, goldbraun" sind die einzigen Angaben hierzu. Der Name ist daher undefinierbar.

**Haageocereus albidus** Ritter (FR 678). „Sehr zart, gelblichweiß bestachelt". Undefinierbare Art.

**Haageocereus chryseus** RITTER (FR 147a, Kat. 1956; FR 585, Kat. 1958). „Schöne hohe Tr., dichte goldgelbe St." Dies ist *Haageocereus chrysacanthus* (AKERS) BACKBG. Der Artunterschied ist aus dem Schlüssel ersichtlich.

**Haageocereus chilensis** RITTER (FR 601). Mangels irgendwelcher Charakterisierung undefinierbar.

Abb. 1215. Haageocereus sp. RITTER, Nr. FR 277 (Haageocereus pacaranensis RITTER nom.nud.)

Abb. 1216. Haageocereus sp. (Haageocereus huancavelicensis HORT., aus der Sammlung des Züchters SAINT-PIE, Asson [S-Frankreich].)

**Haageocereus elegans** RITTER (FR 169) und f. *heteracantha* RITTER (FR 169a). „Sehr schön, zart und bunt, alle St. gleich und kurz". Dies mag eine gute Art sein, wenn es sich um jene verzweigende, fein und ziemlich gleich lang dicht bestachelte RITTER-Pflanze handelt, die ich kürzlich in der Sammlung CLAEYS, Gent, aufnahm und die wohl *H. laredensis* nahesteht (s. dort und Tafel 107). Eine sichere Identifizierung ist bisher jedoch nicht möglich.

**Haageocereus faustianus** (BACKBG.) RITTER (FR 161). Meinem angeführten Autorennamen nach kann es sich nur um *Loxanthocereus faustianus* handeln, der (s. Abb. 865) aber nichts mit der Gattung *Haageocereus* zu tun hat. RITTER kann darunter aber sehr wohl auch eine andere Pflanze verstanden haben, ebenso unter:

**Haageocereus hystrix** (FR 581) (lt. RITTER ist ein Synonym *Haageoc. montanus* RITTER nom. nud.) und

**Haageocereus ferrugineus** (FR 148) (lt. RITTER ist ein Synonym *Haageocereus variabilis* RITTER nom. nud.). Die beiden letzteren Spezies gehören nach RAUH,

Abb. 1217. Farbbild einer Haageocereus-Frucht. (Foto: RAUH.)
(Haageocereus divaricatispinus RAUH u. BACKBG.)

„Beitr. z. Kenntn. d. peruan. Kaktveg." 311 bzw. 306. 1958, zu *Loxanthocereus*, so daß es sich hier anscheinend um von RITTER mißverstandene Arten handelt, deren Namen ich nur hier anführe.

**Haageocereus peculiaris** (FR 681). „Braunstachlig, rote Blüten." Wahrscheinlich identisch mit *Loxanthocereus peculiaris* RAUH & BACKBG. RAUH gibt an, daß die Blüten am Nachmittag öffnen. Da rote Blütenfarbe auch bei *Haageocereus* auftritt, könnte also die Zugehörigkeit zu *Haageocereus* als gegeben erscheinen. RAUHS Blütenfoto in „Beitr. z. Kenntn. d. peruan. Kaktveg.", 313. 1958 (Abb. 152 links), zeigt aber eine so typisch schlanke Röhre, wie sie sonst nur bei *Loxanthocereus* auftritt. Es kommt auf die genaue Ermittelung der Zeit des Hochstandes an, denn ausnahmsweise abweichendes Öffnen der Blüte kommt auch bei *Lobivia, Echinocereus* usw. vor, d. h. bei sonst durchaus tagblühenden Gattungen. Gerade die selbstverständlich öfter in der Natur vorkommenden Übergangserscheinungen machen oft die Eingliederung schwierig. Es ist aber völlig abwegig (vorausgesetzt, daß darunter die richtige Art verstanden wurde), etwa aus *Loxanthocereus faustianus* ein *Haageocereus*-Subgenus *Faustocereus* RITTER vorzuschlagen. Diese Art ist bei uns auch ein ebensolcher Spätsommerblüher wie andere *Loxanthocereus*-Arten, z. B. *L. eriotrichus*.

Wahrscheinlich sind einige der obigen Arten mit von RAUH gefundenen identisch, aber das ist nicht mit Sicherheit festzustellen, da RITTERS Angaben dazu ganz unzureichend sind. Vom botanischen Gesichtspunkt aus sind sie meist als Katalognamen nicht gültig. Man hätte sie daher einfach übergehen können, wie es z. B. in einem rein botanischen Werk wie dem RAUHS mit Recht der Fall ist. Mit Rücksicht auf die breitere Leserschaft dieses Handbuches, und da viele Pflanzen aus Samen RITTERS inzwischen heranwachsen, ist die Erwähnung der Namen und kurze Angabe darüber, bzw. ob oder mit welchen bekannten Namen sie identisch sein können, jedoch erforderlich. Bis zum Erscheinen des Nachtrages wird wohl über manche derselben mehr Klarheit zu gewinnen sein.

## — PYGMAEOCEREUS JOHNS. & BACKBG.
### The Nat. C. & S. J., 12 : 4. 86. 1957

In seinem Katalog „Succulent Parade — JOHNSON Cactus Gardens", 14. 1955, veröffentlichte JOHNSON das auf Tafel 99 wiedergegebene Bild eines „*Pygmaeocereus akersii*" mit lang- und dünnröhrigen Blüten; sehr kleine Pflanzen; Triebe nur bis ca. 8 cm lang, ca. 2 cm ⌀; Rippen niedrig; Areolen mit längeren Mittelst.; am Standort soll eine kräftige Rübe gebildet werden, in der Kultur dünnere Wurzeln; Blüte weiß, nächtlich.

Eine hierhergehörende Pflanze wird seit längerer Zeit von ANDREAE (Bensheim) kultiviert; sie weicht von der Pflanze JOHNSONS durch das Fehlen längerer Stacheln ab. Da dieses Exemplar geblüht hat, kann es genauer beschrieben werden und wurde als Typus der Gattung gewählt, die von JOHNSON bisher nicht beschrieben wurde, die aber als eigenes Genus berechtigt ist. Ich hole daher die Diagnose, mit JOHNSON als Cönautor, nach. Eine besondere Eigentümlichkeit sind die kurzen, nur 3 mm langen Staubfäden, die hoch inseriert sind, über dem ziemlich kurzen Griffel. Die Schuppen der Röhre stehen weit, die des Ovariums eng.

Den Typus benannte ich nach R. S. BYLES, dem verdienten Autor des „Dictionary of Genera and Subgenera of Cactaceae" (1753—1953), dem ich auch manchen Hinweis für meine Handbucharbeit verdanke.

Typus: *Pygmaeocereus bylesianus* ANDREAE & BACKBG. — Typstandort: nicht genau bekannt.

Abb. 1218. Pygmaeocereus bylesianus ANDREAE & BACKBG. Typus der zwergigen Gattung mit lang- und dünnröhrigen Blüten. Links: basal sprossende Pflanze; rechts: die gleiche Art in Blüte. (rechts: Foto: RAUH.)

Vorkommen: Nach JOHNSON in der Nebelzone der Küstenberge Perus (S-Perus?).

1. **Pygmaeocereus bylesianus** ANDREAE & BACKBG. — The Nat. C. & S. J., 12 : 4. 86. 1957[1])

Kleine Gruppen bildend, von unten verzweigend; Rippen 12—14, schmal und sehr niedrig, in vollem Trieb kaum gehöckert, später deutlicher und fast warzig geteilt; Areolen ± rund bis länglich, anfangs hellfilzig; St. zahlreich, anfangs dunkel gefärbt, dann grau, nach allen Seiten strahlend, mittlere vorhanden, aber kaum trennbar, ohne deutlichen Hauptstachel; Bl. sehr schlank- und ziemlich langröhrig, 6 cm lang; Röhre dünn, 0,5 cm ⌀, sich im Bereich des Perigons trichterig erweiternd, locker mit dreieckigen Schuppen besetzt, durch die herablaufenden Basen gerieft, in den Achseln flockig behaart; Ov. länglich, 1 cm lang, etwas abgesetzt, dicht mit ziemlich großen Schuppen besetzt, in den Achseln Büschel lockerer Wollhaare, oberer Schuppenteil dreieckig; Perigonblätter ca. 1,5 cm lang, 4 mm breit, in scharfe Stachelspitze auslaufend; Samenhöhle 5 mm lang, 2 mm breit; Nektarkammer lang und eng, 3 mm ⌀; Gr. sehr kurz, 2,5 cm lang; Staubbl. darüber angesetzt, kurz, nur 3 mm lang; Fr. unbekannt. — Peru (S-Peru?) (Abb. 1218).

---

[1]) Bei ANDREAE, Bensheim, gibt es einen „*Pygmaeocereus nigrispinus*" von AKERS (?), unbeschrieben, vielleicht die gleiche Pflanze (s. auch Einleitung zu *Loxanthocereus*).

*Pygmaeocereus akersii* JOHNS. n. n., l. c., mag eine zweite gute Art sein, mit einzelnen, ziemlich langen Mittelst., diese gerade vorgestreckt, oder es ist eine Varietät, was mangels lebenden Materials noch nicht sicher zu sagen ist. Eine Beschreibung muß daher vorerst unterbleiben. Die Röhren sind etwas gebogen. (Abb. Tafel 99). RITTER-Nr. FR 322 soll eine ähnliche Pflanze sein.

## 83. WEBERBAUEROCEREUS BACKBG.
## J. DKG. (II), 2 : 1941. 75. 1942

[Bei BRITTON u. ROSE als *Trichocereus*. — *Meyenia* BACKBG., in MÖLLERS Deutsche Gärtnerztg., 46 : 16. 187. 1931, ein nomen nudum und Homonym von *Meyenia* NEES, 1832 (*Acanthaceae*)]

Eine der interessantesten peruanischen Cereengattungen, die lange als von *Trichocereus* nicht unterschieden angesehen wurde, obwohl Dr. ROSE die einzige ihm bekannte Art dem Blütenbau nach als von diesem abweichend bezeichnete (The Cact., II : 142. 1920). K. SCHUMANN sagte sogar bei der Beschreibung des *Cereus weberbaueri* (den ROSE als identisch mit *C. fascicularis* MEYEN ansah): „Der eigentümlichen, lang röhrenförmigen, der Krone fast entbehrenden Blüte wegen dürfte er als naher Verwandter des *Cereus smaragdiflorus* WEB. anzusehen sein" (in VAUPEL, Bot. Jahrb. ENGLER, 50 : Beibl., 111. 22. 1913). Auch die Frucht ähnelt etwas der eines *Cleistocactus*. Als ich den Typus der Gattung blühen sah, schrieb ich (BfK., 1937—9): „bildet m. E. den Übergang zu *Cleistocactus*". Nach SCHUMANNS Blütenfarbenangabe „braun" entstand die Frage: War dies eine vertrocknete Blüte des kurzsaumig weißblühenden Typus, oder war sie wirklich braun getönt, d. h. bei dem *Cereus weberbaueri*. RAUH stellte fest, daß es auch bräunliche Blüten gibt; auch ich fotografierte eine solche (s. Abb. 1228); als dann bei mir in der Kultur eine weiße, nachts geöffnete Blüte erschien, konnte ich nur mehr den Typus klären. Es war mir bewußt, daß mehr als eine Art vorhanden sein mußte; die entsprechende Bestätigung ergaben aber erst die Untersuchungen Prof. RAUHS. Es stellte sich heraus, daß es tatsächlich mehrere Arten gibt, die im Gesamtbild des Habitus eine hervorragend geschlossene Artengruppe bilden, deren Blüten freilich, bei unverkennbarer Zusammengehörigkeit zu einer Gattung, wesentlich verschieden sind:

1: Der Typus der Gattung, *W. fascicularis* (MEYEN) BACKBG., blüht so, wie ihn ROSE abbildet, weiß (wie von MEYEN angegeben und von mir ebenfalls festgestellt [Abb. 1225]) bzw. grünlich getönt, aber nur schwach zygomorpher Saum, ziemlich kurz. Blüte nachts geöffnet und wohl auch noch eine Zeitlang am Vormittag.

2: *W. weberbaueri* (K. SCH.) BACKBG. hat eine mehr gekrümmte Röhre, die Perigonblätter länger und stärker umgebogen, bräunlicher Blütenton.

3: *W. seyboldianus* RAUH & BACKBG. hat eine kürzere hellkarminrote Blüte, stark zygomorph, auffällig s-förmig gekrümmte Röhre, die Schuppen in deutliche Parastichen geordnet, wie auch bei den anderen Arten. Die Blüte wurde am Tage geöffnet gesehen, ist aber wohl auch nachts offen.

4: *W. weberbaueri* v. *humilior* RAUH & BACKBG. hat eine zwar auch bräunliche Blüte, die Perigonblätter in der Vollblüte umbiegend, die Blüte ist aber fast radiär gebaut.

Die Gattung zeigt damit von weißen bis karminroten Blüten, wahrscheinlich Nacht- und auch zeitweise Tagblüher, von fast radiärem, den Blüten von *Trichocereus* wie denen der „*Loxanthocerei*" ähnelndem Bau, alle Übergänge, ein Beispiel allmöglichen Formenspiels und stellt damit eine Übergangsgattung dar, wie sie bisher noch fehlte und in dieser Beziehung idealer kaum zu denken ist. Die Pflanzen selbst sind in der Höhe, der Stärke der Bestachelung wie des Filzbesatzes der Areolen deutlich unterschieden, zeigen andererseits aber auch ihre enge Zusammengehörigkeit, mit Ausnahme des *Weberbauerocereus rauhii* BACKBG., der zweifellos der schönste der großen Cereen Perus ist, da er an jüngeren Trieben ein auffällig dichtes Borstenstachelkleid trägt, dem lange, rotbraune Hauptstacheln entspringen; an ihm bleiben die Blütenareolen auch als dicke Filzpolster deutlich sichtbar erhalten. Die Früchte sind nur mäßig bekleidet, dicht und klein beschuppt, bis ca. 4 cm ⌀, meist gelblich- bis rötlichorange, an der Spitze unregelmäßig aufreißend; die Samen sind klein, schwarz und blank.

Die Gattung wurde nach dem verdienten deutschen Regierungsbotaniker Prof. A. WEBERBAUER benannt, dessen Werk: „Die Pflanzenwelt der peruanischen Anden" (zuerst Leipzig 1911; 1945 als spanische Ausgabe in Lima erschienen) — eine umfangreiche phytogeographische Studie der peruanischen Flora — schon damals den ziemlich großen Umfang der *Cactaceae*-Verbreitung dieses Landes erkennen ließ.

Typus: *Cereus fascicularis* MEYEN. — Typstandort: „S-Peru" (d. h. bei Arequipa).

Vorkommen: Südliches Peru (Puquio-Tal, auf ca. 900 m; Tal von Nazca [900—1200 m] und Pisco, bei 2000 m; in der Umgebung von Arequipa bis auf 2600 m und vielleicht bis zum nördlichen Chile reichend.

Schlüssel der Arten:[1])

Jüngere Triebe (oder blühfähige) dicht borstenähnlich bekleidet
    Blüten weißlichbraun
        Pflanzen bis 6 m hoch, mäßig verzweigt . . . . . . . . . . 1: **W. rauhii** BACKBG.
        Pflanzen nur bis 3 m hoch, reicher verzweigt . . . . . . . . 1a: v. **laticornua** RAUH
Jüngere Triebe ohne dichte borstenähnliche Bekleidung, auch an blühfähigen fehlend
    Stacheln nie zum Teil krallig gebogen
        Blüten schwach schrägsaumig bis fast radiär

---

[1]) Die Blütenaufnahmen geben zusätzlich eindeutigen Aufschluß über die ausschlaggebenden Artunterschiede. Es ist bezeichnend für die Voreiligkeit gewisser RITTERscher Behauptungen, daß er z. B. in seiner Schrift 1958 *W. seyboldianus* für ein Synonym von *W. fascicularis* erklärt, weil er von ihm keine Kenntnis hatte und die Diagnose unrichtig las. Ebenso sind ihm die unterschiedlichen Angaben SCHUMANNS und MEYENS bzw. BRITTON u. ROSES wie überhaupt die Formenunterschiede der Blüten von *W. fascicularis* und *W. weberbaueri* nicht bekannt — vergleiche die Schwarzweiß- und Farbfotos —, so daß RITTER behauptet, sie gehörten zusammen. Die Auslassungen über die Varietäten und die „Emendierung" von *W. rauhii* sind angesichts der RAUHschen Publikation in Beitr. z. Kenntn. d. peruan. Kaktveg. überflüssig. Meine Diagnosen waren nur die für die Trennung entscheidenden Differentialdiagnosen, und RAUH ist sogar noch mit einer Varietät über meine Fassung in Descr. Cact. Nov. hinausgegangen. Er hat die Beschreibungen eingehender vorgenommen, als sie hier wiedergegeben werden können, und es wäre richtiger gewesen, wenn RITTER bei seinen vielen bisher ungültigen Namen sich die RAUHsche Arbeit zum Vorbild genommen oder sein Material wenigstens in der hier gewählten Form mit botanischer Sachlichkeit bearbeitet hätte.

Pflanzen bis 2,50 m und mehr hoch
  Blüten grünlichweiß, ± radiär . .    2: **W. fascicularis** (Meyen) Backbg.
  Blüten hellbräunlich, Saum etwas schräg, umbiegend
    Stacheln biegsam, ± bräunlich    3: **W. weberbaueri** (K. Sch.) Backbg.
    Stacheln gelbbraun, schwächer, die längsten ± abwärts gebogen (Areolen nur 5 mm ⌀) . .    3a: v. **aureifuscus** Rauh & Backbg.
    Stacheln wild, bis 10 cm lang, dicht starrend (Areolen bis 1 cm ⌀) . . . . . . . .    3b: v. **horribilis** Rauh & Backbg.
Pflanzen nur bis 2 m hoch
  Blüten fast radiär, dunkler bräunlich . . . . . . . . . .    3c: v. **humilior** Rauh & Backbg.
Blüten stark zygomorph
  Pflanzen nur bis 2 (—3) m hoch
    Blüten hellkarmin, Röhre stark s-förmig gebogen, schiefsaumig
    Stacheln anfangs wenige, dann mehr, goldbraun, in den Areolen unten zum Teil gebogene Borstenstacheln . . .    4: **W. seyboldianus** Rauh & Backbg.
Stacheln zum Teil derbkrallig gebogen
  Pflanzen nur bis 2 (—2,5) m hoch
    Blüten grünlich-bräunlich (abgetrocknet, weißlich?) nur 6 cm lang
    Stacheln wild, hornfarben, dickpfriemlich (Areolen dick, bis über 1,5 cm groß) . . . . . . . . .    5: **W. horridispinus** Rauh & Backbg.

**1. Weberbauerocereus rauhii** Backbg. — Descr. Cact. Nov. 27. 1956

Mit kurzem Stamm, Äste kandelaberartig ansteigend, parallel zueinander, nicht sehr zahlreich; Pflanzen bis 4 (—6) m hoch; St. zahlreich, besonders am oberen Triebteil fast haarartig feinborstig, bis über 60, strahlig seitlich und wirr durcheinander verflochten, einen längeren allseitigen Schopf bildend, auch später noch die Säulen ziemlich dicht umkleidend; daraus längere, pfriemliche dunkelbraune Mittelst., bei Neutrieben meist aus den hell- und dickfilzigen Areolen 1 auffällig hervorstehend und zum Teil ziemlich lang; Randstachelborsten weißlich-beigefarben; Bl. 8 (—10) cm lang, 2 cm ⌀; Röhre rotbraun, weißfilzig; Sep. krembraun, mit grünem Rand; Pet. rötlichweiß; Staubf. gelblich; N. grünlich; Fr. orange, kugelig, mit größeren Schuppen und weißem Haarfilz, ca. 3 cm ⌀. — S-Peru [1]) (Abb. 1219, 1221—1223, Tafel 101—103).

Die Tr. werden bis 15 cm dick, die Mittelst. bis 7 cm lang. Die Art weicht vor allem durch den kandelaberartigen Wuchs sowie die verflochtene Haarborstenbildung ab; die Bestachelung ist nach dem Alter stark unterschiedlich.

---
[1]) In „Beitr. z. Kenntn. d. peruan. Kaktveg.", 458. 1958, gibt Rauh als Standort für den Typus der Art an: Tal von Nazca, auf 1200 m, und Pisco-Tal bei 2000 m (K 107), die Varietät (Typ-Nr. K 36-1954) im Nazca-Tal, bei 900—1000 m (1954 auch: Puquio-Tal, auf 900 m)

*W. marnieranus* RITT. (FR 154, nur ein Name, in WINTER-Kat., 10. 1957) ist die gleiche Art.

Die Art ist insofern besonders interessant, als Jungpflanzen weniger wild bestachelt sind als die Basen älterer Pflanzen, an denen bis zu 6 Hauptstacheln häufig 6—7 cm lang werden. Neutriebe sind ebenfalls feiner bestachelt oder sogar dichtborstig, mit herausragenden Hauptstacheln; blühfähige Sprosse zeigen ein progressives Verschwinden der derberen Stacheln und sind von den borstigen Randstacheln umkleidet.

1a. v. **laticornua** RAUH — Beitr. z. Kenntn. d. peruan. Kaktveg., 460. 1958
Pflanzen nur bis 3 m hoch, reicher verzweigt als der Typus; Tr. mehr bogenförmig ansteigend und ebenfalls reicher verzweigt, an der Basis dichter und noch wilder als der Typus bestachelt; Areolen kleiner; Bl. und Fr. wie beim Typus der Art. — Peru (Nazca-Tal, zwischen 900 und 1000 m) (Abb. 1220).

Abb. 1219. Weberbauerocereus rauhii BACKBG., der hochkandelabrige Typus der Art. (Foto: RAUH.)

2. **Weberbauerocereus fascicularis** (MEYEN) BACKBG. — Cactaceae, J. DKG. (II), 31. 1942

*Cereus fascicularis* MEYEN, Allg. Gartenztg., 1 : 211. 1833. — *Cactus fascicularis* MEYEN. — *Echinocactus fascicularis* STEUD. — *Trichoc. fascicularis* (MEY.) BR. & R.

Abb. 1220. Weberbauerocereus rauhii v. laticornua RAUH, eine breitkandelabrige Varietät. (Foto: RAUH.)

Hochstrauchig; Äste graugrün, bis 6 cm ⌀ oder mehr; Rippen ca. 16, niedrig; Areolen ziemlich dichtstehend, groß, bis 6 mm ⌀, gelb- oder hellbraun-filzig; St. zuerst gelb und oft borstig-nadelförmig, später kräftiger; Randst. zahlreich, meist bis 1 cm lang; Mittelst. mehrere, bis 4,6 cm lang, dünn, stark stechend, meist etwas herabgebogen, braun und dann grau; Bl. 8—11 cm lang, schwach s-förmig gebogen, Saum ziemlich kurz; Röhre ziemlich dicht beschuppt und mäßig behaart; Hüllbl. schmal; Sep. spreizend (bei Vollblüte etwas umgebogen?), grünlich, mit rötlichem Anflug; Pet. ± schräg aufgerichtet, grünlichweiß; Gr. herausragend; N. grünlich; Fr. kugelig, orange-gelb bis rötlich, dicht klein beschuppt, wenig behaart; S. klein, schwarz. — S-Peru (bei Arequipa) (Abb. 1224—1226).

Abb. 1221. Weberbauerocereus rauhii BACKBG., Stachelbild eines Jungtriebes. (Foto: RAUH.)

Nach der Rippenzahl (16) und Größenangabe der Bl. (ca. 8 cm lang) handelt es sich bei MEYENS *C. fascicularis* um den Typus der Gattung. Die St. sind allerdings nur mit 8—9 angegeben, aber das mag an dem betreffenden Exemplar gelegen haben. Vor allem gibt MEYEN als Blütenfarbe „weiß" an, was bisher nur von den höherstrauchigen Pflanzen von Arequipa berichtet ist, wie sie so auch bei mir in der Sammlung blühten. Die Rippen sind über den Areolen etwas quergesenkt; die Areolen treten besonders oben dickwollig und rund hervor. Die Beschreibung wurde nach dem abgebildeten lebenden Material vorgenommen. SCHUMANNS Angabe des Röhrendurchmessers „3 mm" soll wohl (am Beginn der Hülle) 3 cm heißen; er gibt die St. mit „über 20" an.

*Trichoc. fascicularis* v. *albispinus* BACKBG. war nur ein Name (in Kat. 10 J. Kaktfrschg., 12. 1937), ebenso v. *densispinus* RITT. (FR 129a, in WINTER-Kat., 10. 1957).

Abb. 1222. Weberbauerocereus rauhii BACKBG., Knospe und Blüte. (Foto: RAUH.)

3. **Weberbauerocereus weberbaueri** (K. SCH.) BACKBG. — Descr. Cact. Nov. 27. 1956

*Cereus weberbaueri* K. SCH., in VAUPEL, Bot. Jahrb. ENGLER, 50: Beibl., 111. 22. 1913 (Name zuerst erwähnt in WEBERBAUER, „Pflanzenwelt der peruanischen Anden", 128—129. 1911).

v. *weberbaueri*: Bis 4 m hoch, ca. bis 6 (—10) cm ∅; Rippen 15—22, ± scharf quergefurcht; St. anfangs rötlich-, dann gelbbraun, biegsam, Mittelst. 6—8, bis 6 cm lang, die ca. 20 übrigen schwächer und kürzer; Bl. ca. 10 cm lang; Röhre ca. 1,5 cm ∅, oben nur etwas erweitert, braun bewollt; Perigonblätter schmallanzettlich, bis 2 cm lang, ca. 6 mm breit; Sep. unterseits grünlichbraun; Pet. unterseits blaßbräunlich, oberseits bräunlichweiß, zugespitzt; Staubbl. länger als die Blütenröhre; Staubf. an der Basis grünlich, nach oben zu weiß; Gr. und N. grün, die Perigonblätter nur um ca. 1 cm überragend; Fr. bis 4 cm ∅, gelblich-

Abb. 1223. Weberbauerocereus rauhii BACKBG., Bild der Knospenentwicklung und der Frucht. (Foto: RAUH.)

Abb. 1224. Weberbauerocereus weberbaueri (MEYEN) BACKBG. (Foto: RAUH.)

orange mit grünen Schuppen, oben unregelmäßig aufreißend. — S-Peru (in Vulkanasche am Fuß des Misti, bei Arequipa, 2400 m hoch [RAUH]. Dies scheint der gleiche Standort wie von SCHUMANN angegeben zu sein: bei Yura, an der Arequipa—Puno-Bahn)[1]) (Abb. 1227—1231, 1236 links).

In der Beschreibung in MfK., 169. 1914, spricht VAUPEL von „eigentümlichen, lang-röhrenförmigen der Krone fast entbehrenden Blüten" und bezeichnet die Blütenfarbe als „braun". Seine Angabe der Blütenform paßt eher auf den Typus der Gattung, die Blütenfarbe auf obige Art. Vielleicht hat auch WEBERBAUER die Angaben verwechselt. Ich nahm die Bl. mit umgebogenen Perigonblättern auf.

Abb. 1225.
Weberbauerocereus fascicularis (MEYEN) BACKBG., Blüte: grünlichweiß.

Siehe hierzu auch die RAUHschen Blütendarstellungen.

3a. v. **aureifuscus** RAUH & BACKBG. — Descr. Cact. Nov. 27. 1956

Pflanzen bis 4 m hoch, sonst dem Typus ähnlich; Tr. schlanker und immer etwas schlangenförmig verbogen, bis 10 cm ⌀; 17 Rippen; dünne Bestachelung; Areolen bis 5 mm ⌀; Randst. 20—30, bis 1,5 cm lang, anfangs gelblichbraun, im Scheitel hellgraubräunlich; Hauptst. 1—3, bis 8 cm lang, jung ockerbraun, dann grau und mehr abwärts gerichtet; Röhre und Fr. mehr rotbraun-wollig behaart. — Gleicher Standort wie der Typus der Art (Abb. 1232, Tafel 100).

Die Areolen sind anfangs hellgoldbraun befilzt.

3b. v. **horribilis** RAUH & BACKBG. — Descr. Cact. Nov. 27. 1956

Pflanzen nur 2,5 m hoch werdend, Wuchs straff aufrecht; Tr. bis 15 cm ⌀; Rippen 17; Areolen sehr groß, bis 1 cm ⌀; Randst. ± 20, derb, bis 2 cm lang; Mittelst. 1—4, bis 10 cm lang, sehr kräftig, anfangs ockerbraun, dann grau, an der Basis bis 3 mm dick, waagerecht abstehend, leicht ab- oder aufwärts gebogen; Bl. bis 7 cm lang; Röhre mehr weißwollig. — Gleicher Standort wie beim Typus der Art (Abb. 1233).

Durch die lange, dichte, wilde und starke Bestachelung abweichend gekennzeichnet.

3c. v. **humilior** RAUH & BACKBG. — Descr. Cact. Nov. 27. 1956

Pflanzen nur bis 2 m hoch; Tr. bis 10 cm ⌀; Rippen 16; Areolen scharf abgesetzt, 8 mm ⌀, hellgrau; Randst. zahlreich, bis 1,5 cm lang, sehr derb, hellgrau; Mittelst. bis 8 cm lang, anfangs hellbraun, dann grau, mit dunklerer Spitze, grau

---

[1]) Hier, wie auch sonst zuweilen in den Blüten (bei diesem Genus auch nicht bei allen), an der Staubfädenbasis kräuselige mehrreihige Haare, die in die Nektarkammer hineinragen.

bereift; Blütenröhre mit braunen Wollhaaren; Bl. fast radiär, Perigonblätter mehr bräunlich, nach außen umgebogen. — Standort wie beim Typus der Art (Abb. 1234).

Abb. 1226. Weberbauerocereus fascicularis (MEYEN) BACKBG. (Foto: RAUH.)

4. **Weberbauerocereus seyboldianus** RAUH & BACKBG. — Descr. Cact. Nov. 27. 1956

Nur bis 2 (—3) m hoch, hellbläulichgrün; Tr. bis 8 cm ⌀; Rippen 15; Areolen rundlich, ca. 8 mm ⌀, anfangs hell-, dann goldbraun, zuletzt grauschwarz; Randst. anfangs nur wenige, dann bald borstig im Areolenunterteil, zum Teil kräuselig, sowie ca. 10 zuerst nadelfeine Nebenst., später bis 1,5 cm lang; 1—3 stärkere Hauptst., goldbraun, meist 1 aufwärts und 1 abwärts gerichtet, dieser als der längste bis 7 cm lang; Bl. ca. 6 (—8) cm lang, 4,5 cm ⌀; Röhre stark s-förmig gebogen, rotbraun, 1 cm ⌀, rötlichbraun behaart; Perigonblätter: äußere dunkel-

Abb. 1227. Weberbauerocereus v. humilior RAUH & BACKBG. (Foto: RAUH.)

Abb. 1228. Weberbauerocereus weberbaueri (K. SCH.) BACKBG. Stärker gebogene Blüte mit mehr umbiegenden äußeren Perigonblättern (als bei W. fascicularis), Blüten hellbräunlich.

karmin, innere hellkarmin, 1,5 cm lang, 5 mm breit, spitzig; Saum stark zygomorph, auch Androeceum zygomorph; Staubf. karmin; Staubb. rosa; Gr. rötlich; N. grünlich; Fr. bräunlichrot, wenn reif, 3,5 cm ⌀. — S-Peru (am Vulkan Chachani, bei Arequipa, auf 2500 m) (Abb.1235, 1236 rechts).

Die Pflanze wurde nach Prof. SEYBOLD, dem Direktor des Botanischen Institutes Heidelberg, benannt. Die Pflanzen bilden lockere Büsche.

5. **Weberbauerocereus horridispinus** RAUH & BACKBG. — Descr. Cact. Nov. 27. 1956

Wuchs straff aufrecht, bis 2 (—2,5) m hoch, reich verzweigt; Tr. bis 15 cm dick, reingrün; Rippen ca. 18, um die Areolen etwas erhöht, am Grunde bis 9 mm breit; Areolen fast zusammenfließend, sehr groß, bis 1,8 cm lang, 1,1 cm breit, anfangs

Abb. 1230. Weberbauerocereus weberbaueri (K. Sch.) Backbg. Frucht vor der Vollreife. (Foto: Rauh.)

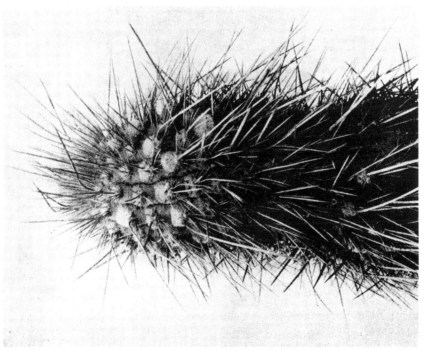

Abb. 1229. Weberbauerocereus weberbaueri (K. Sch.) Backbg. Stachelbild einer älteren Triebspitze. (Foto: Rauh.)

mit lockerem und etwas längerem hell gelbbräunlichem Filz; St. zweigeteilt, die stärkeren im Oberteil der Areole, meist 5—7, sehr ungleich in Länge und Form, einer bis 8 cm lang, dick-pfriemlich, rund bis etwas zusammengedrückt und teilweise nach unten zu 3kantig, ± gerieft, ferner bis 6 mittellange St., meist 2—3,5 cm lang, teils ± gerade, teils gebogen bis stark gekrümmt, fast krallig, zum Teil stärker zusammengedrückt oder auch pfriemlich-rund, andere stärker

Abb. 1231. Weberbauerocereus weberbaueri (K. Sch.) Backbg. Die Frucht des Weberbauerocereus reißt oben breit auf und ist nur mäßig behaart. (Foto: Rauh.)

gewunden; im Areolenunterteil bräunlichere, kürzere und dünnere St., davon ca. 1—3 dünnpfriemlich, bis 1 cm lang, andere (anfangs hyalin) sehr dünn, gelbbräunlich, bis 20 oder mehr und bis 1 cm lang, meist kürzer; alle kräftigeren St. anfangs hellgelblichbraun, dann aschgrau und mit dunkler Spitze; Bl. grünlichbräunlich; Röhre 5 cm lang, braunwollig; Ov. 1 cm lang, dicht weißwollig; Fr. (unreif) 2 cm ⌀, olivgrün. — S-Peru (Tal von Chala, mit *Browningia* und *Corryocactus*, 2600 m). Die auffälligen Hauptst. sind 1—3, als längste (Abb. 1237).

Auffallend durch die stark genäherten, dicken und länglichrunden Areolen sowie die wilden und dicken, hellfarbenen Mittelst. Die Fr. soll sich mit einem Deckel öffnen (RAUH).

Abb. 1232. Weberbauerocereus weberbaueri v. aureifuscus RAUH & BACKBG. Weberbauerocereus ist in den vegetativen Merkmalen ein sehr einheitliches Genus, die Blüten sind jedoch ziemlich verschieden. Zur leichteren Unterscheidung werden die dazu erforderlichen Stachelbilder wiedergegeben. (Foto: RAUH.)

Von den Funden F. RITTERS werden im WINTER-Kat. (12. 1956) (noch) aufgeführt:

*Weberbauerocereus* sp. FR 154: „Von Huancavelica: weißfilzige Areolen mit feinen, hellen St. nach unten" (Abb. 1239). Dies ist *W. rauhii* BACKBG.

*Weberbauerocereus fascicularis* v. *densispinus* nom. nud., FR 183: „8—10 cm dick, weißlich, gelblich, mit dickem gelbbraunem Zentralstachel." Nach der geringeren Triebstärke mag dies *W. weberbaueri* (K. SCH.) BACKBG. sein.

Abb. 1334. Weberbauerocereus weberbaueri v. humilior RAUH & BACKBG. wird nur 2 m hoch. (Foto: RAUH.)

Abb. 1233. Weberbauerocereus weberbaueri v. horribilis RAUH & BACKBG. (Foto: RAUH.)

*Weberbauerocereus* sp. FR 194: ,,Von Moquegua, 2000—3000 m; weiß- bis braunfilzige Areolen, 1 cm ⌀; St. dicht, braunschwarz" (Abb. 1238). Dies mag eine weitere Art sein; entsprechende Angaben waren nicht zu erhalten. Sämlinge sind ± violettbraun bestachelt.

Hierher gehört auch der inzwischen wieder eingezogene RITTERsche Gattungsname:

### FLORESIA KRAINZ & RITTER
(WINTER-Kat., 8. 1956 und 6. 1957, als nomen nudum)

Dieser Gattungsname wurde in der Klassifikation des 1. Bandes des vorliegenden Handbuches hinter *Seticereus* aufgeführt, da ,,nach der Blühseite lange, goldgelbe Borsten" angeführt worden waren, ,,der Wuchs kandelaberförmig, Bestachelung lang, dicht, tief goldgelb" (1956) bzw. ,,Äste vielrippig, zart und dicht farbig bestachelt, mit Pseudocephalium. — Peru" (1957).

Abb. 1235. Weberbauerocereus seyboldianus RAUH & BACKBG.

Abb. 1236. Blütenvergleichsbild (s. hierzu auch das Schwarzweißbild von W. fascicularis) von W. weberbaueri (links) und W. seyboldianus (rechts). Die Blüten sind auch am Tage offen. In den Farben, der Röhrenkrümmung und ± deutlichen Saumschiefe eine interessante Übergangsgattung von den „Trichocerei" zu den „Loxanthocerei" (Farbfoto: Rauh.)

Später wurde der Gattungsname widerrufen bzw. handelt es sich nach persönlicher Auskunft von Frau WINTER an mich um *Weberbauerocereus*-Arten, bei der blühbare Triebenden ziemlich feinborstig sein können (*W. rauhii*).

Abb. 1237. Weberbauerocereus horridispinus RAUH & BACKBG. Stachelbild. (Foto: RAUH.)

Statt der irreführenden und unzutreffenden Angaben RITTERS in seiner Schrift 1958, zu *Weberbauerocereus* bzw. seinen Arten in der Fassung von RAUH und mir, hätte er besser die voreilige Aufstellung dieses Gattungsnamens vermieden.

Es sind dicht gelbborstige (wenigstens als Sämlingspflanzen) bestachelte Cereen, wie die Abbildungen zeigen. Es wurden folgende unbeschriebene Namen im WINTER-Katalog angeführt:

— *Floresia winteriana* KRAINZ & RITT. — WINTER-Kat., 6. 1957
  *Floresia winteriae* KRAINZ & RITT., in WINTER-Kat., 8. 1956, beide Namen ohne lateinische Diagnose.

Abb. 1238. Weberbauerocereus sp. RITTER, Nr. FR 194 (von Moquegua, zwischen Arequipa und Tacnà), vielleicht identisch mit einer der vorigen Arten (Sämlingspflanze).

Abb. 1239. Weberbauerocereus sp. RITTER, Nr. FR 154 (Weberbauerocereus marnieranus RITTER nom. nud.). Sämling der als Weberbauerocereus rauhii BACKBG. beschriebenen Art.

Abb. 1240.    Abb. 1241.

Der mir vorliegende Sämling hat 12—14 Rippen; die Tr. sind frisch blattgrün und eigentümlich punktförmig genarbt; Areolen etwas länglich, hellgelblich befilzt und etwas erhöht stehend; St. (am Sämling) bis ca. 20, dünn, unten ziemlich gleich lang, goldgelb, nach oben zu und im Scheitel etwas länger und borstenartig elastisch; Mittelst. sind schwer unterscheidbar, jedoch ist ein unterer etwas verlängert und schräg nach unten weisend, so daß anzunehmen ist, daß er sich später zu einem etwas längeren und deutlicher geschiedenen Mittelst. entwickeln wird. — Peru (Ritter-Nr. FR 165) (Abb. 1240).

Im Winter-Kat., 8. 1958, erscheint auch noch der Name *Floresia winteriana* v. *flava* Ritt. nom. nud.: „Stacheln hellgelb."

*Floresia alba* Ritt. (Winter-Kat., 8. 1958) mag eine ähnliche Art wie *Weberbauerocereus rauhii* oder eine Varietät mit abweichender Stachelfarbe sein. Der Name ist unbeschrieben.

— *Floresia johnsonii* Ritt. n. sp. — Winter-Kat., 6. 1957, ohne lateinische Diagnose.

„Mit zahlreicheren Rippen, St. feiner, auch goldgelb." Da bei beiden Arten keine Angaben über Rippenzahl und andere Unterschiede gemacht werden, ist nicht ersichtlich, ob es sich nicht etwa nur um eine var. handelt (Ritter-Nr. FR 570) (Abb. 1241).

## 84. ECHINOPSIS Zucc.

Abh. Bayer. Akad. Wiss., München, 2 : 675. 1837
[*Echinonyctanthus* Lem., Cact. Gen. Nov. Sp., 10. 1839]

Die systematische Stellung der Gattung ist lange umstritten gewesen. Einige ältere Autoren, wie z. B. Hooker, sahen in den *Echinopsis*-Arten eine zu Cereus gehörende Formengruppe, durchaus mit Recht, wenn man ihre äußerst nahe Verwandtschaft mit *Trichocereus* bedenkt. Andererseits sind die Arten überwiegend kugelig, so daß eine Trennung erfolgen mußte. In dem weniger natürlichen, Bestimmungszwecken dienenden Schlüssel Britton u. Roses steht die Gattung (in der Subtribus „*Echinocereanae*") in der Gruppe der seitlich blühenden (obwohl ihre Arten genau so hoch blühen können wie die „*Echinocactanae*") ziemlich natürlich zusammen mit *Rebutia, Chamaecereus* und *Lobivia*, mit dem trennenden Schlüsselmerkmal „Blüten langtrichterig; Röhre verlängert". Bedenkt man, daß z. B. *Echinopsis shaferi* 1,50 m hoch werden kann, während es *Trichocereus*-Arten gibt, die niedriger bleiben, es auch ein wirkliches Blütenunterscheidungsmerkmal nicht gibt, versteht man Bergers, von Britton u. Rose abgelehntes Bestreben, *Echinopsis* mit den trichocereoiden Säulenkakteen zu vereinigen. Andererseits gibt es Pflanzen, die *Echinopsis*-Blüten in jeder Länge bis zur kurzen lobivioiden Blüte haben (*Pseudolobivia*); da diese auch nicht seitwärts blühen,

---

Abb. 1240. Sämlinge einer goldgelb bestachelten Art, die von Ritter-Winter zuerst als „Floresia winteriana" angeboten wurde. Dann zog Ritter den Namen „Floresia" wieder ein; nach Winter soll es sich um einen Weberbauerocereus handeln. Die Spezies müßte also Weberbauerocereus winterianus heißen und scheint (nach den knappen Angaben) in der Blütenzone ähnlich feinborstig zu sein wie Weberbauerocereus rauhii. [Aus den Kulturen des Züchters Saint-Pie, Asson (Südfrankreich).]

Abb. 1241. Zuerst als „Floresia johnsonii Ritter nom. nud." im Katalog Winter angebotene Art. Eine Varietät oder Form des „Weberbauerocereus winterianus Ritter nom. nud."?

mußten sie abgetrennt werden, was ihre anderen Kennzeichen noch erleichtern. Das Merkmal „kürzere Tagblüten" gestattet auch die Abtrennung von *Lobivia*, die CASTELLANOS in „Opuntiales vel Cactales" als Untergattung zu *Echinopsis* stellte, was unlogisch ist, wenn dann nicht auch im Sinne BERGERS *Echinopsis* mit *Trichocereus* vereinigt wird. So scheint die einzige Begründung zur notwendigen Trennung mit der Vorstellung gegeben zu sein, daß *Echinopsis*, *Pseudolobivia* und *Lobivia* Reduktionsstufen trichocereoider Verwandtschaft sind; *Lobivia* sah ich dabei als die Hauptgattung einer eigenen, mehr cactoiden und tagblütigen Gruppe mit kürzeren Trichterblüten, der Sippe „Lobiviae", an, während *Pseudolobivia* wegen der zum Teil rein echinopsisartigen Blüten mit *Echinopsis* zusammen zu den „Trichocerei" gestellt werden mußte, *Pseudolobivia* zu den tag-, *Echinopsis* zu den nachtblütigen. Hier aber ist *Echinopsis* zweifellos eine Reduktionsstufe der Körperform, die zwar *Trichocereus* sehr nahesteht, jedoch der Form nach eine eigene Gattung ist, mit dem ausschlaggebenden Merkmal „langröhrige Nachtblüten, die Röhre schlanker trichterig als bei *Trichocereus;* die Körper anfangs ausgesprochen cactoid". Alle anderen Gattungsmerkmale, die BRITTON u. ROSE anführen, gelten nicht ausschließlich für *Echinopsis*. Damit scheidet auch der gelbe Tagblüher *Echinopsis aurea* aus und ist zu *Pseudolobivia* zu stellen, während die von BRITTON u. ROSE zu *Echinopsis* gerechnete *Echinopsis formosa* eine *Soehrensia* ist, sowohl als Tagblüher wie als Pflanze mit nur 8 cm langen, derbröhrigen Blüten ähnlich denen von *Helianthocereus*. Auch die scheitelnah blühende *Echinopsis mirabilis*, als zwergcereoide Form, wurde durch DE HAAS ausgegliedert, zumal sie Borsten am Ovarium aufweisen kann. Ferner waren alle in der Rippenform lobivioide bzw. tagblühende Arten abzutrennen, wie *Echinopsis ancistrophora* SPEG., und in *Pseudolobivia* einzubeziehen. Die dann noch im Schlüssel BRITTON u. ROSES für die Gattung *Echinopsis* übrigbleibenden Arten bilden eine natürliche Formengruppe, die auch dazu neigt, aus älteren Areolen bzw. ± seitlich zu blühen, wenngleich nicht ausschließlich; d. h. dies ist kein allein für *Echinopsis* gültiges Unterscheidungsmerkmal, da z. B. die cactoide *Weingartia* in starkem Maße seitlich blühen kann. Auch hier ist die Kleingattung die natürlichste Form der Trennung, die allein das Dilemma der Unlogik vermeidet, wie es sich bei einer Vereinigung von *Lobivia* mit *Echinopsis*, von *Echinopsis* mit *Trichocereus* oder von *Pseudolobivia* mit *Echinopsis* ergibt und schon K. SCHUMANN 1895 zur Abtrennung von *Rebutia* veranlaßte, die frühere Autoren ebenfalls zu *Echinopsis* gestellt hatten.

*Lobivia* ist von *Echinopsis* erst durch BRITTON u. ROSE abgetrennt worden; SCHUMANN hatte aber schon empfunden, daß die beiden Artengruppen nicht zusammengehören — wenn er auch zu seiner Zeit noch nicht nach Tag- und Nachtblüten unterschied — bzw. daß die Arten mit „tief gekerbten bzw. in Höcker aufgelösten Rippen" eine besondere Gruppe darstellen. Diese stellte er an den Anfang seines Schlüssels: zwei *Lobivia*-Spezies und *Echinopsis obrepanda* (SD.) K. SCH. Von solchen Arten mit beilförmig verschobenen Rippen und lobivioid unterteilten, aber mit echinopsisartigen weißen Blüten verschiedener Länge bzw. mit mehr echinopsisartigen Körpern, aber gelben und roten Blüten, jedoch beide Gruppen meist Tagblüher[1]), sind heute eine ganze Anzahl bekanntgeworden. Ich habe sie alle in der Gattung *Pseudolobivia* zusammengefaßt, also auch *Echinopsis obrepanda* (SD.) K. SCH. und deren v. *fiebrigii* (GÜRKE) BACKBG. n. comb., weil die ganze Artengruppe dieses Genus eine Zwischenstellung zwischen *Echinopsis*

---

[1]) *Pseudolobivia* enthält auch Arten, die im Hochstand nicht nur tagsüber geöffnete Blüten haben. Bezüglich der genaueren Charakterisierung dieses Genus s. dort.

und *Lobivia* einnimmt, die Blüten mehr denen von *Echinopsis* ähnelnd oder wenigstens zu einem größeren Teil, während die Körper nur selten (*Ps. aurea*) denen von *Echinopsis* gleichen, meist aber stark gekerbte bzw. verschobene Rippen und Tagblüten haben. Die Petalen sind weiß, gelb oder rot (genau die gleichen drei Farben gibt es auch bei *Lob. famatimensis*). *Pseudolobivia obrepanda* und ihre var. habe ich auch bei Tage mit geöffneten Blüten gesehen; über den genauen Blütenhochstand habe ich leider nirgends Angaben gefunden. Während es tagblütige *Pseudolobivia*-Arten mit verschobenen Rippen gibt, die später dicklänglich werden (*Ps. longispina*), sind *Echinopsis obrepanda* und var. gedrücktkugelig wie *Ps. ancistrophora* (SPEG.) BACKBG., bzw. es wird nur *Echinopsis obrepanda* später etwas hochrunder. Es ist ganz natürlich, daß es auch hier, wie sonst häufig, Übergangsformen gibt; aber aus den gleichen Gründen, wie SCHUMANN *Echinopsis obrepanda* mit zwei *Lobivia*-Arten zu einer eigenen Schlüsselposition zusammenzog, mußte ich diese Art abtrennen, um ihre abweichenden Merkmale deutlich zu kennzeichnen. Das gleiche gilt für *Echinopsis aurea* BR. & R. Der Körper ist echinopsisähnlich, bzw. er gleicht einerseits ganz der *Echinopsis albispinosa* mit langen, weißen, echten *Echinopsis*-Blüten (auch nächtlich geöffnet), während ebenso eine starke Ähnlichkeit mit *Lobivia cylindrica* besteht, bevor diese in die Länge wächst und später ausgesprochen zylindrisch ist; die Blüten sind aber ziemlich kurz und gedrungen, gelb, am Tage geöffnet. Will man bei der Gliederung nicht in Widersprüche geraten und legt man Wert auf eine klare Übersicht über alle Formeigentümlichkeiten, Übergänge, Gruppenmerkmale, Tag- und Nachtblütigkeit als Hochstand der Blüten, so kann dies nur durch präzise Trennung der Formengruppen als Gattungen geschehen, denn sonst werden die Gattungsdiagnosen zu verschwommen und dehnbar, d. h. die Übersicht ist nur dann am klarsten, wenn eine Gruppe von Merkmalen die andere ausschließt.

Eine Zeitlang galt *Echinopsis* als eine der am besten bekannten Gattungen, bzw. man war der Ansicht, daß von ihr kaum noch neue Arten zu erwarten waren. In den letzten Jahren hat aber CARDENAS noch einige bisher unbekannte Arten beschrieben, mit denen sich erwies, daß die Gattung in Bolivien stärker vertreten ist, als man es vordem annahm.

Da einige Arten zu den ältesten und wüchsigsten Sammlungspflanzen gehören, sind zahlreiche Artbastarde entstanden, aber auch Gattungskreuzungen, z. B. mit *Trichocereus*. Solche Hybriden zwischen Trichocereen und „*Echinopsis grandiflora*" als Vaterpflanze hat R. GRÄSER in Kakt. u. a. Sukk. (II), DKG, 1953: 2 und 3, auf der Titelseite abgebildet. Die Vaterpflanze muß heißen *Echinopsis eyriesii* v. *grandiflora* R. MEY., da *Echinopsis grandiflora* LKE. ein Synonym von *E. tubiflora* ist. Aufschlußreich sind GRÄSERS Bemerkungen zu den Kreuzungen; diese sollten aber nur Studienzwecken dienen und nicht in den Handel kommen, weil sie sonst zu Verwirrungen führen. Hin und wieder gelingt aber doch ein sehr schöner Gattungsbastard wie „*Trichoechinopsis imperialis*", die ich von dem amerikanischen Züchter HUMMEL erhielt (s. Abb. 1256), mit Merkmalen der *Echinopsis eyriesii*, aber ausgesprochen cereoid und mit mächtigen, trichocereoiden Blüten. Diese Pflanze verdient eine Verbreitung, und hier sind auch die in Aufnahme gekommenen Gattungshybridennamen angebracht, um den Bastardcharakter der Pflanzen deutlich zu kennzeichnen.

Typus: *Echinocactus eyriesii* TURP. — Typstandort: Buenos Aires (Provinz).

Vorkommen: Von N-Bolivien (La Paz) bis südliches Argentinien (Rio Negro); Paraguay; Uruguay; S-Brasilien.

## Schlüssel der Arten:[1]

Rippen fortlaufend, höchstens schwach gekerbt
  Röhre deutlich länger als die Blütensaumbreite
    Stacheln alle gerade
      Körper (wenn überhaupt) erst im Alter verlängert
        Stacheln kegelig-pfriemlich, wenigstens die mittleren, oder basal verdickt, kurz; Körper fast stachellos erscheinend
          Stacheln alle kegelig-pfriemlich, ± auch die Randstacheln, zum Teil unten verdickt
            Mittelstacheln ca. 6, schwarz, steif, bis 2 mm lang
            Randstacheln 10—14, gelbbraun, bis 5 mm lang . . .    1: **E. turbinata** (Pfeiff.) Zucc.
            Mittelstacheln 1, aschbraun, 2 mm lang
            Randstacheln 3—5, aschbraun, bis 1,5 mm lang, Basis verdickt . . . . . . . . . .    2: **E. subdenudata** Card.
            Mittelstacheln 4—8, dunkelbraun, bis 5 mm lang
            Randstacheln bis 10, dunkelbraun, ± 5 mm lang . .    3: **E. eyriesii** (Turp.) Zucc.
        Stacheln: mittlere steif, Randstacheln borstenartig
          Mittelstacheln 5 (3 auf-, 2 abwärts), bis 3 mm lang, bräunlich
          Randstacheln bis 6, kaum sichtbar (Blüten rosa) . . . . .    3a: v. **grandiflora** R. Mey. non Lke.
    Stacheln alle nadelförmig
      Stacheln nicht gelb
        Mittelstacheln 4—6, bis 5 mm lang, schwarzbraun
        Randstacheln 14, gleichlang, weiß . . . . . . . . . .    4: **E. pudantii** Pfersd.

---

[1] Im Schlüssel sind — bis auf die erst jüngst publizierte *E. roseo-lilacina* Card. — alle bisher beschriebenen *Echinopsis*-Arten erfaßt. Wo danach eine Bestimmung nicht gelirgt (unter Berücksichtigung eines geringen Spielraumes) und es sich um Pflanzen handelt, die in die Gruppe der schon lange beschriebenen Arten gehören, muß angenommen werden, daß sie zu den zahllosen Bastarden gehören, die bei letzteren entstanden sind. Gerade diese und die Schwierigkeit, sie richtig zu erkennen, mag eine Mahnung sein, mit Ausnahme der *Epiphyllum*-Hybriden oder sorgfältig registrierter (Haage-Sadovský: „Kakteen-Sterne", 1957) Bastarde von *Astrophytum* eine Verbastardierung anderer Arten zu vermeiden, da abgesehen von vorerwähnten Beispielen bei den *Cactaceae* die Natur durch Hybridisierung kaum übertroffen worden ist. Wissenschaftliche Versuche sind freilich ausgenommen; schärfstens zu verurteilen ist aber vor allem die fahrlässige Verbastardierung, um zu Handelszwecken Samen bei selbststerilen Pflanzen — mangels eines zweiten nicht vegetativ vermehrten Stückes — zu erzielen, die dann unter der Artbezeichnung des Samenträgers abgegeben werden.

Mittelstacheln 1, bis 12 mm lang
Randstacheln ca. 10, bis 12 mm
lang, alle Stacheln aschgrau . . . . . 5: **E. ibicuatensis** Card.
Stacheln gelb (mittlere etwas dunkler)
Mittelstacheln 3—4, ± braun ge-
spitzt, etwas länger als die
Randstacheln
Randstacheln 14—20, 0,5—1
cm lang . . . . . . . . . 6: **E. calochlora** K. Sch.
Stacheln dunkelgrau, unten ge-
schwollen
Mittelstacheln 1, 15—18 mm lang
Randstacheln 8—9, 6—8 mm
lang . . . . . . . . . . 7: **E. hammerschmidii** Card.
Mittel- und Randstacheln nicht
unterschieden, 20—25, 1 bis
1,4 cm lang, braunspitzig . 8: **E. herbasii** Card.
Stacheln ± pfriemlich, nicht sehr derb;
Rand- und Mittelstacheln
alle ziemlich gleichartig, län-
ger
Pflanzen reicher sprossend und mehr
kugelig bleibend
Mittelstacheln meist 4, bis 4 cm lang
Randstacheln ca. 10, bis 2 cm
lang, alle gelbbräunlich
mit dunklen Spitzen
Blüten rötlich . . . . . . 9: **E. multiplex** (Pfeiff.) Zucc.
Pflanzen weniger oder selten sprossend
Randstacheln nicht verflochten
Pflanzen halbrund bis etwas gestreckt,
nicht sehr dick werdend
Stacheln zuerst dünner, zahlreicher,
zum Scheitel weniger und
kräftiger
Rippen ca. 12 (10—12)
Mittel- und Randstacheln ziemlich
gleichartig
Mittelstacheln aufgerichtet, mit
Randstacheln ca. 10—12, an-
fangs dunkler, später grau
Blüten grünlichweiß . . . . 10: **E. schwantesii** Frič
Mittelstacheln 1, verdickt, auf-
recht, bis 1,5 cm lang,
dunkel
Randstacheln 5—20, oben we-
niger, oft nur 2—3, hell-
farbig (*E. paraguayensis*
Mundt, 1903 ?)[1] . . . . 11: **E. dehrenbergii** Frič

---

[1] Nur ein Name

Rippen ca. 16
    Mittelstacheln 1 bis mehrere,
      ungleich, derber, am Scheitel
      aufrecht, bis fast 3 cm lang,
      dunkel
    Randstacheln erst sehr dünn,
      bis manchmal über 30, oben
      verstoßen, bald weniger oder
      zahlreicher, pfriemlich, 7—8,
      am Scheitel ± verflochten
      (BLOSSFELD-Import 1935) .     11a: v. **blossfeldii** BACKBG.
Stacheln gleich alle gleichmäßiger
    stark
Stacheln hornfarben, oben schwarz
Mittelstacheln 2—5, etwas länger
    als die Randstacheln
Randstacheln 5—15, ungleich,
    bis 1,5 cm lang
    Blüten rötlich . . . . . .     12: **E. oxygona** (LK.) ZUCC.
Stacheln unten rosafarben, oben
    braun oder schwarz, später
    weiß
Mittelstacheln 1
Randstacheln 7—8
    Blüten weiß, mit äußerst
    schmalen Petalen (stets?)     13: **E. meyeri** HEESE
Stacheln (mittlere) schwarz, Rand-
    stacheln heller
Mittelstacheln 3—4, bis 1,5 cm
    lang, schwarz
Randstacheln bis 20, gelblich-
    weiß mit dunkler Spitze
    Blüten weiß . . . . . .     14: **E. tubiflora** (PFEIFF.) ZUCC.
Stacheln erst gelb, oben behaart,
    später schmutziggrau
Mittelstacheln und Randstacheln
    alle ziemlich kurz, bis 1,2
    cm lang
    Blüten weiß (eine graugrüne
    Form: *E. tucumanensis*
    BACKBG. nom. nud.) . . .     15: **E. silvestrii** SPEG.
Pflanzen ziemlich dick und lang wer-
    dend, bis 35 cm ⌀ und bis
    50 cm lang
Stacheln erst dunkler, dann fast
    rosagrau, unten verdickt
Mittelstacheln 1—3, bis 5 cm lang
Randstacheln 8—10, 1—2 cm
    lang
    Blüten weiß . . . . . . .     16: **E. cordobensis** SPEG.

Randstacheln seitlich verflochten, wenigstens bei nicht getriebenen Pflanzen, alle weiß
Mittelstachel nicht deutlich länger
Blüten weiß . . . . . . . 17: **E. albispinosa** K. Sch.
Mittelstachel 1 deutlich länger abstehend . . . . . . . . 17a: v. **fuauxiana** Backbg.
Stacheln alle stark- und (der mittlere) langpfriemlich
Stacheln anfangs braun, später grau
Mittelstacheln 1, bis 7 cm lang
Randstacheln 7—8, bis 2 cm lang
Blüten weiß . . . . . . . 18: **E. chacoana** Schütz
Körper früh länglich bis zum Teil säulig
Stacheln alle ± bräunlich, zum Teil oben dunkler braun, ± pfriemlich
Pflanzen nicht über 35 cm hoch
Pflanzen anfangs einzeln, stark säulig
Mittelstacheln bis 4, bis 4 cm und mehr lang
Randstacheln 9—11, bis 2,2 cm lang . . . . . . . . . . . 19: **E. huotii** (Cels) Lab.
Pflanzen bald unten ziemlich stark sprossend, nur verlängert
Rippen scharf, hoch, wenige
Mittel- und Randstacheln sehr ungleich, Randstacheln zuweilen so lang wie der längste der meist einzelnen mittleren, bis 3 cm lang (*E. salmiana* SD. höchstens eine Form) . . . 20: **E. bridgesii** SD.
Rippen niedrig, gerundet
Mittel- und Randstacheln ziemlich gleich lang, ± pfriemlich, steif, scharf stechend
Mittelstacheln einzeln, aufgerichtet, anfangs dunkelbraun, nur ca. 1 cm lang
Randstacheln 5—7, wenig kürzer als der mittlere, heller . 21: **E. cochabambensis** Backbg.
Pflanzen bis 80 cm hoch, ± keulig, bis 15 cm ⌀
Mittelstacheln 1, unten verdickt, 5—6 cm lang
Randstacheln 4—7, 2—3 cm lang . . . . . . . . . . . 22: **E. minuana** Speg.
Stacheln alle oder teilweise gekrümmt, dann wenigstens ± die mittleren

Randstacheln gekrümmt
  Mittelstacheln einzeln
    Pflanzen kugelig bis verlängert
      Mittelstachel bis 2,5 cm lang, wie die Randstacheln gefärbt: gelblichbraun, dunkler gespitzt, später hell hornfarben Randstacheln 4—7, bis 2 cm lang (Pflanzen bis 80 cm hoch, dunkelgrün) . . . . . . . . 23: **E. rhodotricha** K. Sch.
      Mittelstachel über 5 cm lang, braun
        Randstacheln 9—10, gelbbraun, bis 2,5 cm lang (Pflanzen stets nur kugelig, grün: *E. salpingophora* Lem.) . . . . 24: **E. leucantha** (Gill.) Walp.
    Pflanzen dicksäulig, bis 1,50 m hoch, bis 15 cm ⌀
      Mittelstachel bis 4 cm lang, wie die Randstacheln gefärbt: aschgrau, oben bräunlich Randstacheln 5—9, rötlich-aschfarben gespitzt (Mittelstacheln unten verdickt) . 25: **E. melanopotamica** Speg.
Randstacheln gerade (nur mittlere ± gebogen)
  Pflanzen kugelig bis mäßig verlängert (höchstens 30 cm hoch)
    Mittelstacheln einzeln
      Mittelstachel 2 cm lang (auch länger?), mäßig gebogen, braun wie die Randstacheln Randstacheln 7—8, kurz, pfriemlich (*E. campylacantha* R. Mey.) . . . . . 26: **E. spegazziniana** Br. & R.
    Mittelstacheln mehrere
      Stacheln nicht verflochten
        Randstacheln 6—8, bis 15 mm lang
          Mittel- und Randstacheln grau, 4 unten verdickte mittlere, bis 3 cm lang (Pflanzen blaßgrün) . . . 27: **E. molesta** Speg.
          Randstacheln 9—11, schwarzbraun, wie auch die mittleren
            Mittelstacheln 3—4, bis 5 cm lang
            Randstacheln bis 15 mm lang . . . . . . . . 28: **E. baldiana** Speg.

Stacheln stark verflochten
Mittelstacheln 4—6, davon 1—2 die längsten, bis 10 cm lang, wie die Randstacheln rötlich aschfarben
Randstacheln 8—13, bis 15 mm lang . . . . . 29: **E. intricatissima** Speg.
Pflanzen später säulig, bis 1,50 m hoch, ca. 16—18 cm ⌀
Mittelstacheln 1, bis 10 cm lang, wie die Randstacheln zuerst braun
Randstacheln 6—9, 1,5 bis 3,5 cm lang. . . . . . 30: **E. shaferi** Br. & R.
Mittelstacheln 1—3, bis 2,5 cm lang, hell- bis dunkelbraun, ± gebogen und auch gerade
Randstacheln ca. 9, später auch manchmal noch einige dünne, wenig kürzer als die mittleren, von gleicher Farbe . . . . 31: **E. robinsoniana** Werd.
Röhre kaum länger als die Blütensaumbreite
Rippen warzig geteilt
Mittelstacheln 1—4, gelblich, oben braun, bis 1 cm lang, stärker als die Randstacheln
Randstacheln 8—10, dünnpfriemlich, 5—10 mm lang (*E. ritteri* Boed.). 32: **E. mamillosa** Gürke
Rippen nicht warzig geteilt
Mittel- und Randstacheln kaum unterscheidbar, 12 bis 15, 5—20 mm lang, alle aschgrau . . . . . 33: **E. arebaloi** Card.

1. **Echinopsis turbinata** (Pfeiff.) Zucc. — In Pfeiffer und Otto, Abb. Beschr. Cact., 1: T. 4. 1839

*Cereus turbinatus* Pfeiff., Allg. Gartenztg., 3: 314. 1835. — *Cereus gemmatus* O. — *Echinonyctanthus turbinatus* Lem. — *Echinonyctanthus turbinatus pictus* Monv. — *Echinopsis gemmata* K. Sch., in Martius, Fl. Bras., 4²: 231. 1890.

Einfach oder wenig sprossend, kugelig; Rippen 13—14, unten breit; St. meist bis 5 oder auch bis 7 mm lang; Bl. von den oberen Areolen, ca. 15 cm lang, stark nach Jasmin und auch nach Zitrone duftend; Pet. weiß, gespitzt; Staubf. und Gr. kürzer als die Hüllbl.; Röhrenschuppen klein, auch auf Ov., behaart. — Argentinien (Entre Rios).

*Echinocactus gemmatus* LK. & O. (1830) war nur ein Name und gehört zweifellos hierher; *Cereus gemmatus* O. wurde dagegen in Allg. Gartenztg., 3 : 314. 1835 (nicht in Verh. Ver. Beförd. Gartenb., 6 : 431. 1830, wie K. SCHUMANN angibt) veröffentlicht, als ein Synonym von *C. turbinatus* PFEIFF. BRITTON u. ROSE haben daher als gültigen Namen *E. turbinata* verwandt, nicht *E. gemmata* wie K. SCHUMANN.

*Cereus jasmineus* und *Echinocactus turbinatus* (PFEIFFER, En. Cact., 72. 1837) gehören als Synonyme von *C. turbinatus* hierher, ebenso wohl die Namen *Echinopsis picta* WALP., *Echinonyctanthus pictus* LEM., *Echinopsis turbinata picta* WALP.

Nach BRITTON u. ROSE sind mit obiger Art verwandt: *Echinopsis schelhasei* PFEIFF. & O. (*Echinonyctanthus schelhasei* LEM., *Cereus schelhasei* PFEIFF., *Echinopsis schelhasei rosea* RÜMPL., *Echinopsis gemmata schelhasei* SCHELLE); *Echinopsis decaisneana* WALP. (*Echinonyctanthus decaisneanus* LEM., *Echinocactus decaisnei* STEUD., *Echinopsis gemmata decaisneana* SCHELLE); *Echinopsis jamessiana* SD.; *Echinopsis falcata* RÜMPL.

*E. decaisneana* WALP. wird von BRITTON u. ROSE nur als eine Form angesehen, mit großen rosa Blüten und zartem Duft, bzw. als eine Kreuzung von *E. turbinata* mit irgendeiner anderen Art. BORG führte als eigene Art „*Echinopsis decaisneana* LEM." auf, wohl ein Irrtum, da LEMAIRES Gattungsname *Echinonyctanthus* lautet. Ferner führt BORG als eigene Art an: *Echinopsis falcata* (s. oben), Blüte mit rosa Rückenstreifen, wohl nur eine Bastardform; davon nennt BORG weiter eine v. *picta* HORT., eine panaschierte Form, und eine v. *rosea* HORT. mit blaßrosa Blüten.

Nach SCHELLE („Kakteen", 150—151. 1926) gehören die Namen *Echinopsis schelhasei* PFEIFF. und ihre v. *rosea* HORT. sowie *E. decaisneana* LEM. (soll heißen *Echinonyctanthus descaisneanus* LEM.) zu *E. eyriesii*. SCHELLE führt daher an: *E. eyriesii schelhasei* SCHELLE (Syn. *E. schelhasei* PFEIFF., *E. gemmata schelhasei* HORT.), *E. eyriesii schelhasei rosea* SCHELLE (Syn. *E. schelhasei rosea* HORT., *E. gemmata schelhasei rosea* HORT.), *E. eyriesii descaisneana* SCHELLE (Syn. *E. decaisneanus* LEM., *E. gemmata decaisneana* HORT.), *E. eyriesii decaisneana rosea* SCHELLE (*E. decaisneana rosea* HORT.). Da BRITTON u. ROSE *E. decaisneana* als einen unbestimmbaren Bastard betrachten, ja SCHUMANN sie sogar für kaum von *E. gemmata* verschieden ansah, erübrigt sich eine Stellungnahme dazu. SCHELLE hat die Kombinationen von *E. schelhasei* (mit *E. eyriesii*), die SCHUMANN unter *E. gemmata* nur erwähnt (aber nicht als Synonym), wohl deshalb vorgenommen, weil WEBER bereits (lt. SCHUMANN) „die Stammart als eine Varietät von *E. eyriesii*" betrachtete. Eine Klärung ist kaum mehr möglich, und so bleibt es zweckmäßigerweise bei der Version BRITTON u. ROSES.

SCHUMANN nennt im übrigen hier eine *E. jamesiana* MONV. (BRITTON u. ROSE: *E. jamessiana* SD. [1850], bei SALM-DYCK *Echinocactus jamessianus* HORT. genannt).

Bei SCHELLE (der *E. turbinata* als Synonym von *E. gemmata* ansieht) finden sich noch die Namen *E. gemmata picta* HORT. und *E. gemmata rosea* HORT. Die von BRITTON u. ROSE aufgeführte *E. gemmata schelhasei* HORT. (in SCHELLE, 1907) hat SCHELLE später, wie vorerwähnt, zu *E. eyriesii* gestellt, ebenso *E. gemmata descaisneana* SCHELLE (1907). Derartige Umstellungen erscheinen schon deshalb als unnötig, weil bereits SCHUMANN darauf verwies, daß die beiden weißblühenden *E. eyriesii* und *E. turbinata* einander sowieso sehr nahestehen. Nach BRITTON u. ROSE ist „*E. eyriesii* so gut wie stachellos, *E. turbinata* hat mehrere Stacheln, 4—7 mm lang" (Angabe im Schlüssel), wogegen sie in der Beschreibung bei

*E. eyriesii* angeben: „Stacheln bis 5 mm lang." Vielleicht ist also *E. turbinata* wirklich nur eine Form der *E. eyriesii* (die von Turpin etwas früher als *C. turbinatus* Pfeiff. beschrieben wurde) mit etwas auffälligeren Stacheln.

2. **Echinopsis subdenudata** Card. — C. & S. J. (US.), XXVIII: 3. 71. 1956

Einfach, 5—8 cm hoch, 7—12 cm ⌀; graugrün; Rippen 10—12, gerade, sehr scharf; Areolen 1,5 cm entfernt, 4 mm lang; Mittelst. nach oben gerichtet; Bl. engtrichterig, über dem Ov. etwas gebogen, 17—20 cm lang; Ov. elliptisch, 15 mm lang, 8—10 mm breit; Schuppen gespitzt, purpurn, mit langen weißen und schwarzen Haaren; Röhre bis 14 cm lang, bis 7 mm ⌀, blaßgrün; Sep. linear, 3,5 cm lang, Pet. 5,5 cm lang, spatelig, gespitzt, weiß; Gr. 12 mm lang, weiß wie die Staubf. — Bolivien (Prov. Entre Rios, Dept. Tarija, bei Angosto de Villamontes, auf 600 m).

3. **Echinopsis eyriesii** (Turp.) Zucc. — In Pfeiffer u. Otto, Abb. Beschr. Cact. 1, T. 4. 1839

*Echinocactus eyriesii* Turp., Ann. Inst. Roy. Hort. Fromont, 2: 158. 1830. — *Cereus eyriesii* Pfeiff. — *Echinonyctanthus eyriesii* Lem.

Einfach oder stärker sprossend, kugelig bis kurz-säulig; Rippen 11—18, nicht gehöckert, oben ziemlich dünn; Areolen rund, mit weißer oder blaßbräunlicher Wolle; St. sehr kurz, oft kaum aus der Wolle sichtbar; Bl. seitlich über der Mitte, 17—25 cm lang, Pet. weiß, spitz zulaufend; Gr. und Staubf. kürzer als die Pet.; Schuppen auf der Röhre klein, oval, bräunlich, behaart. — S-Brasilien, Uruguay und Argentinien (Prov. Entre Rios).

Eine gern und reich blühende Pflanze. Britton u. Rose führen die folgenden Namen als „teils nur Formen, teils bekanntere Hybriden" auf: v. *glauca* und *glaucescens* (Först.); v. *tettavii* (*tettauii*) und *triumphans* Jacobi (Först.), auch *E. triumphans* R. Mey. genannt (MfK., 15: 33. 1905). Schelle stellte hierher die unter *E. turbinata* erwähnten Namen dieser Kombination; ferner führt Schelle noch als Formen an („Kakteen", 150. 1926): v. *major* Hort., v. *rosea* Lk., v. *rosea striata* Hildm., v. *phyligera* Mundt, v. *duvallii* Hort., v. *inermis* Hort. (Schelles angeführte *Cristata*-Namen werden, wie meist in diesem Handbuch, fortgelassen). Als Kreuzungen von *E. eyriesii* × *E. oxygona* bezeichnet Schelle die Namen: *E. quehlii* Hort., *E. nigerrima* Hort., *E. undulata* Hort. Borg fügt an Bastarden vorstehend erwähnter Eltern noch hinzu: *E. eyriesii wilkensii* Hort., *E. eyriesii lagemanni* Dietr. (*E. lagemannii* Dietr., diese mit bis 4 cm langen gelbbraunen Stacheln), v. *muelleri* Hort. und eine *E. triumphans* fl. pleno Jacobi. Auch die Namen *E. duvalii* Hort., *E. shelhasei* Zucc. finden sich bei Borg., zum Teil unrichtig geschrieben bzw. es heißt bei Britton u. Rose *E. wilkensii* (*E. eyriesii wilkensii* Lk.); ebenso kam der Name *E. eyriesii glauca* Hort. vor. Die von Schelle genannten Formen sind, wenigstens zum Teil, sicherlich nur Bastardformen, wie überhaupt die Kreuzungen in dieser Gruppe kaum noch zu klären und großenteils wohl auch wieder verschwunden sind.[1])

× **Trichoechinopsis imperialis** Hort. (Humm.), [*Echinopsis imperialis* Hort., in C. & S. J. (US.), VII: 6. 82. 1935] bereits im einleitenden Teil zu *Echinopsis* erwähnt, gehört wahrscheinlich hierher, als ein Bastard, dessen einer Elternteil offensichtlich *E. eyriesii* ist, der andere vielleicht ein *Trichocereus* aus der *T.-peruvianus*-Formengruppe. Wie Gräser in Kakt.

---

[1]) Einen interessanten, lachsfarbig blühenden Bastard von *Echinopsis eyriesii* × *Lobivia famatimensis* (?) zog Johnson: × *Echinopsis salmonea* Johnson (Abb. 1255).

u. a. Sukk. (II), DKG., 4 : 33. 1953 zeigte, neigen Kreuzungen von *Echinopsis* × *Trichocereus* überwiegend dazu, cereoide Gestalt anzunehmen. Keiner dieser Bastarde hat aber bisher die mächtige Blütentrompete wie der obige Bastard aufzuweisen, eine typische *Trichocereus*-Blüte.

3a. v. **grandiflora** R. MEY. (non *Echinopsis grandiflora* LKE.). — MfK., 186. 1911

Rippen ca. 12, schmal und hoch; Bl. groß, rosa, mit mehreren Petalenreihen und stark abwärts gebogenen Sep. Mittelst. anfangs weniger (Abb. 1242).

Die Pflanze ist häufiger in den Sammlungen zu finden; daher nehme ich sie hier auf. GRÄSER berichtete (Kakt. u. a. Sukk. (II), 4 : 2. 18. 1953), daß ihm eine Samennachzucht nicht gelang, d. h. ihm wohl nur vegetative Vermehrungen von ein und derselben Mutterpflanze vorlagen. Der rosa Blütenfarbe nach gehört die var. nicht hierher. Die prächtig blühende Pflanze möge aber hier besonders hervorgehoben sein; sie soll aus Rio Grande do Sul (Santa Emilia) stammen (R. MEYER).

Abb. 1242. Echinopsis eyriesii v. grandiflora R. MEY. non LKE.

4. **Echinopsis pudantii**
PFERSD. — MfK., 10:167. 1900

Rippen ca. 16, nicht sehr hoch; die Art unterscheidet sich von *E. eyriesii* durch die bis 14 weißen, horizontal gerichteten Randst. und die 4—8 schwarzbraunen, dünneren Mittelst.; Bl. 17 cm lang, 9 cm ⌀; Röhre grün, bräunlich geschuppt; Sep. linear, grün; Pet. breiter, weiß, mit schwachem grünem Schein; Staubf. grün; Gr. grün, Staubb. fast weiß; N. weiß, ca. 12. (Abb. in MfK. 166. 1900.)

SCHUMANN sah angesichts der Unterschiede von *E. eyriesii* einen eigenen Artrang als möglich an; ein grünlichweißer Blütenfarbton berechtigt hier jedenfalls eher zu einer Abtrennung als ein rötlicher, der durch eine Kreuzung mit rötlich blühenden Pflanzen entstehen kann. BRITTON u. ROSE sahen *E. pudantii* als ein Synonym von *E. eyriesii* an. BORG führt die Pflanze im Index als *E. eyriesii pudantii* auf, im Text als eigene Art.

5. **Echinopsis ibicuatensis** CARD. — C: & S. J. (US.), XXVIII : 3. 74. 1956

Einzeln, kugelig, Scheitel etwas vertieft, bis 9 cm hoch, bis 14 cm ⌀, blaßgrün; Rippen später bis 13, scharf, 2,5 cm hoch; Areolen 1 cm entfernt, rund, hervorstehend, 5 mm ⌀; Randst. schwach gebogen, Mittelst. gerade; Bl. 18 cm lang; Ov. kugelig oder elliptisch, bis 12 mm lang; Röhre 9 cm lang, 8 mm ⌀, blaßgrün; Schuppen 5 mm lang, spitzig, oben purpurn, Haare weiß, dicht, seidig; Sep. lanzettlich, 2,5 cm lang, grün; Pet. spatelig, 5 cm lang, gespitzt, weiß; Staubf. sehr dünn, weiß; Gr. schwach grün, 10 cm lang; Fr. elliptisch-oblong, 3 cm lang, 1,5 cm ⌀, mit hellrosa Schuppen und langen weißen Haaren; S. 1,5 mm lang, schwarz, punktiert. — Bolivien (Prov. Cordillera, Dept. Santa Cruz, am Wege Ibicuati—Cuevo, auf 800 m).

6. **Echinopsis calochlora** K. Sch. — MfK., 13 : 108—109. 1903

Klein, fast kugelig, 6—9 cm ⌀, hellgrün; Rippen 13, breit, stark gekerbt; Areolen bis 15 mm entfernt, vertieft; Randst. aufsteigend; Bl. seitlich über der Mitte, 16 cm lang; Röhre oben nur schwach verbreiternd, grüngelb; Pet. spitz zulaufend, weiß; N. grün. — Brasilien (Prov. Goyaz, bei Corumba).

*Lobiviopsis calochlora* (K. Sch.) Frič war nur ein Name. *E. calochlora* v. *claviformis* R. Mey. (Abb. MfK., 75. 1920) ist eine keulige Form.

7. **Echinopsis hammerschmidii** Card. — C. & S. J. (US.), XXVIII : 3, 72. 1956

Einzeln oder sprossend, kurz-zylindrisch, bis 10 cm hoch, bis 9 cm ⌀, Scheitel etwas vertieft; Rippen ca. 15, scharf, gekerbt, dunkelgrün, manchmal oben etwas rötlich, ca. 1,5 cm hoch und breit an der Basis; Areolen 1 cm entfernt, rund, 3 mm ⌀, schwach grau befilzt; Randst. ziemlich gleich; Bl. nur wenige um den Scheitel erscheinend; Röhre oben mäßig verbreitert, 13 mm lang, 1 cm ⌀, schwachgrün, mit spitzen Schuppen und wenigen weißen und braunen Haaren; Sep. lanzettlich, 3 cm lang, grün, oben bräunlich; Pet. spatelig, gespitzt, 4,5 cm lang, weiß; Staubf. zahlreich, weiß; Gr. 12 cm lang, die obere Staubf.-Serie nicht überragend, unten grün, oben weiß; N. 10, hellgelb; Fr. kugelig oder elliptisch, 2,5 cm lang, dunkelgrün, dicht weiß und schwarz behaart; S. rund, gestutzt, schwarz, punktiert, 1,8 mm groß. — Bolivien (Prov. Velasco, Dept. Santa Cruz, bei „Las Lajas", auf 600 m).

8. **Echinopsis herbasii** Card. — C. & S. J. (US.), XXVIII : 4, 111. 1956

Sprossend, kugelig, eingedrückt, bis 6 cm hoch, bis 10 cm ⌀, verwaschen grün; Rippen 20—23, spitz, gekerbt, 8 mm hoch, unten 12 mm breit; Areolen 1 cm entfernt, elliptisch, hervorstehend, 5 mm ⌀, grau befilzt; St. ziemlich dünn, unten grau, oben bräunlich; Bl. nahe dem Scheitel, 14 cm lang; Ov. kugelig, 1,5 cm ⌀, grünlich, Schuppen 4 mm lang, spitzig, mit weißen Haaren; Röhre 5,5 cm lang, 12 mm ⌀, Schuppen gelblich, mit wenigen weißen Haaren; Sep. lanzettlich, 2—3 cm lang, grün, oben braun; Zwischenserie elliptisch, 3,5 cm lang, gespitzt, unten weiß, oben purpurn; Pet. (innere) breit-elliptisch, 4 cm lang, weiß; Staubf. weiß; Staubb. dunkelgelb; Gr. 10,5 cm lang, unten grün, oben gelblich. — Bolivien (Prov. Cinti, Dept. Chuquisaca, am Wege Pampa Larga—Escayachi, auf 2000 m).

Besonders einige bolivianische Arten zeigen, daß „seitliche Blüte" kein allgemeingültiges Merkmal für *Echinopsis* ist.

Hinter diese Art gehört, wegen des breitrunden Wuchses und der nadelförmigen St., die folgende, von Cardenas erst nach Fertigstellung des Schlüssels beschriebene Art, die von den vorhergehenden fünf Arten durch weiße (bzw. nur braun bespitzte) St. abweicht sowie die oben rosalila getönten, sonst weißen inneren Perigonblätter:

— **Echinopsis roseo-lilacina** Card. — „Cactus", 12 : 57. 255. 1957

Einzeln oder sprossend, kugelig, 4—7 cm hoch, 8—13 cm breit, graugrün, Scheitel eingedrückt; Rippen 14—20, oben scharfkantig, nach unten zu stumpflicher, 8 mm hoch, 5 mm breit am Rist, an der Basis 1—2 cm breit; Areolen 2—2,5 cm entfernt, hochelliptisch, 5—7 mm lang, hervorstehend, graufilzig; St. 6—7, spreizend oder angelegt, manchmal 1 Mittelst., bis 2 cm lang; alle St.

weißlich mit braunen Spitzen; Bl. seitlich, trichterig, bis 14 cm lang; Ov. 1 cm lang, mit rosa Schuppen und dichten langen, weißen sowie schwarzen Haaren; Röhre 7—9 cm lang, gebogen, mit 4 mm langen, purpurbraunen Schuppen; Sep. 4 cm lang, 5 mm breit, spitzlich, purpurbraun; die Übergangsblätter 5 cm lang, lanzettlich, bräunlichpurpurn-grün; Staubf. in zwei Serien, 2,5 cm über dem Grund frei werdend, 5,5 cm lang, weiß, die oberen nur 2 cm lang; Staubb. hellgelb; Gr. 9 cm lang, hellgrün; N. 7, gelbgrün, 1 cm lang; Fr. kugelig, 3—5 cm $\varnothing$, purpurn, mit dunkleren spitzlichen Schuppen und schwarzen sowie weißen Haaren; S. klein, 1,2 mm groß, fein punktiert. — Bolivien (Prov. Valle Grande, Dept. Santa Cruz, am Wege Cochabamba—San Isidro, auf 1900 m).

Abb. 1243. Echinopsis meyeri Heese (= E. chacoensis Schütz?), die Perigonblätter nur anomal schmal?

9. **Echinopsis multiplex** (Pfeiff.) Zucc. — In Pfeiffer u. Otto, Abb. Beschr. Cact., 1, T. 4. 1839

*Cereus multiplex* Pfeiff., En. Cact., 70. 1837. — *Echinonyctanthus multiplex* Lem.

Einzeln oder stark sprossend, kugelig oder etwas keulig, oben gerundet, bis 30 cm hoch; Rippen 13—15, unten breit, oben schmalkantig; Areolen groß, mit kurzem weißem Filz; Stachelzahl variabel; Randst. 5—15; Mittelst. 2—5; Bl. 15—20 cm lang; Röhre oben stark verbreiternd; Schuppen groß; Sep. schmal, seitlich abstehend; Pet. ziemlich breit, gespitzt, rosa; Gr. und Staubf. nicht über die Öffnung der Bl. hervorragend; N. weiß. — S-Brasilien.

Britton u. Rose sind der Ansicht, daß diese Art vielleicht nicht von *E. oxygona* zu trennen ist; letztere blüht aber, nach Schumann, viel reicher als die obige nur spärlich blühende Art mit rosa Pet., während die von *E. oxygona* weiß und nur in der Mitte rot gestreift sind.

*Echinocactus multiplex* wird von Pfeiffer als Synonym von *Cereus multiplex* angeführt; ersterer Name soll aber im Berliner Botanischen Garten bereits 1829 gebraucht worden sein. Nach Schumann hat auch Hooker den Namen *Echinocactus multiplex* verwandt (Bot. Mag. t. 3789).

Schelle („Kakteen", 152. 1926) führt als „Formen" an: *E. multiplex* v. *floribunda* (weniger sprossend, mehr blühend), v. *cristata major* und *minor*, v. *cristata* Hort. und v. *cossa* als von dieser kaum unterschieden, v. *rosea* Hort. (die v. *cristata major* und *minor* nach der Stachelstärke unterschieden); v. *picta* war eine panaschierte Form.

Die Blüten duften nach Jasmin.

10. **Echinopsis schwantesii** FRIČ. — In KREUZINGER, Verzeichnis, 37 u. 38. 1935 (mit Abb.; bei FRIČ als Kat.-Name 1926)[1])

Breitkugelig; St. seitlich strahlend; Bl. seitlich über der Mitte; Röhre zweimal schwach gebogen, oben mäßig verbreiternd; Sep. und mittlere Serie schmalblättrig, nach außen umgebogen; Pet. weiß, trichterig nach außen gebogen, nicht sehr breit. — Paraguay.

Die Pflanzen stammen von FRIČs Reise 1926; sie mögen zu der gleichen Formengruppe wie die unbeschriebene *Echinopsis paraguayensis* MUNDT (MfK., 1903)[1]) gehören, d. h. auch *E. dehrenbergii* FRIČ und *E. werdermannii* FRIČ [zuerst *E. backebergii*, umbenannt wegen *Echinopsis (Lobivia) backebergii* WERD.], erstere als Name von FRIČ 1926, letztere (umbenannt) 1932 erschienen. Die *Echinopsis*-Formen von Paraguay waren bis dahin wenig bekannt; in jüngerer Zeit fand BLOSSFELD noch weitere Arten. *E. schwantesii* ist zum Scheitel hin zahlreicher als *E. dehrenbergii* bestachelt; aber diese Merkmale sind variabel, und ich vermag nicht zu sagen, ob nicht etwa zwei Arten nur als Varietäten gelten müßten bzw. *E. paraguayensis* MUNDT nicht besser als Sammelname für diese ganze Formengruppe angesehen werden sollte, wenn auch die Kennzeichnung von 1903 nur unzulänglich war.

Abb. 1244. Echinopsis dehrenbergii v. blossfeldii BACKBG.

11. **Echinopsis dehrenbergii** FRIČ. — In KREUZINGER, Verzeichnis, 37. 1935[1])

Rippenzahl anscheinend etwas geringer als bei der vorigen, scharfkantig, an den Areolen etwas vorgezogen; Areolen rund, ca. 1,5 cm entfernt; St. unten zahlreicher als zum Scheitel, dort manchmal nur 3—4 St. oder auch etwas mehr. Bl. mir nicht bekannt. — Paraguay.

Siehe hierzu unter *E. schwantesii* sowie unter *E. tubiflora* (v. *paraguayensis* R. MEY.).

---

[1]) KNEBEL hat (M. DKG. 77. 1931) alle für ihn von FRIČ gesammelten Pflanzen als *E. paraguayensis* bezeichnet und nur angegeben, daß *E. backebergii* (später umbenannt in *E. werdermannii* FRIČ) die kurzstachligste Form war. Da aber die FRIČ-Pflanzen unter dessen Namen in den Sammlungen öfter vertreten und zum Teil auch abgebildet worden sind, führe ich sie an Stelle der unbeschriebenen *Echinopsis paraguayensis* auf.

11a. v. **blossfeldii** BACKBG. — Descr. Cact. Nov. 27. 1956

Rippen bis 16, niedriger und unten mehr verflachend; Stachelzahl sehr verschieden, weiter unten oft bis 30, Spitze verstoßen (behaart?), oben geringer an Zahl, pfriemlich; ein mittlerer gerade oder etwas gebogen, dunkelbraun; der Scheitel ist von St. bedeckt. — Paraguay (Abb. 1244).

12. **Echinopsis oxygona** (LK.) ZUCC. — In PFEIFFER u. OTTO, Abb. Beschr. Cact., 1, T. 4. 1839

*Echinocactus oxygonus* LK., in LINK u. OTTO, Verh. Ver. Beförd. Gartenb., 6 : 419. 1830. — *Cereus oxygonus* PFEIFF. — *Echinocactus octogonus* G. DON — *Echinonyctanthus oxygonus* LEM.

Fast kugelig, einzeln oder etwas sprossend, bis ca. 25 cm ⌀, etwas reifig; Rippen 14, unten breit, oben rund; St. kurz und kräftig, 2—4 cm lang; Bl. meist etwas über der seitlichen Mitte, manchmal bis fast 30 cm lang (BRITTON u. ROSE; K. SCHUMANN: 22 cm lang), dünne, nahezu zylindrische Röhre mit zahlreichen, kleinen Schuppen; Pet. blaßrot, spitz zulaufend oder gespitzt. — S-Brasilien, Uruguay und NO-Argentinien.

Während BRITTON u. ROSE die Blütenfarbe mit „blaßrot" angeben, sagt SCHUMANN: „innere Hüllbl. spatelförmig, kurz zugespitzt, außen rosen- bis karminrot, innen weiß, mit rotem Mittelstreif." Die Bl. sollen fast geruchlos sein.

Die Bastardnamen von *E. oxygona* × *E. eyriesii* s. unter letzterer. Dorthin scheint auch die von BORG („Cacti", 254. 1951) aufgeführte v. *inermis* JACOBI „mit sehr kurzen, schwarzen Stacheln" zu gehören, eine nichtssagende Charakterisierung, die sich nicht von den Merkmalen der *E. eyriesii* unterscheidet. Ein Bastard obiger Art ist nach SCHUMANN auch *E. rohlandii* FÖRST. (× *E. tubiflora*?). Auch die Bezeichnung *E. oxygona* v. *subinermis* HORT. wird von BRITTON u. ROSE genannt. *E. oxygona turbinata* MITTL. soll ebenfalls ein Bastard gewesen sein, nach BORG auch *E. droegeana* BERGE (× *E. tubiflora*?).

Nur Namen waren *Echinocactus sulcatus* HORT. non *Echinocactus sulcatus* LK. & O., ebenso *Echinopsis sulcata* WERCKLÉ.

13. **Echinopsis meyeri** HEESE. — Gartfl., 56 : 1. 1907

Kugelig, oben etwas vertieft, 10 cm ⌀, blaßgrün; Rippen 14—16, scharf; St. pfriemlich, alle gerade, unten rosafarben, oben braun oder schwarz, später fast weiß; Randst.- und Mittelst.-Länge von BRITTON u. ROSE nicht angegeben, nach BORG 2—3 cm, unten verdickt; BORG gibt auch 3 und mehr Mittelst. an, etwas länger als die Randst., in der Mitte gelbgrau-zonig, oben rotbraun; Bl. bis 20 cm lang und 12 cm breit; alle Hüllbl. lang, fadenartig schmal, gedreht, äußere bräunlich, innere weißlich; Röhre mit vielen langen Haaren. — Paraguay.

BRITTON u. ROSE kannten die Art nur von der Beschreibung; ich habe sie auch nie gesehen. Vielleicht handelt es sich um eine abnorme Hüllblattbildung, wie ich sie, stark verschmälert, z. B. auch bei *Echinocereus* wie *Mediolobivia* sah.

Die abweichenden Stachelangaben von BORG beziehen sich wahrscheinlich nicht auf die HEESEsche Pflanze, sondern auf *E. meyeri* HORT., nach BERGER ein Bastard von *E. eyriesii* und *E. leucantha* (BR. & R.).

Abb. 1243 zeigt eine Pflanze, die ähnliche extrem-schmale Perigonblätter hat wie *E. meyeri*; sie wurde von BLOSSFELD gesammelt und ist anscheinend dem Habitus nach kaum von *E. chacoana* SCHÜTZ (Nr. 18) zu unterscheiden, nur daß die Hüllblätter von deren Blüte bzw. die ganze Blüte der von *E. rhodotricha* ähneln sollen. Da ich ausnahmsweise extrem-schmale Perigonblätter auch sonst als anomale Erscheinung beobachtete (s. auch bei *Astrophytum asterias*), mögen, wie gesagt, die ungewöhnlichen Perigonblätter der *E. meyeri* ebenfalls nicht normal ausgebildet gewesen bzw. *E. chacoana* (beide kommen aus Paraguay bzw. dem Chaco) mit obiger Art identisch sein, denn SCHÜTZ beschreibt ebenfalls eine scharfkantig gerippte Art, 7—8 Randstacheln und 1 Mittelstachel, Merkmale, die die gleichen wie bei *E. meyeri* sind, die übrigens niemals wiedergefunden wurde, es sei denn, daß BLOSSFELDS Pflanze eben die gleiche ist. Dann müßte *E. chacoana* eingezogen werden; dazu ist aber eine weitere Beobachtung der in vorerwähnter Abbildung dargestellten Pflanze notwendig; sie steht in der Sammlung des Jardin Botanique „Les Cèdres", St. Jean-Cap-Ferrat.

14. **Echinopsis tubiflora** (PFEIFF.) ZUCC. — In A. DIETRICH, Allg. Gartenztg., 14:306. 1846

Abb. 1245. Echinopsis silvestrii SPEG.

*Cereus tubiflorus* PFEIFF., En. Cact., 71. 1837.— *Echinopsis zuccarinii* PFEIFF. — *Echinocactus tubiflorus* HOOK. — *Echinonyctanthus tubiflorus* LEM. und v. *nigrispinus* LEM. — *Echinopsis nigrispina* WALP. — *E. melanacantha* DIETR. — *E. grandiflora* LKE. non R. MEY. — *E. tubiflora paraguayensis* R. MEY (?)

Einfach oder sprossend, fast kugelig, dunkelgrün, ca. 12 cm ⌀; Rippen ca. 12; Areolen rund, mit weißer Wolle; St. pfriemlich, bis 1,2 cm lang; Bl. von der Seite, bis 20 cm lang; Pet. weiß, gespitzt; Röhrenachseln mit langer Wolle. — Argentinien (Prov. Tucuman, Catamarca, Salta), angeblich auch von Brasilien, aber wohl ein Irrtum.

Bei SALM-DYCK heißt es *E. zuccariniana* PFEIFF. anstatt *E. zuccarinii*, ebenso bei RÜMPLER. Unter *E. zuccariniana* sind verschiedene Abweichungen als Varietäten beschrieben worden, wie v. *rosea*, v. *cristata*, v. *monstrosa*, v. *picta*, v. *rohlandii*, v. *nigrispina*, bzw. unter *E. zuccarinii*: v. *monstruosa*, v. *nigrispina*, v. *picta*; einige von diesen erscheinen auch unter *E. tubiflora*, darunter v. *nigrispina* MONV. (*Echinonyctanthus tubiflorus* v. *nigrispinus* LEM.), v. *rosea*, v. *rohlandii* FÖRST. (ein Bastard mit *E. oxygona*: Körper heller als beim Typus der Art, die St. ebenfalls heller, 16—18 Randst.). Als Varietäten bezeichnete Hybriden führt R. MEYER (MfK., 153—154. 1913) noch auf: v. *grandiflora* HILDM., ähnlich v. *rohlandii*, mit großer hellrosafarbener, bis 22 cm langer Bl.; v. *droegeana* BERGE (s. unter *E. oxygona*), v. *quehlii* HILDM., die eine bis 26 cm lange Bl. hatte, zartrosa, sehr breit, stark nach Jasmin duftend.

Die von MEYER l. c. beschriebene *E. tubiflora* v. *paraguayensis* R. MEY. unterscheidet sich, gegenüber der fast schwärzlichgrünen Farbe des Typus, durch olivgrüne Farbe, kürzere und hellere St.; Bl. zart wohlriechend, gern erscheinend. — Paraguay.

Da sich MEYER selbst auf „vor 12 Jahren aus Paraguay gemachte Einführungen" bezieht, mag es sich hier um die *E. paraguayensis* MUNDT (1903) nomen nudum handeln; die Bl. sollen auch kleiner als bei *E. tubiflora* sein. Danach ist die Paraguaypflanze kaum mit *E. tubiflora* zu identifizieren; vielleicht hat seinerzeit FRIČ deswegen verschiedene Abweichungen derselben als *E. schwantesii, dehrenbergii* und *werdermannii* bezeichnet (1926 und 1932); allem Anschein nach ist *E. dehrenbergii* mit *E. tubiflora* v. *paraguayensis* R. MEY. identisch, was aber mit Sicherheit wohl nicht mehr festzustellen ist.

Abb. 1246. Echinopsis albispinosa K. SCH.

*E. droegeana* BERGE (in FÖRSTER-RÜMPLER, 639. 1886) (*E. tubiflora* v. *droegeana* BERGE) ist, nach R. MEYER, ebenfalls ein Bastard gewesen ($\times$ *E. oxygona* ?).

*E. zuccarinii robusta* HORT. (GRÄSSNER) war nur ein Name; BORG („Cacti", 255. 1951) führt noch eine *E. tubiflora* v. *graessneriana* HORT. auf: „Kugelig, glänzend dunkelgrün, mit hohen und scharfen Rippen; Bl. rosa getönt"; BORG stellt ferner hierher die Kreuzungen mit *E. leucantha*: *E. poselgeri* R. MEY. & HILDM. bzw. deren v. *brevispina* HILDM. und v. *longispina* HILDM. SCHUMANN nennt noch die Bastarde *E. tougardii* L'HÉRINCQ und *E. amoenissima* WENDL.

*E. graessneriana* HORT. gehört (nach BERGER) wohl auch hierher.

### 15. **Echinopsis silvestrii** SPEG. — Anal. Mus. Nac. Buenos Aires, III: 4. 486. 1905

Anfangs kugelig, später etwas verlängert und wenig sprossend, bis 10 cm und mehr hoch, bis 8 cm $\varnothing$; Rippen 12—14; St. ziemlich stark und kurz, ein mittlerer aufgerichtet, die seitlichen anliegend; Bl. 20 cm lang, geruchlos; Pet., Gr. und N. weiß. — Argentinien (in den Bergen zwischen den Provinzen Tucuman und Salta bzw. in NW-Argentinien) (Abb. 1245).

### 16. **Echinopsis cordobensis** SPEG. — Anal. Mus. Nac. Buenos Aires, III: 4. 489. 1905

Einfach, bis 50 cm hoch und 35 cm $\varnothing$, stumpfgrün, etwas reifig; Rippen 13, scharf, gerade verlaufende Kante; St. alle gerade; Mittelst. an der Basis verdickt;

Bl. 20—22 cm lang, kaum duftend oder geruchlos; Pet. spitz zulaufend; Fr. 2,5 cm ⌀, gelblich-rot. — Argentinien (Prov. Córdoba, nahe Villa Mercedes, ziemlich selten).

17. **Echinopsis albispinosa** K. Sch. — MfK., 13 : 154. 1903

Fast kugelig, niedrig, einzeln oder etwas sprossend; Rippen 10—11, Kante nur schwach wellig verlaufend, ziemlich schmal; St. 11—14, davon nur 2 als mittlere anzusprechen, d. h. nur durch die Stellung, seitlich durcheinanderstehend, die oberen seitlichen die längsten, der Mittelst. der kräftigste, anfangs dunkelrotbraun, dann weiß, später vergrauend; Bl. bis 19,5 cm lang, mit grauer Wolle; Sep. schmal-lanzettlich, bläulichgrün; Pet. 6 cm lang, 2 cm breit. — Herkunft unbekannt (Abb. 1246).

*Trichocereus albispinosus* (K. Sch.) Frič, in Kreuzinger, Verzeichnis, 38. 1935, war nur ein Name.

17 a. v. **fuauxiana** Backbg. — Descr. Cact. Nov. 28. 1956

Rippen bis ca. 12, schmalkantig; Stachelzahl wie beim Typus, aber kräftig-pfriemlich, nur der oberste dunkler, manchmal auch deren drei dunkler, der untere mittlere bis 2,5 cm oder etwas mehr lang, auffällig abstehend; Bl. schlankröhrig, oben wenig verbreiternd; Pet. ca. 2 cm breit und oben gestutzt, etwas gefranst und mit dünner Spitze als Verlängerung einer rückseits wie eine Rippe markierten Linie. — Herkunft unbekannt (Abb. 1247).

Die Pflanze ist weißlich bestachelt, ähnelt fast einer *Pseudolobivia aurea*, hat aber lange *Echinopsis*-Bl., rein weiß, mit reicher, aber lockerer, abstehender Behaarung. Gegenüber dem Typus der Art ist der abstehende Mittelstachel auffällig, weil deutlich als solcher auch der Länge nach unterschieden, während Schumann beim Typus der Art sagt: „nur durch die Stellung unterschieden" und sein Bild keinen längeren, abstehenden Mittelst. zeigt, während die Bl. ähnlich ist.

Obwohl dies eine sehr charakteristische Pflanze ist, halte ich sie doch für eine Varietät von *E. albispinosa* und benannte sie nach Lex Fuaux, der mir die Pflanze schickte; sie steht jetzt im Jardin Exotique de Monaco.

18. **Echinopsis chacoana** Schütz. — Kakt. Listy, I. 1949. Deutsche Beschreibung in J. SKG. „Skde.", III : 26. 1949

Kugelig, später kurz säulig, ziemlich hellgrün; Rippen 12—18, gerade, höckerlos; Areolen 2 cm entfernt, mit kurzem, grauem Filz; alle St. ziemlich robust-pfriemlich, die mittleren starrend-abstehend, unten verdickt; Bl. weiß, mit weißen und braunen Haaren; Fr. schokoladenbraun, wie die Röhre behaart; S. matt, mit korkartiger Nabelscheibe. — Paraguay (Chaco Boreal) (s. Abb. 1243).

Schütz schreibt: „Die Blüten ähneln im Bau denen der *Epsis. rhodantha*", was wohl ein Schreibfehler ist bzw. *E. rhodotricha* heißen soll, da es keine *E. rhodantha* gibt.

Die Pflanze wurde von Blossfeld gefunden, und ich habe sie auch im Jardin „Les Cèdres", St. Jean-Cap-Ferrat, in Blüte gesehen (s. auch unter *E. meyeri*).

19. **Echinopsis huotii** (Cels) Lab. — Monogr. Cact., 301. 1853

*Echinocactus huotti* Cels, Portef. Hort., 216. 1847. — *Echinopsis apiculata* Lk.

Einzeln, säulig, später von unten sprossend, glänzend dunkelgrün, bis 35 cm hoch und bis 8 cm ⌀; Rippen 11, bis 12 mm hoch; Areolen bis 2 cm entfernt, bis 6 mm lang, mit ziemlich reichlichem, gelblichweißem Filz; Randst. 9—11, pfriemlich, bis 2,2 cm lang, Mittelst. normalerweise 4, der längste gerade vorgestreckt, bis 4 cm lang und noch länger; alle St. hellbraun, unten und an der Spitze dunkler; Bl. seitlich, 17—20 cm lang, bis 13 cm ⌀; Sep. lanzettlich, weiß oder hellrosa mit grünlichem Mittelstreif; Pet. spatelig, rein weiß, zugespitzt; Staubf. weiß; Staubb. schwach schwefelgelb; Gr. grün; N. grün. — Bolivien (Standort unbekannt?).

Abb. 1247. Echinopsis albispinosa v. fuauxiana BACKBG.

Die Schreibweise lautet auch „huottii", doch soll der mit dem Namen Geehrte ein MR. HUOT gewesen sein; SCHLUMBERGER schrieb irrtümlich „kuottii", RÜMPLER „huotti", SCHELLE richtig „huotii".

Ich habe eine Zeitlang für diese Art die E. cochabambensis BACKBG. n. sp. gehalten (s. deren Abb. 1249), doch hat diese weit weniger St. und entspricht keinesfalls der Abbildung SCHUMANNS, die eine schlanksäulige Art mit sehr langen Mittelst. zeigt, die Rippen weit weniger gekerbt.

Nach SCHELLE gibt es auch einen Bastard mit E. eyriesii, kugelig wie die letztere, die St. wie die der E. huotii. SCHELLE führt E. apiculata LK. als selbständige Art, aber Rippen- und Stachelzahl ist die gleiche wie bei *E. huotii*, nur ist die Bl. mit 22 cm Länge angegeben, Gr. gelblich.

*Lobiviopsis huottii* (CELS) FRIČ war nur ein Name, ebenso *Cereus huottii* CELS und *Echinopsis verschaffeltii* HORT.

20. **Echinopsis bridgesii** SD. — Cact. Hort. Dyck., 1849. 181. 1850

*Echinocactus salmianus* CELS, Portef. Hort., 180. 1847, non LK. & O. (1827) — *Echinopsis salmiana* WEB. — *Cereus salmianus* CELS — *E. salmiana bridgesii* K. SCH.

In Gruppen bis zu sechs Köpfen; Tr. bis 10 cm ⌀ oder mehr, später länglich; Rippen 10—12, hoch; Areolen groß, mit kurzer brauner Wolle; St. 8—10, anfangs braun, sehr ungleich, manchmal auch einige mehr, einige seitliche oft so lang wie der längste mittlere; Mittelst. meist einzeln, Basis zum Teil bei allen geschwollen, alle später hellgrau mit dunklen Spitzen; Bl. 15—18 cm lang, weiß; Röhre schlank, stark gerieft, mit grauen und schwarzen Haaren, ebenso auf dem Ov. — Bolivien (Abb. 1248).

Abb. 1248. Echinopsis bridgesii SD.  Abb. 1249. Echinopsis cochabambensis BACKBG.

Die Pflanze meiner Abbildung habe ich bei La Paz gesammelt. Die Art ist, was die Zahl der St. bzw. die Stellung der mittleren anbetrifft, zweifellos sehr variabel. Die Kulturpflanze aus der Sammlung ANDREAE, als *Echps. salmiana* bezeichnet, zeigt zum Teil die gleiche Stachelzahl wie an meiner Standortspflanze, die kräftigeren manchmal zu mehreren — aber nicht immer — als mittlere gestellt. Das erklärt wohl, warum K. SCHUMANN von 4 Mittelst. „im aufrechten Kreuz" spricht. SCHUMANN führt auch eine *Echps. salmiana* v. *bridgesii* K. SCH. auf: „St. minder zahlreich, kürzer, sonst dem Typus sehr ähnlich", aber das scheint nur eines der Exemplare mit etwas abweichender Stachelzahl gewesen zu sein, denn mein Exemplar mit weniger St. hat nicht etwa kürzere. Daher dürfte BRITTON u. ROSES Synonymie richtig sein.

Anscheinend kommen auch Exemplare mit weniger Rippen vor.

Nur ein Name war: *Lobiviopsis salmiana* (CELS) FRIČ.

### 21. **Echinopsis cochabambensis** BACKBG. — Descr. Cact. Nov. 28. 1956

Reich von unten sprossend; Körper ölgrün, ziemlich glänzend; Rippen ca. 10, gerundet und fast höckerartig gekerbt; Areolen unterhalb der Vorsprünge eingesenkt, ca. 1 cm entfernt, anfangs kräftiger befilzt; St. anfangs tiefbraun; 5—9 Randst., etwas abstehend; 1 Mittelst., in der Länge kaum unterschieden, alle ca. 1 cm oder etwas mehr lang und stark stechend; Bl. weiß. — Bolivien (östlich von Cochabamba) (Abb. 1249). Ich fand die Pflanzen in größeren Ansammlungen.

Ich hielt die Art anfangs für *E. huotii*, aber die Bestachelung ist wesentlich verschieden, die Rippen sind weit niedriger, die Pflanzen sprossen sehr früh und nicht oben am Körper, sondern zum Teil sogar vom unterirdischen Teil her. Auffallend ist die schöne grüne Farbe mit dem kräftig befilzten Scheitel durch die dort genäherten Areolen; die St. stechen unangenehm scharf. Der Körper wird schon früh länglich.

Abb. 1250. Echinopsis minuana SPEG. (Foto: O. VOLL.)

### 22. **Echinopsis minuana** SPEG. — Anal. Mus. Nac. Buenos Aires, III : 4. 488. 1905

Einzeln oder selten von unten sprossend, säulig, bis 80 cm hoch, 14—15 cm ⌀ und etwas keulig; Rippen bis 12, gerade, Kanten ziemlich scharf und etwas wellig verlaufend; St. alle gerade, dunkelbraun; bis 7 Randst., seitwärts bzw. schwach abstehend strahlend; der eine mittlere im Oberteil etwas aufwärts vorgestreckt; Bl. geruchlos, 20 cm lang; Pet. fast lanzettlich, spitz zulaufend, 4,5 cm lang; Staubf. und Gr. grünlichweiß, ebenso die N.; Fr. 4,5 cm lang, grünlichrot. — O-Argentinien (Prov. Entre Rios) (Abb. 1250).

### 23. **Echinopsis rhodotricha** K. SCH. — MfK., 10 : 147. 1900

*Echinopsis rhodotricha robusta* R. MEY., MfK., 24 : 113. 1914.

Sprossend, stumpf graugrün; 8—10 aufrechte oder aufsteigende zylindrische Tr., bis 30—80 cm hoch und 9 cm ⌀, in der Kultur auch einzeln; 8—13 ziemlich niedrige Rippen, schwach ausgebuchtet; Areolen 1,5—2,5 cm entfernt; Randst. 4—7, stark spreizend, etwas gebogen; Mittelst. meist etwas kürzer als die Randst. oder auch fehlend; Bl. 15 cm lang; Pet. oblong, weiß; N. grün. — Paraguay und NO-Argentinien (Beschreibung nach BRITTON u. ROSE).

SPEGAZZINI gab 1905 an, daß SCHUMANN diese Pflanze ursprünglich als *E. spegazzinii* beschreiben wollte; BRITTON u. ROSE benannten dann eine andere Pflanze nach SPEGAZZINI.

SCHUMANN stellte (Bull. Herb. Boiss., II : 3. 251. 1903) noch eine v. *roseiflora* K. SCH mit blaßrosafarbenen Pet. auf. R. MEYER beschrieb (MfK., 21 : 188. 1911) eine v. *argentiniensis* R. MEY.; er gibt — im Gegensatz zu BRITTON u. ROSE — an, daß der Typus laubgrün sei (so sagt auch SCHUMANN), die v. *argentiniensis* aber stumpf dunkelgraugrün (was BRITTON u. ROSE für den Typus angeben, wohl, weil sie in ihrer Beschreibung ohne Varietäten alle Merkmale zusammenfaßten), ferner sei die var. *argentiniensis* mehr kugelig (Typus: zylindrischer), die Randst. seien bei der var. *argentiniensis* 7 (Typus: 4—5), Mittelst. gleichartig. Die v. *robusta* R. MEY. wurde beschrieben: „verlängert kugelig, später breitsäulenförmig, schwarzgrün, größere Areolen als bei den anderen, 9—10 Randst. (beim Typus 4—5, bei der v. *argentiniensis* 6—7), 1—3 Mittelst. (sonst nur 1), die Bl. größer als bei den anderen.

Ganz offenbar ist es also eine ziemlich variable Art. *Trichocereus rhodotrichus* (K. SCH.) FRIČ und v. *argentiniensis* (R. MEY.) FRIČ, in KREUZINGER, Verzeichnis, 18. 1935, waren nur Namen. Es erscheint nicht ausgeschlossen, daß hierhergehört:

*Echinopsis forbesii* (LEHM.) DIETR., Allg. Gartenztg., 17 : 193. 1849
*Echinocactus forbesii* LEHM., in WALPERS, Rep. Bot., 2 : 319. 1843. —
*Echinopsis valida forbesii* R. MEY., in SCHUMANN, Gesamtbeschrbg., 239. 1897 (nach WALPERS wurde *Echus. forbesii* LEHM. in TERSCHECK, Suppl. Cact. 2 beschrieben; FÖRSTER gab 1846 als ein Synonym desselben *Echps. forbesii* HORT. [angl.] an.)

Was SCHUMANN als *Echinopsis valida* MONV. in Gesamtbrschg., 238. 1898, beschrieb, ist zweifellos eine Vermischung des *Trichocereus validus* (MONV.) BACKBG. mit „*Echinopsis valida* sensu R. MEY." in MfK., 5 : 117. 1895, wo eine Pflanze mit Blüte abgebildet ist, die gar nichts mit jener Pflanze zu tun hat, deren Durchmesser LABOURET als 35 cm angab. SCHUMANN führt unter der Beschreibung der von ihm mißverstandenen Art noch an: „*Echinopsis valida* v. *forbesii* R. MEY. (*Echinopsis forbesii* DIETR.), mit 3—4 Randst. und bisweilen fehlendem Mittelst.".

Deswegen haben BRITTON u. ROSE den ältesten Namen *Echinopsis forbesii* gewählt und die von ihnen ebenfalls mißverstandene *Echinopsis valida* MONV. als Synonym dazugestellt. BRITTON u. ROSES sowie SCHUMANNS Beschreibungen entsprechen also keiner wirklich existierenden Pflanze. Was aber war *Echinopsis forbesii*? Bei der weiten Verbreitung von *Echps. rhodotricha* erscheint es als wenig wahrscheinlich, daß sie bis 1900 unbekannt war. Die Abbildung der „*Echps. valida*" (sensu R. MEY.) in MfK., 5 : 117. 1895, könnte sehr wohl *Echps. rhodotricha* gewesen sein, eventuell deren v. *argentiniensis*, da sie auch als stumpf graugrün beschrieben wurde, Areolen 2,5 cm entfernt, Rippen 12—13, etwas quergebuchtet, Randst. 8, Mittelst. 1 (daß dieser bisweilen fehlen kann, gibt R. MEYER bei der obengenannten v. *forbesii* R. MEY. an. Die Stachelzahl der *Echps. rhodotricha* ist auch variabel).

Das würde bedeuten, daß *Echps. forbesii* der älteste Name für *Echps. rhodotricha* bzw. SCHUMANNS Name dieser allgemein bekannten Art dann ein Synonym wäre. Die Entscheidung darüber überlasse ich aber einer eventuellen Nachprüfung durch die I. O. S.

24. **Echinopsis leucantha** (GILL.) WALP. — Rep. Bot., 2 : 324. 1843
*Echinocactus leucanthus* GILL., in SALM-DYCK, Cact. Hort. Dyck., 341. 1834.
— *Cereus incurvispinus* O. & DIETR. — *Cereus leucanthus* PFEIFF. — *Echinonyctanthus leucanthus* LEM. — *Echinopsis campylacantha* PFEIFF., in PFEIFFER u. OTTO, Abb. Beschr. Cact. 1, unter T. 4. 1839, non R. MEY. — *Echinopsis salpingophora* LEM. non. PREINR. — *E. polyacantha* MONV. — *E. campylacantha leucantha* LAB. — *E. campylacantha stylodes* MONV. (bei K. SCH.: *E. stylosa* MONV. mscr.). — *E. simplex* NIEDT. — *E. xiphacantha* Y. Ito, Expl. Diagr. 65. 1957 und v. *leucantha* Y. Ito — *E. salpingantha* Y. Ito l. c.

Kugelig oder ellipsoidisch, nie säulig (SPEGAZZINI), grün, kaum oder höchstens etwas reifig, oben mit gelbweißem Filz; Rippen 14—16, bis 1,5 cm hoch; Areolen bis 1,5 cm entfernt, 7 mm ⌀, gelbfilzig; die gelbbraunen St. oben dunkler braun gespitzt, der mittlere stark nach oben gekrümmt; Bl. seitlich, 16—17 cm lang; Ov. zylindrisch, bräunlich-dunkelgrün; Sep. eiförmig, kurz zugespitzt, grün, bräunlich getönt; Pet. weiß, Spitzen ± rötlich getönt; Staubgefäße den Schlund überragend; Staubf. weiß; Staubb. und N. gelb; Fr. bei der Reife dunkelrot. — Argentinien (Prov. San Luis, Córdoba, Mendoza, La Rioja) (Abb. 1251).

Abb. 1251. Echinopsis leucantha (GILL.) WALP. (Foto: O. VOLL.)

Die Beschreibung erfolgte nach K. SCHUMANN.

Nach SPEGAZZINI werden die Bl. bis 20 cm lang und duften nachts stark nach Jasmin.

FRIČ machte aus einer Art zwei Namen, die er zu *Trichocereus* stellte: *Trichoc. campylacanthus* (PFEIFF.) FRIČ und *T. leucanthus* (GILL.) FRIČ, beide unbeschrieben in KREUZINGER, Verzeichnis, 38. 1935; wahrscheinlich hat er aber mit der einen Art *Echps. campylacantha* R. MEY. non PFEIFF. gemeint, d. h. *E. spegazziniana* BR. & R., ein Beispiel, in welch überflüssiger Weise von manchen die Synonymie vermehrt wurde.

Die von BRITTON u. ROSE hierher als Synonym gestellte *E. melanopotamica* SPEG. ist eine gute, hoch-dicksäulige Art.

Nur ein Name und ein Synonym war *Echps. yacutulana* WEB.[1]), ferner *Melocactus ambiguus* PFEIFF. (non *Echus. ambiguus* HILDM., eine *Weingartia*), ebenso wird *Meloc. elegans* PFEIFF. als hierhergehörender Name angesehen; *Echps. leucantha aurea* HORT., *E. salpingophora aurea* HORT. (sogenannte *aurea*-Formen) und *E. leucantha salpingophora* K. SCH. (Mfk. 62. 1903) sind nur Namen, letzterer anscheinend von SCHUMANN nicht näher beschrieben.

*E. poselgeri* MEY. & HILDM. war zuerst als *E. campylacantha* var. *Poselger* I und II bezeichnet worden; SCHUMANN führt *E. poselgeri* unter *E. campylacantha* R. MEY. auf; er hätte sie besser unter *E. leucantha* genannt, da sie ein Bastard von *E. leucantha* × *E. tubiflora* war. Den beiden Typen „*Poselger* v. I und II" entsprechen die späteren Namen *E. poselgeri* R. MEY. & HILDM. v. *brevispina* HILDM. und v. *longispina* HILDM., bei Y. ITO als var. zu *E. xiphacantha*.

SPEGAZZINI beschrieb 1925 noch eine Varietät, die in ihrer Zugehörigkeit als zweifelhaft erscheinen muß, da sie von Brasilien (Santos) berichtet wurde, während der Typus im westlichen Mittel-Argentinien wächst. Wahrscheinlich ist die Varietät kaum noch zu finden, wie die *Parodia brasiliensis* SPEG., da die Umgebung von Santos urbanisiert worden ist:

**v. brasiliensis** SPEG. — Nuev. Not. Cactol., 40. 1925

Zylindrisch, bis 15 cm hoch und 10 cm ⌀, frischgrün; Rippen 13, gerundet, durchlaufend; Areolen bis 1,2 cm entfernt, aschgrau befilzt; St. ca. 7, steif,

---

[1]) In MfK., 151. 1893, lautet der Ortsname Yacutala, bei SCHUMANN: Yacutula.

kräftig; Mittelst. 1, bis 7 cm lang, 4kantig, aufwärts gebogen, an der Basis etwas verdickt, stark, aschgrau (schwarz, wenn feucht); Bl. 16 cm lang; Ov. grün; Röhre 10 cm lang, etwas erweiternd, blaßgrün, behaart; Pet. reinweiß, klein gespitzt; Staubf. weiß; Staubb. purpurn; Gr. weiß. — Brasilien (bei Santos).

Wegen ihres säuligen Wuchses eher eine eigene Art gewesen, da SPEGAZZINI selbst vom Typus sagt: „nie säulig." Die Pflanze ist m. W. in neuerer Zeit nicht mehr aufgetaucht und möglicherweise verschollen bzw. ausgestorben. BORG führt die var. zwar auf, aber offenbar nur nach SPEGAZZINI.

O. VOLL sandte mir vor Jahren das beigegebene Foto (Abb. 1252) einer anscheinend noch unbeschriebenen *Echinopsis*:

Breitkugelig; Rippen 10—11, ziemlich scharfkantig und nicht sehr breit; Randst. bis ca. 7; Mittelst. 1, an der Basis ziemlich verdickt, die Verdickung länglich; die Bl. ist weiß und kürzer als die von *E. leucantha* oder *spegazziniana*, die beide mehr Rippen haben; *E. leucantha* hat außerdem mehr Randst. Dennoch scheint die Art zur letzteren Spezies zu gehören. Um die Kenntnis von dieser Pflanze zu erhalten, die ich nirgendwo beschrieben fand, benenne ich sie:

Abb. 1252. Echinopsis leucantha v. volliana BACKBG. (Foto: O. VOLL.)

**E. leucantha v. volliana** BACKBG. — Descr. Cact. Nov. 28. 1956

Da sie mir nicht lebend bekannt ist, ich also die Bl. nicht genauer beschreiben kann, nehme ich die var. nicht in den Schlüssel auf, benenne sie aber nach O. VOLL†, der früher im Botanischen Garten von Rio de Janeiro zahlreiche seltenere südamerikanische Kakteen beobachtete und mir viele wertvolle Mitteilungen und Fotos zukommen ließ. Die Pflanze ist besonders durch ihre breitkugelige Form auffällig. — Vorkommen ? (Abb. 1252.)

25. **Echinopsis melanopotamica** SPEG. — Anal. Mus. Nac. Buenos Aires, III: 4 492. 1905

Zylindrisch werdend, bis 1,50 m hoch und 15 cm oder mehr dick, erst im Alter an der Basis sprossend, am Scheitel gerundet, erst dunkelgrün, dann etwas reifig, zuletzt aschfarben; Rippen 14, gerade, gekerbt; Areolen rund, bis 1,5 cm entfernt; Randst. zuerst gerade und dann etwas gebogen; Mittelst. unten verdickt, stärker gebogen; Bl. geruchlos, bis 22 cm lang; Sep. grün, schwach beschuppt und behaart; Pet. weiß; Staubf. weißlichgrün; Staubb. gelb; Gr. grünlich; N. gelblich; Fr. kugelig-eiförmig, 3,5 cm lang, 3 cm ⌀, bei Reife schmutzigrot. — Argentinien (häufig an trockenen Stellen von Rio Negro und Rio Colorado) (Abb. 1253).

BRITTON u. ROSE hielten diese starke und hohe Pflanze irrtümlich für dasselbe wie *Echps. leucantha*. Die Standortsaufnahme machte STEGMANN für mich. Anscheinend ist diese Art niemals in den Sammlungen vertreten gewesen.

26. **Echinopsis spegazziniana** BR. & R. — The Cact., III: 69. 1922
*Echinopsis salpi(n)gophora* sensu PREINR. (MfK., 3 : 161. 1893). — *E. campylacantha* R. MEY. (MfK., 5 : 27. 1895) und in K. SCHUMANN (Gesamtbschrbg., 241. 1898, non PFEIFFER, in PFEIFFER u. OTTO, Abb. Beschr. Cact.).
Zylindrisch bis fast kegelförmig, ganz dunkelgrün, bis 30 cm hoch und 9 cm $\varnothing$, oben nur mit spärlichem gelblichweißem Filz; Rippen 12—14, gerade, bis 1,2 cm hoch, kaum gekerbt, um die Areolen aufgetrieben; Areolen bis 2 cm entfernt, rund bis elliptisch, bis 7 mm lang, mit gelblichweißem Filz; Randst. gerade; Mittelst. nur sanft gebogen; Bl. seitlich, 15—17 cm lang, kurzsaumig; Ov. dunkelgrün; Röhre oben trompetenartig erweitert, dicht graubraun behaart; Hülle 6 cm $\varnothing$; Sep. eilanzettlich, zugespitzt, außen dunkel-bräunlichgrün; Pet. breiter, kurz zugespitzt und stachelspitzig, kaum gezähnelt, schneeweiß, oben rosenrot überlaufen; Staubf. weiß, oben gelblich; Beutel hellchromgelb; Gr. und N. grün. — Argentinien (Prov. Santiago del Estero, Tucuman, Salta, seltener in Córdoba und San Luis; lt. SPEGAZZINI).

Abb. 1253. Echinopsis melanopotamica SPEG. (Foto: STEGMANN.)

BRITTON u. ROSE sagen: ,,Wurde irrtümlich von PREINREICH als *Echps. salpingophora* angesehen und später ebenso irrtümlich von R. MEY. als *E. campylacantha*." Letzteres ist unzutreffend; R. MEYER sah in ihr eine andere Pflanze als die PFEIFFERS, bzw. K. SCHUMANN sagt ausdrücklich, daß PFEIFFERS Pflanze mit *E. leucantha* identisch ist und daher der Autorenname in ,,R. MEY." zu ändern war. Damit ist *E. campylacantha* R. MEY. non PFEIFF. ein ungültiges, späteres Homonym, dem BRITTON u. ROSE einen neuen Namen gaben. Zweifellos ist *E. spegazziniana* häufig unter dem Namen *E. campylacantha* in den Sammlungen bzw. als diese auch mit *E. leucantha* verwechselt.

Nach BRITTON u. ROSE wurde diese Art zuerst ,,bei Mendoza" gefunden: davon sagt SPEGAZZINI nichts in Cact. Plat. Tent., 492. 1905, vielmehr, daß *E. leucantha* auch bei Mendoza wächst; für *E. spegazziniana*, die er anfangs als ,,*E. campylacantha* R. MEY." bezeichnete, gibt er nur die obenerwähnten Verbreitungsgebiete an. Er sagt, daß die Blüte wenig dufte.

Der Name *E. campylacantha sprengeri* HORT. gehört wohl hierher. Eine unrichtige Neubenennung war: *E. gladispina* Y. Ito, Expl. Diagr. 68. 1957.

27. **Echinopsis molesta** SPEG. — Anal. Mus. Nac. Buenos Aires, III: 4. 490. 1905

Pflanzen einzeln, fast kugelig, bis 20 cm ⌀, blaßgrün, nicht glänzend; Rippen 13, ziemlich hoch, an den Kanten scharf und etwas wellig; Areolen groß; Mittelst. nur schwach gebogen; Bl. nur schwach duftend, 22—24 cm lang; Pet. lanzettlich, weiß; Staubf., Gr. und N. weiß. — Argentinien (in Prosopis-Wäldern der Prov. Cordoba nicht selten).

28. **Echinopsis baldiana** SPEG. — Anal. Mus. Nac. Buenos Aires, III: 4. 490. 1905

Pflanzen einzeln, elliptisch-zylindrisch, bis 30 cm hoch und bis 15 cm ⌀, nur später selten unten sprossend; Rippen 13—14, nicht gekerbt; Areolen groß, bis 8 mm ⌀, grau befilzt, bis 18 mm entfernt; alle St. anfangs dunkel kastanienbraun und an der Basis fuchsrot, später rosagrau und zuletzt aschgrau mit dunkler Spitze; Bl. sehr groß, duftend; Pet. zugespitzt, weiß; Staubf. und Gr. weiß; Fr. elliptisch, 4—5 cm lang, 2,5 cm ⌀, schmutzig purpurn getönt. — Argentinien (Prov. Catamarca, bei Ancasti usw., in trockenen Gebirgsgebieten).

29. **Echinopsis intricatissima** SPEG. — Anal. Mus. Nac. Buenos Aires, III: 4. 491. 1905

Einzeln, etwas eiförmig, bis 20 cm hoch, oben nicht vertieft; Rippen 16; St. zuerst rosafarben, meist 3—6 cm lang, die längsten 8—10 cm lang, die mittleren aufwärts gebogen bzw. 1—2 davon; Bl. 20—22 cm lang, schwach duftend; Sep. dunkelgrün; Pet. weiß, lanzettlich; Staubf. und Gr. weiß; Fr. elliptisch, bis 3 cm lang, 2 cm ⌀, erst grün, dann gelblich. — Argentinien (um Mendoza).

Abb. 1254. Echinopsis mamillosa GÜRKE (Syn.: Echps. ritteri BÖD.)

30. **Echinopsis shaferi** BR. & R. — The Cact., III: 69. 1922

Zylindrisch, aufrecht, bis 1,50 m hoch, 16—18 cm ⌀, dunkelgrün; Rippen 10—12, 2 cm hoch; Areolen genähert, bis 1 cm entfernt; Randst. anfangs bräunlich, später grau; Mittelst. aufsteigend, etwas gebogen, am Scheitel ineinandergeneigt; Bl. 20 cm lang, weiß; Staubf. und Gr. blaßgrün; Fr. eiförmig, 3 cm lang, ziegelrot. — Argentinien (Tucuman, bei Trancas, in sandigen Dickichten).

In „Opuntiales vel Cactales", LVIII: a und c, bilden CASTELLANOS und LELONG zwei ziemlich verschiedene *Echps. shaferi* ab, beide sind, wie es vom Typus beschrieben wurde, später cereoid; der Typus der Art kommt von Trancas und ist die stärkere Form (Abb. LXVIII: a); die schlankere Form, die offenbar auch in der Bestachelung mehr abweicht, mag der nächsten Art nahestehen (Salta: Quebrachal); die ⌀-Angaben der Beschreibungen lauten allerdings umgekehrt.

*Trichocereus shaferi* (BR. & R.) FRIČ, in KREUZINGER, Verzeichnis, 38. 1935, non *Trichoc. shaferi* BR. & R., war nur ein Name.

### 31. **Echinopsis robinsoniana** WERD. — Blüh. Sukk., Tafel 80. 1934

Säulig, bis 1,20 m hoch und bis 20 cm ⌀, stumpf hell- bis dunkler graugrün; Scheitel von gelbgrauem Filz geschlossen; Rippen 19, gerade, 1,5 cm hoch; Areolen 1,5 cm entfernt; Rand- und Mittelst. ca. 10—12 (an älteren manchmal einige dünne mehr), davon 1—3 mittlere unterscheidbar, ein wenig gebogen oder gerade, schmutzig hell- bis dunkler braun, später grau; Bl. ca. 16 cm lang; Röhre 10,3 cm lang, rötlich-braun, Schuppen rotbraun, Wolle grau bis schwarz; Sep. blaßrosa am Rande, sonst grünlichbraun; Pet. rein weiß (nach dem Farbfoto Röhre und oberste Sep. auch rötlich); Staubf. weißlich bis grün; Gr. unten grünlich, oben weiß; N. hellgrün. — Herkunft unbekannt (nach einem Exemplar im Huntington Bot. Garden, San Marino, Calif. [USA] beschrieben).

Abb. 1255. „Echinopsis salmonea" (JOHNS.), ein interessanter Bastard, offenbar zwischen E. eyriesii und L. famatimensis; Blüten hell rötlich-orangegelb.

Steht offenbar *E. shaferi* nahe, aber nicht ganz so hoch, und hat kürzere St.

### 32. **Echinopsis mamillosa** GÜRKE — MfK., 17:128. 135. 1907

*Echinopsis ritteri* BÖD., M. DKG., 143. 1932. — *Neolobivia ritteri* (BÖD.) Y. ITO, Expl. Diagr. 55. 1957 (nach Fig. 13 nicht *Mediolobivia ritteri*).

Einzeln, Körper etwas breitkugelig; Kulturstücke erreichten bei mir über 12 cm Breite und ca. 10 cm Höhe; Epidermis ziemlich glänzend, kräftiggrün, höckerartig gekerbt, besonders oben bzw. später und dann kinnartige Vorsprünge bildend; Rippen an Zahl im Alter zunehmend, nach GÜRKE 17, aber später viel mehr, nach BÖDEKER 21—32; Areolen 1,2—2 cm entfernt, meist weniger; Randst. meist 8—10 (—12), ungefähr gleich lang wie die 1—3—4 Mittelst., diese am Grunde verdickt; Bl. 13—18 cm lang, bis 8 cm breit; Pet. rein weiß, nach GÜRKE am Ende auch rosafarben getönt; Hülle ziemlich ausgebreitet bzw. groß und daher die Röhre kaum länger erscheinend; N. kremgelb; Fr. kugelig, grau behaart wie die Röhre; S. kugelig, 1 mm ⌀, mattschwarz, sehr feingrubig punktiert, mit ziemlich großem, ovalem, gelblichem Nabel. — **Bolivien** (bei Tarija, auf ca. 1800 m). Erste Abbildung in MfK., 153. 1921 (Abb. 1254).

Nur ein Name war: *Lobiviopsis ritteri* (BÖD.) FRIČ.

### 33. **Echinopsis arebaloi** CARD. — C. & S. J. (US.), XXVIII:3. 73. 1956

Reicher sprossend, kugelig, oben eingedrückt, bis 10 cm hoch und dick, dunkelgrün; Rippen ca. 11, gerundet, 1 cm hoch, unten 2 cm breit; Areolen 1—1,5 cm entfernt, rund, 7 mm ⌀, etwas hervorstehend, grau befilzt; St. spreizend, an der

Spitze bräunlich, sonst grau; Bl. 16 cm lang; Ov. kugelig, blaßgrün; Röhre 10 cm lang, verwaschen grün; Schuppen 3 mm lang, mit weißen und bräunlichen Haaren; Sep. lanzettlich, 5 cm lang, grün, oben purpurn; Pet. spatelig, 4,5 cm lang, Farbe nicht angegeben, wahrscheinlich weiß (nach dem Foto zu schließen); Staubf. grünlichweiß; Gr. unten grün, oben gelblich; N. gelb. — Bolivien (Prov. Valle Grande, Dept. Santa Cruz, bei Comarapa, auf 2000 m).

## Zweifelhafte Arten
### oder zu anderen Gattungen gehörig:

*Echinopsis mieckleyi* R. MEY., MfK., 28 : 122. 1918

Blaßgrün, breitsäulig; 14 gerade, scharf gefurchte Rippen, um die Stachelpolster etwas erhöht; Randst. meist 10, spreizend, scharfspitzig, ca. 2 cm lang, ein Mittelst. 2,5 cm lang, hellbraun, oben dunkler, bis 5 cm lang, später alle St. weiß; Bl. unbekannt. — Bolivien.

*Echinopsis gigantea* R. MEY., MfK., 29 : 58. 1919

Hellgrün, dann matt hellgraugrün, wenig sprossend, säulig werdend; Scheitel rötlichgelbfilzig; Rippen 8—11, stumpf, 3,5 cm hoch; Randst. 5—10, spreizend, etwas zum Körper gebogen, bis 4 cm lang, unten verdickt, hellrot-braun, oben dunkler; Mittelst. 1—2, kaum gebogen, bis 5,5 cm lang, dunkel-rotbraun. — Argentinien? Eine der großen *Trichocereus*-Arten? (Vielleicht das Bild in CASTELLANOS & LELONG: ,,Opuntiales vel Cactales", 1943, Tafel LVII: f, als *Trichoc. terscheckii*.)

Abb. 1256. Ein schöner Bastard mit Riesenblüten: ,,Echinopsis imperialis", von HUMMEL (Kalifornien) gezogen, zweifellos durch Kreuzung mit einem Trichocereus. Die Pflanze wird später ziemlich hoch und dickcereoid und bringt prächtige Blüten hervor. Das Bild ist von einer älteren Pflanze in meiner ehemaligen Sammlung, jetzt im Jardin Exotique de Monaco, aufgenommen.

*Echinopsis saluciana* SCHLUMB., Rev. Hort., IV : 5. 402. 1856

Ist nach der Beschreibung der Bl. allein nicht mehr zu identifizieren. Röhre bis 16 cm lang!, braun behaart. War vielleicht auch einer der großen Trichocereen.

*Echinopsis tacuarembense* ARECH., Anal. Mus. Nac. Montevideo, 5 : 254. 1905

Stumpfgrün, 10 cm hoch, 15 cm ⌀; Rippen 13; Areolen 1 cm entfernt; St. 9—10, bis 1,5 cm lang; Mittelst. 1; Bl. weiß. — Uruguay.

Danach nicht zu identifizieren.

*Echinopsis albispina*, MfK., 13 : 144. 1903, war wohl der erste oder unrichtig geschriebene Name für *E. albispinosa* K. SCH.

*Echinopsis beckmannii* oder *boeckmannii*, MfK., 3 : 103 und 165. 1893, sind nur Namen gewesen, ebenso:

*Echinopsis berlingii* HORT., C. & S. J. (US.), 86. 1939 [*E. berlingi* (HORT.) Y. ITO 1957];
*Echinopsis boutillieri* PARM., in FÖRSTER, Handb. Cact., 622. 1885;
*Echinopsis brasiliensis* FRIČ (1933) war nur ein Name in KREUZINGERS „Verzeichnis";
*Echinopsis catamarcensis* WEB., s. unter *Pyrrhocactus*;
*Echinopsis duvallii* HORT. war eine rosa blühende, undefinierbare Pflanze, als Sämling gezogen;
*Echinopsis fobeana*, MfK., 20: 190. 1910, ist unbeschrieben;
*Echinopsis formosa* JAC. (mit v. *albispina* WEB. und v. *rubrispina* MONV.), s. unter *Soehrensia*;
*Echinopsis formosissima* LAB. soll *C. pasacana* WEB. gewesen sein, kam von Chuquisaca; von dort hat CARDENAS keine solchen Pflanzen berichtet. Vielleicht war es ein *Helianthocereus*?

BERGER hat sie anscheinend („Kakteen", 192. 1929) als eine andere Art als junge Pasacanas angesehen. Er beschreibt sie: „Verlängert kugelig bis säulenförmig, bis mannshoch, ca. 30 cm ⌀, saftgrün; Rippen zahlreich, Furchen tief; Areolen gelblichweiß, wenig wollig; Randst. 14, dem Körper angebogen, rötlichgelb; Mittelst. 4, länger und stärker, ca. 4 cm lang, dunkler, der obere aufwärts, der untere abwärts gerichtet. — Bolivien (von Chuquisaca)." Er sagt weiter, daß „auch junge Pasacanas als *E. formosissima* bezeichnet werden". Die Beschreibung reicht zur Identifizierung nicht aus.

CASTELLANOS und LELONG („Opuntiales vel Cactales", Tafel LVIII: b) bezeichnen irrtümlich mit *E. formosissima* die *Soehrensia formosa* (Argentinien: Mendoza) und bilden diese ab.

*Echinopsis hempeliana* GÜRKE war eine *Arequipa*;
*Echinopsis longispina* HORT. war nur ein Name;
*Echinopsis muelleri* HORT. war eine früher bekanntere Pflanze, wahrscheinlich ein Bastard;
*Echinopsis nigricans* LK., s. unter *Horridocactus*;
*Echinopsis polyphylla* HORT. war wohl irgendein Bastard;
*Echinopsis pyrantha* HORT. war nur ein Name;
*Echinopsis rhodacantha* SD., s. unter *Denmoza*;
*Echinopsis rio-grandense* FRIČ (1923) war nur ein Name;
*Echinopsis salm-dyckiana* HORT. ist nur ein Name;
*Echinopsis smrziana* BACKBG.: siehe unter *Soehrensia*;
*Echinopsis tuberculata* NIEDT, aus Bolivien, ist eine ungenügend bekannte Art, wahrscheinlich eine *Pseudolobivia*, gewesen;
*Echinopsis tucumanensis* Y. ITO non BACKBG., Expl. Diagr., 285. 1957: nicht grau- (nom. BACKBG.), sondern dunkel- bis schwarzgrün. Von ITO aber mit meinem unbeschriebenen Namen als Synonym. Zweifelhaft (siehe im Schlüssel *E. silvestrii*).
*Echinopsis undulata* HORT., von ROTHER in MfK., 61. 1901, genannt, ist nur ein Name. ROTHER erwähnt mit ihr, wie FRANKE kurz vorher in MfK., 39. 1901, eine gelb blühende Art. Das waren vielleicht die ersten Berichte ohne Namen für *Pseudolob. aurea*?

Folgende Namen wurden im Ind. Kew. zu *Echinopsis* gestellt, sind aber wohl Kombinationen mit *Echinocactus* und nicht mehr identifizierbar:
*Echus. nodosus* LK., *Ech. setosus* LK., *Ech. haageanus* LK. (alle in Wochenschr. Gärtn. Pflanz., 86. 1858).

Meist zu *Denmoza* gestellt, aber ungeklärt, ist auch:
*Echinopsis ducis pauli* FÖRST., Handb. Cact., II: 641. 1885.

Nicht mehr identifizierbar sind ferner:
*Echinopsis fischeri* und v. *tephracantha*, *E. mia* HORT., *E. rotheriana* und *E. nigerrima*.

Unter meinen Notizen befand sich noch die folgende Beschreibung, deren Herkunft ich nicht mehr feststellen kann:

*Echinopsis blossfeldiana* ROBL. (?), 1948, nom. nud. (?).
Pflanzen einzeln oder wenig sprossend, fahl matt-hellgrün; Rippen ca. 13, scharfkantig, ca. 15 mm hoch, an der Basis 11 mm breit; Areolen 2 cm entfernt, hellbräunlich-filzig; Randst. ca. 7, 12—15 mm lang, 1 Mittelst., ca. 15 mm lang, alle zuerst gelblich, oben bald hellbräunlich, unten violettbräunlich, dann grauweiß; Bl. ziemlich schlank; Röhre ca. 10 cm lang, blaßolivgrün, nicht stark behaart; Sep. lanzettlich, oliv, die längsten an der Basis weißlich; Pet. ca. 2,5 cm lang, ca. 5 mm breit, unten weiß, an der Spitze mit rosa Hauch; Staubf. weiß; Staubb. krem; Gr. und ca. 11 N. (ca. 13 mm lang), spreizend, von hell grüngelber Farbe. — P a r a g u a y (genauer Standort unbekannt).

Die Bl. duftet schwach wie Gurkenschalen. Eine lateinische Diagnose ist anscheinend nicht gegeben worden. Die Pflanzen müssen nach den Angaben ziemlich groß werden, bis mindestens 15 cm ⌀. Ob die Pflanzen noch irgendwo lebend vorhanden sind, ist mir nicht bekannt.

---

Nach Abschluß des Manuskriptes von Band II wurde von M. CARDENAS, Cochabamba (Bolivien), noch beschrieben:

**Echinopsis comarapana** CARD. — Nat. C. & S. J., 12 : 3. 61. 1957
Sprossend, kurzzylindrisch, Gruppen bis 40 cm ⌀ bildend; Einzelkörper bis 15 cm hoch, bis 8 cm ⌀; Rippen 10—12, 1 cm hoch, 1 cm breit; Areolen 5—10 mm entfernt; Randst. 9—11, grau, 5—11 mm lang; Mittelst. 1, abwärts weisend, 15—20 mm lang; alle St. dünnadelig und unten verdickt; Bl. 15 cm lang, bis 6 cm ⌀; Sep. rötlichgrün, Übergangsreihe unten weiß, oben etwas purpurn; Pet. spatelig, weiß, mit ein wenig rosa Anflug an den Spitzen; Staubf. in zwei Serien, hellgrün die unteren, weiß die oberen; Gr. unten grünlich, oben weißlich; Fr. kugelig, ca. 3 cm ⌀, dunkelgrün, mit weißen und braunen Haaren. — B o l i v i e n (Prov. Valle Grande, Dept. Santa Cruz, am Wege Comarapa—San Isidro, 1900 m).

Diese Art mag der in der Randst.- und Rippenzahl gleichen *Echps. huotii* nahestehen; letztere hat auch gekerbte Rippen und erreicht ebenfalls bis 8 cm ⌀. SCHUMANN beschreibt *E. huotii* allerdings als länger, die St. als hellbraun, und sagt nichts von Verdickung. Ich meine hier die von SCHUMANN abgebildete Pflanze, nicht *E. cochabambensis*, die eine Zeitlang damit verwechselt wurde. Sie sind alle mehr zylindrische und sprossende Pflanzen, ohne scharfkantige Höcker, und daher keine *Pseudolobivia*-Arten.

Untersippe 2: *Heliotrichocerei* BACKBG.
Tagblühender Zweig behaart-trichterig blühender Cereen verschiedener Größe (*Leucostele* mit Borsten am Ovarium, außer der Behaarung), eine zwergig-cereoide Gattung (*Chamaecereus*) und eine kugelige Zwischenstufe zwischen *Echinopsis* und *Lobivia* (*Pseudolobivia*), mit überwiegend längeren Trichterblüten, teils mit beilhöckerig verschobenen Rippen und zum Teil mit roten und gelben Blüten, die weißen Blüten nur oder zum Teil noch am Tage offen.
V o r k o m m e n: Von Bolivien bis N-Argentinien.

## 85. LEUCOSTELE Backbg.
Kakt. u. a. Sukk., 4 : 3. 36. 1953

Bis 3 m und mehr hohe, dicke und spärlich verzweigende Cereen mit vielen Rippen und borstenartig dünnen, geraden und elastischen Stacheln, im oberen Teil am stärksten bzw. längsten entwickelt, am älteren Teil oft ± fehlend; Bl. am Tage offen, weiß; grau behaarte, mäßig lange trichterige Röhren, Ov. mit längeren, dünnen Borsten und dadurch von *Helianthocereus* (bzw. dessen U.-G. *Helianthocereus*) unterschieden. Die Herkunft ist nicht bekannt; die Pflanzen sollen aber aus Bolivien stammen und sind vor vielen Jahren nach Barcelona gekommen, wo ich zu starken Exemplaren herangewachsene Stücke sah. Die Gattung ist zweifellos den starken Hochlandsformen von *Helianthocereus* nahe verwandt, eine Formengruppe, die erst in jüngster Zeit bekannter wurde.

Der Blütensitz von *Leucostele* ist weniger scheitelnah als bei den meisten *Helianthocereus*-Arten der U.-G. *Helianthocereus*, mehr hochseitlich, aber nicht so tief herabreichend wie manchmal bei *H. pasacana*.

Typus: *Leucostele rivierei* Backbg. — Typstandort: nicht bekannt.

Vorkommen: Wahrscheinlich Bolivien.

Abb. 1257. Leucostele rivierei Backbg., im Sukkulentengarten von F. Riviere de Caralt, Pinya de Rosa bei Barcelona. Die erste Knospe wird gebildet. (Foto: F. Riviere.)

1. **Leucostele rivierei** Backbg. — Kakt. u. a. Sukk. (II). 4 : 3. 40. 1953

Starke cereoide Pflanzen, wenig verzweigend, über 3 m hoch werdend, mit vielen Rippen, 25 oder mehr, durch Quereinsenkungen am Rand ziemlich höckerartig; Areolen verhältnismäßig nahestehend, groß, graufilzig; Mittel- und Randst. nicht unterscheidbar, alle weiß, elastisch wie Borsten, aber ziemlich gerade abstehend, bis 4 cm lang, an der Spitze sehr dünn, fast haarborstenartig; Knospe vor dem Öffnen der Bl. 13 cm lang, offene Bl. 10 cm lang, mit vielen Schuppen an der Röhre, bis hinauf zum beginnenden Saum, zahlreiche graue Haare in den Achseln; Ov. kurz behaart und mit längeren, dünnen Borsten, etwa 2 cm ⌀, rund; Pet. rein weiß, nicht sehr lang, bei vollem Öffnen der Bl. zurückgebogen; Staubbl. in zwei Reihen, die untere Serie eine Nektarkammer freilassend in Höhe von etwa 1,2 cm; Fr. unbekannt (Abb. 1257—1259).

Die Art wurde nach Fernando Riviere de Caralt benannt, in dessen Besitztum Pinya de Rosa ich Gelegenheit hatte, die blühende Pflanze zu sehen,

Abb. 1258. Leucostele rivierei BACKBG. in Blüte. (Farbfoto: F. RIVIERE.)

und der mir auch andere große Exemplare in Blanes sowie Barcelona zeigte, die alle aus dem gleichen Import stammen. Auffallend ist, daß *Leucostele* nicht, wie die meisten dicken *Helianthocereus*-Arten, zuerst derbere und ± gelblich getönte St. macht, sondern gleich borstenartig feine, weiße.
1952 sah ich im Garten des verstorbenen ROLAND-GOSSELIN in Villefranche (Südfrankreich) einige Cereen, die wohl eine Art Zwischenform zu den Hochlands-*Helianthocereus*-Arten sind, starke und über 3 m hohe Pflanzen mit unten mehr gelblichen St., aber dünner und lockerer als die *Helianthocereus*-Arten von Bolivien bzw. *H. pasacana* sie entwickeln, wenngleich auch diese wie die Pflanzen von ROLAND-GOSSELIN später bzw. oben dünne, längere und helle St. haben.[1]
Es ist möglich, daß neben den von CARDENAS in FUAUX Herb., 5 : 6—24. 1953, beschriebenen Hochlands-*Helianthocereus*-Arten noch weitere Formen existieren; aus den unzugänglicheren Gebieten z. B. Boliviens ist erst verhältnismäßig wenig bekannt, und bisher nicht wiedergefundene Formen mögen an Wegen vorkommen, die heute nicht mehr viel benutzt werden.

---

[1] Blüten dieser Pflanzen sind bisher nicht gesehen worden, so daß eine sichere Einordnung vorderhand nicht möglich ist (Abb. 1260, 1265—1266).

## 86. HELIANTHOCEREUS Backbg.
### The Cact. & S. J. Gr. Brit., 53. 1949

Die in dieser Gattung zusammengefaßten Cereen sind entweder erst in jüngerer Zeit bekanntgeworden — soweit es sich um die meisten Arten der U.-G. *Helianthocereus* handelt —, oder sie waren früher zu *Trichocereus*, *Chamaecereus* und *Lobivia* gestellt worden, ohne daß ihre Stellung in diesen Gattungen befriedigte. Britton u. Rose sahen z. B. den Tagblüher *H. huascha* als *Trichocereus* an, und die Folge war, daß Vatter in J. SKG. „Skde.", III : 51—54. 1949, Vertreter dieser Gruppe als „rotblühende oder gelbblühende *Trichocereus candicans*" bezeichnete, darunter (auf S. 53 oben) den von mir in „Cactus", 45 : 210. 1955, als *Helianthoc. pecheretianus* beschriebenen starktriebigen Verwandten des *H. huascha*, den J. Marnier-Lapostolle in seiner Fußnote, l. c. S. 207, „als für botanisch nicht hinreichend trennbar" bezeichnete. Nun ist diese Pflanze aber viel dicker und aufrechter als der sperrigschlanker verzweigende *H. huascha* und var. und somit sehr gut unterscheidbar, während man — wollte man nach der Ansicht von J. Marnier-L. verfahren — z. B. alle von Cardenas beschriebenen Hochlands-Arten ebenfalls nicht trennen könnte, d. h. diese dann also auch nicht „botanisch hinreichend unterschieden wären"; die weiter (l. c. S. 45) geäußerte Ansicht, „daß es von Vatter klug war, nur Nummern zu geben", ist ein ganz abwegiges Argument. Auf diese Weise bekommt man keinesfalls einen Überblick über diese Arten bzw. den Umfang ihrer Formengruppe; vielmehr hat die konservative Auffassung von Vatter zu einer Fehldeutung geführt, weil *Helianthocereus huascha* ganz andere, kürzere, derbe, relativ breitere und am Tage geöffnete Blüten in leuchtenden Farben bildet als der weißblühende *Trichocereus*. Es war also sehr richtig, daß Cardenas l. c. eine gründliche Studie über die bisher bekannten Hochlandsformen schrieb und sie nach Arten und Varietäten trennte, und darum kommt man auch nicht bei den niedrigen Arten der U.-G. *Neohelianthocereus* herum, wenn in die bisherigen verworrenen Anschauungen Klarheit gebracht werden soll. Vergleicht man Habitus und Blüten, dann erkennt man, daß auch „*Lob. grandiflora* oder *Chamaecereus grandiflorus*" hierhergehört. Es sind auch keineswegs alle Formen bereits genauer bekannt. In der Sammlung Pallanca, Bordighera, sah ich ein Kopfstück, ähnlich einem dickeren *Trichoc. shaferi*, das nach Aussage des Herrn Pallanca rot blüht. Es ist auch nicht ausgeschlossen, daß meine „*Echinopsis smrziana*", die ich nie in Blüte sah, hierhergehört. Es hat sich also gezeigt,

Abb. 1259. Leucostele rivierei Backbg., ältere Stücke.

daß es eine interessante und zweifellos noch formenreichere Gruppe (als bisher bekannt) von Pflanzen mit relativ derberen und kürzeren Tagblüten gibt, als man sie bei *Trichocereus* findet. So gab es keine andere Möglichkeit, zu einer klaren Übersicht bzw. Abgrenzung zu gelangen, als die Aufstellung einer eigenen Gattung: *Helianthocereus*. Hierbei nahmen die starken Hochlandsarten eine besondere Stellung ein. Sie blühen meist am Scheitel. ,,*Trichocereus pasacana*", der in der Bestachelung die gleichen Merkmale aufweist, d. h. zuerst derbere Stacheln, zum Scheitel hin immer feiner, biegsamer und heller, bis er im Oberteil fast ganz den scheitelnah blühenden Arten ähnelt, war ebenfalls hierherzustellen, als eine Übergangsform, bei der die Blüten — wie auch zuweilen bei den normalerweise scheitelnah blühenden — zum Teil hoch-seitlich entstehen. Demgegenüber sind die Arten der Untergattung *Neohelianthocereus* viel schlanker, niedriger bis ziemlich klein, wohl stets basal sprossend (wie übrigens auch größtenteils die großen Arten der U.-G. *Helianthocereus*), die Blüten mehr seitlich entstehend und etwas kürzer als die der Hochlandsarten, zuweilen auch hochseitlich. Betrachtet man die so in den Untergattungen getrennten Formengruppen, so erkennt man, daß jede eine in sich charakteristische, eigene und in den Merkmalen gut geschlossene Gruppe darstellt.

Ich möchte sogar so weit gehen, zu sagen, daß von dieser Gattung her eine Beziehung zu jenen großkugeligen Formen zu erkennen ist, für die ich — als Gruppe der rein Kugelförmigen — den Gattungsnamen *Soehrensia* aufstellte. Ihre Blüten ähneln denen der *Helianthocereus*-Untergattung *Neohelianthocereus* in Form und Farbe; es gibt *Soehrensia*-Arten, die groß und z. T. dickkugelig wie die mexikanischen *Echus. grusonii* werden (s. unter *Soehrensia*) und die bisher kaum bekannt wurden. Ihre Ableitung muß völlig rätselhaft sein, wenn man in ihnen nicht den dicken Hochlands-*Helianthocereus*-Arten verwandte, aber stärker reduzierte (zum Teil sehr dick-) kugelige Formen sieht. Jedenfalls dürften die Formenzusammenhänge bzw. ihre Beziehungen zueinander erst durch diese Gattungsgruppierungen offenkundiger geworden sein, wodurch auch Mißverständnisse wie die oben geschilderten vermieden werden. Auch arealmäßig zeigt sich ein Zusammenhang bzw. geographisch gesehen: U.-G. *Helianthocereus* besiedelt mehr das Hochland Boliviens, darunter *H. pasacana* auch geographisch als Übergang nach N-Argentinien hinunter, während die niedrigen Formen der U.-G. *Neohelianthocereus* (wie auch die starkkugeligen Formen von *Soehrensia*) nur im nördlicheren Argentinien auftreten. VATTER schrieb l. c. S. 52: ,,Es erscheint mir einfach als unmöglich, diese Cereen deshalb, weil sie am Tage und bunt blühen, zu den Lobivien zu stellen; eher sollte der *C. huascha* wieder als *Trichocereus* gehen." Er spricht dann weiter von ,,verschiedenfarbig blühenden *Trichocereus*

Abb. 1260. Zum Vergleich: Pasacanoider Cereus im Garten von ROLAND-GOSSELIN †, Villefranche. Eine ähnliche Pflanze, aber oben mit weichen Stacheln, Leucostele mit Borsten und stärker höckrigen Rippen. Die Leucostele-Blüte weist Borsten am Ovarium auf und ist am Tage geöffnet.

*candicans*" und daß „*L. huascha* diesen Formen zugeteilt werden muß". Der Name „*Lobivia huascha*" ist kaum in Gebrauch gekommen und für solche ausgesprochenen Cereenformen auch abwegig. Es wäre gut gewesen, wenn VATTER genaue Standortsangaben gemacht hätte, die leider fehlen. Da er aber sagt, daß „die bunt blühenden *Trichoc. candicans*" (*Helianthoc. pecheretianus* BACKBG.) im gleichen Gebiet wie *H. huascha* vorkommen, kann es nicht zweifelhaft sein, daß es sich hier um zwei einander nahestehende Arten handelt. Die Blüte des dicktriebigen *H. pecheretianus* ist viel kürzer als die 20 cm lange *T. candicans*-Blüte; VATTER hat Vorstehendes auch wohl nur geschrieben, weil eben ein Gattungsname für diese abweichenden Formen fehlte, so daß ihm, dem sonstigen Charakter der Pflanzen nach, keine andere Möglichkeit gegeben erschien, als sie zu *Trichocereus* zu stellen, was keinesfalls befriedgt, zumal letzterer ein Nachtblüher ist. Wir verdanken VATTER aber die Angabe, daß weiße, gelbe, orange, lehmfarbene und rote Blütentöne (*H. huascha*) sowie zitronengelbe, blutrote, rosa-violette bzw. fast fliederfarbene Farben (*H. pecheretianus*) vorkommen. Dasselbe Farbenspiel findet sich bei *Lobivia*, bei *L. famatimensis* auch weiße Blüten. Es steht außer Frage, daß, wie die Arten von *Soehrensia* großkugelige, die von *Lobivia* kleinkörprige Verwandte der trichterig-behaartblütigen Tagblüher sind. Nur durch klare Trennung ist hier Ordnung und Übersicht zu schaffen, bzw. sind die verwandten Formengruppen nach den betreffenden Merkmalsgesichtspunkten sippenmäßig zu trennen. Es ist auch nicht vertretbar, daß seit Jahren ein „*Trichocereus* VATT. Nr. 15" in Sammlungen und Verzeichnissen geführt wird; er muß doch irgendwo eingegliedert werden, und da von VATTER bisher keine genauen Daten vorliegen, neige ich vorderhand dazu, diesen mehrfarbig blühenden Cereus zu dem erwiesenermaßen ebenso mehrfarbig blühenden *H. huascha* zu stellen. KRAINZ hat in Mitt. SKG., 8 : 9. 1949, die Ansicht geäußert, „die Gattungen

Abb. 1261. *Helianthocereus pasacana* (WEB.) BACKBG. Eine oft mißverstandene Art, obwohl in N-Argentinien weithin bestandsbildend. Fig. 191 in BRITTON u. ROSE The Cact. II, 132. 1920, in Bolivien, bei der Mine Comanche aufgenommen, scheint *Helianthocereus bertramianus* (BACKBG.) BACKBG. zu sein. Auch die von CARDENAS, RITTER (zum Teil: v. boliviensis nom. nud.) und LEMBCKE gesehenen bzw. abgebildeten Pflanzen dürften nicht die richtige Art sein. Dies sind nur die mächtigen Kandelabercereen N-Argentiniens (und vielleicht auch S-Boliviens), sofern sie weiße, hochseitlich bis nahe scheitelständig erscheinende Blüten haben. Die Form variiert leicht. Abb. 643 zeigt die hochkandelabrige Typform aus der Region von Humahuaca.

*Pseudolobivia* und *Heliantho-cereus* müssen als Untergattungen von *Echinopsis* bzw. von *Trichocereus* geführt werden". Daß dies nur zu völliger Verwirrung führen kann, dürfte wohl außer Frage stehen, denn damit würde ja gerade der Weg eingeschlagen, der bisher die Klarstellung der verschiedenen Formengruppen und ihrer Merkmale verhindert hat! Logischerweise müßte man dann bei anderen Gattungsgruppen ähnlich verfahren, wodurch alle neueren Erkenntnisse nur verwischt würden. Es hat sich heute auch die gegenteilige Ansicht durchgesetzt, und CARDENAS' Bezeichnung „Pasacanoide Trichocereen" für die bolivianischen Tagblüher läßt erkennen, daß er damit versuchte, deren besonderen Zusammenhang darzustellen, unter Hinweis auf mein Genus *Helianthocereus*.

Abb. 1262. Helianthocereus pasacana (WEB.) BACKBG. Diese im Alter dick breitkandelabrige Form nahm ich bei Tilcara auf.

Mit dieser Gattung ist eine präzisere Abgrenzung gegeben als mit der unbefriedigenden Einbeziehung zu der früher nur vage charakterisierten Gattung *Trichocereus*, für die ich in diesem Handbuch ebenfalls eine klarere Abgrenzung zu finden versuchte.

Daß *Cereus huascha* WEB. nicht mit *Trichocereus* verbunden werden kann, erkannte man schon in der ersten Beschreibung in MfK., 3 : 151. 1893. „Durch die bunte und kurze Blüte ist er von seinen Verwandten, die sämtlich durch lange, weiße Blüten gekennzeichnet sind, auffällig verschieden." Hier ist bereits das wichtigste Unterscheidungsmerkmal von *Helianthocereus* wiedergegeben, mit dem Zusatz: „bei voller Sonne geöffnet." Nur die zu BRITTON u. ROSES Zeit noch zu geringe Kenntnis aller hierhergehörenden Arten hat wohl verhindert, daß schon damals ein eigenes Genus für sie aufgestellt wurde. Daß dieses notwendig war, erkannte ich bereits 1931, als ich den am Tage und im Scheitel blühenden *H. bertramianus* in Bolivien sah; ich versuchte dann, die „pasacanoiden Hochlandscereen" eingehender zu untersuchen, nahm bei Oruro den *H. orurensis* auf, blühende *H. pasacana* in N-Argentinien usw. Zur Geschichte des Genus füge ich jene Erstaufnahmen hier bei; ich machte damals auch Schmalfilmaufnahmen des *H. poco* v. *fricianus* in N-Argentinien, um die Biegsamkeit seiner Stacheln im Bild festzuhalten, jenes Cereus, dessen Länge CASTELLANOS an CARDENAS als „ziemlich niedrig" angab und von dem VATTER an CARDENAS berichtete, daß er ihn am gleichen Standort, wo ich ihn sah, d. h. bei Tilcara, „poco" nennen hörte, und der purpurrot blühte (nach CASTELLANOS auch „pocopoco" genannt, ein indianisches Wort). Seine Stacheln sind fast weiß, sehr lang, dicht und sehr elastisch, wie steife Borsten. Er entspricht ungefähr der Beschreibung des *H. poco* v. *fricianus*, obwohl dessen Typstandort von CARDENAS „bei Cuchu Ingenio, Bolivien, Prov. Linares, Dept. Potosí, auf 3700 m" angegeben wird. Möglicherweise reicht das Areal dieser Art weit; vielleicht ist aber auch die Tilcara-Art eine eigene Spezies oder Varietät. Solche *H. poco* wachsen langsam und lange Zeit als einzelne Säulen; bevor sie verzweigen, können sie also leicht für von verzweigten Exemplaren verschieden angesehen werden. Auch Frič hat schon 1928—1929 solche Pflanzen beobachtet, aber seine Namen sind mangels Beschreibung nicht mehr identifizierbar. Auffällig ist, daß *H. poco* der einzige höher verzweigende Scheitelblüher ist, daß sein Areal mehr südbolivianisch ist und sich damit eine teilweise Überlagerung mit dem *H. pasacana*-Areal ergibt

Abb. 1263. Tagsoffene, ziemlich langtrichterige, hochseitenständige Blüten einer Form des Helianthocereus pasacana (Web.) Backbg. aus dem Tilcara-Gebiet.

(im übrigen hat es den Anschein, als wenn das nördliche *Helianthocereus*-Gebiet vorwiegend nur Arten mit gelblichen, kremweißen oder weißen Blüten aufweist, mit Ausnahme des Typus von *H. orurensis*, der purpurrosa blüht, während im Süden bisher nur rote Scheitelblüher bekannt wurden). Gerade aber die Arealüberlagerung von *H. poco* und *H. pasacana* zeigt, daß letzterer in dem Genus durchaus nicht abseits steht, sondern nur eine Übergangsform zu den ,,pasacanoiden Trichocereen mit Seitenblüten" ist, durch die Gleichheit des Altersstachelkleides im Trieboberteil aber deutlich zu *Helianthocereus* gehörig, wie auch Cardenas erkannte.

Ich hatte 1931 keine Gelegenheit, weitere Blüten zu sehen, da keine Hauptblütezeit war, als ich die Pflanzen antraf. Erst 20 Jahre später konnte Cardenas von Cochabamba aus systematisch diese Cereen beobachten; ihm verdanken wir die Beschreibung von fünf neuen Arten und mehreren Varietäten. Es gibt aber vielleicht noch mehr Arten. Auch N-Argentinien ist, was die „pasacanoiden Cereen" anbetrifft, noch ebensowenig gründlich durchforscht wie in bezug auf die *Oreocereus*-Formen.

Weil Klarheit über die systematische Stellung der zu *Helianthocereus* gestellten Arten gewonnen werden muß, gebe ich hier eine eingehendere Schilderung der Geschichte des Genus, aber auch, weil es sich bei den Arten der U.-G. *Helianthocereus* — neben der Bromeliacee *Puya raimondii* — um die eindrucksvollsten Pflanzengestalten der östlich-zentralen Kordillerengebiete handelt.

*Helianthocereus* ist von *Trichocereus* durch folgende Merkmale unterschieden: Kürzere derbtrichterige, kontinuierlich erweiterte Röhren, Durchschnittslänge aller Blüten 12 cm, Tagblüher; dicke, aufrechte Säulen; Blüten im Scheitel oder nahe dem Scheitel, in einem Falle etwas tiefer seitlich (U.-G. *Helianthocereus*), oder schlanktriebiger, niedrig oder niederliegend-aufsteigend; Blüten hochseitlich; Früchte geringer beschuppt als die der mehr höckerigen von U.-G. 1 (U.-G. *Neohelianthocereus*).

Typus: *Trichocereus poco* Backbg. — Typstandort (nach Cardenas): Südliches Bolivien, auf 3500 m.

Vorkommen: Bolivien bis N-Argentinien (Catamarca).

### Schlüssel der Arten:

Pflanzen dickstämmig, aufrecht, einzeln oder mäßig verzweigt . . . . . . . . . . . . U.-G. 1: Helianthocereus
    Stämme auch seitlich verzweigend, bis 30 cm oder mehr dick
        Wuchshöhe bis über 4 m (z. T. 5 [—10] m)
            Blüten seitlich im oberen Teil der Stämme und in Scheitelnähe
                Blüten weiß . . . . . 1: **H. pasacana** (Web.) Backbg. n. comb.
            Blüten nur am Scheitel entstehend
                Stacheln borstig, bis 50, hellbraun
                    Blüten purpurrosa . . 2: **H. poco** (Backbg.) Backbg.
                Stacheln borstig, bis 25, weiß oder bräunlich
                    Blüten bläulichrot . . 2a: v. **fricianus** (Card.) Backbg.
                Stacheln borstig, bis 20, glänzend weiß
                    Blüten kremweiß. . . 2b: v. **albiflorus** (Card.) Backbg.
    Stämme (meist) nur basal verzweigend
        Wuchshöhe höchstens 1,80—2,80 m
            Blüten stets am Scheitel entstehend
                Rand- und Mittelstacheln nicht unterschieden
                    Wuchshöhe bis ca. 1,80 (v. : 2,80) m
                        Scheitelstacheln pfriemlich, braungelb
                            Stacheln 25—35
                              Blüten hell purpurrosa 3: **H. orurensis** (Card.) Backbg.

Scheitelstacheln nadelig, hell-
  gelb
 Stacheln 16, verflochten,
  bräunlich-gelblich
  Blüten weiß . . . . .     3a: v. **albiflorus** (Card.) Backbg.
Wuchshöhe bis 2,50 m
 Scheitelstacheln dünnadelig,
  gelbrot
 Stacheln 27, später stroh-
  farben
  Blüten hellgelb . . .    4: **H. antezanae** (Card.) Backbg.
Wuchshöhe bis ca. 2 m
 Scheitelstacheln dünn-elastisch,
  blaßgelb
 Stacheln 27—30
  Blüten kremgelblich .    5: **H. bertramianus** (Backbg.) Backbg.
Scheitelstacheln nadelig-borstig,
  stechend, hyalin-
  weiß, Basis dunkler
 Stacheln ca. 18
  Blüten kremfarbig . .    6: **H. conaconensis** (Card.) Backbg.
Rand- und Mittelstacheln deutlich
  geschieden
 Wuchshöhe ca. 2—2,20 m
  1 Mittelstachel, gelblich
  Randstacheln 10 bis
   14, weiß, Spitze
   bräunlich
  Blüten kremweiß
  Triebe bis 20 cm⌀    7: **H. herzogianus** (Card.) Backbg.
  3—4 Mittelstachel, braun-
   gelb
  Randstacheln 10—12,
   strohgelb bis horn-
   farbig
  Blüten kremweiß
  Triebe bis 15 cm dick,
   etwas keulig. . .   7a: v. **totorensis** (Card.) Backbg.
 Wuchshöhe bis 1,50 m
  1—4 Mittelstacheln manchmal unterscheidbar,
   gelb, an der Basis rötlich braun, verdickt
  Randstacheln 10—13,
   bzw. insgesamt 14
   bis 17, gleicher Far-
   be und auch quer-
   gestreift, borsten-
   fein bis fester
  Blüten rot. . . . . .   8: **H. tarijensis** (Vpl.) Backbg.

Wuchshöhe nur bis 1 m hoch
　　3 Mittelstacheln, nadelig, grau
　　Randstacheln 12, dünn, blaßgrau
　　　Blüten weiß . . . . .　9: **H. narvaecensis** (Card.) Backbg.

Pflanzen schlankstämmig, niedrig . . . . . .　U.-G. 2: Neohelianthocereus Backbg.

Stämme stets basal verzweigend
　Blüten hochseitlich
　　Pflanzen zum Teil liegend und dann aufsteigend
　　　Triebe erst halbliegend, dann aufsteigend, bis manchmal 2 m lang, meist weniger
　　　　Triebe ca. 5—8 cm dick
　　　　　Sepalen nicht nach unten gebogen
　　　　　　Mittelstacheln 1—2, ca. 1 cm lang, borstig-dünn, (bräunlich-gelb)
　　　　　　Randstacheln 9—11
　　　　　　　Petalen gelb . . . .　10: **H. huascha** (Web.) Backbg.

　　　　　　Mittelstacheln 4 (—6), bis 2 cm lang, nadelig, elastisch
　　　　　　Randstacheln 12-13
　　　　　　　Petalen rot . . . . .　10a: v. **rubriflorus** (Web.) Backbg.
　　　　　　　Nach Vatter gibt es auch Formen mit weißen, orange- und lehmfarbenen Blüten; bislang unbenannt

　　　　　Sepalen stark herabgebogen
　　　　　　Mittelstacheln fest-nadelig, 1—2, bis 2 cm lang
　　　　　　Randstacheln ca. 12, bis 5 mm lang, alle bzw. die mittleren dunkelbernsteinfarben
　　　　　　　Petalen rot mit bläulichem Schein am Rand . . . . . .　10b: v. **auricolor** (Backbg.) Backbg.

　　　Triebe bis ca. 10 cm oder etwas mehr dick, halb liegend, dann aufgebogen
　　　　Petalen blutrot . . .　11: **H. pecheretianus** Backbg.

Nach VATTER gibt
es auch Formen mit
zitronengelben und
rosavioletten Blü-
ten; bisher unbe-
nannt

Pflanzen nur aufrecht, niedrig, höchstens 35 cm hoch
  Triebe bis 6 cm dick
    Stacheln kurz, fest
      Petalen rot . . . . . 12: **H. grandiflorus** (BR. & R.) BACKBG.
  Triebe bis 10 cm dick
    Stacheln länger (bis 3,5
      cm lang), borsten-
      artig, biegsam
      Petalen goldgelb . . 13: **H. hyalacanthus** (SPEG.) BACKBG.
n. comb.

## Untergattung 1: Helianthocereus

(als U.-G. *Euhelianthocereus* BACKBG., in C. & S. J. (US.), 153. 1950)
Typus: *Trichocereus poco* BACKBG.

**1. Helianthocereus pasacana** (WEB.) BACKBG. n. comb.
*Pilocereus pasacanus* WEB., in FÖRSTER-RÜMPLER, Handb. Cact., 2: 678. 1886. — *Cereus pasacana* WEB.

Bis 10 m hoch, meist niedriger, anfangs einzelne Säulen, erst in einiger Höhe verzweigend, bis über 30 cm dick; über 20 Rippen, noch zahlreicher bei alten Exemplaren, ca. 2 cm hoch; Areolen ziemlich groß und genähert; St. zahlreich, pfriemlich, gelb, verschieden lang, bis 14 cm lang, anfangs sehr steif und ziemlich dicht bzw. verflochten; später werden die St. weniger steif, elastischer bis fast borstig steif und auch heller bis fast weiß, häufig etwas weniger lang, vor allem mit Eintritt der Blühreife; Bl. ca. 10—12 cm lang, wie das Ov. mit braunen Haaren besetzt; Fr. kugelig bis etwas länglich, bis über 3 cm ⌀; S. klein, schwarz. — Argentinien (Hochtäler und Flächen von Catamarca (?), Salta und Jujuy, häufiger an Bergflanken), S-Bolivien (Abb. 1261—1264, 1267).

RÜMPLER schrieb zuerst „*pasacanus*"; der Name ist eine Eingeborenenbezeichnung und soll „eßbare Frucht" bedeuten. Alte Exemplare verlieren ihre St. sehr oft am unteren Teil, wie auch andere Arten.

Die beigegebenen Fotos zeigen, daß die nach BRITTON u. ROSE wiedergegebene Beschreibung sich nur auf einen Typus bezieht (Abb. 1261), Pflanzen, die bereits ziemlich niedrig verzweigen und mehrästig, kandelaberförmig hoch aufsteigen (bis 10 m, lt. BRITTON u. ROSE). Abgesehen davon, daß die Bestachelung in Stärke, Zahl und Länge variabel ist, gibt es auch Pflanzen, die zumindest längere Zeit als einzelne Säulen wachsen und zum Teil erst dann verzweigen, teilweise nur mäßig und ziemlich dick, oft auch am Scheitel und hochseitlich blühen; hierher gehören vielleicht auch die Pflanzen aus dem Garten von ROLAND-GOSSELIN, Villefranche, weil sie seitlich und kandelaberartig verzweigen, unten mit längeren gelblichen, oben mit dünnen weißlichen St. Das Foto einer Bl. (im Jardin Exotique de Monaco aufgenommen) zeigt auch eine wenig, aber derber bestachelte Scheitelregion. In der Sammlung GASTAUD, Roquebrune, sah ich Pflanzen, die zwar die typischen, kräftigen und stark verbreiternden Bl. eines

*Helianthocereus* hatten, sonst aber fast wie ein zahlreich-rippiger *Trichoc. terscheckii* anmuteten. Die Stachelvergleichsfotos zeigen außerdem die starke Unterschiedlichkeit der Bestachelung. *H. pasacana* ist also sehr variabel in Wuchshöhe, Zone der Verzweigung, unverzweigtem Zustand, Blütensitz und Bestachelung bzw. deren Veränderung zum Scheitel hin. Er ist mithin in verschiedener Hinsicht polymorph, doch ist es, zumindest bisher, nicht möglich, weitere Trennungen in Varietäten vorzunehmen. Das muß eingehenderen Untersuchungen am Standort überlassen bleiben. Es ist verwunderlich, daß solche bei diesen eindrucksvollen Pflanzen bisher noch nicht von argentinischen Botanikern vorgenommen wurden.

In ENGLER-PRANTL, Pflanzfam., 3 : 6a. 182. 1894, wird die Art auch *Cephalocereus pasacana* genannt.

— **Helianthocereus atacamensis** (PHIL.) BACKBG. n. comb.

*Cereus atacamensis* PHIL., Fl. Atac., 23. 1860. — *Trichocereus atacamensis* (PHIL.) MARSH., Cactaceae, 94. 1941.

,,Meist einzeln, säulig, bis 6 m oder mehr hoch, bis 70 cm ⌀; Rippen zahlreich, sehr stachlig; Areolen 1,2 cm ⌀, mit brauner Wolle; St. zahlreich, manchmal 30—40, oft sehr dünn, 10 cm lang. — Chile (Prov. Atacama, Minen von San Bartolo).

Der Fundort liegt, lt. CARDENAS, in NO-Calama, nicht weit von Colcha. Eine von R. A. MORA in der Prov. Atacama gesammelte Pflanze wird als mit vorstehender identisch angesehen, und MARSHALL führt sie

Abb. 1264. Besonders langstachlige Jugendform von Helianthocereus pasacana (WEB.) BACKBG.

daher als *Trichocereus atacamensis*. CARDENAS meint, dies sei vielleicht *C. pasacana* WEB., und in dem Fall müßte dieser Name zugunsten PHILIPPIS fallen.

CARDENAS scheint aber die zum Teil riesig-kandelabrigen richtigen ,,Pasacanas", wie ich sie abbilde, nicht zu kennen, bzw. sie scheinen ihm in Bolivien nicht begegnet zu sein, weil er den von ihm oberhalb Chuquini (Bolivien) gefundenen Cereus als *Tr. pasacana* ansieht (und vielleicht als dasselbe wie *C. atacamensis*). Die *H.-pasacana*-Blüten sind von BRITTON u. ROSE als nur 10 cm lang angegeben, und so lang blühte die Art in Monaco. CARDENAS gibt eine Blütenlänge von 14 cm an, auch sieht seine Pflanze anders aus. Sie scheint wirklich mit *C. atacamensis* identisch zu sein und dieser daher wie oben benannt werden zu müssen (bis zu weiterer Klärung nehme ich ihn aber nicht in den Schlüssel auf). Die Beschreibung wäre dementsprechend, bzw. nach CARDENAS, wie folgt zu vervollständigen: ,,Säulig, auf einen einzelnen Stamm beschränkt oder mit wenigen kurzen, angelegten Kandelabertrieben, bis 3,5 m hoch, mit einem Stamm von ca. 1,5 m Höhe, 40—50 cm ⌀; Rippen ca. 20, 2,5 bis 4 cm hoch, 4 cm an der Basis breit (Stammrippen) bzw. 1,5 cm hoch (Triebrippen); Areolen 5 mm entfernt, rund, 12 mm ⌀, hellbraun oder grau befilzt; Rand- und Mittelst. nicht geschieden, einige pfriemlich, andere borstig (!), bis 10 cm lang, insgesamt ca. 32 oder mehr, hellbraun, an der Basis dunkler, an der Spitze orange getönt; St. im Trieboberteil sehr dünn, fast borstig, 50 oder mehr, hellbraun oder weiß, bis 2 cm lang; Bl. seitlich, ca. 14 cm lang; Ov. sehr behaart; Röhre 5 cm lang; Schuppen dunkelbraun, rosa gespitzt; Pet. 4,5 cm lang, 2,5 cm breit, rein weiß; Staubf. in zwei Serien, hellgrün; Gr. weiß; N. gelb; Fr. dunkelgrün, kugelig oder ovoid, 5 cm ⌀, dicht und lang weiß behaart, bei Reife mit 2—4 Längsschnitten öffnend; S. schwarz, glänzend, 1,5 mm lang. — Bolivien (oberhalb Chuquini, nahe Colcha K [Nor Lipez-Potosí], im SW-Winkel des Uyuni-Salzsees, nahe der chilenischen Grenze, 3800 m).

Abb. 1265. Pasacanoide Cereen im Garten von ROLAND-GOSSELIN, Villefranche (S-Frankreich), deren Zugehörigkeit noch ungeklärt ist.

CARDENAS gibt nur 3,5 m Höhe an, PHILIPPI bis 6 m. RITTER sogar bis 7 m. Es ist aber nicht gesagt, daß CARDENAS die längsten Pflanzen gesehen hat, da die „pasacanoiden Cereen" sehr verschieden lang sein können. Nach CARDENAS' Standortsangaben sind aber wohl die beiden obengenannten Pflanzen identisch.

Um einen *Helianthocereus* handelt es sich zweifellos auch bei dem unbeschriebenen RITTER-Namen (WINTER-Kat., 9. 1957) *Trichoc. pasacana* v. *boliviensis;* auch die RITTER-Nr. FR 71 und FR 399, l. c., gehören hierher.

Bei KREUZINGER, Verzeichnis, 38. 1935, finden sich folgende Namen mit der Bezeichnung (Synonymie nach FRIČ):

Columnares:

*Trichoc. pasacana catamarcense* FRIČ. 1928 (*Echps. gigantea* R. MEY.): hier handelt es sich wohl um jenen *T. terscheckii*, den CASTELLANOS in „Opuntiales vel Cactales", 1943. Tafel LVII, abbildet (Bild f ähnelt sehr einer riesigen *Echinopsis* in Blüte).

*Trichoc. pasacana inermis* FRIČ. 1928 (*Echps. valida* MONV.): vielleicht auch eine *T. terscheckii*-Form, denn FRIČ hat damals keinen richtigen *T. validus* gefunden, dessen Herkunft noch heute nicht bekannt ist.

*Trichoc. pasacana la rioja* FRIČ. 1928 (*Echinopsis robusta* MASS.: ein mir unbekannter Name, der auch sonst nicht verzeichnet wird; wahrscheinlich ebenfalls irgendeine Form von *T. terscheckii*).

*Trichoc. pasacana nigra* FRIČ. 1928: ein undefinierbarer Cereus.

Cephalioideae:

„Riesenpflanzen mit Borstenpseudocephalium." Das ist eine unrichtige Bezeichnung für die in dem Trieboberteil nur elastischer werdenden St.; ähnliches kann man auch bei einigen anderen Cereen beobachten.

*Trichocereus cephalopasacana* FRIČ. 1928 (*Echinopsis formosissima* LAB. 1850, nach FRIČ).

Eine sehr zweifelhafte Synonymie, da *Echps. formosissima* als ein Name für junge *H. pasacana* angesehen wird; keinesfalls kann man den Namen mit „pseudocephaliumtragenden Riesencereen" identifizieren, da ja alte „*Echps. formosissima*" gar nicht bekanntgeworden sind.

*Trichocereus cephalopasacana albicephala* FRIČ. 1928 (*Trichocereus pasacana* v. *albicephala* HORT. = v. *albicephalus* Y. ITO n. nud. 1952), „Höhenform". Dies kann ein anderer *Helianthocereus* gewesen sein als *H. pasacana*, aber es gibt von ihm auch Exemplare mit weißen, dünnen Stacheln.

Alle diese FRIČ-Namen sind — wie man es häufig bei ihm fand — überflüssige neue Namensgebungen, die nur die Synonymie bereichern, bzw. undefinierbare Namen, da er niemals eine genaue Beschreibung gab.

Abb. 1266. Scheitelbild der Pflanzen ROLAND-GOSSELINS (Abb. 1265). (Vielleicht war dies „*Trichoc. cephalopasacana albicephala* FRIČ nom. nud. 1928, Höhenform".)

FRIČs „Pasacana"-Namen für Pflanzen, die offenbar zu *Trichoc. terscheckii* gehören, erklären sich wohl daraus, daß SPEGAZZINI (Anal. Mus. Nac. Buenos Aires, III: 4. 485. 1905) *Cereus pasacana* WEB. für identisch mit *Trichoc. terscheckii* hielt. Erst in Nuev. Not. Cactol., 27 pp. 1925, trennte er die beiden Arten. Auf eines lassen aber die obigen FRIČ-Namen schließen, worauf ich schon bei *Trichoc. terscheckii* hinwies: daß es mehrere Formen des letzteren gibt, und vielleicht sind diese noch nicht alle erfaßt worden. SPEGAZZINI scheint andere *Helianthocereus*-Arten mit einbezogen zu haben.

Das von CARDENAS, l. c., Fig. 2, aus Bolivien gebrachte Bild einer Pflanze, die er für „*Trichoc. pasacana*" hält, läßt — beim Vergleich mit meiner Abb. 1261 — darauf schließen, daß die typischen *H. pasacana* ihm entweder nicht bekannt waren oder es sie in Bolivien nicht gibt; CARDENAS sagt nämlich, daß die im vorerwähnten Foto abgebildete Pflanze „*Trichoc. pasacana* von ihm zum ersten Male in Bolivien gefunden wurde". Es ist durchaus möglich, daß die bei Huma-

Abb. 1267. Etwas kürzere Blüte eines Helianthocereus pasacana (WEB.) BACKBG., bzw. einer typischen Pasacanapflanze, im Jardin Exotique de Monaco. Form und Sitz der Blüte zeigen gut die Zugehörigkeit dieser Art zur Gattung Helianthocereus.

Abb. 1268. Rechts: Helianthocereus poco (BACKBG.) BACKBG. Blüten heller bläulichrot. (Nach einem Farbfoto von CARDENAS.)

huaca vorkommenden Pflanzen auch über die bolivianische Grenze gehen. Aber bei den meisten aus Bolivien berichteten „*Trichoc. pasacana*" dürfte es sich um andere *Helianthocereus*-Arten gehandelt haben.

SPEGAZZINI berichtete „*Trichoc. pasacana*" aus den Provinzen Jujuy, Salta, Tucuman und Catamarca sowie Gobernacion Los Andes, aus großen Höhen. Es erscheint mir aber nicht sicher, ob sich bei den südlicheren Vorkommen nicht auch noch Abarten usw. herausstellen, wenn die „pasacanoiden Cereen" Argentiniens erst einmal so genau untersucht werden, wie es CARDENAS mit den bolivianischen Vertretern tat.

2. **Helianthocereus poco** (BACKBG.) BACKBG. — The Cact. & S. J. Gr. Brit., 53. 1949

*Trichocereus poco* BACKBG., in BACKEBERG & KNUTH, Kaktus-ABC, 204, 412. 1935.

Einzelne Säulen oder seitlich etwas verzweigt, 1,50—4,50 m hoch; Äste bis 35 cm dick; Rippen ca. 25, bis 2,5 cm hoch, unten bis 3 cm breit; Areolen 2—3 mm entfernt, oben fast zusammenfließend, graufilzig, 1 cm $\varnothing$; St. ca. 50, ungleich, borstig oder nadelförmig, manchmal wellig gebogen, biegsam bis steif, hellbraun mit dunkleren Streifen, 1—8 cm lang; Bl. bis zu 12 um den Scheitel, 12 cm lang; Ov. 1,5 cm lang; Röhre 3 cm lang, mit spitzlichen grünen Schuppen sowie weißen und rötlichbraunen Haaren; Sep. lanzettlich, gespitzt, 3 cm lang, grünlichbraun; Pet. lanzettlich, gespitzt, hell purpurrosa; Staubf. in zwei Serien, hellgelb, Staubb.

gelb; Gr. hellgrün; N. gelb; Fr. eiförmig, bis 5 cm lang, 2,3 cm ⌀, hellgrün, schmalschuppig, wie die Röhre behaart, Fleisch weißlich; S. fast nierenförmig, bis 1,5 cm lang, glänzend schwarz, fein punktiert. — Bolivien (im Süden, zwischen Atocha und Quechisla sowie zwischen Tres Palcas und Escoriani, Prov. Nor und Sur Lipez, Dept. Potosi, auf ca. 3500 m) (Abb. 1268, 1271?).

Junge Exemplare sind ziemlich dicht und kräftig bestachelt, fast einem dichtbestachelten *H. pasacana* ähnelnd.

Während die von CARDENAS (bei Quechisla) aufgenommenen Pflanzen hell purpurrosa blühen, zeigt das linke Standortsexemplar (Abb. 1269: Gegend Tres Palcas) viel dunkler rote Bl.; solche Pflanzen sah ich auch in N-Argentinien nahe der bolivianischen Grenze, und dies mag der „*Poco*" („*poco-poco*") sein, den auch VATTER von Tilcara berichtete. Seine Bestachelung scheint — ich habe

Abb. 1269. Helianthocereus poco v. fricianus (CARD.) BACKBG. mit (rechts) wieder normaltriebig gewordener früherer Kammform des Scheitels. Diese Varietät kommt bis Tilcara (N-Argentinien) vor und blüht purpurrot.

die Pflanzen von Quechisla nicht gesehen, nur die südlicheren — auch viel weicher und dicht- bzw. feinborstiger zu sein. Da ich später sah, wie variabel der *H. pasacana* ist, mußte ich in Kaktus-ABC, 204. 1935 — und da mir ja die Bl. der anderen Arten Boliviens nicht bekannt waren —, ähnliches auch von diesen annehmen, d. h. ich gab die Verbreitung an: „In den Tälern Zentral-Boliviens bis unterhalb Tolapampas an der Strecke Oruro—Cochabamba, westlich bis in Höhe La Paz und südlich bis Salta (Argentinien)." Ich hatte damit bereits 1935 die Verbreitung dieser U.-Gattung in Bolivien so festgestellt, wie sie CARDENAS später mit seinen Beschreibungen aus den Departements Oruro, La

Abb. 1270. Helianthocereus poco v. albiflorus (CARD.) BACKBG. (Foto: CARDENAS.)

Paz, Cochabamba, Potosí [darüber hinaus auch noch aus dem Dept. Tarija, woher ja vorher schon *H. tarijensis* (VPL.) BACKBG. bekannt war] berichtete, als nordwestlichstes Gebiet bzw. in dem Dept. La Paz, Prov. Pacajes: *H.-bertramianus* (BACKBG.) BACKBG. CARDENAS stellte dann fest, daß die nicht viel stärker als *H. pasacana* variierenden Pflanzen doch verschiedene Arten und Varietäten sind.

Abb. 1271. Junger Helianthocereus poco (BACKBG.) BACKBG.? (Sämlingspflanze in der Sammlung Ronco, Bordighera).

Meine Blütenfarbenangabe lautete „rötlich"; diese Auskunft gaben mir Einheimische. Sie bezog sich auch auf die von mir bei Oruro fotografierte Pflanze, und so sollten — wie es bei *H. poco* auch der Fall ist — die meisten Pflanzen blühen. Nun zeigten die südlichen Exemplare wohl eine dunklere Farbe, aber das konnte nur als eine gelegentliche Abweichung angesehen werden, zumal ja auch sonst variable Farben von *Helianthocereus* bekannt sind.

Soviel zur Klärung der Angaben in der Erstbeschreibung; sie wurde also aus obigen Gründen nicht auf eine bestimmte Form hin abgefaßt, weil sich dies auch bei *H. pasacana* als nicht möglich erwies. Immerhin ging ich aber von den abgebildeten südlichen Formen aus. Eigentlich müßte demnach der Typus des *H. poco* dessen v. *fricianus* sein, bzw. es müßte die Form von Quechisla einen anderen Namen bekommen. Das halte ich aber nicht für zweckmäßig, sondern man sollte es bei der Fassung von CARDENAS belassen, da er ja auch sonst die Arten klärte und für alle Formen eingehende Beschreibungen lieferte.

Es muß aber zu den Standortsangaben von CARDENAS noch hinzugefügt werden bzw. bei v. *fricianus:* anscheinend auch im äußersten Norden Argentiniens, bis Tilcara, vorkommend.

*Cephalocereus poco* HORT. war nur ein Name in BORG, Cacti, 177. 1951.

2a. v. **fricianus** (CARD.) BACKBG. — „Cactus", 10: 45. 208. 1955

*Trichocereus poco* v. *fricianus* CARD. — Fuaux Herb. Bull., 5: 11. 1953.

Säulig, einfach oder verzweigt, 1—5 m hoch; Äste bis 30 cm ⌀, am Scheitel sehr dicht bestachelt; Rippen 22, 2,5 cm hoch, 3 cm breit; Areolen 5—6 mm entfernt, 1 cm ⌀, rund, grau befilzt; St. dünn, borstenförmig, weiß oder bräunlich, bis 13 cm lang, glänzend, einige etwas wellig, verflochten; Bl. bis zu 12 um den Scheitel, 13 cm lang; Ov. kugelig, 12 mm ⌀; Röhre weiß und braun behaart; Sep. lanzettlich, purpurn, 4,2 cm lang; Pet. breitlanzettlich, 5 cm lang, purpurrot;

Staubf. hellgelb; Gr. weiß; Fr. 5 cm lang; S. 1 mm lang. — Bolivien (Prov. Linares, Dept. Potosí, bei Cuchu Ingenio, auf ca. 3700 m), anscheinend auch bis in den äußersten Norden Argentiniens verbreitet (Abb. 1269).

2b. v. **albiflorus** (CARD.) BACKBG. — „Cactus", 10: 45. 208. 1955
*Trichocereus poco* v. *albiflorus* CARD. — Fuaux Herb. Bull., 5: 12. 1953.

Bis 6 m hoch; Äste bis 20 cm ⌀; Rippen ca. 20, bis 3 cm hoch, 3,5 cm breit; Areolen 5 mm entfernt, rund, 9 mm ⌀, graufilzig; St. ca. 20, borstenartig biegsam, glänzend weiß, rotbraun gespitzt, bis 8 cm lang; Bl. wenige, etwas gebogen, 14 cm lang; Ov. 2 cm ⌀, rötlich beschuppt und wie die Röhre dicht braun und weißlich behaart; Sep. rötlichbraun; Pet. breitlanzettlich, kremweiß; Staubf. grünlich; Gr. unten grünlich, oben gelblich; N. hellgelb. — Bolivien (etwas oberhalb von Cuchu Ingenio, auf 3700 m. Dept. Potosí) (Abb. 1270).

Abb. 1272. Helianthocereus orurensis (CARD.) BACKBG., 1931 von mir oberhalb von Oruro aufgenommen.

3. **Helianthocereus orurensis** (CARD.) BACKBG. — „Cactus", 10: 45. 208. 1955
*Trichocereus orurensis* CARD., Fuaux Herb. Bull., 5: 13. 1953.

Säulig, etwas aus der Basis verzweigt, bis 1,80 m hoch; Äste bis 25 cm ⌀; Rippen ca. 21, 2,5 cm hoch, 2 cm breit; Areolen 8 mm entfernt, 11 mm ⌀, graubraun befilzt; St. 25—35, nadelförmig bis mäßig dick, braungelb, die Scheitelst. aufrecht, pfriemlich, bis 9 cm lang, die übrigen 1,3—8 cm lang; Bl. zu 10—20 am Scheitel, ca. 13 cm lang, 10 cm breit; Ov. 2 cm lang, 1,5 cm ⌀, purpurbraun beschuppt, dicht braun- und weißhaarig; Röhre 6 cm lang, purpurne Schuppen, 1 cm lang; Sep. 3,5 cm lang, purpurn; Zwischenreihe dunkelpurpurn; Pet. hellpurpurn oder purpurrosa, 1,5 cm breit; Staubf. unten grün, oben hellrosa; Gr. dick, unten grün, oben weiß; N. weißlich; Fr. kugelig, bis 4 cm ⌀; S. 1,2 mm ⌀, glänzend schwarz, fein punktiert. — Bolivien (Prov. El Cercado, Dept. Oruro, bei La Joya, 3800 m) (Abb. 1272—1273).

Kräftiger als *H. poco* bestachelt, nicht borstenartig; nur basal verzweigt; Bl. mehr purpurn. Cardenas hält diesen Standort für das nördlichste Vorkommen der rot blühenden Pflanzen.

Abb. 1273. Helianthocereus orurensis (Card.) Backbg. Typus der Art mit roten Blüten. (Foto: Cardenas.)

Abb. 1274. Helianthocereus orurensis v. albiflorus (Card.) Backbg. (Foto: Cardenas.)

3a. v. **albiflorus** (Card.) Backbg. — „Cactus", 10 : 45. 208. 1955

*Trichocereus orurensis* v. *albiflorus* Card. — Fuaux Herb. Bull., 5 : 13. 1953.

Bis 2,80 m hoch, bis 4 basale Tr., bis 25 cm ⌀; Rippen bis ca. 18, 4 cm hoch, 2,5 cm breit; Areolen 1 cm entfernt, 8 mm ⌀, graufilzig; St. ca. 16, verflochten, nadelig dünn, hellgelb, bis 10 cm lang, die längsten bräunlich, an der Basis dunkler, abwärts geneigt, Scheitelst. bis 4 cm lang; Bl. bis zu 12, 13 cm lang; Sep. rötlichbraun, Zwischenreihe purpurfarbig; Pet. rein weiß, spatelig, 4,5 cm lang; Staubf. unten grünlich, oben weißlich; Gr. unten grünlich, oben gelblich; N. gelb; Fr. kugelig, 4 cm ⌀, gelbgrün; S. wie beim Typus. — Bolivien (gleicher Standort wie beim Typus der Art) (Abb. 1274).

Die var. ist höher, hat weniger Rippen, diese höher und schärfer, die St. länger als beim Typus der Art; so schreibt Cardenas. Es scheint hier aber eine Verwechslung der Stachelangaben zwischen Typus und var. vorzuliegen. Aus den beigefügten Originalfotos von Cardenas, die er mir sandte, geht hervor, daß die St. des rotblühenden Typus länger und verflochten sind, die der weißblühenden var. dagegen kürzer und nicht verflochten. Ich gebe zwar die Beschreibungen nach Cardenas wieder, doch müssen die Stachelangaben wohl umgekehrt verstanden sein, denn die Fotos geben die Blütenfarbe unmißverständlich wieder.

Danach ist Abb. 1273 der rotblühende, länger und verflochten bestachelte Typus der Art. Auch die Rippenzahl muß verwechselt worden sein.

4. **Helianthocereus antezanae** (CARD.) BACKBG. — „Cactus", 10 : 45. 208. 1955
   *Trichocereus antezanae* CARD. — Fuaux Herb. Bull., 5 : 16. 1953.

Säulig, basal verzweigt, bis 2,50 m hoch; Äste bis 25 cm ⌀; Rippen 21, unten 2,3 cm breit; Areolen 6 mm entfernt, 9 mm ⌀, grau befilzt; St. ca. 27, dünnadelig, bis 10 cm lang, blaßgelb, im Scheitel rötlichgelb, bis 11 cm lang, im aufrechten Schopf, die übrigen verflochten und die längsten abwärts weisend; Bl. zu 12 oder mehr, 11 cm lang; Röhre 6 cm lang; Ov. kugelig, 1,5 cm lang, wie die Röhre mit braunen und weißen Haaren; Sep. grünlich, oben rötlich; Pet. hellgelb; Staubf. blaßgrün; Gr. gelblich; Fr. gelblichgrün, 2,5 cm ⌀, kugelig; S. 1,3 mm lang, glänzend, schwarz, punktiert. — Bolivien (bei La Joya, Prov. Cercado, Dept. Oruro, auf 3800 m) (Abb. 1275).

5. **Helianthocereus bertramianus** (BACKBG.) BACKBG. — The Cact. & S. J. Gr. Brit., 53. 1949
   *Trichocereus bertramianus* BACKBG., BfK., 1935—6.

Säulig, basal verzweigt oder von einem ± kurzen Stamm; Äste bis 2 m hoch, bis 25 cm ⌀; Rippen ca. 20, scharfkantig, bis 3 cm hoch, bis 1,5 cm breit; Areolen 4 mm entfernt, 8 mm ⌀, anfangs hellbraunfilzig, später grau- oder schwärzlichfilzig; Scheitelst. fast weißlich, bis 9 cm lang, an der Basis dunkler, dünn, aufrecht, die übrigen zu

Abb. 1275. Helianthocereus antezanae (CARD.) BACKBG. (Foto: CARDENAS.)

27—30 in der Areole, biegsam, fast borstig oder noch feiner, blaßgelb, manche hyalinweiß, die kürzesten 5 mm lang, die längsten 8 cm lang, diese mehr nadelig und abwärts weisend; Bl. zu 8—20; Ov. kugelig, bis 2,5 cm ⌀, hellgrün oder rötlich beschuppt, wie die Röhre mit dichten braunen oder hell lachsfarbenen Haaren; Röhre ca. 7 cm lang, dunkelgrüne Schuppen mit rötlichem Rand; Sep. lanzettlich, tiefgrün, purpurn gespitzt; Zwischenserie ganz hell purpurn; Pet. kremweiß bzw. mit hellgelblichem Ton, gespitzt; Staubf. unten grün, oben hellgelb, ebenso der Gr.; N. hellgelb; S. glänzend, schwarz. — Bolivien (Prov. Pacajes, Dept. La Paz, bei der Mine Comanche, zusammen mit *Puya raimondii* HARMS, auf ca. 4000 m) (Abb. 1276).

6. **Helianthocereus conaconensis** (CARD.). BACKBG. —„Cactus", 10 : 45. 208. 1955
   *Trichocereus conaconensis* CARD. — Fuaux Herb. Bull., 5 : 24. 1953.

Abb. 1276. Helianthocereus bertramianus (BACKBG.) BACKBG.

Abb. 1277. Von CARDENAS als „Trichocereus herzogianus v. totorensis" bezeichnetes Foto, der aber (Abb.1279) oben keulig verdickt ist. Wahrscheinlich handelt es sich hier um Helianthocereus conaconensis (CARD.) BACKBG. (Foto: CARDENAS.)

Säulig, einzeln oder aus der Basis verzweigt bzw. von einem kurzen Stamm, bis 2 m hoch; Äste zylindrisch oder ± keulig, bis 15 cm $\varnothing$, blaßgrün; Rippen ca. 17, 2,5 cm hoch, unten bis 2 cm breit; Areolen bis 1,5 cm entfernt, rund, 6 mm $\varnothing$, schwärzlichgrau befilzt und spärlich mit weißen Haaren versehen; St. ca. 18, nadelig-borstenförmig, hyalinweiß, stechend, bis 15 cm lang; Bl. zu mehreren am Scheitel, 11—15 cm lang, bis 12 cm breit; Ov. 1,5 cm $\varnothing$, mit dunkelbraunen, lachsfarbigen und weißen Haaren, wie auch an der Röhre, hier die Haare schwarz oder dunkelbraun; Sep. hellpurpurn; Pet. tief kremfarben, Zwischenserie hell-purpurn; Staubf. unten grün, oben hellgelb; Gr. unten grün, oben weiß; N. gelb. — **Bolivien** (Prov. Arque, Dept. Cochabamba, bei Cona-Cona, Bahnlinie Oruro — Cochabamba, auf ca. 3700 m) (Abb. 1277?).

Scheint *H. bertramianus* verwandt zu sein, hat aber Haare in den Areolen und dunklere bis schwarze Haare an der Röhre sowie weniger und dünnere St. Diese Art wurde von mir zuerst 1931 beobachtet und ist die Pflanze, von der ich in „Stachlige Wildnis", 1. Ausgabe, 225. 1941, berichtete: „Dicke, weißborstige Hochgebirgs-Pasacana, am Wege von Tolapampa nach Arque". Die Pflanzen waren damals ohne Blüten.

Unter den von CARDENAS erhaltenen Fotos befand sich eines mit der Angabe: „*Trichoc. herzogianus* v. *totorensis*, von Toralapa (Cochabamba)" (Sammel-Nr. 51. 1949). Die

Pflanze ist aber weder so weißstachlig wie der Typus von *H. herzogianus*, noch ist sie so schwachkeulig wie dieser und schon gar nicht so keulig wie die braungelbstachlige v. *totorensis*. Ich gebe das Foto mit Abb. 1277 wieder. Ob es sich bei dieser Pflanze um *H. conaconensis* handelt? Sie ist mit den anderen Arten nicht zu identifizieren.

Abb. 1278. Helianthocereus herzogianus (Card.) Backbg. (Foto: Cardenas.)

Abb. 1279. Helianthocereus herzogianus v. totorensis (Card.) Backbg. (Foto: Cardenas.)

7. **Helianthocereus herzogianus** (Card.) Backbg. — „Cactus", 10 : 45. 208. 1955

*Trichocereus herzogianus* Card., Fuaux Herb. Bull., 5 : 19. 1953.

Säulig, einzeln oder basal verzweigt, bis 2,20 m hoch; Äste ± keulig, bis 20 cm ⌀, kräftig grün; Rippen ca. 21, scharfkantig, 2 cm hoch; Areolen 1 cm entfernt, 7 mm ⌀, grau befilzt; Randst. 10—14, nadelig, strahlend, bis 4 cm lang, weiß, oben bräunlich, anliegend; Mittelst. 1, blaßgelb, oben bräunlich, abwärts weisend; Bl. zu ca. 12, weniger breit-trichterig als bei anderen Arten, 10 cm lang; Ov. kugelig, 1,5 cm ⌀, breit dunkelgrün beschuppt, mit langen braunen, weißen und schwarzen Haaren; Sep. braungrün, lanzettlich; Pet. spatelig, bis 3 cm lang, kremweiß; Staubf. blaßgrün; Staubb. gelb; Gr. grünlich; N. gelblich; Fr. 7 ×5 cm groß, eiförmig, dunkelgrün, lang weiß und bräunlich behaart, Pulpa weiß; S. gestutzt, 1,8 mm lang, glänzend, schwarz, punktiert. — Bolivien (Prov. Loaiza, Dept. La Paz, bei Tirco, auf 2800 m) (Abb. 1278).

7a. v. **totorensis** (Card.) Backbg. — „Cactus", 10 : 45. 208. 1955

*Trichocereus herzogianus* v. *totorensis* Card., Fuaux Herb. Bull., 5 : 21. 1953.

Bis 2 m hoch, deutlich keulig; Äste bis 10 cm ⌀; Rippen 18, scharf; Areolen 7 mm entfernt; St. ca. 15, nadelig; Randst. 10—12, bis 2 cm lang, ± gelb; Mittelst. 3—4, gelbbraun, der längste nach unten weisend; Bl. 14 cm lang; Pet. spatelig, kremweiß; Fr. rötlichgelb, 3,5 × 4 cm groß; S. fast nierenförmig, 1.2 mm lang, spiralig punktiert, glänzend, schwarz. — Bolivien (Prov. Totora, Dept. Cochabamba, bei Km 107 am Wege Cochabamba—Totora, auf 3700 m) (Abb. 1279—1280).

Abb. 1280. Nach Fuaux: Helianthocereus herzogianus v. totorensis (Card.) Backbg., aber wohl eher der Typus der Art. (Foto: Fuaux.)

8. **Helianthocereus tarijensis** (Vpl.) Backbg. — „Cactus", 10 : 45. 208. 1955

*Cereus tarijensis* Vpl., MfK., 26 : 123. 1916. — *Trichoc. tarijensis* (Vpl.) Werd., Kkde., 6. 1940.

Säulig, 1,50 m hoch, bis 25 cm ⌀, dunkelgrün; Rippen ca. 15, bis 3 cm hoch; unten 3,5 cm breit; Areolen 1 cm entfernt, breit-elliptisch bis oval, bis 1,5 cm lang, über 0,5 cm breit, graufilzig, anfangs gelbbraun-filzig; St. 10—17, anfangs pfriemlich, starr, stechend, gelblich- bis rotbraun bzw. mit rötlichbrauner, verdickter Basis und gleichfarbiger Querbänderung; nach VAUPEL 1, nach CARDENAS 3—4 Mittelst. mehr ausgeprägt, bis 4 cm lang (CARDENAS) bzw. bis 7 cm lang (VAUPEL), der längste pfriemlich und abwärts weisend, später die St. auch borsten- oder nadelartig (CARDENAS); Bl. nur 10 cm lang, trichterig; Röhre mit lanzettlichen Schuppen, diese nach oben größer, mit brauner Wolle in den Achseln; Pet. hell weinrot; Fr. kugelig, 3,5 cm ⌀, lachsrot, mit spitzigen, hellgrünen Schuppen, diese 6 mm lang, in den Achseln dichte schwarze und weiße Haare, Pulpa weiß, eßbar (wie bei allen *Helianthocereus*-Arten); S. mützenförmig, verlängert, 1,3 mm lang, nur schwach glänzend, sehr fein punktiert. — Bolivien (Prov. Mendez, Dept. Tarija, Gegend von Escayachi, auf ca. 3600 m). Von FIEBRIG mit Bl. 1904 gesammelt.

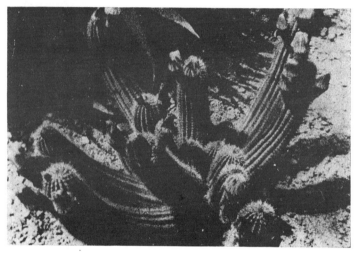

Abb. 1281. Helianthocereus huascha (Web.) BACKBG. Der etwas stärker-gliedrige Typus mit gelben Blüten. (Nach einem Farbfoto von WERDERMANN aus dem Huntington Garden, San Marino [Kalifornien].)

9. **Helianthocereus narvaecensis** (CARD.) BACKBG. — „Cactus", 10 : 45. 208. 1955

*Trichocereus narvaecensis* CARD., Fuaux Herb. Bull., 5 : 25. 1953.

Säulig, von unten verzweigt, bis 1 m hoch, zum Scheitel etwas dicker; Äste etwas gebogen, glänzend dunkelgrün, bis 20 cm dick; Rippen 18, gerundet, 1 cm hoch, unten 1,5 cm breit; Areolen 1 cm entfernt, rund, 4 mm ⌀, hellgrau befilzt; Randst. ca. 12, nadelig, weißgrau, nur 1—2 cm lang, strahlend; Mittelst. 3, abstehend, bis 3 cm lang; Bl. weiß, ca. 12 cm lang; Fr. eiförmig, 5 cm breit, 4,5 cm lang, dunkelgrün beschuppt, mit langen schwärzlichen, braunen oder weißen Haaren; S. 1 mm lang, glänzend schwarz, fein punktiert. — Bolivien (Prov. O'Connor, Dept. Tarija, bei Narvaez, am Wege Tarija-Entre Rios, auf 2700 m).

## Untergattung 2: Neohelianthocereus BACKBG.

C. & S. J. (US.), 153. 1950. — Typus: *Cereus huascha* WEB.
(*Lobivia* BR. & R. pro parte — *Salpingolobivia* Y. ITO (U.-G.: *Pseudosalpingolobivia* Y.ITO), Expl. Diagr., 1957)

### 10. Helianthocereus huascha (WEB.) BACKBG. — C. & S. J. (US.), 48. 1951

*Cereus huascha* WEB., MfK., 151. 1893. — *C. huascha* v. *flaviflorus* WEB., in SCHUMANN, Gesamtbschrbg., 70. 1898. — *Trichocereus huascha* (WEB.) BR. & R. — *Salpingolobivia huascha* (WEB.) Y. ITO, Expl. Diagr., 141. 1957.

1282      1283

Abb. 1282. Helianthocereus huascha (WEB.) BACKBG. Triebstück. (COLL. BLOSSFELD).
Abb. 1283. Helianthocereus huascha (WEB.) BACKBG. Form „Vatter Nr. 15", wahrscheinlich die nächste Varietät oder eine nahestehende Form.

Zylindrische Tr., basal verzweigend und breit spreizend bzw. aufgebogen, bis 5 cm oder etwas mehr ⌀, breite Ansammlungen bildend und zum Teil Einzeltriebe über 1 m lang, frischgrün; Rippen ca. 17, niedrig; Randst. meist 9—11 (oder etwas mehr); Mittelst. 1 (Originalbschrbg.) bis 2, gelblich bis bräunlich, wie die übrigen auch; Areolen höchstens 5—7 mm entfernt; Bl. bis 10 cm lang, 6—7 cm breit; Ov. 1,2 mm ⌀, grün, mit zahlreichen blaßolivfarbenen Schuppen, nur wenig silbergrau bis bräunlich behaart; Röhre 4,5 cm lang, olivgrün, mäßig behaart, Haare 4—6 mm lang, bräunlich bis schwarz; Sep. unten gelblich, gespitzt; Pet. 5 cm lang, 2,5 cm breit, rein goldgelb, gespitzt, etwas gezähnelt; Schlund grünlich; Staubf. unten grünlich, oben weiß; Gr. weißlich; N. blaßgelb; Fr. grün, rund, kurz beschuppt und mäßig behaart. — Argentinien (Catamarca, bei Yacutula)[1] (Abb. 1281—1282).

---

[1] In der ersten Erwähnung der Art in MfK., 151. 1893, lautet der Ortsname Yacutala.

Als Typus der Art ist die in der Erstbeschreibung genannte v. *flaviflora* anzusehen. SPEGAZZINI schreibt den Namen: ,,*huasca*" (ein Eingeborenenwort), und so müßte er wohl eigentlich geschrieben werden.

Bei der Beschreibung des ,,*C. huascha* WEB." haben WEBER zwei unterschiedliche Formen vorgelegen, wie aus K. SCHUMANNS Angaben in Gesamtbschrbg., 168. 1898, hervorgeht, wo er angibt, daß WEBER unter *C. huascha* nur den gelb blühenden versteht. *H. huascha* ist nach WEBER kräftiger, wie ich auch an einem mir vom Huntington Bot. Garden, San Marino, Calif., übersandten Stück sah. Nachdem wir heute mehr über diese Formen wissen, halte ich aber für die etwas zierlicheren, rotblühenden Pflanzen nur einen Varietätsrang für gegeben. Bei letzteren gibt es auch gelb blühende, und daher ist der Hinweis wichtig, daß WEBER unter *Cereus huascha* nicht allein einen gelb blühenden, sondern auch kräftigeren *Cereus* verstand.

Hierher gehört anscheinend auch von BLOSSFELD jr. gesammeltes Material, das ich nach einem von Ross, Krozingen, erhaltenen Exemplar abbilde (s. Abb. 1282).

*C. huascha flaviformis* (MfK., 3 : 136. 1893) war die erste Erwähnung dieser Art, jedoch nur ein Name wie auch *Trichoc. huascha* v. *flavispinus* HORT., bei BORG (,,Cacti", 182. 1951).

Abb. 1284. Helianthocereus huascha v. rubriflorus (WEB.) BACKBG., hartwüchsig und eine gute Unterlage.

10a. v. **rubriflorus** (WEB.) BACKBG. — ,,Cactus", 10 : 45. 210. 1955

*Cereus huascha* v. *rubriflorus* WEB., MfK., 151. 1893. — *Cereus andalgalensis* WEB., in K. SCHUMANN, Gesamtbschrbg., 168. 1898. — *Helianthocereus andalgalensis* (WEB.) BACKBG., in C. & S. J. (US.), 48. 1951. — *Trichoc. huascha* v. *rubriflorus* (WEB.) BORG — *Salpingolobivia andalgalensis* Y. ITO, Expl. Diagr., 141. 1957

Zierlicher als der vorige, d. h. kürzer und schlanker, mehr verästelt und gelblicher grün, die St. schwächer, die Bl. kleiner und blutrot. — Argentinien (Catamarca, bei Andalgala und bei Ancasti) (Abb. 1283 ( ?)—1284, 1285 rechts).

K. SCHUMANN schreibt, l. c.: ,,und St. weniger zahlreich." Das muß eine Verwechslung sein, nach dem von WERDERMANN in ,,Blüh. Sukkulenten", Tafel 67, beschriebenen Typus des *H. huascha* zu urteilen; dieser ist geringer bestachelt,

84*

so daß die erste Angabe SCHUMANNS: „Randst. 12—13, bis 8 mm lang; Mittelst. 4—6, wenn 4, im aufrechten Kreuz, wenn 6, treten noch zwei obere hinzu, bis 1 cm lang" für obige Varietät gelten muß.

WEBER änderte später den Namen in *C. andalgalensis* (ich setzte in C. & S. J. (US.), 48. 1951, irrtümlich als Synonym dazu *Trichoc. auricolor* BACKBG., weil ich damals die Unterschiede noch nicht hinreichend festgestellt hatte). Letzterer Name muß aber als Varietät erhalten bleiben.

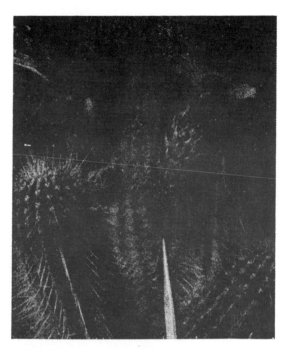

Abb. 1285. Blütenvergleich: links: Helianthocereus huascha v. auricolor (BACKBG.) BACKBG., rechts: Helianthocereus huascha v. rubriflorus (WEB.) BACKBG.

Anscheinend sind die Blütenfarben dieser Varietät auch variabler, da VATTER für seinen „*Trichocereus* VATTER Nr. 15" noch weiße, orange- und lehmfarbene Bl. angibt. Ich vermag nicht zu sagen, ob diese anscheinend auch mit längeren dünnen Mittelst. versehenen Pflanzen (mein Foto Fig. 8 in „Cactus", 10 : 46—47. 275. 1955) für einen eigenen Varietätsrang hinreichend unterschieden sind. Hierfür gibt es die Bezeichnung v. *vatteri* HORT.; Aussaaten zeigten alle möglichen Übergänge zu v. *rubriflorus*, so daß zur endgültigen Beurteilung dieser Frage eingehendere Untersuchungen erforderlich sind.

BRITTON u. ROSE gaben für eine SPEGAZZINISCHE *Lobivia* (Syn.: *Lob. dobeana* DÖLZ) irrtümlich *C. huascha rubriflorus* WEB. als Synonym an (s. unter *Lob. andalgalensis* BR. & R. und *Helianthocereus grandiflorus*).

10b. v. **auricolor** (BACKBG.) BACKBG. — „Cactus", 10 : 45. 210. 1955

*Trichocereus auricolor* BACKBG., in BACKEBERG & KNUTH, Kaktus-ABC, 200. 412. 1935.

Zylindrische Tr., schwach glänzend blattgrün; ca. 16 Rippen, 5 mm breit, 2—3 mm hoch; Areolen schwach gelbfilzig, 4 mm entfernt; Randst. 9 bis ca. 12.

3—5 mm lang, nadelförmig, strahlend; Mittelst. 1—2, stechend, schräg übereinander, manchmal noch einer mehr, 1,3 cm oder mehr lang, alle kräftig bernsteingelb bis goldbraun (die mittleren); Bl. feuerrot, mit bläulichem Petalensaum, die inneren Hüllbl. in drei Serien; Sep. nach abwärts gerichtet; Fr. grün, kugelig, mäßig behaart. — **Argentinien** (Catamarca) (Abb. 1285 links, 1286—1287).

Abb. 1286. Helianthocereus huascha v. auricolor (BACKBG.) BACKBG. Blick in die Blüte.

Die Bl. sind 7 cm lang; Gr. gelborange (beim Typus der Art weißlich bis grünlich); die langen N. sind stets gerade ausgestreckt (bei v. *rubriflorus* alle verkrümmt). Die Bl. ist selbstfertil, die Pflanze eine außerordentlich harte und gute Unterlage.

Bei der Erstbeschreibung gab ich die Blütenfarbe als „weiß" an; anscheinend — lebendes Material vom Erstimport habe ich lange nicht mehr — befand sich darunter auch solches von „weißblühenden v. *rubriflorus* oder v. *vatteri* HORT.", von denen VATTER berichtete.

Von den vorstehend beschriebenen Pflanzen habe ich aber später nur solche mit feuerroten und am Petalenrand schön bläulich getönten Hüllbl. gesehen.

Möglicherweise gehört hierher SPEGAZZINIS „*C. huasca* v. *rubriflora* WEB. von Ancasti", da er dessen Bl. nur als 6 cm lang angibt; allerdings beschreibt er den Gr. als blaßrötlich. Aber anscheinend sind auch die Griffelfarben variabel.

11. **Helianthocereus pecheretianus** BACKBG. — „Cactus", 10 : 45. 210. 1955, und 10 : 46—47. 278. 1955.

Basal verzweigt, oft anfangs halb liegend, dann aufbiegend und durch zentrale Sprossung an der Pflanzenbasis ziemlich genäherte Tr., bis 45 cm lang und 11 cm ⌀; Rippen ca. 15—20, bis 1 cm hoch; Randst. ca. 8—10, 1—1,2 cm lang; Mittelst. 1, bis 2,5 cm lang, alle hellbraun, zuweilen an der Spitze dunkler; Bl. bis 9 cm lang, 8 cm breit, blutrot; Röhre kurz behaart; Schlund grün; Staubf. und Gr. rot; Staubb. und N. blaßgelb; Fr. grün, kugelig; S. schwach glänzend. — Argentinien (nach VATTER ebenfalls in Catamarca wie *H. huascha* und seine Varietäten) (Abb. 1288).

VATTER nannte die Pflanzen „tagblühende *Trichoc. candicans*". Von diesem sind alle vorstehenden Arten bzw. Formen dadurch unterschieden, daß ihre Bl. nur im vollen Sonnenlicht bzw. um die Mittagsstunden öffnen; allein deswegen schon sind sie nicht mit *Trichocereus* zu verbinden. VATTER berichtet auch von zitronengelben und rosavioletten Bl.; da ich aber nicht weiß, welche Farbübergänge es eventuell gibt, sehe ich von einer Benennung ab. Eine noch dickere, angeblich rot blühende Pflanze sah ich in der Sammlung PALLANCA, Bordighera (Abb. 1292).

Abb. 1287. Die Frucht des selbstfertilen Helianthocereus huascha v. auricolor (BACKBG.) BACKBG.

12. **Helianthocereus grandiflorus** (BR. & R.) BACKBG.—„Cactus", 10 : 45. 210. 1955

*Lobivia grandiflora* BR. & R. — The Cact., III : 57. 1922.

Kurzsäulig, bis höchstens 35 cm hoch, ca. bis 6 cm ⌀, sattgrün; Rippen ca. 14, ca. 6 mm hoch; Areolen klein, zuerst gelbfilzig, 6 mm entfernt; Randst. meist 8—9, auch bis 12, feinnadelig, weißgelblich mit bräunlichen Spitzen; Mittelst. meist erst 1, ca. 1 cm lang, etwas stärker als die Randst., selten etwas länger, zuweilen aber auch deutlich länger und ± stechend und später einige schwächere über dem Hauptmittelst. nachwachsend (3—4); Bl. meist einzeln, hochseitlich oder scheitelnah, ca. 8 cm lang; Ov. 2 cm lang; Röhre derb, grünlich beschuppt, mit reichlicher bis 1 cm langer schwärzlicher Wolle; die eigentlichen Sep. schmallanzettlich, hell blutrot; Pet. bis 5 cm lang, bis ca. 1,6 cm breit, meist mit feinen Zähnchen und kurzem Spitzchen, leuchtendrot[1]); Staubf. trübpurpurn; Gr. 6 cm lang blutrot; N. gelblich. — Argentinien (Catamarca, zwischen Andalgalá und Concepción, auf 1750 m) (Abb. 1289—1291).

---

[1]) Die Blüten variieren etwas in der Rotfärbung, bis fast karmin.

Wurde in Europa zuerst durch FRIČ eingeführt, der dieser Art den unbeschriebenen Namen *Chamaecereus giganteus* FRIČ gab (Kat.-Name, 1929), in KREUZINGER, Verzeichnis, (31.) 38. 1935, als Synonym des irreführenden Namens *Trichoc. tucumanense* nom. provis.; als *Chamaecereus grandiflorus* FRIČ (1928) in KREUZINGER, Verzeichnis, 31. 1935, nur ein Name und von mir so im Kaktus-ABC, 213. 1935, geführt, weil damals die schon ziemlich jung blühenden Pflanzen — die nicht zu *Trichocereus* oder *Lobivia* gestellt werden konnten — nirgendwo anders unterzubringen waren. Erst ausgewachsene Stücke und die basale Sprossung zeigen eindeutig die Zugehörigkeit zu *Helianthocereus*; sie kommen aus ungefähr der gleichen Gegend wie die obigen Arten und var. der U.-G. 2.

DÖLZ (Beitr. z. Skde. u. -pflege, 1 : 3. 1942) sah diese Art irrtümlich als *Lob. andalgalensis* (WEB.) BR. & R. an und gab deren Beschreibung bei BRITTON u. ROSE daher den neuen Namen *Lobivia dobeana* DÖLZ. In Wirklichkeit beschrieben BRITTON u. ROSE aber richtig eine neue *Lobivia* und gaben nur die Synonymie unrichtig an bzw. fügten sie fälschlich WEBERS Namen als Klammerautor hinzu. Da der Name ,,*Lobivia andalgalensis*" damals noch frei war, muß er bestehen bleiben, ohne die irrtümliche Synonymie BRITTON u. ROSES, und *Lob. dobeana* DÖLZ gehört dazu als Synonym. Es handelt sich hier um eine kugelige Gruppenpflanze (s. unter *Lobivia andalgalensis*). Der Irrtum wurde dadurch erleichtert, daß WEBER den rot blühenden ,,*Cereus huascha* v. *rubriflorus*" später in ,,*Cereus andalgalensis*" umtaufte; das Versehen wäre jedenfalls unterblieben, wenn für diese ganze Artengruppe bereits zur Zeit BRITTON u. ROSES ein eigenes Genus vorhanden gewesen wäre, und auch sonst wäre dann die Verwirrung bei einigen dieser Arten vermieden worden.

Abb. 1288. *Helianthocereus pecheretianus* BACKBG. Die dicktriebigste Art der niedrigen Vertreter des Subgenus Neohelianthocereus. — VATTER sah diese Formen irrtümlich als bunt- und tagblühende Trichocereus candicans an, obwohl die Blüten viel zierlicher sind. Durch das frühere Fehlen einer eigenen Gattung wurden die hier aufgezählten Arten immer wieder zu anderen Gattungen gestellt, auch zu Lobivia. Die Abbildungen lassen demgegenüber die Einheitlichkeit dieser Artengruppe deutlich erkennen.

13. **Helianthocereus hyalacanthus** (SPEG.) BACKBG. n. comb.

*Lobivia hyalacantha* SPEG., Nuev. Not. Cactol., Anal. Soc. Cientif. Arg., XCIX: 42. 1925. — *Echinopsis hyalacantha* (SPEG.) WERD., in BACKEBERG, Neue Kakteen, 85. 1931. — *Acanthocalycium hyalacanthum* (SPEG.) BACKBG., in BACKEBERG & KNUTH, Kaktus-ABC, 225. 1935.

Abb. 1289. Auch der früher zu Lobivia und zu Chamaecereus gestellte Helianthocereus grandiflorus (Br. & R.) Backbg. zeigt — als kleinste Art — gut seine Zugehörigkeit zur Gruppe der niedrigen Helianthocereus-Arten, die auch alle basal verzweigen. Typus mit etwas längeren Mittelstacheln. Die Blütenfarbe ist etwas variabel. (Sammlung Riviere.)

Abb. 1290. Helianthocereus grandiflorus (BRITT.) BACKBG. Links: Mit längeren Mittelst., Blüte im Hochstand von der Seite gesehen. Rechts: Eine Form mit kürzeren Mittelst.

Abb. 1291. Helianthocereus grandiflorus (BR. & R.) BACKBG. Von FRIČ verbreitete Form (als Chamaecereus giganteus FRIČ nom. nud.) ohne deutlich längere Mittelstacheln; es gibt alle Übergänge.

Abb. 1292. Helianthocereus sp.?, angeblich rot blühend, in der Sammlung PALLANCA, Bordighera; eine offenbar noch unbeschriebene Art.

Aufrecht, zylindrisch, kräftig, graugrün, bis 35 cm hoch, bis 10 cm ⌀; Rippen 12—16, gerade, niedrig, oben etwas gerundet, kaum gekerbt; Areolen 1—1,5 cm entfernt, aschgrau befilzt; St. insgesamt 12—20, davon 1—4 längere mittlere, die später meist schräg abwärts weisen, die übrigen strahlend, alle borstenförmig, biegsam, kaum oder nicht stechend, erst gelblich, dann hyalinweiß; Bl. hochseitlich, leicht gebogen, 10—12 cm lang, bis 8 cm breit; Ov. fast zylindrisch, 2 cm lang, grün; Röhre mit dreieckigen Schuppen, diese mit großer, häutiger Spitze und braun behaart; Staubf. grünlich; Gr. und N. weiß oder letztere auch schwach lachsfarben; Sep. schmal und fleischig; Pet. bis 3 cm lang, bis 2 cm breit, oben gerundet, manchmal mit Zähnchen oder Spitze, goldgelb; Fr. unbekannt.

Die Pflanze wurde von mir im Kaktus-ABC auf Grund von Spegazzinis Angabe „häutig gespitzte Röhrenschuppen", und da die große, zylindrisch-dicke Pflanze sonst nirgendwo anders unterzubringen war, zu *Acanthocalycium* gestellt. Spegazzini gab aber ausdrücklich an, daß kein Wollring vorhanden ist. Nach Aufstellung von *Helianthocereus* als eigener Gattung besteht kein Zweifel, daß diese Pflanze ebenfalls dazu gehört. Sie stammt auch aus ungefähr der gleichen Gegend wie die übrigen Arten der U.-G. 2: Argentinien (Catamarca, auf steinigen Hügeln des Tales von Piedra Blanca). Spegazzini stellt die Art in die Nähe seiner *Lob. oreopepon* Speg., wohl auf Grund der Blütenform. Letztere ist aber breitkugelig, über 30 cm ⌀ erreichend und blüht fast im Scheitel. Sie gehört zu *Soehrensia*; erst durch diese Gattung und das Genus *Helianthocereus* konnten die Arten befriedigend untergebracht werden.

## 87. CHAMAECEREUS Br. & R.
### The Cact., III: 48. 1922

Eine bisher monotypische Gattung zwergig-cereoider Pflanzen, in ihrem ganz abweichend erscheinenden Charakter an die ebenfalls zwergig-cereoide *Mila* Br. & R. erinnernd, aber zweifellos der *Helianthocereus*-Untergattung 2 (*Neohelianthocereus*) sehr nahe verwandt. Die Sprossung erfolgt ebenfalls meist basal, und die Blüten sind auch trichterig, am Tage geöffnet und rot, nur — der Körperkleinheit entsprechend — ungefähr halb so lang oder breit; die Staubfäden sind ebenfalls rötlich wie die Petalen, die ± scharlach gefärbt sind; die Frucht ist ziemlich klein, kugelig, ± trocken; die Samen sind matt und schwarz. Die Glieder brechen sehr leicht ab und sind ziemlich weich, in der Trockenzeit oft rötlich. Eine farbige Abbildung in ZfS., II: T. 3. 1925.

Typus: *Cereus silvestrii* Speg. — Typstandort: auf gebüschbewachsenen Bergen N-Argentiniens, zwischen den Provinzen Tucuman und Salta.
Vorkommen: Nur aus der Gegend des Typstandortes bekannt.

1. **Chamaecereus silvestrii** (Speg.) Br. & R. — The Cact., III: 48. 1922
   *Cereus silvestrii* Speg., Anal. Mus. Nac. Buenos Aires, III: 4. 483. 1905.

Glieder ± niederliegend, klein, bis 6 cm lang, blaßgrün; Rippen 6—9; St. kurz, weiß, weich; Bl. orange-scharlach bis rot, ca. 4 cm lang, in den Röhrenachseln schwarz und weißhaarig und auch einige Borsten; Röhre 3 cm lang; Pet. in 3—4 Reihen; Gr. blaßgelb oder grünlichweiß; N. kopfig zusammengeneigt. — Argentinien (Tucuman).

In Borg, „Cacti", 231. 1951, finden sich noch die Namen v. *elongata* und v. *lutea* hort., die ich nicht kenne.

Es gibt eine f. *crassicaulis cristata* Backbg. (Kaktus-ABC, 213. 1935), reich blühend, härter und mit meist etwas gedrückten, anfangs fast normalen Tr.; eine interessante Form (Abb. 1293).

Mit *Chamaecereus silvestrii* als Mutter und wohl meistens *Lob. famatimensis* als Vater hat FRIČ eine ganze Anzahl von Kreuzungen vorgenommen (1933), die etwas stärker als *Ch. silvestrii* sind, aber nicht so leicht abbrechende Triebe haben und meist sehr reichblütig sind. FRIČ gab diesen Bastarden den Namen „*Prago-Chamaecereus*"[1]). KREUZINGER führte von ihnen in „Verzeichnis", 32. 1935, folgende Namen auf:

Abb. 1293. Chamaecereus silvestrii f. crassicaulis cristata BACKBG., eine anfangs stets zylindrisch-monströse, dann kammbildende, harte und reichblühende Pflanze, die weit wüchsiger als die normale Art ist. Eine Sämlingsform. (Foto: MASCHIN.)

P. crispa-sanguineus, P. „Ceněk Mareš", P. „Hugo Sočnik", P. „H. Stern", P. „Friedr. Bödeker", P. „Eduard J. Klaboch", P. „Ing. K. Kreuzinger" (Blüte kupfrigorange, Staubfäden purpurn), P. „Prof. Dr. Kavina", P. „Senatspräsident Čabrada", P. „Sektionschef Výborný".

Genauere Beschreibungen liegen nicht vor. FRIČ kreuzte auch *Ch. silvestrii* und *Helianthocereus grandiflorus*, ohne Bezeichnung. Auch im Botanischen Garten in Darmstadt wurden ähnliche Bastarde erzogen. Als „Polyandre Hybriden" bezeichnete FRIČ (l. c.) eine Reihe von weiteren Bastarden, darunter „*de laetii*" (*Chamaec. silvestrii* × *Echc. de laetii* + *Helianthoc. grandiflorus*), andere trugen nur Nummern. Ich zitiere aus KREUZINGERS „Verzeichnis". Wieweit die Angaben stimmen oder die Bastarde noch existieren bzw., vegetativ vermehrt, erhalten geblieben sind, sei dahingestellt. Die Blütenfarben waren vorwiegend karmin, zinnober und orange.

---

[1]) Y. ITO hat (in Expl. Diagr., 289—290. 1957) eine Gattung *Chamaelobivia* Y. ITO beschrieben, mit drei Arten (*Ch. tanahashii, Ch. matuzakii, Ch. tudae*) und insgesamt neun Varietäten. Nach den Abbildungen l. c. handelt es sich zweifellos um Kreuzungen wie die obenerwähnten „*Prago-Chamaecereus*". Es kann nicht gutgeheißen werden, daß eine solche Gattung ohne Kennzeichnung des Bastardcharakters beschrieben wird, bzw. ebensolche Varietäten dazu, so daß der Nichteingeweihte darin gute Arten sieht. Die Namen werden hier übergangen, weil Bastarde in diesem Werk, das nur von den natürlichen Gattungen und Arten handelt, nicht berücksichtigt, sondern höchstens in wenigen Ausnahmen genannt werden können, vorwiegend nur da, wo es sich um bekanntere ältere Namen handelt.

P. V. COLLINGS berichtet in The Cact. & S. J. Gr. Brit., 16:3. 70. 1954, von „Gartenformen" von *Chamaec. silvestrii*, v. *boedeckeri* HORT., v. *calvinii* HORT. und v. *haagei* HORT., zum Teil wohl mit *Prago-Chamaecereus*-Hybriden identisch („Friedr. Bödeker", „Kavina"?).

## 88. PSEUDOLOBIVIA BACKBG.
### Cactaceae, J. DKG. (II), 31:76. 1942

[Als *Echinopsis* U.-G. *Pseudolobivia* BACKBG., in „D. Kaktfrd.", 61. 1934. — Nur ein Name: *Lobiviopsis* FRIČ (1934?), in KREUZINGER, Verzeichnis, 34. 1935. — Pro parte: *Pseudoechinopsis* BACKBG., in Kaktus-ABC, 1935 (*Aureilobivia* FRIČ pro parte, nur ein Name, 1934, in KREUZINGER, Verzeichnis, 33. 1935) — *Mesechinopsis* Y. ITO und *Furiolobivia* Y. ITO, in Expl. Diagr. 1957[1]). — *Neolobivia* Y. ITO und *Salpingolobivia* Y. ITO pro parte, l. c.]

In der Einleitung zu Gattung 84: *Echinopsis* ZUCC. habe ich bereits die Gründe für die Abtrennung dieser Gattung dargelegt. In „Blüh. Sukkulenten", Tafel 117 (*Lob. grandiflora*), sagte WERDERMANN: „*Trichocereus* und *Lobivia* sind, wie zahlreiche andere Kakteengattungen, nach dem bisherigen Stand unserer Kenntnisse nur künstlich voneinander zu trennen." Das galt damals zu Recht. Es hätte dann noch hinzugesetzt werden müssen: auch *Echinopsis* ist nicht von *Trichocereus* zu trennen (z. B. eine Zeitlang BERGERS Ansicht). Inzwischen haben wir aber einen weit besseren Überblick über alle Arten bekommen, auch durch die zahlreichen Neufunde, so daß es unmöglich ist, sich mit vorstehender Ansicht abzufinden; es würde auch die Übersicht über die bestehenden, näher zusammenhängenden Formenkreise erschweren. Eine Lösung ist nur denkbar durch eine nach einheitlichen Gesichtspunkten vorgenommene engere Abgrenzung der einzelnen Artengruppen, wie es hier unternommen wurde. Für die Abtrennung von *Pseudolobivia* waren folgende Merkmale entscheidend: Rippen bei der vorwiegend weiß oder weißlich blühenden Artengruppe verschoben bzw. ± beilförmig geteilt und stärker gekerbt; bei den rot und gelb blühenden Spezies sind die Rippen mehr echinopsis-artig fortlaufend; bei den beiden Gruppen handelt es sich außerdem um Tagblüher, deren Vereinigung mit *Lobivia* aber nicht möglich ist, weil die Blüten durch ihre ± langen und schlanken Röhren auf nahe Verwandtschaft mit *Echinopsis* hinweisen, zu denen sie auch zum Teil bisher gestellt wurden, z. B. *Pseudolob. ancistrophora* (SPEG.) BACKBG. Ich fand dann aber in Salta eine Art (*P. kratochviliana*), die ziemlich kurze lobivioide Blüten hat. Gerade diese Pflanzen haben nur am Tage geöffnete Blüten; dennoch ist die Kurzröhrigkeit einer Art höchstens eine Übergangsstufe zu *Lobivia*, während die Blüten überwiegend denen der *Echinopsis* ähneln, meist jedoch mit schlankeren Röhren, die Länge etwas geringer. Es mag auch sein, daß einige der beilförmig gehöckerten Arten auch nachts geöffnete Blüten haben, außerdem am Tage offen; das wäre dann nur eine weitere Übergangsstufe, wie solche ganz natürlich sind. Gekerbte oder verschoben gehöckerte Rippen oder tagsoffene rote

---

[1]) Außer anderen überflüssigen neuen Gattungsnamen (z. B. *Gymnantha* Y. ITO für *Weingartia*; *Neolobivia* Y. ITO; *Salpingolobivia* Y. ITO für *Helianthocereus* subg. *Neohelianthocereus* pro parte; *Neotanahashia* Y. ITO für *Reicheocactus*; *Acantholobivia* Y. ITO, ein ungültiges Homonym von *Acantholobivia* BACKBG., für *Mediolobivia* pro parte; *Acanthopetalus* Y. ITO für *Setiechinopsis* u. a.) hat Y. ITO mit *Salpingolobivia* insofern noch eine weitere Verwirrung angestiftet, als er hierzu z. B. *Helianthocereus huascha*, Lobivienarten und außerdem auch noch *Pseudolobivia aurea* einbeziehen. Der Name kann also nur als ein teilweises Synonym von *Pseudolobivia* gelten. Wahrscheinlich waren Y. ITO nicht die bereits vorher gültigen Gattungsnamen bekannt. Mehr ist darüber aus dem japanischen Text nicht zu entnehmen.

oder gelbe Blüten zeigende geradrippige Pflanzen aber bilden zusammen das Genus *Pseudolobivia*. Auf diese Weise sind auch bisher so zweifelhafte Arten wie die großen ,,*Lobivia ferox*" und ,,*Lobivia longispina*" befriedigend untergebracht; bei letzterer gaben BRITTON u. ROSE ,,Blüten trichterig, schlank, ca. 4 cm lang" an, eine zweifellos unzutreffende Angabe, denn sowohl FRIČ (*Lobivia ducis pauli* sensu FRIČ) wie ich sammelten sie nach; die Blüten sind etwas länger und weiß. ,,*Lob. potosina* WERD." gehört ebenfalls in diese Gruppe ,,großer echinopsis-ähnlich blühender Pflanzen mit verschobenen Beilhöckern". Auch ,,*Echinopsis obrepanda* und *E. fiebrigii*" beziehe ich hier ein sowie ,,*Echinopsis rojasii* CARD.", und wenn man deren Abbildung in Rev. de Agricult., 631. 1951 (Cochabamba, Bolivien) sieht, erkennt man sofort ihre enge Zugehörigkeit zu der Formengruppe der *Pseudolob. ancistrophora* (SPEG.) BACKBG. usw., die Blüten nur 11 cm lang, schlankröhrig, Pet. rosa, ebenso die ,,*Echinopsis torrecillasensis* CARD.", ein ganz lobivioider Typus, mit nur 8 cm langen, schlankröhrigen Blüten und roten oder lachsroten Petalen sowie mit Rübenwurzeln. Durch diese wichtigen CARDENAS-Funde ist auch eine Nordverbreitung von *Pseudolobivia* bis Bolivien erwiesen worden, und so hat die ganze Artengruppe dieser Gattung eine noch bessere Abrundung erfahren in ihrer Zwischenstellung zwischen *Echinopsis* und *Lobivia*. Ich nannte sie deshalb *Pseudolobivia*. Ihre Blütenformen aber zeigen, daß sie stärker reduzierte, den *Trichocerei* verwandte Höhenformen sind, zum Teil sogar flachkugelig reduziert und oft stark in den Boden einziehend.

Innerhalb der weißblühenden Gruppe mit stärker gehöckerten Rippen tritt noch ein Merkmal auf, das, soweit bekannt, nur dieser Gattung der ,,*Trichocerei*" eigentümlich ist: Hakenstacheln. Es gibt aber von ihnen zwei verschiedenartige Formen. Bei den nordargentinischen, kleineren und sehr flachen Arten sind sie konstant und typisches Artmerkmal. Bei den größeren Kugelformen wie *Pseudolob. longispina* usw. erscheinen die Hakenstacheln merkwürdigerweise nur in der Jugend; später werden sie gerade. Ohne dies zu wissen, würde man ein jüngeres und ein älteres Exemplar der betreffenden Spezies für zwei verschiedene Arten halten. Als WERDERMANN seine *Echinopsis potosina* beschrieb, zeigte sein Foto eine derb-hakenstachlige Form. Später sah ich blühende, inzwischen größer gewordene Exemplare im Botanischen Garten in Berlin-Dahlem, die gerade Stacheln aufwiesen. Manchmal sieht man, als Übergangsform, noch schwach gebogene. Wahrscheinlich haben die großkugeligen und beilhöckerigen Arten in der Jugend alle Hakenstacheln. Eine Übergangsform zu den schlanktrichterig rot- und gelbblühenden Arten scheint mir die schwach höckerig-rippige *Pseudolob. kermesina* mit längeren karminroten Blüten zu sein, deren Standort unbekannt ist.

Die am Ende des Schlüssels stehende *P. aurea* ist nicht nur durch diese Stellung als Übergangsform zu *Echinopsis* gekennzeichnet, sondern auch durch die fortlaufenden Rippen und die Form der Blütenröhre. Als ausgesprochener Tagblüher konnte sie aber nicht bei dieser Gattung belassen werden. Ich stellte sie daher 1935 im Kaktus-ABC (mit *Lob. cylindrica*, die ihr nur in der Jugend ähnelt, aber doch wesentlich unterschiedene *Lobivia*-Blüten bildet) zu *Lobivia* als eigene Untergattung *Pseudoechinopsis*. Als sich dann mit der Klärung aller zu *Pseudolobivia* gehörenden Arten die Möglichkeit ergab, die Formen mit in den Blütenröhren, aber nicht in der Farbe *Echinopsis* ähnelnden, und die in der Kinn- oder Beilhöckerform der Rippen, aber nicht in der Blütenform *Lobivia* ähnelnden Pflanzen zusammenzufassen, zog ich die U.-G. *Pseudoechinopsis* wieder ein, weil sie überflüssig geworden war. (Siehe auch S. 1358).

Typus: *Echinopsis ancistrophora* SPEG. — Typstandort: auf hohen Bergen der argentinischen Provinzen Tucuman und Salta (Salta: Quebrada Escoipe).

**Vorkommen:** N-Argentinien (Tucuman, Salta, Jujuy) und auf dem östlichen bolivianischen Hochland (Prov. Cochabamba und Florida, auf 1700 bzw. 3500 m).

### Schlüssel der Arten:

Mit beilförmigen, scharfkantigen oder kinnartigen Höckern, zum Teil ± verschoben
  Pflanzen groß, ± halbkugelig, bis über 20 cm ⌀, zum Teil später dicksäulig
    Blüten weiß
      Stacheln kräftig, teils ± gebogen
        Mit flacheren Faserwurzeln
          Stacheln ± stark pfriemlich, in der Jugend gehakt
            Höcker schmal, scharfkantig
              Stacheln gelblich bis braun, zuletzt grau
                Körper später verlängert bis dicksäulig   1: **P. longispina** (Br. & R.) Backbg.
                Stacheln schwarz, anfangs stark gehakt . . .   1a: **v. nigra** (Backbg.) Backbg. n. comb.
      Stacheln alle deutlich aufwärts gekrümmt, lang, ziemlich weich
        Mit Faserwurzeln
          Stacheln (mittlere) zum Teil abgeflacht, nicht anfangs hakig
            Höcker groß, bis 3 cm lang, dünn, bis 1,5 cm hoch
            Körper später rundlich bleibend . . .   2: **P. ferox** (Br. & R.) Backbg.
          Stacheln anfangs dick-pfriemlich, stark hakig gekrümmt (zum Teil auch die Randstacheln)
            Stacheln (mittlere) unten stärker verdickt
            Höcker lang, scharfkantig (Stacheln später ± gerade, langpfriemlich, Körper etwas länglich) . . . . . . . .   3: **P. potosina** (Werd.) Backbg.
  Pflanzen ± flachrund, bis höchstens 15 cm ⌀
    Ohne dicke Rüben- oder fleischige Wurzeln
      Mittelstacheln ± gehakt
        Blüten rein weiß
          Blüten bis 12—16 cm lang
            Rippen 15—16

Körper kräftiggrün
  Mittelstachel 1 . . 4: **P. ancistrophora** (Speg.) Backbg.
Blüten bis 10 cm lang
 Rippen bis 30, zierlich, Stacheln borstig, Röhre sehr schlank
  Körper hellgrün
   Mittelstacheln mehrere . . . . . . 5: **P. polyancistra** (Backbg.) Backbg.
 Blüten höchstens 5 cm lang
  Rippen bis 18
   Körper dunkelgrün
    Mittelstachel meist 1, zuweilen oben umgerollt (Röhre dicht schwarz behaart) 6: **P. kratochviliana** (Backbg.) Backbg.

Mittelstacheln, wenn vorhanden, nur ± gekrümmt, nicht deutlich hakig
 Mit Mittelstacheln
  Blüten weiß
   Blüten bis 20 cm lang
    Rippen bis 27
     Mittelstacheln höchstens etwas stärker gekrümmt (meist nicht hakig) . . . . . . 7: **P. hamatacantha** (Backbg.) Backbg.
    Rippen bis 18
     Mittelstacheln gebogen oder gerade, ebenso die Randstacheln
      Areolen meist querrund
       Blüten nach Petersilie duftend 8: **P. obrepanda** (SD.) Backbg.
      Areolen länglich
       Blüten schwach angenehm duftend . . . . . 8a: v. **fiebrigii** (Gürke) Backbg. n. comb.
  Blüten ± rosa
   Blüten außen zartrosa, ca. 10 cm lang
    Rippen 18—20
     Mittelstacheln: 1, oben gekrümmt (alle Stacheln nadelig). 9: **P. leucorhodantha** (Backbg.) Backbg.

Blüten (des Arttypus) außen und innen hell-rosa, Mitte dunkler getönt, 11—12 cm lang
    Rippen ca. 16
        Mittelstacheln 1, etwas aufwärts gekrümmt (Stacheln alle ± pfriemlich)
            Blüten rosa . .    10: **P. rojasii** (Card.) Backbg. n. comb.
            Blüten weiß . .    10a: v. **albiflora** (Card.) Backbg. n. comb.

Ohne Mittelstacheln oder mit nur sehr kurzen, ± geraden
    Blüten weiß
        Blüten nur 10 cm lang
            Rippen schmal, mit kinnartigen Höckern
                Röhren kräftig
                    Petalen breiter .    11: **P. pelecyrhachis** (Backbg.) Backbg.
                Röhren schlank
                    Petalen schmal.    11a: v. **lobivioides** (Backbg.) Backbg. n. comb.

Mit dicken und fleischigen Rüben; Körper sehr flach, nur bis 5 cm ⌀
    Blüten reinrot bis rosenrot oder lachsfarben
        Blüten nur 8 cm lang
        Rippen ca. 16
            Mittelstacheln 1 (alle Randstacheln ± anliegend gekrümmt)    12: **P. torrecillasensis** (Card.) Backbg. n. comb.

Pflanzen halbrund, später größer, kugelig bis breitkugelig, bis 15 cm ⌀ oder weniger
    Blüten karminrot
        Rippen gerundet, um die Areolen verdickt, deutlich gekerbt
            Mittelstacheln höchstens zum Teil etwas gebogen
            Blüten bis fast 18 cm lang . .    13: **P. kermesina** Krainz
        Rippen scharfkantig, um die Areolen nicht verdickt, gerade
            Mittelstacheln meist stärker gebogen, sehr derb

| | |
|---|---|
| Blüten bis ca. 7,5 cm lang . . . . | 14: **P. carmineoflora** HOFFM. & BACKBG. n. sp. |
| Mit fortlaufenden Rippen ohne Höcker oder kinnartige Vorsprünge Pflanzen kugelig oder etwas verlängert Mittelstacheln anfangs dunkel, kräftig bis pfriemlich, deutlich länger, bis 3 cm lang Randstacheln nicht schwärzlich Blüten bis ca. 9 cm lang, trichterig, gelb Petalen oblong, spitz zulaufend oder breiter am Ende . . . . . | 15: **P. aurea** (BR. & R.) BACKBG. |
| Petalen schmal-lanzettlich, strahlend . . . | 15a: v. **elegans** (BACKBG.) BACKBG. |
| Petalen spatelig, bis 1 cm breit, eine radförmige Hülle bildend . . . | 15b: v. **grandiflora** (BACKBG.) BACKBG. n. comb. |
| Randstacheln schwärzlich, Körper stumpf graugrün, matt . . . . | 15c: v. **fallax** (OEHME) BACKBG. n. comb. |

1. **Pseudolobivia longispina** (BR. & R.) BACKBG. — Beitr. z. Skde. u. -pflege, 3 : 64. 1942

*Lobivia longispina* BR. & R., The Cact., III : 51. 1922. — *Pseudolobivia ducis pauli* (FRIČ) KRAINZ non FÖRST., J. SKG. „Skde.", II : 31. 1948. — *Echinopsis longispina* (BR. & R.) BACKBG., Kaktus-ABC, 221. 1935. — *Furiolobivia longispina* (BR. & R.) Y. ITO, Expl. Diagr., 79. 1957. — *Furiolobivia ducis pauli* (FRIČ) Y. ITO, l. c., 80. 1957.

Kugelig, später gestreckt, bis 25 cm dick; Rippen 25—50, ziemlich niedrig bzw. schmalkantig, bis 2 cm lang; St. bis 15, in der Jugend hakig, biegsam und elastisch, über 8 cm lang, gelblich bis braun; Bl. bis ca. 10 cm lang, wenn nicht voll ausgebreitet, außen bräunlichgrün, behaart; Fr. ± kugelig. — N-Argentinien (Jujuy, von La Quiaca bis Tilcara, in ca. 2500—3500 m Höhe) (Abb. 1294, 1296—1298).

BRITTON u. ROSE schrieben „Bl. ca. 4 cm lang", meinten aber wohl die R.; Angaben über die Hülle bzw. Pet. fehlen; sie haben offenbar keine Pflanzen in voller Blüte gesehen. Sowohl BRITTON u. ROSE wie auch FRIČ (mit der *Lobivia ducis pauli* FRIČ non FÖRST.) haben die Pflanze wegen der den Lobivien ähnelnden Beilhöcker der Rippen zu *Lobivia* gestellt. Es kommen auch fast weiße St. vor. SCHÜTZ gibt in Skde. SKG., II : 31. 1948, zur Begründung der Abtrennung von *P. ducis pauli* (FRIČ) KRAINZ an, *Lob. longispina* erreiche nur 10 cm ⌀; das wurde zweifellos nur nach dem von SHAFER gesammelten Exemplar angegeben; in der Natur werden die Pflanzen dicker. Wenn SCHÜTZ allerdings von „bis zu 50 cm ⌀" schreibt (*Lob. ducis pauli* FRIČ non FÖRST.), so hat er wohl solche Exemplare nicht gesehen. Die von ihm erwähnten Hakenst. sind die Jugendform; sein eigenes Foto (Abbildung p. 30, l. c.) zeigt eine bereits

Abb. 1294. Pseudolobivia longispina (Br. & R.) Backbg., von mir 1931 bei Tilcara aufgenommen. Links: ein oben sprossendes Exemplar, wohl infolge Scheitelverletzung. Davor Parodia tilcarensis Backbg., ein seltenes, dreiköpfiges Exemplar. Vorn links: Opuntia tilcarensis Backbg. (der Reihe „Airampoae").

Abb. 1295. Altes Exemplar einer Pseudolobivia longispina v. nigra (Backbg.) Backbg.

so große Pflanze, daß sie keinen einzigen Hakenst. mehr hat. In der Jugend sind sie sehr kräftig, durch die zunehmende Länge im Alter werden sie elastischer.

Das Foto von Wildt, in Kaktusář, 2. 1931, von „*Lobivia ducis pauli* Frič" zeigt eine von Frič importierte Pflanze und ganz eindeutig, daß es sich um „*Lob. longispina* Br. & R." handelt.

*Lobiviopsis ducis pauli* Frič non Först. (*Echinopsis ducis pauli* Frič, 1928 ?) war nur ein Name, in Kreuzinger, Verzeichnis, 35. 1935. *Pseudolob. ducis pauli* v. *rubriflora* Schütz, Kakt. Listy, 62:3. 1951, ist für mich undefinierbar.

1a. v. **nigra** (Backbg.) Backbg. n. comb.

*Echinopsis nigra* Backbg., in Backeberg & Knuth, Kaktus-ABC, 221. 1935. — *Pseudolobivia nigra* (Backbg.) Backbg., in Fedde Rep. 65. 1942. — *Furiolobivia nigra* (Backbg.) Y. Ito, Expl. Diagr., 79. 1957.

Später dicksäulig, manchmal über 30 cm hoch, Höcker der bläulichgrünen Rippen sehr scharfkantig, bis 4 cm lang; Rippen über 20; St. schwarz, anfangs hakig, später unregelmäßig nach allen Seiten verbogen, ca. 12—14, später zum Teil ziemlich lang werdend, manchmal bis 12 cm lang, oft auch etwas wellig; anfänglich sind die St. dunkelbraun, werden dann aber bald ganz schwarz, später grau; Bl. mit derber Röhre, bis 10 cm lang, rötlichgrün, innen weiß. — N-Argentinien (Jujuy, auf ca. 3000 m Höhe) (Abb. 1295).

Ich habe die früher selbständige Art wegen der Ähnlichkeit der Merkmale jetzt als Varietät zu *P. longispina* gestellt; die Bestachelung ist auch steifer als bei letzterer. Dies ist wohl die „schwarz bestachelte *P. ducis pauli*", von der Schütz l. c. spricht.

*Lob. nigra* in C. & S. J. (US.), 86. 1939, war nur ein Name.

Im WINTER-Kat., 19. 1956, wird eine „sp." Nr. FR 54 als „bestimmt nicht *nigra*" angeboten, „obwohl junge Pflanzen auch schwarze Hakenst., im Alter gerade St. machen". Dagegen wird Nr. FR 52 „syn. *nigra* BACKBG." zu „*longispina*" (aus der Liste ist nicht ersichtlich, unter welcher Gattungskombination der Samen angeboten wird) gestellt. Nach dem Katalog ist kein Unterschied zu erkennen; bei der Bedeutung des Verzeichnisses wäre hier aber die Angabe der differierenden Merkmale wichtig gewesen, und es ist bedauerlich, daß das zahlreiche neue Material, welches RITTER sammelte, nicht besser bearbeitet wurde bzw. mir nicht nähere Einzelheiten darüber zugingen, um sie zur Bereicherung unserer Kenntnis ordnungsgemäß in das Handbuch einzugliedern.

2. **Pseudolobivia ferox** (BR. & R.) BACKBG. — Fedde Rep., LI, 65. 1942 (April)

*Lobivia ferox* BR. & R., The Cact., III : 50. 1922. — *Echinopsis ferox* (BR. & R.) BACKBG. in BACKEBERG & KNUTH, Kaktus-ABC, 220. 1935. — *Furiolobivia ferox* (BR. & R.) Y. ITO, Expl. Diagr., 80. 1957.

Länglichrund bis kugelig, bis 20 cm hoch und breit, zum Teil noch größer; Faserwurzeln; Scheitel völlig von lang aufwärts gekrümmten St. überdeckt; Rippen bis 30, scharf in große Höcker geteilt, diese bis 3 cm lang; St. hellbraun, oft fleckig, 10—12 biegsame Randst., bis 6 cm lang, und 3—4 Mittelst., bis 15 cm lang, ziemlich biegsam; Bl. weiß; Fr. unbekannt. — Bolivien (auf trockenen Hügeln östlich von Oruro) (Abb. 1299—1300).

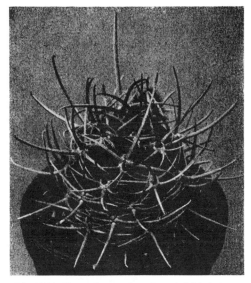

Abb. 1296. Jungpflanze einer Pseudolobivia longispina (BR. & R.) BACKBG.; die Art bildet anfangs hakige Stacheln. Die v. nigra (BACKBG.) BACKBG. hat tiefschwarze, anfangs auch hakige Mittelstacheln.

Abb. 1297. Pseudolobivia longispina (BR. & R.) BACKBG. Eine von mir 1931 bei Tilcara gefundene riesige Kammform.

Unterscheidet sich von *P. longispina* durch stets rundlichen Wuchs und die langen, dichten, deutlich aufwärts gekrümmten St., die elastischer sind (BR. & R.: rather weak).

Abb. 1298. Originalfoto der in Kaktusář 2. 1931 veröffentlichten und von FRIČ als „Lobivia ducis pauli FRIČ" bezeichneten Pflanze, die mit Pseudolobivia longispina identisch ist. Die tagsoffenen ± kurzröhrigen Blüten sind für die meisten Arten von Pseudolobivia charakteristisch. (Atelier WILDT, Prag.)

3. **Pseudolobivia potosina** (WERD.) BACKBG. — Beitr. z. Skde. u. -pflege, 1 : 64. 1942

*Echinopsis potosina* WERD., Notizbl. Bot. Gart. u. Mus. Berlin, Bd. 11, Nr. 104, 267. 1931. — *Furiolobivia potosina* (WERD.) Y. ITO, Expl. Diagr., 80. 1957.

Körper einzeln, fast kugelig, 8 cm ⌀, lebhaft grün, mattglänzend; Rippen ca. 13, bis 2 cm hoch, schief quergefurcht; Areolen 4—5 cm entfernt, groß, anfangs schmutzig hellbraun befilzt; St. 9—13, nicht immer deutlich in Rand- und Mittelst. unterscheidbar, weißlich bis rostrot, mit schwarzer Spitze, fast filzig, später bräunlich grau, bis 4 cm lang, sehr derb, oft am Grunde verdickt, zum Teil unten bis 5 mm dick, vielfach an der Spitze hakig (wenigstens anfangs) oder eingerolltgebogen; Bl. weiß, derb- und ziemlich kurztrichterig. — Bolivien (bei Potosi, auf ca. 4000 m) (Abb. 1301).

Die Blütenaufnahme machte ich in der Sammlung ANDREAE, sah aber auch gleich blühende Stücke im Botanischen Garten in Berlin-Dahlem. Später scheinen die St. mehr aufrecht zu sein; WERDERMANN spricht auch nur von „vielfach hakig"; sein Foto in M. DKG., 165. 1932, mit stark gehakten St., zeigt offenbar eine junge Pflanze. Das Exemplar von ANDREAE ist (in der Kultur?) schwächer bestachelt.

## 4. Pseudolobivia ancistrophora

(SPEG.) BACKBG. — Cactaceae, J. DKG. (II), 31. 1942

*Echinopsis ancistrophora* SPEG., Anal. Mus. Nac. Buenos Aires, III : 4. 492. 1905. — *Lobivia graulichii* FRIČ, Kaktusář 95. 1931. — *Mesechinopsis ancistrophora* (SPEG.) Y. ITO, Expl. Diagr., 74. 1957.

Flach, bis 8 cm ⌀; Rippen 15—16, 1 cm hoch, an der Basis breit; Randst. 3—7, biegsam, rückwärts spreizend, bis 15 mm lang; Mittelst. 1, ± gehakt, bis 2 cm lang; Bl. geruchlos, bis ca. 12—16 cm lang, schlankröhrig, weiß; Fr. länglich, grün, bis 1,6 cm groß. — Argentinien (zwischen Tucuman und Salta) (Abb. 1302).

*Lobiviopsis ancistrophora* (SEPG.) FRIČ war nur ein Name, ebenso *Lobiviopsis graulichii* FRIČ non *Cinnabarinea graulichii* FRIČ; beide Namen in KREUZINGER, Verzeichnis. 34. 1935, mit der Angabe „FRIČ 1928". Nach dem FRIČ-Foto in Kaktusář 95. 1931, gehört die Pflanze eher hierher, als zu *Ps. kratochviliana*, wie KREUZINGER und Y. ITO meinen, da die Röhre zu lang ist.

## 5. Pseudolobivia polyancistra

(BACKBG.) BACKBG. — Fedde Rep., LI, 65. 1942

*Echinopsis polyancistra* BACKBG., „D. Kaktfrd.", 18. 1933. — *Mesechinopsis polyancistra* (BACKBG.) Y. ITO, Expl. Diagr., 75. 1957.

Ziemlich klein, flach, bis ca. 6 cm ⌀, meist kleiner, stark variierend; Rippen 17—30, nur 4 mm breit und 3 mm hoch, schmal, leicht gerundet und gehöckert, hellgrün; St. zahlreich, feinborstig, oft die mittleren gekrümmt bis hakig, zuweilen nur ganz kurz, gerade, unregelmäßig gestellt, manchmal dicht den Körper umspinnend, die längsten St. bis 1,2 cm lang; Bl. sehr zierlich bzw. schlankröhrig, bis 10 cm lang, duftend; Pet. weiß. — Argentinien (Salta, auf ca. 2500 m, selten) (Abb. 1303).

Abb. 1299. Pseudolobivia ferox (BR. & R.) BACKBG., von mir bei Oruro gesammelt (1931), durch die elastischeren, mehr aufgerichteten Stacheln von Pseudolobivia longispina unterschieden, ebenso etwas in der Blütenform.

Abb. 1300. Kulturpflanze der Pseudolobivia ferox (BR. & R.) BACKBG. (Botanischer Garten Berlin-Dahlem).

Nach RITTER eine *Echinopsis*; sie ist aber ein flacher, hakenstachliger Tagblüher. *Lobiviopsis polyancistra* (BACKBG.) FRIČ war nur ein Name.

6. **Pseudolobivia kratochviliana** (BACKBG.) BACKBG. — Fedde Rep., LI, 65. 1942 (April)

*Echinopsis kratochviliana* BACKBG., Kaktusář, 6 : 253. 1934. — *Echinopsis hamatispina* WERD., Kkde., 8 (August) : 141. 1934. — *Neolobivia kratochviliana* (BACKBG.) Y. ITO, Expl. Diagr., 57. 1957[1]).

Flachrund, dunkelgrün, zuweilen bräunlich-graugrün, bis 6 cm ⌀, 3—4 cm hoch, Scheitel eingesenkt und kahl; Rippen bis 18, scharfkantig und verflachend, Basis ca. 1 cm breit, ca. 5 mm hoch; Höcker ziemlich flach; Areolen bis 8 mm entfernt; St. bis zu 15, manchmal einer ganz kurz; Mittelst. 1 (—2, manchmal bis 4 über Kreuz), bis 5 cm lang, dunkel bzw. dunkler gespitzt; Bl. mit grüner Röhre und grünen oder etwas mehr olivfarbenen Sep.; Pet. reinweiß; Röhre oft nur 2,5 cm lang, Blütenbreite bis 6 cm. — Argentinien (Salta, auf ca. 2500 m) (Abb. 1304, 1311).

Ich sah die Knospen sich morgens öffnen.

Abb. 1301. Pseudolobivia potosina (WERD.) BACKBG., älteres Kulturstück in der Sammlung ANDREAE (nur ein einziger, oben gekrümmter Stachel erinnert noch an die hakenstachlige Jngendform).

Abb. 1302. Pseudolobivia ancistrophora (SPEG.) BACKBG.

7. **Pseudolobivia hamatacantha** (BACKBG.) BACKBG. — Fedde Rep., LI, 65. 1942 (April)

*Echinopsis hamatacantha* BACKBG., Kaktusář, 6 : 253. 1934. — *Mesechinopsis hamatacantha* (BACKBG.) Y. ITO, Expl. Diagr., 73. 1957.

Flachrund, bis 15 cm ⌀ und 7 cm hoch, blattgrün; Rippen bis ca. 27, scharfkantig, gehöckert, bis 1 cm breit, 7 mm hoch; Scheitel eingesenkt und

---

[1]) Die verfehlte Gliederung Y. ITOs zeigt sich auch an dieser eindeutig hierhergehörenden Art, die nur wegen der kurzen Blüten zu *Neolobivia* Y. ITO gestellt wurde.

kahl; Areolen klein; Bestachlung stark variierend; 8—15 St., ± krumm, anliegend oder strahlend, 4—12 mm lang, mehrere als mittlere zu erkennen, einer davon abstehend, etwas steif, ± zum Scheitel gebogen und gekrümmt, doch selten hakig; St. gelblichweiß bis hornfarben, bald grau; Bl. bis 20 cm lang, weiß, duftend; Fr. ca. 4 cm lang, grün; S. schwarz. — Argentinien (in grasigen Tälern, Salta auf 2500 m) (Abb. 1305).

Nur ein Name war *Lobiviopsis hamatacantha* (BACKBG.) FRIČ.

8. **Pseudolobivia obrepanda** (SD.) BACKBG. — Beitr. z. Skde. u. -pflege, 64. 1942

*Echinocactus obrepandus* SD., Allg. Gartenztg., 13 : 386. 1845. — *Echus. misleyi* CELS. — *Echinopsis cristata* SD. — ? *E. cristata purpurea* LAB. — *E. misleyi* LAB. — *E. obrepanda* (SD.) K. SCH.

Kugelig oder etwas gedrückt, selten sprossend, glänzend dunkelgrün bis graugrün; Rippen 17—18, scharfkantig, in versetzte beilförmige Höcker geteilt; Areolen in den Kerben gewöhnlich quergestellt, bis 2 cm entfernt, graubraunfilzig; Randst. 9—11, bis ca. 1 cm lang; Mittelst. 1—3, bis 4 cm lang; St. steif, weißlich bis dunkelbraun und von variabler Länge, meist paarweise kammartig rechts und links weisend, ±pfriemliche Randst. sowie manchmal 1 mittlerer, die seitlichen (bis) 11 bis 3 cm lang, der mittlere (manchmal bis 3) meist länger, manchmal bis 5 cm lang; Bl. bis

Abb. 1303. Pseudolobivia polyancistra (BACKBG.) BACKBG. (× 0,5)

Abb. 1304. Pseudolobivia kratochviliana (BACKBG.) BACKBG. mit ziemlich kurzer Röhre.

20 cm lang, ± s-förmig gekrümmte Röhre, breittrichterig öffnende Hülle, Duft nach Petersilie; Sep. bräunlichgrün; Pet. weiß, spatelig, spitz zulaufend oder manchmal gespitzt. — Bolivien.

Ich fand die Pflanzen südlich von Cochabamba. Meine Abb. 1306 entspricht, auch was die Form der Hülle und die längeren St. anbetrifft, ganz der Abbildung in CURTIS' Bot. Mag., 78: pl. 4687, aber die Areolen sind länglich, nicht querrund, wie GÜRKE (MfK., 15: 2. 26. 1906) als Unterschied gegenüber seiner *E. fiebrigii* mit länglichen Areolen angibt. Ich führe hier zwar beide Pflanzen getrennt, *E. fiebrigii* als var., weil bei letzterer lt. Abbildung von GÜRKE, l. c., die Röhren gerade, die Pet. aufrechtstehend sind, habe aber gesehen, daß *P. obrepanda* sehr variabel ist[1]). Ich wiederhole hier also nicht die in C. & S. J. (US.) vertretene Anschauung über die synonymische Stellung der *E. fiebrigii*; es könnte sein, daß gerade Röhren und aufgerichtete Pet. stets zusammen anzutreffen sind, zugleich mit angenehmem Duft (GÜRKE), und dann wäre damit ein hinreichender Unterschied gegeben, nicht aber für eine eigene Art, da beide Pflanzen einander zu sehr ähneln. *Lobiviopsis obrepanda* (SD.) FRIČ war nur ein Name[2]).

*Echps. obliqua* CELS gehört (nach WEBER) hierher.

Abb. 1305. Pseudolobivia hamatacantha (BACKBG.) BACKBG. hat die längsten Blüten (neben Ps. kermesina); die Reduktionsspanne zeigt alle Längenstufen, auch die Stärke der Röhre differierend.

8a. v. **fiebrigii** (GÜRKE) BACKBG. n. comb.

*Echinopsis fiebrigii* GÜRKE, Notizbl. Bot. Gart. Mus. Berlin-Dahlem, 4. 184. 1905. — *Pseudolobivia fiebrigii* (GÜRKE) BACKBG., in KRAINZ, Beitr. Skde. u. -pflege, 64. 1942.

Unterscheidet sich im Habitus kaum von der variablen *P. obrepanda*, sondern nur durch gerade Röhren, aufrechte Pet., angenehmen Duft der Bl. Die von GÜRKE angegebene „querrunde" Areolenform bei *P. obrepanda* scheint kein beständiges Merkmal zu sein, d. h. längliche Areolen gibt es nicht nur bei der var., wie GÜRKE angibt. *Lobiviopsis fiebrigii* (GÜRKE) FRIČ war nur ein Name (Abb. 1307).

9. **Pseudolobivia leucorhodantha** (BACKBG.) BACKBG. — Beitr. z. Skde. u. -pflege, 64. 1942

*Echinopsis leucorhodantha* BACKBG., Kaktusář, 63—64. 1934. — *Mesechinopsis leucorhodantha* (BACKBG.) Y. ITO, Expl. Diagr., 76. 1957.

---

[1]) SCHELLE („Kakteen", 147. 1926) führt daher Formen als *Echps. obrepanda* v. *purpurea* HORT., v. *brevispina* HORT., v. *curvispina* HORT., v. *longispina* HORT., v. *virescens* HORT. auf.

[2]) Y. ITO (Expl. Diagr., 72. 1957) hat für diese Art und ihre var. die *Echinopsis*-U.-G. *Pelecyechinopsis* Y. ITO aufgestellt; sie erübrigt sich hier.

Flach, bräunlich-graugrün, bis 7 cm breit, 4 cm hoch; Rippen 18—20, scharfkantig, schmal, unten ca. 6 mm breit, bis 5 mm hoch; Areolen länglich bis querrund; Scheitel kahl und eingesenkt; St. unregelmäßig, ± krumm, bis 14, bis 8—10 mm lang, einige mittlere als solche deutlicher erkennbar, dazwischen 1 Mittelst. besonders deutlich, abstehend, an der Spitze gekrümmt; Bl. ca. 10 cm lang, sehr schlanke Röhre, locker behaart; Hüllbl. außen rosa, innen zart weiß (das Rosa sehr hell); Pet. ziemlich schmal; Fr. 2 cm groß, länglich. — Argentinien (Salta, auf ca. 3000 m).

Die einzige Art dieser Gruppe mit zartrosa äußeren Pet., die Sep. mehr olivfarben.

Abb. 1306. Pseudolobivia obrepanda (SD.) BACKBG., langstachlige Form.

10. **Pseudolobivia rojasii** (CARD.) BACKBG. n. comb.

*Echinopsis rojasii* CARD., Rev. Agricult., 6 : 31. 1951 (Cochabamba, Bolivia).

Einzeln, kugelig, oben vertieft, bis 11 cm breit, 6 cm hoch, graugrün; Rippen an den Kanten oft rötlich, ca. 16, gekerbt, gerade, 1,5 cm hoch und 1,7 cm breit, in Höcker geteilt; Areolen rund, 6 mm $\varnothing$, graufilzig; Randst. 8—9, abwärts gekrümmt, 5—14 mm lang; Mittelst. 1, aufwärts gebogen, 15—17 mm lang, alle ± pfriemlich, weißgrau, an der Spitze bräunlich; Bl. 11—12 cm lang, 6—8 cm breit; Ov. kugelig-elliptisch, 1,5 cm lang, grün, spitz geschuppt, mit weißlicher und bräunlicher Wolle; Röhre zylindrisch, grün; Sep. linear-lanzettlich, braun- oder rosagrün; Pet. spatelig, oben gerundet, blaßrosa, mit dunklerem Mittelstreif bzw. Basis; untere Staubf. grün, obere weißrosa; Gr. 9 cm lang, grün; N. gelbgrün; S. schwarz, schwach glänzend, mützenförmig, 1 mm $\varnothing$. — Bolivien (Prov. Florida, Dept. Santa Cruz, bei „El Fuerte" [Samaipata], auf 1800 m).

10 a. v. **albiflora** (CARD.) BACKBG. n. comb.

Abb. 1307. Pseudolobivia obrepanda v. fiebrigii (GÜRKE) BACKBG. mit Frucht.

*Echinopsis rojasii* v. *albiflora* Card., Rev. Agricult., 6 : 33. 1951 (Cochabamba, Bolivia).

Rippen 14, scharfkantig; Areolen breitelliptisch, braunfilzig; Randst. 6—11, zurückgebogen, bis 2 cm lang; Mittelst. 1—3, aufwärts gebogen; Bl. 17 cm lang; Sep. lanzettlich, braungrün; Pet. spatelig, weiß; Fr. oval, 2—3 cm lang. — Bolivien (Prov. Florida, Dept. Santa Cruz, bei „El Fuerte" [Samaipata], auf 1800 m).

 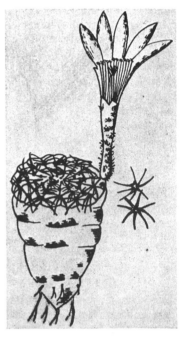

Abb. 1308. Pseudolobivia pelecyrhachis (Backbg.) Backbg. hat eine nur mittellange, kräftige, nicht sehr stark behaarte Blütenröhre.

Abb. 1309. Pseudolobivia torrecillaensis (Card.) Backbg. (Zeichnung: Cardenas.)

11. **Pseudolobivia pelecyrhachis** (Backbg.) Backbg. — Beitr. Skde. u. -pflege, 64. 1942

*Echinopsis pelecyrhachis* Backbg., Kaktusář, 65. 1934. — *Mesechinopsis pelecyrhachis* (Backbg.) Y. Ito, Expl. Diagr., 76. 1957.

Flach, grün; Rippen ca. 20, schmal, stark in kinnartige Höcker mit schmaler Kante aufgelöst; Randst. 9, weiß, gelbgespitzt, 5—8 mm lang; Mittelst. meist fehlend oder kurz und etwas gebogen; Bl. ca. 10 cm lang, außen fast grün; Röhre mit langen, lockeren, weißgrauen Haaren ziemlich dicht versehen, nicht gebogen; Sep. schmallanzettlich; Pet. oblong, oben ziemlich rund, weiß, wenig oder gar nicht gespitzt, etwas aufgerichtet, während die Sep. abwärts umgebogen sind. — Argentinien (Salta) (Abb. 1308).

11a. v. **lobivioides** (Backbg.) Backbg. n. comb.

*Echinopsis lobivioides* Backbg., Kaktusář, 64. 1934. — *Pseudolobivia lobivioides* (Backbg.) Backbg., in Krainz, Beitr. Skde. u. -pflege, 64. 1942. — *Mesechinopsis lobivioides* (Backbg.) Y. Ito, Expl. Diagr., 75. 1957.

Etwas länglich wachsend, dunkelgrün; Rippen ca. 19, scharfkantig, nur schwach kinnartig gehöckert; Randst. ca. 14, gelb; Mittelst. entweder fehlend oder bis 4, überhaupt nicht gebogen und zuweilen bis 1 cm lang; Röhre gerade, ziemlich dünn; Sep. sehr schmal, seitlich abstehend; Pet. schmal-lanzettlich, spitz zulaufend, etwas aufgerichtet, weiß. — Argentinien (Prov. Salta), auf ca. 2000 m.

Wurde vordem von mir als eigene Art angesehen; angesichts der entweder fehlenden oder kurzen, geraden Mittelst. sind die Pflanzen aber wohl besser als var. der vorigen zu führen. Abbildungen der *P. leucorhodantha, pelecyrhachis* und var. *lobivioides* sowie der *P. kratochviliana* brachte ich in Kaktusář, 63—66. 1934.

12. **Pseudolobivia torrecillasensis** (CARD.) BACKBG. n. comb.

*Echinopsis torrecillasensis* CARD., C. & S. J. (US), XXVIII: 4. 110. 1956.

Einzeln, Körper sehr flach, auf dicker, fleischiger Rübe, diese bis 8 cm lang, der Körper nur 1—2 cm hoch, zusammengedrückt, grün; Rippen 16, scharf, gekerbt, 5 mm hoch, bis 8 mm breit; Areolen bis

Abb. 1310a. Karminrot blühende Pseudolobivia-Art: P. kermesina KRAINZ

8 mm entfernt; Randst. 6—7, bis 10 mm lang; 1 Mittelst., bis 10 mm lang; alle St. gebogen, zusammengedrückt, nadelig, grau; Bl. aus der Körperseite, schlanktrichterig, 8 cm lang; Ov. kugelig, 5 mm $\varnothing$, grün, Schuppen gespitzt, grün, weiß behaart; Röhre 5 cm lang, blaßgrün; Sep. lanzettlich, innen rot, außen

Abb. 1310b. Ebenfalls karminrot blüht: P. carmineoflora HOFFM. & BACKBG. n. sp.

grün, 1,5 cm lang, etwas aufrecht; Pet. lanzettlich, 2,5 cm lang, rot bis lachsrot; Staubf. purpurn; Gr. grün; N. smaragdgrün; Fr. elliptisch, bis 15 mm lang, dunkelpurpurrot, die Schuppen mehr bläulichrosa, gespitzt, weißhaarig; S. 1,2 mm lang, schwarz, winzig punktiert. — Bolivien (Prov. Florida, Dept. Santa Cruz, bei Torrecillas [Comarapa], auf 3500 m) (Abb. 1309).

Von A. DE COCK, Wilrijk (Belgien), erhielt ich Farbfotos blühender Pflanzen, die aus Samen von CARDENAS gezogen wurden. Die Areolen der schmalen Rippen sind länglich und ziemlich kräftig befilzt; die Körperfarbe variiert von rein- bis dunkler grün; die Stacheln sind nicht grau, sondern am Sämling hellbraun; die Blüte ist reinrot mit karminfarbigem Ton zum Petalenrand hin, und über dem Schlund stehen die gelben Staubbeutel in zwei Serien untereinander; der Schlund ist unten sehr dunkel. Die Art scheint also etwas zu variieren.

Tief im Sand zwischen Gräsern verborgen, meist nur in der Blütezeit zu finden; von allen anderen Arten durch die starke Rübe abweichend.

13. **Pseudolobivia kermesina** KRAINZ — Beitr. z. Skde. u. -pflege, 61. 1942

Körper halbkugelig, ziemlich groß werden, bis 15 cm und mehr ⌀; Epidermis kräftiggrün; Scheitel etwas eingesenkt; Rippen 15—23 oder mehr, bis 8 mm hoch

Abb. 1311. Die Reichblütigkeit der Pseudolobivien: Blühende Ps. kratochviliana (BACKBG.) BACKBG.

und bis 15 mm breit, ± gehöckert und um die Areolen verdickt; Randst. 11—16, bis 12 mm lang, anfangs fuchsiggelb, an der Spitze dunkelbraun, dünn-pfriemlich, später grau, rauh, steif und stechend, strahlend; Mittelst. 4—6, vorstehend, gerade oder etwas zum Körper gebogen, bis 2,5 cm lang, etwas kräftiger als die Randst., nadelig, am Grunde verdickt, anfangs etwas dunkler, später wie die übrigen St. gefärbt; Bl. duftlos, 3 Tage offen, bis fast 18 cm lang, 9 cm breit; Ov. 1 cm lang und dick, grün; Röhre 12 cm lang, innen dunkelkarmin, außen mit grünlichen Schuppen und grauen Haaren; Sep. 4—5 cm lang, 5 mm breit, grünlichbraun mit karminfarbenem Rand, spitzig; Pet. bis 6 cm lang, 2 cm breit, karminrot mit schmalem, braunem Mittelstreifen; Staubf. karmin; Gr. karminrosa; N. gelb. — Herkunft unbekannt (angeblich Argentinien). Von VATTER gefunden. Es soll auch eine Form mit hellerer Blüte geben. (Abb. 1310a).

Ich sah eine prächtige Farbaufnahme von PALLANCA mit einem reichen Blütenflor in vollem Tageslicht.

### 14. Pseudolobivia carmineoflora HOFFM. & BACKBG. n. sp.

Depresso-globosa, opaco-viridis, non nitens, 7 cm vel magis crassa, ca. 4 cm alta; vertice impresso; costis ca. 14, acutangulis, rectis; areolis ca. 2 cm remotis; aculeis radialibus 10—12, divaricatis, ± curvatis, ad 2,6 cm longis; aculeis centralibus 3—4 (2), ad 3 cm longis, crassis, plerumque sursum curvatis; flore ad 7,5 cm longo; tubo satis gracili, 5 cm longo, pilis pullis; ovario parvo, 6 mm longo; phyllis perigonii interioribus carmineis, lanceolatis, acutatis, ad 6 mm latis; fructu ignoto. — Bolivia.

Abb. 1312. Pseudolobivia aurea (BR. & R.) BACKBG. Mit ihrem echinopsoiden Körper und den gelben, tagsoffenen Blüten sowie der relativ schlank- bzw. kurzröhrigen Blüte gehört diese Art offenkundig auch zu Pseudolobivia.

Vorliegendes Stück ca. 7 cm ⌀, nahezu 4 cm hoch; Scheitel vertieft, schwachwollig; Körperfarbe stumpfgrün, sehr fein punktiert; Rippen ca. 14, scharfkantig, zuerst bis ca. 7 mm hoch, dann auf ca. 1,7 cm Breite verflachend; Rippenkante gerade und scharf; Areolen ca. 2 cm entfernt, nur schwach einseitig verschoben (nicht die Rippen), bis ca. 8 mm groß, rund bis etwas länglich, anfangs hell- bis etwas schmutzig-bräunlich,, bald stärker verkahlend; Randst. 10—12, seitlich strahlend, etwas abstehend, steif, ± leicht gebogen, bis 2,6 cm lang, die mittleren seitlichen am längsten; Mittelst. 3—4 (manchmal nur 2), unregelmäßig gestellt und einer oder mehrere unten leicht kantig, am Grunde verdickt (erst nach Areolenverkahlung sichtbar; zuweilen ein unterer Randst. stärker verdreht), bis 3 cm lang, schräg aufwärts vorgestreckt, alle ± gebogen, die längsten besonders oben aufwärts gekrümmt; St. hornfarben, bald schmutziggrau; Bl. ca. 7,5 cm lang; Röhre über Ov. ca. 5 cm lang, ziemlich schlank bzw. dünn, lang und dicht kräuselig dunkel (braun) behaart; Ov. klein, kaum über 6 mm lang; Sep. linearlanzettlich, grünlich, bis 5 mm breit; Pet. karminrot, breitlanzettlich, zugespitzt, bis ca. 6 mm breit; Staubf. oben rötlich; Gr. mit ziemlich langen N. — Bolivien (Gebiet von Cochabamba) (Abb. 1310b).

Eine in mehrfacher Hinsicht interessante Pflanze (von HOFFMANN, Bad Pyrmont, gefunden): der Körper ähnelt sehr dem einer *P. obrepanda*, Rippen aber nicht verschoben; die leuchtend karminrote, ziemlich kurze und schlanke Blüte ist eine typische *Pseudolobivia*-Blüte. Die Art zeigt, wie nahe auch die *P. obrepanda*

Abb. 1313. Pseudolobivia aurea v. elegans (Backbg.) Backbg. Körper stumpf graugrün; Petalen schmallanzettlich.

steht bzw. daß es sich hier um näher zusammenhängende Arten handelt. Hoffmann fand auch eine Pflanze, die der *E. obrepanda* noch stärker ähnelt, aber mit nur 4—6 starken, gekrümmten Randstacheln. Da die Blüte unbekannt ist, kann noch nicht mehr darüber gesagt werden. Schelles „*Echinopsis obrepanda* v. *purpurea* hort." ist vielleicht schon ein früherer Fund obiger Art gewesen.

15. **Pseudolobivia aurea** (Br. & R.) Backbg. — C. & S. J. (US.), 49. 1951[1])

*Echinopsis aurea* Br. & R., The Cact., III : 74. 1922. — *Lobivia aurea* (Br. & R.) (U.-G. *Pseudoechinopsis*) Backbg., in „D. Kaktfrd.", 85. 1934, bzw. in Kaktus-ABC, 244. 1935. — *Salpingolobivia aurea* (Br. & R.) Y. Ito, Expl. Diagr., 136. 1957.

Einzeln, kugelig bis kurz zylindrisch, bis 10 cm hoch; Rippen 14—15, scharfkantig; Areolen anfangs braunfilzig; Randst. ca. 10, 1 cm lang; Mittelst. einzeln bis manchmal 4, stärker, oft auch etwas flach, bis 3 cm lang; Bl. seitlich, leicht gebogen, trichterig, 8 cm breit, aufblühend 9 cm lang; Röhre grünlich, mit 6 mm langen, blaßgrünen, unten rosa Schuppen, in deren Achseln schwärzliche und weiße Haare; Blütenbreite bis 8 cm; Hüllbl. in drei Reihen, zitronengelb, nach innen noch tiefer gelb; Gr. grün, kurz, 3 cm lang; N. kremfarben. — Argentinien (Cordoba, bei Cassafousth). — (Farbige Abbildung in ZfS., II: T. 7. 1925/26.) (Abb. 1312).

Die Körperfarbe variiert von frischgrün bis graugrün, ebenso die Länge der St.; Vaupels Bild (ZfS., 1:3. 1925) zeigt flachrunde Pflanzen mit pfriemlichen, nicht langen Mittelst. Ich bringe eine Abbildung mit sehr langen St., doch sind alle Übergänge zu beobachten. Beim Typus der Art sind die Pet. ziemlich breitspatelig und in Spitzen ausgezogen. Die von Vaupel abgebildete Pflanze stammt von der Sierra Chica (Lafalda) bei Cordoba, auf ca. 1000 m.

---

[1]) Y. Ito hat in Expl. Diagr., 137—138. 1957, noch die folgenden Varietäten von „*Salpingolobivia aurea* (Br. & R.) Y. Ito" beschrieben: v. *aureorubriflora* Y. Ito, v. *rubriflora* Y. Ito, v. *salmonea* Y. Ito, v. *roseiflora* Y. Ito, v. *aurantiaca* Y. Ito, v. *cinnabarina* Y. Ito, also alles Pflanzen mit ± rötlichen Blütenfarbtönen. Solche Varietäten sind m. W. außerhalb Japans nicht bekanntgeworden, und es liegt der Verdacht nahe, daß es sich um Bastarde mit irgendwelchen *Lobivia*-Arten handelt; ich habe auch nie von Importen der *Ps. aurea* mit anderen als gelben Blüten erfahren. Jedenfalls stammen von Frič solche Bastarde von „*Aureilobivia aureiflora*" (Kreuzinger, „Verzeichnis", 33. 1935), ohne Namen, wie sie Y. Ito als vorstehend erwähnte Varietäten beschrieben hat („8 Typen"; Frič).

15a. v. **elegans** (BACKBG.) BACKBG. — C. & S. J. (US.), 49. 1951

*Lobivia aurea* v. *elegans* BACKBG., „D. Kaktfrd.", 86. 1934. — *Salpingolobivia aurea* v. *elegans* (BACKBG.) Y. ITO, Expl. Diagr., 136. 1957.

Weicht vom Typus der Art durch sehr schmale Hüllbl. ab, diese glänzend und strahlend (Abb. 1313).

15b. v. **grandiflora** (BACKBG.) BACKBG. n. comb.

*Lobivia aurea* v. *grandiflora* BACKBG., Kaktus-ABC, 244. 1935; lat. Diagn. in Descr. Cact. Nov. 28. 1956. — *Salpingolobivia aurea* v. *grandiflora* (BACKBG.) Y. ITO, l. c. 1957.

Mit 1 cm breiten Pet., diese dichtstehend; der Blütensaum radförmig.

15c. v. **fallax** (OEHME) BACKBG. n. comb.

*Lobivia aurea* v. *robustior* BACKBG., in BACKEBERG & KNUTH, Kaktus-ABC, 244. 1935. — *Lob. fallax* OEHME, Kkde., 4. 1939. — *Salpingolobivia aurea* v. *robustior* (BACKBG.) Y. ITO, l. c. 1957.

Abb. 1314. Pseudolobivia aurea v. fallax (OEHME) BACKBG. ? Eine Form ? Körper stumpf graugrün, die langen Mittelstacheln sehr dunkel und oben aufgerichtet. (Pflanze in der Sammlung des Züchters SAINT-PIE, Asson [S-Frankreich].)

Kugelig bis gestreckt (OEHME sagt: „kugelig-säulig"), graugrün, matt; Rippen 12; Randst. 7—9, meist schwarz, zum Teil heller; Mittelst. 1, bis 4,5 cm lang, anfangs graurötlich bis schwarz, später grau und etwas aufwärts weisend; Bl. 6—7 cm lang, 5—6 cm breit; Pet. oblong, fein gespitzt, zitronengelb, im Verblühen orange; Röhre schmutzigrosa, schwarz behaart; Staubf. und Gr. elfenbein; Ov. grün, länglich-kugelig, weiß behaart. — Argentinien (genauer Standort unbekannt) (Abb. 1314). Die Pflanzen variieren etwas.

Die von mir zuerst im Kaktus-ABC als v. *robustior* aufgeführte Pflanze wurde umbenannt, da der Beschreibung die lateinische Diagnose fehlte. Der ± schwarzen Stachelfärbung und matten, grauen Epidermis nach ist *Lob. fallax* OEHME die gleiche Pflanze; OEHME wählte selbst den Namen mit der Begründung, daß es sich vielleicht um eine „*Lob. aurea*"-Varietät handeln könnte.

FRIČ hat, lt. KREUZINGER, Verzeichnis, 32—33. 1935, *Echinopsis aurea* BR. & R. in *Aureilobivia aureiflora* FRIČ umbenannt, mit einer v. *columnaris*.[1]) Die Artumbenennung war unstatthaft. Ferner hat FRIČ Bastarde gezogen, von KREUZINGER l. c. aufgeführt als „*Prago-Aureolobivia* FRIČ", „*aurea*" und „*densa-aurea*", ferner Kreuzungen FRIČs von *Pseudolob. aurea* × rotblühenden Lobivien. Dies

---

[1]) Längliche Form oder *Lobivia cylindrica* BACKBG. bzw. *Lobivia cylindracea* BACKBG.? (Welche Pflanze FRIČ darunter verstand, läßt sich wohl kaum noch feststellen).

sei der Vollständigkeit halber vermerkt; die Bastarde dürften wieder verschwunden sein; sie hatten keine festen Bezeichnungen.

Hierzu gehören offenbar auch *Salpingolobivia spinosissima* Y. Ito, Expl. Diagr., 140. 1957) (*Lob. aurea spinosissima* Y. Ito, 1957, nur ein Name) und deren v. *rubriflora* Y. Ito, l. c.

Nachtrag:

Nach Abschluß des Manuskriptes wurden von M. Cardenas nachstehende, offenbar hierhergehörende Arten veröffentlicht.

Dazu muß noch auf Buxbaums Nichtanerkennung von *Pseudolobivia* in J. SKG., VI : 8—11. 1957, eingegangen werden. Abgesehen von der zum Teil indiskutablen Form der Diskussion bzw. den teilweise entstellenden Argumenten ist Buxbaums Auffassung unrichtig, weil — wenn er schon *Pseudolobivia* und *Echinopsis* vereint sehen will — dies noch viel eher mit *Trichocereus* und *Echinopsis* geschehen müßte (wie dies auch Berger einmal beabsichtigte, aber von Brittoh u. Rose in The Cact., II : 130. 1920, abgelehnt wurde, obwohl sie selbst sagen: „the flowers of *Trichocereus* suggest *Echinopsis*"). Einige *Echinopsis*-Arten sind von *Trichocereus* schwieriger zu trennen oder zu unterscheiden als sämtliche *Pseudolobivia*-Arten von *Echinopsis*; vielmehr lassen die zum Teil bunten Tagblüten, die schlankeren Röhren, die teilweise lobivienähnlich kurzen Blüten, die beilförmig geteilten Rippen vieler Arten, das bei einer Reihe von Spezies auftretende Begleitmerkmal von Hakenstacheln, zum Teil als Jugendmerkmal, sowie die überwiegend stark flachen Körper in *Pseudolobivia* mit der Gesamtheit dieser Merkmale eine weit auffälliger von *Echinopsis* getrennte Artengruppe erkennen als dies etwa bei niedrigen *Trichocereus*-Arten der Fall ist. Mit anderen Worten: eine Vereinigung von *Pseudolobivia* und *Echinopsis* ist — solange *Trichocereus* und *Echinopsis* getrennt werden — unlogisch und willkürlich; sie verdunkelt außerdem das Bestehen einer unterschiedlich gekennzeichneten Formen- oder Artgruppe, bei der auch reine Tagblüten auftreten. Wo es sich in dieser Beziehung um gelegentliche Abweichungen handelt, sind sie ebensowenig ausschlaggebend wie etwa bei einigen anderen Gattungen.

Da nun aber seit Berger kein einziger Autor mehr an eine Vereinigung von *Trichocereus* und *Echinopsis* gedacht hat (nicht einmal Castellanos, der *Lobivia* wieder zu *Echinopsis* zieht), weil damit eine verwirrende Situation geschaffen würde, muß selbstverständlich auch *Pseudolobivia* hier bestehenbleiben.

Im übrigen stehe ich mit meiner Ansicht, daß diese Artengruppe nicht mit *Echinopsis* vereinigt werden sollte, nicht allein da. Das beweisen die Einbeziehung zweier Arten zu *Lobivia* durch Britton u. Rose und Werdermann, die Fričschen nomina nuda *Lobiviopsis* Frič und *Aureilobivia* Frič sowie die Gattungen *Mesechinopsis* Y. Ito, *Furiolobivia* Y. Ito, *Salpingolobivia* Y. Ito pro parte, *Echinopsis*-U.-G. *Pelecyechinopsis* Y. Ito und die Einbeziehung einer Art zu *Neolobivia* Y. Ito. Mit diesem durchaus nicht angebrachten Namenschaos hätte sich Buxbaum besser auseinandergesetzt; es genügt nämlich m. E. durchaus, sie alle unter *Pseudolobivia* zusammenzufassen.

Ich führe nachstehend die folgenden Neubeschreibungen von Cardenas als wohl (beide?) hierhergehörend an, wenn ich sie auch mangels lebenden Materials vorerst noch nicht umkombinieren kann:

**Echinopsis calorubra** Card. — The Nat. C. & S. J., 12 : 3. 62. 1957

Gedrückt kugelig, bis 14 cm breit, 6,7 cm hoch, hellgrün; Rippen 16, in Beilhöcker geteilt; Areolen 2,5 cm entfernt, in den Vertiefungen der Kerben; Randst. 9—13, etwas gebogen, einer gelblich; Mittelst. 1, gerade, bis 2,5 cm lang; St.

pfriemlich, ihre Farbe grau mit braunen Spitzen; Bl. bis 15 cm lang; Sep. lanzettlich, außen grün, innen rötlich; Mittelserie außen bräunlich, innen hellrot; Pet. spatelig, oben orangerot, nach der Basis bläulich-rosa; untere Staubf. unten grün, Mitte lilarosa, oben rot; obere Staubf. unten weiß, Mitte lilarosa, oben rot; Gr. grün, mit gelben N. — Bolivien (Prov. Valle Grande, am Wege von Comarapa nach San Isidro, 1900 m).

Durch Beilrippen, die bunten Staubf. und die eigenartige Petalenfärbung gut unterschieden.

**Echinopsis coronata** CARD. — The Nat. C. & S. J., 12 : 3. 63. 1957

Einzeln, kugelig, nicht verlängert, bis 15 cm hoch, bis 17 cm breit, graugrün; Rippen 13, scharfkantig, gekerbt; Areolen bis 3 cm entfernt; Randst. 8—10, spreizend oder leicht anliegend, 1—1,5 cm lang oder sogar bis 2 cm lang; Mittelst. 1, 1,2—3 cm lang; alle St. pfriemlich, grau; Bl. stets oben, scheitelnah, zahlreich erscheinend, bis ca. 18 cm lang; Röhre leicht gebogen, schlank, in der Mitte nur 7 mm breit; Sep. schmallanzettlich, grün, braun gespitzt; Mittelreihe spatelig, fein gespitzt, weiß mit grüner Mittelzone; Pet. breitspatelig, rein weiß; Staubf. untere Reihe grünlich, obere weiß; Fr. kugelig, oben verengt, 3 cm lang, 2,8 cm ⌀ (Pulpa weiß), längs aufreißend; S. schwarz, 1,5 mm lang. — Bolivien (Prov. Florida, nahe Valle Abajo, am Wege von Samaipata nach Quirusillas, Dept. Santa Cruz).

Durch die am Scheitel entstehenden zahlreichen Bl. leicht unterscheidbar, sonst *E. ibicuatensis* CARD. ähnelnd (s. unter *Echinopsis*), die auch einzeln wächst und flachrund ist; Rippen scharfkantig, aber nach dem Bild nicht beilhöckerig und daher von mir bisher bei *Echinopsis* belassen, obwohl anscheinend auch mit ziemlich dünnröhrigen Blüten.

*Neolobivia segawae* Y. ITO und *N. nakaii* Y. ITO, beide mit mehreren Varietäten, sind vielleicht Bastarde von *Pseudolobivia* × *Lobivia* (Expl. Diagr. 56—57. 1957). Siehe auch am Ende von *Lobivia*.

## Nachtrag zu Band II

Im Katalog H. WINTER von 1958 sind eine Anzahl neuer Namen von RITTERschen Funden erschienen, andere geändert worden. So wurde die bisher unbeschriebene Gattung **Diploperianthium** umbenannt in:

**Calymmanthium** RITT. n. g.: „Wuchs wie *Dendrocereus;* auf einheitlichem Fruchtknoten und Nektarkammer eine zweifache Blütenröhre, eine äußere, außen mit bestachelten Areolen, innen beschuppt, ohne Blütenblätter." Mehr ist darüber vorläufig nicht bekannt (Siehe s. 886, 984, 986).

Weiter wurden als neue Gattungsnamen angeführt:

**Cephalocleistocactus** RITT. n. g.: „Mit *Cleistocactus* verwandt, besitzt gut entwickelte seitliche Cephalien, welche dicht goldgelb beborstet und bewollt sind." Einzige Art: *C. chrysocephalus* RITT. n. nud. (FR 326). Da Abbildungen und weitere Angaben fehlen, besteht keine Eingliederungsmöglichkeit, bzw. man hat keine Vorstellung, ob dieser Name etwa in der Nähe von *Vatricania* unterzubringen ist oder wo sonst.

**Lasiocereus** RITT. n. g.: „Aus Peru. Verwandtschaft noch ungeklärt. Bäume mit zart und dicht bestachelten Ästen, mit Pseudocephalien, aus denen die schwarzweißröhrigen, dicht mit Wolle und Borsten bedeckten Blüten entspringen. Frucht trocken." Einzige Art: *L. rupicolus* RITT. n. nud. (FR 661).

**Yungasocereus** RITT. n. g.: „Entfernt mit *Trichocereus* und *Cleistocactus* verwandt. Ästige Bäume, weiße, glockige Blüten." Einzige Art: *Y. microcarpus* RITT. n. nud. (FR 332).

Die Verwandtschaftsangabe ist unverständlich, so daß hier wie bei den vorstehenden anderen neuen Namen eine Eingliederung nicht möglich ist.

Ich habe mich bemüht, nicht nur die RITTERschen Katalognamen (zum Teil nur mit Nummern bezeichnete Funde) der Vollständigkeit halber und mit Rücksicht auf das heranwachsende Pflanzenmaterial in dieses Werk mit aufzunehmen — auch wenn es sich vom botanischen Gesichtspunkt aus um noch ungültige Namen handelt —, sondern ebenso alle wichtigen Ergänzungen RAUHS aus seinem Peruwerk und jene Namen, die aus Y. ITOs „Explanatory Diagram" (1957) in diesen Band gehören. So werde ich auch in dem nächsten Band verfahren. Die Zusätze konnte ich zum Teil nur in Fußnoten bringen, was aber als ausreichend angesehen werden kann.

Ich bin, wo es notwendig erschien, auch auf die RITTERschen Umstellungen in seiner Schrift 1958 eingegangen (das gleiche wird im nächsten Band der Fall sein), obwohl RAUH und ich in unseren Arbeiten eine ausführliche Beschreibung und Begründung der von mir in den „Descriptiones Cactacearum Novarum" veröffentlichten Namen brachten. Es muß dazu noch vermerkt werden, daß es RITTER — trotz mehrfacher Aufforderungen — unterlassen hat, sich vor Herausgabe seiner Schrift mit uns über die einzelnen Fragen zu verständigen. Sein Verhalten ist um so mehr zu bedauern, als er eine ganze Anzahl ausgezeichneter Funde gemacht hat, die im Interesse der Bezieher in diesem Handbuch berücksichtigt werden müssen. Die Angaben in seiner Schrift kann man demgegenüber nur als unzureichende Behauptungen und — soweit sich dies bisher übersehen läßt — als unrichtig oder zum Teil sogar fahrlässig irreführend bezeichnen. Andererseits kann sich der Leser an Hand der Arbeiten von RAUH und mir sowie unseres reichen Abbildungsmaterials, der Schlüssel und Beschreibungen, ein klares Urteil bilden, welche Darstellungen hinreichend begründet sind. Mithin erachten es auch RAUH und ich für unnötig, auf die zahlreichen unzutreffenden Angaben RITTERS eingehender zu antworten. Soweit hier notwendig, werden die Namen zum Teil auch in dem Verzeichnis der Synonyme, in Band VI, richtiggestellt.

Auch Y. ITOs „Explanatory Diagram" kann nicht zustimmend beurteilt werden. Daraus gehören in diesen Band nur verhältnismäßig wenige Namen. Das Werk ist gut gedruckt, mit zahlreichen sorgfältigen Zeichnungen des Verfassers (wenngleich solche heute meistens nicht mehr genügen). Der nichtjapanische Leser vermag sich jedoch kein Bild von der Begründung der ITOschen Klassifikation zu machen, mit der lediglich eine Neufassung der *Austrocactinae* BACKBG. (unter Einbeziehung einiger Gattungen der *Austrocereinae* BACKBG.) als „*Austroechinocactinae*" (ohne Kategoriekennzeichnung) bzw. als Tribus „*Echinocacteae* SD." vorgenommen wurde. Das ist nicht nur eine unzulängliche Abgliederung, sondern es sind hier auch eine Reihe überflüssiger neuer Gattungen (d. h. für schon bestehende), ja sogar Hybridgattungen oder Bastarde — und wahrscheinlich in gutem Glauben — wie echte Arten aufgenommen bzw. bezeichnet worden, *Echinopsis* ist z. B. in 6 Untergattungen geteilt, *Lobivia* sogar in 11, ohne daß man angesichts des japanischen Textes versteht, warum diese und die zahlreichen neuen Series und Subseries aufgestellt wurden.

Heute ist es, um Ordnung und Beständigkeit in die Gesamtübersicht und Pflanzenbenennung zu bringen — gerade angesichts der vielen Neufunde — mit unzulänglichen Teilbearbeitungen nicht getan. Sie erschweren lediglich die klare Übersicht und sind, ohne so gfältige Überprüfung und Begründung im Rahmen einer nach einheitlichen Gesichtspunkten ausgerichteten Gesamtfassung, nur Synonymballast.

# Tafelanhang

Mila pugionifera Rauh & Backbg. (Foto: Rauh.)

Mila nealeana BACKBG. (?) und Melocactus peruvianus BR. & R. (Mittel-Peru, Cañete-Tal, 800 m.) (Foto: RAUH.)

Mila caespitosa Br. & R. ähnelnde Pflanze, von Rauh 1954 bei Chosica auf 1200 m gefunden.
(Foto: Rauh.)

Corryocactus brachypetalus (VPL.) BR. & R., offenbar der richtige Typus der Art, für den VAUPEL „becherförmige Röhre" angab. BRITTON u. ROSES Blütenbild scheint dagegen zu der von RAUH bei Atico gesammelten Form (s. Tafel 41) zu gehören. (Foto: FUAUX.)

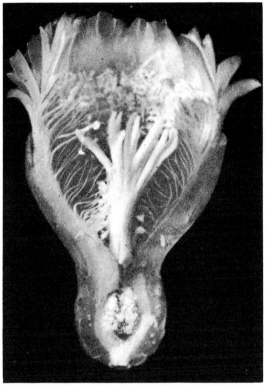

Blütenlängsschnitt zu Tafel 39: Corryocactus brachypetalus (VPL.) BR. & R. (Foto: FUAUX.) (Vergl. Abb. 761: Corryocactus krausii BACKBG., mit oblongem Fruchtknoten).

Corryocactus brachypetalus (Vpl.) Br. & R., eine Form (?) oder vielleicht eine Varietät von Atico mit orangeroten, etwas weniger becherförmigen Blüten. (Foto: Rauh.)

Corryocactus puquiensis RAUH & BACKBG., Jungtrieb; bei Arequipa gesammelte Pflanze.
(Foto: RAUH.)

Corryocactus puquiensis Rauh & Backbg. mit Schmarotzer Psittacanthus cuneifolius (Ruiz & Pav.) G. Don. (Foto: Rauh.)

Tafel 44

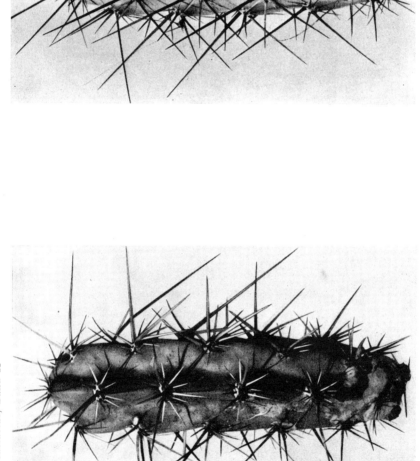

44 A. Corryocactus ayacuchoensis v. leucacanthus Rauh & Backbg., hellstachlige Varietät. 44 B. Corryocactus ayacuchoensis, rotbraun bestachelter Typus der Art.

Backeberg, Die Cactaceae, Band II

VEB GUSTAV FISCHER VERLAG · JENA

Erdisia squarrosa (VPL.) BR. & R. (Mittel-Peru, Trockenhänge bei Tarma, 2500 m). (Foto: RAUH.)

Erdisia maxima BACKBG. (im Hintergrund Azureocereus-Pflanzen). (Foto: HERTLING.)

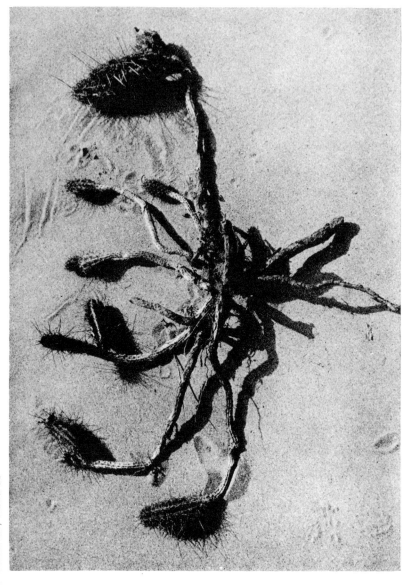

Erdisia meyenii Br. & R. von den Cerros de Caldera (westlich von Arequipa, 2500 m); in Sand wachsendes, ausgegrabenes Exemplar, das die unterirdisch verlaufenden, wurzelähnlich dünnen unteren Triebteile zeigt. (Foto: Rauh.)

VEB GUSTAV FISCHER VERLAG · JENA

Erdisia quadrangularis Rauh & Backbg. bei Puquio, 3300 m. (Foto: Rauh.)

Neoraimondia arequipensis v. rhodantha Rauh & Backbg.: Scheitelbild. (Foto: Rauh.)

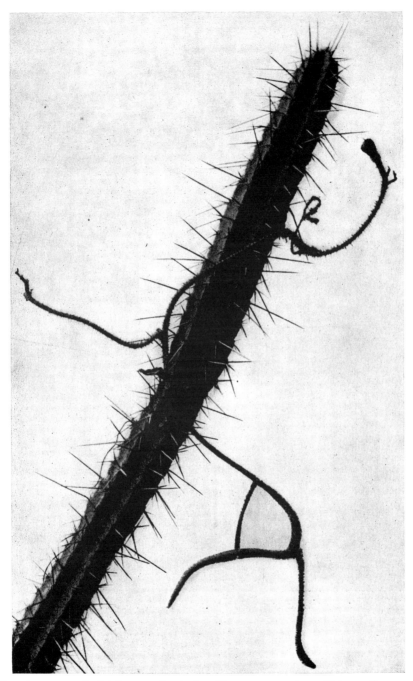

Armatocereus cartwrightianus v. longispinus Backbg., von mir westlich von Guayaquil (Ekuador) gesammeltes Exemplar.

Armatocereus rauhii BACKBG.: Scheitelbild. (Foto: RAUH.)

Armatocereus procerus Rauh & Backbg. vom Rio Fortaleza, 1200 m. (Foto: Rauh.)

Armatocereus matucanensis (WERD. & BACKBG.) BACKBG. ? Im Wuchs zumindest sehr ähnliche Pflanzen vom Rio Fortaleza, 2500—3000 m. (Foto: RAUH.)

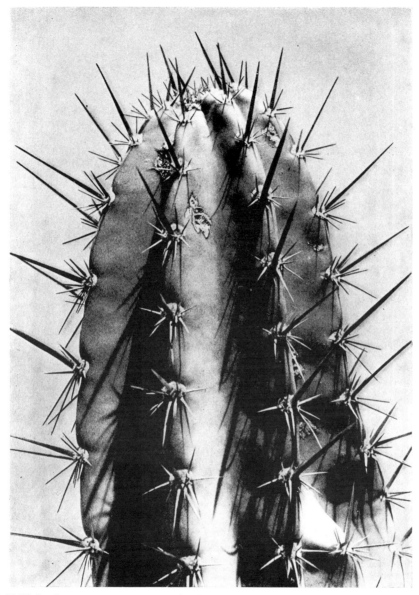

Triebbild des Armatocereus matucanensis (WERD. & BACKBG.) BACKBG. (Form (?) vom Rio Fortaleza, 2500—3000 m). (Foto: RAUH.)

Armatocereus matucanensis (Werd. & Backbg.) Backbg. vom Pisco-Tal, 2000 m.
(Foto: Rauh.)

Browningia candelaris (MEYEN) BR. & R., monströs-kammähnliche Bildungen entwickelndes Exemplar von Chuquibamba (S-Peru). (Foto: RAUH.)

Browningia candelaris (MEYEN) BR. & R., Frucht mit zahlreichen, dichtstehenden und länglichen Schuppen. (Foto: RAUH.)

Gymnocereus microspermus (WERD. & BACKBG.) BACKBG., Frucht mit wenigen, sehr breiten, entfernt stehenden Schuppen. (Foto: RAUH.)

Gymnocereus microspermus (WERD. & BACKBG.) BACKBG., im Tal von Olmos, pazifische Seite, 1000 m (N-Peru). (Foto: RAUH.)

Gymnocereus microspermus (WERD. & BACKBG.) BACKBG., Scheitelbild, das die rasche Verkahlung zeigt. (Foto: RAUH.)

Ob es sich hier um eine an älteren Scheiteln langborstigere Form (oder Varietät) bzw. um eine der von JOHNSON als weitere, noch unbeschriebene Arten der Gattung angesehene Pflanzen handelt, läßt sich vorderhand nicht feststellen.

Azureocereus hertlingianus (BACKBG.) BACKBG., Kammform. (Foto: RAUH.)

Der grüntriebige Azureocereus viridis RAUH & BACKBG., altes Exemplar (südliches Mittel-Peru, bei der Hacienda Marcahuasi, 1900—2200 m). (Foto: RAUH.)

Loxanthocereus gracilispinus Rauh & Backbg. (Foto: Rauh.)

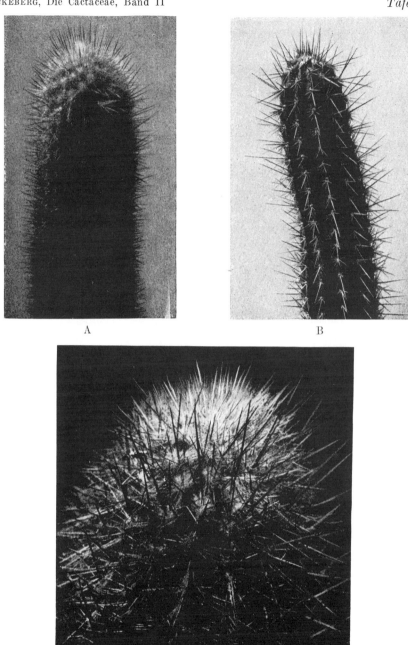

A. „Loxanthocereus rhodoflorus HORT.", vielleicht identisch mit Loxanthocereus gracilispinus RAUH & BACKBG.
B. Loxanthocereus gracilis (AKERS) BACKBG. ähnliche Form.
C. Loxanthocereus pullatus v. fulviceps RAUH & BACKBG., Scheitelbild. (Foto: RAUH.)

Loxanthocereus acanthurus (VPL.) BACKBG.; Form ähnlich v. ferox BACKBG. (Foto: RAUH.)

Cleistocactus morawetzianus BACKBG., Scheitel- bzw. Epidermisbild. (Foto: RAUH.)

Cleistocactus strausii v. fricii (DÖRFL.) BACKBG. mit dichteren Haaren und grüner Frucht. (Foto: FUAUX.)

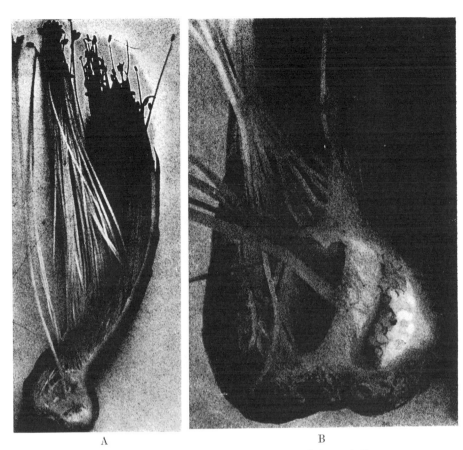

A. Cleistocactus wendlandiorum Backbg. Röhrenschnitt.
B. Cleistocactus wendlandiorum. Schnitt durch den rechtwinklig abgeknickten Fruchtknoten; die durch eine hautartig feste Verwachsung abgeschlossene Nektarkammer ist für den Kolibri nicht zugänglich, der Griffelfuß ist dicht umwachsen.

Oreocereus maximus Backbg. mit Kammform; die hier abgebildeten, über mannshohen Exemplare sind noch nicht die größten.

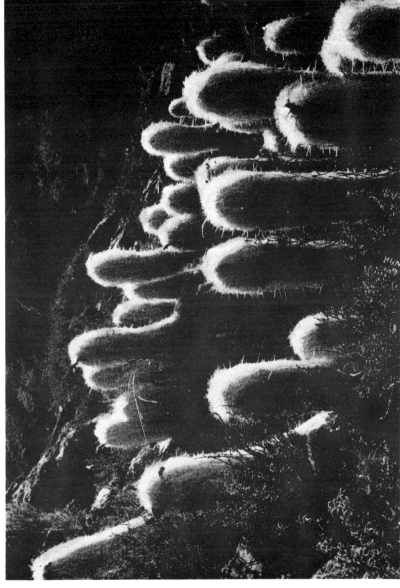

Oreocereus hendriksenianus Rauh & Backbg., Übergangsform zum Typus der Art. (Foto: Rauh.)

Oreocereus hendriksenianus v. densilanatus RAUH & BACKBG. mit feinem, strähnigem Haarbehang. (Foto: RAUH.)

Matucana haynei (Otto) Br. & R. (Foto: Rauh.)

Blüte der Matucana haynei (Otto) Br. & R. am Standort. (Foto: Rauh.)

Matucana blancii BACKBG. (?), gestrecktes, einzeln wachsendes Exemplar aus der Quebrada Sta. Cruz, 3600 m (Cordillera Blanca, nördliches Peru). (Foto: RAUH.)

Matucana cereoides RAUH & BACKBG. aus dem Pisco-Tal, 2000 m. (Foto: RAUH.)

Trichocereus peruvianus Br. & R., eine stark bereifte Art (Matucana, 2500 m). (Foto: Rauh.)

Trichocereus chalaensis Rauh & Backbg. (Lomas de Chala), eine küstennahe Art.
(Foto: Rauh.)

Trichocereus santaensis Rauh & Backbg. aus dem Santa-Tal, 3000 m. (Foto: Rauh.)

Trichocereus tarmaensis Rauh & Backbg. (Mittel-Peru, oberhalb Tarma, 2500 m). mit Tillandsia virescens überwachsen. (Foto: Rauh.)

Haageocereus acranthus v. crassispinus RAUH & BACKBG. (Mittel-Peru, Pisco-Tal, 1000 m) (Stachelbild). (Foto: RAUH.)

Haageocereus acranthus v. metachrous RAUH & BACKBG. (Mittel-Peru, Pisco-Tal, 2000 m (Stachelbild). (Foto: RAUH.)

A. Haageocereus zonatus RAUH & BACKBG. (Mittel-Peru, Tal von Churin, 2400 m). (Foto: RAUH.)
B. Haageocereus zonatus RAUH & BACKBG., eine Form oder var. mit abweichender Bestachlung und mehr zottiger Haarbildung in blühenden Areolen. (Foto: RAUH.)

Haageocereus pluriflorus Rauh & Backbg. Nahaufnahme der schönen, zahlreich erscheinenden Blüten (südliches Peru, Rio Majes, Hacienda Ongoro). (Foto: Rauh.)

Haageocereus pseudoversicolor RAUH & BACKBG. (Kakteenwüste des Rio Saña, 100—200 m).
Ähnelt H. versicolor (WERD. & BACKBG.) BACKBG., hat aber weit dickere Triebe.
(Foto: RAUH.)

Haageocereus acanthocladus Rauh & Backbg. (Churin-Tal bei Payan, 900 m). Die Blüte ist sehr kurzsaumig. (Foto: Rauh.)

Haageocereus aureispinus Rauh & Backbg., aus dem Canta-Tal, 800—1200 m.
(Foto: Rauh.)

Haageocereus aureispinus RAUH & BACKBG. Blüten Nahaufnahme. (Foto: RAUH.)

Haageocereus achaetus Rauh & Backbg. (Churin-Tal, 1000 m). (Foto: Rauh.)

Haageocereus chosicensis (WERD. & BACKBG.) BACKBG., langstachligere Form. (Foto: RAUH.)

Haageocereus longiareolatus RAUH & BACKBG. (Eulalia-Tal, 1000 m) (Areolenbild).
(Foto: RAUH.)

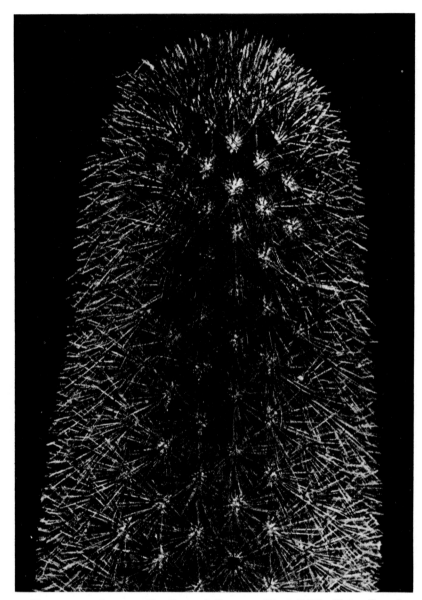

Haageocereus icosagonoides RAUH & BACKBG. (Stachelbild). (Foto: RAUH.)

Haageocereus crassiareolatus RAUH & BACKBG. (Stachelbild). (Foto: RAUH.)

Haageocereus zehnderi RAUH & BACKBG. (Stachelbild). (Foto: RAUH.)

Haageocereus comosus Rauh & Backbg., vielleicht eine Form (Stachelbild). (Foto: Rauh.

Haageocereus divaricatispinus Rauh & Backbg., Sproßbild mit alten Blütenknospen, die stehengeblieben sind. (Foto: Rauh.)

Haageocereus pachystele Rauh & Backbg. (Stachelbild). (Foto: Rauh.)

Haageocereus decumbens (Vpl.) Backbg. (Stachelbild einer derbstachligen Form ohne verdickten Mittelstachelfuß). (Foto: Rauh.)

Haageocereus repens RAUH & BACKBG. (Stachelbild). (Foto: RAUH.)

Pygmaeocereus akersii Johns. nom. nud.; entweder eine weitere Art des zwergigen Genus oder eine var. des Typus Pygmaeocereus bylesianus Andreae & Backbg. mit längerer Bestachlung. (Foto: Johnson.)

Weberbauerocereus weberbaueri v. aureifuscus Rauh & Backbg. (Stachelbild). (Foto: Rauh.)

Weberbauerocereus rauhii BACKBG. (Pisco-Tal, Mittel-Peru, 1200 m), eine dünnstachlige Form. (Foto: RAUH.)

Weberbauerocereus rauhii BACKBG. (Stachelbild einer blühreifen Triebspitze). (Foto: RAUH.)

Weberbauerocereus rauhii BACKBG. (Stachelbild der normalen Triebbewaffnung).
(Foto: RAUH.)

Weberbauerocereus sp., vollständig verbänderte Pflanze, deren Artzugehörigkeit infolgedessen nicht feststellbar ist. (Foto: Rauh.)

Trichocereus schoenii Rauh & Backbg. (Foto: Rauh.)

Links: Hybride von Cleistocactus strausii × Oreocereus, starktriebig und sehr blühwillig. Aus der Sammlung des Züchters Pallanca, Bordighera

Rechts: Cleistocactus strausii: aus Samen gefallene Form, die in diesem Falle „forma brevispina" zu nennen wäre. Sammlung Pallanca, Bordighera

Haageocereus sp. (Ritter, 1956). Zum Teil seitlich sprossend, mit feiner dichter, ± gelblicher Bestachlung (Sammlung Claeys, Gent [Belgien]). Die Art steht anscheinend H. laredensis nahe (siehe hierzu auch S. 1250).